ewiglich regierst ohn alles Wanken. Ganz ungemessn ist deine Macht, allzeit geschieht, was du bedacht. Wohl uns solch eines Herren! *

(andere Möglichkeiten: 179.
[entfällt in der Passions

Gebet [zum Sonn-
G.: *Amen* *

1. Lesung aus der Heiligen Schrift

L.: Hallelujavers
G.: (181.3) *Halleluja, Halleluja, Halleluja* *
(andere Möglichkeiten: 181. 1-2.4-8; 182)
[entfällt in der Passionszeit und am Buß- und Bettag]

Lied [zum Sonn- oder Feiertag]

2. Lesung aus der Heiligen Schrift: Evangelium

(die Gemeinde erhebt sich)

Glaubensbekenntnis (vorletzte Seite)
oder **Glaubenslied** (183 - 184. Möglich ist auch ein anderes Glaubenszeugnis: 813-818 oder 854)

(die Gemeinde setzt sich)

Lied (entfällt bei Glaubenslied)

Predigt
[meditative Musik, Stille oder Liedstrophe]
[Abkündigungen]

Lied (und Sammlung für die Diakonie unserer Gemeinde)

(die Gemeinde erhebt sich)
Fürbittengebet [evtl. mit Gebetsruf: 178. 9-14]

(wird in dem Gottesdienst das Abendmahl gefeiert, dann ist dieses Gebet sowohl **vor** als auch **nach** dem Abendmahl möglich.
In einem Gottesdienst **ohne** Abendmahl beten wir an dieser Stelle das Fürbittengebet mit **Vaterunser** (oder 186-188).
Fortsetzung dann nächste Seite: „Gehet hin im Frieden des Herrn. ...")

[Gabenbereitung. Dabei kann ein Lied gesungen werden]

(die Gemeinde erhebt sich)

Vorbereitung:
[**L.:** Der Herr sei mit euch.
G.: *und mit deinem Geiste.*]
L.: Erhebet eure Herzen.
G.: *Wir erheben sie zum Herren.*
L.: Lasset uns danken dem Herrn, unserm Gott.
G.: *Das ist würdig und recht.* *

Lobgebet:
L.: Lobpreis
G.: *(185.1) Heilig, heilig, heilig ist Gott, der Herre Zebaoth, voll sind Himmel und Erde seiner Herrlichkeit. Hosianna in der Höhe. Gelobet sei, der da kommt im Namen des Herren. Hosianna in der Höhe.* *
(andere Möglichkeiten: 185. 2-5)

[**oder** andere Texte anstelle von 'Vorbereitung' und 'Lobgebet']

Einsetzungsworte
[wenn **L.** einleitet: **G.:** Deinen Tod, o Herr, verkünden wir und deine Auferstehung preisen wir, bis du kommst in Herrlichkeit. Oder 189]

Vaterunser (oder Vaterunserlied: 186-188)

Friedensgruß:
L.: Der Friede des Herrn sei mit euch.
G.: Friede sei mit dir.
(andere Formen des Friedensgrußes sind möglich)

G.: *(190.2) Christe, du Lamm Gottes, der du trägst die Sünd der Welt, erbarm dich unser. Christe, du Lamm Gottes, der du trägst die Sünd der Welt, erbarm dich unser. Christe, du Lamm Gottes, der du trägst die Sünd der Welt, gib uns deinen Frieden. Amen.* *
(andere Möglichkeiten: 190. 1.3-4)

(die Gemeinde setzt sich)

Austeilung

Dankgebet [und/oder : Lied oder Liedstrophe]
(Fortsetzung mit „Gehet hin im Frieden des Herrn. ...")

EVANGELISCHES GESANGBUCH

Ausgabe für

die Evangelische Kirche im Rheinland

die Evangelische Kirche von Westfalen

die Lippische Landeskirche

in Gemeinschaft

mit der Evangelisch-reformierten Kirche

(Synode evangelisch-reformerter Kirchen

in Bayern und Nordwestdetschland)

in Gebrauch auch in den

evangelischen Kirchen

im Großherzogtum Luxenburg

EVANGELISCHES GESANGBUCH

Alle Rechte des Gesamtkonzepts und der Gestaltung
dieses Gesangbuches liegen ausschließlich bei

der Evangelischen Kirche im Rheinland,
der Evangelischen Kirche von Westfalen,
der Lippischen Landeskirche

in Gemeinschaft mit
der Evangelisch-reformierten Kirche.

Ein Nachdruck sowie jede andere Verwertung des Stammteils,
Nr. 1–535, oder einzelner Stücke daraus bedürfen der Genehmigung
durch die Evangelische Kirche in Deutschland.

Weitere Informationen zum Urheber-, Nutzungs- und
Vervielfältigungsrecht aller Stücke dieses Gesangbuches finden sich in
Zum Gebrauch dieses Buches, Seite 7 und 8.

Das ausführliche Impressum ist auf der letzten Seite dieses
Gesangbuches aufgeführt.

ZUM GEBRAUCH DIESES BUCHES

Ich will singen von der Gnade des Herrn ewiglich und
seine Treue verkünden mit meinem Munde für und für
(Psalm 89, 2)

Das *Evangelische Gesangbuch* (EG) ist auch ein *Gottesdienstbuch* und ein *Gebetbuch* zum Gebrauch

in Kirche und Haus,
gemeinsam und in einsamer Stille,
in frohen und traurigen Stunden.

Es hält Lieder und Gesänge unter Nr. 1–535 bereit, die allen Ausgaben des Evangelischen Gesangbuches gemeinsam sind. Unter Nr. 536–695 folgt der landeskirchliche Liedteil.

Im umfassenden Textteil, ab Nr. 701, sind Psalmen und andere biblische Texte – teils auch zum Singen eingerichtet –, verschiedene Gottesdienst- und Andachtsformen, Bekenntnisse und Lehrzeugnisse der Kirche und auch ein Angebot an Gebeten zu finden.

Eine Anweisung für die Nottaufe findet sich unter Nr. 839, eine Anleitung für die Beichte unter Nr. 840, eine Hilfe für die Begleitung Sterbender unter Nr. 982, eine Ordnung einer häuslichen Aussegnung bei einem Sterbefall unter Nr. 851.

Unter Nr. 1007 wird eine Übersicht über die Epochen der Liedgeschichte, unter der Nr. 1008 werden Kurzangaben zur Lebensgeschichte der Autorinnen und Autoren von Melodien und Liedtexten geboten.

ZUM GEBRAUCH DIESES BUCHES

- Die *Lieder* sind in die Hauptabschnitte Kirchenjahr, Gottesdienst, Biblische Gesänge, Glaube – Liebe – Hoffnung, und in kleinere Rubriken (z. B. Advent, Weihnachten) eingeteilt. Jede Rubrik beginnt mit einem für sie charakteristischen Leitlied. Die folgenden Lieder sind nach dem Zeitpunkt der Entstehung ihres Textes geordnet. Die Psalmlieder und die biblischen Erzähllieder sind nach der Ordnung der Bibel zusammengestellt, die liturgischen Gesänge nach der Ordnung des Gottesdienstes. Im Liederverzeichnis finden sich am Ende der Rubriken Hinweise auf solche Lieder, die in anderen Rubriken stehen, aber zugleich auch hierher gezählt werden können.

- Jedem Lied sind *Angaben über Verfasser* und Erstveröffentlichung bzw. älteste Quellen beigegeben. Eine Jahreszahl in Klammern bedeutet, daß das Lied wahrscheinlich in diesem Jahr entstanden ist. Die Angaben von mehreren Jahreszahlen und Orten weisen auf spätere Überarbeitungen hin. Nähere Erläuterungen siehe Nr. 1006.

- Ist über dem Lied eine *Bibelstelle* angegeben, so ist das ganze Lied dem genannten Bibeltext nachgebildet. Sind Bibelstellen unter einzelnen Strophen, ggf. mit einem *, aufgeführt, so dienen sie zur Erläuterung der Strophe oder des mit * versehenen Wortes.

- Mit *ö gekennzeichnete Lieder* stimmen in Text- und Melodiegestalt mit der von der interkonfessionellen und internationalen Arbeitsgemeinschaft Ökumenisches Liedgut erarbeiteten Fassung überein. Ein eingeklammertes (ö) weist darauf hin, daß von dieser Fassung (meist geringfügige) Abweichungen bestehen. Eine Liste dieser Lieder sowie von Liedern, deren Fassung mit dem katholischen Gesangbuch »Gotteslob« übereinstimmt, ist beigefügt (Nr. 1009).

- Die *Notenschrift* drückt die musikalische Eigenart der Melodien aus den verschiedenen Stilepochen aus. Bei altkirchlichen Gesängen (z. B. Nr. 3, 156, 539) sind Noten ohne Hals verwendet. Damit wird angedeutet, daß die Töne sich dem Sprachrhythmus anpassen und nicht auf eine bestimmte Dauer festgelegt werden.
  Bei alten Melodien aus der Zeit vor 1600, die nicht regelmäßig-periodisch gebaut sind (z. B. Nr. 108, 143, 540), wurde auf eine metrische Einteilung durch Striche verzichtet. Statt diesen wurde die »Grundschlag-Note« verwendet, die über dem Anfang der ersten

ZUM GEBRAUCH

Notenzeile den Pulsschlag der Melodie
die Weisen des Genfer Psalters (z. B
sind durch Atempausen verbunden,
Melodie anpaßt. Spätere Melodien,
periodischen Betonungsschema folgen (z.
den durch kleine Zeichen im Notensatz – mö
ten, die der Text vorgibt –, überschaubar geg
Mitte des 17. Jahrhunderts an sind Melodien im
mit festen Versmaßen in einem Betonungsschema
durch das bis heute übliche Taktprinzip (z. B. Nr. 243, 35
dergegeben werden kann.

– Das Gesangbuch enthält eine Reihe von Liedern und Gesängen,
  im Wechsel zu singen sind. Von dieser Möglichkeit sollte, wo immer es
  geht, Gebrauch gemacht werden, weil dadurch das Singen belebt
  wird und unterschiedliche Gruppen beteiligt werden können. Die
  verwendeten Abkürzungen bedeuten:

  V   = Vorsänger / Vorsängerin / Vorsängergruppe
  A   = Alle
  L   = Liturg / Liturgin
  K   = Kantor / Kantorin
  G   = Gemeinde
  Ch   = Chor
  I / II = Gruppe I / Gruppe II

– In der *Rechtschreibung* wurde der Gebrauch des Apostroph auf das
  Notwendige beschränkt, da bei dichterischer Sprache die zu häufige
  Verwendung des Zeichens störend wirkt.

– Dem Gesangbuch ist ein *Verzeichnis der urheberrechtlich geschützten
  Stücke* und ihrer Rechteinhaber beigegeben. Jede Verwertung dieser
  Stücke bedarf grundsätzlich der Genehmigung durch die Rechteinhaber. Eine Ausnahme bildet unter bestimmten Bedingungen die
  Anfertigung von Kopien für gottesdienstliche Zwecke. Dies regelt
  ein Pauschalabkommen der Evangelischen Kirche in Deutschland
  mit der Vertretung der Rechteinhaber.

– Dieses Gesangbuch basiert auf der *Stammausgabe des Evangelischen
  Gesangbuches*, die im Auftrag der Evangelischen Kirche in Deutsch-

...BRAUCH DIESES BUCHES

...d ihrer Gliedkirchen, der Evangelischen Kirche Augsburgi-
... und Helvetischen Bekenntnisses in Österreich sowie der Kir-
... Augsburgischer Konfession und der Reformierten Kirche im El-
... und in Lothringen (Frankreich) erarbeitet wurde.
... ist auch in Gebrauch in den evangelischen Kirchen im Großher-
...ogtum Luxemburg.

Dieses Gesangbuch ist in allen seinen Stücken *urheberrechtlich geschützt*. Jede Verwertung außerhalb der engen Grenzen des Urheberrechtsgesetzes bedarf der ausdrücklichen Zustimmung der Rechteinhaber. Das gilt insbesondere für Vervielfältigungen, Übersetzungen, Mikroverfilmungen, die Einspeicherung, Verarbeitung und Verbreitung in elektronischen Systemen und Netzen, für Offline- und Online-Verwertungen.

Eine Verwertung des Stammteils (Nr. 1–535) oder einzelner Stücke daraus bedürfen der Genehmigung durch die Evangelische Kirche in Deutschland.

Eine Verwertung des Landeskirchlichen Liederteils (Nr. 536–695) und des Textteils (Nr. 701–1010) oder einzelner Stücke daraus sowie eine auch teilweise Übernahme der Gestaltung oder einzelner Teile aus dem Konzept bedürfen der Genehmigung durch die Evangelische Kirche im Rheinland, die Evangelische Kirche von Westfalen und die Lippische Landeskirche. Für die im *Verzeichnis der urheberrechtlich geschützten Stücke* (Seite 1637 ff.) genannten Lieder, Gesänge und Texte bedarf es darüber hinaus der ausdrücklichen Genehmigung durch die Rechteinhaber.

Inhaltsübersicht

LIEDER UND GESÄNGE

Lied-Nr.		Kirchenjahr
1–22	536–538	Advent
23–57	539–548	Weihnachten
58–65	549–551	Jahreswende
66–74	552–553	Epiphanias
75–98	554–558	Passion
99–118	559–564	Ostern
119–123	565	Himmelfahrt
124–137	566–571	Pfingsten
138–140		Trinitatis
141–143		Besondere Tage
144–146		Bußtag
147–154	572	Ende des Kirchenjahres

Gottesdienst

155–176	573–578	Eingang und Ausgang
177–192	579–589	Liturgische Gesänge
193–199	590–591	Wort Gottes
200–212	592–596	Taufe und Konfirmation
213–229	597–599	Abendmahl
230–237	600	Beichte
238–240	601	Trauung
241–261	602–608	Sammlung und Sendung
262–269	609–611	Ökumene

Biblische Gesänge

270–310	612–636	Psalmen und Lobgesänge
311–315	637	Biblische Erzähllieder

INHALTSÜBERSICHT

Lied-Nr.   Glaube – Liebe – Hoffnung

316–340	638–645	Loben und Danken
341–360	646–648	Rechtfertigung und Zuversicht
361–383	649–656	Angst und Vertrauen
384–395	657–659	Umkehr und Nachfolge
396–411	660–664	Geborgen in Gottes Liebe
412–420	665–668	Nächsten- und Feindesliebe
421–436	669–680	Erhaltung der Schöpfung, Frieden und Gerechtigkeit
437–456	681–683	Morgen
457–466		Mittag und das tägliche Brot
467–493	684–688	Abend
494–497		Arbeit
498		Auf Reisen
499–515	689–693	Natur und Jahreszeiten
516–535	694–695	Sterben und ewiges Leben, Bestattung

PSALMEN, GOTTESDIENST, BEKENNTNISSE, GEBETE, KIRCHENJAHR, BEIGABEN

Psalmgebete

701	Einführung	*Seite* 1134
702–774	Psalmen in Auswahl	1138
775–781	Psalmübertragungen	1201
782–794	Psalmen zum Singen	1206

Der Gottesdienst

801	Der Gottesdienst an Sonn- und Festtagen	1224
802–827	Gebete zum Gottesdienst	1238
802–808	Vor dem Gottesdienst	1238
809–812	Vorbereitungsgebete und Sündenbekenntnisse	1240
813–818	Glaubenszeugnisse für den Gottesdienst	1243
819	Zur Taufe	1249
820–823	Zum Abendmahl	1250

INHALTSÜBERSICHT

824–825	Nach dem Abendmahl	*Seite* 1251
826–827	Nach dem Gottesdienst	1251
828	Grundform einer Andacht	1253
829	Morgenandacht	1255
830	Friedensgebet	1257
831	Abendandacht	1260
832	Adventsandacht	1263
833–834	Passionsandacht	1267
835–837	Gottesdienste zu den Tageszeiten	1272
835	Einführung	1272
836	Morgengebet *Mette* / Abendgebet *Vesper*	1273
837	Nachtgebet *Komplet*	1277
838	Gemeinsames Gebet nach Taizé	1284
839	Die Nottaufe	1287
840–850	Die Beichte	1289
840	Einführung	1289
841	Anleitung zur Einzelbeichte	1290
842–843	Zur Vorbereitung auf die Beichte	1291
844–845	Die Zehn Gebote	1293
846	Das Doppelgebot der Liebe	1295
847–850	Beichtbekenntnisse	1295
851	Aussegnung (Verabschiedungsfeier)	1298

Bekenntnisse und Lehrzeugnisse der Kirche

852	Einführung	1305
853	Das Apostolische Glaubensbekenntnis	1308
854	Das Glaubensbekenntnis von Nizäa-Konstantinopel	1310
855	Der Kleine Katechismus Dr. Martin Luthers	1312
856	Der Heidelberger Katechismus (Auszug)	1330
857	Das Augsburger Bekenntnis (Auszug)	1363
858	Die Theologische Erklärung der Bekenntnissynode von Barmen	1377
859	Konkordie Reformatorischer Kirchen in Europa (Leuenberger Konkordie) (Auszug)	1381

INHALTSÜBERSICHT

Gebete

860	Vom Beten	*Seite* 1390
861	Vater unser (Unser Vater)	1393
862	Gebetsrufe und Trostworte der Bibel	1394
863–871	Am Morgen	1395
872–881	Am Mittag um Frieden, Gerechtigkeit und Bewahrung der Schöpfung	1400
882–893	Bei Tisch	1406
894–901	Am Abend	1410
902–914	Mit Kindern beten	1414
915–939	Zu den Wochentagen	1421
940–960	Zum Lebenskreis	1435
961–965	In Zweifel und Angst	1446
966–977	In Not und Krankheit	1449
978–991	Im Alter und beim Sterben	1455
982	Sterbende begleiten	1459
992–1002	Um den Segen Gottes bitten	1466
1003	Herr, lehre mich beten	1470

Das Kirchenjahr

1004	Einführung	1474
1005	Liturgischer Kalender	1477

Beigaben zur Liederkunde

1006	Einführung	1512
1007	Liedgeschichte im Überblick	1515
1008	Dichterinnen und Dichter, Komponistinnen und Komponisten	1529
1009	Ökumenische Lieder	1599
1010	Lieder aus anderen Ländern und Sprachen	1608
	Alphabetisches Verzeichnis der Lieder und Gesänge	1614
	Verzeichnis der urheberrechtlich geschützten Stücke	1637

Lieder und Gesänge

KIRCHENJAHR

Advent

1 Macht hoch die Tür
2 Er ist die rechte Freudensonn *(Kanon)**
3 Gott, heilger Schöpfer aller Stern
4 Nun komm, der Heiden Heiland
5 Gottes Sohn ist kommen
6 Ihr lieben Christen, freut euch nun
7 O Heiland, reiß die Himmel auf
8 Es kommt ein Schiff, geladen
9 Nun jauchzet, all ihr Frommen
10 Mit Ernst, o Menschenkinder
11 Wie soll ich dich empfangen
12 Gott sei Dank durch alle Welt
13 Tochter Zion, freue dich *(mehrstg.)*
14 Dein König kommt in niedern Hüllen
15 Tröstet, tröstet, spricht der Herr
16 Die Nacht ist vorgedrungen
17 Wir sagen euch an den lieben Advent*
18 Seht, die gute Zeit ist nah*
19 O komm, o komm, du Morgenstern
20 Das Volk, das noch im Finstern wandelt
21 Seht auf und erhebt eure Häupter
22 Nun sei uns willkommen *(Kanon)*
536 Auf, auf, ihr Christen alle
537 Mache dich auf und werde licht *(Kanon)*
538 Tragt in die Welt nun ein Licht*

INHALTSÜBERSICHT

    69 *Der Morgenstern ist aufgedrungen*
  147 *Wachet auf, ruft uns die Stimme*
  149 *Es ist gewißlich an der Zeit*
  151 *Ermuntert euch, ihr Frommen*
  152 *Wir warten dein, o Gottes Sohn*
  154 *Herr, mach uns stark im Mut, der dich bekennt*
178.6 *Tau aus Himmelshöhn (Advents-Kyrie)*
  312 *Kam einst zum Ufer*
  428 *Komm in unsre stolze Welt*
  442 *Steht auf, ihr lieben Kinderlein*
  614 *Dem Herrn gehört unsre Erde (Ps 24)*

Lieder zum Lobgesang der Maria: Nr. 308–310, 588

Weihnachten

23 Gelobet seist du, Jesu Christ
24 Vom Himmel hoch, da komm ich her
25 Vom Himmel kam der Engel Schar
26 Ehre sei Gott in der Höhe *(Kanon)*
27 Lobt Gott, ihr Christen alle gleich
28 Also hat Gott die Welt geliebt
29 Den die Hirten lobeten sehre *(mehrstg.)**
30 Es ist ein Ros entsprungen *(mehrstg.)**
31 Es ist ein Ros entsprungen *(Kanon)*
32 Zu Bethlehem geboren
33 Brich an, du schönes Morgenlicht
34 Freuet euch, ihr Christen alle
35 Nun singet und seid froh
36 Fröhlich soll mein Herze springen
37 Ich steh an deiner Krippen hier
38 Wunderbarer Gnadenthron
39 Kommt und laßt uns Christus ehren
40 Dies ist die Nacht, da mir erschienen
41 Jauchzet, ihr Himmel
42 Dies ist der Tag, den Gott gemacht
43 Ihr Kinderlein, kommet*

LIEDER UND GESÄNGE

44 O du fröhliche
45 Herbei, o ihr Gläub'gen (O come, all ye faithful)
46 Stille Nacht
47 Freu dich, Erd und Sternenzelt*
48 Kommet, ihr Hirten*
49 Der Heiland ist geboren
50 Du Kind, zu dieser heilgen Zeit
51 Also liebt Gott die arge Welt
52 Wißt ihr noch, wie es geschehen*
53 Als die Welt verloren (Gdy się Chrystus rodzi)
54 Hört, der Engel helle Lieder *(mehrstg.)*
55 O Bethlehem, du kleine Stadt
56 Weil Gott in tiefster Nacht erschienen
57 Uns wird erzählt von Jesus Christ*
539 Christum wir sollen loben schon
540 Freut euch, ihr lieben Christen
541 Vom Himmel hoch, o Engel, kommt
542 Wir singen dir, Immanuel
543 O freudenreicher Tag
544 Mit den Hirten will ich gehen
545 Es ist für uns eine Zeit angekommen *(mehrstg.)*
546 Stern über Bethlehem*
547 In einer Höhle zu Bethlehem
548 Die Weisen sind gegangen

    60 *Freut euch, ihr lieben Christen all*
  179 *Allein Gott in der Höh sei Ehr*
180.4 *Allein Gott in der Höh sei Ehr (Kanon)*

Jahreswende

58 Nun laßt uns gehn und treten
59 Das alte Jahr vergangen ist
60 Freut euch, ihr lieben Christen all
61 Hilf, Herr Jesu, laß gelingen
62 Jesus soll die Losung sein
63 Das Jahr geht still zu Ende

INHALTSÜBERSICHT

  64 Der du die Zeit in Händen hast
  65 Von guten Mächten treu und still umgeben *(mehrstg.)*
549 Helft mir Gotts Güte preisen
550 Lobpreiset all zu dieser Zeit
551 Das Jahr geht hin, nun segne du

>   24 *Vom Himmel hoch, da komm ich her (Str. 15)*
>   34 *Freuet euch, ihr Christen alle (Str. 4)*
> 173 *Der Herr behüte deinen Ausgang (Kanon)*
> 175 *Ausgang und Eingang (Kanon)*
> 261 *Herr, wohin sollen wir gehen (Kanon)*
> 296 *Ich heb mein Augen sehnlich auf*
> 329 *Bis hierher hat mich Gott gebracht*
> 391 *Jesu, geh voran*
> 394 *Nun aufwärts froh den Blick gewandt*
> 498 *In Gottes Namen fahren wir*

Epiphanias

  66 Jesus ist kommen, Grund ewiger Freude
  67 Herr Christ, der einig Gotts Sohn
  68 O lieber Herre Jesu Christ
  69 Der Morgenstern ist aufgedrungen *(mehrstg.)*
  70 Wie schön leuchtet der Morgenstern *(Str. 6 mehrstg.)*
  71 O König aller Ehren
  72 O Jesu Christe, wahres Licht
  73 Auf, Seele, auf und säume nicht
  74 Du Morgenstern, du Licht vom Licht
552 Licht, das in die Welt gekommen
553 Die Weisen aus dem Morgenland*

>   5 *Gottes Sohn ist kommen*
> 51 *Also liebt Gott die arge Welt*
> 158 *O Christe, Morgensterne*
> 293 *Lobt Gott den Herrn, ihr Heiden all*
> 441 *Du höchstes Licht, du ewger Schein*
> 442 *Steht auf, ihr lieben Kinderlein*

LIEDER UND GESÄNGE

591 *Gottes Wort ist wie Licht (Kanon)*
695 *Nun lässest du, o Herr*

Lieder zum Lobgesang des Simeon: Nr. *519, 695*

Passion

75 Ehre sei dir, Christe
76 O Mensch, bewein dein Sünde groß
77 Christus, der uns selig macht
78 Jesu Kreuz, Leiden und Pein
79 Wir danken dir, Herr Jesu Christ, daß du für uns gestorben bist
80 O Traurigkeit, o Herzeleid
81 Herzliebster Jesu, was hast du verbrochen
82 Wenn meine Sünd' mich kränken
83 Ein Lämmlein geht und trägt die Schuld
84 O Welt, sieh hier dein Leben
85 O Haupt voll Blut und Wunden
86 Jesu, meines Lebens Leben
87 Du großer Schmerzensmann
88 Jesu, deine Passion
89 Herr Jesu, deine Angst und Pein
90 Ich grüße dich am Kreuzesstamm
91 Herr, stärke mich, dein Leiden zu bedenken
92 Christe, du Schöpfer aller Welt
93 Nun gehören unsre Herzen
94 Das Kreuz ist aufgerichtet
95 Seht hin, er ist allein im Garten
96 Du schöner Lebensbaum des Paradieses (Paradicsomnak te szép élő fája)
97 Holz auf Jesu Schulter
98 Korn, das in die Erde
554 Eines wünsch ich mir vor allem andern
555 Loben wollen wir und ehren
556 Ich steh an deinem Kreuz, Herr Christ
557 Dank sei dir, Herr, durch alle Zeiten
558 Nun ziehen wir die Straße

INHALTSÜBERSICHT

    14 *Dein König kommt in niedern Hüllen*
190.1 *O Lamm Gottes, unschuldig*
190.4 *Siehe, das ist Gottes Lamm (Kanon)*
  314 *Jesus zieht in Jerusalem ein*
  350 *Christi Blut und Gerechtigkeit*
  381 *Gott, mein Gott, warum hast du mich verlassen*
  384 *Lasset uns mit Jesus ziehen*

Ostern

  99 Christ ist erstanden
100 Wir wollen alle fröhlich sein
101 Christ lag in Todesbanden
102 Jesus Christus, unser Heiland, der den Tod überwand
103 Gelobt sei Gott im höchsten Thron *(mehrstg.)*
104 Singen wir heut mit einem Mund
105 Erstanden ist der heilig Christ
106 Erschienen ist der herrlich Tag
107 Wir danken dir, Herr Jesu Christ, daß du vom Tod erstanden bist
108 Mit Freuden zart zu dieser Fahrt
109 Heut triumphieret Gottes Sohn
110 Die ganze Welt, Herr Jesu Christ
111 Frühmorgens, da die Sonn aufgeht
112 Auf, auf, mein Herz, mit Freuden
113 O Tod, wo ist dein Stachel nun
114 Wach auf, mein Herz, die Nacht ist hin
115 Jesus lebt, mit ihm auch ich
116 Er ist erstanden, Halleluja (Mfurahini, Haleluya)*
117 Der schöne Ostertag
118 Der Herr ist auferstanden *(Kanon)*
559 Christus ist auferstanden
560 O herrlicher Tag, o fröhliche Zeit
561 Jesus, unser Trost und Leben *(mehrstg.)*
562 Gottes Stimme laßt uns sein *(Kanon)*
563 Nun werden die Engel im Himmel singen
564 Christ, der Herr, ist heut erstanden
     (Christ, the Lord, is ris'n today)

LIEDER UND GESÄNGE

    98 *Korn, das in die Erde*
178.7 *Der am Kreuze starb (Oster-Kyrie)*
294 *Nun saget Dank und lobt den Herren*
375 *Daß Jesus siegt, bleibt ewig ausgemacht*
526 *Jesus, meine Zuversicht*
630 *Dankt, dankt dem Herrn*

Himmelfahrt

119 Gen Himmel aufgefahren ist
120 Christ fuhr gen Himmel
121 Wir danken dir, Herr Jesu Christ, daß du gen Himmel g'fahren bist
122 Auf Christi Himmelfahrt allein
123 Jesus Christus herrscht als König
565 Auf diesen Tag bedenken wir

    153 *Der Himmel, der ist, ist nicht der Himmel, der kommt*
    248 *Treuer Wächter Israel'*
    269 *Christus ist König, jubelt laut*
    618 *Singt mit froher Stimm*

Pfingsten

124 Nun bitten wir den Heiligen Geist
125 Komm, Heiliger Geist, Herre Gott
126 Komm, Gott Schöpfer, Heiliger Geist
127 Jauchz, Erd, und Himmel, juble hell
128 Heilger Geist, du Tröster mein
129 Freut euch, ihr Christen alle
130 O Heilger Geist, kehr bei uns ein
131 O Heiliger Geist, o heiliger Gott
132 Ihr werdet die Kraft des Heiligen Geistes empfangen *(Kanon)**
133 Zieh ein zu deinen Toren
134 Komm, o komm, du Geist des Lebens
135 Schmückt das Fest mit Maien
136 O komm, du Geist der Wahrheit

INHALTSÜBERSICHT

137 Geist des Glaubens, Geist der Stärke
566 Der Geist des Herrn erfüllt das All
567 Am Pfingsttag unter Sturmgebraus
568 Wind kannst du nicht sehen (Vinden ser vi inte)
569 Zu Ostern in Jerusalem*
570 Du, Herr, gabst uns dein festes Wort
571 Unser Leben sei ein Fest

120 Christ fuhr gen Himmel
156 Komm, Heiliger Geist, erfüll die Herzen
178.8 Send uns deinen Geist (Pfingst-Kyrie)
193 Erhalt uns, Herr, bei deinem Wort
255 O daß doch bald dein Feuer brennte
268 Strahlen brechen viele aus einem Licht
328 Dir, dir, o Höchster, will ich singen
390 Erneure mich, o ewigs Licht
532 Nun sich das Herz von allem löste

Trinitatis

138 Gott der Vater steh uns bei
139 Gelobet sei der Herr
140 Brunn alles Heils, dich ehren wir *(mehrstg.)*

Lieder zum Glaubensbekenntnis: Nr. 183, 184

179 Allein Gott in der Höh sei Ehr
193 Erhalt uns, Herr, bei deinem Wort

Besondere Tage

JOHANNESTAG, 24. JUNI
141 Wir wollen singn ein' Lobgesang

202 Christ, unser Herr, zum Jordan kam
312 Kam einst zum Ufer

MICHAELSTAG, 29. SEPTEMBER
142 Gott, aller Schöpfung heilger Herr
143 Heut singt die liebe Christenheit

LIEDER UND GESÄNGE

AN GEDENKTAGEN DER GLAUBENSZEUGEN
154 *Herr, mach uns stark im Mut, der dich bekennt, Str. 6*
273 *Ach Gott, vom Himmel sieh darein*
362 *Ein feste Burg ist unser Gott*

Lieder zu Sammlung und Sendung:
Nr. *241–261, 602–608*

Bußtag

144 Aus tiefer Not laßt uns zu Gott
145 Wach auf, wach auf, du deutsches Land
146 Nimm von uns, Herr, du treuer Gott

    192 *Kyrie eleison (Litanei)*
    242 *Herr, nun selbst den Wagen halt*
    244 *Wach auf, wach auf, 's ist hohe Zeit*
    248 *Treuer Wächter Israel'*
    283 *Herr, der du vormals hast dein Land*
    299 *Aus tiefer Not schrei ich zu dir*
    366 *Wenn wir in höchsten Nöten sein*

Lieder zur Beichte: Nr. *230–237, 600*

Ende des Kirchenjahres

147 Wachet auf, ruft uns die Stimme
148 Herzlich tut mich erfreuen
149 Es ist gewißlich an der Zeit
150 Jerusalem, du hochgebaute Stadt
151 Ermuntert euch, ihr Frommen
152 Wir warten dein, o Gottes Sohn
153 Der Himmel, der ist, ist nicht der Himmel, der kommt
154 Herr, mach uns stark im Mut, der dich bekennt
572 Brich herein, süßer Schein *(mehrstg.)*

    5 *Gottes Sohn ist kommen*
    6 *Ihr lieben Christen, freut euch nun*
  20 *Das Volk, das noch im Finstern wandelt*

INHALTSÜBERSICHT

  21 *Seht auf und erhebt eure Häupter*
298 *Wenn der Herr einst die Gefangnen*
426 *Es wird sein in den letzten Tagen*
429 *Lobt und preist die herrlichen Taten des Herrn*
450 *Morgenglanz der Ewigkeit*
518 *Mitten wir im Leben sind*
695 *Nun lässest du, o Herr*

GOTTESDIENST

Eingang und Ausgang

155 Herr Jesu Christ, dich zu uns wend *(mehrstg.)*
156 Komm, Heiliger Geist, erfüll die Herzen deiner Gläubigen
157 Laß mich dein sein und bleiben
158 O Christe, Morgensterne
159 Fröhlich wir nun all fangen an
160 Gott Vater, dir sei Dank gesagt
161 Liebster Jesu, wir sind hier, dich und dein Wort anzuhören
162 Gott Lob, der Sonntag kommt herbei
163 Unsern Ausgang segne Gott
164 Jesu, stärke deine Kinder
165 Gott ist gegenwärtig
166 Tut mir auf die schöne Pforte
167 Wir wollen fröhlich singen *(mehrstg.)*
168 Du hast uns, Herr, gerufen*
169 Der Gottesdienst soll fröhlich sein*
170 Komm, Herr, segne uns*
171 Bewahre uns, Gott
172 Sende dein Licht und deine Wahrheit *(Kanon)*
173 Der Herr behüte deinen Ausgang *(Kanon)*
174 Es segne und behüte uns *(Kanon)*
175 Ausgang und Eingang *(Kanon)**
176 Öffne meine Augen *(Kanon)*

LIEDER UND GESÄNGE

573 Die wir uns allhier beisammen finden
574 Jesus, Haupt und Herr der Deinen
575 Segne und behüte
576 Die Gnade unsers Herrn Jesu Christi *(mehrstg.)*
577 Kommt herbei, singt dem Herrn
578 Wo zwei oder drei *(Kanon)*

Lieder vom Heiligen Geist (Pfingsten): Nr. 124–137, 566–568
Lieder vom Wort Gottes: Nr. 193–199, 590–592

258 *Zieht in Frieden eure Pfade*
260 *Gleichwie mich mein Vater gesandt hat*
282 *Wie lieblich schön, Herr Zebaoth*
288 *Nun jauchzt dem Herren, alle Welt*
300 *Lobt Gott, den Herrn der Herrlichkeit*
339 *Mein Herz ist bereit, Gott (Kanon)*
347 *Ach bleib mit deiner Gnade*
348 *Gott verspricht: Ich will dich segnen*
421 *Verleih uns Frieden gnädiglich*
436 *Herr, gib uns deinen Frieden (Kanon)*
607 *Herr, wir bitten, komm und segne uns*
620 *Herr, unser Gott, auf den wir trauen (Ps 67)*
695 *Nun lässest du, o Herr*

Liturgische Gesänge

EHRE SEI DEM VATER (GLORIA PATRI)
177.1 Ehr sei dem Vater und dem Sohn *(1532)*
177.2 Ehr sei dem Vater und dem Sohn *(1532/1856)*
177.3 Ehre sei dem Vater und dem Sohn *(1987)*

HERR, ERBARME DICH (KYRIE)
178.1 Kyrie eleison *(gregorianisch)*
178.2 Kyrie eleison *(Straßburg)*
178.3 Kyrie eleison *(Luther)*
178.4 Kyrie, Gott Vater in Ewigkeit
178.5 Herr, erbarme dich *(1952)*
178.6 Tau aus Himmelshöhn *(Advents-Kyrie)*

INHALTSÜBERSICHT

178.7 Der am Kreuze starb *(Oster-Kyrie)*
178.8 Send uns deinen Geist *(Pfingst-Kyrie)*
178.9 Kyrie eleison *(orthodox)*
178.10 Herr, erbarme dich *(1964) (mehrstg.)*
178.11 Herr, erbarme dich *(1973)**
178.12 Kyrie eleison *(Taizé)*
178.13 Kyrie eleison *(1983)*
178.14 Kyrie eleison *(Kanon)*

EHRE SEI GOTT IN DER HÖHE (GLORIA)
179 Allein Gott in der Höh sei Ehr
180.1 Ehre sei Gott in der Höhe *(Straßburg)*
180.2 Gott in der Höh sei Preis und Ehr
180.3 Ehre sei Gott in der Höhe *(1986)*
180.4 Allein Gott in der Höh sei Ehr *(Kanon)*
580 Gloria *(Taizé) (Kanon)*

26 *Ehre sei Gott in der Höhe (Kanon)*

LOBRUFE
181.1 Halleluja *(5. Psalmton)*
181.2 Halleluja *(8. Psalmton)*
181.3 Halleluja *(9. Psalmton)*
181.4 Halleluja *(Kiew) (mehrstg.)*
181.5 Halleluja *(Zimbabwe) (mehrstg.)*
181.6 Laudate omnes gentes
  (Lobsingt, ihr Völker alle) *(mehrstg.)*
181.7 Jubilate Deo *(Kanon)*
181.8 Halleluja, Amen *(Kanon)**
182 Halleluja. Suchet zuerst Gottes Reich in dieser Welt
581 Halleluja *(Taizé) (mehrstg.)*

GLAUBENSBEKENNTNIS (CREDO)
183 Wir glauben all an einen Gott
184 Wir glauben Gott im höchsten Thron

HEILIG, HEILIG, HEILIG (SANCTUS)
185.1 Heilig *(Neuenrade)*
185.2 Heilig *(gregorianisch)*
185.3 Heilig *(Steinau)*

LIEDER UND GESÄNGE

- 185.4 Agios o Theos (Heiliger Herre Gott) *(mehrstg.)*
- 185.5 Sanctus *(Kanon)*
- 583 Sanctus *(Taizé) (Kanon)*

VATER UNSER
- 186 Vater unser im Himmel
- 187 Vater unser in dem Himmel
- 188 Vater unser, Vater im Himmel*

    - 342 *Es ist das Heil uns kommen her, Str. 8.9*
    - 344 *Vater unser im Himmelreich*
    - 471 *Die Nacht ist kommen, Str. 5*

NACH DEN EINSETZUNGSWORTEN
- 189 Geheimnis des Glaubens: Deinen Tod, o Herr, verkünden wir

LAMM GOTTES (AGNUS DEI)
- 190.1 O Lamm Gottes, unschuldig
- 190.2 Christe, du Lamm Gottes
- 190.3 Lamm Gottes, du nimmst hinweg
- 190.4 Siehe, das ist Gottes Lamm *(Kanon)*

TE DEUM
- 191 Herr Gott, dich loben wir

    - 331 *Großer Gott, wir loben dich*

LITANEI
- 192 Kyrie eleison

WEITERE LITURGISCHE GESÄNGE
- 579 Freuet euch im Herrn! *(Taizé) (mehrstg.)*
- 582 Oculi nostri *(Taizé) (mehrstg.)*
- 584 Jubilate Deo *(Taizé) (Kanon)*
- 585 Bleibet hier und wachet mit mir! *(Taizé) (mehrstg.)*
- 586 Bleib mit deiner Gnade bei uns *(Taizé) (mehrstg.)*
- 587 Ubi caritas et amor *(Taizé) (mehrstg.)*
- 588 Magnificat *(Taizé) (Kanon)*
- 589 Kehret um *(mehrstg.)*

INHALTSÜBERSICHT

Wort Gottes

193 Erhalt uns, Herr, bei deinem Wort
194 O Gott, du höchster Gnadenhort
195 Allein auf Gottes Wort will ich
196 Herr, für dein Wort sei hoch gepreist
197 Herr, öffne mir die Herzenstür*
198 Herr, dein Wort, die edle Gabe
199 Gott hat das erste Wort (God heeft het eerste woord)
590 Es ist ein Wort ergangen
591 Gottes Wort ist wie Licht in der Nacht *(Kanon)*
592 Wort, das lebt und spricht

246 Ach bleib bei uns, Herr Jesu Christ
295 Wohl denen, die da wandeln
452 Er weckt mich alle Morgen

Taufe und Konfirmation

200 Ich bin getauft auf deinen Namen
201 Gehet hin in alle Welt
202 Christ, unser Herr, zum Jordan kam
203 Ach lieber Herre Jesu Christ, der du ein Kindlein worden bist
204 Herr Christ, dein bin ich eigen
205 Gott Vater, höre unsre Bitt
206 Liebster Jesu, wir sind hier, deinem Worte nachzuleben
207 Nun schreib ins Buch des Lebens
208 Gott Vater, du hast deinen Namen
209 Ich möcht', daß einer mit mir geht
210 Du hast mich, Herr, zu dir gerufen
211 Gott, der du alles Leben schufst
212 Voller Freude über dieses Wunder
593 Mein Schöpfer, steh mir bei
594 Wir bringen, Herr, dies Kind zu dir
595 Ein Kind ist angekommen
596 Kind, du bist uns anvertraut

LIEDER UND GESÄNGE

  250 *Ich lobe dich von ganzer Seelen*
  261 *Herr, wohin sollen wir gehen (Kanon)*
  606 *Laßt die Kinder zu mir kommen*
  622 *Ich sing in Ewigkeit (Ps 89)*

Abendmahl

213 Kommt her, ihr seid geladen
214 Gott sei gelobet und gebenedeiet
215 Jesus Christus, unser Heiland, der von uns den Gotteszorn wandt
216 Du hast uns Leib und Seel gespeist
217 Herr Jesu Christe, mein getreuer Hirte
218 Schmücke dich, o liebe Seele
219 Herr Jesu Christ, du höchstes Gut
220 Herr, du wollest uns bereiten
221 Das sollt ihr, Jesu Jünger, nie vergessen
222 Im Frieden dein, o Herre mein
223 Das Wort geht von dem Vater aus
224 Du hast zu deinem Abendmahl
225 Komm, sag es allen weiter*
226 Seht, das Brot, das wir hier teilen
227 Dank sei dir, Vater, für das ewge Leben
228 Er ist das Brot, er ist der Wein
229 Kommt mit Gaben und Lobgesang (Let us talents and tongues employ)
597 Singet, danket unserm Gott
598 Wir sind zum Mahl geladen
599 Singet dem Herrn ein neues Lied. Er ist in allem, was geschieht

  158 *O Christe, Morgensterne*
  603 *Nun werde still, du kleine Schar*
  628 *Jauchzt Halleluja, lobt den Herrn! (Ps 111)*

INHALTSÜBERSICHT

Beichte

230 Schaffe in mir, Gott, ein reines Herze
231 Dies sind die heilgen zehn Gebot
232 Allein zu dir, Herr Jesu Christ
233 Ach Gott und Herr, wie groß und schwer
234 So wahr ich lebe, spricht dein Gott
235 O Herr, nimm unsre Schuld
236 Ohren gabst du mir
237 Und suchst du meine Sünde
600 Meine engen Grenzen

    144 *Aus tiefer Not laßt uns zu Gott*
    146 *Nimm von uns, Herr, du treuer Gott*
    275 *In dich hab ich gehoffet, Herr*
    299 *Aus tiefer Not schrei ich zu dir*
    343 *Ich ruf zu dir, Herr Jesu Christ*
    349 *Ich freu mich in dem Herren*
    353 *Jesus nimmt die Sünder an*
    381 *Gott, mein Gott, warum hast du mich verlassen*
    382 *Ich steh vor dir mit leeren Händen, Herr*
    389 *Ein reines Herz, Herr, schaff in mir*
    392 *Gott rufet noch. Sollt ich nicht endlich hören*
    404 *Herr Jesu, Gnadensonne*
    615 *Meine Seele steigt auf Erden (Ps 25)*
    657 *Erheb dein Herz, tu auf dein' Ohren*

Trauung

238 Herr, vor dein Antlitz treten zwei
239 Freuet euch im Herren allewege
240 Du hast uns, Herr, in dir verbunden
601 Gott, wir preisen deine Wunder

    134 *Komm, o komm, du Geist des Lebens*
    329 *Bis hierher hat mich Gott gebracht*
    352 *Alles ist an Gottes Segen*

LIEDER UND GESÄNGE

391 *Jesu, geh voran*
395 *Vertraut den neuen Wegen*

Lob- und Danklieder: Nr. 316–340, 638–645

Sammlung und Sendung

241 Wach auf, du Geist der ersten Zeugen
242 Herr, nun selbst den Wagen halt
243 Lob Gott getrost mit Singen
244 Wach auf, wach auf, 's ist hohe Zeit
245 Preis, Lob und Dank sei Gott dem Herren
246 Ach bleib bei uns, Herr Jesu Christ
247 Herr, unser Gott, laß nicht zuschanden werden
248 Treuer Wächter Israel'
249 Verzage nicht, du Häuflein klein
250 Ich lobe dich von ganzer Seelen
251 Herz und Herz vereint zusammen
252 Jesu, der du bist alleine
253 Ich glaube, daß die Heiligen
254 Wir wolln uns gerne wagen
255 O daß doch bald dein Feuer brennte
256 Einer ist's, an dem wir hangen
257 Der du in Todesnächten
258 Zieht in Frieden eure Pfade
259 Kommt her, des Königs Aufgebot
260 Gleichwie mich mein Vater gesandt hat
261 Herr, wohin sollen wir gehen *(Kanon)*
602 Reich des Herrn
603 Nun werde still, du kleine Schar
604 Ein Schiff, das sich Gemeinde nennt
605 Herr, gib uns Mut zum Hören*
606 Laßt die Kinder zu mir kommen*
607 Herr, wir bitten: Komm und segne uns *(mehrstg.)*
608 Erleuchte und bewege uns*

72 *O Jesu Christe, wahres Licht*
201 *Gehet hin in alle Welt*

INHALTSÜBERSICHT

    221 *Das sollt ihr, Jesu Jünger, nie vergessen*
    227 *Dank sei dir, Vater, für das ewge Leben*
    262 *Sonne der Gerechtigkeit (ökumenischer Text)*
    263 *Sonne der Gerechtigkeit*
    276 *Ich will, solang ich lebe*
    288 *Nun jauchzt dem Herren, alle Welt*
    297 *Wo Gott der Herr nicht bei uns hält*
    358 *Es kennt der Herr die Seinen*
    562 *Gottes Stimme laßt uns sein (Kanon)*
    622 *Ich sing in Ewigkeit von des Erbarmers Huld (Ps 89)*
        (Az Úrnak irgalmát örökké éneklem)

Ökumene

262 Sonne der Gerechtigkeit *(ökumenischer Text)*
263 Sonne der Gerechtigkeit
264 Die Kirche steht gegründet
    (The Church's one foundation)
265 Nun singe Lob, du Christenheit
266 Der Tag, mein Gott, ist nun vergangen
    (The day thou gavest, Lord, is ended) *(mehrstg.)*
267 Herr, du hast darum gebetet
268 Strahlen brechen viele aus einem Licht
    (Lågorna är många, ljuset är ett)
269 Christus ist König, jubelt laut
609 Du hast vereint in allen Zonen
    (Sur ton Eglise universelle)
610 Jesus hat seine Herrschaft bestellt (Jesus shall reign)
611 Der Himmel geht über allen auf *(Kanon)**

    227 *Dank sei dir, Vater, für das ewge Leben*
    337 *Lobet und preiset, ihr Völker, den Herrn (Kanon)*
    456 *Vom Aufgang der Sonne (Kanon)*
    490 *Der Tag ist um, die Nacht kehrt wieder*

    Lieder aus anderen Ländern und Sprachen
    sowie fremdsprachige Lieder siehe Nr. 1010

LIEDER UND GESÄNGE

BIBLISCHE GESÄNGE

Psalmen und Lobgesänge

270 Herr, unser Herrscher, wie herrlich bist du *(Ps 8)*
271 Wie herrlich gibst du, Herr, dich zu erkennen *(Ps 8)*
272 Ich lobe meinen Gott von ganzem Herzen *(Ps 9)*
   (Je louerai l'Eternel de tout mon cœur)
273 Ach Gott, vom Himmel sieh darein *(Ps 12)*
274 Der Herr ist mein getreuer Hirt *(Ps 23)*
275 In dich hab ich gehoffet, Herr *(Ps 31)*
276 Ich will, solang ich lebe *(Ps 34) (mehrstg.)*
277 Herr, deine Güte reicht, so weit der Himmel ist *(Ps 36)*
278 Wie der Hirsch lechzt nach frischem Wasser *(Ps 42/43)*
279 Jauchzt, alle Lande, Gott zu Ehren *(Ps 66)*
   (Vous, tous les peuples de la terre)
280 Es wolle Gott uns gnädig sein *(Ps 67)*
281 Erhebet er sich, unser Gott *(Ps 68)*
282 Wie lieblich schön, Herr Zebaoth *(Ps 84)*
283 Herr, der du vormals hast dein Land *(Ps 85)*
284 Das ist köstlich *(Ps 92)*
285 Das ist ein köstlich Ding *(Ps 92)*
286 Singt, singt dem Herren neue Lieder *(Ps 98)*
287 Singet dem Herrn ein neues Lied *(Ps 98)*
288 Nun jauchzt dem Herren, alle Welt *(Ps 100)*
289 Nun lob, mein Seel, den Herren *(Ps 103)*
290 Nun danket Gott, erhebt und preiset *(Ps 105)*
291 Ich will dir danken, Herr *(Ps 108)*
292 Das ist mir lieb, daß du mich hörst *(Ps 116)*
293 Lobt Gott den Herrn, ihr Heiden all *(Ps 117)*
294 Nun saget Dank und lobt den Herren *(Ps 118)*
295 Wohl denen, die da wandeln *(Ps 119) (mehrstg.)*
296 Ich heb mein Augen sehnlich auf *(Ps 121)*
297 Wo Gott der Herr nicht bei uns hält *(Ps 124)*
298 Wenn der Herr einst die Gefangnen *(Ps 126)*
299 Aus tiefer Not schrei ich zu dir *(Ps 130)*
300 Lobt Gott, den Herrn der Herrlichkeit *(Ps 134)*

INHALTSÜBERSICHT

301 Danket Gott, denn er ist gut *(Ps 136)*
302 Du meine Seele, singe *(Ps 146)*
303 Lobe den Herren, o meine Seele *(Ps 146)*
304 Lobet den Herren, denn er ist sehr freundlich *(Ps 147)*
305 Singt das Lied der Freude über Gott *(Ps 148)*
306 Singt das Lied der Freude, der Freude *(Ps 148)*
307 Gedenk an uns, o Herr / Selig sind, die da geistlich arm sind *(Mt 5, 3–10) (mehrstg.)*
308 Mein Seel, o Herr, muß loben dich *(Lk 1, 46–55)*
309 Hoch hebt den Herrn mein Herz *(Lk 1, 46–55)*
310 Meine Seele erhebt den Herren *(Kanon) (Lk 1, 46–47)*
612 Der Herr ist mein getreuer Hirt, dem ich mich *(Ps 23)*
613 Der Herr mein Hirt *(Ps 23)*
614 Dem Herrn gehört unsre Erde *(Ps 24)*
615 Meine Seele steigt auf Erden *(Ps 25)*
616 Jauchzt alle, Gott sei hoch erhoben *(Ps 33)*
617 Wie der Hirsch nach frischer Quelle *(Ps 42)*
618 Singt mit froher Stimm *(Ps 47)*
619 Erhör, o Gott, mein Flehen *(Ps 61)*
620 Herr, unser Gott, auf den wir trauen *(Ps 67)*
621 Neig zu mir, Herr, deine Ohren *(Ps 86)*
622 Ich sing in Ewigkeit von des Erbarmers Huld *(Ps 89)* (Az Úrnak irgalmát örökké éneklem)
623 Der Herr ist König, hoch erhöht *(Ps 93)*
624 Singet dem Herrn ein neues Lied, die ganze Welt sing fröhlich mit *(Ps 96) (mehrstg.)*
625 Gott der Herr regiert *(Ps 99)*
626 O Herr, mein Gott, wie bist du groß *(Ps 104)*
627 Dankt, dankt dem Herrn und ehret *(Ps 107)*
628 Jauchzt Halleluja, lobt den Herrn! *(Ps 111)*
629 Gott hab ich lieb, er hörte mein Gebet *(Ps 116)*
630 Dankt, dankt dem Herrn, jauchzt volle Chöre *(Ps 118)* (Laat ieder s'Heren goedheid prijzen)
631 Ich schau nach jenen Bergen gern *(Ps 121)*
632 Glückliche Stunde (Zalige ure) *(Ps 122)*
633 Wie die Träumenden werden wir sein *(Ps 126)*

LIEDER UND GESÄNGE

634 Mein ganzes Herz erhebet dich *(Ps 138)*
(Que tout mon cœur soit dans mon chant)
635 Halleluja, Gott zu loben *(Ps 146)*
636 Erfreue dich, Himmel *(Ps 148)*

    381 *Gott, mein Gott, warum hast du mich verlassen (Ps 22, 2)*
    335 *Ich will den Herrn loben allezeit (Kanon) (Ps 34, 2)*
    361 *Befiehl du deine Wege (Ps 37, 5)*
    172 *Sende dein Licht und deine Wahrheit (Kanon) (Ps 43, 3–4)*
    362 *Ein feste Burg ist unser Gott (Ps 46)*
    230 *Schaffe in mir, Gott, ein reines Herze (Ps 51, 12–13)*
    339 *Mein Herz ist bereit (Kanon) (Ps 57, 8)*
    639 *Ja, ich will singen (Kanon) (Ps 89, 2)*
    690 *Auf, Seele, Gott zu loben (Ps 104)*
    640 *Die Herrlichkeit des Herrn (Kanon) (Ps 104)*
    340 *Ich will dem Herrn singen mein Leben lang (Kanon) (Ps 104, 33)*
    456 *Vom Aufgang der Sonne (Kanon) (Ps 113, 3)*
    333 *Danket dem Herrn! Wir danken dem Herrn (Ps 118, 1)*
    176 *Öffne meine Augen (Ps 119, 18; Ps 69, 33b)*
    173 *Der Herr behüte deinen Ausgang (Kanon) (Ps 121, 8)*
    461 *Aller Augen warten auf dich, Herre (Ps 145, 15–16)*
    338 *Alte mit den Jungen sollen loben (Kanon) (Ps 148, 12–13)*
    641 *Alles, was Odem hat (Kanon) (Ps 150, 6)*
    182 *Halleluja. Suchet zuerst Gottes Reich in dieser Welt (Str. 1–3: Mt 5–7)*
     26 *Ehre sei Gott in der Höhe (Kanon) (Lk 2, 14)*
    519 *Mit Fried und Freud ich fahr dahin (Lk 2, 29–32)*

Biblische Erzähllieder

311 Abraham, Abraham, verlaß dein Land *(1. Mose 12, 1–9)**
312 Kam einst zum Ufer *(Mt 3, 1–12; Lk 3, 10–14)**

INHALTSÜBERSICHT

- 313 Jesus, der zu den Fischern lief *(Mt 4, 18–22)**
- 314 Jesus zieht in Jerusalem ein *(Mt 21, 1–11)**
- 315 Ich will zu meinem Vater gehn *(Lk 15, 11–24)*
- 637 Zachäus, böser, reicher Mann

- 103 *Gelobt sei Gott im höchsten Thron (Mt 28, 1–6)*
- 105 *Erstanden ist der heilig Christ (Mk 16, 1–7)*
- 24 *Vom Himmel hoch, da komm ich her (Lk 2, 9–16)*
- 127 *Jauchz, Erd und Himmel, juble hell (Apg 2, 1–13)*
- 141 *Wir wollen singn ein' Lobgesang (Joh 1, 19–28; Mt 3, 1–12)*

Weitere biblische Lieder und Gesänge
- 348 *Gott verspricht: Ich will dich segnen (1. Mose 12, 2)*
- 231 *Dies sind die heilgen zehn Gebot (2. Mose 20, 1–17)*
- 657 *Erheb dein Herz (2. Mose 20, 1–17)*
- 140 *Brunn alles Heils, dich ehren wir (4. Mose 6, 24–26)*
- 426 *Es wird sein in den letzten Tagen (Jes 2, 2–5)*
- 20 *Das Volk, das noch im Finstern wandelt (Jes 9, 1–6)*
- 30 *Es ist ein Ros entsprungen (Jes 11, 1)*
- 15 *Tröstet, tröstet, spricht der Herr (Jes 40, 1–10)*
- 321 *Nun danket alle Gott (Sirach 50, 24–26)*
- 344 *Vater unser im Himmelreich (Mt 6, 9–13)*
- 151 *Ermuntert euch, ihr Frommen (Mt 25, 1–13)*
- 95 *Seht hin, er ist allein im Garten (Mt 26–27)*
- 545 *Es ist für uns eine Zeit angekommen (Lk 1–2; Mt 2)*
- 196 *Herr, für dein Wort sei hoch gepreist (Lk 8, 4–15)*
- 21 *Seht auf und erhebt eure Häupter (Lk 21, 28)*
- 483 *Herr, bleibe bei uns (Kanon) (Lk 24, 29)*
- 28 *Also hat Gott die Welt geliebt (Joh 3, 16)*
- 261 *Herr, wohin sollen wir gehen (Kanon) (Joh 6, 68)*
- 260 *Gleichwie mich mein Vater gesandt hat (Joh 20, 21; Lk 4, 18)*
- 567 *Am Pfingsttag unter Sturmgebraus (Apg 2, 1–36)*
- 342 *Es ist das Heil uns kommen her (Röm 3, 21–28)*
- 351 *Ist Gott für mich, so trete (Röm 8, 31–39)*
- 413 *Ein wahrer Glaube Gottes Zorn stillt (1. Kor 13)*

LIEDER UND GESÄNGE

358 Es kennt der Herr die Seinen *(1. Kor 13, 13)*
239 Freuet euch im Herren allewege *(Phil 4, 4–7)*
359 In dem Herren freuet euch *(Phil 4, 4–7)*
150 Jerusalem, du hochgebaute Stadt *(Offb 21)*
153 Der Himmel, der ist *(Offb 21)*

GLAUBE – LIEBE – HOFFNUNG

Loben und Danken

316 Lobe den Herren, den mächtigen König
     (ökumenischer Text)
     (Praise to the Lord, the Almighty)
     (Célébrons le Seigneur, notre Dieu)
     (Herren, vår Gud, är en konung i makt och i ära)
     (Pochwal, mój duchu)
     (Chvaliž Hospodina)
317 Lobe den Herren, den mächtigen König
318 O gläubig Herz, gebenedei
319 Die beste Zeit im Jahr ist mein
320 Nun laßt uns Gott dem Herren *(mehrstg.)*
321 Nun danket alle Gott
     (Now thank we all our God)
     (Béni soit le Seigneur)
322 Nun danket all und bringet Ehr
323 Man lobt dich in der Stille
324 Ich singe dir mit Herz und Mund *(mehrstg.)*
325 Sollt ich meinem Gott nicht singen
326 Sei Lob und Ehr dem höchsten Gut
327 Wunderbarer König
328 Dir, dir, o Höchster, will ich singen
329 Bis hierher hat mich Gott gebracht
330 O daß ich tausend Zungen hätte
331 Großer Gott, wir loben dich
332 Lobt froh den Herrn, ihr jugendlichen Chöre
333 Danket dem Herrn! Wir danken dem Herrn *(mehrstg.)*

INHALTSÜBERSICHT

334 Danke für diesen guten Morgen*
335 Ich will den Herrn loben allezeit *(Kanon)*
336 Danket, danket dem Herrn *(Kanon)*
(Rendons grâce au Seigneur)
337 Lobet und preiset, ihr Völker, den Herrn *(Kanon)**
338 Alte mit den Jungen sollen loben *(Kanon)*
339 Mein Herz ist bereit *(Kanon)*
340 Ich will dem Herrn singen mein Leben lang *(Kanon)*
638 Erd und Himmel klinge *(Kanon)*
639 Ja, ich will singen *(Kanon) (mehrstg.)*
640 Die Herrlichkeit des Herrn *(Kanon) (Ps 104)*
641 Alles, was Odem hat *(Kanon) (Ps 150)*
642 Singet und spielet dem Herrn *(Kanon)*
(Chantez et bénissez le Seigneur)
643 Ich singe dir mit Herz und Mund *(Kanon / Ostinato)*
644 Vergiß nicht zu danken dem ewigen Herrn
645 Laßt uns miteinander *(Kanon)**

139 *Gelobet sei der Herr*
179 *Allein Gott in der Höh sei Ehr*
182 *Halleluja. Suchet zuerst Gottes Reich in dieser Welt*
191 *Herr Gott, dich loben wir*
398 *In dir ist Freude*
454 *Auf und macht die Herzen weit*
499 *Erd und Himmel sollen singen*
502 *Nun preiset alle Gottes Barmherzigkeit*
514 *Gottes Geschöpfe, kommt zuhauf*
597 *Singet, danket unserm Gott*
635 *Halleluja, Gott zu loben (Ps 146)*
662 *Wie groß ist des Allmächtgen Güte*
673 *Ich lobe meinen Gott, der aus der Tiefe mich holt*
687 *Danke, Herr*
690 *Auf, Seele, Gott zu loben*
691 *Lob, meine Seele, lobe den Herrn*
693 *Alles, was Odem hat*

LIEDER UND GESÄNGE

Lieder zum Lobgesang der Maria: Nr. 308–310, 588
Psalmlieder: Nr. 270, 276, 279, 284–286, 288, 289,
291–294, 300–305, 624, 626, 627, 628, 630, 635, 636
Kanons: Nr. 180.4, 181.7, 448, 456, 647, 693

Rechtfertigung und Zuversicht

341 Nun freut euch, lieben Christen g'mein
342 Es ist das Heil uns kommen her
343 Ich ruf zu dir, Herr Jesu Christ
344 Vater unser im Himmelreich
345 Auf meinen lieben Gott
346 Such, wer da will, ein ander Ziel
347 Ach bleib mit deiner Gnade
348 Gott verspricht: Ich will dich segnen
349 Ich freu mich in dem Herren
350 Christi Blut und Gerechtigkeit
351 Ist Gott für mich, so trete
352 Alles ist an Gottes Segen
353 Jesus nimmt die Sünder an
354 Ich habe nun den Grund gefunden
355 Mir ist Erbarmung widerfahren
356 Es ist in keinem andern Heil
357 Ich weiß, woran ich glaube
358 Es kennt der Herr die Seinen
359 In dem Herren freuet euch
360 Die ganze Welt hast du uns überlassen
646 Weicht, ihr Berge
647 Alles ist eitel *(Kanon)*
648 Wir haben Gottes Spuren festgestellt*
   (Nous avons vu les pas de notre Dieu)

    232 *Allein zu dir, Herr Jesu Christ*
    237 *Und suchst du meine Sünde*
    373 *Jesu, hilf siegen, du Fürste des Lebens*

INHALTSÜBERSICHT

Angst und Vertrauen

361 Befiehl du deine Wege
362 Ein feste Burg ist unser Gott
363 Kommt her zu mir, spricht Gottes Sohn
364 Was mein Gott will, gescheh allzeit
365 Von Gott will ich nicht lassen
366 Wenn wir in höchsten Nöten sein
367 Herr, wie du willst, so schick's mit mir
368 In allen meinen Taten
369 Wer nur den lieben Gott läßt walten
370 Warum sollt ich mich denn grämen
371 Gib dich zufrieden und sei stille
372 Was Gott tut, das ist wohlgetan
373 Jesu, hilf siegen, du Fürste des Lebens
374 Ich steh in meines Herren Hand
375 Daß Jesus siegt, bleibt ewig ausgemacht
376 So nimm denn meine Hände
377 Zieh an die Macht, du Arm des Herrn
378 Es mag sein, daß alles fällt
379 Gott wohnt in einem Lichte
380 Ja, ich will euch tragen *(mehrstg.)*
381 Gott, mein Gott, warum hast du mich verlassen
382 Ich steh vor dir mit leeren Händen, Herr
383 Herr, du hast mich angerührt
649 Wer kann dich, Herr, verstehen
650 Weiß ich den Weg auch nicht
651 Freunde, daß der Mandelzweig
652 Von guten Mächten *(Mel. Fietz)*
653 Von allen Seiten umgibst du mich
654 Wo ich gehe, wo ich stehe*
655 Aus der Tiefe rufe ich zu dir
656 Fürchte dich nicht *(mehrstg.)*

    248 *Treuer Wächter Israel'*
    274 *Der Herr ist mein getreuer Hirt*
    617 *Wie der Hirsch nach frischer Quelle (Ps 42)*
    619 *Erhör, o Gott, mein Flehen (Ps 61)*

LIEDER UND GESÄNGE

Umkehr und Nachfolge

384 Lasset uns mit Jesus ziehen
385 Mir nach, spricht Christus, unser Held
386 Eins ist not! Ach Herr, dies Eine
387 Mache dich, mein Geist, bereit
388 O Durchbrecher aller Bande
389 Ein reines Herz, Herr, schaff in mir
390 Erneure mich, o ewigs Licht
391 Jesu, geh voran
392 Gott rufet noch. Sollt ich nicht endlich hören
393 Kommt, Kinder, laßt uns gehen
394 Nun aufwärts froh den Blick gewandt
395 Vertraut den neuen Wegen
657 Erheb dein Herz, tu auf dein' Ohren *(Zehn Gebote)*
658 Laß uns in deinem Namen, o Herr
659 Ins Wasser fällt ein Stein

    312 *Kam einst zum Ufer*
    315 *Ich will zu meinem Vater gehn*

Geborgen in Gottes Liebe

396 Jesu, meine Freude
397 Herzlich lieb hab ich dich, o Herr
398 In dir ist Freude *(mehrstg.)*
399 O Lebensbrünnlein tief und groß
400 Ich will dich lieben, meine Stärke
401 Liebe, die du mich zum Bilde
402 Meinen Jesus laß ich nicht
403 Schönster Herr Jesu
404 Herr Jesu, Gnadensonne
405 Halt im Gedächtnis Jesus Christ
406 Bei dir, Jesu, will ich bleiben
407 Stern, auf den ich schaue
408 Meinem Gott gehört die Welt*
409 Gott liebt diese Welt*

INHALTSÜBERSICHT

410 Christus, das Licht der Welt
411 Gott, weil er groß ist *(Kanon)*
660 Wer Gott vertraut, hat wohl gebaut
661 Für dich sei ganz mein Herz und Leben
662 Wie groß ist des Allmächtgen Güte
663 Herr, deine Liebe ist wie Gras und Ufer
664 Wir strecken uns nach dir

251 *Herz und Herz vereint zusammen*
427 *Solang es Menschen gibt auf Erden*
452 *Er weckt mich alle Morgen*
473 *Mein schönste Zier und Kleinod bist*
488 *Bleib bei mir, Herr! Der Abend bricht herein*
511 *Weißt du, wieviel Sternlein stehen*
532 *Nun sich das Herz von allem löste*

Nächsten- und Feindesliebe

412 So jemand spricht: Ich liebe Gott
413 Ein wahrer Glaube Gotts Zorn stillt
414 Laß mich, o Herr, in allen Dingen
415 Liebe, du ans Kreuz für uns erhöhte
416 O Herr, mach mich zu einem Werkzeug deines Friedens
417 Laß die Wurzel unsers Handelns Liebe sein
418 Brich dem Hungrigen dein Brot
419 Hilf, Herr meines Lebens*
420 Brich mit den Hungrigen dein Brot
665 Liebe ist nicht nur ein Wort
666 Selig seid ihr *(mehrstg.)*
667 Wenn das Brot, das wir teilen
668 Gehet hin an alle Enden

82 *Wenn meine Sünd' mich kränken, Str. 7*
343 *Ich ruf zu dir, Herr Jesu Christ*

LIEDER UND GESÄNGE

Erhaltung der Schöpfung
Frieden und Gerechtigkeit

421 Verleih uns Frieden gnädiglich
422 Du Friedefürst, Herr Jesu Christ
423 Herr, höre, Herr, erhöre
424 Deine Hände, großer Gott*
425 Gib uns Frieden jeden Tag*
426 Es wird sein in den letzten Tagen
427 Solang es Menschen gibt auf Erden
428 Komm in unsre stolze Welt
429 Lobt und preist die herrlichen Taten des Herrn
430 Gib Frieden, Herr, gib Frieden
431 Gott, unser Ursprung, Herr des Raums
432 Gott gab uns Atem, damit wir leben*
433 Hevenu schalom alejchem*
   (Wir wünschen Frieden euch allen)
434 Schalom chaverim
   (Der Friede des Herrn geleite euch) *(Kanon)*
435 Dona nobis pacem *(Kanon)*
436 Herr, gib uns deinen Frieden *(Kanon)**
669 Herr, gib mir Mut zum Brückenbauen*
670 Hört, wen Jesus glücklich preist*
671 Unfriede herrscht auf der Erde
   (Ciagly niepokój na świecie)
672 Jeder Teil dieser Erde *(Kanon)*
673 Ich lobe meinen Gott, der aus der Tiefe mich holt
674 Damit aus Fremden Freunde werden
675 Laß uns den Weg der Gerechtigkeit gehn
   (Anunciaremos tu reino, Señor)
676 Du hast uns deine Welt geschenkt*
677 Die Erde ist des Herrn
678 Wir beten für den Frieden
679 Und richte unsere Füße *(Kanon)*
680 Im Lande der Knechtschaft

INHALTSÜBERSICHT

    20 *Das Volk, das noch im Finstern wandelt*
270 *Herr, unser Herrscher, wie herrlich bist du*
360 *Die ganze Welt hast du uns überlassen*
614 *Dem Herrn gehört unsre Erde*

Morgen

437 Die helle Sonn leucht' jetzt herfür *(mehrstg.)*
438 Der Tag bricht an und zeiget sich
439 Es geht daher des Tages Schein
440 All Morgen ist ganz frisch und neu
441 Du höchstes Licht, du ewger Schein
442 Steht auf, ihr lieben Kinderlein
443 Aus meines Herzens Grunde
444 Die güldene Sonne bringt Leben und Wonne
445 Gott des Himmels und der Erden
446 Wach auf, mein Herz, und singe
447 Lobet den Herren alle, die ihn ehren *(mehrstg.)*
448 Lobet den Herren alle, die ihn ehren *(Kanon)*
449 Die güldne Sonne voll Freud und Wonne
450 Morgenglanz der Ewigkeit
451 Mein erst Gefühl sei Preis und Dank
452 Er weckt mich alle Morgen
453 Schon bricht des Tages Glanz hervor
454 Auf und macht die Herzen weit
455 Morgenlicht leuchtet
456 Vom Aufgang der Sonne *(Kanon)**
      (Quand naît la lumière)
681 Gelobt sei deine Treu *(mehrstg.)*
682 Herr, gib, daß ich auch diesen Tag
683 Du Glanz aus Gottes Herrlichkeiten

    334 *Danke für diesen guten Morgen*

Mittag und das tägliche Brot

457 Der Tag ist seiner Höhe nah
458 Wir danken Gott für seine Gaben

LIEDER UND GESÄNGE

459 Die Sonn hoch an dem Himmel steht
460 Lobet den Herrn und dankt ihm seine Gaben
461 Aller Augen warten auf dich, Herre *(mehrstg.)*
462 Wir danken dir, Herr Jesu Christ, daß du unser Gast
463 Alle guten Gaben *(mehrstg.)*
464 Herr, gib uns unser täglich Brot
465 Komm, Herr Jesu, sei du unser Gast *(Kanon)**
466 Segne, Herr, was deine Hand *(Kanon)*

    301 *Danket Gott, denn er ist gut*
    336 *Danket, danket dem Herrn (Kanon)*

Abend

467 Hinunter ist der Sonne Schein *(mehrstg.)*
468 Ach lieber Herre Jesu Christ, weil du ein Kind gewesen bist
469 Christe, du bist der helle Tag
470 Der du bist drei in Einigkeit
471 Die Nacht ist kommen
472 Der Tag hat sich geneiget
473 Mein schönste Zier und Kleinod bist
474 Mit meinem Gott geh ich zur Ruh
475 Werde munter, mein Gemüte
476 Die Sonn hat sich mit ihrem Glanz gewendet
477 Nun ruhen alle Wälder *(mehrstg.)*
478 Nun sich der Tag geendet hat
479 Der lieben Sonne Licht und Pracht
480 Nun schläfet man
481 Nun sich der Tag geendet, mein Herz zu dir sich wendet
482 Der Mond ist aufgegangen *(mehrstg.)*
483 Herr, bleibe bei uns *(Kanon)**
484 Müde bin ich, geh zur Ruh*
485 Du Schöpfer aller Wesen
486 Ich liege, Herr, in deiner Hut
487 Abend ward, bald kommt die Nacht *(mehrstg.)*
488 Bleib bei mir, Herr! Der Abend bricht herein

INHALTSÜBERSICHT

489 Gehe ein in deinen Frieden
490 Der Tag ist um, die Nacht kehrt wieder
491 Bevor die Sonne sinkt
492 Ruhet von des Tages Müh *(Kanon)*
493 Eine ruhige Nacht *(Kanon)*
684 Nun wollen wir singen das Abendlied*
685 Herr, laß auf Erden *(Kanon)*
686 Bevor des Tages Licht vergeht
687 Danke, Herr, ich will dir danken
688 Geht der Tag ganz leis zu Ende

    266 *Der Tag, mein Gott, ist nun vergangen*

Arbeit

494 In Gottes Namen fang ich an
495 O Gott, du frommer Gott
496 Laß dich, Herr Jesu Christ
497 Ich weiß, mein Gott, daß all mein Tun

Auf Reisen

498 In Gottes Namen fahren wir

    254 *Wir wolln uns gerne wagen*
    361 *Befiehl du deine Wege*
    368 *In allen meinen Taten*

Natur und Jahreszeiten

499 Erd und Himmel sollen singen
500 Lobt Gott in allen Landen
501 Wie lieblich ist der Maien
502 Nun preiset alle Gottes Barmherzigkeit
503 Geh aus, mein Herz, und suche Freud
504 Himmel, Erde, Luft und Meer
505 Die Ernt ist nun zu Ende
506 Wenn ich, o Schöpfer, deine Macht
507 Himmels Au, licht und blau

LIEDER UND GESÄNGE

508 Wir pflügen, und wir streuen*
509 Kein Tierlein ist auf Erden*
510 Freuet euch der schönen Erde
511 Weißt du, wieviel Sternlein stehen*
512 Herr, die Erde ist gesegnet
513 Das Feld ist weiß
514 Gottes Geschöpfe, kommt zuhauf
515 Laudato si
689 Seht das große Sonnenlicht
690 Auf, Seele, Gott zu loben *(Ps 104) (mehrstg.)*
691 Lob, meine Seele, lobe den Herrn*
692 Sonne scheint ins Land hinein*
693 Alles, was Odem hat*

    110 *Die ganze Welt, Herr Jesu Christ*
    304 *Lobet den Herren, denn er ist sehr freundlich*
    324 *Ich singe dir mit Herz und Mund*
    403 *Schönster Herr Jesu*
    626 *O Herr, mein Gott, wie bist du groß*
    636 *Erfreue dich, Himmel (Ps 148)*
    638 *Erd und Himmel klinge (Kanon)*

Sterben und ewiges Leben
Bestattung

516 Christus, der ist mein Leben
517 Ich wollt, daß ich daheime wär
518 Mitten wir im Leben sind
519 Mit Fried und Freud ich fahr dahin
520 Nun legen wir den Leib ins Grab
521 O Welt, ich muß dich lassen
522 Wenn mein Stündlein vorhanden ist
523 Valet will ich dir geben
524 Freu dich sehr, o meine Seele
525 Mach's mit mir, Gott, nach deiner Güt
526 Jesus, meine Zuversicht
527 Die Herrlichkeit der Erden

INHALTSÜBERSICHT

528 Ach wie flüchtig, ach wie nichtig
529 Ich bin ein Gast auf Erden
530 Wer weiß, wie nahe mir mein Ende
531 Noch kann ich es nicht fassen
532 Nun sich das Herz von allem löste
533 Du kannst nicht tiefer fallen
534 Herr, lehre uns, daß wir sterben müssen
535 Gloria sei dir gesungen *(mehrstg.)*
694 Alle Menschen müssen sterben
695 Nun lässest du, o Herr *(mehrstg.)*

  85 *O Haupt voll Blut und Wunden, Str. 9.10*
107 *Wir danken dir, Herr Jesu Christ, daß du vom Tod erstanden bist*
115 *Jesus lebt, mit ihm auch ich*
122 *Auf Christi Himmelfahrt allein*
345 *Auf meinen lieben Gott*
350 *Christi Blut und Gerechtigkeit*
363 *Kommt her zu mir, spricht Gottes Sohn*
367 *Herr, wie du willst, so schick's mit mir*
382 *Ich steh vor dir mit leeren Händen, Herr*
384 *Lasset uns mit Jesus ziehen*
397 *Herzlich lieb hab ich dich, o Herr*
402 *Meinen Jesus laß ich nicht*
450 *Morgenglanz der Ewigkeit*
572 *Brich herein, süßer Schein*

Lieder zum Ende des Kirchenjahres: Nr. 147–154

Die mit * versehenen Lieder eignen sich für das Singen mit Kindern.

LIEDER UND GESÄNGE

- Advent
- Weihnachten
- Jahreswende
- Epiphanias
- Passion
- Ostern
- Himmelfahrt
- Pfingsten
- Trinitatis
- Besondere Tage
- Bußtag
- Ende des Kirchenjahres

Kirchenjahr

Advent

ö 1

1. Macht hoch die Tür, die Tor macht weit;
es kommt der Herr der Herr-lich-keit,
ein Kö-nig al-ler Kö-nig-reich,
ein Hei-land al-ler Welt zu-gleich,
der Heil und Le-ben mit sich bringt;
der-hal-ben jauchzt, mit Freu-den singt:
Ge-lo-bet sei mein Gott,
mein Schöp-fer reich von Rat.

Ps 24, 7–10

KIRCHENJAHR

2. Er ist gerecht, ein Helfer wert; / Sanftmütigkeit ist sein Gefährt, / sein Königskron ist Heiligkeit, / sein Zepter ist Barmherzigkeit; / all unsre Not zum End er bringt, / derhalben jauchzt, mit Freuden singt: / Gelobet sei mein Gott, / mein Heiland groß von Tat.

3. O wohl dem Land, o wohl der Stadt, / so diesen König bei sich hat. / Wohl allen Herzen insgemein, / da dieser König ziehet ein. / Er ist die rechte Freudensonn, / bringt mit sich lauter Freud und Wonn. / Gelobet sei mein Gott, / mein Tröster früh und spat.

4. Macht hoch die Tür, die Tor macht weit, / eu'r Herz zum Tempel zubereit'. / Die Zweiglein der Gottseligkeit / steckt auf mit Andacht, Lust und Freud; / so kommt der König auch zu euch, / ja, Heil und Leben mit zugleich. / Gelobet sei mein Gott, / voll Rat, voll Tat, voll Gnad.

5. Komm, o mein Heiland Jesu Christ, / meins Herzens Tür dir offen ist. / Ach zieh mit deiner Gnade ein; / dein Freundlichkeit auch uns erschein. / Dein Heilger Geist uns führ und leit / den Weg zur ewgen Seligkeit. / Dem Namen dein, o Herr, / sei ewig Preis und Ehr.

Text: Georg Weissel (1623) 1642
Melodie: Halle 1704

ADVENT

ö 2

1. Er ist die rech-te Freu-den-sonn,
bringt mit sich lau-ter Freud und Wonn.
Ge - lo - bet sei mein Gott!

2. All unsre Not zum End er bringt, / derhalben jauchzt, mit Freuden singt: / Gelobet sei mein Gott!

3. Dein Heilger Geist uns führ und leit / den Weg zur ewgen Seligkeit. / Gelobet sei mein Gott!

Text: Verse aus Nr. 1
Kanon für 3 Stimmen: Paul Ernst Ruppel 1955

Machet die Tore weit und die Türen in der Welt hoch,
daß der König der Ehre einziehe!
Wer ist der König der Ehre?
Es ist der Herr, stark und mächtig, der Herr, mächtig im Streit.
Machet die Tore weit und die Türen in der Welt hoch,
daß der König der Ehre einziehe!
Wer ist der König der Ehre?
Es ist der Herr Zebaoth; er ist der König der Ehre.

Psalm 24, 7–10

KIRCHENJAHR

3 ö

1. Gott, heil-ger Schöp-fer al-ler Stern,
er-leucht uns, die wir sind so fern,
daß wir er-ken-nen Je-sus Christ,
der für uns Mensch ge-wor-den ist.

2. Denn es ging dir zu Herzen sehr, / da wir gefangen waren schwer / und sollten gar des Todes sein; / drum nahm er auf sich Schuld und Pein.

3. Da sich die Welt zum Abend wandt, / der Bräut'gam Christus ward gesandt. / Aus seiner Mutter Kämmerlein / ging er hervor als klarer Schein.

4. Gezeigt hat er sein groß Gewalt, / daß es in aller Welt erschallt, / sich beugen müssen alle Knie / im Himmel und auf Erden hie.

5. Wir bitten dich, o heilger Christ, / der du zukünftig Richter bist, / lehr uns zuvor dein' Willen tun / und an dem Glauben nehmen zu.

ADVENT

6. Lob, Preis sei, Vater, deiner Kraft / und deinem Sohn, der all Ding schafft, / dem heilgen Tröster auch zugleich / so hier wie dort im Himmelreich.

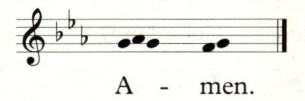

A - men.

Text: Thomas Müntzer 1523 nach dem Hymnus *Conditor alme siderum* 10. Jh., bei Johann Leisentrit 1567
Melodie: Kempten um 1000

Lieber Herr und Gott: Wecke uns auf, damit wir bereit sind, wenn dein Sohn kommt, ihn mit Freuden zu empfangen und dir mit reinem Herzen zu dienen.

KIRCHENJAHR

4

1. Nun komm, der Heiden Heiland,
der Jungfrauen Kind erkannt,
daß sich wunder alle Welt,
Gott solch Geburt ihm bestellt.

2. Er ging aus der Kammer sein, / dem königlichen Saal so rein, / Gott von Art und Mensch, ein Held; / sein' Weg er zu laufen eilt.

3. Sein Lauf kam vom Vater her / und kehrt wieder zum Vater, / fuhr hinunter zu der Höll / und wieder zu Gottes Stuhl.

4. Dein Krippen glänzt hell und klar, / die Nacht gibt ein neu Licht dar. / Dunkel muß nicht kommen drein, / der Glaub bleibt immer im Schein.

5. Lob sei Gott dem Vater g'tan; / Lob sei Gott seim ein'gen Sohn, / Lob sei Gott dem Heilgen Geist / immer und in Ewigkeit.

Text: Martin Luther 1524 nach dem Hymnus *Veni redemptor gentium* des Ambrosius von Mailand um 386
Melodie: Einsiedeln 12. Jh., Martin Luther 1524

ADVENT

5

1. Got-tes Sohn ist kom-men uns al-len zu From-men hier auf die-se Er-den in ar-men Ge-bär-den, daß er uns von Sün-de frei-e und ent-bin-de.

2. Er kommt auch noch heute / und lehret die Leute, / wie sie sich von Sünden / zur Buß sollen wenden, / von Irrtum und Torheit / treten zu der Wahrheit.

3. Die sich sein nicht schämen / und sein' Dienst annehmen / durch ein' rechten Glauben / mit ganzem Vertrauen, / denen wird er eben / ihre Sünd vergeben.

4. Denn er tut ihn' schenken / in den Sakramenten / sich selber zur Speisen, / sein Lieb zu beweisen, / daß sie sein genießen / in ihrem Gewissen.

5. Die also fest glauben / und beständig bleiben, / dem Herren in allem / trachten zu gefallen, / die werden mit Freuden / auch von hinnen scheiden.

6. Denn bald und behende / kommt ihr letztes Ende; / da wird er vom Bösen / ihre Seel erlösen / und sie mit sich führen / zu der Engel Chören.

7. Wird von dannen kommen, / wie dann wird vernommen, / wenn die Toten werden / erstehn von der Erden / und zu seinen Füßen / sich darstellen müssen.

8. Da wird er sie scheiden: / seines Reiches Freuden / erben dann die Frommen; / doch die Bösen kommen / dahin, wo sie müssen / ihr Untugend büßen.

9. Ei nun, Herre Jesu, / richte unsre Herzen zu, / daß wir, alle Stunden / recht gläubig erfunden, / darinnen verscheiden / zur ewigen Freuden.

Text: Böhmische Brüder 1544
Melodie: Ave hierarchia Hohenfurt 1410,
Böhmische Brüder 1501/1531

Bereitet dem Herrn den Weg;
denn siehe,
der Herr kommt gewaltig.

Jesaja 40, 3.10

ADVENT

6

1. Ihr lieben Christen, freut euch nun,
bald wird erscheinen Gottes Sohn,
der unser Bruder worden ist,
das ist der lieb Herr Jesus Christ.

2. Der Jüngste Tag ist nun nicht fern. / Komm, Jesu Christe, lieber Herr! / Kein Tag vergeht, wir warten dein / und wollten gern bald bei dir sein.

3. Du treuer Heiland Jesu Christ, / dieweil die Zeit erfüllet ist, / die uns verkündet Daniel,* / so komm, lieber Immanuel.
*Dan 7, 13.14.27

4. Der Teufel brächt uns gern zu Fall / und wollt uns gern verschlingen all; / er tracht' nach Leib, Seel, Gut und Ehr. / Herr Christ, dem alten Drachen wehr.

5. Ach lieber Herr, eil zum Gericht! / Laß sehn dein herrlich Angesicht, / das Wesen der Dreifaltigkeit. / Das helf uns Gott in Ewigkeit.

Text: Erasmus Alber 1546
Melodie: Steht auf, ihr lieben Kinderlein [Nr. 442]

KIRCHENJAHR

7 (Ö)

1. O Heiland, reiß die Himmel auf, herab, herab vom Himmel lauf, reiß ab vom Himmel Tor und Tür, reiß ab, wo Schloß und Riegel für.

Jes 64,1

2. O Gott, ein' Tau vom Himmel gieß, / im Tau herab, o Heiland, fließ. / Ihr Wolken, brecht und regnet aus / den König über Jakobs Haus. *Jes 45,8*

3. O Erd, schlag aus, schlag aus, o Erd, / daß Berg und Tal grün alles werd. / O Erd, herfür dies Blümlein bring, / o Heiland, aus der Erden spring. *Jes 11,1*

4. Wo bleibst du, Trost der ganzen Welt, / darauf sie all ihr Hoffnung stellt? / O komm, ach komm vom höchsten Saal, / komm, tröst uns hier im Jammertal.

5. O klare Sonn, du schöner Stern, / dich wollten wir anschauen gern; / o Sonn, geh auf, ohn deinen Schein / in Finsternis wir alle sein.

6. Hier leiden wir die größte Not, / vor Augen steht der ewig Tod. / Ach komm, führ uns mit starker Hand / vom Elend zu dem Vaterland.

7. Da wollen wir all danken dir, / unserm Erlöser, für und für; / da wollen wir all loben dich / zu aller Zeit und ewiglich.

Text: Friedrich Spee 1622; Str. 7 bei David Gregor Corner 1631
Melodie: Köln 1638, Augsburg 1666

ADVENT

ö 8

1. Es kommt ein Schiff, geladen bis an sein' höchsten Bord, trägt Gottes Sohn voll Gnaden, des Vaters ewigs Wort.

2. Das Schiff geht still im Triebe, / es trägt ein teure Last; / das Segel ist die Liebe, / der Heilig Geist der Mast.

3. Der Anker haft' auf Erden, / da ist das Schiff am Land. / Das Wort will Fleisch uns werden, / der Sohn ist uns gesandt.

4. Zu Bethlehem geboren / im Stall ein Kindelein, / gibt sich für uns verloren; / gelobet muß es sein.

5. Und wer dies Kind mit Freuden / umfangen, küssen will, / muß vorher mit ihm leiden / groß Pein und Marter viel,

6. danach mit ihm auch sterben / und geistlich auferstehn, / das ewig Leben erben, / wie an ihm ist geschehn.

Text: Daniel Sudermann um 1626
nach einem Marienlied aus Straßburg 15. Jh.
Melodie: Köln 1608

KIRCHENJAHR

9

Andere Melodie: *Aus meines Herzens Grunde* [Nr. 443]

1. Nun jauch-zet, all ihr From-men, zu die-ser
Gna-den-zeit, zwar oh-ne stol-ze Pracht,
weil un-ser Heil ist kom-men, der Herr der
Herr-lich-keit, doch mäch-tig, zu ver-hee-ren und gänz-lich
zu zer-stö-ren des Teu-fels Reich und Macht.

2. Er kommt zu uns geritten / auf einem Eselein* / und stellt sich in die Mitten / für uns zum Opfer ein. / Er bringt kein zeitlich Gut, / er will allein erwerben / durch seinen Tod und Sterben, / was ewig währen tut.   **Mt 21,1–9*

3. Kein Zepter, keine Krone / sucht er auf dieser Welt; / im hohen Himmelsthrone / ist ihm sein Reich bestellt. / Er will hier seine Macht / und Majestät verhüllen, / bis er des Vaters Willen / im Leiden hat vollbracht.

4. Ihr Mächtigen auf Erden, / nehmt diesen König an, / wollt ihr beraten werden / und gehn die rechte Bahn, / die zu dem Himmel führt; / sonst, wo ihr ihn verachtet / und nur nach Hoheit trachtet, / des Höchsten Zorn euch rührt.

ADVENT

5. Ihr Armen und Elenden / zu dieser bösen Zeit, / die ihr an allen Enden / müßt haben Angst und Leid, / seid dennoch wohlgemut, / laßt eure Lieder klingen, / dem König Lob zu singen, / der ist eu'r höchstes Gut.

6. Er wird nun bald erscheinen / in seiner Herrlichkeit / und all eu'r Klag und Weinen / verwandeln ganz in Freud. / Er ist's, der helfen kann; / halt' eure Lampen fertig / und seid stets sein gewärtig, / er ist schon auf der Bahn.

Text: Michael Schirmer 1640
Melodie: Johann Crüger 1640

(Ö) 10

1. Mit Ernst, o Menschenkinder, das Herz in euch bestellt, den Gott aus Gnad allein der Welt zum Licht und Leben versprochen hat zu geben, bei allen kehren ein.
bald wird das Heil der Sünder, der wunderstarke Held,

KIRCHENJAHR

2. Be-rei-tet doch fein tüch-tig den Weg dem gro-ßen Gast;
macht sei-ne Stei-ge rich-tig, laßt al-les, was er haßt;
macht al-le Bah-nen recht, die Tal laßt sein er-hö-het, macht nied-rig, was hoch ste-het, was krumm ist, gleich und schlicht.

Jes 40, 3.4

3. Ein Herz, das Demut liebet, / bei Gott am höchsten steht; / ein Herz, das Hochmut übet, / mit Angst zugrunde geht; / ein Herz, das richtig ist / und folget Gottes Leiten, / das kann sich recht bereiten, / zu dem kommt Jesus Christ.

4. Ach mache du mich Armen / zu dieser heilgen Zeit / aus Güte und Erbarmen, / Herr Jesu, selbst bereit. / Zieh in mein Herz hinein / vom Stall und von der Krippen, / so werden Herz und Lippen / dir allzeit dankbar sein.

Text: Valentin Thilo 1642; Str. 4 Lüneburg 1657
Melodie: Von Gott will ich nicht lassen [Nr. 365]

ADVENT

ö 11

1. Wie soll ich dich empfangen und wie begegn ich dir, o aller Welt Verlangen, o meiner Seelen Zier? O Jesu, Jesu, setze mir selbst die Fackel bei, damit, was dich ergötze, mir kund und wissend sei.

2. Dein Zion streut dir Palmen / und grüne Zweige hin,* / und ich will dir in Psalmen / ermuntern meinen Sinn. / Mein Herze soll dir grünen / in stetem Lob und Preis / und deinem Namen dienen, / so gut es kann und weiß.   *Mt 21, 8

3. Was hast du unterlassen / zu meinem Trost und Freud, / als Leib und Seele saßen / in ihrem größten Leid? / Als mir das Reich genommen, / da Fried und Freude lacht, / da bist du, mein Heil, kommen / und hast mich froh gemacht.

4. Ich lag in schweren Banden, / du kommst und machst mich los; / ich stand in Spott und Schanden, / du kommst und machst mich groß / und hebst mich hoch zu Ehren / und schenkst mir großes Gut, / das sich nicht läßt verzehren, / wie irdisch Reichtum tut.

5. Nichts, nichts hat dich getrieben / zu mir vom Himmelszelt / als das geliebte Lieben, / damit du alle Welt / in ihren tausend Plagen / und großen Jammerlast, / die kein Mund kann aussagen, / so fest umfangen hast.

6. Das schreib dir in dein Herze, / du hochbetrübtes Heer, / bei denen Gram und Schmerze / sich häuft je mehr und mehr; / seid unverzagt, ihr habet / die Hilfe vor der Tür; / der eure Herzen labet / und tröstet, steht allhier.

7. Ihr dürft euch nicht bemühen / noch sorgen Tag und Nacht, / wie ihr ihn wollet ziehen / mit eures Armes Macht. / Er kommt, er kommt mit Willen, / ist voller Lieb und Lust, / all Angst und Not zu stillen, / die ihm an euch bewußt.

8. Auch dürft ihr nicht erschrecken / vor eurer Sünden Schuld; / nein, Jesus will sie decken / mit seiner Lieb und Huld. / Er kommt, er kommt den Sündern / zu Trost und wahrem Heil, / schafft, daß bei Gottes Kindern / verbleib ihr Erb und Teil.

9. Was fragt ihr nach dem Schreien / der Feind und ihrer Tück? / Der Herr wird sie zerstreuen / in einem Augenblick. / Er kommt, er kommt, ein König, / dem wahrlich alle Feind / auf Erden viel zu wenig / zum Widerstande seind.

10. Er kommt zum Weltgerichte: / zum Fluch dem, der ihm flucht, / mit Gnad und süßem Lichte / dem, der ihn liebt und sucht. / Ach komm, ach komm, o Sonne, / und hol uns allzumal / zum ewgen Licht und Wonne / in deinen Freudensaal.

Text: Paul Gerhardt 1653
Melodie: Johann Crüger 1653

ADVENT

12

Andere Melodie: *Nun komm, der Heiden Heiland* [Nr. 4]

1. Gott sei Dank durch al-le Welt, der sein Wort be-stän-dig hält und der Sün-der Trost und Rat zu uns her-ge-sen-det hat.

2. Was der alten Väter Schar / höchster Wunsch und Sehnen war / und was sie geprophezeit, / ist erfüllt in Herrlichkeit.

3. Zions Hilf und Abrams Lohn,* / Jakobs Heil,* der Jungfrau Sohn, / der wohl zweigestammte Held / hat sich treulich eingestellt. **1. Mose 15, 1* **1. Mose 49, 18*

4. Sei willkommen, o mein Heil! / Dir Hosianna, o mein Teil! / Richte du auch eine Bahn / dir in meinem Herzen an.

Text: Heinrich Held 1658
Melodie: Frankfurt/Main 1659, Halle 1704,
bei Johann Georg Stötzel 1744

KIRCHENJAHR

13

1. Tochter Zion, freue dich, jauchze laut, Jerusalem! Sieh, dein König kommt zu dir, ja er kommt, der Friedefürst.

ADVENT

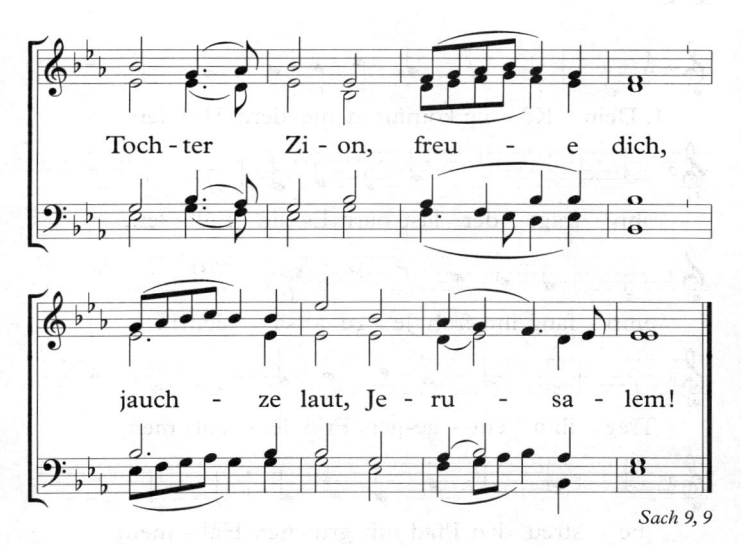

Tochter Zion, freue dich, jauchze laut, Jerusalem!

Sach 9, 9

2. Hosianna, Davids Sohn, / sei gesegnet deinem Volk! / Gründe nun dein ewig Reich, / Hosianna in der Höh! / Hosianna, Davids Sohn, / sei gesegnet deinem Volk!

3. Hosianna, Davids Sohn, / sei gegrüßet, König mild! / Ewig steht dein Friedensthron, / du, des ewgen Vaters Kind. / Hosianna, Davids Sohn, / sei gegrüßet, König mild!

Text: Friedrich Heinrich Ranke (um 1820) 1826
Melodie und Satz: Georg Friedrich Händel 1747

KIRCHENJAHR

14

1. Dein König kommt in niedern Hüllen,
ihn trägt der lastbarn Es'lin Füllen,
empfang ihn froh, Jerusalem!
Trag ihm entgegen Friedenspalmen,
bestreu den Pfad mit grünen Halmen;
so ist's dem Herren angenehm.

Mt 21, 1–9

2. O mächt'ger Herrscher ohne Heere, / gewalt'ger Kämpfer ohne Speere, / o Friedefürst von großer Macht! / Es wollen dir der Erde Herren / den Weg zu deinem Throne sperren, / doch du gewinnst ihn ohne Schlacht.

3. Dein Reich ist nicht von dieser Erden, / doch aller Erde Reiche werden / dem, das du gründest, untertan. / Bewaffnet mit des Glaubens Worten / zieht deine Schar nach allen Orten / der Welt hinaus und macht dir Bahn.

ADVENT

4. Und wo du kommst herangezogen, / da ebnen sich des Meeres Wogen, / es schweigt der Sturm, von dir bedroht. / Du kommst, daß auf empörter Erde / der neue Bund gestiftet werde, / und schlägst in Fessel Sünd und Tod.

5. O Herr von großer Huld und Treue, / o komme du auch jetzt aufs neue / zu uns, die wir sind schwer verstört. / Not ist es, daß du selbst hienieden / kommst, zu erneuen deinen Frieden, / dagegen sich die Welt empört.

6. O laß dein Licht auf Erden siegen, / die Macht der Finsternis erliegen / und lösch der Zwietracht Glimmen aus, / daß wir, die Völker und die Thronen, / vereint als Brüder wieder wohnen / in deines großen Vaters Haus.

Text: Friedrich Rückert 1834
Melodie: Johannes Zahn 1853

Du, Tochter Zion, freue dich sehr, und du, Tochter Jerusalem, jauchze! Siehe, dein König kommt zu dir,
ein Gerechter und ein Helfer, arm und reitet auf einem Esel, auf einem Füllen der Eselin.

Sacharja 9, 9

KIRCHENJAHR

15

Jesaja 40, 1–10

1. »Trö-stet, trö-stet«, spricht der Herr, »mein Volk, daß es nicht za-ge mehr.« Der Sün-de Last, des To-des Fron nimmt von euch Chri-stus, Got-tes Sohn.

2. Freundlich, freundlich rede du / und sprich dem müden Volke zu: / »Die Qual ist um, der Knecht ist frei, / all Missetat vergeben sei.«

3. Ebnet, ebnet Gott die Bahn, / bei Tal und Hügel fanget an. / Die Stimme ruft: »Tut Buße gleich, / denn nah ist euch das Himmelreich.«

4. Sehet, sehet, alle Welt / die Herrlichkeit des Herrn erhellt. / Die Zeit ist hier, es schlägt die Stund, / geredet hat es Gottes Mund.

5. Alles, alles Fleisch ist Gras, / die Blüte sein wird bleich und blaß. / Das Gras verdorrt, das Fleisch verblich, / doch Gottes Wort bleibt ewiglich.

6. Hebe deine Stimme, sprich / mit Macht, daß niemand fürchte sich. / Es kommt der Herr, eu'r Gott ist da / und herrscht gewaltig fern und nah.

Text: Waldemar Rode 1938
Melodie: Hans Friedrich Micheelsen 1938

ADVENT

ö 16

1. Die Nacht ist vorgedrungen, der Tag ist nicht mehr fern. So sei nun Lob gesungen dem hellen Morgenstern! Auch wer zur Nacht geweinet, der stimme froh mit ein. Der Morgenstern bescheinet auch deine Angst und Pein.

2. Dem alle Engel dienen, / wird nun ein Kind und Knecht. / Gott selber ist erschienen / zur Sühne für sein Recht. / Wer schuldig ist auf Erden, / verhüll nicht mehr sein Haupt. / Er soll errettet werden, / wenn er dem Kinde glaubt.

3. Die Nacht ist schon im Schwinden, / macht euch zum Stalle auf! / Ihr sollt das Heil dort finden, / das aller Zeiten Lauf / von Anfang an verkündet, / seit eure Schuld geschah. / Nun hat sich euch verbündet, / den Gott selbst ausersah.

KIRCHENJAHR

4. Noch manche Nacht wird fallen / auf Menschenleid und -schuld. / Doch wandert nun mit allen / der Stern der Gotteshuld. / Beglänzt von seinem Lichte, / hält euch kein Dunkel mehr, / von Gottes Angesichte / kam euch die Rettung her.

5. Gott will im Dunkel wohnen* / und hat es doch erhellt. / Als wollte er belohnen, / so richtet er die Welt. / Der sich den Erdkreis baute, / der läßt den Sünder nicht. / Wer hier dem Sohn vertraute, / kommt dort aus dem Gericht. **1. Kön 8, 12*

Text: Jochen Klepper 1938
Melodie: Johannes Petzold 1939

Aus Zion bricht an der schöne Glanz Gottes.
Unser Gott kommt und schweiget nicht.

Psalm 50, 2.3a

ADVENT

ö 17

1. Wir sagen euch an den lieben Advent. / Sehet, die erste Kerze brennt!
Wir sagen euch an eine heilige Zeit. / Machet dem Herrn den Weg bereit.

Freut euch, ihr Christen, freuet euch sehr! Schon ist nahe der Herr.

2. Wir sagen euch an den lieben Advent. / Sehet, die zweite Kerze brennt! / So nehmet euch eins um das andere an, / wie auch der Herr an uns getan.

Freut euch, ihr Christen, freuet euch sehr! / Schon ist nahe der Herr.

3. Wir sagen euch an den lieben Advent. / Sehet, die dritte Kerze brennt! / Nun tragt eurer Güte hellen Schein / weit in die dunkle Welt hinein.

Freut euch, ihr Christen, freuet euch sehr! / Schon ist nahe der Herr.

4. Wir sagen euch an den lieben Advent. / Sehet, die vierte Kerze brennt! / Gott selber wird kommen, er zögert nicht. / Auf, auf, ihr Herzen, und werdet licht!

Freut euch, ihr Christen, freuet euch sehr! / Schon ist nahe der Herr.

Text: Maria Ferschl 1954
Melodie: Heinrich Rohr 1954

KIRCHENJAHR

18

Auch im Kanon zu singen

1. Seht, die gu - te Zeit ist nah,
2. Hirt und Kö - nig, Groß und Klein,

1. Gott kommt auf die Er - de,
2. Kran - ke und Ge - sun - de,

1. kommt und ist für al - le da,
2. Ar - me, Rei - che lädt er ein,

1. kommt, daß Frie - de wer - de,
2. freut euch auf die Stun - de,

1. kommt, daß Frie - de wer - de.
2. freut euch auf die Stun - de.

Dazu können die folgenden Begleitstimmen gesungen werden:

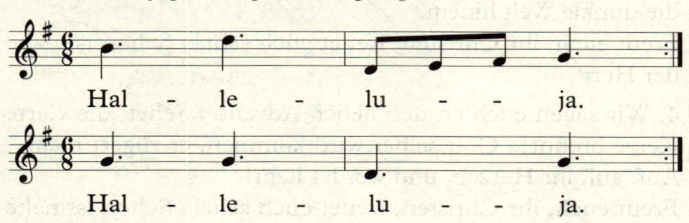

Hal - le - lu - ja.

Hal - le - lu - ja.

Text und Melodie: Friedrich Walz 1972
nach einem Weihnachtslied aus Mähren

ADVENT

19

1. O komm, o komm, du Mor - gen-stern,* / laß uns dich schau-en, un - sern Herrn. / Ver-treib das Dun-kel un - srer Nacht / durch dei-nes kla-ren Lich - tes Pracht.

Kehrvers
Freut euch, freut euch, der Herr ist nah. / Freut euch und singt Hal-le - lu - ja.

*Offb 22, 16.17

2. O komm, du Sohn aus Davids Stamm, / du Friedensbringer, Osterlamm. / Von Schuld und Knechtschaft mach uns frei / und von des Bösen Tyrannei.

Freut euch, freut euch, der Herr ist nah. / Freut euch und singt Halleluja.

KIRCHENJAHR

3. O komm, o Herr, bleib bis ans End,
bis daß uns nichts mehr von dir trennt,
bis dich, wie es dein Wort ver-heißt,
der Frei-en Lied ohn En - de preist.

Kehrvers
Freut euch, freut euch, der Herr ist nah.
Freut euch und singt Hal-le - lu-ja.

Text: Otmar Schulz 1975 nach dem englischen *O come,
o come Emmanuel* von John Mason Neale 1851/1861 (Str. 1–2)
und Henry Sloane Coffin 1916 (Str. 3)
Melodie: Frankreich 15. Jh., bei Thomas Helmore 1856

ADVENT

20

Jesaja 9, 1–6

1. Das Volk, das noch im Finstern wandelt –
bald sieht es Licht, ein großes Licht.
Heb in den Himmel dein Gesicht
und steh und lausche, weil Gott handelt.

2. Die ihr noch wohnt im Tal der Tränen, / wo Tod den schwarzen Schatten wirft: / Schon hört ihr Gottes Schritt, ihr dürft / euch jetzt nicht mehr verlassen wähnen.

3. Er kommt mit Frieden. Nie mehr Klagen, / nie Krieg, Verrat und bittre Zeit! / Kein Kind, das nachts erschrocken schreit, / weil Stiefel auf das Pflaster schlagen.

4. Die Liebe geht nicht mehr verloren. / Das Unrecht stürzt in vollem Lauf. / Der Tod ist tot. Das Volk jauchzt auf / und ruft: »Uns ist ein Kind geboren!«

5. Man singt: »Ein Sohn ist uns gegeben, / Sohn Gottes, der das Zepter hält, / der gute Hirt, das Licht der Welt, / der Weg, die Wahrheit und das Leben.«

6. Noch andre Namen wird er führen: / Er heißt Gottheld und Wunderrat / und Vater aller Ewigkeit. / Der Friedefürst wird uns regieren!

KIRCHENJAHR

7. Dann wird die arme Erde allen
ein Land voll Milch und Honig sein.
Das Kind zieht als ein König ein,
und Davids Thron wird niemals fallen.

8. Dann stehen Mensch und Mensch zusammen / vor eines Herren Angesicht, / und alle, alle schaun ins Licht, / und er kennt jedermann mit Namen.

Text: Jürgen Henkys 1981 nach dem niederländischen *Het volk dat wandelt in het duister* von Jan Willem Schulte Nordholt 1959
Melodie: Frits Mehrtens 1959

ADVENT

21

Seht auf und erhebt eure Häupter, weil sich eure Erlösung naht, weil sich eure Erlösung naht.

Text: Lukas 21, 28
Melodie: Volker Ochs um 1980

ö 22

Nun sei uns willkommen, Herre Christ, der du unser aller Herre bist, willkommen auf Erden.
(Erd.)

Text: Aachen 13./14. Jh.
Kanon für 4 Stimmen: Walter Rein 1934 nach einer niederländischen Melodiefassung um 1600

Weihnachten

23 ö

1. Gelobet seist du, Jesu Christ,
daß du Mensch geboren bist von einer
Jungfrau, das ist wahr; des freuet
sich der Engel Schar. Kyrieleis.

2. Des ewgen Vaters einig Kind / jetzt man in der Krippen find't; / in unser armes Fleisch und Blut / verkleidet sich das ewig Gut. / Kyrieleis.

3. Den aller Welt Kreis nie beschloß, / der liegt in Marien Schoß; / er ist ein Kindlein worden klein, / der alle Ding erhält allein. / Kyrieleis.

4. Das ewig Licht geht da herein, / gibt der Welt ein' neuen Schein; / es leucht' wohl mitten in der Nacht / und uns des Lichtes Kinder macht. / Kyrieleis.

5. Der Sohn des Vaters, Gott von Art, / ein Gast in der Welt hier ward / und führt uns aus dem Jammertal, / macht uns zu Erben in seim Saal. / Kyrieleis.

6. Er ist auf Erden kommen arm, / daß er unser sich erbarm / und in dem Himmel mache reich / und seinen lieben Engeln gleich. / Kyrieleis.

7. Das hat er alles uns getan, / sein groß Lieb zu zeigen an. / Des freu sich alle Christenheit / und dank ihm des in Ewigkeit. / Kyrieleis.

Text: Str. 1 Medingen um 1380; Str. 2–7 Martin Luther 1524
Melodie: Medingen um 1460, Wittenberg 1524

Lukas 2, 9–16 (Ö) **24**

1. »Vom Himmel hoch, da komm ich her, ich bring euch gute neue Mär; der guten Mär bring ich so viel, davon ich singn und sagen will.

2. Euch ist ein Kindlein heut geborn / von einer Jungfrau auserkorn, / ein Kindelein so zart und fein, / das soll eu'r Freud und Wonne sein.

3. Es ist der Herr Christ, unser Gott, / der will euch führn aus aller Not, / er will eu'r Heiland selber sein, / von allen Sünden machen rein.

4. Er bringt euch alle Seligkeit, / die Gott der Vater hat bereit', / daß ihr mit uns im Himmelreich / sollt leben nun und ewiglich.

5. So merket nun das Zeichen recht: / die Krippe, Windelein so schlecht, / da findet ihr das Kind gelegt, / das alle Welt erhält und trägt.«

6. Des laßt uns alle fröhlich sein / und mit den Hirten gehn hinein, / zu sehn, was Gott uns hat beschert, / mit seinem lieben Sohn verehrt.

7. Merk auf, mein Herz, und sieh dorthin; / was liegt doch in dem Krippelein? / Wes ist das schöne Kindelein? / Es ist das liebe Jesulein.

8. Sei mir willkommen, edler Gast! / Den Sünder nicht verschmähet hast / und kommst ins Elend her zu mir: / wie soll ich immer danken dir?

9. Ach Herr, du Schöpfer aller Ding, / wie bist du worden so gering, / daß du da liegst auf dürrem Gras, / davon ein Rind und Esel aß!

10. Und wär die Welt vielmal so weit, / von Edelstein und Gold bereit', / so wär sie doch dir viel zu klein, / zu sein ein enges Wiegelein.

11. Der Sammet und die Seiden dein, / das ist grob Heu und Windelein, / darauf du König groß und reich / herprangst, als wär's dein Himmelreich.

12. Das hat also gefallen dir, / die Wahrheit anzuzeigen mir, / wie aller Welt Macht, Ehr und Gut / vor dir nichts gilt, nichts hilft noch tut.

WEIHNACHTEN

13. Ach mein herzliebes Jesulein, / mach dir ein rein sanft Bettelein, / zu ruhen in meins Herzens Schrein, / daß ich nimmer vergesse dein.

14. Davon ich allzeit fröhlich sei, / zu springen, singen immer frei / das rechte Susaninne* schön, / mit Herzenslust den süßen Ton. *Wiegenlied

15. Lob, Ehr sei Gott im höchsten Thron, / der uns schenkt seinen ein'gen Sohn. / Des freuet sich der Engel Schar / und singet uns solch neues Jahr.

Text: Martin Luther 1535
Melodie: Martin Luther 1539

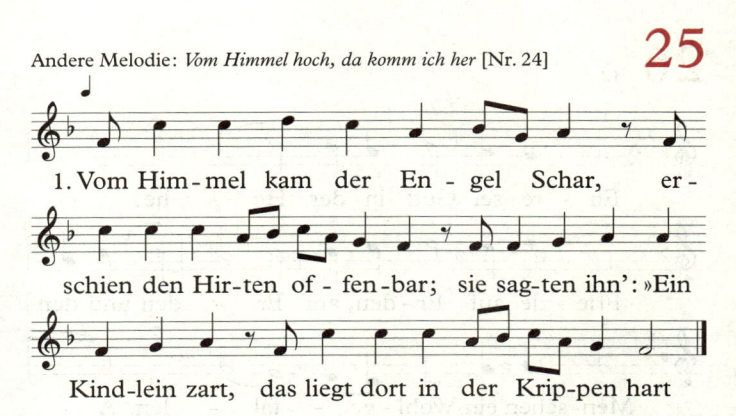

25

Andere Melodie: *Vom Himmel hoch, da komm ich her* [Nr. 24]

1. Vom Himmel kam der Engel Schar, erschien den Hirten offenbar; sie sagten ihn': »Ein Kindlein zart, das liegt dort in der Krippen hart

2. zu Bethlehem, in Davids Stadt, / wie Micha das verkündet hat, / es ist der Herre Jesus Christ, / der euer aller Heiland ist.«

3. Des sollt ihr alle fröhlich sein, / daß Gott mit euch ist worden ein. / Er ist geborn eu'r Fleisch und Blut, / eu'r Bruder ist das ewig Gut.

KIRCHENJAHR

4. Was kann euch tun die Sünd und Tod? / Ihr habt mit euch den wahren Gott; / laßt zürnen Teufel und die Höll, / Gotts Sohn ist worden eu'r Gesell.

5. Er will und kann euch lassen nicht, / setzt ihr auf ihn eu'r Zuversicht; / es mögen euch viel fechten an: / dem sei Trotz, der's nicht lassen kann.

6. Zuletzt müßt ihr doch haben recht, / ihr seid nun worden Gotts Geschlecht. / Des danket Gott in Ewigkeit, / geduldig, fröhlich allezeit.

Text: Martin Luther 1543
Melodie: 15. Jh., geistlich Wittenberg 1535

26 ö

Eh - re sei Gott in der Hö - he!
Frie - de auf Er - den, auf Er - den und den
Men - schen ein Wohl - ge - fal - len. A -
- - - men, A - men.

Text: Lukas 2, 14
Kanon für 4 Stimmen: Ludwig Ernst Gebhardi um 1830

WEIHNACHTEN

ö 27

1. Lobt Gott, ihr Christen alle gleich, in seinem höchsten Thron, der heut schließt auf sein Himmelreich und schenkt uns seinen Sohn, und schenkt uns seinen Sohn.

2. Er kommt aus seines Vaters Schoß / und wird ein Kindlein klein, / er liegt dort elend, nackt und bloß / in einem Krippelein, / in einem Krippelein.

3. Er äußert sich all seiner G'walt, / wird niedrig und gering / und nimmt an eines Knechts Gestalt, / der Schöpfer aller Ding, / der Schöpfer aller Ding. *Phil 2, 6–8*

4. Er wechselt mit uns wunderlich: / Fleisch und Blut nimmt er an / und gibt uns in seins Vaters Reich / die klare Gottheit dran, / die klare Gottheit dran.

5. Er wird ein Knecht und ich ein Herr; / das mag ein Wechsel sein! / Wie könnt es doch sein freundlicher, / das herze Jesulein, / das herze Jesulein!

6. Heut schließt er wieder auf die Tür / zum schönen Paradeis; / der Cherub steht nicht mehr dafür. / Gott sei Lob, Ehr und Preis, / Gott sei Lob, Ehr und Preis! *1. Mose 3, 24*

Text: Nikolaus Herman 1560
Melodie: Nikolaus Herman 1554

KIRCHENJAHR

28

Al - so hat Gott die Welt ge - liebt,
daß er sei - nen ein-ge-bor-nen Sohn gab.

Text: Johannes 3, 16
Melodie: Volker Ochs um 1980

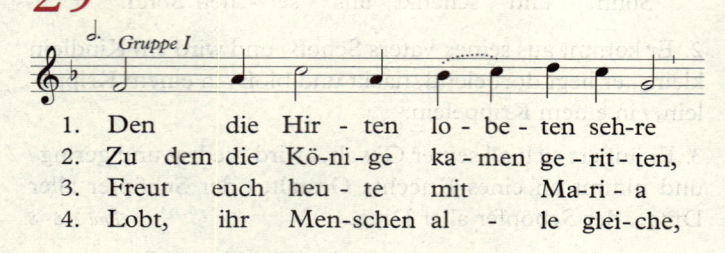

29

Gruppe I

1. Den   die Hir - ten lo - be - ten seh - re
2. Zu dem die Kö - ni - ge ka - men ge - rit - ten,
3. Freut euch heu - te mit Ma - ri - a
4. Lobt, ihr Men - schen al - le glei - che,

Gruppe II

1. und   die En - gel noch viel meh - re,
2. Gold, Weih-rauch, Myr - rhen brachten sie mit - te.
3. in   der himm - li - schen Hier - ar - chi - a,
4. Got - tes Sohn vom Him - mel - rei - che;

WEIHNACHTEN

Gruppe III

1. fürch - tet euch nun nim - mer - meh - re,
2. Sie fie - len nie - der auf ih - re Knie - e:
3. da die En - gel sin - gen al - le
4. dem gebt jetzt und im - mer - meh - re

Gruppe IV

1. euch ist ge - born ein Kö - nig der Ehrn.
2. Ge - lo - bet seist du, Herr, all - hie.
3. in dem Him - mel hoch mit Schall.
4. Lob und Preis und Dank und Ehr.

Alle Gruppen/Chor

1. Heut sein die lie - ben En - ge - lein in
2. »Sein' Sohn die gött - lich Ma - je - stät euch
3. Da - nach san - gen die En - ge - lein: »Gebt
4. Die Hir - ten spra - chen: »Nun wohl - an, so

1. hel - lem Schein er - schie - nen bei der
2. ge - ben hat, ein' Men - schen las - sen
3. Gott al - lein im Him - mel Preis und
4. laßt uns gahn und die - se Ding er -

KIRCHENJAHR

1. Nachte den Hirten, die ihr' Schäfelein bei Mondenschein im weiten Feld bewachten: »Große Freud und gute Mär wolln wir euch offenbaren, die euch und aller Welt soll widerfahren.«

2. werden. Ein Jungfrau ihn geboren hat in Davids Stadt, da ihr ihn finden werdet liegend in eim Krippelein nackend, bloß und elende, daß er all euer Elend von euch wende.«

3. Ehre. Groß Friede wird auf Erden sein, des solln sich freun die Menschen alle sehre und ein Wohlgefallen han: Der Heiland ist gekommen, hat euch zugut das Fleisch an sich genommen.«

4. fahren, die uns der Herr hat kundgetan: das Vieh läßt stahn, er wird's indes bewahren.« Da fanden sie das Kindelein in Tüchelein gehüllet, das alle Welt mit seiner Gnad erfüllet.

WEIHNACHTEN

1.-4. Got-tes Sohn ist Mensch ge-born, ist Mensch ge-born, hat ver-söhnt des Va-ters Zorn, des Va-ters Zorn.

Text:
1. Teil: bei Matthäus Ludecus 1589 nach
   Quem pastores laudavere 15. Jh.
2. Teil: Nikolaus Herman 1560 nach
   Nunc angelorum gloria 14. Jh.
3. Teil: bei Johannes Keuchenthal 1573 nach
   Magnum nomen Domini 9. Jh.

Melodie: Hohenfurt um 1450, Prag 1541,
bei Valentin Triller 1555

Satz: Michael Praetorius 1607

KIRCHENJAHR

30 (Ö)

Jesaja 11, 1

1. Es ist ein Ros entsprungen aus einer Wurzel zart,
   wie uns die Alten sungen, von Jesse kam die Art
   und hat ein Blümlein bracht
   mitten im kalten Winter wohl zu der halben Nacht.

2. Das Blümlein, das ich meine, davon Jesaja sagt,
   hat uns gebracht alleine, Marie, die reine Magd;
   aus Gottes ew'gem Rat
   hat sie ein Kind geboren wohl zu der halben Nacht.

3. Das Blümelein so kleine, das duftet uns so süß;
   mit seinem hellen Scheine vertreibt's die Finsternis.
   Wahr' Mensch und wahrer Gott,
   hilft uns aus allem Leide, rettet von Sünd und Tod.

4. O Jesu, bis zum Scheiden aus diesem Jammertal
   laß dein Hilf uns geleiten hin in den Freudensaal,
   in deines Vaters Reich,
   da wir dich ewig loben; o Gott, uns das verleih.

WEIHNACHTEN

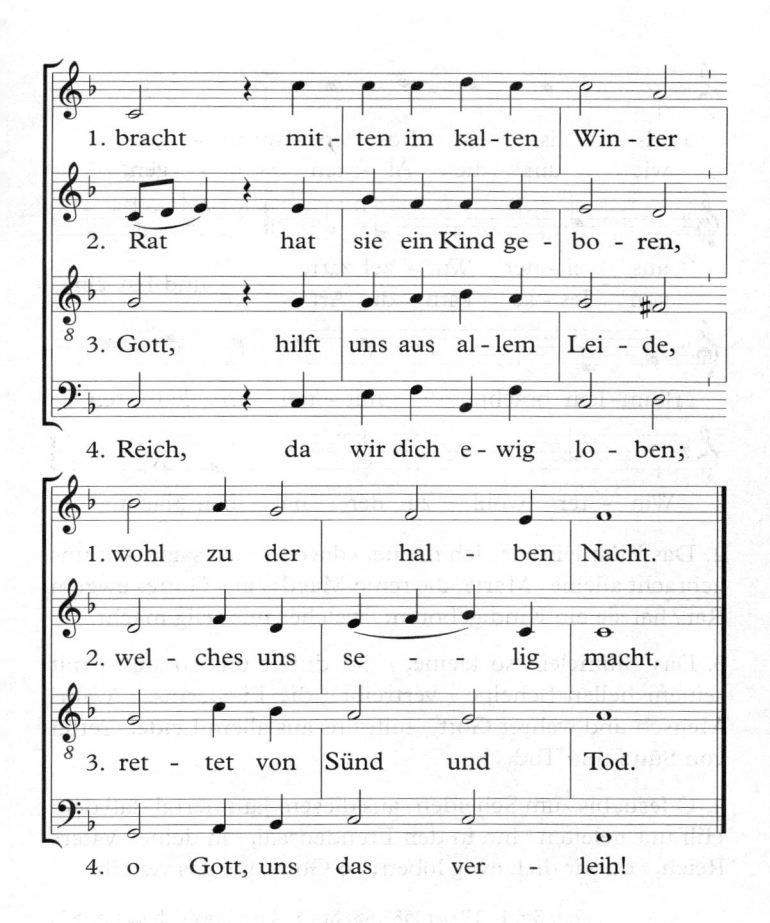

1. bracht mitten im kalten Winter wohl zu der halben Nacht.
2. Rat hat sie ein Kind geboren, welches uns selig macht.
3. Gott, hilft uns aus allem Leide, rettet von Sünd und Tod.
4. Reich, da wir dich ewig loben; o Gott, uns das verleih!

KIRCHENJAHR

1. Es ist ein Ros entsprungen
aus einer Wurzel zart,
wie uns die Alten sungen,
von Jesse kam die Art
und hat ein Blümlein bracht
mitten im kalten Winter
wohl zu der halben Nacht.

2. Das Blümlein, das ich meine, / davon Jesaja sagt, / hat uns gebracht alleine / Marie, die reine Magd; / aus Gottes ewgem Rat / hat sie ein Kind geboren, / welches uns selig macht.

3. Das Blümelein so kleine, / das duftet uns so süß; / mit seinem hellen Scheine / vertreibt's die Finsternis. / Wahr' Mensch und wahrer Gott, / hilft uns aus allem Leide, / rettet von Sünd und Tod.

4. O Jesu, bis zum Scheiden / aus diesem Jammertal / laß dein Hilf uns geleiten / hin in den Freudensaal, / in deines Vaters Reich, / da wir dich ewig loben; / o Gott, uns das verleih!

Text: Str. 1–2 Trier 1587/88; Str. 3–4 bei Friedrich Layriz 1844
Melodie: 16. Jh., Köln 1599
Satz: Michael Praetorius 1609

WEIHNACHTEN

31

Es ist ein Ros ent-sprun-gen aus ei-ner Wur - - zel zart, wie uns die Al - ten sun - - gen, von Jes-se kam die Art.

Textunterlegung: Fritz Jöde 1926 nach Nr. 30
Kanon für 4 Stimmen: Melchior Vulpius (vor 1615) 1620

Es wird ein Reis hervorgehen aus dem Stamm Isais
und ein Zweig aus seiner Wurzel Frucht bringen.
Auf ihm wird ruhen der Geist des Herrn,
der Geist der Weisheit und des Verstandes,
der Geist des Rates und der Stärke,
der Geist der Erkenntnis und der Furcht des Herrn.

Jesaja 11, 1.2

KIRCHENJAHR

32 (Ö)

1. Zu Bethlehem geboren ist uns ein Kindelein, das hab ich auserkoren, sein eigen will ich sein, eia, eia, sein eigen will ich sein.

2. In seine Lieb versenken / will ich mich ganz hinab; / mein Herz will ich ihm schenken / und alles, was ich hab, / eia, eia, und alles, was ich hab.

3. O Kindelein, von Herzen / will ich dich lieben sehr / in Freuden und in Schmerzen, / je länger mehr und mehr, / eia, eia, je länger mehr und mehr.

4. Dazu dein Gnad mir gebe, / bitt ich aus Herzensgrund, / daß dir allein ich lebe, / jetzt und zu aller Stund, / eia, eia, jetzt und zu aller Stund.

Text: Friedrich Spee 1637
Melodie: Paris 1599; geistlich Köln 1638

WEIHNACHTEN

33

1. Brich an, du schönes Morgenlicht,
und laß den Himmel tagen!
Du Hirtenvolk, erschrecke nicht,
weil dir die Engel sagen,
daß dieses schwache Knäbelein soll unser Trost und Freude sein, dazu den Satan zwingen und letztlich Frieden bringen.

2. Willkommen, süßer Bräutigam, / du König aller Ehren! / Willkommen, Jesu, Gottes Lamm, / ich will dein Lob vermehren; / ich will dir all mein Leben lang / von Herzen sagen Preis und Dank, / daß du, da wir verloren, / für uns bist Mensch geboren.

3. Lob, Preis und Dank, Herr Jesu Christ, / sei dir von mir gesungen, / daß du mein Bruder worden bist / und hast die Welt bezwungen; / hilf, daß ich deine Gütigkeit / stets preis in dieser Gnadenzeit / und mög hernach dort oben / in Ewigkeit dich loben.

Text: Johann Rist 1641
Melodie: Johann Schop 1641, bei Wolfgang Carl Briegel 1687
Ermuntre dich, mein schwacher Geist

KIRCHENJAHR

34

*Vor der ersten und nach der letzten Strophe
kann das Halleluja gesungen werden.*

Hal - le - lu - ja, Hal - le - lu - ja, Hal - le -
lu - ja, Hal - le - lu - ja, Hal - le -
lu - ja, Hal - le - lu - ja, Hal - le -
lu - ja, Hal - le - lu - ja, Hal - le -
lu - ja, Hal - le - lu - ja, Hal - le -
lu - ja, Hal - le - lu - ja.

1. Freu - et euch, ihr Chri - sten al - le, freu - e sich, wer
im - mer kann; Gott hat viel an uns ge - tan.
Freu - et euch mit gro - ßem Schal - le, daß er uns so

WEIHNACHTEN

hoch ge-acht', sich mit uns be-freund't ge-macht.
Freu-de, Freu-de ü-ber Freu-de: Chri-stus weh-ret
al-lem Lei-de. Won-ne, Won-ne ü-ber
Won-ne: Chri-stus ist die Gna-den-son-ne.

2. Siehe, siehe, meine Seele, / wie dein Heiland kommt zu dir, / brennt in Liebe für und für, / daß er in der Krippen Höhle / harte lieget dir zugut, / dich zu lösen durch sein Blut. / Freude, Freude über Freude: / Christus wehret allem Leide. / Wonne, Wonne über Wonne: / Christus ist die Gnadensonne.

3. Jesu, wie soll ich dir danken? / Ich bekenne, daß von dir / meine Seligkeit herrühr, / so laß mich von dir nicht wanken. / Nimm mich dir zu eigen hin, / so empfindet Herz und Sinn / Freude, Freude über Freude: / Christus wehret allem Leide. / Wonne, Wonne über Wonne: / Christus ist die Gnadensonne.

4. Jesu, nimm dich deiner Glieder / ferner noch in Gnaden an; / schenke, was man bitten kann, / und erquick uns alle wieder; / gib der ganzen Christenschar / Frieden und ein seligs Jahr. / Freude, Freude über Freude: / Christus wehret allem Leide. / Wonne, Wonne über Wonne: / Christus ist die Gnadensonne.

Text: Christian Keimann 1646
Melodie: Andreas Hammerschmidt 1646

KIRCHENJAHR

35 (Ö)

1. Nun sin-get und seid froh, jauchzt al-le und sagt so: Un-sers Her-zens Won-ne liegt in der Krip-pen bloß und leucht' doch wie die Son-ne in sei-ner Mut-ter Schoß. Du bist A und O, du bist A und O.

Offb 1, 8

2. Sohn Gottes in der Höh, / nach dir ist mir so weh. / Tröst mir mein Gemüte, / o Kindlein zart und rein, / durch alle deine Güte, / o liebstes Jesulein. / Zieh mich hin zu dir, / zieh mich hin zu dir.

3. Groß ist des Vaters Huld, / der Sohn tilgt unsre Schuld. / Wir warn all verdorben / durch Sünd und Eitelkeit, / so hat er uns erworben / die ewig Himmelsfreud. / O welch große Gnad, / o welch große Gnad!

WEIHNACHTEN

4. Wo ist der Freu-den Ort? Nir-gends mehr denn dort, da die En-gel sin-gen mit den Heil-gen all und die Psal-men klin-gen im ho-hen Him-mels-saal. Ei-a, wärn wir da, ei-a, wärn wir da.

Text: Hannover 1646 nach dem lateinisch-deutschen
In dulci jubilo 14. Jh. und Leipzig 1545 (Str. 3)
Melodie: 14. Jh., Wittenberg 1529

Gott, du Grund der Freude,
du hast durch die Geburt Jesu
einen hellen Schein in unsere dunkle Welt gegeben.
Hilf, daß dieses Licht auch uns erleuchtet.
Laß es widerstrahlen in allem, was wir tun.

KIRCHENJAHR

36 (Ö)

1. Fröhlich soll mein Herze springen dieser Zeit, da vor Freud alle Engel singen. Hört, hört, wie mit vollen Chören alle Luft laute ruft: Christus ist geboren!

2. Heute geht aus seiner Kammer / Gottes Held, der die Welt / reißt aus allem Jammer. / Gott wird Mensch dir, Mensch, zugute, / Gottes Kind, das verbind't / sich mit unserm Blute.

3. Sollt uns Gott nun können hassen, / der uns gibt, was er liebt / über alle Maßen? / Gott gibt, unserm Leid zu wehren, / seinen Sohn aus dem Thron / seiner Macht und Ehren.

4. Er nimmt auf sich, was auf Erden / wir getan, gibt sich dran, / unser Lamm zu werden, / unser Lamm, das für uns stirbet / und bei Gott für den Tod / Gnad und Fried erwirbet.

5. Nun er liegt in seiner Krippen, / ruft zu sich mich und dich, / spricht mit süßen Lippen: / »Lasset fahrn, o liebe Brüder, / was euch quält, was euch fehlt; / ich bring alles wieder.«

WEIHNACHTEN

6. Ei so kommt und laßt uns laufen, / stellt euch ein, groß und klein, / eilt mit großen Haufen! / Liebt den, der vor Liebe brennet; / schaut den Stern, der euch gern / Licht und Labsal gönnet.

7. Die ihr schwebt in großem Leide, / sehet, hier ist die Tür / zu der wahren Freude; / faßt ihn wohl, er wird euch führen / an den Ort, da hinfort / euch kein Kreuz wird rühren.

8. Wer sich fühlt beschwert im Herzen, / wer empfind't seine Sünd / und Gewissensschmerzen, / sei getrost: hier wird gefunden, / der in Eil machet heil / die vergift'ten Wunden.

9. Die ihr arm seid und elende, / kommt herbei, füllet frei / eures Glaubens Hände. / Hier sind alle guten Gaben / und das Gold, da ihr sollt / euer Herz mit laben.

10. Süßes Heil, laß dich umfangen, / laß mich dir, meine Zier, / unverrückt anhangen. / Du bist meines Lebens Leben; / nun kann ich mich durch dich / wohl zufrieden geben.

11. Ich bin rein um deinetwillen: / Du gibst g'nug Ehr und Schmuck, / mich darein zu hüllen. / Ich will dich ins Herze schließen, / o mein Ruhm! Edle Blum, / laß dich recht genießen.

12. Ich will dich mit Fleiß bewahren; / ich will dir leben hier, / dir will ich hinfahren; / mit dir will ich endlich schweben / voller Freud ohne Zeit / dort im andern Leben.

Text: Paul Gerhardt 1653
Melodie: Johann Crüger 1653

KIRCHENJAHR

37 (Ö)

1. Ich steh an deiner Krippen hier, o Jesu, du mein Leben;
ich komme, bring und schenke dir, was du mir hast gegeben.
Nimm hin, es ist mein Geist und Sinn, Herz, Seel und Mut, nimm alles hin und laß dir's wohlgefallen.

2. Da ich noch nicht geboren war, / da bist du mir geboren / und hast mich dir zu eigen gar, / eh ich dich kannt, erkoren. / Eh ich durch deine Hand gemacht, / da hast du schon bei dir bedacht, / wie du mein wolltest werden.

3. Ich lag in tiefster Todesnacht, / du warest meine Sonne, / die Sonne, die mir zugebracht / Licht, Leben, Freud und Wonne. / O Sonne, die das werte Licht / des Glaubens in mir zugericht', / wie schön sind deine Strahlen!

4. Ich sehe dich mit Freuden an / und kann mich nicht satt sehen; / und weil ich nun nichts weiter kann, / bleib ich anbetend stehen. / O daß mein Sinn ein Abgrund wär / und meine Seel ein weites Meer, / daß ich dich möchte fassen!

5. Wann oft mein Herz im Leibe weint / und keinen Trost kann finden, / rufst du mir zu: »Ich bin dein Freund, / ein Tilger deiner Sünden. / Was trauerst du, o Bruder mein? / Du sollst ja guter Dinge sein, / ich zahle deine Schulden.«

6. O daß doch so ein lieber Stern / soll in der Krippen liegen! / Für edle Kinder großer Herrn / gehören güldne Wiegen. / Ach Heu und Stroh ist viel zu schlecht, / Samt, Seide, Purpur wären recht, / dies Kindlein drauf zu legen!

7. Nehmt weg das Stroh, nehmt weg das Heu, / ich will mir Blumen holen, / daß meines Heilands Lager sei / auf lieblichen Violen; / mit Rosen, Nelken, Rosmarin / aus schönen Gärten will ich ihn / von oben her bestreuen.

8. Du fragest nicht nach Lust der Welt / noch nach des Leibes Freuden; / du hast dich bei uns eingestellt, / an unsrer Statt zu leiden, / suchst meiner Seele Herrlichkeit / durch Elend und Armseligkeit; / das will ich dir nicht wehren.

9. Eins aber, hoff ich, wirst du mir, / mein Heiland, nicht versagen: / daß ich dich möge für und für / in, bei und an mir tragen. / So laß mich doch dein Kripplein sein; / komm, komm und lege bei mir ein / dich und all deine Freuden.

Text: Paul Gerhardt 1653
Melodie: Johann Sebastian Bach 1736

KIRCHENJAHR

38 ö

1. Wun-der-ba-rer Gna-den-thron, Got-tes und Ma-ri-en Sohn, Gott und Mensch, ein klei-nes Kind, das man in der Krip-pen find't, gro-ßer Held von E-wig-keit, des-sen Macht und Herr-lich-keit rühmt die gan-ze Chri-sten-heit:

2. Du bist arm und machst zugleich / uns an Leib und Seele reich. / Du wirst klein, du großer Gott, / und machst Höll und Tod zu Spott. / Aller Welt wird offenbar, / ja auch deiner Feinde Schar, / daß du, Gott, bist wunderbar.

3. Laß mir deine Güt und Treu / täglich werden immer neu. / Gott, mein Gott, verlaß mich nicht, / wenn mich Not und Tod anficht. / Laß mich deine Herrlichkeit, / deine Wundergütigkeit / schauen in der Ewigkeit.

Text: Johann Olearius 1665
Melodie: 15. Jh. *In natali Domini*, Böhmische Brüder 1544, Frankfurt/Main 1589 *Da Christus geboren war*

WEIHNACHTEN

39

1. Kommt und laßt uns Christus ehren, Herz und Sinnen zu ihm kehren; singet fröhlich, laßt euch hören, wertes Volk der Christenheit.

2. Sünd und Hölle mag sich grämen, / Tod und Teufel mag sich schämen; / wir, die unser Heil annehmen, / werfen allen Kummer hin.

3. Sehet, was hat Gott gegeben: / seinen Sohn zum ewgen Leben. / Dieser kann und will uns heben / aus dem Leid ins Himmels Freud.

4. Seine Seel ist uns gewogen, / Lieb und Gunst hat ihn gezogen, / uns, die Satan hat betrogen, / zu besuchen aus der Höh.

5. Jakobs Stern ist aufgegangen, / stillt das sehnliche Verlangen, / bricht den Kopf der alten Schlangen / und zerstört der Höllen Reich.

6. O du hochgesegnete Stunde, / da wir das von Herzensgrunde / glauben und mit unserm Munde / danken dir, o Jesulein.

7. Schönstes Kindlein in dem Stalle, / sei uns freundlich, bring uns alle / dahin, da mit süßem Schalle / dich der Engel Heer erhöht.

Text: Paul Gerhardt 1666
Melodie: Den die Hirten lobeten sehre [Nr. 29, 1. Teil]

KIRCHENJAHR

40

Andere Melodie: *O daß ich tausend Zungen hätte* [Nr. 330]

1. Dies ist die Nacht, da mir erschienen des großen Gottes Freundlichkeit; / das Kind, dem alle Engel dienen, bringt Licht in meine Dunkelheit, / und dieses Welt- und Himmelslicht / weicht hunderttausend Sonnen nicht.

2. Laß dich erleuchten, meine Seele, / versäume nicht den Gnadenschein; / der Glanz in dieser kleinen Höhle / streckt sich in alle Welt hinein; / er treibet weg der Höllen Macht, / der Sünden und des Kreuzes Nacht.

3. In diesem Lichte kannst du sehen / das Licht der klaren Seligkeit; / wenn Sonne, Mond und Stern vergehen, / vielleicht noch in gar kurzer Zeit, / wird dieses Licht mit seinem Schein / dein Himmel und dein Alles sein.

4. Laß nur indessen helle scheinen / dein Glaubens- und dein Liebeslicht; / mit Gott mußt du es treulich meinen, / sonst hilft dir diese Sonne nicht; / willst du genießen diesen Schein, / so darfst du nicht mehr dunkel sein.

WEIHNACHTEN

5. Drum, Jesu, schöne Weihnachtssonne, / bestrahle mich mit deiner Gunst; / dein Licht sei meine Weihnachtswonne / und lehre mich die Weihnachtskunst, / wie ich im Lichte wandeln soll / und sei des Weihnachtsglanzes voll.

Text: Kaspar Friedrich Nachtenhöfer 1684
Melodie: Langenöls 1742,
  bei Johann Balthasar Reimann 1747

41

Andere Melodie: *Lobe den Herren, den mächtigen König* [Nr. 316] (Ö)

1. Jauch-zet, ihr Him-mel, froh-lok-ket, ihr En-gel, in Chö-ren,
   sin-get dem Her-ren, dem Hei-land der Men-schen, zu Eh-ren!
   Se-het doch da: Gott will so freund-lich und nah zu den Ver-lor-nen sich keh-ren.

2. Jauchzet, ihr Himmel, frohlocket, ihr Enden der Erden! / Gott und der Sünder, die sollen zu Freunden nun werden. / Friede und Freud / wird uns verkündiget heut; / freuet euch, Hirten und Herden!

3. Sehet dies Wunder, wie tief sich der Höchste hier beuget; / sehet die Liebe, die endlich als Liebe sich zeiget! / Gott wird ein Kind, / träget und hebet die Sünd; / alles anbetet und schweiget.

4. Gott ist im Fleische: wer kann dies Geheimnis verstehen? / Hier ist die Pforte des Lebens nun offen zu sehen. / Gehet hinein, / eins mit dem Kinde zu sein, / die ihr zum Vater wollt gehen.

5. Hast du denn, Höchster, auch meiner noch wollen gedenken? / Du willst dich selber, dein Herze der Liebe, mir schenken. / Sollt nicht mein Sinn / innigst sich freuen darin / und sich in Demut versenken?

6. König der Ehren, aus Liebe geworden zum Kinde, / dem ich auch wieder mein Herze in Liebe verbinde: / du sollst es sein, / den ich erwähle allein; / ewig entsag ich der Sünde.

7. Süßer Immanuel, werd auch in mir nun geboren, / komm doch, mein Heiland, denn ohne dich bin ich verloren! / Wohne in mir, / mach mich ganz eines mit dir, / der du mich liebend erkoren.

Text: Gerhard Tersteegen 1731
Melodie: Rudolf Mauersberger 1926

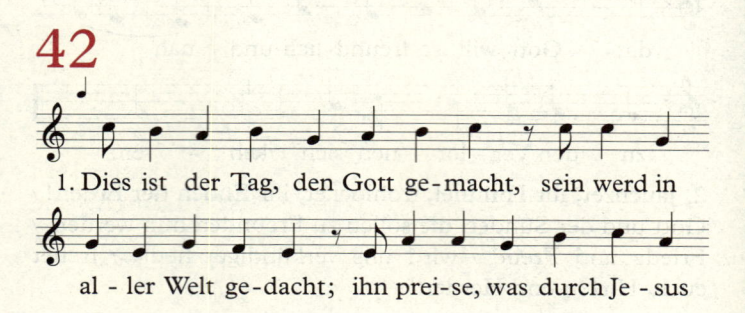

42

1. Dies ist der Tag, den Gott ge-macht, sein werd in al-ler Welt ge-dacht; ihn prei-se, was durch Je-sus

WEIHNACHTEN

Christ im Him-mel und auf Er-den ist.

Ps 118, 24

2. Die Völker haben dein geharrt, / bis daß die Zeit erfüllet ward; / da sandte Gott von seinem Thron / das Heil der Welt, dich, seinen Sohn.

3. Wenn ich dies Wunder fassen will, / so steht mein Geist vor Ehrfurcht still; / er betet an und er ermißt, / daß Gottes Lieb unendlich ist.

4. Damit der Sünder Gnad erhält, / erniedrigst du dich, Herr der Welt, / nimmst selbst an unsrer Menschheit teil, / erscheinst im Fleisch und wirst uns Heil.

5. Herr, der du Mensch geboren wirst, / Immanuel und Friedefürst, / auf den die Väter hoffend sahn, / dich, Gott, Messias, bet ich an.

6. Du unser Heil und höchstes Gut, / vereinest dich mit Fleisch und Blut, / wirst unser Freund und Bruder hier, / und Gottes Kinder werden wir.

7. Durch eines Sünde fiel die Welt, / ein Mittler ist's, der sie erhält. / Was zagt der Mensch, wenn der ihn schützt, / der in des Vaters Schoße sitzt?

8. Jauchzt, Himmel, die ihr ihn erfuhrt, / den Tag der heiligsten Geburt; / und Erde, die ihn heute sieht, / sing ihm, dem Herrn, ein neues Lied!

9. Dies ist der Tag, den Gott gemacht, / sein werd in aller Welt gedacht; / ihn preise, was durch Jesus Christ / im Himmel und auf Erden ist.

Text: Christian Fürchtegott Gellert 1757
Melodie: Vom Himmel hoch, da komm ich her [Nr. 24]

KIRCHENJAHR

43 (Ö)

1. Ihr Kinderlein, kommet, o kommet doch all,
und seht, was in dieser hoch-heiligen Nacht der Vater im Himmel für Freude uns macht.
zur Krippe her kommet, in Bethlehems Stall,

2. O seht in der Krippe im nächtlichen Stall, / seht hier bei des Lichtleins hellglänzendem Strahl / in reinlichen Windeln das himmlische Kind, / viel schöner und holder, als Engel es sind.

3. Da liegt es, das Kindlein, auf Heu und auf Stroh, / Maria und Joseph betrachten es froh, / die redlichen Hirten knien betend davor, / hoch oben schwebt jubelnd der Engelein Chor.

4. O beugt wie die Hirten anbetend die Knie, / erhebet die Hände und danket wie sie; / stimmt freudig, ihr Kinder, – wer wollt sich nicht freun? – / stimmt freudig zum Jubel der Engel mit ein.

5. O betet: Du liebes, du göttliches Kind, / was leidest du alles für unsere Sünd! / Ach hier in der Krippe schon Armut und Not, / am Kreuze dort gar noch den bitteren Tod.

WEIHNACHTEN

6. So nimm unsre Herzen zum Opfer denn hin; / wir geben sie gerne mit fröhlichem Sinn. / Ach mache sie heilig und selig wie deins / und mach sie auf ewig mit deinem nur eins.

Text: Christoph von Schmid (1798) 1811
Melodie: Johann Abraham Peter Schulz 1794;
geistlich Gütersloh 1832

ö 44

1. O du fröh-li-che, o du se-li-ge, gna-den-brin-gen-de Weih-nachts-zeit! Welt ging ver-lo-ren, Christ ist ge-bo-ren: Freu-e, freu-e dich, o Chri-sten-heit!

2. O du fröhliche, o du selige, / gnadenbringende Weihnachtszeit! / Christ ist erschienen, uns zu versühnen: / Freue, freue dich, o Christenheit!

3. O du fröhliche, o du selige, / gnadenbringende Weihnachtszeit! / Himmlische Heere jauchzen dir Ehre: / Freue, freue dich, o Christenheit!

Text: Str. 1 Johannes Daniel Falk (1816) 1819; Str. 2–3 Heinrich Holzschuher 1829
Melodie: Sizilien vor 1788, bei Johann Gottfried Herder 1807

KIRCHENJAHR

45

1. Her-bei, o ihr Gläub'-gen, fröhlich tri-um-phie-ret, o kom-met, o kom-met nach Beth-le-hem! Se-het das Kind-lein, uns zum Heil ge-bo-ren! O las-set uns an-be-ten, o las-set uns an-be-ten, o las-set uns an-be-ten den Kö-nig!

O come, all ye faith-ful, joy-ful and tri-um-phant, O come ye, O come ye to Beth-le-hem; come and be-hold him born, the King of an-gels: O come, let us a-dore him, O come, let us a-dore him, O come, let us a-dore him, Christ, the Lord.

2. Du König der Ehren, Herrscher der Heerscharen, / verschmähst nicht zu ruhn in Marien Schoß, / Gott, wahrer Gott von Ewigkeit geboren.
O lasset uns anbeten, / o lasset uns anbeten, / o lasset uns anbeten den König!

3. Kommt, singet dem Herren, singt, ihr Engelchöre! / Frohlocket, frohlocket, ihr Seligen: / »Ehre sei Gott im Himmel und auf Erden!«
O lasset uns anbeten, / o lasset uns anbeten, / o lasset uns anbeten den König!

4. Ja, dir, der du heute Mensch für uns geboren, / Herr Jesu, sei Ehre und Preis und Ruhm, / dir, fleischgewordnes Wort des ewgen Vaters!*
O lasset uns anbeten, / o lasset uns anbeten, / o lasset uns anbeten den König! *Joh 1, 14

> Text: Friedrich Heinrich Ranke (1823) 1826 nach
> *Adeste fideles*, englisch von John Francis Wade und
> Jean François Borderies um 1790
> *Melodie:* John Reading (?) (vor 1681) 1782

*Alsbald war da bei dem Engel
die Menge der himmlischen Heerscharen,
die lobten Gott und sprachen:
Ehre sei Gott in der Höhe und
Friede auf Erden bei den Menschen seines Wohlgefallens.*

Lukas 2, 13.14

KIRCHENJAHR

46 ö

1. Stille Nacht, heilige Nacht! Alles schläft, einsam wacht nur das traute, hochheilige Paar. Holder Knabe im lockigen Haar, schlaf in himmlischer Ruh, schlaf in himmlischer Ruh.

2. Stille Nacht, heilige Nacht! / Hirten erst kundgemacht, / durch der Engel Halleluja / tönt es laut von fern und nah: / Christ, der Retter, ist da, / Christ, der Retter, ist da!

3. Stille Nacht, heilige Nacht! / Gottes Sohn, o wie lacht / Lieb aus deinem göttlichen Mund, / da uns schlägt die rettende Stund, / Christ, in deiner Geburt, / Christ, in deiner Geburt.

Text: Joseph Mohr (1818) 1838
Melodie: Franz Xaver Gruber (1818) 1838

WEIHNACHTEN

ö 48

1. Kom-met, ihr Hir-ten, ihr Män-ner und Fraun,
kom-met, das lieb-li-che Kind-lein zu schaun,
Chri-stus, der Herr, ist heu-te ge-bo-ren, den Gott zum
Hei-land euch hat er-ko-ren. Fürch-tet euch nicht!

2. Lasset uns sehen in Bethlehems Stall, / was uns verheißen der himmlische Schall; / was wir dort finden, lasset uns künden, / lasset uns preisen in frommen Weisen. / Halleluja!

3. Wahrlich, die Engel verkündigen heut / Bethlehems Hirtenvolk gar große Freud: / Nun soll es werden Friede auf Erden, / den Menschen allen ein Wohlgefallen. / Ehre sei Gott!

Text: Karl Riedel 1870
nach einem Weihnachtslied aus Böhmen
Melodie: Olmütz 1847

KIRCHENJAHR

49 ö

1. Der Hei-land ist ge-bo-ren, freu dich, du Chri-sten-heit;
sonst wärn wir gar ver-lo-ren in al-le E-wig-keit.

Kehrvers
Freut euch von Herzen, ihr Christen all, kommt her zum Kindlein in dem Stall; freut euch von Herzen, ihr Christen all, kommt her zum Kindlein in dem Stall.

2. Das Kindlein auserkoren, / freu dich, du Christenheit, / das in dem Stall geboren, / hat Himmel und Erd erfreut.
Freut euch von Herzen, ihr Christen all, / kommt her zum Kindlein in dem Stall; / freut euch von Herzen, ihr Christen all, / kommt her zum Kindlein in dem Stall.

3. Die Engel lieblich singen, / freu dich, du Christenheit, / tun gute Botschaft bringen, / verkündigen große Freud!
Freut euch von Herzen, ihr Christen all, / kommt her zum Kindlein in dem Stall; / freut euch von Herzen, ihr Christen all, / kommt her zum Kindlein in dem Stall.

4. Der Gnadenbrunn tut fließen, / freu dich, du Christenheit, / tut alle das Kindlein grüßen, / kommt her zu ihm mit Freud.
Freut euch von Herzen, ihr Christen all, / kommt her zum Kindlein in dem Stall; / freut euch von Herzen, ihr Christen all, / kommt her zum Kindlein in dem Stall.

Text: Str. 1 Oberösterreich 19. Jh.; Str. 2–4 Glatz
Melodie: Innsbruck 1881/1883

*Wir fassen keinen anderen Gott als den,
der in jenem Menschen ist, der vom Himmel kam.
Ich fange bei der Krippe an.*
       Martin Luther

KIRCHENJAHR
50

1. Du Kind, zu dieser heilgen Zeit gedenken wir auch an dein Leid, das wir zu dieser späten Nacht durch unsre Schuld auf dich gebracht. Kyrie - eleison.

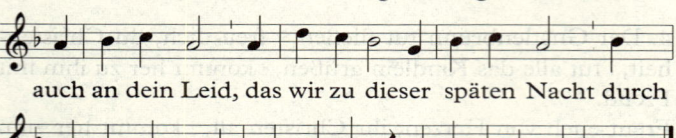

2. Die Welt ist heut voll Freudenhall. / Du aber liegst im armen Stall. / Dein Urteilsspruch ist längst gefällt, / das Kreuz ist dir schon aufgestellt. / Kyrieleison.

3. Die Welt liegt heut im Freudenlicht. / Dein aber harret das Gericht. / Dein Elend wendet keiner ab. / Vor deiner Krippe gähnt das Grab. / Kyrieleison.

4. Die Welt ist heut an Liedern reich. / Dich aber bettet keiner weich / und singt dich ein zu lindem Schlaf. / Wir häuften auf dich unsre Straf. / Kyrieleison.

5. Wenn wir mit dir einst auferstehn / und dich von Angesichte sehn, / dann erst ist ohne Bitterkeit / das Herz uns zum Gesange weit. / Hosianna.

Text: Jochen Klepper 1938
Melodie: Volker Gwinner 1970

WEIHNACHTEN

52

1. Wißt ihr noch, wie es ge-sche-hen? Im-mer wer-den wir's er-zäh-len: wie wir einst den Stern ge-se-hen mit-ten in der dunk-len Nacht, mit-ten in der dunk-len Nacht.

2. Stille war es um die Herde. / Und auf einmal war ein Leuchten / und ein Singen ob der Erde, / daß das Kind geboren sei, / daß das Kind geboren sei!

3. Eilte jeder, daß er's sähe / arm in einer Krippen liegen. / Und wir fühlten Gottes Nähe. / Und wir beteten es an, / und wir beteten es an.

4. Könige aus Morgenlanden / kamen reich und hoch geritten, / daß sie auch das Kindlein fanden. / Und sie beteten es an, / und sie beteten es an.

5. Und es sang aus Himmelshallen: / Ehr sei Gott! Auf Erden Frieden! / Allen Menschen Wohlgefallen, / Gottes Gnade allem Volk, / Gottes Gnade allem Volk!

6. Immer werden wir's erzählen, / wie das Wunder einst geschehen / und wie wir den Stern gesehen / mitten in der dunklen Nacht, / mitten in der dunklen Nacht.

Text: Hermann Claudius 1939
Melodie: Christian Lahusen 1939

KIRCHENJAHR

53

1. Als die Welt ver-lo-ren, / Chri-stus ward ge-bo-ren;
in das nächt'-ge Dun-keln / fällt ein strah-lend Fun-keln.
Und die En-gel freu-dig sin-gen, un-term Him-mel hört man's klin-gen: Glo-ri-a, Glo-ri-a, Glo-ri-a in ex-cel-sis De-o!

2. Und die Engelscharen / bei den Hirten waren, / brachten frohe Kunde / von des Heilands Stunde: / »Bei den Herden nicht verweilet / und nach Bethlehem hin eilet.« / Gloria, Gloria, Gloria / in excelsis Deo!

3. Zu dem heilgen Kinde / eilten sie geschwinde, / konnten staunend sehen, / was da war geschehen: / Gott im Himmel schenkt uns allen / mit dem Kind sein Wohlgefallen. / Gloria, Gloria, Gloria / in excelsis Deo.

Text: Str. 1–2 Gustav Kucz 1954 nach dem polnischen
Gdy się Chrystus rodzi vor 1853; Str. 3 1988
Melodie: Polen vor 1853

2. Hirten, warum wird gesungen? / Sagt mir doch eures Jubels Grund! / Welch ein Sieg ward denn errungen, / den uns die Chöre machen kund? / Gloria in excelsis Deo. / Gloria in excelsis Deo.

3. Sie verkünden uns mit Schalle, / daß der Erlöser nun erschien, / dankbar singen sie heut alle / an diesem Fest und grüßen ihn. / Gloria in excelsis Deo. / Gloria in excelsis Deo.

Text: Otto Abel 1954 nach dem französischen
Les anges dans nos campagnes 18. Jh.
Melodie: Frankreich 18. Jh.
Satz: Theophil Rothenberg 1983

Und du, Bethlehem Efrata, die du klein bist
unter den Städten in Juda, aus dir soll mir der kommen,
der in Israel Herr sei, dessen Ausgang
von Anfang und von Ewigkeit her gewesen ist.

Micha 5,1

KIRCHENJAHR
55

1. O Bethlehem, du kleine Stadt, wie stille liegst du hier, du schläfst, und goldne Sternelein ziehn leise über dir. Doch in den dunklen Gassen das ewge Licht heut scheint für alle, die da traurig sind und die zuvor geweint.

2. Des Herren heilige Geburt / verkündet hell der Stern, / ein ewger Friede sei beschert / den Menschen nah und fern; / denn Christus ist geboren, / und Engel halten Wacht, / dieweil die Menschen schlafen / die ganze dunkle Nacht.

3. O heilig Kind von Bethlehem, / in unsre Herzen komm, / wirf alle unsre Sünden fort / und mach uns frei und fromm! / Die Weihnachtsengel singen / die frohe Botschaft hell: / Komm auch zu uns und bleib bei uns, / o Herr, Immanuel.

Text: Helmut Barbe 1954 nach dem englischen
O little town of Bethlehem von Phillips Brooks 1868
Melodie: England 16. Jh., Ralph Vaughan Williams 1906

WEIHNACHTEN

56

Kehrvers

1. Weil Gott in tiefster Nacht erschienen,
kann unsre Nacht nicht traurig sein!

Strophen

Der immer schon uns nahe war,
stellt sich als Mensch den Menschen dar.

2. Weil Gott in tiefster Nacht erschienen, / kann unsre Nacht nicht traurig sein! / Bist du der eignen Rätsel müd? / Es kommt, der alles kennt und sieht!

3. Weil Gott in tiefster Nacht erschienen, / kann unsre Nacht nicht traurig sein! / Er sieht dein Leben unverhüllt, / zeigt dir zugleich dein neues Bild.

4. Weil Gott in tiefster Nacht erschienen, / kann unsre Nacht nicht traurig sein! / Nimm an des Christus Freundlichkeit, / trag seinen Frieden in die Zeit!

5. Weil Gott in tiefster Nacht erschienen, / kann unsre Nacht nicht traurig sein! / Schreckt dich der Menschen Widerstand, / bleib ihnen dennoch zugewandt!

Kehrvers nach der 5. Strophe siehe nächste Seite

KIRCHENJAHR

Kehrvers nach der 5. Strophe

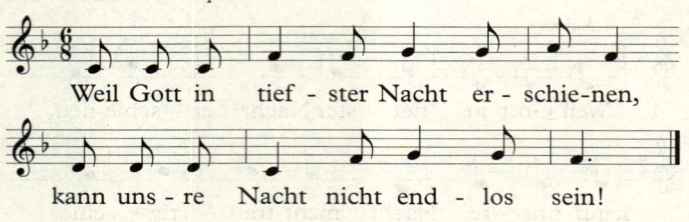

Weil Gott in tief - ster Nacht er - schie - nen,
kann uns - re Nacht nicht end - los sein!

Text und Melodie: Dieter Trautwein 1963

57 ö

1. Uns wird er - zählt von Je - sus Christ,
uns wird er - zählt von Je - sus Christ,
daß er als Mensch ge - bo - ren ist,
daß er als Mensch ge - bo - ren ist.
Christ ist ge - bo - ren! Christ ist ge - bo - ren!

WEIHNACHTEN

I und II (auch im Kanon zu singen)

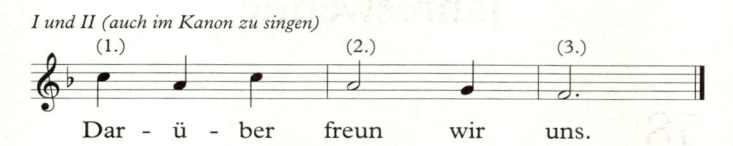

Dar - ü - ber freun wir uns.

2. Uns wird erzählt von Jesus Christ, / uns wird erzählt von Jesus Christ, / daß er ganz arm geworden ist, / daß er ganz arm geworden ist. / Christ ist geboren! / Christ ist geboren! / Darüber freun wir uns.

3. Uns wird erzählt von Jesus Christ, / uns wird erzählt von Jesus Christ, / daß er uns Bruder worden ist, / daß er uns Bruder worden ist. / Christ ist geboren! / Christ ist geboren! / Darüber freun wir uns.

4. Uns wird erzählt von Jesus Christ, / uns wird erzählt von Jesus Christ, / daß er die Tür zum Vater ist, / daß er die Tür zum Vater ist. / Christ ist geboren! / Christ ist geboren! / Darüber freun wir uns.

5. Uns wird erzählt von Jesus Christ, / uns wird erzählt von Jesus Christ, / daß er die Liebe Gottes ist, / daß er die Liebe Gottes ist. / Christ ist geboren! / Christ ist geboren! / Darüber freun wir uns.

Text und Melodie: Kurt Rommel 1967

*Und alle, vor die es kam, wunderten sich über das,
was ihnen die Hirten gesagt hatten. Maria aber behielt alle diese
Worte und bewegte sie in ihrem Herzen.
Und die Hirten kehrten wieder um, priesen und lobten Gott
für alles, was sie gehört und gesehen hatten,
wie denn zu ihnen gesagt war.*

Lukas 2, 18–20

Jahreswende

58

1. Nun laßt uns gehn und tre-ten mit Sin-gen und mit Be-ten zum Herrn, der un-serm Le-ben bis hier-her Kraft ge-ge-ben.

2. Wir gehn dahin und wandern / von einem Jahr zum andern, / wir leben und gedeihen / vom alten bis zum neuen

3. durch soviel Angst und Plagen, / durch Zittern und durch Zagen, / durch Krieg und große Schrecken, / die alle Welt bedecken.

4. Denn wie von treuen Müttern / in schweren Ungewittern / die Kindlein hier auf Erden / mit Fleiß bewahret werden,

5. also auch und nicht minder / läßt Gott uns, seine Kinder, / wenn Not und Trübsal blitzen, / in seinem Schoße sitzen.

6. Ach Hüter unsres Lebens, / fürwahr, es ist vergebens / mit unserm Tun und Machen, / wo nicht dein Augen wachen.

7. Gelobt sei deine Treue, / die alle Morgen neue; / Lob sei den starken Händen, / die alles Herzleid wenden.

8. Laß ferner dich erbitten, / o Vater, und bleib mitten / in unserm Kreuz und Leiden / ein Brunnen unsrer Freuden.

9. Gib mir und allen denen, / die sich von Herzen sehnen / nach dir und deiner Hulde, / ein Herz, das sich gedulde.

10. Schließ zu die Jammerpforten / und laß an allen Orten / auf so viel Blutvergießen / die Freudenströme fließen.

11. Sprich deinen milden Segen / zu allen unsern Wegen, / laß Großen und auch Kleinen / die Gnadensonne scheinen.

12. Sei der Verlassnen Vater, / der Irrenden Berater, / der Unversorgten Gabe, / der Armen Gut und Habe.

13. Hilf gnädig allen Kranken, / gib fröhliche Gedanken / den hochbetrübten Seelen, / die sich mit Schwermut quälen.

14. Und endlich, was das meiste, / füll uns mit deinem Geiste, / der uns hier herrlich ziere / und dort zum Himmel führe.

15. Das alles wollst du geben, / o meines Lebens Leben, / mir und der Christen Schare / zum sel'gen neuen Jahre.

Text: Paul Gerhardt 1653
Melodie: Nun laßt uns Gott dem Herren [Nr. 320]

KIRCHENJAHR

59

Andere Melodie: *Ach lieber Herre Jesu Christ, der du ein Kindlein worden bist* [Nr. 203]

1. Das alte Jahr vergangen ist; wir danken dir, Herr Jesu Christ, daß du uns in so großer G'fahr so gnädiglich behüt' dies Jahr.

2. Wir bitten dich, ewigen Sohn / des Vaters in dem höchsten Thron, / du wollst dein arme Christenheit / bewahren ferner allezeit.

3. Entzieh uns nicht dein heilsam Wort, / das ist der Seelen Trost und Hort; / vor falscher Lehr, Abgötterei / behüt uns, Herr, und steh uns bei.

4. Hilf, daß wir fliehn der Sünde Bahn / und fromm zu werden fangen an; / der Sünd' im alten Jahr nicht denk, / ein gnadenreiches Jahr uns schenk,

5. christlich zu leben, seliglich / zu sterben und hernach fröhlich / am Jüngsten Tage aufzustehn, / mit dir in' Himmel einzugehn,

6. zu loben und zu preisen dich / mit allen Engeln ewiglich. / O Jesu, unsern Glauben mehr / zu deines Namens Ruhm und Ehr.

Text: Str. 1–2 Nürnberg 1568;
das ganze Lied bei Johann Steurlein 1588
Melodie: 1. Teil Johann Steurlein 1588,
2. Teil Melchior Vulpius 1609,
die ganze Melodie bei Wolfgang Carl Briegel 1687

60

1. Freut euch, ihr lie - ben Chri-sten all,

lob - sin - get Gott mit hel - lem Schall,

ja singt und spielt aus Dank - bar - keit

dem Herrn im Her - zen al - le - zeit,

2. daß er uns seinen liebsten Sohn / herabgesandt vons Himmels Thron, / zu helfen uns aus aller Not, / zu tilgen Teufel, Sünd und Tod.

3. Du mein herzliebstes Jesulein / wollst unser Herz und Sinn allein / dabei erhalten stet und fest, / daß du der recht Nothelfer bist;

4. wollst uns auch dies angehend Jahr / vor Leid behüten und Gefahr, / auch Krankheit, Tod und Kriegesnot / abwenden als ein gnäd'ger Gott,

5. auf daß dein Wort in diesem Land / zunehm und wachs ohn Widerstand, / auch Friede, Treu, Gerechtigkeit / befördert werd zu aller Zeit.

Text: Prag 1612
Melodie: Bartholomäus Gesius 1605

61

Andere Melodie: *Tut mir auf die schöne Pforte* [Nr. 166]

1. Hilf, Herr Je-su, laß ge-lin-gen, hilf, das neu-e Jahr geht an; laß es neu-e Kräf-te brin-gen, daß aufs neu ich wan-deln kann. Neu-es Glück und neu-es Le-ben wol-lest du aus Gna-den ge-ben.

2. Was ich sinne, was ich mache, / das gescheh in dir allein; / wenn ich schlafe, wenn ich wache, / wollest du, Herr, bei mir sein; / geh ich aus, wollst du mich leiten; / komm ich heim, steh mir zur Seiten.

3. Laß dies sein ein Jahr der Gnaden, / laß mich büßen meine Sünd', / hilf, daß sie mir nimmer schaden / und ich bald Verzeihung find, / Herr, in dir; denn du, mein Leben, / kannst die Sünd' allein vergeben.

4. Herr, du wollest Gnade geben, / daß dies Jahr mir heilig sei / und ich christlich könne leben / ohne Trug und Heuchelei, / daß ich noch allhier auf Erden / fromm und selig möge werden.

5. Jesus richte mein Beginnen, / Jesus bleibe stets bei mir, / Jesus zäume mir die Sinnen, / Jesus sei nur mein Begier, / Jesus sei mir in Gedanken, / Jesus lasse nie mich wanken!

6. Jesu, laß mich fröhlich enden / dieses angefangne Jahr. / Trage stets mich auf den Händen, / stehe bei mir in Gefahr. / Freudig will ich dich umfassen, / wenn ich soll die Welt verlassen.

Text: Johann Rist 1642
Melodie: Johann Schop 1642

KIRCHENJAHR

62

Andere Melodie: *Jesus, meine Zuversicht* [Nr. 526]

1. Je - sus soll die Lo - sung sein, da ein
neu - es Jahr er - schie - nen;
Je - su Na - me soll al - lein de - nen
heut zum Zei-chen die - nen,
die in sei - nem
Bun-de stehn und auf sei-nen We-gen gehn.

2. Jesu Name, Jesu Wort / soll bei uns in Zion schallen, / und so oft wir an den Ort, / der nach ihm genannt ist, wallen, / mache seines Namens Ruhm / unser Herz zum Heiligtum.

3. Unsre Wege wollen wir / nur in Jesu Namen gehen. / Geht uns dieser Leitstern für, / so wird alles wohl bestehen / und durch seinen Gnadenschein / alles voller Segen sein.

4. Alle Sorgen, alles Leid / soll der Name uns versüßen; / so wird alle Bitterkeit / uns zur Freude werden müssen. / Jesu Nam sei Sonn und Schild, / welcher allen Kummer stillt.

5. Jesus, aller Bürger Heil, / und der Stadt ein Gnadenzeichen, / auch des Landes bestes Teil, / dem kein Kleinod zu vergleichen, / Jesus, unser Trost und Hort, / sei die Losung fort und fort.

Text: Benjamin Schmolck 1726
Melodie: Meinen Jesus laß ich nicht [Nr. 402]

JAHRESWENDE

63

1. Das Jahr geht still zu Ende, nun sei auch still, mein Herz.
In Gottes treue Hände leg ich nun Freud und Schmerz
und was dies Jahr umschlossen, was Gott der Herr nur weiß,
die Tränen, die geflossen, die Wunden brennend heiß.

2. Warum es so viel Leiden, / so kurzes Glück nur gibt? / Warum denn immer scheiden, / wo wir so sehr geliebt? / So manches Aug gebrochen / und mancher Mund nun stumm, / der erst noch hold gesprochen: / du armes Herz, warum?

3. Daß nicht vergessen werde, / was man so gern vergißt: / daß diese arme Erde / nicht unsre Heimat ist. / Es hat der Herr uns allen, / die wir auf ihn getauft, / in Zions goldnen Hallen / ein Heimatrecht erkauft.

4. Hier gehen wir und streuen / die Tränensaat ins Feld, / dort werden wir uns freuen / im sel'gen Himmelszelt; / wir sehnen uns hienieden / dorthin ins Vaterhaus / und wissen's: die geschieden, / die ruhen dort schon aus.

KIRCHENJAHR

5. O das ist sichres Gehen / durch diese Erdenzeit: / nur immer vorwärts sehen / mit sel'ger Freudigkeit; / wird uns durch Grabeshügel / der klare Blick verbaut, / Herr, gib der Seele Flügel, / daß sie hinüberschaut.

6. Hilf du uns durch die Zeiten / und mache fest das Herz, / geh selber uns zur Seiten / und führ uns heimatwärts. / Und ist es uns hienieden / so öde, so allein, / o laß in deinem Frieden / uns hier schon selig sein.

Text: Eleonore Reuß (1857) 1867
Melodie: Befiehl du deine Wege [Nr. 361]

64 Ö Andere Melodie: *Kommt her zu mir, spricht Gottes Sohn* [Nr. 363]

1. Der du die Zeit in Hän-den hast, Herr, nimm auch die-ses Jah-res Last und wand-le sie in Se - gen. Nun von dir selbst in Je - sus Christ die Mit - te fest ge - wie - sen ist, führ uns dem Ziel ent - ge - gen.

JAHRESWENDE

2. Da alles, was der Mensch beginnt, / vor seinen Augen noch zerrinnt, / sei du selbst der Vollender. / Die Jahre, die du uns geschenkt, / wenn deine Güte uns nicht lenkt, / veralten wie Gewänder.

3. Wer ist hier, der vor dir besteht? / Der Mensch, sein Tag, sein Werk vergeht: / nur du allein wirst bleiben. / Nur Gottes Jahr währt für und für, / drum kehre jeden Tag zu dir, / weil wir im Winde treiben. *Ps 102, 25–28*

4. Der Mensch ahnt nichts von seiner Frist. / Du aber bleibest, der du bist, / in Jahren ohne Ende. / Wir fahren hin durch deinen Zorn, / und doch strömt deiner Gnade Born / in unsre leeren Hände. *Ps 90, 9*

5. Und diese Gaben, Herr, allein / laß Wert und Maß der Tage sein, / die wir in Schuld verbringen. / Nach ihnen sei die Zeit gezählt; / was wir versäumt, was wir verfehlt, / darf nicht mehr vor dich dringen.

6. Der du allein der Ewge heißt / und Anfang, Ziel und Mitte weißt / im Fluge unsrer Zeiten: / bleib du uns gnädig zugewandt / und führe uns an deiner Hand, / damit wir sicher schreiten.

Text: Jochen Klepper 1938
Melodie: Siegfried Reda 1960

KIRCHENJAHR

65

Andere Melodie [Nr. 652]

1. Von guten Mächten treu und still umgeben, / behütet und getröstet wunderbar, / so will ich diese Tage mit euch leben und mit euch gehen in ein neues Jahr.

2. Noch will das alte unsre Herzen quälen, / noch drückt uns böser Tage schwere Last. / Ach Herr, gib unsern aufgeschreckten Seelen / das Heil, für das du uns geschaffen hast.

3. Und reichst du uns den schweren Kelch, den bittern / des Leids, gefüllt bis an den höchsten Rand, / so nehmen wir ihn dankbar ohne Zittern / aus deiner guten und geliebten Hand.

4. Doch willst du uns noch einmal Freude schenken / an dieser Welt und ihrer Sonne Glanz, / dann wolln wir des Vergangenen gedenken, / und dann gehört dir unser Leben ganz.

5. Laß warm und hell die Kerzen heute flammen, / die du in unsre Dunkelheit gebracht, / führ, wenn es sein kann, wieder uns zusammen. / Wir wissen es, dein Licht scheint in der Nacht.

6. Wenn sich die Stille nun tief um uns breitet, / so laß uns hören jenen vollen Klang / der Welt, die unsichtbar sich um uns weitet, / all deiner Kinder hohen Lobgesang.

JAHRESWENDE

7. Von guten Mächten wunderbar geborgen,
erwarten wir getrost, was kommen mag.
Gott ist bei uns am Abend und am Morgen
und ganz gewiß an jedem neuen Tag.

Text: Dietrich Bonhoeffer (1944) 1945/1951
Melodie und Satz: Otto Abel 1959

Epiphanias

66

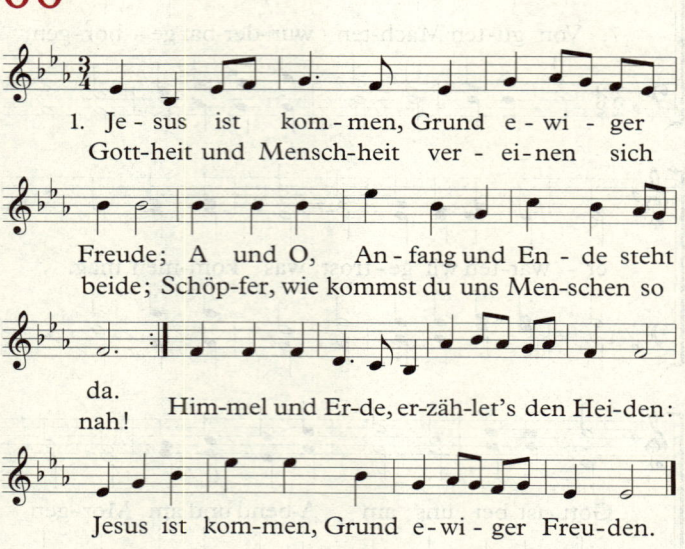

1. Je-sus ist kom-men, Grund e-wi-ger Freude; A und O, An-fang und En-de steht da. Him-mel und Er-de, er-zäh-let's den Hei-den: Jesus ist kom-men, Grund e-wi-ger Freu-den.

Gott-heit und Mensch-heit ver-ei-nen sich beide; Schöp-fer, wie kommst du uns Men-schen so nah!

2. Jesus ist kommen, nun springen die Bande, / Stricke des Todes, die reißen entzwei. / Unser Durchbrecher ist nunmehr vorhanden; / er, der Sohn Gottes, der machet recht frei, / bringet zu Ehren aus Sünde und Schande; / Jesus ist kommen, nun springen die Bande.

EPIPHANIAS

3. Jesus ist kommen, der starke Erlöser, / bricht dem gewappneten Starken ins Haus, / sprenget des Feindes befestigte Schlösser, / führt die Gefangenen siegend heraus. / Fühlst du den Stärkeren, Satan, du Böser? / Jesus ist kommen, der starke Erlöser. *Lk 11, 21.22*

4. Jesus ist kommen, der Fürste des Lebens, / sein Tod verschlinget den ewigen Tod. / Gibt uns, ach höret's doch ja nicht vergebens, / ewiges Leben, der freundliche Gott. / Glaubt ihm, so macht er ein Ende des Bebens. / Jesus ist kommen, der Fürste des Lebens.

5. Jesus ist kommen, der König der Ehren; / Himmel und Erde, rühmt seine Gewalt! / Dieser Beherrscher kann Herzen bekehren; / öffnet ihm Tore und Türen fein bald! / Denkt doch, er will euch die Krone gewähren. / Jesus ist kommen, der König der Ehren.

6. Jesus ist kommen, ein Opfer für Sünden, / Sünden der ganzen Welt träget dies Lamm. / Sündern die ewge Erlösung zu finden, / stirbt es aus Liebe am blutigen Stamm. / Abgrund der Liebe, wer kann dich ergründen? / Jesus ist kommen, ein Opfer für Sünden. *Joh 1, 29*

7. Jesus ist kommen, die Quelle der Gnaden: / komme, wen dürstet, und trinke, wer will! / Holet für euren so giftigen Schaden / Gnade aus dieser unendlichen Füll! / Hier kann das Herze sich laben und baden. / Jesus ist kommen, die Quelle der Gnaden.

8. Jesus ist kommen, die Ursach zum Leben. / Hochgelobt sei der erbarmende Gott, / der uns den Ursprung des Segens gegeben; / dieser verschlinget Fluch, Jammer und Tod. / Selig, die ihm sich beständig ergeben! / Jesus ist kommen, die Ursach zum Leben.

KIRCHENJAHR

9. Jesus ist kommen, sagt's aller Welt Enden. / Eilet, ach eilet zum Gnadenpanier! / Schwöret die Treue mit Herzen und Händen. / Sprechet: wir leben und sterben mit dir. / Amen, o Jesu, du wollst uns vollenden. / Jesus ist kommen, sagt's aller Welt Enden.

Text: Johann Ludwig Konrad Allendorf 1736
Melodie: Köthen um 1733

67

1. Herr Christ, der ei-nig Gotts Sohn, Va-ters in E-wig-keit, aus seim Her-zen ent-spros-sen, gleich-wie ge-schrie-ben steht, er ist der Mor-gen-ster-ne, sein Glän-zen streckt er fer-ne vor an-dern Ster-nen klar;

2. für uns ein Mensch geboren / im letzten Teil der Zeit, / daß wir nicht wärn verloren / vor Gott in Ewigkeit, / den Tod für uns zerbrochen, / den Himmel aufgeschlossen, / das Leben wiederbracht:

3. laß uns in deiner Liebe / und Kenntnis nehmen zu, / daß wir am Glauben bleiben, / dir dienen im Geist so, / daß wir hier mögen schmecken / dein Süßigkeit im Herzen / und dürsten stets nach dir.

EPIPHANIAS

4. Du Schöpfer aller Dinge, / du väterliche Kraft, / regierst von End zu Ende / kräftig aus eigner Macht. / Das Herz uns zu dir wende / und kehr ab unsre Sinne, / daß sie nicht irrn von dir.

5. Ertöt uns durch dein Güte, / erweck uns durch dein Gnad. / Den alten Menschen kränke*, / daß der neu' leben mag / und hier auf dieser Erden / den Sinn und alls Begehren / und G'danken hab zu dir.   *schwäche / Röm 6,1–4

Text: Elisabeth Cruciger 1524
Melodie: 15. Jh.; geistlich Erfurt 1524

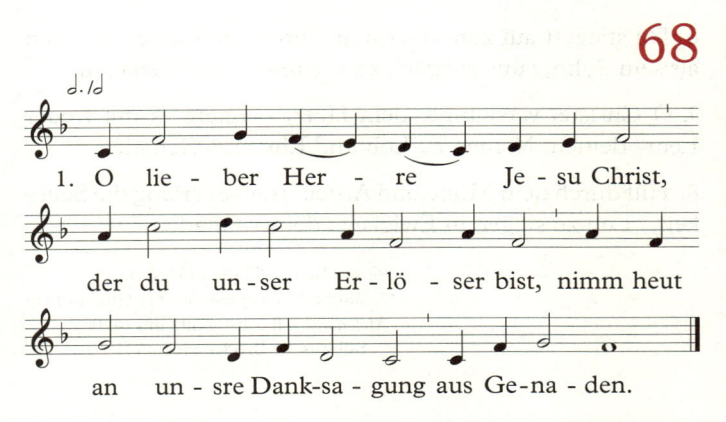

68

1. O lieber Herre Jesu Christ,
der du unser Erlöser bist, nimm heut
an unsre Danksagung aus Genaden.

2. Du hast gesehen unsre Not, / da wir in Sünden waren tot, / und bist vom Himmel gestiegen / aus Genaden.

3. Hast in Marien Jungfrauschaft / durch deines Heilgen Geistes Kraft / angenommen unsre Menschheit / aus Genaden.

4. Du lehrest uns die neu Geburt* / und zeigest an die enge Pfort* / und den schmalen Steig zum Leben / aus Genaden.   *Joh 3,3; *Mt 7,13.14

KIRCHENJAHR

5. Da-nach er-lit-test du den Tod in viel Ver-ach-tung, Hohn und Spott für un-sre Sünd und Mis-se-tat aus Ge-na-den.

6. Du stiegest auf zum höchsten Thron / zu Gottes Rechten als sein Sohn, / uns ewiglich zu vertreten / aus Genaden.

7. O Christe, versammle dein Heer, / regiere es mit treuer Lehr / deinem Namen zu Lob und Ehr / aus Genaden.

8. Hilf durch dein Mühe und Arbeit, / daß es erlang die Seligkeit, / Lob zu singen in Ewigkeit / deiner Gnaden.

Text: Michael Weiße 1531 nach
Jesu, salvator optime des Jan Hus vor 1415
Melodie: 13. Jh., Jistebnitz um 1420,
Böhmische Brüder 1501/1531

EPIPHANIAS
69

1. Der Morgenstern ist aufgedrungen,
er leucht' daher zu dieser Stunde
hoch über Berg und tiefe Tal,
vor Freud singt uns der lieben Engel Schar.

Offb 22, 16

2. »Wacht auf«, singt uns der Wächter Stimme / vor Freuden auf der hohen Zinne: / »Wacht auf zu dieser Freudenzeit! / Der Bräut'gam kommt, nun machet euch bereit!«

Jes 52, 8; Mt 25, 1–13

3. Christus im Himmel wohl bedachte, / wie er uns reich und selig machte / und wieder brächt ins Paradies, / darum er Gottes Himmel gar verließ.

4. O heilger Morgenstern, wir preisen / dich heute hoch mit frohen Weisen; / du leuchtest vielen nah und fern, / so leucht auch uns, Herr Christ, du Morgenstern!

KIRCHENJAHR

1. Der Morgenstern ist aufgedrungen, er leucht' daher zu dieser Stunde hoch über Berg und tiefe

EPIPHANIAS

Text: Str. 1 15. Jh.; Str. 2–4 bei Daniel Rumpius 1587, bearbeitet von Otto Riethmüller 1932
Melodie: 15. Jh.; geistlich bei Daniel Rumpius 1587
Satz: Michael Praetorius 1609

KIRCHENJAHR

70 (Ö)

1. Wie schön leuch-tet der Mor-gen-stern
   Du Sohn Da-vids aus Ja-kobs Stamm,

voll Gnad und Wahr-heit von dem Herrn, die sü-
mein Kö-nig und mein Bräu-ti-gam, hast mir

ße Wur-zel Jes-se.
mein Herz be-ses-sen;

lieb-lich, freund-lich,
schön und herr-lich, groß und ehr-lich, reich an
Ga-ben, hoch und sehr präch-tig er-ha-ben.

Jes 11,1; Offb 22,16

2. Ei meine Perl, du werte Kron, / wahr' Gottes und Marien Sohn, / ein hochgeborner König! / Mein Herz heißt dich ein Himmelsblum; / dein süßes Evangelium / ist lauter Milch und Honig. / Ei mein Blümlein, / Hosianna! Himmlisch Manna, das wir essen, / deiner kann ich nicht vergessen.

3. Gieß sehr tief in das Herz hinein, / du leuchtend Kleinod, edler Stein, / mir deiner Liebe Flamme, / daß ich, o Herr, ein Gliedmaß bleib / an deinem auserwählten Leib, / ein Zweig an deinem Stamme. / Nach dir wallt mir / mein Gemüte, ewge Güte, bis es findet / dich, des Liebe mich entzündet.

4. Von Gott kommt mir ein Freudenschein, / wenn du mich mit den Augen dein / gar freundlich tust anblicken. / Herr Jesu, du mein trautes Gut, / dein Wort, dein Geist, dein Leib und Blut / mich innerlich erquicken. / Nimm mich freundlich / in dein Arme und erbarme dich in Gnaden; / auf dein Wort komm ich geladen.

5. Herr Gott Vater, mein starker Held, / du hast mich ewig vor der Welt / in deinem Sohn geliebet. / Dein Sohn hat mich ihm selbst vertraut, / er ist mein Schatz, ich seine Braut, / drum mich auch nichts betrübet. / Eia, eia, / himmlisch Leben wird er geben mir dort oben; / ewig soll mein Herz ihn loben.

6. Zwingt die Saiten in Cythara / und laßt die süße Musika / ganz freudenreich erschallen, / daß ich möge mit Jesulein, / dem wunderschönen Bräut'gam mein, / in steter Liebe wallen. / Singet, springet, / jubilieret, triumphieret, dankt dem Herren; / groß ist der König der Ehren.

7. Wie bin ich doch so herzlich froh, / daß mein Schatz ist das A und O, / der Anfang und das Ende. / Er wird mich doch zu seinem Preis / aufnehmen in das Paradeis; / des klopf ich in die Hände. / Amen, Amen, / komm du schöne Freudenkrone, bleib nicht lange; / deiner wart ich mit Verlangen.

KIRCHENJAHR

6. Zwingt die Saiten in Cythara und laßt die süße Musika ganz freudenreich erschallen,
daß ich möge mit Jesulein, dem wunderschönen Bräut'gam mein, in steter Liebe wallen.
Singet,

EPIPHANIAS

sprin - get, ju - bi - lie - ret, tri - um - phie - ret, dankt dem Her - ren; groß ist der Kö-nig der Eh - ren.

Text und Melodie: Philipp Nicolai 1599
Satz: Johann Sebastian Bach 1731

Allmächtiger Gott und Vater, du hast deinen Sohn zum Licht der Welt gemacht. Wir bitten dich: Erfülle die ganze Erde mit dem Glanz, der von dir ausgeht, damit alle Menschen deine Herrlichkeit erfahren und anbeten.

KIRCHENJAHR

71

1. O König aller Ehren, Herr Jesu, Davids Sohn, dein Reich soll ewig währen, im Himmel ist dein Thron; hilf, daß all-hier auf Erden den Menschen weit und breit dein Reich bekannt mög werden zur Seelen Seligkeit.

2. Von deinem Reich auch zeugen / die Leut aus Morgenland; / die Knie sie vor dir beugen, / weil du ihn' bist bekannt. / Der neu Stern auf dich weiset, / dazu das göttlich Wort. / Drum man zu Recht dich preiset, / daß du bist unser Hort.

Mt 2,1–12

3. Du bist ein großer König, / wie uns die Schrift vermeld't, / doch achtest du gar wenig / vergänglich Gut und Geld, / prangst nicht auf stolzem Rosse, / trägst keine güldne Kron, / sitzt nicht im steinern Schlosse; / hier hast du Spott und Hohn.

4. Doch bist du schön gezieret, / dein Glanz erstreckt sich weit, / dein Güt allzeit regieret / und dein Gerechtigkeit. / Du wollst die Frommen schützen / durch dein Macht und Gewalt, / daß sie im Frieden sitzen, / die Bösen stürzen bald.

EPIPHANIAS

73

1. Auf, Seele, auf und säume nicht, es bricht das Licht herfür; der Wunderstern gibt dir Bericht, der Held sei vor der Tür, der Held sei vor der Tür.

2. Geh weg aus deinem Vaterhaus / zu suchen solchen Herrn / und richte deine Sinne aus / auf diesen Morgenstern, / auf diesen Morgenstern.

3. Gib acht auf diesen hellen Schein, / der aufgegangen ist; / er führet dich zum Kindelein, / das heißet Jesus Christ, / das heißet Jesus Christ. *Mt 2, 9*

4. Drum mache dich behende auf, / befreit von aller Last, / und laß nicht ab von deinem Lauf, / bis du dies Kindlein hast, / bis du dies Kindlein hast.

5. Halt dich im Glauben an das Wort, / das fest ist und gewiß; / das führet dich zum Lichte fort / aus aller Finsternis, / aus aller Finsternis.

6. Ach sinke du vor seinem Glanz / in tiefste Demut ein / und laß dein Herz erleuchten ganz / von solchem Freudenschein, / von solchem Freudenschein.

KIRCHENJAHR

7. Gib dich ihm selbst zum Opfer dar mit Geiste, Leib und Seel und singe mit der Engel Schar: »Hier ist Immanuel, hier ist Immanuel.«

8. Hier ist das Ziel, hier ist der Ort, / wo man zum Leben geht; / hier ist des Paradieses Pfort, / die wieder offen steht, / die wieder offen steht.

9. Hier fallen alle Sorgen hin, / zur Lust wird alle Pein; / es wird erfreuet Herz und Sinn / in diesem Jesulein, / in diesem Jesulein.

10. Der zeigt dir einen andern Weg, / als du vorher erkannt, / den stillen Ruh- und Friedenssteg / zum ewgen Vaterland, / zum ewgen Vaterland.

Text: Michael Müller 1700/1704
Melodie: Lobt Gott, ihr Christen alle gleich [Nr. 27]

EPIPHANIAS

74

Andere Melodie: *Lobt Gott, den Herrn der Herrlichkeit* [Nr. 300]

1. Du Mor-gen-stern, du Licht vom Licht, das durch die Fin-ster-nis-se bricht, du gingst vor al-ler Zei-ten Lauf in un-er-schaff-ner Klar-heit auf.

2. Du Lebensquell, wir danken dir, / auf dich, Lebend'ger, hoffen wir; / denn du durchdrangst des Todes Nacht, / hast Sieg und Leben uns gebracht.

3. Du ewge Wahrheit, Gottes Bild, / der du den Vater uns enthüllt, / du kamst herab ins Erdental / mit deiner Gotterkenntnis Strahl.

4. Bleib bei uns, Herr, verlaß uns nicht, / führ uns durch Finsternis zum Licht, / bleib auch am Abend dieser Welt / als Hilf und Hort uns zugesellt.

Text: Johann Gottfried Herder (vor 1800),
nach 1817 bearbeitet
Melodie: Steht auf, ihr lieben Kinderlein [Nr. 442]

Passion

75

1. Eh - re sei dir, Chri - ste, der du lit - test Not,

an dem Stamm des Kreu - zes für uns bit - tern Tod,

herr - schest mit dem Va - ter in der E - wig - keit:

hilf uns ar - men Sün - dern zu der Se - lig - keit.

Ky - ri - e e - le - i - son, Chri - ste

e - le - i - son, Ky - ri - e e - le - i - son.

PASSION

2. Wä-re nicht ge-kom-men Chri-stus in die Welt
und hätt an-ge-nom-men un-ser arm Ge-stalt
und für un-sre Sün-de ge-stor-ben wil-lig-lich,
so hät-ten wir müs-sen verdammt sein e-wig-lich.
Ky-ri-e e-le-i-son, Chri-ste e-le-i-son, Ky-ri-e e-le-i-son.

3. Darum wolln wir lo-ben, dan-ken al-le-zeit
dem Va-ter und Soh-ne und dem Heil-gen Geist;
bit-ten, daß sie wol-len be-hü-ten uns hin-fort,
und daß wir stets blei-ben bei sei-nem heil-gen Wort.
Ky-ri-e e-le-i-son, Chri-ste e-le-i-son, Ky-ri-e e-le-i-son.

Text: Str. 1 Salzburg um 1350 nach
Laus tibi Christe 14. Jh., Nordhausen 1560;
Str. 2–3 Hermann Bonnus 1542
Melodie: Salzburg um 1350, Königsberg 1527,
bei Lucas Lossius 1553 *O wir armen Sünder*

KIRCHENJAHR

76

1. O Mensch, be-wein dein Sün-de groß,
darum Christus seins Vaters Schoß
äußert* und kam auf Erden;
Den Toten er das Leben gab und tat
dabei all Krankheit ab,* bis sich die Zeit
herdrange, daß er für uns geopfert würd, trüg unsrer Sünden schwere
Bürd wohl an dem Kreuze lange.

von einer Jungfrau rein und zart
für uns er hier geboren ward,
er wollt der Mittler werden.

*Phil 2, 7; *Mt 8, 16.17

PASSION

2. So laßt uns nun ihm dankbar sein, / daß er für uns litt solche Pein, / nach seinem Willen leben. / Auch laßt uns sein der Sünde feind, / weil uns Gotts Wort so helle scheint, / Tag, Nacht danach tun streben, / die Lieb erzeigen jedermann, / die Christus hat an uns getan / mit seinem Leiden, Sterben. / O Menschenkind, betracht das recht, / wie Gottes Zorn die Sünde schlägt, / tu dich davor bewahren!

> Text: Sebald Heyden um 1530
> Melodie: Matthäus Greiter 1525
> *Es sind doch selig alle, die* (zu Psalm 119)

Allmächtiger Gott, du läßt uns das Leiden und Sterben deines Sohnes zu unserm Heil verkündigen.
Wir bitten dich: Gib uns ein offenes Herz, daß wir seine Liebe und seinen Gehorsam erkennen und ihm nachfolgen.

KIRCHENJAHR

77

1. Chri-stus, der uns se-lig macht,
kein Bös' hat be-gan-gen,
ward für uns zur Mit-ter-nacht
wie ein Dieb ge-fan-gen,
ei-lend zum Ver-hör ge-bracht
und fälsch-lich ver-kla-get,
ver-höhnt, ver-speit und ver-lacht,
wie denn die Schrift sa-get.

2. In der ersten Stund am Tag, / da er sollte leiden, / bracht man ihn mit harter Klag / Pilatus dem Heiden, / der ihn unschuldig befand, / ohn Ursach des Todes, / ihn derhalben von sich sandt / zum König Herodes.

3. Um Drei hat der Gottessohn / Geißeln fühlen müssen; / sein Haupt ward mit einer Kron / von Dornen zerrissen; / gekleidet zu Hohn und Spott / ward er sehr geschlagen, / und das Kreuz zu seinem Tod / mußt er selber tragen.

4. Um Sechs ward er nackt und bloß / an das Kreuz geschlagen, / an dem er sein Blut vergoß, / betet mit Wehklagen; / die Zuschauer spott'ten sein, / auch die bei ihm hingen, / bis die Sonne ihren Schein / entzog solchen Dingen.

5. Jesus schrie zur neunten Stund, / großer Qual verfallen, / ihm ward dargereicht zum Mund / Essigtrank mit Gallen; / da gab er auf seinen Geist, / und die Erd erzittert, / des Tempels Vorhang zerreißt, / und manch Fels zersplittert.

6. Da man hatt' zur Vesperzeit / die Schächer zerbrochen, / ward Jesus in seine Seit / mit dem Speer gestochen; / daraus Blut und Wasser rann, / die Schrift zu erfüllen, / wie Johannes zeigt an, / nur um unsertwillen. *Joh 19, 31–37*

7. Da der Tag sein Ende nahm, / der Abend war kommen, / ward Jesus vom Kreuzesstamm / durch Joseph genommen, / herrlich, nach der Väter Art, / in ein Grab geleget, / allda mit Hütern verwahrt, / wie Matthäus zeiget. *Mt 27, 57–66*

8. O hilf, Christe, Gottes Sohn, / durch dein bitter Leiden, / daß wir dir stets untertan / Sünd und Unrecht meiden, / deinen Tod und sein Ursach / fruchtbar nun bedenken, / dafür, wiewohl arm und schwach, / dir Dankopfer schenken.

Text: Michael Weiße 1531 nach *Patris sapientia* 13. Jh.
Melodie: Leipzig um 1500, Böhmische Brüder 1501/1531

KIRCHENJAHR

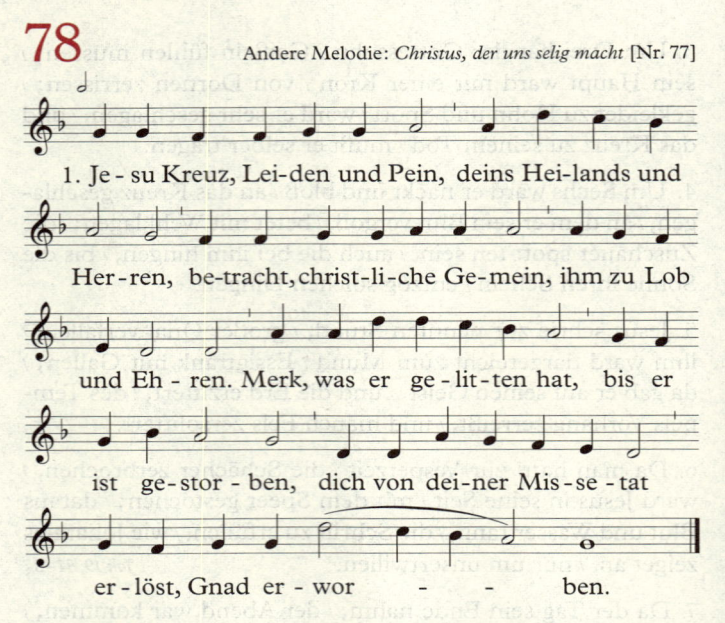

78

Andere Melodie: *Christus, der uns selig macht* [Nr. 77]

1. Je-su Kreuz, Lei-den und Pein, deins Hei-lands und Her-ren, be-tracht, christ-li-che Ge-mein, ihm zu Lob und Eh-ren. Merk, was er ge-lit-ten hat, bis er ist ge-stor-ben, dich von dei-ner Mis-se-tat er-löst, Gnad er-wor-ben.

2. Jesus, wahrer Gottessohn / auf Erden erschienen, / fing bald in der Jugend an, / als ein Knecht zu dienen; / äußert sich der göttlich G'walt / und verbarg ihr Wesen, / lebt in menschlicher Gestalt; / daher wir genesen. *Phil 2, 7*

3. Jesus richtet aus sein Amt / an den Menschenkindern, / eh er ward zum Tod verdammt / für uns arme Sünder, / lehrt und rüst' die Jünger sein, / wusch ihn' ihre Füße, / setzt das heilig Nachtmahl ein, / macht ihn' das Kreuz süße.

4. Jesus ging nach Gottes Will / in' Garten zu beten; / dreimal er da niederfiel / in sein' großen Nöten, / rief sein' lieben Vater an / mit betrübtem Herzen, / von ihm blutiger Schweiß rann / von Ängsten und Schmerzen.

5. Jesus da gefangen ward, / gebunden geführet / und im Rat beschweret hart / und zu Hohn gezieret; / verdeckt, verspott' und verspeit, / jämmerlich geschlagen, / auch verdammt aus Haß und Neid / durch erdicht' Anklagen.

6. Jesus ward früh dargestellt / Pilatus dem Heiden; / ob der wohl sein Unschuld meld't, / dennoch mußt er leiden, / ward gegeißelt und verkleid't, / mit Dornen gekrönet, / in seim großen Herzeleid / aufs schmählichst gehöhnet.

7. Jesus, verurteilt zum Tod, / mußt sein Kreuz selbst tragen / in großer Ohnmacht und Not, / ward daran geschlagen; / hing mehr denn drei ganze Stund' / in groß Pein und Schmerzen; / bittre Galle schmeckt sein Mund. / O Mensch, nimm's zu Herzen!

8. Jesus rief am Kreuze laut: / »Ach, ich bin verlassen! / Hab dir doch, mein Gott, vertraut, / wollst mich nicht verstoßen. / Gnad dem, der mir Hohn beweist / jetzt in meim Elende. / Ich befehl nun meinen Geist / dir in deine Hände.«

9. Jesus ist das Weizenkorn, / das im Tod erstorben / und uns, die wir warn verlorn, / das Leben erworben; / bringt viel Frücht zu Gottes Preis, / derer wir genießen, / gibt sein' Leib zu einer Speis, / sein Blut zum Trank süße. *Joh 12, 24*

10. Jesu, weil du bist erhöht / zu ewigen Ehren: / unsern alten Adam töt, / den Geist tu ernähren; / zieh uns allesamt zu dir, / daß empor wir schweben; / begnad unsers Geists Begier / mit deim neuen Leben.

Text: Petrus Herbert 1566 nach dem tschechischen
Vmučenj nasseho Pána Gezukrysta 1501
Melodie: Prag 1522, Böhmische Brüder 1501/1531

KIRCHENJAHR

79 (Ö)

1. Wir danken dir, Herr Jesu Christ,
daß du für uns gestorben bist
und hast uns durch dein teures Blut
gemacht vor Gott gerecht und gut,

2. und bitten dich, wahr' Mensch und Gott, / durch dein heilig fünf Wunden rot: / erlös uns von dem ewgen Tod / und tröst uns in der letzten Not.

3. Behüt uns auch vor Sünd und Schand / und reich uns dein allmächtig Hand, / daß wir im Kreuz geduldig sein, / uns trösten deiner schweren Pein

4. und schöpfen draus die Zuversicht, / daß du uns wirst verlassen nicht, / sondern ganz treulich bei uns stehn, / daß wir durchs Kreuz ins Leben gehn.

Text: Christoph Fischer (vor 1568)
1589 niederdeutsch, 1597 hochdeutsch
Melodie: Nikolaus Herman 1551

PASSION
80

1. O Trau-rig-keit, o Her-ze-leid! Ist das nicht zu be-kla-gen? Gott des Va-ters ei-nigs Kind wird ins Grab ge-tra-gen.

2. O große Not! / Gotts Sohn liegt tot. / Am Kreuz ist er gestorben; / hat dadurch das Himmelreich / uns aus Lieb erworben.

3. O Menschenkind, / nur deine Sünd / hat dieses angerichtet, / da du durch die Missetat / warest ganz vernichtet.

4. O selig ist / zu aller Frist, / der dieses recht bedenket, / wie der Herr der Herrlichkeit / wird ins Grab versenket.

5. O Jesu, du / mein Hilf und Ruh, / ich bitte dich mit Tränen: / hilf, daß ich mich bis ins Grab / nach dir möge sehnen.

Text: Str. 1 Friedrich Spee 1628; Str. 2–5 Johann Rist 1641
Melodie: Mainz/Würzburg 1628

KIRCHENJAHR

81 (Ö)

1. Herz-lieb-ster Je-su, was hast du ver-bro-chen, daß man ein solch scharf Ur-teil hat ge-spro-chen? Was ist die Schuld, in was für Mis-se-ta-ten bist du ge-ra-ten?

2. Du wirst gegeißelt und mit Dorn gekrönet, / ins Angesicht geschlagen und verhöhnet, / du wirst mit Essig und mit Gall getränket, / ans Kreuz gehenket.

3. Was ist doch wohl die Ursach solcher Plagen? / Ach, meine Sünden haben dich geschlagen; / ich, mein Herr Jesu, habe dies verschuldet, / was du erduldet.

4. Wie wunderbarlich ist doch diese Strafe! / Der gute Hirte leidet für die Schafe, / die Schuld bezahlt der Herre, der Gerechte, / für seine Knechte.

5. Der Fromme stirbt, der recht und richtig wandelt, / der Böse lebt, der wider Gott gehandelt; / der Mensch verdient den Tod und ist entgangen, / Gott wird gefangen.

6. O große Lieb, o Lieb ohn alle Maße, / die dich gebracht auf diese Marterstraße! / Ich lebte mit der Welt in Lust und Freuden, / und du mußt leiden.

PASSION

7. Ach großer König, groß zu allen Zeiten, / wie kann ich g'nugsam solche Treu ausbreiten? / Keins Menschen Herz vermag es auszudenken, / was dir zu schenken.

8. Ich kann's mit meinen Sinnen nicht erreichen, / womit doch dein Erbarmung zu vergleichen; / wie kann ich dir denn deine Liebestaten / im Werk erstatten?

9. Ich werde dir zu Ehren alles wagen, / kein Kreuz nicht achten, keine Schmach und Plagen, / nichts von Verfolgung, nichts von Todesschmerzen / nehmen zu Herzen.

10. Weil's aber nicht besteht in eignen Kräften, / fest die Begierden an das Kreuz zu heften, / so gib mir deinen Geist, der mich regiere, / zum Guten führe.

11. Wann, o Herr Jesu, dort vor deinem Throne / wird stehn auf meinem Haupt die Ehrenkrone, / da will ich dir, wenn alles wird wohl klingen, / Lob und Dank singen.

Text: Johann Heermann 1630
Melodie: Johann Crüger 1640
nach Guillaume Franc 1543 (zu Psalm 23)

KIRCHENJAHR

82

1. Wenn meine Sünd' mich kränken, o mein Herr Jesu Christ,
so laß mich wohl bedenken, wie du gestorben bist
und alle meine Schuldenlast am Stamm des heilgen Kreuzes auf dich genommen hast.

2. O Wunder ohne Maßen, / wenn man's betrachtet recht: / es hat sich martern lassen / der Herr für seinen Knecht; / es hat sich selbst der wahre Gott / für mich verlornen Menschen / gegeben in den Tod.

3. Was kann mir denn nun schaden / der Sünden große Zahl? / Ich bin bei Gott in Gnaden, / die Schuld ist allzumal / bezahlt durch Christi teures Blut, / daß ich nicht mehr darf fürchten / der Hölle Qual und Glut.

4. Drum sag ich dir von Herzen / jetzt und mein Leben lang / für deine Pein und Schmerzen, / o Jesu, Lob und Dank, / für deine Not und Angstgeschrei, / für dein unschuldig Sterben, / für deine Lieb und Treu.

PASSION

2. Das Lämmlein ist der große Freund / und Heiland meiner Seelen; / den, den hat Gott zum Sündenfeind / und Sühner wollen wählen: / »Geh hin, mein Kind, und nimm dich an / der Kinder, die ich ausgetan / zur Straf und Zornesruten; / die Straf ist schwer, der Zorn ist groß, / du kannst und sollst sie machen los / durch Sterben und durch Bluten.«

3. »Ja, Vater, ja von Herzensgrund, / leg auf, ich will dir's tragen; / mein Wollen hängt an deinem Mund, / mein Wirken ist dein Sagen.« / O Wunderlieb, o Liebesmacht, / du kannst – was nie kein Mensch gedacht – / Gott seinen Sohn abzwingen. / O Liebe, Liebe, du bist stark, / du streckest den in Grab und Sarg, / vor dem die Felsen springen*. *Mt 27, 52

4. Mein Lebetage will ich dich / aus meinem Sinn nicht lassen, / dich will ich stets, gleich wie du mich, / mit Liebesarmen fassen. / Du sollst sein meines Herzens Licht, / und wenn mein Herz in Stücke bricht, / sollst du mein Herze bleiben; / ich will mich dir, mein höchster Ruhm, / hiermit zu deinem Eigentum / beständiglich verschreiben.

5. Ich will von deiner Lieblichkeit / bei Nacht und Tage singen, / mich selbst auch dir nach Möglichkeit / zum Freudenopfer bringen. / Mein Bach des Lebens soll sich dir / und deinem Namen für und für / in Dankbarkeit ergießen; / und was du mir zugut getan, / das will ich stets, so tief ich kann, / in mein Gedächtnis schließen.

6. Das soll und will ich mir zunutz / zu allen Zeiten machen; / im Streite soll es sein mein Schutz, / in Traurigkeit mein Lachen, / in Fröhlichkeit mein Saitenspiel; / und wenn mir nichts mehr schmecken will, / soll mich dies Manna speisen; / im Durst soll's sein mein Wasserquell, / in Einsamkeit mein Sprachgesell / zu Haus und auch auf Reisen.

KIRCHENJAHR

7. Wenn endlich ich soll treten ein / in deines Reiches Freuden, / so soll dein Blut mein Purpur sein, / ich will mich darein kleiden; / es soll sein meines Hauptes Kron, / in welcher ich will vor den Thron / des höchsten Vaters gehen / und dir, dem er mich anvertraut, / als eine wohlgeschmückte Braut / an deiner Seite stehen.

Text: Paul Gerhardt 1647
Melodie: Wolfgang Dachstein 1525
An Wasserflüssen Babylon (zu Psalm 137)

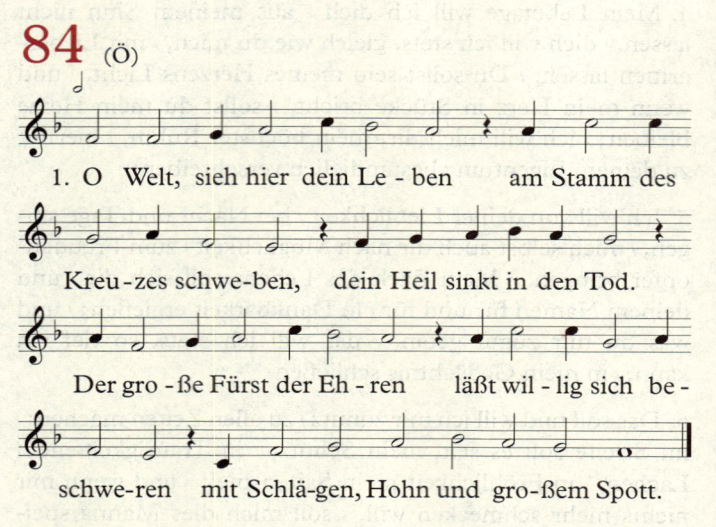

84 (Ö)

1. O Welt, sieh hier dein Le-ben am Stamm des Kreu-zes schwe-ben, dein Heil sinkt in den Tod. Der gro-ße Fürst der Eh-ren läßt wil-lig sich be-schwe-ren mit Schlä-gen, Hohn und gro-ßem Spott.

2. Wer hat dich so geschlagen, / mein Heil, und dich mit Plagen / so übel zugericht'? / Du bist ja nicht ein Sünder / wie wir und unsre Kinder, / von Übeltaten weißt du nicht.

3. Ich, ich und meine Sünden, / die sich wie Körnlein finden / des Sandes an dem Meer, / die haben dir erreget / das Elend, das dich schläget, / und deiner schweren Martern Heer.

4. Ich bin's, ich sollte büßen / an Händen und an Füßen / gebunden in der Höll; / die Geißeln und die Bande / und was du ausgestanden, / das hat verdienet meine Seel.

5. Du nimmst auf deinen Rücken / die Lasten, die mich drücken / viel schwerer als ein Stein; / du wirst ein Fluch*, dagegen / verehrst du mir den Segen; / dein Schmerzen muß mein Labsal sein. **Gal 3,13*

6. Du setzest dich zum Bürgen, / ja lässest dich gar würgen / für mich und meine Schuld; / mir lässest du dich krönen / mit Dornen, die dich höhnen, / und leidest alles mit Geduld.

7. Ich bin, mein Heil, verbunden / all Augenblick und Stunden / dir überhoch und sehr; / was Leib und Seel vermögen, / das soll ich billig legen / allzeit an deinen Dienst und Ehr.

8. Nun, ich kann nicht viel geben / in diesem armen Leben, / eins aber will ich tun: / es soll dein Tod und Leiden, / bis Leib und Seele scheiden, / mir stets in meinem Herzen ruhn.

9. Ich will's vor Augen setzen, / mich stets daran ergötzen, / ich sei auch, wo ich sei; / es soll mir sein ein Spiegel / der Unschuld und ein Siegel / der Lieb und unverfälschten Treu.

10. Ich will daraus studieren, / wie ich mein Herz soll zieren / mit stillem, sanftem Mut, / und wie ich die soll lieben, / die mich doch sehr betrüben / mit Werken, so die Bosheit tut.

11. Wenn böse Zungen stechen, / mir Ehr und Namen brechen, / so will ich zähmen mich; / das Unrecht will ich dulden, / dem Nächsten seine Schulden / verzeihen gern und williglich.

KIRCHENJAHR

12. Ich will ans Kreuz mich schlagen / mit dir und dem absagen, / was meinem Fleisch gelüst'; / was deine Augen hassen, / das will ich fliehn und lassen, / so viel mir immer möglich ist.

13. Dein Seufzen und dein Stöhnen / und die viel tausend Tränen, / die dir geflossen zu, / die sollen mich am Ende / in deinen Schoß und Hände / begleiten zu der ewgen Ruh.

Text: Paul Gerhardt 1647
Melodie: O Welt, ich muß dich lassen [Nr. 521]

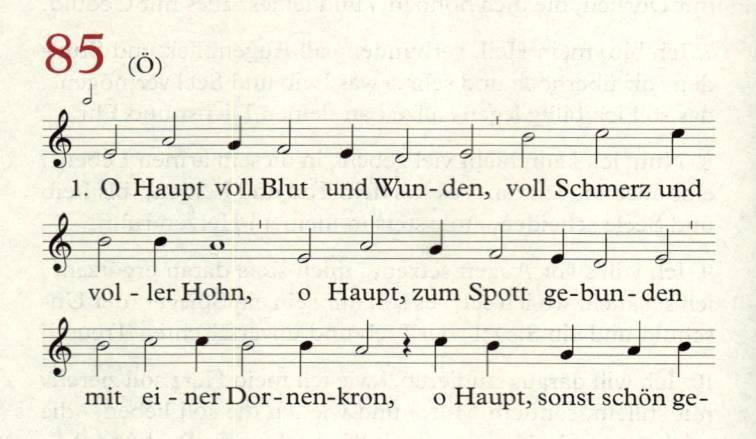

85 (Ö)

1. O Haupt voll Blut und Wun-den, voll Schmerz und voll-ler Hohn, o Haupt, zum Spott ge-bun-den mit ei-ner Dor-nen-kron, o Haupt, sonst schön ge-

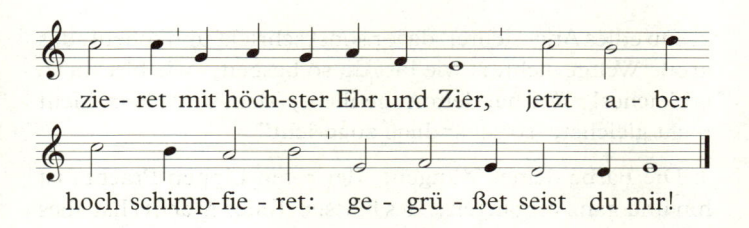

PASSION

zie - ret mit höch-ster Ehr und Zier, jetzt a - ber hoch schimp-fie - ret: ge - grü - ßet seist du mir!

Spätere Form (Ö)

1. O Haupt voll Blut und Wun-den, voll Schmerz und vol - ler Hohn,
o Haupt, zum Spott ge - bun - den mit ei - ner Dor-nen - kron,

o Haupt, sonst schön ge - zie - ret mit höch-ster Ehr und Zier, jetzt a - ber hoch schimp - fie - ret: ge - grü - ßet seist du mir!

KIRCHENJAHR

2. Du edles Angesichte, / davor sonst schrickt und scheut / das große Weltgewichte: / wie bist du so bespeit, / wie bist du so erbleichet! / Wer hat dein Augenlicht, / dem sonst kein Licht nicht gleichet, / so schändlich zugericht'?

3. Die Farbe deiner Wangen, / der roten Lippen Pracht / ist hin und ganz vergangen; / des blassen Todes Macht / hat alles hingenommen, / hat alles hingerafft, / und daher bist du kommen / von deines Leibes Kraft.

4. Nun, was du, Herr, erduldet, / ist alles meine Last; / ich hab es selbst verschuldet, / was du getragen hast. / Schau her, hier steh ich Armer, / der Zorn verdienet hat. / Gib mir, o mein Erbarmer, / den Anblick deiner Gnad.

5. Erkenne mich, mein Hüter, / mein Hirte, nimm mich an. / Von dir, Quell aller Güter, / ist mir viel Guts getan; / dein Mund hat mich gelabet / mit Milch und süßer Kost, / dein Geist hat mich begabet / mit mancher Himmelslust.

6. Ich will hier bei dir stehen, / verachte mich doch nicht; / von dir will ich nicht gehen, / wenn dir dein Herze bricht; / wenn dein Haupt wird erblassen / im letzten Todesstoß, / alsdann will ich dich fassen / in meinen Arm und Schoß.

7. Es dient zu meinen Freuden / und tut mir herzlich wohl, / wenn ich in deinem Leiden, / mein Heil, mich finden soll. / Ach möcht ich, o mein Leben, / an deinem Kreuze hier / mein Leben von mir geben, / wie wohl geschähe mir!

8. Ich danke dir von Herzen, / o Jesu, liebster Freund, / für deines Todes Schmerzen, / da du's so gut gemeint. / Ach gib, daß ich mich halte / zu dir und deiner Treu / und, wenn ich nun erkalte, / in dir mein Ende sei.

PASSION

9. Wenn ich einmal soll scheiden, / so scheide nicht von mir, / wenn ich den Tod soll leiden, / so tritt du dann herfür; / wenn mir am allerbängsten / wird um das Herze sein, / so reiß mich aus den Ängsten / kraft deiner Angst und Pein.

10. Erscheine mir zum Schilde, / zum Trost in meinem Tod, / und laß mich sehn dein Bilde / in deiner Kreuzesnot. / Da will ich nach dir blicken, / da will ich glaubensvoll / dich fest an mein Herz drücken. / Wer so stirbt, der stirbt wohl.

> *Text:* Paul Gerhardt 1656 nach
> *Salve caput cruentatum* des Arnulf von Löwen vor 1250
> *Melodie:* Hans Leo Haßler 1601; geistlich Brieg nach 1601,
> Görlitz 1613 *Herzlich tut mich verlangen*

Fürwahr, er trug unsre Krankheit und lud auf sich unsre Schmerzen. Wir aber hielten ihn für den, der geplagt und von Gott geschlagen und gemartert wäre. Aber er ist um unsrer Missetat willen verwundet und um unsrer Sünde willen zerschlagen. Die Strafe liegt auf ihm, auf daß wir Frieden hätten, und durch seine Wunden sind wir geheilt.

Jesaja 53, 4.5

KIRCHENJAHR

86

1. Je-su, meines Lebens Leben, Je-su, meines Todes Tod,
der du dich für mich gegeben in die tiefste Seelennot,
in das äußerste Verderben, nur daß ich nicht möchte sterben:
tausend-, tausendmal sei dir, liebster Jesu, Dank dafür.

2. Du, ach du hast ausgestanden / Lästerreden, Spott und Hohn, / Speichel, Schläge, Strick und Banden, / du gerechter Gottessohn, / nur mich Armen zu erretten / von des Teufels Sündenketten. / Tausend-, tausendmal sei dir, / liebster Jesu, Dank dafür.

3. Du hast lassen Wunden schlagen, / dich erbärmlich richten zu, / um zu heilen meine Plagen, / um zu setzen mich in Ruh; / ach du hast zu meinem Segen / lassen dich mit Fluch belegen*. / Tausend-, tausendmal sei dir, / liebster Jesu, Dank dafür.

*Gal 3, 13

4. Man hat dich sehr hart verhöhnet, / dich mit großem Schimpf belegt, / gar mit Dornen dich gekrönet: / was hat dich dazu bewegt? / Daß du möchtest mich ergötzen, / mir die Ehrenkron aufsetzen. / Tausend-, tausendmal sei dir, / liebster Jesu, Dank dafür.

5. Du hast wollen sein geschlagen, / zu befreien mich von Pein, / fälschlich lassen dich anklagen, / daß ich könnte sicher sein; / daß ich möge Trost erlangen, / hast du ohne Trost gehangen. / Tausend-, tausendmal sei dir, / liebster Jesu, Dank dafür.

6. Du hast dich in Not gestecket, / hast gelitten mit Geduld, / gar den herben Tod geschmecket, / um zu büßen meine Schuld; / daß ich würde losgezählet, / hast du wollen sein gequälet. / Tausend-, tausendmal sei dir, / liebster Jesu, Dank dafür.

7. Deine Demut hat gebüßet / meinen Stolz und Übermut, / dein Tod meinen Tod versüßet; / es kommt alles mir zugut. / Dein Verspotten, dein Verspeien / muß zu Ehren mir gedeihen. / Tausend-, tausendmal sei dir, / liebster Jesu, Dank dafür.

8. Nun, ich danke dir von Herzen, / Herr, für alle deine Not: / für die Wunden, für die Schmerzen, / für den herben, bittern Tod; / für dein Zittern, für dein Zagen, / für dein tausendfaches Plagen, / für dein Angst und tiefe Pein / will ich ewig dankbar sein.

Text: Ernst Christoph Homburg 1659
Melodie: Wolfgang Weßnitzer 1661

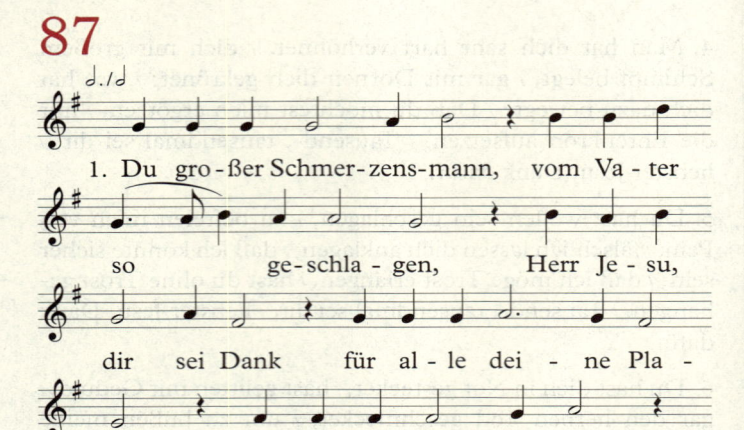

KIRCHENJAHR

87

1. Du gro-ßer Schmerzensmann, vom Vater so geschlagen, Herr Jesu, dir sei Dank für alle deine Plagen: für deine Seelenangst, für deine Band und Not, für deine Geißelung, für deinen bittern Tod.

2. Ach das hat unsre Sünd / und Missetat verschuldet, / was du an unsrer Statt, / was du für uns erduldet. / Ach unsre Sünde bringt / dich an das Kreuz hinan; / o unbeflecktes Lamm, / was hast du sonst getan?

3. Dein Kampf ist unser Sieg, / dein Tod ist unser Leben; / in deinen Banden ist / die Freiheit uns gegeben. / Dein Kreuz ist unser Trost, / die Wunden unser Heil, / dein Blut das Lösegeld, / der armen Sünder Teil.

4. O hilf, daß wir auch uns / zum Kampf und Leiden wagen / und unter unsrer Last / des Kreuzes nicht verzagen; / hilf tragen mit Geduld / durch deine Dornenkron, / wenn's kommen soll mit uns / zum Blute, Schmach und Hohn.

PASSION

5. Dein Angst komm uns zugut, / wenn wir in Ängsten liegen; / durch deinen Todeskampf / laß uns im Tode siegen; / durch deine Bande, Herr, / bind uns, wie dir's gefällt; / hilf, daß wir kreuzigen / durch dein Kreuz Fleisch und Welt.

6. Laß deine Wunden sein / die Heilung unsrer Sünden, / laß uns auf deinen Tod / den Trost im Tode gründen. / O Jesu, laß an uns / durch dein Kreuz, Angst und Pein / dein Leiden, Kreuz und Angst / ja nicht verloren sein.

Text: Adam Thebesius (1652) 1663
Melodie: Martin Jan (1652) 1663

88

Andere Melodie: *Christus, der uns selig macht* [Nr. 77]

1. Je-su, dei-ne Pas-si-on will ich jetzt be-den-ken; wol-lest mir vom Himmels-thron Geist und An-dacht schen-ken. In dem Bil-de jetzt er-schein, Je-su, mei-nem Her-zen, wie du, un-ser Heil zu sein, lit-test al-le Schmer-zen.

KIRCHENJAHR

2. Meine Seele sehen mach / deine Angst und Bande, / deine Schläge, deine Schmach, / deine Kreuzesschande, / deine Geißel, Dornenkron, / Speer- und Nägelwunden, / deinen Tod, o Gottessohn, / der mich dir verbunden.

3. Aber laß mich nicht allein / deine Marter sehen, / laß mich auch die Ursach fein / und die Frucht verstehen. / Ach die Ursach war auch ich, / ich und meine Sünde: / diese hat gemartert dich, / daß ich Gnade finde.

4. Jesu, lehr bedenken mich / dies mit Buß und Reue; / hilf, daß ich mit Sünde dich / martre nicht aufs neue. / Sollt ich dazu haben Lust / und nicht wollen meiden, / was du selber büßen mußt / mit so großem Leiden?

5. Wenn mir meine Sünde will / machen heiß die Hölle, / Jesu, mein Gewissen still, / dich ins Mittel stelle. / Dich und deine Passion / laß mich gläubig fassen; / liebet mich sein lieber Sohn, / wie kann Gott mich hassen?

6. Gib auch, Jesu, daß ich gern / dir das Kreuz nachtrage, / daß ich Demut von dir lern / und Geduld in Plage, / daß ich dir geb Lieb um Lieb. / Indes laß dies Lallen / – bessern Dank ich dorten geb –, / Jesu, dir gefallen.

Text: Sigmund von Birken 1663
Melodie: Melchior Vulpius 1609

PASSION

90

1. Ich grüße dich am Kreuzesstamm,
du hochgelobtes Gotteslamm,
mit andachtsvollem Herzen.
doch sieht mein Glaube wohl an dir,
daß Gottes Majestät und Zier in diesem
Leibe wohne und daß du hier so
würdig seist, daß man dich Herr und König
heißt, als auf dem Ehrenthrone.

Hier hängst du zwar in lauter Not
und bist gehorsam bis zum Tod,
vergehst in tausend Schmerzen;

KIRCHENJAHR

2. Ich fol - ge dir durch Tod und Leid,
Du gehst den en - gen Weg vor - an;
o Her - zog mei - ner Se - lig - keit,
dein Kreu - zes - tod macht off - ne Bahn
nichts soll mich von dir tren - nen.
den See - len, die dich ken - nen.
Ach Je - su, dei - ne höch - ste Treu
macht, daß mir nichts un - mög - lich sei, da du für
mich ge - stor - ben; ich scheu - e nicht den
bit - tern Tod und bin ge - wiß in al - ler
Not: »Wer glaubt, ist un - ver - dor - ben.« *

Röm 1, 17

Text: Valentin Ernst Löscher 1722
Melodie: O Mensch, bewein dein Sünde groß [Nr. 76]

PASSION

91

1. Herr, stärke mich, dein Leiden zu bedenken, mich in das Meer der Liebe zu versenken, die dich bewog, von aller Schuld des Bösen uns zu erlösen.

2. Vereint mit Gott, ein Mensch gleich uns auf Erden / und bis zum Tod am Kreuz gehorsam werden, / an unsrer Statt gemartert und zerschlagen, / die Sünde tragen: *Phil 2, 8*

3. welch wundervoll hochheiliges Geschäfte! / Sinn ich ihm nach, so zagen meine Kräfte, / mein Herz erbebt; ich seh und ich empfinde / den Fluch der Sünde.

4. Gott ist gerecht, ein Rächer alles Bösen; / Gott ist die Lieb und läßt die Welt erlösen. / Dies kann mein Geist mit Schrekken und Entzücken / am Kreuz erblicken.

5. Seh ich dein Kreuz den Klugen dieser Erden / ein Ärgernis und eine Torheit werden: / so sei's doch mir, trotz allen frechen Spottes, / die Weisheit Gottes. *1. Kor 1, 23.24*

6. Es schlägt den Stolz und mein Verdienst darnieder, / es stürzt mich tief, und es erhebt mich wieder, / lehrt mich mein Glück, macht mich aus Gottes Feinde / zu Gottes Freunde.

KIRCHENJAHR

7. Da du dich selbst für mich dahingegeben, / wie könnt ich noch nach meinem Willen leben? / Und nicht vielmehr, weil ich dir angehöre, / zu deiner Ehre.

8. Ich will nicht Haß mit gleichem Haß vergelten, / wenn man mich schilt, nicht rächend wiederschelten, / du Heiliger, du Herr und Haupt der Glieder, / schaltst auch nicht wieder.

9. Unendlich Glück! Du littest uns zugute. / Ich bin versöhnt in deinem teuren Blute. / Du hast mein Heil, da du für mich gestorben, / am Kreuz erworben.

10. Wenn endlich, Herr, mich meine Sünden kränken, / so laß dein Kreuz mir wieder Ruhe schenken. / Dein Kreuz, dies sei, wenn ich den Tod einst leide, / mir Fried und Freude.

Text: Christian Fürchtegott Gellert 1757
Melodie: Herzliebster Jesu, was hast du verbrochen [Nr. 81]

92

1. Chri-ste, du Schöp-fer al-ler Welt,
du Kö-nig, der die Gläub'-gen hält,
weil un-ser Bit-ten dir ge-fällt,
nimm un-ser Lob-lied an, o Held.

2. Kein Maß hat deine Gnad gekannt, / hat in Geduld mit starker Hand / durch Leid am Kreuz gelöst das Band, / das Adams Sünde um uns wand.

3. Vor dem die Sterne neigen sich, / du kamst ins Fleisch demütiglich, / darin zu leiden williglich; / in Todesschmerz dein Leib erblich.

4. Die Hand gebunden ausgestreckt, / zu lösen, was in Banden steckt, / hast du mit Gnad den Zorn bedeckt, / den Menschenschuld in Gott erweckt.

5. Du hangst am Kreuze sterbend hier, / und doch erbebt die Erd vor dir, / der Geist der Kraft geht aus von dir, / die stolze Welt erblaßt vor dir.

6. Jetzt um dein Siegerangesicht / des ewgen Vaters Glanz sich flicht, / jetzt mit des Geistes Kraft und Licht, / o König du, verlaß uns nicht.

A - men.

Text: Theodor Kliefoth 1875 nach dem Hymnus
Rex Christe, factor omnium 9. Jh.
Melodie: 9. Jh., Königsberg 1527,
bei Johann Hermann Schein 1627

KIRCHENJAHR

93

Andere Melodie: *O Durchbrecher aller Bande* [Nr. 388]

1. Nun gehören unsre Herzen ganz dem Mann von Golgatha, der in bittern Todesschmerzen das Geheimnis Gottes sah, das Geheimnis des Gerichtes über aller Menschen Schuld, das Geheimnis neuen Lichtes aus des Vaters ewger Huld.

2. Nun in heilgem Stilleschweigen / stehen wir auf Golgatha. / Tief und tiefer wir uns neigen / vor dem Wunder, das geschah, / als der Freie ward zum Knechte / und der Größte ganz gering, / als für Sünder der Gerechte / in des Todes Rachen ging.

PASSION

3. Doch ob tausend Todesnächte / liegen über Golgatha, / ob der Hölle Lügenmächte / triumphieren fern und nah, / dennoch dringt als Überwinder / Christus durch des Sterbens Tor; / und, die sonst des Todes Kinder, / führt zum Leben er empor.

4. Schweigen müssen nun die Feinde / vor dem Sieg von Golgatha. / Die begnadigte Gemeinde / sagt zu Christi Wegen: Ja! / Ja, wir danken deinen Schmerzen; / ja, wir preisen deine Treu; / ja, wir dienen dir von Herzen; / ja, du machst einst alles neu.

Text: Friedrich von Bodelschwingh 1938
Melodie: Richard Lörcher (1946) 1949

Ist Gott für uns, wer kann wider uns sein?
Der auch seinen eigenen Sohn nicht verschont hat, sondern hat ihn
für uns alle dahingegeben
– wie sollte er uns mit ihm nicht alles schenken?
Wer will die Auserwählten Gottes beschuldigen?
Gott ist hier, der gerecht macht.
Wer will verdammen?
Christus Jesus ist hier, der gestorben ist,
ja vielmehr, der auch auferweckt ist, der zur Rechten Gottes ist
und uns vertritt.

Römer 8, 31–34

KIRCHENJAHR

94

Andere Melodie: *O Welt, ich muß dich lassen* [Nr. 521]

1. Das Kreuz ist aufgerichtet, der große Streit geschlichtet. Daß er das Heil der Welt in diesem Zeichen günde, gibt sich für ihre Sünde der Schöpfer selber zum Entgelt.

2. Er wollte, daß die Erde / zum Stern des Kreuzes werde, / und der am Kreuz verblich, / der sollte wiederbringen, / die sonst verlorengingen, / dafür gab er zum Opfer sich.

3. Er schonte den Verräter, / ließ sich als Missetäter / verdammen vor Gericht, / schwieg still zu allem Hohne, / nahm an die Dornenkrone, / die Schläge in sein Angesicht.

4. So hat es Gott gefallen, / so gibt er sich uns allen. / Das Ja erscheint im Nein, / der Sieg im Unterliegen, / der Segen im Versiegen, / die Liebe will verborgen sein.

5. Wir sind nicht mehr die Knechte / der alten Todesmächte / und ihrer Tyrannei. / Der Sohn, der es erduldet, / hat uns am Kreuz entschuldet. / Auch wir sind Söhne und sind frei.

Text: Kurt Ihlenfeld 1967
Melodie: Manfred Schlenker 1977

PASSION

Die Gefangennahme (Matthäus 26, 47–56)

2. Seht hin, sie haben ihn gefunden. / Sie greifen ihn. Er wehrt sich nicht. / Dann führen sie ihn fest gebunden / dorthin, wo man sein Urteil spricht.
Du ließest dich in Bande schlagen, / daß du uns gleich und hilflos bist. / Wenn wir in unsrer Schuld verzagen, / dann mach uns frei, Herr Jesus Christ!

Vor dem Hohen Rat (Matthäus 26, 57–68)

3. Seht hin, wie sie ihn hart verklagen, / man schlägt und spuckt ihm ins Gesicht / und will von ihm nur Schlechtes sagen. / Und keiner ist, der für ihn spricht!
Wenn wir an andern schuldig werden / und keiner unser Freund mehr ist, / wenn alles uns verklagt auf Erden, / dann sprich für uns, Herr Jesus Christ!

Vor Pilatus (Matthäus 27, 15–30)

4. Seht, wie sie ihn mit Dornen krönen, / wie jeder ihn verspotten will, / wie sie ihn schlagen und verhöhnen. / Und er, er schweigt zu allem still.
Du leidest Hohn und Spott und Schmerzen – / und keiner, der voll Mitleid ist: / wir haben harte, arme Herzen. / Erbarme dich, Herr Jesus Christ!

Das Lied kann auch im Wechsel zwischen zwei Gruppen gesungen werden.

Text: Friedrich Walz 1971
Melodie: 1. Teil: Götz Wiese 1986
2. Teil: O daß doch bald dein Feuer brennte [Nr. 255]

KIRCHENJAHR
96

1. Du schöner Lebensbaum des Paradieses, / gütiger Jesus, Gotteslamm auf Erden. / Du bist der wahre Retter unsres Lebens, / unser Befreier.

2. Nur unsretwegen hattest du zu leiden, / gingst an das Kreuz und trugst die Dornenkrone. / Für unsre Sünden mußtest du bezahlen / mit deinem Leben.

3. Lieber Herr Jesus, wandle uns von Grund auf, / daß allen denen wir auch gern vergeben, / die uns beleidigt, die uns Unrecht taten, / selbst sich verfehlten.

4. Für diese alle wollen wir dich bitten, / nach deinem Vorbild laut zum Vater flehen, / daß wir mit allen Heilgen zu dir kommen / in deinen Frieden.

5. Wenn sich die Tage unsres Lebens neigen, / nimm unsren Geist, Herr, auf in deine Hände, / daß wir zuletzt von hier getröstet scheiden, / Lob auf den Lippen:

PASSION

6. Dank sei dem Vater, unsrem Gott im Himmel, / er ist der Retter der verlornen Menschheit, / hat uns erworben Frieden ohne Ende, / ewige Freude.

Text: Dieter Trautwein/Vilmos Gyöngyösi 1974
nach dem ungarischen *Paradicsomnak te szép élő fája*
von Imre Pécseli Király vor 1641
Melodie: Klausenburg 1744

1. Paradicsomnak te szép élő fája, / O, drága Jézus, Istennek Báránya, / Te vagy lelkünknek igaz Megváltója, Szabaditója.

2. Értünk egyedül szörnyű kínt szenvedtél, / Megfeszíttetvén töviset viseltél, / Mi bűneinkért véreddel fizettél, / Megölettettél.

3. Jézusunk, kérünk, szenteld meg lelkünket, / Hogy megbocsássuk mi is a bűnöket / Mindeneknek, kik ellenünk vétettek, / És elestenek!

4. Adjad, hogy mi is értük könyörögjünk, / Téged követvén szívből esedezzünk. / Hogy sok szentekkel tehozzád mehessünk, / Üdvözülhessünk!

KIRCHENJAHR

97 ö

1. Holz auf Jesu Schulter, von der Welt verflucht, ward zum Baum des Lebens und bringt gute Frucht. Kyrie eleison, sieh, wohin wir gehn. Ruf uns aus den Toten, laß uns auferstehn.

2. Wollen wir Gott bitten, / daß auf unsrer Fahrt / Friede unsre Herzen / und die Welt bewahrt.
Kyrie eleison, / sieh, wohin wir gehn. / Ruf uns aus den Toten, / laß uns auferstehn.

3. Denn die Erde klagt uns / an bei Tag und Nacht. / Doch der Himmel sagt uns: / Alles ist vollbracht!
Kyrie eleison, / sieh, wohin wir gehn. / Ruf uns aus den Toten, / laß uns auferstehn.

4. Wollen wir Gott loben, / leben aus dem Licht. / Streng ist seine Güte, / gnädig sein Gericht.
Kyrie eleison, / sieh, wohin wir gehn. / Ruf uns aus den Toten, / laß uns auferstehn.

PASSION

5. Denn die Erde jagt uns / auf den Abgrund zu. / Doch der Himmel fragt uns: / Warum zweifelst du?
Kyrie eleison, / sieh, wohin wir gehn. / Ruf uns aus den Toten, / laß uns auferstehn.

6. Hart auf deiner Schulter / lag das Kreuz, o Herr, / ward zum Baum des Lebens, / ist von Früchten schwer.
Kyrie eleison, / sieh, wohin wir gehn. / Ruf uns aus den Toten, / laß uns auferstehn.

Text: Jürgen Henkys (1975) 1977 nach dem niederländischen
Met de boom des levens von Willem Barnard 1963
Melodie: Ignace de Sutter 1964

Herr, wohin sollen wir gehen?
Du hast Worte des ewigen Lebens;
und wir haben geglaubt und erkannt:
Du bist der Heilige Gottes.

Johannes 6, 68.69

KIRCHENJAHR

98 ö

1. Korn, das in die Erde, in den Tod versinkt,
Keim, der aus dem Akker in den Morgen dringt –
Liebe lebt auf, die längst erstorben schien:
Liebe wächst wie Weizen, und ihr Halm ist grün.

Joh 12, 24

2. Über Gottes Liebe brach die Welt den Stab, / wälzte ihren Felsen vor der Liebe Grab. / Jesus ist tot. Wie sollte er noch fliehn? / Liebe wächst wie Weizen, / und ihr Halm ist grün.

3. Im Gestein verloren Gottes Samenkorn, / unser Herz gefangen in Gestrüpp und Dorn – / hin ging die Nacht, der dritte Tag erschien: / Liebe wächst wie Weizen, / und ihr Halm ist grün.

Text: Jürgen Henkys (1976) 1978 nach dem englischen
Now the green blade rises
von John Macleod Campbell Crum 1928
Melodie: Noël nouvelet Frankreich 15. Jh.

Ostern

(Ö) **99**

Christ ist erstanden von der Marter alle; des solln wir alle froh sein, Christ will unser Trost sein. Kyrieleis.

Wär er nicht erstanden, so wär die Welt vergangen; seit daß er erstanden ist, so lobn wir den Vater Jesu Christ. Kyrieleis.

KIRCHENJAHR

Hal - le - lu - ja, Hal - le - lu - ja,
Hal - le - lu - ja! Des solln wir al - le froh
sein, Christ will un - ser Trost sein. Ky - ri - e - leis.

Text: Bayern/Österreich 12. bis 15. Jh.
Melodie: Salzburg 1160/1433, Tegernsee 15. Jh.,
Wittenberg 1529

Christus ist auferstanden von den Toten.
Er hat den Tod durch den Tod überwunden
und denen, die im Grabe sind,
das Leben geschenkt.

Christus
ist auferstanden!
Er ist wahrhaftig auferstanden!
Halleluja!

aus dem orthodoxen Ostergottesdienst

OSTERN

ö 100

1. Wir wollen alle fröhlich sein in dieser österlichen Zeit; denn unser Heil hat Gott bereit'.
Halleluja, Halleluja, Halleluja, Halleluja, gelobt sei Christus, Marien Sohn.

2. Es ist erstanden Jesus Christ, / der an dem Kreuz gestorben ist, / dem sei Lob, Ehr zu aller Frist.
Halleluja, Halleluja, Halleluja, Halleluja, / gelobt sei Christus, Marien Sohn.

3. Er hat zerstört der Höllen Pfort, / die Seinen all herausgeführt / und uns erlöst vom ewgen Tod.
Halleluja, Halleluja, Halleluja, Halleluja, / gelobt sei Christus, Marien Sohn.

4. Es singt der ganze Erdenkreis / dem Gottessohne Lob und Preis, / der uns erkauft das Paradeis.
Halleluja, Halleluja, Halleluja, Halleluja, / gelobt sei Christus, Marien Sohn.

KIRCHENJAHR

5. Des freu sich alle Christenheit
und lobe die Dreifaltigkeit
von nun an bis in Ewigkeit.
Halleluja, Halleluja,
Halleluja, Halleluja,
gelobt sei Christus, Marien Sohn.

Text: Str. 1 Medingen um 1380;
Str. 2–5 bei Cyriakus Spangenberg 1568 nach
Resurrexit Dominus 14. Jh.
Melodie: Hohenfurt 1410, Böhmische Brüder 1544,
Wittenberg 1573

OSTERN

101

1. Christ lag in To - des - ban - den, für un -
sre Sünd ge - ge - ben, der ist wie - der er -
stan - den und hat uns bracht das Le - ben.
Des wir sol - len fröh - lich sein, Gott lo -
ben und dank - bar sein und sin - gen
Hal - le - lu - ja. Hal - le - lu - ja.

2. Den Tod nie-mand zwin - gen konnt bei al -
len Men - schen-kin-dern; das macht al - les un -
sre Sünd, kein Unschuld war zu fin - den.
Da - von kam der Tod so bald und nahm
ü - ber uns Ge - walt, hielt uns in
seim Reich ge - fan - gen. Hal - le - lu - ja.

3. Je - sus Chri-stus, Got - tes Sohn, an un -
ser Statt ist kom - men und hat die Sünd ab -
ge - tan, da - mit dem Tod ge - nom - men
all sein Recht und sein Ge - walt; da bleibt
nichts denn Tods Ge - stalt, den Sta - chel
hat er ver - lo - ren. Hal - le - lu - ja.

KIRCHENJAHR

4. Es war ein wunderlich Krieg, da Tod und Leben 'rungen; das Leben behielt den Sieg, es hat den Tod verschlungen. Die Schrift hat verkündet das, wie ein Tod den andern fraß, ein Spott aus dem Tod für,*

5. Hier ist das recht Osterlamm, davon wir sollen leben, das ist an des Kreuzes Stamm in heißer Lieb gegeben. Des Blut zeichnet unsre Tür,* das hält der Glaub dem Tod für, der Würger

6. So feiern wir das hoh Fest mit Herzensfreud und Wonne, das uns der Herr scheinen läßt. Er ist selber die Sonne, der durch seiner Gnaden Glanz erleucht' unsre Herzen ganz; der Sünden

7. Wir essen und leben wohl, zum süßen Brot geladen; der alte Sau'rteig nicht soll sein bei dem Wort der Gnaden.* Christus will die Kost uns sein und speisen die Seel allein; der Glaub will

*1. Kor 5, 6–8 *2. Mose 12, 7

OSTERN

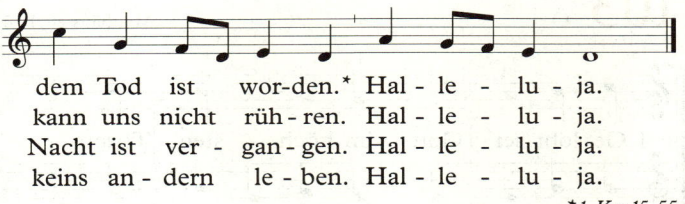

| dem Tod ist wor-den.* Hal - le - lu - ja.
| kann uns nicht rüh - ren. Hal - le - lu - ja.
| Nacht ist ver - gan - gen. Hal - le - lu - ja.
| keins an - dern le - ben. Hal - le - lu - ja.

*1. Kor 15, 55

Text: Martin Luther 1524 teilweise nach der Sequenz
Victimae paschali laudes des Wipo von Burgund vor 1048
und nach Nr. 99
Melodie: Martin Luther 1524 nach Nr. 99

102

1. Je - sus Chri-stus, un-ser Hei-land, der den Tod ü - ber-wand, ist auf-er-stan-den, die Sünd hat er ge-fan-gen. Ky - ri - e e - le - i - son.

2. Der ohn Sünden war geboren, / trug für uns Gottes Zorn, / hat uns versöhnet, / daß Gott uns sein Huld gönnet. / Kyrie eleison.

3. Tod, Sünd, Leben und auch Gnad, / alls in Händen er hat; / er kann erretten / alle, die zu ihm treten. / Kyrie eleison.

Text: Martin Luther 1524
Melodie: Martin Luther 1529, Leipzig 1545

KIRCHENJAHR

103 ö

Matthäus 28,1–6

1. Ge-lobt sei Gott im höch-sten Thron
samt sei-nem ein-ge-bor-nen Sohn,

2. Des Morgens früh am dritten Tag, / da noch der Stein am Grabe lag, / erstand er frei ohn alle Klag. / Halleluja, Halleluja, Halleluja.

3. Der Engel sprach: »Nun fürcht' euch nicht; / denn ich weiß wohl, was euch gebricht. / Ihr sucht Jesus, den find't ihr nicht.« / Halleluja, Halleluja, Halleluja.

4. »Er ist erstanden von dem Tod, / hat überwunden alle Not; / kommt, seht, wo er gelegen hat.« / Halleluja, Halleluja, Halleluja.

OSTERN

5. Nun bitten wir dich, Jesu Christ, / weil du vom Tod erstanden bist, / verleihe, was uns selig ist. / Halleluja, Halleluja, Halleluja.

6. O mache unser Herz bereit, / damit von Sünden wir befreit / dir mögen singen allezeit: / Halleluja, Halleluja, Halleluja.

Text: Michael Weiße 1531
Melodie und Satz: Melchior Vulpius 1609

KIRCHENJAHR
104

1. Sin-gen wir heut mit ei-nem Mund in
Ein-tracht und aus Her-zens-grund dir, o Herr
al-ler Heer, Chri-ste, Lob und Preis und Ehr;

der für uns al-le Mis-se-tat an
dem Kreuz selbst ge-bü-ßet hat. Frie-de-fürst,
O-ster-held, du hast nun den Feind ge-fällt.

Lob sei dir für und für, Je-sus Christ, daß du
bist sünd'-ger Welt Heil und Held, der das
Feld im Kampf mit Tod und Höll be-hält.

2. Christus hat alle Schrift erfüllt / und dadurch Todes Trotz gestillt, / und sein Wort auf dem Berg / hat zerstört des Teufels Werk. / Sünd und Schuld bleiben ohne Kraft, / wenn die Seel am Wort Gottes haft', / Christ, dem Herrn, sich ergibt / und von Herzen glaubt und liebt.

Lob sei dir / für und für, / Jesus Christ, / daß du bist / sünd'ger Welt / Heil und Held, / der das Feld im Kampf mit Tod und Höll behält.

OSTERN

3. Gib, daß wir, alle Gottes Kind', / deiner Wahrheit gehorsam sind, / daß wir stets bei dir stehn / und nicht mehr zurücke gehn. / Leite du, König, uns, und Held, / daß wir wandeln, wie dir's gefällt, / singen auch Lob und Ehr / mit dem ganzen Himmelsheer.

Lob sei dir / für und für, / Jesus Christ, / daß du bist / sünd'ger Welt / Heil und Held, / der das Feld im Kampf mit Tod und Höll behält.

Text: Michael Weiße 1531,
bearbeitet von Otto Riethmüller 1932
Melodie: 10. Jh., bei Thomas Müntzer 1524

Markus 16, 1–7

ö 105

1. Er-stan-den ist der hei-lig Christ, Hal-le-lu-ja, Hal-le-lu-ja, der al-ler Welt ein Trö-ster ist. Hal-le-lu-ja, Hal-le-lu-ja.

2. Und wär er nicht erstanden, / Halleluja, Halleluja, / so wär die Welt vergangen. / Halleluja, Halleluja.

3. Und seit daß er erstanden ist, / Halleluja, Halleluja, / so loben wir den Herren Christ. / Halleluja, Halleluja.

KIRCHENJAHR

Evangelist:
4. Drei Frauen gehn des Morgens früh; / Halleluja, Halleluja, / den Herrn zu salben kommen sie. / Halleluja, Halleluja.

5. Sie suchen den Herrn Jesus Christ, / Halleluja, Halleluja, / der an dem Kreuz gestorben ist. / Halleluja, Halleluja.

Frauen:
6. Wer wälzt uns fort den schweren Stein, / Halleluja, Halleluja, / daß wir gelangn ins Grab hinein? / Halleluja, Halleluja.

7. Der Stein ist fort! Das Grab ist leer! / Halleluja, Halleluja. / Wer hilft uns? Wo ist unser Herr? / Halleluja, Halleluja.

Engel:
8. Erschrecket nicht! Was weinet ihr? / Halleluja, Halleluja. / Der, den ihr sucht, der ist nicht hier. / Halleluja, Halleluja.

Frauen:
9. Du lieber Engel, sag uns an, / Halleluja, Halleluja, / wo habt ihr ihn denn hingetan? / Halleluja, Halleluja.

Engel:
10. Er ist erstanden aus dem Grab, / Halleluja, Halleluja, / heut an dem heilgen Ostertag. / Halleluja, Halleluja.

Frauen:
11. Zeig uns den Herren Jesus Christ, / Halleluja, Halleluja, / der von dem Tod erstanden ist! / Halleluja, Halleluja.

Engel:
12. So tret't herzu und seht die Statt, / Halleluja, Halleluja, / wo euer Herr gelegen hat. / Halleluja, Halleluja.

OSTERN

Frauen:
13. Wir sehen's wohl, das Grab ist leer. / Halleluja, Halleluja. / Wo aber ist denn unser Herr? / Halleluja, Halleluja.

Engel:
14. Ihr sollt nach Galiläa gehn; / Halleluja, Halleluja, / dort werdet ihr den Heiland sehn. / Halleluja, Halleluja.

Frauen:
15. Du lieber Engel, Dank sei dir. / Halleluja, Halleluja. / Getröstet gehen wir von hier. / Halleluja, Halleluja.

Evangelist:
16. Nun singet alle voller Freud: / Halleluja, Halleluja. / Der Herr ist auferstanden heut. / Halleluja, Halleluja.

Alle:
17. Des solln wir alle fröhlich sein, / Halleluja, Halleluja, / und Christ soll unser Tröster sein. / Halleluja, Halleluja.

> *Text:* Böhmische Brüder 1544 nach einer deutschen Fassung
> Engelberg 1372 von *Surrexit Christus hodie* 13./14. Jh.
> *Melodie:* 14. Jh., Hohenfurt 1410,
> Böhmische Brüder 1501/1531

KIRCHENJAHR

106 ö

1. Erschienen ist der herrlich Tag, dran niemand g'nug sich freuen mag: Christ, unser Herr, heut triumphiert, sein Feind er all gefangen führt. Halleluja.

2. Die alte Schlange, Sünd und Tod, / die Höll, all Jammer, Angst und Not / hat überwunden Jesus Christ, / der heut vom Tod erstanden ist. / Halleluja.

3. Sein' Raub der Tod mußt geben her, / das Leben siegt und ward ihm Herr, / zerstöret ist nun all sein Macht. / Christ hat das Leben wiederbracht. / Halleluja.

4. Die Sonn, die Erd, all Kreatur, / alls, was betrübet war zuvor, / das freut sich heut an diesem Tag, / da der Welt Fürst darniederlag. / Halleluja.

5. Drum wollen wir auch fröhlich sein, / das Halleluja singen fein / und loben dich, Herr Jesu Christ; / zu Trost du uns erstanden bist. / Halleluja.

Text und Melodie: Nikolaus Herman 1560

OSTERN
107

1. Wir danken dir, Herr Jesu Christ, daß du vom Tod erstanden bist und hast dem Tod zerstört sein Macht und uns zum Leben wiedergebracht. Halleluja.

2. Wir bitten dich durch deine Gnad: / nimm von uns unsre Missetat / und hilf uns durch die Güte dein, / daß wir dein treuen Diener sein. / Halleluja.

3. Gott Vater in dem höchsten Thron / samt seinem eingebornen Sohn, / dem Heilgen Geist in gleicher Weis / in Ewigkeit sei Lob und Preis! / Halleluja.

Text: Str. 1 Nikolaus Herman 1560;
Str. 2 Thomas Hartmann 1604; Str. 3 wie Nr. 109 Str. 6
Melodie: Erschienen ist der herrlich Tag [Nr. 106]

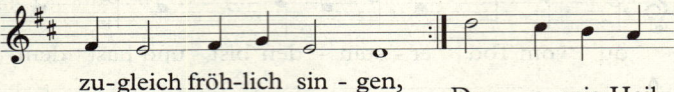

KIRCHENJAHR

108

1. Mit Freu-den zart zu die-ser Fahrt laßt uns
zu-gleich fröh-lich sin - gen,
beid, groß und klein, von Her - zen rein mit hellem Ton frei er-klin - gen.
Das e - wig Heil wird uns zu - teil, denn Je-sus Christ er-stan-den ist, welchs er läßt reich-lich ver-kün-den.

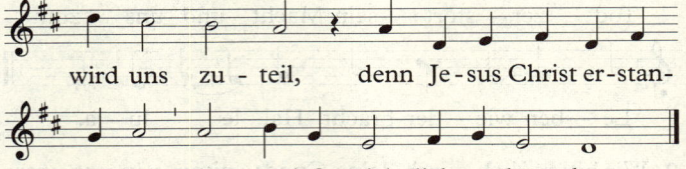

2. Er ist der Erst, der stark und fest / all unsre Feind hat bezwungen / und durch den Tod als wahrer Gott / zum neuen Leben gedrungen,* / auch seiner Schar verheißen klar / durch sein rein Wort, zur Himmelspfort / desgleichen Sieg zu erlangen.
*1. Kor 15, 20–25

3. Singt Lob und Dank mit frei - em Klang
un - serm Herrn zu al - len Zei - ten
und tut sein Ehr je mehr und mehr
mit Wort und Tat weit aus-brei - ten:

OSTERN

so wird er uns aus Lieb und Gunst
nach un-serm Tod, frei al-ler Not,
zur ew-gen Freu-de ge-lei-ten.

Text: Georg Vetter 1566
Melodie: Böhmische Brüder 1566 nach
Guillaume Franc 1543 (zu Psalm 138)

109

1. Heut tri-um-phie-ret Got-tes Sohn, der von dem Tod er-stan-den schon, Hal-le-lu-ja, Hal-le-lu-ja, mit gro-ßer Pracht und Herr-lich-keit, des dankn wir ihm in E-wig-keit. Hal-le-lu-ja, Hal-le-lu-ja.

KIRCHENJAHR

2. Dem Teufel hat er sein Gewalt zerstört, verheert ihm all Gestalt, Halleluja, Halleluja, wie pflegt zu tun ein großer Held, der seinen Feind gewaltig fällt. Halleluja, Halleluja.

3. O süßer Herre Jesu Christ, / der du der Sünder Heiland bist, / Halleluja, Halleluja, / führ uns durch dein Barmherzigkeit / mit Freuden in dein Herrlichkeit. / Halleluja, Halleluja.

4. Nun kann uns kein Feind schaden mehr, / ob er gleich murrt, ist's ohn Gefahr. / Halleluja, Halleluja. / Er liegt im Staub, der arge Feind, / wir aber Gottes Kinder seind. / Halleluja, Halleluja.

5. Dafür wir danken all zugleich / und sehnen uns ins Himmelreich. / Halleluja, Halleluja. / Zum sel'gen End Gott helf uns alln, / so singen wir mit großem Schalln: / Halleluja, Halleluja.

6. Gott Vater in dem höchsten Thron / samt seinem eingebor'nen Sohn, / Halleluja, Halleluja, / dem Heilgen Geist in gleicher Weis / in Ewigkeit sei Lob und Preis! / Halleluja, Halleluja.

Text: Kaspar Stolzhagen 1591
Melodie: bei Bartholomäus Gesius 1601

OSTERN

ö 110

Andere Melodie: *Erstanden ist der heilig Christ* [Nr. 105]

1. Die ganze Welt, Herr Jesu Christ, Halleluja, Halleluja, in deiner Urständ fröhlich ist. Halleluja, Halleluja.

2. Das himmlisch Heer im Himmel singt, / Halleluja, Halleluja, / die Christenheit auf Erden klingt. / Halleluja, Halleluja.

3. Jetzt grünet, was nur grünen kann, / Halleluja, Halleluja, / die Bäum zu blühen fangen an. / Halleluja, Halleluja.

4. Es singen jetzt die Vögel all, / Halleluja, Halleluja, / jetzt singt und klingt die Nachtigall. / Halleluja, Halleluja.

5. Der Sonnenschein jetzt kommt herein, / Halleluja, Halleluja, / und gibt der Welt ein' neuen Schein. / Halleluja, Halleluja.

6. Die ganze Welt, Herr Jesu Christ, / Halleluja, Halleluja, / in deiner Urständ fröhlich ist. / Halleluja, Halleluja.

Text: Friedrich Spee 1623
Melodie: Köln 1623

KIRCHENJAHR

111

1. Früh-mor-gens, da die Sonn auf-geht, mein Hei-land Chri-stus auf-er-steht. Ver-trie-ben ist der Sün-den Nacht, Licht, Heil und Le-ben wie-der-bracht. Hal-le-lu-ja.

2. Wenn ich des Nachts oft lieg in Not / verschlossen, gleich als wär ich tot, / läßt du mir früh die Gnadensonn / aufgehn: nach Trauern Freud und Wonn. / Halleluja.

3. Nicht mehr als nur drei Tage lang / mein Heiland bleibt ins Todes Zwang; / am dritten Tag durchs Grab er dringt, / mit Ehr sein Siegesfähnlein schwingt. / Halleluja.

4. Jetzt ist der Tag, da mich die Welt / mit Schmach am Kreuz gefangen hält; / drauf folgt der Sabbat in dem Grab, / darin ich Ruh und Frieden hab. / Halleluja.

5. In kurzem wach ich fröhlich auf, / mein Ostertag ist schon im Lauf; / ich wach auf durch des Herren Stimm, / veracht den Tod mit seinem Grimm. / Halleluja.

6. Am Kreuz läßt Christus öffentlich / vor allem Volke töten sich; / da er durchs Todes Kerker bricht, / läßt er's die Menschen sehen nicht. / Halleluja.

7. Sein Reich ist nicht von dieser Welt, / kein groß Gepräng ihm hier gefällt; / was schlicht und niedrig geht herein, / soll ihm das Allerliebste sein. / Halleluja.

8. Hier ist noch nicht ganz kund gemacht, / was er aus seinem Grab gebracht, / der große Schatz, die reiche Beut, / drauf sich ein Christ so herzlich freut. / Halleluja.

9. Der Jüngste Tag wird's zeigen an, / was er für Taten hat getan, / wie er der Schlangen Kopf zerknickt,* / die Höll zerstört, den Tod erdrückt. / Halleluja.   *1. Mose 3, 15

10. Da werd ich Christi Herrlichkeit / anschauen ewig voller Freud, / ich werde sehn, wie alle Feind / zur Höllenpein gestürzet seind. / Halleluja.

11. O Wunder groß, o starker Held! / Wo ist ein Feind, den er nicht fällt? / Kein Angststein liegt so schwer auf mir, / er wälzt ihn von des Herzens Tür. / Halleluja.

12. Wie tief Kreuz, Trübsal oder Pein: / mein Heiland greift allmächtig drein, / führt mich heraus mit seiner Hand. / Wer mich will halten, wird zuschand'. / Halleluja.

13. Lebt Christus, was bin ich betrübt? / Ich weiß, daß er mich herzlich liebt; / wenn mir gleich alle Welt stürb ab, / g'nug, daß ich Christus bei mir hab. / Halleluja.

14. Mein Herz darf nicht entsetzen sich, / Gott und die Engel lieben mich; / die Freude, die mir ist bereit', / vertreibet Furcht und Traurigkeit. / Halleluja.

15. Für diesen Trost, o großer Held, / Herr Jesu, dankt dir alle Welt. / Dort wollen wir mit größerm Fleiß / erheben deinen Ruhm und Preis. / Halleluja.

Text: Johann Heermann 1630
Melodie: Erschienen ist der herrlich Tag [Nr. 106]

KIRCHENJAHR

112

1. Auf, auf, mein Herz, mit Freuden nimm wahr, was heut geschicht; wie kommt nach großem Leiden nun ein so großes Licht! Mein Heiland war gelegt da, wo man uns hinträgt, wenn von uns unser Geist gen Himmel ist gereist.

2. Er war ins Grab gesenket, / der Feind trieb groß Geschrei; / eh er's vermeint und denket, / ist Christus wieder frei / und ruft Viktoria, / schwingt fröhlich hier und da / sein Fähnlein als ein Held, / der Feld und Mut behält.

3. Das ist mir anzuschauen / ein rechtes Freudenspiel; / nun soll mir nicht mehr grauen / vor allem, was mir will / entnehmen meinen Mut / zusamt dem edlen Gut, / so mir durch Jesus Christ / aus Lieb erworben ist.

4. Die Höll und ihre Rotten / die krümmen mir kein Haar; / der Sünden kann ich spotten, / bleib allzeit ohn Gefahr. / Der Tod mit seiner Macht / wird nichts bei mir geacht': / er bleibt ein totes Bild, / und wär er noch so wild.

5. Die Welt ist mir ein Lachen / mit ihrem großen Zorn, / sie zürnt und kann nichts machen, / all Arbeit ist verlorn. / Die Trübsal trübt mir nicht / mein Herz und Angesicht, / das Unglück ist mein Glück, / die Nacht mein Sonnenblick.

6. Ich hang und bleib auch hangen / an Christus als ein Glied; / wo mein Haupt durch ist gangen, / da nimmt er mich auch mit. / Er reißet durch den Tod, / durch Welt, durch Sünd, durch Not, / er reißet durch die Höll, / ich bin stets sein Gesell.

7. Er dringt zum Saal der Ehren, / ich folg ihm immer nach / und darf mich gar nicht kehren / an einzig Ungemach. / Es tobe, was da kann, / mein Haupt nimmt sich mein an, / mein Heiland ist mein Schild, / der alles Toben stillt.

8. Er bringt mich an die Pforten, / die in den Himmel führt, / daran mit güldnen Worten / der Reim gelesen wird: / »Wer dort wird mit verhöhnt, / wird hier auch mit gekrönt; / wer dort mit sterben geht, / wird hier auch mit erhöht.«

Text: Paul Gerhardt 1647
Melodie: Johann Crüger 1647

KIRCHENJAHR

113

Andere Melodie: *Nun freut euch, lieben Christen g'mein* [Nr. 341]

1. O Tod, wo ist dein Sta-chel nun? Wo ist dein Sieg, o Höl - le?
Was kann uns jetzt der Teu-fel tun, wie grau-sam er sich stel - le?
Gott sei ge-dankt, der uns den Sieg so herr-lich hat nach die-sem Krieg durch Je-sus Christ ge-ge - ben!

1. Kor 15, 55.57

2. Wie sträubte sich die alte Schlang, / da Christus mit ihr kämpfte! / Mit List und Macht sie auf ihn drang, / und dennoch er sie dämpfte. / Ob sie ihn in die Ferse sticht, / so sieget sie doch darum nicht, / der Kopf ist ihr zertreten. *1. Mose 3,15*

3. Lebendig Christus kommt herfür, / die Feind nimmt er gefangen, / zerbricht der Hölle Schloß und Tür, / trägt weg den Raub mit Prangen. / Nichts ist, das in dem Siegeslauf / den starken Held kann halten auf, / alls liegt da überwunden.

4. Des Herren Rechte, die behält / den Sieg und ist erhöhet; / des Herren Rechte mächtig fällt, / was ihr entgegenstehet. / Tod, Teufel, Höll und alle Feind / durch Christi Sieg bezwungen seind, / ihr Zorn ist kraftlos worden. *Ps 118, 16*

5. Es war getötet Jesus Christ, / und sieh, er lebet wieder. / Weil nun das Haupt erstanden ist, / stehn wir auch auf, die Glieder. / So jemand Christi Worten glaubt, / im Tod und Grabe der nicht bleibt; / er lebt, ob er gleich stirbet. *Joh 11, 25*

6. Wer täglich hier durch wahre Reu / mit Christus auferstehet, / ist dort vom andern Tode frei, / derselb ihn nicht angehet. / Genommen ist dem Tod die Macht, / Unschuld und Leben wiederbracht / und unvergänglich Wesen. *2. Tim 1, 10*

7. Das ist die reiche Osterbeut, / der wir teilhaftig werden: / Fried, Freude, Heil, Gerechtigkeit / im Himmel und auf Erden. / Hier sind wir still und warten fort, / bis unser Leib wird ähnlich dort / Christi verklärtem Leibe.

8. O Tod, wo ist dein Stachel nun? / Wo ist dein Sieg, o Hölle? / Was kann uns jetzt der Teufel tun, / wie grausam er sich stelle? / Gott sei gedankt, der uns den Sieg / so herrlich hat in diesem Krieg / durch Jesus Christ gegeben!

Text: Lüneburg 1657 nach Georg Weissel (vor 1635) 1644
Melodie: Es ist das Heil uns kommen her [Nr. 342]

KIRCHENJAHR

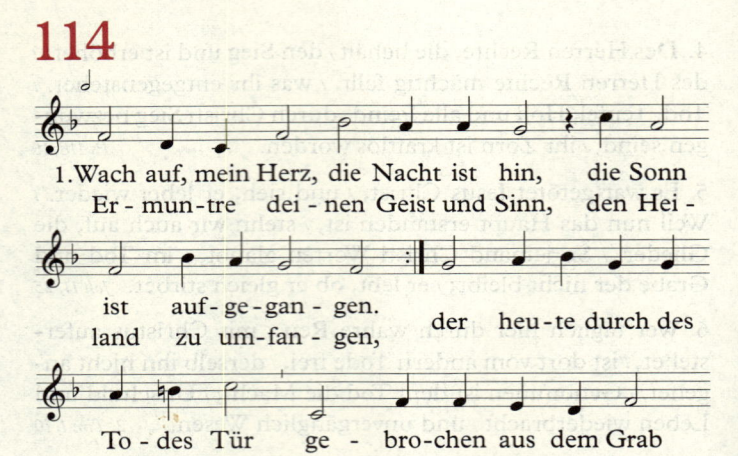

114

1. Wach auf, mein Herz, die Nacht ist hin, die Sonn ist aufgegangen. Ermuntre deinen Geist und Sinn, den Heiland zu umfangen, der heute durch des Todes Tür gebrochen aus dem Grab herfür der ganzen Welt zur Wonne.

2. Steh aus dem Grab der Sünden auf / und such ein neues Leben, / vollführe deinen Glaubenslauf / und laß dein Herz sich heben / gen Himmel, da dein Jesus ist, / und such, was droben, als ein Christ, / der geistlich auferstanden.

3. Vergiß nun, was dahinten ist, / und tracht nach dem, was droben, / damit dein Herz zu jeder Frist / zu Jesus sei erhoben. / Tritt unter dich die böse Welt / und strebe nach des Himmels Zelt, / wo Jesus ist zu finden.

4. Quält dich ein schwerer Sorgenstein, / dein Jesus wird ihn heben; / es kann ein Christ bei Kreuzespein / in Freud und Wonne leben. / Wirf dein Anliegen auf den Herrn* / und sorge nicht, er ist nicht fern, / weil er ist auferstanden.   *Ps 55, 23

OSTERN

5. Geh mit Maria Magdalen / und Salome zum Grabe, / die früh dahin aus Liebe gehn / mit ihrer Salbungsgabe, / so wirst du sehn, daß Jesus Christ / vom Tod heut auferstanden ist / und nicht im Grab zu finden.

6. Es hat der Löw aus Judas Stamm / heut siegreich überwunden, / und das erwürgte Gotteslamm / hat uns zum Heil erfunden / das Leben und Gerechtigkeit, / weil er nach überwundnem Streit / den Feind zur Schau getragen. *Kol 2, 15*

7. Drum auf, mein Herz, fang an den Streit, / weil Jesus überwunden; / er wird auch überwinden weit / in dir, weil er gebunden / der Feinde Macht, daß du aufstehst / und in ein neues Leben gehst / und Gott im Glauben dienest.

8. Scheu weder Teufel, Welt noch Tod / noch gar der Hölle Rachen. / Dein Jesus lebt, es hat kein Not, / er ist noch bei den Schwachen / und den Geringen in der Welt / als ein gekrönter Siegesheld; / drum wirst du überwinden.

9. Ach mein Herr Jesu, der du bist / vom Tode auferstanden, / rett uns aus Satans Macht und List / und aus des Todes Banden, / daß wir zusammen insgemein / zum neuen Leben gehen ein, / das du uns hast erworben.

10. Sei hochgelobt in dieser Zeit / von allen Gotteskindern / und ewig in der Herrlichkeit / von allen Überwindern, / die überwunden durch dein Blut; / Herr Jesu, gib uns Kraft und Mut, / daß wir auch überwinden.

Text: Lorenz Lorenzen 1700
Melodie: Sei Lob und Ehr dem höchsten Gut [Nr. 326]

KIRCHENJAHR

115 (Ö)

1. Je-sus lebt, mit ihm auch ich! Tod, wo sind nun dei-ne Schrek-ken?
Er, er lebt und wird auch mich von den To-ten auf-er-wek-ken.
Er ver-klärt mich in sein Licht; dies ist mei-ne Zu-ver-sicht.

Spätere Form

1. Je-sus lebt, mit ihm auch ich! Tod, wo sind nun dei-ne Schrek-ken?
Er, er lebt und wird auch mich von den To-ten auf-er-wek-ken.
Er ver-klärt mich in sein Licht; dies ist mei-ne Zu-ver-sicht.

OSTERN

2. Jesus lebt! Ihm ist das Reich / über alle Welt gegeben; / mit ihm werd auch ich zugleich / ewig herrschen, ewig leben. / Gott erfüllt, was er verspricht; / dies ist meine Zuversicht.

3. Jesus lebt! Wer nun verzagt, / lästert ihn und Gottes Ehre. / Gnade hat er zugesagt, / daß der Sünder sich bekehre. / Gott verstößt in Christus nicht; / dies ist meine Zuversicht.

4. Jesus lebt! Sein Heil ist mein, / sein sei auch mein ganzes Leben; / reines Herzens will ich sein, / bösen Lüsten widerstreben. / Er verläßt den Schwachen nicht; / dies ist meine Zuversicht.

5. Jesus lebt! Ich bin gewiß, / nichts soll mich von Jesus scheiden, / keine Macht der Finsternis, / keine Herrlichkeit, kein Leiden. / Seine Treue wanket nicht; / dies ist meine Zuversicht.

Röm 8, 38.39

6. Jesus lebt! Nun ist der Tod / mir der Eingang in das Leben. / Welchen Trost in Todesnot / wird er meiner Seele geben, / wenn sie gläubig zu ihm spricht: / »Herr, Herr, meine Zuversicht!«

Text: Christian Fürchtegott Gellert 1757
Melodie: Jesus, meine Zuversicht [Nr. 526]

KIRCHENJAHR

116

1. Er ist erstanden, Halleluja!
Freut euch und singet, Halleluja!
Denn unser Heiland hat triumphiert,
all seine Feind gefangen er führt.

Kehrvers
Laßt uns lobsingen vor unserem Gott,
der uns erlöst hat vom ewigen Tod.
Sünd ist vergeben, Halleluja!
Jesus bringt Leben, Halleluja!

2. Er war begraben drei Tage lang. / Ihm sei auf ewig Lob, Preis und Dank; / denn die Gewalt des Tods ist zerstört; / selig ist, wer zu Jesus gehört. / Laßt uns lobsingen vor unserem Gott, / der uns erlöst hat vom ewigen Tod. / Sünd ist vergeben, Halleluja! / Jesus bringt Leben, Halleluja!

OSTERN

3. Der Engel sagte: »Fürchtet euch nicht! / Ihr suchet Jesus, hier ist er nicht. / Sehet, das Grab ist leer, wo er lag: / er ist erstanden, wie er gesagt.« / Laßt uns lobsingen vor unserem Gott, / der uns erlöst hat vom ewigen Tod. / Sünd ist vergeben, Halleluja! / Jesus bringt Leben, Halleluja!

4. »Geht und verkündigt, daß Jesus lebt, / darüber freu sich alles, was lebt. / Was Gott geboten, ist nun vollbracht, / Christ hat das Leben wiedergebracht.« / Laßt uns lobsingen vor unserem Gott, / der uns erlöst hat vom ewigen Tod. / Sünd ist vergeben, Halleluja! / Jesus bringt Leben, Halleluja!

5. Er ist erstanden, hat uns befreit; / dafür sei Dank und Lob allezeit. / Uns kann nicht schaden Sünd oder Tod, / Christus versöhnt uns mit unserm Gott. / Laßt uns lobsingen vor unserem Gott, / der uns erlöst hat vom ewigen Tod. / Sünd ist vergeben, Halleluja! / Jesus bringt Leben, Halleluja!

Text: Ulrich S. Leupold 1969 nach dem Suaheli-Lied
Mfurahini, Haleluya von Bernard Kyamanywa 1966
Melodie: aus Tansania

Mfurahini, Haleluya, / Mkombozi amefufuka. / Amefufuka, Haleluya, Msifuni sasa yu hai.
Tumwimbie sote kwa furaha. / Yesu ametoka kaburini. / Kashinda kifo, Haleluya, / Haleluya, Yesu yu hai.

KIRCHENJAHR

117

1. Der schö-ne O-ster-tag! Ihr Men-schen, kommt ins Hel - - le!
Christ, der be-gra-ben lag, brach heut aus sei-ner Zel - - le.
Wär vorm Ge-fäng-nis noch der schwe-re Stein vor-han-den, so glaub-ten wir um-sonst. Doch nun ist er er-stan-den, er-stan-den, er-stan-den, er-stan - - den!

2. Was euch auch niederwirft, / Schuld, Krankheit, Flut und Beben – / er, den ihr lieben dürft, / trug euer Kreuz ins Leben. / Läg er noch immer, wo die Frauen ihn nicht fanden, / so kämpften wir umsonst. / Doch nun ist er erstanden, / erstanden, erstanden, erstanden.

OSTERN

3. Muß ich von hier nach dort – / er hat den Weg erlitten. / Der Fluß reißt mich nicht fort, / seit Jesus ihn durchschritten. / Wär er geblieben, wo des Todes Wellen branden, / so hofften wir umsonst. / Doch nun ist er erstanden, / erstanden, erstanden, erstanden.

> *Text:* Jürgen Henkys 1983 frei nach dem englischen
> *This joyful Eastertide* von George Ratcliffe Woodward 1902
> und dessen niederländischer Vorlage
> *Hoe groot de vrugten zijn* von Joachim Frants Oudaan 1685
> *Melodie:* bei Dirk Raphaëlszoon Camphuysen 1624

118

Der Herr ist auf - er - stan - den!

Er ist wahr-haf - tig auf - er - stan-den!

Hal - le - lu - ja, Hal - le - lu - ja.

> *Text:* Osterruf der orthodoxen Kirche
> *Kanon für 2 Stimmen:* Karl Marx 1947

Himmelfahrt

119 ö

1. Gen Himmel aufgefahren ist, Halleluja, der Ehrenkönig Jesus Christ. Halleluja.

2. Er sitzt zu Gottes rechter Hand, / Halleluja, / herrscht über Himml und alle Land. / Halleluja.

3. Nun ist erfüllt, was g'schrieben ist, / Halleluja, / in Psalmen von dem Herren Christ. / Halleluja. *Ps 47, 6; 68, 19; 110, 1*

4. Drum jauchzen wir mit großem Schalln, / Halleluja, / dem Herren Christ zum Wohlgefalln. / Halleluja.

5. Der Heiligen Dreieinigkeit, / Halleluja, / sei Lob und Preis in Ewigkeit. / Halleluja.

Text: bei Bartholomäus Gesius 1601 nach
Coelos ascendit hodie 16. Jh.
Melodie: Melchior Franck 1627

HIMMELFAHRT

(Ö) 120

Christ fuhr gen Himmel. Was sandt er uns hernieder? Den Tröster, den Heiligen Geist, zu Trost der ganzen Christenheit. Kyrieleis.

Christ fuhr mit Schallen von seinen Jüngern allen. Er segnet' sie mit seiner Hand und sandte sie in alle Land. Kyrieleis.

Halleluja, Halleluja, Halleluja! Des solln wir alle froh sein, Christ will unser Trost sein. Kyrieleis.

Text: Crailsheim 1480, Leipzig 1545
Melodie: Christ ist erstanden [Nr. 99]

KIRCHENJAHR
121

1. Wir danken dir, Herr Jesu Christ, daß du gen Himmel g'fahren bist: Halleluja, Halleluja, o starker Gott Immanuel, stärk uns an Leib, stärk uns an Seel. Halleluja, Halleluja.

2. Nun freu sich alle Christenheit / und sing und spring ohn alles Leid. / Halleluja, Halleluja. / Gott Lob und Dank im höchsten Thron, / weil unser Bruder Gottes Sohn. / Halleluja, Halleluja.

3. Gen Himmel aufgefahren hoch, / ist er doch allzeit bei uns noch; / Halleluja, Halleluja; / sein Macht und Reich unendlich ist, / wahr' Gott und Mensch zu aller Frist. / Halleluja, Halleluja.

4. Durch ihn der Himmel unser ist. / Hilf uns, o Bruder Jesu Christ, / Halleluja, Halleluja, / daß wir nur trauen fest auf dich / und durch dich leben ewiglich. / Halleluja, Halleluja.

Text: bei Michael Praetorius 1607
Melodie: Heut triumphieret Gottes Sohn [Nr. 109]

HIMMELFAHRT

122

1. Auf Christi Himmelfahrt allein ich meine Nachfahrt gründe und allen Zweifel, Angst und Pein hiermit stets überwinde. Denn weil das Haupt im Himmel ist, wird seine Glieder Jesus Christ zur rechten Zeit nachholen.

Joh 12, 32

2. Weil er gezogen himmelan / und große Gab empfangen, / mein Herz auch nur im Himmel kann, / sonst nirgends, Ruh erlangen; / denn wo mein Schatz gekommen hin, / da ist auch stets mein Herz und Sinn, / nach ihm mich sehr verlanget.

3. Ach Herr, laß diese Gnade mich / von deiner Auffahrt spüren, / daß mit dem wahren Glauben ich / mag meine Nachfahrt zieren / und dann einmal, wenn's dir gefällt, / mit Freuden scheiden aus der Welt. / Herr, höre doch mein Flehen!

Text: Ernst Sonnemann 1661 nach Josua Wegelin 1636
Melodie: Es ist gewißlich an der Zeit [Nr. 149]

KIRCHENJAHR
123

1. Jesus Christus herrscht als König, alles wird ihm untertänig, alles legt ihm Gott zu Fuß. Aller Zunge soll bekennen, Jesus sei der Herr zu nennen, dem man Ehre geben muß.

Eph 1, 20–22; Phil 2, 9–11

2. Fürstentümer und Gewalten, / Mächte, die die Thronwacht halten, / geben ihm die Herrlichkeit; / alle Herrschaft dort im Himmel, / hier im irdischen Getümmel / ist zu seinem Dienst bereit.

Offb 5, 8–14

3. Gott ist Herr, der Herr ist Einer, / und demselben gleichet keiner, / nur der Sohn, der ist ihm gleich; / dessen Stuhl ist unumstößlich, / dessen Leben unauflöslich, / dessen Reich ein ewig Reich.

4. Gleicher Macht und gleicher Ehren / sitzt er unter lichten Chören / über allen Cherubim; / in der Welt und Himmel Enden / hat er alles in den Händen, / denn der Vater gab es ihm.

HIMMELFAHRT

5. Nur in ihm, o Wundergaben, / können wir Erlösung haben, / die Erlösung durch sein Blut. / Hört's: das Leben ist erschienen, / und ein ewiges Versühnen / kommt in Jesus uns zugut.

6. Jesus Christus ist der Eine, / der gegründet die Gemeine, / die ihn ehrt als teures Haupt. / Er hat sie mit Blut erkaufet, / mit dem Geiste sie getaufet, / und sie lebet, weil sie glaubt.

7. Gebt, ihr Sünder, ihm die Herzen, / klagt, ihr Kranken, ihm die Schmerzen, / sagt, ihr Armen, ihm die Not. / Wunden müssen Wunden heilen, / Heilsöl weiß er auszuteilen, / Reichtum schenkt er nach dem Tod.

8. Zwar auch Kreuz drückt Christi Glieder / hier auf kurze Zeiten nieder, / und das Leiden geht zuvor. / Nur Geduld, es folgen Freuden; / nichts kann sie von Jesus scheiden, / und ihr Haupt zieht sie empor.

9. Ihnen steht der Himmel offen, / welcher über alles Hoffen, / über alles Wünschen ist. / Die geheiligte Gemeine / weiß, daß eine Zeit erscheine, / da sie ihren König grüßt.

10. Jauchz ihm, Menge heilger Knechte, / rühmt, vollendete Gerechte / und du Schar, die Palmen trägt, / und ihr Zeugen mit der Krone / und du Chor vor seinem Throne, / der die Gottesharfen schlägt. *Offb 7, 9–17; 15, 2*

11. Ich auch auf der tiefsten Stufen, / ich will glauben, reden, rufen, / ob ich schon noch Pilgrim bin: / Jesus Christus herrscht als König, / alles sei ihm untertänig; / ehret, liebet, lobet ihn!

Text: Philipp Friedrich Hiller (1755) 1757
Melodie: Alles ist an Gottes Segen [Nr. 352]

Pfingsten

124

1. Nun bitten wir den Heiligen Geist um den rechten Glauben allermeist, daß er uns behüte an unserm Ende, wenn wir heimfahrn aus diesem Elende. Kyrieleis.

2. Du wertes Licht, gib uns deinen Schein, / lehr uns Jesus Christ kennen allein, / daß wir an ihm bleiben, dem treuen Heiland, / der uns bracht hat zum rechten Vaterland. / Kyrieleis.

3. Du süße Lieb, schenk uns deine Gunst, / laß uns empfinden der Lieb Inbrunst, / daß wir uns von Herzen einander lieben / und im Frieden auf einem Sinn bleiben. / Kyrieleis.

PFINGSTEN

4. Du höch-ster Trö-ster in al - ler Not, hilf, daß
wir nicht fürch-ten Schand noch Tod, daß in uns
die Sin - ne nicht ver- za - gen, wenn der Feind
wird das Le-ben ver - kla - gen. Ky- ri-e - leis.

Text: Str. 1 13. Jh.; Str. 2–4 Martin Luther 1524
Melodie: 13. Jh., Jistebnitz um 1420, Wittenberg 1524

Herr Jesus Christus, du König der Herrlichkeit,
du bist erhöht über alle Welt. Wir bitten dich:
Laß uns nicht allein und ohne Trost,
sondern sende uns den verheißenen Geist,
daß er uns in aller Anfechtung beistehe
und dahin bringe, wohin du vorangegangen bist.

KIRCHENJAHR

125 (Ö)

1. Komm, Heiliger Geist, Herre Gott,
erfüll mit deiner Gnaden Gut
deiner Gläub'gen Herz, Mut und Sinn,
dein brennend Lieb entzünd in ihn'.
O Herr, durch deines Lichtes Glanz
zum Glauben du versammelt hast
das Volk aus aller Welt Zungen.
Das sei dir, Herr, zu Lob gesungen.
Halleluja, Halleluja.

PFINGSTEN

2. Du heiliges Licht, edler Hort, / laß leuchten uns des Lebens Wort / und lehr uns Gott recht erkennen, / von Herzen Vater ihn nennen. / O Herr, behüt vor fremder Lehr, / daß wir nicht Meister suchen mehr / denn Jesus mit rechtem Glauben / und ihm aus ganzer Macht vertrauen. / Halleluja, Halleluja.

3. Du heilige Glut, süßer Trost, / nun hilf uns, fröhlich und getrost / in deim Dienst beständig bleiben, / die Trübsal uns nicht wegtreiben. / O Herr, durch dein Kraft uns bereit / und wehr des Fleisches Ängstlichkeit, / daß wir hier ritterlich ringen, / durch Tod und Leben zu dir dringen. / Halleluja, Halleluja.

Text: Str. 1 Ebersberg um 1480 nach der Antiphon
Veni sancte Spiritus, reple 11. Jh. [Nr. 156];
Str. 2–3 Martin Luther 1524
Melodie: Ebersberg um 1480, Erfurt 1524

126

1. Komm, Gott Schöpfer, Heiliger Geist,
besuch das Herz der Menschen dein,
mit Gnaden sie füll, denn du weißt,
daß sie dein Geschöpfe sein.

KIRCHENJAHR

2. Denn du bist der Trö-ster ge-nannt,
des Al-ler-höch-sten Ga-be teu'r,
ein geist-lich Salb an uns ge-wandt,
ein le-bend Brunn, Lieb und Feu'r.

3. Zünd uns ein Licht an im Verstand, / gib uns ins Herz der Lieb Inbrunst, / das schwach Fleisch in uns, dir bekannt, / erhalt fest dein Kraft und Gunst.

4. Du bist mit Gaben siebenfalt* / der Finger an Gotts rechter Hand; / des Vaters Wort gibst du gar bald / mit Zungen in alle Land.   **Jes 11, 2*

5. Des Feindes List treib von uns fern, / den Fried schaff bei uns deine Gnad, / daß wir deim Leiten folgen gern / und meiden der Seelen Schad.

6. Lehr uns den Vater kennen wohl, / dazu Jesus Christ, seinen Sohn, / daß wir des Glaubens werden voll, / dich, beider Geist, zu verstehn.

7. Gott Vater sei Lob und dem Sohn, / der von den Toten auferstand, / dem Tröster sei dasselb getan / in Ewigkeit alle Stund.

Text: Martin Luther 1524 nach dem Hymnus
Veni creator spiritus des Hrabanus Maurus 809
Melodie: Kempten um 1000, Erfurt 1524,
Martin Luther 1529

PFINGSTEN
127

1. Jauchz, Erd und Himmel, juble hell,
   die Wunder Gotts mit Freud erzähl,
   die er heut hat begangen
an seim trostlosen Häuflein klein,
   das saß in friedsamer Gemein
   und betet mit Verlangen,
daß es mit Geist getaufet werd.
Der kam mit Feuers Glut zur Erd,
mit starkem Sturmestoben;
das Haus erfüllt er überall,
zerteilt man Zungen sah im Saal,
und all den Herren loben.

Apg 2, 1–13

KIRCHENJAHR

2. Auf tat sich ganz des Himmels Schrein; / man wähnt, sie wären voller Wein, / all Welt sich drüber wundert. / In fremden Zungen reden sie, / bezeugen Gottes Großtat hie, / von seinem Geist ermuntert. / So machen sie sich auf den Plan, / Christus zu lehren fangn sie an, / daß er der Herr sei worden / und daß man lasse von der Sünd / und durch die Tauf werd Gottes Kind: / das sei der christlich Orden.* **Berufung*

3. Ach Herr, nun gib, daß uns auch find / in Fried und Flehn dein sel'ger Wind; / weh rein vom Sündenstaube / ganz das Gemüt und füll das Haus / deiner Gemeind, dein Werk richt aus, / daß aufgeh rechter Glaube / und unsre Zung ganz Feuer werd, / nichts rede als dein Lob auf Erd / und was den Nächsten bauet. / Brenn rein die sündige Natur, / mach uns zur neuen Kreatur, / ob's unserm Fleisch auch grauet.

4. Komm, Feuer Gottes, Heilger Geist, / erfüll die Herzen allermeist / mit deiner Liebe Brennen. / Von dir allein muß sein gelehrt, / wer sich durch Buß zu Gott bekehrt; / gib himmlisches Erkennen. / Der fleischlich Mensch sich nicht versteht / auf göttlich Ding und irregeht; / in Wahrheit wollst uns leiten / und uns erinnern aller Lehr, / die uns gab Christus, unser Herr, / daß wir sein Reich ausbreiten.

5. Wie mit dem Vater und dem Sohn / du eins bist in des Himmels Thron / im ewgen Liebesbunde, / also mach uns auch alle eins, / daß sich absondre unser keins, / nimm weg der Trennung Sünde / und halt zusammen Gottes Kind, / die in der Welt zerstreuet sind / durch falsche G'walt und Lehre, / daß sie am Haupt fest halten an, / loben Christus mit jedermann, / suchen allein sein Ehre.

6. Durch dich besteht der neue Bund, / ohn dich wird Gott niemandem kund, / du neuerst unsre Herzen / und rufst darin dem Vater zu, / schaffst uns viel Fried und große Ruh / und tröstest uns in Schmerzen, / daß uns auch Leiden Ehre ist, / da du durch Lieb gegossen bist / in unser Herz ohn Klage. / Du leitest uns auf ebnem Weg / und führst uns hier den rechten Steg, / weckst uns am Jüngsten Tage.

7. Du, der lebend'ge Brunnenquell, / der Gottes Stadt durchfließet hell, / erquickest das Gemüte. / Durch dich besteht des Vaters Bau; / du willst und gibst, daß man dir trau, / du bist die Gottesgüte. / Irden Geschirr sind wir und weich, / brechen gar leicht von jedem Streich; / du selbst wollst uns bewahren, / uns brennen wohl in deiner Glut, / daß uns der Feind nicht Schaden tut, / wenn wir von hinnen fahren.

Text: Ambrosius Blarer um 1533/34
Melodie: O Mensch, bewein dein Sünde groß [Nr. 76]

KIRCHENJAHR
128

1. Heil-ger Geist, du Trö-ster mein, hoch vom Him-mel uns er-schein mit dem Licht der Gna-den dein.

2. Komm, Vater der armen Herd, / komm mit deinen Gaben wert, / uns erleucht auf dieser Erd.

3. O du sel'ge Gnadensonn, / füll das Herz mit Freud und Wonn / aller, die dich rufen an.

4. Ohn dein Beistand, Hilf und Gunst / ist all unser Tun und Kunst / vor Gott ganz und gar umsonst.

5. Lenk uns nach dem Willen dein, / wärm die kalten Herzen fein, / bring zurecht, die irrig sein.

6. Gib dem Glauben Kraft und Halt, / Heilger Geist, und komme bald / mit den Gaben siebenfalt.* *Jes 11, 2

7. Führ uns durch die Lebenszeit, / gib im Sterben dein Geleit, / hol uns heim zur ewgen Freud.

Text: Martin Moller 1584 nach der Sequenz
Veni sancte Spiritus et emitte des Stephan Langton um 1200
Melodie: 15. Jh., Bremen 1633

PFINGSTEN

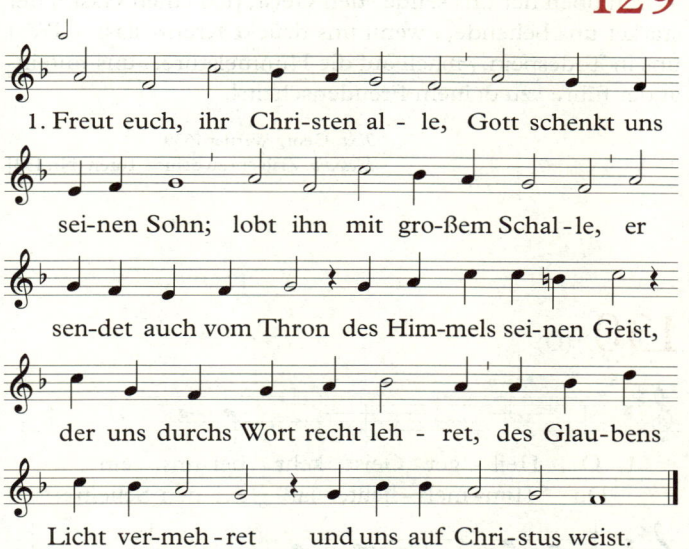

129

1. Freut euch, ihr Christen alle, Gott schenkt uns seinen Sohn; lobt ihn mit großem Schalle, er sendet auch vom Thron des Himmels seinen Geist, der uns durchs Wort recht lehret, des Glaubens Licht vermehret und uns auf Christus weist.

2. Er lässet offenbaren / als unser höchster Hort / uns, die wir Toren waren, / das himmlisch Gnadenwort. / Wie groß ist seine Güt! / Nun können wir ihn kennen / und unsern Vater nennen, / der uns allzeit behüt'.

3. Verleih, daß wir dich lieben, / o Gott von großer Huld, / durch Sünd dich nicht betrüben, / vergib uns unsre Schuld, / führ uns auf ebner Bahn, / hilf, daß wir dein Wort hören / und tun nach deinen Lehren: / das ist recht wohlgetan.

KIRCHENJAHR

4. Von oben her uns sende / den Geist, den edlen Gast; / der stärket uns behende, / wenn uns drückt Kreuzeslast. / Tröst uns in Todespein, / mach auf die Himmelstüre, / uns miteinander führe / zu deinem Freudenschein!

Text: Georg Werner 1639
Melodie: Zieh ein zu deinen Toren [Nr. 133]

130 (Ö)

1. O Heil - ger Geist, kehr bei uns ein
und laß uns dei - ne Woh-nung sein, o komm, du
Her - zens-son - ne.

Du Him - mels - licht, laß dei-nen Schein
bei uns und in uns kräf - tig sein zu ste - ter
Freud und Won - ne.

Son - ne, Won - ne, himm-lisch Le - ben willst du ge - ben, wenn wir be - ten; zu dir kom-men wir ge - tre - ten.

PFINGSTEN

2. Du Quell, draus alle Weisheit fließt, / die sich in fromme Seelen gießt: / laß deinen Trost uns hören, / daß wir in Glaubenseinigkeit / auch können alle Christenheit / dein wahres Zeugnis lehren. / Höre, lehre, / daß wir können Herz und Sinnen dir ergeben, / dir zum Lob und uns zum Leben.

3. Steh uns stets bei mit deinem Rat / und führ uns selbst auf rechtem Pfad, / die wir den Weg nicht wissen. / Gib uns Beständigkeit, daß wir / getreu dir bleiben für und für, / auch wenn wir leiden müssen. / Schaue, baue, / was zerrissen und beflissen, dich zu schauen / und auf deinen Trost zu bauen.

4. Laß uns dein edle Balsamkraft / empfinden und zur Ritterschaft / dadurch gestärket werden, / auf daß wir unter deinem Schutz / begegnen aller Feinde Trutz / mit freudigen Gebärden. / Laß dich reichlich / auf uns nieder, daß wir wieder Trost empfinden, / alles Unglück überwinden.

5. O starker Fels und Lebenshort, / laß uns dein himmelsüßes Wort / in unsern Herzen brennen, / daß wir uns mögen nimmermehr / von deiner weisheitsreichen Lehr / und treuen Liebe trennen. / Fließe, gieße / deine Güte ins Gemüte, daß wir können / Christus unsern Heiland nennen.

6. Du süßer Himmelstau, laß dich / in unsre Herzen kräftiglich / und schenk uns deine Liebe, / daß unser Sinn verbunden sei / dem Nächsten stets mit Liebestreu / und sich darinnen übe. / Kein Neid, kein Streit / dich betrübe, Fried und Liebe müssen schweben, / Fried und Freude wirst du geben.

7. Gib, daß in reiner Heiligkeit / wir führen unsre Lebenszeit, / sei unsers Geistes Stärke, / daß uns forthin sei unbewußt / die Eitelkeit, des Fleisches Lust / und seine toten Werke. / Rühre, führe / unser Sinnen und Beginnen von der Erden, / daß wir Himmelserben werden.

Text: Michael Schirmer 1640
Melodie: Wie schön leuchtet der Morgenstern [Nr. 70]

KIRCHENJAHR
131

1. O Heiliger Geist, o heiliger Gott,
du Tröster wert in aller Not,
du bist gesandt vons Himmels Thron
von Gott dem Vater und dem Sohn.
O Heiliger Geist, o heiliger Gott!

2. O Heiliger Geist, o heiliger Gott, / gib uns die Lieb zu deinem Wort; / zünd an in uns der Liebe Flamm, / danach zu lieben allesamt. / O Heiliger Geist, o heiliger Gott!

3. O Heiliger Geist, o heiliger Gott, / mehr' unsern Glauben immerfort; / an Christus niemand glauben kann, / es sei denn durch dein Hilf getan. / O Heiliger Geist, o heiliger Gott!

4. O Heiliger Geist, o heiliger Gott, / erleucht uns durch dein göttlich Wort; / lehr uns den Vater kennen schon, / dazu auch seinen lieben Sohn. / O Heiliger Geist, o heiliger Gott!

5. O Heiliger Geist, o heiliger Gott, / du zeigst den Weg zur Himmelspfort; / laß uns hier kämpfen ritterlich / und zu dir dringen seliglich. / O Heiliger Geist, o heiliger Gott!

PFINGSTEN

6. O Heiliger Geist, o heiliger Gott, / verlaß uns nicht in Not und Tod. / Wir sagen dir Lob, Ehr und Dank / allzeit und unser Leben lang. / O Heiliger Geist, o heiliger Gott!

Text: Johannes Niedling (?) 1651
Melodie: Köln 1623, Samuel Scheidt 1650

ö 132

Ihr wer-det die Kraft des Hei-li-gen Gei-stes, des Hei-li-gen Geistes emp-fan-gen

im Kanon

1. und wer-det mei - ne Zeu-gen sein,
2. und wer-det mei - ne Zeu-gen sein, mei-
3. ne Zeu - gen, mei-ne Zeu-gen sein.

A
Ihr wer-det die Kraft des Hei-li-gen Gei-stes, des Hei-li-gen Gei-stes emp-fan - gen.

Text: Apostelgeschichte 1, 8. *Melodie und Kanon für 3 Stimmen* [nach Nr. 131]: Paul Ernst Ruppel 1964

KIRCHENJAHR

133

1. Zieh ein zu dei-nen To-ren, sei mei-nes Her-zens Gast, der du, da ich ge-bo-ren, mich neu ge-bo-ren hast, o hoch-ge-lieb-ter Geist des Va-ters und des Soh-nes, mit bei-den glei-chen Thro-nes, mit bei-den gleich ge-preist.

2. Zieh ein, laß mich empfinden / und schmecken deine Kraft, / die Kraft, die uns von Sünden / Hilf und Errettung schafft. / Entsünd'ge meinen Sinn, / daß ich mit reinem Geiste / dir Ehr und Dienste leiste, / die ich dir schuldig bin.

3. Ich war ein wilder Reben, / du hast mich gut gemacht; / der Tod durchdrang mein Leben, / du hast ihn umgebracht / und in der Tauf erstickt / als wie in einer Flute / mit dessen Tod und Blute, / der uns im Tod erquickt.

4. Du bist das heilig Öle, / dadurch gesalbet ist / mein Leib und meine Seele / dem Herren Jesus Christ / zum wahren Eigentum, / zum Priester und Propheten, / zum König, den in Nöten / Gott schützt vom Heiligtum.

5. Du bist ein Geist, der lehret, / wie man recht beten soll; / dein Beten wird erhöret, / dein Singen klinget wohl, / es steigt zum Himmel an, / es läßt nicht ab und dringet, / bis der die Hilfe bringet, / der allen helfen kann.

6. Du bist ein Geist der Freuden, / von Trauern hältst du nichts, / erleuchtest uns im Leiden / mit deines Trostes Licht. / Ach ja, wie manches Mal / hast du mit süßen Worten / mir aufgetan die Pforten / zum güldnen Freudensaal.

7. Du bist ein Geist der Liebe, / ein Freund der Freundlichkeit, / willst nicht, daß uns betrübe / Zorn, Zank, Haß, Neid und Streit. / Der Feindschaft bist du feind, / willst, daß durch Liebesflammen / sich wieder tun zusammen, / die voller Zwietracht seind.

8. Du, Herr, hast selbst in Händen / die ganze weite Welt, / kannst Menschenherzen wenden, / wie dir es wohlgefällt; / so gib doch deine Gnad / zu Fried und Liebesbanden, / verknüpf in allen Landen, / was sich getrennet hat.

9. Erhebe dich und steu're / dem Herzleid auf der Erd, / bring wieder und erneu're / die Wohlfahrt deiner Herd. / Laß blühen wie zuvor / die Länder, so verheeret, / die Kirchen, so zerstöret / durch Krieg und Feuerszorn.

10. Beschirm die Obrigkeiten, / richt auf des Rechtes Thron, / steh treulich uns zur Seiten; / schmück wie mit einer Kron / die Alten mit Verstand, / mit Frömmigkeit die Jugend, / mit Gottesfurcht und Tugend / das Volk im ganzen Land.

KIRCHENJAHR

11. Erfülle die Gemüter / mit reiner Glaubenszier, / die Häuser und die Güter / mit Segen für und für. / Vertreib den bösen Geist, / der dir sich widersetzet / und, was dein Herz ergötzet, / aus unsern Herzen reißt.

12. Gib Freudigkeit und Stärke, / zu stehen in dem Streit, / den Satans Reich und Werke / uns täglich anerbeut. / Hilf kämpfen ritterlich, / damit wir überwinden / und ja zum Dienst der Sünden / kein Christ ergebe sich.

13. Richt unser ganzes Leben / allzeit nach deinem Sinn; / und wenn wir's sollen geben / ins Todes Rachen hin, / wenn's mit uns hier wird aus, / so hilf uns fröhlich sterben / und nach dem Tod ererben / des ewgen Lebens Haus.

Text: Paul Gerhardt 1653
Melodie: Johann Crüger 1653

134

1. Komm, o komm, du Geist des Le-bens, wah-rer Gott von E-wig-keit,
dei-ne Kraft sei nicht ver-ge-bens, sie er-füll uns je-der-zeit;
so wird Geist und Licht und Schein in dem dunk-len Her-zen sein.

PFINGSTEN

2. Gib in unser Herz und Sinnen / Weisheit, Rat, Verstand und Zucht, / daß wir anders nichts beginnen / als nur, was dein Wille sucht; / dein Erkenntnis werde groß / und mach uns von Irrtum los.

3. Laß uns stets dein Zeugnis fühlen, / daß wir Gottes Kinder sind, / die auf ihn alleine zielen, / wenn sich Not und Drangsal find't, / denn des Vaters liebe Rut / ist uns allewege gut.
Röm 8, 16

4. Reiz uns, daß wir zu ihm treten / frei mit aller Freudigkeit; / seufz auch in uns, wenn wir beten, / und vertritt uns allezeit; / so wird unsre Bitt erhört / und die Zuversicht vermehrt.
Röm 8, 26

5. Wird uns auch nach Troste bange, / daß das Herz oft rufen muß: / »Ach mein Gott, mein Gott, wie lange?« / o so mache den Beschluß; / sprich der Seele tröstlich zu / und gib Mut, Geduld und Ruh.

6. O du Geist der Kraft und Stärke, / du gewisser, neuer Geist, / fördre in uns deine Werke, / wenn des Satans Macht sich weist; / wappne uns in diesem Krieg / und erhalt in uns den Sieg.

7. Herr, bewahr auch unsern Glauben, / daß kein Teufel, Tod noch Spott / uns denselben möge rauben. / Du bist unser Schutz und Gott; / sagt das Fleisch gleich immer Nein, / laß dein Wort gewisser sein.

8. Wenn wir endlich sollen sterben, / so versichre uns je mehr / als des Himmelreiches Erben / jener Herrlichkeit und Ehr, / die uns unser Gott erkiest / und nicht auszusprechen ist.

Text: Heinrich Held 1658
Melodie: Meiningen 1693

KIRCHENJAHR

135

Andere Melodie: *Jesu, meine Freude* [Nr. 396]

1. Schmückt das Fest mit Maien, lasset Blumen streuen, zündet Opfer an; denn der Geist der Gnaden hat sich eingeladen, machet ihm die Bahn! Nehmt ihn ein, so wird sein Schein euch mit Licht und Heil erfüllen und den Kummer stillen.

Ps 118, 27

2. Tröster der Betrübten, / Siegel der Geliebten, / Geist voll Rat und Tat, / starker Gottesfinger, / Friedensüberbringer, / Licht auf unserm Pfad: / gib uns Kraft und Lebenssaft, / laß uns deine teuren Gaben / zur Genüge laben.

3. Laß die Zungen brennen, / wenn wir Jesus nennen, / führ den Geist empor; / gib uns Kraft zu beten / und vor Gott zu treten, / sprich du selbst uns vor. / Gib uns Mut, du höchstes Gut, / tröst uns kräftiglich von oben / bei der Feinde Toben.

4. Güldner Himmelsregen, / schütte deinen Segen / auf der Kirche Feld; / lasse Ströme fließen, / die das Land begießen, / wo dein Wort hinfällt, / und verleih, daß es gedeih, / hundertfältig Früchte bringe, / alles ihm gelinge. *Jes 44, 3*

5. Gib zu allen Dingen / Wollen und Vollbringen, / führ uns ein und aus; / wohn in unsrer Seele, / unser Herz erwähle / dir zum eignen Haus; / wertes Pfand, mach uns bekannt, / wie wir Jesus recht erkennen / und Gott Vater nennen.

6. Hilf das Kreuz uns tragen, / und in finstern Tagen / sei du unser Licht; / trag nach Zions Hügeln / uns mit Glaubensflügeln / und verlaß uns nicht, / wenn der Tod, die letzte Not, / mit uns will zu Felde liegen, / daß wir fröhlich siegen.

7. Laß uns hier indessen / nimmermehr vergessen, / daß wir Gott verwandt; / dem laß uns stets dienen / und im Guten grünen / als ein fruchtbar Land, / bis wir dort, du werter Hort, / bei den grünen Himmelsmaien / ewig uns erfreuen.

Text: Benjamin Schmolck 1715
Melodie: bei Christian Friedrich Witt 1715

KIRCHENJAHR

136 (Ö)

1. O komm, du Geist der Wahrheit, und kehre bei uns ein,
verbreite Licht und Klarheit, verbanne Trug und Schein.
Gieß aus dein heilig Feuer, rühr Herz und Lippen an,
daß jeglicher getreuer den Herrn bekennen kann.

2. O du, den unser größter / Regent uns zugesagt: / komm zu uns, werter Tröster, / und mach uns unverzagt. / Gib uns in dieser schlaffen / und glaubensarmen Zeit / die scharf geschliffnen Waffen / der ersten Christenheit.

3. Unglaub und Torheit brüsten / sich frecher jetzt als je; / darum mußt du uns rüsten / mit Waffen aus der Höh. / Du mußt uns Kraft verleihen, / Geduld und Glaubenstreu / und mußt uns ganz befreien / von aller Menschenscheu.

4. Es gilt ein frei Geständnis / in dieser unsrer Zeit, / ein offenes Bekenntnis / bei allem Widerstreit, / trotz aller Feinde Toben, / trotz allem Heidentum / zu preisen und zu loben / das Evangelium.

5. In aller Heiden Lande / erschallt dein kräftig Wort, / sie werfen Satans Bande / und ihre Götzen fort; / von allen Seiten kommen / sie in das Reich herein; / ach soll es uns genommen, / für uns verschlossen sein?

6. O wahrlich, wir verdienen / solch strenges Strafgericht; / uns ist das Licht erschienen, / allein wir glauben nicht. / Ach lasset uns gebeugter / um Gottes Gnade flehn, / daß er bei uns den Leuchter / des Wortes lasse stehn.

7. Du Heilger Geist, bereite / ein Pfingstfest nah und fern; / mit deiner Kraft begleite / das Zeugnis von dem Herrn. / O öffne du die Herzen / der Welt und uns den Mund, / daß wir in Freud und Schmerzen / das Heil ihr machen kund.

Text: Philipp Spitta (1827) 1833
Melodie: Lob Gott getrost mit Singen [Nr. 243]

Glaube ist eine lebendige, verwegene Zuversicht auf Gottes Gnade,
so gewiß, daß er tausendmal dafür sterben würde.
Und solche Zuversicht und Erkenntnis göttlicher Gnade macht
fröhlich, trotzig und lustig gegen Gott und alle Kreaturen;
das wirkt der Heilige Geist in Glauben.

Martin Luther

KIRCHENJAHR

137

1. Geist des Glaubens, Geist der Stärke,
des Gehorsams und der Zucht,
Geist, der einst der heilgen Männer, Kön'ge
und Propheten-schar, der Apostel und Bekenner Trieb und Kraft und Zeugnis war:

Schöpfer aller Gotteswerke,
Träger aller Himmelsfrucht,

2. Rüste du mit deinen Gaben / auch uns schwache Kinder aus, / Kraft und Glaubensmut zu haben, / Eifer für des Herren Haus; / eine Welt mit ihren Schätzen, / Menschengunst und gute Zeit, / Leib und Leben dranzusetzen / in dem großen, heilgen Streit.

3. Gib uns Abrahams gewisse, / feste Glaubenszuversicht, / die durch alle Hindernisse, / alle Zweifel siegend bricht; / die nicht bloß dem Gnadenbunde / trauet froh und unbewegt, / auch das Liebste jede Stunde / Gott zu Füßen niederlegt.

1. Mose 15, 1–6

PFINGSTEN

4. Gib uns Moses Flehn und Beten / um Erbarmung und Geduld, / wenn durch freches Übertreten / unser Volk häuft Schuld auf Schuld. / Laß uns nicht mit kaltem Herzen / unter den Verdorbnen stehn, / nein, mit Moses heilgen Schmerzen / für sie seufzen, weinen, flehn.   *2. Mose 32, 11–14*

5. Gib uns Davids Mut, zu streiten / mit den Feinden Israels, / sein Vertraun in Leidenszeiten / auf den Herren, seinen Fels; / Feindeslieb und Freundestreue, / seinen königlichen Geist / und ein Herz, das voller Reue / Gottes Gnade sucht und preist.   *1. Sam 17*

6. Gib Elias heilge Strenge, / wenn den Götzen dieser Zeit / die verführte blinde Menge / Tempel und Altäre weiht, / daß wir nie vor ihnen beugen / Haupt und Knie, auch nicht zum Schein, / sondern fest als deine Zeugen / dastehn, wenn auch ganz allein.   *1. Kön 18*

7. Gib uns der Apostel hohen, / ungebeugten Zeugenmut, / aller Welt trotz Spott und Drohen / zu verkünden Christi Blut. / Laß die Wahrheit uns bekennen, / die uns froh und frei gemacht; / gib, daß wir's nicht lassen können, / habe du die Übermacht.   *Apg 4, 1–22*

8. Schenk gleich Stephanus uns Frieden / mitten in der Angst der Welt, / wenn das Los, das uns beschieden, / in den schwersten Kampf uns stellt. / In dem rasenden Getümmel / schenk uns Glaubensheiterkeit, / öffn im Sterben uns den Himmel, / zeig uns Jesu Herrlichkeit.   *Apg 7, 54–60*

9. Geist des Glaubens, Geist der Stärke, / des Gehorsams und der Zucht, / Schöpfer aller Gotteswerke, / Träger aller Himmelsfrucht; / Geist, du Geist der heilgen Männer, / Kön'ge und Prophetenschar, / der Apostel und Bekenner: / auch bei uns werd offenbar!

Text: Philipp Spitta 1833
Melodie: O Durchbrecher aller Bande [Nr. 388]

Trinitatis

138

1. Gott der Va - ter
2. Je - sus Chri - stus steh uns bei und
3. Hei - lig Geist, der

laß uns nicht ver - der - ben, mach uns al - ler
Sün - den frei und helf uns se - lig ster - ben.

»Vor dem Teu - fel uns be - wahr, halt uns bei
dir uns las - sen ganz und gar, mit al - len

fe - stem Glau - ben und auf dich laß uns
rech - ten Chri - sten ent - flie - hen Teu - fels

bau - en, aus Her - zens - grund ver - trau - en,
Li - sten, mit Got - tes Kraft uns rü - sten.«

TRINITATIS

A - men, A - men, das sei wahr, so sin - gen wir Hal - le - lu - ja.

Text: Martin Luther 1524 nach einer deutschen Litanei 15. Jh.
Melodie: Halberstadt um 1500, Wittenberg 1524

139

1. Ge - lo - bet sei der Herr, mein Gott, mein Licht, mein Le - ben,
mein Schöp - fer, der mir hat mein' Leib und Seel ge - ge - ben,
mein Va - ter, der mich schützt von Mut - ter - lei - be an,
der al - le Au - gen - blick viel Guts an mir ge - tan.

KIRCHENJAHR

Spätere Form

1. Gelobet sei der Herr, mein Gott, mein Licht, mein Leben, mein Schöpfer, der mir hat mein' Leib und Seel gegeben, mein Vater, der mich schützt von Mutterleibe an, der alle Augenblick viel Guts an mir getan.

2. Gelobet sei der Herr, / mein Gott, mein Heil, mein Leben, / des Vaters liebster Sohn, / der sich für mich gegeben, / der mich erlöset hat / mit seinem teuren Blut, / der mir im Glauben schenkt / das allerhöchste Gut.

3. Gelobet sei der Herr, / mein Gott, mein Trost, mein Leben, / des Vaters werter Geist, / den mir der Sohn gegeben, / der mir mein Herz erquickt, / der mir gibt neue Kraft, / der mir in aller Not / Rat, Trost und Hilfe schafft.

4. Gelobet sei der Herr, / mein Gott, der ewig lebet, / den alles lobet, was / in allen Lüften schwebet; / gelobet sei der Herr, / des Name heilig heißt, / Gott Vater, Gott der Sohn / und Gott der werte Geist,

5. dem wir das Heilig jetzt / mit Freuden lassen klingen / und mit der Engelschar / das Heilig, Heilig singen, / den herzlich lobt und preist / die ganze Christenheit: / Gelobet sei mein Gott / in alle Ewigkeit!

Jes 6, 2.3

Text: Johann Olearius 1665
Melodie: Nun danket alle Gott [Nr. 321]

TRINITATIS

4. Mose 6, 24–26

ö 140

1. Brunn alles Heils, dich ehren wir
und öffnen unsern Mund vor dir;
aus deiner Gottheit Heiligtum
dein hoher Segen auf uns komm.

2. Der Herr, der Schöpfer, bei uns bleib, / er segne uns nach Seel und Leib, / und uns behüte seine Macht / vor allem Übel Tag und Nacht.

3. Der Herr, der Heiland, unser Licht, / uns leuchten laß sein Angesicht, / daß wir ihn schaun und glauben frei, / daß er uns ewig gnädig sei.

4. Der Herr, der Tröster, ob uns schweb, / sein Antlitz über uns erheb, / daß uns sein Bild werd eingedrückt, / und geb uns Frieden unverrückt.

5. Gott Vater, Sohn und Heilger Geist, / o Segensbrunn, der ewig fließt: / durchfließ Herz, Sinn und Wandel wohl, / mach uns deins Lobs und Segens voll!

KIRCHENJAHR

1. Brunn alles Heils, dich ehren wir und öffnen unsern Mund vor dir aus deiner Gottheit

TRINITATIS

Hei-lig-tum dein ho-her Se-gen auf uns komm.

2. Der Herr, der Schöpfer, bei uns bleib, / er segne uns nach Seel und Leib, / und uns behüte seine Macht / vor allem Übel Tag und Nacht.

3. Der Herr, der Heiland, unser Licht, / uns leuchten laß sein Angesicht, / daß wir ihn schaun und glauben frei, / daß er uns ewig gnädig sei.

4. Der Herr, der Tröster, ob uns schweb, / sein Antlitz über uns erheb, / daß uns sein Bild werd eingedrückt, / und geb uns Frieden unverrückt.

5. Gott Vater, Sohn und Heilger Geist, / o Segensbrunn, der ewig fließt: / durchfließ Herz, Sinn und Wandel wohl, / mach uns deins Lobs und Segens voll!

Text: Gerhard Tersteegen 1745
Melodie: Lobt Gott, den Herrn der Herrlichkeit [Nr. 300]
Satz: Claude Goudimel 1565

Besondere Tage

JOHANNESTAG, 24. JUNI

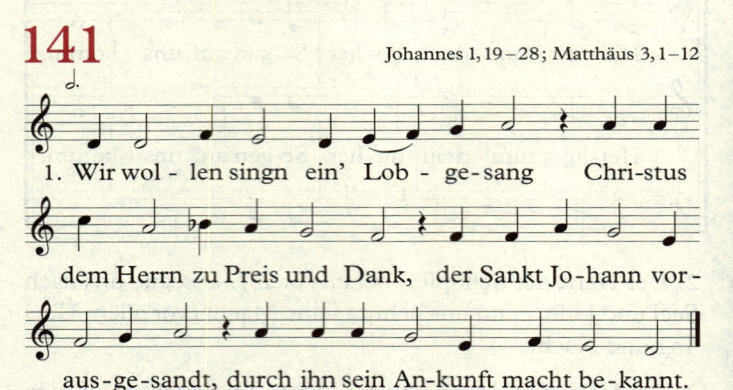

141 Johannes 1, 19–28; Matthäus 3, 1–12

1. Wir wol-len singn ein' Lob-ge-sang Chri-stus dem Herrn zu Preis und Dank, der Sankt Jo-hann vor-aus-ge-sandt, durch ihn sein An-kunft macht be-kannt.

2. Die Buß er predigt in der Wüst: / »Euer Leben ihr bessern müßt, / das Himmelreich kommt jetzt herbei, / tut rechte Buß ohn Heuchelei!«

3. Man fragt ihn, ob er Christus wär. / »Ich bin's nicht, bald wird kommen er, / der lang vor mir gewesen ist, / der Welt Heiland, der wahre Christ.«

4. Er zeigt ihn mit dem Finger an, / sprach: »Siehe, das ist Gottes Lamm, / das trägt die Sünd der ganzen Welt, / sein Opfer Gott allein gefällt.

5. Ich bin viel zu gering dazu, / daß ich auflösen sollt sein Schuh; / taufen wird er mit Feu'r und Geist, / wahrer Sohn Gotts er ist und heißt.«

6. Wir danken dir, Herr Jesu Christ, / des Vorläufer Johannes ist; / hilf, daß wir folgen seiner Lehr, / so tun wir dir die rechte Ehr.

Text: Nikolaus Herman 1560 nach *Aeterno gratias patri* von Philipp Melanchthon 1539
Melodie: Bartholomäus Gesius 1603 nach Nr. 469

MICHAELISTAG, 29. SEPTEMBER

(Ö) **142**

1. Gott, al-ler Schöp-fung heil-ger Herr,
zu dei-nes Rei-ches Glanz und Ehr
hast du der En-gel Schar be-stellt,
für ho-he Dien-ste sie er-wählt.

2. Sie stehen weit um deinen Thron; / du bist ihr Leben, ihre Kron. / Gewaltig ruft ihr strahlend Heer: / Wer ist wie Gott – wer ist wie er?

3. Stets schauen sie dein Angesicht / und freuen sich in deinem Licht. / Dein Anblick macht sie stark und rein; / dein heilger Odem hüllt sie ein.

KIRCHENJAHR

4. Mit Weisheit sind sie angetan; / sie brennen, leuchten, beten an. / Ein großes Lob ertönt im Chor: / ihr »Heilig, Heilig« steigt empor.

5. Du sendest sie als Boten aus: / dein Wort geht in die Welt hinaus. / Groß ist in ihnen deine Kraft; / dein Arm sind sie, der Wunder schafft.

6. Laß deine Engel um uns sein; / durch sie geleite groß und klein, / bis wir mit ihnen dort im Licht / einst stehn vor deinem Angesicht.

Text: Ernst Hofmann (1971) 1975
Melodie: Lobt Gott, den Herrn der Herrlichkeit [Nr. 300]

143

1. Heut singt die liebe Christenheit
Gott Lob und Dank in Ewigkeit
für seine Engelscharen,
die uns in Angst, Not und Gefahr
auf viele Weisen wunderbar
behüten und bewahren.

BESONDERE TAGE

2. Sie glänzen wie der Sonnenschein, / wie Feuerflammen hell und rein / als Gottes gute Geister. / Von überirdischer Natur / sind sie die schönste Kreatur, / und Christus ist ihr Meister.

3. Sie stehn vor Gottes Angesicht / und spiegeln seiner Hoheit Licht / als Helfer und Vertraute. / Sie singen dir, Allherrscher du, / ihr »Heilig, heilig, heilig!« zu, / wie es Jesaja schaute. *Jes 6, 3*

4. Des Himmels Heer durch alle Welt / führt Michael, der starke Held, / zu Gottes Dienst und Ehren. / Die Engel streiten Tag und Nacht, / um Satans böse List und Macht / beizeiten abzuwehren. *Offb 12, 7*

5. Der alte Drache schlummert nicht. / Wie er in unser Leben bricht, / sinnt er zu jeder Stunde. / Er trachtet uns nach Hab und Gut, / nach Herz und Seele, Leib und Blut / und schlägt uns manche Wunde.

6. Er stiftet uns zur Zwietracht an, / verführt zu Unrecht jedermann, / zu Feindschaft, Mord und Kriegen, / zerrüttet Gottes Ordnung bald / und will die Erde mit Gewalt / zerstören und besiegen.

7. Wo ihm nicht wehrt der Engel Schar, / an Leib und Seele, Haut und Haar / blieb keiner mehr behütet. / Mit Feuer, Wasser, Wind und Schnee / bereitet er der Menschheit Weh, / das hart und grausam wütet.

8. Wir danken dir, Herr Jesu Christ, / daß du der Herr der Engel bist / und uns die Wächter sendest. / Erhalte uns in deiner Hut / und rette uns, Herr, durch dein Blut, / wenn du den Streit beendest.

Text: Detlev Block 1985 nach der Übertragung des Hymnus
Dicimus grates tibi von Philipp Melanchthon (1539) 1543
durch Nikolaus Herman 1560
Melodie: 16. Jh.; geistlich Nürnberg um 1555

Bußtag

144

1. Aus tiefer Not laßt uns zu Gott von ganzem Herzen schreien, bitten, daß er aus seiner Gnad uns woll vom Übel befreien und alle Sünd und Missetat, die unser Fleisch begangen hat, als Vater uns verzeihen.

Ps 130,1

2. O Gott und Vater, sieh doch an / uns Armen und Elenden, / die wir sehr übel han getan / mit Herzen, Mund und Händen; / verleih uns, daß wir Buße tun / und sie in Christus, deinem Sohn, / zur Seligkeit vollenden.

3. Zwar unsre Schuld ist groß und schwer, / von uns nicht auszurechnen; / doch dein Barmherzigkeit ist mehr, / die kein Mensch kann aussprechen: / die suchen und begehren wir / und hoffen, du läßt es an dir / uns nimmermehr gebrechen.

BUSSTAG

4. Du willst nicht, daß der Sünder sterb / und zur Verdammnis fahre, / sondern daß er dein Gnad erwerb / und sich darin bewahre; / so hilf uns nun, o Herre Gott, / auf daß uns nicht der ewge Tod / in Sünden widerfahre.

5. Wir opfern uns dir arm und bloß, / durch Reue tief geschlagen; / o nimm uns auf in deinen Schoß / und laß uns nicht verzagen. / O hilf, daß wir getrost und frei / ohn arge List und Heuchelei / dein Joch zum Ende tragen.

6. Sprich uns durch deine Boten zu, / gib Zeugnis dem Gewissen, / stell unser Herz durch sie zur Ruh, / tu uns durch sie zu wissen, / wie Christus vor deim Angesicht / all unsre Sachen hab geschlicht': / den Trost laß uns genießen.

7. Erhalt in unsers Herzens Grund / deinen göttlichen Samen / und hilf, daß wir den neuen Bund / in deines Sohnes Namen / vollenden in aller Wahrheit, / also der Krone der Klarheit / teilhaftig werden. Amen.

Text: Michael Weiße 1531
Melodie: Aus tiefer Not schrei ich zu dir [Nr. 299 II]

KIRCHENJAHR

145

1. Wach auf, wach auf, du deut-sches Land!
Du hast ge-nug ge-schla-fen.
Be-denk, was Gott an dich ge-wandt,
wo-zu er dich er-schaf-fen.
Be-denk, was Gott dir hat ge-sandt
und dir ver-traut sein höch-stes Pfand,
drum magst du wohl auf-wa-chen.

2. Gott hat dir Christus, seinen Sohn, / die Wahrheit und das Leben, / sein liebes Evangelium / aus lauter Gnad gegeben; / denn Christus ist allein der Mann, / der für der Welt Sünd g'nug getan, / kein Werk hilft sonst daneben.

3. Für solche Gnad und Güte groß / sollst du dem Herren danken, / nicht laufen aus seim Gnadenschoß, / von seinem Wort nicht wanken, / dich halten, wie sein Wort dich lehrt, / dadurch wird Gottes Reich gemehrt, / geholfen auch den Kranken.

4. Du solltest bringen gute Frucht, / so du recht gläubig wärest, / in Lieb und Treu, in Buß und Zucht, / wie du solchs selbst begehrest, / in Gottes Furcht dich halten fein / und suchen Gottes Ehr allein, / daß du niemand beschwerest.

5. Die Wahrheit wird jetzt unterdrückt, / will niemand Wahrheit hören; / die Lüge wird gar fein geschmückt, / man hilft ihr oft mit Schwören; / dadurch wird Gottes Wort veracht', / die Wahrheit höhnisch auch verlacht, / die Lüge tut man ehren.

6. Gott warnet täglich für und für, / das zeugen seine Zeichen, / denn Gottes Straf ist vor der Tür, / Deutschland *(o Land)*, laß dich erweichen, / tu rechte Buße in der Zeit, / weil Gott dir noch sein Gnad anbeut / und tut sein Hand dir reichen.

7. Das helfe Gott uns allen gleich, / daß wir von Sünden lassen, / und führe uns zu seinem Reich, / daß wir das Unrecht hassen. / Herr Jesu Christe, hilf uns nun / und gib uns deinen Geist dazu, / daß wir dein Warnung fassen.

Text und Melodie: Johann Walter 1561

Da unser Herr und Meister Jesus Christus spricht:
»Tut Buße«, hat er gewollt, daß das ganze Leben der Gläubigen
Buße sei.
Martin Luther, 1. These der 95 Thesen von 1517

KIRCHENJAHR

146

1. Nimm von uns, Herr, du treuer Gott, die schwere Straf und große Not, die wir mit Sünden ohne Zahl verdienet haben allzumal. Behüt vor Krieg und teurer Zeit, vor Seuchen, Feu'r und großem Leid.

2. Erbarm dich deiner bösen Knecht, / wir flehn um Gnad und nicht um Recht; / denn so du, Herr, den rechten Lohn / uns geben wolltst nach unserm Tun, / so müßt die ganze Welt vergehn / und könnt kein Mensch vor dir bestehn.

3. Ach Herr Gott, durch die Treue dein / mit Trost und Rettung uns erschein. / Beweis an uns dein große Gnad / und straf uns nicht auf frischer Tat, / wohn uns mit deiner Güte bei, / dein Zorn und Grimm fern von uns sei.

BUSSTAG

4. Gedenk an deines Sohnes Tod, / sieh an sein heilig Wunden rot. / Die sind ja für die ganze Welt / die Zahlung und das Lösegeld. / Des trösten wir uns allezeit / und hoffen auf Barmherzigkeit.

5. Leit uns mit deiner rechten Hand / und segne unser Stadt und Land; / gib uns allzeit dein heilig Wort, / behüt vors Teufels List und Mord; / ein selig End wollst uns verleihn, / auf daß wir ewig bei dir sein.

Text: Martin Moller 1584 nach
Aufer immensam, Deus, aufer iram Wittenberg 1541
Melodie: Vater unser im Himmelreich [Nr. 344]

Erforsche mich, Gott, und erkenne mein Herz;
prüfe mich und erkenne, wie ich's meine.
Und sieh, ob ich auf bösem Wege bin, und leite mich
auf ewigem Wege.

Psalm 139, 23.24

Ende des Kirchenjahres

147 ö

1. »Wachet auf«, ruft uns die Stimme
der Wächter sehr hoch auf der Zinne,
»wach auf, du Stadt Jerusalem!
Mitternacht heißt diese Stunde«;
sie rufen uns mit hellem Munde:
»Wo seid ihr klugen Jungfrauen? Wohlauf,
der Bräut'gam kommt, steht auf, die Lampen nehmt!

ENDE DES KIRCHENJAHRES

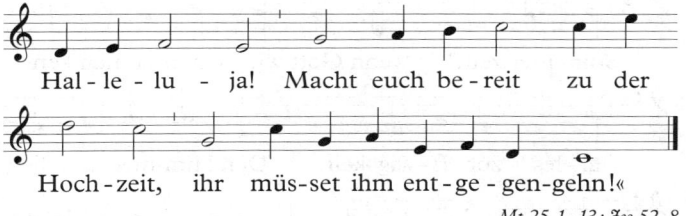

Hal-le-lu-ja! Macht euch be-reit zu der Hoch-zeit, ihr müs-set ihm ent-ge-gen-gehn!«

Mt 25,1–13; Jes 52,8

2. Zion hört die Wächter singen, / das Herz tut ihr vor Freude springen, / sie wachet und steht eilend auf. / Ihr Freund kommt vom Himmel prächtig, / von Gnaden stark, von Wahrheit mächtig, / ihr Licht wird hell, ihr Stern geht auf. / Nun komm, du werte Kron, / Herr Jesu, Gottes Sohn! / Hosianna! / Wir folgen all zum Freudensaal / und halten mit das Abendmahl.

3. Gloria sei dir gesungen / mit Menschen- und mit Engelzungen, / mit Harfen und mit Zimbeln schön. / Von zwölf Perlen sind die Tore* / an deiner Stadt; wir stehn im Chore / der Engel hoch um deinen Thron. / Kein Aug hat je gespürt, / kein Ohr hat mehr gehört / solche Freude. / Des jauchzen wir und singen dir / das Halleluja für und für. **Offb 21,21*

Text und Melodie: Philipp Nicolai 1599
Satz Str. 3: Nr. 535

KIRCHENJAHR

148

Andere Melodie: *Wie lieblich ist der Maien* [Nr. 501]

1. Herz-lich tut mich er-freu-en die lie-be Som-mer-zeit,* wenn Gott wird schön er-neu-en al-les zur E-wig-keit. Den Him-mel und die Er-de wird Gott neu schaf-fen gar, all Kre-a-tur soll wer-den ganz herr-lich, schön und klar.

Bild für Ewigkeit

2. Kein Zung kann je erreichen / die ewig Schönheit groß; / man kann's mit nichts vergleichen, / die Wort sind viel zu bloß. / Drum müssen wir solchs sparen / bis an den Jüngsten Tag; / dann wollen wir erfahren, / was Gott ist und vermag.

3. Da werden wir mit Freuden / den Heiland schauen an, / der durch sein Blut und Leiden / den Himmel aufgetan, / die lieben Patriarchen, / Propheten allzumal, / die Märt'rer und Apostel / bei ihm in großer Zahl.

4. Also wird Gott erlösen / uns gar von aller Not, / vom Teufel, allem Bösen, / von Trübsal, Angst und Spott, / von Trauern, Weh und Klagen, / von Krankheit, Schmerz und Leid, / von Schwermut, Sorg und Zagen, / von aller bösen Zeit.

5. Er wird uns fröhlich leiten / ins ewig Paradeis, / die Hochzeit zu bereiten / zu seinem Lob und Preis. / Da wird sein Freud und Wonne / in rechter Lieb und Treu / aus Gottes Schatz und Bronne / und täglich werden neu.

6. Da wird man hören klingen / die rechten Saitenspiel, / die Musikkunst wird bringen / in Gott der Freuden viel, / die Engel werden singen, / all Heilgen Gottes gleich / mit himmlischen Zungen / ewig in Gottes Reich.

7. Mit Gott wir werden halten / das ewig Abendmahl, / die Speis wird nicht veralten / auf Gottes Tisch und Saal; / wir werden Früchte essen / vom Baum des Lebens stets, / vom Brunn der Lebensflüsse / trinken zugleich mit Gott.

8. Wir werden stets mit Schalle / vor Gottes Stuhl und Thron / mit Freuden singen alle / ein neues Lied gar schön: / »Lob, Ehr, Preis, Kraft und Stärke / Gott Vater und dem Sohn, / des Heilgen Geistes Werke / sei Lob und Dank getan.«   *Offb 7,12*

9. Ach Herr, durch deine Güte / führ mich auf rechter Bahn; / Herr Christ, mich wohl behüte, / sonst möcht ich irre gahn. / Halt mich im Glauben feste / in dieser bösen Zeit, / hilf, daß ich mich stets rüste / zur ewgen Hochzeitsfreud.

Text: Johann Walter 1552; Str. 9 Dresden 1557
Melodie: Wittenberg 1545; geistlich Wittenberg 1552

KIRCHENJAHR
149

1. Es ist gewißlich an der Zeit, daß Gottes Sohn wird kommen in seiner großen Herrlichkeit, zu richten Bös und Fromme. Da wird das Lachen werden teu'r, wenn alles wird vergehn im Feu'r, wie Petrus davon schreibet.

2. Petr 3, 7

2. Posaunen wird man hören gehn / an aller Welten Ende, / darauf bald werden auferstehn / die Toten all behende; / die aber noch das Leben han, / die wird der Herr von Stunde an / verwandeln und erneuen.

1. Kor 15, 52

3. Danach wird man ablesen bald / ein Buch, darin geschrieben, / was alle Menschen, jung und alt, / auf Erden je getrieben; / da denn gewiß ein jedermann / wird hören, was er hat getan / in seinem ganzen Leben.

Offb 20, 12.15

4. O weh dem Menschen, welcher hat / des Herren Wort verachtet / und nur auf Erden früh und spat / nach großem Gut getrachtet! / Er wird fürwahr gar schlecht bestehn / und mit dem Satan müssen gehn / von Christus in die Hölle.

5. O Jesu, hilf zur selben Zeit / von wegen deiner Wunden, / daß ich im Buch der Seligkeit / werd angezeichnet funden. / Daran ich denn auch zweifle nicht, / denn du hast ja den Feind gericht' / und meine Schuld bezahlet.

6. Derhalben mein Fürsprecher sei, / wenn du nun wirst erscheinen, / und lies mich aus dem Buche frei, / darinnen stehn die Deinen, / auf daß ich samt den Brüdern mein / mit dir geh in den Himmel ein, / den du uns hast erworben.

7. O Jesu Christ, du machst es lang / mit deinem Jüngsten Tage; / den Menschen wird auf Erden bang / von wegen vieler Plage. / Komm doch, komm doch, du Richter groß, / und mach uns bald in Gnaden los / von allem Übel. Amen.

Text: Bartholomäus Ringwaldt (1582) 1586 nach der Sequenz *Dies irae, dies illa* 12. Jh. und einem deutschen Lied um 1565
Melodie: Martin Luther 1529

KIRCHENJAHR

150 (Ö)

Offenbarung 21

1. Je-ru-sa-lem, du hoch-ge-bau-te Stadt, wollt Gott, ich wär in dir! Mein seh-nend Herz so groß Ver-lan-gen hat und ist nicht mehr bei mir. Weit ü-ber Berg und Ta-le, weit ü-ber Flur und Feld schwingt es sich ü-ber al-le und eilt aus die-ser Welt.

2. O schöner Tag / und noch viel schönre Stund, / wann wirst du kommen schier, / da ich mit Lust, / mit freiem Freudenmund / die Seele geb von mir / in Gottes treue Hände / zum auserwählten Pfand, / daß sie mit Heil anlände / in jenem Vaterland?

ENDE DES KIRCHENJAHRES

3. O Ehrenburg, / nun sei gegrüßet mir, / tu auf der Gnaden Pfort! / Wie große Zeit / hat mich verlangt nach dir, / eh ich bin kommen fort / aus jenem bösen Leben, / aus jener Nichtigkeit / und mir Gott hat gegeben / das Erb der Ewigkeit.

4. Was für ein Volk, / was für ein edle Schar / kommt dort gezogen schon? / Was in der Welt / an Auserwählten war, / seh ich: sie sind die Kron*, / die Jesus mir, der Herre, / entgegen hat gesandt, / da ich noch war so ferne / in meinem Tränenland.

* *Das Höchste, Vollendete*

5. Propheten groß / und Patriarchen hoch, / auch Christen insgemein, / alle, die einst / trugen des Kreuzes Joch / und der Tyrannen Pein, / schau ich in Ehren schweben, / in Freiheit überall, / mit Klarheit hell umgeben, / mit sonnenlichtem Strahl.

6. Wenn dann zuletzt / ich angelanget bin / im schönen Paradeis, / von höchster Freud / erfüllet wird der Sinn, / der Mund von Lob und Preis. / Das Halleluja reine / man spielt in Heiligkeit, / das Hosianna feine / ohn End in Ewigkeit

7. mit Jubelklang, / mit Instrumenten schön, / in Chören ohne Zahl, / daß von dem Schall / und von dem süßen Ton / sich regt der Freudensaal, / mit hunderttausend Zungen, / mit Stimmen noch viel mehr, / wie von Anfang gesungen / das große Himmelsheer.

Text: Johann Matthäus Meyfart 1626
Melodie: Melchior Franck 1663, Darmstadt 1698

KIRCHENJAHR

151

Matthäus 25, 1–13
Andere Melodie: *Valet will ich dir geben* [Nr. 523]

1. Ermuntert euch, ihr Frommen, zeigt euer Lampen Schein! Der Abend ist gekommen, die finstre Nacht bricht ein. Es hat sich aufgemachet der Bräutigam mit Pracht. Auf, betet, kämpft und wachet! Bald ist es Mitternacht.

2. Macht eure Lampen fertig / und füllet sie mit Öl / und seid des Heils gewärtig, / bereitet Leib und Seel! / Die Wächter Zions schreien: / »Der Bräutigam ist nah!« / Begegnet ihm im Reigen / und singt: Halleluja!

3. Ihr klugen Jungfrauen alle, / hebt nun das Haupt empor / mit Jauchzen und mit Schalle / zum frohen Engelchor! / Wohlan, die Tür ist offen, / die Hochzeit ist bereit. / Erfüllt ist euer Hoffen: / der Bräut'gam ist nicht weit.

4. Er wird nicht lang verziehen, / drum schlafet nicht mehr ein; / man sieht die Bäume blühen; / der schöne Frühlingsschein / verheißt Erquickungszeiten; / die Abendröte zeigt / den schönen Tag von weitem, / davor das Dunkle weicht.

5. Begegnet ihm auf Erden, / ihr, die ihr Zion liebt, / mit freudigen Gebärden / und seid nicht mehr betrübt; / es sind die Freudenstunden / gekommen, und der Braut / wird, weil sie überwunden, / die Krone nun vertraut.

6. Die ihr Geduld getragen / und mitgestorben seid, / sollt nun nach Kreuz und Klagen / in Freuden ohne Leid / mitleben und -regieren / und vor des Lammes Thron / mit Jauchzen triumphieren / in eurer Siegeskron. *2. Tim 2, 11.12*

7. Hier ist die Stadt der Freuden, / Jerusalem, der Ort, / wo die Erlösten weiden, / hier ist die sichre Pfort, / hier sind die güldnen Gassen, / hier ist das Hochzeitsmahl, / hier soll sich niederlassen / die Braut im Freudensaal. *Offb 21, 2.10*

8. O Jesu, meine Wonne, / komm bald und mach dich auf; / geh auf, ersehnte Sonne, / und eile deinen Lauf. / O Jesu, mach ein Ende / und führ uns aus dem Streit; / wir heben Haupt und Hände / nach der Erlösungszeit.

Text: Lorenz Lorenzen 1700
Melodie: Herzlich tut mich erfreuen [Nr. 148]

Wir warten auf einen neuen Himmel
und eine neue Erde nach seiner Verheißung,
in denen Gerechtigkeit wohnt.

2. Petrus 3, 13

KIRCHENJAHR

152

1. Wir warten dein, o Gottes Sohn, und lieben dein Erscheinen.
Wir wissen dich auf deinem Thron und nennen uns die Deinen. Wer an dich glaubt, er hebt sein Haupt und siehet dir entgegen; du kommst uns ja zum Segen.

2. Wir warten deiner mit Geduld / in unsern Leidenstagen; / wir trösten uns, daß du die Schuld / am Kreuz hast abgetragen; / so können wir / nun gern mit dir / uns auch zum Kreuz bequemen, / bis du es weg wirst nehmen.

3. Wir warten dein; du hast uns ja / das Herz schon hingenommen. / Du bist uns zwar im Geiste nah, / doch sollst du sichtbar kommen; / da willst uns du / bei dir auch Ruh, / bei dir auch Freude geben, / bei dir ein herrlich Leben.

4. Wir warten dein, du kommst gewiß, / die Zeit ist bald vergangen; / wir freuen uns schon überdies / mit kindlichem Verlangen. / Was wird geschehn, / wenn wir dich sehn, / wenn du uns heim wirst bringen, / wenn wir dir ewig singen!

Text: Philipp Friedrich Hiller 1767
Melodie: Was Gott tut, das ist wohlgetan [Nr. 372]

ENDE DES KIRCHENJAHRES

Offenbarung 21

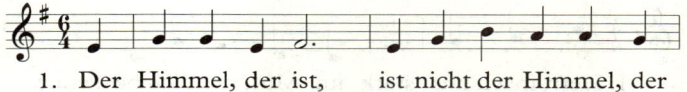

153

1. Der Himmel, der ist, ist nicht der Himmel, der kommt, wenn einst Himmel und Erde vergehen.

2. Der Himmel, der kommt, / das ist der kommende Herr, / wenn die Herren der Erde gegangen.

3. Der Himmel, der kommt, / das ist die Welt ohne Leid, / wo Gewalttat und Elend besiegt sind.

4. Der Himmel, der kommt, / das ist die fröhliche Stadt / und der Gott mit dem Antlitz des Menschen.

5. Der Himmel, der kommt, / grüßt schon die Erde, die ist, / wenn die Liebe das Leben verändert.

Text: Kurt Marti 1971
Melodie: Winfried Heurich 1980

KIRCHENJAHR
154

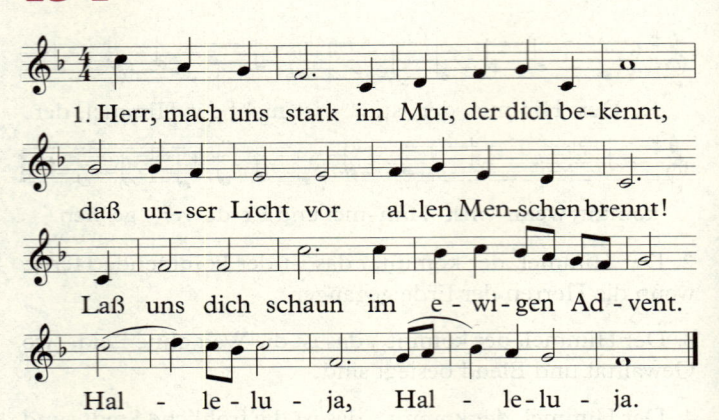

1. Herr, mach uns stark im Mut, der dich bekennt, daß unser Licht vor allen Menschen brennt! Laß uns dich schaun im ewigen Advent. Halleluja, Halleluja.

2. Tief liegt des Todes Schatten auf der Welt. / Aber dein Glanz die Finsternis erhellt. / Dein Lebenshauch bewegt das Totenfeld. / Halleluja, Halleluja! *Hes 37,1–10*

3. Welch ein Geheimnis wird an uns geschehn! / Leid und Geschrei und Schmerz muß dann vergehn, / wenn wir von Angesicht dich werden sehn. / Halleluja, Halleluja!

4. Aber noch tragen wir der Erde Kleid. / Uns hält gefangen Irrtum, Schuld und Leid; / doch deine Treue hat uns schon befreit. / Halleluja, Halleluja!

5. So mach uns stark im Mut, der dich bekennt, / daß unser Licht vor allen Menschen brennt! / Laß uns dich schaun im ewigen Advent! / Halleluja, Halleluja!

An Gedenktagen von Glaubenszeugen:
6. Mit allen Heilgen beten wir dich an. / Sie gingen auf dem Glaubensweg voran / und ruhn in dir, der unsern Sieg gewann! / Halleluja, Halleluja!

Text: Str. 1–5 Anna Martina Gottschick 1972; Str. 6 Jürgen Henkys 1988 nach *For all the saints* von William Walsham How 1864
Melodie: Ralph Vaughan Williams 1906

⌞Eingang und Ausgang

⌞Liturgische Gesänge

⌞Wort Gottes

⌞Taufe und Konfirmation

⌞Abendmahl

⌞Beichte

⌞Trauung

⌞Sammlung und Sendung

⌞Ökumene

Gottesdienst

g

Eingang und Ausgang

ö 155

1. Herr Jesu Christ, dich zu uns wend, dein Heilgen Geist du zu uns send; mit Hilf und Gnad er uns regier und uns den Weg zur Wahrheit führ.

2. Tu auf den Mund zum Lobe dein, / bereit das Herz zur Andacht fein, / den Glauben mehr, stärk den Verstand, / daß uns dein Nam werd wohlbekannt,

3. bis wir singen mit Gottes Heer: / »Heilig, heilig ist Gott der Herr!« / und schauen dich von Angesicht / in ewger Freud und sel'gem Licht.

4. Ehr sei dem Vater und dem Sohn, / dem Heilgen Geist in einem Thron; / der Heiligen Dreieinigkeit / sei Lob und Preis in Ewigkeit.

Text: Wilhelm II. von Sachsen-Weimar (?) 1648; Str. 4 Gotha 1651
Melodie: Gochsheim/Redwitz 1628, Görlitz 1648
Satz: Gotha 1651

156

Komm, Heiliger Geist, erfüll die Herzen deiner Gläubigen und entzünd in ihnen das Feuer deiner göttlichen Liebe, der du in Mannigfaltigkeit der Zungen die Völker der gan-

EINGANG UND AUSGANG

zen Welt ver-sam-melt hast in Ei-nig-keit des Glau-bens. Hal-le-lu-ja, Hal-le-lu-ja.

Text: Nördlingen 1522, Erfurt 1525 nach der Antiphon
Veni sancte Spiritus, reple 11. Jh.
Melodie: 11. Jh., wiederholt bearbeitet

157

Andere Melodie: *Ich weiß, woran ich glaube* [Nr. 357]

Laß mich dein sein und blei-ben, du treu-er Gott und Herr,
von dir laß mich nichts trei-ben, halt mich bei dei-ner Lehr.
Herr, laß mich nur nicht wan-ken, gib mir Be-stän-dig-keit;
da-für will ich dir dan-ken in al-le E-wig-keit.

Text: Nikolaus Selnecker 1572
Melodie: Valet will ich dir geben [Nr. 523]

GOTTESDIENST

158

1. O Christe, Morgensterne, leucht uns mit hellem Schein; schein uns vons Himmels Throne an diesem dunklen Ort mit deinem reinen Wort.

2. Petr 1, 19

2. O Jesu, Trost der Armen, / mein Herz heb ich zu dir; / du wirst dich mein erbarmen, / dein Gnade schenken mir, / das trau ich gänzlich dir.

3. Du hast für mich vergossen / am Kreuz dein teures Blut: / das laß mich, Herr, genießen, / tröst mich durch deine Güt; / hilf mir, das ist mein Bitt.

4. O Jesu, Lob und Ehre / sing ich dir allezeit; / den Glauben in mir mehre, / daß ich nach dieser Zeit / mit dir eingeh zur Freud.

Text: Leipzig 1579 nach dem weltlichen
Er ist der Morgensterne, Zwickau 1531
Melodie: 16. Jh., geistlich Leipzig 1585,
bei Bartholomäus Gesius 1605

EINGANG UND AUSGANG

159

1. Fröh-lich wir nun all fan-gen an den Got-tes-dienst mit Schal-le,
weil Gott ihn ja will von uns han und läßt sich's wohl-ge-fal-len.
Zu je-der Stund an al-lem Ort, da wir je-mals ge-hört sein Wort,
will er's mit Freud uns loh-nen.

2. O selig über selig sind, / die in seim Dienst sich üben; / Gotts treue Diener, Erbn und Kind / sie sind, die er tut lieben, / will sie auch in seins Himmels Thron / mit der Freuden- und Lebenskron / beschenken und begnaden.

3. O Gott, nimm an zu Lob und Preis / das Beten und das Singen, / in unser Herz dein' Geist ausgieß, / daß es viel Früchte bringe / des Glaubens aus deim heilgen Wort, / daß wir dich preisen hier und dort. / Fröhlich wir nun anfangen.

Text: Zachäus Faber 1601
Melodie: Straßburg 1538

GOTTESDIENST

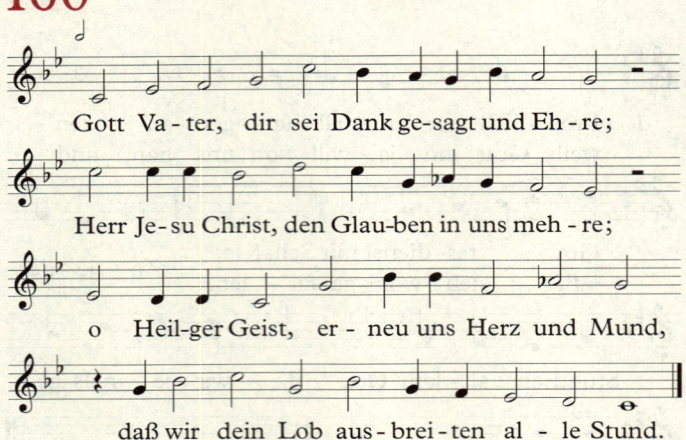

160

Gott Va-ter, dir sei Dank ge-sagt und Eh-re;
Herr Je-su Christ, den Glau-ben in uns meh-re;
o Heil-ger Geist, er-neu uns Herz und Mund,
daß wir dein Lob aus-brei-ten al-le Stund.

Text: David Denicke 1652
Melodie: Wie herrlich gibst du, Herr,
dich zu erkennen [Nr. 271]

Allmächtiger Gott, gib, daß dein Wort bei uns nicht ein steinernes
Herz und eine eiserne Stirn vorfindet, sondern den gelehrigen
Sinn, der sich dir erwartungsvoll öffnet.
Laß uns erfahren, daß du unser Vater bist, und stärke uns in dem
Vertrauen, daß du uns als deine Kinder angenommen hast.

Johannes Calvin

EINGANG UND AUSGANG

ö 161

1. Liebster Jesu, wir sind hier, dich und dein Wort anzuhören; lenke Sinnen und Begier auf die süßen Himmelslehren, daß die Herzen von der Erden ganz zu dir gezogen werden.

2. Unser Wissen und Verstand / ist mit Finsternis verhüllet, / wo nicht deines Geistes Hand / uns mit hellem Licht erfüllet; / Gutes denken, tun und dichten / mußt du selbst in uns verrichten.

3. O du Glanz der Herrlichkeit, / Licht vom Licht, aus Gott geboren: / mach uns allesamt bereit, / öffne Herzen, Mund und Ohren; / unser Bitten, Flehn und Singen / laß, Herr Jesu, wohl gelingen.

Text: Tobias Clausnitzer 1663
Melodie: Johann Rudolf Ahle 1664,
bei Wolfgang Carl Briegel 1687

GOTTESDIENST

162

1. Gott Lob, der Sonntag kommt herbei, die Woche wird nun wieder neu. Heut hat mein Gott das Licht gemacht, mein Heil hat mir das Leben bracht. Halleluja.

2. Das ist der Tag, da Jesus Christ / vom Tod für mich erstanden ist / und schenkt mir die Gerechtigkeit, / Trost, Leben, Heil und Seligkeit. / Halleluja.

3. Das ist der rechte Sonnentag, / da man sich nicht g'nug freuen mag, / da wir mit Gott versöhnet sind, / daß nun ein Christ heißt Gottes Kind. / Halleluja.

4. Mein Gott, laß mir dein Lebenswort, / führ mich zur Himmelsehrenpfort, / laß mich hier leben heiliglich / und dir lobsingen ewiglich. / Halleluja.

Text: Johann Olearius 1671
Melodie: Erschienen ist der herrlich Tag [Nr. 106]

EINGANG UND AUSGANG

ö 165

1. Gott ist ge-gen-wär-tig. Las-set uns an-be-ten und in Ehrfurcht vor ihn tre-ten.
Gott ist in der Mit-te. Al-les in uns schwei-ge und sich in-nigst vor ihm beu-ge.
Wer ihn kennt, wer ihn nennt, schlag die Au-gen nie-der; kommt, er-gebt euch wie-der.

2. Gott ist gegenwärtig, / dem die Cherubinen / Tag und Nacht gebücket dienen. / Heilig, heilig, heilig! / singen ihm zur Ehre / aller Engel hohe Chöre. / Herr, vernimm / unsre Stimm, / da auch wir Geringen / unsre Opfer bringen. *Jes 6, 3*

3. Wir entsagen willig / allen Eitelkeiten, / aller Erdenlust und Freuden; / da liegt unser Wille, / Seele, Leib und Leben / dir zum Eigentum ergeben. / Du allein / sollst es sein, / unser Gott und Herre, / dir gebührt die Ehre.

4. Majestätisch Wesen, / möcht ich recht dich preisen / und im Geist dir Dienst erweisen. / Möcht ich wie die Engel / immer vor dir stehen / und dich gegenwärtig sehen. / Laß mich dir / für und für / trachten zu gefallen, / liebster Gott, in allem.

GOTTESDIENST

5. Luft, die alles füllet, / drin wir immer schweben, / aller Dinge Grund und Leben, / Meer ohn Grund und Ende, / Wunder aller Wunder: / ich senk mich in dich hinunter. / Ich in dir, / du in mir, / laß mich ganz verschwinden, / dich nur sehn und finden.

6. Du durchdringest alles; / laß dein schönstes Lichte, / Herr, berühren mein Gesichte. / Wie die zarten Blumen / willig sich entfalten / und der Sonne stille halten, / laß mich so / still und froh / deine Strahlen fassen / und dich wirken lassen.

7. Mache mich einfältig, / innig, abgeschieden, / sanft und still in deinem Frieden; / mach mich reines Herzens, / daß ich deine Klarheit / schauen mag in Geist und Wahrheit; / laß mein Herz / überwärts / wie ein' Adler schweben / und in dir nur leben.

8. Herr, komm in mir wohnen, / laß mein' Geist auf Erden / dir ein Heiligtum noch werden; / komm, du nahes Wesen, / dich in mir verkläre, / daß ich dich stets lieb und ehre. / Wo ich geh, / sitz und steh, / laß mich dich erblicken / und vor dir mich bücken.

Text: Gerhard Tersteegen (vor 1727) 1729
Melodie: Wunderbarer König [Nr. 327]

EINGANG UND AUSGANG

166

1. Tut mir auf die schö-ne Pfor-te, führt mich in Gottes Haus mich ein; ach wie wird an die-sem Or-te mei-ne See-le fröh-lich sein! Hier ist Gottes An-ge-sicht, hier ist lau-ter Trost und Licht.

2. Ich bin, Herr, zu dir gekommen, / komme du nun auch zu mir. / Wo du Wohnung hast genommen, / da ist lauter Himmel hier. / Zieh in meinem Herzen ein, / laß es deinen Tempel sein.

3. Laß in Furcht mich vor dich treten, / heilige du Leib und Geist, / daß mein Singen und mein Beten / ein gefällig Opfer heißt. / Heilige du Mund und Ohr, / zieh das Herze ganz empor.

4. Mache mich zum guten Lande, / wenn dein Samkorn auf mich fällt. / Gib mir Licht in dem Verstande / und, was mir wird vorgestellt, / präge du im Herzen ein, / laß es mir zur Frucht gedeihn.

Mt 13, 23

5. Stärk in mir den schwachen Glauben, / laß dein teures Kleinod mir / nimmer aus dem Herzen rauben, / halte mir dein Wort stets für, / daß es mir zum Leitstern dient / und zum Trost im Herzen grünt.

6. Rede, Herr, so will ich hören, / und dein Wille werd erfüllt; / nichts laß meine Andacht stören, / wenn der Brunn des Lebens quillt; / speise mich mit Himmelsbrot, / tröste mich in aller Not.

Text: Benjamin Schmolck 1734
Melodie: Joachim Neander 1680, Darmstadt 1698

GOTTESDIENST

167 (Ö)

1. Wir wollen fröhlich singen Gott, unserm lieben Herrn; der geb, daß es gelinge zu seinem Lob und Ehrn.

Kehrvers

Lobet Gott, lobet Gott, der uns führt aus aller Not; Halleluja, Halleluja.

Halleluja, Halleluja. lobet Gott, lobet Gott, der uns führt aus aller Not.

2. Wir wollen fröhlich sagen, / wie Gott uns herzlich liebt / und auch in bösen Tagen / uns stets das Beste gibt.
Lobet Gott, lobet Gott, / der uns führt aus aller Not, / lobet Gott, lobet Gott, / der uns führt aus aller Not.

3. Wir wollen fröhlich fassen / die starke Vaterhand; / sie führt auf rechten Straßen / bis in das fernste Land.
Lobet Gott, lobet Gott, / der uns führt aus aller Not, / lobet Gott, lobet Gott, / der uns führt aus aller Not.

4. So wolln wir fröhlich wandern / durch diese Welt und Zeit, / bis Gott uns in der andern / die Heimat hält bereit.
Lobet Gott, lobet Gott, / der uns führt aus aller Not, / lobet Gott, lobet Gott, / der uns führt aus aller Not.

Text: Theo Schmid 1957, Str. 1 nach einem Ansingelied bei Valentin Triller 1555
Melodie und Satz: Erich Gruber 1953 nach Valentin Triller 1555

GOTTESDIENST

168 ö

1. Du hast uns, Herr, ge-ru-fen, und dar-um sind wir hier. Du hast uns, Herr, ge-ru-fen, und dar-um sind wir hier. Wir sind jetzt dei-ne Gä-ste und dan-ken dir. Wir sind jetzt dei-ne Gä-ste und dan-ken dir.

2. Du legst uns deine Worte und deine Taten vor. / Du legst uns deine Worte und deine Taten vor. / Herr, öffne unsre Herzen und unser Ohr. / Herr, öffne unsre Herzen und unser Ohr.

3. Herr, sammle die Gedanken und schick uns deinen Geist. / Herr, sammle die Gedanken und schick uns deinen Geist, / der uns das Hören lehrt und dir folgen heißt, / der uns das Hören lehrt und dir folgen heißt.

4. Wenn wir jetzt weitergehen, dann sind wir nicht allein. / Wenn wir jetzt weitergehen, dann sind wir nicht allein. / Der Herr hat uns versprochen, bei uns zu sein. / Der Herr hat uns versprochen, bei uns zu sein.

5. Wir nehmen seine Worte und Taten mit nach Haus. / Wir nehmen seine Worte und Taten mit nach Haus / und richten unser Leben nach seinem aus / und richten unser Leben nach seinem aus.

6. Er hat mit seinem Leben gezeigt, was Liebe ist. / Er hat mit seinem Leben gezeigt, was Liebe ist. / Bleib bei uns heut und morgen, Herr Jesu Christ. / Bleib bei uns heut und morgen, Herr Jesu Christ.

Text und Melodie: Kurt Rommel 1967

169

1. Der Gottesdienst soll fröhlich sein. So fangen wir nun an. Gott lädt uns alle zu sich ein, und keines ist dafür zu klein. Singt nun Halleluja, Halleluja, Halleluja.
La la la la la la la la la la la la la la la. So fangen wir nun an.

GOTTESDIENST

2. Wir hören jetzt auf Gottes Wort, und davon leben wir. Das wirkt im Alltag fort und fort, begleitet uns an jedem Ort.
Singt nun Halleluja, Halleluja, Halleluja.
La la la la la la la la la la la la la la la.
Und davon leben wir.

3. Wir sagen Gott, was uns bedrückt. / Er hört uns ganz gewiß. / Wenn er uns einen Kummer schickt, / wenn uns mal nichts gelingt und glückt.
Singt nun Halleluja, Halleluja, Halleluja. / Er hört uns ganz gewiß.

4. Wir singen Gott ein schönes Lied. / Vergeßt nur nicht den Dank. / Er, der uns täglich Gutes gibt, / zeigt uns damit, daß er uns liebt.
Singt nun Halleluja, Halleluja, Halleluja. / Vergeßt nur nicht den Dank.

5. Der Gottesdienst soll fröhlich sein. / So fangen wir nun an. / Gott lädt uns alle zu sich ein, / und keines ist dafür zu klein.
Singt nun Halleluja, Halleluja, Halleluja. / So fangen wir nun an.

Text und Melodie: Martin Gotthard Schneider 1975

EINGANG UND AUSGANG

170

1. Komm, Herr, seg-ne uns, daß wir uns nicht tren-nen,
son-dern ü-ber-all uns zu dir be-ken-nen.
Nie sind wir al-lein, stets sind wir die Dei-nen.
La-chen o-der Wei-nen wird ge-seg-net sein.

2. Keiner kann allein Segen sich bewahren. / Weil du reichlich gibst, müssen wir nicht sparen. / Segen kann gedeihn, wo wir alles teilen, / schlimmen Schaden heilen, lieben und verzeihn.

3. Frieden gabst du schon, Frieden muß noch werden, / wie du ihn versprichst uns zum Wohl auf Erden. / Hilf, daß wir ihn tun, wo wir ihn erspähen – / die mit Tränen säen, werden in ihm ruhn.

4. Komm, Herr, segne uns, daß wir uns nicht trennen, / sondern überall uns zu dir bekennen. / Nie sind wir allein, stets sind wir die Deinen. / Lachen oder Weinen wird gesegnet sein.

Text und Melodie: Dieter Trautwein 1978

GOTTESDIENST
171

1. Bewahre uns, Gott, behüte uns, Gott, sei mit uns auf unsern Wegen. Sei Quelle und Brot in Wüstennot, sei um uns mit deinem Segen.

2. Bewahre uns, Gott, / behüte uns, Gott, / sei mit uns in allem Leiden. / Voll Wärme und Licht / im Angesicht, / sei nahe in schweren Zeiten, / voll Wärme und Licht / im Angesicht, / sei nahe in schweren Zeiten.

3. Bewahre uns, Gott, / behüte uns, Gott, / sei mit uns vor allem Bösen. / Sei Hilfe, sei Kraft, / die Frieden schafft, / sei in uns, uns zu erlösen, / sei Hilfe, sei Kraft, / die Frieden schafft, / sei in uns, uns zu erlösen.

4. Bewahre uns, Gott, / behüte uns, Gott, / sei mit uns durch deinen Segen. / Dein Heiliger Geist, / der Leben verheißt, / sei um uns auf unsern Wegen, / dein Heiliger Geist, / der Leben verheißt, / sei um uns auf unsern Wegen.

Text: Eugen Eckert (1985) 1987
Melodie: Anders Ruuth (um 1968) 1984
La paz del Señor

EINGANG UND AUSGANG

ö 172

Sen-de dein Licht und dei - ne Wahr-heit,
daß sie mich lei - ten zu dei-ner Woh-nung
und ich dir dan - ke, daß du mir hilfst.

Text: nach Psalm 43, 3–4
Kanon für 3 Stimmen: mündlich überliefert

173

Der Herr be - hü - te dei - nen Aus - gang und Eingang von nun an, von nun
an bis in E - - wig-keit.

Text: Psalm 121, 8
Kanon für 3 Stimmen: Helmut Bornefeld 1947

GOTTESDIENST

174

Es segne und behüte uns

Gott Vater, Sohn, Gott Heilger Geist,

A - - - - men.

Text: Segensbitte aus der Liturgie
Kanon für 3 Stimmen: Hermann Stern um 1943

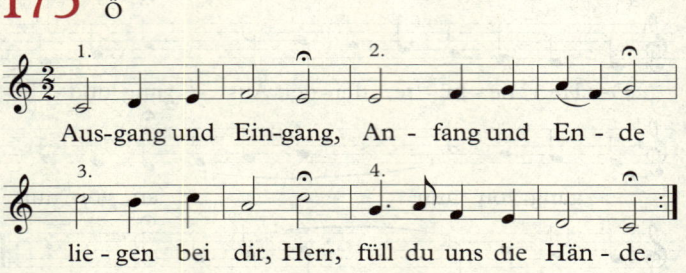

175 ö

Ausgang und Eingang, Anfang und Ende

liegen bei dir, Herr, füll du uns die Hände.

Text und Kanon für 4 Stimmen: Joachim Schwarz 1962

EINGANG UND AUSGANG

176

Spruch

Öff-ne mei-ne Au-gen, daß sie se-hen die Wun-der an dei-nem Ge-setz.

Schluß

A-men.

Kanon

1. Die Gott su-chen,
2. die Gott su-chen,
3. de-nen wird das Herz auf-le-ben,
4. de-nen wird das Herz auf-le-ben.

Es folgt der Spruch mit Amen.

Text: Psalm 119, 18; Psalm 69, 33
Melodie und Kanon für 4 Stimmen:
Friedemann Gottschick 1983

Liturgische Gesänge

EHRE SEI DEM VATER (GLORIA PATRI)

177.1

Ehr sei dem Va-ter und dem Sohn und dem Hei-li-gen Geist, wie es war im An-fang, jetzt und im-mer-dar und von E-wig-keit zu E-wig-keit. A - - - men.

Melodie: Soest 1532

*Die Gnade unseres Herrn Jesus Christus
und die Liebe Gottes und die
Gemeinschaft des Heiligen Geistes sei mit euch allen!*

2. Korinther 13, 13

LITURGISCHE GESÄNGE

177.2

Ehr sei dem Va-ter und dem Sohn und dem Hei-li-gen Geist, wie es war im An-fang, jetzt und im-mer-dar und von E-wig-keit zu E-wig-keit. A-men.

Melodie: Soest 1532 in der Fassung Bayern 1856

177.3

Eh-re sei dem Va-ter und dem Sohn und dem Hei-li-gen Geist, wie im An-fang, so auch jetzt und al-le Zeit und in E-wig-keit. A-men.

Melodie: Götz Wiese 1987

GOTTESDIENST

HERR, ERBARME DICH (KYRIE)

178.1

Ky - ri - e e - le - i - son. Chri - ste e - le - i - son. Ky - ri - e e - le - i - son.

Melodie: gregorianisches Kyrie

178.2

Ky-ri-e e-lei-son. Herr, er-bar-me dich.
Chri-ste e-lei-son. Chri-ste, er-bar-me dich.
Ky-ri-e e-lei-son. Herr, er-barm dich ü-ber uns.

Melodie: Straßburg 1524

LITURGISCHE GESÄNGE

178.3

Ky - ri - e e - le - i - son. Chri - ste
oder: Her - re Gott, er - bar - me dich. Chri - ste,

e - le - i - son. Ky - ri - e e - le - i - son.
er - bar - me dich. Her - re Gott, er - bar - me dich.

Melodie: Martin Luther 1526

178.4

Ch

Ky - ri - e, Gott Va - ter in E - wig - keit,

groß ist dein Barm - her - zig - keit, al - ler Ding ein

A

Schöp - fer und Re - gie - rer: e - le - i - son.

Ch

Chri - ste, al - ler Welt Trost, uns Sün - der

al - lein hast er - löst. O Je - su

Got - tes Sohn, un - ser Mitt - ler bist in

GOTTESDIENST

dem höch-sten Thron, zu dir schrei-en wir aus

A
Her - zens - be - gier: e - le - i - son.

Ch
Ky - ri - e, Gott Hei - li - ger Geist,

tröst, stärk uns im Glau - ben al - ler - meist,

daß wir am letz - ten End fröh-lich ab - schei-den

A
aus die - sem E - lend: e - le - i - son.

Text und Melodie: Naumburg 1537/38 nach
Kyrie fons bonitatis um 950

178.5 ö

V/A — *V/A*
Herr, er - bar - me dich. Chri-stus, er -

V/A
bar - me dich. Herr, er - bar - me dich.

Melodie: Heinrich Rohr 1952 nach dem
gregorianischen Kyrie XVI 11./12. Jh.

LITURGISCHE GESÄNGE

Advents-Kyrie ö **178.6**

Tau aus Him-mels-höhn, / Heil, um das wir flehn, — Herr, er-bar-me dich.

Licht, das die Nacht er-hellt, / Trost der ver-lor'-nen Welt, — Chri-stus, er-bar-me dich.

Komm vom Him-mels-thron, / Je-sus, Men-schen-sohn, — Herr, er-bar-me dich.

Text: Maria Luise Thurmair 1952
Melodie: Herr, erbarme dich [Nr. 178.5]

Oster-Kyrie ö **178.7**

Der am Kreu-ze starb / und uns Heil er-warb, — Herr, er-bar-me dich.

Sie-ger im To-des-streit, / Kö-nig der Herr-lich-keit, — Chri-stus, er-bar-me dich.

Der den Tod be-zwingt / und das Le-ben bringt, — Herr, er-bar-me dich.

Text: Maria Luise Thurmair 1975
Melodie: Herr, erbarme dich [Nr. 178.5]

GOTTESDIENST

178.8 ö

Pfingst-Kyrie

Send uns dei-nen Geist, / der uns be-ten heißt,
Herr, er-bar-me dich.

Laß uns als Wai-sen nicht, / zeig uns des Trösters Licht,
Christus, erbarme dich.

Daß das Herz ent-brennt, / dei-nen Weg er-kennt,
Herr, er-bar-me dich.

Text: Maria Luise Thurmair 1974
Melodie: Herr, erbarme dich [Nr. 178.5]

178.9

Ky-ri-e e-lei-son, Ky-ri-e e-lei-son, Ky-ri-e e-le - i - son.

Melodie und Satz: orthodoxe Liturgie aus der Ukraine

LITURGISCHE GESÄNGE

ö 178.10

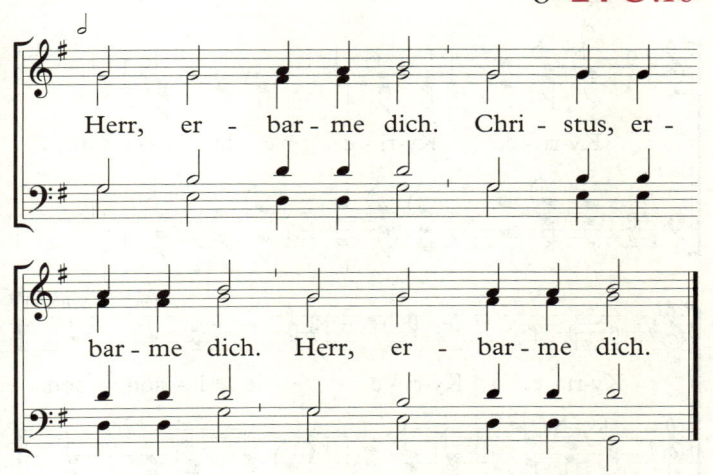

Herr, er - bar - me dich. Chri - stus, er - bar - me dich. Herr, er - bar - me dich.

Melodie und Satz: Josef Seuffert 1964

178.11

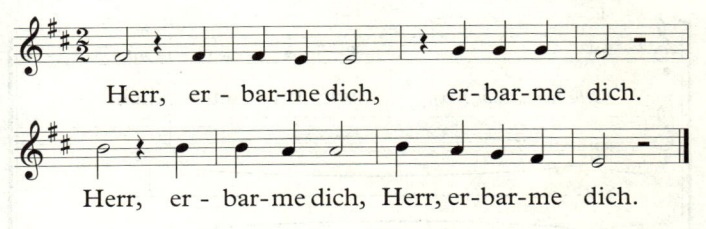

Herr, er - bar - me dich, er - bar - me dich.

Herr, er - bar - me dich, Herr, er - bar - me dich.

Melodie: Peter Janssens 1973

GOTTESDIENST
178.12

Ky-ri - e, Ky-ri - e e - le - i - son.

Forts. | *Schluß*

Ky-ri - e, Ky-ri - e e - le - i - son. son.

Ky-ri - e, Ky-ri - e e - le - i - son. son.

Gebetstext, schließt mit: ...wir bit - ten dich:

son

Melodie und Satz: Jacques Berthier, Taizé 1978

LITURGISCHE GESÄNGE

178.13

Ky - ri - e e - le - i - son, e - le - i - son.

Herr, er-bar-me dich, Herr, er-bar-me dich.

Chri - ste e - le - i - son, e - le - i - son.

Chri-ste, er-bar-me dich. Chri-ste er-bar-me dich.

Ky - ri - e e - le - i - son, e - le - i - son.

Herr, er - bar - me dich.

Herr, er - bar - me dich.

Melodie: Ewald Weiss 1983

GOTTESDIENST

178.14

1.+3. Ky - ri - e, Ky - ri - e, Ky - ri - e e - lei - son,
   2. Chri - ste, Chri - ste, Chri - ste e - lei - son,

Ky-ri - e e - lei - son, e - le - i - son!
Chri - ste e - lei - son, e - le - i - son!

Kanon für 4 Stimmen: Herbert Beuerle 1952

EHRE SEI GOTT IN DER HÖHE (GLORIA)

179 (Ö)

1. Al - lein Gott in der Höh sei Ehr und Dank für sei - ne Gna - de,
    dar - um daß nun und nim - mer - mehr uns rüh - ren kann kein Scha - de.

Ein Wohl-ge-falln Gott an uns hat; nun ist groß Fried ohn Un - ter - laß, all Fehd hat nun ein En - de.

2. Wir loben, preisn, anbeten dich; / für deine Ehr wir danken, / daß du, Gott Vater, ewiglich / regierst ohn alles Wanken. / Ganz ungemessn ist deine Macht, / allzeit geschieht, was du bedacht. / Wohl uns solch eines Herren!

3. O Jesu Christ, Sohn eingeborn / des allerhöchsten Vaters, / Versöhner derer, die verlorn, / du Stiller unsers Haders, / Lamm Gottes, heilger Herr und Gott: / nimm an die Bitt aus unsrer Not, / erbarm dich unser aller.

4. O Heiliger Geist, du höchstes Gut, / du allerheilsamst' Tröster: / vor Teufels G'walt fortan behüt, / die Jesus Christ erlöset / durch große Mart'r und bittern Tod; / abwend all unsern Jamm'r und Not! / Darauf wir uns verlassen.

Text: Nikolaus Decius (1523) 1525 nach dem
Gloria in excelsis Deo 4. Jh.; Str. 4: Joachim Slüter 1525
Melodie: Nikolaus Decius (1523) 1539 nach dem
Gloria einer Ostermesse 10. Jh.

Aber Gott, dem ewigen König,
dem Unvergänglichen und Unsichtbaren,
der allein Gott ist,
sei Ehre und Preis in Ewigkeit! Amen.

1. Timotheus 1, 17

GOTTESDIENST

180.1

Eh - re sei Gott in der Hö - he und auf Er - den Fried, den Men-schen ein Wohl-ge - fal - len. Wir lo - ben dich, wir beten dich an, wir prei-sen dich, wir sagen dir Dank um dei - ner gro - ßen Eh - re wil - len, Herr Gott, himm-li-scher Kö - nig, Gott, all - mäch-ti - ger Va - ter. Herr, ein - ge - bor-ner Sohn, Je - su Chri - ste, du Al - ler - höch - ster. Herr Gott, Lamm Got-tes, ein Sohn des Va-ters, der du hin-nimmst die Sünd der Welt: er-barm dich un - ser,

LITURGISCHE GESÄNGE

II
der du hinnimmst die Sünd der Welt: nimm an unser
I und II
Gebet, der du sitzest zu der Rechten des
I
Vaters: erbarm dich unser. Denn du bist allein
II   *I*
heilig, du bist allein der Herr, du bist allein
II
der Höchst, Jesu Christe, mit dem Heilgen
Geist in der Herrlichkeit Gott des Vaters.
I und II
A - - - - men.

Melodie: Straßburg 1524

GOTTESDIENST

180.2 ö

Gott in der Höh sei Preis und Ehr, den Menschen Fried auf Erden.
All-mächt'-ger Vater, höchster Herr, du sollst verherrlicht werden.
Herr Jesus Christus, Gottes Sohn, wir rühmen deinen Namen; du wohnst mit Gott dem Heil-gen Geist im Licht des Vaters. Amen.

Text: Ökumenische Fassung 1971 nach dem *Gloria in excelsis Deo* 4. Jh.
Melodie: Augsburg 1659

LITURGISCHE GESÄNGE

180.3

L Ehre sei Gott in der Höhe und Friede auf Erden bei den Menschen seines Wohlgefallens.

G Wir loben dich, wir beten dich an, wir preisen deine große Herrlichkeit.

L Wir sagen dir Dank um deiner großen Ehre willen, Herr Gott, himmlischer König, Gott, allmächtiger Vater.

G Wir loben dich, wir beten dich an, wir preisen deine große Herrlichkeit.

L Herr, eingeborner Sohn, Jesus Christus, du Allerhöchster. Herr Gott, Lamm Gottes, ein Sohn des Vaters, der du hinnimmst die Sünde der Welt, erbarme dich unser.

G Wir loben dich, wir beten dich an, wir preisen deine große Herrlichkeit.

L Du bist allein heilig. Du bist allein der Herr, du bist allein der Höchste, Jesus Christus, mit dem Heiligen Geist in der Herrlichkeit Gottes des Vaters.

G Wir loben dich, wir beten dich an, wir preisen deine große Herrlichkeit.

A - men.

Die L-Abschnitte können auch gesungen werden (gleichbleibender Ton oder Psalmton).

Melodie: Harald Göransson 1985

GOTTESDIENST

180.4

1. Al - lein Gott in der Höh sei Ehr
2. und Dank für sei - ne Gna - de.
3. So - li De - o glo - ri - a!

Dazu kann gesungen werden (Einsatz bei ↓):

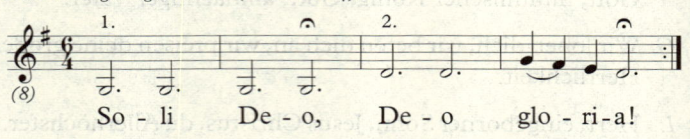

So - li De - o, De - o glo - ri - a!

Kanon für 3 Stimmen: Herbert Beuerle 1975 nach Nr. 179

LOBRUFE

181.1

Hal - le - lu - ja, Hal - le - lu - ja,
Hal - le - lu - ja, Hal - le - lu - ja.

Melodie: gregorianische Antiphon zum 5. Psalmton

LITURGISCHE GESÄNGE

ö 181.2

Hal - le - lu - ja, Hal - le - lu - ja, Hal - le - lu - ja.

Melodie: gregorianische Antiphon zum 8. Psalmton

ö 181.3

Hal - le - lu - ja, Hal - le - lu - ja, Hal - le - lu - ja.

Melodie: gregorianische Antiphon zum 6. oder 9. Psalmton

181.4

Hal - le - lu - ja, Hal - le - lu - ja,

Hal - le - lu - ja.

Melodie und Satz: orthodoxe Liturgie aus Kiew

GOTTESDIENST

181.5

Halleluja, Halleluja,
Halleluja, Halleluja,
Halleluja, Halleluja,
Halleluja, Halleluja!
Halleluja, Halleluja!
Halleluja, Halleluja!

Melodie und Satz: Abraham D. Maraire 1965

Gelobt sei der Herr, der Gott Israels,
von Ewigkeit zu Ewigkeit,
und alles Volk spreche: Amen!
Halleluja!

Psalm 106, 48

LITURGISCHE GESÄNGE

ö **181**.6

Lau - da - te om-nes gen - tes, lau - da - te Do - mi - num. Lau - da - te om-nes gen - tes, lau - da - te Do - mi - num!

Lob - singt, ihr Völ-ker al - le, lob - singt und preist den Herrn, lob - singt, ihr Völ-ker al - le, lob - singt und preist den Herrn.

Text: nach Psalm 117, 1
Melodie und Satz: Jacques Berthier, Taizé 1978

GOTTESDIENST

181.7 ö

Ju - bi - la - te De - o, ju - bi - la - te De - o. Hal - le - lu - ja, Hal - le - lu - ja, Hal - le - lu - ja, Hal - le - lu - ja, Hal - le - lu - ja.

Deutscher Text: Jauchzet Gott, dem Herren

Kanon für 6 Stimmen: Michael Praetorius 1610

181.8 ö

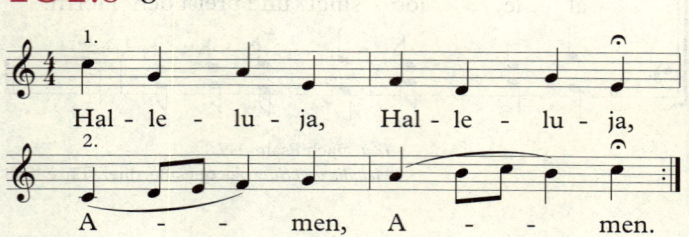

Hal - le - lu - ja, Hal - le - lu - ja,
A - men, A - men.

Kanon für 2 Stimmen: mündlich überliefert

LITURGISCHE GESÄNGE

182

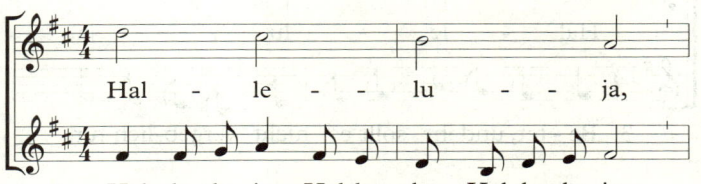

Hal - le - - lu - - ja,

1. Hal - le - lu - ja, Hal - le - lu -, Hal - le - lu - ja,
2. Su - chet zu - erst Got - tes Reich in die - ser Welt,

Hal - le - - lu - ja,

1. Hal - le - lu - ja, Hal - le - lu - ja.
2. sei - ne Ge - rech - tig - keit, A - men.

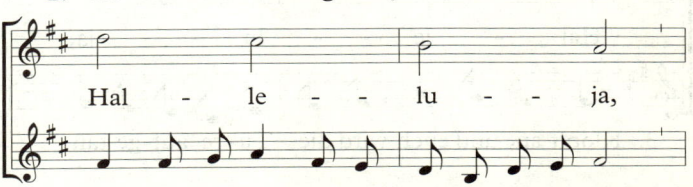

Hal - le - - lu - - ja,

1. Hal - le - lu - ja, Hal - le - lu -, Hal - le - lu - ja,
2. So wird euch al - les von ihm hin - zu - ge - fügt.

Hal - le - - lu - ja.

1. Hal - le - lu - ja, Hal - le - lu - ja.
2. Hal - le - lu - ja, Hal - le - lu - ja.

Mt 6, 33

GOTTESDIENST

Hal - le - lu - ja,

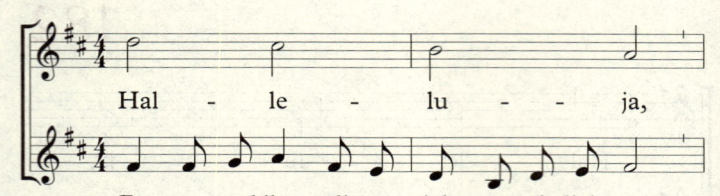

3. Be - tet, und ihr sollt es nicht vergeb-lich tun.

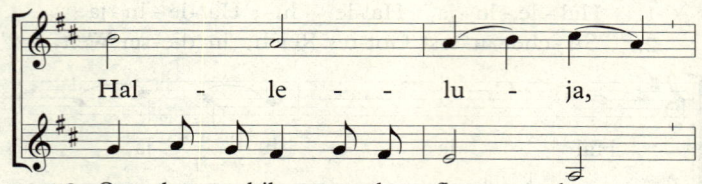

Hal - le - lu - ja,

3. Su - chet, und ihr wer-det fin - den.

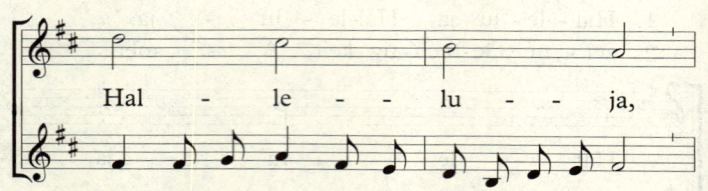

Hal - le - lu - ja,

3. Klopft an, und euch wird die Tü-re auf-ge-tan.

Hal - le - lu - ja.

3. Hal - le - lu - ja, Hal-le - lu - ja.

4. Laßt Gottes Licht durch euch scheinen in der Welt, / daß sie den Weg zu ihm findet / und sie mit euch jeden Tag Gott lobt und preist. / Halleluja, Halleluja! *Mt 5,16*

5. Ihr seid das Volk, das der Herr sich ausersehn. / Seid eines Sinnes und Geistes. / Ihr seid getauft durch den Geist zu einem Leib. / Halleluja, Halleluja. *1. Kor 12,13*

6. So wie die Körner, auf Erden weit verstreut, / zu einem Brote geworden, / so führt der Herr die zusammen, die er liebt. / Halleluja, Halleluja.

Weihnachten:
7. Freut euch, ihr Christen, verkündigt, was geschehn: / Gott gibt die Welt nicht verloren, / er läßt uns nicht in den Finsternissen stehn. / Christus, der Herr, ist geboren.

Ostern:
8. Freut euch, ihr Christen, erstanden ist der Herr: / er lebt, und wir sollen leben. / Not, Angst und Tod kann uns nicht besiegen mehr: / Gott hat den Sieg uns gegeben.

Pfingsten:
9. Freut euch, ihr Christen, nehmt wahr, was Gott verheißt, / daß wir im Dunkel nicht treiben: / Wahrheit und Licht und die Kraft, durch seinen Geist / in seiner Liebe zu bleiben.

Text: Str. 1–6 mündlich überliefert nach dem englischen
Seek ye first the kingdom of the Lord;
Str. 7–9 Gerhard Hopfer 1975
Melodie und Satz: aus den USA 20. Jh.

GOTTESDIENST

GLAUBENSBEKENNTNIS (CREDO)

183

1. Wir glau-ben all an ei-nen Gott,
2. Wir glau-ben auch an Je-sus Christ,
3. Wir glau-ben an den Heil-gen Geist,

Schöp-fer Him-mels und der Er - den, der sich zum
sei - nen Sohn und un-sern Her-ren, der e - wig
Gott mit Va - ter und dem Soh-ne, der al - ler

Va - ter ge-ben hat, daß wir sei - ne Kin - der
bei dem Va-ter ist, glei-cher Gott von Macht und
Schwa-chen Tröster heißt und mit Ga - ben zie - ret

wer - den. Er will uns all-zeit er - näh-ren,
Eh - ren, von Ma - ri - a, der Jung-frau-en,
schö - ne, die ganz Christen-heit auf Er - den

Leib und Seel auch wohl be-wahren al - lem Un-fall
ist ein wah-rer Mensch ge-bo-ren durch den Heil-gen
hält in ei-nem Sinn gar e - ben; hier all Sünd ver-

LITURGISCHE GESÄNGE

will er weh - ren, kein Leid soll uns wi - der-
Geist im Glau - ben; für uns, die wir warn ver-
ge - ben wer - den, das Fleisch soll auch wie - der

fah - ren. Er sor - get für uns, hüt'
lo - ren, am Kreuz ge - stor - ben und
le - ben. Nach die - sem E - lend ist

und wacht; es steht al - les in
vom Tod wieder auf - er - stan-
be - reit' uns ein Le - ben in

Nach der 3. Strophe: *oder:*

sei - ner Macht. A - - men. A - men.
den durch Gott.
E - wig - keit.

Text: Martin Luther 1524 nach einer lateinischen und
deutschen Strophe Breslau 1417 und Zwickau um 1500
Melodie: 15. Jh., Wittenberg 1524

GOTTESDIENST
184 ö

1. Wir glauben Gott im höchsten Thron,
wir glauben Christum, Gottes Sohn,
aus Gott geboren vor der Zeit,
allmächtig, allgebenedeit.

2. Wir glauben Gott, den Heilgen Geist, / den Tröster, der uns unterweist, / der fährt, wohin er will und mag, / und stark macht, was daniederlag.

3. Den Vater, dessen Wink und Ruf / das Licht aus Finsternissen schuf, / den Sohn, der annimmt unsre Not, / litt unser Kreuz, starb unsern Tod.

4. Der niederfuhr und auferstand, / erhöht zu Gottes rechter Hand, / und kommt am Tag, vorherbestimmt, / da alle Welt ihr Urteil nimmt.

5. Den Geist, der heilig insgemein / läßt Christen Christi Kirche sein, / bis wir, von Sünd und Fehl befreit, / ihn selber schaun in Ewigkeit.

A - men.

Text: Rudolf Alexander Schröder 1937
Melodie: Christian Lahusen (vor 1945) 1948

LITURGISCHE GESÄNGE

HEILIG, HEILIG, HEILIG (SANCTUS)

Jesaja 6, 3; Matthäus 21, 9

185.1

Hei-lig, hei-lig, hei-lig ist Gott, der Her-re Ze-ba-oth: voll sind Himmel und Er-de sei-ner Herr-lich-keit. Ho-si-an-na in der Hö-he. Ge-lo-bet sei, der da kommt im Na-men des Her-ren, Ho-si-an-na in der Hö-he.

Melodie: Neuenrade 1564 nach jüdischen Melodieformeln, christlich 12./13. Jh.

GOTTESDIENST

185.2

Heilig, heilig, heilig ist Gott, der Herre Zebaoth, alle Lande sind seiner Ehre voll. Hosianna in der Höhe. Gelobet sei, der da kommt im Namen des Herren. Hosianna in der Höhe.

Melodie: gregorianisch 13. Jh.

185.3

Heilig, heilig, heilig ist der Herr Zebaoth; alle Lande sind seiner Ehre voll. Hosianna in der Höhe.

LITURGISCHE GESÄNGE

Ge- lo - bet sei, der da kommt im Na - men des Herrn. Ho- si - an - na in der Hö - he.

Melodie: Steinau/Oder 1726

185.4

A - gi - os o The-os, a - gi - os is - chi - ros, a - gi - os a - tha - na - tos, e - le - i - son i - mas.
Hei - li - ger Her - re Gott, hei - li - ger star - ker Gott, hei - li - ger un - sterb-li-cher Gott, er - barm dich ü - ber uns.

Text, Melodie und Satz: orthodoxe Liturgie aus Griechenland

GOTTESDIENST

185.5

Sanc-tus, sanc-tus, sanc-tus,
sanc-tus, sanc-tus, sanc-tus. Ho-
san-na, ho-san-na, ho-san-na, ho-san-na, ho-
san-na, ho-san-na.

*am Schluß:

sanc - tus.
san - na.

Kanon für 4 Stimmen: mündlich überliefert

*Heilig, heilig, heilig ist der Herr Zebaoth,
alle Lande sind seiner Ehre voll!*

Jesaja 6, 3

LITURGISCHE GESÄNGE

(Ö) **190.2**

Chri-ste, du Lamm Got-tes, der du trägst die Sünd der Welt, er-barm dich un-ser. Chri-ste, du Lamm Got-tes, der du trägst die Sünd der Welt, er-barm dich un-ser. Chri-ste, du Lamm Got-tes, der du trägst die Sünd der Welt, gib uns dei-nen Frie-den. A - - - men.

Melodie: Martin Luther (1525) 1528

GOTTESDIENST

190.3

Lamm Got-tes, du nimmst hin-weg die Sünde der Welt: er-bar-me dich un-ser. Er-bar-me dich un-ser.

Lamm Got-tes, du nimmst hin-weg die Sün-de der Welt: gib uns dei-nen Frie-den. Gib uns dei-nen Frie-den.

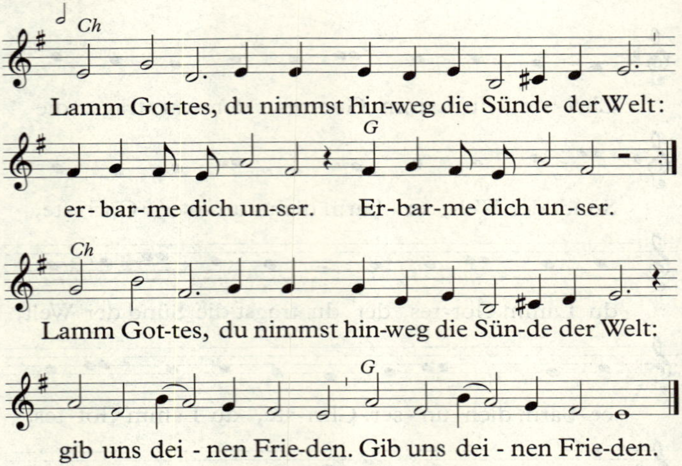

Melodie: Ewald Weiss 1983

190.4 ö

Sie - he, das ist Got-tes Lamm, das der Welt Sün-de trägt.

Die Stimmen schließen nacheinander.

Text: Johannes 1, 29
Kanon für 2 bis 6 Stimmen: Rolf Schweizer 1972

LITURGISCHE GESÄNGE

TE DEUM

191

I Herr Gott, dich lo - ben wir,

II Herr Gott, wir dan - ken dir.

Dich, Va - ter in E - wig - keit,

ehrt die Welt weit und breit.

All En - gel und Him - mels - heer

und was die - net dei - ner Ehr,

auch Che - ru - bim und Se - ra - phim

sin - gen im - mer mit ho - her Stimm:

»Hei - lig ist un - ser Gott,

hei - lig ist un - ser Gott,

I und II
hei - lig ist un - ser Gott, der Her - re Ze - ba - oth.«

(Jes 6, 2.3)

GOTTESDIENST

I

Dein gött-lich Macht und Herr-lich-keit
Der hei-li-gen zwölf Bo-ten Zahl
die teu-ren Mär-t'rer all-zu-mal
Die gan-ze wer-te Chri-sten-heit
Dich, Gott Va-ter im höch-sten Thron,
den heil-gen Geist und Trö-ster wert

II

geht über Him-mel und Er-den weit.
und die lie-ben Pro-phe-ten all,
lo-ben dich, Herr, mit gro-ßem Schall.
rühmt dich auf Er-den al-le Zeit.
dei-nen rech-ten und ein'-gen Sohn,
mit rech-tem Dienst sie lobt und ehrt.

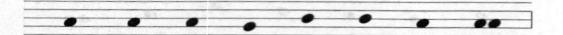

Du König der Eh-ren, Je-su Christ,
der Jung-frau Leib nicht hast ver-schmäht,
Du hast dem Tod zer-stört sein Macht
Du sitzt zur Rech-ten Got-tes gleich
Ein Rich-ter du zu-künf-tig bist

Gott Va-ters ew-ger Sohn du bist;
zu erlö-sen das mensch-lich Ge-schlecht.
und all Chri-sten zum Him-mel bracht.
mit al-ler Ehr ins Va-ters Reich.
al-les, das tot und le-bend ist.

LITURGISCHE GESÄNGE

I

Nun hilf uns, Herr, den Die-nern dein,

II

die mit deim teu'rn Blut er-lö-set sein;

laß uns im Him-mel ha-ben teil

mit den Heil-gen in ew-gem Heil.

Hilf dei-nem Volk, Herr Je-su Christ,

und seg-ne, das dein Erb-teil ist,

wart und pfleg ihr' zu al-ler Zeit

und heb sie hoch in E-wig-keit.

Täg-lich, Herr Gott, wir lo-ben dich

und ehrn dein' Na-men ste-tig-lich.

GOTTESDIENST

I

Be - hüt uns heut, o treu - er Gott,
Sei uns gnä - dig, o Her - re Gott,
Zeig uns dei - ne Barm-her - zig - keit,

II

vor al - ler Sünd und Mis - se - tat.
sei uns gnä - dig in al - ler Not.
wie un - sre Hoff-nung zu dir steht.

Auf dich hof - fen wir, lie - ber Herr,

in Schan-den laß uns nim - mer-mehr.

I und II

A - - men.

Text und Melodie: Martin Luther 1529 nach dem *Te Deum laudamus* 4. Jh.

LITURGISCHE GESÄNGE
LITANEI 192

V: Ky - ri - e
A: e - le - i - son.

Chri - ste e - le - i - son.

Ky - ri - e e - le - i - son.

Chri - ste, er - hö - re - uns.

V:
Herr Gott Va - ter im Him - mel,
Herr Gott Sohn, der Welt Hei - land,
Herr Gott Hei - li - ger Geist,

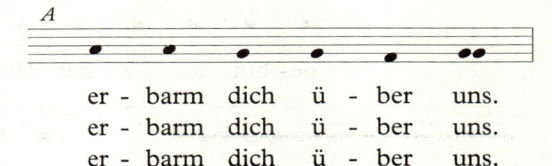

A:
er - barm dich ü - ber uns.
er - barm dich ü - ber uns.
er - barm dich ü - ber uns.

GOTTESDIENST

V

Sei uns gnä-dig, ver-schon uns, lie-ber Her-re Gott.
Sei uns gnä-dig, hilf uns, lie-ber Her-re Gott.

V

Vor allen Sünden, vor Verirrung und al-lem Ü-bel

A

be-hüt uns, lie-ber Her-re Gott.

Vor des Teufels Trug und List,
vor bösem, schnellem Tod,
vor Krieg und Blutvergießen,
vor Gewalt und Feindschaft,
vor Feuers- und Wassersnot, vor dem e-wi-gen Tod

be-hüt uns, lie-ber Her-re Gott.

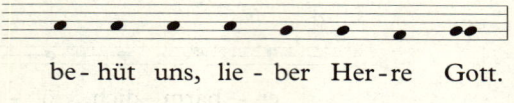

Durch deine heilige Geburt,
durch dein Kreuz und deinen Tod,
durch dein Aufer - - stehn und Him-mel-fahrt

hilf uns, lie-ber Her-re Gott.

LITURGISCHE GESÄNGE

In unserer letzten Not, im Jüngsten Gericht

hilf uns, lieber Herre Gott.

Wir bitten dich in unsern Nöten:

du wollst uns hören, lieber Herre Gott.

Und deine heilige christliche Kirche
regieren und führen,
alle Diener der Kirche im heilsamen
Wort und heiligen Leben erhalten,

erhör uns, lieber Herre Gott.

Allen Ärgernissen wehren,
alle Irrenden und Verführten wiederbringen,
den Satan unter unsere Füße treten,

erhör uns, lieber Herre Gott.

GOTTESDIENST

Treue Arbeiter in deine Ernte senden,
deinen Geist und Kraft zum Worte geben,
allen Betrübten und Verzagten helfen und sie trö-sten,

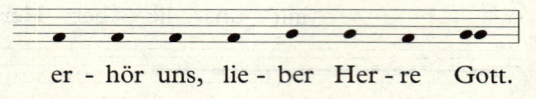

er - hör uns, lie - ber Her - re Gott.

Den Völkern Frieden und Eintracht geben,
alle, die uns regieren, leiten und schützen
und unsere Stadt (unseren Ort) segnen und be - hü - ten,

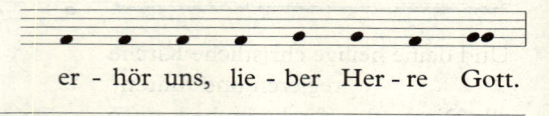

er - hör uns, lie - ber Her - re Gott.

Allen, die in Not und Gefahr sind,
mit Hilfe erscheinen,
allen Schwangeren und Stillenden
gesunde Kinder und Gedeihen geben,
allen Kranken, Einsamen und Gefange - nen bei-stehn,

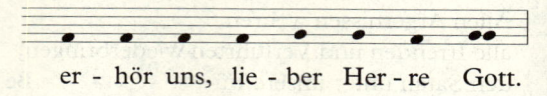

er - hör uns, lie - ber Her - re Gott.

LITURGISCHE GESÄNGE

Aller Menschen dich erbarmen,
den Verfolgern deiner Gemeinde
vergeben, die Lästerer zur Wahrheit be - keh - ren,

er - hör uns, lie - ber Her - re Gott.

Die Früchte auf dem Feld bewahren,
(unsere Deiche und Schleusen in Obhut nehmen,)
(unsere Bergwerke erhalten und segnen) *
und uns gnä - - - dig schüt-zen,

er - hör uns, lie - ber Her - re Gott.

O Je - su Christ, Got - tes Sohn,

er - hör uns, lie - ber Her - re Gott.

Hier können weitere Gebetsanliegen eingefügt werden.

GOTTESDIENST

V

O du Gottes-lamm, das der Welt Sün-de trägt,
O du Gottes-lamm, das der Welt Sün-de trägt,
O du Gottes-lamm, das der Welt Sün-de trägt,

A

er - barm dich ü - ber uns.
er - barm dich ü - ber uns.
ver - leih uns ste - ten Fried.

V   *A*

Chri - ste,   er - hö - re uns.

Ky - ri - e   e - le - i - son.

Chri - ste   e - le - i - son.

A

Ky-ri-e e-le-i-son. A - - men.

Text und Melodie: Martin Luther 1529 nach einer mittelalterlichen Litanei

Wort Gottes

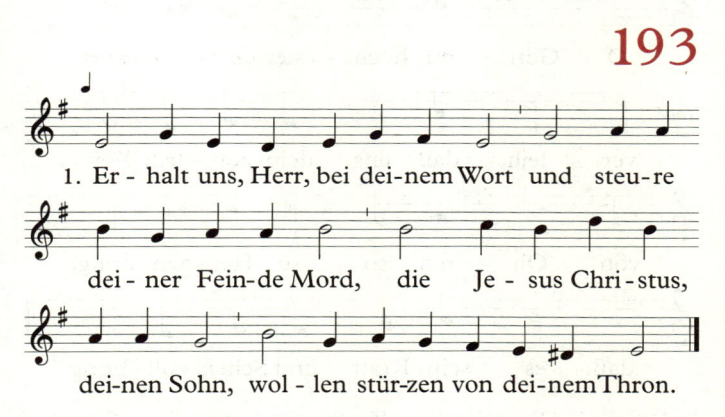

193

1. Er-halt uns, Herr, bei deinem Wort und steure deiner Feinde Mord, die Jesus Christus, deinen Sohn, wollen stürzen von deinem Thron.

2. Beweis dein Macht, Herr Jesu Christ, / der du Herr aller Herren bist, / beschirm dein arme Christenheit, / daß sie dich lob in Ewigkeit.

3. Gott Heilger Geist, du Tröster wert, / gib deim Volk einerlei Sinn auf Erd, / steh bei uns in der letzten Not, / g'leit uns ins Leben aus dem Tod.

Text und Melodie: Martin Luther 1543
[Melodie nach Nr. 4]

GOTTESDIENST
194

1. O Gott, du höchster Gnadenhort,
verleih, daß uns dein göttlich Wort
von Ohren so zu Herzen dring,
daß es sein Kraft und Schein vollbring.

2. Der einig Glaub ist diese Kraft, / der fest an Jesus Christus haft'; / die Werk der Lieb sind dieser Schein, / dadurch wir Christi Jünger sein.

3. Verschaff bei uns auch, lieber Herr, / daß wir durch deinen Geist je mehr / in dein'r Erkenntnis nehmen zu / und endlich bei dir finden Ruh.

Text: Konrad Hubert 1545
Melodie: Herr Jesu Christ, dich zu uns wend [Nr. 155]

WORT GOTTES

195

1. Allein auf Gottes Wort will ich mein Grund und Glauben bauen.
Das soll mein Schatz sein ewiglich, dem ich allein will trauen.
Auch menschlich Weisheit will ich nicht dem göttlich Wort vergleichen,
was Gottes Wort klar spricht und richt', dem soll doch alles weichen.

2. Alleine Christus ist mein Trost, / der für mich ist gestorben, / mich durch sein Blut vom Tod erlöst, / die Seligkeit erworben. / Hat meine Sünd getragen gar, / bezahlt an seinem Leibe, / das ist vor Gott gewißlich wahr, / hilf Gott, daß ich's fest glaube.

3. Gott Vater, Sohn und Heilger Geist, / hilf, daß mein Glaub dich preise. / Mein Fleisch dem Geist Gehorsam leist, / des Glaubens Frucht beweise. / Hilf, Herre Christ, aus aller Not, / wenn ich von hinnen scheide, / und führe mich auch aus dem Tod / zur Seligkeit und Freude.

Text: Johann Walter 1566
Melodie: 15. Jh.; geistlich Wittenberg 1526
O Herre Gott, dein göttlich Wort

GOTTESDIENST

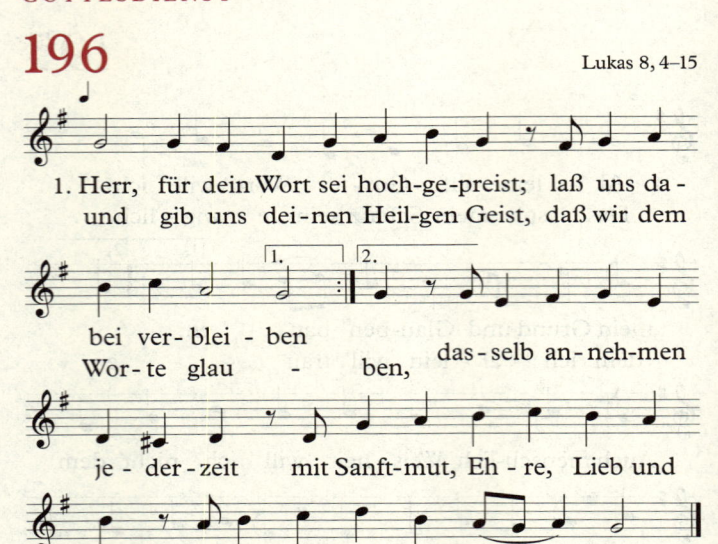

196

Lukas 8, 4–15

1. Herr, für dein Wort sei hoch-ge-preist; laß uns da-bei ver-blei-ben
und gib uns dei-nen Heil-gen Geist, daß wir dem Wor-te glau-ben,
das-selb an-neh-men je-der-zeit mit Sanft-mut, Eh-re, Lieb und Freud
als Got-tes, nicht der Men-schen.

2. Öffn uns die Ohren und das Herz, / daß wir das Wort recht fassen, / in Lieb und Leid, in Freud und Schmerz / es aus der Acht nicht lassen; / daß wir nicht Hörer nur allein / des Wortes, sondern Täter sein, / Frucht hundertfältig bringen.

3. Am Weg der Same wird sofort / vom Teufel hingenommen; / in Fels und Steinen kann das Wort / die Wurzel nicht bekommen; / der Same, der in Dornen fällt, / von Sorg und Lüsten dieser Welt / verdirbet und ersticket.

4. Ach hilf, Herr, daß wir werden gleich / dem guten, fruchtbarn Lande / und sein an guten Werken reich / in unserm Amt und Stande, / viel Früchte bringen in Geduld, / bewahren deine Lehr und Huld / in feinem, gutem Herzen.

5. Dein Wort, o Herr, laß allweg sein / die Leuchte unsern Füßen; / erhalt es bei uns klar und rein; / hilf, daß wir draus genießen / Kraft, Rat und Trost in aller Not, / daß wir im Leben und im Tod / beständig darauf trauen. *Ps 119, 105*

6. Gott Vater, laß zu deiner Ehr / dein Wort sich weit ausbreiten. / Hilf, Jesu, daß uns deine Lehr / erleuchten mög und leiten. / O Heilger Geist, dein göttlich Wort / laß in uns wirken fort und fort / Glaub, Lieb, Geduld und Hoffnung.

Text: David Denicke 1659
Melodie: Johann Walter 1524
Es spricht der Unweisen Mund wohl

Herr, unser Gott! Wir danken dir, daß dein lebendiges Wort
in diese Welt und auch zu uns gekommen ist.
Erhalte uns, daß wir seine Hörer bleiben und täglich neu werden.
Gib, daß es aufwecke die Schlafenden,
daß es tröste die Betrübten, daß es zurechtweise die Irrenden,
daß es unser aller Sünden bedecke
und uns alle aufrufe zu einem Leben in der Liebe
und in der Hoffnung, das dir wohlgefällig sei.

Karl Barth

GOTTESDIENST

197

1. Herr, öff-ne mir die Her-zens-tür,
zieh mein Herz durch dein Wort zu dir,
laß mich dein Wort be-wah-ren rein,
laß mich dein Kind und Er-be sein.

2. Dein Wort bewegt des Herzens Grund, / dein Wort macht Leib und Seel gesund, / dein Wort ist's, das mein Herz erfreut, / dein Wort gibt Trost und Seligkeit.

3. Ehr sei dem Vater und dem Sohn, / dem Heilgen Geist in einem Thron; / der Heiligen Dreieinigkeit / sei Lob und Preis in Ewigkeit.

Text: Johann Olearius 1671; Str. 3 wie Nr. 155 Str. 4
Melodie: Herr Jesu Christ, dich zu uns wend [Nr. 155]

WORT GOTTES

198

Andere Melodie: *Herz und Herz vereint zusammen* [Nr. 251]

1. Herr, dein Wort, die edle Gabe, diesen Schatz erhalte mir;
denn ich zieh es aller Habe und dem größten Reichtum für.
Wenn dein Wort nicht mehr soll gelten, worauf soll der Glaube ruhn?
Mir ist's nicht um tausend Welten, aber um dein Wort zu tun.

2. Halleluja, Ja und Amen! / Herr, du wollest auf mich sehn, / daß ich mög in deinem Namen / fest bei deinem Worte stehn. / Laß mich eifrig sein beflissen, / dir zu dienen früh und spat / und zugleich zu deinen Füßen / sitzen, wie Maria tat.

Lk 10, 39

Text: Str. 1 Nikolaus Ludwig von Zinzendorf 1725;
Str. 2 Christian Gregor 1778 nach Joachim Neander 1680
Melodie: O Durchbrecher aller Bande [Nr. 388]

GOTTESDIENST
199 ö

1. Gott hat das erste Wort. Es schuf aus Nichts die Welten und wird allmächtig gelten und gehn von Ort zu Ort.

Joh 1, 1–3

2. Gott hat das erste Wort. / Eh wir zum Leben kamen, / rief er uns schon mit Namen / und ruft uns fort und fort.

3. Gott hat das letzte Wort, / das Wort in dem Gerichte / am Ziel der Weltgeschichte, / dann an der Zeiten Bord.

4. Gott hat das letzte Wort. / Er wird es neu uns sagen / dereinst nach diesen Tagen / im ewgen Lichte dort.

5. Gott steht am Anbeginn, / und er wird alles enden. / In seinen starken Händen / liegt Ursprung, Ziel und Sinn.

Text: **Markus Jenny 1970** nach dem niederländischen
God heeft het eerste woord von Jan Wit 1965
Melodie: Gerard Kremer (1959) 1965

WORT GOTTES

1. God heeft het eerste woord. Hij heeft in den beginne het licht doen overwinnen, Hij spreekt nog altijd voort.

2. God heeft het eerste woord. / Voor wij ter wereld kwamen, / riep Hij ons reeds bij name, / zijn roep wordt nog gehoord.

3. God heeft het laatste woord. / Wat Hij van oudsher zeide, / wordt aan het eind der tijden / in heel zijn rijk gehoord.

4. God staat aan het begin / en Hij komt aan het einde. / Zijn woord is van het zijnde / oorsprong en doel en zin.

Himmel und Erde werden vergehen;
meine Worte aber werden nicht vergehen.

Markus 13, 31

Taufe und Konfirmation

200

1. Ich bin getauft auf deinen Namen, Gott Vater, Sohn und Heilger Geist; ich bin gezählt zu deinem Samen, zum Volk, das dir geheiligt heißt. Ich bin in Christus eingesenkt, ich bin mit seinem Geist beschenkt.

2. Du hast zu deinem Kind und Erben, / mein lieber Vater, mich erklärt; / du hast die Frucht von deinem Sterben, / mein treuer Heiland, mir gewährt; / du willst in aller Not und Pein, / o guter Geist, mein Tröster sein.

3. Doch hab ich dir auch Furcht und Liebe, / Treu und Gehorsam zugesagt; / ich hab, o Herr, aus reinem Triebe / dein Eigentum zu sein gewagt; / hingegen sagt ich bis ins Grab / des Satans schnöden Werken ab.

TAUFE UND KONFIRMATION

202

Andere Melodie: *Es wolle Gott uns gnädig sein* [Nr. 280]

1. Christ, unser Herr, zum Jordan kam nach seines Vaters Willen, von Sankt Johann die Taufe nahm, sein Werk und Amt zu erfüllen. Da wollt er stiften uns ein Bad, zu waschen uns von Sünden, ersäufen auch den bittern Tod durch sein selbst Blut und Wunden, es galt ein neues Leben.

Mt 3,13–17

2. So hört und merket alle wohl, / was Gott selbst Taufe nennet, / und was ein Christe glauben soll, / der sich zu ihm bekennet. / Gott spricht und will, daß Wasser sei, / doch nicht allein schlicht Wasser, / sein heilig Wort ist auch dabei / mit reichem Geist ohn Maßen: / der ist allhier der Täufer.

GOTTESDIENST

3. Solchs hat er uns gezeiget klar / mit Bildern und mit Worten. / Des Vaters Stimm man offenbar / daselbst am Jordan hörte; / er sprach: »Das ist mein lieber Sohn, / an dem ich hab Gefallen; / den will ich euch befohlen han, / daß ihr ihn höret alle / und folget seinem Lehren.«

4. Auch Gottes Sohn hier selber steht / in seiner zarten Menschheit, / der Heilig Geist herniederfährt / in Taubenbild verkleidet, / daß wir nicht sollen zweifeln dran: / wenn wir getaufet werden, / all drei Person' getaufet han, / dadurch bei uns auf Erden / zu wohnen sich begeben.

5. Sein Jünger heißt der Herre Christ: / »Geht hin, all Welt zu lehren, / daß sie verlorn in Sünden ist, / sich soll zur Buße kehren; / wer glaubet und sich taufen läßt, / soll dadurch selig werden; / ein neugeborner Mensch er heißt, / der nicht mehr könne sterben, / das Himmelreich soll erben.«   *Mk 16,15*

6. Wer nicht glaubt dieser großen Gnad, / der bleibt in seinen Sünden / und ist verdammt zum ewgen Tod / tief in der Höllen Grunde. / Nichts hilft sein eigen Heiligkeit, / all sein Tun ist verloren, / die Erbsünd macht's zur Nichtigkeit, / darin er ist geboren, / vermag sich selbst nicht helfen.

7. Das Aug allein das Wasser sieht, / wie Menschen Wasser gießen; / der Glaub im Geist die Kraft versteht / des Blutes Jesu Christi; / und ist vor ihm ein rote Flut, / von Christi Blut gefärbet, / die allen Schaden heilen tut, / von Adam her geerbet, / auch von uns selbst begangen.

Text: Martin Luther (1541) 1543
Melodie: Martin Luther (?) 1524

TAUFE UND KONFIRMATION

203

1. Ach lieber Herre Jesu Christ,
der du ein Kindlein worden bist,
von einer Jungfrau rein geborn,
daß wir nicht möchten sein verlorn,

2. du hast die Kinder nicht veracht', / da sie sind worden zu dir bracht, / du hast dein Händ auf sie gelegt, / sie schön umfangen und gesagt:

3. »Die Kinder lasset kommen her / zu mir, ihn' niemand solches wehr, / denn solcher ist das Himmelreich, / die man mir bringt, beid, arm und reich.« *Mk 10, 13–16*

4. Ich bitt, laß dir befohlen sein, / ach lieber Herr, dies Kindelein, / behüte es vor allem Leid / und alle in der Christenheit.

5. Durch deine Engel es bewahr / vor Unfall, Schaden und Gefahr; / erbarm dich seiner gnädiglich, / gib deinen Segen mildiglich.

6. Gib Gnad, daß es gerate wohl / zu deinen Ehrn und Wohlgefalln, / auf daß es hier gottseliglich, / hernach auch lebe ewiglich.

Text: Johannes Freder (um 1555) 1565 niederdeutsch
Melodie: bei Johannes Eccard 1597, Königsberg 1602,
Leipzig 1625 *O Jesu Christ, meins Lebens Licht*

GOTTESDIENST
204

1. Herr Christ, dein bin ich eigen: von Anbeginn der Welt, / aus-erwählt dein Güte zu erzeigen, hast du mich und mich auch lassen nennen nach deinem Namen wert; den will ich auch bekennen fort-hin auf dieser Erd.

2. Herr Christ, dein bin ich eigen: / durch dein Allmächtigkeit, / dein Güte zu erzeigen, / beschirmst du mich allzeit. / In meinen jungen Jahren / hast du mich, Herr, ernährt, / laß mir's auch widerfahren, / wenn ich nun älter werd.

3. Herr Christ, dein bin ich eigen: / den Glauben schenkst du mir, / dein Güte zu erzeigen, / daß ich halt fest an dir. / Den Teufel, Welt und Sünden, / weil sie sind wider mich, / hilf du mir überwinden, / das bitt ich inniglich.

4. Herr Christ, dein bin ich eigen: / im Leben und im Tod; / wirst mir dein Güt erzeigen / auch in des Todes Not, / daß sanft und still abscheide / die Seel von meinem Leib / zu dir ins Himmels Freude / und bei dir ewig bleib.

Text: Christiana Cunrad (vor 1625) 1644
Melodie: Augsburg 1621

TAUFE UND KONFIRMATION

205

1. Gott Vater, höre unsre Bitt:
teil diesem Kind den Segen mit,
erzeig ihm deine Gnade,
laß's sein dein Kind, nimm weg sein Sünd,
daß ihm dieselb nicht schade.

2. Herr Christe, nimm es gnädig auf / durch dieses Bad der Heilgen Tauf / zu deinem Glied und Erben, / damit es dein mög allzeit sein / im Leben und im Sterben.

3. Und du, o werter Heilger Geist, / samt Vater und dem Sohn gepreist, / wollst gleichfalls zu uns kommen, / damit jetzund in deinen Bund / es werde aufgenommen.

4. O Heilige Dreieinigkeit, / dir sei Lob, Ehr und Dank bereit' / für diese große Güte. / Gib, daß dafür wir dienen dir; / vor Sünden uns behüte.

Text: Johann Bornschürer 1676
Melodie: In dich hab ich gehoffet, Herr [Nr. 275]

GOTTESDIENST
206

1. Liebster Jesu, wir sind hier,
dir und deinem Wort zu leben;*
[gesungen: dieses Kindlein kommt zu dir, / weil du den Befehl gegeben,]
daß man sie zu dir hinführe,
denn das Himmelreich ist ihre.

2. Ja, es schallet allermeist / dieses Wort in unsern Ohren: / »Wer durch Wasser und durch Geist / nicht zuvor ist neu geboren, / wird von dir nicht aufgenommen / und in Gottes Reich nicht kommen.« *Joh 3, 5*

3. Darum eilen wir zu dir; / nimm das Pfand von unsern Armen; / tritt mit deinem Glanz herfür / und erzeige dein Erbarmen, / daß es dein Kind hier auf Erden / und im Himmel möge werden.

4. Hirte, nimm das Schäflein an; / Haupt, mach es zu deinem Gliede; / Himmelsweg, zeig ihm die Bahn; / Friedefürst, sei du sein Friede; / Weinstock, hilf, daß diese Rebe / auch im Glauben dich umgebe.

TAUFE UND KONFIRMATION

5. Nun wir legen an dein Herz, / was vom Herzen ist gegangen. / Führ die Seufzer himmelwärts / und erfülle das Verlangen; / ja den Namen, den wir geben, / schreib ins Lebensbuch zum Leben.

Text: **Benjamin Schmolck 1704**
Melodie: Liebster Jesu, wir sind hier [Nr. 161]

ö 207

1. Nun schreib ins Buch des Lebens, Herr, ihre Namen ein, und laß sie nicht vergebens dir zugeführet sein.

Offb 20, 12

2. Ach präge jedem Kinde / dein Wort recht tief ins Herz, / daß es, bewahrt vor Sünde, / dir dien in Freud und Schmerz.

3. Du, der du selbst das Leben, / der Weg, die Wahrheit bist, / uns allen wollst du geben / dein Heil, Herr Jesu Christ.

Joh 14, 6

Text: Straßburg 1850
Melodie: Christus, der ist mein Leben [Nr. 516]

GOTTESDIENST

208

1. Gott Vater, du hast deinen Namen
in deinem lieben Sohn verklärt
und uns, so oft wir zu dir kamen,
die Vatergnade neu gewährt.

2. So rufe dieses Kind mit Namen, / das nun nach deinem Sohne heißt. / Wir glauben, du Dreiein'ger! Amen! / Zum Wasser gabst du Wort und Geist.

3. Erhalte uns bei deinem Namen! / Dein Sohn hat es für uns erfleht. / Geist, Wort und Wasser mach zum Samen / der Frucht des Heils, die nie vergeht!

Text: Jochen Klepper 1941
Melodie: Johannes Petzold 1948

TAUFE UND KONFIRMATION

209

1. Ich möcht', daß einer mit mir geht, der's Leben kennt, der mich versteht, der mich zu allen Zeiten kann geleiten. Ich möcht', daß einer mit mir geht.

2. Ich wart', daß einer mit mir geht, / der auch im Schweren zu mir steht, / der in den dunklen Stunden / mir verbunden. / Ich wart', daß einer mit mir geht.

3. Es heißt, daß einer mit mir geht, / der's Leben kennt, der mich versteht, / der mich zu allen Zeiten / kann geleiten. / Es heißt, daß einer mit mir geht.

4. Sie nennen ihn den Herren Christ, / der durch den Tod gegangen ist; / er will durch Leid und Freuden / mich geleiten. / Ich möcht', daß er auch mit mir geht.

Text und Melodie: Hanns Köbler 1964

GOTTESDIENST

210

1. Du hast mich, Herr, zu dir gerufen,
2. Wie du gestorben und erstanden,
3. Gib meinem Leben große Freude
4. Wenn Angst und Zweifel in mir wachsen,
5. Herr, sende mich wie deine Jünger,

1. und in der Taufe bekenn ich dich.
2. sterb und erstehe ich, Herr, mit dir.
3. und Kraft, für andere da zu sein.
4. dann schenke du mir neuen Mut.
5. und gehe du mir selbst voran.

1.-5. Ich will dir folgen, will bei dir bleiben
und will dir treu sein; gib du mir Kraft.

Text und Melodie: Otmar Schulz (1974) 1978

Fürchte dich nicht, denn ich habe dich erlöst;
ich habe dich bei deinem Namen gerufen;
du bist mein!

Jesaja 43, 1

TAUFE UND KONFIRMATION

211

1. Gott, der du alles Leben schufst
und uns durch Christus zu dir rufst,
wir danken dir für dieses Kind
und alles Glück, das nun beginnt.

2. Wir bitten dich, Herr Jesu Christ, / weil du ein Freund der Kinder bist, / nimm dich des jungen Lebens an, / daß es behütet wachsen kann.

3. Eh wir entscheiden Ja und Nein, / gilt schon für uns: gerettet sein. / Dank sei dir, daß das Heil der Welt / nicht mit uns selber steht und fällt.

4. So segne nun auch dieses Kind / und die, die seine Nächsten sind. / Wo Schuld belastet, Herr, verzeih. / Wo Angst bedrückt, mach Hoffnung frei.

5. Gott, der du durch die Taufe jetzt / im Glauben einen Anfang setzt, / gib auch den Mut zum nächsten Schritt. / Zeig uns den Weg und geh ihn mit.

Text: Detlev Block 1978
Melodie: O Jesu Christe, wahres Licht [Nr. 72]

GOTTESDIENST

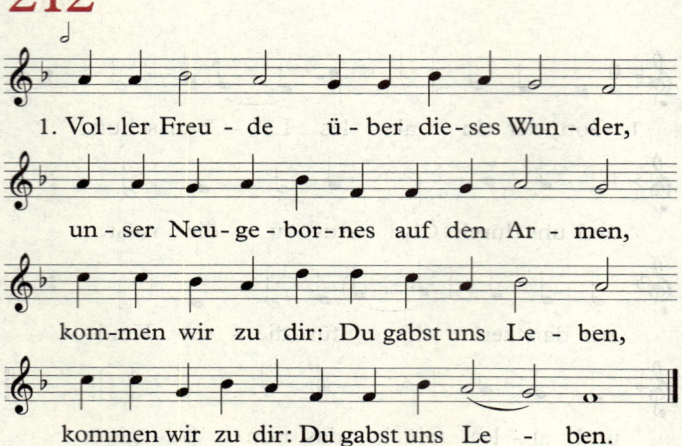

212

1. Voller Freude über dieses Wunder,
unser Neugebornes auf den Armen,
kommen wir zu dir: Du gabst uns Leben,
kommen wir zu dir: Du gabst uns Leben.

2. Bange vor der unbekannten Zukunft / legen wir dies Kind in deine Arme. / Du willst taufen. Das gibt uns Gewißheit. / Du willst taufen. Das gibt uns Gewißheit.

3. Staunend hören wir: Du bist ganz nahe. / Der das Weltall trägt mit seinen Tiefen, / wartet auf die Kleinen und empfängt uns, / wartet auf die Kleinen und empfängt uns.

4. Deine Liebe wirkt die neue Schöpfung, / öffnet, die sonst fest verschlossen wären, / eint im Glauben uns mit deinem Christus, / eint im Glauben uns mit deinem Christus.

5. Unsre Zeit kommt bald an ihre Grenze, / aber deine Taufversprechen bleiben. / Wir verlöschen. Deine Kerze leuchtet. / Wir verlöschen. Deine Kerze leuchtet.

6. Du bist reicher, als wir sagen können. / Hilf uns, daß wir aus der Taufe leben: / staunend, unerschrocken, voller Freude, / staunend, unerschrocken, voller Freude.

Text: Jürgen Henkys 1982 nach dem norwegischen
Fylt av glede over livets under von Svein Ellingsen (1971) 1973
Melodie: Egil Hovland 1977

Es sollen wohl Berge weichen und Hügel hinfallen,
aber meine Gnade soll nicht von dir weichen,
und der Bund meines Friedens soll nicht hinfallen,
spricht der Herr, dein Erbarmer.

Jesaja 54,10

Abendmahl

213

1. Kommt her, ihr seid geladen, der Heiland rufet euch; der süße Herr der Gnaden, an Huld und Liebe reich, der Erd und Himmel lenkt, will Gastmahl mit euch halten und wunderbar gestalten, was er in Liebe schenkt.

Lk 14, 17

2. Kommt her, verzagte Sünder, / und werft die Ängste weg, / kommt her, versöhnte Kinder, / hier ist der Liebesweg. / Empfangt die Himmelslust, / die heilge Gottesspeise, / die auf verborgne Weise / erquicket jede Brust.

ABENDMAHL

zum Tod, daß wir da-durch le-ben. Nicht größre
daß wir gehn auf sei-nen We-gen in rechter

Gü - te konn-te er uns schen-ken, da - bei wir
Lieb und brü-der-li-cher Treu - e, daß uns die

sein solln ge-den-ken. Ky - ri - e - le - i - son.
Speis nicht ge-reu - e. Ky - ri - e - le - i - son.

Herr, dein Lieb so groß dich zwungen hat, daß
Herr, dein Hei - lig Geist uns nim-mer laß, der

dein Blut an uns groß Wun - der tat
uns geb zu hal - ten rech - te Maß,

und be-zahlt un - sre Schuld, daß uns Gott ist
daß dein arm Chri-sten-heit leb in Fried und

wor - den hold. Ky - ri - e - le - i - son.
Ei - nig-keit. Ky - ri - e - le - i - son.

Text: Str. 1 Medingen um 1350; Str. 2 – 3 Martin Luther 1524
Melodie: Mainz um 1390, Wittenberg 1524

GOTTESDIENST

215

1. Jesus Christus, unser Heiland, der von uns den Gotteszorn wandt, durch das bitter Leiden sein half er uns aus der Höllen Pein.

2. Daß wir nimmer des vergessen, / gab er uns sein' Leib zu essen, / verborgen im Brot so klein, / und zu trinken sein Blut im Wein.

3. Du sollst Gott den Vater preisen, / daß er dich so wohl wollt speisen / und für deine Missetat / in den Tod sein' Sohn geben hat.

4. Du sollst glauben und nicht wanken, / daß's ein Speise sei den Kranken, / den' ihr Herz von Sünden schwer / und vor Angst ist betrübet sehr.

5. Er spricht selber: »Kommt, ihr Armen, / laßt mich über euch erbarmen; / kein Arzt ist dem Starken not, / sein Kunst wird an ihm gar ein Spott.

6. Hättst du dir was 'konnt erwerben, / was braucht ich für dich zu sterben? / Dieser Tisch auch dir nicht gilt, / so du selber dir helfen willt.«

ABENDMAHL

7. Glaubst du das von Herzensgrunde / und bekennest mit dem Munde, / so du bist recht wohlgeschickt, / und die Speise dein Seel erquickt.

8. Die Frucht soll auch nicht ausbleiben: / deinen Nächsten sollst du lieben, / daß er dein genießen kann, / wie dein Gott hat an dir getan.

Text: Martin Luther 1524 teilweise nach dem Hymnus
Jesus Christus nostra salus des Johann von Jenstein vor 1400
Melodie: Hohenfurt 1410, Erfurt 1524

216

Du hast uns Leib und Seel ge-speist;
daß un-ser Glaub und Lieb dich preist,
nun gib uns, so zu le - ben,
die uns dein Gnad will ge - ben;
daß durch dein Treu die Sünd uns reu, für die
dein Sohn ver-gos-sen sein teu-res Blut, das uns
zu-gut den Himmel hat er-schlos-sen.

Text: Thomas Blarer um 1533/34
Melodie: Was mein Gott will, gescheh allzeit [Nr. 364]

GOTTESDIENST

217

1. Herr Je-su Chri-ste, mein ge-treu-er Hir-te, komm, mit Gna-den mich be-wir-te. Ky-ri-e-le-i-son. Dein arm Schäf-lein wol-lest du wei-den auf Is-ra-els Ber-gen mit Freu-den und zum fri-schen Was-ser führn, da das Le-ben her tut rührn. Ky-ri-e-le-i-son.

Bei dir al-lei-ne find ich Heil und Le-ben, was mir fehlt, kannst du mir ge-ben.

Ps 23

2. All ander Speis und Trank ist ganz vergebens, / du bist selbst das Brot des Lebens, / kein Hunger plaget den, der von dir isset, / alles Jammers er vergisset. / Kyrieleison. / Du bist die lebendige Quelle, / zu dir ich mein Herzkrüglein stelle; / laß mit Trost es fließen voll, / so wird meiner Seele wohl. / Kyrieleison.

ABENDMAHL

3. Laß mich recht trauern über meine Sünde, / doch den Glauben auch anzünde, / den wahren Glauben, mit dem ich dich fasse, / mich auf dein Verdienst verlasse. / Kyrieleison. / Gib mir ein recht bußfertig Herze, / daß ich mit der Sünde nicht scherze / noch durch falsche Sicherheit / mich bring um die Seligkeit. / Kyrieleison.

4. Du rufest alle, Herr, zu dir in Gnaden, / die mühselig und beladen; / all ihre Missetat willst du verzeihen, / ihrer Bürde sie befreien. / Kyrieleison. / Ach komm selbst, leg an deine Hände / und die schwere Last von mir wende, / mache mich von Sünden frei, / dir zu dienen Kraft verleih. / Kyrieleison. *Mt 11, 28*

Text: Johann Heermann 1630
Melodie: Gott sei gelobet und gebenedeiet [Nr. 214]

Allmächtiger Gott, himmlischer Vater,
da wir allein in Jesus Christus, deinem lieben Sohn,
dir wohlgefallen können,
so laß uns in diesem Mahl
die Gemeinschaft mit unserm Herrn
in Glauben und Dankbarkeit empfangen.
Tröste uns durch deine ewige Güte und stärke uns im neuen Leben.
Hilf, daß wir dir in Treue und Gehorsam dienen
zum Preis deines göttlichen Namens und zur Auferbauung
deiner Gemeinde.

Martin Bucer

GOTTESDIENST
218

1. Schmük-ke dich, o lie-be See-le, laß die dunk-le Sün-den-höh-le, komm ans hel-le Licht ge-gan-gen, fan-ge herr-lich an zu pran-gen! Denn der Herr voll Heil und Gna-den will dich jetzt zu Ga-ste la-den; der den Him-mel kann ver-wal-ten, will jetzt Her-berg in dir hal-ten.

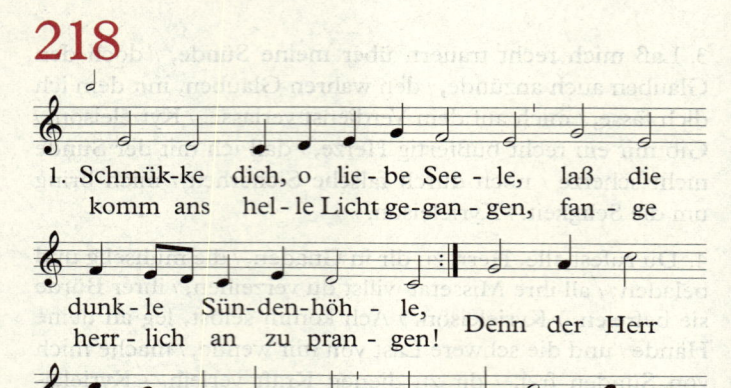

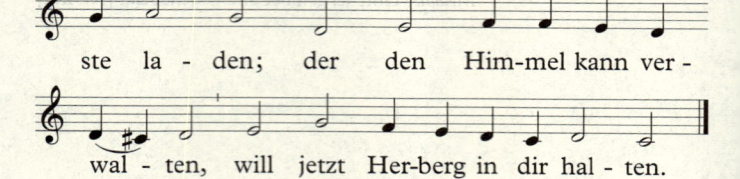

2. Ach wie hungert mein Gemüte, / Menschenfreund, nach deiner Güte; / ach wie pfleg ich oft mit Tränen / mich nach deiner Kost zu sehnen; / ach wie pfleget mich zu dürsten / nach dem Trank des Lebensfürsten, / daß in diesem Brot und Weine / Christus sich mit mir vereine.

3. Heilge Freude, tiefes Bangen / nimmt mein Herze jetzt gefangen. / Das Geheimnis dieser Speise / und die unerforschte Weise / machet, daß ich früh vermerke, / Herr, die Größe deiner Werke. / Ist auch wohl ein Mensch zu finden, / der dein Allmacht sollt ergründen?

4. Nein, Vernunft, die muß hier weichen, / kann dies Wunder nicht erreichen, / daß dies Brot nie wird verzehret, / ob es gleich viel Tausend nähret, / und daß mit dem Saft der Reben / uns wird Christi Blut gegeben. / Gottes Geist nur kann uns leiten, / dies Geheimnis recht zu deuten!

5. Jesu, meine Lebenssonne, / Jesu, meine Freud und Wonne, / Jesu, du mein ganz Beginnen, / Lebensquell und Licht der Sinnen: / hier fall ich zu deinen Füßen; / laß mich würdiglich genießen / diese deine Himmelsspeise / mir zum Heil und dir zum Preise.

6. Jesu, wahres Brot des Lebens, / hilf, daß ich doch nicht vergebens / oder mir vielleicht zum Schaden / sei zu deinem Tisch geladen. / Laß mich durch dies heilge Essen / deine Liebe recht ermessen, / daß ich auch, wie jetzt auf Erden, / mög dein Gast im Himmel werden.

Text: Johann Franck (Str. 1 1646) 1649/1653
Melodie: Johann Crüger 1649

Wir danken dir, unser Vater, für das Leben und die Erkenntnis, die du uns geoffenbart hast durch Jesus, deinen Knecht.
Dir sei Ehre in Ewigkeit. Wie dies gebrochene Brot zerstreut war auf den Bergen und zusammengebracht eins wurde,
so werde deine Kirche zusammengebracht von den Enden der Erde in dein Reich.

aus der ältesten christlichen Kirchenordnung
(Didache um 100)

GOTTESDIENST

219

Andere Melodie: *Aus tiefer Not schrei ich zu dir* [Nr. 299 II]

1. Herr Jesu Christ, du höchstes Gut,
du Brunnquell aller Gnaden,
zu deiner Liebe Herrlichkeit
und unsrer Seelen Seligkeit
zu essen und zu trinken.

wir kommen, deinen Leib und Blut,
wie du uns hast geladen,

2. O Jesu, mach uns selbst bereit / zu diesem hohen Werke, / schenk uns dein schönes Ehrenkleid / durch deines Geistes Stärke. / Hilf, daß wir würd'ge Gäste sein / und werden dir gepflanzet ein / zum ewgen Himmelswesen.

3. Bleib du in uns, daß wir in dir / auch bis ans Ende bleiben; / laß Sünd und Not uns für und für / nicht wieder von dir treiben, / bis wir durch deines Nachtmahls Kraft / eingehn zur Himmelsbürgerschaft / und ewig selig werden.

Text: Chemnitz 1713
Melodie: Görlitz 1587, Dresden 1593

ABENDMAHL
220

Herr, du wolltest uns bereiten

zu deines Mahles Seligkeiten;

sei mitten unter uns, o Gott!

Laß uns, Leben zu empfahen,

mit glaubensvollem Herzen nahen

und sprich uns los von Sünd und Tod.

Wir sind, o Jesu, dein; dein laß uns

ewig sein! Amen, Amen. Anbetung dir!

Einst feiern wir das große Abendmahl mit dir.

Text: Friedrich Gottlieb Klopstock 1758,
bearbeitet von Albert Knapp 1837
Melodie: Wachet auf, ruft uns die Stimme [Nr. 147]

GOTTESDIENST

221

1. Das sollt ihr, Jesu Jünger, nie vergessen: wir sind, die wir von einem Brote essen, aus einem Kelche trinken, Jesu Glieder, Schwestern und Brüder.

1. Kor 10, 16.17

2. Wenn wir in Frieden beieinander wohnten, / Gebeugte stärkten und die Schwachen schonten, / dann würden wir den letzten heilgen Willen / des Herrn erfüllen.

3. Ach dazu müsse deine Lieb uns dringen! / Du wollest, Herr, dies große Werk vollbringen, / daß unter einem Hirten eine Herde / aus allen werde.

Text: Johann Andreas Cramer 1780
Melodie: Lobet den Herrn und dankt ihm seine Gaben [Nr. 460]

ABENDMAHL

ö 222

1. Im Frie-den dein, o Her-re mein,
laß ziehn mich mei-ne Stra-ßen. Wie mir
dein Mund ge-ge-ben kund, schenkst Gnad du
oh-ne Ma-ßen, hast mein Ge-sicht das sel'-
ge Licht, den Heiland, schauen las - sen.

Lk 2, 29–32

2. Mir armem Gast bereitet hast / das reiche Mahl der Gnaden. / Das Lebensbrot stillt Hungers Not, / heilt meiner Seele Schaden. / Ob solchem Gut jauchzt Sinn und Mut / mit alln, die du geladen.

3. O Herr, verleih, daß Lieb und Treu / in dir uns all verbinden, / daß Hand und Mund zu jeder Stund / dein Freundlichkeit verkünden, / bis nach der Zeit den Platz bereit' / an deinem Tisch wir finden.

Text: Friedrich Spitta 1898 nach einem Lied
zum Lobgesang des Simeon (Lukas 2, 29–32)
von Johann Englisch vor 1530
Melodie: Wolfgang Dachstein vor 1530

GOTTESDIENST

223

1. Das Wort geht von dem Vater aus
und bleibt doch ewiglich zu Haus,
geht zu der Welten Abendzeit,
das Werk zu tun, das uns befreit.

2. Da von dem eignen Jünger gar / der Herr zum Tod verraten war, / gab er als neues Testament / den Seinen sich im Sakrament,

3. gab zwiefach sich in Wein und Brot; / sein Fleisch und Blut, getrennt im Tod, / macht durch des Mahles doppelt Teil / den ganzen Menschen satt und heil.

4. Der sich als Bruder zu uns stellt, / gibt sich als Brot zum Heil der Welt, / bezahlt im Tod das Lösegeld, / geht heim zum Thron als Siegesheld.

5. Der du am Kreuz das Heil vollbracht, / des Himmels Tür uns aufgemacht: / gib deiner Schar im Kampf und Krieg / Mut, Kraft und Hilf aus deinem Sieg.

6. Dir, Herr, der drei in Einigkeit, / sei ewig alle Herrlichkeit. / Führ uns nach Haus mit starker Hand / zum Leben in das Vaterland.

Text: Otto Riethmüller 1932/1934 nach dem Hymnus
Verbum supernum prodiens des Thomas von Aquin 1264
Melodie: Wir danken dir, Herr Jesu Christ [Nr. 79]

ABENDMAHL

224

Andere Melodie: *Was mein Gott will, gescheh allzeit* [Nr. 364]

1. Du hast zu deinem Abendmahl als Gäste uns geladen. Wir tragen unsrer Wege Leid, viel Sorgen, Schuld und Schmerzen. Ob reich, ob arm, dich irrt kein Kleid, du weißt die Not der Herzen.

Nun stehn wir, Herr, in deinem Saal müh-selig und beladen.

2. Ach Herr, vor dir ist keiner reich / und keiner los und ledig; / spricht einer hier dem andern gleich: / Gott sei mir Sünder gnädig! / Du aber ludest uns zu dir, / den Hunger uns zu stillen, / willst uns aus lauter Liebe hier / die leeren Hände füllen.

3. Nun segne, Herr, uns Brot und Wein, / deins Tisches edle Gaben! / Du selbst willst gegenwärtig sein / und wunderbar uns laben. / Gib über Bitten und Verstehn, / wie du versprachst zu geben! / In dem, was unsre Augen sehn, / gib dich uns selbst zum Leben!

Text: Arno Pötzsch (1941) 1947
Melodie: Gotthold Veigel 1951/1988

GOTTESDIENST

225 (Ö)

Kehrvers

Komm, sag es allen weiter, ruf es in jedes Haus hinein! Komm, sag es allen weiter: Gott selber lädt uns ein.

Strophen

1. Sein Haus hat offne Türen, er ruft uns in Geduld, will alle zu sich führen, auch die mit Not und Schuld.

Der Kehrvers wird nach jeder Strophe wiederholt.

2. Wir haben sein Versprechen: / Er nimmt sich für uns Zeit, / wird selbst das Brot uns brechen, / kommt, alles ist bereit.

3. Zu jedem will er kommen, / der Herr in Brot und Wein. / Und wer ihn aufgenommen, / wird selber Bote sein.

Text: Friedrich Walz 1964
Melodie: nach dem Spiritual *Go, tell it on the mountains*

ABENDMAHL

226

1. Seht, das Brot, das wir hier teilen, das ein jeder von uns nimmt, ist uns von dem Herrn gegeben, immer will er bei uns sein, immer will er bei uns sein.

2. Seht, das Brot, das wir hier teilen, / das ein jeder von uns nimmt, / ruft nach Brot, um zu ernähren / alle Hungernden der Welt, / alle Hungernden der Welt.

3. Seht, der Kelch, den wir jetzt teilen, / den ein jeder von uns nimmt, / ist ein Zeichen für den Frieden, / für den Bund in Christi Blut, / für den Bund in Christi Blut.

4. Seht, der Kelch, den wir jetzt teilen, / den ein jeder von uns nimmt, / mahnt uns, daß auch wir versöhnen / und verbinden, was getrennt, / und verbinden, was getrennt.

5. Seht, was wir hier heute feiern, / was wir miteinander tun, / will den Tod des Herrn bezeugen, / bis er wiederkommt in Kraft, / bis er wiederkommt in Kraft.

6. Seht, was wir hier heute feiern, / was wir miteinander tun, / will uns neu mit ihm verbünden, / daß wir tun, was er getan, / daß wir tun, was er getan.

Text: Lothar Zenetti (1969) 1972
Melodie: Rolf Schweizer 1983

GOTTESDIENST

227 ö

1. Dank sei dir, Vater, für das ew-ge Leben und für den Glauben, den du uns gegeben, daß wir in Jesus Christus dich erkennen und Vater nennen.

2. Jedes Geschöpf lebt von der Frucht der Erde; / doch daß des Menschen Herz gesättigt werde, / hast du vom Himmel Speise uns gegeben / zum ewgen Leben.

3. Wir, die wir alle essen von dem Mahle / und die wir trinken aus der heilgen Schale, / sind Christi Leib, sind seines Leibes Glieder, / Schwestern und Brüder.

4. Aus vielen Körnern ist ein Brot geworden: / So führ auch uns, o Herr, aus allen Orten / zu einer Kirche durch dein Wort zusammen / in Jesu Namen.

5. In einem Glauben laß uns dich erkennen, / in einer Liebe dich den Vater nennen, / eins laß uns sein wie Beeren einer Traube, / daß die Welt glaube.

6. Gedenke, Herr, die Kirche zu erlösen, / sie zu befreien aus der Macht des Bösen, / als Zeugen deiner Liebe uns zu senden / und zu vollenden.

Text: Maria Luise Thurmair 1970
Melodie: Lobet den Herrn und dankt ihm seine Gaben [Nr. 460]

ABENDMAHL

228

1. Er ist das Brot, er ist der Wein, steht auf und eßt, der Weg ist weit. Es schütze euch der Herr, er wird von Angst befrein, es schütze euch der Herr, er wird von Angst befrein.

1. Kön 19, 7

2. Er ist das Brot, er ist der Wein, / kommt, schmeckt und seht, die Not ist groß. / Es stärke euch der Herr, er wird euch Schuld verzeihn, / es stärke euch der Herr, er wird euch Schuld verzeihn.

3. Er ist das Brot, er ist der Wein, / steht auf und geht, die Hoffnung wächst. / Es segne euch der Herr, er läßt euch nicht allein, / es segne euch der Herr, er läßt euch nicht allein.

Text: Eckart Bücken 1980
Melodie: Joachim Schwarz 1980

GOTTESDIENST

229

1. Kommt mit Gaben und Lobgesang,
jubelt laut und sagt fröhlich Dank:
Er bricht Brot und reicht uns den Wein,
fühlbar will er uns nahe sein.

Kehrvers
Erde, atme auf, Wort, nimm deinen Lauf!
Er, der lebt, gebot: Teilt das Brot!

2. Christus eint uns und gibt am Heil / seines Mahles uns allen teil, / lehrt uns leben von Gott bejaht. / Wahre Liebe schenkt Wort und Tat.
Erde, atme auf, / Wort, nimm deinen Lauf! / Er, der lebt, gebot: / Teilt das Brot!

ABENDMAHL

3. Jesus ruft uns. Wir sind erwählt, / Frucht zu bringen, wo Zweifel quält. / Gott, der überall zu uns hält, / gibt uns Wort und Brot für die Welt.
Erde, atme auf, / Wort, nimm deinen Lauf! / Er, der lebt, gebot: / Teilt das Brot!

> *Text:* Detlev Block 1988 nach dem englischen
> *Let us talents and tongues employ* von Fred Kaan 1975
> *Melodie:* Doreen Potter 1972 nach einem Volkslied aus Jamaica

1. Let us talents and tongues employ, / reaching out with a shout of joy: / bread is broken, the wine is poured, / Christ is spoken and seen and heard.
Jesus lives again / earth can breathe again, / pass the Word around: / Loaves abound!

2. Christ is able to make us one, / at his table he sets the tone, / teaching people to live to bless, / love in word and in deed express.
Jesus lives again / earth can breathe again, / pass the Word around: / Loaves abound!

3. Jesus calls us in, sends us out / bearing fruit in a world of doubt, / gives us love to tell, bread to share: / God-Immanuel everywhere!
Jesus lives again / earth can breathe again, / pass the Word around: / Loaves abound!

Beichte

230

Schaffe in mir, Gott, ein reines Herze und gib mir einen neuen, gewissen Geist. Verwirf mich nicht, verwirf mich nicht von deinem Angesicht, von deinem Angesicht und nimm deinen Heiligen Geist nicht von mir.

Text: Psalm 51, 12–13
Melodie: Johann Georg Winer 1648,
Cornelius Heinrich Dretzel 1731

BEICHTE

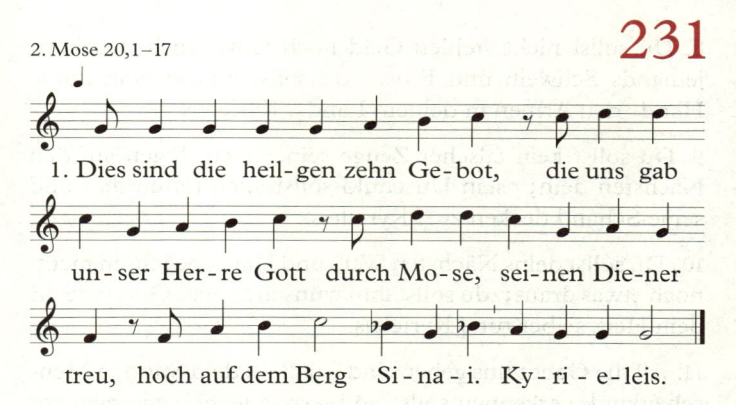

231

2. Mose 20,1–17

1. Dies sind die heilgen zehn Gebot, die uns gab unser Herre Gott durch Mose, seinen Diener treu, hoch auf dem Berg Sinai. Kyrieleis.

2. Ich bin allein dein Gott, der Herr, / kein Götter sollst du haben mehr; / du sollst mir ganz vertrauen dich, / von Herzensgrund lieben mich. / Kyrieleis.

3. Du sollst nicht brauchen zu Unehrn / den Namen Gottes, deines Herrn; / du sollst nicht preisen recht noch gut, / ohn was Gott selbst red't und tut. / Kyrieleis.

4. Du sollst heilgen den siebten Tag, / daß du und dein Haus ruhen mag; / du sollst von deim Tun lassen ab, / daß Gott sein Werk in dir hab. / Kyrieleis.

5. Du sollst ehrn und gehorsam sein / dem Vater und der Mutter dein / und wo dein Hand ihn' dienen kann; / so wirst du langes Leben han. / Kyrieleis.

6. Du sollst nicht töten zorniglich, / nicht hassen noch selbst rächen dich, / Geduld haben und sanften Mut / und auch dem Feind tun das Gut. / Kyrieleis.

7. Dein Eh' sollst du bewahren rein, / daß auch dein Herz kein' andern mein, / und halten keusch das Leben dein / mit Zucht und Mäßigkeit fein. / Kyrieleis.

GOTTESDIENST

8. Du sollst nicht stehlen Geld noch Gut, / nicht wuchern jemands Schweiß und Blut; / du sollst auftun dein milde Hand / den Armen in deinem Land. / Kyrieleis.

9. Du sollst kein falscher Zeuge sein, / nicht lügen auf den Nächsten dein; / sein Unschuld sollst auch retten du / und seine Schand decken zu. / Kyrieleis.

10. Du sollst deins Nächsten Weib und Haus / begehren nicht, noch etwas draus; / du sollst ihm wünschen alles Gut, / wie dir dein Herz selber tut. / Kyrieleis.

11. All die Gebot uns geben sind, / daß du dein Sünd, o Menschenkind, / erkennen sollst und lernen wohl, / wie man vor Gott leben soll. / Kyrieleis.

12. Das helf uns der Herr Jesus Christ, / der unser Mittler worden ist; / es ist mit unserm Tun verlorn, / verdienen doch eitel Zorn. / Kyrieleis.

Text: Martin Luther 1524
Melodie: In Gottes Namen fahren wir [Nr. 498]

232

1. Al - lein zu dir, Herr Je - su Christ, mein Hoffnung steht auf Er - den.
Ich weiß, daß du mein Trö - ster bist, kein Trost mag mir sonst wer - den.

BEICHTE

Von An-be-ginn ist nichts er-korn, auf
Er-den ward kein Mensch ge-born, der
mir aus Nö-ten hel-fen kann; ich ruf dich
an, zu dem ich mein Ver-trau-en han.

2. Mein Sünd' sind schwer und übergroß / und reuen mich von Herzen; / derselben mach mich frei und los / durch deinen Tod und Schmerzen; / und zeige deinem Vater an, / daß du hast g'nug für mich getan, / so werd ich los der Sünden Last. / Erhalt mich fest / in dem, was du versprochen hast.

3. Gib mir durch dein Barmherzigkeit / den wahren Christenglauben, / auf daß ich deine Gütigkeit / mög inniglich anschauen, / vor allen Dingen lieben dich / und meinen Nächsten gleich wie mich. / Am letzten End dein Hilf mir send, / damit behend / des Teufels List sich von mir wend.

4. Ehr sei Gott in dem höchsten Thron, / dem Vater aller Güte, / und Jesus Christ, seim lieben Sohn, / der uns allzeit behüte, / und Gott, dem werten Heilgen Geist, / der uns allzeit sein Hilfe leist, / daß wir ihm wohlgefällig sein / hier in der Zeit / und folgen ihm in Ewigkeit.

Text: Konrad Hubert vor 1540; Str. 4: Nürnberg um 1540
Melodie: Paul Hofhaimer 1512;
geistlich Wittenberg um 1541, Leipzig 1545

GOTTESDIENST

233

1. Ach Gott und Herr, wie groß und schwer sind mein begangne Sünden! Da ist niemand, der helfen kann, auf dieser Welt zu finden.

2. Lief ich gleich weit / zu dieser Zeit / bis an der Erde Enden, / wollt ledig sein / des Kreuzes mein, / würd ich es doch nicht wenden.

3. Zu dir flieh ich; / verstoß mich nicht, / wie ich's wohl hab verdienet. / Ach Gott, zürn nicht, / geh nicht ins G'richt, / dein Sohn hat mich versühnet.

4. Gib, Herr, Geduld, / vergiß die Schuld, / schaff ein gehorsam Herze, / daß ich nur nicht, / wie's wohl geschicht, / murrend mein Heil verscherze.

5. Handle mit mir, / wie's dünket dir, / durch dein Gnad will ich's leiden; / nur wollst du mich / nicht ewiglich, / mein Gott, dort von dir scheiden.

Text: Martin Rutilius (1604) 1613
Melodie: Leipzig 1625, Thorn 1638, bei Christoph Peter 1655

BEICHTE
234

1. »So wahr ich le-be«, spricht dein Gott, »mir ist nicht lieb des Sünders Tod; vielmehr ist dies mein Wunsch und Will, daß er von Sünden halte still, von seiner Bosheit kehre sich und lebe mit mir ewiglich.«

Hes 33, 11

2. Dies Wort bedenk, o Menschenkind, / verzweifle nicht in deiner Sünd; / hier findest du Trost, Heil und Gnad, / die Gott dir zugesaget hat, / und zwar mit einem teuern Eid. / O selig, dem die Sünd ist leid!

3. Doch hüte dich vor Sicherheit, / denk nicht: »Zur Buß ist noch wohl Zeit, / ich will erst fröhlich sein auf Erd; / wann ich des Lebens müde werd, / alsdann will ich bekehren mich, / Gott wird wohl mein erbarmen sich.«

4. Wahr ist's: Gott ist wohl stets bereit / dem Sünder mit Barmherzigkeit; / doch wer auf Gnade sündigt hin, / fährt fort in seinem bösen Sinn / und seiner Seele selbst nicht schont, / dem wird mit Ungnad abgelohnt.

GOTTESDIENST

5. Gnad hat dir zugesaget Gott von wegen Christi Blut und Tod; zusagen hat er nicht gewollt, ob du bis morgen leben sollt; daß du mußt sterben, ist dir kund, verborgen ist des Todes Stund.

6. Heut lebst du, heut bekehre dich! / Eh morgen kommt, kann's ändern sich; / wer heut ist frisch, gesund und rot, / ist morgen krank, ja wohl gar tot. / So du nun stirbest ohne Buß, / dein Seel und Leib dort brennen muß.

7. Hilf, o Herr Jesu, hilf du mir, / daß ich noch heute komm zu dir / und Buße tu den Augenblick, / eh mich der schnelle Tod hinrück, / auf daß ich heut und jederzeit / zu meiner Heimfahrt sei bereit.

Text: Johann Heermann 1630;
Str. 1 nach Nikolaus Herman 1560
Melodie: Vater unser im Himmelreich [Nr. 344]

BEICHTE

ö 235

1. O Herr, nimm unsre Schuld, mit der wir uns belasten, und führe selbst die Hand, mit der wir nach dir tasten.

2. Wir trauen deiner Macht / und sind doch oft in Sorgen. / Wir glauben deinem Wort und fürchten doch das Morgen.

3. Wir kennen dein Gebot, / einander beizustehen, / und können oft nur uns und unsre Nöte sehen.

4. O Herr, nimm unsre Schuld, / die Dinge, die uns binden, / und hilf, daß wir durch dich den Weg zum andern finden.

Text und Melodie: Hans-Georg Lotz 1964

Die freie Güte Gottes läßt dem Menschen nur übrig:
den Glauben und die Dankbarkeit.

Karl Barth

GOTTESDIENST

236 ö

1. Oh-ren gabst du mir, hö-ren kann ich nicht: der du Tau-be heilst, Herr, er-barm dich mein, er-barm dich mein.

2. Augen gabst du mir, / sehen kann ich nicht: / der du Blinde heilst, / Herr, erbarm dich mein, / erbarm dich mein.

3. Hände gabst du mir, / schaffen kann ich nicht: / der du Lahme heilst, / Herr, erbarm dich mein, / erbarm dich mein.

4. Lippen gabst du mir, / loben kann ich nicht: / der du Stumme heilst, / Herr, erbarm dich mein, / erbarm dich mein.

5. Leben gabst du mir, / glauben kann ich nicht: / der du Tote rufst, / Herr, erbarm dich mein, / erbarm dich mein.

6. Menschen gabst du mir, / lieben kann ich nicht: / der du Wunder tust, / Herr, erbarm dich mein, / erbarm dich mein.

Text: Paul Ernst Ruppel 1965
Melodie: Johannes Petzold 1972

BEICHTE

237

1. Und suchst du meine Sünde, flieh ich von dir zu dir, Ursprung, in den ich münde, du fern und nah bei mir.

2. Wie ich mich wend und drehe, / geh ich von dir zu dir; / die Ferne und die Nähe / sind aufgehoben hier.

3. Von dir zu dir mein Schreiten, / mein Weg und meine Ruh, / Gericht und Gnad, die beiden / bist du – und immer du.

Text: Schalom Ben-Chorin (um 1950) 1966
Melodie: Kurt Boßler 1967

Wenn du, Herr, Sünden anrechnen willst –
Herr, wer wird bestehen?
Denn bei dir ist die Vergebung,
daß man dich fürchte.
Ich harre des Herrn, meine Seele harret,
und ich hoffe auf sein Wort.

Psalm 130, 3–5

Trauung

238 (Ö)

1. Herr, vor dein Antlitz treten zwei, um künftig eins zu sein und so einander Lieb und Treu bis in den Tod zu weihn.

2. Sprich selbst das Amen auf den Bund, / der sie vor dir vereint; / hilf, daß ihr Ja von Herzensgrund / für immer sei gemeint.

3. Zusammen füge Herz und Herz, / daß nichts hinfort sie trennt; / erhalt sie eins in Freud und Schmerz / bis an ihr Lebensend.

Text: Viktor Friedrich von Strauß und Torney 1843
Melodie: Nun danket all und bringet Ehr [Nr. 322]

TRAUUNG

Philipper 4, 4–7

ö 239

1. Freuet euch im Herren allewege!
Abermals vernehmt es: Freuet euch!
Eure Liebe, die euch hier verbindet,
ist von seiner Liebeshuld verklärt.
Wo in Gott der Mensch zum Menschen findet,
ist der Segen stets noch eingekehrt.

Daß er Hand in Hand zum Bund euch lege,
neigt sich Gott zu euch vom Himmelreich.

2. Laßt die Lindigkeit, die ihr erfahren, / kund sein allen Menschen, die ihr zählt. / Kündet fortan von dem Wunderbaren, / das in dieser Stunde euch beseelt. / Euer Gott ist unter euch getreten! / Segnend war er euren Herzen nah! / Ja, in euren Taten und Gebeten / sei bezeugt, was euch von ihm geschah.

GOTTESDIENST

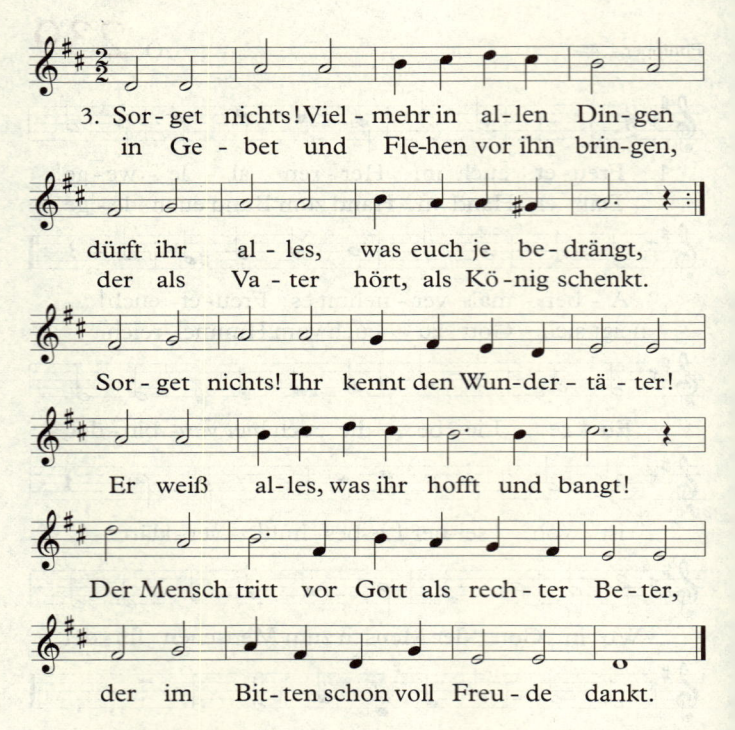

3. Sor-get nichts! Viel-mehr in al-len Din-gen
dürft ihr al-les, was euch je be-drängt,
in Ge-bet und Fle-hen vor ihn brin-gen,
der als Va-ter hört, als Kö-nig schenkt.
Sor-get nichts! Ihr kennt den Wun-der-tä-ter!
Er weiß al-les, was ihr hofft und bangt!
Der Mensch tritt vor Gott als rech-ter Be-ter,
der im Bit-ten schon voll Freu-de dankt.

4. Und der Friede Gottes, welcher höher / als Vernunft und Erdenweisheit ist, / sei in eurem Bund euch täglich näher / und bewahre euch in Jesus Christ. / Er bewahre euer Herz und Sinne! / Gottes Friede sei euch zum Geleit! / Er sei mit euch heute zum Beginne; / er vollende euch in Ewigkeit!

5. Freut euch. Doch die Freude aller Frommen / kenne auch
der Freude tiefsten Grund. / Gott wird einst in Christus wiederkommen! / Dann erfüllt sich erst der letzte Bund! / Er,
der nah war, wird noch einmal nahen. / Seine Herrschaft
wird ohn Ende sein. / Die sein Reich schon hier im Glauben
sahen, / holt der König dann mit Ehren ein.

Text: Jochen Klepper 1941
Melodie: Friedrich Hofmann 1981/82

Freuet euch in dem Herrn allewege,
und abermals sage ich: Freuet euch!
Eure Güte laßt kundsein allen Menschen! Der Herr ist nahe!
Sorgt euch um nichts, sondern in allen Dingen
laßt eure Bitten in Gebet und Flehen
mit Danksagung vor Gott kundwerden!
Und der Friede Gottes, der höher ist als alle Vernunft,
bewahre eure Herzen und Sinne in Christus Jesus.

Philipper 4, 4–7

GOTTESDIENST

240

1. Du hast uns, Herr, in dir verbunden, nun gib uns gnädig das Geleit. Dein sind des Tages helle Stunden, dein ist die Freude und das Leid. Du segnest unser täglich Brot, du bist uns nah in aller Not.

2. Laß unsre Liebe ohne Wanken, / die Treue laß beständig sein. / Halt uns in Worten und Gedanken / von Zorn, Betrug und Lüge rein. / Laß uns doch füreinander stehn, / gib Augen, andrer Last zu sehn.

3. Lehr uns, einander zu vergeben, / wie du in Christus uns getan. / Herr, gib uns teil an deinem Leben, / daß nichts von dir uns scheiden kann. / Mach uns zu deinem Lob bereit, / heut, morgen und in Ewigkeit.

Text: Walter Heinecke 1968
Melodie: O daß ich tausend Zungen hätte [Nr. 330]

Sammlung und Sendung

241

1. Wach auf, du Geist der er - sten Zeu-gen,
die Tag und Näch-te nim - mer schweigen
die auf der Mau'r als treu - e Wäch-ter stehn,
und die ge - trost dem Feind ent - ge - gen-gehn,
ja de - ren Schall die gan - ze Welt durchdringt
und al - ler Völ - ker Scha-ren zu dir bringt.

Jes 62, 6.7

2. O daß dein Feuer bald entbrennte, / o möcht es doch in alle Lande gehn! / Ach Herr, gib doch in deine Ernte / viel Knechte, die in treuer Arbeit stehn. / O Herr der Ernte, siehe doch darein: / die Ernt ist groß, die Zahl der Knechte klein.

3. Dein Sohn hat ja mit klaren Worten / uns diese Bitt in unsern Mund gelegt. / O siehe, wie an allen Orten / sich deiner Kinder Herz und Sinn bewegt, / dich herzinbrünstig hierum anzuflehn; / drum hör, o Herr, und sprich: »Es soll geschehn.«

4. So gib dein Wort mit großen Scharen, / die in der Kraft Evangelisten sein; / laß eilend Hilf uns widerfahren / und brich in Satans Reich mit Macht hinein. / O breite, Herr, auf weitem Erdenkreis / dein Reich bald aus zu deines Namens Preis!

5. Ach daß die Hilf aus Zion käme! / O daß dein Geist, so wie dein Wort verspricht, / dein Volk aus dem Gefängnis nähme! / O würd es doch nur bald vor Abend licht! / Ach reiß, o Herr, den Himmel bald entzwei / und komm herab zur Hilf und mach uns frei!

Ps 14, 7

6. Ach laß dein Wort recht schnelle laufen, / es sei kein Ort ohn dessen Glanz und Schein. / Ach führe bald dadurch mit Haufen / der Heiden Füll zu allen Toren ein! / Ja wecke dein Volk Israel* bald auf, / und also segne deines Wortes Lauf!

*Röm 11, 25–32

7. Laß jede hoh und niedre Schule / die Werkstatt deines guten Geistes sein, / ja sitze du nur auf dem Stuhle / und präge dich der Jugend selber ein, / daß treuer Lehrer viel und Beter sein, / die für die ganze Kirche flehn und schrein!

8. Du wirst dein herrlich Werk vollenden, / der du der Welten Heil und Richter bist; / du wirst der Menschheit Jammer wenden, / so dunkel jetzt dein Weg, o Heilger, ist. / Drum hört der Glaub nie auf, zu dir zu flehn; / du tust doch über Bitten und Verstehn.

Text: Karl Heinrich von Bogatzky 1750;
Str. 8 bearbeitet von Albert Knapp 1837
Melodie: Dir, dir, o Höchster, will ich singen [Nr. 328]

SAMMLUNG UND SENDUNG

242

1. *Herr,* nun selbst den Wa-gen halt!
2. *Gott,* er-höh deins Na-mens Ehr;
3. *Hilf,* daß al-le Bit-ter-keit

1. Bald ab-seit geht sonst die Fahrt;
2. wehr und straf der Bö-sen Grimm;
3. scheid, o Herr, und al-te Treu

1. das brächt Freud dem Wi-der-part, der
2. weck die Schaf mit dei-ner Stimm, die
3. wie-der-kehr und wer-de neu, daß

1. dich ver-acht so fre-vent-lich.
2. dich lieb ha-ben in-nig-lich.
3. wir e-wig lob-sin-gen dir.

Text: Huldrych Zwingli (um 1525) 1536/37,
hochdeutsch von Friedrich Spitta 1897
Melodie: Huldrych Zwingli (1529) 1536/37

GOTTESDIENST
243

1. Lob Gott getrost mit Singen, froh-
lock, du christlich Schar!
Dir soll es nicht mißlingen, Gott
hilft dir immerdar.
Ob du gleich
hier mußt tragen viel Widerwärtigkeit,
sollst du doch nicht verzagen;
er hilft aus allem Leid.

2. Dich hat er sich erkoren, / durch sein Wort auferbaut, / bei seinem Eid geschworen, / dieweil du ihm vertraut, / daß er deiner will pflegen / in aller Angst und Not, / dein Feinde niederlegen, / die schmähen dich mit Spott.

3. Kann und mag auch verlassen / ein Mutter je ihr Kind / und also gar verstoßen, / daß es kein Gnad mehr find't? / Und ob sich's möcht begeben, / daß sie so gar abfiel: / Gott schwört bei seinem Leben, / er dich nicht lassen will.   *Jes 49, 14–16*

4. Darum laß dich nicht schrecken, / o du christgläub'ge Schar! / Gott wird dir Hilf erwecken / und dein selbst nehmen wahr. / Er wird seim Volk verkünden / sehr freudenreichen Trost, / wie sie von ihren Sünden / sollen werden erlöst.

5. Es tut ihn nicht gereuen, / was er vorlängst gedeut', / sein Kirche zu erneuen / in dieser fährlichn Zeit. / Er wird herzlich anschauen / dein' Jammer und Elend, / dich herrlich auferbauen / durch Wort und Sakrament.

6. Gott solln wir fröhlich loben, / der sich aus großer Gnad / durch seine milden Gaben / uns kundgegeben hat. / Er wird uns auch erhalten / in Lieb und Einigkeit / und unser freundlich walten / hier und in Ewigkeit.

Text: Böhmische Brüder 1544
Melodie: 16. Jh.; *Entlaubt ist uns der Walde*;
geistlich Nürnberg um 1535, Böhmische Brüder 1544,
bei Otto Riethmüller 1932

Mein Herz ist fröhlich in dem Herrn,
mein Haupt ist erhöht in dem Herrn.
Mein Mund hat sich weit aufgetan wider meine Feinde,
denn ich freue mich deines Heils.

1. Samuel 2, 1

GOTTESDIENST

244 ö

1. Wach auf, wach auf, 's ist hohe Zeit,
Christ, sei mit deiner Hilf nicht weit!
Das wütend ungestüme Meer
läuft an mit Macht und drängt uns sehr.

2. Hilfst du nicht bald, so ist's geschehn, / zugrund wir müssen eilends gehn. / Bedroh der Wellen wild Gebrüll, / so legt es sich und wird ganz still.

3. Ach Herr, um deines Namens Ehr / halt uns im Fried bei deiner Lehr; / gib deiner Kirche gute Ruh, / Gesundheit und Gedeihn dazu.

4. Darüber auch das Allerbest: / daß wir im Glauben stark und fest / dich preisen und den Namen dein, / dir leben, dein lieb Völklein sein,

5. aus deinem Geist ganz neu geborn; / den gib uns, Herr, sonst ist's verlorn. / Dies alles unser Herz begehrt, / wiewohl wir deren keins sind wert.

6. Haben das Widerspiel verschuld't, / zum Zorn gereizt oft dein Geduld, / dein treue Warnung auch veracht', / all Zucht und Ehrbarkeit verlacht.

7. Und ist vielleicht das Maß jetzt voll, / daß unsre Sünde haben soll / verdiente Straf, so g'schieht uns recht / als einem ungetreuen Knecht.

8. Jedoch, dieweil dein Wort ist gut, / so wehr all derer Übermut, / die uns dabei nicht lassen stehn / und es vertrieben möchten sehn.

9. Mach uns vor ihnen nicht zu Spott; / die Sach ist dein, o starker Gott. / Gib uns den Feinden nicht zur Schand; / wir fallen gern in deine Hand.

10. Bekehr den Feind zu Christi Lehr, / daß er mit uns dich lob und ehr / und alle Welt des inne werd, / daß du groß Wunder tust auf Erd.

Text: Ambrosius Blarer 1561
Melodie: Der Tag bricht an und zeiget sich [Nr. 438]

Die christliche Kirche ist eine Gemeinschaft von hoffenden Gläubigen, die sich weder vor dem Leben noch vor dem Tode, weder vor der Gegenwart noch vor der Zukunft fürchten müssen.

Reinhold Niebuhr

GOTTESDIENST

245

1. Preis, Lob und Dank sei Gott dem Herren,
der seiner Menschen Jammer wehrt
und sammelt draus zu seinen Ehren
sich eine ewge Kirch auf Erd,
die er von Anfang schön erbauet
als seine auserwählte Stadt,
die allezeit auf ihn vertrauet
und tröst' sich solcher großen Gnad.

2. Der Heilig Geist darin regieret, / hat seine Hüter eingesetzt; / die wachen stets, wie sich's gebührt, / daß Gottes Haus sei unverletzt; / die führn das Predigtamt darinnen / und zeigen an das ewig Licht; / darin wir Bürgerrecht gewinnen / durch Glauben, Lieb und Zuversicht.

3. Die recht in dieser Kirche wohnen, / die werden in Gott selig sein; / des Todes Flut wird sie verschonen, / denn Gottes Arche schließt sie ein. / Für sie ist Christi Blut vergossen, / das sie im Glauben nehmen an, / und werden Gottes Hausgenossen, / sind ihm auch willig untertan. *1. Mose 6–8*

4. Obwohl die Pforten offen stehen / und hell das Licht des Tages scheint, / kann doch hinein nicht jeder gehen, / zu sein mit Gott dem Herrn vereint. / Es ist kein Weg, denn nur der Glaube / an Jesus Christus, unsern Herrn; / wer den nicht geht, muß draußen bleiben, / solang er sich nicht will bekehrn.

5. Also wird nun Gottes Gemeine / gepflegt, erhalten in der Zeit; / Gott, unser Hort, schützt sie alleine / und segnet sie in Ewigkeit. / Auch nach dem Tod will er ihr geben / aus Christi Wohltat, Füll und Gnad / das freudenreiche ewge Leben. / Das gib auch uns, Herr unser Gott!

Text: Petrus Herbert 1566
Melodie: Nun saget Dank und lobt den Herren [Nr. 294]

GOTTESDIENST

246

1. Ach bleib bei uns, Herr Jesu Christ,
weil es nun A-bend* worden ist;
dein göttlich Wort, das helle Licht,
laß ja bei uns auslöschen nicht.

* Weltabend, letzte Zeit

2. In dieser schwern, betrübten Zeit / verleih uns, Herr, Beständigkeit, / daß wir dein Wort und Sakrament / behalten rein bis an das End.

3. Herr Jesu, hilf, dein Kirch erhalt, / wir sind arg, sicher, träg und kalt; / gib Glück und Heil zu deinem Wort, / schaff, daß es schall an allem Ort.

4. Erhalt uns nur bei deinem Wort / und wehr des Teufels Trug und Mord. / Gib deiner Kirche Gnad und Huld, / Fried, Einigkeit, Mut und Geduld.

5. Den stolzen Geistern wehre doch, / die sich mit G'walt erheben hoch / und bringen stets was Neues her, / zu fälschen deine rechte Lehr.

6. Die Sach und Ehr, Herr Jesu Christ, / nicht unser, sondern dein ja ist; / darum so steh du denen bei, / die sich auf dich verlassen frei.

SAMMLUNG UND SENDUNG

7. Dein Wort ist unsers Herzens Trutz / und deiner Kirche wahrer Schutz; / dabei erhalt uns, lieber Herr, / daß wir nichts andres suchen mehr.

Text: Nürnberg 1611; Str. 1 1579 nach
Vespera iam venit von Philipp Melanchthon 1551;
Str. 2–7 Nikolaus Selnecker (vor 1572) 1578
Melodie: Erhalt uns, Herr, bei deinem Wort [Nr. 193]

247

1. Herr, unser Gott, laß nicht zuschanden werden die, so in ihren Nöten und Beschwerden bei Tag und Nacht auf deine Güte hoffen und zu dir rufen, und zu dir rufen.

2. Mache zuschanden alle, die dich hassen, / die sich allein auf ihre Macht verlassen. / Ach kehre dich mit Gnaden zu uns Armen, / laß dich's erbarmen, / laß dich's erbarmen,

GOTTESDIENST

3. und schaff uns Beistand wider unsre Feinde! / Wenn du ein Wort sprichst, werden sie bald Freunde. / Herr, wehre der Gewalt auf dieser Erde, / daß Friede werde, / daß Friede werde.

4. Wir haben niemand, dem wir uns vertrauen, / vergebens ist's, auf Menschenhilfe bauen. / Wir traun auf dich, wir schrein in Jesu Namen: / Hilf, Helfer! Amen. / Hilf, Helfer! Amen.

Text: Johann Heermann 1630
Melodie: Matthäus Apelles von Löwenstern 1644
Christe, du Beistand deiner Kreuzgemeine

248

1. Treuer Wächter Israel', des sich freuet meine Seel, der du weißt um alles Leid deiner armen Christenheit, o du Wächter, der du nicht schläfst noch schlummerst, zu uns richt dein hilfreiches Angesicht.

Ps 121, 4

2. Schau, wie große Not und Qual / trifft dein Volk jetzt überall; / täglich wird der Trübsal mehr. / Hilf, ach hilf, schütz deine Lehr. / Wir verderben, wir vergehn, / nichts wir sonst vor Augen sehn, / wo du nicht bei uns wirst stehn.

3. Jesu, der du Jesus heißt, / als ein Jesus Hilfe leist! / Hilf mit deiner starken Hand, / Menschenhilf hat sich gewandt. / Eine Mauer um uns bau, / daß dem Feinde davor grau, / er mit Zittern sie anschau.

4. Deines Vaters starker Arm, / komm und unser dich erbarm. / Laß jetzt sehen deine Macht, / drauf wir hoffen Tag und Nacht; / aller Feinde Rotten trenn, / daß dich alle Welt erkenn, / aller Herren Herren nenn.

5. Andre traun auf ihre Kraft, / auf ihr Glück und Ritterschaft, / deine Christen traun auf dich, / auf dich traun sie festiglich. / Laß sie werden nicht zuschand', / bleib ihr Helfer und Beistand, / sind sie dir doch all bekannt.

6. Du bist ja der Held und Mann, / der den Kriegen steuern kann, / der da Spieß und Schwert zerbricht, / der die Bogen macht zunicht, / der die Wagen gar verbrennt / und der Menschen Herzen wend't, / daß der Krieg gewinnt ein End. *Ps 46,10*

7. Jesu, wahrer Friedefürst, / der du Frieden bringen wirst, / weil du hast durch deinen Tod / wiederbracht den Fried bei Gott: / gib uns Frieden gnädiglich! / So wird dein Volk freuen sich, / dafür ewig preisen dich.

Text: Johann Heermann 1630
Melodie: Wunderbarer Gnadenthron [Nr. 38]

GOTTESDIENST
249

1. Ver-za-ge nicht, du Häuf-lein klein,
ob-schon die Fein - de wil-lens sein,
dich gänz-lich zu ver-stö-ren,
und su-chen dei - nen Un-ter-gang,
da-von dir wird recht angst und bang:
es wird nicht lan-ge wäh - - ren.

2. Tröste dich nur, daß deine Sach / ist Gottes, dem befiehl die Rach / und laß es ihn nur walten. / Er wird durch einen Gideon,* / den er wohl weiß, dir helfen schon, / dich und sein Wort erhalten. *Ri 6–8*

3. So wahr Gott Gott ist und sein Wort, / muß Teufel, Welt und Höllenpfort / und was dem tut anhangen / endlich werden zu Hohn und Spott; / Gott ist mit uns und wir mit Gott, / den Sieg wolln wir erlangen.

4. Ach Gott, gib indes deine Gnad, / daß wir all Sünd und Missetat / in rechter Buß erkennen / und glauben fest an Jesus Christ, / zu helfen er ein Meister ist, / wie er sich selbst tut nennen.

5. Hilf, daß wir auch nach deinem Wort / gottselig leben immerfort / zu Ehren deinem Namen, / daß uns dein guter Geist regier, / auf ebner Bahn zum Himmel führ / durch Jesus Christus, Amen.

Text: Jakob Fabricius 1632
Melodie: Kommt her zu mir, spricht Gottes Sohn [Nr. 363]

Fürchte dich nicht, du kleine Herde!
Denn es hat eurem Vater wohlgefallen,
euch das Reich zu geben.

Lukas 12, 32

GOTTESDIENST

250

1. Ich lo-be dich von gan-zer See-len,
daß du auf die-sem Er-den-kreis
dir wol-len ei-ne Kirch er-wäh-len
zu dei-nes Na-mens Lob und Preis,
dar-in-nen sich viel Men-schen fin-den
in ei-ner hei-li-gen Ge-mein,
die da von al-len ih-ren Sün-den
durch Chri-sti Blut ge-wa-schen sein.

2. Du rufest auch noch heutzutage, / daß jedermann erscheinen soll; / man höret immer deine Klage, / daß nicht dein Haus will werden voll. / Deswegen schickst du auf die Straßen, / zu laden alle, die man find't; / du willst auch die berufen lassen, / die blind und lahm und elend sind.   *Lk 14, 16–24*

3. Du, Gott, hast dir aus vielen Zungen / der Völker eine Kirch gemacht, / darin dein Lob dir wird gesungen / in einer wunderschönen Pracht, / die sämtlich unter Christus stehen / als ihrem königlichen Haupt / und in Gemeinschaft dies begehen, / was jeder Christ von Herzen glaubt.

4. Wir wolln uns nicht auf Werke gründen, / weil doch kein Mensch vor Gott gerecht; / und will sich etwas Gutes finden, / so sind wir dennoch böse Knecht. / Mit Glauben müssen wir empfangen, / was Christi Leiden uns bereit'; / im Glauben müssen wir erlangen / der Seelen Heil und Seligkeit.   *Röm 3, 28*

5. Erhalt uns, Herr, im rechten Glauben / noch fernerhin bis an das End; / ach laß uns nicht die Schätze rauben: / dein heilig Wort und Sakrament. / Erfüll die Herzen deiner Christen / mit Gnade, Segen, Fried und Freud, / durch Liebesfeu'r sie auszurüsten / zur ungefärbten Einigkeit.

Text: Friedrich Konrad Hiller 1711
Melodie: Nun saget Dank und lobt den Herren [Nr. 294]

GOTTESDIENST
251

1. Herz und Herz vereint zusammen / sucht in Gottes Herzen Ruh. / Lasset eure Liebesflammen / lodern auf den Heiland zu. / Er das Haupt, wir seine Glieder, / er das Licht und wir der Schein, / er der Meister, wir die Brüder, / er ist unser, wir sind sein.

2. Kommt, ach kommt, ihr Gnadenkinder, / und erneuert euren Bund, / schwöret unserm Überwinder / Lieb und Treu aus Herzensgrund; / und wenn eurer Liebeskette / Festigkeit und Stärke fehlt, / o so flehet um die Wette, / bis sie Jesus wieder stählt.

3. Legt es unter euch, ihr Glieder, / auf so treues Lieben an, / daß ein jeder für die Brüder / auch das Leben lassen kann. / So hat uns der Freund geliebet, / so vergoß er dort sein Blut; / denkt doch, wie es ihn betrübet, / wenn ihr euch selbst Eintrag tut.

4. Halleluja, welche Höhen, / welche Tiefen reicher Gnad, / daß wir dem ins Herze sehen, / der uns so geliebet hat; / daß der Vater aller Geister, / der der Wunder Abgrund ist, / daß du, unsichtbarer Meister, / uns so fühlbar nahe bist.

5. Ach du holder Freund, vereine / deine dir geweihte Schar, / daß sie es so herzlich meine, / wie's dein letzter Wille war. / Ja verbinde in der Wahrheit, / die du selbst im Wesen bist, / alles, was von deiner Klarheit / in der Tat erleuchtet ist.

6. Liebe, hast du es geboten, / daß man Liebe üben soll, / o so mache doch die toten, / trägen Geister lebensvoll. / Zünde an die Liebesflamme, / daß ein jeder sehen kann: / wir, als die von einem Stamme, / stehen auch für einen Mann.

7. Laß uns so vereinigt werden, / wie du mit dem Vater bist, / bis schon hier auf dieser Erden / kein getrenntes Glied mehr ist, / und allein von deinem Brennen / nehme unser Licht den Schein; / also wird die Welt erkennen, / daß wir deine Jünger sein.

Text: Nikolaus Ludwig von Zinzendorf (1723) 1725,
   bearbeitet von Christian Gregor 1778
   und Albert Knapp 1837
Melodie: 17. Jh.; geistlich Bamberg 1732, Herrnhaag um 1735

GOTTESDIENST

252

1. Jesu, der du bist alleine
Haupt und König der Gemeine: segne
mich, dein armes Glied; wollst mir neuen
Einfluß geben deines Geistes, dir zu
leben; stärke mich durch deine Güt.

2. Ach dein Lebensgeist durchdringe, / Gnade, Kraft und Segen bringe / deinen Gliedern allzumal, / wo sie hier zerstreut wohnen / unter allen Nationen, / die du kennest überall.

3. O wie lieb ich, Herr, die Deinen, / die dich suchen, die dich meinen; / o wie köstlich sind sie mir! / Du weißt, wie mich's oft erquicket, / wenn ich Seelen hab erblicket, / die sich ganz ergeben dir.

4. Ich umfasse, die dir dienen; / ich verein'ge mich mit ihnen, / und vor deinem Angesicht / wünsch ich Zion tausend Segen; / stärke sie in deinen Wegen, / leite sie in deinem Licht.

5. Die in Kreuz und Leiden leben, / stärke, daß sie ganz ergeben / ihre Seel in deine Hand; / laß sie dadurch werden kleiner / und von allen Schlacken reiner, / ganz und gar in dich gewandt.

5. Ich will mich der Gemeinschaft nicht / der Heiligen entziehen; / wenn meinen Nächsten Not anficht, / so will ich ihn nicht fliehen. / Hab ich Gemeinschaft an dem Leid, / so laß mich an der Herrlichkeit / auch einst Gemeinschaft haben.

Text: Philipp Friedrich Hiller 1731
Melodie: Bis hierher hat mich Gott gebracht [Nr. 329]

Denn wie der Leib einer ist und doch viele Glieder hat,
alle Glieder des Leibes aber, obwohl sie viele sind, doch ein Leib
sind: so auch Christus. Denn wir sind durch einen Geist
alle zu einem Leib getauft.

1. Korinther 12, 12.13

GOTTESDIENST

254

Erste Melodie

1. Wir wolln uns ger-ne wa-gen, in un-sern Ta-gen der Ru-he ab-zu-sa-gen, die's Tun ver-gißt. Wir wolln nach Ar-beit fra-gen, wo wel-che ist, nicht an dem Amt ver-za-gen, uns fröh-lich plagen und uns-re Steine tragen aufs Bau-ge-rüst.

Zweite Melodie

1. Wir wolln uns ger-ne wa-gen, in un-sern Ta-gen der Ru-he ab-zu-sa-gen, die's Tun ver-gißt. Wir wolln nach Ar-beit fra-

SAMMLUNG UND SENDUNG

gen, wo welche ist, nicht an dem Amt verzagen, uns fröhlich plagen und unsre Steine tragen aufs Baugerüst.

2. Die Liebe wird uns leiten, / den Weg bereiten / und mit den Augen deuten / auf mancherlei, / ob's etwa Zeit zu streiten, / ob's Rasttag sei. / Wir sehen schon von weitem / die Grad und Zeiten / verheißner Seligkeiten: / nur treu, nur treu!

3. Wir sind nicht einsam blieben, / wir wolln uns üben / mit größern Gnadentrieben / als eins allein. / Wir sind am Stamm geblieben / der Kreuzgemein. / Drum gilt's gemeinsam lieben, / sich mit betrüben / und unsre Lasten schieben, / die Christi sein.

4. Wir sind in ihm zufrieden; / was uns hienieden / als Last von ihm beschieden, / hat sein Gewicht; / doch ist das Joch für jeden / drauf eingericht'. / Drum mag der Leib ermüden: / Wir gehn im Frieden, / von Jesus ungeschieden, / und sterben nicht.

Text: Nikolaus Ludwig von Zinzendorf Str. 1 1736; Str. 2–4 1733
Erste Melodie: Manfred Schlenker 1986
Zweite Melodie: Gustav Pezold 1911

GOTTESDIENST

255

1. O daß doch bald dein Feuer brennte,
du unaussprechlich Liebender,
und bald die ganze Welt erkennte,
daß du bist König, Gott und Herr!

2. Zwar brennt es schon in heller Flamme, / jetzt hier, jetzt dort, in Ost und West, / dir, dem für uns erwürgten Lamme, / ein herrlich Pfingst- und Freudenfest;

3. und noch entzünden Himmelsfunken / so manches kalte, tote Herz / und machen Durst'ge freudetrunken / und heilen Sünd und Höllenschmerz.

4. Verzehre Stolz und Eigenliebe / und sondre ab, was unrein ist, / und mehre jener Flamme Triebe, / die dir nur glüht, Herr Jesu Christ.

5. Erwecke, läutre und vereine / des ganzen Christenvolkes Schar / und mach in deinem Gnadenscheine / dein Heil noch jedem offenbar.

6. Du unerschöpfter Quell des Lebens, / allmächtig starker Gotteshauch, / dein Feuermeer ström nicht vergebens. / Ach zünd in unsern Herzen auch.

7. Schmelz alles, was sich trennt, zusammen / und baue deinen Tempel aus; / laß leuchten deine heilgen Flammen / durch deines Vaters ganzes Haus.

8. Beleb, erleucht, erwärm, entflamme / doch bald die ganze weite Welt / und zeig dich jedem Völkerstamme / als Heiland, Friedefürst und Held.

9. Dann tönen dir von Millionen / der Liebe Jubelharmonien, / und alle, die auf Erden wohnen, / knien vor den Thron des Lammes hin.

Text: Georg Friedrich Fickert 1812
Melodie: Guillaume Franc 1543 (zum Zehn-Gebote-Lied)

Herr, erwecke deine Kirche und fange bei mir an.
Herr, baue deine Gemeinde auf und fange bei mir an.
Herr, laß Frieden und Gotteserkenntnis
überall auf Erden kommen und fange bei mir an.
Herr, bringe deine Liebe und Wahrheit zu allen Menschen
und fange bei mir an.

aus China

GOTTESDIENST
256

1. Einer ist's, an dem wir hangen, der für uns in den Tod gegangen und uns erkauft mit seinem Blut. Unsre Leiber, unsre Herzen gehören dir, o Mann der Schmerzen; in deiner Liebe ruht sich's gut. Nimm uns zum Eigentum, bereite dir zum Ruhm deine Kinder. Verbirg uns nicht das Gnadenlicht von deinem heilgen Angesicht.

2. Nicht wir haben dich erwählet, / du selbst hast unsre Zahl gezählet / nach deinem ewgen Gnadenrat; / unsre Kraft ist schwach und nichtig, / und keiner ist zum Werke tüchtig, / der nicht von dir die Stärke hat. / Drum brich den eignen Sinn, / denn Armut ist Gewinn / für den Himmel; / wer in sich schwach, / folgt, Herr, dir nach / und trägt mit Ehren deine Schmach.

3. O Herr Jesu, Ehrenkönig, / die Ernt ist groß, der Schnitter wenig, / drum sende treue Zeugen aus. / Send auch uns hinaus in Gnaden, / viel arme Gäste dir zu laden / zum Mahl in deines Vaters Haus. / Wohl dem, den deine Wahl / beruft zum Abendmahl / im Reich Gottes! / Da ruht der Streit, / da währt die Freud / heut, gestern und in Ewigkeit.

4. Sieh auf deine Millionen, / die noch im Todesschatten wohnen, / von deinem Himmelreiche fern. / Seit Jahrtausenden ist ihnen / kein Evangelium erschienen, / kein gnadenreicher Morgenstern. / Glanz der Gerechtigkeit, / geh auf, denn es ist Zeit! / Komm, Herr Jesu, / zieh uns voran / und mach uns Bahn, / gib deine Türen aufgetan.

5. Heiland, deine größten Dinge / beginnest du still und geringe. / Was sind wir Armen, Herr, vor dir? / Aber du wirst für uns streiten / und uns mit deinen Augen leiten; / auf deine Kraft vertrauen wir. / Dein Senfkorn, arm und klein, / wächst ohne großen Schein / doch zum Baume, / weil du, Herr Christ, / sein Hüter bist, / dem es von Gott vertrauet ist.

Mt 13, 31.32

Text: Albert Knapp (1822) 1824
Melodie: Wachet auf, ruft uns die Stimme [Nr. 147]

GOTTESDIENST
257

1. Der du in Todesnächten erkämpft das Heil der Welt
und dich als den Gerechten zum Bürgen dargestellt,
der du den Feind bezwungen, den Himmel aufgetan:
dir stimmen unsre Zungen ein Halleluja an.

2. Im Himmel und auf Erden / ist alle Macht nun dein, / bis alle Völker werden / zu deinen Füßen sein, / bis die von Süd und Norden, / bis die von Ost und West / sind deine Gäste worden / bei deinem Hochzeitsfest.

3. Noch werden sie geladen, / noch gehn die Boten aus, / um mit dem Ruf der Gnaden / zu füllen dir dein Haus. / Es ist kein Preis zu teuer, / es ist kein Weg zu schwer, / hinauszustreun dein Feuer / ins weite Völkermeer.

4. O sammle deine Herden / dir aus der Völker Zahl, / daß viele selig werden / und ziehn zum Abendmahl. / Schließ auf die hohen Pforten, / es strömt dein Volk heran; / wo noch nicht Tag geworden, / da zünd dein Feuer an!   *Offb 19, 9*

Text: Christian Gottlob Barth 1827
Melodie: Valet will ich dir geben [Nr. 523]

SAMMLUNG UND SENDUNG

258

Zieht in Frieden eure Pfade.
Mit euch des großen Gottes Gnade
und seiner heilgen Engel Wacht!
Wenn euch Jesu Hände schirmen,
geht's unter Sonnenschein und Stürmen
getrost und froh bei Tag und Nacht.
Lebt wohl, lebt wohl im Herrn!
Er sei euch nimmer fern
spät und frühe.
Vergeßt uns nicht in seinem Licht,
und wenn ihr sucht sein Angesicht.

Text: Gustav Knak 1843
Melodie: Wachet auf, ruft uns die Stimme [Nr. 147]

GOTTESDIENST

259

1. Kommt her, des Königs Aufgebot, / die seine Fahne fassen, / daß freudig wir in Drang und Not / sein Lob erschallen lassen. / Er hat uns seiner Wahrheit Schatz / zu wahren anvertrauet. / Für ihn wir treten auf den Platz, / und wo's den Herzen grauet, / zum König aufgeschauet.

2. Ob auch der Feind mit großem Trutz / und mancher List will stürmen, / wir haben Ruh und sichern Schutz / durch seines Armes Schirmen. / Wie Gott zu unsern Vätern trat / auf ihr Gebet und Klagen, / wird er, zu Spott dem feigen Rat, / uns durch die Fluten tragen. / Mit ihm wir wollen's wagen.

3. Er mache uns im Glauben kühn / und in der Liebe reine. /
Er lasse Herz und Zunge glühn, / zu wecken die Gemeine. /
Und ob auch unser Auge nicht / in seinen Plan mag dringen: / er führt durch Dunkel uns zum Licht, / läßt Schloß
und Riegel springen. / Des wolln wir fröhlich singen!

Text: Friedrich Spitta 1898
Melodie: Heinrich Schütz 1661 (zu Psalm 97)

Ewiger, gütiger Gott, schau gnädig auf deine Kirche,
denn du allein bist ihre Macht und ihr Schutz.
Halte uns fest, daß wir nicht straucheln und fallen,
sondern bestehen in dem Kampf, der uns bestimmt ist.

GOTTESDIENST

260 ö

Einstimmig oder im Kanon

Gleichwie mich mein Va - ter ge - sandt hat,
so sen - de ich euch.

1. Er hat mich ge - sandt zu pre - di-gen den Ge - fan - ge-nen, daß sie los sein sol - len, und ich sen - de euch zu pre - di-gen den Ge - fan - ge-nen, daß sie los sein sol - len.

2. Er hat mich ge - sandt zu pre - di-gen den Zer-schla-ge-nen, daß sie frei sein sol - len, und ich sen - de euch zu pre - di-gen den Zer-schla-ge-nen, daß sie frei sein sol - len.

SAMMLUNG UND SENDUNG

Einstimmig oder im Kanon

Gleichwie mich mein Va - ter ge - sandt hat,

so sen - de ich euch.

Text: Johannes 20, 21; Lukas 4, 18
Melodie: Paul Ernst Ruppel 1963

261

Herr, wo - hin, Herr, wo - hin sol - len wir ge - hen? Du hast Wor - te des e - wi - gen Le - - - bens, hast Wor - te des e - - wi - gen Le - bens.

Text: Johannes 6, 68
Kanon für 3 Stimmen: Alfred Stier 1949

Ökumene

262

1. Son-ne der Ge-rech-tig-keit,
ge-he auf zu uns-rer Zeit;
brich in dei-ner Kir-che an, daß die
Welt es se-hen kann. Er-barm dich, Herr.

Mal 3, 20

2. Weck die tote Christenheit / aus dem Schlaf der Sicherheit, / daß sie deine Stimme hört, / sich zu deinem Wort bekehrt. / Erbarm dich, Herr.

3. Schaue die Zertrennung an, / der sonst niemand wehren kann; / sammle, großer Menschenhirt, / alles, was sich hat verirrt. / Erbarm dich, Herr.

4. Tu der Völker Türen auf; / deines Himmelreiches Lauf / hemme keine List noch Macht. / Schaffe Licht in dunkler Nacht. / Erbarm dich, Herr.

ÖKUMENE

264

1. Die Kirche steht gegründet allein auf Jesus Christ, sie, die des großen Gottes erneute Schöpfung ist. Vom Himmel kam er nieder und wählte sie zur Braut, hat sich mit seinem Blute ihr ewig angetraut.

1. Kor 3,11; Offb 21, 2

2. Erkorn aus allen Völkern, / doch als ein Volk gezählt, / ein Herr ist's und ein Glaube, / ein Geist, der sie beseelt, / und einen heilgen Namen / ehrt sie, ein heilges Mahl, / und eine Hoffnung teilt sie / kraft seiner Gnadenwahl.

3. Schon hier ist sie verbunden / mit dem, der ist und war, / hat selige Gemeinschaft / mit der Erlösten Schar, / mit denen, die vollendet. / Zu dir, Herr, rufen wir: / Verleih, daß wir mit ihnen / dich preisen für und für.

Text: Anna Thekla von Weling 1898 nach dem englischen
The Church's one foundation von Samuel John Stone 1866
Melodie: Samuel Sebastian Wesley 1864

GOTTESDIENST

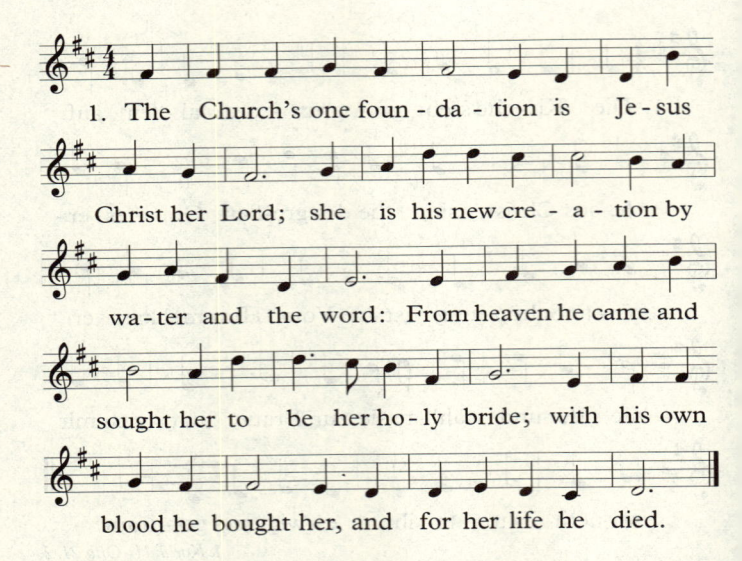

1. The Church's one foundation is Jesus Christ her Lord; she is his new creation by water and the word: From heaven he came and sought her to be her holy bride; with his own blood he bought her, and for her life he died.

2. Elect from every nation, / yet one o'er all the earth, / her charter of salvation / one Lord, one faith, one birth, / one holy name she blesses, / partakes one holy food, / and to one hope she presses / with every grace endued.

3. Yet she in earth hath union / with God the Three in One, / and mystic sweet communion / with those whose rest is won; / o happy ones and holy! / Lord, give us grace that we / like them, the meek and lowly, / on high may dwell with Thee.

ÖKUMENE

ö 265

1. Nun singe Lob, du Christenheit, dem Vater, Sohn und Geist, der allerorts und allezeit sich gütig uns erweist,

2. der Frieden uns und Freude gibt, / den Geist der Heiligkeit, / der uns als seine Kirche liebt, / ihr Einigkeit verleiht.

3. Er lasse uns Geschwister sein, / der Eintracht uns erfreun, / als seiner Liebe Widerschein / die Christenheit erneun.

4. Du guter Hirt, Herr Jesus Christ, / steh deiner Kirche bei, / daß über allem, was da ist, / ein Herr, ein Glaube sei.

5. Herr, mache uns im Glauben treu / und in der Wahrheit frei, / daß unsre Liebe immer neu / der Einheit Zeugnis sei.

Text: Georg Thurmair (1964) 1967
Melodie: Nun danket all und bringet Ehr [Nr. 322]

GOTTESDIENST
266 ö

1. Der Tag, mein Gott, ist nun vergangen und wird vom Dunkel überweht. Am Morgen hast du Lob empfangen, zu dir steigt unser Nachtgebet.

ÖKUMENE

2. Die Erde rollt dem Tag entgegen; / wir ruhen aus in dieser Nacht / und danken dir, wenn wir uns legen, / daß deine Kirche immer wacht.

3. Denn unermüdlich, wie der Schimmer / des Morgens um die Erde geht, / ist immer ein Gebet und immer / ein Loblied wach, das vor dir steht.

4. Die Sonne, die uns sinkt, bringt drüben / den Menschen überm Meer das Licht: / und immer wird ein Mund sich üben, / der Dank für deine Taten spricht.

5. So sei es, Herr: die Reiche fallen, / dein Thron allein wird nicht zerstört; / dein Reich besteht und wächst, bis allen / dein großer, neuer Tag gehört.

Text: Gerhard Valentin 1964 nach dem englischen
The day thou gavest, Lord, is ended von John F. Ellerton 1870
Melodie und Satz: Clement Cotterill Scholefield 1874

1. The day you gavest, Lord, is ended, / The darkness falls at thy behest; / To thee our morning hymns ascended, / Thy praise shall sanctify our rest.

2. We thank thee that thy Church, unsleeping / While earth rolls onward into light, / Through all the world her watch is keeping, / And rests not now by day or night.

3. As o'er each continent and island / The dawn leads on another day, / The voice of prayer is never silent, / Nor dies the strain of praise away.

4. The sun that bids us rest is waking / Our brethren 'neath the western sky, / And hour by hour fresh lips are making / Thy wondrous doings heard on high.

5. So be it, Lord; thy throne shall never, / Like earth's proud empires, pass away: / Thy kingdom stands, and grows forever, / Till all thy creatures own thy sway.

GOTTESDIENST

267

1. Herr, du hast darum gebetet, daß wir alle eines sein. Hilf du selber uns zur Einheit, denn die Kirche ist ja dein.

Joh 17, 20.21

2. Laß den Christen uns begegnen, / die in andern Kirchen stehn / und sich dort – wie wir es hier tun – / mühen, deinen Weg zu gehn,

3. die mit andern Stimmen loben / deinen Namen, Jesus Christ, / der für sie – wie auch für uns, Herr – / Name ohnegleichen ist.

4. Laß uns zueinander stehen, / ganz so, wie es dir gefällt, / laß dein Reich in Wahrheit kommen, / Herr, in unsre müde Welt.

5. Dein Volk ist nicht unsre Kirche, / unsre Konfession allein, / denn dein Volk, Herr, ist viel größer. / Brich mit deinem Reich herein!

Text und Melodie: Otmar Schulz 1967/1971

ÖKUMENE

268

1. Strah-len bre-chen vie-le aus ei-nem Licht. Un-ser Licht heißt Chri-stus. Strah-len brechen vie-le aus ei-nem Licht – und wir sind eins durch ihn.

2. Zweige wachsen viele aus einem Stamm. / Unser Stamm heißt Christus. / Zweige wachsen viele aus einem Stamm – / und wir sind eins durch ihn.

3. Gaben gibt es viele, Liebe vereint. / Liebe schenkt uns Christus. / Gaben gibt es viele, Liebe vereint – / und wir sind eins durch ihn.

4. Dienste leben viele aus einem Geist, / Geist von Jesus Christus. / Dienste leben viele aus einem Geist – / und wir sind eins durch ihn.

5. Glieder sind es viele, doch nur ein Leib. / Wir sind Glieder Christi. / Glieder sind es viele, doch nur ein Leib – / und wir sind eins durch ihn.

Text: Dieter Trautwein 1976 nach dem schwedischen *Lågorna är många, ljuset är ett* von Anders Frostenson (1972) 1974
Melodie: Olle Widestrand 1974

GOTTESDIENST

1. Lågorna är många, ljuset är ett, ljuset Jesus Kristus, lågorna är många, ljuset är ett, vi är ett i honom!

2. Grenarna är många, trädet är ett, / trädet – Jesus Kristus, / grenarna är många, trädet är ett, / vi är ett i honom!

3. Gåvorna är många, Anden är en, / finns i Jesus Kristus, / gåvorna är många, Anden är en, / vi är ett i honom!

4. Tjänsterna är många, Herren är en, / Herren Jesus Kristus, / tjänsterna är många, Herren är en, / vi är ett i honom!

5. Lemmarna är många, kroppen är en, / Jesu Kristi kyrka, / lemmarna är många, kroppen är en, / vi är ett i honom!

ÖKUMENE

269

Andere Melodie: *Gelobt sei Gott im höchsten Thron* [Nr. 103]

1. Chri-stus ist Kö - nig, ju - belt laut! Brü - der und Schwe-stern, auf ihn schaut. Die Welt soll sehn, wem ihr ver - traut. Hal - le - lu - ja, Hal - le - lu - ja, Hal - le - lu - ja.

2. Groß ist der Herr, ihr Freunde, singt. / Festliche Lieder vor ihn bringt. / Gemeinsam Gottes Lob erklingt. / Halleluja, Halleluja, Halleluja.

3. Ihr Christen alle, Frau und Mann, / fangt wie die Jünger Jesu an, / getreu zu folgen Gottes Plan. / Halleluja, Halleluja, Halleluja.

4. Die Macht der Liebe neu vereint, / was heute noch geschieden scheint. / Im Dienst des Herrn ist niemand Feind. / Halleluja, Halleluja, Halleluja.

5. Nach Gottes Willen wird geschehn, / daß wir vereint die Kirche sehn, / bereit, zu neuem Dienst zu gehn. / Halleluja, Halleluja, Halleluja.

Text: Walter Schulz 1983 nach dem englischen *Christ is the king, o friends rejoice* von George Kennedy Allen Bell 1931
Melodie: Charles Richard Anders (1975) 1978

⌊Psalmen und Lobgesänge

⌊Biblische Erzähllieder

Biblische Gesänge

Psalmen und Lobgesänge

Psalm 8   **270**
Im Wechsel zwischen zwei Gruppen

1. Herr, unser Herrscher, wie herrlich bist du!
Erde und Himmel sind voll deiner Ehre.
Kinder und Säuglinge künden dein Lob.

2. Kinder und Säuglinge künden dein Lob, / spotten der Übermacht all deiner Feinde. / Hoch wölbt dein Himmel sich auch über sie.

3. Hoch wölbt dein Himmel sich auch über sie. / Seh ich die Sonne, den Mond und die Sterne – / was ist der Mensch, daß du seiner gedenkst?

4. Was ist der Mensch, daß du seiner gedenkst? / Des Menschen Kind, daß du seiner dich annimmst? / Du hast ihn herrlich erhoben zu dir.

5. Du hast ihn herrlich erhoben zu dir, / hast ihn erwählt dir zum Freund und Gehilfen. / Die ganze Welt hast du ihm anvertraut.

6. Die ganze Welt hast du ihm anvertraut, / alles Geschaffene, alles, was lebet. / Herr, unser Herrscher, wie herrlich bist du!

Text und Melodie: Johannes Petzold 1975

BIBLISCHE GESÄNGE

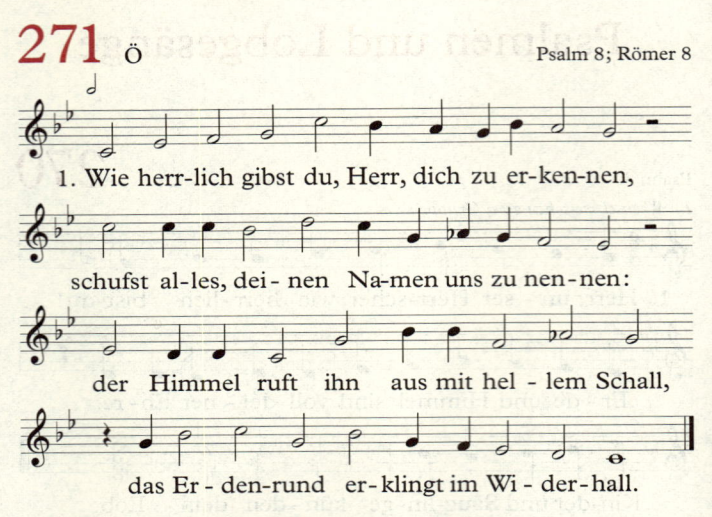

271 ö

Psalm 8; Römer 8

1. Wie herr-lich gibst du, Herr, dich zu er-ken-nen,
schufst al-les, dei-nen Na-men uns zu nen-nen:
der Himmel ruft ihn aus mit hel-lem Schall,
das Er-den-rund er-klingt im Wi-der-hall.

2. Verborgen hast du dich den klugen Weisen / und lässest die Unmündigen dich preisen. / Den Leugner widerlegt des Säuglings Mund; / der Kinder Lallen tut dich, Vater, kund.

3. Wenn ich den Blick zu deinen Sternen wende / und zu dem Mond, den Werken deiner Hände – / was ist der Mensch, daß du, Herr, sein gedenkst, / des Menschen Kind, daß du ihm Liebe schenkst?

4. Und doch hast du am höchsten ihn gestellet, / ganz nah ihn deiner Gottheit zugesellet, / hast ihn gekrönt mit Hoheit und mit Pracht, / daß er beherrsche, was du hast gemacht.

5. Gabst ihm zum Dienst die Schafe und die Stiere, / machtest ihm untertan die wilden Tiere, / des Himmels Vögel und der Fische Heer, / das seine Pfade zieht durchs große Meer.

6. Doch ach, der Mensch ist von den Wesen allen / am tiefsten in die Schuld und Schand gefallen. / Statt Herr ist er der Sklave der Natur, / nach seiner Freiheit seufzt die Kreatur.

7. Drum stieg herab von seinem Himmelsthrone / Jesus und ward zum wahren Menschensohne, / erniedrigte sich selbst bis in den Tod / und wendete der Menschheit Schand und Not.

8. Die ganze Schöpfung soll sich vor ihm beugen, / Menschen- und Engelzungen es bezeugen, / daß er ihr Herr zur Ehr des Vaters ist. / Wie herrlich strahlt dein Name, Jesus Christ!

Text: Wilhelm Vischer 1944
Melodie: Guillaume Franc 1542, Loys Bourgeois 1551

BIBLISCHE GESÄNGE

272

Ich lo- be meinen Gott von gan- zem Her- zen. Er- zäh- len will ich von all seinen Wundern und sin- gen sei- nem Na- men.
Ich lo- be meinen Gott von gan- zem Her- zen. Ich freu- e mich und bin fröhlich, Herr, in dir. Hal- le- lu- ja!
Ich freu- e mich und bin fröh- lich, Herr, in dir. Hal- le- lu- ja!

Je louerai l'E- ter- nel de tout mon cœur, Je ra- con- te- rai tou- tes tes mer- veil- les, Je chan- te- rai ton nom.
Je louerai l'E- ter- nel de tout mon cœur. Je fe- rai de toi le su- jet de ma joie. Al- lé- lu- ia!
Je fe- rai de toi le su- jet de ma joie. Al- lé- lu- ia!

Text: nach Psalm 9, 2–3
Melodie: Claude Fraysse 1976

PSALMEN UND LOBGESÄNGE

Psalm 12

273

1. Ach Gott, vom Himmel sieh darein
und laß dich des erbarmen,
wie wenig sind der Heilgen dein,
verlassen sind wir Armen.
Dein Wort man läßt nicht haben wahr,
der Glaub ist auch verloschen gar
bei allen Menschenkindern.

2. Sie lehren eitel falsche List, / was eigen Witz erfindet; / ihr Herz nicht eines Sinnes ist / in Gottes Wort gegründet; / der wählet dies, der andre das, / sie trennen uns ohn alle Maß / und gleißen schön von außen.

3. Gott wolle wehren allen gar, / die falschen Schein uns lehren, / dazu ihr Zung stolz offenbar / spricht: »Trotz! Wer will's uns wehren? / Wir haben Recht und Macht allein, / was wir setzen, gilt allgemein; / wer ist, der uns sollt meistern?«

BIBLISCHE GESÄNGE

4. Darum spricht Gott: »Ich muß auf sein, die Armen sind verstöret; ihr Seufzen dringt zu mir herein, ich hab ihr Klag erhöret. Mein heilsam Wort soll auf den Plan, getrost und frisch sie greifen an und sein die Kraft der Armen«.

5. Das Silber, durchs Feu'r siebenmal / bewährt, wird lauter funden; / von Gotts Wort man erwarten soll / desgleichen alle Stunden. / Es will durchs Kreuz bewähret sein, / da wird sein Kraft erkannt und Schein / und leucht stark in die Lande.

6. Ehr sei Gott Vater und dem Sohn / und auch dem Heilgen Geiste, / wie es im Anfang war und nun, / der uns sein Hilfe leiste, / daß wir sein Wort behalten rein, / im rechten Glaubn beständig sein / bis an das Ende. Amen.

Text und Melodie: Martin Luther 1524; Str. 6 Straßburg 1545

PSALMEN UND LOBGESÄNGE

Psalm 23

274

1. Der Herr ist mein getreuer Hirt,
hält mich in seiner Hute,
Er weidet mich ohn Unterlaß,
da aufwächst das wohlschmeckend Gras
seines heilsamen Wortes.
darin mir gar nicht mangeln wird
jemals an einem Gute.

2. Zum reinen Wasser er mich weist, / das mich erquickt so gute, / das ist sein werter Heilger Geist, / der mich macht wohlgemute; / er führet mich auf rechter Straß / in seim Gebot ohn Unterlaß / um seines Namens willen.

3. Ob ich wandert im finstern Tal, / fürcht ich doch kein Unglücke / in Leid, Verfolgung und Trübsal, / in dieser Welte Tücke: / denn du bist bei mir stetiglich, / dein Stab und Stecken trösten mich, / auf dein Wort ich mich lasse.

BIBLISCHE GESÄNGE

4. Du b'reitest vor mir einen Tisch / vor mein' Feind' allenthalben, / machst mein Herz unverzaget frisch; / mein Haupt tust du mir salben / mit deinem Geist, der Freuden Öl, / und schenkest voll ein meiner Seel / deiner geistlichen Freuden.

5. Gutes und viel Barmherzigkeit / folgen mir nach im Leben, / und ich werd bleiben allezeit / im Haus des Herren eben / auf Erd in der christlichen G'mein, / und nach dem Tode werd ich sein / bei Christus, meinem Herren.

Text: Augsburg 1531
Melodie: Johann Walter 1524

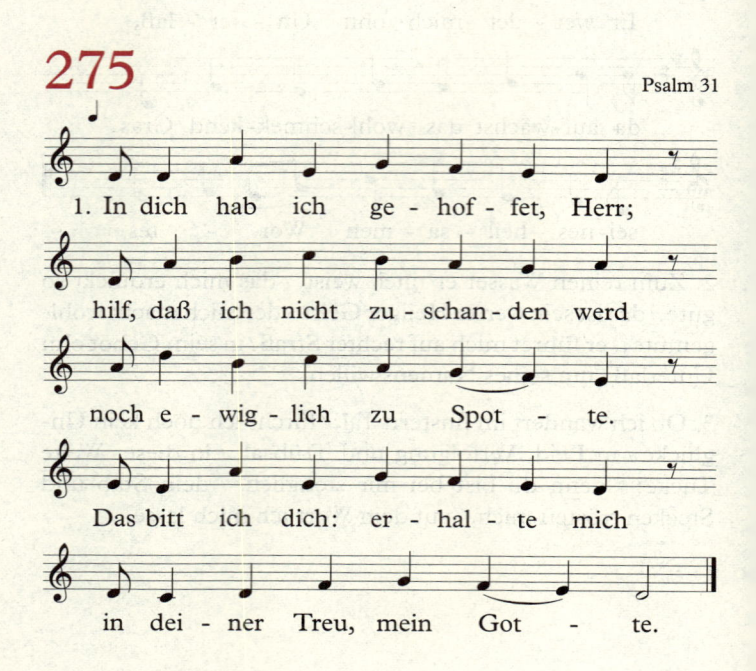

275

Psalm 31

1. In dich hab ich ge-hof-fet, Herr;
hilf, daß ich nicht zu-schan-den werd
noch e-wig-lich zu Spot-te.
Das bitt ich dich: er-hal-te mich
in dei-ner Treu, mein Got-te.

2. Dein gnädig Ohr neig her zu mir, / erhör mein Bitt, tu dich herfür, / eil, bald mich zu erretten. / In Angst und Weh ich lieg und steh; / hilf mir in meinen Nöten.

3. Mein Gott und Schirmer, steh mir bei; / sei mir ein Burg, darin ich frei / und ritterlich mög streiten, / ob mich gar sehr der Feinde Heer / anficht auf beiden Seiten.

4. Du bist mein Stärk, mein Fels, mein Hort, / mein Schild, mein Kraft – sagt mir dein Wort –, / mein Hilf, mein Heil, mein Leben, / mein starker Gott in aller Not; / wer mag mir widerstreben?

5. Mir hat die Welt trüglich gericht' / mit Lügen und falschem Gedicht / viel Netz und heimlich Stricke; / Herr, nimm mein wahr in dieser G'fahr, / b'hüt mich vor falscher Tücke.

6. Herr, meinen Geist befehl ich dir; / mein Gott, mein Gott, weich nicht von mir, / nimm mich in deine Hände. / O wahrer Gott, aus aller Not / hilf mir am letzten Ende.

7. Preis, Ehre, Ruhm und Herrlichkeit / sei Vater, Sohn und Geist bereit', / Lob seinem heilgen Namen. / Die göttlich Kraft mach uns sieghaft / durch Jesus Christus. Amen.

Text: Adam Reißner 1533
Melodie: Böhmen 15. Jh., Zürich um 1552

BIBLISCHE GESÄNGE

276
Psalm 34

1. Ich will, so lang ich lebe, rühmen den Herren mein, im Herzen stets mir schwebe das Lob der Ehren sein; mein Mund soll allezeit des Herren Ruhm verkünden, daß Elende empfinden in Trübsal Trost und

(Fortsetzung des Liedes; Notenzeile mit Text: "Freud, in Trüb-sal Trost und Freud.")

2. Laßt uns beisammen stehen, / ihr lieben Christenleut, / des Herren Nam erhöhen / in Lieb und Einigkeit. / Ich rief in meiner Not; / als in Gefahr mein Leben, / den Feinden übergeben, / half mir der treue Gott, / half mir der treue Gott.

3. All, die im Glauben stehen, / sieht Gott in Gnaden an, / läßt sie mit ihrem Flehen / zu seinem Herzen nahn. / Sein Antlitz ist gericht', / zu tilgen von der Erden / all, die erfunden werden, / daß sie ihn fürchten nicht, / daß sie ihn fürchten nicht.

4. Viel muß der G'rechte leiden, / das ist des Herren Will; / doch wird's verkehrt in Freuden / mit Gnad, drum halt nur still! / Gott faßt in seine Huld / all seine treuen Knechte, / die halten seine Rechte, / löst sie von aller Schuld, / löst sie von aller Schuld.

5. Ehr sei im Himmel droben / Gott Vater, Sohn und Geist. / Ihn wolln wir ewig loben, / der uns sein Gnad erweist. / O Herr, dreiein'ger Gott, / laß uns dein Güt empfinden / und hilf uns überwinden, / führ uns aus aller Not, / führ uns aus aller Not.

Text: Cornelius Becker 1602;
Str. 5 Christhard Mahrenholz 1953
Melodie und Satz: Heinrich Schütz 1628

BIBLISCHE GESÄNGE

277 ö

Psalm 36

Kehrvers

Herr, deine Güte reicht, so weit der Himmel ist, und deine Wahrheit, so weit die Wolken gehen.

Strophen

1. Deine Gerechtigkeit steht wie die Berge, und dein Gericht ist tief wie das Meer. Menschen und Tieren willst du, Herr, ein Helfer sein.

Der Kehrvers wird nach jeder Strophe wiederholt.

sein, weil er mir hilft als mein Gott.

4. Du, Herr, kennst meiner Seele Trauer, / ich denke an dich im fernen Land. / Fluten rauschen, Tiefen bedrohn, / Wellen gehn über mich hin.

5. Güte schickt mir der Herr am Tage, / und nachts singe ich mein Lied für ihn, / zu ihm spreche ich mein Gebet, / sage zu Gott, meinem Fels:

6. Warum hast du mich so vergessen, / daß Trauer mich drückt, bedrängt vom Feind? / Wie ein Mord ist's, wenn sie mich schmähn / mit ihrem: Wo ist dein Gott?

Kehrstrophe

7. Schaffe Recht, führe meine Sache, / errette von falschem, bösem Volk! / Denn du bist der Gott, der mich stärkt. / Warum verstößt du mich so?

8. Sende Licht, sende deine Wahrheit, / sie leiten und bringen mich zu dir, / hin zu deinem heiligen Berg, / hin zu dem Ort, wo du wohnst.

9. Zum Altar Gottes will ich treten, / zum Gott, der die Freude jubeln läßt, / daß ich dir, Gott, danke im Lied, / singe zur Harfe, mein Gott.

Kehrstrophe

Text: Dieter Trautwein 1983
Melodie: Volker Ochs 1984

BIBLISCHE GESÄNGE

279
Psalm 66

1. Jauchzt, al-le Lan-de, Gott zu Eh-ren,
rühmt sei-nes Na-mens Herr-lich-keit,
und fei-er-lich ihn zu ver-klä-ren,
sei Stimm und Sai-te ihm ge-weiht.
Sprecht: Wun-der-bar sind dei-ne Wer-ke,
o Gott, die du her-vor-ge-bracht;
auch Fein-de füh-len dei-ne Stär-ke
und zit-tern, Herr, vor dei-ner Macht.

2. Dir beuge sich der Kreis der Erde, / dich bete jeder willig an, / daß laut dein Ruhm besungen werde / und alles dir bleib untertan. / Kommt alle her, schaut Gottes Werke, / die er an Menschenkindern tat! / Wie wunderbar ist seine Stärke, / die er an uns verherrlicht hat!

3. Ins Trockne wandelt er die Meere, / gebot dem Strom, vor uns zu fliehn; / wir freuten uns der Macht und Ehre, / die uns hieß durch die Fluten ziehn. / Gott herrschet allgewaltig immer, / da er auf alle Völker schaut. / Vor ihm gelingt's Empörern nimmer, / es stürzet, wer auf Menschen baut.

4. Rühmt, Völker, unsern Gott; lobsinget, / jauchzt ihm, der uns sich offenbart, / der uns vom Tod zum Leben bringet, / vor Straucheln unsern Fuß bewahrt. / Du läuterst uns durch heißes Leiden, / wie Silber rein wird in der Glut, / durch Leiden führst du uns zu Freuden; / ja, alles, was du tust, ist gut.

5. Du hast uns oft verstrickt in Schlingen, / den Lenden Lasten angehängt; / du ließest Menschen auf uns dringen, / hast ringsumher uns eingeengt. / Oft wollten wir den Mut verlieren / im Feuer und in Wassersnot, / doch kamst du, uns herauszuführen, / und speistest uns mit Himmelsbrot.

6. Ich will zu deinem Tempel wallen, / dort bring ich dir mein Opfer dar, / bezahl mit frohem Wohlgefallen / Gelübde, die ich schuldig war, / Gelübde, die in banger Stunde / – an allem, nicht an dir verzagt – / ich dir, o Gott, mit meinem Munde / so feierlich hab zugesagt.

7. Die ihr Gott fürchtet, ich erzähle: / kommt, hört und betet mit mir an! / Hört, was der Herr an meiner Seele / für große Dinge hat getan. / Rief ich ihn an mit meinem Munde, / wenn Not von allen Seiten drang, / so war oft zu derselben Stunde / auf meiner Zung ein Lobgesang.

8. Gelobt sei Gott und hochgepriesen, / denn mein Gebet verwirft er nicht; / er hat noch nie mich abgewiesen / und ist in Finsternis mein Licht. / Zwar elend, dürftig bin ich immer / und schutzlos unter Feinden hier; / doch er, der Herr, verläßt mich nimmer, / wend't seine Güte nie von mir.

Text: Matthias Jorissen 1798
Melodie: Nun saget Dank und lobt den Herren [Nr. 294]

Französisch

1. Vous, tous les peuples de la terre, / Acclamez Dieu, chantez de joie, / Louez le Dieu en qui espère, / Sur qui s'appuie tout homme droit. / Seigneur dont la force est terrible, / Tes oeuvres nous ont étonnés; / Ceux qui se croyaient invincibles / Tu les contrains à s'incliner.

2. Dieu a changé en terre ferme / La mer où son peuple a passé. / A l'oppression il a mis terme : / Redressez-vous, applaudissez! / L'autorité que Dieu exerce / Sans se lasser veille en tous lieux, / Pour déjouer l'oeuvre perverse. / Pour abaisser les orgueilleux.

3. Quand tu veux éprouver notre âme / Comme au creuset l'or ou l'argent, / Tu nous fais traverser la flamme, / Tu fais déborder les torrents. / Mais, Seigneur, tu maintiens nos têtes / Au-dessus des flots déchaînés, / Dans le fracas de la tempête / Tu soutiens nos coeurs effrayés.

4. Seigneur, accepte mon offrande / Ces mains levées en ton honneur. / Je veux que partout l'on entende / L'oeuvre de mon libérateur : / Béni sois-tu, Dieu secourable, / Toi qui jamais n'as écarté / Le moindre appel du misérable. / Mais près de lui t'es arrêté.

PSALMEN UND LOBGESÄNGE

Psalm 67

280

1. Es wol-le Gott uns gnä-dig sein
und sei-nen Se-gen ge - - ben,
daß wir er-ken-nen sei-ne Werk und was
ihm lieb auf Er-den, und Je-sus Chri-stus,
Heil und Stärk, be-kannt den Hei-den wer-den
und sie zu Gott be-keh-ren.

sein Ant-litz uns mit hel-lem Schein
er-leucht zum ew-gen Le - - ben,

2. So danken, Gott, und loben dich / die Heiden überalle, / und alle Welt, die freue sich / und sing mit großem Schalle, / daß du auf Erden Richter bist / und läßt die Sünd nicht walten; / dein Wort die Hut und Weide ist, / die alles Volk erhalten, / in rechter Bahn zu wallen.

3. Es danke, Gott, und lobe dich / das Volk in guten Taten; / das Land bringt Frucht und bessert sich, / dein Wort ist wohlgeraten. / Uns segne Vater und der Sohn, / uns segne Gott der Heilig Geist, / dem alle Welt die Ehre tu, / vor ihm sich fürchte allermeist. / Nun sprecht von Herzen: Amen.

Text: Martin Luther 1524 / *Melodie:* 15. Jh., bei Ludwig Senfl 1522, Matthäus Greiter 1524 oder Magdeburg 1524

BIBLISCHE GESÄNGE

281 (Ö)

Psalm 68

1. Er-hebet er sich, unser Gott,
seht, wie verstummt der Frechen Spott,
wie seine Feinde fliehen!
Lobsinget Gott, die ihr ihn seht,
lobsinget seiner Majestät,
macht Bahn ihm, der da fähret
mit Hoheit durch die Wüste hin!
Herr ist sein Nam, erhebet ihn,
jauchzt laut, die ihr ihn ehret.

Sein furchtbar majestät'scher Blick
schreckt, die ihn hassen, weit zurück,
zerstäubt all ihr Bemühen.

2. Der Herr, der dort im Himmel wohnt / und hier im Heiligtume thront, / will unser stets gedenken; / will unsrer Waisen Vater sein, / will unsrer Witwen Helfer sein, / und keiner darf sie kränken. / Er ist es, der Verlorne liebt / und ihnen eine Wohnung gibt / nach einer langen Irre. / Er macht sein Volk aus Banden los, / er macht es reich, er macht es groß, / läßt Sünder in der Dürre.

3. Anbetung, Ehre, Dank und Ruhm / sei unserm Gott im Heiligtum, / der Tag für Tag uns segnet; / dem Gott, der Lasten auf uns legt, / doch uns mit unsern Lasten trägt / und uns mit Huld begegnet. / Sollt ihm, dem Herrn der Herrlichkeit, / dem Gott vollkommner Seligkeit, / nicht Ruhm und Ehr gebühren? / Er kann, er will, er wird in Not / vom Tode selbst und durch den Tod / uns zu dem Leben führen.

4. Durch deines Gottes Huld allein / kannst du geführt und sicher sein; / mein Volk, sieh seine Werke! / Herr, führ an uns und unserm Haus / dein Heil, dein Werk in Gnaden aus, / nur du bist unsre Stärke. / Dann sehen Herrscher deinen Ruhm / und werden in dein Heiligtum / dir ihre Gaben bringen, / sich dir, dem wahren Gotte, weihn, / in deiner Gnade sich erfreun / und deinen Ruhm besingen.

5. Gott, machtvoll in dem Heiligtum, / erschütternd strahlet hier dein Ruhm, / wir fallen vor dir nieder. / Der Herr ist Gott, der Herr ist Gott, / der Herr ist seines Volkes Gott, / er, er erhebt uns wieder. / Wie er sein Volk so zärtlich liebt, / den Schwachen Kraft und Stärke gibt! / Kommt, heiligt seinen Namen! / Sein Auge hat uns stets bewacht, / ihm sei Anbetung, Ehr und Macht. / Gelobt sei Gott! Ja, Amen.

Text: Matthias Jorissen 1798
Melodie: O Mensch, bewein dein Sünde groß [Nr. 76]

BIBLISCHE GESÄNGE

282 (Ö)

Psalm 84

1. Wie lieb-lich schön, Herr Ze-ba-oth,
ist dei-ne Woh-nung, o mein Gott;
wie seh-net sich mein Herz zu ge-hen,
wo du dich hast ge-of-fen-bart,
und bald in dei-ner Ge-gen-wart
im Vor-hof nah am Thron zu ste-hen.
Dort jauch-zet Leib und Seel in mir,
o Gott des Le-bens, auf zu dir.

2. Die Schwalb, der Sperling find't ein Haus, / sie brüten ihre Jungen aus, / du gibst Befriedigung und Leben, / Herr Zebaoth, du wirst auch mir / – mein Herr, mein Gott, ich traue dir – / bei deinem Altar Freude geben. / O selig, wer dort allezeit / in deinem Lobe sich erfreut.

3. Wohl, wohl dem Menschen in der Welt, / der dich für seine Stärke hält, / von Herzen deinen Weg erwählet! / Geht hier sein Pfad durchs Tränental, / er findet auch in Not und Qual, / daß Trost und Kraft ihm nimmer fehlet; / von dir herab fließt mild und hell / auf ihn der reiche Segensquell.

4. Wir wandern in der Pilgerschaft / und gehen fort von Kraft zu Kraft, / vor Gott in Zion zu erscheinen. / Hör mein Gebet, Herr Zebaoth, / vernimm's, vernimm's, o Jakobs Gott. / Erquicke mich auch mit den Deinen; / bis wir vor deinem Throne stehn / und dort anbetend dich erhöhn.

5. Du unser Schild, Gott, schau uns an, / schau uns in dem Gesalbten an. / Ein Tag in deinem Haus ist besser / denn tausend, ohn dich nah zu sehn; / ja auf der Schwelle nur zu stehn / an meines Gottes Haus, ist größer, / als lang in stolzer Ruh der Welt / zu wohnen in der Bösen Zelt.

6. Denn Gott der Herr ist Sonn und Schild, / er deckt uns, er ist gut und mild, / er wird uns Gnad und Ehre geben. / Nichts mangelt dem, der in der Not / auf Gott vertraut; er hilft im Tod, / er selber ist der Frommen Leben. / Heil dem, der stets in dieser Welt, / Herr Zebaoth, an dich sich hält.

Text: Matthias Jorissen 1798
Melodie: Pierre Davantès 1562

BIBLISCHE GESÄNGE

283
Psalm 85

1. Herr, der du vor-mals hast dein Land mit Gnaden an-ge-blik-ket, der du die Sünd und Mis-se-tat, die es zu-vor be-gan-gen hat, hast vä-ter-lich ver-zie-hen:
und des ge-fang-nen Vol-kes Band ge-löst und es er-quik-ket,

2. willst du, o Vater, uns denn nicht / nun einmal wieder laben? / Und sollen wir an deinem Licht / nicht wieder Freude haben? / Ach gieß aus deines Himmels Haus, / Herr, deine Güt und Segen aus / auf uns und unsre Häuser.

3. Ach daß ich hören sollt das Wort / erschallen bald auf Erden, / daß Friede sollt an allem Ort, / wo Christen wohnen, werden! / Ach daß uns doch Gott sagte zu / des Krieges Schluß, der Waffen Ruh / und alles Unglücks Ende!

4. Ach daß doch diese böse Zeit / bald wiche guten Tagen, / damit wir in dem großen Leid / nicht möchten ganz verzagen. / Doch ist ja Gottes Hilfe nah, / und seine Gnade stehet da / all denen, die ihn fürchten.

PSALMEN UND LOBGESÄNGE

Psalm 92 (Ö) **285**

Kehrvers

Das ist ein köstlich Ding, dem Herren danken und lob-singen deinem Namen, das ist ein köstlich Ding, dem Herren danken und lob-singen deinem Namen, du Höchster.

Strophen

1. Des Morgens deine Gnade und des Nachts deine Wahrheit verkündigen auf den zehn Saiten und Psalter, mit Spielen auf der Harfe.

Der Kehrvers wird nach jeder Strophe wiederholt.

2. Du läßt uns fröhlich singen / von den Werken, die, Herr, deine Hand gemacht. / Wie tief sind deine Gedanken; / du, Höchster, bleibest ewig.

BIBLISCHE GESÄNGE

3. Die deine Rechte halten, / werden grünen und blühen und fruchtbar sein. / Sie werden nimmer vergehen, / denn du bist ihre Stärke.

Text: aus Psalm 92
Melodie: Rolf Schweizer 1966

286
Psalm 98

1. Singt, singt dem Her-ren neu - e Lie - der,

er ist's al - lein, der Wun - der tut.

Seht, sei - ne Rech-te sie - get wie - der,

sein heil - ger Arm gibt Kraft und Mut.

Wo sind nun al - le uns-re Lei - den?

Der Herr schafft Ruh und Si - cher - heit;

PSALMEN UND LOBGESÄNGE

3. Du kennst oftmals deinen Weg nicht, / und du weißt nicht recht, was du sollst; / doch da schickt dir Gott die Hilfe zu: / den einen Menschen, der dich gut versteht.

4. Du mußt nur zu sehen lernen, / wie er dich so väterlich führt; / auch heute gibt er dir seine Hand, / so greif doch zu und schlage sie nicht aus!

Text: Kehrvers und Str. 1 Psalm 98,1–2;
Str. 2–4 Paulus Stein 1963
Melodie: Rolf Schweizer 1963

Psalm 100 (Ö) **288**

1. Nun jauchzt dem Her - ren, al - le Welt!
Kommt her, zu sei - nem Dienst euch stellt,
kommt mit Froh - lok - ken, säu - met nicht,
kommt vor sein hei - lig An - ge - sicht.

2. Erkennt, daß Gott ist unser Herr, / der uns erschaffen ihm zur Ehr, / und nicht wir selbst: durch Gottes Gnad / ein jeder Mensch sein Leben hat.

3. Er hat uns ferner wohl bedacht / und uns zu seinem Volk gemacht, / zu Schafen, die er ist bereit / zu führen stets auf gute Weid.

BIBLISCHE GESÄNGE

4. Die ihr nun wollet bei ihm sein, / kommt, geht zu seinen Toren ein / mit Loben durch der Psalmen Klang, / zu seinem Vorhof mit Gesang.

5. Dankt unserm Gott, lobsinget ihm, / rühmt seinen Namen mit lauter Stimm; / lobsingt und danket allesamt! / Gott loben, das ist unser Amt.

6. Er ist voll Güt und Freundlichkeit, / voll Lieb und Treu zu jeder Zeit; / sein Gnad währt immer dort und hier / und seine Wahrheit für und für.

7. Gott Vater in dem höchsten Thron / und Jesus Christ, sein ein'ger Sohn, / samt Gott, dem werten Heilgen Geist, / sei nun und immerdar gepreist.

Text: David Denicke 1646 nach Cornelius Becker 1602;
Str. 7 Lüneburg 1652
Melodie: um 1358, Hamburg 1598, Hannover 1646

»Singet dem Herrn ein neues Lied, singet dem Herrn, alle Welt!«
Denn Gott hat unser Herz und Mut fröhlich gemacht
durch seinen lieben Sohn, welchen er für uns gegeben hat
zur Erlösung von Sünden, Tod und Teufel.
Wer solchs mit Ernst gläubet, der kanns nicht lassen,
er muß fröhlich und mit Lust davon singen und sagen,
daß es andere auch hören und herzukommen.

Martin Luther,
Vorrede zum Babstschen Gesangbuch

PSALMEN UND LOBGESÄNGE

Psalm 103 (Ö) **289**

1. Nun lob, mein Seel, den Her - ren,
was in mir ist, den Na - men sein.
Sein Wohl - tat tut er meh - ren,
ver - giß es nicht, o Her - ze mein.
Hat dir dein Sünd ver - ge - ben und
heilt dein Schwach-heit groß, er - rett' dein
ar - mes Le - ben, nimmt dich in
sei - nen Schoß, mit rei - chem Trost be -
schüt - tet, ver - jüngt, dem Ad - ler
gleich; der Herr schafft Recht, be -
hü - tet, die leidn in sei - nem Reich.

BIBLISCHE GESÄNGE

2. Er hat uns wissen lassen / sein herrlich Recht und sein Gericht, / dazu sein Güt ohn Maßen, / es mangelt an Erbarmung nicht; / sein' Zorn läßt er wohl fahren, / straft nicht nach unsrer Schuld, / die Gnad tut er nicht sparen, / den Schwachen ist er hold; / sein Güt ist hoch erhaben / ob den', die fürchten ihn; / so fern der Ost vom Abend, / ist unsre Sünd dahin.

3. Wie sich ein Mann erbarmet / ob seiner jungen Kindlein klein, / so tut der Herr uns Armen, / wenn wir ihn kindlich fürchten rein. / Er kennt das arm Gemächte / und weiß, wir sind nur Staub, / ein bald verwelkt Geschlechte, / ein Blum und fallend Laub: / der Wind nur drüber wehet, / so ist es nimmer da, / also der Mensch vergehet, / sein End, das ist ihm nah.

4. Die Gottesgnad alleine / steht fest und bleibt in Ewigkeit / bei seiner lieben G'meine, / die steht in seiner Furcht bereit, / die seinen Bund behalten. / Er herrscht im Himmelreich. / Ihr starken Engel, waltet / seins Lobs und dient zugleich / dem großen Herrn zu Ehren / und treibt sein heiligs Wort! / Mein Seel soll auch vermehren / sein Lob an allem Ort.

5. Sei Lob und Preis mit Ehren / Gott Vater, Sohn und Heilgem Geist! / Der wolle in uns mehren, / was er aus Gnaden uns verheißt, / daß wir ihm fest vertrauen, / uns gründen ganz auf ihn, / von Herzen auf ihn bauen, / daß unser Mut und Sinn / ihm allezeit anhangen. / Drauf singen wir zur Stund: / Amen, wir werden's erlangen, / glaubn wir von Herzensgrund.

Text: Johann Gramann (um 1530) 1540;
   Str. 5 Königsberg 1549
Melodie: 15. Jh. *Weiß mir ein Blümlein blaue*;
   geistlich Hans Kugelmann (um 1530) 1540

PSALMEN UND LOBGESÄNGE

Psalm 105   ö **290**

1. Nun danket Gott, erhebt und preiset
die Gnaden, die er euch erweiset,
und zeiget allen Völkern an
die Wunder, die der Herr getan.
O Volk des Herrn, sein Eigentum,
besinge deines Gottes Ruhm.

2. Fragt nach dem Herrn und seiner Stärke; / der Herr ist groß in seinem Werke. / Sucht doch sein freundlich Angesicht: / den, der ihn sucht, verläßt er nicht. / Denkt an die Wunder, die er tat, / und was sein Mund versprochen hat.

3. O Israel, Gott herrscht auf Erden. / Er will von dir verherrlicht werden; / er denket ewig seines Bunds / und der Verheißung seines Munds, / die er den Vätern kundgetan: / Ich laß euch erben Kanaan.

BIBLISCHE GESÄNGE

4. Sie haben seine Treu erfahren, / da sie noch fremd und wenig waren; / sie zogen unter Gottes Hand / von einem Land zum andern Land. / Er schützte und bewahrte sie, / und seine Huld verließ sie nie.

5. Gott zog des Tages vor dem Volke, / den Weg zu weisen, in der Wolke, / und machte ihm die Nächte hell; / ließ springen aus dem Fels den Quell, / tat Wunder durch sein Machtgebot / und speiste sie mit Himmelsbrot.

6. Das tat der Herr, weil er gedachte / des Bunds, den er mit Abram machte. / Er führt an seiner treuen Hand / sein Volk in das verheißne Land, / damit es diene seinem Gott / und dankbar halte sein Gebot.

7. O seht, wie Gott sein Volk regieret, / aus Angst und Not zur Ruhe führet. / Er hilft, damit man immerdar / sein Recht und sein Gesetz bewahr. / O wer ihn kennet, dient ihm gern. / Gelobet sei der Nam des Herrn.

Text: Str. 1.3.4.6 Johannes Stapfer 1775;
Str. 2.5.7 Matthias Jorissen 1798
Melodie: Pierre Davantès 1562

PSALMEN UND LOBGESÄNGE

Psalm 108 ö **291**

Kehrvers

Ich will dir danken, Herr, unter den Völkern: ich will dir lobsingen unter den Leuten.

Strophen

1. Denn deine Gnade reicht, so weit der Himmel ist, und deine Wahrheit, so weit die Wolken gehn.
2. Herr Gott, erhebe weit über den Himmel dich und deine Ehre weit über alle Land.
3. Ehr sei dem Vater Gott, Ehr sei dem Sohne Gott, Ehr sei dem Heilgen Geist, Gott in Ewigkeit.

Der Kehrvers wird nach jeder Strophe wiederholt.

Text: Psalm 108, 4–6
Melodie: Paul Ernst Ruppel 1964

BIBLISCHE GESÄNGE
292
Psalm 116

1. Das ist mir lieb, daß du mich hörst und dich in Gna-den zu mir kehrst; drum will ich all mein Le-ben lang an-ru-fen dich mit Lob und Dank.

2. Mich banden Höllenangst und Tod, / ich kam in Jammer und in Not, / da rief ich deinen Namen, Herr, / errette mich, Barmherziger.

3. Laß mich in Einfalt trauen dir, / wenn ich erliege, hilf du mir! / Ich bin gewiß: Du bist mir gut; / das gibt mir den getrosten Mut.

4. Dem Tod entriß mich deine Hand, / ich lebe, Herr, in deinem Land, / ich glaube, darum rede ich / und predige, mein Heiland, dich.

5. Ich danke dir von Herzensgrund, / und tue deinen Namen kund / vor allem Volk in der Gemeind, / die sich zu deinem Lob vereint.

Text: Heinrich Vogel 1948
Melodie: Johannes Petzold 1966

PSALMEN UND LOBGESÄNGE

Psalm 117

293

1. Lobt Gott, den Herrn, ihr Hei-den all, lobt Gott von Her-zens-grun-de,
preist ihn, ihr Völ - ker all-zu-mal, dankt ihm zu al - ler Stun-de,
daß er euch auch er-wäh-let hat und mit-ge-tei-let sei-ne Gnad
in Chri-stus, sei - nem Soh-ne.

2. Denn seine groß Barmherzigkeit / tut über uns stets walten, / sein Wahrheit, Gnad und Gütigkeit / erscheinet Jung und Alten / und währet bis in Ewigkeit, / schenkt uns aus Gnad die Seligkeit; / drum singet Halleluja.

Text: Joachim Sartorius 1591
Melodie: Melchior Vulpius 1609

BIBLISCHE GESÄNGE

294 ö

Psalm 118

1. Nun saget Dank und lobt den Herren,
denn groß ist seine Freundlichkeit,
und seine Gnad und Güte währen
von Ewigkeit zu Ewigkeit.
Du, Gottes Volk, sollst es verkünden:
Groß ist des Herrn Barmherzigkeit;
er will sich selbst mit uns verbünden
und wird uns tragen durch die Zeit.

2. Nicht sterben werd ich, sondern leben; / gezüchtigt wurde ich vom Herrn, / dem Tode aber nicht gegeben; / drum rühm ich Gottes Taten gern. / Mit Freuden singen die Gerechten / in neuen Liedern überall: / Gott schafft den Sieg mit seiner Rechten. / Gelobt sei Gott mit Jubelschall.

PSALMEN UND LOBGESÄNGE

3. Hoch tut euch auf, ihr heilgen Tore, / ihr Tore der Gerechtigkeit. / Laßt danken uns in hellem Chore / dem großen Herrn der Herrlichkeit. / Laßt jauchzen uns und fröhlich singen: / Dies ist der Tag, den Gott gemacht. / Hilf, Herr, o hilf, laß wohl gelingen. / Ein Wunder hat der Herr vollbracht.

4. Er, der da kommt in Gottes Namen, / sei hochgelobt zu jeder Zeit. / Gesegnet seid ihr allzusammen, / die ihr von Gottes Hause seid. / Nun saget Dank und lobt den Herren, / denn groß ist seine Freundlichkeit, / und seine Gnad und Güte währen / von Ewigkeit zu Ewigkeit.

Text: Str. 1.4 nach Ambrosius Lobwasser (1565) 1573;
Str. 2.3 Fritz Enderlin 1952
Melodie: Guillaume Franc 1543, Loys Bourgeois 1551

Psalm 119 (Ö) 295

1. Wohl denen, die da wandeln vor Gott in Heiligkeit,
nach seinem Worte handeln und leben allezeit;
die recht von Herzen

BIBLISCHE GESÄNGE

su - chen Gott und sei - ne Zeug - niss' hal - ten, sind stets bei ihm in Gnad.

2. Von Herzensgrund ich spreche: / dir sei Dank allezeit, / weil du mich lehrst die Rechte / deiner Gerechtigkeit. / Die Gnad auch ferner mir gewähr; / ich will dein Rechte halten, / verlaß mich nimmermehr.

3. Mein Herz hängt treu und feste / an dem, was dein Wort lehrt. / Herr, tu bei mir das Beste, / sonst ich zuschanden werd. / Wenn du mich leitest, treuer Gott, / so kann ich richtig laufen / den Weg deiner Gebot.

4. Dein Wort, Herr, nicht vergehet, / es bleibet ewiglich, / so weit der Himmel gehet, / der stets beweget sich; / dein Wahrheit bleibt zu aller Zeit / gleichwie der Grund der Erden, / durch deine Hand bereit'.

Text: Cornelius Becker 1602
Melodie und Satz: Heinrich Schütz 1661

PSALMEN UND LOBGESÄNGE

Psalm 121

296

1. Ich heb mein Augen sehnlich auf
und seh die Berge hoch hinauf,
wann mir mein Gott vom Himmelsthron
mit seiner Hilf zustatten komm.

2. Mein Hilfe kommt mir von dem Herrn, / er hilft uns ja von Herzen gern; / Himmel und Erd hat er gemacht, / hält über uns die Hut und Wacht.

3. Er führet dich auf rechter Bahn, / wird deinen Fuß nicht gleiten lan; / setz nur auf Gott dein Zuversicht; / der dich behütet, schläfet nicht.

4. Der treue Hüter Israel' / bewahret dir dein Leib und Seel; / er schläft nicht, weder Tag noch Nacht, / wird auch nicht müde von der Wacht.

5. Vor allem Unfall gnädiglich / der fromme Gott behütet dich; / unter dem Schatten seiner Gnad / bist du gesichert früh und spat.

6. Der Sonne Hitz, des Mondes Schein / sollen dir nicht beschwerlich sein. / Gott wendet alle Trübsal schwer / zu deinem Nutz und seiner Ehr.

7. Kein Übel muß begegnen dir, / des Herren Schutz ist gut dafür; / in Gnad bewahrt er deine Seel / vor allem Leid und Ungefäll.

BIBLISCHE GESÄNGE

8. Der Herr dein' Ausgang stets bewahr, / sind Weg und Steg auch voll Gefahr, / bring dich nach Haus in seim Geleit / von nun an bis in Ewigkeit.

Text: Cornelius Becker 1602
Melodie: Wenn wir in höchsten Nöten sein [Nr. 366]

297

Psalm 124

1. Wo Gott der Herr nicht bei uns hält, wenn unsre Feinde toben,
und unsrer Sach er nicht zufällt im Himmel hoch dort oben,
wo er Israels Schutz nicht ist und selber bricht der Feinde List,
so ist's mit uns verloren.

2. Was Menschenkraft und -witz anfängt, / soll uns billig nicht schrecken; / er sitzet an der höchsten Stätt, / der wird ihrn Rat aufdecken. / Wenn sie's aufs klügste greifen an, / so geht doch Gott ein andre Bahn; / es steht in seinen Händen.

3. Auf uns so zornig ist ihr Sinn; / wo Gott hätt das zugeben, / verschlungen hätten sie uns hin / mit ganzem Leib und Leben; / wir wärn als die ein Flut ersäuft / und über die groß Wasser läuft / und mit Gewalt verschwemmet.

4. Gott Lob und Dank, der nicht zugab, / daß ihr Schlund möcht uns fangen. / Wie ein Vogel des Stricks kommt ab, / ist unsre Seel entgangen. / Strick ist entzwei, und wir sind frei; / des Herren Name steht uns bei, / des Gotts Himmels und Erden.

5. Ach Herr Gott, wie reich tröstest du, / die gänzlich sind verlassen. / Der Gnaden Tür steht nimmer zu. / Vernunft kann das nicht fassen, / sie spricht: »Es ist nun alls verlorn«, / da doch das Kreuz hat neu geborn, / die deiner Hilfe warten.

6. Den Himmel hast du und die Erd, / Herr, unser Gott, gegründet; / gib, daß dein Licht uns helle werd, / laß unser Herz entzündet / in rechter Lieb des Glaubens dein / bis an das End beständig sein. / Die Welt laß immer murren.

Text: Str. 1.2.5.6 Justus Jonas 1524;
Str. 3–4 Martin Luther 1524
Wär Gott nicht mit uns diese Zeit
Melodie: Wittenberg 1529

BIBLISCHE GESÄNGE

298

Psalm 126

1. Wenn der Herr einst die Ge-fang-nen ih-rer Ban-de le-dig macht,
dann wird un-ser Herz sich freun,
un-ser Mund voll La-chens sein;
jauch-zend wer-den wir er-he-ben
den, der Frei-heit uns ge-ge-ben.
o dann schwin-den die ver-gang-nen Lei-den wie ein Traum der Nacht;

2. Herr, erhebe deine Rechte, / richt auf uns den Vaterblick; / rufe die verstoßnen Knechte / bald ins Vaterland zurück. / Ach, der Pfad ist steil und weit, / kürze unsre Prüfungszeit; / führ uns, wenn wir treu gestritten, / in des Friedens stille Hütten.

3. Ernten werden wir mit Freuden, / was wir weinend ausgesät; / jenseits reift die Frucht der Leiden, / und des Sieges Palme weht. / Unser Gott auf seinem Thron, / er, er selbst ist unser Lohn; / die ihm lebten, die ihm starben, / bringen jauchzend ihre Garben.

Text: Samuel Gottlieb Bürde 1787
Melodie: Freu dich sehr, o meine Seele [Nr. 524]

PSALMEN UND LOBGESÄNGE

Psalm 130 (Ö) **299**

Erste Melodie

1. Aus tie-fer Not schrei ich zu dir,
Dein gnä-dig' Oh-ren kehr zu mir

Herr Gott, er-hör mein Ru - fen.
und mei-ner Bitt sie öff - - ne;

denn so du willst das se - hen an,
was Sünd und Un-recht ist ge-tan,
wer kann, Herr, vor dir blei - ben?

Zweite Melodie

1. Aus tie-fer Not schrei ich zu dir,
Dein gnä-dig' Oh-ren kehr zu mir

Herr Gott, er-hör mein Ru - fen.
und mei-ner Bitt sie öff - ne;

BIBLISCHE GESÄNGE

denn so du willst das se-hen an,
was Sünd und Un-recht ist ge-tan,
wer kann, Herr, vor dir blei - ben?

2. Bei dir gilt nichts denn Gnad und Gunst, / die Sünde zu vergeben; / es ist doch unser Tun umsonst / auch in dem besten Leben. / Vor dir niemand sich rühmen kann, / des muß dich fürchten jedermann / und deiner Gnade leben.

3. Darum auf Gott will hoffen ich, / auf mein Verdienst nicht bauen; / auf ihn mein Herz soll lassen sich / und seiner Güte trauen, / die mir zusagt sein wertes Wort; / das ist mein Trost und treuer Hort, / des will ich allzeit harren.

4. Und ob es währt bis in die Nacht / und wieder an den Morgen, / doch soll mein Herz an Gottes Macht / verzweifeln nicht noch sorgen. / So tu Israel rechter Art, / der aus dem Geist erzeuget ward, / und seines Gotts erharre.

5. Ob bei uns ist der Sünden viel, / bei Gott ist viel mehr Gnade; / sein Hand zu helfen hat kein Ziel, / wie groß auch sei der Schade. / Er ist allein der gute Hirt, / der Israel erlösen wird / aus seinen Sünden allen.

Text und erste Melodie: Martin Luther 1524
Zweite Melodie: Wolfgang Dachstein 1524,
Zürich um 1533/34

PSALMEN UND LOBGESÄNGE

300

Psalm 134

1. Lobt Gott, den Herrn der Herr-lich-keit,
ihr, sei-ne Knech-te, steht ge-weiht
zu sei-nem Dien-ste Tag und Nacht;
lob-sin-get sei-ner Ehr und Macht!

2. Hebt eure Hände auf und geht / zum Throne seiner Majestät / in eures Gottes Heiligtum, / bringt seinem Namen Preis und Ruhm!

3. Gott heilge dich in seinem Haus / und segne dich von Zion aus, / der Himmel schuf und Erd und Meer. / Jauchzt, er ist aller Herren Herr!

Text: **Matthias Jorissen 1798**
Melodie: **Loys Bourgeois 1551** *Herr Gott, dich loben alle wir*

BIBLISCHE GESÄNGE

301 ö

Psalm 136

1. Dan-ket Gott, denn er ist gut; groß ist al-les, was er tut.

Kehrvers 1.-12. Sei-ne Huld währt al-le Zeit, wal-tet bis in E-wig-keit.

2. Preiset Gott und gebt ihm Ehr; / er ist aller Herren Herr.

3. Er tut Wunder, er allein, / alles rief er in das Sein,

4. der durch seiner Allmacht Ruf / Erd und Himmel weise schuf,

5. der die Sterne hat gemacht, / Sonn und Mond für Tag und Nacht.

6. Er hat Israel befreit / aus Ägyptens Dienstbarkeit.

7. Er zerschlug Pharaos Heer, / führt' das Volk durchs Rote Meer.

8. Führte es mit starker Hand / durch die Wüste in sein Land.

9. Dankt ihm, der in dieser Nacht / unsrer Niedrigkeit gedacht,

10. der uns nicht verderben ließ, / den Bedrängern uns entriß.

11. Er speist alles, was da lebt. / Alle Schöpfung ihn erhebt.

12. Danket Gott, denn er ist gut; / groß ist alles, was er tut.

Das Lied kann auch strophenweise im Wechsel gesungen werden.

Text: Ökumenische Fassung 1971
nach Christoph Johannes Riggenbach 1868
Melodie: Pierre Davantès 1562

PSALMEN UND LOBGESÄNGE

Psalm 146 (Ö) **302**

1. Du meine Seele, singe, wohlauf und singe schön
dem, welchem alle Dinge zu Dienst und Willen stehn.
Ich will den Herren droben hier preisen auf der Erd;
ich will ihn herzlich loben, solang ich leben werd.

2. Wohl dem, der einzig schauet / nach Jakobs Gott und Heil! / Wer dem sich anvertrauet, / der hat das beste Teil, / das höchste Gut erlesen, / den schönsten Schatz geliebt; / sein Herz und ganzes Wesen / bleibt ewig unbetrübt.

3. Hier sind die starken Kräfte, / die unerschöpfte Macht; / das weisen die Geschäfte, / die seine Hand gemacht: / der Himmel und die Erde / mit ihrem ganzen Heer, / der Fisch unzähl'ge Herde / im großen wilden Meer.

4. Hier sind die treuen Sinnen, / die niemand Unrecht tun, / all denen Gutes gönnen, / die in der Treu beruhn. / Gott hält sein Wort mit Freuden, / und was er spricht, geschicht; / und wer Gewalt muß leiden, / den schützt er im Gericht.

BIBLISCHE GESÄNGE

5. Er weiß viel tausend Weisen, / zu retten aus dem Tod, / ernährt und gibet Speisen / zur Zeit der Hungersnot, / macht schöne rote Wangen / oft bei geringem Mahl; / und die da sind gefangen, / die reißt er aus der Qual.

6. Er ist das Licht der Blinden, / erleuchtet ihr Gesicht, / und die sich schwach befinden, / die stellt er aufgericht'. / Er liebet alle Frommen, / und die ihm günstig sind, / die finden, wenn sie kommen, / an ihm den besten Freund.

7. Er ist der Fremden Hütte, / die Waisen nimmt er an, / erfüllt der Witwen Bitte, / wird selbst ihr Trost und Mann. / Die aber, die ihn hassen, / bezahlet er mit Grimm, / ihr Haus und wo sie saßen, / das wirft er um und um.

8. Ach ich bin viel zu wenig, / zu rühmen seinen Ruhm; / der Herr allein ist König, / ich eine welke Blum. / Jedoch weil ich gehöre / gen Zion in sein Zelt, / ist's billig, daß ich mehre / sein Lob vor aller Welt.

Text: Paul Gerhardt 1653
Melodie: Johann Georg Ebeling 1666

PSALMEN UND LOBGESÄNGE

303 Psalm 146

1. Lo-be den Her-ren, o mei - ne See - le! Ich will ihn lo - ben bis in' Tod; Der Leib und Seel ge - ge - ben hat, wer - de ge - prie - sen früh und spat. Hal-le-lu - ja, Hal-le - lu - ja.

weil ich noch Stun-den auf Er - den zäh - le, will ich lob - sin - gen mei-nem Gott.

oder: spat. Hal-le - lu - ja, Hal-le - lu - ja.

2. Fürsten sind Menschen, vom Weib geboren, / und kehren um zu ihrem Staub; / ihre Anschläge sind auch verloren, / wenn nun das Grab nimmt seinen Raub. / Weil denn kein Mensch uns helfen kann, / rufe man Gott um Hilfe an. / Halleluja, Halleluja.

3. Selig, ja selig ist der zu nennen, / des Hilfe der Gott Jakobs ist, / welcher vom Glauben sich nicht läßt trennen / und hofft getrost auf Jesus Christ. / Wer diesen Herrn zum Beistand hat, / findet am besten Rat und Tat. / Halleluja, Halleluja.

BIBLISCHE GESÄNGE

4. Dieser hat Himmel, Meer und die Erden / und, was darinnen ist, gemacht; / alles muß pünktlich erfüllet werden, / was er uns einmal zugedacht. / Er ist's, der Herrscher aller Welt, / welcher uns ewig Treue hält. / Halleluja, Halleluja.

5. Zeigen sich welche, die Unrecht leiden, / er ist's, der ihnen Recht verschafft; / Hungrigen will er zur Speis bereiten, / was ihnen dient zur Lebenskraft; / die hart Gebundnen macht er frei, / und seine Gnad ist mancherlei. / Halleluja, Halleluja.

6. Sehende Augen gibt er den Blinden, / erhebt, die tief gebeuget gehn; / wo er kann einige Fromme finden, / die läßt er seine Liebe sehn. / Sein Aufsicht ist des Fremden Trutz, / Witwen und Waisen hält er Schutz. / Halleluja, Halleluja.

7. Aber der Gottesvergeßnen Tritte / kehrt er mit starker Hand zurück, / daß sie nur machen verkehrte Schritte / und fallen selbst in ihren Strick. / Der Herr ist König ewiglich; / Zion, dein Gott sorgt stets für dich. / Halleluja, Halleluja.

8. Rühmet, ihr Menschen, den hohen Namen / des, der so große Wunder tut. / Alles, was Odem hat, rufe Amen / und bringe Lob mit frohem Mut. / Ihr Kinder Gottes, lobt und preist / Vater und Sohn und Heilgen Geist! / Halleluja, Halleluja.

Text: Johann Daniel Herrnschmidt 1714
Melodie: Ansbach 1664/65, Halle 1714

PSALMEN UND LOBGESÄNGE

Psalm 147

304

1. Lobet den Herren, denn er ist sehr freundlich; es ist sehr köstlich, unsern Gott zu loben, sein Lob ist schön und lieblich anzuhören. Lobet den Herren!

2. Singt umeinander dem Herren mit Danken, / lobt ihn mit Harfen, unsern Gott, mit Psalmen, / denn er ist mächtig und von großen Kräften. / Lobet den Herren!

3. Er kann den Himmel mit Wolken bedecken / und gibet Regen, wann er will, auf Erden; / er läßt Gras wachsen hoch auf dürren Bergen. / Lobet den Herren!

4. Der allem Fleische gibet seine Speise, / dem Vieh sein Futter väterlicherweise, / den jungen Raben, die ihn tun anrufen. / Lobet den Herren!

5. Danket dem Herren, Schöpfer aller Dinge; / der Brunn des Lebens tut aus ihm entspringen / gar hoch vom Himmel her aus seinem Herzen. / Lobet den Herren!

6. O Jesu Christe, Sohn des Allerhöchsten, / gib du die Gnade allen frommen Christen, / daß sie dein' Namen ewig preisen, Amen. / Lobet den Herren!

Text: Leipzig 1565
Melodie: Lobet den Herren alle, die ihn ehren [Nr. 447]

BIBLISCHE GESÄNGE

305 ö

Psalm 148

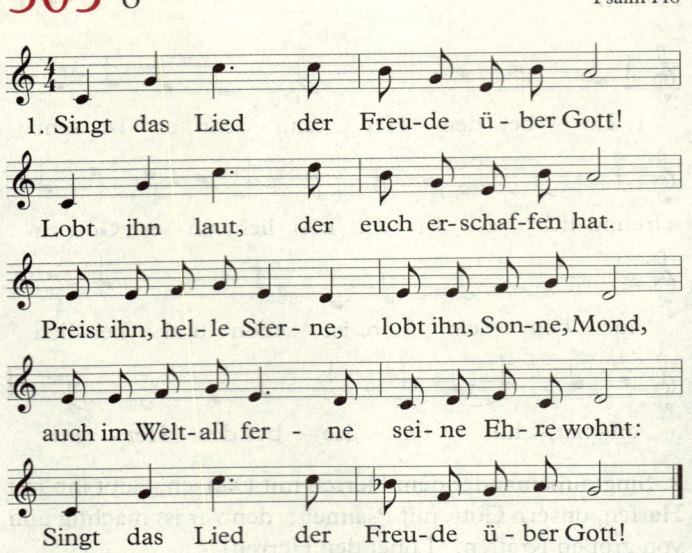

1. Singt das Lied der Freude über Gott!
Lobt ihn laut, der euch erschaffen hat.
Preist ihn, helle Sterne, lobt ihn, Sonne, Mond,
auch im Weltall ferne seine Ehre wohnt:
Singt das Lied der Freude über Gott!

2. Singt das Lied der Freude über Gott! / Lobt ihn laut, der euch erschaffen hat. / Preist ihn, ihr Gewitter, Hagel, Schnee und Wind. / Lobt ihn, alle Tiere, die auf Erden sind: / Singt das Lied der Freude über Gott!

3. Singt das Lied der Freude über Gott! / Lobt ihn laut, der euch erschaffen hat. / Stimmt mit ein, ihr Menschen, preist ihn, groß und klein, / seine Hoheit rühmen soll ein Fest euch sein: / Singt das Lied der Freude über Gott!

4. Singt das Lied der Freude über Gott! / Lobt ihn laut, der euch erschaffen hat. / Er wird Kraft uns geben, Glanz und Licht wird sein, / in das dunkle Leben leuchtet hell sein Schein: / Singt das Lied der Freude über Gott!

Text und Melodie: Dieter Hechtenberg 1968

PSALMEN UND LOBGESÄNGE

Psalm 148   ö **306**

Kehrvers (Kanon)

Singt das Lied der Freu-de, der Freu-de ü-ber Gott!

Lobt ihn laut, der euch er - schaf - fen hat.

Strophen

1. Preist ihn, hel-le Ster-ne, lobt ihn, Son-ne, Mond,

auch im Welt-all fer - ne sei-ne Eh-re wohnt:

Der Kehrvers wird nach jeder Strophe wiederholt.

2. Preist ihn, ihr Gewitter, / Hagel, Schnee und Wind. / Lobt ihn, alle Tiere, / die auf Erden sind:

3. Stimmt mit ein, ihr Menschen, / preist ihn, groß und klein, / seine Hoheit rühmen / soll ein Fest euch sein:

4. Er wird Kraft uns geben, / Glanz und Licht wird sein, / in das dunkle Leben / leuchtet hell sein Schein:

Text: Dieter Hechtenberg 1968 [Nr. 305]
Melodie: Hartmut Bietz 1971

BIBLISCHE GESÄNGE

307

Kehrvers

Gedenk an uns, o Herr, wenn du in dein Reich kommst.

1. Selig sind, die da geistlich arm sind, denn ihrer ist das Himmelreich.
2. Selig sind, die da Leid tragen, denn sie sollen getröstet werden.

PSALMEN UND LOBGESÄNGE

Kehrvers

Gedenk an uns, o Herr,

wenn du in dein Reich kommst.

3. Selig sind die Sanftmütigen,
4. Selig sind, die da hungern und dürsten nach der Gerechtigkeit,

3. denn sie werden das Erdreich besitzen.
4. denn sie sollen satt werden.

BIBLISCHE GESÄNGE

Kehrvers

Ge - denk an uns, o Herr, wenn du in dein Reich kommst.

5. Se - lig sind die Barm-her - zi - gen, denn sie werden Barmherzigkeit er-lan - gen.
6. Se - lig sind, die rei - nen Her - zens sind, denn sie werden Gott schauen.

PSALMEN UND LOBGESÄNGE

Kehrvers

Ge - denk an uns, o Herr,

wenn du in dein Reich kommst.

7. Se - lig sind, die Frie-den stif - ten,
8. Se - lig sind, die um der
Gerechtigkeit wil - len ver-folgt werden,

7. denn sie werden Gottes Kinder hei - ßen.
8. denn ihrer ist das Him - mel-reich.

BIBLISCHE GESÄNGE

Kehrvers

Ge - denk an uns, o Herr,

wenn du in dein Reich kommst.

Text: Seligpreisungen Matthäus 5, 3–10
Melodie: Kiew 17. Jh.
Satz: mündlich überliefert

*Ich schäme mich des Evangeliums nicht;
denn es ist eine Kraft Gottes, die selig macht alle,
die daran glauben.*

Römer 1, 16

PSALMEN UND LOBGESÄNGE

Lukas 1, 46–55
Der Lobgesang der Maria (Magnificat)

309

1. Hoch hebt den Herrn mein Herz und meine Seele,
den großen Gott, dem ich mein Heil befehle.
Daß er mein Heiland ist, frohlockt mein Geist,
der seinen Gott, den Herrn und Retter, preist.

2. Er hat auf meine Niedrigkeit gesehen, / und große Dinge sind an mir geschehen. / Barmherzig ist er jeglichem Geschlecht, / wo Furcht des Herrn bewahrt sein heilig Recht.

3. Gewaltige stößt er von ihren Thronen; / wer niedrig stand, darf hoch in Ehren wohnen. / Die Reichen läßt er leer im Überfluß, / macht Arme reich, macht satt, wer darben muß.

4. Er denkt wohl der Barmherzigkeit und Güte, / daß er die Seinen väterlich behüte. / Wie er verhieß: sein Volk, sein Eigentum / bleibt ewiglich zu seines Namens Ruhm.

Text: Fritz Enderlin 1952
Melodie: Wie herrlich gibst du, Herr, dich zu erkennen
[Nr. 271]

BIBLISCHE GESÄNGE

310

Meine Seele erhebt den Herren, und mein Geist freuet sich Gottes, (Gottes,) meines Heilandes.

Text: Lukas 1, 46–47
Kanon für 3 Stimmen: Paul Ernst Ruppel 1938

Laßt das Wort Christi reichlich unter euch wohnen: lehrt und ermahnt einander in aller Weisheit; mit Psalmen, Lobgesängen und geistlichen Liedern singt Gott dankbar in euren Herzen. Und alles, was ihr tut mit Worten oder mit Werken, das tut alles im Namen des Herrn Jesus und dankt Gott, dem Vater, durch ihn.

Kolosser 3, 16.17

Biblische Erzähllieder

1. Mose 12, 1–9 ö **311**

Kehrvers

»A-bra-ham, A-bra-ham, ver-laß dein Land und dei-nen Stamm! A-bra-ham, A-bra-ham, ver-laß dein Land und dei-nen Stamm!

Strophen

1. Mach dich auf die lan-ge Rei-se in ein Land, das ich dir wei-se. Du sollst ge-gen al-len Schein Va-ter meines Vol-kes sein.

2. Abraham, Abraham, / verlaß dein Land und deinen Stamm! / Abraham, Abraham, / verlaß dein Land und deinen Stamm!
Ich versprech dir meinen Segen, / bin mit dir auf allen Wegen; / alle Menschen, groß und klein, / solln in dir gesegnet sein.«

BIBLISCHE GESÄNGE

3. Abraham, Abraham / verläßt sein Land und seinen Stamm. / Abraham, Abraham / verläßt sein Land und seinen Stamm.
Auf das Wort hin will er's wagen; / ohne Klagen, ohne Fragen / steht er auf und zieht er fort, / Richtung zeigt ihm Gottes Wort.

Kehrvers nach der 3. Strophe

A - braham, A - braham, ver - läßt sein Land und sei - nen Stamm. A - braham, A - braham ver - läßt sein Land und sei - nen Stamm.

Text: Diethard Zils nach dem niederländischen
Abraham, Abraham, verlaat je land von Hanna Lam 1968
Melodie: Wim ter Burg 1968

BIBLISCHE ERZÄHLLIEDER

Matthäus 3,1–12; Lukas 3,10–14

312

1. Kam einst zum Ufer nach Gottes Wort und Plan ein Prediger und Rufer, Johannes hieß der Mann. Kam einst zum Ufer, Johannes hieß der Mann.

2. So steht geschrieben: / Was krumm ist, macht gerad. / Macht groß, was klein geblieben, / und eben jeden Pfad. / So steht geschrieben: / Macht eben jeden Pfad.

3. Täufer, was liefst du / umher in Fell und Gurt / wie ein Prophet? Was riefst du / dort an der Jordanfurt? / Täufer, was riefst du / dort an der Jordanfurt?

4. »Aufschaun, umkehren, / loslassen, was nicht hält! / Das Wort des Herren hören: / Bald wird der Baum gefällt. / Aufschaun, umkehren! / Sonst wird der Baum gefällt.«

5. Täufer, was sollen / wir tun, wenn er jetzt kommt? / »Dem Herrn die Ehre zollen / und glauben seinem Bund.« / Täufer, was riefst du / wir tun, wenn er jetzt kommt?

6. »Teilt Brot und Mantel, / raubt niemandem sein Gut / und macht mit eurem Wandel / bedrückten Menschen Mut. / Teilt Brot und Mantel, / macht allen Menschen Mut.«

BIBLISCHE GESÄNGE

7. Volk, auserkoren, / damit du Rufer wirst: / Ein Kind ist dir geboren, / und das heißt Friedefürst. / Kind, uns geboren, / du bist der Friedefürst.

Text: Jürgen Henkys (1975) 1977 nach dem niederländischen *Kwam van Godswege* von Huub Oosterhuis 1962/1973
Melodie: Jaap Geraedts (1965) 1973

313

1. Jesus, der zu den Fischern lief und Simon und Andreas rief, sich doch ein Herz zu fassen, die Netze zu verlassen – vielleicht kommt er auch heut vorbei, ruft mich und dich, zwei oder drei, doch alles aufzugeben, und treu ihm nachzuleben.

Mt 4, 18–22

BIBLISCHE ERZÄHLLIEDER

2. Jesus, der durch die Straßen kam, / den Mann vom Zoll zur Seite nahm / und bei ihm wohnen wollte, / daß der sich freuen sollte – / vielleicht kommt er auch heut vorbei, / fragt mich und dich, zwei oder drei: / Wollt ihr mir euer Leben, / und was ihr liebhabt, geben? *Mt 9, 9–13*

3. Der durch die Welt geht und die Zeit, / ruft nicht, wie man beim Jahrmarkt schreit. / Er spricht das Herz an, heute, / und sammelt seine Leute. / Und blieben wir auch lieber stehn – / zu wem denn sollen wir sonst gehn? / Er will uns alles geben, / die Wahrheit und das Leben.

Text: Jürgen Henkys (1975) 1977 nach dem niederländischen
Jezus die langs het water liep von Ad den Besten 1961
Melodie: Frits Mehrtens 1961

Jesus kam nach Galiläa und predigte das Evangelium Gottes
und sprach: Die Zeit ist erfüllt, und das Reich Gottes
ist herbeigekommen. Tut Buße und glaubt an das Evangelium!

Markus 1, 14.15

BIBLISCHE GESÄNGE

314

Matthäus 21,1–11

1. Je-sus zieht in Je-ru-sa-lem ein, Ho-si-an-na! Al-le Leu-te fan-gen auf der Stra-ße an zu schrein: Ho-si-an-na, Ho-si-an-na, Ho-si-an-na in der Höh! Ho-si-an-na, Ho-si-an-na, Ho-si-an-na in der Höh!

2. Jesus zieht in Jerusalem ein, Hosianna! / Seht, er kommt geritten, auf dem Esel sitzt der Herr,
Hosianna, Hosianna, Hosianna in der Höh! / Hosianna, Hosianna, Hosianna in der Höh!

3. Jesus zieht in Jerusalem ein, Hosianna! / Kommt und legt ihm Zweige von den Bäumen auf den Weg!
Hosianna, Hosianna, Hosianna in der Höh! / Hosianna, Hosianna, Hosianna in der Höh!

4. Jesus zieht in Jerusalem ein, Hosianna! / Kommt und breitet Kleider auf der Straße vor ihm aus!
Hosianna, Hosianna, Hosianna in der Höh! / Hosianna, Hosianna, Hosianna in der Höh!

BIBLISCHE ERZÄHLLIEDER

5. Jesus zieht in Jerusalem ein, Hosianna! / Alle Leute rufen laut und loben Gott den Herrn!
Hosianna, Hosianna, Hosianna in der Höh! / Hosianna, Hosianna, Hosianna in der Höh!

6. Jesus zieht in Jerusalem ein, Hosianna! / Kommt und laßt uns bitten, statt das »Kreuzige« zu schrein:
Komm, Herr Jesus, komm, Herr Jesus, / komm, Herr Jesus, auch zu uns. / Komm, Herr Jesus, komm, Herr Jesus, / komm, Herr Jesus, auch zu uns.

Text und Melodie: Gottfried Neubert 1968

BIBLISCHE GESÄNGE
315

Lukas 15, 11–24

1. Ich will zu mei-nem Va-ter gehn heut am Tag. Er wird ein je-des Wort ver-stehn, das ich wag, das ich wag.

2. Weil es noch ein Zuhause gibt, / lauf ich hin. / Ich weiß, daß mich mein Vater liebt, / wie ich bin, wie ich bin.

3. Er ist's, der dich von fern erblickt, / tief im Staub. / Sein Herz hat er vorausgeschickt. / Sieh und glaub! Sieh und glaub!

4. Er ist's, der dir entgegenläuft / weit, wie weit; / der dich mit Liebe überhäuft / und verzeiht, und verzeiht.

5. Den Lumpenrock schafft man beiseit – / brennt wie Spreu. / Nun trägst du Schuh und Ring und Kleid / funkelnd neu, funkelnd neu.

6. Hoch hebt das Fest der Heimkehr an, / nie erschaut. / Die Freude, die nur danken kann, / jubelt laut, jubelt laut.

7. Laßt uns zu unserm Vater gehn, / ich und du. / Er ruft, bis alle ihn verstehn: / Kommt herzu! Kommt herzu!

Text: Lotte Denkhaus 1975
Melodie: Dieter Trautwein 1976

☐ Loben und Danken

☐ Rechtfertigung und Zuversicht

☐ Angst und Vertrauen

☐ Umkehr und Nachfolge

☐ Geborgen in Gottes Liebe

☐ Schuldbekenntnis und Bußgebete

☐ Erfahrung der Schöpfung,
   Frieden und Gottes Wirken

☐ Morgen

☐ Mittag und das tägliche Brot

☐ Abend

☐ Arbeit

☐ Auf Reisen

☐ Taufe und Lebenswende

☐ Sterben und ewiges Leben
   Segnungen

- Loben und Danken
- Rechtfertigung und Zuversicht
- Angst und Vertrauen
- Umkehr und Nachfolge
- Geborgen in Gottes Liebe
- Nächsten- und Feindesliebe
- Erhaltung der Schöpfung, Frieden und Gerechtigkeit
- Morgen
- Mittag und das tägliche Brot
- Abend
- Arbeit
- Auf Reisen
- Natur und Jahreszeiten
- Sterben und ewiges Leben Bestattung

Glaube Liebe Hoffnung
glh

Loben und Danken

ö 316

1. Lo - be den Her - ren, den mäch - ti - gen Kö - nig der Eh - ren,
lob ihn, o See - le, ver - eint mit den himm - li - schen Chö - ren.
Kom-met zu - hauf, Psal-ter und Har - fe, wacht auf, las - set den Lob-ge-sang hö - ren!

2. Lobe den Herren, der alles so herrlich regieret, / der dich auf Adelers Fittichen sicher geführet, / der dich erhält, / wie es dir selber gefällt; / hast du nicht dieses verspüret?

3. Lobe den Herren, der künstlich und fein dich bereitet, / der dir Gesundheit verliehen, dich freundlich geleitet. / In wieviel Not / hat nicht der gnädige Gott / über dir Flügel gebreitet!

4. Lobe den Herren, der sichtbar dein Leben gesegnet, / der aus dem Himmel mit Strömen der Liebe geregnet. / Denke daran, / was der Allmächtige kann, / der dir mit Liebe begegnet.

GLAUBE – LIEBE – HOFFNUNG

5. Lobe den Herren, was in mir ist, lobe den Namen. / Lob ihn mit allen, die seine Verheißung bekamen. / Er ist dein Licht, / Seele, vergiß es ja nicht. / Lob ihn in Ewigkeit. Amen.

Text und Melodie: Nr. 317, Ökumenische Fassung 1973

Englisch
1. Praise to the Lord, the Almighty, the King of creation; / O my soul, praise him, for he is thy health and salvation: / all ye who hear, / now to his temple draw near, / joining in glad adoration.

Französisch
1. Célébrons le Seigneur, notre Dieu et notre Père. / Tout-puissant créateur, et des cieux et de la terre. / Ce Dieu d'amour / De ses enfants, chaque jour / Veut exaucer la prière.

Schwedisch
1. Herren, vår Gud, är en konung i makt och i ära. / Kom, alla folk, att vårt eviga lov honom bära! / Himmel och jord / bärs av hans kraftiga ord, / allt han sitt hägn vill beskära.

Polnisch
1. Pochwal, mój duchu, Mocarza wielkiego wszechświata! / Niechaj się w sercu mym prośba z podzięką przeplata. / W górę się zwróć! / Psalmie i harfo, się zbudź! / Niechaj pieśń w niebo ulata.

Tschechisch
1. Chvaliž Hospodina, slávy vždy Krále mocného, / ó duše má, nebo tužba to srdce je mého. / Shromažd'te se, / harfy at'tón ozve se, / zpívejte chvalozpěv jeho!

LOBEN UND DANKEN
317

1. Lobe den Herren, den mächtigen König der Ehren, / meine geliebte Seele, das ist mein Begehren. / Kommet zuhauf, / Psalter und Harfe, wacht auf, / lasset den Lobgesang hören!

2. Lobe den Herren, der alles so herrlich regieret, / der dich auf Adelers Fittichen sicher geführet, / der dich erhält, / wie es dir selber gefällt; / hast du nicht dieses verspüret?

3. Lobe den Herren, der künstlich und fein dich bereitet, / der dir Gesundheit verliehen, dich freundlich geleitet. / In wieviel Not / hat nicht der gnädige Gott / über dir Flügel gebreitet!

4. Lobe den Herren, der deinen Stand sichtbar gesegnet, / der aus dem Himmel mit Strömen der Liebe geregnet. / Denke daran, / was der Allmächtige kann, / der dir mit Liebe begegnet.

5. Lobe den Herren, was in mir ist, lobe den Namen. / Alles, was Odem hat, lobe mit Abrahams Samen. / Er ist dein Licht, / Seele, vergiß es ja nicht. / Lobende, schließe mit Amen!

Text: Joachim Neander 1680
Melodie: 17. Jh.; geistlich Stralsund 1665, Halle 1741

GLAUBE – LIEBE – HOFFNUNG

318

1. O gläubig Herz, gebenedei und gib Lob deinem Herren! Gedenk, daß er dein Vater sei, den du allzeit sollst ehren, dieweil du keine Stund ohn ihn mit aller Sorg in deinem Sinn dein Leben kannst ernähren.

2. Er ist's, der dich von Herzen liebt / und sein Gut mit dir teilet, / dir deine Missetat vergibt / und deine Wunden heilet, / dich waffnet zum geistlichen Krieg, / daß dir der Feind nicht obenlieg / und deinen Schatz zerteile.

3. Er ist barmherzig und sehr gut / den Armen und Elenden, / die sich von allem Übermut / zu seiner Wahrheit wenden; / er nimmt sie als ein Vater auf / und gibt, daß sie den rechten Lauf / zur Seligkeit vollenden.

4. Wie sich ein treuer Vater neigt / und Guts tut seinen Kindern, / also hat sich auch Gott erzeigt / allzeit uns armen Sündern; / er hat uns lieb und ist uns hold, / vergibt uns gnädig alle Schuld, / macht uns zu Überwindern.

5. Er gibt uns seinen guten Geist, / erneuet unsre Herzen, / daß wir vollbringen, was er heißt, / ob's auch das Fleisch mag schmerzen. / Er hilft uns hier mit Gnad und Heil, / verheißt uns auch ein herrlich Teil / von den ewigen Schätzen.

6. Nach unsrer Ungerechtigkeit / hat er uns nicht vergolten, / sondern erzeigt Barmherzigkeit, / da wir verderben sollten. / Mit seiner Gnad und Gütigkeit / ist uns und allen er bereit, / die ihm von Herzen hulden.

7. Was er nun angefangen hat, / das will er auch vollenden; / nur geben wir uns seiner Gnad, / opfern uns seinen Händen / und tun daneben unsern Fleiß, / hoffend, er werd zu seinem Preis / all unsern Wandel wenden.

8. O Vater, steh uns gnädig bei, / weil wir sind im Elende, / daß unser Tun aufrichtig sei / und nehm ein löblich Ende; / o leucht uns mit deim hellen Wort, / daß uns an diesem dunklen Ort / kein falscher Schein verblende.

9. O Gott, nimm an zu Lob und Dank, / was wir einfältig singen, / und gib dein Wort mit freiem Klang, / laß's durch die Herzen dringen. / O hilf, daß wir mit deiner Kraft / durch recht geistliche Ritterschaft / des Lebens Kron erringen.

Text: Michael Weiße 1531
Melodie: bei Michael Praetorius 1609

GLAUBE – LIEBE – HOFFNUNG

319

Frau Musika spricht:

1. Die beste Zeit im Jahr ist mein, da singen alle Vögelein, Himmel und Erden ist der voll, viel gut Gesang, der lautet wohl.

2. Voran die liebe Nachtigall / macht alles fröhlich überall / mit ihrem lieblichen Gesang, / des muß sie haben immer Dank.

3. Vielmehr der liebe Herre Gott, / der sie also geschaffen hat, / zu sein die rechte Sängerin, / der Musika ein Meisterin.

4. Dem singt und springt sie Tag und Nacht, / seins Lobes sie nichts müde macht: / den ehrt und lobt auch mein Gesang / und sagt ihm einen ewgen Dank.

Text: Martin Luther 1538
Melodie: Böhmische Brüder 1544, Straßburg 1572,
Karl Lütge 1917

LOBEN UND DANKEN
320

1. Nun laßt uns Gott dem Herren Dank sagen und ihn ehren für alle seine Gaben, die wir empfangen haben.

2. Den Leib, die Seel, das Leben / hat er allein uns geben; / dieselben zu bewahren, / tut er nie etwas sparen.

3. Nahrung gibt er dem Leibe; / die Seele muß auch bleiben, / wiewohl tödliche Wunden / sind kommen von der Sünden.

4. Ein Arzt ist uns gegeben, / der selber ist das Leben; / Christus, für uns gestorben, / der hat das Heil erworben.

5. Sein Wort, sein Tauf, sein Nachtmahl / dient wider alles Unheil; / der Heilig Geist im Glauben / lehrt uns darauf vertrauen.

GLAUBE – LIEBE – HOFFNUNG

6. Durch ihn ist uns vergeben die Sünd, geschenkt das Leben. Im Himmel solln wir haben, o Gott, wie große Gaben!

7. Wir bitten deine Güte, / wollst uns hinfort behüten, / uns Große mit den Kleinen; / du kannst's nicht böse meinen.

8. Erhalt uns in der Wahrheit, / gib ewigliche Freiheit, / zu preisen deinen Namen / durch Jesus Christus. Amen.

Text: Ludwig Helmbold 1575
Melodie: bei Nikolaus Selnecker 1587
Satz: Johann Crüger 1649

LOBEN UND DANKEN

Sirach 50, 24–26 ö **321**

1. Nun danket alle Gott mit Herzen,
   Mund und Händen,
   der große Dinge tut an uns und
   allen Enden,
   der uns von Mutterleib
   und Kindesbeinen an unzählig
   viel zu gut bis hierher hat getan.

Spätere Form

1. Nun danket alle Gott mit Herzen,
   Mund und Händen,
   der große Dinge tut an uns und
   allen Enden,
   der uns von Mutterleib
   und Kindesbeinen an unzählig
   viel zu gut bis hierher hat getan.

2. Der ewigreiche Gott / woll uns bei unserm Leben / ein immer fröhlich Herz / und edlen Frieden geben / und uns in seiner Gnad / erhalten fort und fort / und uns aus aller Not / erlösen hier und dort.

3. Lob, Ehr und Preis sei Gott / dem Vater und dem Sohne / und Gott dem Heilgen Geist / im höchsten Himmelsthrone, / ihm, dem dreiein'gen Gott, / wie es im Anfang war / und ist und bleiben wird / so jetzt und immerdar.

Text und Melodie: Martin Rinckart (um 1630) 1636
(Melodiefassung nach Johann Crüger 1647)

Englisch
1. Now thank we all our God / with hearts and hands and voices, / who wondrous things has done, / in whom his world rejoices; / who from our mother's arms / has blest us on our way / with countless gifts of love, / and still is ours today.

2. O may this bounteous God / through all our life be near us, / with ever joyful hearts / and blessed peace to cheer us; / and keep us in his grace, / and guide us when perplex'd, / and free us from all ills, / in this world and the next.

3. All praise and thanks to God / the Father now be given, / the Son, and him who reigns / with them in highest heaven: / the one eternal God / whom earth and heav'n adore; / for thus it was, is now, / and shall be evermore.

Französisch

1. Béni soit le Seigneur, / le Créateur, le Père; / Son amour resplendit / sur notre terre entière. / Il nous a tout donné; / tout nous vient de ses mains, / Et la vie et la joie, / et le pain et le vin.

2. Béni soit le Seigneur, / le Fils du Dieu qui aime, / Qui pour nous se fit homme / et qui s'offrit lui-même. / Il devint serviteur / cloué sur une croix / Et Dieu l'a élevé / plus haut que tous les rois.

3. Béni soit le Seigneur, / l'Esprit Saint pur et sage / Qui de l'amour du Père / et du Fils est le gage. / C'est lui qui nous unit / et nous fait retrouver / Le chemin de l'amour / et de la liberté.

ö 322

1. Nun danket all und bringet Ehr, ihr Menschen in der Welt, dem, dessen Lob der Engel Heer im Himmel stets vermeld't.

2. Ermuntert euch und singt mit Schall / Gott, unserm höchsten Gut, / der seine Wunder überall / und große Dinge tut;

3. der uns von Mutterleibe an / frisch und gesund erhält / und, wo kein Mensch nicht helfen kann, / sich selbst zum Helfer stellt;

Sir 50, 24

GLAUBE – LIEBE – HOFFNUNG

4. der, ob wir ihn gleich hoch betrübt, / doch bleibet guten Muts, / die Straf erläßt, die Schuld vergibt / und tut uns alles Guts.

5. Er gebe uns ein fröhlich Herz, / erfrische Geist und Sinn / und werf all Angst, Furcht, Sorg und Schmerz / ins Meeres Tiefe hin.

6. Er lasse seinen Frieden ruhn / auf unserm Volk und Land; / er gebe Glück zu unserm Tun / und Heil zu allem Stand.

7. Er lasse seine Lieb und Güt / um, bei und mit uns gehn, / was aber ängstet und bemüht, / gar ferne von uns stehn.

8. Solange dieses Leben währt, / sei er stets unser Heil, / und wenn wir scheiden von der Erd, / verbleib er unser Teil.

9. Er drücke, wenn das Herze bricht, / uns unsre Augen zu / und zeig uns drauf sein Angesicht / dort in der ewgen Ruh.

Text: Paul Gerhardt 1647
Melodie: Johann Crüger 1653 nach Pierre Davantès 1562
(zu Psalm 89)

323

1. Man lobt dich in der Stil - le, du hoch - er-hab - ner Zi - ons-gott; Du bist doch, Herr, auf
des Rüh - mens ist die Fül - le vor dir, o Her - re Ze - ba- oth.

LOBEN UND DANKEN

Er-den der Frommen Zu-ver-sicht, in Trüb-sal und Be-schwer-den läßt du die Dei-nen nicht. Drum soll dich stünd-lich eh-ren mein Mund vor je-der-mann und dei-nen Ruhm ver-meh-ren, so-lang er lal-len kann.

Ps 65, 2

2. Es müssen, Herr, sich freuen / von ganzer Seel und jauchzen hell, / die unaufhörlich schreien: / »Gelobt sei der Gott Israel'!« / Sein Name sei gepriesen, / der große Wunder tut / und der auch mir erwiesen / das, was mir nütz und gut. / Nun, dies ist meine Freude, / zu hangen fest an dir, / daß nichts von dir mich scheide, / solang ich lebe hier.

3. Herr, du hast deinen Namen / sehr herrlich in der Welt gemacht; / denn als die Schwachen kamen, / hast du gar bald an sie gedacht. / Du hast mir Gnad erzeiget; / nun, wie vergelt ich's dir? / Ach bleibe mir geneigt, / so will ich für und für / den Kelch des Heils erheben* / und preisen weit und breit / dich hier, mein Gott, im Leben / und dort in Ewigkeit.

**Ps 116, 13*

Text: Johann Rist 1651/1654
Melodie: Nun lob, mein Seel, den Herren [Nr. 289]

GLAUBE – LIEBE – HOFFNUNG

324 (Ö)

1. Ich singe dir mit Herz und Mund, Herr, meines Herzens Lust; ich sing und mach auf Erden kund, was mir von dir bewußt.

2. Ich weiß, daß du der Brunn der Gnad / und ewge Quelle bist, / daraus uns allen früh und spat / viel Heil und Gutes fließt.

3. Was sind wir doch? Was haben wir / auf dieser ganzen Erd, / das uns, o Vater, nicht von dir / allein gegeben werd?

4. Wer hat das schöne Himmelszelt / hoch über uns gesetzt? / Wer ist es, der uns unser Feld / mit Tau und Regen netzt?

5. Wer wärmet uns in Kält und Frost? / Wer schützt uns vor dem Wind? / Wer macht es, daß man Öl und Most / zu seinen Zeiten find't?

6. Wer gibt uns Leben und Geblüt? / Wer hält mit seiner Hand / den güldnen, werten, edlen Fried / in unserm Vaterland?

7. Ach Herr, mein Gott, das kommt von dir, / du, du mußt alles tun, / du hältst die Wach an unsrer Tür / und läßt uns sicher ruhn.

8. Du nährest uns von Jahr zu Jahr, / bleibst immer fromm und treu / und stehst uns, wenn wir in Gefahr / geraten, treulich bei.

9. Du strafst uns Sünder mit Geduld / und schlägst nicht allzusehr, / ja endlich nimmst du unsre Schuld / und wirfst sie in das Meer.

10. Wenn unser Herze seufzt und schreit, / wirst du gar leicht erweicht / und gibst uns, was uns hoch erfreut / und dir zur Ehr gereicht.

11. Du zählst, wie oft ein Christe wein / und was sein Kummer sei; / kein Zähr- und Tränlein ist so klein, / du hebst und legst es bei.

12. Du füllst des Lebens Mangel aus / mit dem, was ewig steht, / und führst uns in des Himmels Haus, / wenn uns die Erd entgeht.

13. Wohlauf, mein Herze, sing und spring / und habe guten Mut! / Dein Gott, der Ursprung aller Ding, / ist selbst und bleibt dein Gut.

14. Er ist dein Schatz, dein Erb und Teil, / dein Glanz und Freudenlicht, / dein Schirm und Schild, dein Hilf und Heil, / schafft Rat und läßt dich nicht.

GLAUBE – LIEBE – HOFFNUNG

15. Was kränkst du dich in deinem Sinn / und grämst dich Tag und Nacht? / Nimm deine Sorg und wirf sie hin / auf den, der dich gemacht.

16. Hat er dich nicht von Jugend auf / versorget und ernährt? / Wie manches schweren Unglücks Lauf / hat er zurückgekehrt!

17. Er hat noch niemals was versehn / in seinem Regiment, / nein, was er tut und läßt geschehn, / das nimmt ein gutes End.

18. Ei nun, so laß ihn ferner tun / und red ihm nicht darein, / so wirst du hier im Frieden ruhn / und ewig fröhlich sein.

Text: Paul Gerhardt 1653
Melodie: Nun danket all und bringet Ehr [Nr. 322]
Satz: Johann Crüger 1653

325

1. Sollt ich meinem Gott nicht singen?
Denn ich seh in allen Dingen,
Sollt ich ihm nicht dankbar sein?
wie so gut er's mit mir mein'.
Ist doch nichts als lauter Lieben,
das sein treues Herze regt,
das ohn Ende hebt und

LOBEN UND DANKEN

trägt, die in sei-nem Dienst sich ü-ben.
Al-les Ding währt sei-ne Zeit,
Gottes Lieb in E-wig-keit.

2. Wie ein Adler sein Gefieder / über seine Jungen streckt, / also hat auch hin und wieder / mich des Höchsten Arm bedeckt, / alsobald im Mutterleibe, / da er mir mein Wesen gab / und das Leben, das ich hab / und noch diese Stunde treibe. / Alles Ding währt seine Zeit, / Gottes Lieb in Ewigkeit.

3. Sein Sohn ist ihm nicht zu teuer, / nein, er gibt ihn für mich hin, / daß er mich vom ewgen Feuer / durch sein teures Blut gewinn. / O du unergründ'ter Brunnen, / wie will doch mein schwacher Geist, / ob er sich gleich hoch befleißt, / deine Tief ergründen können? / Alles Ding währt seine Zeit, / Gottes Lieb in Ewigkeit.

4. Seinen Geist, den edlen Führer, / gibt er mir in seinem Wort, / daß er werde mein Regierer / durch die Welt zur Himmelspfort; / daß er mir mein Herz erfülle / mit dem hellen Glaubenslicht, / das des Todes Macht zerbricht / und die Hölle selbst macht stille. / Alles Ding währt seine Zeit, / Gottes Lieb in Ewigkeit.

5. Meiner Seele Wohlergehen / hat er ja recht wohl bedacht; / will dem Leibe Not entstehen, / nimmt er's gleichfalls wohl in acht. / Wenn mein Können, mein Vermögen / nichts vermag, nichts helfen kann, / kommt mein Gott und hebt mir an / sein Vermögen beizulegen. / Alles Ding währt seine Zeit, / Gottes Lieb in Ewigkeit.

GLAUBE – LIEBE – HOFFNUNG

6. Himmel, Erd und ihre Heere / hat er mir zum Dienst bestellt; / wo ich nur mein Aug hinkehre, / find ich, was mich nährt und hält: / Tier und Kräuter und Getreide; / in den Gründen, in der Höh, / in den Büschen, in der See, / überall ist meine Weide. / Alles Ding währt seine Zeit, / Gottes Lieb in Ewigkeit.

7. Wenn ich schlafe, wacht sein Sorgen / und ermuntert mein Gemüt, / daß ich alle liebe Morgen / schaue neue Lieb und Güt. / Wäre mein Gott nicht gewesen, / hätte mich sein Angesicht / nicht geleitet, wär ich nicht / aus so mancher Angst genesen. / Alles Ding währt seine Zeit, / Gottes Lieb in Ewigkeit.

8. Seine Strafen, seine Schläge, / ob sie mir gleich bitter seind, / dennoch, wenn ich's recht erwäge, / sind es Zeichen, daß mein Freund, / der mich liebet, mein gedenke / und mich von der schnöden Welt, / die uns hart gefangen hält, / durch das Kreuze zu ihm lenke. / Alles Ding währt seine Zeit, / Gottes Lieb in Ewigkeit.

9. Das weiß ich fürwahr und lasse / mir's nicht aus dem Sinne gehn: / Christenkreuz hat seine Maße / und muß endlich stillestehn. / Wenn der Winter ausgeschneiet, / tritt der schöne Sommer ein; / also wird auch nach der Pein, / wer's erwarten kann, erfreuet. / Alles Ding währt seine Zeit, / Gottes Lieb in Ewigkeit.

10. Weil denn weder Ziel noch Ende / sich in Gottes Liebe find't, / ei so heb ich meine Hände / zu dir, Vater, als dein Kind, / bitte, wollst mir Gnade geben, / dich aus aller meiner Macht / zu umfangen Tag und Nacht / hier in meinem ganzen Leben, / bis ich dich nach dieser Zeit / lob und lieb in Ewigkeit.

Text: Paul Gerhardt 1653
Melodie: Johann Schop 1641

LOBEN UND DANKEN

326

Andere Melodie: *Bis hierher hat mich Gott gebracht* [Nr. 329] (Ö)

1. Sei Lob und Ehr dem höchsten Gut,
dem Gott, der alle Wunder tut,
dem Vater aller Güte,
dem Gott, der mein Gemüte
mit seinem reichen Trost erfüllt,
dem Gott, der allen Jammer stillt.
Gebt unserm Gott die Ehre!

2. Es danken dir die Himmelsheer, / o Herrscher aller Thronen; / und die auf Erden, Luft und Meer / in deinem Schatten wohnen, / die preisen deine Schöpfermacht, / die alles also wohl bedacht. / Gebt unserm Gott die Ehre!

3. Was unser Gott geschaffen hat, / das will er auch erhalten, / darüber will er früh und spat / mit seiner Güte walten. / In seinem ganzen Königreich / ist alles recht, ist alles gleich. / Gebt unserm Gott die Ehre!

4. Ich rief zum Herrn in meiner Not: / »Ach Gott, vernimm mein Schreien!« / Da half mein Helfer mir vom Tod / und ließ mir Trost gedeihen. / Drum dank, ach Gott, drum dank ich dir; / ach danket, danket Gott mit mir! / Gebt unserm Gott die Ehre!

5. Der Herr ist noch und nimmer nicht / von seinem Volk geschieden; / er bleibet ihre Zuversicht, / ihr Segen, Heil und Frieden. / Mit Mutterhänden leitet er / die Seinen stetig hin und her. / Gebt unserm Gott die Ehre!

6. Wenn Trost und Hilf ermangeln muß, / die alle Welt erzeiget, / so kommt, so hilft der Überfluß, / der Schöpfer selbst, und neiget / die Vateraugen denen zu, / die sonsten nirgends finden Ruh. / Gebt unserm Gott die Ehre!

7. Ich will dich all mein Leben lang, / o Gott, von nun an ehren, / man soll, Gott, deinen Lobgesang / an allen Orten hören. / Mein ganzes Herz ermuntre sich, / mein Geist und Leib erfreue dich! / Gebt unserm Gott die Ehre!

8. Ihr, die ihr Christi Namen nennt, / gebt unserm Gott die Ehre; / ihr, die ihr Gottes Macht bekennt, / gebt unserm Gott die Ehre! / Die falschen Götzen macht zu Spott; / der Herr ist Gott, der Herr ist Gott! / Gebt unserm Gott die Ehre!

9. So kommet vor sein Angesicht / mit jauchzenvollem Springen; / bezahlet die gelobte Pflicht / und laßt uns fröhlich singen: / Gott hat es alles wohl bedacht / und alles, alles recht gemacht. / Gebt unserm Gott die Ehre!

Text: Johann Jakob Schütz 1675
Melodie: Johann Crüger 1653 nach Nr. 294

LOBEN UND DANKEN

327

1. Wun-der-ba-rer Kö-nig, Herr-scher von uns al-len, laß dir un-ser Lob ge-fal-len. Hilf uns noch, stärk uns doch; laß die Zun-ge sin-gen, laß die Stim-me klin-gen.
Dei-ne Va-ter-gü-te hast du las-sen flie-ßen, ob wir schon dich oft ver-lie-ßen.

2. Himmel, lobe prächtig / deines Schöpfers Taten / mehr als aller Menschen Staaten. / Großes Licht der Sonne, / schieße deine Strahlen, / die das große Rund bemalen. / Lobet gern, / Mond und Stern, / seid bereit, zu ehren / einen solchen Herren.

3. O du meine Seele, / singe fröhlich, singe, / singe deine Glaubenslieder; / was den Odem holet, / jauchze, preise, klinge; / wirf dich in den Staub darnieder. / Er ist Gott / Zebaoth, / er nur ist zu loben / hier und ewig droben.

4. Halleluja bringe, / wer den Herren kennet, / wer den Herren Jesus liebet; / Halleluja singe, / welcher Christus nennet, / sich von Herzen ihm ergibet. / O wohl dir! / Glaube mir: / endlich wirst du droben / ohne Sünd ihn loben.

Text und Melodie: Joachim Neander 1680

GLAUBE – LIEBE – HOFFNUNG

328

1. Dir, dir, o Höchster, will ich singen,
Dir will ich meine Lieder bringen;
denn wo ist doch ein solcher Gott wie du?
ach gib mir deines Geistes Kraft dazu,
daß ich es tu im Namen Jesu Christ,
so wie es dir durch ihn gefällig ist.

2. Zieh mich, o Vater, zu dem Sohne, / damit dein Sohn mich wieder zieh zu dir; / dein Geist in meinem Herzen wohne / und meine Sinne und Verstand regier, / daß ich den Frieden Gottes schmeck und fühl / und dir darob im Herzen sing und spiel.

3. Verleih mir, Höchster, solche Güte, / so wird gewiß mein Singen recht getan; / so klingt es schön in meinem Liede, / und ich bet dich im Geist und Wahrheit an; / so hebt dein Geist mein Herz zu dir empor, / daß ich dir Psalmen sing im höhern Chor.

4. Denn der kann mich bei dir vertreten / mit Seufzern, die ganz unaussprechlich sind; / der lehret mich recht gläubig beten, / gibt Zeugnis meinem Geist, daß ich dein Kind / und ein Miterbe Jesu Christi sei, / daher ich »Abba, lieber Vater!« schrei.

Röm 8, 15.16.26

5. Was mich dein Geist selbst bitten lehret, / das ist nach deinem Willen eingericht' / und wird gewiß von dir erhöret, / weil es im Namen deines Sohns geschicht, / durch welchen ich dein Kind und Erbe bin / und nehme von dir Gnad um Gnade hin.

6. Wohl mir, daß ich dies Zeugnis habe! / Drum bin ich voller Trost und Freudigkeit / und weiß, daß alle gute Gabe, / die ich von dir verlanget jederzeit, / die gibst du und tust überschwenglich mehr, / als ich verstehe, bitte und begehr.

7. Wohl mir, ich bitt in Jesu Namen, / der mich zu deiner Rechten selbst vertritt, / in ihm ist alles Ja und Amen, / was ich von dir im Geist und Glauben bitt. / Wohl mir, Lob dir jetzt und in Ewigkeit, / daß du mir schenkest solche Seligkeit.

Text: Bartholomäus Crasselius 1695
Melodie: Hamburg 1690, Halle 1704

Der Geist hilft unsrer Schwachheit auf. Denn wir wissen nicht, was wir beten sollen, wie sich's gebührt; sondern der Geist selbst vertritt uns mit unaussprechlichem Seufzen.
Der aber die Herzen erforscht, der weiß, worauf der Sinn des Geistes gerichtet ist; denn er vertritt die Heiligen,
wie es Gott gefällt. Wir wissen aber, daß denen, die Gott lieben, alle Dinge zum Besten dienen.

Römer 8, 26–28

GLAUBE – LIEBE – HOFFNUNG

329 ö

1. Bis hierher hat mich Gott gebracht durch seine große Güte,
bis hierher hat er Tag und Nacht bewahrt Herz und Gemüte,
bis hierher hat er mich geleit', bis hierher hat er mich erfreut,
bis hierher mir geholfen.

2. Hab Lob und Ehr, hab Preis und Dank / für die bisher'ge Treue, / die du, o Gott, mir lebenslang / bewiesen täglich neue. / In mein Gedächtnis schreib ich an: / der Herr hat Großes mir getan, / bis hierher mir geholfen.

3. Hilf fernerweit, mein treuster Hort, / hilf mir zu allen Stunden. / Hilf mir an all und jedem Ort, / hilf mir durch Jesu Wunden. / Damit sag ich bis in den Tod: / durch Christi Blut hilft mir mein Gott; / er hilft, wie er geholfen.

Text: Ämilie Juliane von Schwarzburg-Rudolstadt (vor 1685) 1699
Melodie: Peter Sohren 1668, Halle 1704
Du Lebensbrot, Herr Jesu Christ

LOBEN UND DANKEN

330

1. O daß ich tausend Zungen hätte
und einen tausendfachen Mund,
so stimmt ich damit um die Wette
vom allertiefsten Herzensgrund
ein Loblied nach dem andern an
von dem, was Gott an mir getan.

2. O daß doch meine Stimme schallte / bis dahin, wo die Sonne steht; / o daß mein Blut mit Jauchzen wallte, / solang es noch im Laufe geht; / ach wär ein jeder Puls ein Dank / und jeder Odem ein Gesang!

3. Ihr grünen Blätter in den Wäldern, / bewegt und regt euch doch mit mir; / ihr schwanken Gräslein in den Feldern, / ihr Blumen, laßt doch eure Zier / zu Gottes Ruhm belebet sein / und stimmet lieblich mit mir ein.

4. Ach alles, alles, was ein Leben / und einen Odem in sich hat, / soll sich mir zum Gehilfen geben, / denn mein Vermögen ist zu matt, / die großen Wunder zu erhöhn, / die allenthalben um mich stehn.

GLAUBE – LIEBE – HOFFNUNG

5. Wer überströmet mich mich Segen? / Bist du es nicht, o reicher Gott? / Wer schützet mich auf meinen Wegen? / Du, du, o Herr Gott Zebaoth! / Auch in der größesten Gefahr / ward deines Trostes ich gewahr.

6. Ich will von deiner Güte singen, / solange sich die Zunge regt; / ich will dir Freudenopfer bringen, / solange sich mein Herz bewegt; / ja wenn der Mund wird kraftlos sein, / so stimm ich doch mit Seufzen ein.

7. Ach nimm das arme Lob auf Erden, / mein Gott, in allen Gnaden hin. / Im Himmel soll es besser werden, / wenn ich bei deinen Engeln bin. / Da sing ich dir im höhern Chor / viel tausend Halleluja vor.

Text: Johann Mentzer 1704
Melodie: bei Johann Balthasar König 1738

LOBEN UND DANKEN

ö 331

1. Gro-ßer Gott, wir lo-ben dich; Herr, wir prei-sen dei-ne␣tär-ke.
Vor dir neigt die Er-de sich und be-wun-dert dei-ne Wer-ke.
Wie du warst vor al-ler Zeit, so bleibst du in E-wig-keit.

2. Alles, was dich preisen kann, / Cherubim und Seraphinen, / stimmen dir ein Loblied an, / alle Engel, die dir dienen, / rufen dir stets ohne Ruh: / »Heilig, heilig, heilig!« zu. *Jes 6, 3*

3. Heilig, Herr Gott Zebaoth! / Heilig, Herr der Himmelsheere! / Starker Helfer in der Not! / Himmel, Erde, Luft und Meere / sind erfüllt von deinem Ruhm; / alles ist dein Eigentum.

4. Der Apostel heilger Chor, / der Propheten hehre Menge / schickt zu deinem Thron empor / neue Lob- und Dankgesänge; / der Blutzeugen lichte Schar / lobt und preist dich immerdar.

5. Dich, Gott Vater auf dem Thron, / loben Große, loben Kleine. / Deinem eingebornen Sohn / singt die heilige Gemeinde, / und sie ehrt den Heilgen Geist, / der uns seinen Trost erweist.

6. Du, des Vaters ewger Sohn, / hast die Menschheit angenommen, / bist vom hohen Himmelsthron / zu uns auf die Welt gekommen, / hast uns Gottes Gnad gebracht, / von der Sünd uns frei gemacht.

7. Durch dich steht das Himmelstor / allen, welche glauben, offen; / du stellst uns dem Vater vor, / wenn wir kindlich auf dich hoffen; / du wirst kommen zum Gericht, / wenn der letzte Tag anbricht.

8. Herr, steh deinen Dienern bei, / welche dich in Demut bitten. / Kauftest durch dein Blut uns frei, / hast den Tod für uns gelitten; / nimm uns nach vollbrachtem Lauf / zu dir in den Himmel auf.

9. Sieh dein Volk in Gnaden an. / Hilf uns, segne, Herr, dein Erbe; / leit es auf der rechten Bahn, / daß der Feind es nicht verderbe. / Führe es durch diese Zeit, / nimm es auf in Ewigkeit.

10. Alle Tage wollen wir / dich und deinen Namen preisen / und zu allen Zeiten dir / Ehre, Lob und Dank erweisen. / Rett aus Sünden, rett aus Tod, / sei uns gnädig, Herre Gott!

11. Herr, erbarm, erbarme dich. / Laß uns deine Güte schauen; / deine Treue zeige sich, / wie wir fest auf dich vertrauen. / Auf dich hoffen wir allein: / laß uns nicht verloren sein.

Text: Ignaz Franz 1768 nach dem *Te Deum laudamus* 4. Jh.
Melodie: Lüneburg 1668, Wien um 1776, Leipzig 1819

LOBEN UND DANKEN
ö 332

1. Lobt froh den Herrn, ihr ju-gend-li-chen Chö-re! Er hö-ret gern ein Lied zu sei-ner Eh-re: lobt froh den Herrn, lobt froh den Herrn!

2. Es schall empor zu seinem Heiligtume / aus unserm Chor ein Lied zu seinem Ruhme: / lobt froh den Herrn, lobt froh den Herrn!

3. Vom Preise voll laß unser Herz dir singen! / Das Loblied soll zu deinem Throne dringen: / lobt froh den Herrn, lobt froh den Herrn!

4. Einst kommt die Zeit, wo wir auf tausend Weisen / – o Seligkeit! – dich, unsern Vater, preisen / von Ewigkeit zu Ewigkeit.

Text: Georg Geßner 1795
Melodie: Hans Georg Nägeli 1815

GLAUBE – LIEBE – HOFFNUNG

333

1. Danket dem Herrn! Wir danken dem Herrn, denn er ist freundlich, und seine Güte währet ewiglich, sie währet ewiglich, sie währet ewiglich.

Ps 118,1

2. Lobet den Herrn! / Ja, lobe den Herrn / auch meine Seele; / vergiß es nie, was er dir Guts getan, / was er dir Guts getan, / was er dir Guts getan! *Ps 103, 2*

3. Sein ist die Macht! / Allmächtig ist Gott; / sein Tun ist weise, / und seine Huld ist jeden Morgen neu, / ist jeden Morgen neu, / ist jeden Morgen neu!

4. Groß ist der Herr; / ja groß ist der Herr; / sein Nam ist heilig, / und alle Welt ist seiner Ehre voll, / ist seiner Ehre voll, / ist seiner Ehre voll!

5. Betet ihn an! / Anbetung dem Herrn; / mit hoher Ehrfurcht / werd auch von uns sein Name stets genannt, / sein Name stets genannt, / sein Name stets genannt!

6. Singet dem Herrn! / Lobsinget dem Herrn / in frohen Chören, / denn er vernimmt auch unsern Lobgesang, / auch unsern Lobgesang, / auch unsern Lobgesang!

Text: Karl Friedrich Wilhelm Herrosee vor 1810
Melodie und Satz: Karl Friedrich Schulz 1810

Danket dem Herrn und rufet an seinen Namen;
verkündigt sein Tun unter den Völkern!
Singet und spielet ihm,
redet von allen seinen Wundern!
Rühmet seinen heiligen Namen;
es freue sich das Herz derer,
die den Herrn suchen!

Psalm 105, 1–3

GLAUBE – LIEBE – HOFFNUNG

334

1. Danke für diesen guten Morgen, danke für jeden neuen Tag. Danke, daß ich all meine Sorgen auf dich werfen mag.

2. Danke für alle guten Freunde, / danke, o Herr, für jedermann. / Danke, wenn auch dem größten Feinde / ich verzeihen kann.

3. Danke für meine Arbeitsstelle, / danke für jedes kleine Glück. / Danke für alles Frohe, Helle / und für die Musik.

4. Danke für manche Traurigkeiten, / danke für jedes gute Wort. / Danke, daß deine Hand mich leiten / will an jedem Ort.

5. Danke, daß ich dein Wort verstehe, / danke, daß deinen Geist du gibst. / Danke, daß in der Fern und Nähe / du die Menschen liebst.

6. Danke, dein Heil kennt keine Schranken, / danke, ich halt mich fest daran. / Danke, ach Herr, ich will dir danken, / daß ich danken kann.

Text und Melodie: Martin Gotthard Schneider (1961) 1963

LOBEN UND DANKEN
335

Ich will den Herrn loben alle-zeit, alle-zeit, sein Lob soll immer-dar in meinem Munde sein, in meinem Munde sein, sein Lob, sein Lob soll immer-dar in meinem Munde sein, in meinem Munde sein, in meinem Munde sein.

Text: Psalm 34, 2
Kanon für 3 Stimmen: Georg Philipp Telemann um 1735

GLAUBE – LIEBE – HOFFNUNG

336 ö

Danket, danket dem Herrn,
denn er ist sehr freundlich,
seine Güt und Wahrheit
währet ewiglich.

Rendons grâce au Seigneur.
Il est charitable,
Sa bonté, sa verité
Durent pour l'éternité.

Text: nach Psalm 106,1
Kanon für 4 Stimmen: 18. Jh.

LOBEN UND DANKEN

ö 337

Lobet und preiset, ihr Völker, den Herrn,
freuet euch seiner und dienet ihm gern.
All ihr Völker, lobet den Herrn.

Text und Kanon für 3 Stimmen: mündlich überliefert

338

Alte mit den Jungen sollen loben den Namen des Herrn. Halleluja.

Text: Psalm 148, 12–13
Kanon für 3 Stimmen: Paul Ernst Ruppel 1954

GLAUBE – LIEBE – HOFFNUNG

339

1. Mein Herz ist bereit, Gott, daß ich singe und lobe, mein Herz ist bereit.

Text: Psalm 57, 8
Kanon für 4 Stimmen: Paul Ernst Ruppel 1937

340

Ich will dem Herrn singen mein Leben lang und meinen Gott loben, und meinen Gott loben, solange ich bin.

Text: Psalm 104, 33
Kanon für 3 Stimmen: Johannes Petzold 1969

Rechtfertigung und Zuversicht

341

1. Nun freut euch, lie-ben Chri-sten g'mein, und laßt uns fröh-lich sprin - gen,
daß wir ge-trost und all in ein mit Lust und Lie-be sin - gen,
was Gott an uns ge-wen-det hat und sei-ne sü-ße Wun-der-tat;
gar teu'r hat er's er - wor - ben.

2. Dem Teufel ich gefangen lag, / im Tod war ich verloren, / mein Sünd mich quälte Nacht und Tag, / darin ich war geboren. / Ich fiel auch immer tiefer drein, / es war kein Guts am Leben mein, / die Sünd hatt' mich besessen.

3. Mein guten Werk, die galten nicht, / es war mit ihn' verdorben; / der frei Will haßte Gotts Gericht, / er war zum Gutn erstorben; / die Angst mich zu verzweifeln trieb, / daß nichts denn Sterben bei mir blieb, / zur Höllen mußt ich sinken.

GLAUBE – LIEBE – HOFFNUNG

4. Da jammert Gott in Ewigkeit / mein Elend übermaßen; / er dacht an sein Barmherzigkeit, / er wollt mir helfen lassen; / er wandt zu mir das Vaterherz, / es war bei ihm fürwahr kein Scherz, / er ließ's sein Bestes kosten.

5. Er sprach zu seinem lieben Sohn: / »Die Zeit ist hier zu erbarmen; / fahr hin, meins Herzens werte Kron, / und sei das Heil dem Armen / und hilf ihm aus der Sünden Not, / erwürg für ihn den bittern Tod / und laß ihn mit dir leben.«

6. Der Sohn dem Vater g'horsam ward, / er kam zu mir auf Erden / von einer Jungfrau rein und zart; / er sollt mein Bruder werden. / Gar heimlich führt er sein Gewalt, / er ging in meiner armen G'stalt, / den Teufel wollt er fangen.

7. Er sprach zu mir: »Halt dich an mich, / es soll dir jetzt gelingen; / ich geb mich selber ganz für dich, / da will ich für dich ringen; / denn ich bin dein und du bist mein, / und wo ich bleib, da sollst du sein, / uns soll der Feind nicht scheiden.

8. Vergießen wird er mir mein Blut, / dazu mein Leben rauben; / das leid ich alles dir zugut, / das halt mit festem Glauben. / Den Tod verschlingt das Leben mein, / mein Unschuld trägt die Sünde dein, / da bist du selig worden.

9. Gen Himmel zu dem Vater mein / fahr ich von diesem Leben; / da will ich sein der Meister dein, / den Geist will ich dir geben, / der dich in Trübnis trösten soll / und lehren mich erkennen wohl / und in der Wahrheit leiten.

10. Was ich getan hab und gelehrt, / das sollst du tun und lehren, / damit das Reich Gotts werd gemehrt / zu Lob und seinen Ehren; / und hüt dich vor der Menschen Satz,* / davon verdirbt der edle Schatz: / das laß ich dir zur Letze.«

**Satzung, Lehre*

Text und Melodie: Martin Luther 1523

RECHTFERTIGUNG UND ZUVERSICHT

342

Römer 3, 21–28

1. Es ist das Heil uns kom-men her
von Gnad und lau-ter Gü - te;
die Werk, die hel-fen nim-mer-mehr,
sie kön-nen nicht be-hü - ten.
Der Glaub sieht Je-sus Chri-stus an,
der hat für uns ge-nug ge-tan,
er ist der Mitt-ler wor - den.

2. Was Gott im G'setz geboten hat, / da man es nicht konnt halten, / erhob sich Zorn und große Not / vor Gott so mannigfalten; / vom Fleisch wollt nicht heraus der Geist, / vom G'setz erfordert allermeist; / es war mit uns verloren.

3. Doch mußt das G'setz erfüllet sein, / sonst wärn wir all verdorben. / Drum schickt Gott seinen Sohn herein, / der selber Mensch ist worden; / das ganz Gesetz hat er erfüllt, / damit seins Vaters Zorn gestillt, / der über uns ging alle.

GLAUBE – LIEBE – HOFFNUNG

4. Und wenn es nun erfüllet ist / durch den, der es konnt halten, / so lerne jetzt ein frommer Christ / des Glaubens recht Gestalte. / Nicht mehr denn: »Lieber Herre mein, / dein Tod wird mir das Leben sein, / du hast für mich bezahlet.«

5. Daran ich keinen Zweifel trag, / dein Wort kann nicht betrügen. / Nun sagst du, daß kein Mensch verzag / – das wirst du nimmer lügen –: / »Wer glaubt an mich und wird getauft, / demselben ist der Himmel erkauft, / daß er nicht werd verloren.«
Mk 16, 16

6. Es ist gerecht vor Gott allein, / der diesen Glauben fasset; / der Glaub gibt einen hellen Schein, / wenn er die Werk nicht lasset; / mit Gott der Glaub ist wohl daran, / dem Nächsten wird die Lieb Guts tun, / bist du aus Gott geboren.

7. Die Werk, die kommen g'wißlich her / aus einem rechten Glauben; / denn das nicht rechter Glaube wär, / wolltst ihn der Werk berauben. / Doch macht allein der Glaub gerecht; / die Werk, die sind des Nächsten Knecht, / dran wir den Glauben merken.

8. Sei Lob und Ehr mit hohem Preis / um dieser Guttat willen / Gott Vater, Sohn und Heilgem Geist. / Der woll mit Gnad erfüllen, / was er in uns ang'fangen hat / zu Ehren seiner Majestät, / daß heilig werd sein Name;

9. sein Reich zukomm; sein Will auf Erd / g'scheh wie im Himmelsthrone; / das täglich Brot noch heut uns werd; / woll unsrer Schuld verschonen, / wie wir auch unsern Schuldnern tun; / laß uns nicht in Versuchung stehn; / lös uns vom Übel. Amen.
Mt 6, 9–13

Text: Paul Speratus 1523
Melodie: Mainz um 1390, Nürnberg 1523/24

RECHTFERTIGUNG UND ZUVERSICHT

343

1. Ich ruf zu dir, Herr Jesu Christ,
ich bitt, erhör mein Klagen;
verleih mir Gnad zu dieser Frist,
laß mich doch nicht verzagen.
Den rechten Glauben, Herr, ich mein,
den wollest du mir geben,
dir zu leben,
meim Nächsten nütz zu sein,
dein Wort zu halten eben.

2. Ich bitt noch mehr, o Herre Gott / – du kannst es mir wohl geben –, / daß ich nicht wieder werd zu Spott; / die Hoffnung gib daneben; / voraus, wenn ich muß hier davon, / daß ich dir mög vertrauen / und nicht bauen / auf all mein eigen Tun, / sonst wird's mich ewig reuen.

3. Verleih, daß ich aus Herzensgrund / den Feinden mög vergeben; / verzeih mir auch zu dieser Stund, / schaff mir ein neues Leben; / dein Wort mein Speis laß allweg sein, / damit mein Seel zu nähren, / mich zu wehren, / wenn Unglück schlägt herein, / das mich bald möcht verkehren.

GLAUBE – LIEBE – HOFFNUNG

4. Laß mich kein Lust noch Furcht von dir / in dieser Welt abwenden; / beständig sein ans End gib mir, / du hast's allein in Händen; / und wem du's gibst, der hat's umsonst, / es mag niemand erwerben / noch ererben / durch Werke deine Gunst, / die uns errett' vom Sterben.

5. Ich lieg im Streit und widerstreb, / hilf, o Herr Christ, dem Schwachen; / an deiner Gnad allein ich kleb, / du kannst mich stärker machen. / Kommt nun Anfechtung her, so wehr, / daß sie mich nicht umstoße; / du kannst machen, / daß mir's nicht bringt Gefähr. / Ich weiß, du wirst's nicht lassen.

Text: Johann Agricola (?) um 1526/27
Melodie: Hagenau um 1526/27, Wittenberg 1529

344

Matthäus 6, 9–13

1. Va-ter un-ser im Him-mel-reich, der du uns al-le hei-ßest gleich Brü-der sein und dich ru-fen an und willst das Be-ten von uns han: gib, daß nicht bet al-lein der Mund, hilf, daß es geh von Her-zens-grund.

2. Geheiligt werd der Name dein, / dein Wort bei uns hilf halten rein, / daß auch wir leben heiliglich, / nach deinem Namen würdiglich. / Behüt uns, Herr, vor falscher Lehr, / das arm verführet Volk bekehr.

3. Es komm dein Reich zu dieser Zeit / und dort hernach in Ewigkeit. / Der Heilig Geist uns wohne bei / mit seinen Gaben mancherlei; / des Satans Zorn und groß Gewalt / zerbrich, vor ihm dein Kirch erhalt.

4. Dein Will gescheh, Herr Gott, zugleich / auf Erden wie im Himmelreich. / Gib uns Geduld in Leidenszeit, / gehorsam sein in Lieb und Leid; / wehr und steu'r allem Fleisch und Blut, / das wider deinen Willen tut.

5. Gib uns heut unser täglich Brot / und was man b'darf zur Leibesnot; / behüt uns, Herr, vor Unfried, Streit, / vor Seuchen und vor teurer Zeit, / daß wir in gutem Frieden stehn, / der Sorg und Geizens müßig gehn.

6. All unsre Schuld vergib uns, Herr, / daß sie uns nicht betrübe mehr, / wie wir auch unsern Schuldigern / ihr Schuld und Fehl vergeben gern. / Zu dienen mach uns all bereit / in rechter Lieb und Einigkeit.

7. Führ uns, Herr, in Versuchung nicht, / wenn uns der böse Geist anficht; / zur linken und zur rechten Hand / hilf uns tun starken Widerstand / im Glauben fest und wohlgerüst' / und durch des Heilgen Geistes Trost.

8. Von allem Übel uns erlös; / es sind die Zeit und Tage bös. / Erlös uns vom ewigen Tod / und tröst uns in der letzten Not. / Bescher uns auch ein selig End, / nimm unsre Seel in deine Händ.

GLAUBE – LIEBE – HOFFNUNG

9. Amen, das ist: es werde wahr. / Stärk unsern Glauben immerdar, / auf daß wir ja nicht zweifeln dran, / was wir hiermit gebeten han / auf dein Wort, in dem Namen dein. / So sprechen wir das Amen fein.

Text: Martin Luther 1539
Melodie: Tischsegen des Mönchs von Salzburg vor 1396,
Böhmische Brüder 1531, Martin Luther 1539

345 (Ö)

1. Auf meinen lieben Gott trau ich in Angst und Not; der kann mich allzeit retten aus Trübsal, Angst und Nöten, mein Unglück kann er wenden, steht alls in seinen Händen.

2. Ob mich mein Sünd anficht, / will ich verzagen nicht; / auf Christus will ich bauen / und ihm allein vertrauen, / ihm tu ich mich ergeben / im Tod und auch im Leben.

RECHTFERTIGUNG UND ZUVERSICHT

3. Ob mich der Tod nimmt hin, / ist Sterben mein Gewinn, / und Christus ist mein Leben; / dem tu ich mich ergeben; / ich sterb heut oder morgen, / mein Seel wird er versorgen.

Phil 1, 21

4. O mein Herr Jesu Christ, / der du geduldig bist / für mich am Kreuz gestorben: / hast mir das Heil erworben, / auch uns allen zugleiche / das ewig Himmelreiche.

5. Amen zu aller Stund / sprech ich aus Herzensgrund; / du wollest selbst uns leiten, / Herr Christ, zu allen Zeiten, / auf daß wir deinen Namen / ewiglich preisen. Amen.

Text: Lübeck vor 1603, Wittenberg und Nürnberg 1607
Melodie: Jakob Regnart 1574; geistlich 1578,
bei Johann Hermann Schein 1627

346

1. Such, wer da will, ein an - der Ziel,
die Se - lig-keit zu fin - - den;
mein Herz al - lein be - dacht soll sein,
auf Chri - stus sich zu grün - den.

GLAUBE – LIEBE – HOFFNUNG

Sein Wort sind wahr, sein Werk sind klar,
sein heil-ger Mund hat Kraft und Grund,
all Feind zu ü-ber-win-den.

2. Such, wer da will, Nothelfer viel, / die uns doch nichts erworben; / hier ist der Mann, der helfen kann, / bei dem nie was verdorben. / Uns wird das Heil durch ihn zuteil, / uns macht gerecht der treue Knecht, / der für uns ist gestorben.

3. Ach sucht doch den, laßt alles stehn, / die ihr das Heil begehret; / er ist der Herr, und keiner mehr, / der euch das Heil gewähret. / Sucht ihn all Stund von Herzensgrund, / sucht ihn allein; denn wohl wird sein / dem, der ihn herzlich ehret.

4. Meins Herzens Kron, mein Freudensonn / sollst du, Herr Jesu, bleiben; / laß mich doch nicht von deinem Licht / durch Eitelkeit vertreiben; / bleib du mein Preis, dein Wort mich speis, / bleib du mein Ehr, dein Wort mich lehr, / an dich stets fest zu glauben.

5. Wend von mir nicht dein Angesicht, / laß mich im Kreuz nicht zagen; / weich nicht von mir, mein höchste Zier, / hilf mir mein Leiden tragen. / Hilf mir zur Freud nach diesem Leid; / hilf, daß ich mag nach dieser Klag / dort ewig dir Lob sagen.

Text: Georg Weissel (1623) 1642
Melodie: Johann Stobäus 1613

RECHTFERTIGUNG UND ZUVERSICHT

(Ö) **347**

1. Ach bleib mit deiner Gnade bei uns, Herr Jesu Christ, daß uns hinfort nicht schade des bösen Feindes List.

2. Ach bleib mit deinem Worte / bei uns, Erlöser wert, / daß uns sei hier und dorte / dein Güt und Heil beschert.

3. Ach bleib mit deinem Glanze / bei uns, du wertes Licht; / dein Wahrheit uns umschanze, / damit wir irren nicht.

4. Ach bleib mit deinem Segen / bei uns, du reicher Herr; / dein Gnad und alls Vermögen / in uns reichlich vermehr.

5. Ach bleib mit deinem Schutze / bei uns, du starker Held, / daß uns der Feind nicht trutze / noch fäll die böse Welt.

6. Ach bleib mit deiner Treue / bei uns, mein Herr und Gott; / Beständigkeit verleihe, / hilf uns aus aller Not.

Text: Josua Stegmann 1627
Melodie: Christus, der ist mein Leben [Nr. 516]

GLAUBE – LIEBE – HOFFNUNG

348

Gott verspricht: Ich will dich segnen, und du sollst ein Segen sein.

Text: 1. Mose 12, 2
Melodie: Volker Ochs um 1980

349

1. Ich freu mich in dem Herren aus meines Herzens Grund,
bin fröhlich Gott zu Ehren jetzt und zu aller Stund,
mit Freuden will ich singen zu Lob dem Namen sein,
ganz lieblich soll erklingen ein neues Liedelein.

RECHTFERTIGUNG UND ZUVERSICHT

2. In Sünd war ich verloren, / sündlich war all mein Tun, / nun bin ich neu geboren / in Christus, Gottes Sohn; / der hat mir Heil erworben / durch seinen bittern Tod, / weil er am Kreuz gestorben / für meine Missetat.

3. All Sünd ist nun vergeben / und zugedecket fein, / darf mich nicht mehr beschämen / vor Gott, dem Herren mein. / Ich bin ganz neu geschmücket / mit einem schönen Kleid, / gezieret und gesticket / mit Heil und G'rechtigkeit.

4. Dafür will ich ihm sagen / Lob und Dank allezeit, / mit Freud und Ehren tragen / dies köstliche Geschmeid, / will damit herrlich prangen / vor Gottes Majestät, / hoff darin zu erlangen / die ewge Seligkeit.

Text und Melodie: Bartholomäus Helder (vor 1635) 1646/48

350

1. Christi Blut und Gerechtigkeit,
das ist mein Schmuck und Ehrenkleid,
damit will ich vor Gott bestehn,
wenn ich zum Himmel werd eingehn.

GLAUBE – LIEBE – HOFFNUNG

2. Drum soll auch dieses Blut allein / mein Trost und meine Hoffnung sein. / Ich bau im Leben und im Tod / allein auf Jesu Wunden rot.

3. Solang ich noch hienieden bin, / so ist und bleibet das mein Sinn: / Ich will die Gnad in Jesu Blut / bezeugen mit getrostem Mut.

4. Gelobet seist du, Jesu Christ, / daß du ein Mensch geboren bist / und hast für mich und alle Welt / bezahlt ein ewig Lösegeld.

5. Du Ehrenkönig Jesu Christ, / des Vaters ein'ger Sohn du bist; / erbarme dich der ganzen Welt / und segne, was sich zu dir hält.

Text: Str. 1 Leipzig 1638;
Str. 2–5 Nikolaus Ludwig von Zinzendorf 1739,
bearbeitet von Christian Gregor 1778
Melodie: Wir danken dir, Herr Jesu Christ [Nr. 79]

351

Römer 8, 31–39

1. Ist Gott für mich, so trete gleich alles wider mich;
so oft ich ruf und bete, weicht alles hinter sich.
Hab ich das Haupt zum Freunde und bin geliebt bei Gott,
was kann mir tun der Feinde und Widersacher Rott?

2. Nun weiß und glaub ich feste, / ich rühm's auch ohne Scheu, / daß Gott, der Höchst und Beste, / mein Freund und Vater sei / und daß in allen Fällen / er mir zur Rechten steh / und dämpfe Sturm und Wellen / und was mir bringet Weh.

3. Der Grund, da ich mich gründe, / ist Christus und sein Blut; / das machet, daß ich finde / das ewge, wahre Gut. / An mir und meinem Leben / ist nichts auf dieser Erd; / was Christus mir gegeben, / das ist der Liebe wert. *1. Kor 3, 11*

4. Mein Jesus ist mein Ehre, / mein Glanz und schönes Licht. / Wenn der nicht in mir wäre, / so dürft und könnt ich nicht / vor Gottes Augen stehen / und vor dem Sternensitz, / ich müßte stracks vergehen / wie Wachs in Feuershitz.

5. Der, der hat ausgelöschet, / was mit sich führt den Tod; / der ist's, der mich rein wäschet, / macht schneeweiß, was ist rot. / In ihm kann ich mich freuen, / hab einen Heldenmut, / darf kein Gerichte scheuen, / wie sonst ein Sünder tut.

6. Nichts, nichts kann mich verdammen, / nichts nimmt mir meinen Mut: / die Höll und ihre Flammen / löscht meines Heilands Blut. / Kein Urteil mich erschrecket, / kein Unheil mich betrübt, / weil mich mit Flügeln decket / mein Heiland, der mich liebt.

7. Sein Geist wohnt mir im Herzen, / regiert mir meinen Sinn, / vertreibet Sorg und Schmerzen, / nimmt allen Kummer hin; / gibt Segen und Gedeihen / dem, was er in mir schafft, / hilft mir das Abba schreien / aus aller meiner Kraft. *Röm 8, 15*

8. Und wenn an meinem Orte / sich Furcht und Schrecken find't, / so seufzt und spricht er Worte, / die unaussprechlich sind / mir zwar und meinem Munde, / Gott aber wohl bewußt, / der an des Herzens Grunde / ersiehet seine Lust.

Röm 8, 26

GLAUBE – LIEBE – HOFFNUNG

9. Sein Geist spricht meinem Geiste / manch süßes Trostwort zu: / wie Gott dem Hilfe leiste, / der bei ihm suchet Ruh, / und wie er hab erbauet / ein edle neue Stadt, / da Aug und Herze schauet, / was es geglaubet hat.

10. Da ist mein Teil und Erbe / mir prächtig zugericht'; / wenn ich gleich fall und sterbe, / fällt doch mein Himmel nicht. / Muß ich auch gleich hier feuchten / mit Tränen meine Zeit, / mein Jesus und sein Leuchten / durchsüßet alles Leid.

11. Die Welt, die mag zerbrechen, / du stehst mir ewiglich; / kein Brennen, Hauen, Stechen / soll trennen mich und dich; / kein Hunger und kein Dürsten, / kein Armut, keine Pein, / kein Zorn der großen Fürsten / soll mir ein Hindrung sein.

12. Kein Engel, keine Freuden, / kein Thron, kein Herrlichkeit, / kein Lieben und kein Leiden, / kein Angst und Fährlichkeit, / was man nur kann erdenken, / es sei klein oder groß: / der keines soll mich lenken / aus deinem Arm und Schoß.

13. Mein Herze geht in Sprüngen / und kann nicht traurig sein, / ist voller Freud und Singen, / sieht lauter Sonnenschein. / Die Sonne, die mir lachet, / ist mein Herr Jesus Christ; / das, was mich singen machet, / ist, was im Himmel ist.

Text: Paul Gerhardt 1653
Melodie: England um 1590, geistlich Augsburg 1609

RECHTFERTIGUNG UND ZUVERSICHT

352

1. Alles ist an Gottes Segen und an seiner Gnad gelegen über alles Geld und Gut. Wer auf Gott sein Hoffnung setzet, der behält ganz unverletzet einen freien Heldenmut.

2. Der mich bisher hat ernähret / und mir manches Glück bescheret, / ist und bleibet ewig mein. / Der mich wunderbar geführet / und noch leitet und regieret, / wird forthin mein Helfer sein.

3. Sollt ich mich bemühn um Sachen, / die nur Sorg und Unruh machen / und ganz unbeständig sind? / Nein, ich will nach Gütern ringen, / die mir wahre Ruhe bringen, / die man in der Welt nicht find't.

4. Hoffnung kann das Herz erquicken; / was ich wünsche, wird sich schicken, / wenn es meinem Gott gefällt. / Meine Seele, Leib und Leben / hab ich seiner Gnad ergeben / und ihm alles heimgestellt.

GLAUBE – LIEBE – HOFFNUNG

5. Er weiß schon nach seinem Willen / mein Verlangen zu erfüllen, / es hat alles seine Zeit. / Ich hab ihm nichts vorzuschreiben; / wie Gott will, so muß es bleiben, / wann Gott will, bin ich bereit.

6. Soll ich hier noch länger leben, / will ich ihm nicht widerstreben, / ich verlasse mich auf ihn. / Ist doch nichts, das lang bestehet, / alles Irdische vergehet / und fährt wie ein Strom dahin.

Text: Nürnberg 1676
Melodie: Johann Löhner 1691, bei Johann Adam Hiller 1793

353

1. Je-sus nimmt die Sün-der an.
   wel-che von der rech-ten Bahn
   Sa-get doch dies Trost-wort al-len,
   auf ver-kehr-ten Weg ver-fal-len.
   Hier ist, was sie ret-ten kann:
   Je-sus nimmt die Sün-der an.

2. Keiner Gnade sind wir wert; / doch hat er in seinem Worte / eidlich sich dazu erklärt. / Sehet nur, die Gnadenpforte / ist hier völlig aufgetan: / Jesus nimmt die Sünder an.

4. O Abgrund, welcher alle Sünden / durch Christi Tod verschlungen hat! / Das heißt die Wunde recht verbinden, / da findet kein Verdammen statt, / weil Christi Blut beständig schreit: / Barmherzigkeit, Barmherzigkeit!

5. Darein will ich mich gläubig senken, / dem will ich mich getrost vertraun / und, wenn mich meine Sünden kränken, / nur bald nach Gottes Herzen schaun; / da findet sich zu aller Zeit / unendliche Barmherzigkeit.

6. Wird alles andre weggerissen, / was Seel und Leib erquikken kann, / darf ich von keinem Troste wissen / und scheine völlig ausgetan, / ist die Errettung noch so weit: / mir bleibet doch Barmherzigkeit.

7. Bei diesem Grunde will ich bleiben, / solange mich die Erde trägt; / das will ich denken, tun und treiben, / solange sich ein Glied bewegt; / so sing ich einstens höchst erfreut: / o Abgrund der Barmherzigkeit!

Text: Johann Andreas Rothe (vor 1722) 1727
Melodie: O daß ich tausend Zungen hätte [Nr. 330]

Das ist gewißlich wahr und ein Wort, des Glaubens wert,
daß Christus Jesus in die Welt gekommen ist,
die Sünder selig zu machen.

1. Timotheus 1, 15

GLAUBE – LIEBE – HOFFNUNG

355

1. Mir ist Er-bar-mung wi-der-fah-ren,
das zähl ich zu dem Wun-der-ba-ren,
Er-bar-mung, de-ren ich nicht wert;
mein stol-zes Herz hat's nie be-gehrt.
Nun weiß ich das und bin er-freut
und rüh-me die Barm-her-zig-keit.

2. Ich hatte nichts als Zorn verdienet / und soll bei Gott in Gnaden sein; / Gott hat mich mit sich selbst versühnet / und macht durchs Blut des Sohns mich rein. / Wo kam dies her, warum geschieht's? / Erbarmung ist's und weiter nichts.

3. Das muß ich dir, mein Gott, bekennen, / das rühm ich, wenn ein Mensch mich fragt; / ich kann es nur Erbarmung nennen, / so ist mein ganzes Herz gesagt. / Ich beuge mich und bin erfreut / und rühme die Barmherzigkeit.

4. Dies laß ich kein Geschöpf mir rauben, / dies soll mein einzig Rühmen sein; / auf dies Erbarmen will ich glauben, / auf dieses bet ich auch allein, / auf dieses duld ich in der Not, / auf dieses hoff ich noch im Tod.

RECHTFERTIGUNG UND ZUVERSICHT

5. Gott, der du reich bist an Erbarmen, / reiß dein Erbarmen nicht von mir / und führe durch den Tod mich Armen / durch meines Heilands Tod zu dir; / da bin ich ewig recht erfreut / und rühme die Barmherzigkeit.

Text: Philipp Friedrich Hiller 1767
Melodie: Wer nur den lieben Gott läßt walten [Nr. 369]

356

Andere Melodie: *Es ist das Heil uns kommen her* [Nr. 342]

1. Es ist in kei-nem an-dern Heil, kein Na-me sonst ge-ge-ben,
in dem uns Gna-de wird zu-teil und Fried und ew-ges Le-ben,
als nur der Na-me Je-sus Christ, der se-lig macht und Ret-ter ist: Ihm sei Lob, Preis und Eh-re.

Apg 4,12

2. Herr Christ, um deines Namens Ehr / halt uns in deinem Frieden, / den Glauben stärk, die Liebe mehr', / dein Gnad sei uns beschieden; / gib Hoffnung uns in dieser Zeit, / führ uns zu deiner Herrlichkeit. / Dir sei Lob, Preis und Ehre!

Text: Str. 1 Johann Anastasius Freylinghausen 1714,
Str. 2 Otto Brodde 1971
Melodie: Heinrich Schütz 1628 (zu Psalm 33)

GLAUBE – LIEBE – HOFFNUNG
357

1. Ich weiß, woran ich glaube, / ich weiß, was fest besteht, / wenn alles hier im Staube / wie Sand und Staub verweht; / ich weiß, was ewig bleibet, / wo alles wankt und fällt, / wo Wahn die Weisen treibet / und Trug die Klugen prellt.

2. Tim 1,12

2. Ich weiß, was ewig dauert, / ich weiß, was nimmer läßt; / mit Diamanten mauert / mir's Gott im Herzen fest. / Die Steine sind die Worte, / die Worte hell und rein, / wodurch die schwächsten Orte / gar feste können sein.

3. Auch kenn ich wohl den Meister, / der mir die Feste baut, / er heißt der Herr der Geister, / auf den der Himmel schaut, / vor dem die Seraphinen / anbetend niederknien, / um den die Engel dienen: / ich weiß und kenne ihn.

4. Das ist das Licht der Höhe, / das ist der Jesus Christ, / der Fels, auf dem ich stehe, / der diamanten ist, / der nimmermehr kann wanken, / der Heiland und der Hort, / die Leuchte der Gedanken, / die leuchten hier und dort.

5. So weiß ich, was ich glaube, / ich weiß, was fest besteht / und in dem Erdenstaube / nicht mit als Staub verweht; / ich weiß, was in dem Grauen / des Todes ewig bleibt / und selbst auf Erdenauen / schon Himmelsblumen treibt.

Text: Ernst Moritz Arndt 1819
Melodie: Heinrich Schütz 1628/1661 (zu Psalm 138)

*Ein Christenmensch ist ein freier Herr über alle Dinge
   und niemand untertan.
Ein Christenmensch ist ein dienstbarer Knecht aller Dinge
   und jedermann untertan.*

Martin Luther,
Von der Freiheit eines Christenmenschen

GLAUBE – LIEBE – HOFFNUNG

358

1. Korinther 13,13
Andere Melodie: *Ich freu mich in dem Herren* [Nr. 349]

1. Es kennt der Herr die Seinen
die Großen und die Kleinen
und hat sie stets gekannt,
in jedem Volk und Land;
er läßt sie nicht verderben,
er führt sie aus und ein,
im Leben und im Sterben
sind sie und bleiben sein.

2. Er kennet seine Scharen / am Glauben, der nicht schaut / und doch dem Unsichtbaren, / als säh er ihn, vertraut; / der aus dem Wort gezeuget / und durch das Wort sich nährt / und vor dem Wort sich beuget / und mit dem Wort sich wehrt.

3. Er kennt sie als die Seinen / an ihrer Hoffnung Mut, / die fröhlich auf dem einen, / daß er der Herr ist, ruht, / in seiner Wahrheit Glanze / sich sonnet frei und kühn, / die wunderbare Pflanze, / die immerdar ist grün.

RECHTFERTIGUNG UND ZUVERSICHT

4. Er kennt sie an der Liebe, / die seiner Liebe Frucht, / und die mit lauterm Triebe / ihm zu gefallen sucht, / die andern so begegnet, / wie er das Herz bewegt, / die segnet, wie er segnet, / und trägt, wie er sie trägt.

5. So kennt der Herr die Seinen, / wie er sie stets gekannt, / die Großen und die Kleinen / in jedem Volk und Land / am Werk der Gnadentriebe / durch seines Geistes Stärk, / an Glauben, Hoffnung, Liebe / als seiner Gnade Werk.

6. So hilf uns, Herr, zum Glauben / und halt uns fest dabei; / laß nichts die Hoffnung rauben; / die Liebe herzlich sei! / Und wird der Tag erscheinen, / da dich die Welt wird sehn, / so laß uns als die Deinen / zu deiner Rechten stehn.

Text: Philipp Spitta 1843
Melodie: Ich weiß, woran ich glaube [Nr. 357]

Nun aber bleiben Glaube, Hoffnung, Liebe, diese drei;
aber die Liebe ist die größte unter ihnen.

1. Korinther 13, 13

GLAUBE – LIEBE – HOFFNUNG
359
Philipper 4

1. In dem Herren freuet euch, freut euch alleweg. Der am Kreuz den Sieg errang, der ins Reich der Himmel drang, ist nah auf eurem Stege.

2. Mag der Feind mit Finsternis / euren Schritt umhüllen, / seid nur um den Herrn geschart, / dessen Heil und Gegenwart / all Stund euch kann erfüllen.

3. Kündet eure Lindigkeit / allen Augen, Ohren. / Keiner bannt den Sieger mehr, / Christus mit dem lichten Heer / erscheint schon vor den Toren.

4. Werft das stolze Sorgen fort, / bittet Gott mit Danken. / Sieh, es leuchtet seine Gnad / über eurem schmalen Pfad, / führt euch durch alle Schranken.

5. Friede höher als Vernunft, / Licht von höchster Zinne, / wird dir heut und jeder Frist / hüten ganz in Jesus Christ / das Herz und alle Sinne.

6. O so freu dich in dem Herrn, / Kirche, allezeiten. / Mußt du dulden Kreuz und Not, / Gottes Sohn hebt aus dem Tod / sein Volk in Ewigkeiten.

Text: Kurt Müller-Osten 1941
Melodie: Christian Lahusen (1946) 1948

RECHTFERTIGUNG UND ZUVERSICHT

360

Erste Melodie

1. Die ganze Welt hast du uns überlassen, doch wir begreifen deine Großmut nicht. Du gibst uns frei, wir laufen eigne Wege in diesem unermeßlich weiten Raum.
Gott schenkt Freiheit, seine größte Gabe gibt er seinen Kindern.

2. Du läßt in deiner Liebe uns gewähren. / Dein Name ist unendliche Geduld. / Und wir sind frei: zu hoffen und zu glauben, / und wir sind frei zu Trotz und Widerstand.
Gott schenkt Freiheit, seine größte Gabe / gibt er seinen Kindern.

GLAUBE – LIEBE – HOFFNUNG

Zweite Melodie

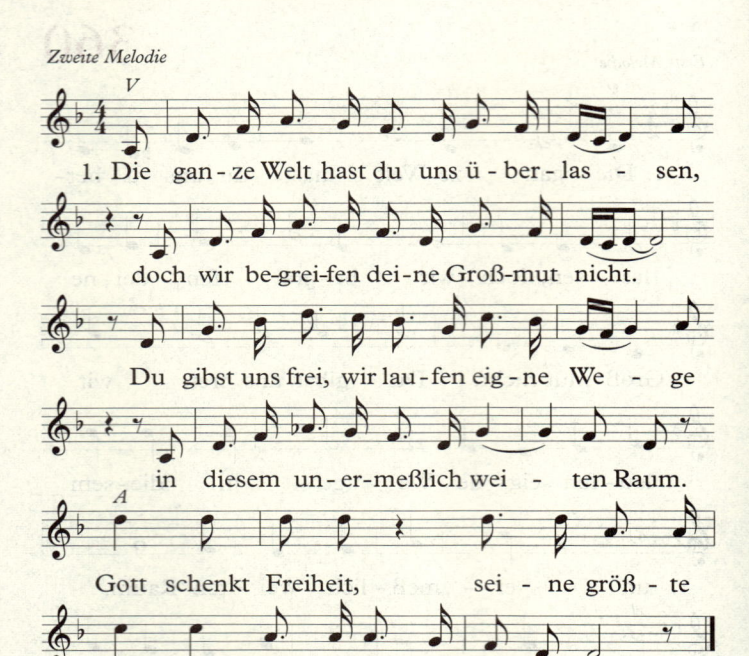

1. Die ganze Welt hast du uns überlassen,
doch wir begreifen deine Großmut nicht.
Du gibst uns frei, wir laufen eigne Wege
in diesem unermeßlich weiten Raum.
Gott schenkt Freiheit, seine größte Gabe gibt er seinen Kindern.

2. Du läßt in deiner Liebe uns gewähren. / Dein Name ist unendliche Geduld. / Und wir sind frei: zu hoffen und zu glauben, / und wir sind frei zu Trotz und Widerstand.
Gott schenkt Freiheit, seine größte Gabe / gibt er seinen Kindern.

3. Wir wollen leben und uns selbst behaupten. / Doch deine Freiheit setzen wir aufs Spiel. / Nach unserm Willen soll die Welt sich ordnen. / Wir bauen selbstgerecht den Turm der Zeit.
Gott schenkt Freiheit, seine größte Gabe / gibt er seinen Kindern.

4. Wir richten Mauern auf, wir setzen Grenzen / und wohnen hinter Gittern unsrer Angst. / Wir sind nur Menschen, die sich fürchten können, / wir brachten selbst uns in Gefangenschaft.
Gott schenkt Freiheit, seine größte Gabe / gibt er seinen Kindern.

5. Wenn du uns richtest, Herr, sind wir verloren. / Auf unsern Schultern lastet schwere Schuld. / Laß deine Gnade, Herr, vor Recht ergehen; / von gestern und von morgen sprich uns los.
Gott schenkt Freiheit, seine größte Gabe / gibt er seinen Kindern.

6. Gib uns die Wege frei, die zu dir führen, / denn uns verlangt nach deinem guten Wort. / Du machst uns frei, zu lieben und zu hoffen, / das gibt uns Zuversicht für jeden Tag.
Gott schenkt Freiheit, seine größte Gabe / gibt er seinen Kindern.

Text: Christa Weiß 1965
Erste Melodie: Manfred Schlenker 1977
Zweite Melodie: Hans Rudolf Siemoneit 1965

Angst und Vertrauen

361 ö Psalm 37, 5

1. Be-fiehl du deine Wege
und was dein Herze kränkt
der allertreusten Pflege
des, der den Himmel lenkt.
Der Wolken, Luft und Winden
gibt Wege, Lauf und Bahn,
der wird auch Wege finden,
da dein Fuß gehen kann.

2. *Dem Herren* mußt du trauen, / wenn dir's soll wohlergehn; / auf sein Werk mußt du schauen, / wenn dein Werk soll bestehn. / Mit Sorgen und mit Grämen / und mit selbsteigner Pein / läßt Gott sich gar nichts nehmen, / es muß erbeten sein.

3. *Dein* ewge Treu und Gnade, / o Vater, weiß und sieht, / was gut sei oder schade / dem sterblichen Geblüt; / und was du dann erlesen, / das treibst du, starker Held, / und bringst zum Stand und Wesen, / was deinem Rat gefällt.

4. *Weg* hast du allerwegen, / an Mitteln fehlt dir's nicht; / dein Tun ist lauter Segen, / dein Gang ist lauter Licht; / dein Werk kann niemand hindern, / dein Arbeit darf nicht ruhn, / wenn du, was deinen Kindern / ersprießlich ist, willst tun.

5. *Und* ob gleich alle Teufel / hier wollten widerstehn, / so wird doch ohne Zweifel / Gott nicht zurücke gehn; / was er sich vorgenommen / und was er haben will, / das muß doch endlich kommen / zu seinem Zweck und Ziel.

6. *Hoff*, o du arme Seele, / hoff und sei unverzagt! / Gott wird dich aus der Höhle, / da dich der Kummer plagt, / mit großen Gnaden rücken; / erwarte nur die Zeit, / so wirst du schon erblicken / die Sonn der schönsten Freud.

7. *Auf*, auf, gib deinem Schmerze / und Sorgen gute Nacht, / laß fahren, was das Herze / betrübt und traurig macht; / bist du doch nicht Regente, / der alles führen soll, / Gott sitzt im Regimente / und führt alles wohl.

8. *Ihn*, ihn laß tun und walten, / er ist ein weiser Fürst / und wird sich so verhalten, / daß du dich wundern wirst, / wenn er, wie ihm gebühret, / mit wunderbarem Rat / das Werk hinausgeführet, / das dich bekümmert hat.

9. *Er* wird zwar eine Weile / mit seinem Trost verziehn / und tun an seinem Teile, / als hätt in seinem Sinn / er deiner sich begeben / und sollt'st du für und für / in Angst und Nöten schweben, / als frag er nichts nach dir.

GLAUBE – LIEBE – HOFFNUNG

10. *Wird's* aber sich befinden, / daß du ihm treu verbleibst, / so wird er dich entbinden, / da du's am mindsten glaubst; / er wird dein Herze lösen / von der so schweren Last, / die du zu keinem Bösen / bisher getragen hast.

11. *Wohl* dir, du Kind der Treue, / du hast und trägst davon / mit Ruhm und Dankgeschreie / den Sieg und Ehrenkron; / Gott gibt dir selbst die Palmen / in deine rechte Hand, / und du singst Freudenpsalmen / dem, der dein Leid gewandt.

12. *Mach End*, o Herr, mach Ende / mit aller unsrer Not; / stärk unsre Füß und Hände / und laß bis in den Tod / uns allzeit deiner Pflege / und Treu empfohlen sein, / so gehen unsre Wege / gewiß zum Himmel ein.

Text: Paul Gerhardt 1653
Melodie: Bartholomäus Gesius 1603;
bei Georg Philipp Telemann 1730

362

nach Psalm 46

1. Ein fe - ste Burg ist un - ser Gott, ein
   gu - te Wehr und Waf - fen.
   bö - se Feind mit Ernst er's jetzt meint;

Er hilft uns frei aus al - ler Not, die
uns jetzt hat be - trof - fen. Der alt

ANGST UND VERTRAUEN

groß Macht und viel List sein grau-sam Rü-stung ist, auf Erd ist nicht seins-glei-chen.

Spätere Form

1. Ein fe-ste Burg ist un-ser Gott, ein gu-te Wehr und Waf-fen. Der alt bö-se Feind mit Ernst er's jetzt meint, groß Macht und viel List sein grau-sam Rü-stung ist, auf Erd ist nicht seins-glei-chen.
Er hilft uns frei aus al-ler Not, die uns jetzt hat be-trof-fen.

2. Mit unsrer Macht ist nichts getan, / wir sind gar bald verloren; / es streit' für uns der rechte Mann, / den Gott hat selbst erkoren. / Fragst du, wer der ist? / Er heißt Jesus Christ, / der Herr Zebaoth, / und ist kein andrer Gott, / das Feld muß er behalten.

GLAUBE – LIEBE – HOFFNUNG

3. Und wenn die Welt voll Teufel wär und wollt uns gar verschlingen, so fürchten wir uns nicht so sehr, es soll uns doch gelingen. Der Fürst dieser Welt, wie sau'r er sich stellt, tut er uns doch nicht; das macht, er ist gericht': ein Wörtlein kann ihn fällen.

4. Das Wort sie sollen lassen stahn / und kein' Dank dazu haben; / er ist bei uns wohl auf dem Plan / mit seinem Geist und Gaben. / Nehmen sie den Leib, / Gut, Ehr, Kind und Weib: / laß fahren dahin, / sie haben's kein' Gewinn, / das Reich muß uns doch bleiben.

Text und Melodie: Martin Luther 1529

ANGST UND VERTRAUEN

363

1. »Kommt her zu mir«, spricht Gottes Sohn,
»all die ihr seid beschweret nun,
mit Sünden hart beladen,
ihr Jungen, Alten, Frau und Mann,
ich will euch geben, was ich han,
will heilen euren Schaden.

Mt 11, 28–30

2. Mein Joch ist sanft, leicht meine Last, / und jeder, der sie willig faßt, / der wird der Höll entrinnen. / Ich helf ihm tragen, was zu schwer; / mit meiner Hilf und Kraft wird er / das Himmelreich gewinnen.«

3. Heut ist der Mensch schön, jung und rank, / sieh, morgen ist er schwach und krank, / bald muß er auch gar sterben; / gleichwie die Blumen auf dem Feld, / also wird diese schöne Welt / in einem Nu verderben.

4. Dem Reichen hilft doch nicht sein Gut, / dem Jungen nicht sein stolzer Mut, / er muß aus diesem Maien; / wenn einer hätt die ganze Welt, / Silber und Gold und alles Geld, / doch muß er an den Reihen*. **Reigen, Totentanz*

5. Dem G'lehrten hilft doch nicht sein Kunst, / die weltlich Pracht ist gar umsonst, / wir müssen alle sterben. / Wer sich in Christus nicht bereit', / solange währt die Gnadenzeit, / ewig muß er verderben.

6. Höret und merkt, ihr lieben Leut, / die ihr jetzt Gott ergeben seid: / laßt euch die Müh nicht reuen, / halt' fest am heilgen Gotteswort, / das ist eu'r Trost und höchster Hort, / Gott wird euch schon erfreuen.

7. Und was der ewig gütig Gott / in seinem Wort versprochen hat, / geschworn bei seinem Namen, / das hält und gibt er g'wiß fürwahr. / Er helf uns zu der Heilgen Schar / durch Jesus Christus! Amen.

Text: Georg Grünwald 1530
Melodie: um 1504; geistlich 1530, Nürnberg 1534

364

1. Was mein Gott will, gescheh allzeit, sein Will, der ist der beste.
Zu helfen dem er ist bereit, der an ihn glaubet feste. Er hilft aus

ANGST UND VERTRAUEN

Not, der treu - e Gott, er tröst' die Welt ohn Ma - ßen. Wer Gott ver - traut, fest auf ihn baut, den will er nicht ver - las - sen.

2. Gott ist mein Trost, mein Zuversicht, / mein Hoffnung und mein Leben; / was mein Gott will, das mir geschicht, / will ich nicht widerstreben. / Sein Wort ist wahr, / denn all mein Haar / er selber hat gezählet. / Er hüt' und wacht, stets für uns tracht', / auf daß uns gar nichts fehlet.

3. Drum, muß ich Sünder von der Welt / hinfahrn nach Gottes Willen / zu meinem Gott, wenn's ihm gefällt, / will ich ihm halten stille. / Mein arme Seel / ich Gott befehl / in meiner letzten Stunden: / du treuer Gott, Sünd, Höll und Tod / hast du mir überwunden.

4. Noch eins, Herr, will ich bitten dich, / du wirst mir's nicht versagen: / Wenn mich der böse Geist anficht, / laß mich, Herr, nicht verzagen. / Hilf, steu'r und wehr, / ach Gott, mein Herr, / zu Ehren deinem Namen. / Wer das begehrt, dem wird's gewährt. / Drauf sprech ich fröhlich: Amen.

Text: Albrecht von Preußen (1547) um 1554;
Str. 4 Nürnberg um 1555
Melodie: Claudin de Sermisy 1529;
geistlich Antwerpen 1540

GLAUBE – LIEBE – HOFFNUNG

365 (Ö)

1. Von Gott will ich nicht lassen,
denn er läßt nicht von mir,
Er reicht mir seine Hand,
und den Morgen tut er mich wohl versorgen,
wo ich auch sei im Land.
führt mich durch alle Straßen,
da ich sonst irrte sehr.
den Abend

2. Wenn sich der Menschen Hulde / und Wohltat all verkehrt, / so find't sich Gott gar balde, / sein Macht und Gnad bewährt. / Er hilft aus aller Not, / errett' von Sünd und Schanden, / von Ketten und von Banden, / und wenn's auch wär der Tod.

3. Auf ihn will ich vertrauen / in meiner schweren Zeit; / es kann mich nicht gereuen, / er wendet alles Leid. / Ihm sei es heimgestellt; / mein Leib, mein Seel, mein Leben / sei Gott dem Herrn ergeben; / er schaff's, wie's ihm gefällt!

4. Es tut ihm nichts gefallen, / denn was mir nützlich ist. / Er meint's gut mit uns allen, / schenkt uns den Herren Christ, / sein' eingebornen Sohn; / durch ihn er uns bescheret, / was Leib und Seel ernähret. / Lobt Gott im Himmelsthron!

5. Lobt ihn mit Herz und Munde, / welchs er uns beides schenkt; / das ist ein sel'ge Stunde, / darin man sein gedenkt; / denn sonst verdirbt all Zeit, / die wir zubringn auf Erden. / Wir sollen selig werden / und bleibn in Ewigkeit.

6. Auch wenn die Welt vergehet / mit ihrem Stolz und Pracht, / nicht Ehr noch Gut bestehet, / die wir so groß geacht': / wir werden nach dem Tod / tief in die Erd begraben; / wenn wir geschlafen haben, / will uns erwecken Gott.

7. Obwohl ich hier schon dulde / viel Widerwärtigkeit, / wie ich auch wohl verschulde, / kommt doch die Ewigkeit, / ist aller Freuden voll, / die ohne alles Ende, / dieweil ich Christus kenne, / mir widerfahren soll.

8. Das ist des Vaters Wille, / der uns geschaffen hat. / Sein Sohn hat Guts die Fülle / erworben uns und Gnad. / Auch Gott der Heilig Geist / im Glauben uns regieret, / zum Reich der Himmel führet. / Ihm sei Lob, Ehr und Preis!

Text: Ludwig Helmbold 1563, Nürnberg 1569
Melodie: Lyon 1557; geistlich Erfurt 1563

GLAUBE – LIEBE – HOFFNUNG

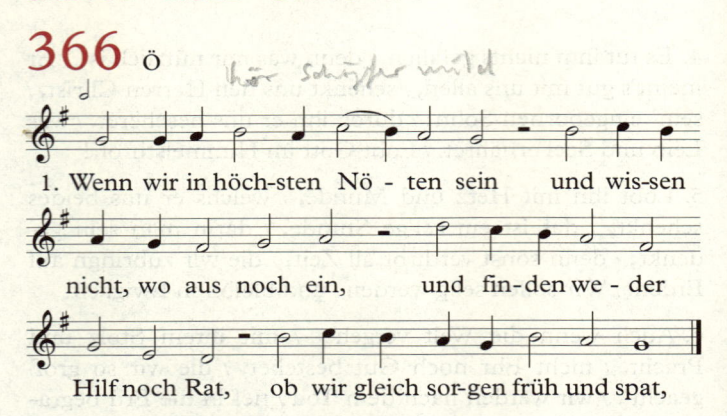

366 ö

1. Wenn wir in höchsten Nöten sein und wissen nicht, wo aus noch ein, und finden weder Hilf noch Rat, ob wir gleich sorgen früh und spat,

2. so ist dies unser Trost allein, / daß wir zusammen insgemein / dich anrufen, o treuer Gott, / um Rettung aus der Angst und Not,

3. und heben unser Aug und Herz / zu dir in wahrer Reu und Schmerz / und flehen um Begnadigung / und aller Strafen Linderung,

4. die du verheißest gnädiglich / allen, die darum bitten dich / im Namen deins Sohns Jesu Christ, / der unser Heil und Fürsprech ist.

5. Drum kommen wir, o Herre Gott, / und klagen dir all unsre Not, / weil wir jetzt stehn verlassen gar / in großer Trübsal und Gefahr.

6. Sieh nicht an unsre Sünde groß, / sprich uns davon aus Gnaden los, / steh uns in unserm Elend bei, / mach uns von allen Plagen frei,

7. auf daß von Herzen können wir / nachmals mit Freuden danken dir, / gehorsam sein nach deinem Wort, / dich allzeit preisen hier und dort.

Text: Paul Eber 1566 nach *In tenebris nostrae* von Joachim Camerarius um 1546
Melodie: Johann Baptista Serranus nach Nr. 255

ANGST UND VERTRAUEN

367

1. Herr, wie du willst, so schick's mit mir im Leben und im Sterben;
allein zu dir steht mein Begier, laß mich, Herr, nicht verderben.
Erhalt mich nur in deiner Huld, sonst wie du willst; gib mir Geduld,
denn dein Will ist der beste.

2. Zucht, Ehr und Treu verleih mir, Herr, / und Lieb zu deinem Worte; / behüt mich, Herr, vor falscher Lehr / und gib mir hier und dorte, / was dienet mir zur Seligkeit; / wend ab all Ungerechtigkeit / in meinem ganzen Leben.

3. Soll ich einmal nach deinem Rat / von dieser Welt abscheiden, / verleih mir, Herr, nur deine Gnad, / daß es gescheh mit Freuden. / Mein' Leib und Seel befehl ich dir; / o Herr, ein selig's End gib mir / durch Jesus Christus. Amen.

Text: Kaspar Bienemann (1574) 1582
Melodie: Aus tiefer Not schrei ich zu dir [Nr. 299 II]

GLAUBE – LIEBE – HOFFNUNG

368

1. In allen meinen Taten / laß ich den Höchsten raten, / der alles kann und hat; / er muß zu allen Dingen, / soll's anders wohl gelingen, / mir selber geben Rat und Tat.

2. Nichts ist es spät und frühe / um alle meine Mühe, / mein Sorgen ist umsonst; / er mag's mit meinen Sachen / nach seinem Willen machen, / ich stell's in seine Vatergunst.

3. Es kann mir nichts geschehen, / als was er hat ersehen / und was mir selig ist. / Ich nehm es, wie er's gibet; / was ihm von mir beliebet, / dasselbe hab auch ich erkiest.

4. Ich traue seiner Gnaden, / die mich vor allem Schaden, / vor allem Übel schützt; / leb ich nach seinen Sätzen, / so wird mich nichts verletzen, / nichts fehlen, was mir ewig nützt.

5. Er wolle meiner Sünden / in Gnaden mich entbinden, / durchstreichen meine Schuld; / er wird auf solch Verbrechen / nicht stracks das Urteil sprechen / und haben noch mit mir Geduld.

ANGST UND VERTRAUEN

6. Ihm hab ich mich ergeben / zu sterben und zu leben, / sobald er mir gebeut; / es sei heut oder morgen, / dafür laß ich ihn sorgen, / er weiß allein die rechte Zeit.

7. So sei nun, Seele, deine* / und traue dem alleine, / der dich geschaffen hat. / Es gehe, wie es gehe, / dein Vater in der Höhe, / der weiß zu allen Sachen Rat.   *sei ganz du selbst

Text: Paul Fleming (1633) 1642
Melodie: O Welt, ich muß dich lassen [Nr. 521]

ö 369

1. Wer nur den lieben Gott läßt walten
den wird er wunderbar erhalten
und hoffet auf ihn allezeit,
in aller Not und Traurigkeit.
Wer Gott, dem Allerhöchsten, traut,
der hat auf keinen Sand gebaut.

2. Was helfen uns die schweren Sorgen, / was hilft uns unser Weh und Ach? / Was hilft es, daß wir alle Morgen / beseufzen unser Ungemach? / Wir machen unser Kreuz und Leid / nur größer durch die Traurigkeit.

GLAUBE – LIEBE – HOFFNUNG

3. Man halte nur ein wenig stille / und sei doch in sich selbst vergnügt, / wie unsers Gottes Gnadenwille, / wie sein Allwissenheit es fügt; / Gott, der uns sich hat auserwählt, / der weiß auch sehr wohl, was uns fehlt.

4. Er kennt die rechten Freudenstunden, / er weiß wohl, wann es nützlich sei; / wenn er uns nur hat treu erfunden / und merket keine Heuchelei, / so kommt Gott, eh wir's uns versehn, / und lässet uns viel Guts geschehn.

5. Denk nicht in deiner Drangsalshitze, / daß du von Gott verlassen seist / und daß ihm der im Schoße sitze, / der sich mit stetem Glücke speist. / Die Folgezeit verändert viel / und setzet jeglichem sein Ziel.

6. Es sind ja Gott sehr leichte Sachen / und ist dem Höchsten alles gleich: / den Reichen klein und arm zu machen, / den Armen aber groß und reich. / Gott ist der rechte Wundermann, / der bald erhöhn, bald stürzen kann.

7. Sing, bet und geh auf Gottes Wegen, / verricht das Deine nur getreu / und trau des Himmels reichem Segen, / so wird er bei dir werden neu. / Denn welcher seine Zuversicht / auf Gott setzt, den verläßt er nicht.

Text und Melodie: Georg Neumark (1641) 1657

ANGST UND VERTRAUEN

370

1. Wa-rum sollt ich mich denn grä-men? Hab ich doch Chri-stus noch, wer will mir den neh-men? Wer will mir den Him-mel rau-ben, den mir schon Got-tes Sohn bei-ge-legt im Glau-ben?

2. Nackend lag ich auf dem Boden, / da ich kam, da ich nahm / meinen ersten Odem; / nackend werd ich auch hinziehen, / wenn ich werd von der Erd / als ein Schatten fliehen.
Hiob 1, 21

3. Gut und Blut, Leib, Seel und Leben / ist nicht mein, Gott allein / ist es, der's gegeben. / Will er's wieder zu sich kehren, / nehm er's hin; ich will ihn / dennoch fröhlich ehren.
Hiob 2, 10

4. Schickt er mir ein Kreuz zu tragen, / dringt herein Angst und Pein, / sollt ich drum verzagen? / Der es schickt, der wird es wenden; / er weiß wohl, wie er soll / all mein Unglück enden.

5. Gott hat mich in guten Tagen / oft ergötzt; sollt ich jetzt / nicht auch etwas tragen? / Fromm ist Gott und schärft mit Maßen / sein Gericht, kann mich nicht / ganz und gar verlassen.

6. Satan, Welt und ihre Rotten / können mir nichts mehr hier / tun, als meiner spotten. / Laß sie spotten, laß sie lachen! / Gott, mein Heil, wird in Eil / sie zuschanden machen.

7. Unverzagt und ohne Grauen / soll ein Christ, wo er ist, / stets sich lassen schauen. / Wollt ihn auch der Tod aufreiben, / soll der Mut dennoch gut / und fein stille bleiben.

8. Kann uns doch kein Tod nicht töten, / sondern reißt unsern Geist / aus viel tausend Nöten, / schließt das Tor der bittern Leiden / und macht Bahn, da man kann / gehn zu Himmelsfreuden.

9. Allda will in süßen Schätzen / ich mein Herz auf den Schmerz / ewiglich ergötzen. / Hier ist kein recht Gut zu finden; / was die Welt in sich hält, / muß im Nu verschwinden.

10. Was sind dieses Lebens Güter? / Eine Hand voller Sand, / Kummer der Gemüter. / Dort, dort sind die edlen Gaben, / da mein Hirt Christus wird / mich ohn Ende laben.

11. Herr, mein Hirt, Brunn aller Freuden, / du bist mein, ich bin dein, / niemand kann uns scheiden. / Ich bin dein, weil du dein Leben / und dein Blut mir zugut / in den Tod gegeben;

12. du bist mein, weil ich dich fasse / und dich nicht, o mein Licht, / aus dem Herzen lasse. / Laß mich, laß mich hingelangen, / da du mich und ich dich / leiblich werd umfangen.

Text: Paul Gerhardt 1653
Melodie: Johann Georg Ebeling 1666

ANGST UND VERTRAUEN

371

1. Gib dich zufrieden und sei stille / in dem Gotte deines Lebens!
In ihm ruht aller Freuden Fülle, / ohn ihn mühst du dich vergebens; / er ist dein Quell und deine Sonne, scheint täglich hell zu deiner Wonne. Gib dich zufrieden!

2. Er ist voll Lichtes, Trosts und Gnaden, / ungefärbten, treuen Herzens; / wo er steht, tut dir keinen Schaden / auch die Pein des größten Schmerzens. / Kreuz, Angst und Not kann er bald wenden, / ja auch den Tod hat er in Händen. / Gib dich zufrieden!

3. Wie dir's und andern oft ergehe, / ist ihm wahrlich nicht verborgen; / er sieht und kennet aus der Höhe / der betrübten Herzen Sorgen. / Er zählt den Lauf der heißen Tränen / und faßt zuhauf all unser Sehnen. / Gib dich zufrieden!

4. Wenn gar kein einz'ger mehr auf Erden, / dessen Treue du darfst trauen, / alsdann will er dein Treuster werden / und zu deinem Besten schauen. / Er weiß dein Leid und heimlich Grämen, / auch weiß er Zeit, dir's abzunehmen. / Gib dich zufrieden!

5. Er hört die Seufzer deiner Seelen / und des Herzens stilles Klagen, / und was du keinem darfst erzählen, / magst du Gott gar kühnlich sagen. / Er ist nicht fern, steht in der Mitten, / hört bald und gern der Armen Bitten. / Gib dich zufrieden!

6. Laß dich dein Elend nicht bezwingen, / halt an Gott, so wirst du siegen; / ob alle Fluten einhergingen, / dennoch mußt du oben liegen. / Denn wenn du wirst zu hoch beschweret, / hat Gott, dein Fürst, dich schon erhöret. / Gib dich zufrieden!

7. Was sorgst du für dein armes Leben, / wie du's halten wollst und nähren? / Der dir das Leben hat gegeben, / wird auch Unterhalt bescheren. / Er hat ein Hand, voll aller Gaben, / davon sich See und Land muß laben. / Gib dich zufrieden!

8. Der allen Vöglein in den Wäldern / ihr bescheidnes Körnlein weiset, / der Schaf und Rinder in den Feldern / alle Tage tränkt und speiset, / der wird viel mehr dich einz'gen füllen / und dein Begehr und Notdurft stillen. / Gib dich zufrieden!

9. Sprich nicht: »Ich sehe keine Mittel, / wo ich such, ist nichts zum besten.« / Denn das ist Gottes Ehrentitel: / helfen, wenn die Not am größten. / Wenn ich und du ihn nicht mehr spüren, / tritt er herzu, uns wohl zu führen. / Gib dich zufrieden!

10. Bleibt gleich die Hilf in etwas lange, / wird sie dennoch endlich kommen; / macht dir das Harren angst und bange, / glaube mir, es ist dein Frommen. / Was langsam schleicht, faßt man gewisser, / und was verzieht, ist desto süßer. / Gib dich zufrieden!

ANGST UND VERTRAUEN

11. Nimm nicht zu Herzen, was die Rotten / deiner Feinde von dir dichten; / laß sie nur immer weidlich spotten, / Gott wird's hören und recht richten. / Ist Gott dein Freund und deiner Sachen, / was kann dein Feind, der Mensch, groß machen? / Gib dich zufrieden!

12. Hat er doch selbst auch wohl das Seine, / wenn er's sehen könnt und wollte. / Wo ist ein Glück so klar und reine, / dem nicht etwas fehlen sollte? / Wo ist ein Haus, das könnte sagen: / »Ich weiß durchaus von keinen Plagen«? / Gib dich zufrieden!

13. Es kann und mag nicht anders werden: / alle Menschen müssen leiden; / was webt und lebet auf der Erden, / kann das Unglück nicht vermeiden. / Des Kreuzes Stab schlägt unsre Lenden / bis in das Grab, da wird sich's enden. / Gib dich zufrieden!

14. Es ist ein Ruhetag vorhanden, / da uns unser Gott wird lösen; / er wird uns reißen aus den Banden / dieses Leibs und allem Bösen. / Es wird einmal der Tod herspringen / und aus der Qual uns sämtlich bringen. / Gib dich zufrieden!

15. Er wird uns bringen zu den Scharen / der Erwählten und Getreuen, / die hier mit Frieden abgefahren, / sich auch nun im Frieden freuen, / da sie den Grund, der nicht kann brechen, / den ewgen Mund selbst hören sprechen: / »Gib dich zufrieden!«

Text: Paul Gerhardt 1666/67
Melodie: Jakob Hintze 1670

GLAUBE – LIEBE – HOFFNUNG

372 (Ö)

1. Was Gott tut, das ist wohlgetan, es bleibt gerecht sein Wille; wie er fängt seine Sachen an, will ich ihm halten stille. Er ist mein Gott, der in der Not mich wohl weiß zu erhalten; drum laß ich ihn nur walten.

2. Was Gott tut, das ist wohlgetan, / er wird mich nicht betrügen; / er führet mich auf rechter Bahn; / so laß ich mir genügen / an seiner Huld / und hab Geduld, / er wird mein Unglück wenden, / es steht in seinen Händen.

3. Was Gott tut, das ist wohlgetan, / er wird mich wohl bedenken; / er als mein Arzt und Wundermann / wird mir nicht Gift einschenken / für Arzenei; / Gott ist getreu, / drum will ich auf ihn bauen / und seiner Güte trauen.

4. Was Gott tut, das ist wohlgetan, / er ist mein Licht und Leben, / der mir nichts Böses gönnen kann; / ich will mich ihm ergeben / in Freud und Leid, / es kommt die Zeit, / da öffentlich erscheinet, / wie treulich er es meinet.

5. Was Gott tut, das ist wohlgetan; / muß ich den Kelch gleich schmecken, / der bitter ist nach meinem Wahn, / laß ich mich doch nicht schrecken, / weil doch zuletzt / ich werd ergötzt / mit süßem Trost im Herzen; / da weichen alle Schmerzen.

6. Was Gott tut, das ist wohlgetan, / dabei will ich verbleiben. / Es mag mich auf die rauhe Bahn / Not, Tod und Elend treiben, / so wird Gott mich / ganz väterlich / in seinen Armen halten; / drum laß ich ihn nur walten.

Text: Samuel Rodigast 1675
Melodie: Severus Gastorius (1675) 1679

Es kommt nicht darauf an, daß wir dem Leiden entgehen, sondern daß das Leiden seinen Zweck erreicht.

Eva von Tiele-Winckler

GLAUBE – LIEBE – HOFFNUNG

373

1. Jesu, hilf siegen, du Fürste des Lebens; sieh, wie die Finsternis dringet herein, Satan, der sinnet auf allerhand Ränke, wie er mich sichte, verstöre und kränke.

wie sie ihr höllisches Heer nicht vergebens mächtig aufführet, mir schädlich zu sein.

2. Jesu, hilf siegen. Wenn in mir die Sünde, / Eigenlieb, Hoffart und Mißgunst sich regt, / wenn ich die Last der Begierden empfinde / und sich mein tiefes Verderben darlegt: / hilf mir, daß ich vor mir selbst mag erröten / und durch dein Leiden mein sündlich' Fleisch töten.

ANGST UND VERTRAUEN

3. Jesu, hilf siegen und laß mich nicht sinken; / wenn sich die Kräfte der Lügen aufblähn / und mit dem Scheine der Wahrheit sich schminken, / laß doch viel heller dann deine Kraft sehn. / Steh mir zur Rechten, o König und Meister, / lehre mich kämpfen und prüfen die Geister.

4. Jesu, hilf siegen im Wachen und Beten; / Hüter, du schläfst ja und schlummerst nicht ein; / laß dein Gebet mich unendlich vertreten, / der du versprochen, mein Fürsprech zu sein. / Wenn mich die Nacht mit Ermüdung will decken, / wollst du mich, Jesu, ermuntern und wecken.

5. Jesu, hilf siegen. Wenn alles verschwindet / und ich mein Nichts und Verderben nur seh, / wenn kein Vermögen zu beten sich findet, / wenn ich vor Angst und vor Zagen vergeh, / ach Herr, so wollst du im Grunde der Seelen / dich mit dem innersten Seufzen vermählen.

6. Jesu, hilf siegen und laß mir's gelingen, / daß ich das Zeichen des Sieges erlang; / so will ich ewig dir Lob und Dank singen, / Jesu, mein Heiland, mit frohem Gesang. / Wie wird dein Name da werden gepriesen, / wo du, o Held, dich so mächtig erwiesen.

Text: Johann Heinrich Schröder 1695
Melodie: Jesus ist kommen, Grund ewiger Freude [Nr. 66]

Unser Glaube ist der Sieg, der die Welt überwunden hat.

1. Johannes 5, 4

GLAUBE – LIEBE – HOFFNUNG

374

Andere Melodie: *Es ist gewißlich an der Zeit* [Nr. 149]

1. Ich steh in meines Herren Hand und will drin stehen bleiben;
nicht Erdennot, nicht Erdentand soll mich daraus vertreiben.
Und wenn zerfällt die ganze Welt, wer sich an ihn und wen er hält, wird wohlbehalten bleiben.

2. Er ist ein Fels, ein sichrer Hort, / und Wunder sollen schauen, / die sich auf sein wahrhaftig Wort / verlassen und ihm trauen. / Er hat's gesagt, / und darauf wagt / mein Herz es froh und unverzagt / und läßt sich gar nicht grauen.

3. Und was er mit mir machen will, / ist alles mir gelegen; / ich halte ihm im Glauben still / und hoff auf seinen Segen; / denn was er tut, / ist immer gut, / und wer von ihm behütet ruht, / ist sicher allerwegen.

4. Ja wenn's am schlimmsten mit mir steht, / freu ich mich seiner Pflege; / ich weiß: die Wege, die er geht, / sind lauter Wunderwege. / Was böse scheint, / ist gut gemeint; / er ist doch nimmermehr mein Feind / und gibt nur Liebesschläge.

ANGST UND VERTRAUEN

5. Und meines Glaubens Unterpfand / ist, was er selbst verheißen, / daß nichts mich seiner starken Hand / soll je und je entreißen. / Was er verspricht, / das bricht er nicht; / er bleibet meine Zuversicht, / ich will ihn ewig preisen.

Text: Philipp Spitta 1833
Melodie: Wo Gott der Herr nicht bei uns hält [Nr. 297]

375

1. Daß Jesus siegt, bleibt ewig ausgemacht, sein wird die ganze Welt; denn alles ist nach seines Todes Nacht in seine Hand gestellt. Nachdem am Kreuz er ausgerungen, hat er zum Thron sich aufgeschwungen. Ja, Jesus siegt!

GLAUBE – LIEBE – HOFFNUNG

2. Ja, Jesus siegt, obschon das Volk des Herrn noch hart darniederliegt. Wenn Satans Pfeil ihm auch von nah und fern mit List entgegenfliegt, löscht Jesu Arm die Feuerbrände; das Feld behält der Herr am Ende. Ja, Jesus siegt!

3. Ja, Jesus siegt! Seufzt eine große Schar / noch unter Satans Joch, / die sehnend harrt auf das Erlösungsjahr, / das zögert immer noch: / so wird zuletzt aus allen Ketten / der Herr die Kreatur erretten. / Ja, Jesus siegt!

4. Ja, Jesus siegt! Wir glauben es gewiß, / und glaubend kämpfen wir. / Wie du uns führst durch alle Finsternis, / wir folgen, Jesu, dir. / Denn alles muß vor dir sich beugen, / bis auch der letzte Feind wird schweigen. / Ja, Jesus siegt!

Text: Johann Christoph Blumhardt (1852) 1877
Melodie: Johann Rudolf Ahle 1662 *Es ist genug*

ANGST UND VERTRAUEN

ö 376

1. So nimm denn meine Hände und führe mich
bis an mein selig Ende und ewiglich.
Ich mag allein nicht gehen, nicht einen Schritt:
wo du wirst gehn und stehen, da nimm mich mit.

2. In dein Erbarmen hülle / mein schwaches Herz / und mach es gänzlich stille / in Freud und Schmerz. / Laß ruhn zu deinen Füßen / dein armes Kind: / es will die Augen schließen / und glauben blind.

3. Wenn ich auch gleich nichts fühle / von deiner Macht, / du führst mich doch zum Ziele / auch durch die Nacht: / so nimm denn meine Hände / und führe mich / bis an mein selig Ende / und ewiglich!

Text: Julie Hausmann 1862
Melodie: Friedrich Silcher 1842

GLAUBE – LIEBE – HOFFNUNG

377 (Ö)

1. Zieh an die Macht, du Arm des Herrn, wohlauf und hilf uns streiten.
Noch hilfst du deinem Volke gern, wie du getan vorzeiten.
Wir sind im Kampfe Tag und Nacht,
o Herr, nimm gnädig uns in acht
und steh uns an der Seiten.

Jes 51,9

2. Mit dir, du starker Heiland du, / muß uns der Sieg gelingen; / wohl gilt's zu streiten immerzu, / bis einst wir dir lobsingen. / Nur Mut, die Stund ist nimmer weit, / da wir nach allem Kampf und Streit / die Lebenskron erringen.

3. Drängt uns der Feind auch um und um, / wir lassen uns nicht grauen; / du wirst aus deinem Heiligtum / schon unsre Not erschauen. / Fort streiten wir in deiner Hut / und widerstehen bis aufs Blut / und wollen dir nur trauen.

4. Herr, du bist Gott! In deine Hand / o laß getrost uns fallen. / Wie du geholfen unserm Land, / so hilfst du fort noch allen, / die dir vertraun und deinem Bund / und freudig dir von Herzensgrund / ihr Loblied lassen schallen.

Text: Friedrich Oser 1865 / *Melodie:* Lobt Gott den Herrn, ihr Heiden all [Nr. 293]

ANGST UND VERTRAUEN

378

1. Es mag sein, daß alles fällt, daß die Burgen dieser Welt um dich her in Trümmer brechen. Halte du den Glauben fest, daß dich Gott nicht fallen läßt: er hält sein Versprechen.

2. Es mag sein, daß Trug und List / eine Weile Meister ist; / wie Gott will, sind Gottes Gaben. / Rechte nicht um Mein und Dein; / manches Glück ist auf den Schein, / laß es Weile haben.

3. Es mag sein, daß Frevel siegt, / wo der Fromme niederliegt; / doch nach jedem Unterliegen / wirst du den Gerechten sehn / lebend aus dem Feuer gehn, / neue Kräfte kriegen.

4. Es mag sein – die Welt ist alt – / Missetat und Mißgestalt / sind in ihr gemeine Plagen. / Schau dir's an und stehe fest: / nur wer sich nicht schrecken läßt, / darf die Krone tragen.

5. Es mag sein, so soll es sein! / Faß ein Herz und gib dich drein; / Angst und Sorge wird's nicht wenden. / Streite, du gewinnst den Streit! / Deine Zeit und alle Zeit / stehn in Gottes Händen.

Text: Rudolf Alexander Schröder (1936) 1939
Melodie: Paul Geilsdorf 1940

GLAUBE – LIEBE – HOFFNUNG

379 ö

Andere Melodie: *Befiehl du deine Wege* [Nr. 361]

1. Gott wohnt in einem Lichte, dem keiner nahen kann. Von seinem Angesichte trennt uns der Sünde Bann. Unsterblich und gewaltig ist unser Gott allein, will König tausendfaltig, Herr aller Herren sein.

1. Tim 6, 16

2. Und doch bleibt er nicht ferne, / ist jedem von uns nah. / Ob er gleich Mond und Sterne / und Sonnen werden sah, / mag er dich doch nicht missen / in der Geschöpfe Schar, / will stündlich von dir wissen / und zählt dir Tag und Jahr.

Apg 17, 27

3. Auch deines Hauptes Haare / sind wohl von ihm gezählt. / Er bleibt der Wunderbare, / dem kein Geringstes fehlt. / Den keine Meere fassen / und keiner Berge Grat, / hat selbst sein Reich verlassen, / ist dir als Mensch genaht.

Mt 10, 30

4. Er macht die Völker bangen / vor Welt- und Endgericht / und trägt nach dir Verlangen, / läßt auch den Ärmsten nicht. / Aus seinem Glanz und Lichte / tritt er in deine Nacht: / Und alles wird zunichte, / was dir so bange macht.

5. Nun darfst du in ihm leben / und bist nie mehr allein, / darfst in ihm atmen, weben / und immer bei ihm sein. / Den keiner je gesehen / noch künftig sehen kann, / will dir zur Seite gehen / und führt dich himmelan. *Apg 17, 28*

Text: Jochen Klepper 1938
Melodie: Straßburg 1539, Guillaume Franc 1542
Aus meines Jammers Tiefe (zu Psalm 130)

GLAUBE – LIEBE – HOFFNUNG

380

1. Ja, ich will euch tragen bis zum Alter hin. Und ihr sollt einst sagen, daß ich gnädig bin.

ANGST UND VERTRAUEN

1. Ja, ich will euch tragen
bis zum Alter hin. Und ihr sollt einst
sagen, daß ich gnädig bin.

Jes 46, 3.4

2. Ihr sollt nicht ergrauen, / ohne daß ich's weiß, / müßt dem Vater trauen, / Kinder sein als Greis.

3. Ist mein Wort gegeben, / will ich es auch tun, / will euch milde heben: / Ihr dürft stille ruhn.

4. Stets will ich euch tragen / recht nach Retterart. / Wer sah mich versagen, / wo gebetet ward?

5. Denkt der vor'gen Zeiten, / wie, der Väter Schar / voller Huld zu leiten, / ich am Werke war.

6. Denkt der frühern Jahre, / wie auf eurem Pfad / euch das Wunderbare / immer noch genaht.

7. Laßt nun euer Fragen, / Hilfe ist genug. / Ja, ich will euch tragen, / wie ich immer trug.

Text: Jochen Klepper 1938
Melodie und Satz: Samuel Rothenberg 1939

GLAUBE – LIEBE – HOFFNUNG

381 ö

1. Gott, mein Gott, wa-rum hast du mich ver-las-sen?
So sang einst Kö-nig Da-vid, hör-test du ihn?
So schrie einst Kö-nig Da-vid, hal-fest du ihm?
Gott, mein Gott, wa-rum hast du mich ver-las-sen?

Ps 22, 2; Mt 27, 46

2. Gott, mein Gott, warum gibst du keine Antwort? / Gott, mein Gott, warum gibst du keine Antwort? / So sang einst König David, so klage auch ich, / ein Schatten und kein Mensch mehr; ferne bist du. / Gott, mein Gott, warum gibst du keine Antwort?

3. Gott, mein Gott, warum hast du mich verlassen? / Gott, mein Gott, warum hast du mich verlassen? / So schrie der Welten Christus, blutend am Kreuz, / ein Spott den Leuten allen, – hörtest du ihn? / Gott, mein Gott, warum hast du mich verlassen?

4. Gott, mein Gott, warum gibst du keine Antwort? / Gott, mein Gott, warum gibst du keine Antwort? / So rufe ich mit David, – höre auf uns! / Du hörtest doch auf Christus, schreiend am Kreuz? / Gott, mein Gott, stärke meinen armen Glauben.

Text und Melodie: Friedemann Gottschick (1965) 1967

ANGST UND VERTRAUEN

ö 382

1. Ich steh vor dir mit leeren Händen, Herr;
fremd wie dein Name sind mir deine Wege.
Seit Menschen leben, rufen sie nach Gott;
mein Los ist Tod, hast du nicht andern Segen?
Bist du der Gott, der Zukunft mir verheißt?
Ich möchte glauben, komm du mir entgegen.

2. Von Zweifeln ist mein Leben übermannt, / mein Unvermögen hält mich ganz gefangen. / Hast du mit Namen mich in deine Hand, / in dein Erbarmen fest mich eingeschrieben? / Nimmst du mich auf in dein gelobtes Land? / Werd ich dich noch mit neuen Augen sehen?

3. Sprich du das Wort, das tröstet und befreit / und das mich führt in deinen großen Frieden. / Schließ auf das Land, das keine Grenzen kennt, / und laß mich unter deinen Kindern leben. / Sei du mein täglich Brot, so wahr du lebst. / Du bist mein Atem, wenn ich zu dir bete.

Text: Lothar Zenetti 1974 nach dem niederländischen *Ik sta voor U* von Huub Oosterhuis 1969 / *Melodie:* Bernard Maria Huijbers 1964

GLAUBE – LIEBE – HOFFNUNG

383

Andere Melodie: *Meinen Jesus laß ich nicht* [Nr. 402]

1. Herr, du hast mich an-ge-rührt. Lan-ge lag ich krank dar-nie-der, a-ber nun die See-le spürt: Al-te Kräf-te keh-ren wie-der. Neu-e Ta-ge leuch-ten mir. Gott, du lebst. Ich dan-ke dir!

2. Dank für deinen Trost, o Herr, / Dank selbst für die schlimmen Stunden, / da im aufgewühlten Meer / sinkend schon ich Halt gefunden. / Du hörst auch den stummen Schrei, / gehst im Dunkeln nicht vorbei.

3. Aus der Finsternis wird Tag. / Tau fällt, um das Land zu schmücken. / Sonne steigt und Lerchenschlag, / meinen Morgen zu beglücken. / Lobgesang durchströmt die Welt. / Du hast mich ins Licht gestellt.

4. Langer Nächte Unheilsschritt / muß mich nun nicht mehr erschrecken. / Um mich her das Schöpfungslied / soll sein Echo in mir wecken. / Neue Quellen öffnen sich. / Gott, du lebst. Ich lobe dich!

Text: Jürgen Henkys 1982 nach dem norwegischen
Herre, du har reist meg opp von Svein Ellingsen (1955) 1978
Melodie: Trond Kverno (1968) 1978

3. Wie, dies Eine zu genießen, / sich Maria dort befliß, / da sie sich zu Jesu Füßen / voller Andacht niederließ – / ihr Herze entbrannte, dies einzig zu hören, / was Jesus, ihr Heiland, sie wollte belehren; / ihr Alles war gänzlich in Jesus versenkt, / und wurde ihr alles in Einem geschenkt –:

4. also ist auch mein Verlangen, / liebster Jesu, nur nach dir; / laß mich treulich an dir hangen, / schenke dich zu eigen mir. / Ob viel auch umkehrten zum größesten Haufen, / so will ich dir dennoch in Liebe nachlaufen; / denn dein Wort, o Jesu, ist Leben und Geist; / was ist wohl, das man nicht in Jesus genießt?

5. Aller Weisheit höchste Fülle / in dir ja verborgen liegt. / Gib nur, daß sich auch mein Wille / fein in solche Schranken fügt, / worinnen die Demut und Einfalt regieret / und mich zu der Weisheit, die himmlisch ist, führet. / Ach wenn ich nur Jesus recht kenne und weiß, / so hab ich der Wahrheit vollkommenen Preis.

6. Nichts kann ich vor Gott ja bringen / als nur dich, mein höchstes Gut; / Jesu, laß es mir gelingen / durch dein heilges, teures Blut. / Die höchste Gerechtigkeit ist mir erworben, / da du bist am Stamme des Kreuzes gestorben; / die Kleider des Heils ich da habe erlangt, / worinnen mein Glaube in Ewigkeit prangt.

7. Nun so gib, daß meine Seele / auch nach deinem Bild erwacht; / du bist ja, den ich erwähle, / mir zur Heiligung gemacht. / Was dienet zum göttlichen Wandel und Leben, / ist in dir, mein Heiland, mir alles gegeben; / entreiße mich aller vergänglichen Lust, / dein Leben sei, Jesu, mir einzig bewußt.

GLAUBE – LIEBE – HOFFNUNG

8. Ja was soll ich mehr verlangen? / Mich umströmt die Gnadenflut; / du bist einmal eingegangen / in das Heilge durch dein Blut; / da hast du die ewge Erlösung erfunden, / daß ich nun der höllischen Herrschaft entbunden; / dein Eingang die völlige Freiheit mir bringt, / im kindlichen Geiste das Abba nun klingt.

9. Volles G'nügen, Fried und Freude / meine Seele jetzt ergötzt, / weil auf eine frische Weide / mein Hirt Jesus mich gesetzt. / Nichts Süßes kann also mein Herze erlaben, / als wenn ich nur, Jesu, dich immer soll haben; / nichts, nichts ist, das also mich innig erquickt, / als wenn ich dich, Jesu, im Glauben erblickt.

10. Drum auch, Jesu, du alleine / sollst mein Ein und Alles sein; / prüf, erfahre, wie ich's meine, / tilge allen Heuchelschein. / Sieh, ob ich auf bösem, betrüglichem Stege, / und leite mich, Höchster, auf ewigem Wege; / gib, daß ich nichts achte, nicht Leben noch Tod, / und Jesus gewinne: dies Eine ist not.

Text: Johann Heinrich Schröder 1695
Melodie: Adam Krieger 1657;
geistlich Joachim Neander 1680, Halle 1704

387

1. Ma - che dich, mein Geist, be - reit,
   da - mit nicht die bö - se Zeit
   wa - che, fleh und be - te,
   un - ver-hofft ein - tre - te;
   denn es ist

UMKEHR UND NACHFOLGE

Sa - tans List ü - ber vie - le From - men zur Ver - su - chung kom - men.

2. Aber wache erst recht auf / von dem Sündenschlafe; / denn es folget sonst darauf / eine lange Strafe, / und die Not samt dem Tod / möchte dich in Sünden / unvermutet finden.

3. Bete aber auch dabei / mitten in dem Wachen; / denn der Herre muß dich frei / von dem allen machen, / was dich drückt und bestrickt, / daß du schläfrig bleibest / und sein Werk nicht treibest.

4. Ja, er will gebeten sein, / wenn er was soll geben; / er verlanget unser Schrein, / wenn wir wollen leben / und durch ihn unsern Sinn, / Feind, Welt, Fleisch und Sünden / kräftig überwinden.

5. Doch wohl gut, es muß uns schon / alles glücklich gehen, / wenn wir ihn durch seinen Sohn / im Gebet anflehen; / denn er will uns mit Füll / seiner Gunst beschütten, / wenn wir gläubig bitten.

6. Drum so laßt uns immerdar / wachen, flehen, beten, / weil die Angst, Not und Gefahr / immer näher treten; / denn die Zeit ist nicht weit, / da uns Gott wird richten / und die Welt vernichten.

Text: Johann Burchard Freystein 1695
Melodie: vor 1681; geistlich Braunschweig 1686,
Dresden 1694 *Straf mich nicht in deinem Zorn*

GLAUBE – LIEBE – HOFFNUNG

388

1. O Durchbrecher aller Bande,
der du immer bei uns bist,
bei dem Schaden, Spott und Schande
lauter Lust und Himmel ist,
übe ferner dein Gerichte wider unsern Adamssinn,
bis dein treues Angesichte uns führt aus dem Kerker hin.

2. Ist's doch deines Vaters Wille, / daß du endest dieses Werk; / hierzu wohnt in dir die Fülle / aller Weisheit, Lieb und Stärk, / daß du nichts von dem verlierest, / was er dir geschenket hat, / und es aus dem Treiben führest / zu der süßen Ruhestatt.

3. Ach so mußt du uns vollenden, / willst und kannst ja anders nicht; / denn wir sind in deinen Händen, / dein Herz ist auf uns gericht', / ob wir wohl von allen Leuten / als gefangen sind geacht', / weil des Kreuzes Niedrigkeiten / uns veracht' und schnöd gemacht.

4. Schau doch aber unsre Ketten, / da wir mit der Kreatur / seufzen, ringen, schreien, beten / um Erlösung von Natur, / von dem Dienst der Eitelkeiten, / der uns noch so hart bedrückt, / ob auch schon der Geist zu Zeiten / sich auf etwas Bessers schickt.

5. Haben wir uns selbst gefangen / in der Lust und Eigenheit, / ach so laß uns nicht stets hangen / in dem Tod der Eitelkeit; / denn die Last treibt uns zu rufen, / alle flehen wir dich an: / zeig doch nur die ersten Stufen / der gebrochnen Freiheitsbahn!

6. Ach wie teu'r sind wir erworben, / nicht der Menschen Knecht zu sein! / Drum, so wahr du bist gestorben, / mußt du uns auch machen rein, / rein und frei und ganz vollkommen, / nach dem besten Bild gebild't; / der hat Gnad um Gnad genommen, / wer aus deiner Füll sich füllt.

7. Liebe, zieh uns in dein Sterben; / laß mit dir gekreuzigt sein, / was dein Reich nicht kann ererben; / führ ins Paradies uns ein. / Doch wohlan, du wirst nicht säumen, / laß uns nur nicht lässig sein; / werden wir doch als wie träumen, / wenn die Freiheit bricht herein.

Text: Gottfried Arnold 1698
Melodie: Halle 1704

GLAUBE – LIEBE – HOFFNUNG

389

1. Ein reines Herz, Herr, schaff in mir, schließ zu der Sünde Tor und Tür; vertreibe sie und laß nicht zu, daß sie in meinem Herzen ruh.

Ps 51, 12

2. Dir öffn ich, Jesu, meine Tür, / ach komm und wohne du bei mir; / treib all Unreinigkeit hinaus / aus deinem Tempel, deinem Haus.

3. Laß deines guten Geistes Licht / und dein hell glänzend Angesicht / erleuchten mein Herz und Gemüt, / o Brunnen unerschöpfter Güt,

4. und mache dann mein Herz zugleich / an Himmelsgut und Segen reich; / gib Weisheit, Stärke, Rat, Verstand / aus deiner milden Gnadenhand.

5. So will ich deines Namens Ruhm / ausbreiten als dein Eigentum / und dieses achten für Gewinn, / wenn ich nur dir ergeben bin.

Text: Heinrich Georg Neuß 1703
Melodie: O Jesu Christe, wahres Licht [Nr. 72]

UMKEHR UND NACHFOLGE

390

1. Er-neu-re mich, o e-wigs Licht,
und laß von dei-nem An-ge-sicht
mein Herz und Seel mit dei-nem Schein
durch-leuchtet und er-fül-let sein.

2. Schaff in mir, Herr, den neuen Geist, / der dir mit Lust Gehorsam leist' / und nichts sonst, als was du willst, will; / ach Herr, mit ihm mein Herz erfüll.

3. Auf dich laß meine Sinne gehn, / laß sie nach dem, was droben, stehn, / bis ich dich schau, o ewigs Licht, / von Angesicht zu Angesicht.

Text: Johann Friedrich Ruopp 1704
Melodie: O Jesu Christe, wahres Licht [Nr. 72]

GLAUBE – LIEBE – HOFFNUNG

391 ö

1. Je-su, geh vor-an auf der Le-bens-bahn! Und wir wol-len nicht ver-wei-len, dir ge-treu-lich nach-zu-ei-len; führ uns an der Hand bis ins Va-ter-land.

2. Soll's uns hart ergehn, / laß uns feste stehn / und auch in den schwersten Tagen / niemals über Lasten klagen; / denn durch Trübsal hier / geht der Weg zu dir.

3. Rühret eigner Schmerz / irgend unser Herz, / kümmert uns ein fremdes Leiden, / o so gib Geduld zu beiden; / richte unsern Sinn / auf das Ende hin.

4. Ordne unsern Gang, / Jesu, lebenslang. / Führst du uns durch rauhe Wege, / gib uns auch die nöt'ge Pflege; / tu uns nach dem Lauf / deine Türe auf.

Text: Nikolaus Ludwig von Zinzendorf (1721) 1725, London 1753, bearbeitet von Christian Gregor 1778
Melodie: Adam Drese 1698

UMKEHR UND NACHFOLGE

392

1. Gott rufet noch. Sollt ich nicht endlich hören?
Wie laß ich mich bezaubern und betören!
Die kurze Freud, die kurze Zeit vergeht,
und meine Seel noch so gefährlich steht.

2. Gott rufet noch. Sollt ich nicht endlich kommen? / Ich hab so lang die treue Stimm vernommen. / Ich wußt es wohl: ich war nicht, wie ich sollt. / Er winkte mir, ich habe nicht gewollt.

3. Gott rufet noch. Wie, daß ich mich nicht gebe! / Ich fürcht sein Joch und doch in Banden lebe. / Ich halte Gott und meine Seele auf. / Er ziehet mich; mein armes Herze, lauf!

4. Gott rufet noch. Ob ich mein Ohr verstopfet, / er stehet noch an meiner Tür und klopfet. / Er ist bereit, daß er mich noch empfang. / Er wartet noch auf mich; wer weiß, wie lang?

5. Gib dich, mein Herz, gib dich nun ganz gefangen. / Wo willst du Trost, wo willst du Ruh erlangen? / Laß los, laß los; brich alle Band entzwei! / Dein Geist wird sonst in Ewigkeit nicht frei.

GLAUBE – LIEBE – HOFFNUNG

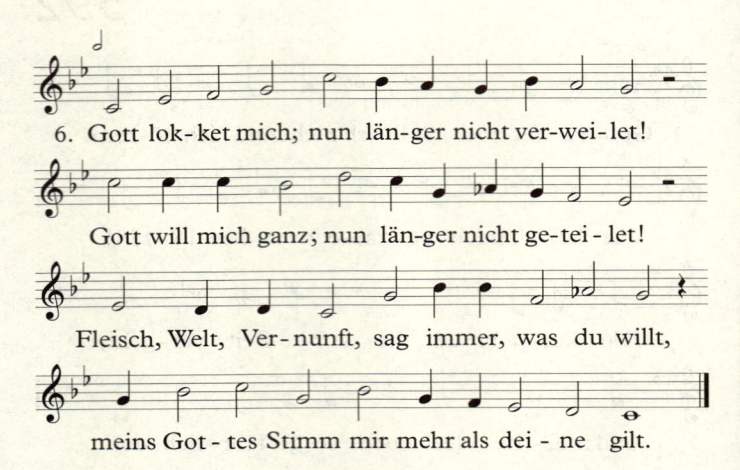

6. Gott lok-ket mich; nun län-ger nicht ver-wei-let!
Gott will mich ganz; nun län-ger nicht ge-tei-let!
Fleisch, Welt, Ver-nunft, sag immer, was du willt,
meins Got-tes Stimm mir mehr als dei-ne gilt.

7. Ich folge Gott, ich will ihm ganz genügen. / Die Gnade soll im Herzen endlich siegen. / Ich gebe mich; Gott soll hinfort allein / und unbedingt mein Herr und Meister sein.

8. Ach nimm mich hin, du Langmut ohne Maße; / ergreif mich wohl, daß ich dich nie verlasse. / Herr, rede nur, ich geb begierig acht; / führ, wie du willst, ich bin in deiner Macht.

Text: Gerhard Tersteegen 1735
Melodie: Wie herrlich gibst du, Herr, dich zu erkennen [Nr. 271]

UMKEHR UND NACHFOLGE

393

1. Kommt, Kinder, laßt uns gehen, der Abend kommt herbei; es ist gefährlich stehen in dieser Wüstenei. Kommt, stärket euren Mut, zur Ewigkeit zu wandern von einer Kraft zur andern; es ist das Ende gut, es ist das Ende gut.

2. Es soll uns nicht gereuen / der schmale Pilgerpfad; / wir kennen ja den Treuen, / der uns gerufen hat. / Kommt, folgt und trauet dem; / ein jeder sein Gesichte / mit ganzer Wendung richte / fest nach Jerusalem, / fest nach Jerusalem.

3. Geht's der Natur entgegen, / so geht's gerad und fein; / die Fleisch und Sinnen pflegen, / noch schlechte Pilger sein. / Verlaßt die Kreatur / und was euch sonst will binden; / laßt gar euch selbst dahinten, / es geht durchs Sterben nur, / es geht durchs Sterben nur.

GLAUBE – LIEBE – HOFFNUNG

4. Man muß wie Pilger wandeln, frei, bloß und wahrlich leer;
viel sammeln, halten, handeln macht unsern Gang nur schwer.
Wer will, der trag sich tot; wir reisen abgeschieden, mit wenigem zufrieden; wir brauchen's nur zur Not, wir brauchen's nur zur Not.

5. Schmückt euer Herz aufs beste, / sonst weder Leib noch Haus; / wir sind hier fremde Gäste / und ziehen bald hinaus. / Gemach bringt Ungemach; / ein Pilger muß sich schikken, / sich dulden und sich bücken / den kurzen Pilgertag, / den kurzen Pilgertag.

6. Kommt, Kinder, laßt uns gehen, / der Vater gehet mit; / er selbst will bei uns stehen / bei jedem sauren Tritt; / er will uns machen Mut, / mit süßen Sonnenblicken / uns locken und erquicken; / ach ja, wir haben's gut, / ach ja, wir haben's gut.

7. Kommt, Kinder, laßt uns wandern, / wir gehen Hand in Hand; / eins freuet sich am andern / in diesem wilden Land. / Kommt, laßt uns kindlich sein, / uns auf dem Weg nicht streiten; / die Engel selbst begleiten / als Brüder unsre Reihn, / als Brüder unsre Reihn.

8. Sollt wo ein Schwacher fallen, / so greif der Stärkre zu; / man trag, man helfe allen, / man pflanze Lieb und Ruh. / Kommt, bindet fester an; / ein jeder sei der Kleinste, / doch auch wohl gern der Reinste / auf unsrer Liebesbahn, / auf unsrer Liebesbahn.

9. Kommt, laßt uns munter wandern, / der Weg kürzt immer ab; / ein Tag, der folgt dem andern, / bald fällt das Fleisch ins Grab. / Nur noch ein wenig Mut, / nur noch ein wenig treuer, / von allen Dingen freier, / gewandt zum ewgen Gut, / gewandt zum ewgen Gut.

10. Es wird nicht lang mehr währen, / halt' noch ein wenig aus; / es wird nicht lang mehr währen, / so kommen wir nach Haus; / da wird man ewig ruhn, / wenn wir mit allen Frommen / heim zu dem Vater kommen; / wie wohl, wie wohl wird's tun, / wie wohl, wie wohl wird's tun.

11. Drauf wollen wir's denn wagen, / es ist wohl wagenswert, / und gründlich dem absagen, / was aufhält und beschwert. / Welt, du bist uns zu klein; / wir gehn durch Jesu Leiten / hin in die Ewigkeiten: / es soll nur Jesus sein, / es soll nur Jesus sein.

Text: Gerhard Tersteegen 1738
Melodie: Ich will, solang ich lebe [Nr. 276]

GLAUBE – LIEBE – HOFFNUNG

394

1. Nun aufwärts froh den Blick gewandt und vorwärts fest den Schritt! Wir gehn an unsers Meisters Hand, und unser Herr geht mit.

2. Vergesset, was dahinten liegt / und euern Weg beschwert; / was ewig euer Herz vergnügt, / ist wohl des Opfers wert.

3. Und was euch noch gefangen hält, / o werft es von euch ab! / Begraben sei die ganze Welt / für euch in Christi Grab.

4. So steigt ihr frei mit ihm hinan / zu lichten Himmelshöhn. / Er uns voraus, er bricht uns Bahn – / wer will ihm widerstehn?

5. Drum aufwärts froh den Blick gewandt / und vorwärts fest den Schritt! / Wir gehn an unsers Meisters Hand, / und unser Herr geht mit.

Text: August Hermann Franke 1889
Melodie: Nun danket all und bringet Ehr [Nr. 322]

UMKEHR UND NACHFOLGE
395

1. Vertraut den neuen Wegen, auf die der Herr uns weist,
weil Leben heißt: sich regen, weil Leben wandern heißt.
Seit leuchtend Gottes Bogen am hohen Himmel stand,
sind Menschen ausgezogen in das gelobte Land.

2. Vertraut den neuen Wegen / und wandert in die Zeit! / Gott will, daß ihr ein Segen / für seine Erde seid. / Der uns in frühen Zeiten / das Leben eingehaucht, / der wird uns dahin leiten, / wo er uns will und braucht.

3. Vertraut den neuen Wegen, / auf die uns Gott gesandt! / Er selbst kommt uns entgegen. / Die Zukunft ist sein Land. / Wer aufbricht, der kann hoffen / in Zeit und Ewigkeit. / Die Tore stehen offen. / Das Land ist hell und weit.

Text: Klaus Peter Hertzsch 1989
Melodie: Lob Gott getrost mit Singen [Nr. 243]

Geborgen in Gottes Liebe

396 ö

1. Jesu, meine Freude, meines Herzens Weide, Jesu, meine Zier: ach wie lang, ach lange ist dem Herzen bange und verlangt nach dir! Gottes Lamm, mein Bräutigam, außer dir soll mir auf Erden nichts sonst Liebers werden.

2. Unter deinem Schirmen / bin ich vor den Stürmen / aller Feinde frei. / Laß den Satan wettern, / laß die Welt erzittern, / mir steht Jesus bei. / Ob es jetzt gleich kracht und blitzt, / ob gleich Sünd und Hölle schrecken, / Jesus will mich decken.

3. Trotz dem alten Drachen, / Trotz dem Todesrachen, / Trotz der Furcht dazu! / Tobe, Welt, und springe; / ich steh hier und singe / in gar sicherer Ruh. / Gottes Macht hält mich in acht, / Erd und Abgrund muß verstummen, / ob sie noch so brummen.

GEBORGEN IN GOTTES LIEBE

Wer dir ver- trau- et, hat wohl ge- bau- et,
an dir wir kle- ben im Tod und Le- ben;
wird e- wig blei- ben. Hal- le- lu- ja.
nichts kann uns schei- den. Hal- le- lu- ja.

2. Wenn wir dich haben, / kann uns nicht schaden / Teufel, Welt, Sünd oder Tod; / du hast's in Händen, / kannst alles wenden, / wie nur heißen mag die Not. / Drum wir dich ehren, / dein Lob vermehren / mit hellem Schalle, / freuen uns alle / zu dieser Stunde. Halleluja. / Wir jubilieren / und triumphieren, / lieben und loben / dein Macht dort droben / mit Herz und Munde. Halleluja.

Text: Cyriakus Schneegaß 1598
Melodie und Satz: Giovanni Giacomo Gastoldi 1591;
geistlich Erfurt 1598

GLAUBE – LIEBE – HOFFNUNG

399

1. O Lebensbrünnlein tief und groß,
ent-sprungen aus des Vaters Schoß,
ein wahrer Gott ohn Ende,
Denn wie ein Hirsch nach frischer Quell,
so schreit zu dir mein arme Seel
aus dieser Welt Elende.

der du dich uns hast offenbart
in unsrer Menschheit, rein und zart,
dein lieb Herz zu uns wende.

Ps 42, 2

2. O Lebensbrünnlein, durch dein Wort / hast du dich uns an allem Ort / ergossn mit reichen Gaben, / voll Wahrheit und göttlicher Gnad, / die uns erschienen früh und spat, / das matte Herz zu laben. / O frischer Quell, o Brünnelein, / erquick und laß die Seele mein / in dir das Leben haben.

3. Wie ein Blümlein in dürrem Land, / durch Sommerhitz sehr ausgebrannt, / vom Tau sich tut erquicken, / also, wenn mein Herz in der Not / verschmacht', hält sich's an seinen Gott / und läßt sich nicht ersticken; / ja wie ein grüner Palmenbaum / unter der Last sich machet Raum, / lässet sich's nicht erdrücken.

4. O Lebensbrünnlein, Jesu Christ, / dein Güte unerschöpflich ist, / niemand kann sie ermessen; / darum mir auch nichts mangeln wird, / wenn mich versorgt der treue Hirt, / der mir mein Herz besessen. / Mit seinem Evangelio / macht er mein Herz im Leib so froh, / daß ich sein nicht vergesse.

5. All unser Leid auf dieser Erd / ist nicht im allerg'ringsten wert, / wenn wir das recht bedenken, / der übergroßen Herrlichkeit / und wunderschönen Himmelsfreud, / die Christus uns wird schenken. / Da, da wird er uns allzugleich / in seines lieben Vaters Reich / mit ewger Wonne tränken.

6. Gott selbst wird sein mein Speis und Trank, / mein Ruhm, mein Lied, mein Lobgesang, / mein Lust und Wohlgefallen, / mein Reichtum, Zierd und werte Kron, / mein Klarheit, Licht und helle Sonn, / in ewger Freud zu wallen; / ja daß ich's sag mit einem Wort, / was mir Gott wird bescheren dort: / »Er wird sein alls in allen.« *1. Kor 15, 28*

7. Hüpf auf, mein Herz, spring, tanz und sing, / in deinem Gott sei guter Ding, / der Himmel steht dir offen. / Laß Schwermut dich nicht nehmen ein, / denn auch die liebsten Kinderlein / hat stets das Kreuz betroffen. / Drum sei getrost und glaube fest, / daß du noch hast das Allerbest / in jener Welt zu hoffen.

Text: Johannes Mühlmann 1618
Melodie: Görlitz 1587

GLAUBE – LIEBE – HOFFNUNG

400 ö

1. Ich will dich lieben, meine Stärke, / ich will dich lieben, meine Zier; / ich will dich lieben mit dem Werke / und immerwährender Begier. Ich will dich lieben, schönstes Licht, bis mir das Herze bricht.

2. Ich will dich lieben, o mein Leben, / als meinen allerbesten Freund; / ich will dich lieben und erheben, / solange mich dein Glanz bescheint; / ich will dich lieben, Gottes Lamm, / als meinen Bräutigam.

3. Ach, daß ich dich so spät erkannte, / du hochgelobte Schönheit du, / daß ich nicht eher mein dich nannte, / du höchstes Gut und wahre Ruh; / es ist mir leid, ich bin betrübt, / daß ich so spät geliebt.

4. Ich lief verirrt und war verblendet, / ich suchte dich und fand dich nicht; / ich hatte mich von dir gewendet / und liebte das geschaffne Licht. / Nun aber ist's durch dich geschehn, / daß ich dich hab ersehn.

5. Ich danke dir, du wahre Sonne, / daß mir dein Glanz hat Licht gebracht; / ich danke dir, du Himmelswonne, / daß du mich froh und frei gemacht; / ich danke dir, du güldner Mund, / daß du mich machst gesund.

6. Erhalte mich auf deinen Stegen / und laß mich nicht mehr irre gehn; / laß meinen Fuß in deinen Wegen / nicht straucheln oder stillestehn; / erleucht mir Leib und Seele ganz, / du starker Himmelsglanz!

7. Ich will dich lieben, meine Krone, / ich will dich lieben, meinen Gott; / ich will dich lieben ohne Lohne / auch in der allergrößten Not; / ich will dich lieben, schönstes Licht, / bis mir das Herze bricht.

Text: Johann Scheffler 1657
Melodie: bei Johann Balthasar König 1738

401

1. Lie-be, die du mich zum Bil-de dei-ner
Lie-be, die du mich so mil-de nach dem
Gott-heit hast ge-macht,
Fall hast wie-der-bracht: Lie-be, dir er-geb ich mich, dein zu blei-ben e-wig-lich.

2. Liebe, die du mich erkoren, / eh ich noch geschaffen war, / Liebe, die du Mensch geboren / und mir gleich wardst ganz und gar: / Liebe, dir ergeb ich mich, / dein zu bleiben ewiglich.

3. Liebe, die für mich gelitten / und gestorben in der Zeit, / Liebe, die mir hat erstritten / ewge Lust und Seligkeit: / Liebe, dir ergeb ich mich, / dein zu bleiben ewiglich.

4. Liebe, die du Kraft und Leben, / Licht und Wahrheit, Geist und Wort, / Liebe, die sich ganz ergeben / mir zum Heil und Seelenhort: / Liebe, dir ergeb ich mich, / dein zu bleiben ewiglich.

5. Liebe, die mich hat gebunden / an ihr Joch mit Leib und Sinn, / Liebe, die mich überwunden / und mein Herz hat ganz dahin: / Liebe, dir ergeb ich mich, / dein zu bleiben ewiglich.

6. Liebe, die mich ewig liebet / und für meine Seele bitt', / Liebe, die das Lösgeld gibet / und mich kräftiglich vertritt: / Liebe, dir ergeb ich mich, / dein zu bleiben ewiglich.

7. Liebe, die mich wird erwecken / aus dem Grab der Sterblichkeit, / Liebe, die mich wird umstecken / mit dem Laub der Herrlichkeit: / Liebe, dir ergeb ich mich, / dein zu bleiben ewiglich.

Text: Johann Scheffler 1657; Str. 4 Frankfurt/Main 1695
Melodie: Komm, o komm, du Geist des Lebens [Nr. 134]

GEBORGEN IN GOTTES LIEBE

402

1. *Mei-nen* Jesus laß ich nicht, weil er sich für mich gegeben, so erfordert meine Pflicht, unverrückt für ihn zu leben. Er ist meines Lebens Licht; meinen Jesus laß ich nicht.

2. *Jesus* laß ich nimmer nicht, / hier in diesem Erdenleben; / ihm hab ich voll Zuversicht, / was ich bin und hab, ergeben. / Alles ist auf ihn gericht'; / meinen Jesus laß ich nicht.

3. *Laß* vergehen das Gesicht, / Hören, Schmecken, Fühlen weichen, / laß das letzte Tageslicht / mich auf dieser Welt erreichen: / wenn der Lebensfaden bricht, / meinen Jesus laß ich nicht.

4. *Ich* werd ihn auch lassen nicht, / wenn ich nun dahin gelanget, / wo vor seinem Angesicht / meiner Väter Glaube pranget. / Mich erfreut sein Angesicht; / meinen Jesus laß ich nicht.

5. *Nicht* nach Welt, nach Himmel nicht / meine Seel sich wünscht und sehnet, / Jesus wünscht sie und sein Licht, / der mich hat mit Gott versöhnet, / mich befreit vom Gericht; / meinen Jesus laß ich nicht.

6. Jesus laß ich nicht von mir, / geh ihm ewig an der Seiten; / Christus läßt mich für und für / zu dem Lebensbächlein leiten. / Selig, wer mit mir so spricht: / *Meinen Jesus laß ich nicht.*

Text: Christian Keimann 1658
Melodie: Johann Ulich 1674

GLAUBE – LIEBE – HOFFNUNG

403 (Ö)

Erste Melodie

1. Schön-ster Herr Je-su, Herr-scher al-ler Her-ren, Got-tes und Ma-ri-en Sohn, dich will ich lie-ben, dich will ich eh-ren, mei-ner See-le Freud und Kron.

Zweite Melodie

1. Schön-ster Herr Je-su, Herr-scher al-ler Her-ren, Got-tes und Ma-ri-en Sohn, dich will ich lie-ben, dich will ich eh-ren, mei-ner See-le Freud und Kron.

GEBORGEN IN GOTTES LIEBE

5. Halt im Gedächtnis Jesus Christ, / der einst wird wiederkommen / und sich, was tot und lebend ist, / zu richten vorgenommen; / o denke, daß du da bestehst / und mit ihm in sein Reich eingehst, / ihm ewiglich zu danken.

6. Gib, Jesu, gib, daß ich dich kann / mit wahrem Glauben fassen / und nie, was du an mir getan, / mög aus dem Herzen lassen, / daß dessen ich in aller Not / mich trösten mög und durch den Tod / zu dir ins Leben dringen.

Text: Cyriakus Günther (vor 1704) 1714
Melodie: Herr, für dein Wort sei hoch gepreist [Nr. 196]

406

1. Bei dir, Jesu, will ich bleiben,
nichts soll mich von dir vertreiben,
stets in deinem Dienste stehn;
will auf deinen Wegen gehn.
Du bist meines Lebens Leben, meiner Seele
Trieb und Kraft, wie der Weinstock seinen
Reben zuströmt Kraft und Lebenssaft.

Joh 15, 4–7

2. Könnt ich's irgend besser haben / als bei dir, der allezeit / soviel tausend Gnadengaben / für mich Armen hat bereit? / Könnt ich je getroster werden / als bei dir, Herr Jesu Christ, / dem im Himmel und auf Erden / alle Macht gegeben ist?

3. Wo ist solch ein Herr zu finden, / der, was Jesus tat, mir tut: / mich erkauft von Tod und Sünden / mit dem eignen teuren Blut? / Sollt ich dem nicht angehören, / der sein Leben für mich gab, / sollt ich dem nicht Treue schwören, / Treue bis in Tod und Grab?

4. Ja, Herr Jesu, bei dir bleib ich / so in Freude wie in Leid; / bei dir bleib ich, dir verschreib ich / mich für Zeit und Ewigkeit. / Deines Winks bin ich gewärtig, / auch des Rufs aus dieser Welt; / denn der ist zum Sterben fertig, / der sich lebend zu dir hält.

5. Bleib mir nah auf dieser Erden, / bleib auch, wenn mein Tag sich neigt, / wenn es nun will Abend werden / und die Nacht herniedersteigt. / Lege segnend dann die Hände / mir aufs müde, schwache Haupt, / sprich: »Mein Kind, hier geht's zu Ende; / aber dort lebt, wer hier glaubt.«

6. Bleib mir dann zur Seite stehen, / graut mir vor dem kalten Tod / als dem kühlen, scharfen Wehen / vor dem Himmelsmorgenrot. / Wird mein Auge dunkler, trüber, / dann erleuchte meinen Geist, / daß ich fröhlich zieh hinüber, / wie man nach der Heimat reist.

Text: Philipp Spitta (1829) 1833
Melodie: Herz und Herz vereint zusammen [Nr. 251]

GEBORGEN IN GOTTES LIEBE

407

1. Stern, auf den ich schaue, Fels, auf dem ich steh, Führer, dem ich traue, Stab, an dem ich geh, Brot, von dem ich lebe, Quell, an dem ich ruh, Ziel, das ich erstrebe, alles, Herr, bist du.

2. Ohne dich, wo käme / Kraft und Mut mir her? / Ohne dich, wer nähme / meine Bürde, wer? / Ohne dich, zerstieben / würden mir im Nu / Glauben, Hoffen, Lieben, / alles, Herr, bist du.

3. Drum so will ich wallen / meinen Pfad dahin, / bis die Glocken schallen / und daheim ich bin. / Dann mit neuem Klingen / jauchz ich froh dir zu: / nichts hab ich zu bringen, / alles, Herr, bist du!

Text: Cornelius Friedrich Adolf Krummacher 1857
Melodie: Minna Koch 1897

GLAUBE – LIEBE – HOFFNUNG

408 ö

1. Meinem Gott gehört die Welt, meinem Gott das Himmelszelt, ihm gehört der Raum, die Zeit, sein ist auch die Ewigkeit.

2. Und sein eigen bin auch ich. / Gottes Hände halten mich / gleich dem Sternlein in der Bahn; / keins fällt je aus Gottes Plan.

3. Wo ich bin, hält Gott die Wacht, / führt und schirmt mich Tag und Nacht; / über Bitten und Verstehn / muß sein Wille mir geschehn.

4. Täglich gibt er mir das Brot, / täglich hilft er in der Not, / täglich schenkt er seine Huld / und vergibt mir meine Schuld.

5. Lieber Gott, du bist so groß, / und ich lieg in deinem Schoß / wie im Mutterschoß ein Kind; / Liebe deckt und birgt mich lind.

6. Leb ich, Gott, bist du bei mir, / sterb ich, bleib ich auch bei dir, / und im Leben und im Tod / bin ich dein, du lieber Gott!

Röm 14, 8

Text: Arno Pötzsch 1934/1949
Melodie: Christian Lahusen 1948

GEBORGEN IN GOTTES LIEBE

ö 409

1. Gott liebt diese Welt, und wir sind sein eigen. Wohin er uns stellt, sollen wir es zeigen: Gott liebt diese Welt!

2. Gott liebt diese Welt. / Er rief sie ins Leben. / Gott ist's, der erhält, / was er selbst gegeben. / Gott gehört die Welt!

3. Gott liebt diese Welt. / Feuerschein und Wolke / und das heilge Zelt / sagen seinem Volke: / Gott ist in der Welt!

4. Gott liebt diese Welt. / Ihre Dunkelheiten / hat er selbst erhellt: / im Zenit der Zeiten / kam sein Sohn zur Welt!

5. Gott liebt diese Welt. / Durch des Sohnes Sterben / hat er uns bestellt / zu des Reiches Erben. / Gott erneut die Welt!

6. Gott liebt diese Welt. / In den Todesbanden / keine Macht ihn hält, / Christus ist erstanden: / Leben für die Welt!

7. Gott liebt diese Welt. / Er wird wiederkommen, / wann es ihm gefällt, / nicht nur für die Frommen, / nein, für alle Welt!

8. Gott liebt diese Welt, / und wir sind sein eigen. / Wohin er uns stellt, / sollen wir es zeigen: / Gott liebt diese Welt!

Text und Melodie: Walter Schulz 1962/1970

GLAUBE – LIEBE – HOFFNUNG

410

1. Christus, das Licht der Welt, welch ein Grund zur Freude! In unser Dunkel kam er als ein Bruder. Wer ihm begegnet, der sieht auch den Vater. Ehre sei Gott, dem Herrn!

2. Christus, das Heil der Welt. / Welch ein Grund zur Freude! / Weil er uns lieb hat, / lieben wir einander. / Er schenkt Gemeinschaft / zwischen Gott und Menschen. / Ehre sei Gott, dem Herrn!

3. Christus, der Herr der Welt. / Welch ein Grund zur Freude! / Von uns verraten, / starb er ganz verlassen. / Doch er vergab uns, / und wir sind die Seinen. / Ehre sei Gott, dem Herrn!

4. Gebt Gott die Ehre. / Hier ist Grund zur Freude! / Freut euch am Vater. / Freuet euch am Sohne. / Freut euch am Geiste: / denn wir sind gerettet. / Ehre sei Gott, dem Herrn!

Text: Sabine Leonhardt/Otmar Schulz 1972 nach dem englischen *Christ is the world's light* von Frederick Pratt Green 1968
Melodie: Paris 1681

GEBORGEN IN GOTTES LIEBE

ö 411

1. Gott, weil er groß ist,
2. gibt am lieb-sten gro-ße Ga-ben,
3. ach, daß wir Ar-men
4. nur so klei-ne Her-zen ha-ben.

Text: Johann Scheffler 1657
Kanon für 4 Stimmen: Johannes Petzold 1946

Wie du an Gott glaubst, so hast du ihn.
Glaubst du, daß er gütig und barmherzig ist,
so wirst du ihn so haben.

Martin Luther

Nächsten- und Feindesliebe

412

1. So jemand spricht: »Ich liebe Gott«, und haßt doch seine Brüder, *
der treibt mit Gottes Wahrheit Spott und reißt sie ganz darnieder.
Gott ist die Lieb und will, daß ich den Nächsten liebe gleich als mich.

1. Joh 4, 20

2. Wer dieser Erde Güter hat / und sieht die Brüder leiden / und macht die Hungrigen nicht satt, / läßt Nackende nicht kleiden, / der ist ein Feind der ersten Pflicht / und hat die Liebe Gottes nicht.

3. Wer seines Nächsten Ehre schmäht / und gern sie schmähen höret, / sich freut, wenn sich sein Feind vergeht, / und nichts zum Besten kehret, / nicht dem Verleumder widerspricht, / der liebt auch seinen Bruder nicht.

4. Wir haben einen Gott und Herrn, / sind eines Leibes Glieder, / drum diene deinem Nächsten gern, / denn wir sind alle Brüder. / Gott schuf die Welt nicht bloß für mich, / mein Nächster ist sein Kind wie ich.

5. Ein Heil ist unser aller Gut. / Ich sollte Brüder hassen, / die Gott durch seines Sohnes Blut / so hoch erkaufen lassen? / Daß Gott mich schuf und mich versühnt, / hab ich dies mehr als sie verdient?

6. Vergibst mir täglich so viel Schuld, / du Herr von meinen Tagen; / ich aber sollte nicht Geduld / mit meinen Brüdern tragen, / dem nicht verzeihn, dem du vergibst, / und den nicht lieben, den du liebst?

7. Was ich den Armen hier getan, / dem Kleinsten auch von diesen, / das sieht er, mein Erlöser, an, / als hätt ich's ihm erwiesen. / Und ich, ich sollt ein Mensch noch sein / und Gott in Brüdern nicht erfreun?   Mt 25, 40

8. Ein unbarmherziges Gericht / wird über den ergehen, / der nicht barmherzig ist, der nicht / die rettet, die ihn flehen. / Drum gib mir, Gott, durch deinen Geist / ein Herz, das dich durch Liebe preist.

Text: Christian Fürchtegott Gellert 1757
Melodie: Mach's mit mir, Gott, nach deiner Güt [Nr. 525]

GLAUBE – LIEBE – HOFFNUNG

413
1. Korinther 13

1. Ein wahrer Glaube Gotts Zorn stillt,
daraus ein schönes Brünnlein quillt,
die brüderliche Lieb genannt,
daran ein Christ recht wird erkannt.

2. Christus sie selbst das Zeichen nennt, / daran man seine Jünger kennt; / in niemands Herz man sehen kann, / an Werken wird erkannt ein Mann.

3. Die Lieb nimmt sich des Nächsten an, / sie hilft und dienet jedermann; / gutwillig ist sie allezeit, / sie lehrt, sie straft, sie gibt und leiht.

4. Ein Christ seim Nächsten hilft aus Not, / tut solchs zu Ehren seinem Gott. / Was seine rechte Hand reicht dar, / des wird die linke nicht gewahr. *Mt 6, 3*

5. Wie Gott läßt scheinen seine Sonn / und regnen über Bös und Fromm, / so solln wir nicht allein dem Freund / dienen, sondern auch unserm Feind. *Mt 5, 43–45*

6. Die Lieb ist freundlich, langmütig, / sie eifert nicht noch bläht sie sich, / glaubt, hofft, verträgt alls mit Geduld, / verzeiht gutwillig alle Schuld.

NÄCHSTEN- UND FEINDESLIEBE

7. Sie wird nicht müd, fährt immer fort, / kein' sauren Blick, kein bitter Wort / gibt sie. Was man sag oder sing, / zum Besten deut' sie alle Ding.

8. O Herr Christ, deck zu unsre Sünd / und solche Lieb in uns anzünd, / daß wir mit Lust dem Nächsten tun, / wie du uns tust, o Gottes Sohn.

Text: Nikolaus Herman (1560) 1562
Melodie: Lobt Gott, den Herrn der Herrlichkeit [Nr. 300]

414

1. Laß mich, o Herr, in al-len Din-gen
gib selbst das Wol-len und Voll-brin-gen

auf dei-nen Wil-len sehn und dir mich weih;
und laß mein Herz dir ganz ge-hei-ligt sein.

Nimm mei-nen Leib und Geist zum Op-fer hin;

dein, Herr, ist al-les, was ich hab und bin.

2. Gib meinem Glauben Mut und Stärke / und laß ihn in der Liebe tätig sein, / daß man an seinen Früchten merke, / er sei kein eitler Traum und falscher Schein. / Er stärke mich in meiner Pilgerschaft / und gebe mir zum Kampf und Siege Kraft.

GLAUBE – LIEBE – HOFFNUNG

3. Laß mich, solang ich hier soll leben, / in gut und bösen Tagen sein vergnügt / und deinem Willen mich ergeben, / der mir zum Besten alles weislich fügt; / gib Furcht und Demut, wann du mich beglückst, / Geduld und Trost, wann du mir Trübsal schickst.

4. Ach, hilf mir beten, wachen, ringen, / so will ich dir, wenn ich den Lauf vollbracht, / stets Dank und Ruhm und Ehre bringen, / dir, der du alles hast so wohl gemacht. / Dann werd ich heilig, rein und dir geweiht, / dein Lob verkündigen in Ewigkeit.

Text: Georg Joachim Zollikofer 1766
Melodie: Dir, dir, o Höchster, will ich singen [Nr. 328]

415

1. Liebe, du ans Kreuz für uns erhöhte, Liebe, die für ihre Mörder flehte, durch deine Flammen schmelz in Liebe Herz und Herz zusammen.

2. Du Versöhner, mach auch uns versöhnlich. / Dulder, mach uns dir im Dulden ähnlich, / daß Wort und Taten / wahren Dank für deine Huld verraten.

NÄCHSTEN- UND FEINDESLIEBE

3. Du Erbarmer, lehr auch uns Erbarmen. / Lehr uns milde sein, du Freund der Armen. / O lehr uns eilen, / liebevoll der Nächsten Not zu teilen.

4. Lehr uns auch der Feinde Bestes suchen; / lehr uns segnen, die uns schmähn und fluchen, / mit deiner Milde. / O gestalt uns dir zum Ebenbilde.

Text: Karl Bernhard Garve 1825
Melodie: Johann Crüger 1647
O wie selig seid ihr doch, ihr Frommen

416

Kehrvers

O Herr, mach mich zu einem Werkzeug deines Friedens, daß ich Liebe übe, wo man sich haßt, daß ich verzeihe, wo man sich beleidigt, daß ich verbinde, da, wo Streit ist,

GLAUBE – LIEBE – HOFFNUNG

daß ich die Wahrheit sage, wo der Irrtum herrscht, daß ich den Glauben bringe, wo der Zweifel drückt, daß ich die Hoffnung wekke, wo Verzweiflung quält, daß ich ein Licht anzünde, wo die Finsternis regiert, daß ich Freude mache, wo der Kummer wohnt.

Alle wiederholen den Kehrvers

Herr, laß du mich trachten: nicht, daß ich getröstet werde, sondern daß ich

NÄCHSTEN- UND FEINDESLIEBE

an-de-re trö-ste; nicht, daß ich ver-stan-den wer-de, son-dern daß ich an-de-re ver-ste-he; nicht, daß ich ge-lie-bet wer-de, son-dern daß ich an-de-re lie-be.

Alle wiederholen den Kehrvers

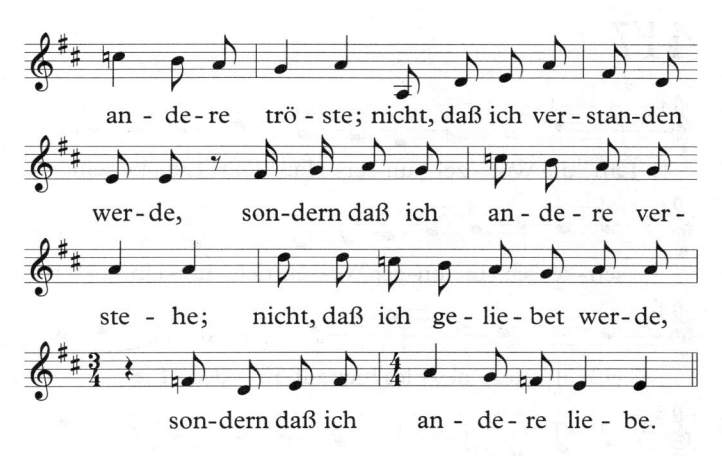

Denn wer da hin-gibt, der emp-fängt, wer sich selbst ver-gißt, der fin-det; wer ver-zeiht, dem wird ver-zie-hen; und wer stirbt, er-wacht zum e-wi-gen Le-ben.

Alle wiederholen den Kehrvers

Text: Normandie um 1913,
früher Franz von Assisi zugeschrieben
Melodie: Rolf Schweizer 1962/1969

GLAUBE – LIEBE – HOFFNUNG

417

1. Laß die Wurzel unsers Handelns Liebe sein, senke sie in unser Wesen tief hinein. Herr, laß alles, alles hier auf Erden Liebe, Liebe werden! Herr, laß alles, alles hier auf Erden Liebe, Liebe werden!

2. Laß die Wurzel unsers Handelns Liebe sein, / dieser größten Gabe ist kein Dienst zu klein. / Herr, laß alles, alles hier auf Erden Liebe, Liebe werden! / Herr, laß alles, alles hier auf Erden Liebe, Liebe werden!

Text: Str. 1 Paul Kaestner 1921;
Str. 2 Dieter Trautwein 1986
Melodie: Volker Ochs 1971

NÄCHSTEN- UND FEINDESLIEBE

ö 418

1. Brich dem Hungrigen dein Brot. Die im Elend wandern, führe in dein Haus hinein; trag die Last der andern.

Jes 58, 7

2. Brich dem Hungrigen dein Brot; / du hast's auch empfangen. / Denen, die in Angst und Not, / stille Angst und Bangen.

3. Der da ist des Lebens Brot, / will sich täglich geben, / tritt hinein in unsre Not, / wird des Lebens Leben.   *Joh 6, 35*

4. Dank sei dir, Herr Jesu Christ, / daß wir dich noch haben / und daß du gekommen bist, / Leib und Seel zu laben.

5. Brich uns Hungrigen dein Brot, / Sündern wie den Frommen, / und hilf, daß an deinen Tisch / wir einst alle kommen.

Text: Martin Jentzsch 1951
Melodie: Gerhard Häußler 1953

GLAUBE – LIEBE – HOFFNUNG

419 ö

1. Hilf, Herr meines Lebens, daß ich nicht vergebens, daß ich nicht vergebens hier auf Erden bin.

2. Hilf, Herr meiner Tage, / daß ich nicht zur Plage, / daß ich nicht zur Plage meinem Nächsten bin.

3. Hilf, Herr meiner Stunden, / daß ich nicht gebunden, / daß ich nicht gebunden an mich selber bin.

4. Hilf, Herr meiner Seele, / daß ich dort nicht fehle, / daß ich dort nicht fehle, wo ich nötig bin.

5. Hilf, Herr meines Lebens, / daß ich nicht vergebens, / daß ich nicht vergebens hier auf Erden bin.

Dazu kann (auch im Kanon) gesungen werden:

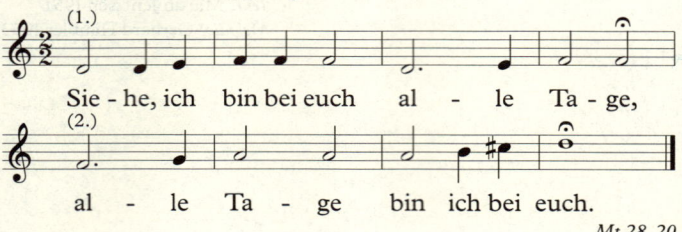

(1.) Siehe, ich bin bei euch alle Tage,
(2.) alle Tage bin ich bei euch.

Mt 28, 20

Text: Gustav Lohmann 1962; Str. 3 Markus Jenny 1970
Melodie: Hans Puls 1962
Kanon für 2 Stimmen: Wolfgang Fischer 1967

NÄCHSTEN- UND FEINDESLIEBE

420

1. Brich mit den Hungrigen dein Brot,
sprich mit den Sprachlosen ein Wort,
sing mit den Traurigen ein Lied,
teil mit den Einsamen dein Haus.

2. Such mit den Fertigen ein Ziel, / brich mit den Hungrigen dein Brot, / sprich mit den Sprachlosen ein Wort, / sing mit den Traurigen ein Lied.

3. Teil mit den Einsamen dein Haus, / such mit den Fertigen ein Ziel, / brich mit den Hungrigen dein Brot, / sprich mit den Sprachlosen ein Wort.

4. Sing mit den Traurigen ein Lied, / teil mit den Einsamen dein Haus, / such mit den Fertigen ein Ziel, / brich mit den Hungrigen dein Brot.

5. Sprich mit den Sprachlosen ein Wort, / sing mit den Traurigen ein Lied, / teil mit den Einsamen dein Haus, / such mit den Fertigen ein Ziel.

Text: Friedrich Karl Barth 1977
Melodie: Peter Janssens 1977

Erhaltung der Schöpfung
Frieden und Gerechtigkeit

421 ö

Ver-leih uns Frie-den gnä-dig-lich, Herr Gott, zu un-sern Zei-ten. Es ist doch ja kein and-rer nicht, der für uns könn-te strei-ten, denn du, un-ser Gott, al-lei-ne.

Andere Form

Ver-leih uns Frie-den gnä-dig-lich, Herr Gott, zu un-sern Zei-ten. Es ist doch ja kein and-rer nicht, der für uns könn-te strei-ten, denn du, un-ser Gott, al-lei-ne.

Text und Melodie: Martin Luther 1529 nach der Antiphon *Da pacem, Domine* 9. Jh. (Melodie nach Nr. 4) Ökumenische Fassung 1973

6. Gib uns den lieben Frieden, / mach alle Feind ermüden, / verleih gesunde Luft, / laß keine teuren Zeiten / auf unsre Grenzen schreiten, / da man nach Brot vergebens ruft.

7. Die Hungrigen erquicke / und bringe die zurücke, / die sonst verirret sein. / Die Witwen und die Waisen / wollst du mit Troste speisen, / wenn sie zu dir um Hilfe schrein.

8. Sei allen Kindern Vater, / den Müttern sei Berater, / den Kleinen gib Gedeihn; / und ziehe unsre Jugend / zur Frömmigkeit und Tugend, / daß sich die Eltern ihrer freun.

9. Komm als ein Arzt der Kranken, / und die im Glauben wanken, / laß nicht zugrunde gehn. / Die Alten heb und trage, / auf daß sie ihre Plage / geduldig mögen überstehn.

10. Bleib der Verfolgten Stütze, / die Reisenden beschütze, / die Sterbenden begleit / mit deinen Engelscharen, / daß sie in Frieden fahren / zur ewgen Ruh und Herrlichkeit.

11. Nun, Herr, du wirst erfüllen, / was wir nach deinem Willen / in Demut jetzt begehrt. / Wir sprechen nun das Amen / in unsres Jesu Namen, / so ist all unser Flehn gewährt.

Text: Benjamin Schmolck 1714
Melodie: O Welt, ich muß dich lassen [Nr. 521]

GLAUBE – LIEBE – HOFFNUNG

424

1. Deine Hände, großer Gott,
halten unsre liebe Erde,
gibst das Leben, gibst den Tod,
schenkst uns Wasser, schenkst uns Brot,
gib auch, daß wir dankbar werden.

2. Unsre Welt ist wirr und bunt, / jeder will das Beste haben. / Jeder hastet Stund um Stund. / Halt uns Menschen doch gesund, / du allein verteil die Gaben.

3. Hilf, daß in der weiten Welt / Kinder nicht aus Hunger sterben. / Fruchtbar mache jedes Feld, / ordne alles Gut und Geld, / keine Seele laß verderben.

Text: Margareta Fries 1961
Melodie: Friedrich Zipp 1961

ERHALTUNG DER SCHÖPFUNG

ö 425

1. Gib uns Frieden jeden Tag! Laß uns nicht allein. Du hast uns dein Wort gegeben, stets bei uns zu sein. Denn nur du, unser Gott, denn nur du, unser Gott, hast die Menschen in der Hand. Laß uns nicht allein.

2. Gib uns Freiheit jeden Tag! / Laß uns nicht allein. / Laß für Frieden uns und Freiheit / immer tätig sein. / Denn durch dich, unsern Gott, / denn durch dich, unsern Gott, / sind wir frei in jedem Land. / Laß uns nicht allein.

3. Gib uns Freude jeden Tag! / Laß uns nicht allein. / Für die kleinsten Freundlichkeiten / laß uns dankbar sein. / Denn nur du, unser Gott, / denn nur du, unser Gott, / hast uns alle in der Hand. / Laß uns nicht allein.

Text: Str. 1 und *Melodie:* Rüdeger Lüders 1963;
Str. 2–3: Kurt Rommel 1963

GLAUBE – LIEBE – HOFFNUNG

426

Jesaja 2, 2–5

1. Es wird sein in den letzten Tagen, so hat es der Prophet gesehn, da wird Gottes Berg überragen alle anderen Berge und Höhn. Und die Völker werden kommen von Ost, West, Süd und Nord, die Gott Fernen und die Frommen, zu fragen nach Gottes Wort. Auf, kommt herbei! Laßt uns wandeln im Lichte des Herrn!

ERHALTUNG DER SCHÖPFUNG

ö 428

1. Komm in unsre stolze Welt, Herr, mit deiner Liebe Werben. Überwinde Macht und Geld, laß die Völker nicht verderben. Wende Haß und Feindessinn auf den Weg des Friedens hin.

2. Komm in unser reiches Land, / der du Arme liebst und Schwache, / daß von Geiz und Unverstand / unser Menschenherz erwache. / Schaff aus unserm Überfluß / Rettung dem, der hungern muß.

3. Komm in unsre laute Stadt, / Herr, mit deines Schweigens Mitte, / daß, wer keinen Mut mehr hat, / sich von dir die Kraft erbitte / für den Weg durch Lärm und Streit / hin zu deiner Ewigkeit.

4. Komm in unser festes Haus, / der du nackt und ungeborgen. / Mach ein leichtes Zelt daraus, / das uns deckt kaum bis zum Morgen; / denn wer sicher wohnt, vergißt, / daß er auf dem Weg noch ist.

5. Komm in unser dunkles Herz, / Herr, mit deines Lichtes Fülle; / daß nicht Neid, Angst, Not und Schmerz / deine Wahrheit uns verhülle, / die auch noch in tiefer Nacht / Menschenleben herrlich macht.

Text: Hans von Lehndorff 1968 / *Melodie:* Manfred Schlenker 1982

GLAUBE – LIEBE – HOFFNUNG

429 (Ö)

Kehrvers

Lobt und preist die herrlichen Taten des Herrn, Halleluja, Halleluja.

Der Kehrvers wird nach jeder Strophe wiederholt.

1. So spricht der Herr: Neu will ich machen Himmel und Erde. Niemand wird nach dem Alten sich sehnen, es ist vergessen.*
2. Jubel wird sein in allen Ländern, Jubel und Freude, denn ich will bauen die Stadt der Menschen, die Stadt des Friedens.
3. Friede wird sein für alle Menschen, Friede und Freiheit, und diese Welt wird endlich bewohnbar für einen jeden.

*Offb 21,1.5

ERHALTUNG DER SCHÖPFUNG

4. So spricht der Herr: Ich schuf den Himmel, ich schuf die Erde, / schuf sie zur Wohnung für alle Menschen, doch nicht zur Wüste.

5. Ich gieße aus über die Menschen Geist aus der Höhe, / dann wird die Steppe, dann wird die Wüste fruchtbarer Garten.

6. Dann wohnt das Recht unter den Menschen und schafft den Frieden, / für alle Völker – Spruch unsers Gottes – sichere Zukunft.

Jes 32,17

Text: Diethard Zils 1970
Melodie: Lucien Deiss 1954

430

1. Gib Frieden, Herr, gib Frieden, die Welt nimmt schlimmen Lauf. Das Unrecht geht im Schwange, wer stark ist, der gewinnt. Wir rufen: Herr, wie lange? Hilf uns, die friedlos sind.

Recht wird durch Macht entschieden, wer lügt, liegt obenauf.

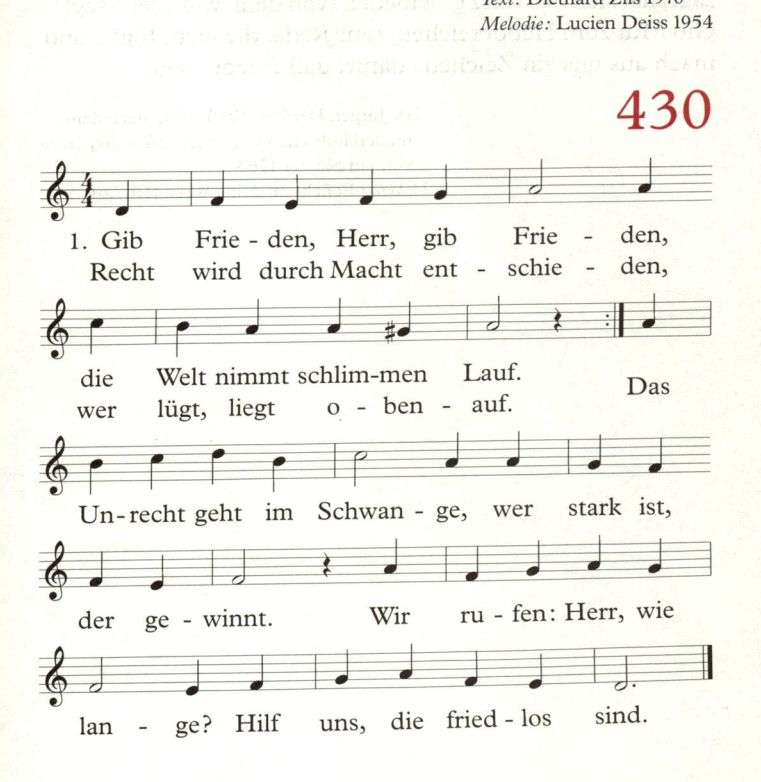

GLAUBE – LIEBE – HOFFNUNG

2. Gib Frieden, Herr, wir bitten! / Die Erde wartet sehr. / Es wird so viel gelitten, / die Furcht wächst mehr und mehr. / Die Horizonte grollen, / der Glaube spinnt sich ein. / Hilf, wenn wir weichen wollen, / und laß uns nicht allein.

3. Gib Frieden, Herr, wir bitten! / Du selbst bist, was uns fehlt. / Du hast für uns gelitten, / hast unsern Streit erwählt, / damit wir leben könnten, / in Ängsten und doch frei, / und jedem Freude gönnten, / wie feind er uns auch sei.

4. Gib Frieden, Herr, gib Frieden: / Denn trotzig und verzagt / hat sich das Herz geschieden / von dem, was Liebe sagt! / Gib Mut zum Händereichen, / zur Rede, die nicht lügt, / und mach aus uns ein Zeichen / dafür, daß Friede siegt.

Text: Jürgen Henkys (1980) 1983 nach dem niederländischen *Geef vrede, Heer, geef vrede* von Jan Nooter 1963
Melodie: Befiehl du deine Wege [Nr. 361]

ERHALTUNG DER SCHÖPFUNG

431

1. Gott, unser Ursprung, Herr des Raums,
du schufst aus unbegrenzter Macht
den Stoff, darin sich Feuer regt.
Du hast der Sterne Glut entfacht.
O, rette uns jetzt vor dem Brand
der Erde, den wir selbst gelegt.

2. Du selbst bist Flamme, Gott, du bist / die Liebe, die in Christus brennt. / Sie wacht, wenn der Gedanken Lauf / das All durchmißt, das Element. / Führ uns an atomarer Nacht / vorüber, hilf der Hoffnung auf.

3. Wir preisen dich, du Herr des Lichts! / Geblendet noch und schuldbedroht / sehn wir nur Feuer des Gerichts, / nicht deine Liebe, die da loht. / Zeig uns, was neuen Frieden schafft. / Für ihn zu leiden gib uns Kraft.

Text: Walter Schulz / Jürgen Henkys (1982) 1984 nach dem englischen *Great God, our source and Lord of space* von George Utech (1964) 1969
Melodie: Gerhard M. Cartford (1964) 1969

GLAUBE – LIEBE – HOFFNUNG

432

1. Gott gab uns Atem, damit wir leben, / er gab uns Augen, daß wir uns sehn. / Gott hat uns diese Erde gegeben, / daß wir auf ihr die Zeit bestehn. / Gott hat uns diese Erde gegeben, / daß wir auf ihr die Zeit bestehn.

2. Gott gab uns Ohren, damit wir hören. / Er gab uns Worte, daß wir verstehn. / Gott will nicht diese Erde zerstören. / Er schuf sie gut, er schuf sie schön. / Gott will nicht diese Erde zerstören. / Er schuf sie gut, er schuf sie schön.

3. Gott gab uns Hände, damit wir handeln. / Er gab uns Füße, daß wir fest stehn. / Gott will mit uns die Erde verwandeln. / Wir können neu ins Leben gehn. / Gott will mit uns die Erde verwandeln. / Wir können neu ins Leben gehn.

Text: Eckart Bücken 1982
Melodie: Fritz Baltruweit 1982

ERHALTUNG DER SCHÖPFUNG

Do na no - bis pa - cem, do - na no - bis
pa - cem. Do - na no - bis
pa - cem, do - na no - bis pa - cem.

Übersetzung: Gib uns den Frieden.

Text: aus dem altkirchlichen *Agnus Dei*
Kanon für 3 Stimmen: mündlich überliefert

436

Herr, gib uns dei-nen Frie - den,
gib uns dei - nen Frie - den,
Frie - den, gib uns dei-nen Frie - den, Herr,
gib uns dei - nen Frie - den.

Kanon für 4 Stimmen: Ludger Edelkötter 1976

Morgen

437 (Ö)

1. Die helle Sonn leucht' jetzt herfür, fröhlich vom Schlaf aufstehen wir,

MORGEN

Gott Lob, der uns heut diese Nacht behüt' hat vor des Teufels Macht.

2. Herr Christ, den Tag uns auch behüt / vor Sünd und Schand durch deine Güt. / Laß deine lieben Engelein / unsre Hüter und Wächter sein,

3. daß unser Herz in G'horsam leb, / deim Wort und Willn nicht widerstreb, / daß wir dich stets vor Augen han / in allem, das wir heben an.

4. Laß unser Werk geraten wohl, / was ein jeder ausrichten soll, / daß unsre Arbeit, Müh und Fleiß / gereich zu deim Lob, Ehr und Preis.

Text: Nikolaus Herman 1560
Melodie und Satz: Melchior Vulpius 1609

GLAUBE – LIEBE – HOFFNUNG

438

1. Der Tag bricht an und zeiget sich.
O Herre Gott, wir loben dich,
wir danken dir, du höchstes Gut,
daß du uns die Nacht hast behüt';

2. bitten dich auch: behüt uns heut, / denn wir allhier sind Pilgerleut; / steh uns bei, tu Hilf und bewahr, / daß uns kein Übel widerfahr.

3. Regier du uns mit starker Hand, / auf daß dein Werk in uns erkannt, / dein Name durch glaubreich Gebärd / in uns heilig erweiset werd.

4. Hilf, daß der Geist Zuchtmeister bleib, / das arge Fleisch so zwing und treib, / daß es sich nicht gar ungestüm / erheb und fordre deinen Grimm.

5. Versorg uns auch, o Herre Gott, / auf diesen Tag, wie's uns ist not, / teil uns dein' milden Segen aus, / denn unser Sorg richtet nichts aus.

6. Gib deinen Segen unserm Tun / und unsrer Arbeit deinen Lohn / durch Jesus Christus, deinen Sohn, / unsern Herren vor deinem Thron.

Text: Michael Weiße 1531
Melodie: Melchior Vulpius 1609

MORGEN

439

1. Es geht daher des Tages Schein.
So laßt uns alle dankbar sein
dem gütigen und milden Gott,
der uns die Nacht bewahret hat.

2. Laßt uns Gott bitten diese Stund, / herzlich singen mit gleichem Mund, / begehren, daß er uns auch wollt / bewahren heut in seiner Huld.

3. O starker Gott von Ewigkeit, / der du uns aus Barmherzigkeit / mit deiner großen Kraft und Macht / bewahret hast in dieser Nacht,

4. du wollest uns durch deinen Sohn / an diesem Tag auch Hilfe tun, / daß nimmermehr ein Feind uns fällt, / wenn unsern Seelen er nachstellt.

5. Wir opfern uns dir, Herre Gott, / daß du unser Herz, Wort und Tat / wollest leiten nach deinem Mut, / daß unser Werk gerate gut.

6. Das bringen wir in deinem Sohn / zum Frühopfer vor deinen Thron; / darauf wir nun zu deinem Lob / mögen genießen deiner Gab.

Text: Michael Weiße 1531
Melodie: 15. Jh., Böhmische Brüder 1531

GLAUBE – LIEBE – HOFFNUNG

440 ö

1. All Mor-gen ist ganz frisch und neu des Her-ren Gnad und gro-ße Treu; sie hat kein End den lan-gen Tag, drauf je-der sich ver-las-sen mag.

Klgl 3, 22.23

2. O Gott, du schöner Morgenstern, / gib uns, was wir von dir begehrn: / Zünd deine Lichter in uns an, / laß uns an Gnad kein Mangel han.

3. Treib aus, o Licht, all Finsternis, / behüt uns, Herr, vor Ärgernis, / vor Blindheit und vor aller Schand / und reich uns Tag und Nacht dein Hand,

4. zu wandeln als am lichten Tag, / damit, was immer sich zutrag, / wir stehn im Glauben bis ans End / und bleiben von dir ungetrennt.

Text: Johannes Zwick (um 1541) 1545
Melodie: Johann Walter 1541

MORGEN

Ö 441

Andere Melodie: *All Morgen ist ganz frisch und neu* [Nr. 440]

1. Du höchstes Licht, du ewger Schein,
du Gott und treuer Herre mein,
von dir der Gnaden Glanz ausgeht
und leuchtet schön so früh wie spät.

2. Das ist der Herre Jesus Christ, / der ja die göttlich Wahrheit ist, / mit seiner Lehr hell scheint und leucht', / bis er die Herzen zu sich zeucht.

3. Er ist das Licht der ganzen Welt, / das jedem klar vor Augen stellt / den hellen, schönen, lichten Tag, / an dem er selig werden mag.

4. Den Tag, Herr, deines lieben Sohns / laß stetig leuchten über uns, / damit, die wir geboren blind, / doch werden noch des Tages Kind'

5. und wandeln, wie's dem wohl ansteht, / in dessen Herzen hell aufgeht / der Tag des Heils, die Gnadenzeit, / da fern ist alle Dunkelheit.

6. Die Werk der Finsternis sind grob / und dienen nicht zu deinem Lob; / die Werk des Lichtes scheinen klar, / dein Ehr sie machen offenbar.

GLAUBE – LIEBE – HOFFNUNG

7. Zuletzt hilf uns zur heilgen Stadt, / die weder Nacht noch Tage hat, / da du, Gott, strahlst voll Herrlichkeit, / du schönstes Licht in Ewigkeit. *Offb 22, 5*

8. O Sonn der Gnad ohn Niedergang, / nimm von uns an den Lobgesang, / auf daß erklinge diese Weis / zum Guten uns und dir zum Preis.

Text: Johannes Zwick (um 1541) 1545
Melodie: 15. Jh.; geistlich Böhmische Brüder 1544

442 ö

1. Steht auf, ihr lieben Kinderlein!
Der Morgenstern mit hellem Schein
läßt sich frei sehen wie ein Held
und leuchtet in die ganze Welt.

2. Sei uns willkommen, schöner Stern, / du bringst uns Christus, unsern Herrn, / der unser lieber Heiland ist, / darum du hoch zu loben bist.

3. Ihr Kinder sollt bei diesem Stern / erkennen Christus, unsern Herrn, / Marien Sohn, den treuen Hort, / der uns leuchtet mit seinem Wort.

4. Gotts Wort, du bist der Morgenstern, / wir können dein gar nicht entbehrn, / du mußt uns leuchten immerdar, / sonst sitzen wir im Finstern gar.

5. Leucht uns mit deinem Glänzen klar / und Jesus Christus offenbar', / jag aus der Finsternis Gewalt, / daß nicht die Lieb in uns erkalt.

6. Sei uns willkommen, lieber Tag, / vor dir die Nacht nicht bleiben mag. / Leucht uns in unsre Herzen fein / mit deinem himmlischen Schein.

7. O Jesu Christ, wir warten dein, / dein heilig Wort leucht uns so fein. / Am End der Welt bleib nicht lang aus / und führ uns in deins Vaters Haus.

8. Du bist die liebe Sonne klar, / wer an dich glaubt, der ist fürwahr / ein Kind der ewgen Seligkeit, / die deinen Christen ist bereit'.

9. Wir danken dir, wir loben dich / hier zeitlich und dort ewiglich / für deine groß Barmherzigkeit / von nun an bis in Ewigkeit.

Text: Erasmus Alber (vor 1553) um 1556
Melodie: 15. Jh.; geistlich bei Nikolaus Herman 1560
nach Nr. 441

GLAUBE – LIEBE – HOFFNUNG

443 ö

1. Aus meines Herzens Grunde
sag ich dir Lob und Dank
dir, Gott, in deinem Thron,
zu Lob und Preis und Ehren
durch Christus, unsern Herren,
dein' eingebornen Sohn,
in dieser Morgenstunde,
da zu mein Leben lang,

2. daß du mich hast aus Gnaden / in der vergangnen Nacht / vor G'fahr und allem Schaden / behütet und bewacht, / demütig bitt ich dich, / wollst mir mein Sünd vergeben, / womit in diesem Leben / ich hab erzürnet dich.

3. Du wollest auch behüten / mich gnädig diesen Tag / vors Teufels List und Wüten, / vor Sünden und vor Schmach, / vor Feu'r und Wassersnot, / vor Armut und vor Schanden, / vor Ketten und vor Banden, / vor bösem, schnellem Tod.

MORGEN

4. Mein' Leib und meine Seele, / Gemahl, Gut, Ehr und Kind / in dein Hänrd ich befehle / und die mir nahe sind / als dein Geschenk und Gab, / mein Eltern und Verwandten, / mein Freunde und Bekannten / und alles, was ich hab.

5. Dein' Engel laß auch bleiben / und weichen nicht von mir, / den Satan zu vertreiben, / auf daß der bös Feind hier / in diesem Jammertal / sein Tück an mir nicht übe, / Leib und Seel nicht betrübe / und mich nicht bring zu Fall.

6. Gott will ich lassen raten, / denn er all Ding vermag. / Er segne meine Taten / an diesem neuen Tag. / Ihm hab ich heimgestellt / mein Leib, mein Seel, mein Leben / und was er sonst gegeben; / er mach's, wie's ihm gefällt.

7. Darauf so sprech ich Amen / und zweifle nicht daran, / Gott wird es alls zusammen / in Gnaden sehen an, / und streck nun aus mein Hand, / greif an das Werk mit Freuden, / dazu mich Gott beschieden / in meim Beruf und Stand.

Text: Georg Niege (um 1586) 1592
Melodie: 16. Jh.; geistlich vor 1598

Fülle uns frühe mit deiner Gnade,
so wollen wir rühmen und fröhlich sein unser Leben lang.
Und der Herr, unser Gott, sei uns freundlich
und fördere das Werk unsrer Hände bei uns.
Ja, das Werk unsrer Hände wollest du fördern!

Psalm 90, 14.17

GLAUBE – LIEBE – HOFFNUNG

444 ö

1. Die güldene Sonne bringt Leben und Wonne, die Finsternis weicht. Der Morgen sich zeiget, die Röte aufsteiget, der Monde verbleicht.

2. Nun sollen wir loben / den Höchsten dort oben, / daß er uns die Nacht / hat wollen behüten / vor Schrecken und Wüten / der höllischen Macht.

3. Kommt, lasset uns singen, / die Stimmen erschwingen, / zu danken dem Herrn. / Ei bittet und flehet, / daß er uns beistehet / und weiche nicht fern.

4. Es sei ihm gegeben / mein Leben und Streben, / mein Gehen und Stehn. / Er gebe mir Gaben / zu meinem Vorhaben, / laß richtig mich gehn.

5. In meinem Studieren / wird er mich wohl führen / und bleiben bei mir, / wird schärfen die Sinnen / zu meinem Beginnen / und öffnen die Tür.

Text: Philipp von Zesen 1641
Melodie: Johann Georg Ahle 1671

MORGEN

(Ö) **445**

1. Gott des Him-mels und der Er-den,
der es Tag und Nacht läßt wer-den,
Va-ter, Sohn und Heil-ger Geist,
Sonn und Mond uns schei-nen heißt,
des-sen star-ke Hand die Welt
und was drin-nen ist, er-hält:

2. Gott, ich danke dir von Herzen, / daß du mich in dieser Nacht / vor Gefahr, Angst, Not und Schmerzen / hast behütet und bewacht, / daß des bösen Feindes List / mein nicht mächtig worden ist.

3. Laß die Nacht auch meiner Sünden / jetzt mit dieser Nacht vergehn; / o Herr Jesu, laß mich finden / deine Wunden offen stehn, / da alleine Hilf und Rat / ist für meine Missetat.

4. Hilf, daß ich mit diesem Morgen / geistlich auferstehen mag / und für meine Seele sorgen, / daß, wenn nun dein großer Tag / uns erscheint und dein Gericht, / ich davor erschrecke nicht.

5. Führe mich, o Herr, und leite / meinen Gang nach deinem Wort; / sei und bleibe du auch heute / mein Beschützer und mein Hort. / Nirgends als von dir allein / kann ich recht bewahret sein.

6. Meinen Leib und meine Seele / samt den Sinnen und Verstand, / großer Gott, ich dir befehle / unter deine starke Hand. / Herr, mein Schild, mein Ehr und Ruhm, / nimm mich auf, dein Eigentum.

7. Deinen Engel zu mir sende, / der des bösen Feindes Macht, / List und Anschlag von mir wende / und mich halt in guter Acht, / der auch endlich mich zur Ruh / trage nach dem Himmel zu.

Text und Melodie: Heinrich Albert 1642

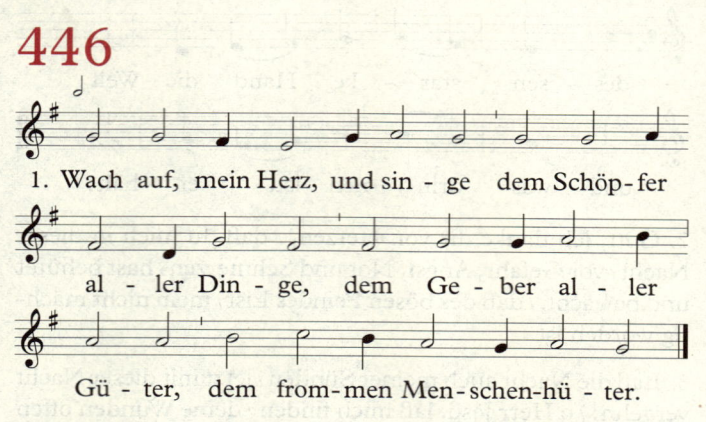

446

1. Wach auf, mein Herz, und sin - ge dem Schöp - fer al - ler Din - ge, dem Ge - ber al - ler Gü - ter, dem from - men Men - schen - hü - ter.

2. Heut, als die dunklen Schatten / mich ganz umgeben hatten, / hat Satan mein begehret; / Gott aber hat's gewehret.

3. Du sprachst: »Mein Kind, nun liege, / trotz dem, der dich betrüge; / schlaf wohl, laß dir nicht grauen, / du sollst die Sonne schauen.«

4. Dein Wort, das ist geschehen: / Ich kann das Licht noch sehen, / von Not bin ich befreiet, / dein Schutz hat mich erneuet.

MORGEN

5. Du willst ein Opfer haben, / hier bring ich meine Gaben: / Mein Weihrauch und mein Widder / sind mein Gebet und Lieder.

6. Die wirst du nicht verschmähen; / du kannst ins Herze sehen; / denn du weißt, daß zur Gabe / ich ja nichts Bessers habe.

7. So wollst du nun vollenden / dein Werk an mir und senden, / der mich an diesem Tage / auf seinen Händen trage.

8. Sprich Ja zu meinen Taten, / hilf selbst das Beste raten; / den Anfang, Mitt und Ende, / ach Herr, zum besten wende.

9. Mich segne, mich behüte, / mein Herz sei deine Hütte, / dein Wort sei meine Speise, / bis ich gen Himmel reise.

Text: Paul Gerhardt 1647
Melodie: Nun laßt uns Gott dem Herren [Nr. 320]

Mein Herz ist bereit, Gott,
mein Herz ist bereit, daß ich singe und lobe.
Wach auf, meine Seele, wach auf,
Psalter und Harfe,
ich will das Morgenrot wecken!

Psalm 57, 8.9

GLAUBE – LIEBE – HOFFNUNG

447 (Ö)

1. Lo-bet den Her-ren al-le, die ihn eh-ren; laßt uns mit Freu-den seinem Namen geben;
2. Der un-ser Le-ben, das er uns ge-geben, in die-ser Nacht so vä-ter-lich be-
6. O treu-er Hü-ter, Brun-nen al-ler Gü-ter, ach laß doch fer-ner ü-ber un-ser
7. Gib, daß wir heu-te, Herr, durch dein Ge-leite auf un-sern We-gen un-ver-hindert

MORGEN

singen und Preis und Dank zu seinem Altar bringen. Lobet den Herren!
decket und aus dem Schlaf uns fröhlich auferwecket: Lobet den Herren!
Leben bei Tag und Nacht dein Huld und Güte schweben. Lobet den Herren!
gehen und überall in deiner Gnade stehen. Lobet den Herren!

GLAUBE – LIEBE – HOFFNUNG

1. Lobet den Herren alle, die ihn ehren; laßt uns mit Freuden seinem Namen singen und Preis und Dank zu seinem Altar bringen. Lobet den Herren!

2. Der unser Leben, das er uns gegeben, / in dieser Nacht so väterlich bedecket / und aus dem Schlaf uns fröhlich auferwecket: / Lobet den Herren!

3. Daß unsre Sinnen wir noch brauchen können / und Händ und Füße, Zung und Lippen regen, / das haben wir zu danken seinem Segen. / Lobet den Herren!

4. Daß Feuerflammen uns nicht allzusammen / mit unsern Häusern unversehns gefressen, / das macht's, daß wir in seinem Schoß gesessen. / Lobet den Herren!

5. Daß Dieb und Räuber unser Gut und Leiber / nicht angetast' und grausamlich verletzet, / dawider hat sein Engel sich gesetzet. / Lobet den Herren!

6. O treuer Hüter, Brunnen aller Güter, / ach laß doch ferner über unser Leben / bei Tag und Nacht dein Huld und Güte schweben. / Lobet den Herren!

7. Gib, daß wir heute, Herr, durch dein Geleite / auf unsern Wegen unverhindert gehen / und überall in deiner Gnade stehen. / Lobet den Herren!

MORGEN

8. Treib unsern Willen, dein Wort zu erfüllen; / hilf uns gehorsam wirken deine Werke; / und wo wir schwach sind, da gib du uns Stärke. / Lobet den Herren!

9. Richt unsre Herzen, daß wir ja nicht scherzen / mit deinen Strafen, sondern fromm zu werden / vor deiner Zukunft uns bemühn auf Erden. / Lobet den Herren!

10. Herr, du wirst kommen und all deine Frommen, / die sich bekehren, gnädig dahin bringen, / da alle Engel ewig, ewig singen: / »Lobet den Herren!«

Text: Paul Gerhardt 1653
Melodie und Satz: Johann Crüger 1653/1662

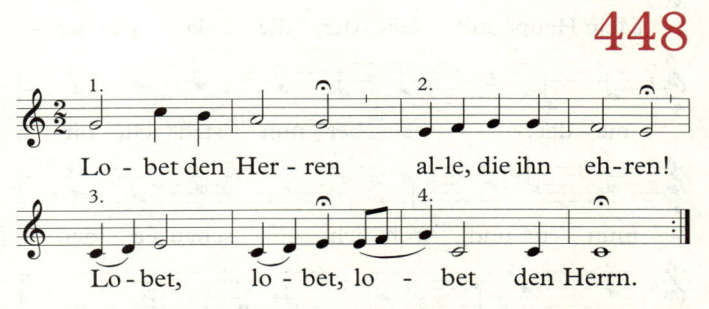

448

Lo - bet den Her - ren al - le, die ihn eh - ren!
Lo - bet, lo - bet, lo - bet den Herrn.

Kanon für 4 Stimmen: Herbert Beuerle 1967 nach Nr. 447

GLAUBE – LIEBE – HOFFNUNG

449 ö

Die güldne Sonne voll Freud und Wonne bringt unsern Grenzen mit ihrem Glänzen ein herzerquickendes, liebliches Licht. Mein Haupt und Glieder, die lagen darnieder; aber nun steh ich, bin munter und fröhlich, schaue den Himmel mit meinem Gesicht.

2. Mein Auge schauet, / was Gott gebauet / zu seinen Ehren / und uns zu lehren, / wie sein Vermögen sei mächtig und groß / und wo die Frommen / dann sollen hinkommen, / wann sie mit Frieden / von hinnen geschieden / aus dieser Erden vergänglichem Schoß.

3. Lasset uns singen, / dem Schöpfer bringen / Güter und Gaben; / was wir nur haben, / alles sei Gotte zum Opfer gesetzt! / Die besten Güter / sind unsre Gemüter; / dankbare Lieder / sind Weihrauch und Widder, / an welchen er sich am meisten ergötzt.

4. Abend und Morgen / sind seine Sorgen; / segnen und mehren, / Unglück verwehren / sind seine Werke und Taten allein. / Wenn wir uns legen, / so ist er zugegen; / wenn wir aufstehen, / so läßt er aufgehen / über uns seiner Barmherzigkeit Schein.

5. Ich hab erhoben / zu dir hoch droben / all meine Sinnen; / laß mein Beginnen / ohn allen Anstoß und glücklich ergehn. / Laster und Schande, / des Satanas Bande, / Fallen und Tücke / treib ferne zurücke; / laß mich auf deinen Geboten bestehn.

6. Laß mich mit Freuden / ohn alles Neiden / sehen den Segen, / den du wirst legen / in meines Bruders und Nähesten Haus. / Geiziges Brennen, / unchristliches Rennen / nach Gut mit Sünde, / das tilge geschwinde / von meinem Herzen und wirf es hinaus.

7. Menschliches Wesen, / was ist's gewesen? / In einer Stunde / geht es zugrunde, / sobald das Lüftlein des Todes drein bläst. / Alles in allen / muß brechen und fallen, / Himmel und Erden / die müssen das werden, / was sie vor ihrer Erschaffung gewest.

8. Alles vergehet, / Gott aber stehet / ohn alles Wanken; / seine Gedanken, / sein Wort und Wille hat ewigen Grund. / Sein Heil und Gnaden, / die nehmen nicht Schaden, / heilen im Herzen / die tödlichen Schmerzen, / halten uns zeitlich und ewig gesund.

9. Gott, meine Krone, / vergib und schone, / laß meine Schulden / in Gnad und Hulden / aus deinen Augen sein abgewandt. / Sonsten regiere / mich, lenke und führe, / wie dir's gefället; / ich habe gestellet / alles in deine Beliebung und Hand.

10. Willst du mir geben, / womit mein Leben / ich kann ernähren, / so laß mich hören / allzeit im Herzen dies heilige Wort: / »Gott ist das Größte, / das Schönste und Beste, / Gott ist das Süßte / und Allergewißte, / aus allen Schätzen der edelste Hort.«

11. Willst du mich kränken, / mit Galle tränken, / und soll von Plagen / ich auch was tragen, / wohlan, so mach es, wie dir es beliebt. / Was gut und tüchtig, / was schädlich und nichtig / meinem Gebeine, / das weißt du alleine, / hast niemals keinen zu sehr noch betrübt.

12. Kreuz und Elende, / das nimmt ein Ende; / nach Meeresbrausen / und Windessausen / leuchtet der Sonnen gewünschtes Gesicht. / Freude die Fülle / und selige Stille / wird mich erwarten / im himmlischen Garten; / dahin sind meine Gedanken gericht'.

Text: Paul Gerhardt 1666
Melodie: Johann Georg Ebeling 1666

MORGEN

ö 450

1. Mor-gen-glanz der E-wig-keit, Licht vom
un-er-schaff-nen Lich-te,
treib durch dei-ne Macht uns-re Nacht.

schick uns die-se Mor-gen-zeit deine
Strah-len zu Ge-sich-te
und vertreib durch deine Macht unsre Nacht.

2. Deiner Güte Morgentau / fall auf unser matt Gewissen; / laß die dürre Lebens-Au / lauter süßen Trost genießen / und erquick uns, deine Schar, / immerdar.

3. Gib, daß deiner Liebe Glut / unsre kalten Werke töte, / und erweck uns Herz und Mut / bei entstandner Morgenröte, / daß wir, eh wir gar vergehn, / recht aufstehn.

4. Ach du Aufgang aus der Höh,* / gib, daß auch am Jüngsten Tage / unser Leib verklärt ersteh / und, entfernt von aller Plage, / sich auf jener Freudenbahn / freuen kann.   *Lk 1, 78

5. Leucht uns selbst in jener Welt, / du verklärte Gnadensonne; / führ uns durch das Tränenfeld / in das Land der süßen Wonne, / da die Lust, die uns erhöht, / nie vergeht.

Text: Christian Knorr von Rosenroth (1654) 1684,
teilweise nach Martin Opitz 1634
Melodie: Johann Rudolf Ahle 1662, Halle 1708

GLAUBE – LIEBE – HOFFNUNG

451

1. Mein erst Gefühl sei Preis und Dank,
erheb ihn, meine Seele!
Der Herr hört deinen Lobgesang,
lobsing ihm, meine Seele!

2. Mich selbst zu schützen ohne Macht / lag ich und schlief in Frieden. / Wer schafft die Sicherheit der Nacht / und Ruhe für die Müden?

3. Du bist es, Herr und Gott der Welt, / und dein ist unser Leben; / du bist es, der es uns erhält / und mir's jetzt neu gegeben.

4. Gelobet seist du, Gott der Macht, / gelobt sei deine Treue, / daß ich nach einer sanften Nacht / mich dieses Tags erfreue.

5. Laß deinen Segen auf mir ruhn, / mich deine Wege wallen, / und lehre du mich selber tun / nach deinem Wohlgefallen.

6. Nimm meines Lebens gnädig wahr, / auf dich hofft meine Seele; / sei mir ein Retter in Gefahr, / ein Vater, wenn ich fehle.

7. Gib mir ein Herz voll Zuversicht, / erfüllt mit Lieb und Ruhe, / ein weises Herz, das seine Pflicht / erkenn und willig tue:

MORGEN
454

Auf und macht die Herzen weit,
eu-ren Mund zum Lob bereit!

Kehrvers
Gottes Güte, Gottes Treu sind an jedem Morgen neu.

Der Kehrvers wird nach jeder Strophe wiederholt.

2. Gottes Wort erschuf die Welt, / hat die Finsternis erhellt.

3. Gottes Macht schützt, was er schuf, / den Geplagten gilt sein Ruf.

4. Gottes Liebe deckt die Schuld, / trägt die Sünder in Geduld.

5. Gottes Wort ruft Freund und Feind, / die sein Geist versöhnt und eint.

6. Darum macht die Herzen weit, / euren Mund zum Lob bereit!

Text: Str. 1.2.6 Johann Christoph Hampe (1950) 1969
nach dem englischen *Let us with a gladsome mind*
von John Milton 1623; Str. 3–5 Helmut Kornemann 1972
Melodie: nach einem Tempelgesang aus China

GLAUBE – LIEBE – HOFFNUNG

455

1. Mor-gen-licht leuch-tet, rein wie am An-fang.
Früh-lied der Am-sel, Schöp-fer-lob klingt.
Dank für die Lie-der, Dank für den Mor-gen,
Dank für das Wort, dem bei-des ent-springt.

2. Sanft fallen Tropfen, sonnendurchleuchtet. / So lag auf erstem Gras erster Tau. / Dank für die Spuren Gottes im Garten, / grünende Frische, vollkommnes Blau.

3. Mein ist die Sonne, mein ist der Morgen, / Glanz, der zu mir aus Eden* aufbricht! / Dank überschwenglich, Dank Gott am Morgen! / Wiedererschaffen grüßt uns sein Licht.

**1. Mose 2, 15*

Text: Jürgen Henkys (1987) 1990 nach dem englischen *Morning has broken* von Eleanor Farjeon vor 1933
Melodie: gälisches Volkslied vor 1900; geistlich vor 1933

MORGEN

ö 456

Vom Auf - gang der Son - ne
Quand naît la lu - miè - re,

bis zu ih - rem Nie - der-gang
quand s'é - teint le feu du jour,

sei ge - lo - bet der Na - me des Herrn,
cé - lé - brons par nos chants le Sei - gneur,

sei ge - lo - bet der Na - me des Herrn.
cé - lé - brons par nos chants le Sei - gneur.

Text: Psalm 113, 3
Kanon für 4 Stimmen: Paul Ernst Ruppel 1938

Gott der Herr ist Sonne und Schild;
der Herr gibt Gnade und Ehre.
Er wird kein Gutes mangeln lassen den Frommen.
Herr Zebaoth, wohl dem Menschen,
der sich auf dich verläßt!

Psalm 84, 12.13

Mittag und das tägliche Brot

457 ö

1. Der Tag ist seiner Höhe nah. Nun blick zum Höchsten auf, der schützend auf dich niedersah in jedes Tages Lauf.

2. Wie laut dich auch der Tag umgibt, / jetzt halte lauschend still, / weil er, der dich beschenkt und liebt, / die Gabe segnen will.

3. Der Mittag kommt. So tritt zum Mahl; / denk an den Tisch des Herrn. / Er weiß die Beter überall / und kommt zu Gaste gern.

4. Er segnet dich in Dorf und Stadt, / in Keller, Kammer, Feld. / Was dir der Herr gesegnet hat, / bleibt fortan wohl bestellt.

5. Er segnet dir auch Korb und Krug / und Truhe, Trog und Schrein. / Ihm kann es keinen Tag genug / an Segensfülle sein.

5. Mose 28, 5

6. Er segnet deiner Bäume Frucht, / dein Kind, dein Land, dein Vieh. / Er segnet, was den Segen sucht. / Die Gnade schlummert nie.

7. Er segnet, wenn du kommst und gehst; / er segnet, was du planst. / Er weiß auch, daß du's nicht verstehst / und oft nicht einmal ahnst.

8. Und dennoch bleibt er ohn Verdruß / zum Segnen stets bereit, / gibt auch des Regens milden Fluß, / wenn Regen an der Zeit.

9. Sein guter Schatz ist aufgetan, / des Himmels ewges Reich. / Zu segnen hebt er täglich an / und bleibt sich immer gleich.

10. Wer sich nach seinem Namen nennt, / hat er zuvor erkannt. / Er segnet, welche Schuld auch trennt, / die Werke deiner Hand.

11. Die Hände, die zum Beten ruhn, / die macht er stark zur Tat. / Und was der Beter Hände tun, / geschieht nach seinem Rat.

12. Der Tag ist seiner Höhe nah. / Nun stärke Seel und Leib, / daß, was an Segen er ersah, / dir hier und dort verbleib.

Text: Jochen Klepper 1938
Melodie: Fritz Werner 1949

GLAUBE – LIEBE – HOFFNUNG

458 (Ö)

Wir danken Gott für seine Gaben,
die wir von ihm empfangen haben,
und bitten unsern lieben Herrn,
er woll uns ferner auch bescheren
und speisen uns mit seinem Wort,
daß wir satt werden hier und dort.
Ach, lieber Herr, du wollst uns geben
nach dieser Zeit das ewig Leben. Amen.

Text: Erasmus Alber 1537
Melodie: Nun danket Gott, erhebt und preiset [Nr. 290]
um die Wiederholung der Anfangszeilen verlängert

MITTAG UND DAS TÄGLICHE BROT

459

1. Die Sonn hoch an dem Himmel steht,
ihr Glanz über die Welt weit geht,
laßt uns auftun der Herzen Schrein,
auf daß drein leucht ihr heller Schein.

2. Die rechte Sonn ist Jesus Christ, / das Licht er zu dem Leben ist, / das er uns heute durch sein Wort / hell leuchten läßt an allem Ort.

3. Laßt wandeln uns in diesem Licht, / bei dem man auch im Finstern sieht; / ohne das Licht man hellen Tag / von finstrer Nacht nicht scheiden mag.

Text: Ambrosius Lobwasser 1579
Melodie: Johann Crüger 1640

GLAUBE – LIEBE – HOFFNUNG

460 ö

Lobet den Herrn und dankt ihm seine Gaben, die wir aus Gnad von ihm empfangen haben jetzt an dem Tisch und sonst an allen Enden, wo wir uns wenden.

Text: Bartholomäus Ringwaldt 1586
Melodie: Johann Crüger 1640

461

Aller Augen warten auf dich, Herre, und du gibest ihnen ihre

MITTAG UND DAS TÄGLICHE BROT

463

Alle guten Gaben, alles,
was wir haben, kommt, o Gott, von dir:
Dank sei dir dafür.
Dank, Dank sei dir dafür.
Dank, Dank, Dank.

Text: mündlich überliefert
Melodie und Satz: Paul Ernst Ruppel 1952

GLAUBE – LIEBE – HOFFNUNG

464

1. Herr, gib uns unser täglich Brot.
Laß uns bereit sein, in der Not
zu teilen, was du uns gewährt.
Dein ist die Erde, die uns nährt.

2. Herr, du bist unser täglich Brot. / Du teilst dich aus in deinem Tod. / Wir loben dich und danken dir. / Aus deiner Liebe leben wir.

Text: Edwin Nievergelt 1979
Melodie: Lobt Gott, den Herrn der Herrlichkeit [Nr. 300]

*Gutes zu tun und mit andern zu teilen, vergeßt nicht;
denn solche Opfer gefallen Gott.*

Hebräer 13,16

MITTAG UND DAS TÄGLICHE BROT

465

Komm, Herr Jesu, sei du unser Gast und
segne, was du uns bescheret hast.
A - men, A - men, A - men.

Text: Brüdergemeine London 1753
Kanon für 3 Stimmen: mündlich überliefert

ö 466

Segne, Herr, was deine Hand
uns in Gnaden zugewandt.
A - men, A - - men, A - - men.
A - men, A - - men, A - - men.

Text: mündlich überliefert
Kanon für 3 Stimmen: Paul Ernst Ruppel 1951

Abend

467 ö

1. Hin-un-ter ist der Son-ne Schein, die fin-stre Nacht bricht
2. Dir sei Dank, daß du uns den Tag vor Scha-den, G'fahr und
3. Wo-mit wir heut er-zür-net dich, das-selb ver-zeih uns
4. Dein En-gel uns zur Wach be-stell, daß uns der bö-se

ABEND

stark her - ein; leucht uns, Herr
man - cher Plag durch dei - ne
gnä - dig - lich und rechn es
Feind nicht fäll. Vor Schrek - ken,

Christ, du wah - res Licht, laß
En - gel hast be - hüt' aus
un - srer Seel nicht zu; laß
Angst und Feu - ers - not be -

uns im Fin - stern tap - pen nicht.
Gnad und vä - ter - li - cher Güt.
schla - fen uns mit Fried und Ruh.
hü - te uns, o lie - ber Gott.

GLAUBE – LIEBE – HOFFNUNG

1. Hin-unter ist der Sonne Schein, die fin-stre Nacht bricht stark her-ein; leucht uns, Herr Christ, du wah-res Licht, laß uns im Fin-stern tap-pen nicht.

2. Dir sei Dank, daß du uns den Tag / vor Schaden, G'fahr und mancher Plag / durch deine Engel hast behüt' / aus Gnad und väterlicher Güt.

3. Womit wir heut erzürnet dich, / dasselb verzeih uns gnädiglich / und rechn es unsrer Seel nicht zu; / laß schlafen uns mit Fried und Ruh.

4. Dein Engel uns zur Wach bestell, / daß uns der böse Feind nicht fäll. / Vor Schrecken, Angst und Feuersnot / behüte uns, o lieber Gott.

Text: Nikolaus Herman 1560
Melodie und Satz: Melchior Vulpius 1609

ABEND

468

1. Ach lieber Herre Jesu Christ, weil du ein Kind gewesen bist, so gib auch diesem Kindelein dein Gnad und auch den Segen dein. Ach Jesu, Herre mein, behüt dies Kindelein!

2. Dein Engelschar, die steh ihm bei, / es schlaf, es wach und wo es sei. / Dein Kreuz behüt es, Gottes Sohn, / daß es erlang der Heilgen Kron. / Ach Jesu, Herre mein, / behüt dies Kindelein!

3. Nun schlaf, nun schlaf, mein Kindelein! / Jesus soll freundlich bei dir sein. / Er wolle, daß dir träume wohl / und werdest aller Tugend voll. / Ach Jesu, Herre mein, / behüt dies Kindelein!

4. Ein gute Nacht und guten Tag / geb dir, der alle Ding vermag. / Hiermit sollst du gesegnet sein, / du herzeliebes Kindelein. / Ach Jesu, Herre mein, / behüt dies Kindelein!

Text: nach Heinrich von Laufenberg 1430
Melodie: Straßburg 1430

GLAUBE – LIEBE – HOFFNUNG

469

1. Chri-ste, du bist der hel-le Tag, vor dir die Nacht nicht blei-ben mag. Du leuch-test uns vom Va-ter her und bist des Lich-tes Pre-di-ger.

2. Ach lieber Herr, behüt uns heut / in dieser Nacht vorm bösen Feind / und laß uns in dir ruhen fein / und vor dem Satan sicher sein.

3. Obschon die Augen schlafen ein, / so laß das Herz doch wacker sein; / halt über uns dein rechte Hand, / daß wir nicht falln in Sünd und Schand.

4. Wir bitten dich, Herr Jesu Christ: / behüt uns vor des Teufels List, / der stets nach unsrer Seele tracht', / daß er an uns hab keine Macht.

5. Sind wir doch dein ererbtes Gut, / erworben durch dein heilges Blut; / das war des ewgen Vaters Rat, / als er uns dir geschenket hat.

ABEND

ö 474

1. Mit meinem Gott geh ich zur Ruh
und tu in Fried mein Augen zu,
denn Gott vons Himmels Throne
über mich wacht bei Tag und Nacht,
damit ich sicher wohne.

2. Ich ruf zu dir, Herr Jesu Christ, / der du allein mein Helfer bist: / laß kein Leid widerfahren, / durch deinen Schutz / vors Teufels Trutz / dein Engel uns bewahren.

3. Befiehl den lieben Engeln dein, / daß sie stets um und bei uns sein; / all Übel von uns wende. / Gott Heilger Geist, / dein Hilf uns leist / an unserm letzten Ende.

Text: Str. 1 Cornelius Becker 1602 (Psalm 4);
Str. 2–3 Breslau 1690
Melodie: Mein schönste Zier und Kleinod bist [Nr. 473]

GLAUBE – LIEBE – HOFFNUNG

475

1. Wer-de mun-ter, mein Ge-mü-te,
daß ihr prei-set Got-tes Gü-te,
und ihr Sin-ne, geht her-für,
die er hat ge-tan an mir, da er
mich den gan-zen Tag vor so man-cher
schwe-ren Plag, vor Be-trüb-nis, Schand und
Scha-den treu be-hü-tet hat in Gna-den.

2. Lob und Dank sei dir gesungen, / Vater der Barmherzigkeit, / daß mir ist mein Werk gelungen, / daß du mich vor allem Leid / und vor Sünden mancher Art / so getreulich hast bewahrt, / auch die Feind hinweggetrieben, / daß ich unbeschädigt blieben.

3. Dieser Tag ist nun vergangen, / und die trübe Nacht bricht an; / es ist hin der Sonne Prangen, / so uns all erfreuen kann. / Stehe mir, o Vater, bei, / daß dein Glanz stets vor mir sei, / mich umgebe und beschütze, / ob ich gleich im Finstern sitze.

4. Herr, verzeihe mir aus Gnaden / alle Sünd und Missetat, / die mein armes Herz beladen / und mich gar vergiftet hat. / Hilf mir, da des Satans Spiel / mich zur Hölle stürzen will. / Du allein kannst mich erretten, / lösen von der Sünde Ketten.

5. Bin ich gleich von dir gewichen, / stell ich mich doch wieder ein; / hat uns doch dein Sohn verglichen / durch sein Angst und Todespein. / Ich verleugne nicht die Schuld; / aber deine Gnad und Huld / ist viel größer als die Sünde, / die ich stets in mir befinde.

6. Laß mich diese Nacht empfinden / eine sanft und süße Ruh, / alles Übel laß verschwinden, / decke mich mit Segen zu. / Leib und Seele, Mut und Blut, / Weib und Kinder, Hab und Gut, / Freunde, Feind und Hausgenossen / sein in deinen Schutz geschlossen.

7. Ach bewahre mich vor Schrecken, / schütze mich vor Überfall, / laß mich Krankheit nicht aufwecken, / treibe weg des Krieges Schall, / wende Feu'r und Wassersnot, / Pestilenz und schnellen Tod, / laß mich nicht in Sünden sterben / noch an Leib und Seel verderben.

8. O du großer Gott, erhöre, / was dein Kind gebeten hat; / Jesu, den ich herzlich ehre, / bleibe ja mein Schutz und Rat; / und mein Hort, du werter Geist, / der du Freund und Tröster heißt, / höre doch mein sehnlich Flehen. / Amen, ja, das soll geschehen.

Text: Johann Rist 1642
Melodie: Johann Schop 1642, Böhmische Brüder 1661

GLAUBE – LIEBE – HOFFNUNG

476

1. Die Sonn hat sich mit ihrem Glanz gewendet und, was sie soll, auf diesen Tag vollendet; die dunkle Nacht dringt allenthalben zu, bringt Menschen, Vieh und alle Welt zur Ruh.

2. Ich preise dich, du Herr der Nächt und Tage, / daß du mich heut vor aller Not und Plage / durch deine Gnad und hochgerühmte Macht / hast unverletzt und frei hindurchgebracht.

3. Vergib, wo ich bei Tage so gelebet, / daß ich nach dem, was finster ist, gestrebet; / laß alle Schuld durch deinen Gnadenschein / in Ewigkeit bei dir verloschen sein.

4. Schaff, daß mein Geist dich ungehindert schaue, / indem ich mich der trüben Nacht vertraue, / und daß der Leib auf diesen schweren Tag / sich seiner Kraft fein sanft erholen mag.

5. Vergönne, daß der lieben Engel Scharen / mich vor der Macht der Finsternis bewahren, / auf daß ich vor der List und Tyrannei / der argen Welt im Schlafen sicher sei.

ABEND

2. Wo bist du, Sonne, blieben? / Die Nacht hat dich vertrieben, / die Nacht, des Tages Feind. / Fahr hin; ein andre Sonne, / mein Jesus, meine Wonne, / gar hell in meinem Herzen scheint.

3. Der Tag ist nun vergangen, / die güldnen Sternlein prangen / am blauen Himmelssaal; / also werd ich auch stehen, / wenn mich wird heißen gehen / mein Gott aus diesem Jammertal.

GLAUBE – LIEBE – HOFFNUNG

1. Nun ruhen alle Wälder, Vieh, Menschen, Städt und Felder, es schläft die ganze Welt; ihr aber, meine Sinnen, auf, auf, ihr sollt beginnen, was eurem Schöpfer wohlgefällt.

2. Wo bist du, Sonne, blieben? / Die Nacht hat dich vertrieben, / die Nacht, des Tages Feind. / Fahr hin; ein andre Sonne, / mein Jesus, meine Wonne, / gar hell in meinem Herzen scheint.

3. Der Tag ist nun vergangen, / die güldnen Sternlein prangen / am blauen Himmelssaal; / also werd ich auch stehen, / wenn mich wird heißen gehen / mein Gott aus diesem Jammertal.

4. Der Leib eilt nun zur Ruhe, / legt ab das Kleid und Schuhe, / das Bild der Sterblichkeit; / die zieh ich aus; dagegen / wird Christus mir anlegen / den Rock der Ehr und Herrlichkeit.

ABEND

5. Das Haupt, die Füß und Hände / sind froh, daß nun zum Ende / die Arbeit kommen sei. / Herz, freu dich, du sollst werden / vom Elend dieser Erden / und von der Sünden Arbeit frei.

6. Nun geht, ihr matten Glieder, / geht hin und legt euch nieder, / der Betten ihr begehrt. / Es kommen Stund und Zeiten, / da man euch wird bereiten / zur Ruh ein Bettlein in der Erd.

7. Mein Augen stehn verdrossen, / im Nu sind sie geschlossen. / Wo bleibt dann Leib und Seel? / Nimm sie zu deinen Gnaden, / sei gut für allen Schaden, / du Aug und Wächter Israel'.

8. Breit aus die Flügel beide, / o Jesu, meine Freude, / und nimm dein Küchlein ein. / Will Satan mich verschlingen, / so laß die Englein singen: / »Dies Kind soll unverletzet sein.«

9. Auch euch, ihr meine Lieben, / soll heute nicht betrüben / kein Unfall noch Gefahr. / Gott laß euch selig schlafen, / stell euch die güldnen Waffen / ums Bett und seiner Engel Schar.

Text: Paul Gerhardt 1647
Melodie: O Welt, ich muß dich lassen [Nr. 521]
Satz: Bartholomäus Gesius 1605

GLAUBE – LIEBE – HOFFNUNG

478

1. Nun sich der Tag geendet hat
und keine Sonn mehr scheint,
schläft alles, was sich abgematt'
und was zuvor geweint.

2. Nur du, mein Gott, hast keine Rast, / du schläfst noch schlummerst nicht; / die Finsternis ist dir verhaßt, / weil du bist selbst das Licht.

3. Gedenke, Herr, doch auch an mich / in dieser schwarzen Nacht / und schenke du mir gnädiglich / den Schutz von deiner Wacht.

4. Zwar fühl ich wohl der Sünden Schuld, / die mich bei dir klagt an; / ach, aber deines Sohnes Huld / hat g'nug für mich getan.

5. Den setz ich dir zum Bürgen ein, / wenn ich muß vors Gericht; / ich kann ja nicht verloren sein / in solcher Zuversicht.

6. Weicht, nichtige Gedanken, hin, / wo ihr habt euren Lauf, / ich baue jetzt in meinem Sinn / Gott einen Tempel auf.

ABEND

(Ö) 481

1. Nun sich der Tag ge-en-det, mein Herz zu dir sich wen-det und dan-ket in-nig-lich; dein hol-des An-ge-sich-te zum Se-gen auf mich rich-te, er-leuch-te und ent-zün-de mich.

2. Die Zeit ist wie verschenket, / drin man nicht dein gedenket, / da hat man's nirgend gut; / weil du uns Herz und Leben / allein für dich gegeben, / das Herz allein in dir auch ruht.

3. Ich schließe mich aufs neue / in deine Vatertreue / und Schutz und Herze ein; / der Finsternis Geschäfte / und alle bösen Kräfte / vertreibe durch dein Nahesein.

4. Daß du mich stets umgibest, / daß du mich herzlich liebest / und rufst zu dir hinein, / daß du vergnügst alleine / so wesentlich, so reine, / laß früh und spät mir wichtig sein.

5. Ein Tag, der sagt dem andern, / mein Leben sei ein Wandern / zur großen Ewigkeit. / O Ewigkeit, so schöne, / mein Herz an dich gewöhne, / mein Heim ist nicht in dieser Zeit.

Text: Gerhard Tersteegen 1745
Melodie: O Welt, ich muß dich lassen [Nr. 521]

GLAUBE – LIEBE – HOFFNUNG

482 ö

1. Der Mond ist aufgegangen, die goldnen Sternlein prangen am Himmel hell und klar.

2. Wie ist die Welt so stille / und in der Dämmrung Hülle / so traulich und so hold / als eine stille Kammer, / wo ihr des Tages Jammer / verschlafen und vergessen sollt.

3. Seht ihr den Mond dort stehen? / Er ist nur halb zu sehen / und ist doch rund und schön. / So sind wohl manche Sachen, / die wir getrost belachen, / weil unsre Augen sie nicht sehn.

ABEND

Der Wald steht schwarz und schwei-get,
und aus den Wie-sen stei-get
der wei-ße Ne-bel wun-der-bar.

4. Wir stolzen Menschenkinder / sind eitel arme Sünder / und wissen gar nicht viel. / Wir spinnen Luftgespinste / und suchen viele Künste / und kommen weiter von dem Ziel.

5. Gott, laß dein Heil uns schauen, / auf nichts Vergänglichs trauen, / nicht Eitelkeit uns freun; / laß uns einfältig werden / und vor dir hier auf Erden / wie Kinder fromm und fröhlich sein.

GLAUBE – LIEBE – HOFFNUNG

1. Der Mond ist auf-ge-gan-gen, die gold-nen Stern-lein pran-gen am Him-mel hell und klar. Der Wald steht schwarz und schwei-get, und aus den Wie-sen stei-get der wei-ße Ne-bel wun-der-bar.

2. Wie ist die Welt so stille / und in der Dämmrung Hülle / so traulich und so hold / als eine stille Kammer, / wo ihr des Tages Jammer / verschlafen und vergessen sollt.

3. Seht ihr den Mond dort stehen? / Er ist nur halb zu sehen / und ist doch rund und schön. / So sind wohl manche Sachen, / die wir getrost belachen, / weil unsre Augen sie nicht sehn.

4. Wir stolzen Menschenkinder / sind eitel arme Sünder / und wissen gar nicht viel. / Wir spinnen Luftgespinste / und suchen viele Künste / und kommen weiter von dem Ziel.

5. Gott, laß dein Heil uns schauen, / auf nichts Vergänglichs trauen, / nicht Eitelkeit uns freun; / laß uns einfältig werden / und vor dir hier auf Erden / wie Kinder fromm und fröhlich sein.

ABEND

6. Wollst endlich sonder Grämen / aus dieser Welt uns nehmen / durch einen sanften Tod; / und wenn du uns genommen, / laß uns in' Himmel kommen, / du unser Herr und unser Gott.

7. So legt euch denn, ihr Brüder, / in Gottes Namen nieder; / kalt ist der Abendhauch. / Verschon uns, Gott, mit Strafen / und laß uns ruhig schlafen. / Und unsern kranken Nachbarn auch!

Text: Matthias Claudius 1779
Melodie: Johann Abraham Peter Schulz 1790
Satz: Max Reger um 1905

ö 483

Herr, blei-be bei uns;

denn es will A - bend wer - den,

und der Tag hat sich ge - nei - get.

Text: Lukas 24, 29
Kanon für 3 Stimmen: Albert Thate 1935

GLAUBE – LIEBE – HOFFNUNG

484

1. Mü-de bin ich, geh zur Ruh, schlie-ße meine Au-gen zu. Va-ter, laß die Augen dein ü-ber mei-nem Bet-te sein.

2. Hab ich Unrecht heut getan, / sieh es, lieber Gott, nicht an. / Deine Gnad und Jesu Blut / machen allen Schaden gut.

3. Alle, die mir sind verwandt, / Gott, laß ruhn in deiner Hand; / alle Menschen, groß und klein, / sollen dir befohlen sein.

4. Müden Herzen sende Ruh, / nasse Augen schließe zu. / Laß den Mond am Himmel stehn / und die stille Welt besehn.

Text: Luise Hensel 1817
Melodie: Kaiserswerth 1842

ABEND

485

1. Du Schöpfer aller Wesen, du Lenker aller Zeit, die Woche, die gewesen, kehrt heim zur Ewigkeit.

2. Anbetend, Herr, wir singen / das Lied der Ewigkeit, / zu dir zurück wir bringen / die anvertraute Zeit.

3. Dir sind wir ganz verschrieben, / ein bleibend Eigentum. / Hilf, daß wir rein dich lieben, / rein künden deinen Ruhm.

4. Wenn jetzt es um uns dunkelt, / sei selber unser Licht, / und wenn das Irrlicht funkelt, / laß uns verirren nicht.

5. Die Schuld will uns vertreiben, / Herr Christ, vergib sie du. / Laß unsern Glauben bleiben / in deines Todes Ruh.

6. Dein Kreuzeshand nun segne / die Schar, die kniet vor dir, / und jedem selbst begegne: / »Der Friede sei mit dir.«

Text: Otto Riethmüller 1934 nach dem Hymnus
Deus, creator omnium des Ambrosius von Mailand um 386
Melodie: Otto Riethmüller 1934

GLAUBE – LIEBE – HOFFNUNG

486 ö

1. Ich liege, Herr, in deiner Hut
und schlafe ganz mit Frieden.
Dem, der in deinen Armen ruht,
ist wahre Rast beschieden.

Ps 4, 9

2. Du bist's allein, Herr, der stets wacht, / zu helfen und zu stillen, / wenn mich die Schatten finstrer Nacht / mit jäher Angst erfüllen.

3. Dein starker Arm ist ausgereckt, / daß Unheil mich verschone / und ich, was auch den Schlaf noch schreckt, / beschirmt und sicher wohne.

4. So will ich, wenn der Abend sinkt, / des Leides nicht gedenken, / das mancher Erdentag noch bringt, / und mich darein versenken,

5. wie du, wenn alles nichtig war, / worauf die Menschen hoffen, / zur Seite warst und wunderbar / mir Plan und Rat getroffen.

6. Weil du der mächt'ge Helfer bist, / will ich mich ganz bescheiden / und, was bei dir verborgen ist, / dir zu entreißen meiden.

ABEND

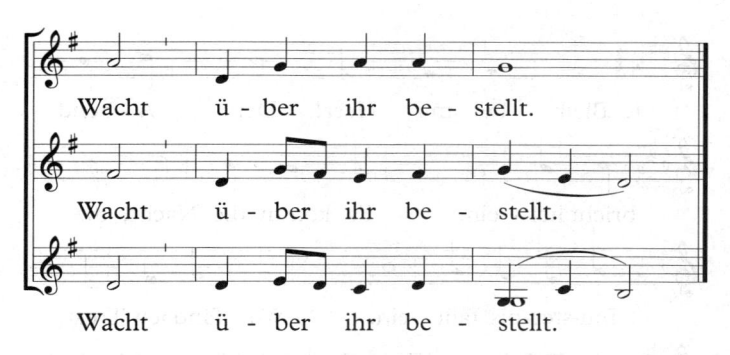

Wacht über ihr bestellt.
Wacht über ihr bestellt.
Wacht über ihr bestellt.

2. Einer wacht und trägt allein / ihre Müh und Plag, / der läßt keinen einsam sein, / weder Nacht noch Tag.

3. Jesu Christ, mein Hort und Halt, / dein gedenk ich nun, / tu mit Bitten dir Gewalt: / Bleib bei meinem Ruhn.

4. Wenn dein Aug ob meinem wacht, / wenn dein Trost mir frommt, / weiß ich, daß auf gute Nacht / guter Morgen kommt.

Text: Rudolf Alexander Schröder 1942
Melodie und Satz für 3 Frauenstimmen:
Samuel Rothenberg 1948

GLAUBE – LIEBE – HOFFNUNG

488

1. Bleib bei mir, Herr! Der Abend bricht herein. Es kommt die Nacht, die Finsternis fällt ein. Wo fänd ich Trost, wärst du, mein Gott, nicht hier? Hilf dem, der hilflos ist: Herr, bleib bei mir!

Lk 24, 29

2. Wie bald verebbt der Tag, das Leben weicht, / die Lust verglimmt, der Erdenruhm verbleicht; / umringt von Fall und Wandel leben wir. / Unwandelbar bist du: Herr, bleib bei mir!

3. Ich brauch zu jeder Stund dein Nahesein, / denn des Versuchers Macht brichst du allein. / Wer hilft mir sonst, wenn ich den Halt verlier? / In Licht und Dunkelheit, Herr, bleib bei mir!

4. Von deiner Hand geführt, fürcht ich kein Leid, / kein Unglück, keiner Trübsal Bitterkeit. / Was ist der Tod, bist du mir Schild und Zier? / Den Stachel nimmst du ihm: Herr, bleib bei mir!

ABEND
491

1. Be-vor die Son-ne sinkt, will ich den Tag be-den-ken. Die Zeit, sie eilt da-hin, wir hal-ten nichts in Hän-den.

2. Bevor die Sonne sinkt, / will ich das Sorgen lassen. / Mein Gott, bei dir bin ich / zu keiner Stund vergessen.

3. Bevor die Sonne sinkt, / will ich dir herzlich danken. / Die Zeit, die du mir läßt, / möcht ich dir Lieder singen.

4. Bevor die Sonne sinkt, / will ich dich herzlich bitten: / Nimm du den Tag zurück / in deine guten Hände.

Text: Christa Weiss / Kurt Rommel 1965
Melodie: Rolf Schweizer 1974

GLAUBE – LIEBE – HOFFNUNG

492 ö

1. Ruhet von des Tages Müh,
2. Nacht will es nun werden.
3. Laßt die Sorg bis morgen früh!
4. Gott bewacht die Erden.

Text und Kanon für 4 Stimmen: Martin Hesekiel 1931

3. Wer erst nach Gottes Reiche tracht' / und bleibt auf seinen Wegen, / der wird von ihm gar reich gemacht / durch seinen milden Segen. / Da wird der Fromme froh und satt, / daß er von seiner Arbeit hat / auch Armen Brot zu geben.

4. Drum komm, Herr Jesu, stärke mich, / hilf mir in meinen Werken, / laß du mit deiner Gnade dich / bei meiner Arbeit merken; / gib dein Gedeihen selbst dazu, / daß ich in allem, was ich tu, / ererbe deinen Segen.

5. Regiere mich durch deinen Geist, / den Müßiggang zu meiden, / daß das, was du mich schaffen heißt, / gescheh mit lauter Freuden; / auch, daß ich dir mit aller Treu / auf dein Gebot gehorsam sei / und meinen Nächsten liebe.

6. Nun, Jesu, komm und bleib bei mir. / Die Werke meiner Hände / befehl ich, liebster Heiland, dir; / hilf, daß ich sie vollende / zu deines Namens Herrlichkeit, / und gib, daß ich zur Abendzeit / erwünschten Lohn empfange.

Text: Salomo Liscow (vor 1672) 1674
Melodie: Sei Lob und Ehr dem höchsten Gut [Nr. 326]

GLAUBE – LIEBE – HOFFNUNG

495

Erste Melodie

1. O Gott, du frommer Gott,
ohn den nichts ist, was ist,
du Brunn-quell guter Gaben,
von dem wir alles haben:
gesunden Leib gib mir und
daß in solchem Leib ein unverletzte Seel und rein Gewissen bleib.

Zweite Melodie

1. O Gott, du frommer Gott,
ohn den nichts ist, was ist,
du Brunn-quell guter Gaben,
von dem wir alles haben:

ARBEIT

ge - sun-den Leib gib mir und
daß in sol-chem Leib ein un - ver -
letz - te Seel und rein Ge-wis-sen bleib.

2. Gib, daß ich tu mit Fleiß, / was mir zu tun gebühret, / wozu mich dein Befehl / in meinem Stande führet. / Gib, daß ich's tue bald, / zu der Zeit, da ich soll, / und wenn ich's tu, so gib, / daß es gerate wohl.

3. Hilf, daß ich rede stets, / womit ich kann bestehen; / laß kein unnützlich Wort / aus meinem Munde gehen; / und wenn in meinem Amt / ich reden soll und muß, / so gib den Worten Kraft / und Nachdruck ohn Verdruß.

4. Find't sich Gefährlichkeit, / so laß mich nicht verzagen, / gib einen Heldenmut, / das Kreuz hilf selber tragen. / Gib, daß ich meinen Feind / mit Sanftmut überwind / und, wenn ich Rat bedarf, / auch guten Rat erfind.

5. Laß mich mit jedermann / in Fried und Freundschaft leben, / soweit es christlich ist. / Willst du mir etwas geben / an Reichtum, Gut und Geld, / so gib auch dies dabei, / daß von unrechtem Gut / nichts untermenget sei.

6. Soll ich auf dieser Welt / mein Leben höher bringen, / durch manchen sauren Tritt / hindurch ins Alter dringen, / so gib Geduld; vor Sünd / und Schanden mich bewahr, / daß ich mit Ehren trag / all meine grauen Haar.

GLAUBE – LIEBE – HOFFNUNG

7. Laß mich an meinem End / auf Christi Tod abscheiden; / die Seele nimm zu dir / hinauf zu deinen Freuden; / dem Leib ein Räumlein gönn / bei seiner Eltern Grab, / auf daß er seine Ruh / an ihrer Seite hab.

8. Wenn du die Toten wirst / an jenem Tag erwecken, / so tu auch deine Hand / zu meinem Grab ausstrecken, / laß hören deine Stimm / und meinen Leib weck auf / und führ ihn schön verklärt / zum auserwählten Hauf.

Text: Johann Heermann 1630
Erste Melodie: Braunschweig 1648
Zweite Melodie: Regensburg 1675, Meiningen 1693

496

Laß dich, Herr Jesu Christ,
komm in mein Haus und Herz
durch mein Gebet bewegen,
und bringe mir den Segen.
All Arbeit, Müh und Kunst ohn
dich nichts richtet aus;
wo du mit Gnaden bist,
gesegnet wird das Haus.

Text: Johann Heermann 1630
Melodie: O Gott, du frommer Gott [Nr. 495 II]

ARBEIT

497

1. Ich weiß, mein Gott, daß all mein Tun
und Werk in deinem Willen ruhn,
von dir kommt Glück und Segen;
was du regierst, das geht und steht
auf rechten, guten Wegen.

2. Es steht in keines Menschen Macht, / daß sein Rat werd ins Werk gebracht / und seines Gangs sich freue; / des Höchsten Rat, der macht's allein, / daß Menschenrat gedeihe.

3. Es fängt so mancher weise Mann / ein gutes Werk zwar fröhlich an / und bringt's doch nicht zum Stande; / er baut ein Schloß und festes Haus, / doch nur auf lauterm Sande.

4. Verleihe mir das edle Licht, / das sich von deinem Angesicht / in fromme Seelen strecket / und da der rechten Weisheit Kraft / durch deine Kraft erwecket.

5. Gib mir Verstand aus deiner Höh, / auf daß ich ja nicht ruh und steh / auf meinem eignen Willen; / sei du mein Freund und treuer Rat, / was recht ist, zu erfüllen.

6. Prüf alles wohl, und was mir gut, / das gib mir ein; was Fleisch und Blut / erwählet, das verwehre. / Der höchste Zweck, das beste Teil / sei deine Lieb und Ehre.

7. Was dir gefällt, das laß auch mir, / o meiner Seelen Sonn und Zier, / gefallen und belieben; / was dir zuwider, laß mich nicht / in Werk und Tat verüben.

8. Ist's Werk von dir, so hilf zu Glück, / ist's Menschentun, so treib zurück / und ändre meine Sinnen. / Was du nicht wirkst, das pflegt von selbst / in kurzem zu zerrinnen.

9. Tritt du zu mir und mache leicht, / was mir sonst fast unmöglich deucht, / und bring zum guten Ende, / was du selbst angefangen hast / durch Weisheit deiner Hände.

10. Ist ja der Anfang etwas schwer / und muß ich auch ins tiefe Meer / der bittern Sorgen treten, / so treib mich nur, ohn Unterlaß / zu seufzen und zu beten.

11. Wer fleißig betet und dir traut, / wird alles, davor sonst ihm graut, / mit tapferm Mut bezwingen; / sein Sorgenstein wird in der Eil / in tausend Stücke springen.

12. Der Weg zum Guten ist gar wild, / mit Dorn und Hecken ausgefüllt; / doch wer ihn freudig gehet, / kommt endlich, Herr, durch deinen Geist, / wo Freud und Wonne stehet.

Natur und Jahreszeiten

(Ö) **499**

1. Erd und Himmel sollen singen
vor dem Herrn der Herrlichkeit,
alle Welt soll hell erklingen,
loben Gott zu dieser Zeit.
Halleluja, dienen ihm in Ewigkeit.

2. Sonne, Mond und Stern sich neigen / vor dem Herrn der Herrlichkeit; / Tag und Nacht sie nimmer schweigen, / loben Gott zu aller Zeit. / Halleluja, dienen ihm in Ewigkeit.

3. Darum kannst auch du nicht schweigen / vor dem Herrn der Herrlichkeit, / deinen Dank ihm zu erzeigen, / lobe Gott zu aller Zeit. / Halleluja, diene ihm in Ewigkeit.

Text: Str. 1–2 Paul Ernst Ruppel 1957 nach dem Hymnus *Corde natus ex parentis* von Aurelius Prudentius Clemens um 405; Str. 3 Paulus Stein 1961
Melodie: Paul Ernst Ruppel 1957 nach dem Spiritual *Singing with a sword in my hands, Lord*

GLAUBE – LIEBE – HOFFNUNG

500

Andere Melodie: *Wie lieblich ist der Maien* [Nr. 501]

1. Lobt Gott in allen Landen und laßt uns fröhlich sein: der Sommer ist vorhanden, die Sonn gibt hellen Schein, der Winter ist vergangen, das Feld ist voller Frücht, die wir von Gott empfangen, wie man vor Augen sieht.

2. Herr, gib durch deinen Segen / den lieben Sonnenschein, / dazu den sanften Regen, / die du uns schaffst allein. / Die Frücht im Feld vermehre, / behüt vor Reif und Schloß'* / und allem Unheil wehre, / dein Güt und Macht ist groß.

*Hagel

3. Gib uns auch hier auf Erden / die geistlich Sommerzeit, / daß uns bei den Beschwerden / dein Hilf stets sei bereit, / damit wir willig tragen / all Trübsal, Angst und Not / und endlich nicht verzagen, / wenn uns hinreißt der Tod.

4. Füll unser Herz mit Freuden / durch Wohltat mancherlei, /
daß uns nichts möge scheiden / von deiner Gnad und Treu, /
solang wir sind auf Erden, / bis wir vor deinem Thron / einst
ewig selig werden, / empfangn die Ehrenkron.

Text: Martin Behm (1604) 1606
Melodie: Herzlich tut mich erfreuen [Nr. 148]

Herr, unser Gott, dein ist die Erde.
Jedes Jahr erneuerst du sie zum Wachsen und Blühen.
Was wir gesät haben, laß zur Frucht gedeihen,
sende Sonne und Regen zur rechten Zeit,
erhalte uns Kraft und Gesundheit zur Arbeit,
in unseren Herzen aber laß dein Wort Frucht bringen,
daß wir deiner ewigen Ernte entgegenwachsen.

GLAUBE – LIEBE – HOFFNUNG

501

1. Wie lieblich ist der Maien / aus lauter Gottes güt,
des sich die Menschen freuen, / weil alles grünt und blüht.
Die Tier sieht man jetzt springen / mit Lust auf grüner Weid,
die Vöglein hört man singen, / die loben Gott mit Freud.

2. Herr, dir sei Lob und Ehre / für solche Gaben dein! / Die Blüt zur Frucht vermehre, / laß sie ersprießlich sein. / Es steht in deinen Händen, / dein Macht und Güt ist groß; / drum wollst du von uns wenden / Mehltau, Frost, Reif und Schloß'*.   *Hagel*

3. Herr, laß die Sonne blicken / ins finstre Herze mein, / damit sich's möge schicken, / fröhlich im Geist zu sein, / die größte Lust zu haben / allein an deinem Wort, / das mich im Kreuz kann laben / und weist des Himmels Pfort.

NATUR UND JAHRESZEITEN

4. Mein Arbeit hilf vollbringen / zu Lob dem Namen dein / und laß mir wohl gelingen, / im Geist fruchtbar zu sein; / die Blümlein laß aufgehen / von Tugend mancherlei, / damit ich mög bestehen / und nicht verwerflich sei.

Text: Martin Behm (1604) 1606
Melodie: Johann Steurlein 1575; geistlich Nürnberg 1581

502

1. Nun preiset alle Gottes Barmherzigkeit! Lob ihn mit Schalle, werteste Christenheit! Er läßt dich freundlich zu sich laden; freue dich, Israel, seiner Gnaden, freue dich, Israel, seiner Gnaden!

2. Der Herr regieret über die ganze Welt; / was sich nur rühret, alles zu Fuß ihm fällt; / viel tausend Engel um ihn schweben, / Psalter und Harfe ihm Ehre geben, / Psalter und Harfe ihm Ehre geben.

GLAUBE – LIEBE – HOFFNUNG

3. Wohlauf, ihr Heiden, lasset das Trauern sein, / zur grünen Weiden stellet euch willig ein; / da läßt er uns sein Wort verkünden, / machet uns ledig von allen Sünden, / machet uns ledig von allen Sünden.

4. Er gibet Speise reichlich und überall, / nach Vaters Weise sättigt er allzumal; / er schaffet frühn und späten Regen, / füllet uns alle mit seinem Segen, / füllet uns alle mit seinem Segen.

5. Drum preis und ehre seine Barmherzigkeit; / sein Lob vermehre, werteste Christenheit! / Uns soll hinfort kein Unfall schaden; / freue dich, Israel, seiner Gnaden, / freue dich, Israel, seiner Gnaden!

Text und Melodie: Matthäus Apelles von Löwenstern 1644

Solange die Erde steht, soll nicht aufhören Saat und Ernte, Frost und Hitze, Sommer und Winter, Tag und Nacht.

1. Mose 8, 22

NATUR UND JAHRESZEITEN

(Ö) 503

1. Geh aus, mein Herz, und suche Freud
in dieser lieben Sommerzeit
an deines Gottes Gaben;
schau an der schönen Gärten Zier
und siehe, wie sie mir und dir
sich ausgeschmücket haben,
sich ausgeschmücket haben.

2. Die Bäume stehen voller Laub, / das Erdreich decket seinen Staub / mit einem grünen Kleide; / Narzissus und die Tulipan, / die ziehen sich viel schöner an / als Salomonis Seide, / als Salomonis Seide. *Mt 6, 28.29*

3. Die Lerche schwingt sich in die Luft, / das Täublein fliegt aus seiner Kluft / und macht sich in die Wälder; / die hochbegabte Nachtigall / ergötzt und füllt mit ihrem Schall / Berg, Hügel, Tal und Felder, / Berg, Hügel, Tal und Felder.

GLAUBE – LIEBE – HOFFNUNG

4. Die Gluk-ke führt ihr Völk-lein aus,
der Storch baut und be-wohnt sein Haus,
das Schwälb-lein speist die Jun-gen,
der schnel-le Hirsch, das leich-te Reh
ist froh und kommt aus sei-ner Höh
ins tie-fe Gras ge-sprun-gen,
ins tie-fe Gras ge-sprun-gen.

5. Die Bächlein rauschen in dem Sand / und malen sich an ihrem Rand / mit schattenreichen Myrten; / die Wiesen liegen hart dabei / und klingen ganz vom Lustgeschrei / der Schaf und ihrer Hirten, / der Schaf und ihrer Hirten.

6. Die unverdroßne Bienenschar / fliegt hin und her, sucht hier und da / ihr edle Honigspeise; / des süßen Weinstocks starker Saft / bringt täglich neue Stärk und Kraft / in seinem schwachen Reise, / in seinem schwachen Reise.

NATUR UND JAHRESZEITEN

(Ö) 504

1. Himmel, Erde, Luft und Meer / zeugen von des Schöpfers Ehr; / meine Seele, singe du, / bring auch jetzt dein Lob herzu.

2. Seht das große Sonnenlicht, / wie es durch die Wolken bricht; / auch der Mond, der Sterne Pracht / jauchzen Gott bei stiller Nacht.

3. Seht, wie Gott der Erde Ball / hat gezieret überall. / Wälder, Felder, jedes Tier / zeigen Gottes Finger hier.

4. Seht, wie fliegt der Vögel Schar / in den Lüften Paar bei Paar. / Blitz und Donner, Hagel, Wind / seines Willens Diener sind.

5. Seht der Wasserwellen Lauf, / wie sie steigen ab und auf; / von der Quelle bis zum Meer / rauschen sie des Schöpfers Ehr.

6. Ach mein Gott, wie wunderbar / stellst du dich der Seele dar! / Drücke stets in meinen Sinn, / was du bist und was ich bin.

Text: Joachim Neander 1680
Melodie: Georg Christoph Strattner 1691

GLAUBE – LIEBE – HOFFNUNG

505

1. Die Ernt ist nun zu Ende,
woraus Gott alle Stände
der Segen eingebracht,
satt, reich und fröhlich macht.
Der treue Gott lebt noch,
man kann es deutlich merken
an so viel Liebeswerken,
drum preisen wir ihn hoch.

2. Wir rühmen seine Güte, / die uns das Feld bestellt / und oft ohn unsre Bitte / getan, was uns gefällt; / die immer noch geschont, / ob wir gleich gottlos leben, / die Fried und Ruh gegeben, / daß jeder sicher wohnt.

3. Zwar manchen schönen Segen / hat böses Tun verderbt, / den wir auf guten Wegen / sonst hätten noch ererbt; / doch hat Gott mehr getan / aus unverdienter Güte, / als Mund, Herz und Gemüte / nach Würden rühmen kann.

4. O allerliebster Vater, / du hast viel Dank verdient; / du mildester Berater / machst, daß uns Segen grünt. / Wohlan, dich loben wir / für abgewandten Schaden, / für viel und große Gnaden; / Herr Gott, wir danken dir.

5. Zum Danken kommt das Bitten: / du wollest, treuer Gott, / vor Feuer uns behüten / und aller andern Not. / Regier die Obrigkeit, / erhalte deine Gaben, / daß wir uns damit laben, / gib friedevolle Zeit.

6. Kommt unser Lebensende, / so nimm du unsern Geist / in deine Vaterhände, / da er der Ruh genießt, / da ihm kein Leid bewußt; / so ernten wir mit Freuden / nach ausgestandnem Leiden / die Garben voller Lust.

7. Gib, daß zu dir uns lenket, / was du zum Unterhalt / des Leibes hast geschenket, / daß wir dich mannigfalt / in deinen Gaben sehn, / mit Herzen, Mund und Leben / dir Dank und Ehre geben. / O laß es doch geschehn!

Text: Gottfried Tollmann 1725
Melodie: Aus meines Herzens Grunde [Nr. 443]

Herr, du Schöpfer aller Dinge, du hast uns die Verantwortung übertragen für diese Erde. Hilf uns, sie zu erhalten und so zu nutzen, daß auch morgen Menschen hier leben können.

GLAUBE – LIEBE – HOFFNUNG

506

1. Wenn ich, o Schöpfer, deine Macht,
die Liebe, die für alle wacht,
die Weisheit deiner Wege,
anbetend überlege:
so weiß ich, von Bewundrung voll,
nicht, wie ich dich erheben soll,
mein Gott, mein Herr und Vater.

2. Mein Auge sieht, wohin es blickt, / die Wunder deiner Werke; / der Himmel, prächtig ausgeschmückt, / preist dich, du Gott der Stärke. / Wer hat die Sonn an ihm erhöht? / Wer kleidet sie mit Majestät? / Wer ruft dem Heer der Sterne?

3. Wer mißt dem Winde seinen Lauf? / Wer heißt die Himmel regnen? / Wer schließt den Schoß der Erde auf, / mit Vorrat uns zu segnen? / O Gott der Macht und Herrlichkeit, / Gott, deine Güte reicht so weit, / so weit die Wolken reichen.

4. Dich predigt Sonnenschein und Sturm, / dich preist der Sand am Meere. / Bringt, ruft auch der geringste Wurm, / bringt meinem Schöpfer Ehre! / Mich, ruft der Baum in seiner Pracht, / mich, ruft die Saat, hat Gott gemacht; / bringt unserm Schöpfer Ehre!

5. Der Mensch, ein Leib, den deine Hand / so wunderbar bereitet, / der Mensch, ein Geist, den sein Verstand / dich zu erkennen leitet: / der Mensch, der Schöpfung Ruhm und Preis, / ist sich ein täglicher Beweis / von deiner Güt und Größe.

6. Erheb ihn ewig, o mein Geist, / erhebe seinen Namen; / Gott unser Vater sei gepreist, / und alle Welt sag Amen, / und alle Welt fürcht ihren Herrn / und hoff auf ihn und dien ihm gern. / Wer wollte Gott nicht dienen?

Text: Christian Fürchtegott Gellert 1757
Melodie: Bis hierher hat mich Gott gebracht [Nr. 329]

Gott wird uns nicht glaubhaft, wenn wir nicht ein großes Werk vor Augen haben, das von ihm stammt, und das erste Werk Gottes, das wir zu sehen haben, ist die Natur.

Adolf Schlatter

GLAUBE – LIEBE – HOFFNUNG

507 ö

1. Himmels Au, licht und blau, wieviel zählst du Sternlein? Ohne Zahl, sovielmal soll mein Gott gelobet sein.

2. Gottes Welt, wohl bestellt, / wieviel zählst du Stäublein? / Ohne Zahl, sovielmal / soll mein Gott gelobet sein.

3. Sommerfeld, uns auch meld, / wieviel zählst du Gräslein? / Ohne Zahl, sovielmal / soll mein Gott gelobet sein.

4. Dunkler Wald, grün gestalt', / wieviel zählst du Zweiglein? / Ohne Zahl, sovielmal / soll mein Gott gelobet sein.

5. Tiefes Meer, weit umher, / wieviel zählst du Tröpflein? / Ohne Zahl, sovielmal / soll mein Gott gelobet sein.

6. Sonnenschein, klar und rein, / wieviel zählst du Fünklein? / Ohne Zahl, sovielmal / soll mein Gott gelobet sein.

7. Ewigkeit, lange Zeit, / wieviel zählst du Stündlein? / Ohne Zahl, sovielmal / soll mein Gott gelobet sein.

Text: Dresden 1767
Melodie: Luxemburg 1847

NATUR UND JAHRESZEITEN
508

1. Wir pflügen, und wir streuen den Samen auf das Land, doch Wachstum und Gedeihen steht in des Himmels Hand: der tut mit leisem Wehen sich mild und heimlich auf und träuft, wenn heim wir gehen, Wuchs und Gedeihen drauf.

Kehrvers

Alle gute Gabe kommt her von Gott dem Herrn, drum dankt ihm, dankt, drum dankt ihm, dankt und hofft auf ihn!

Jak 1,17

GLAUBE – LIEBE – HOFFNUNG

2. Er sendet Tau und Regen und Sonn- und Mondenschein, er wickelt seinen Segen gar zart und künstlich ein und bringt ihn dann behende in unser Feld und Brot: es geht durch unsre Hände, kommt aber her von Gott.

Kehrvers

Alle gute Gabe kommt her von Gott dem Herrn, drum dankt ihm, dankt, drum dankt ihm, dankt und hofft auf ihn!

3. Was nah ist und was ferne, / von Gott kommt alles her, / der Strohhalm und die Sterne, / der Sperling und das Meer. / Von ihm sind Büsch und Blätter / und Korn und Obst von ihm, / das schöne Frühlingswetter / und Schnee und Ungestüm.
Alle gute Gabe kommt her von Gott dem Herrn, / drum dankt ihm, dankt, / drum dankt ihm, dankt und hofft auf ihn!

4. Er läßt die Sonn aufgehen, / er stellt des Mondes Lauf; / er läßt die Winde wehen / und tut den Himmel auf. / Er schenkt uns so viel Freude, / er macht uns frisch und rot; / er gibt den Kühen Weide / und unsern Kindern Brot.
Alle gute Gabe kommt her von Gott dem Herrn, / drum dankt ihm, dankt, / drum dankt ihm, dankt und hofft auf ihn!

Text: nach Matthias Claudius 1783
Melodie: Hannover 1800

Im Anfang war's auf Erden noch finster, wüst und leer;
Und sollt was sein und werden, mußt es woanders her.
So ist es zugegangen im Anfang, als Gott sprach;
Und wie es angefangen, so geht's noch diesen Tag.
Alle gute Gabe kommt her von Gott, dem Herrn,
drum dankt ihm, dankt, drum dankt ihm, dankt,
und hofft auf ihn.

Ursprünglicher Text der Strophe 1 zu Lied 508

GLAUBE – LIEBE – HOFFNUNG

509 ö

1. Kein Tierlein ist auf Erden dir, lieber Gott, zu klein. Du ließest alle werden, und alle sind sie dein.

Kehrvers

Zu dir, zu dir ruft Mensch und Tier. Der Vogel dir singt. Das Fischlein dir springt. Die Biene dir summt. Der Käfer dir brummt. Auch pfeifet dir das Mäuselein: Herr Gott, du sollst gelobet sein.

2. Das Vöglein in den Lüften / singt dir aus voller Brust, / die Schlange in den Klüften / zischt dir in Lebenslust.
Zu dir, zu dir / ruft Mensch und Tier. / Der Vogel dir singt. / Das Fischlein dir springt. / Die Biene dir summt. / Der Käfer dir brummt. / Auch pfeifet dir das Mäuselein: / Herr Gott, du sollst gelobet sein.

3. Die Fischlein, die da schwimmen, / sind, Herr, vor dir nicht stumm, / du hörest ihre Stimmen, / ohn dich kommt keines um.
Zu dir, zu dir / ruft Mensch und Tier. / Der Vogel dir singt. / Das Fischlein dir springt. / Die Biene dir summt. / Der Käfer dir brummt. / Auch pfeifet dir das Mäuselein: / Herr Gott, du sollst gelobet sein.

4. Vor dir tanzt in der Sonne / der kleinen Mücklein Schwarm, / zum Dank für Lebenswonne / ist keins zu klein und arm.
Zu dir, zu dir / ruft Mensch und Tier. / Der Vogel dir singt. / Das Fischlein dir springt. / Die Biene dir summt. / Der Käfer dir brummt. / Auch pfeifet dir das Mäuselein: / Herr Gott, du sollst gelobet sein.

5. Sonn, Mond gehn auf und unter / in deinem Gnadenreich, / und alle deine Wunder / sind sich an Größe gleich.
Zu dir, zu dir / ruft Mensch und Tier. / Der Vogel dir singt. / Das Fischlein dir springt. / Die Biene dir summt. / Der Käfer dir brummt. / Auch pfeifet dir das Mäuselein: / Herr Gott, du sollst gelobet sein.

Text: Clemens Brentano 1815
Melodie: Richard Rudolf Klein 1962

GLAUBE – LIEBE – HOFFNUNG

510 ö

1. Freuet euch der schönen Erde,
denn sie ist wohl wert der Freud.
O was hat für Herrlichkeiten
unser Gott da ausgestreut,
unser Gott da ausgestreut!

2. Und doch ist sie seiner Füße / reich geschmückter Schemel nur, / ist nur eine schön begabte, / wunderreiche Kreatur, / wunderreiche Kreatur.

3. Freuet euch an Mond und Sonne / und den Sternen allzumal, / wie sie wandeln, wie sie leuchten / über unserm Erdental, / über unserm Erdental.

4. Und doch sind sie nur Geschöpfe / von des höchsten Gottes Hand, / hingesät auf seines Thrones / weites, glänzendes Gewand, / weites, glänzendes Gewand.

5. Wenn am Schemel seiner Füße / und am Thron schon solcher Schein, / o was muß an seinem Herzen / erst für Glanz und Wonne sein, / erst für Glanz und Wonne sein.

Text: Philipp Spitta (1827) 1833
Melodie: Frieda Fronmüller 1928

NATUR UND JAHRESZEITEN

ö 511

1. Weißt du, wie-viel Stern-lein ste-hen
an dem blau-en Him-mels-zelt?
Weißt du, wie-viel Wol-ken ge-hen
weit-hin ü-ber al-le Welt?
Gott der Herr hat sie ge-zäh-let,
daß ihm auch nicht ei-nes feh-let
an der gan-zen gro-ßen Zahl,
an der gan-zen gro-ßen Zahl.

2. Weißt du, wieviel Mücklein spielen / in der heißen Sonnenglut, / wieviel Fischlein auch sich kühlen / in der hellen Wasserflut? / Gott der Herr rief sie mit Namen, / daß sie all ins Leben kamen, / daß sie nun so fröhlich sind, / daß sie nun so fröhlich sind.

3. Weißt du, wieviel Kinder frühe / stehn aus ihrem Bettlein auf, / daß sie ohne Sorg und Mühe / fröhlich sind im Tageslauf? / Gott im Himmel hat an allen / seine Lust, sein Wohlgefallen; / kennt auch dich und hat dich lieb, / kennt auch dich und hat dich lieb.

Text: Wilhelm Hey 1837
Melodie: Volkslied um 1818

GLAUBE – LIEBE – HOFFNUNG

512

Andere Melodie: *Herz und Herz vereint zusammen* [Nr. 251]

1. Herr, die Erde ist gesegnet / von dem Wohltun deiner Hand. / Güt und Milde hat geregnet, / dein Geschenk bedeckt das Land: / auf den Hügeln, in den Gründen / ist dein Segen ausgestreut; / unser Warten ist gekrönet, / unser Herz hast du erfreut.

2. Aller Augen sind erhoben, / Herr, auf dich zu jeder Stund, / daß du Speise gibst von oben / und versorgest jeden Mund. / Und du öffnest deine Hände, / dein Vermögen wird nicht matt, / deine Hilfe, Gab und Spende / machet alle froh und satt.
Ps 145, 15.16

3. Du gedenkst in deiner Treue / an dein Wort zu Noahs Zeit, / daß dich nimmermehr gereue / deine Huld und Freundlichkeit; / und solang die Erde stehet, / über der dein Auge wacht, / soll nicht enden Saat und Ernte, / Frost und Hitze, Tag und Nacht.
1. Mose 8, 22

3. Ihr Wasserbäche, klar und rein, Halleluja, / singt euer Loblied ihm allein, Halleluja. / Du Feuers Flamme auf dem Herd, Halleluja, / daran der Mensch sich wärmt und nährt, Halleluja. / Singt ihm Ehre! Singt ihm Ehre! Halleluja.

4. Du, Mutter Erde, gut und mild, Halleluja, / daraus uns lauter Segen quillt, Halleluja. / Ihr Blumen bunt, ihr Früchte treu, Halleluja, / die Jahr um Jahr uns reifen neu, Halleluja. / Singt ihm Ehre! Singt ihm Ehre! Halleluja.

5. Ihr Herzen, drin die Liebe wohnt, Halleluja, / die ihr den Feind verzeihend schont, Halleluja. / Ihr, die ihr traget schweres Leid, Halleluja, / es Gott zu opfern still bereit, Halleluja. / Singt ihm Ehre! Singt ihm Ehre! Halleluja.

6. Du, der empfängt in letzter Not, Halleluja, / den Odem mein, o Bruder Tod, Halleluja: / Führ Gottes Kinder himmelan, Halleluja, / den Weg, den Jesus ging voran, Halleluja. / Singt ihm Ehre! Singt ihm Ehre! Halleluja.

7. Ihr Kreaturen, singt im Chor: Halleluja! / Hebt euer Herz zu Gott empor, Halleluja. / Vater und Sohn und Heilgem Geist, Halleluja, / dreieinig, heilig, hochgepreist, Halleluja, / sei die Ehre, sei die Ehre! Halleluja.

Text: Karl Budde 1929 nach dem englischen
All creatures of our God and King
von William Henry Draper (vor 1919) 1926
nach dem Sonnengesang des Franz von Assisi 1225
Melodie: Köln 1623

GLAUBE – LIEBE – HOFFNUNG

515

Kehrvers

Lau-da-to si, o mi si-gno-re,
lau-da-to si, o mi si-gno-re,
lau-da-to si, o mi si-gno-re,
lau-da-to si, o mi sig-nor.

in der letzten Strophe:

lau-da-to si, o mi sig-no-re. A-men.

Strophen

1. Sei ge-prie-sen, du hast die Welt ge-schaf-fen, sei ge-prie-sen für Son-ne, Mond und Ster-ne, sei ge-prie-sen für Meer und Kon-ti-nen-te, sei ge-prie-sen, denn du bist wun-der-bar, Herr!

NATUR UND JAHRESZEITEN

Der Kehrvers wird nach jeder Strophe wiederholt. Der Kehrvers kann auch gleichzeitig mit den Strophen gesungen werden. Einsatz bei dem Zeichen ↓.

2. Sei gepriesen für Licht und Dunkelheiten! / Sei gepriesen für Nächte und für Tage! / Sei gepriesen für Jahre und Gezeiten! / Sei gepriesen, denn du bist wunderbar, Herr!

3. Sei gepriesen für Wolken, Wind und Regen! / Sei gepriesen, du läßt die Quellen springen! / Sei gepriesen, du läßt die Felder reifen! / Sei gepriesen, denn du bist wunderbar, Herr!

4. Sei gepriesen für deine hohen Berge! / Sei gepriesen für Feld und Wald und Täler! / Sei gepriesen für deiner Bäume Schatten! / Sei gepriesen, denn du bist wunderbar, Herr!

5. Sei gepriesen, du läßt die Vögel singen! / Sei gepriesen, du läßt die Fische spielen! / Sei gepriesen für alle deine Tiere! / Sei gepriesen, denn du bist wunderbar, Herr!

6. Sei gepriesen, denn du, Herr, schufst den Menschen! / Sei gepriesen, er ist dein Bild der Liebe! / Sei gepriesen für jedes Volk der Erde! / Sei gepriesen, denn du bist wunderbar, Herr!

7. Sei gepriesen, du selbst bist Mensch geworden! / Sei gepriesen für Jesus, unsern Bruder! / Sei gepriesen, wir tragen seinen Namen! / Sei gepriesen, denn du bist wunderbar, Herr!

8. Sei gepriesen, er hat zu uns gesprochen! / Sei gepriesen, er ist für uns gestorben! / Sei gepriesen, er ist vom Tod erstanden! / Sei gepriesen, denn du bist wunderbar, Herr!

9. Sei gepriesen, o Herr, für Tod und Leben! / Sei gepriesen, du öffnest uns die Zukunft! / Sei gepriesen, in Ewigkeit gepriesen! / Sei gepriesen, denn du bist wunderbar, Herr!

Text: nach dem italienischen Sonnengesang
des Franz von Assisi 1225
Melodie: mündlich überliefert

Sterben und ewiges Leben
Bestattung

516 ö

1. Chri - stus, der ist mein Le - ben, Ster - ben ist mein Ge - winn; ihm will ich mich er - ge - ben, mit Fried fahr ich da - hin.

Phil 1, 21

2. Mit Freud fahr ich von dannen / zu Christ, dem Bruder mein, / auf daß ich zu ihm komme / und ewig bei ihm sei.

3. Ich hab nun überwunden / Kreuz, Leiden, Angst und Not; / durch seine heilgen Wunden / bin ich versöhnt mit Gott.

4. Wenn meine Kräfte brechen, / mein Atem geht schwer aus / und kann kein Wort mehr sprechen: / Herr, nimm mein Seufzen auf.

5. Wenn mein Herz und Gedanken / zergehen wie ein Licht, / das hin und her tut wanken, / wenn ihm die Flamm gebricht:

6. alsdann laß sanft und stille, / o Herr, mich schlafen ein / nach deinem Rat und Willen, / wenn kommt mein Stündelein.

7. In dir, Herr, laß mich leben / und bleiben allezeit, / so wirst du mir einst geben / des Himmels Wonn und Freud.

Text und Melodie: bei Melchior Vulpius 1609

STERBEN UND EWIGES LEBEN

(Ö) 517

1. Ich wollt, daß ich daheime wär und aller Welte Trost entbehr.

2. Ich mein, daheim im Himmelreich, / da ich Gott schaue ewiglich.

3. Wohlauf, mein Seel, und richt dich dar, / dort wartet dein der Engel Schar.

4. Denn alle Welt ist dir zu klein, / du kommest denn erst wieder heim.

5. Daheim ist Leben ohne Tod / und ganze Freude ohne Not.

6. Da sind doch tausend Jahr wie heut / und nichts, was dich verdrießt und reut.

7. Wohlauf, mein Herz und all mein Mut, / und such das Gut ob allem Gut!

8. Was das nicht ist, das schätz gar klein / und sehn dich allzeit wieder heim.

9. Du hast doch hier kein Bleiben nicht, / ob's morgen oder heut geschieht.

10. Da es denn anders nicht mag sein, / so flieh der Welte falschen Schein.

11. Bereu dein Sünd und beßre dich, / als wolltst du morgn gen Himmelreich.

12. Ade, Welt, Gott gesegne dich! / Ich fahr dahin gen Himmelreich.

Text: nach Heinrich von Laufenberg 1430. *Melodie:* Straßburg 1430

GLAUBE – LIEBE – HOFFNUNG

518 (Ö)

1. Mit-ten wir im Le-ben sind mit dem Tod um-fan-gen. Wer ist, der uns Hil-fe bringt, daß wir Gnad er-lan-gen? Das bist du, Herr, al-lei-ne. Uns reu-et uns-re Mis-se-tat, die dich, Herr, er-zür-net hat.

2. Mit-ten in dem Tod an-ficht uns der Höl-le Ra-chen. Wer will uns aus sol-cher Not frei und le-dig ma-chen? Das tust du, Herr, al-lei-ne. Es jam-mert dein Barm-her-zig-keit un-s-re Klag und gro-ßes Leid.

3. Mit-ten in der Höl-le Angst un-sre Sünd' uns trei-ben. Wo solln wir denn flie-hen hin, da wir mö-gen blei-ben? Zu dir, Herr Christ, al-lei-ne. Ver-gos-sen ist dein teu-res Blut, das g'nug für die Sün-de tut.

STERBEN UND EWIGES LEBEN

1. Heiliger Herre Gott, heiliger starker Gott, heiliger barmherziger Heiland, du ewiger Gott: laß uns nicht versinken in des bittern Todes Not. Kyrie eleison.

2. Heiliger Herre Gott, heiliger starker Gott, heiliger barmherziger Heiland, du ewiger Gott: laß uns nicht verzagen vor der tiefen Hölle Glut. Kyrie eleison.

3. Heiliger Herre Gott, heiliger starker Gott, heiliger barmherziger Heiland, du ewiger Gott: laß uns nicht entfallen von des rechten Glaubens Trost. Kyrie eleison.

Text: Str. 1 Salzburg 1456 nach der Antiphon *Media vita in morte sumus* 11. Jh.; Str. 2–3 Martin Luther 1524
Melodie: Salzburg 1456; Johann Walter 1524

GLAUBE – LIEBE – HOFFNUNG

519

Lukas 2, 29–32
Der Lobgesang des Simeon (Nunc dimittis)

1. Mit Fried und Freud ich fahr dahin
in Gotts Wille; getrost ist
mir mein Herz und Sinn,
sanft und stille,
wie Gott mir verheißen hat:
der Tod ist mein Schlaf worden.

2. Das macht Christus, wahr' Gottes Sohn,
der treu Heiland, den du mich,
Herr, hast sehen lan
und g'macht bekannt,
daß er sei das Leben mein
und Heil in Not und Sterben.

STERBEN UND EWIGES LEBEN

3. Den hast du allen vorgestellt
mit groß Gnaden, zu seinem
Reich die ganze Welt heißen laden
durch dein teuer heilsam Wort,
an allem Ort erschollen.

4. Er ist das Heil und selig Licht
für die Heiden, zu 'rleuchten,
die dich kennen nicht, und zu weiden.
Er ist deins Volks Israel
Preis, Ehre, Freud und Wonne.

Text und Melodie: Martin Luther 1524

GLAUBE – LIEBE – HOFFNUNG

520 ö

1. Nun legen wir den Leib ins Grab
und zweifeln nicht: durch Gottes Gab
wird, was wir hier verweslich sä'n,
einst unverweslich auferstehn.

1. Kor 15, 42

2. Was Erde ist und von der Erd / und sich zur Erde wiedrum kehrt, / wird aus der Erde auferstehn, / wenn der Posaune Schall wird gehn. *1. Kor 15, 52*

3. Sein Seel lebt ewiglich in Gott, / der sie aus Gnad von Not und Tod, / von aller Sünd und Missetat / durch seinen Sohn erlöset hat.

4. Sein Jammer, Trübsal und Elend / ist kommen an ein sel'ges End; / er hat getragen Christi Joch; / und starb er gleich, so lebt er doch.

5. Hier war er krank in Angst und Not; / dort wird er leuchten frei vom Tod / in lauter Wonn und lauter Freud / hell wie die Sonne allezeit.

6. Wir lassen ihn im Grabe ruhn / und gehen unsre Straßen nun / und fügen uns des Herrn Gebot: / uns kommt in gleicher Weis der Tod.

7. Das helf uns Christus, unser Trost, / der uns durch sein Blut hat erlöst / von Satans Macht und ewger Pein. / Ihm sei Lob, Preis und Ehr allein.

Text: Michael Weiße 1531; Str. 7 Martin Luther 1540,
Ökumenische Fassung 1978
Melodie: Wittenberg 1544 *Nun laßt uns den Leib begraben*

Unser keiner lebt sich selber, und keiner stirbt sich selber.
Leben wir, so leben wir dem Herrn; sterben wir, so sterben wir dem
Herrn. Darum: wir leben oder sterben, so sind wir des Herrn.
Denn dazu ist Christus gestorben und wieder lebendig geworden,
daß er über Tote und Lebende Herr sei.

Römer 14, 7–9

GLAUBE – LIEBE – HOFFNUNG

521 ö

1. O Welt, ich muß dich lassen, ich fahr dahin mein Straßen ins ewig Vaterland. Mein Geist will ich aufgeben, dazu mein' Leib und Leben legen in Gottes gnädig Hand.

2. Mein Zeit ist nun vollendet, / der Tod das Leben endet, / Sterben ist mein Gewinn; / kein Bleiben ist auf Erden; / das Ewge muß mir werden, / mit Fried und Freud ich fahr dahin.

3. Auf Gott steht mein Vertrauen, / sein Antlitz will ich schauen / wahrhaft durch Jesus Christ, / der für mich ist gestorben, / des Vaters Huld erworben / und so mein Mittler worden ist.

Text: Nürnberg um 1555
Melodie: 15. Jh., Heinrich Isaac
Innsbruck, ich muß dich lassen (um 1495) 1539;
geistlich 1505

STERBEN UND EWIGES LEBEN

(Ö) 522

1. Wenn mein Stündlein vorhanden ist
und soll hinfahrn mein Straße,
so g'leit du mich, Herr Jesu Christ,
mit Hilf mich nicht verlasse.
Mein Seel an meinem letzten End
befehl ich dir in deine Händ,
du wollst sie mir bewahren!

2. Mein Sünd' mich werden kränken sehr, / mein G'wissen wird mich nagen, / denn ihr' sind viel wie Sand am Meer; / doch will ich nicht verzagen. / Gedenken will ich an dein' Tod, / Herr Jesu, und dein Wunden rot; / die werden mich erhalten.

3. Ich bin ein Glied an deinem Leib, / des tröst ich mich von Herzen; / von dir ich ungeschieden bleib / in Todesnot und Schmerzen; / wenn ich gleich sterb, so sterb ich dir; / ein ewig Leben hast du mir / mit deinem Tod erworben.

GLAUBE – LIEBE – HOFFNUNG

4. Weil du vom Tod erstanden bist,
werd ich im Grab nicht bleiben,
mein höchster Trost dein Auffahrt ist,
Todsfurcht kann sie vertreiben;
denn wo du bist, da komm ich hin,
daß ich stets bei dir leb und bin;
drum fahr ich hin mit Freuden.

5. So fahr ich hin zu Jesus Christ, / mein' Arm tu ich ausstrecken; / so schlaf ich ein und ruhe fein; / kein Mensch kann mich aufwecken / denn Jesus Christus, Gottes Sohn; / der wird die Himmelstür auftun, / uns führn zum ewgen Leben.

Text: Nikolaus Herman (1560) 1562; Str. 5 Köln 1574
Melodie: Frankfurt/Main 1569, Tübingen 1591

STERBEN UND EWIGES LEBEN

523

1. Va - let will ich dir ge - ben,
du ar - ge, fal - sche Welt;
dein sünd - lich bö - ses Le - ben
durch - aus mir nicht ge - fällt.
Im Him - mel ist gut woh - nen,
hin - auf steht mein Be - gier,
da wird Gott herr - lich loh - nen dem,
der ihm dient all - hier.

2. Rat mir nach deinem Herzen, / o Jesu, Gottes Sohn. / Soll ich ja dulden Schmerzen, / hilf mir, Herr Christ, davon; / verkürz mir alles Leiden, / stärk meinen schwachen Mut, / laß mich selig abscheiden, / setz mich in dein Erbgut.

3. In meines Herzens Grunde / dein Nam und Kreuz allein / funkelt all Zeit und Stunde, / drauf kann ich fröhlich sein. / Erschein mir in dem Bilde / zu Trost in meiner Not, / wie du, Herr Christ, so milde / dich hast geblut' zu Tod.

4. Verbirg mein Seel aus Gnaden / in deiner offnen Seit,* / rück sie aus allem Schaden / zu deiner Herrlichkeit. / Der ist wohl hier gewesen, / wer kommt ins himmlisch Schloß; / der ist ewig genesen, / wer bleibt in deinem Schoß. **Joh 19, 34*

5. Schreib meinen Nam aufs beste / ins Buch des Lebens* ein / und bind mein Seel gar feste / ins schöne Bündelein* / der', die im Himmel grünen / und vor dir leben frei, / so will ich ewig rühmen, / daß dein Herz treue sei. **Offb 3, 5;* **1. Sam 25, 29*

Text: Valerius Herberger 1614
Melodie: Melchior Teschner 1614

Unser Bürgerrecht ist im Himmel; woher wir auch erwarten
den Heiland, den Herrn Jesus Christus,
der unsern nichtigen Leib verwandeln wird, daß er gleich werde
seinem verherrlichten Leibe nach der Kraft,
mit der er sich alle Dinge untertan machen kann.

Philipper 3, 20.21

STERBEN UND EWIGES LEBEN

524

1. Freu dich sehr, o meine Seele,
und vergiß all Not und Qual,
weil dich nun Christus, der Herre,
ruft aus diesem Jammertal.
Aus Trübsal und großem Leid
sollst du fahren in die Freud,
die kein Ohr hat je gehöret,
die in Ewigkeit auch währet.

2. Tag und Nacht hab ich gerufen / zu dem Herren, meinem Gott, / weil mich stets viel Kreuz betroffen, / daß er mir helf aus der Not. / Wie sich sehnt ein Wandersmann, / daß sein Weg ein End mög han, / so hab ich gewünschet eben, / daß sich enden mög mein Leben.

GLAUBE – LIEBE – HOFFNUNG

3. Denn gleich wie die Rosen stehen / unter spitzen Dornen gar, / also auch die Christen gehen / in viel Ängsten und Gefahr. / Wie die Meereswellen sind / und der ungestüme Wind, / also ist allhier auf Erden / unser Lauf voller Beschwerden.

4. Welt und Teufel, Sünd und Hölle, / unser eigen Fleisch und Blut / plagen stets hier unsre Seele, / lassen uns bei keinem Mut. / Wir sind voller Angst und Plag, / lauter Kreuz sind unsre Tag; / wenn wir nur geboren werden, / Jammer g'nug find't sich auf Erden.

5. Wenn die Morgenröt herleuchtet / und der Schlaf von uns sich wend't, / Sorg und Kummer daherschleichet, / Müh sich find't an allem End. / Unsre Tränen sind das Brot, / das wir essen früh und spät; / wenn die Sonn nicht mehr tut scheinen, / ist nichts denn nur Klag und Weinen.

6. Drum, Herr Christ, du Morgensterne, / der du ewiglich aufgehst, / sei von mir auch jetzt nicht ferne, / weil mich dein Blut hat erlöst. / Hilf, daß ich mit Fried und Freud / mög von hinnen fahren heut; / ach sei du mein Licht und Straße, / mich mit Beistand nicht verlasse.

7. Ob mir schon die Augen brechen, / das Gehör auch gar verschwind't, / meine Zung nicht mehr kann sprechen, / mein Verstand sich nicht besinnt, / bist du doch mein Licht, mein Wort, / Leben, Weg und Himmelspfort; / du wirst selig mich regieren, / die recht Bahn zum Himmel führen.

8. Freu dich sehr, o meine Seele, / und vergiß all Not und Qual, / weil dich nun Christus, dein Herre, / ruft aus diesem Jammertal. / Seine Freud und Herrlichkeit / sollst du sehn in Ewigkeit, / mit den Engeln jubilieren, / ewig, ewig triumphieren.

Text: bei Christoph Demantius 1620
Melodie: Loys Bourgeois 1551 *Wie nach einer Wasserquelle*
(zu Psalm 42/43)

STERBEN UND EWIGES LEBEN

525

1. Mach's mit mir, Gott, nach deiner Güt, hilf mir in meinem Leiden; so nimm sie, Herr, in deine Händ; ist alles gut, wenn gut das End.

ruf ich dich an, versag mir's nicht: wenn sich mein Seel will scheiden,

2. Gern will ich folgen, liebster Herr, / du läßt mich nicht verderben. / Ach du bist doch von mir nicht fern, / wenn ich gleich hier muß sterben, / verlassen meine liebsten Freund, / die's mit mir herzlich gut gemeint.

3. Ruht doch der Leib sanft in der Erd, / die Seel zu dir sich schwinget; / in deiner Hand sie unversehrt / durch Tod ins Leben dringet. / Hier ist doch nur ein Tränental, / Angst, Not, Müh, Arbeit überall.

4. Tod, Teufel, Höll, die Welt und Sünd / mir können nicht mehr schaden; / an dir, o Herr, ich Rettung find, / ich tröst mich deiner Gnaden. / Dein ein'ger Sohn aus Lieb und Huld / für mich bezahlt hat alle Schuld.

5. Was wollt ich denn lang traurig sein, / weil ich so wohl bestehe, / bekleid't mit Christi Unschuld rein / wie eine Braut hergehe? / Gehab dich wohl, du schnöde Welt, / bei Gott zu leben mir gefällt.

Text: Johann Hermann Schein 1628
Melodie: Bartholomäus Gesius 1605,
Johann Hermann Schein 1628

Ich glaube, daß Gott aus allem, auch aus dem Bösesten,
Gutes entstehen lassen kann und will.
Dafür braucht er Menschen, die sich alle Dinge zum Besten
dienen lassen.
Ich glaube, daß Gott uns in jeder Notlage
soviel Widerstandskraft geben will, wie wir brauchen.
Aber er gibt sie nicht im voraus, damit wir uns nicht auf uns
selbst, sondern allein auf ihn verlassen.

Dietrich Bonhoeffer

STERBEN UND EWIGES LEBEN

(Ö) 526

1. Je - sus, mei - ne Zu - ver - sicht
Die - ses weiß ich; sollt ich nicht
und mein Hei - land, ist im Le - ben.
dar - um mich zu - frie - den ge - ben,
was die lan - ge To - des - nacht
mir auch für Ge - dan - ken macht?

Spätere Form

1. Je - sus, mei - ne Zu - ver - sicht
Die - ses weiß ich; sollt ich nicht
und mein Hei - land, ist im Le - ben.
dar - um mich zu - frie - den ge - ben,
was die lan - ge To - des - nacht
mir auch für Ge - dan - ken macht?

GLAUBE – LIEBE – HOFFNUNG

2. Jesus, er mein Heiland, lebt; / ich werd auch das Leben schauen, / sein, wo mein Erlöser schwebt; / warum sollte mir denn grauen? / Lässet auch ein Haupt sein Glied, / welches es nicht nach sich zieht?

3. Ich bin durch der Hoffnung Band / zu genau mit ihm verbunden, / meine starke Glaubenshand / wird in ihn gelegt befunden, / daß mich auch kein Todesbann / ewig von ihm trennen kann.

4. Ich bin Fleisch und muß daher / auch einmal zu Asche werden; / das gesteh ich, doch wird er / mich erwecken aus der Erden, / daß ich in der Herrlichkeit / um ihn sein mög allezeit.

5. Dieser meiner Augen Licht / wird ihn, meinen Heiland, kennen, / ich, ich selbst, ein Fremder nicht, / werd in seiner Liebe brennen; / nur die Schwachheit um und an / wird von mir sein abgetan.

6. Was hier kranket, seufzt und fleht, / wird dort frisch und herrlich gehen; / irdisch werd ich ausgesät, / himmlisch werd ich auferstehen. / Alle Schwachheit, Angst und Pein / wird von mir genommen sein.

7. Seid getrost und hocherfreut, / Jesus trägt euch, seine Glieder. / Gebt nicht statt der Traurigkeit: / sterbt ihr, Christus ruft euch wieder, / wenn die letzt Posaun erklingt, / die auch durch die Gräber dringt.

Text: Otto von Schwerin (1644) 1653
Melodie: Berlin 1653

STERBEN UND EWIGES LEBEN

527

1. Die Herrlichkeit der Erden muß Rauch und Asche werden, kein Fels, kein Erz kann stehn. Dies, was uns kann ergötzen, was wir für ewig schätzen, wird als ein leichter Traum vergehn.

2. Der Ruhm, nach dem wir trachten, / den wir unsterblich achten, / ist nur ein falscher Wahn; / sobald der Geist gewichen / und dieser Mund erblichen, / fragt keiner, was man hier getan.

3. Es hilft kein weises Wissen, / wir werden hingerissen / ohn einen Unterschied. / Was nützt der Schlösser Menge? / Dem hier die Welt zu enge, / dem wird ein enges Grab zu weit.

4. Dies alles wird zerrinnen, / was Müh und Fleiß gewinnen / und saurer Schweiß erwirbt. / Was Menschen hier besitzen, / kann vor dem Tod nichts nützen; / dies alles stirbt uns, wenn man stirbt.

5. Wie eine Rose blühet, / wenn man die Sonne siehet / begrüßen diese Welt, / die, eh der Tag sich neiget, / eh sich der Abend zeiget, / verwelkt und unversehens fällt:

6. so wachsen wir auf Erden / und denken groß zu werden, / von Schmerz und Sorgen frei; / doch eh wir zugenommen / und recht zur Blüte kommen, / bricht uns des Todes Sturm entzwei.

7. Wir rechnen Jahr auf Jahre; / indessen wird die Bahre / uns vor die Tür gebracht. / Drauf müssen wir von hinnen / und, eh wir uns besinnen, / der Erde sagen: gute Nacht!

8. Auf, Herz, wach und bedenke, / daß dieser Zeit Geschenke / den Augenblick nur dein. / Was du zuvor genossen, / ist als ein Strom verschossen; / was künftig, wessen wird es sein?

9. Verlache Welt und Ehre, / Furcht, Hoffen, Gunst und Lehre / und geh den Herren an, / der immer König bleibet, / den keine Zeit vertreibet, / der einzig ewig machen kann.

10. Wohl dem, der auf ihn trauet! / Er hat recht fest gebauet, / und ob er hier gleich fällt, / wird er doch dort bestehen / und nimmermehr vergehen, / weil ihn die Stärke selbst erhält.

Text: Andreas Gryphius 1650
Melodie: O Welt, ich muß dich lassen [Nr. 521]

STERBEN UND EWIGES LEBEN

(Ö) 529

1. Ich bin ein Gast auf Erden
und hab hier keinen Stand;
der Himmel soll mir werden,
da ist mein Vaterland.
Hier reis ich bis zum Grabe; dort
in der ew-gen Ruh ist Gottes Gnadengabe, die schließt all Arbeit zu.

2. Was ist mein ganzes Wesen / von meiner Jugend an / als Müh und Not gewesen? / Solang ich denken kann, / hab ich so manchen Morgen, / so manche liebe Nacht / mit Kummer und mit Sorgen / des Herzens zugebracht.

3. Mich hat auf meinen Wegen / manch harter Sturm erschreckt; / Blitz, Donner, Wind und Regen / hat mir manch Angst erweckt; / Verfolgung, Haß und Neiden, / ob ich's gleich nicht verschuld't, / hab ich doch müssen leiden / und tragen mit Geduld.

4. So ging's den lieben Alten,* / an deren Fuß und Pfad / wir uns noch täglich halten, / wenn's fehlt am guten Rat; / sie zogen hin und wieder, / ihr Kreuz war immer groß, / bis daß der Tod sie nieder / legt in des Grabes Schoß.   *Glaubenszeugen

5. Ich habe mich ergeben / in gleiches Glück und Leid; / was will ich besser leben / als solche großen Leut? / Es muß ja durchgedrungen, / es muß gelitten sein; / wer nicht hat wohl gerungen, / geht nicht zur Freud hinein.

6. So will ich zwar nun treiben / mein Leben durch die Welt, / doch denk ich nicht zu bleiben / in diesem fremden Zelt. / Ich wandre meine Straße, / die zu der Heimat führt, / da mich ohn alle Maße / mein Vater trösten wird.

7. Mein Heimat ist dort droben, / da aller Engel Schar / den großen Herrscher loben, / der alles ganz und gar / in seinen Händen träget / und für und für erhält, / auch alles hebt und leget, / wie es ihm wohlgefällt.

8. Zu dem steht mein Verlangen, / da wollt ich gerne hin; / die Welt bin ich durchgangen, / daß ich's fast müde bin. / Je länger ich hier walle, / je wen'ger find ich Freud, / die meinem Geist gefalle; / das meist ist Herzeleid.

9. Die Herberg ist zu böse, / der Trübsal ist zu viel. / Ach komm, mein Gott, und löse / mein Herz, wenn dein Herz will; / komm, mach ein seligs Ende / an meiner Wanderschaft, / und was mich kränkt, das wende / durch deinen Arm und Kraft.

5. Ich habe Jesus angezogen / schon längst in meiner heilgen Tauf; / du bist mir auch daher gewogen, / hast mich zum Kind genommen auf. / Mein Gott, mein Gott, / ich bitt durch Christi Blut: / mach's nur mit meinem Ende gut.   *Gal 3, 27*

6. Ich habe Jesu Leib gegessen, / ich hab sein Blut getrunken hier; / nun kannst du meiner nicht vergessen, / ich bleib in ihm und er in mir. / Mein Gott, mein Gott, / ich bitt durch Christi Blut: / mach's nur mit meinem Ende gut.

7. So komm mein End heut oder morgen, / ich weiß, daß mir's mit Jesus glückt; / ich bin und bleib in deinen Sorgen, / mit Jesu Blut schön ausgeschmückt. / Mein Gott, mein Gott, / ich bitt durch Christi Blut: / mach's nur mit meinem Ende gut.

8. Ich leb indes in dir vergnüget / und sterb ohn alle Kümmernis. / Mir g'nüget, wie mein Gott es füget; / ich glaub und bin es ganz gewiß: / Mein Gott, mein Gott, / aus Gnad durch Christi Blut / machst du's mit meinem Ende gut.

Text: Ämilie Juliane von Schwarzburg-Rudolstadt (1686) 1688
Melodie: 1. Teil bei Georg Österreicher 1623;
2. Teil bei Franz Vollrath Buttstedt 1774;
die ganze Melodie Elberfeld 1805

*Gott hilft uns nicht immer am Leiden vorbei,
aber er hilft uns hindurch.*

Johann Albrecht Bengel

GLAUBE – LIEBE – HOFFNUNG

531

1. Noch kann ich es nicht fas-sen, was dei-ne Schik-kung meint; doch will ich dich nicht las-sen, wie auch mein Au-ge weint. Auf dei-ne Lie-be trau-en will ich, mein Herr und Gott, und gläu-big auf-wärts schau-en in mei-ner Her-zens-not.

2. Gib, daß mit dir ich lebe, / o mein Herr Jesu Christ, / daß nur nach dem ich strebe, / was gut und heilsam ist. / Laß auch in allem Leide / mit dir mich sein vereint, / bis mir zur ewgen Freude / die Gnadensonne scheint.

3. Zuletzt laß mich auch scheiden / mit dir, o Gottessohn; / nach Erdenglück und Leiden / führ mich zum Himmelsthron; / führ mich zu Freud und Wonne / der Seligen im Licht. / Du, meine Lebenssonne, / mein Gott, verlaß mich nicht!

Text: Siebenbürgen vor 1898
Melodie: O Haupt voll Blut und Wunden [Nr. 85]

STERBEN UND EWIGES LEBEN

ö 532

1. Nun sich das Herz von allem löste,
was es an Glück und Gut umschließt,
komm, Tröster, Heilger Geist, und tröste,
der du aus Gottes Händen fließt.

2. Nun sich das Herz in alles findet, / was ihm an Schwerem auferlegt, / komm, Heiland, der uns mild verbindet, / die Wunden heilt, uns trägt und pflegt.

3. Nun sich das Herz zu dir erhoben / und nur von dir gehalten weiß, / bleib bei uns, Vater. Und zum Loben / wird unser Klagen. Dir sei Preis!

Text: Jochen Klepper 1941
Melodie: O daß doch bald dein Feuer brennte [Nr. 255]

GLAUBE – LIEBE – HOFFNUNG

533

Andere Melodie: *Christus, der ist mein Leben* [Nr. 516]

1. Du kannst nicht tiefer fallen
als nur in Gottes Hand,
die er zum Heil uns allen
barmherzig ausgespannt.

2. Es münden alle Pfade / durch Schicksal, Schuld und Tod /
doch ein in Gottes Gnade / trotz aller unsrer Not.

3. Wir sind von Gott umgeben / auch hier in Raum und Zeit /
und werden in ihm leben / und sein in Ewigkeit.

Text: Arno Pötzsch 1941
Melodie: Hans Georg Bertram 1986

Die Klagemauer –
im Blitz eines Gebetes
stürzt sie zusammen.
Gott ist ein
Gebet weit
von uns entfernt.

Nelly Sachs

STERBEN UND EWIGES LEBEN

534

1. Herr, leh-re uns, daß wir ster-ben müs-sen,
daß Brük-ken bre-chen, de-nen wir ver-traut;
und wei-se uns, eh wir ge-hen müs-sen, zum
Le-ben die Brük-ke, die du uns ge-baut.

Ps 90, 12

2. Herr, sei bei uns, wenn wir sterben müssen, / wenn Brükken brechen und wenn wir vergehn. / Herr, schweige nicht, wenn wir schweigen müssen; / sei selber die Brücke und laß uns bestehn.

Text: Lothar Petzold 1973
Melodie: Rolf Kroedel 1973

GLAUBE – LIEBE – HOFFNUNG

535

Glo-ri-a sei dir gesun-gen mit Menschen- und mit
Von zwölf Perlen sind die Tore an deiner Stadt; wir

STERBEN UND EWIGES LEBEN

En - gel - zun - gen, mit Har - fen und mit Zim - beln schön.
stehn im Cho - re der En - gel hoch um dei - nen Thron.

GLAUBE – LIEBE – HOFFNUNG

Kein Aug hat je gespürt, kein Ohr hat mehr gehört solche Freu-

STERBEN UND EWIGES LEBEN

de. Des jauch-zen wir und sin - gen
dir das Hal - le - lu - ja für und für.

Text und Melodie: Nr. 147 Str. 3
Satz: Johann Sebastian Bach 1731

Evangelische Kirche im Rheinland

Evangelische Kirche von Westfalen

Lippische Landeskirche

Evangelisch-reformierte Kirche
 (Synode evangelisch-reformierter Kirchen
 in Bayern und Nordwestdeutschland)

LANDESKIRCHLICHER LIEDERTEIL

Kirchenjahr

ADVENT

Andere Melodie: *Aus meines Herzens Grunde* [Nr. 443]

536

Erste Melodie

1. Auf, auf, ihr Chri-sten al - le,
eur Kö - nig kommt her - an!
Emp - fan - get ihn mit Schal - le,
den gro - ßen Wun - der - mann.
Ihr Chri - sten, geht her - für,
laßt uns vor al - len Din - gen
ihm Ho - si - an - na sin - gen
mit hei - li - ger Be - gier.

KIRCHENJAHR

Zweite Melodie

1. Auf, auf, ihr Christen alle,
eur König kommt heran!
Ihr Christen, geht herfür,
laßt uns vor allen Dingen
ihm Hosianna singen
mit heiliger Begier.

Empfanget ihn mit Schalle,
den großen Wundermann.

2. Auf, ihr betrübten Herzen, / der König ist gar nah; / hinweg all Angst und Schmerzen, / der Helfer ist schon da. / Seht, wie so mancher Ort / hochtröstlich ist zu nennen, / da wir ihn finden können / in Nachtmahl, Tauf und Wort.

3. Auf, auf, ihr Vielgeplagten, / der König ist nicht fern. / Seid fröhlich, ihr Verzagten, / dort kommt der Morgenstern. / Der Herr will in der Not / mit reichem Trost euch speisen, / er will euch Hilf erweisen, / ja dämpfen gar den Tod.

ADVENT

4. Frischauf in Gott, ihr Armen, / der König sorgt für euch; / er will durch sein Erbarmen / euch machen groß und reich. / Der an das Tier gedacht, / der wird auch euch ernähren; / was Menschen nur begehren, / das steht in seiner Macht.

5. Frischauf, ihr Hochbetrübten, / der König kommt mit Macht; / an uns, sein' Herzgeliebten, / hat er schon längst gedacht. / Nun wird kein Angst noch Pein / noch Zorn hinfort uns schaden, / dieweil uns Gott aus Gnaden / läßt seine Kinder sein.

6. So lauft mit schnellen Schritten, / den König zu besehn, / dieweil er kommt geritten / stark, herrlich, sanft und schön. / Nun tretet all heran, / den Heiland zu begrüßen, / der alles Kreuz versüßen / und uns erlösen kann.

7. Der König will bedenken / die, welch' er herzlich liebt, / mit köstlichen Geschenken, / als der sich selbst uns gibt / durch seine Gnad und Wort. / Ja, König hoch erhoben, / wir alle wollen loben / dich freudig hier und dort.

8. Nun, Herr, du gibst uns reichlich, / wirst selbst doch arm und schwach; / du liebest unvergleichlich, / du jagst den Sündern nach. / Drum wolln wir all in ein / die Stimmen hoch erschwingen, / dir Hosianna singen / und ewig dankbar sein.

Text: Johann Rist 1651
Erste Melodie: Thomas Selle 1651
Zweite Melodie: Johann Caspar Bachofen 1728

KIRCHENJAHR

537

Ma - che dich auf und wer - de licht!

Ma - che dich auf und wer - de licht!

Ma - che dich auf und wer - de licht;

denn dein Licht kommt.

Text: Jesaja 60, 1
Kanon für 4 Stimmen: Kommunität Gnadenthal 1972

Wir suchen dich nicht, wir finden dich nicht,
du suchst und du findest uns, ewiges Licht.
Wir können dich, Kind in der Krippe, nicht fassen,
wir können die Botschaft nur wahr sein lassen.

Albrecht Goes

ADVENT

538

1. Tragt in die Welt nun ein Licht,
sagt al - len: Fürch - tet euch nicht!
Gott hat euch lieb, Groß und Klein!
Seht auf des Lich - tes Schein!

2. Tragt zu den Alten ein Licht, / sagt allen: Fürchtet euch nicht! / Gott hat euch lieb, Groß und Klein! / Seht auf des Lichtes Schein!

3. Tragt zu den Kranken ein Licht, / sagt allen: Fürchtet euch nicht! / Gott hat euch lieb, Groß und Klein! / Seht auf des Lichtes Schein!

4. Tragt zu den Kindern ein Licht, / sagt allen: Fürchtet euch nicht! / Gott hat euch lieb, Groß und Klein! / Seht auf des Lichtes Schein! *(beliebig zu erweitern)*

Text und Melodie: Wolfgang Longardt 1972

KIRCHENJAHR

WEIHNACHTEN

539

1. Chri-stum wir sol-len lo-ben schon,
der rei-nen Magd Ma-ri-en Sohn,
so weit die lie-be Son-ne leucht'
und an al-ler Welt En-de reicht.

2. Der selig Schöpfer aller Ding / zog an eins Knechtes Leib gering, / daß er das Fleisch durchs Fleisch erwürb / und sein Geschöpf nicht ganz verdürb.

3. Die edle Mutter hat geborn / den Gabriel verhieß zuvor, / den Sankt Johann mit Springen zeigt, / da er noch lag im Mutterleib.

4. Er lag im Heu mit Armut groß, / die Krippe hart ihn nicht verdroß. / Es ward ein wenig Milch sein Speis, / der nie ein Vöglein hungern ließ.

5. Des Himmels Chör sich freuen drob, / die Engel singen Gott zu Lob, / den armen Hirten wird vermeldt / der Hirt und Schöpfer aller Welt.

WEIHNACHTEN

6. Lob, Ehr und Dank sei dir ge-sagt,
Chri-ste, ge-born von rei-ner Magd,
mit Va-ter und dem Heil-gen Geist,
von nun an bis in E-wig-keit.
A-men.

Text: Martin Luther 1524 nach dem Hymnus
A solis ortus cardine des Caelius Sedulius um 430
Melodie: 5. Jh., Erfurt 1524, Münsterschwarzach 1979

Als aber die Zeit erfüllt war,
sandte Gott seinen Sohn,
geboren von einer Frau
und unter das Gesetz getan,
damit er die, die unter dem Gesetz waren, erlöste,
damit wir die Kindschaft empfingen.

Galater 4, 4–5

KIRCHENJAHR
540

1. Freut euch, ihr lieben Christen,
freut euch von Herzen sehr;
euch ist geboren Christus:
wahrlich, recht gute Mär!
Es singen uns die Engel
aus Gottes hohem Thron;
gar lieblich tun sie singen,
fürwahr ein süßen Ton;

WEIHNACHTEN

gar lieb - lich tun sie sin - gen,
für-wahr ein sü - - ßen Ton.

2. Also tun sie nun singen: / »Das Kindlein ist euch hold; / es ist des Vaters Wille, / der hats also gewollt; / es ist euch dargegeben, / dadurch ihr sollet han / des Vaters Gunst und Segen; / sein Gnad ist aufgetan, / des Vaters Gunst und Segen; / sein Gnad ist aufgetan.«

3. Nicht braucht euch nun zu schrecken / sein klein gering Gestalt. / Was tut er drunter decken? / Sein mächtig groß Gewalt. / Er liegt wohl in der Krippe, / in Elend, Jammer groß, / ist doch Herr aller Dinge, / sein Herrschaft hat kein Maß; / ist doch Herr aller Dinge, / sein Herrschaft hat kein Maß.

4. Tod, Teufel, Sünd und Hölle, / die han den Sieg verlorn. / Das Kindlein tut sie fällen, / nicht viel gilt jetzt ihr Zorn. / Wir fürchten nicht ihr Pochen, / ihr Macht ist abgetan: / Das Kind hat sie zerbrochen. / Da ist kein Zweifel dran. / Das Kind hat sie zerbrochen. / Das sei euch kundgetan.

Text: Magdeburg 1540
Melodie: Leonhart Schröter 1587

KIRCHENJAHR

541 ö

1. Vom Himmel hoch, o Engel, kommt! Eia, eia, su-sa-ni, su-sa-ni, su-sa-ni, kommt, singt und klingt, kommt, pfeift und trommt! Halleluja, Halleluja! Von Jesus singt und Maria.

2. Kommt ohne Instrumente nit, / eia, eia, susani, susani, susani, / bringt Lauten, Harfen, Geigen mit! / Halleluja, Halleluja! / Von Jesus singt und Maria.

3. Laßt hören euer Stimmen viel, / eia, eia, susani, susani, susani, / mit Orgel- und mit Saitenspiel. / Halleluja, Halleluja! / Von Jesus singt und Maria.

4. Hier muß die Musik himmlisch sein, / eia, eia, susani, susani, susani, / weil dies ein himmlisch Kindelein. / Halleluja, Halleluja! / Von Jesus singt und Maria.

5. Die Stimmen müssen lieblich gehn, / eia, eia, susani, susani, susani, / und Tag und Nacht nicht stille stehn: / Halleluja, Halleluja! / Von Jesus singt und Maria.

WEIHNACHTEN

6. Sehr süß muß sein der Orgelklang, / eia, eia, susani, susani, susani, / süß über allen Vogelsang. / Halleluja, Halleluja! / Von Jesus singt und Maria.

7. Das Saitenspiel muß lauten süß, / eia, eia, susani, susani, susani, / davon das Kindlein schlafen muß. / Halleluja, Halleluja! / Von Jesus singt und Maria.

8. Singt Fried den Menschen weit und breit, / eia, eia, susani, susani, susani, / Gott Preis und Ehr in Ewigkeit! / Halleluja, Halleluja! / Von Jesus singt und Maria.

Text: nach Friedrich Spee 1623
Melodie: Paderborn 1616, Köln 1623

542

1. Wir sin-gen dir, Im-ma-nu-el,
du Le-bens-fürst und Gna-den-quell,
du Him-mels-blum und Mor-gen-stern,
du Jung-fraun-sohn, Herr al-ler Herrn.

2. Wir singen dir in deinem Heer / aus aller Kraft Lob, Preis und Ehr, / daß du, o lang gewünschter Gast, / dich nunmehr eingestellet hast.

KIRCHENJAHR

3. Von Anfang, da die Welt gemacht, / hat so manch Herz nach dir gewacht, / dich hat gehofft so lange Jahr / der Väter und Propheten Schar:

4. »Ach, daß der Herr aus Zion käm / und unsre Bande von uns nähm! / Ach, daß die Hilfe bräch herein, / so würde Jakob fröhlich sein!«*   **Ps 14, 7*

5. Nun du bist hier, da liegest du, / hältst in dem Kripplein deine Ruh, / bist klein und machst doch alles groß, / bekleidst die Welt und kommst doch bloß.

6. Ich aber, dein geringster Knecht, / ich sag es frei und mein es recht: / Ich liebe dich, doch nicht so viel, / als ich dich gerne lieben will.

7. Der Will ist da, die Kraft ist klein; / doch wird dir nicht zuwider sein / mein armes Herz, und was es kann, / wirst du in Gnaden nehmen an.

8. Und bin ich gleich der Sünden voll, / hab ich gelebt nicht, wie ich soll, / ei, kommst du doch deswegen her, / daß sich der Sünder zu dir kehr.

9. So faß ich dich nun ohne Scheu, / du machst mich alles Jammers frei. / Du trägst den Zorn, du würgst den Tod, / verkehrst in Freud all Angst und Not.

10. Du bist mein Haupt, hinwiederum / bin ich dein Glied und Eigentum / und will, soviel dein Geist mir gibt, / stets dienen dir, wie dirs beliebt.

11. Ich will dein Halleluja hier / mit Freuden singen für und für, / und dort in deinem Ehrensaal / solls schallen ohne Zeit und Zahl.

Text: Paul Gerhardt 1653
Melodie: Vom Himmel hoch, da komm ich her [Nr. 24]

WEIHNACHTEN
543

1. O freu-den-rei-cher Tag, o gna-den-rei-cher Tag! Ma-ri-a hat ge-bo-ren ein Kind-lein aus-er-ko-ren zu Beth-le-hem im Stall, zu Beth-le-hem im Stall.

2. Dies Kind ist Gottes Sohn, / kommen vom höchsten Thron. / Laßt uns dasselbe preisen, / ihm Lob und Ehr erweisen / zu Bethlehem im Stall!

3. Bei diesem Kindelein / viel tausend Engel sein, / dasselbe zu verehren / als ihren Gott und Herren / zu Bethlehem im Stall.

Text: Fränkisches Volkslied
Melodie: 17. Jh.

Aus tausend Traurigkeiten
zur Krippe gehn wir still.
Das Kind der Ewigkeiten
uns alle trösten will.

Friedrich von Bodelschwingh 1945

KIRCHENJAHR
544

1. Mit den Hirten will ich gehen,
meinen Heiland zu besehen,
meinen lieben heil'gen Christ,
der für mich geboren ist.

2. Mit den Engeln will ich singen, / Gott zur Ehre soll es klingen, / von dem Frieden, den er gibt / jedem Herzen, das ihn liebt.

3. Mit den Weisen will ich geben, / was ich Höchstes hab im Leben, / geb zu seligem Gewinn / ihm das Leben selber hin.

4. Mit Maria will ich sinnen / ganz verschwiegen und tief innen / über dem Geheimnis zart: / Gott im Fleisch geoffenbart.

5. Mit dir selber, mein Befreier, / will ich halten Weihnachtsfeier; / komm, ach komm ins Herz hinein, / laß es deine Krippe sein!

Text: Emil Quandt 1880
Melodie: August Diedrich Rische 1885

WEIHNACHTEN

(Ö) 545

Alle:

1. Es ist für uns eine Zeit angekommen, es ist für uns eine große Gnad: Unser Heiland Jesus Christ, der für uns, der für uns, für uns Mensch geworden ist.

Erzähler / Engel:
2. Es sandte Gott seinen Engel vom Himmel, / der sprach zur Jungfrau Maria: / »Du sollst Mutter Jesu sein, / Jesus Christ, / Jesus Christ, / Jesus Christ dein Söhnelein!«

Erzähler / Maria:
3. Maria hörte des Herren Begehren, / sich neigend sie zu dem Engel sprach: / »Sieh, ich bin des Herren Magd, / mir gescheh, / mir gescheh, / mir gescheh, wie du gesagt.«

Erzähler:
4. Und es erging ein Gebot von dem Kaiser, / daß alle Welt gezählet würd. / Josef und Maria voll der Gnad / zogen hin, / zogen hin, / zogen hin nach Davids Stadt.

KIRCHENJAHR

5. Es war kein Raum in der Herberg zu finden, / es war kein Platz da für arme Leut. / In dem Stall bei Esel und Rind / kam zur Welt, / kam zur Welt, / kam zur Welt das heilge Kind.

Erzähler / Engel:
6. Es waren Hirten bei Nacht auf dem Felde. / Ein Engel ihnen erschien und sprach: / »Fürcht' euch nicht, ihr Hirtenleut, / Fried und Freud, / Fried und Freud, / Fried und Freud verkünd ich heut.

7. Denn euch ist heute der Heiland geboren, / und er ist Christus, unser Herr. / Dies soll euch zum Zeichen sein: / 's Kindelein, / 's Kindelein, / 's Kindelein liegt im Krippelein.«

Erzähler:
8. Sie gingen eilend und fanden die beiden, / Maria und Josef, in dem Stall / und dazu das Kindelein, / Jesus Christ, / Jesus Christ, / Jesus Christ im Krippelein.

9. Vom Morgenlande drei Könige kamen, / ein Stern führt sie nach Bethlehem. / Myrrhen, Weihrauch und auch Gold / brachten sie, / brachten sie, / brachten sie dem Kindlein hold.

Alle:
10. Es ist für uns eine Zeit angekommen, / es ist für uns eine große Gnad: / Unser Heiland Jesus Christ, / der für uns, / der für uns, / für uns Mensch geworden ist.

Die Wiederholung der beiden Strophenhälften kann wegfallen, wenn mehrere Strophen hintereinander gesungen werden.

Text: Str. 1 und 10: aus der Schweiz, Str. 2–9: Maria Wolters 1957
Melodie und Satz: Sterndrehermarsch aus der Schweiz

WEIHNACHTEN
546

1. Stern ü-ber Beth-le-hem, zeig uns den Weg, führ uns zur Krip-pe hin, zeig, wo sie steht, leuch-te du uns vor-an, bis wir dort sind, Stern ü-ber Beth-le-hem, führ uns zum Kind!

2. Stern über Bethlehem, nun bleibst du stehn / und läßt uns alle das Wunder hier sehn, / das da geschehen, was niemand gedacht, / Stern über Bethlehem, in dieser Nacht.

3. Stern über Bethlehem, wir sind am Ziel, / denn dieser arme Stall birgt doch so viel. / Du hast uns hergeführt, wir danken dir. / Stern über Bethlehem, wir bleiben hier!

4. Stern über Bethlehem, kehrn wir zurück, / steht noch dein heller Schein in unserm Blick, / und was uns froh gemacht, teilen wir aus, / Stern über Bethlehem, schein auch zu Haus!

Text und Melodie: Alfred Hans Zoller 1964

KIRCHENJAHR
547

1. In einer Höhle zu Bethlehem,
2. Schwarz scheint die Sonne von Babylon,
3. Endliche Stunde: Jerusalem,

in einer dunkelen Höhle
Flüchtende heben die Hände,
Ehre und Friede auf Erden.

kam er zur Welt, zu meiner Welt, zu
und Nebel fällt in meine Welt, in
Herrlichkeit fällt in meine Welt, in

deiner Welt, zu unserer Welt.
deine Welt, in unsere Welt.
deine Welt, in unsere Welt.

Kehrvers

Lieber, ich sing dir mein Weihnachtslied,
und wer dich lieb hat, der singe mit.

WEIHNACHTEN

Fin-ster die Nacht, a- ber du machst sie hell.
Je - sus, Lie - ber, Im-ma- nu - el,
Je- sus, Lie-ber, Im-ma-nu - el.

Text: Klaus Berg
Melodie: Oskar Gottlieb Blarr

TELEGRAMMTEXT

selig
ihr armen
reich
durch das
reich
des gottes
der arm
mit armen
geworden

Kurt Marti

KIRCHENJAHR
548

1. Die Weisen sind gegangen. Der Schall verklang, der Schein verging, der Alltag hat in jedem Ding nun wieder angefangen, nun wieder angefangen.

2. Der Wanderstern verglühte, kein Engel spricht, kein Schäfer rennt, und niemand beugt sich und erkennt die Größe und die Güte, die Größe und die Güte.

3. Wie läßt sich das vereinen: der Stern war da, der Engel rief, der Schäfer mit den Weisen lief und kniete vor dem Kleinen, und kniete vor dem Kleinen?

4. Auch sie sind nicht geblieben, / die beiden mit dem kleinen Kind. / Ob sie schon an der Grenze sind, / geflüchtet und vertrieben, / geflüchtet und vertrieben?

JAHRESWENDE

5. Was soll ich weiter fragen. / Ich habe manches mitgemacht – / wem trau ich mehr: der einen Nacht / oder den vielen Tagen, / oder den vielen Tagen?

Text: Gerhard Valentin 1965
Melodie: Oskar Gottlieb Blarr 1979

JAHRESWENDE

549

1. Helft mir Gotts Güte preisen,
   ihr Christen insgemein,
   vornehmlich zu der Zeit,
   da sich das Jahr tut enden,
   die Sonn sich zu uns wenden,
   das neu Jahr ist nicht weit.

   mit Gsang und andern Weisen
   ihm allzeit dankbar sein,

2. Erstlich laßt uns betrachten / des Herren reiche Gnad / und so gering nicht achten, / was er uns Gutes tat; / stets führen zu Gemüt, / wie er dies Jahr hat geben, / was not ist diesem Leben, / und uns vor Leid behüt;

3. Lehramt, Schul, Kirch erhalten / in gutem Fried und Ruh; / Nahrung für Jung und Alte / bescheret auch dazu / und gar mit milder Hand / sein Güter ausgespendet, / Verwüstung abgewendet / von diesem Ort und Land.

4. Er hat unser verschonet / aus väterlicher Gnad; / wenn er sonst hätt gelohnet / all unsre Missetat / mit gleicher Straf und Pein: / Wir wären längst gestorben, / in mancher Not verdorben, / die wir voll Sünden sein.

5. Nach Vaters Art und Treuen / er uns so gnädig ist; / wenn wir die Sünd bereuen, / glauben an Jesus Christ / herzlich ohn Heuchelei, / tut er all Sünd vergeben, / lindert die Straf daneben, / steht uns in Nöten bei.

6. All solch dein Güt wir preisen, / Vater im Himmelsthron, / die du uns tust beweisen / durch Christus, deinen Sohn, / und bitten ferner dich: / Gib uns ein fröhlich Jahre, / vor allem Leid bewahre / und nähr uns mildiglich!

Text: Paul Eber (1569) 1571
Melodie: Von Gott will ich nicht lassen [Nr. 365]

Mein sind die Jahre nicht, die mir die Zeit genommen.
Mein sind die Jahre nicht, die etwa möchten kommen.
Der Augenblick ist mein, und nehm ich den in acht,
so ist der mein, der Jahr und Ewigkeit gemacht.

Andreas Gryphius

JAHRESWENDE

ö 550

1. Lob-prei-set all zu die-ser Zeit,
die Son-ne der Ge-rech-tig-keit,
wo Sonn und Jahr sich wen-det,
die al-le Nacht ge-en-det.

Kehrvers

Dem Herrn, der Tag und Jahr ge-schenkt,
der un-ser Le-ben trägt und lenkt,
sei Dank und Lob ge-sun-gen.

2. Christus hat unser Jahr erneut / und hellen Tag gegeben, / da er aus seiner Herrlichkeit / eintrat ins Erdenleben. / Dem Herrn, der Tag und Jahr geschenkt, / der unser Leben trägt und lenkt, / sei Dank und Lob gesungen.

3. Er ist der Weg, auf dem wir gehn, / die Wahrheit, der wir trauen. / Er will als Bruder bei uns stehn, / bis wir im Glanz ihn schauen. / Dem Herrn, der Tag und Jahr geschenkt, / der unser Leben trägt und lenkt, / sei Dank und Lob gesungen.

Text: nach Heinrich Bone 1852; Str. 3: Einheitsgesangbuch 1969
Melodie: Es ist gewißlich an der Zeit [Nr. 149]

KIRCHENJAHR
551

1. Das Jahr geht hin, nun seg-ne du den Aus-gang und das En-de. Deck die-ses Jah-res Müh-sal zu, zum Be-sten al-les wen-de.

2. Du bleibst allein in aller Zeit, / ob wir auch gehn und wandern, / die Zuflucht, schenkst Geborgenheit / von einem Jahr zum andern.

3. Hab Dank für deine Gotteshuld, / den Reichtum deiner Gnaden. / Vergib uns alle unsre Schuld, / die wir auf uns geladen.

4. Und segne unsern Eingang nun. / Hilf, Herr, in Jesu Namen. / Dein Segen g'leit all unser Tun / im neuen Jahre. Amen.

Text: **Arno Pötzsch 1942**
Melodie: **Rolf Hallensleben 1956**

EPIPHANIAS

552

1. Licht, das in die Welt ge-kom-men,
Mor-gen-stern, aus Gott ent-glom-men,
Son-ne vol-ler Glanz und Pracht,
treib hin-weg die al-te Nacht;
zieh in dei-nen Wun-der-schein
bald die gan-ze Welt hin-ein.

2. Gib dem Wort, das von dir zeuget, / einen allgewalt'gen Lauf, / daß noch manches Knie sich beuget, / sich noch manches Herz tut auf, / eh die Zeit erfüllet ist, / wo du richtest, Jesu Christ.

3. Wo du sprichst, da muß zergehen, / was der starre Frost gebaut; / denn in deines Geistes Wehen / wird es linde, schmilzt und taut. / Herr, tu auf des Wortes Tür, / ruf die Menschen all zu dir!

4. Es sei keine Sprach noch Rede, / da man nicht die Stimme hört, / und kein Land so fern und öde, / wo nicht dein Gesetz sie lehrt. / Laß den hellen Freudenschall / siegreich ausgehn überall!

KIRCHENJAHR

5. Geh, du Bräut'gam, aus der Kammer, / laufe deinen Heldenpfad;* / strahle Tröstung in den Jammer, / der die Welt umdunkelt hat. / O erleuchte, ewges Wort, / Ost und West und Süd und Nord!   *Ps 19, 6

6. Komm, erquick auch unsre Seelen, / mach die Augen hell und klar, / daß wir dich zum Lohn erwählen, / vor den Stolzen uns bewahr. / Ja, laß deinen Himmelsschein / unsres Fußes Leuchte sein!

Text: Rudolf Stier 1827
Melodie: Gott des Himmels und der Erden [Nr. 445]

553 ö

1. Die Weisen aus dem Morgenland, die zogen her von fern. Der Weg war ihnen unbekannt. Es führte sie ein Stern.

2. Sie wollten gern das Kindlein sehn, / den König aller Welt. / Der Stern blieb überm Stalle stehn / zu Bethlehem im Feld.

3. Sie traten ein und sahn das Kind. / Da freuten sie sich sehr. / Sie fielen auf die Knie geschwind / und legten alles her:

4. Gold, Weihrauch, Myrrhe brachten sie / dem Kind zum Opfer dar, / das da, so arm im Stall beim Vieh, / ihr Gott und König war.

Text: Maria Luise Thurmair 1952
Melodie: Heinrich Rohr 1952

PASSION

554

1. Ei - nes wünsch ich mir vor al - lem an - dern, ei - ne Stär-kung früh und spät, un - be - irrt auf je - nen Mann zu schau - en, der mit Zit-tern und mit To - des - grau - en auf sein Ant - litz nie - der - sank

um ge - trost durchs fin - stre Tal zu wan - dern, daß dies ei - ne mit uns geht: un - be - irrt auf je - nen Mann zu schau - en, der mit Zit-tern und mit To - des - grau - en und den Kelch des Va - ters trank.

2. Immer soll er mir vor Augen stehen, / wie geduldig er es trug, / als man ihn, erbärmlich anzusehen, / an das Holz des Kreuzes schlug. / Sterbend hat er auch um mich gerungen, / meine Schuld und meine Angst bezwungen, / und dann auch an mich gedacht, / als er rief: Es ist vollbracht.

3. Ja, mein Jesus, laß mich nie vergessen / meine Schuld und deine Huld. / Als ich in der Finsternis gesessen, / trugest du mit mir Geduld. / Wie ein Hirt nach seinem Schaf schon trachtet, / längst bevor es seinen Ruf beachtet, / hast du schon vor meiner Zeit / mir den Weg zu Gott befreit.

KIRCHENJAHR

4. Ich bin dein, sprich du darauf ein Amen, / treuer Jesus, du bist mein. / Schreibe deinen lieben Jesusnamen / bleibend in mein Herz hinein. / Mit dir alles tun und alles lassen, / deine Hand im Tod und Leben fassen, / das sei meines Glaubens Grund, / dein Vermächtnis, unser Bund.

Text: Nach Albert Knapp 1829 Detlev Block 1991
Melodie: Brüdergemeine nach 1735

555 (Ö)

1. Lo - ben wol - len wir und eh - ren un - sern Hei - land Je - sus Christ, der das Lei - den und das Ster - ben auf sich nahm für un - sre Schuld.

2. Loben wollen wir und ehren / unsern Heiland Jesus Christ, / der, von einem Freund verraten, / sich gefangen nehmen ließ.

3. Loben wollen wir und ehren / unsern Heiland Jesus Christ, / den sie schlugen und verlachten, / quälten mit der Dornenkron.

PASSION

4. Loben wollen wir und ehren / unsern Heiland Jesus Christ, / der danach verworfen wurde / und verdammt zum Tod am Kreuz.

5. Loben wollen wir und ehren / unsern Heiland Jesus Christ, / der sein Kreuz auf langer Straße / selber trug nach Golgatha.

6. Loben wollen wir und ehren / unsern Heiland Jesus Christ, / der ans Kreuz genagelt wurde / und wie ein Verbrecher starb.

7. Loben wollen wir und ehren / unsern Heiland Jesus Christ, / der, damit wir ewig leben, / solches Sterben auf sich nimmt.

8. Loben wollen wir und ehren / unsern Heiland Jesus Christ, / denn aus seinem dunklen Grabe / wird er siegreich auferstehn.

Text: nach Georg Thurmair 1939
Melodie: nach Heinrich Neuß 1948

ECCE HOMO

Weniger als die Hoffnung auf ihn

das ist der Mensch
einarmig
immer

Nur der gekreuzigte
beide Arme
weit offen
der Hier-Bin-Ich

Hilde Domin

KIRCHENJAHR

556

1. Ich steh an deinem Kreuz, Herr Christ, und seh dein Bildnis an und weiß: was hier geschehen ist, das hab ich dir getan.

2. Du kamst aus deines Vaters Haus / zur Welt und suchtest mich, / ich aber, Herr, ich stieß dich aus, / ans Kreuzholz schlug ich dich.

3. Ging eignen Weg verschloßnen Sinns, / wollt Gottes Weg nicht gehn, / verriet dich, Herr: ja, Herr, ich bins, / durch den dir Leids geschehn.

4. Nun steh ich hier mit meiner Schuld / und weiß nicht aus noch ein / und weiß nur dich und deine Huld. / Ach, Herr, erbarm dich mein!

5. Ich steh an deinem Kreuz, Herr Christ, / und seh dein Bildnis an / und weiß: was hier geschehen ist, / das hast du mir getan.

Text: Arno Pötzsch (vor 1956) 1962
Melodie: Horst Weber 1965

PASSION
557

1. Dank sei dir, Herr, durch al-le Zei-ten
für dei-nes To-des bitt'-re Not,
denn durch dein Kreuz und durch dein Lei-den
hast du die Welt er-löst vom Tod.

2. Du hast das Kreuz auf dich genommen, / die schwere Schuld der ganzen Welt, / wenn Not und Ängste auf uns kommen, / sei es dein Kreuz, Herr, das uns hält!

3. Du wirst, o Herr, ans Kreuz geschlagen, / wirst hingeopfert wie ein Lamm, / du hast die Schuld der Welt getragen / bis an des blut'gen Kreuzes Stamm.

4. Du wirst der Erde übergeben, / wie man den Weizen bettet ein, / doch wirst du auferstehn'n und leben, / und über alles herrlich sein.

5. Dank sei dir, Herr, durch alle Zeiten / für deines Todes bitt're Not, / denn durch dein Kreuz und durch dein Leiden / hast du die Welt erlöst vom Tod.

Text: Maria Luise Thurmair
Melodie: Berthold Hummel

KIRCHENJAHR
558

1. Nun ziehen wir die Straße, die unser Herr gegangen, verraten und gefangen, verraten und gefangen.

2. Wir hatten uns verloren, / doch er hat uns gefunden / und an sein Kreuz gebunden, / und an sein Kreuz gebunden.

3. Wir ziehen seine Straße, / er trägt das Kreuz uns allen, / für uns ist er gefallen, / für uns ist er gefallen.

4. Für uns hat er gelitten, / für uns ist er erstanden / aus Jammer, Tod und Schanden, / aus Jammer, Tod und Schanden.

5. O Kyrie eleison, / wir singen deinem Namen, / das Hosianna. Amen, / das Hosianna. Amen.

Text: Klaus Berg
Melodie: Oskar Gottlieb Blarr

OSTERN

ö 559

1. Chri-stus ist auf-er-stan-den.
Freud ist in al-len Lan-den.

Kehrvers

Laßt uns auch fröh-lich sin-gen in cym-ba-lis,
und Hal-le-lu-ja klin-gen Hal-le-lu-ja,

in cym-ba-lis be-ne so-nan-ti-bus:*
Hal-le-lu-ja, Hal-le-, Hal-le-lu-ja,

Hal-le - - - lu - ja.

* *in cymbalis bene sonantibus* bedeutet: mit wohlklingenden Zimbeln (Ps 150, 5)

2. Er hat den Tod bezwungen, / das Leben uns errungen. / Drum laßt uns fröhlich singen / und Halleluja klingen / in cymbalis, in cymbalis bene sonantibus: / Halleluja, Halleluja, Halle-, Halleluja, / Halleluja.

3. Christus ist aufgefahren. / Jubelt, ihr Engelscharen. / Drum laßt uns fröhlich singen / und Halleluja klingen / in cymbalis, in cymbalis bene sonantibus: / Halleluja, Halleluja, Halle-, Halleluja, / Halleluja.

KIRCHENJAHR

4. So, wie er aufgenommen, / wird er einst wiederkommen. / Drum laßt uns fröhlich singen / und Halleluja klingen / in cymbalis, in cymbalis bene sonantibus: / Halleluja, Halleluja, Halle-, Halleluja, / Halleluja.

Text: Str. 1: Friedrich Spee 1623; Str. 2–4: Arbeitsgemeinschaft für Ökumenisches Liedgut 1983
Melodie: Köln 1623
Satz: Paul Ernst Ruppel 1955

560

1. O herr-li-cher Tag, o fröh-li-che Zeit, da Jesus lebt ohn al-les Leid! Er ist er-stan-den von dem Tod, wir sind er-löst aus al-ler Not! O herr-li-cher Tag, o fröh-li-che Zeit!

2. O herrlicher Tag, o fröhliche Zeit, / da wir von Sünden sind befreit! / Getilget ist nun unsre Schuld, / wir sind gerecht aus Gottes Huld. / O herrlicher Tag, o fröhliche Zeit!

OSTERN

3. O herrlicher Tag, o fröhliche Zeit! / Der Tod ist überwunden heut; / es darf uns nicht mehr vor ihm graun, / wir sind erfüllet mit Vertraun. / O herrlicher Tag, o fröhliche Zeit!

4. O herrlicher Tag, o fröhliche Zeit! / Die Liebe Gottes uns erfreut; / des Herren Sieg hat uns erlöst, / uns neues Leben eingeflößt. / O herrlicher Tag, o fröhliche Zeit!

5. O herrlicher Tag, o fröhliche Zeit! / Erhalt uns, Jesu, diese Freud, / zu sagen hier zu aller Stund / und dort einmal mit selgem Mund: / O herrlicher Tag, o fröhliche Zeit!

Text: Cyriakus Günther (vor 1704) 1714
Melodie: O Heiliger Geist, o heiliger Gott [Nr. 131]

*Hoffen wir allein in diesem Leben auf Christus,
so sind wir die elendesten unter allen Menschen.
Nun aber ist Christus auferstanden
von den Toten als Erstling unter denen,
die entschlafen sind.
Der Tod ist verschlungen vom Sieg.
Tod, wo ist dein Sieg? Tod, wo ist dein Stachel?
Gott aber sei Dank, der uns den Sieg gibt
durch unsern Herrn Jesus Christus!*

aus 1. Korinther 15

KIRCHENJAHR

561

1. Jesus, unser Trost und Leben,
der dem Tode war ergeben,
der hat herrlich und mit Macht
Sieg und Leben wiederbracht:

2. Nunmehr liegt der Tod gebunden,
von dem Leben überwunden,
wir sind seiner Tyrannei,
seines Stachels quitt und frei.

OSTERN

Er ist aus des To - des Ban - den
Nun - mehr steht der Him - mel of - fen.

als ein Siegs - fürst auf - er - stan - den.
wah - rer Frie - de ist ge - trof - fen.

Hal - le - lu - ja, Hal - le - lu - ja.

3. Alle Welt sich des erfreuet, / sich verjünget und verneuet, / alles, was lebt weit und breit, / leget an sein grünes Kleid. / Ja, das Meer vor Freuden wallet, / Berg und Tal weithin erschallet. / Halleluja, Halleluja.

Text: Ernst Christoph Homburg 1659
Melodie: Halle 1704
Satz: nach dem bezifferten Baß von Johann Sebastian Bach

KIRCHENJAHR
562

1. Gottes Stimme laßt uns sein,
2. rufen in die Welt hinein:
3. Jesus lebt und Jesus siegt,
4. alles ihm zu Füßen liegt.

Ostinato (Verse aus Nr. 123)

Jesus Christus herrscht als König:
ehret, liebet, lobet ihn!

Text: Ursula Lazay 1950
Kanon für 4 Stimmen: Alfred Stier 1950
Ostinato-Beifügung: Martin Rößler 1986

OSTERN

ö 563

1. Nun werden die Engel im Himmel singen,
die Steine von den Gräbern springen,
weil Christus erstanden ist,
weil Christus erstanden ist.

2. Nun dürfen die Tränen trocknen auf Erden, / die Traurigen getröstet werden, / weil Christus erstanden ist, / weil Christus erstanden ist.

3. Nun werden auch wir aus dem Tod aufstehen, / in Ewigkeit zu Gott eingehen, / weil Christus erstanden ist, / weil Christus erstanden ist.

Text: Friedrich Hoffmann 1967
Melodie: Josef Michel 1967

DAS LEERE GRAB

*ein grab greift
tiefer
als die gräber
gruben*

*am tiefsten
greift
das grab das selbst
den tod begrub*

*denn ungeheuer
ist der vorsprung tod*

*denn ungeheuer
ist der vorsprung leben*

Kurt Marti

KIRCHENJAHR

564

1. Christ, der Herr, ist heut erstanden. Halleluja!
1. Christ the Lord is ris'n today. Alleluja!

Mensch und Engel jubilieren. Halleluja!
Sons of men and angels say: Alleluja!

Singt von Herzen unserm Gott! Halleluja!
Raise your joys and triumphs high: Alleluja!

OSTERN

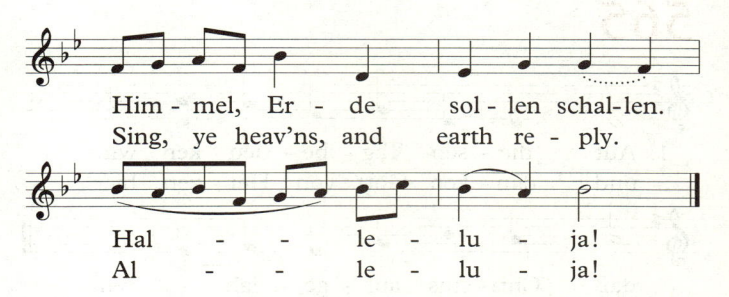

Him - mel, Er - de sol - len schal - len. Hal - - le - lu - ja!
Sing, ye heav'ns, and earth re - ply. Al - - le - lu - ja!

2. Christi Werk ist nun vollendet. / Halleluja! / Aus der Kampf, der Sieg errungen. / Halleluja! / Seht, die Schatten lichten sich. / Halleluja! / Strahlend geht uns auf die Sonne. / Halleluja!

3. Stein und Wache sind vergebens. / Halleluja! / Und das Siegel ist zerbrochen. / Halleluja! / Auch der Tod hält ihn nicht fest. / Halleluja! / Offen steht das Tor zum Leben. / Halleluja!

4. Auferstanden, lebt er heute. / Halleluja! / Tod, du hast dein Spiel verloren. / Halleluja! / Jesus holt uns aus der Angst. / Halleluja! / Singt mit uns das Lied der Freude! / Halleluja!

Text: Emil Schaller 1972 nach dem englischen
Christ the Lord is ris'n today von Charles Wesley 1741
Melodie: 1708, bei Charles Wesley 1741

Wer Ostern kennt, kann nicht verzweifeln.

Dietrich Bonhoeffer

KIRCHENJAHR

HIMMELFAHRT

565

1. Auf diesen Tag bedenken wir,
daß Christus aufgefahren,
uns arme Sünder hier auf Erd,
die wir, von mancher Not beschwert,
Trost nur in Hoffnung haben.
Halleluja, Halleluja.

und danken Gott von Herzen hier
und flehn, er woll bewahren

2. Gott Lob, der Weg ist nun gemacht, / uns steht der Himmel offen; / Christus schließt auf mit großer Pracht, / was vorhin war verschlossen. / Wer's glaubt, des Herz ist freudenvoll; / dabei er sich doch rüsten soll, / dem Herren nachzufolgen. / Halleluja, Halleluja.

HIMMELFAHRT

3. Wer hier nicht seinen Willen tut, / dem ist's nicht ernst zum Herren, / und er wird auch vor Fleisch und Blut / sein Himmelreich versperren. / Am Glauben liegt's; ist der nur echt, / so wird gewiß das Leben recht / zum Himmel sein gerichtet. / Halleluja, Halleluja.

4. Solch Himmelfahrt fängt in uns an, / bis wir den Vater finden / und fliehen stets der Sünder Bahn, / tun uns zu Gottes Kindern; / die sehn hinauf und Gott herab, / an Treu und Lieb geht ihn' nichts ab, / bis sie zusammenkommen. / Halleluja, Halleluja.

5. Dann wird der Tag erst freudenreich, / wann Gott uns zu sich nehmen / und seinem Sohn wird machen gleich, / wie wir es jetzt bekennen. / Da wird sich finden Freud und Mut / zu ewger Zeit beim höchsten Gut. / Gott woll, daß wir's erleben! / Halleluja, Halleluja.

Text: Nach Johannes Zwick um 1533/34
von Friedrich Spitta 1898
Melodie: Sixt Dietrich (?) um 1533/34

Ihr habt nun Traurigkeit;
aber ich will euch wiedersehen,
und euer Herz soll sich freuen,
und eure Freude soll niemand von euch nehmen.

Johannes 16, 22

KIRCHENJAHR

PFINGSTEN

566

1. Der Geist des Herrn erfüllt das All / mit Sturm und Feuersgluten; / er krönt mit Jubel Berg und Tal, / er läßt die Wasser fluten. / Ganz überströmt von Glanz und Licht / erhebt die Schöpfung ihr Gesicht, / frohlokkend: Halleluja.

2. Der Geist des Herrn erweckt den Geist / in Sehern und Propheten, / der das Erbarmen Gottes weist / und Heil in tiefsten Nöten. / Seht, aus der Nacht Verheißung blüht; / die Hoffnung hebt sich wie ein Lied / und jubelt: Halleluja.

3. Der Geist des Herrn treibt Gottes Sohn, / die Erde zu erlösen; / er stirbt, erhöht am Kreuzesthron, / und bricht die Macht des Bösen. / Als Sieger fährt er jauchzend heim / und ruft den Geist, daß jeder Keim / aufbreche: Halleluja.

PFINGSTEN

4. Der Geist des Herrn durchweht die Welt / gewaltig und unbändig; / wohin sein Feueratem fällt, / wird Gottes Reich lebendig. / Da schreitet Christus durch die Zeit / in seiner Kirche Pilgerkleid, / Gott lobend: Halleluja.

Text: Maria Luise Thurmair (1941) 1946
Melodie: Lobt Gott den Herrn, ihr Heiden all [Nr. 293]

ö 567

1. Am Pfingst-tag un - ter Sturm - ge - braus er - füllt der Geist das gan - ze Haus. In Zun - gen wie von Feu - ers - glut gibt er den Jün - gern neu - en Mut. Hal - le - lu - ja.

2. Schon strömt herbei der Völker Schar, / die in der Stadt versammelt war, / und jedem macht der Jünger Mund / die großen Taten Gottes kund. / Halleluja.

3. Die fragen: »Sagt, wie kann das sein?« / und spotten: »Ja, der süße Wein!« / Doch Petrus tut der Menge kund: / »Gott schenkt den Geist in dieser Stund. / Halleluja.

4. Der Jesus aus dem Tod befreit, / gibt seinen Heilgen Geist auch heut. / Ruft Gottes Namen gläubig an, / weil er allein euch retten kann! / Halleluja.

KIRCHENJAHR

5. An Gottes große Taten denkt! Er hat uns seinen Geist geschenkt, / gießt seine Lieb ins Herz uns ein. / Wir sollen seine Zeugen sein.« / Halleluja.

Text: Sigisbert Kraft 1975
Melodie: Erschienen ist der herrlich Tag [Nr. 106]

568 ö

1. Wind kannst du nicht se-hen, ihn spürt nur das Ohr
1. Vin - den ser vi in - te, men dess röst vi hör

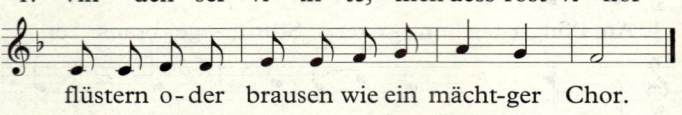

flüstern o - der brausen wie ein mäch-ter Chor.
vis - ka el - ler bru - sa som en mäk - tig kör.

2. Geist kannst du nicht sehen; / doch hör, wie er spricht / tief im Herzen Worte voller Trost und Licht.

3. Wind kannst du nicht sehen, / aber, was er tut: / Felder wogen, Wellen wandern in der Flut.

4. Geist kannst du nicht sehen, / doch, wo er will sein, / weicht die Angst und strömt die Freude mächtig ein.

5. Hergesandt aus Welten, / die noch niemand sah, / kommt der Geist zu uns, und Gott ist selber da.

Text: Markus Jenny (1983) 1991 nach dem schwedischen
Vinden ser vi inte von Anders Frostenson 1958/73
Melodie: Erhard Wikfeldt 1958

2. Anden ser vi inte, / men vi hör hans röst / tala i vårt hjärta ord av ljus och tröst.

3. Vinden ser vi inte, / men vi ser dess spår. / Vågen rörs och gräset böjs där vinden går.

PFINGSTEN

4. Anden ser vi inte, / men i Andens vind / blir vår rädsla borta, strömmar glädjen in.

5. Från en värld som ingen / enda av oss ser / kommer Anden till oss och sin hjälp oss ger.

569

1. Zu O-stern in Jerusalem da ist et-was ge-schehn, das ist noch heu-te wun-der-bar, nicht je-der kann's ver-stehn. Hört, hört, hört, hört, nicht je-der kann's ver-stehn. stehn.

2. Zu Pfingsten in Jerusalem, da ist etwas geschehn. / Die Jünger reden ohne Angst, und jeder kann's verstehn. |: Hört, hört, hört, hört, und jeder kann's verstehn. :|

3. Zu jeder Zeit in jedem Land kann plötzlich was geschehn. / Die Menschen hören, was Gott will, und können sich verstehn. |: Hört, hört, hört, hört, und können sich verstehn. :|

Text: Arnim Juhre 1968
Melodie: Karl-Wolfgang Wiesenthal 1968

KIRCHENJAHR

570

Kehrvers

Du, Herr, gabst uns dein festes Wort. Gib uns allen deinen Geist! Du gehst nicht wieder von uns fort. Gib uns allen deinen Geist!

1. Bleibe bei uns alle Tage bis ans Ziel der Welt. Gib uns allen deinen Geist! Gib das Leben, das im Glauben die Gemeinde hält. Gib uns allen deinen Geist!

2. Deinen Atem gabst du uns jetzt schon als Unterpfand. / Gib uns allen deinen Geist! / Denn als Kinder deines Vaters sind wir anerkannt. / Gib uns allen deinen Geist!
Kehrvers

3. Nähr die Kirche, alle Glieder, stets mit deiner Kraft. / Gib uns allen deinen Geist! / Stärk uns täglich, immer wieder in der Jüngerschaft. / Gib uns allen deinen Geist!
Kehrvers

PFINGSTEN

4. Von den Mächten dieser Weltzeit sind wir hart bedrängt. / Gib uns allen deinen Geist! / Doch im Glauben hast du uns schon Gottes Kraft geschenkt. / Gib uns allen deinen Geist!
Kehrvers

5. Immer wieder will ich singen: Gib uns deinen Geist. / Gib uns allen deinen Geist! / Der die Herzen, auch die trägen, mit der Freude speist. / Gib uns allen deinen Geist!
Kehrvers

Text und Melodie: Lutz Hoffmann, Franz Mausberg, Karl Norres, Leo Schuhen
nach dem Spiritual *It's me, oh Lord*

571

1. Unser Leben sei ein Fest, Jesu Geist in unserer Mitte, Jesu Werk in unseren Händen, Jesu Geist in unseren Werken. Unser Leben sei ein Fest, so wie heute an jedem Tag.

KIRCHENJAHR

2. Unser Leben sei ein Fest. / Brot und Wein für unsere Freiheit, / Jesu Wort für unsere Wege, / Jesu Weg für unser Leben. / Unser Leben sei ein Fest / so wie heute an jedem Tag.

Text: Str. 1 Josef Metternich Team 1972,
Str. 2 Kurt Rose 1982
Melodie: Peter Janssens 1972

ENDE DES KIRCHENJAHRES

572

1. Brich herein, sü-ßer Schein selger E-wig-keit! Leucht in un-ser ar-mes Le-ben,

ENDE DES KIRCHENJAHRES

... unsern Fü-ßen Kraft zu ge-ben, unsrer See-le Freud, un-srer See-le Freud.

2. Hier ist Müh / morgens früh / und des Abends spät; / Angst, davon die Augen sprechen; / Not, davon die Herzen brechen; / kalter Wind oft weht, / kalter Wind oft weht.

3. Jesus Christ, / du nur bist / unsrer Hoffnung Licht! / Stell uns vor und laß uns schauen / jene immer grünen Auen, / die dein Wort verspricht, / die dein Wort verspricht!

4. Ewigkeit, / in die Zeit / leuchte hell hinein, / daß uns werde klein das Kleine / und das Große groß erscheine, / selge Ewigkeit, / selge Ewigkeit.

Text: Marie Schmalenbach um 1876
Melodie und Satz: Karl Kuhlo 1877

Gottesdienst

EINGANG UND AUSGANG

573

Die wir uns all - hier bei-sam-men fin - den,
uns auf dei-ne Mar-ter zu ver - bin - den,
schlagen un-sre Hän-de ein,
dir auf e-wig treu zu sein;
und zum Zei-chen,
daß dies Lob-ge-tö-ne dei-nem Her-zen
an-ge-nehm und schö-ne, sa-ge »A-men«
und zu-gleich: »Frie-de, Frie-de sei mit euch!«

Text: Nach Christian Renatus Graf von Zinzendorf 1755
von Christian Gregor 1778
Melodie: Eines wünsch ich mir [Nr. 554]

EINGANG UND AUSGANG

574

1. Je - sus, Haupt und Herr der Dei - nen,
Son - ne der Ge - rech - tig - keit,
komm zu uns, wir sind bei - sam - men,
gie - ße dei - ne Gei - stes - flam - men,
gie - ße Licht und Le - ben aus
ü - ber dies dein Got - tes - haus.

wan - delnd un - ter den Ge - mei - nen,
die zu dei - nem Dienst be - reit,

2. Komm, belebe alle Glieder, / du der Kirche heilig Haupt; / treibe aus, was dir zuwider, / was uns deinen Segen raubt. / Komm, entdeck uns in der Klarheit / Gottes Herz voll Gnad und Wahrheit; / laß uns fühlen allzugleich: / »Ich bin mitten unter euch.«

3. Laß sich die Gemüter kehren / zu dir, Glanz der Ewigkeit; / laß uns innigst nur begehren, / was uns dein Erbarmen beut. / Laß dein Licht und Leben fließen / und in alle sich ergießen; / stärke deinen Gnadenbund, / Herr, in jedes Herzens Grund.

GOTTESDIENST

4. Komm, o Herr, in jede Seele, / laß sie deine Wohnung sein, / daß dir einst nicht eine fehle / in der Gotteskinder Reihn. / Laß uns deines Geistes Gaben / reichlich miteinander haben; / offenbare königlich, / Haupt, in allen Gliedern dich.

Text: Johann Michael Hahn (vor 1819) 1822,
bearbeitet von Albert Knapp 1837 und Stuttgart 1841
Melodie: Alle Menschen müssen sterben [Nr. 694]

575

1. Seg-ne und be-hü-te uns durch dei-ne Gü-te, Herr, er-heb dein An-ge-sicht ü-ber uns und gib uns Licht.

2. Schenk uns deinen Frieden / alle Tag hienieden, / gib uns deinen guten Geist, / der uns stets zu Christus weist.

3. Amen. Amen. Amen! / Ehre sei dem Namen / Jesu Christi, unsers Herrn, / denn er segnet uns so gern.

Text: bei Johannes Goßner 1825
Melodie: Johann Friedrich Franke 1755

EINGANG UND AUSGANG

576

Die Gna-de un-sers Herrn Je-su Chri-sti und die Lie-be Got-tes und die Ge-mein-schaft des Heilgen Gei-stes sei mit uns al-len, mit uns al-len! A-men.

Text: 2. Korinther 13, 13
Melodie und Satz: Christian Gregor 1763

GOTTESDIENST
577

1. Kommt herbei, singt dem Herrn, ruft ihm zu, der uns befreit. Singend laßt uns vor ihn treten, mehr als Worte sagt ein Lied. Singend laßt uns vor ihn treten, mehr als Worte sagt ein Lied.

2. Er ist Gott, Gott für uns, / er allein ist letzter Halt. / Er ist Gott, Gott für uns, / er allein ist letzter Halt. / Überall ist er und nirgends, / Höhen, Tiefen, sie sind sein. / Überall ist er und nirgends, / Höhen, Tiefen, sie sind sein.

3. Ja, er heißt: Gott für uns; / wir die Menschen, die er liebt. / Ja, er heißt: Gott für uns; / wir die Menschen, die er liebt. / Darum können wir ihm folgen, / können wir sein Wort verstehn. / Darum können wir ihm folgen, / können wir sein Wort verstehn.

4. Wir sind taub, wir sind stumm, / wollen eigne Wege gehn. / Wir sind taub, wir sind stumm, / wollen eigne Wege gehn. / Wir erfinden neue Götter / und vertrauen ihnen blind. / Wir erfinden neue Götter / und vertrauen ihnen blind.

EINGANG UND AUSGANG

5. Dieser Weg führt ins Nichts, / und wir finden nicht das Glück. / Dieser Weg führt ins Nichts, / und wir finden nicht das Glück, / graben unsre eignen Gräber, / geben selber uns den Tod, / graben unsre eignen Gräber, / geben selber uns den Tod.

6. Menschen, kommt, singt dem Herrn, / ruft ihm zu, der uns befreit. / Menschen, kommt, singt dem Herrn, / ruft ihm zu, der uns befreit. / Singend laßt uns vor ihn treten, / mehr als Worte sagt ein Lied. / Singend laßt uns vor ihn treten, / mehr als Worte sagt ein Lied.

Text: Diethard Zils 1972/1974 nach Psalm 95
Melodie: Volkslied aus Israel, Sarah Levy-Tanai (zu Hoheslied 2, 8)

578

Wo zwei oder drei in meinem Namen versammelt sind, da bin ich mitten unter ihnen. Wo zwei oder drei in meinem Namen versammelt sind, da bin ich mitten unter ihnen.

Text: Matthäus 18, 20
Kanon für 2 Stimmen: Kommunität Gnadenthal 1972

GOTTESDIENST

LITURGISCHE GESÄNGE

579

Freu-et euch im Herrn! Freu-et euch im Herrn und prei-set sei-nen Na-men. Hal-le-lu-ja, Hal-le-lu-ja!

LITURGISCHE GESÄNGE

Prei- set sei- nen Na - men. Hal- le- lu - ja.

Gesang aus Taizé
Text: nach Psalm 33,1
Melodie und Satz: Jacques Berthier, Taizé 1982

580

1. Glo - ri - a, glo - ri - a
2. in ex - cel - sis De - o!
3. Glo - ri - a, glo - ri - a,
4. al - le - lu - ja, al - le - lu - ja!

Gesang aus Taizé
Kanon für 4 Stimmen: Jacques Berthier, Taizé 1978

GOTTESDIENST
581

Halleluja. Halleluja, Halleluja.

Gesang aus Taizé
Melodie und Satz: Jacques Berthier, Taizé

LITURGISCHE GESÄNGE

582

O-cu-li no-stri ad Do-mi-num De-um.
Un-se-re Au-gen sehn stets auf den Her-ren.

O-cu-li no-stri ad Do-mi-num no-strum.
Un-se-re Au-gen sehn stets auf den Her-ren.

Gesang aus Taizé
Text: nach Psalm 25, 15
Melodie und Satz: Jacques Berthier, Taizé 1982

583

San-ctus, San-ctus, San-ctus Do-mi-nus
Hei-lig, hei-lig, Herr Gott Ze-ba-oth,

De-us Sa-ba-oth, De-us Sa-ba-oth.
Herr Gott Ze-ba-oth, Herr Gott Ze-ba-oth.

Gesang aus Taizé
Text: Jesaja 6, 3
Kanon für 4 Stimmen: Jacques Berthier, Taizé 1980

GOTTESDIENST
584

Ju - bi - la - te De - o omnis ter - ra.
Jauchze Erd und Him-mel, sing ihm al-le Welt.

Ser - vi - te Do - mi - no in lae - ti - ti - a.
Unserm Gott die-net gern, freuet euch im Herrn!

Al - le - lu - ja, Al - le - lu - ja, in lae - ti - ti - a.
Hal - le - lu - ja, Hal - le - lu - ja, freuet euch im Herrn!

Al - le - lu - ja, Al - le - lu - ja, in lae - ti - ti - a.
Hal - le - lu - ja, Hal - le - lu - ja, freuet euch im Herrn!

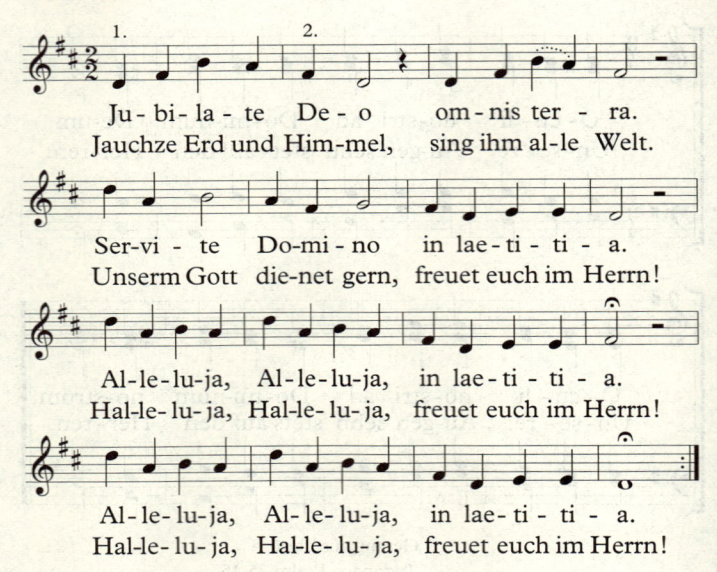

Gesang aus Taizé
Kanon für 2 Stimmen: Jacques Berthier, Taizé 1981

LITURGISCHE GESÄNGE
585

Blei - bet hier und wa - chet mit mir!

Wa - chet und be - tet, wa - chet und be - tet!

Gesang aus Taizé
Text: nach Matthäus 26, 38
Melodie und Satz: Jacques Berthier, Taizé 1982

Es ist nicht auszudenken, was Gott aus den Bruchstücken unseres Lebens machen kann, wenn wir sie ihm ganz überlassen.

Blaise Pascal

GOTTESDIENST

586

Bleib mit deiner Gnade bei uns, Herr Jesu Christ. Ach bleib mit deiner Gnade bei uns, du treuer Gott.

Gesang aus Taizé
Melodie und Satz: Jacques Berthier, Taizé 1982

LITURGISCHE GESÄNGE
587

U - bi ca - ri - tas   et   a - mor,
Wo die Lie - be   wohnt   und   Gü - te,

u - bi ca - ri - tas,   De - us i - bi est.
wo die Lie - be   wohnt,   da ist un - ser Gott.

Gesang aus Taizé
Text: St. Gallen 8. Jh.
Melodie und Satz: Jacques Berthier, Taizé 1981

*Wir leben alle im Reich Gottes vom Nehmen und Geben.
Unser Nehmen heißt Beten und unser Geben heißt Lieben.
Beides aber ist recht nur dem Glaubenden möglich, der
einzig von Gottes Gnade lebt.*

Friedrich von Bodelschwingh

GOTTESDIENST
588

Kanon I

1. Magnificat, Magnificat,
2. Magnificat anima mea Dominum.
3. Magnificat, Magnificat,
4. Magnificat anima mea!

Kanon II (kann gleichzeitig zu Kanon I gesungen werden)

1. Magnificat,
2. Magnificat
3. anima mea Dominum,
4. anima mea Dominum.

Gesang aus Taizé
Text: Lobgesang der Maria, Lukas 1, 46
Doppelkanon für je 4 Stimmen: Jacques Berthier, Taizé 1978

LITURGISCHE GESÄNGE

589

Keh - ret um, keh - ret um,

und ihr wer- det le - ben. le - ben.

Text: Hesekiel 18, 32
Melodie: Christian Kröning
Satz: Fritz Baltruweit 1983

Ein Rabbi sprach:
»Die große Schuld des Menschen
sind nicht die Sünden, die er begeht –
die Versuchung ist groß und seine Kraft ist klein.
Die große Schuld des Menschen ist,
daß er jederzeit umkehren kann und es nicht tut.«

Aus dem Chassidismus

WORT GOTTES

590

1. Es ist ein Wort ergangen,
das geht nun fort und fort,
das stillt der Welt Verlangen
wie sonst kein ander Wort.

2. Das Wort hat Gott gesprochen / hinein in diese Zeit. / Es ist hereingebrochen / im Wort die Ewigkeit.

3. Du Wort ob allen Worten, / du Wort aus Gottes Mund, / lauf und an allen Orten / mach Gottes Namen kund.

4. Künd auf der ganzen Erde, / daß Gott ihr Herre sei, / daß sie auch Gottes werde / und andrer Herren frei.

5. Lauf, Wort, mit allen Winden / durch jedes Volk und Land, / daß sich die Völker finden, / so wie das Wort sie fand.

6. Lauf, Wort, durch alle Straßen, / in hoch und niedrig Haus / und ruf in allen Gassen / ein hörend Volk heraus.

7. Triff Freunde und triff Feinde, / zwing, was dir widerstrebt, / und ruf uns zur Gemeinde, / die aus dem Worte lebt.

8. Erhalt das Wort in Gnaden, / gib, Gott, ihm freien Lauf. / Du Wort, von Gott beladen, / spreng Tür und Riegel auf.

Text: Arno Pötzsch 1935
Melodie: Rolf Hallensleben 1957

WORT GOTTES

591

Auch als Kanon zu singen

Gottes Wort ist wie Licht in der Nacht;
es hat Hoffnung und Zukunft gebracht;
es gibt Trost, es gibt Halt
in Bedrängnis, Not und Ängsten,
ist wie ein Stern in der Dunkelheit.

Text: Hans-Hermann Bittger 1978
Melodie: Joseph Jacobsen 1935

*Erbarme dich
Herr
meiner Leere*

*Schenk mir
das Wort
das eine Welt
erschafft*

Rose Ausländer

GOTTESDIENST
592

1. Wort, das lebt und spricht,
Wort, das wächst und blüht,
wenn die Wör - ter schwei - gen,
wenn die Sprü - che wel - ken:
Komm durchs Buch der Bü - cher,
das in al - len Spra - chen
Hoff - nung in die Welt bringt.

2. Wort, das lebt und spricht, wenn die Wörter schweigen, / Wort, das wächst und blüht, wenn die Sprüche welken: / Laß auch uns dein Brief sein, der in vielen Zeichen / deiner Liebe Raum gibt.

3. Wort, das lebt und spricht, wenn die Wörter schweigen, / Wort, das wächst und blüht, wenn die Sprüche welken: / Schreib ins Buch des Lebens ein mit deiner Handschrift / unser aller Namen.

Text: Dieter Trautwein 1979
Melodie: Oskar Gottlieb Blarr 1979

TAUFE UND KONFIRMATION

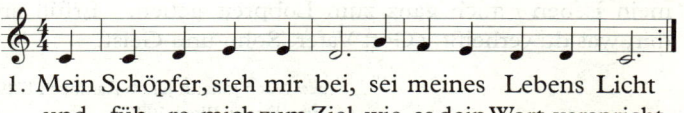

593

1. Mein Schöpfer, steh mir bei, sei meines Lebens Licht
und füh-re mich zum Ziel, wie es dein Wort verspricht.
Laß mich Vertrauen fassen, auf dich mich zu verlassen.
Ich möchte dir gehören und deinen Namen ehren.
Mit dir zu leben, mach mich frei, mein Schöpfer steh mir bei.

2. Mein Heiland, segne mich / und nimm mich gnädig an, / daß ich mit dir vereint / im Glauben wachsen kann. / Laß mich dein Wort bewahren / und vor dem Kreuz erfahren, / daß ich von Schuld und Sünde / bei dir Erlösung finde. / Wer bin ich Arme(r) ohne dich, / mein Heiland, segne mich.

3. Mein Tröster, gib mir Kraft, / mach mich erwartungsvoll / und hilf mir zu bestehn, / wo ich bestehen soll. / Mein Denken, Tun und Sagen / laß mich auf Christus wagen, / daß ich mich mutig übe / in wahrer Menschenliebe. / Du bist, der alles Gute schafft, / mein Tröster, gib mir Kraft.

GOTTESDIENST

4. Gott Vater, Sohn und Geist, / du liebst mich, wie ich bin. / Schenk diese Zuversicht / mir tief in Herz und Sinn. / Erwähle und behüte / mich ganz durch deine Güte, / so will ich dir mein Leben / auch ganz zum Lobpreis geben. / Erfüll an mir, was du verheißt, / Gott Vater, Sohn und Geist.

Text: Nach Johann Jakob Rambach 1729
von Detlev Block 1990
Melodie: Franz Heinrich Meyer 1741
nach einer älteren Melodie

594

1. Wir bringen, Herr, dies Kind zu dir,
o schließ ihm auf die Himmelstür;
auf deinen Namen seis getauft,
der dus mit Christi Blut erkauft.

2. Dir, Gott dem Vater, seis gebracht, / beweis an ihm dein Huld und Macht; / mit deiner Liebe es geleit / an deinen Händen durch die Zeit.

3. Wir bringens dir, Herr Jesu Christ, / der du sein Herr und Heiland bist; / laß es in deiner Gnade ruhn / und gern des Vaters Willen tun.

TAUFE UND KONFIRMATION

4. Wir bringens dir, o Heilger Geist, / der du zum Sohn und Vater weist; / erschließe ihm das ewge Wort / und mach es selig hier und dort.

Text: Fritz Woike 1952
Melodie: Herr Jesu Christ, dich zu uns wend [Nr. 155]

(Ö) **595**

1. Ein Kind ist an-ge-kom-men. Wir al-le freun uns sehr. Gott sel-ber gab dies Le-ben. Er bleibt des Kin-des Herr. Gott sel-ber gab dies Le-ben. Er bleibt des Kin-des Herr.

2. Gott nimmt es in der Taufe / in die Gemeinde auf. / In Jesu Christi Namen / beginnt sein Lebenslauf. / In Jesu Christi Namen / beginnt sein Lebenslauf.

3. Wir wollen diesem Kinde / recht gute Freunde sein / und laden es mit Freude / in die Gemeinde ein, / und laden es mit Freude / in die Gemeinde ein.

4. Wir werden ihm auch sagen, / wie lieb Gott alle hat. / Wir sagen es mit Worten / und sagen's mit der Tat. / Wir sagen es mit Worten / und sagen's mit der Tat.

GOTTESDIENST

5. Wir beten für die Eltern. / Sie brauchen das Gebet. / Sie leben davon alle, / daß Gott mit ihnen geht. / Sie leben davon alle, / daß Gott mit ihnen geht.

Text und Melodie: Kurt Rommel 1968

596

1. Kind, du bist uns anvertraut.
Wozu werden wir dich bringen?
Welche Worte wirst du sagen
und an welches Ziel dich wagen?

Wenn du deine Wege gehst,
wessen Lieder wirst du singen?

2. Kampf und Krieg zerreißt die Welt, / einer drückt den andern nieder. / Dabei zählen Macht und Geld, / Klugheit und gesunde Glieder. / Mut und Freiheit, das sind Gaben, / die wir bitter nötig haben.

3. Freunde wollen wir dir sein, / sollst des Friedens Brücken bauen. / Denke nicht, du stehst allein; / kannst der Macht der Liebe trauen. / Taufen dich in Jesu Namen. / Er ist unsre Hoffnung. Amen.

Text: Friedrich Karl Barth, Peter Horst 1973
Melodie: Liebster Jesu, wir sind hier [Nr. 161]

ABENDMAHL

(Ö) **597**

1. Sin - get, dan - ket un - serm Gott, der die Welt er - schuf. Sin - get, dan - ket un - serm Gott und hört sei - nen Ruf.

2. Lobet täglich unsern Gott, / der uns Leben gibt. / Lobet täglich unsern Gott, / der uns alle liebt.

3. Danket gerne unserm Gott. / Er gibt Wein und Brot. / Danket gerne unserm Gott, / Retter aus der Not.

4. Singet, danket unserm Gott, / der die Welt erschuf. / Singet, danket unserm Gott / und hört seinen Ruf.

Text: Kurt Rommel 1963
Melodie: Horst Weber 1963

Ich freue mich im Herrn,
und meine Seele ist fröhlich in meinem Gott;
denn er hat mir die Kleider des Heils angezogen
und mich mit dem Mantel der Gerechtigkeit gekleidet.

Jesaja 61,10

GOTTESDIENST

598

1. Wir sind zum Mahl geladen. Der Herr ruft uns zu Tisch wie einstmals seine Freunde zu Wein und Brot und Fisch. Er ruft uns Menschen al-le, er zieht die Grenzen nicht. Denn die im Dunkeln le-ben, holt er zu sich ins Licht.

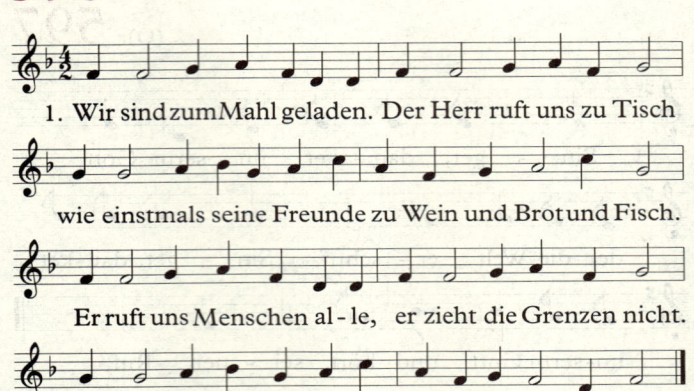

2. Aus Süden und aus Norden lädt er sie, arm und reich. / Für ihn sind alle Gäste aus allen Völkern gleich. / Wer kommt, der ist geladen. Wer nicht kommt, der bleibt fern, / mißachtet durch sein Fehlen die Güte unsres Herrn.

3. Daß wir gemeinsam essen, heißt, daß uns nichts mehr trennt, / daß einer sich zum andern und so zum Herrn bekennt. / Sein Leben und sein Lieben ist der Gemeinschaft Kern; / Gemeinschaft ist das Leben: Wir sind der Leib des Herrn.

4. Der Herr weist uns die Orte im neuen Leben an. / Dort bricht durch uns der Friede, der allen gilt, sich Bahn. / Die Zukunft steht uns offen bei Wein und Brot und Fisch. / Der Herr, dem wir heut danken, deckt morgen auch den Tisch.

Text: Kurt Rommel 1967
Melodie: Herbert Beuerle 1968

ABENDMAHL

599

1. Sin - get dem Herrn ein neu - es Lied.

Er ist in al - lem, was ge-schieht.

Singt wie der Baum, der ein - fach blüht.

Hal - le - lu - ja, Hal - le - lu - ja.

2. Dankt für den Wein und für das Brot, / das Stärkung gibt in aller Not, / das uns hindurchträgt durch den Tod. / Halleluja, Halleluja.

3. Dankt für die Liebe, die uns eint, / zusammenbindet Freund und Feind, / die Angst und Vorurteil verneint. / Halleluja, Halleluja.

4. Dankt für das Heil und für das Fest, / das Gott für uns bereiten läßt, / singet dem Herrn in Ost und West. / Halleluja, Halleluja.

Text: Diethard Zils 1975 nach dem niederländischen *Zingt voor de Heer van liefde en trouw* von Michel van der Plas 1957
Melodie: Jan Mul 1957

GOTTESDIENST

BEICHTE

600

1. Meine engen Grenzen, meine kurze Sicht bringe ich vor dich. Wandle sie in Weite: Herr, erbarme dich.

2. Meine ganze Ohnmacht, / was mich beugt und lähmt, bringe ich vor dich. / Wandle sie in Stärke: / Herr, erbarme dich. / Wandle sie in Stärke: / Herr, erbarme dich.

3. Mein verlornes Zutraun, / meine Ängstlichkeit bringe ich vor dich. / Wandle sie in Wärme: / Herr, erbarme dich. / Wandle sie in Wärme: / Herr, erbarme dich.

4. Meine tiefe Sehnsucht / nach Geborgenheit bringe ich vor dich. / Wandle sie in Heimat: / Herr, erbarme dich. / Wandle sie in Heimat: / Herr, erbarme dich.

Text: Eugen Eckert 1981
Melodie: Winfried Heurich 1981

TRAUUNG

601

1. Gott, wir preisen deine Wunder, / die es in der Schöpfung gibt, / und das größte ist darunter, / daß ein Mensch den andern liebt. / So hast du die Welt verschönt / und mit Gnade uns gekrönt.

2. Nun erhöre unsre Bitte / und mach dein Versprechen wahr: / Segne Anfang, Ziel und Mitte / auch an diesem Ehepaar. / Sei du selber früh und spät / Schutz und Schirm, der mit ihm geht.

3. Gib, daß sie sich glücklich machen / und vertrauen, Frau und Mann, / daß im Weinen und im Lachen / ihre Liebe reifen kann / und auch in Enttäuschung nicht / die versprochne Treue bricht.

4. Daß die Herzen nicht ersterben, / mach sie für einander wach; / laß sie täglich um sich werben / und sich finden hundertfach. / Einer, so will's dein Gebot, / sei des andern täglich Brot.

5. Laß sie mehr und mehr dem gleichen, / der dein Bild ist: Jesus Christ; / immer neu die Hand sich reichen, weil du lauter Hoffnung bist. / Guter Gott, verlaß sie nie, / trage und vollende sie.

Text: Detlev Block 1978
Melodie: Gott des Himmels und der Erden [Nr. 445]

Jesus, die große Sonne, kommt keinem abhanden,
den sein Strahl einmal durchleuchtet hat.
Man kann ihn vergessen, man kann ihm abschwören,
das ändert nichts.
Er ist vergraben im umwölktesten Herzen,
und es kann stündlich geschehen, daß er aufersteht.

Hans Carossa

SAMMLUNG UND SENDUNG

603

1. Nun werde still, du kleine Schar,
zu Gott, dem Helfer dein.
Laß dir nicht grauen die Gefahr,
Gott wird dein Retter sein.

2. Ihr Armen, hört es, freuet euch, / die ihr in Schuld verlorn. / Euch ist verheißen Gottes Reich, / ihr seid zum Heil erkorn.

3. Sein Engel lagert sich um die, / die trauen seiner Macht. / Die vor ihm beugen ihre Knie, / die sind gar wohl bewacht.

4. Kommt, denn der Tisch ist euch gedeckt, / und alles ist bereit, / die Gnade eures Gottes schmeckt / und seine Freundlichkeit.

5. Laßt fahren nun, was euch verstört / in kluger Sorgen Pein. / Wir haben neu das Wort gehört: / Die Macht hat Gott allein.

Text: Heinrich Vogel 1937
Melodie: Nun sich der Tag geendet hat [Nr. 478]

GOTTESDIENST

604

Strophen

1. Ein Schiff, das sich Gemeinde nennt, fährt durch das Meer der Zeit. Das Ziel, das ihm die Richtung weist, heißt Gottes Ewigkeit. Das Schiff, es fährt vom Sturm bedroht durch Angst, Not und Gefahr, Verzweiflung, Hoffnung, Kampf und Sieg, so fährt es Jahr um Jahr. Und immer wieder fragt man sich: Wird denn das Schiff bestehn? Erreicht es wohl das große Ziel? Wird es nicht

SAMMLUNG UND SENDUNG

Kehrvers

unter-gehn? Bleibe bei uns, Herr! Bleibe bei uns, Herr, denn sonst sind wir allein auf der Fahrt durch das Meer. O bleibe bei uns, Herr!

2. Das Schiff, das sich Gemeinde nennt, / liegt oft im Hafen fest, / weil sichs in Sicherheit und Ruh / bequemer leben läßt. / Man sonnt sich gern im alten Glanz / vergangner Herrlichkeit / und ist doch heute für den Ruf / zur Ausfahrt nicht bereit. / Doch wer Gefahr und Leiden scheut, / erlebt von Gott nicht viel. / Nur wer das Wagnis auf sich nimmt, / erreicht das große Ziel. *Kehrvers*

3. Im Schiff, das sich Gemeinde nennt, / muß eine Mannschaft sein, / sonst ist man auf der weiten Fahrt / verloren und allein. / Ein jeder stehe, wo er steht, / und tue seine Pflicht; / wenn er sein Teil nicht treu erfüllt, / gelingt das Ganze nicht. / Und was die Mannschaft auf dem Schiff / ganz fest zusammenschweißt / in Glaube, Hoffnung, Zuversicht, / ist Gottes guter Geist. *Kehrvers*

4. Im Schiff, das sich Gemeinde nennt, / fragt man sich hin und her: / Wie finden wir den rechten Kurs / zur Fahrt im weiten Meer? / Der rät wohl dies, der andre das, / man redet lang und viel / und kommt – kurzsichtig, wie man ist – / nur weiter weg vom Ziel. / Doch da, wo man das Laute flieht / und lieber horcht und schweigt, / bekommt von Gott man ganz gewiß / den rechten Weg gezeigt! *Kehrvers*

GOTTESDIENST

5. Ein Schiff, das sich Gemeinde nennt, / fährt durch das Meer der Zeit. / Das Ziel, das ihm die Richtung weist, / heißt Gottes Ewigkeit. / Und wenn uns Einsamkeit bedroht, / wenn Angst uns überfällt: / Viel Freunde sind mit unterwegs / auf gleichen Kurs gestellt. / Das gibt uns wieder neuen Mut, / wir sind nicht mehr allein. / So läuft das Schiff nach langer Fahrt / in Gottes Hafen ein! *Kehrvers*

Text und Melodie: Martin Gotthard Schneider 1960

605 (Ö)

1. Herr, gib uns Mut zum Hö-ren auf das, was du uns sagst. Wir dan-ken dir, daß du es mit uns wagst.
2. Gib du uns Mut zum Le-ben, auch wenn es sinn-los scheint. Wir dan-ken dir, denn du bist uns nicht feind.
3. Gib du uns Mut zum Die-nen, wo's heu-te nö-tig ist. Wir dan-ken dir, daß du dann bei uns bist.

4. Gib du uns Mut zur Stille, / zum Schweigen und zum Ruhn. / Wir danken dir: / Du willst uns Gutes tun.

5. Gib du uns Mut zum Glauben / an dich, den einen Herrn. / Wir danken dir, / denn du bist uns nicht fern.

Text und Melodie: Kurt Rommel 1964/1994

SAMMLUNG UND SENDUNG

ö 606

1. Laßt die Kinder zu mir kommen, kommt mit allen Kindern. Laßt die Kinder zu mir kommen, niemand soll sie hindern. Denn es werden in mein Reich Kinder aufgenommen, laßt sie alle gern herein, Groß und Klein darf kommen!

2. Laßt die Menschen zu mir kommen / her auf allen Wegen. / Laßt die Menschen zu mir kommen, / wehrt euch nicht dagegen. / Denn es werden in mein Reich / alle aufgenommen, / wenn sie einem Kinde gleich / voll Vertrauen kommen.

Text: **Karl Ludwig Höpker / Team 1968** nach
Laat de kind'ren tot mij komen von **Hanna Lam 1960**
Melodie: **Wim ter Burg 1960**

GOTTESDIENST
607

Kehrvers

Herr, wir bitten: Komm und segne uns;
legge auf uns deinen Frieden.
Segnend halte Hände über uns.
Rühr uns an mit deiner Kraft.

1. In die Nacht der Welt hast du uns gestellt,
deine Freude auszubreiten.
In der Traurigkeit, mitten in dem Leid
laß uns deine Boten sein.

2. In die Schuld der Welt hast du uns gestellt, / um vergebend zu ertragen, / daß man uns verlacht, uns zu Feinden macht, / dich und deine Kraft verneint. *Kehrvers*

3. In den Streit der Welt hast du uns gestellt, / deinen Frieden zu verkünden, / der nur dort beginnt, wo man, wie ein Kind, / deinem Wort Vertrauen schenkt. *Kehrvers*

4. In das Leid der Welt hast du uns gestellt, / deine Liebe zu bezeugen. / Laß uns Gutes tun und nicht eher ruhn, / bis wir dich im Lichte sehn. *Kehrvers*

Text, Melodie und Satz: **Peter Strauch 1978**

Herr, segne uns,
laß uns dir dankbar sein,
laß uns dich loben,
solange wir leben,
und mit den Gaben,
die du uns gegeben,
wollen wir tätig sein.

Herr, sende uns,
laß uns dein Segen sein,
laß uns versuchen,
zu helfen, zu heilen
und unser Leben
wie das Brot zu teilen,
laß uns ein Segen sein.

Lothar Zenetti

GOTTESDIENST

608

Er-leuch-te und be-we-ge uns,
lei-te und be-glei-te uns,
er-leuch-te und be-we-ge uns,
leit' und be-glei-te uns,
er-leuch-te und be-we-ge uns,
leit' und be-glei-te uns.

Text: Friedrich Karl Barth 1987
Melodie: Peter Janssens 1987

SAMMLUNG UND SENDUNG

am anfang
nichts
als eine
offene tür

    ich habe dich
    ins leben gerufen –
    sagt gott, der schöpfer

am anfang
nichts
als eine
einladung

    trau meinem wort
    und folge mir –
    sagt gott durch seinen sohn

am anfang
nichts
als ein
versprechen

    ich bin dir nah
    spür meine kraft und hilfe –
    sagt gott durch seinen geist

am anfang
nichts
als eine
hoffnung

    ich will erfahrungen machen
    mit gott und seinen zusagen –
    sagt der glaube

                                        Peter Klever

GOTTESDIENST

ÖKUMENE

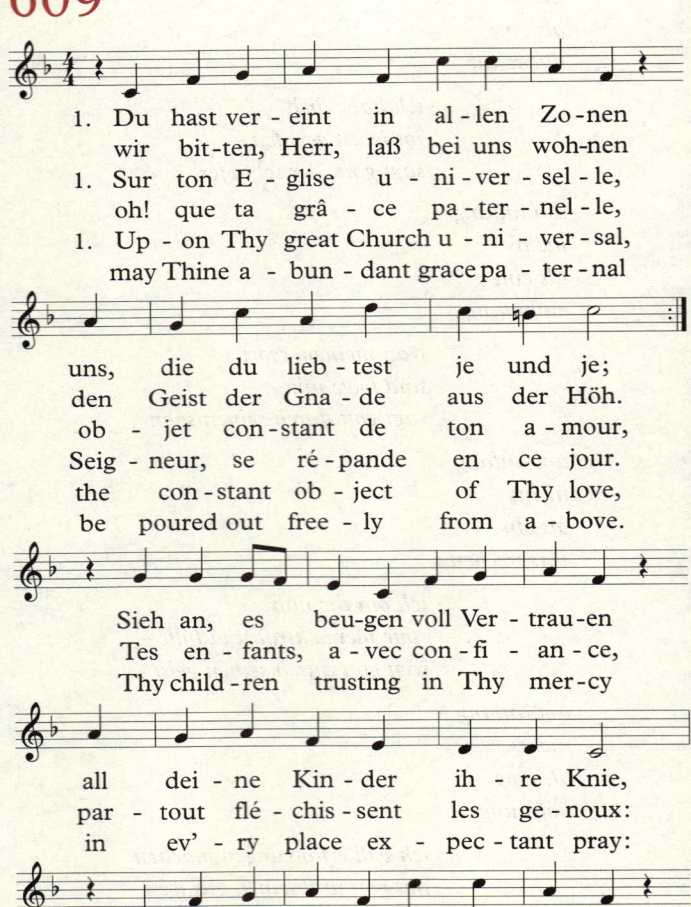

609

1. Du hast ver-eint in al-len Zo-nen
   uns, die du lieb-test je und je;
   Sieh an, es beu-gen voll Ver-trau-en
   all dei-ne Kin-der ih-re Knie,
   du wol-lest ih-re Hoff-nung schau-en,
   wir bit-ten, Herr, laß bei uns woh-nen
   den Geist der Gna-de aus der Höh.

1. Sur ton Eglise u-ni-ver-sel-le,
   ob-jet con-stant de ton a-mour,
   Tes en-fants, a-vec con-fi-an-ce,
   par-tout flé-chis-sent les ge-noux:
   ne confonds pas leur es-pé-ran-ce:
   oh! que ta grâ-ce pa-ter-nel-le,
   Seig-neur, se ré-pande en ce jour.

1. Up-on Thy great Church u-ni-ver-sal,
   the con-stant ob-ject of Thy love,
   Thy child-ren trusting in Thy mer-cy
   in ev'-ry place ex-pec-tant pray:
   grant that their hopes be not con-found-ed,
   may Thine a-bun-dant grace pa-ter-nal
   be poured out free-ly from a-bove.

ÖKUMENE

tritt, Va - ter, heu - te un - ter sie.
Seig - neur, sois au mi - lieu de nous.
o Lord, be in our midst to - day.

2. Und der Verheißungen gedenke, / vereinige uns durch den Geist / und schaffe, daß er Frieden schenke, / und lehr, wie man dich Vater heißt. / Mach unsre blinden Augen sehen, / mach unsre toten Herzen neu, / gib Stimmen du zu Lob und Flehen / und ein Bekenntnis, wahr und treu.

3. Verbreite deine frohe Kunde / vom Anfang bis zum Niedergang, / mach alle uns zu einem Munde, / aus tausenden ein Lobgesang! / Dein starker Arm zusammenbringe / die Völkerwelt von nah und fern, / daß sie am Kreuz ihr Loblied singe, / dir, Jesus Christus, ihrem Herrn!

Text: J.-M. de Carbon-Ferrière 1823, Rév. 1977;
deutsch von Johann Christoph Hampe 1950
Melodie: Wie groß ist des Allmächtgen Güte [Nr. 662]

2. Des promesses de ta parole, / Daigne, Seigneur, te souvenir: / Que ton Esprit Saint nous console / Et nous apprenne à te bénir. / Ouvre nos yeux à ta lumière, / Change et dirige notre cœur, / Et que ton Eglise en prière / Par toi soit gardée de l'erreur.

3. Que l'Evangile se répande / De l'aurore jusqu'au couchant; / Que de tous côtés l'on entende / Monter vers toi le même chant. / Que sur les plus lointains rivages, / Les peuples sauvés par la croix, / Viennent tous rendre leurs hommages / A Jésus-Christ le roi des rois.

GOTTESDIENST

2. O God, be mindful of Thy promise / made to Thy people through Thy Word, / Thy Holy Spirit give us comfort, / and teach us how to call Thee Lord. / Open our eyes to see Thy glory, / in transformed hearts allegiance win, / and may Thy Church in instant prayer / through Thee triumphant conquer sin.

3. Spread Thy good news to all Thy people / from rising unto setting sun: / And let us hear the myriad voices / in theme and music raised as one! / And on the farthest distant beaches / the nations all their tribute bring, / and there beneath the Cross assembled / praise Jesus Christ their Lord and King.

*Du
hast alles überwunden,
was uns voneinander
trennt,
zur Gemeinde uns verbunden,
die den Nächsten
anerkennt.
Hilf,
die Liebe zu erwidern,
die du uns erwiesen hast,
in der Welt
an unsern Brüdern,
ihrem Elend,
ihrer Last.*

Detlev Block

ÖKUMENE

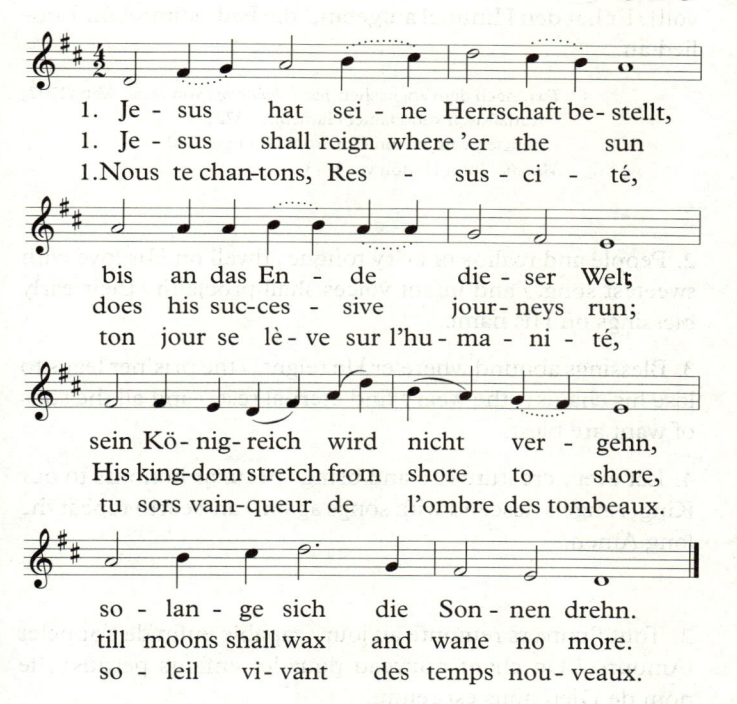

610

1. Je-sus hat sei-ne Herrschaft be-stellt,
bis an das En-de die-ser Welt,
sein Kö-nig-reich wird nicht ver-gehn,
so-lan-ge sich die Son-nen drehn.

1. Je-sus shall reign where'er the sun
does his suc-ces-sive jour-neys run;
His king-dom stretch from shore to shore,
till moons shall wax and wane no more.

1. Nous te chan-tons, Res-sus-ci-té,
ton jour se lè-ve sur l'hu-ma-ni-té,
tu sors vain-queur de l'ombre des tombeaux.
so-leil vi-vant des temps nou-veaux.

2. Kein Volk so fremd, kein Land so fern, / es priese nicht den lieben Herrn, / die Kindlein haben seiner Macht / ein stammelnd Loblied dargebracht.

3. Wo er regiert, wird alles neu, / dort springen die Gefangnen frei, / den Müden schenkt er Ruhestatt / und die, die hungern, macht er satt.

4. Ein jed' Geschöpf ihn preisen soll, / den König aller Ehren voll! / Er hat den Himmel aufgetan, / die Erde stimmt ihr Loblied an.

> *Text:* nach dem englischen *Jesus shall reign* von Isaac Watts 1707;
> französisch von Daniel Hameline 1972;
> deutsch von Johann Christoph Hampe 1950
> *Melodie:* John Hatton vor 1793

2. People and realms of ev'ry tongue / dwell on His love with sweetest song, / and infant voices shall proclaim / their early blessings on His name.

3. Blessings abound where'er He reigns; / the pris'ner leaps to lose his chains; / the weary find eternal rest, / and all the sons of want are blest.

4. Let every creature rise and bring / peculiar honours to our King; / angels descend with songs again, / and earth repeat the long Amen.

2. Tout l'univers remonte au jour / capable enfin de t'appeler ›Amour‹. / Un chant nouveau pour les enfants perdus: / le nom de Dieu nous est rendu.

3. Tu as ouvert pour tous les tiens / en grand la porte du très vieux Jardin / où Dieu convie les hommes pour la joie / sous l'Arbre immense de ta Croix.

4. Vous qui dormez, réveillez-vous, / la nuit émet le signe de l'Epoux. / Il vient chercher le peuple des croyants, / ›Amen‹ de gloire au Dieux vivant.

ÖKUMENE

611

Der Him-mel geht ü-ber al-len auf,
auf al-le ü-ber, ü-ber al-len auf.
Der Him-mel geht ü-ber al-len auf,
auf al-le ü-ber, ü-ber al-len auf.

Text: **Wilhelm Willms 1974**
Kanon für 4 Stimmen: **Peter Janssens 1974**

*O Kraft der Weisheit,
du umkreist allen Kreislauf
umfassend das All,
auf einer Bahn, die das Leben hat.*

*Drei Flügel hast du:
der eine schwingt hoch in die Höhe,
der andre keimt aus der Erde,
der dritte schwingt sich überall.*

*Lob dir, alle Würde des Lobpreises,
o Weisheit.*

Hildegard von Bingen

Biblische Gesänge

PSALMEN UND LOBGESÄNGE

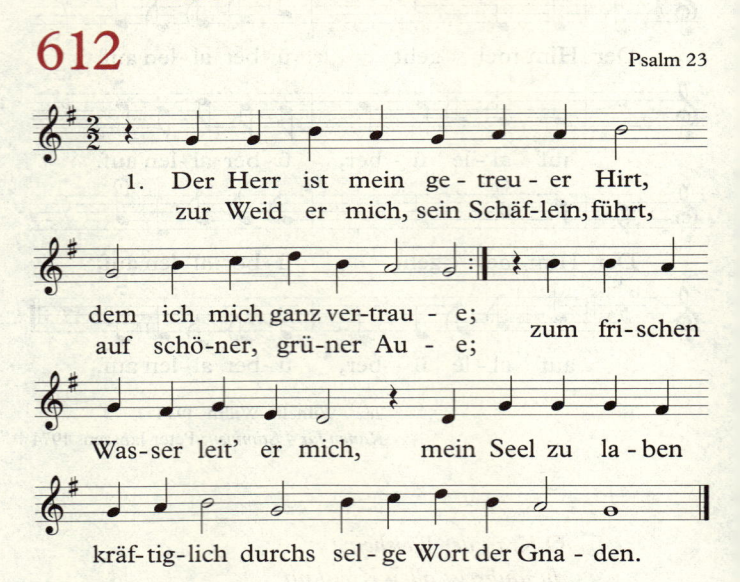

612
Psalm 23

1. Der Herr ist mein ge-treu-er Hirt, / dem ich mich ganz ver-trau-e; / zur Weid er mich, sein Schäf-lein, führt, / auf schö-ner, grü-ner Au-e; / zum fri-schen Was-ser leit' er mich, mein Seel zu la-ben kräf-tig-lich durchs sel-ge Wort der Gna-den.

2. Er führet mich auf rechter Bahn / von seines Namens wegen: / obgleich viel Trübsal geht heran / auf finstern Todesstegen, / so grauet mir doch nicht dafür, / mein treuer Hirt ist stets bei mir, / sein Steckn und Stab mich trösten.

3. Ein' Tisch zum Trost er mir bereit', / sollts auch die Feind verdrießen, / schenkt mir voll ein, / läßt Öl der Freud sich auf mein Haupt ergießen; / sein Güte und Barmherzigkeit / werden mir folgen allezeit, / in seinem Haus ich bleibe.

Text: Cornelius Becker 1602
Melodie: Es ist gewißlich an der Zeit [Nr. 149]

PSALMEN UND LOBGESÄNGE

Psalm 23

613

1. Der Herr mein Hirt! So will ich Gott be-sin-gen.
Nichts wird mir feh-len, ihm kann's nicht miß-lingen.
Er führt, ich fin-de. Hier ist sei-ne Stel-le.
So grün der Hang! So frisch die rei-ne Quel-le!
Von Mal zu Mal weiß er mich zu er-quik-ken.
Nie wird er mich in mein Ver-der-ben schik-ken.

2. Der mir vorangeht, seines Namens wegen, / führt mich auf rechtem Steig dem Ziel entgegen. / Ob ich auch wandre, wo die Schatten kauern, / durchs finstre Tal und zwischen starren Mauern: / Du bist bei mir! Dein Stab läßt sicher gehen. / Kein Unglück muß ich mehr allein bestehen.

BIBLISCHE GESÄNGE

3. Du deckst den Tisch, den Feinde mir mißgönnen. / Du salbst mein Haupt, daß sie es sehen können. / Du schenkst mir ein, daß ich mich vor dir freue / und deinen Bund im Dank an dich erneue. / Die Güte wird, die Liebe um mich bleiben. / Aus deinem Haus darf niemand mich vertreiben.

Text: Jürgen Henkys 1991
Melodie: Guillaume Franc 1543, Loys Bourgeois 1551

Verlangen wirst du, daß wir, die Lieblosen dieser Erde,
Deine Liebe sind.
Die Häßlichen Deine Schönheit,
Die Rastlosen Deine Ruhe,
Die Wortlosen Deine Rede,
Die Schweren Dein Flug.

Marie-Luise Kaschnitz

PSALMEN UND LOBGESÄNGE

Psalm 24

614

1. Dem Herrn gehört uns-re Erde,
was sie erfüllt zu Meer und Land,
die Menschen und Geschöpfe alle.
Gott rief der Welt, daß sie werde,
über der Flut gab er ihr Stand
und hielt sie fest, daß sie nicht falle.

2. Wer hat das Recht, ihn zu schauen? / Wer zieht hinauf zum Berg des Herrn? / Wer darf an heilger Stätte stehen? / Die reinen Herzens ihm trauen, / von Lug und Trug sich halten fern, / werden den Segen Gottes sehen.

3. Empfangt den König mit Ehren! / Es kommt der Herr der Herrlichkeit, / in seinem Hause uns zu segnen. / Wer will den Zutritt ihm wehren? / Macht eure Tor und Türen weit, / dem Herrn der Erde zu begegnen!

Text: Hans Bernoulli 1988
Melodie: Loys Bourgeois 1547

BIBLISCHE GESÄNGE

615

Psalm 25

1. Meine Seele steigt auf Erden
sehnend, Herr, mein Gott, zu dir;
laß mich nicht zuschanden werden,
dir vertrau ich, hilf du mir.
Du verläßt die Deinen nicht,
die zu dir die Zuflucht nehmen;
doch wer Treu und Glauben bricht,
den wirst du gewiß beschämen.

2. Zeige, Herr, mir deine Wege; / mach mir deinen Pfad bekannt, / daß ich treulich folgen möge / jedem Winke deiner Hand; / leit in deiner Wahrheit mich, / führe mich auf rechte Pfade. / Gott, mein Heil, ich suche dich; / täglich harr ich deiner Gnade.

3. Herr, erbarm dich eines Armen, / der zu dir um Gnade schreit. / Dachtest du nicht mit Erbarmen / schon an mich von Ewigkeit? / Ach gedenk nicht meiner Schuld, / auch nicht meiner Jugend Sünden; / unter deiner Vaterhuld / laß mich bei dir Gnade finden.

4. Gott ist gut und recht, er zeiget / Irrenden die rechte Bahn, / macht ihr Herz zu ihm geneiget, / nimmt sie mit Erbarmen an. / Den Elenden strahlt sein Licht, / daß sie nicht den Weg verfehlen; / Schwachen fehlt's an Hilfe nicht, / wenn sie ihn zum Troste wählen.

5. Lauter Treue, lauter Güte / wird in Gottes Führung kund / jedem redlichen Gemüte, / das sich hält an seinen Bund. / Groß ist meine Missetat; / drum vergib mir und erfülle, / was dein Mund versprochen hat, / Herr, um deines Namens willen.

6. Wo ist er, der, Gott ergeben, / ganz sich seinem Dienste weiht? / Gott zeigt ihm den Weg zum Leben, / führt ihn selbst zur Ewigkeit. / Meine Augen schauen stets / auf den Herrn, ich darf nicht fliehen. / Er wird, steckt mein Fuß im Netz, / mich schon aus der Schlinge ziehen.

7. Wende dich zu mir in Gnaden, / ich bin einsam und bedrängt, / ganz mühselig und beladen, / ohne Aussicht eingeengt. / Meines Herzens Angst ist groß, / Stoß auf Stoß wird bald mich töten; / mach mich aus den Banden los, / führe mich aus meinen Nöten.

8. Herr, behüte mich auf Erden, / ich bin hilflos, rette mich! / Laß mich nicht zuschanden werden, / ich vertrau allein auf dich. / Setz zur Schutzwehr meiner Seel / Unschuld und gerades Wesen! / Herr, wirst du nicht Israel / bald aus aller Not erlösen?

Text: nach Matthias Jorissen 1798
Melodie: Loys Bourgeois 1551

BIBLISCHE GESÄNGE

616
Psalm 33

1. Jauchzt al-le, Gott sei hoch er-ho-ben!
Ge-rech-te, freu-et euch des Herrn!
Den Frommen ziemt es, ihn zu lo-ben:
schön ist es, und er hört es gern.
Gebt dem Herrn die Eh-re, daß es jeder hö-re,
mit der Harfen Klang. Eu-res Psalters Sai-ten
müs-sen froh be-glei-ten
eu-ren Lob-ge-sang.

2. Ihn muß ein neues Lied erheben, / sein Ruhm wird sichtbar überall. / Kommt, singt, ihm Ehr und Macht zu geben, / mit Saiten- und Posaunenschall! / Was er spricht und lehret, / ist wahrhaft bewähret; / sein Wort ist wie er: / er hält sein Versprechen, / wird sein Wort nie brechen; / ja, er tut viel mehr.

3. Vollkommen, heilig ist sein Wille, / er liebt Recht und Gerechtigkeit. / Die Erde trägt des Segens Fülle, / da alles Gottes Güt erfreut. / Über unsrer Erde / hieß sein Wort: »Es werde!« / Himmel feste stehn, / in der weiten Ferne / hieß sein Geist die Sterne / auf- und untergehn.

4. Wer könnte seiner Macht entgehen? / Er herrscht und wirket fern und nah. / Seht, wenn er spricht, so ist's geschehen: / wenn er gebietet, so steht's da. / Aller Heiden Dichten / wird sein Wink vernichten; / wenn mit vieler Müh / Völker sich beraten / zu gewaltgen Taten: / er vereitelt sie.

5. Der Rat des Herrn steht ewig feste, / er bleibet stets sich gleichgesinnt; / sein Wille ist der allerbeste / für uns, für Kind und Kindeskind. / Heil dir, Volk auf Erden! / Was wird aus dir werden? / Gott hat dich erwählt. / Hieß der Herr euch kommen, / Heil dann euch, ihr Frommen, / die ihr ihn erwählt!

6. Sprich nicht: Nun wird mein Arm doch siegen, / denn mir kann niemand widerstehn. / Ja, Heereskraft wird dich betrügen / und muß gar bald zugrunde gehn. / Gottes Auge schauet / den, der ihm vertrauet, / mit Erbarmen an. / O wie bald erfähret, / wer die Güte ehret, / was die Allmacht kann.

7. Er schützet seiner Diener Leben, / er rettet von dem nahen Tod, / und er wird Brot in Fülle geben / in Teurung und in Hungersnot. / Drum wird's unsern Seelen / nie an Gutem fehlen, / denn sie harren sein. / Er ist Schild und Stärke, / und zu jedem Werke / gibt er uns Gedeihn.

8. Kommt, laßt uns immer auf ihn schauen, / da unser Herz sich seiner freut, / auf seinen heilgen Namen trauen / und ihn erhöhn in Freud und Leid. / Gib, daß uns behüte, / Vater, deine Güte. / Halt dein Vaterherz / immer für uns offen, / wie wir auf dich hoffen, / heilge Freud und Schmerz.

Text: nach Matthias Jorissen 1793
Melodie: bei Loys Bourgeois 1547

BIBLISCHE GESÄNGE

617
Psalm 42

1. Wie der Hirsch nach fri-scher Quel - le
schreit mit lech - zen - der Be - gier,
al - so schreit auch mei - ne See - le
voll Ver - lan - gen, Gott, nach dir.
Ja, nach Gott nur dür - stet mich;
Le - bens-quell, wo find ich dich?
Wann, wann werd ich vor dir ste - hen
und dein herr - lich Ant - litz se - hen?

Strophe 3 (7) eignet sich auch als Kehrversstrophe.

2. Tränen sind bei Nacht und Tage / meine Speise, da der Spott / tief mich kränket mit der Frage: / »Wo ist nun in Not dein Gott?« / Damit tröste ich mein Herz, / daß ich denk in meinem Schmerz, / wie ich zog in Jubelchören, / dich in Zion zu verehren.

3. *Seele, wie so sehr betrübet, / wie ist dir in mir so bang? / Harr auf Gott, der jetzt dich übet; / harr auf ihn, es währt nicht lang, / dann entspringt aus Druck und Leid / Freud und große Herrlichkeit. / Ich will meinen Heiland loben, / ewig werd mein Gott erhoben!*

4. Tief sinkt meine Seele nieder / hier am Jordan, weit entfernt, / und ich singe Klagelieder, / die mein Herz am Hermon lernt. / Wie hier stürzt mit wilder Wut / von der Höhe Flut auf Flut, / so seh ich gehäufte Plagen / über mir zusammenschlagen.

5. Wenn ich merk auf Gottes Güte, / die er jeden Tag mir zeigt, / so erhebt sie mein Gemüte, / unter meiner Last gebeugt. / Oft besing ich in der Nacht / seine Liebe, seine Macht; / und ich bete nicht vergebens / zu dem Gotte meines Lebens.

6. O mein Gott, mein Fels, wie lange / meiner, ach, vergissest du? / Macht mir doch mein Feind so bange, / und ich finde nirgends Ruh. / Es zermalmet mein Gebein, / wenn die Spötter täglich schrein: / »Wo ist Gott, auf den du bauest, / dem du all dein Heil vertrauest?«

7. *Seele, wie so sehr betrübet, / wie ist dir in mir so bang? / Harr auf Gott, der jetzt dich übet; / harr auf ihn, es währt nicht lang, / dann entspringt aus Druck und Leid / Freud und große Herrlichkeit. / Ich will meinen Heiland loben, / ewig werd mein Gott erhoben!*

Text: Matthias Jorissen 1798; Str. 1 nach Ambrosius Lobwasser 1573
Melodie: Freu dich sehr, o meine Seele [Nr. 524]

BIBLISCHE GESÄNGE

618

Psalm 47

1. Singt mit fro-her Stimm, Völ-ker, jauchzet ihm!
Denn er ist der Herr, hoch von Macht und Ehr.
Er, der Sie-ges-held, ist der Herr der Welt.
Sei-nes Zepters Macht zwingt die Heiden-schaft,
daß sie ganz be-siegt ihm zu Fü-ßen liegt,
und er gibt sein Heil uns zum Erb und Teil.

2. Seht, er fährt empor mit der Engel Chor, / mit Triumphgesang und Posaunenklang. / Singet, singet gern Ruhm und Preis dem Herrn, / lobet Gottes Macht, unsres Königs Pracht! / Seine Majestät ist und bleibt erhöht / über jeden Thron; singt im Jubelton!

3. Herr der ganzen Welt, allen Völkern fällt / deine Gnade zu, auch ihr Gott bist du. / Ihrer Fürsten Schar stellt vor dir sich dar / als dein Eigentum dir zum Preis und Ruhm. / Deinem Königreich kommt kein andres gleich, / deine Herrlichkeit währt in Ewigkeit.

Text: Christoph Johannes Riggenbach 1868
Melodie: Loys Bourgeois 1551

PSALMEN UND LOBGESÄNGE

619

Psalm 61

1. Erhör, o Gott, mein Flehen,
hab auf mein Beten acht.
Du sahst von fern mich stehen,
ich rief aus dunkler Nacht.
Auf eines Felsens Höhe
erheb mich gnädiglich.
Auf dich ich hoffend sehe:
du lenkst und leitest mich.

2. Du bist gleich einem Turme, / den nie der Feind bezwang. / Ich weiche keinem Sturme, / bei dir ist mir nicht bang. / In deinem Zelt bewahren / willst du mich immerdar. / Mich hütet vor Gefahren / dein schirmend Flügelpaar.

BIBLISCHE GESÄNGE

3. Mein Bitten hast erhöret, / mein Gott, in Gnaden du. / Wer deinen Namen ehret, / dem fällt dein Erbe zu. / So schenke langes Leben / dem, der sich dir geweiht; / wollst Jahr um Jahr ihm geben, / ihn segnen allezeit.

4. Vor Gottes Angesichte / steh er in Ewigkeit. / Es wird ja nie zunichte / des Herrn Barmherzigkeit. / So will dein Lied ich singen, / wie ich es dir versprach, / mein Lobesopfer bringen / von neuem Tag um Tag.

Text: Edith Stein 1936
Melodie: Loys Bourgeois 1547

PSALMEN UND LOBGESÄNGE

Zeichen,
Kreuz und Fisch,
an die Steinwand geschrieben der Höhle.

Die Prozession der Männer
taucht hinab in die Erde.
Der Boden wölbt sich herauf,
Kraut, grünlich, gewachsen
durch ein Gesträuch.

Gegen die Brust
steht mir der Strom auf,
die Stimme aus Sand:

öffne dich
ich kann nicht hindurch
deine toten
treiben in mir

Johannes Bobrowski

BIBLISCHE GESÄNGE

620
Psalm 67

1. Herr, unser Gott, auf den wir trauen,
ent-zieh uns deine Güte nicht.
Laß auf uns her dein Antlitz schauen,
erleuchte, tröst uns durch dein Licht,
daß durch uns auf Erden
mög verbreitet werden,
was dein Arm getan.
Gott gibt Heil und Freuden;
sähn doch alle Heiden,
was Gott geben kann.

2. Dich werden, Gott, die Völker loben, / von allen wirst du einst erhöht; / ja, du allein wirst hoch erhoben / in deines Namens Majestät. / Alle sehn entzücket, / wie dein Heil beglücket / jedes Volk und Land. / Ja, wo du regierest, / Menschen richtest, führest, / wird dein Heil erkannt.

3. Dich werden, Gott, die Völker loben, / von allen wirst du einst erhöht; / ja, du allein wirst hoch erhoben / in deines Namens Majestät. / Gottes Erde gibet, / weil er Menschen liebet, / Brot, das uns erhält; / er kommt uns mit Segen / überall entgegen. / Fürcht ihn, alle Welt!

Text: Matthias Jorissen 1798
Melodie: Jauchzt alle, Gott sei hoch erhoben [Nr. 616]

Ich, der Herr, habe dich gerufen in Gerechtigkeit
und halte dich bei der Hand und behüte dich
und mache dich zum Bund für das Volk,
zum Licht der Heiden,
daß du die Augen der Blinden öffnen sollst
und die Gefangenen aus dem Gefängnis führen
und, die da sitzen in der Finsternis, aus dem Kerker.

Jesaja 42, 6–7

BIBLISCHE GESÄNGE

621
Psalm 86

1. Neig zu mir, Herr, dei-ne Oh-ren,
hör mich, sonst bin ich ver-lo-ren!
Sieh mich, hilf-los, e-lend, arm;
wer ist, der sich mein er-barm?
O be-wah-re du mein Le-ben.
Ich bin hei-lig dir er-ge-ben!
Dir ver-trau-e ich in Not,
ret-te mich, mein Gott, vom Tod!

2. Herr, erbarm, erbarm dich meiner! / Du kannst helfen und sonst keiner; / darum ruf ich stets zu dir: / o mein Heiland, hilf du mir! / Herr, ich bin dein Knecht, verleihe, / daß mein Herz sich deiner freue, / Gott, nach dir nur dürstet mich; / wo findt meine Seele dich?

3. Deine Güte gibt uns Leben; / gern willst du die Schuld vergeben, / groß ist deine Gnad und Treu, / jedem Beter stehst du bei. / Laß dein Ohr auf mich auch merken, / deine Huld in Not mich stärken, / da ich mich mit bangem Flehn / täglich nach Erlösung sehn'!

4. Gib, daß ich in deinem Wege / deiner Wahrheit folgen möge; / halt mein Herz zu jeder Zeit / deines Namens Furcht geweiht! / Herr, mein Gott, dir will ich leben, / dich von Herzen hoch erheben; / ganz bin ich dein Eigentum, / ewig sing ich deinen Ruhm.

Text: Matthias Jorissen 1798
Melodie: Loys Bourgeois 1551

Wie das Wasser die Höhe meidet
und in die Tiefe fließt,
so bleibt auch die Weisheit
nur bei den Demütigen.

Talmud Buch Taanit 7

BIBLISCHE GESÄNGE

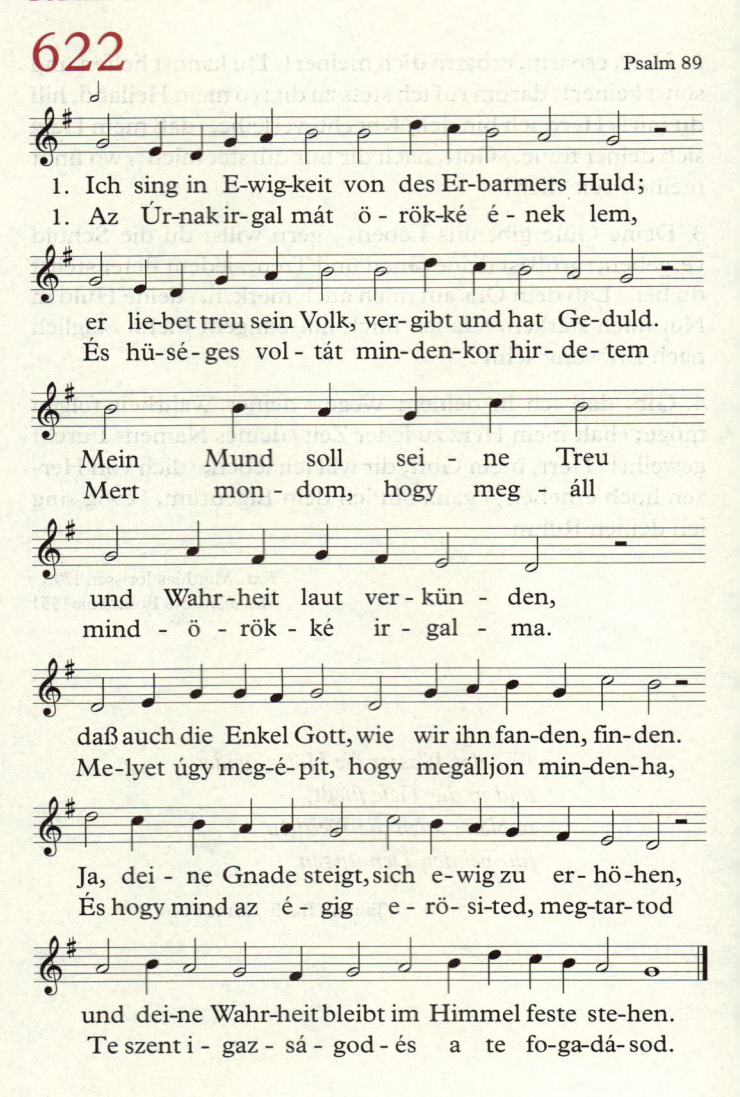

622
Psalm 89

1. Ich sing in E-wig-keit von des Er-barmers Huld;
   er lie-bet treu sein Volk, ver-gibt und hat Ge-duld.
   Mein Mund soll sei - ne Treu und Wahr-heit laut ver-kün - den,
   daß auch die Enkel Gott, wie wir ihn fan-den, fin-den.
   Ja, dei - ne Gnade steigt, sich e-wig zu er - hö-hen,
   und dei-ne Wahr-heit bleibt im Himmel feste ste-hen.

1. Az Úr-nak ir-gal mát ö - rök-ké é - nek lem,
   És hü-sé-ges vol - tát min-den-kor hir - de - tem
   Mert mon-dom, hogy meg - áll mind ö - rök - ké ir - gal - ma.
   Me-lyet úgy meg-é-pít, hogy megálljon min-den-ha,
   És hogy mind az é - gig e - rö- si-ted, meg-tar-tod
   Te szent i - gaz - sá - god - és a te fo-ga-dá- sod.

2. Wie selig ist das Volk, das sich in dir erfreut, / das deine Stimme hört und kommt und dir sich weiht! / Frohlockend steht es da vor deinem Angesichte / und geht dann seinen Weg, bestrahlt von deinem Lichte. / Dein Nam, ihr hoher Ruhm, gibt Mut, stets fortzugehen, / bis die Gerechtigkeit in dir sie wird erhöhen.

3. Herr, dir allein gebührt der Ruhm von unsrer Kraft; / wir sehn, daß deine Hand Sieg und Erlösung schafft. / Ja, deine Gnade nur kann Mut und Stärke geben, / und wir verzagen nie, wenn Feinde sich erheben. / Der Herr ist unser Schild, ihm sind wir untertänig; / der Heilge Israels ist selber unser König.

4. Er sprach: Es wird ein Held aus Jakobs Volk erstehn, / der wird der Heiland sein, und ich will ihn erhöhn, / der rechte Davidssohn, den ich mir auserwählet, / mit heilgem Öl gesalbt, mit meinem Geist beseelet. / Ich stärk ihn, ich, der Herr, ich helfe meinem Knechte, / er siegt durch meinen Arm, sein Schutz ist meine Rechte.

5. Er wird mich nennen: Herr, mein Vater und mein Heil, / mein Gott, mein feste Burg, mein ewig Erb und Teil. / Und ich will ihn erhöhn zum Herren aller Herren, / als erstgeborenen Sohn soll alle Welt ihn ehren: / Mein Bund mit ihm bleibt fest, ich will ihn ewig halten, / und meine Gnade soll ob ihm beständig walten.

6. Ich schwor es meinem Knecht bei meiner Heiligkeit, / ich schwor's, und nimmermehr gereuet mich der Eid, / daß Davids Same soll in Ewigkeit bestehen, / und daß ich seinen Thron auf ewig will erhöhen. / Wie Mond und Sonne glänzt in wandellosem Lichte, / so ist mein Zeugnis treu, mein Wort wird nicht zunichte.

BIBLISCHE GESÄNGE

7. Drum hilf uns wie vordem; laß deine Gnad und Treu, / die
David du gelobt, doch bei uns werden neu. / Gedenke, wieviel
Schmach vom Trotz der Feind wir litten, / wie unserm König
folgt ihr Spott auf allen Tritten. / Laß nicht von Übermut ver-
lästern deinen Namen: / Preis sei dir ewiglich! Du hilfst; dein
Volk sagt Amen.

> *Text:* Str. 1–3 Matthias Jorissen 1798; Str. 4–7 Johannes Stapfer 1775;
> aus dem französischen Original und der Lobwasserübersetzung ins
> Ungarische übertragen von Albert Szenczi Molnár 1607
> *Melodie:* Pierre Davantès 1562

2. Boldog a nép, amely tenéked örvendez, / Minden dolgát,
Uram, ez viszi jó véghez. / Fényes orcád előtt ezek járnak
merészen, / És a te nevedben örvendeznek szüntelen, / Mert
nagy discőségre őket felmagasztalod, / És jótéteményed raj-
tuk megszaporítod.

O welch eine Tiefe des Reichtums,
beides, der Weisheit und der Erkenntnis Gottes!
Wie unbegreiflich sind seine Gerichte
und unerforschlich seine Wege!
Denn von ihm und durch ihn und zu ihm
sind alle Dinge.
Ihm sei Ehre in Ewigkeit! Amen.

Römer 11, 33 und 36

PSALMEN UND LOBGESÄNGE

Psalm 93

623

1. Der Herr ist Kö-nig, hoch er-höht,
er gür-tet sich mit Ma-je-stät,
er herrscht, und vor ihm steht die Welt
un-wan-del-bar, da er sie hält.

2. Dein Thron steht fest zu aller Zeit, / du lebst seit aller Ewigkeit. / O Herr, du siehst von deinem Thron / der Ströme Wut Verderben drohn.

3. Wenn sich das Meer erhebt und brüllt, / was lebt, mit Todesschrecken füllt, / siehts, Herr, dich über sich erhöht, / sinkt hin vor deiner Majestät.

4. Wenn alles wankt, dein Zeugnis nicht, / du hältst, was deine Huld verspricht, / drum sucht dein Volk, das dir sich weiht, / hier seinen Schmuck in Heiligkeit.

Text: nach Matthias Jorissen 1793
Melodie: Lobt Gott, den Herrn der Herrlichkeit [Nr. 300]

BIBLISCHE GESÄNGE

624

Psalm 96

1. Singet dem Herrn ein neues Lied, die ganze Welt sing fröhlich mit! Den Völkern allen saget an, was unser Gott für uns getan.

2. Schauet die Wunder seiner Hand: / Hoheit und Pracht sind sein Gewand. / Was er erschuf, lebt ihm zum Ruhm; / alles ist Gottes Eigentum.

3. Gnädig und recht ist sein Gericht. / Fest steht der Erdkreis, wanket nicht. / Höret, ihr Völker nah und fern: / Gott ist der König. Dient ihm gern.

4. Eilet herbei aus Ost und West, / betet ihn an, geschmückt zum Fest. / Opfert mit Dank, was ihm gefällt: / Schenket euch selbst dem Herrn der Welt.

5. Himmel und Erde, freu dich sehr. / Brause mit Macht, du weites Meer. / Jauchzt eurem Schöpfer, Feld und Wald. / Juble, du Mensch: der Herr kommt bald!

Text: Hans Bernoulli 1983/1990
Melodie und Satz: Heinrich Schütz 1628/1661

*Schau nicht mehr
auf dich,
schau nicht mehr um dich,
sieh auf den, der vor dir geht,
vor dem die Berge sich neigen
und die Wassermassen stillstehn.*

Hanna Hümmer

BIBLISCHE GESÄNGE

625
Psalm 99

1. Gott der Herr re-giert; ihm al-lein ge-bührt Eh-re, Macht und Reich. Völ-ker bük-ket euch, bük-ket euch vor ihm auf den Che-ru-bim! Seht, die Er-de be-bet, wenn er sich er-he-bet.

2. Gott allein ist groß, / herrlich Zions Los! / Aller Völker Macht, / bei ihm nichts geacht', / alles bückt sich hier; / jeder huldge dir, / preise deinen Namen / hoch und heilig. Amen.

3. Seht die Majestät / unsers Königs, seht, / wo ist wohl ein Reich / seinem Reiche gleich? / Weil er liebt das Recht, / liebt es Herr und Knecht. / Er hat Licht und Leben / seinem Volk gegeben.

4. Kommt, erhebet gern / unsern Gott und Herrn! / Werft euch vor ihm hin / und anbetet ihn, / wo sein Schemel steht / und er sich erhöht. / Preiset seinen Namen / hoch und heilig! Amen.

Text: Matthias Jorissen 1793
Melodie: Genf 1562

PSALMEN UND LOBGESÄNGE

Psalm 104

626

1. O Herr, mein Gott, wie bist du groß,
du Schöpfer aller Welt!
Des Lichtes Glanz ist dein Gewand,
des Himmels Blau dein Zelt.

2. Auf Sturmes Flügeln fährst du hin,
die Wolken sind dein Wagen,
die Winde deine Diener sind,
die deine Botschaft tragen.

BIBLISCHE GESÄNGE

3. Du hast die Erde fest gebaut, / der Berge Höhn bestimmt, / des Wassers Lauf hast du gelenkt, / daß seinen Weg es nimmt.

4. Du lässest in der Täler Grün / die Quellen sprudelnd blinken; / des Bächleins Wellen läßt du ziehn, / daraus die Tiere trinken.

5. Du läßt der Felder Korn erstehn, / gibst Brot, dem Menschen Kraft; / zu seiner Freude schenkst du ihm / den Wein, der Rebe Saft.

6. Den Vögeln gibst du das Gezweig, / darin ihr Nest sie bauen; / du schenkst dem Vieh der Weide Gras / aus saftgen grünen Auen.

7. Du riefst den Mond ans Firmament, / du lenkst der Sonne Lauf, / daß ihren Niedergang sie kennt / und steh am Morgen auf.

8. Dann fängt der Mensch sein Tagwerk an, / du gibst ihm Kraft und Segen, / daß er es recht vollenden kann / auf allen seinen Wegen.

9. Wie groß sind deine Werke, Herr! / Dein Wort rief sie ins Sein! / Der hohe Berg, das weite Meer, / die ganze Welt ist dein!

Text: Elisabeth Gräfin Vitzthum 1951
Melodie: Richard Rudolf Klein 1958

Werden nicht alle Strophen gesungen, schließe man das Lied mit einer ungeraden Strophe.

PSALMEN UND LOBGESÄNGE

Psalm 107

627

1. Dankt, dankt dem Herrn und eh - ret,
rühmt sei - ne Freund - lich - keit;
denn sei - ne Gü - te wäh - ret
jetzt und in E - wig - keit.
So sing, du Volk des Herrn,
das er vom Feind er - lö - ste;
im Leid blieb er nicht fern;
er kam, daß er dich trö - ste.

BIBLISCHE GESÄNGE

2. Die schmachtend irreliefen, / trostlos im fremden Land, / und die zum Herren riefen, / der ihnen Wege fand, / die er zur festen Stadt, / zur Heimat wollte weisen, / die er erlöset hat: / sollen den Herren preisen.

3. Die da gefangen saßen / in Kerker und in Zwang, / weil sie des Herrn vergaßen, / die nach ihm schrien bang, / und er sie mächtig riß / aus Elend und aus Eisen, / aus aller Finsternis: / sollen den Herren preisen.

4. Denen in Wind und Wellen / wollt aller Mut entfliehn, / ihr Schifflein gar zerschellen, / und die zum Herren schrien, / und er gebot der Flut, / gab ihnen heimzureisen / in seiner treuen Hut: / sollen den Herren preisen.

5. Denen die dürre Erde / nicht Wein mehr gab noch Korn, / und denen viel Beschwerde / ward durch der Feinde Zorn, / die treulich den gesucht, / der trösten kann und speisen, / und fanden Fried und Frucht: / sollen den Herren preisen.

6. Die Frommen werden schauen / des Höchsten Gnadenzeit; / Zerstörtes will er bauen / und enden allen Streit. / Singe, du Volk des Herrn, / das er aus Not erlöste. / Im Leid blieb er nicht fern; / er kam, daß er dich tröste.

Text: Str. 1 Matthias Jorissen 1798;
Str. 2–6 Lili Wieruszowski 1942/1946
Melodie: Loys Bourgeois 1547

PSALMEN UND LOBGESÄNGE

Psalm 111

628

1. Jauchzt Halleluja, lobt den Herrn!
Mein ganzes Herz will froh und gern
ihm würdig Preis und Ehre geben;
ich will in seinem Heiligtum
im Rat der Frommen seinem Ruhm
aus allen Kräften hoch erheben.

2. Die Werke Gottes sind sehr groß, / wer je die Seligkeit genoß, / Gott selbst in seinem Werk zu sehen, / spricht: All sein Tun ist Majestät / und Herrlichkeit aufs höchst erhöht; / ja ewig wird sein Recht bestehen.

3. Ein Denkmal seiner Wunder gibt / er selber, der uns ewig liebt. / Wie gnädig zeigt er sich uns Armen! / Er speiset liebreich, wer ihn ehrt; / nach seinem Bund, der ewig währt, / wird er sich unser stets erbarmen.

4. Er selbst zeigt seinem Volke an / die Taten, die sein Arm getan, / daß er der Helden Erb ihm schenke. / Wir sehn, daß er gerecht und treu / in jedem Werk und Wege sei / und unsre schwachen Tritte lenke.

BIBLISCHE GESÄNGE

5. Drum soll die Furcht des Herrn allein / bei uns der Weisheit Anfang sein; / sie wird uns zum Verständnis führen, / sie macht uns selig und beglückt, / für Erd und Himmelreich geschickt / und wird mit ewgem Schmuck uns zieren.

Text: Matthias Jorissen 1793
Melodie: Loys Bourgeois 1547

629

Psalm 116

1. Gott hab ich lieb, er hör-te mein Ge-bet;
ich floh in Angst zu sei-nes Thro-nes Stu-fen;
er hat ge-neigt sein Ohr zu meinem Ru-fen,
mein Le-ben lang such ich ihn früh und spät.

2. Erschütterte mich bittrer Todesschmerz, / ergriff mich ganz die Furcht und Angst der Hölle, / traf lauter Not und Jammer meine Seele, / so schüttet ich ihm aus mein ganzes Herz.

3. Ich rief zu ihm: O Herr, erlöse mich, / mach meine Seel von Missetaten ledig! / Der Herr ist groß, er ist gerecht und gnädig; / und unser Gott hört und erbarmet sich.

4. Unmünd'ge stehen unter Gottes Hut. / Ich lag in Not, er kam mit Hilf hernieder; / drum, Seele, kehr zu deiner Ruhe wieder, / Gott tut dir wohl, er ist dein höchstes Gut.

5. Du führest mich vom Tod zum Lebenslicht, / mein Aug ist froh, mein Fuß wird nicht mehr gleiten. / Du wirst im Land der Lebenden mich leiten, / ich wandle fort vor deinem Angesicht.

6. Ich glaub an Gott, drum red ich ohne Scheu. / Die Welt ließ oft mich in der Not verzagen; / ich mußt in Angst von allen Menschen sagen: / sie trügen stets, doch Gott ist ewig treu.

7. O wie vergelt ich Gott, was er mir tat, / da Wohltat mich auf Wohltat überhäufen! / Wohlan, ich will den Kelch des Heils ergreifen. / Gelobet sei sein Name früh und spat.

8. Ich tat dem Herrn Gelübde in der Not. / Die will ich jetzt vor allem Volk bezahlen. / Der Herr bewies zu wiederholten Malen, / daß schwer vor ihm wiegt seiner Heilgen Tod.

9. Du bist mein Gott und Herr, ich bin dein Knecht; / dir diene ich, du hast mir beigestanden, / du machst mich frei, du lösest meine Banden, / du hast auf mich, den dir Erkauften, Recht.

10. Nimm meinen Dank, nimm mich zum Opfer hin! / O Herr, ich will laut deinen Namen preisen, / vor allem Volk dir mit der Tat beweisen, / daß ich ganz dein, dir alles schuldig bin.

11. Ins Haus des Herrn will ich mit Freuden gehn, / in seiner Stadt will ich ihn froh erheben. / Er ist mein Heil, er ist mein Licht, mein Leben. / Mein Lob soll ihn in Ewigkeit erhöhn.

Text: Matthias Jorissen 1793
Melodie: Pierre Davantès 1562

BIBLISCHE GESÄNGE

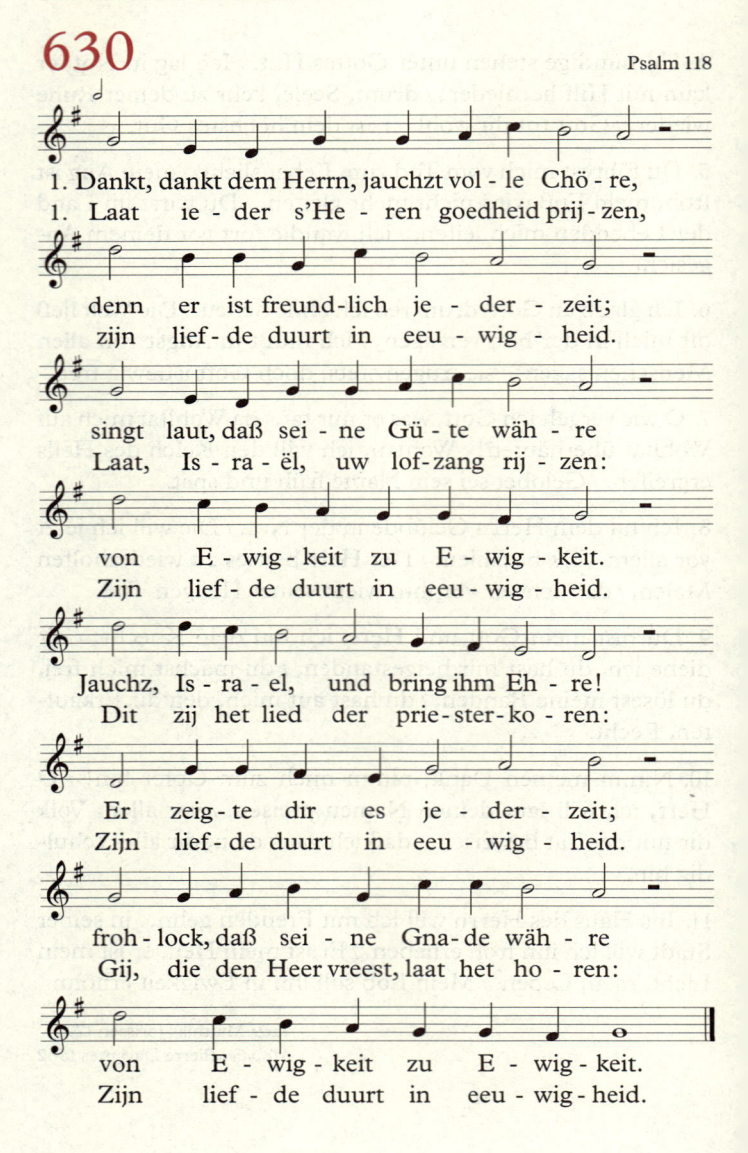

630
Psalm 118

1. Dankt, dankt dem Herrn, jauchzt vol - le Chö - re,
1. Laat ie - der s'He - ren goedheid prij - zen,

denn er ist freund-lich je - der - zeit;
zijn lief - de duurt in eeu - wig - heid.

singt laut, daß sei - ne Gü - te wäh - re
Laat, Is - ra - ël, uw lof-zang rij - zen:

von E - wig - keit zu E - wig - keit.
Zijn lief - de duurt in eeu - wig - heid.

Jauchz, Is - ra - el, und bring ihm Eh - re!
Dit zij het lied der prie - ster - ko - ren:

Er zeig - te dir es je - der - zeit;
Zijn lief - de duurt in eeu - wig - heid.

froh - lock, daß sei - ne Gna - de wäh - re
Gij, die den Heer vreest, laat het ho - ren:

von E - wig - keit zu E - wig - keit.
Zijn lief - de duurt in eeu - wig - heid.

2. In jeder Angst, Not und Gedränge / rief ich ihn, den Erbarmer, an; / er gibt mir Antwort in der Enge / und führt mich auf geraumer Bahn. / Der Herr ist für mich, Macht und Gnade / läßt mich in ihrem Schutze ruhn. / Wer unternimmt's, daß er mir schade? / Was kann ein schwacher Mensch mir tun?

3. Der Herr ist meine Hilf und Stärke, / mein Psalm singt seine Treu und Macht; / mein Heiland hat durch große Werke / Sieg und Erlösung uns gebracht. / Nun jauchzen meines Gottes Knechte, / daß ihre Hütt davon ertönt: / »Gelobt sei unsers Gottes Rechte, / die uns mit Sieg und Frieden krönt!«

4. Die Rechte Gottes ist erhöhet, / die Rechte unsers Gottes siegt; / der Fromme, der nun sicher stehet, / frohlocket, daß der Feind erliegt. / Ich sterbe nicht, ich werde leben / durch den, der mich erlöset hat; / ich will die Werke froh erheben, / die der Erbarmer für mich tat.

5. Gott züchtigt mich nicht zum Verderben, / er überläßt mich nicht dem Tod; / er will, ich solle noch nicht sterben, / drum rettet er aus aller Not. / Er öffnet mir – ich will ihn loben – / die Tore der Gerechtigkeit; / da, wo mein Heiland wird erhoben, / anbet ich ihn, der mich befreit.

6. Dies sind die Tore zu dem Throne / der allerhöchsten Majestät, / durch die bei frohem Jubeltone / zu seinem Gott der Fromme geht: / da will ich vor dir niederfallen, / du hörtest mich in meiner Not; / dir soll mein frohes Lied erschallen, / du gibst mir Leben aus dem Tod.

7. Der Stein, den einst die Tempelbauer / verschmäht, ist Eckstein in der Höh; / das dringt den denkenden Beschauer, / daß er nach ihm mit Ehrfurcht seh; / von unserm Gott ist das geschehen: / wie herrlich ist, was er getan! / Wir können dieses Wunder sehen / und beten seine Allmacht an.

8. Dies ist der schönste aller Tage, / den Gott uns schenkt, weil er uns liebt, / daß jeder nun der Furcht entsage, / sich freue, weil Gott Freude gibt. / Schenk heut, Erbarmer, Heil und Segen, / es ist dein Tag der Herrlichkeit! / Gib, daß wir all erfahren mögen, / wie hoch, Herr, deine Gnad erfreut.

9. Gesegnet sei des Herrn Gemeine, / die hier in seinem Namen kniet. / Sie sei geweiht dem Herrn alleine, / der huldreich auf sie niedersieht. / Der Herr ist Gott, zu dem wir wallen, / bald macht er uns sich offenbar, / ein jeder such ihm zu gefallen / und bring sich selbst zum Opfer dar.

10. Du bist mein Gott, dich will ich loben, / erheben deine Majestät. / Dein Ruhm, mein Gott, werd hoch erhoben, / der über alle Himmel geht. / Rühmt, rühmt den Herrn! Schaut, sein Erbarmen / bestrahlet uns in trüber Zeit, / und seine Gnade trägt uns Arme / von Ewigkeit zu Ewigkeit.

Text: Matthias Jorissen 1793;
niederländischer Text: Liedboek voor de Kerken 1973
Melodie: Nun saget Dank und lobt den Herren [Nr. 294]

PSALMEN UND LOBGESÄNGE

Glauben Sie, fragte man mich,
an ein Leben nach dem Tode?
Und ich antwortete: Ja.
Aber dann wußte ich keine Auskunft zu geben,
wie das aussehen sollte dort.
Ich wußte nur eins:
keine Hierarchie auf goldenen Stühlen sitzend,
kein Niedersturz verdammter Seelen.
Nur,
nur Liebe, freigewordene,
niemals aufgezehrte, mich überflutend.
Mehr also, fragen die Frager,
erwarten Sie nicht nach dem Tode?
Und ich antworte:
Weniger nicht.

        Marie-Luise Kaschnitz

BIBLISCHE GESÄNGE

631
Psalm 121

Erste Melodie

1. Ich schau nach jenen Bergen gern.
Mein Heil, das ich begehr,
kommt's von den Bergen her?
Nein, meine Hilf ist von dem Herrn,
der schuf durchs Wort: »Es werde!«
den Himmel und die Erde.

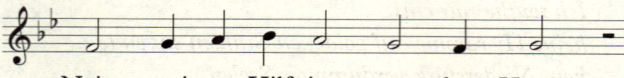

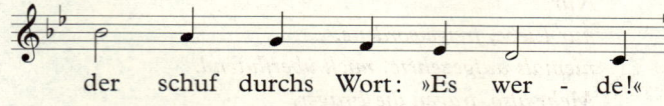

Zweite Melodie

1. Ich schau nach jenen Bergen gern.
Mein Heil, das ich begehr,

PSALMEN UND LOBGESÄNGE

kommt's von den Ber - gen her?

Nein, mei - ne Hilf ist von dem Herrn,

der schuf durchs Wort: »Es wer - de!«

den Him - mel und die Er - de.

2. Er läßt nicht gleiten deinen Fuß, / dein Hüter schlummert nicht, / wenn dirs an Kraft gebricht, / er schläft nicht, wenn er helfen muß; / sieh, Israels Gebieter / ist auch dein Gott und Hüter.

3. Dein Helfer selber schützet dich / und steht in deinem Stand / an deiner rechten Hand, / beschattet dich so gnädiglich, / daß dich bei Nacht und Tage / nicht Frost und Hitze plage.

4. Der Herrscher, der die Welt regiert, / wacht über Leib und Seel, / daß dir kein Gutes fehl. / Beim Ausgang und beim Eingang wird / der Herr dich selber leiten / bis in die Ewigkeiten.

Text: Matthias Jorissen 1793
Erste Melodie: Loys Bourgeois 1551
Zweite Melodie: Johann Peter Schmachtenberg 1853

BIBLISCHE GESÄNGE

632

nach Psalm 122

1. Glück-li-che Stun-de, dar-in ich ver-nom-men:
   Freu dich, die schö-ne Zeit soll wie-der kom-men,
   die so er-sehn-te, da wir, Gott zu prei-sen,
   zum Zi-on rei-sen!

1. Za-li-ge u-re! vruchtbaar van ver-blij-den,
   die mij deed ho-ren dat de scho-ne tij-den,
   zo-zeer ge-wenst en van zo me-nig vro-me,
   weer zul-len ko-men.

2. Bald werden uns die Tage wiederkehren, / da wir einziehen in das Haus des Herren. / Festlich durch offne Tore und Paläste / strömen die Gäste.

3. Schönste der Städte, Stadt zu Gottes Ehre – / ach, daß sie schon die Stadt des Friedens wäre! / Alle, die kommen und sich dort begegnen, / wolle Gott segnen.

PSALMEN UND LOBGESÄNGE

4. Warum denn deiner unentwegt gedenken / mit so viel Wünschen, die sich auf dich senken, / daß es an nichts, Jerusalem, dir fehle, / niemand dich quäle?

5. Weil Gott, dem einmal alle Menschen dienen, / aus seiner Höhe unter uns erschienen, / daß er sei nahe jeder Zeit und Zone, / hier aber wohne!

Text: Jürgen Henkys 1979/1994 nach dem niederländischen
Zalige ure! vruchtbaar van verblijden
von Dirk Raphaëlszoon Camphuysen 1624
Melodie: Camphuysens Stichtelyke rymen 1680

2. Dat ons de dagen weder zullen keren, / dat men zal ingaan in het huis des Heren / en Salems muren met haar schoon' gebouwen / vreugdig aanschouwen.

3. Stad van de vrede, schoonste van de steden, / ik wens u toe wel duizend zaligheden / en die u minnen bid ik dat ten zegen / God zij genegen!

4. Wat is de reden dat ik ganse nachten, / gehele dagen wens in mijn gedachten, / dat gij nooit zegen en geluk moet derven / maar eeuwig erven?

5. Omdat de Here dien wij moeten pogen / dienstvaardig teeren uit al ons vermogen / u tot zijn woning die gij steeds moet wezen / heeft uitgelezen.

BIBLISCHE GESÄNGE

633
Psalm 126

1. Wie die Träumenden werden wir sein: / Herrlich erneuert der Herr sein Zion; / Jubel und Lachen wird jäh uns ergreifen. / Gott wird zum Heil wenden unser Geschick.

2. Bei den Völkern ringsum wird es kund: / Groß ist, wie Gott an ihnen handelt. / Ja, es ist groß, wie der Herr an uns handelt. / Fröhlich bezeugen wir Gottes Tun.

3. Wende unser Geschick, o Herr Gott! / Laß in der Wüste versiegte Bäche / neu mit lebendigem Wasser sich füllen. / Führe Gefangene gnädig zurück.

4. Was wir hier unter Tränen gesät, / werden wir einstmals mit Freuden ernten. / Aufjauchzend bringen wir unsere Garben. / Ja, wie die Träumenden werden wir sein.

Text und Melodie: Johannes Petzold 1985

PSALMEN UND LOBGESÄNGE

*Unser Glaube an Gott bestimmt,
wie wir
mit unseren zerbrochenen Träumen
fertig werden.
Er gibt uns die Überzeugung,
daß jenseits der Zeit
der Geist Gottes,
daß jenseits
des zeitlichen Lebens
das ewige Leben herrscht.*

Martin Luther King

BIBLISCHE GESÄNGE

634 ö
Psalm 138

1. Mein ganzes Herz erhebet dich;
vor dir will ich mein Loblied singen
und will in deinem Heiligtum,
Herr, dir zum Ruhm mein Opfer bringen.
Dein Name strahlt an allem Ort,
und durch dein Wort wird hell das Leben.
Anbetung, Ehr und Herrlichkeit
bin ich bereit, dir, Gott, zu geben.

1. Que tout mon coeur soit dans mon chant,
Qu'il soit brûlant De tes louanges.
Je te rends grâce en ta maison,
Je loue ton nom Devant les anges.
Tu es venu pour exalter
La renommée De ta parole.
J'adore ta fidélité
Et ta bonté Qui me consolent.

2. Dein Name, Herr, ist unser Hort; / du hast dein Wort an mir erfüllet; / du hast auf mein Gebet gemerkt / und mich gestärkt, mein Herz gestillet. / Die Völker werden preisen dich / und Mächtge sich zu dir hin kehren, / wenn sie das Wort vom ewgen Bund / aus deinem Mund verkünden hören.

3. Herr, ob den Himmeln thronst du hoch / und siehest doch die Tiefgebeugten. / In Angst und Widerwärtigkeit / wird mir allzeit dein Antlitz leuchten. / Mach mich von allem Elend frei; / denn deine Treu wird niemals enden. / Du wirst nach deinem ewgen Rat, / Herr, groß an Tat, dein Werk vollenden.

Text: Einheitsgesangbuch 1972 nach älteren Fassungen; französisch von Roger Chapal 1970 nach Cl. Marot 1543 und V. Conrart 1679
Melodie: Loys Bourgeois 1551

2. Tu me réponds dès que je crie; / Tu élargis Mon espérance. / Même le grands t'écouteront / Et béniront Ta Providence. / Ton saint amour, ô roi des cieux, / Veille en tous lieux Sur toutes choses. / Dans ses projets tu suis des yeux / L'homme orgueilleux: Tu en disposes.

3. Ta paix, mon Dieu, dure à toujours, / C'est ton amour Qui me délivre. / Quand je suis le plus éprouvé / Ton bras levé Me fait revivre. / Et quand je suis au désepoir / C'est ton pouvoir Qui me relève. / Ce qu'il t'a plu de commencer / Sans se lasser Ta main l'achève.

BIBLISCHE GESÄNGE

635
Psalm 146

Erste Melodie

1. Hal - le - lu - ja, Gott zu lo - ben
blei - be mei - ner See - len Freud.
E - wig sei mein Gott er - ho - ben,
mei - ne Har - fe ihm ge - weiht.
Ja, so - lang ich leb und bin,
dank, an - bet und preis ich ihn.

Zweite Melodie

1. Hal - le - lu - ja, Gott zu lo - ben
   E - wig sei mein Gott er - ho - ben,
blei - be mei - ner See - len Freud.
mei - ne Har - fe ihm ge - weiht.

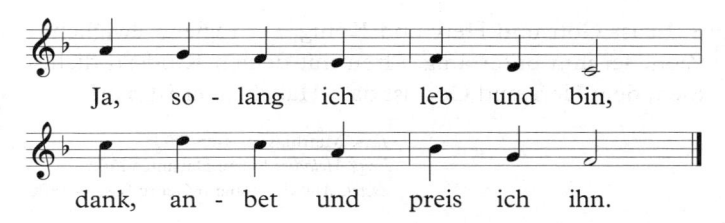

Ja, so-lang ich leb und bin,
dank, an-bet und preis ich ihn.

2. Setzt auf Fürsten kein Vertrauen. / Fürstenheil steht nimmer fest; / wollt ihr auf den Menschen bauen, / dessen Geist ihn bald verläßt? / Seht, er fällt, des Todes Raub, / und sein Anschlag in den Staub.

3. Heil dem, der im Erdenleben / Jakobs Gott zur Hilfe hat, / der sich dem hat ganz ergeben, / dessen Nam ist Rat und Tat. / Hofft er von dem Herrn sein Heil, / seht, Gott selber wird sein Teil.

4. Er, der Himmel, Meer und Erde / mit all ihrer Füll und Pracht / durch sein schaffendes: »Es werde!« / hat aus nichts hervorgebracht; / er, der Herrscher aller Welt, / ists, der Treu und Glauben hält.

5. Er, der Herr, ists, der den Armen, / Unterdrückten Recht verschafft, / gibt mit mächtigem Erbarmen / Hungernden stets Brot und Kraft, / und von Zwang und Tyrannei / macht er die Gefangnen frei.

6. Er, der Herr, ists, der den Blinden / liebreich schenket das Gesicht. / O ja, die Gebeugten finden / bei ihm Stärke, Trost und Licht. / Seht, wie Gott, der alles gibt, / immer treu die Frommen liebt.

7. Er ists, der den Fremdling schützet, / der die Witwen hält im Stand, / der die Waisen unterstützet, / ja sie führt an seiner Hand. / Die ihm ruchlos widerstehn, / müssen ratlos irregehn.

BIBLISCHE GESÄNGE

8. Er ist Gott und Herr und König, / er regieret ewiglich: / Zion, sei ihm untertänig, / freu mit deinen Kindern dich. / Sieh, dein Herr und Gott ist da: / Halleluja, er ist nah!

Text: Matthias Jorissen 1793
Erste Melodie: Pierre Davantès 1562
Zweite Melodie: Johann Georg Bässler 1806

636 ö

Psalm 148

1. Er-freu-e dich, Him-mel, er-freu-e dich, Erden, er-freu-e sich al-les, was fröh-lich kann wer-den.

Kehrvers
Auf Er-den hier un-ten, im Him-mel dort o-ben: den gü-ti-gen Va-ter, den wol-len wir lo-ben.

2. Ihr Sonnen und Monde, ihr funkelnden Sterne, / ihr Räume des Alls in unendlicher Ferne: / Auf Erden hier unten, im Himmel dort oben: / den gütigen Vater, den wollen wir loben.

3. Ihr Tiefen des Meeres, Gelaich und Gewürme, / Schnee, Hagel und Regen, ihr brausenden Stürme: / Auf Erden hier unten, im Himmel dort oben: / den gütigen Vater, den wollen wir loben.

4. Ihr Wüsten und Weiden, Gebirg und Geklüfte, / ihr Tiere des Feldes, ihr Vögel der Lüfte: / Auf Erden hier unten, im Himmel dort oben: / den gütigen Vater, den wollen wir loben.

5. Ihr Männer und Frauen, ihr Kinder und Greise, / ihr Kleinen und Großen, einfältig und weise: / Auf Erden hier unten, im Himmel dort oben: / den gütigen Vater, den wollen wir loben.

6. Erd, Wasser, Luft, Feuer und himmlische Flammen, / ihr Menschen und Engel, stimmt alle zusammen: / Auf Erden hier unten, im Himmel dort oben: / den gütigen Vater, den wollen wir loben.

Text: Straßburg 1697; Str. 2–5 Maria Luise Thurmair 1963
Melodie: Augsburg 1669 / Bamberg 1691

Ich freue mich, Herr, ich freue mich und freue mich.
Herr, ich werfe meine Freude wie Vögel an den Himmel.
Ein neuer Tag, der glitzert und knistert, knallt und jubiliert
von deiner Liebe.
Jeden Tag machst du. Halleluja, Herr!

Aus Westafrika

BIBLISCHE GESÄNGE

BIBLISCHE ERZÄHLLIEDER

637

Lukas 19, 1–10

1. Za-chä-us, bö-ser rei-cher Mann, was hast du denn ge-tan? Wo kommt das vie-le Geld denn her in dei-nem Beu-tel groß und schwer? Za-chä-us, Za-chä-us, Za-chä-us, du bö-ser rei-cher Mann! Za-chä-us, bö-ser rei-cher Mann!

2. Zachäus, armer reicher Mann, / dich schaut ja keiner an! / Die Leute haben dich nicht lieb, / geh weg von uns, du böser Dieb! / Zachäus, Zachäus, du armer reicher Mann!

BIBLISCHE ERZÄHLLIEDER

3. Zachäus, kluger kleiner Mann, / jetzt fängst du's richtig an! / »Laßt ihr mich nicht hier bei euch stehn, / vom Baum aus kann ich Jesus sehn!« / Zachäus, Zachäus, jetzt fängst du's richtig an!

4. Zachäus, froher kleiner Mann, / dein Heiland sieht dich an! / »Läßt du mich in dein Haus hinein, / dein Gast will ich noch heute sein!« / Zachäus, Zachäus, du froher kleiner Mann!

Text: Marianne Stoodt 1968
Melodie: Dieter Trautwein und die Seminargruppe des
Ev. Stadtjugendpfarramtes Frankfurt a. M. 1968

Der Menschensohn ist gekommen,
zu suchen und selig zu machen,
was verloren ist.

Lukas 19,10

Glaube – Liebe – Hoffnung

LOBEN UND DANKEN

638

Erd und Himmel klin-ge, alles Land lob-sin-ge:
ü-ber Ber-ge und Höhn, ü-ber Wäl-der und Seen.
Laßt den Lob-ge-sang gehn durch al-le Welt!

Text und Kanon für 4 Stimmen: Paul Ernst Ruppel 1959
nach einem schwedischen Volkslied

639

Ja, ich will sin-gen, ich will sin-gen

Oberstimme ad lib.

Ja, ich will sin-gen, ich will sin-gen

Baß ad lib.

Ja, ich will sin-gen, ich will sin-gen von

LOBEN UND DANKEN

von der Gnade des Herrn
von der Gnade des Herrn
der Gnade des Herrn

2. und seine Wahrheit, und seine Wahrheit
und seine Wahrheit, seine Wahrheit
und seine Wahrheit, seine Wahrheit

verkünden Tag für Tag.
verkünden Tag für Tag.
verkünden Tag für Tag.

Text: nach Psalm 89, 2
Kanon für 2 Stimmen: Reinhold Kurth um 1940
Satz: Paul Ernst Ruppel 1981

GLAUBE – LIEBE – HOFFNUNG

640

Die Herrlich-keit des Herrn bleibe e-wig-lich,
der Herr freu-e sich seiner Wer-ke!
Ich will sin-gen dem Herrn mein Le-ben lang;
ich will lo-ben mei-nen Gott, so-lang ich bin.

Text: Psalm 104, 31 und 33
Melodie: Jugend mit einer Mission 1977

641

1. Al-les, was O-dem hat, lo-be den Herrn!
Hal-le-lu - ja, Hal-le-lu - ja!

LOBEN UND DANKEN

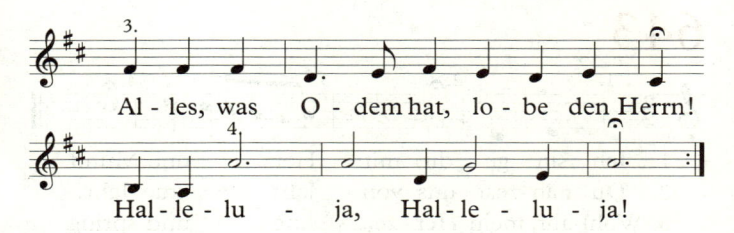

3. Alles, was Odem hat, lobe den Herrn!
4. Halleluja, Halleluja!

Text: Psalm 150, 6
Kanon für 4 Stimmen: Hans Rudolf Siemoneit 1959

642

1. Singet und spielet dem Herrn in euren Herzen,
   Chantez et bénissez le Seigneur de notre vie,
2.
3. singet und spielet!
   chantez et bénissez!

Text: Epheser 5, 19;
französische Fassung: Roger Trunk 1990
Kanon für 3 Stimmen: Hermann Stern 1940/1960

GLAUBE – LIEBE – HOFFNUNG

643

1. Ich singe dir mit Herz und Mund.
2. Du nährest uns von Jahr zu Jahr.
3. Wohlauf, mein Herze, sing und spring.
4. Ermuntert euch und singt mit Schall.

Begleitung

Ich singe dir mit Herz und Mund.
Du nährest uns von Jahr zu Jahr.
Wohlauf, mein Herz auf, sing und spring.
Ermuntert euch und singt mit Schall.

Text: nach Paul Gerhardt 1653
Kanon für 4 Stimmen: nach einer Melodie von Johann Crüger
von Herbert Beuerle 1963

644

Strophen

1. Vergiß nicht zu danken dem ewigen Herrn, er hat dir viel Gutes getan.
2. Bedenke, in Jesus vergibt er dir gern, du darfst ihm, so wie du bist, nahn.

RECHTFERTIGUNG UND ZUVERSICHT

Jesaja 54,10

646

1. Weicht, ihr Berge, fallt, ihr Hügel,
Gottes Treu hat dieses Siegel:
Berg und Felsen, brechet ein!
»Ich will unverändert sein.«
Sollt die Welt zu Trümmern gehn:
Gottes Gnade muß bestehn.

2. Gott hat mir ein Wort versprochen, / Gott hat einen Bund gemacht, / der wird nimmermehr gebrochen, / bis er alles hat vollbracht. / Er, die Wahrheit, trüget nicht; / was er zusagt, das geschieht.

3. Seine Gnade soll nicht weichen, / wenn gleich alles bricht und fällt; / nein, sie muß das Ziel erreichen, / bis sie mich zufriedenstellt. / Sei die Welt voll Heuchelei: / Gott ist gütig, fromm und treu.

4. Will die Welt den Frieden brechen, / hat sie lauter Krieg im Sinn: / Gott hält immer sein Versprechen, / da fällt aller Zweifel hin; / denn er bleibet immerdar, / der er ist und der er war.

5. Laßt sein Antlitz sich verstellen, / ist sein Herz doch treu gesinnt / und bezeugt in allen Fällen, / daß ich sein geliebtes Kind, / dem er beide Hände reicht, / wenn auch Grund und Boden weicht.

6. Er will Frieden mit mir halten, / wenn die Welt gleich Lärmen macht. / Ihre Liebe mag erkalten, / ich bin bei ihm wert geacht'. / Und wenn Höll und Abgrund brüllt, / bleibt er mir doch Sonn und Schild.

7. Er, der Herr, ist mein Erbarmer; / so hat er sich selbst genannt. / Das ist Trost! So werd ich Armer / nimmermehr von ihm gewandt. / Sein Erbarmen läßt nicht zu, / daß er mir was Leides tu.

8. Nun, es sei mein ganz Vertrauen / felsenfest ihm zugetan. / Auf ihn will ich immer bauen, / er ist's, der mir helfen kann. / Erd und Himmel muß vergehn, / Gottes Bund bleibt ewig stehn.

Text: **Benjamin Schmolck 1723**
Melodie: Tut mir auf die schöne Pforte [Nr. 166]

Ich irrte umher in meinem Stolz
und war ein Blatt in jedem Winde,
und ganz im Verborgenen
warst du doch der Steuermann.

Aurelius Augustinus

RECHTFERTIGUNG UND ZUVERSICHT

Prediger 1, 2; 3, 14; Offenbarung 20, 12   ö **647**

1. Al - les ist ei - tel, du a - ber bleibst, und wen du ins Buch des Le - bens schreibst.
2. Du a - ber bleibst, du a - ber bleibst, al - les ist ei - tel, du a - ber bleibst.
3. Du a - ber bleibst, du a - ber bleibst, und wen du ins Buch des Le - bens schreibst.

Text: Gerhard Fritzsche 1942
Kanon für 3 Stimmen: Theophil Rothenberg 1942

GLAUBE – LIEBE – HOFFNUNG

648

1. Wir haben Gottes Spuren festgestellt
auf unsern Menschenstraßen,
Liebe und Wärme in der kalten Welt,
Hoffnung, die wir fast vergaßen.

1. Nous avons vu les pas de notre Dieu
croiser les pas des hommes,
Nous avons vu brûler comme un grand feu
pour la joie de tous les pauvres:

Kehrvers

Zeichen und Wunder sahen wir geschehn
in längst vergangnen Tagen,
Reviendra-t-il marcher sur nos chemins,
changer nos coeurs de pierre?

RECHTFERTIGUNG UND ZUVERSICHT

Gott wird auch un-sre We-ge gehn,
Re-vien-dra-t-il se-mer au creux de mains
uns durch das Le-ben tra-gen.
l'a-mour et la lu-miè-re?

2. Blühende Bäume haben wir gesehn, / wo niemand sie vermutet, / Sklaven, die durch das Wasser gehn, / das die Herren überflutet. / Zeichen und Wunder sahen wir geschehn / in längst vergangnen Tagen, / Gott wird auch unsre Wege gehn, / uns durch das Leben tragen.

3. Bettler und Lahme sahen wir beim Tanz, / hörten, wie Stumme sprachen, / durch tote Fensterhöhlen kam ein Glanz, / Strahlen, die die Nacht durchbrachen. / Zeichen und Wunder sahen wir geschehn / in längst vergangnen Tagen, / Gott wird auch unsre Wege gehn, / uns durch das Leben tragen.

Text: Diethard Zils 1981 nach dem französischen
Nous avons vu les pas de notre Dieu von Michel Scouarnec 1973
Melodie: Jo Akepsimas 1973

GLAUBE – LIEBE – HOFFNUNG

ANGST UND VERTRAUEN

649

1. Wer kann dich, Herr, verstehen,
wer deinem Lichte nahn?
Du lösest, was wir binden,
du stürzest, was wir baun.
Wir könnens nicht ergründen,
wir können nur vertraun.

Wer kann den Ausgang sehen
von deiner Führung Bahn?

2. Wie liegt auf unserm Pfade / oft schweres Hindernis; / doch leitet deine Gnade / uns sicher und gewiß. / Sie läßt dein Heil uns finden / durch Kampf mit Angst und Graun. / Wir könnens nicht ergründen, / wir können nur vertraun.

3. Wer darf, Herr, mit dir rechten / um seiner Tage Los? / Du zeigest deinen Knechten / dich immer gut und groß. / Selbst durch die Nacht der Sünden / läßt sich dein Antlitz schaun. / Wir könnens nicht ergründen, / wir können nur vertraun.

ANGST UND VERTRAUEN

4. Am letzten unsrer Tage / umgibt uns noch dein Licht; / drum keiner fürcht und zage, / auch wenn das Herz ihm bricht. / Mag Erdentrost ihm schwinden, / auf dich nur darf er baun. / Wir wollens nicht ergründen, / wir wollen nur vertraun.

Text: Leipzig 1844
Melodie: Befiehl du deine Wege [Nr. 361]

650

1. Weiß ich den Weg auch nicht, du weißt ihn wohl, das macht die Seele still und frie-de-voll. Ist's doch um-sonst, daß ich mich sor-gend müh, daß ängst-lich schlägt mein Herz, sei's spät, sei's früh.

2. Du weißt den Weg ja doch, du weißt die Zeit, / dein Plan ist fertig schon und liegt bereit. / Ich preise dich für deiner Liebe Macht, / ich rühm die Gnade, die mir Heil gebracht.

GLAUBE – LIEBE – HOFFNUNG

3. Du weißt, woher der Wind so stürmisch weht, / und du gebietest ihm, kommst nie zu spät. / Drum wart ich still, dein Wort ist ohne Trug, / du weißt den Weg für mich, das ist genug.

Text: Hedwig von Redern 1901
Melodie: John Bacchus Dykes 1868

651

1. Freun-de, daß der Man-del-zweig wie-der blüht und treibt, ist das nicht ein Fin-ger-zeig, daß die Lie-be bleibt?
2. Daß das Le-ben nicht ver-ging, so-viel Blut auch schreit, ach-tet die-ses nicht ge-ring in der trüb-sten Zeit.
3. Tau-sen-de zer-stampft der Krieg, ei-ne Welt ver-geht. Doch des Le-bens Blü-ten-sieg leicht im Win-de weht.

ANGST UND VERTRAUEN

4. Freunde, daß der Mandelzweig,
sich in Blüten wiegt, bleibe uns ein
Fingerzeig, wie das Leben siegt.

Text: Schalom Ben-Chorin 1942
Melodie: Fritz Baltruweit 1981

652

Strophen

1. Von guten Mächten treu und still umgeben,
be-hütet und getröstet wunderbar,
so will ich diese Tage mit euch leben
und mit euch gehen in ein neues Jahr.

GLAUBE – LIEBE – HOFFNUNG

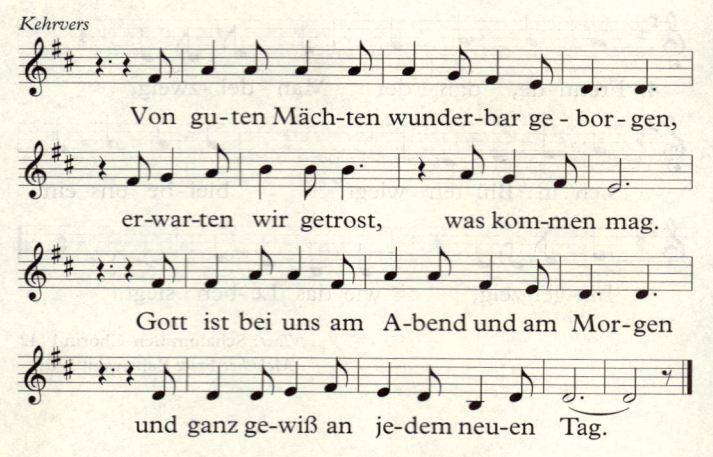

Kehrvers

Von gu-ten Mäch-ten wun-der-bar ge-bor-gen,
er-war-ten wir getrost, was kom-men mag.
Gott ist bei uns am A-bend und am Mor-gen
und ganz ge-wiß an je-dem neu-en Tag.

2. Noch will das alte unsre Herzen quälen, / noch drückt uns böser Tage schwere Last. / Ach Herr, gib unsern aufgeschreckten Seelen / das Heil, für das du uns geschaffen hast. *Kehrvers*

3. Und reichst du uns den schweren Kelch, den bittern / des Leids, gefüllt bis an den höchsten Rand, / so nehmen wir ihn dankbar ohne Zittern / aus deiner guten und geliebten Hand. *Kehrvers*

4. Doch willst du uns noch einmal Freude schenken / an dieser Welt und ihrer Sonne Glanz, / dann wolln wir des Vergangenen gedenken, / und dann gehört dir unser Leben ganz. *Kehrvers*

5. Laß warm und hell die Kerzen heute flammen, / die du in unsre Dunkelheit gebracht, / führ, wenn es sein kann, wieder uns zusammen. / Wir wissen es, dein Licht scheint in der Nacht. *Kehrvers*

ANGST UND VERTRAUEN

6. Wenn sich die Stille nun tief um uns breitet, / so laß uns hören jenen vollen Klang / der Welt, die unsichtbar sich um uns weitet, / all deiner Kinder hohen Lobgesang. *Kehrvers*

Text: Dietrich Bonhoeffer (1944) 1945/1951
Melodie: Siegfried Fietz 1970
Das Lied mit anderer Melodie Nr. 65

653

Kehrvers

Von al - len Sei - ten um - gibst du mich und hältst dei - ne Hand ü - ber mir.

1.-3. Wenn ich auch flie - hen woll - te,

1. dein An - ge - sicht,
2. vor dir ins All,
3. vor dir, o Gott,

1.-3. wenn ich auch flüch-ten woll - te

1. o Herr, vor dir.
2. bis in den Tod.
3. bis in die Nacht.

Text nach Psalm 139 *und Melodie:* Horst Weber 1954

GLAUBE – LIEBE – HOFFNUNG

654 (Ö)

1. Wo ich gehe, wo ich stehe,
ist der liebe Gott bei mir.
Wenn ich ihn auch niemals sehe,
weiß ich dennoch: Gott ist hier.

2. Wenn ich lache, wenn ich weine, / ist der liebe Gott bei mir. / Hab ich Angst und bin alleine, / weiß ich dennoch: Gott ist hier.

Text: Str. 1 mündlich überliefert. Str. 2 Eva Maria Tobler 1975
Melodie: Richard Rudolf Klein 1962

*Ich will dich nicht verlassen
noch von dir weichen.*

Josua 1, 5

ANGST UND VERTRAUEN

655

1. Aus der Tiefe rufe ich zu dir:
Herr, höre meine Klagen,
aus der Tiefe rufe ich zu dir:
Herr, höre meine Fragen.

2. Aus der Tiefe rufe ich zu dir: / Herr, öffne deine Ohren, / aus der Tiefe rufe ich zu dir: / ich bin hier ganz verloren.

3. Aus der Tiefe rufe ich zu dir: / Herr, achte auf mein Flehen, / aus der Tiefe rufe ich zu dir: / ich will nicht untergehen.

4. Aus der Tiefe rufe ich zu dir: / nur dir will ich vertrauen, / aus der Tiefe rufe ich zu dir: / auf dein Wort will ich bauen.

Text: Uwe Seidel 1981
Melodie: Oskar Gottlieb Blarr 1981

Keiner verirrt sich soweit weg, daß er nicht zurückfinden kann zu dir, der du nicht bloß bist wie eine Quelle, die sich finden läßt. Du, der wie eine Quelle ist, die selber den Dürstenden sucht.

Sören Kierkegaard

GLAUBE – LIEBE – HOFFNUNG

656

1. Fürch-te dich nicht, ge-fan-gen in dei-ner Angst, mit der du lebst. Fürch-te dich nicht, ge-fan-gen in dei-ner Angst. Mit ihr lebst du.
2. Fürch-te dich nicht, ge-tra-gen von sei-nem Wort, von dem du lebst. Fürch-te dich nicht, ge-tra-gen von sei-nem Wort. Von ihm lebst du.
3. Fürch-te dich nicht, ge-sandt in den neu-en Tag, für den du lebst. Fürch-te dich nicht, ge-sandt in den neu-en Tag. Für ihn lebst du.

Text, Melodie und Satz: Fritz Baltruweit 1981

UMKEHR UND NACHFOLGE

2. Mose 20, 1–17

657

1. Er-heb dein Herz, tu auf dein Oh-ren, ver-stock-tes Volk! Hier spricht dein Gott. Merk auf! Er hat dich doch er-ko-ren, zu tun sein hei-li-ges Ge-bot.

2. »Ich bin der Herr, dein Gott und Retter, / der ich dich in die Freiheit führ'. / Ich bins allein, und andre Götter / sollst du nicht haben neben mir.

3. Du sollst mich nicht in Bildern fassen. / Wem sollt ich denn vergleichbar sein? / Kannst du dir doch genug sein lassen / an meinem Worte klar und rein.

4. Geheiligt werd der Name Gottes, / in Ehrfurcht er zu nennen sei. / Enthalte dich des Fluchs und Spottes, / meid falschen Eid und Heuchelei!

5. Du sollst des Sabbattags gedenken, / ihn heiligen für mich und ruhn. / Sechs Tage will ich Zeit dir schenken, / um deiner Hände Werk zu tun.

6. Vater und Mutter sollst du ehren – / durch sie mach ich mich dir bekannt –, / so will ich deine Jahre mehren / und Wohlfahrt schenken deinem Land.

7. Du sollst nicht töten. Ich geb Leben! / Dein Nächster trägt mein Bild wie du. / Die Feinde lieben, Schuld vergeben / schafft Frieden und gibt gute Ruh.

8. Du sollst die Ehe heilig halten: / Ich füg zusammen Frau und Mann. / Laßt Lieb und Treue nicht erkalten. / Mein Bund sich darin zeigen kann.

9. Du sollst des andern Gut nicht stehlen. / Ich geb es ihm; sein Gut ist mein. / Dir soll's am Nötigen nicht fehlen, / wirst du gerecht und gütig sein.

10. Du sollst kein falsches Zeugnis reden; / ich hasse Lügen, Trug und List. / Sei du aufrichtig gegen jeden, / da jeder Mensch dein Nächster ist.

11. Du sollst nicht andrer Gut begehren. / Dem Nächsten gönne doch sein Glück! / Neid wird dir Leib und Seel zerstören. / Ich gebe, und ich nehms zurück.«

12. »Gott soll ich über alles lieben / und meinen Nächsten so wie mich.« / Für dies Gebot, uns vorgeschrieben, / Herr, deinen Geist erbitte ich.

Text: nach Ambrosius Lobwasser 1573 und dem altreformierten Gesangbuch 1936
Melodie: O daß doch bald dein Feuer brennte [Nr. 255]

UMKEHR UND NACHFOLGE

658

1. Laß uns in deinem Namen, Herr, die nötigen Schritte tun. Gib uns den Mut, voll Glauben, Herr, heute und morgen zu handeln.

2. Laß uns in deinem Namen, Herr, / die nötigen Schritte tun. / Gib uns den Mut, voll Liebe, Herr, / heute die Wahrheit zu leben.

3. Laß uns in deinem Namen, Herr, / die nötigen Schritte tun. / Gib uns den Mut, voll Hoffnung, Herr, / heute von vorn zu beginnen.

Text und Melodie: Kurt Rommel (1964) 1969

Treuer Christus,
ziehe uns schwache Menschen dir nach.
Wenn du uns nicht ziehst, können wir nicht folgen.
Gib einen tapferen und willigen Geist,
ein furchtloses Herz, rechten Glauben
und feste Hoffnung;
und wenn wir schwach sind, so gehe uns deine Gnade voraus.

Jan Hus

GLAUBE – LIEBE – HOFFNUNG

659

1. Ins Wasser fällt ein Stein, ganz heimlich, still und leise;
und ist er noch so klein, er zieht doch weite Kreise.
Wo Gottes große Liebe in einen Menschen fällt,
da wirkt sie fort in Tat und Wort hinaus in unsre Welt.

2. Ein Funke, kaum zu sehn, / entfacht doch helle Flammen, / und die im Dunkeln stehn, / die ruft der Schein zusammen. / Wo Gottes große Liebe / in einem Menschen brennt, / da wird die Welt vom Licht erhellt; / da bleibt nichts, was uns trennt.

3. Nimm Gottes Liebe an. / Du brauchst dich nicht allein zu mühn, / denn seine Liebe kann / in deinem Leben Kreise ziehn. / Und füllt sie erst dein Leben, / und setzt sie dich in Brand, / gehst du hinaus, teilst Liebe aus, / denn Gott füllt dir die Hand.

Text: Manfred Siebald 1973 nach dem englischen *Pass it on*
Melodie: Kurt Kaiser (1965) 1969

GEBORGEN IN GOTTES LIEBE

660

Wer Gott vertraut, hat wohlgebaut im Himmel und auf Erden;
wer sich verläßt auf Jesus Christ, dem muß der Himmel werden.
Darum auf dich all Hoffnung ich gar fest und steif tu setzen,
Herr Jesu Christ, mein Trost du bist in Todes Not und Schmerzen.

Text: Joachim Magdeburg 1572
Melodie: Was mein Gott will, geschen allzeit [Nr. 364]

GLAUBE – LIEBE – HOFFNUNG

661

1. Für dich sei ganz mein Herz und Leben,
mein süßer Gott, und all mein Gut,
für dich hast du mir's nur gegeben,
in dir es nur und selig ruht.
Hersteller meines schweren Falles,
für dich sei ewig Herz und alles.

2. Ich bete an die Macht der Liebe, / die sich in Jesus offenbart; / ich geb mich hin dem freien Triebe, / wodurch ich Wurm geliebet ward; / ich will, anstatt an mich zu denken, / ins Meer der Liebe mich versenken.

3. Wie bist du mir so zart gewogen. / Und wie verlangt dein Herz nach mir! / Durch Liebe sanft und tief gezogen / neigt sich mein Alles auch zu dir. / Du traute Liebe, gutes Wesen, / du hast mich und ich dich erlesen.

GEBORGEN IN GOTTES LIEBE

4. O Jesu, daß dein Name bliebe / im Grunde tief gedrücket ein; / möcht deine süße Jesusliebe / in Herz und Sinn gepräget sein. / Im Wort, im Werk und allem Wesen / sei Jesus und sonst nichts zu lesen.

Text: Gerhard Tersteegen; Str. 1–3: 1757. Str. 4: 1751
Melodie: Dimitri Stepanowitsch Bortnjansky 1822

662

1. Wie groß ist des All-mäch-gen Gü-te!
der mit ver-här-te-tem Ge-mü-te
Ist der ein Mensch, den sie nicht rührt,
den Dank er-stickt, der ihm ge-bührt?
Nein, sei-ne Lie-be zu er-mes-sen
sei e-wig mei-ne grö-ßte Pflicht.
Der Herr hat mein noch nie ver-ges-sen;
ver-giß, mein Herz, auch sei-ner nicht!

GLAUBE – LIEBE – HOFFNUNG

2. Wer hat mich wunderbar bereitet? / Der Gott, der meiner nicht bedarf. / Wer hat mit Langmut mich geleitet? / Er, dessen Rat ich oft verwarf. / Wer stärkt den Frieden im Gewissen? / Wer gibt dem Geiste neue Kraft? / Wer läßt mich so viel Glück genießen? / Ists nicht sein Arm, der alles schafft?

3. Schau, o mein Geist, in jenes Leben, / zu welchem du erschaffen bist, / wo du, mit Herrlichkeit umgeben, / Gott ewig sehn wirst, wie er ist. / Du hast ein Recht zu diesen Freuden, / durch Gottes Güte sind sie dein. / Sieh, darum mußte Christus leiden, / damit du könntest selig sein.

4. Und diesen Gott sollt ich nicht ehren / und seine Güte nicht verstehn? / Er sollte rufen, ich nicht hören, / den Weg, den er mir zeigt, nicht gehn? / Sein Will ist mir ins Herz geschrieben, / sein Wort bestärkt ihn ewiglich: / Gott soll ich über alles lieben / und meinen Nächsten gleich als mich.

5. Dies ist mein Dank, dies ist sein Wille: / Ich soll vollkommen sein wie er. / Solang ich dies Gebot erfülle, / stell ich sein Bildnis in mir her. / Lebt seine Lieb in meiner Seele, / so treibt sie mich zu jeder Pflicht; / und ob ich schon aus Schwachheit fehle, / herrscht doch in mir die Sünde nicht.

6. O Gott, laß deine Güt und Liebe / mir immerdar vor Augen sein! / Sie stärk in mir die guten Triebe, / mein ganzes Leben dir zu weihn. / Sie tröste mich zur Zeit der Schmerzen, / sie leite mich zur Zeit des Glücks; / und sie besieg in meinem Herzen / die Furcht des letzten Augenblicks.

Text: Christian Fürchtegott Gellert 1757
Melodie: Halle 1704

GEBORGEN IN GOTTES LIEBE

663

Strophen

1. Herr, dei-ne Lie - be ist wie Gras und U-fer,
wie Wind und Wei - te und wie ein Zu - haus.
Frei sind wir, da zu woh-nen und zu ge-hen.
Frei sind wir, ja zu sa-gen o-der nein.

Kehrvers

Herr, dei-ne Lie - be ist wie Gras und U-fer,
wie Wind und Wei - te und wie ein Zu - haus.

2. Wir wollen Freiheit, um uns selbst zu finden, / Freiheit, aus der man etwas machen kann. / Freiheit, die auch noch offen ist für Träume, / wo Baum und Blume Wurzeln schlagen kann. *Kehrvers*

3. Und dennoch sind da Mauern zwischen Menschen, / und nur durch Gitter sehen wir uns an. / Unser versklavtes Ich ist ein Gefängnis / und ist gebaut aus Steinen unsrer Angst. *Kehrvers*

GLAUBE – LIEBE – HOFFNUNG

4. Herr, du bist Richter! Du nur kannst befreien, / wenn du uns freisprichst, dann ist Freiheit da. / Freiheit, sie gilt für Menschen, Völker, Rassen, / so weit wie deine Liebe uns ergreift. *Kehrvers*

Text: Ernst Hansen 1970 nach dem schwedischen
Guds kärlek är som stranden och som gräset
von Anders Frostenson 1968 (nach Nr. 360)
Melodie: Lars Åke Lundberg 1968

664

1. Wir strecken uns nach dir, in dir wohnt die Lebendigkeit. Wir trauen uns zu dir, in dir wohnt die Barmherzigkeit. Du bist, wie du bist: Schön sind deine Namen. Halleluja. Amen. Halleluja. Amen.

2. Wir öffnen uns vor dir, / in dir wohnt die Wahrhaftigkeit. / Wir freuen uns an dir, / in dir wohnt die Gerechtigkeit. / Du bist, wie du bist: / Schön sind deine Namen. / Halleluja. Amen. Halleluja. Amen.

NÄCHSTEN- UND FEINDESLIEBE

3. Wir halten uns bei dir, / in dir wohnt die Beständigkeit. / Wir sehnen uns nach dir, / in dir wohnt die Vollkommenheit. / Du bist, wie du bist: / Schön sind deine Namen. / Halleluja. Amen. Halleluja. Amen.

Text: Friedrich Karl Barth 1985
Melodie: Peter Janssens 1985

NÄCHSTEN- UND FEINDESLIEBE

665

1. Lie - be ist nicht nur ein Wort, Lie-be, das sind Wor-te und Ta-ten. Als Zei-chen der Lie - be ist Je - sus ge - bo - ren, als Zei - chen der Lie - be für die - se Welt.

2. Freiheit ist nicht nur ein Wort, / Freiheit, das sind Worte und Taten. / Als Zeichen der Freiheit ist Jesus gestorben, / als Zeichen der Freiheit für diese Welt.

3. Hoffnung ist nicht nur ein Wort, / Hoffnung, das sind Worte und Taten. / Als Zeichen der Hoffnung ist Jesus lebendig, / als Zeichen der Hoffnung für diese Welt.

Text: Eckart Bücken 1973
Melodie: Gerd Geerken 1973

GLAUBE – LIEBE – HOFFNUNG

666

1. Se-lig seid ihr, wenn ihr ein-fach lebt.
2. Se-lig seid ihr, wenn ihr lie-ben lernt.
4. Se-lig seid ihr, wenn ihr Frie-den macht.

1. Se-lig seid ihr, wenn ihr La-sten tragt.
2. Se-lig seid ihr, wenn ihr Gü-te wagt.
4. Se-lig seid ihr, wenn ihr Un-recht spürt.

NÄCHSTEN- UND FEINDESLIEBE

3. Se-lig seid ihr, wenn ihr Lei-den merkt.

3. Se-lig seid ihr, wenn ihr ehr-lich bleibt.

Text: Friedrich Karl Barth und Peter Horst 1979
Melodie und Satz: Peter Janssens 1979

Wer zum Frieden der Welt beitragen will, muß Frieden in eigener Sache schaffen und geben können. Für den Frieden muß geplant und investiert werden wie für den Krieg.
Ob wir es unter dem Zwang zum Frieden lernen, Christ zu sein?

Richard von Weizsäcker

GLAUBE – LIEBE – HOFFNUNG

667

1. Wenn das Brot, das wir tei-len, als Ro-se blüht und das Wort, das wir spre-chen, als Lied er-klingt, dann hat Gott un-ter uns schon sein Haus ge-baut, dann wohnt er schon in un-se-rer Welt.

(Kehrvers)
Ja, dann schau-en wir heut schon sein An-ge-sicht in der Lie-be, die al-les um-fängt, in der Lie-be, die al-les um-fängt.

NÄCHSTEN- UND FEINDESLIEBE

2. Wenn das Leid jedes Armen uns Christus zeigt / und die Not, die wir lindern, zur Freude wird, / dann hat Gott unter uns...

3. Wenn die Hand, die wir halten, uns selber hält / und das Kleid, das wir schenken, auch uns bedeckt, / dann hat Gott unter uns...

4. Wenn der Trost, den wir geben, uns weiter trägt / und der Schmerz, den wir teilen, zur Hoffnung wird, / dann hat Gott unter uns...

5. Wenn das Leid, das wir tragen, den Weg uns weist / und der Tod, den wir sterben, vom Leben singt, / dann hat Gott unter uns...

Das Lied spielt in der ersten Strophe auf das Rosenwunder bei Elisabeth von Thüringen an.

Text: Claus-Peter März (1981) 1985
Melodie: Kurt Grahl (1981) 1985

*Im Licht und in der Kraft Jesu können wir
in der Welt von heute wahrhaft menschlich
leben, handeln, leiden und sterben:
weil durch und durch gehalten von Gott,
bis zum letzten engagiert für den Menschen.*

Hans Küng

GLAUBE – LIEBE – HOFFNUNG

668

1. Ge-het hin an al-le En-den,
spricht zu je-dem Jesus Christ.
Ge-bet mit be-rei-ten Hän-den,
was euch selbst ge-ge-ben ist.

2. Liebe hab ich euch gegeben: / jeder Tag ein neuer Tag! / Wie ich lebe, sollt ihr leben; / eins die Last des andern trag.

3. Schwestern sollt ihr sein und Brüder, / wie ich euer Bruder bin, / wie an einem Körper Glieder; / das ist eures Lebens Sinn.

4. Wir wolln gehn an alle Enden, / wir wolln gehn mit Jesus Christ, / geben auch mit offnen Händen, / was uns selbst gegeben ist.

Text: Ulrich Kaiser 1987
Melodie: nordamerikanisches Volkslied

Die erste Frage soll nicht sein:
Was kann ich von dem Nächsten erwarten?
sondern:
Was kann der Nächste von mir erwarten?

Friedrich von Bodelschwingh

ERHALTUNG DER SCHÖPFUNG, FRIEDEN UND GERECHTIGKEIT

669

1. Herr, gib mir Mut zum Brük-ken-bau-en, gib mir den Mut zum er-sten Schritt, laß mich auf dei-ne Brük-ken trau-en, und wenn ich ge-he, geh du mit.

2. Ich möchte gerne Brücken bauen, / wo alle tiefe Gräben sehn. / Ich möchte über Zäune schauen / und über hohe Mauern gehn.

3. Ich möchte gern dort Hände reichen, / wo jemand harte Fäuste ballt. / Ich suche unablässig Zeichen / des Friedens zwischen Jung und Alt.

4. Ich möchte nicht zum Mond gelangen, / jedoch zu meines Feindes Tür. / Ich möchte keinen Streit anfangen; / ob Friede wird, liegt auch an mir.

5. Herr, gib mir Mut zum Brückenbauen, / gib mir den Mut zum ersten Schritt. / Laß mich auf deine Brücken trauen, / und wenn ich gehe, geh du mit.

Text: Kurt Rommel 1963
Melodie: Paul Gerhard Walter 1978

GLAUBE – LIEBE – HOFFNUNG

670

1. Hört, wen Jesus glücklich preist, Halleluja, wem er Gottes Reich verheißt, Halleluja.

2. Dem, der Gott nichts bieten kann, / Halleluja, / bietet Gott die Freundschaft an. / Halleluja.

3. Wem hier großes Leid geschah, / Halleluja, / dem ist Gottes Trost ganz nah. / Halleluja.

4. Wer von Macht und Krieg nichts hält, / Halleluja, / erbt am Ende Gottes Welt. / Halleluja.

5. Hungert uns nach Gerechtigkeit, / Halleluja, / steht uns Gottes Tisch bereit. / Halleluja.

6. Keinen, der barmherzig ist, / Halleluja, / Gottes Liebe je vergißt. / Halleluja.

7. Die hier rein durchs Leben gehn, / Halleluja, / werden Gottes Antlitz sehn. / Halleluja.

8. Wer zum Frieden sich bekannt, / Halleluja, / der wird Gottes Kind genannt. / Halleluja.

9. Wer hier leidet für den Sohn, / Halleluja, / den erwartet Gottes Lohn. / Halleluja.

Text: nach Matthäus 5, 2–10 Kurt Hoffmann und Friedrich Walz 1964
Melodie: Spiritual *Michael row the boat ashore*

ERHALTUNG DER SCHÖPFUNG

671

1. Un-frie - de herrscht auf der Er - de,
   Krie-ge und Streit bei den Völ - kern
   und Un - ter-drückung und Fes - seln
   zwin-gen so vie - le zum Schwei - gen.

1. Ciagły nie - po - kój na świe - cie
   woj-ny i woj - ny bez koń - ca.
   Jak-że nie-pew - na jest zie - mia
   ję - kiem i gnie-wem drga - ją - ca.

Kehrvers

Frie-de soll mit euch sein, Frie-de für al - le Zeit! Nicht so, wie ihn die Welt euch gibt, Gott sel - ber wird es sein.

Po - kój zo - sta-wiam wam, po - kój mój da - je wam, nie tak, jak da - je dzi - siaj świat, po - wie-dział do nas Pan.

GLAUBE – LIEBE – HOFFNUNG

2. In jedem Menschen selbst herrschen / Unrast und Unruh ohn Ende, / selbst wenn wir ständig versuchen, / Frieden für alle zu schaffen. / Friede soll mit euch sein, / Friede für alle Zeit! / Nicht so, wie ihn die Welt euch gibt, / Gott selber wird es sein.

3. Laß uns in deiner Hand finden, / was du für alle verheißen. / Herr, fülle unser Verlangen, / gib du uns selber den Frieden. / Friede soll mit euch sein, / Friede für alle Zeit! / Nicht so, wie ihn die Welt euch gibt, / Gott selber wird es sein.

Text und Melodie: nach dem polnischen Friedenslied
Ciągły niepokój na świecie von Zofia Konaszkiewicz 1969

2. Ciągły niepokój w człowieku, / ucieczka w hałas, zabawy, / szukamy wciąż nowych wrażeń / a w głębi ciszy pragniemy. / Pokój zostawiam wam, / pokój mój daje wam, / nie tak, jak daje dzisiaj świat, / powiedział do nas Pan.

3. Pokój budować na codzień, / w sobie, w rodzinie, przy pracy, / nasze mozolne wysiłki / Pan swoją łaską wzbogaci. / Pokój zostawiam wam, / pokój mój daje wam, / nie tak, jak daje dzisiaj świat, / powiedział do nas Pan.

ERHALTUNG DER SCHÖPFUNG

672

(musical notation)

1. Je - der Teil die - ser Er - de
2. ist un-serm Gott hei - - lig.
3. Je - der Teil die - ser Er - de
4. ist un-serm Gott hei - - lig.

Text: in Anlehnung an eine dem Häuptling Seattle
(1786–1866) zugeschriebene Rede;
original: *Jeder Teil dieser Erde ist meinem Volk heilig*
Kanon für 4 Stimmen: Stefan Vesper 1978

UNTER STERBENDEN BÄUMEN

Wir haben die erde gekränkt, sie nimmt
ihre wunder zurück

Wir, der wunder
eines

Reiner Kunze

GLAUBE – LIEBE – HOFFNUNG

673

1. Ich lobe meinen Gott, der aus der Tiefe mich holt, damit ich lebe.
Ich lobe meinen Gott, der mir die Fesseln löst, damit ich frei bin.

Kehrvers
Ehre sei Gott auf der Erde
in allen Straßen und Häusern,
die Menschen werden singen,
bis das Lied zum Himmel steigt:
Ehre sei Gott und den Menschen Frieden,

ERHALTUNG DER SCHÖPFUNG

Eh-re sei Gott und den Menschen Frie-den,
Eh-re sei Gott und den Menschen Frie-den,
Frie-den auf Er - - den.

2. Ich lobe meinen Gott, der mir den neuen Weg weist, damit ich handle. / Ich lobe meinen Gott, der mir mein Schweigen bricht, damit ich rede. / Ehre sei Gott auf der Erde / in allen Straßen und Häusern, / die Menschen werden singen, / bis das Lied zum Himmel steigt: / Ehre sei Gott und den Menschen Frieden, / Ehre sei Gott und den Menschen Frieden, / Ehre sei Gott und den Menschen Frieden, / Frieden auf Erden.

3. Ich lobe meinen Gott, der meine Tränen trocknet, daß ich lache. / Ich lobe meinen Gott, der meine Angst vertreibt, damit ich atme. / Ehre sei Gott auf der Erde / in allen Straßen und Häusern, / die Menschen werden singen, / bis das Lied zum Himmel steigt: / Ehre sei Gott und den Menschen Frieden, / Ehre sei Gott und den Menschen Frieden, / Ehre sei Gott und den Menschen Frieden, / Frieden auf Erden.

Text: Hans-Jürgen Netz 1979
Melodie: Christoph Lehmann 1979

GLAUBE – LIEBE – HOFFNUNG

674

1. Da-mit aus Frem-den Freun-de wer-den,
kommst du als Mensch in uns-re Zeit:
Du gehst den Weg durch Leid und Ar-mut,
da-mit die Bot-schaft uns er-reicht.

2. Damit aus Fremden Freunde werden, / gehst du als Bruder durch das Land, / begegnest uns in allen Rassen / und machst die Menschlichkeit bekannt.

3. Damit aus Fremden Freunde werden, / lebst du die Liebe bis zum Tod. / Du zeigst den neuen Weg des Friedens; / das sei uns Auftrag und Gebot.

4. Damit aus Fremden Freunde werden, / schenkst du uns Lebensglück und Brot; / du willst damit den Menschen helfen, / retten aus aller Hungersnot.

5. Damit aus Fremden Freunde werden, / vertraust du uns die Schöpfung an; / du formst den Menschen dir zum Bilde, / mit dir er sie bewahren kann.

6. Damit aus Fremden Freunde werden, / gibst du uns deinen Heilgen Geist, / der, trotz der vielen Völker Grenzen, / den Weg zur Einigkeit uns weist.

Text und Melodie: Rolf Schweizer 1982

ERHALTUNG DER SCHÖPFUNG

676

1. Du hast uns deine Welt geschenkt: den Himmel, die Erde. Du hast uns deine Welt geschenkt: Gott, wir danken dir.

2. Du hast uns deine Welt geschenkt: / die Länder – die Meere. / Du hast uns deine Welt geschenkt: / Gott, wir danken dir.

3. Du hast uns deine Welt geschenkt: / die Berge – die Täler. / Du hast uns deine Welt geschenkt: / Gott, wir danken dir.

4. Du hast uns deine Welt geschenkt: / die Blumen – die Bäume. / Du hast uns deine Welt geschenkt: / Gott, wir danken dir.

5. Du hast uns deine Welt geschenkt: / die Sonne – die Sterne. / Du hast uns deine Welt geschenkt: / Gott, wir danken dir.

6. Du hast uns deine Welt geschenkt: / die Vögel – die Fische. / Du hast uns deine Welt geschenkt: / Gott, wir danken dir.

7. Du hast uns deine Welt geschenkt: / die Tiere – die Menschen. / Du hast uns deine Welt geschenkt: / Gott, wir danken dir.

8. Du hast uns deine Welt geschenkt: / Du gabst mir das Leben. / Du hast mich in die Welt gestellt. / Gott, ich danke dir.

GLAUBE – LIEBE – HOFFNUNG

9. Du hast uns deine Welt geschenkt: / Du gabst uns das Leben. / Du hast uns in die Welt gestellt. / Gott, wir danken dir.

Text: Rolf Krenzer 1984
Melodie: Detlev Jöcker 1984

677

1. Die Erde ist des Herrn. Geliehen ist der Stern, auf dem wir leben. Drum sei zum Dienst bereit, gestundet ist die Zeit, die uns gegeben.

2. Gebrauche deine Kraft. / Denn wer was Neues schafft, der läßt uns hoffen. / Vertraue auf den Geist, / der in die Zukunft weist. Gott hält sie offen.

3. Geh auf den andern zu. / Zum Ich gehört ein Du, um Wir zu sagen. / Leg deine Rüstung ab. / Weil Gott uns Frieden gab, kannst du ihn wagen.

4. Verlier nicht die Geduld. / Inmitten aller Schuld ist Gott am Werke. / Denn der in Jesus Christ / ein Mensch geworden ist, bleibt unsre Stärke.

Text: Jochen Rieß 1985
Melodie: Matthias Nagel 1985

ERHALTUNG DER SCHÖPFUNG

678

1. Wir beten für den Frieden, wir beten für die Welt,
wir beten für die Müden, die keine Hoffnung hält,
wir beten für die Leisen, für die kein Wort sich regt,
die Wahrheit wird erweisen, daß Gottes Hand sie trägt.

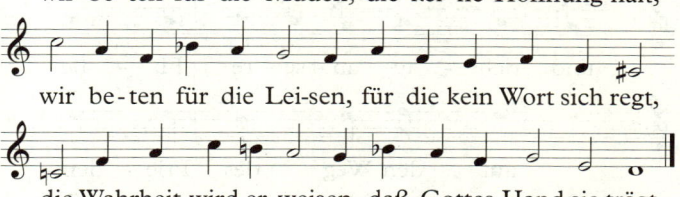

2. Wir hoffen für das Leben, / wir hoffen für die Zeit, / für die, die nicht erleben, / daß Menschlichkeit befreit. / Wir hoffen für die Zarten, / für die mit dünner Haut, / daß sie mit uns erwarten, / wie Gott sie unterbaut.

3. Wir singen für die Liebe, / wir singen für den Mut, / damit auch wir uns üben / und unsre Hand auch tut, / was das Gewissen spiegelt, / was der Verstand uns sagt, / daß unser Wort besiegelt, / was unser Herr gewagt.

4. Nun nimm, Herr, unser Singen / in deine gute Hut / und füge, was wir bringen, / zu Hoffnung und zu Mut. / Wir beten für Vertrauen, / wir hoffen für den Sinn. / Hilf uns, die Welt zu bauen / zu deinem Reiche hin.

Text: Peter Spangenberg 1989
Melodie: Heinrich Schütz 1628
auch nach: Befiehl du deine Wege [Nr. 361]

GLAUBE – LIEBE – HOFFNUNG

679

1. und richte unsere Füße
2. und richte unsere Füße
3. auf den Weg des Friedens,
4. auf den Weg des Friedens.

Text: Lukas 1, 79
Kanon für 4 Stimmen: Friedrich Grünke 1988

Wenn wir Frieden stiften,
geben wir weiter,
was wir selbst empfangen haben:
den Frieden,
der höher ist
als alle Vernunft
und der den Namen Christus trägt.

Jörg Zink

ERHALTUNG DER SCHÖPFUNG

680

Ruhiges Tempo

1. Im Lande der Knechtschaft, da leb-ten sie lang, in frem-de Ge-fil-de ver-bannt, ver-ges-sen die Frei-heit, verstummt ihr Ge-sang und die Hoffnung ver-gra-ben im Sand. Nur heimlich im Herzen, da heg-ten sie bang den Traum vom ge-lob-ten Land. Doch:

2. Die Narben der Knechtschaft an Schultern und Knien, die Blik-ke ver-hal-ten und scheu, die Rük-ken ge-beugt noch, so ziehn sie da-hin, und die Frei-heit ist dro-hend und neu. Es lockt die Ver-su-chung, zu-rück zu fliehn in die Si-cher-heit der Skla-ve-rei. Doch:

3. Die Ban-de der Knechtschaft, die fall'n langsam ab, die Schrit-te ver-ler-nen den Trott. Ent-wachsen den Ket-ten, ent-stie-gen dem Grab, das Le-ben be-sieg-te den Tod. Ihr Weg ist noch weit, doch sie ha-ben die Kraft, denn in ih-rem Her-zen ist Gott. Denn:

GLAUBE – LIEBE – HOFFNUNG

Kehrvers Schneller werdend, Schellenkranz und Handtrommeln laden zum Tanz

Mirjam, Mirjam schlug auf die Pauke und Mirjam tanz-te vor ih-nen her. Al-le, al-le fingen zu tan-zen an: Groß war Got-tes Tat am Meer.

Frauen tanz-ten, tanz-ten die Männer und Wellen, Wolken, al-les tanzt mit. Mirjam, Mirjam hob ih-re Stim-me, sie sang für Gott, sie sang ihr Lied.

La la la la la la lei la la la lei la la la la lei lei la la la la lei la la la la la la la la la la la

MORGEN

...li - der, das schwa - che Herz mit Frie - den füllt.

2. Wir wolln dem Namen dein / im Herzen still und fein / lobsingen und auch laut vor aller Welt. / Nie hast du uns vergessen, / schenkst Gaben unermessen, / tagtäglich deine Hand uns hält.

3. Kleidung und Brot gibst du, / der Nächte Ruh dazu, / und stellst am Morgen über jedes Dach / das Taggestirn, das helle; / und mit der güldnen Welle / des Lichts nimmst du das Ungemach.

4. Gelobt drum deine Treu, / die jeden Morgen neu / uns deine abgrundtiefe Liebe zeigt. / Wir preisen dich und bringen / dir unser Lob mir Singen, / bis unser Mund im Tode schweigt.

Text: Gerhard Fritzsche 1938
Melodie und Satz: Johannes Petzold 1938

GLAUBE – LIEBE – HOFFNUNG

682

1. Herr, gib, daß ich auch diesen Tag in deinem Sinn bestehen mag, den Anfang und das Ende.

2. Laß gut sein, was ich tu und denk, / wohin ich meine Schritte lenk, / das Wirken meiner Hände.

3. Gib, daß, wenn mir die Sonne lacht / und auch mein Leben leichter macht, / ich nie mich von dir wende.

4. Gib, daß ich niemals in der Not / vergesse dich und dein Gebot, / den anderen zu lieben.

5. Laß mich in Worten und im Tun / so ganz in deiner Schöpfung ruhn, / laß mich das Gutsein üben.

6. Gib mir zum Abend innre Ruh, / schick einen sanften Tod mir zu, / vergib mir meine Sünden.

Text: Erhart Heinold 1950
Melodie: Herbert Beuerle 1963

Den Abend lang währet das Weinen,
aber des Morgens ist Freude.

Psalm 30, 6b

MORGEN

683

1. Du Glanz aus Gottes Herrlichkeiten,
du bist das Licht und bist der Quell,
vom Vater her vor allen Zeiten,
du Tag, du machst den Tag uns hell.

2. Brich an, du bist die wahre Sonne, / leucht uns mit deinem Himmelsschein; / des Heilgen Geistes Glanz und Wonne / dring tief in unsre Herzen ein.

3. Herr Christ, sei du uns Trank und Speise; / erfülle uns mit deinem Geist, / daß er im Überschwang uns weise, / wie man dich heilig-nüchtern preist.

4. Laß hell den Tag vorübergehen. / Wie Morgen wachse frommer Sinn; / der Glaube bleib im Mittag stehen; / in keinen Abend sink er hin.

5. O Morgenglanz, o ewges Leben, / brich strahlend dir die volle Bahn. / Im Sohn hat Gott sich ganz gegeben, / im Wort sich ganz uns aufgetan.

Text: Fritz Enderlin (1949) 1952 nach dem Hymnus
Splendor paternae gloriae des Ambrosius von Mailand vor 386
Melodie: O daß doch bald dein Feuer brennte [Nr. 255]

GLAUBE – LIEBE – HOFFNUNG

ABEND

684 (Ö)

1. Nun wollen wir singen das Abendlied und beten, daß Gott uns behüt.

2. Es weinen viel Augen wohl jegliche Nacht, / bis morgens die Sonne erwacht.

3. Die Sorgen, die stehn um das Lager her, / die Sorgen, sie lasten so schwer.

4. Es wandeln die Sterne am Himmelsrund, / wer sagt ihnen Fahrweg und Stund?

5. Daß Gott uns behüt, bis die Nacht vergeht, / kommt, singet das Abendgebet!

Text: Str. 1–2 aus dem Odenwald; Str. 3–5 Friedrich Hindenlang um 1900
Melodie: Volksweise aus dem Odenwald

685

1. Herr, laß auf Erden Ruh und Friede werden!
2.
3. Gute Nacht.

Text und Kanon für 3 Stimmen: Horst Weber 1959

ABEND

686

1. Be-vor des Ta-ges Licht ver-geht,
o Herr der Welt, hör dies Ge-bet:
Be-hü-te uns in die-ser Nacht
durch dei-ne gro-ße Güt und Macht.

2. Hüllt Schlaf die müden Glieder ein, / laß uns in dir geborgen sein / und mach am Morgen uns bereit / zum Lobe deiner Herrlichkeit.

3. Dank dir, o Vater reich an Macht, / der über uns voll Güte wacht / und mit dem Sohn und Heilgen Geist / des Lebens Fülle uns verheißt.

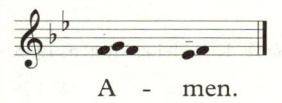

A - men.

Text: Friedrich Dörr 1969 nach dem Hymnus
Te lucis ante terminum 5./6. Jh.
Melodie: Kempten um 1000

GLAUBE – LIEBE – HOFFNUNG

687

1. Danke, Herr! Ich will dir danken,
denn du hast mich froh gemacht.
Jeder Tag ist deine Gabe
und auch jede gute Nacht.

2. Danke, Herr! Ich will dir danken, / weil du alle Menschen liebst, / und weil du in deiner Liebe / alles Böse uns vergibst.

3. Danke, Herr! Ich will dir danken, / daß ich zu dir kommen kann. / Du läßt niemand draußen stehen, / sondern nimmst uns alle an.

4. Danke, Herr! Ich will dir danken, / und ich weiß, du hörst mein Lied, / denn du hörst und siehst ja alles, / was in dieser Welt geschieht.

Text: Johannes Jourdan 1980. *Melodie:* Karl Heinz Mertens 1993

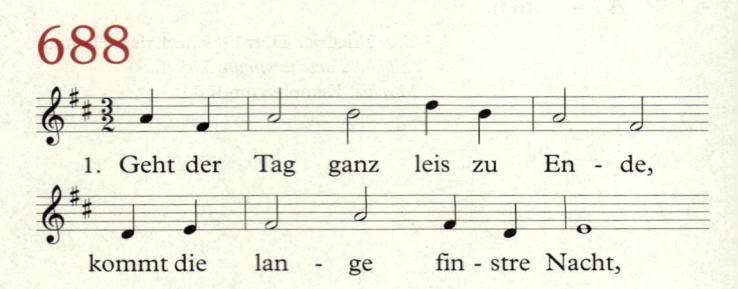

688

1. Geht der Tag ganz leis zu Ende,
kommt die lange finstre Nacht,

NATUR UND JAHRESZEITEN

fal - ten wir nun uns - re Hän - de,

bit - ten, daß uns Gott be - wacht.

2. Daß er gnädig uns verzeihe, / wo das Herz ihm untreu war. / Lieber Vater, mir verleihe, / daß mein Herz sei hell und wahr.

3. Wollest uns heut nacht behüten / durch der heilgen Engel Wacht; / schenke unsrer Welt den Frieden, / gib auf alle Menschen acht.

Text: Jörg Erb 1981. *Melodie:* Rolf Schweizer 1981

NATUR UND JAHRESZEITEN

689

1. Seht das gro - ße Son - nen - licht,

wie es durch die Wol - ken bricht!

Auch der Mond, die Ster - nen - pracht

lo - ben Gott in dunk - ler Nacht.

2. Erd und Himmel, Land und Meer, / was du siehst, wo kommt es her? / Alles das hat Gott gemacht. / Ihm sei Lob und Dank gebracht!

Text: nach Joachim Neander 1680 [nach Nr. 504]. *Melodie:* Rolf Schweizer 1968

GLAUBE – LIEBE – HOFFNUNG

690

1. Auf, Seele, Gott zu loben. Gar herrlich steht sein Haus! Er spannt den Himmel droben gleich einem Teppich aus. Er fährt auf Wolken-

2. Gott hat das Licht entzündet, / er schuf des Himmels Heer. / Das Erdreich ward gegründet, / gesondert Berg und Meer. / Die kühlen Brunnen quellen / im jauchzend grünen Grund, / die klaren Wasser schnellen / aus Schlucht und Bergesgrund.

3. Vom Tau die Gräser blinken, / im Wald die Quelle quillt, / daraus die Tiere trinken, / die Vögel und das Wild. / Die Vögel in den Zweigen / lobsingen ihm in Ruh, / und alle Bäume neigen / ihm ihre Früchte zu.

4. Gott lässet Saaten werden / zur Nahrung Mensch und Vieh. / Er bringet aus der Erden / das Brot und sättigt sie. / Er sparet nicht an Güte, / die Herzen zu erfreun. / Er schenkt die Zeit der Blüte, / gibt Früchte, Öl und Wein.

5. Der Wald hat ihn erschauet / und steht in Schmuck und Zier. / Gott hat den Berg gebauet / zur Zuflucht dem Getier. / Das Jahr danach zu teilen, / hat er den Mond gemacht. / Er läßt die Sonne eilen / und gibt den Trost der Nacht.

6. Den Menschen heißt am Morgen / er an das Tagwerk gehn, / läßt ihn in Plag und Sorgen / das Werk der Allmacht sehn. / Er ist der treue Hüter, / wacht über Meer und Land, / die Erd ist voll der Güter / und Gaben seiner Hand.

7. Laß dir das Lied gefallen. / Mein Herz in Freuden steht. / Dein Loblied soll erschallen, / solang mein Odem geht. / Du tilgst des Sünders Fehle / und bist mit Gnade nah. / Lob Gott, o meine Seele, / sing ihm Halleluja.

Text: Martha Müller-Zitzke 1947 nach Psalm 104
Melodie und Satz: Johann Steurlein 1575 [vgl. Nr. 501]

NATUR UND JAHRESZEITEN

691

1. Lob, meine Seele, lobe den Herrn! Monde und Stern, Sonne und Wind, Blume und Kind, Erde und Meer schuf Gott der Herr. Lob, meine Seele, lobe den Herrn!

2. Dank, meine Seele, / danke dem Herrn! / Gott ist nicht fern. / Der dich erschuf, / hört deinen Ruf, / Gnade und Heil / wird dir zuteil. / Dank, meine Seele, / danke dem Herrn!

Text: Margareta Fries 1960
Melodie: Friedrich Zipp 1960

ö 692

1. Sonne scheint ins Land hinein, macht es hell mit ihrem Schein.

GLAUBE – LIEBE – HOFFNUNG

Kehrvers

Lobet Gott! Lobet Gott! Lobet Gott für diese Pracht, der sie uns zur Freud gemacht.

2. Vöglein singen hell und klar, / bringen Gott ihr Loblied dar. / Lobet Gott! Lobet Gott! / Lobet Gott für diese Pracht, / der sie uns zur Freud gemacht.

3. Blumen blühen bunt und schön. / Lustig sind sie anzusehn. / Lobet Gott! Lobet Gott! / Lobet Gott für diese Pracht, / der sie uns zur Freud gemacht.

4. Schauet über Berg und Tal, / seht den Sommer überall. / Lobet Gott! Lobet Gott! / Lobet Gott für diese Pracht, / der sie uns zur Freud gemacht.

Text: Siegfried Großmann 1961
Melodie: Richard Rudolf Klein 1962

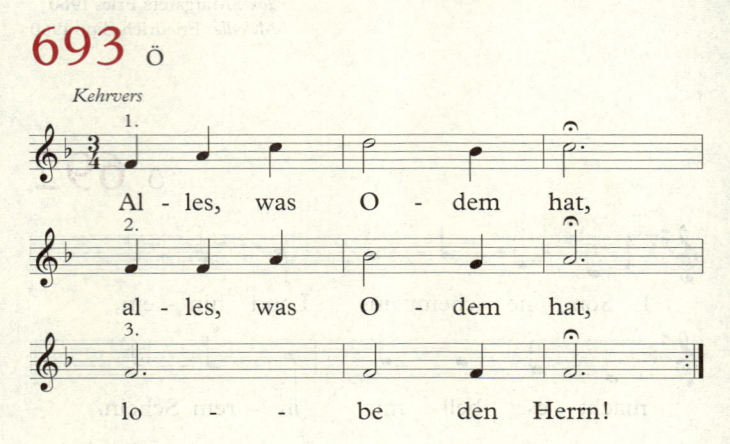

693 ö

Kehrvers

1. Alles, was Odem hat,
2. alles, was Odem hat,
3. lobe den Herrn!

NATUR UND JAHRESZEITEN

Strophen

1. Alle Vöglein, die da singen,
alle Häslein, die da springen,
alle Bienen, die da summen,
alle Käfer, die da brummen,
sollen in viel tausend Weisen
Gott, der sie gemacht hat, preisen.

2. Alle Kühe auf der Weide, / alle Schafe in der Heide, / alle Tiere auf den Feldern, / alle Rehe in den Wäldern / sollen in viel tausend Weisen / Gott, der sie gemacht hat, preisen. / Alles, was Odem hat, / alles, was Odem hat, / lobe den Herrn!

3. Alle Wasser, die da fließen, / alle Blumen, die da sprießen, / alle Spinnlein, die da weben, / alle Wolken, die da schweben, / sollen in viel tausend Weisen / Gott, der sie gemacht hat, preisen. / Alles, was Odem hat, / alles, was Odem hat, / lobe den Herrn!

GLAUBE – LIEBE – HOFFNUNG

4. An dem Himmel dort die Sterne / und die Welten in der Ferne, / alle Menschen, die da leben, / sollen Gott die Ehre geben, / sollen in viel tausend Weisen / Gott, der sie gemacht hat, preisen. / Alles, was Odem hat, / alles, was Odem hat, / lobe den Herrn!

Text: aus verschiedenen Vorlagen
Melodie: Theophil Rothenberg 1975

STERBEN UND EWIGES LEBEN

694

1. Al - le Men-schen müs - sen ster - ben,
was da le - bet, muß ver - der - ben,
al - les Fleisch ist gleich wie Heu;
soll es an - ders wer - den neu.
Die - ser Leib, der muß ver - we - sen,
wenn er an - ders soll ge - ne - sen
zu der gro - ßen Herr - lich - keit,
die den From - men ist be - reit'.

2. Drum so will ich dieses Leben, / weil es meinem Gott beliebt, / auch ganz willig von mir geben, / bin darüber nicht betrübt. / Denn in meines Jesu Wunden / hab ich nun Erlösung funden, / und mein Trost in Todesnot / ist des Herren Jesu Tod.

3. Jesus ist für mich gestorben, / und sein Tod ist mein Gewinn, / er hat mir das Heil erworben; / drum fahr ich mit Freuden hin, / hin aus diesem Weltgetümmel / in des großen Gottes Himmel, / da ich werde allezeit / schauen die Dreifaltigkeit.

4. Da wird sein das Freudenleben, / da viel tausend Seelen schon / sind mit Himmelsglanz umgeben, / dienen Gott vor seinem Thron; / da die Seraphinen prangen / und das hohe Lied anfangen: / »Heilig, heilig, heilig heißt / Gott der Vater, Sohn und Geist.«

5. Da die Patriarchen wohnen, / die Propheten allzumal, / wo auf ihren Ehrenthronen / sitzet der zwölf Boten Zahl, / wo in so viel tausend Jahren / alle Frommen hingefahren, / da wir unserm Gott zu Ehrn / ewig Halleluja hörn.

6. O Jerusalem, du schöne, / ach wie helle glänzest du! / Ach wie lieblich Lobgetöne / hört man da in sanfter Ruh! / O der großen Freud und Wonne: / jetzo gehet auf die Sonne, / jetzo gehet an der Tag, / der kein Ende nehmen mag.

7. Ach ich habe schon erblicket / alle diese Herrlichkeit; / jetzo werd ich schön geschmücket / mit dem weißen Himmelskleid / und der güldnen Ehrenkrone, / stehe da vor Gottes Throne, / schaue solche Freude an, / die ich nicht beschreiben kann.

Text: Johann Rosenmüller 1652
Melodie: Christoph Anton 1643; geistlich Weimar 1681,
bei Wolfgang Carl Briegel 1687

GLAUBE – LIEBE – HOFFNUNG

695 ö

Lukas 2, 29–32

1. Nun lässest du, o Herr, mich aus der Welt Beschwer in deinen Frieden gehen, läßt hier und allerort,

... ge-treu nach dei-nem Wort, ... Barm-her-zig-keit ge-sche-hen.

2. Denn meine Augen sahn, / was deine Huld getan, / das Heil uns zu bereiten. / Vor aller Angesicht / kam nun das wahre Licht, / die Völker zu geleiten,

3. ein Licht, das aller Nacht / Erleuchtung hat gebracht, / dich, Höchster zu erkennen, / des große Wundertat / dein Volk gewürdigt hat, / dich seinen Herrn zu nennen.

Text: nach Lukas 2, 29–32 Georg Thurmair 1966
Melodie: Loys Bourgeois 1547
Satz: Samuel Mareschal 1606

PSALMEN
GOTTESDIENST
BEKENNTNISSE
GEBETE
KIRCHENJAHR
BEIGABEN

Einführung

Psalmen in Auswahl

Psalmübertragungen

Psalmen zum Singen

Psalmgebete

701 EINFÜHRUNG

Mit den Worten Israels

Psalmen zu beten und zu singen gehört bis heute zum Gottesdienst der jüdischen Gemeinde. Es ist Israels Antwort auf das Handeln Gottes an seinem Volk in der Geschichte. Israel hat nie aufgehört, seinen Gott zu loben, zu ihm zu klagen, ihm zu vertrauen und ihn um Hilfe und Rettung zu bitten. Auch Jesus hat die Psalmen seines Volkes Israel gebetet, und die Kirche übernahm sie seit den frühesten Zeiten als festen Bestandteil in den christlichen Gottesdienst. Mit den Worten Israels beten so auch Christen zu Gott und bringen mit den Juden Lob und Dank, Klage und Bitte vor Gott.

Beten und Singen

Über die Jahrhunderte hinweg prägt das Psalmgebet den Gottesdienst der Christen am Sonntag und ihr Gebet an den Werktagen sowie das Gebet der Orden, der Priester und geistlichen Gemeinschaften. Die evangelischen Kirchen haben diese Tradition weitergeführt in den Ordnungen für die Tageszeitengebete wie auch durch die zahlreichen gereimten Psalmlieder, insbesondere in den reformierten Kirchen.

EINFÜHRUNG

Besonderheit im Aufbau

Eine Besonderheit der Psalmen liegt in ihrer Versstruktur. Jeder Vers hat eine Doppelzeile. Gelegentlich gibt es auch ein drittes Versglied. Die zweite Zeile wiederholt die Aussage der ersten, leicht variiert, mit anderen Worten, in verneintem Satz, oder führt sie fort. Dadurch wird ein Gedanke von verschiedenen Seiten beleuchtet. Wie im Lied wechseln zuweilen die Sprachrichtungen von der Anklagerede zum beschreibenden Lob, von flehentlicher Bitte zur Gewißheit der Erhörung oder der Aufforderung an andere, in das Lob einzustimmen.

Vielfältige Praxis

In unterschiedlicher Weise werden einzelne Psalmverse, bestimmte Abschnitte oder auch ganze Psalmen in den Gottesdiensten gebraucht.
Die folgende Auswahl von Psalmen ist für das Gebet des einzelnen gedacht, sie ist zugleich aber auch zum wechselseitigen Gebet zwischen zwei Gruppen oder zwischen einem Vorbeter/einer Vorbeterin und einer Gruppe (Gemeinde) eingerichtet, durch vorgezogene bzw. eingerückte Verse.

Wichtige hymnische Bibeltexte, ebenfalls psalmversweise gegliedert, sind im Anschluß an die Psalmen zum Beten beigefügt:

Klagelieder	3, 22–41
Jona	2, 3–10
Matthäus	5, 3–10
Lukas	1, 46–55
Lukas	1, 68–79
Lukas	2, 29–32
Römer	8, 31–39
1. Korinther	13
Philipper	2, 5–11

PSALMEN UND LOBGESÄNGE

Die biblische Reihenfolge der Psalmen ist nicht thematisch bestimmt, auch beschränken sich viele Psalmen nicht auf ein Thema. Dennoch folgt hier eine Erschließungshilfe:

Lob und Dank
  Ps. 30, 92, 96, 103, 118, 136, 150
Gottesdienst
  Ps. 22 II, 27, 42/43, 84, 100, 138
Gott, Schöpfer und Herr der Welt
  Ps. 8, 19, 47, 66, 67, 96, 104, 136
Gottes Gerechtigkeit
  Ps. 36, 42/43, 50, 98, 107, 119
Israel, Volk Gottes
  Ps. 98, 107, 111, 130, 136
Gottes Barmherzigkeit und Treue
  Ps. 23, 34, 100, 145, 146
Der Mensch als Geschöpf Gottes
  Ps. 8, 24 I, 90, 139
Frieden
  Ps. 85, 122, 126
Vertrauen auf Gottes Hilfe
  Ps. 18, 23, 31, 37, 46, 91, 121
Verlassen und doch geborgen
  Ps. 13, 22 I, 30, 42/43, 63, 69, 102
Schuld und Vergebung (Bußpsalmen)
  Ps. 6, 32, 38, 51, 102, 130, 143
Tod und Leben
  Ps. 31, 36, 39, 69, 90, 103 II, 116
Morgen
  Ps. 30, 57, 92, 143
Abend
  Ps. 4, 42/43, 63, 91, 121, 134

EINFÜHRUNG

Das Psalmgebet kann mit einem Lobpreis Gottes beschlossen werden:

»Ehre sei dem Vater und dem Sohn und dem Heiligen Geist, wie es war im Anfang, jetzt und immerdar und von Ewigkeit zu Ewigkeit. Amen.«

Die ökumenische Fassung lautet:

»Ehre sei dem Vater und dem Sohn und dem Heiligen Geist, wie im Anfang, so auch jetzt und alle Zeit und in Ewigkeit. Amen.«

Daneben können aber auch andere Lobpreisungen Gottes Verwendung finden, z. B.

EG 181, 6	Laudate omnes gentes
EG 181, 7	Jubilate Deo
EG 337	Lobet und preiset, ihr Völker, den Herrn

Psalmen in Auswahl

702　　　　　　PSALM 1

Wohl dem, der nicht wandelt im Rat der Gottlosen
noch tritt auf den Weg der Sünder
noch sitzt, wo die Spötter sitzen,
    sondern hat Lust am Gesetz des Herrn
    und sinnt über seinem Gesetz Tag und Nacht!
Der ist wie ein Baum, gepflanzt an den Wasserbächen,
der seine Frucht bringt zu seiner Zeit,
    und seine Blätter verwelken nicht.
    Und was er macht, das gerät wohl.
Aber so sind die Gottlosen nicht,
sondern wie Spreu, die der Wind verstreut.
    Darum bestehen die Gottlosen nicht im Gericht
    noch die Sünder in der Gemeinde der Gerechten.
Denn der Herr kennt den Weg der Gerechten,
aber der Gottlosen Weg vergeht.
  (Ps 1)

703　　　　　　PSALM 4

Erhöre mich, wenn ich rufe,
Gott meiner Gerechtigkeit,
    der du mich tröstest in Angst;
    sei mir gnädig und erhöre mein Gebet!
Ihr Herren, wie lange soll meine Ehre geschändet werden?
Wie habt ihr das Eitle so lieb und die Lüge so gern!

Erkennet doch, daß der Herr seine Heiligen wunderbar führt;
der Herr hört, wenn ich ihn anrufe.
   Zürnet ihr, so sündiget nicht;
   redet in eurem Herzen auf eurem Lager und seid stille.
      Opfert, was recht ist,
      und hoffet auf den Herrn.
Viele sagen: »Wer wird uns Gutes sehen lassen?«
Herr, laß leuchten über uns das Licht deines Antlitzes!
   Du erfreust mein Herz,
   ob jene auch viel Wein und Korn haben.
Ich liege und schlafe ganz mit Frieden;
denn allein du, Herr, hilfst mir, daß ich sicher wohne.
   (Ps 4)

PSALM 6

Ach Herr, strafe mich nicht in deinem Zorn
und züchtige mich nicht in deinem Grimm!
   Herr, sei mir gnädig, denn ich bin schwach;
   heile mich, Herr, denn meine Gebeine sind erschrocken
und meine Seele ist sehr erschrocken.
Ach du, Herr, wie lange!
   Wende dich, Herr, und errette mich,
   hilf mir um deiner Güte willen!
Weichet von mir, alle Übeltäter;
denn der Herr hört mein Weinen.
   Der Herr hört mein Flehen;
   mein Gebet nimmt der Herr an.
   (Ps 6, 2–5.9.10)

PSALMEN UND LOBGESÄNGE

705 PSALM 8

Herr, unser Herrscher, wie herrlich ist dein Name in allen Landen,
der du zeigst deine Hoheit am Himmel!
    Aus dem Munde der jungen Kinder und Säuglinge
    hast du eine Macht zugerichtet um deiner Feinde willen.
Wenn ich sehe die Himmel, deiner Finger Werk,
den Mond und die Sterne, die du bereitet hast:
    was ist der Mensch, daß du seiner gedenkst,
    und des Menschen Kind, daß du dich seiner annimmst?
Du hast ihn wenig niedriger gemacht als Gott,
mit Ehre und Herrlichkeit hast du ihn gekrönt.
    Du hast ihn zum Herrn gemacht über deiner Hände Werk,
    alles hast du unter seine Füße getan:
Schafe und Rinder allzumal,
dazu auch die wilden Tiere,
    die Vögel unter dem Himmel und die Fische im Meer
    und alles, was die Meere durchzieht.
Herr, unser Herrscher,
wie herrlich ist dein Name in allen Landen!

(Ps 8, 2–10)

706 PSALM 13

Herr, wie lange willst du mich so ganz vergessen?
Wie lange verbirgst du dein Antlitz vor mir?
    Wie lange soll ich sorgen in meiner Seele
    und mich ängsten in meinem Herzen täglich?
    Wie lange soll sich mein Feind über mich erheben?
Schaue doch und erhöre mich, Herr, mein Gott!
Erleuchte meine Augen, daß ich nicht im Tode entschlafe,
    daß nicht mein Feind sich rühme, er sei meiner mächtig geworden,
    und meine Widersacher sich freuen, daß ich wanke.

Ich aber traue darauf, daß du so gnädig bist;
mein Herz freut sich, daß du so gerne hilfst.
Ich will dem Herrn singen, daß er so wohl an mir tut.
(Ps 13, 2–6)

PSALM 18   707

Herzlich lieb habe ich dich, Herr, meine Stärke!
Herr, mein Fels, meine Burg, mein Erretter;
   mein Gott, mein Hort, auf den ich traue,
   mein Schild und Berg meines Heils und mein Schutz!
Ich rufe an den Herrn, den Hochgelobten,
so werde ich vor meinen Feinden errettet.
   Es umfingen mich des Todes Bande,
   und die Fluten des Verderbens erschreckten mich.
Des Totenreichs Bande umfingen mich,
und des Todes Stricke überwältigten mich.
   Als mir angst war, rief ich den Herrn an
   und schrie zu meinem Gott.
Da erhörte er meine Stimme von seinem Tempel,
und mein Schreien kam vor ihn zu seinen Ohren.
   Er streckte seine Hand aus von der Höhe und faßte mich
   und zog mich aus großen Wassern.
Der Herr ward meine Zuversicht.
Er führte mich hinaus ins Weite,
er riß mich heraus; denn er hatte Lust zu mir.
   Der Herr lebt! Gelobt sei mein Fels!
   Der Gott meines Heils sei hoch erhoben.
Darum will ich dir danken, Herr, unter den Heiden
und deinem Namen lobsingen.
(Ps 18, 2–7.17.19b.20.47.50)

PSALMEN UND LOBGESÄNGE

708.1 PSALM 19

Die Himmel erzählen die Ehre Gottes,
und die Feste verkündigt seiner Hände Werk.
    Ein Tag sagt's dem andern,
    und eine Nacht tut's kund der andern,
ohne Sprache und ohne Worte;
unhörbar ist ihre Stimme.
    Ihr Schall geht aus in alle Lande
    und ihr Reden bis an die Enden der Welt.
Er hat der Sonne ein Zelt am Himmel gemacht;
sie geht heraus wie ein Bräutigam aus seiner Kammer
und freut sich wie ein Held, zu laufen ihre Bahn.
    Sie geht auf an einem Ende des Himmels
    und läuft um bis wieder an sein Ende,
    und nichts bleibt vor ihrer Glut verborgen.
(Ps 19, 2–7)

708.2

Das Gesetz des Herrn ist vollkommen
und erquickt die Seele.
    Das Zeugnis des Herrn ist gewiß
    und macht die Unverständigen weise.
Die Befehle des Herrn sind richtig
und erfreuen das Herz.
    Die Gebote des Herrn sind lauter
    und erleuchten die Augen.
Die Furcht des Herrn ist rein und bleibt ewiglich.
Die Rechte des Herrn sind Wahrheit, allesamt gerecht.
    Sie sind köstlicher als Gold und viel feines Gold,
    sie sind süßer als Honig und Honigseim.
Auch läßt dein Knecht sich durch sie warnen;
und wer sie hält, der hat großen Lohn.

Wer kann merken, wie oft er fehlet?
Verzeihe mir die verborgenen Sünden!
Bewahre auch deinen Knecht vor den Stolzen,
daß sie nicht über mich herrschen;
   so werde ich ohne Tadel sein
   und rein bleiben von großer Missetat.
Laß dir wohlgefallen die Rede meines Mundes
und das Gespräch meines Herzens vor dir,
Herr, mein Fels und mein Erlöser.
(Ps 19, 8–15)

PSALM 22   709.1

Mein Gott, mein Gott, warum hast du mich verlassen?
Ich schreie, aber meine Hilfe ist ferne.
   Mein Gott, des Tages rufe ich, doch antwortest du nicht,
   und des Nachts, doch finde ich keine Ruhe.
Du aber bist heilig,
der du thronst über den Lobgesängen Israels.
   Unsere Väter hofften auf dich;
   und da sie hofften, halfst du ihnen heraus.
Zu dir schrien sie und wurden errettet,
sie hofften auf dich und wurden nicht zuschanden.
   Sei nicht ferne von mir, denn Angst ist nahe;
   denn es ist hier kein Helfer.
Aber du, Herr, sei nicht ferne;
meine Stärke, eile, mir zu helfen!
(Ps 22, 2–6.12.20)

PSALMEN UND LOBGESÄNGE

709.2

Ich will deinen Namen kundtun meinen Brüdern,
ich will dich in der Gemeinde rühmen:
> Rühmet den Herrn, die ihr ihn fürchtet;
> denn er hat nicht verachtet noch verschmäht das Elend
> des Armen
und sein Antlitz vor ihm nicht verborgen;
und als er zu ihm schrie, hörte er's.
> Dich will ich preisen in der großen Gemeinde,
> ich will mein Gelübde erfüllen vor denen, die ihn fürchten.
Die Elenden sollen essen, daß sie satt werden;
und die nach dem Herrn fragen, werden ihn preisen;
euer Herz soll ewiglich leben.
> Es werden gedenken und sich zum Herrn bekehren
> aller Welt Enden
> und vor ihm anbeten alle Geschlechter der Heiden.
Denn des Herrn ist das Reich,
und er herrscht unter den Heiden.
> Sie werden kommen und seine Gerechtigkeit predigen
> dem Volk, das geboren wird.
(Ps 22, 23.24a.25–29.32)

710   PSALM 23

Der Herr ist mein Hirte,
mir wird nichts mangeln.
> Er weidet mich auf einer grünen Aue
> und führet mich zum frischen Wasser.
Er erquicket meine Seele.
Er führet mich auf rechter Straße um seines Namens willen.
> Und ob ich schon wanderte im finstern Tal,
> fürchte ich kein Unglück;
denn du bist bei mir,
dein Stecken und Stab trösten mich.

Du bereitest vor mir einen Tisch
im Angesicht meiner Feinde.
Du salbest mein Haupt mit Öl
und schenkest mir voll ein.
> Gutes und Barmherzigkeit werden mir folgen mein
> Leben lang,
> und ich werde bleiben im Hause des Herrn immerdar.

(Ps 23)

PSALM 24 — 711.1

Die Erde ist des Herrn und was darinnen ist,
der Erdkreis und die darauf wohnen;
> denn er hat ihn über den Meeren gegründet
> und über den Wassern bereitet.

Wer darf auf des Herrn Berg gehen,
und wer darf stehen an seiner heiligen Stätte?
> Wer unschuldige Hände hat
> und reines Herzens ist,

wer nicht bedacht ist auf Lug und Trug
und nicht falsche Eide schwört:
> der wird den Segen vom Herrn empfangen
> und Gerechtigkeit von dem Gott seines Heiles.

Das ist das Geschlecht, das nach ihm fragt,
das da sucht dein Antlitz, Gott Jakobs.

(Ps 24, 1–6)

711.2

Machet die Tore weit und die Türen in der Welt hoch,
daß der König der Ehre einziehe!
> Wer ist der König der Ehre?
> Es ist der Herr, stark und mächtig, der Herr,
> mächtig im Streit.

PSALMEN UND LOBGESÄNGE

Machet die Tore weit und die Türen in der Welt hoch,
daß der König der Ehre einziehe!
  Wer ist der König der Ehre?
  Es ist der Herr Zebaoth; er ist der König der Ehre.
  (Ps 24, 7–10)

712.1   PSALM 25

Nach dir, Herr, verlanget mich.
Mein Gott, ich hoffe auf dich;
  laß mich nicht zuschanden werden.
  Denn keiner wird zuschanden, der auf dich harret.
Herr, zeige mir deine Wege
und lehre mich deine Steige!
  Leite mich in deiner Wahrheit und lehre mich!
  Denn du bist der Gott, der mir hilft; täglich harre ich auf dich.
Gedenke, Herr, an deine Barmherzigkeit und an deine Güte,
die von Ewigkeit her gewesen sind.
  (Ps 25, 1.2a.3a.4–6)

712.2

Der Herr ist gut und gerecht,
darum weist er Sündern den Weg.
  Die Wege des Herrn sind lauter Güte und Treue
  für alle, die seinen Bund und seine Gebote halten.
Um deines Namens willen, Herr,
vergib mir meine Schuld, die so groß ist!
  Der Herr ist denen Freund, die ihn fürchten;
  und seinen Bund läßt er sie wissen.
Meine Augen sehen stets auf den Herrn;
denn er wird meinen Fuß aus dem Netze ziehen.
  Wende dich zu mir und sei mir gnädig;
  denn ich bin einsam und elend.

Die Angst meines Herzens ist groß;
führe mich aus meinen Nöten!
    Sieh an meinen Jammer und mein Elend
    und vergib mir alle meine Sünden!
Bewahre meine Seele und errette mich;
laß mich nicht zuschanden werden, denn ich traue auf dich!
(Ps 25, 8.10.11.14–18.20)

PSALM 27   713.1

Der Herr ist mein Licht und mein Heil;
vor wem sollte ich mich fürchten?
    Der Herr ist meines Lebens Kraft;
    vor wem sollte mir grauen?
Eines bitte ich vom Herrn, das hätte ich gerne:
daß ich im Hause des Herrn bleiben könne mein Leben lang,
    zu schauen die schönen Gottesdienste des Herrn
    und seinen Tempel zu betrachten.
Denn er deckt mich in seiner Hütte zur bösen Zeit,
er birgt mich im Schutz seines Zeltes
und erhöht mich auf einen Felsen.
(Ps 27, 1.4.5)

713.2

Herr, höre meine Stimme, wenn ich rufe;
sei mir gnädig und erhöre mich!
    Mein Herz hält dir vor dein Wort:
    »Ihr sollt mein Antlitz suchen.«
    Darum suche ich auch, Herr, dein Antlitz.
Verbirg dein Antlitz nicht vor mir,
verstoße nicht im Zorn deinen Knecht!
    Denn du bist meine Hilfe; verlaß mich nicht
    und tu die Hand nicht von mir ab, Gott, mein Heil!

PSALMEN UND LOBGESÄNGE

Denn mein Vater und meine Mutter verlassen mich,
aber der Herr nimmt mich auf.
   Ich glaube aber doch, daß ich sehen werde
   die Güte des Herrn im Lande der Lebendigen.
Harre des Herrn!
Sei getrost und unverzagt und harre des Herrn!
  (Ps 27, 7–10.13–14)

714   PSALM 30

Ich preise dich, Herr;
denn du hast mich aus der Tiefe gezogen.
   Herr, mein Gott, als ich schrie zu dir,
   da machtest du mich gesund.
Lobsinget dem Herrn, ihr seine Heiligen,
und preiset seinen heiligen Namen!
   Denn sein Zorn währet einen Augenblick
   und lebenslang seine Gnade.
Den Abend lang währet das Weinen,
aber des Morgens ist Freude.
   Du hast mir meine Klage verwandelt in einen Reigen,
   du hast mir den Sack der Trauer ausgezogen
   und mich mit Freude gegürtet,
daß ich dir lobsinge und nicht stille werde.
Herr, mein Gott, ich will dir danken in Ewigkeit.
  (Ps 30, 2a.3.5–6.12–13)

715.1   PSALM 31

Herr, auf dich traue ich,
laß mich nimmermehr zuschanden werden,
errette mich durch deine Gerechtigkeit!
   Neige deine Ohren zu mir, hilf mir eilends!
   Sei mir ein starker Fels und eine Burg, daß du mir helfest!

PSALMEN IN AUSWAHL

Denn du bist mein Fels und meine Burg,
und um deines Namens willen wollest du mich leiten und führen.
    Du wollest mich aus dem Netze ziehen,
    das sie mir heimlich stellten;
    denn du bist meine Stärke.
In deine Hände befehle ich meinen Geist;
du hast mich erlöst, Herr, du treuer Gott.
    Ich freue mich und bin fröhlich über deine Güte,
    daß du mein Elend ansiehst
    und nimmst dich meiner an in Not
und übergibst mich nicht in die Hände des Feindes;
du stellst meine Füße auf weiten Raum.
(Ps 31, 2 – 6. 8. 9)

715.2

Ich aber, Herr, hoffe auf dich
und spreche: Du bist mein Gott!
Meine Zeit steht in deinen Händen.
    Errette mich von der Hand meiner Feinde
    und von denen, die mich verfolgen.
Laß leuchten dein Antlitz über deinen Knecht;
hilf mir durch deine Güte!
    Ich sprach wohl in meinem Zagen:
    Ich bin von deinen Augen verstoßen.
Doch du hörtest die Stimme meines Flehens,
als ich zu dir schrie.
    Seid getrost und unverzagt
    alle, die ihr des Herrn harret!
(Ps 31, 15 – 17. 23. 25)

PSALMEN UND LOBGESÄNGE

716 PSALM 32

Wohl dem, dem die Übertretungen vergeben sind,
dem die Sünde bedeckt ist!
    Wohl dem Menschen, dem der Herr die Schuld
    nicht zurechnet,
    in dessen Geist kein Trug ist!
Denn als ich es wollte verschweigen,
verschmachteten meine Gebeine durch mein tägliches Klagen.
    Denn deine Hand lag Tag und Nacht schwer auf mir,
    daß mein Saft vertrocknete, wie es im Sommer dürre wird.
Darum bekannte ich dir meine Sünde,
und meine Schuld verhehlte ich nicht.
    Ich sprach: Ich will dem Herrn meine Übertretungen
    bekennen.
    Da vergabst du mir die Schuld meiner Sünde.
Deshalb werden alle Heiligen zu dir beten
zur Zeit der Angst.
    Darum, wenn große Wasserfluten kommen,
    werden sie nicht an sie gelangen.
Du bist mein Schirm, du wirst mich vor Angst behüten,
daß ich errettet gar fröhlich rühmen kann.
    Freuet euch des Herrn und seid fröhlich, ihr Gerechten,
    und jauchzet, alle ihr Frommen.
(Ps 32, 1–7.11)

717.1 PSALM 34

Ich will den Herrn loben allezeit;
sein Lob soll immerdar in meinem Munde sein.
    Meine Seele soll sich rühmen des Herrn,
    daß es die Elenden hören und sich freuen.
Preiset mit mir den Herrn
und laßt uns miteinander seinen Namen erhöhen!

Als ich den Herrn suchte, antwortete er mir
und errettete mich aus aller meiner Furcht.
Die auf ihn sehen, werden strahlen vor Freude,
und ihr Angesicht soll nicht schamrot werden.
    Als einer im Elend rief, hörte der Herr
    und half ihm aus allen seinen Nöten.
Der Engel des Herrn lagert sich um die her,
die ihn fürchten, und hilft ihnen heraus.
    Schmecket und sehet, wie freundlich der Herr ist.
    Wohl dem, der auf ihn trauet!
Fürchtet den Herrn, ihr seine Heiligen!
Denn die ihn fürchten, haben keinen Mangel.
    Reiche müssen darben und hungern;
    aber die den Herrn suchen, haben keinen Mangel an
    irgendeinem Gut.
(Ps 34, 2–11)

717.2

Wenn die Gerechten schreien, so hört der Herr
und errettet sie aus all ihrer Not.
    Der Herr ist nahe denen, die zerbrochenen Herzens sind,
    und hilft denen, die ein zerschlagenes Gemüt haben.
Der Gerechte muß viel erleiden,
aber aus alledem hilft ihm der Herr.
    Der Herr erlöst das Leben seiner Knechte,
    und alle, die auf ihn trauen, werden frei von Schuld.
(Ps 34, 18–20.23)

PSALMEN UND LOBGESÄNGE

718 PSALM 36

Herr, deine Güte reicht, so weit der Himmel ist,
und deine Wahrheit, so weit die Wolken gehen.
    Deine Gerechtigkeit steht wie die Berge Gottes
    und dein Recht wie die große Tiefe.
    Herr, du hilfst Menschen und Tieren.
Wie köstlich ist deine Güte, Gott,
daß Menschenkinder unter dem Schatten deiner Flügel
Zuflucht haben!
    Sie werden satt von den reichen Gütern deines Hauses,
    und du tränkst sie mit Wonne wie mit einem Strom.
Denn bei dir ist die Quelle des Lebens,
und in deinem Lichte sehen wir das Licht.
(Ps 36, 6–10)

719 PSALM 37

Befiehl dem Herrn deine Wege
und hoffe auf ihn, er wird's wohl machen
    und wird deine Gerechtigkeit heraufführen wie das Licht
    und dein Recht wie den Mittag.
Sei stille dem Herrn und warte auf ihn.
Entrüste dich nicht, damit du nicht Unrecht tust.
    Bleibe fromm und halte dich recht;
    denn einem solchen wird es zuletzt gut gehen.
Der Herr hilft den Gerechten,
er ist ihre Stärke in der Not.
(Ps 37, 5–7a.8b.37.39)

PSALMEN IN AUSWAHL

PSALM 38 — 720

Herr, strafe mich nicht in deinem Zorn
und züchtige mich nicht in deinem Grimm!
> Denn deine Pfeile stecken in mir,
> und deine Hand drückt mich.
Herr, du kennst all mein Begehren,
und mein Seufzen ist dir nicht verborgen.
> Mein Herz erbebt, meine Kraft hat mich verlassen,
> und das Licht meiner Augen ist auch dahin.
Meine Lieben und Freunde scheuen zurück vor meiner Plage,
und meine Nächsten halten sich ferne.
> Ich bin wie taub und höre nicht,
> und wie ein Stummer, der seinen Mund nicht auftut.
Ich muß sein wie einer, der nicht hört
und keine Widerrede in seinem Munde hat.
> Aber ich harre, Herr, auf dich;
> du, Herr, mein Gott, wirst erhören.
Denn ich bin dem Fallen nahe,
und mein Schmerz ist immer vor mir.
> So bekenne ich denn meine Missetat
> und sorge mich wegen meiner Sünde.
Verlaß mich nicht, Herr,
mein Gott, sei nicht ferne von mir!
> Eile, mir beizustehen,
> Herr, du meine Hilfe!
(Ps 38,2.3.10–12.14–16.18.19.22.23)

PSALM 39 — 721

Herr, lehre mich doch,
daß es ein Ende mit mir haben muß
und mein Leben ein Ziel hat und ich davon muß.
> Siehe, meine Tage sind eine Handbreit bei dir,
> und mein Leben ist wie nichts vor dir.

PSALMEN UND LOBGESÄNGE

Wie gar nichts sind alle Menschen,
die doch so sicher leben!
    Sie gehen daher wie ein Schatten
    und machen sich viel vergebliche Unruhe;
    sie sammeln und wissen nicht, wer es einbringen wird.
Nun, Herr, wessen soll ich mich trösten?
Ich hoffe auf dich.
    Höre mein Gebet, Herr, und vernimm mein Schreien,
    schweige nicht zu meinen Tränen;
denn ich bin ein Gast bei dir,
ein Fremdling wie alle meine Väter.
    Laß ab von mir, daß ich mich erquicke,
    ehe ich dahinfahre und nicht mehr bin.
(Ps 39, 5 – 8.13 – 14)

722   PSALM 42

Wie der Hirsch lechzt nach frischem Wasser,
so schreit meine Seele, Gott, zu dir.
    Meine Seele dürstet nach Gott,
    nach dem lebendigen Gott.
Wann werde ich dahin kommen,
daß ich Gottes Angesicht schaue?
    Meine Tränen sind meine Speise Tag und Nacht,
    weil man täglich zu mir sagt: Wo ist nun dein Gott?
Daran will ich denken
und ausschütten mein Herz bei mir selbst:
    wie ich einherzog in großer Schar,
    mit ihnen zu wallen zum Hause Gottes
mit Frohlocken und Danken
in der Schar derer, die da feiern.
    Was betrübst du dich, meine Seele,
    und bist so unruhig in mir?

Harre auf Gott; denn ich werde ihm noch danken,
daß er meines Angesichts Hilfe und mein Gott ist.
    Am Tage sendet der Herr seine Güte,
    und des Nachts singe ich ihm und bete zu dem Gott
    meines Lebens.
Ich sage zu Gott, meinem Fels:
warum hast du mich vergessen?
    Warum muß ich so traurig gehen,
    wenn mein Feind mich dränget?
Es ist wie Mord in meinen Gebeinen, wenn mich meine
Feinde schmähen
und täglich zu mir sagen: Wo ist nun dein Gott?
    Was betrübst du dich, meine Seele,
    und bist so unruhig in mir?
Harre auf Gott; denn ich werde ihm noch danken,
daß er meines Angesichts Hilfe und mein Gott ist.
(Ps 42, 2–6.9–12)

PSALM 43   723

Gott, schaffe mir Recht
und führe meine Sache wider das unheilige Volk
und errette mich von den falschen und bösen Leuten!
    Denn du bist der Gott meiner Stärke:
    Warum hast du mich verstoßen?
Warum muß ich so traurig gehen,
wenn mein Feind mich dränget?
    Sende dein Licht und deine Wahrheit, daß sie mich leiten
    und bringen zu deinem heiligen Berg und zu deiner Wohnung,
daß ich hineingehe zum Altar Gottes,
zu dem Gott, der meine Freude und Wonne ist,
und dir, Gott, auf der Harfe danke, mein Gott.
    Was betrübst du dich, meine Seele,
    und bist so unruhig in mir?

PSALMEN UND LOBGESÄNGE

Harre auf Gott; denn ich werde ihm noch danken,
daß er meines Angesichts Hilfe und mein Gott ist.
(Ps 43)

724 PSALM 46

Gott ist unsre Zuversicht und Stärke,
eine Hilfe in den großen Nöten, die uns getroffen haben.
   Darum fürchten wir uns nicht, wenngleich die Welt
   unterginge
   und die Berge mitten ins Meer sänken,
wenngleich das Meer wütete und wallte
und von seinem Ungestüm die Berge einfielen.
   Dennoch soll die Stadt Gottes fein lustig bleiben mit
   ihren Brünnlein,
   da die heiligen Wohnungen des Höchsten sind.
Gott ist bei ihr drinnen, darum wird sie fest bleiben;
Gott hilft ihr früh am Morgen.
   Die Heiden müssen verzagen und die Königreiche fallen,
   das Erdreich muß vergehen, wenn er sich hören läßt.
Der Herr Zebaoth ist mit uns,
der Gott Jakobs ist unser Schutz.
   Kommt her und schauet die Werke des Herrn,
   der auf Erden solch ein Zerstören anrichtet,
der den Kriegen steuert in aller Welt,
der Bogen zerbricht, Spieße zerschlägt und Wagen mit Feuer
verbrennt.
   Seid stille und erkennet, daß ich Gott bin!
   Ich will der Höchste sein unter den Heiden,
   der Höchste auf Erden.
Der Herr Zebaoth ist mit uns,
der Gott Jakobs ist unser Schutz.
   (Ps 46, 2–12)

PSALMEN IN AUSWAHL

PSALM 47 — 725

Schlagt froh in die Hände, alle Völker,
und jauchzet Gott mit fröhlichem Schall!
    Gott fährt auf unter Jauchzen,
    der Herr beim Hall der Posaune.
Lobsinget, lobsinget Gott,
lobsinget, lobsinget unserm Könige!
    Denn Gott ist König über die ganze Erde;
    lobsinget ihm mit Psalmen!
Gott ist König über die Völker,
Gott sitzt auf seinem heiligen Thron.
    Die Fürsten der Völker sind versammelt
    als Volk des Gottes Abrahams;
denn Gott gehören die Starken auf Erden;
er ist hoch erhaben.
(Ps 47, 2.6–10)

PSALM 50 — 726

Gott, der Herr, der Mächtige, redet und ruft der Welt zu
vom Aufgang der Sonne bis zu ihrem Niedergang.
    Aus Zion bricht an der schöne Glanz Gottes.
    Unser Gott kommt und schweiget nicht.
Fressendes Feuer geht vor ihm her
und um ihn her ein mächtiges Wetter.
    Er ruft Himmel und Erde zu,
    daß er sein Volk richten wolle:
Versammelt mir meine Heiligen,
die den Bund mit mir schlossen beim Opfer.
    Und die Himmel werden seine Gerechtigkeit verkünden;
    denn Gott selbst ist Richter.
Opfere Gott Dank
und erfülle dem Höchsten deine Gelübde

PSALMEN UND LOBGESÄNGE

    und rufe mich an in der Not,
    so will ich dich erretten, und du sollst mich preisen.
Wer Dank opfert, der preiset mich,
und da ist der Weg,
daß ich ihm zeige das Heil Gottes.
(Ps 50, 1–6. 14–15. 23)

727   PSALM 51

Gott, sei mir gnädig nach deiner Güte,
und tilge meine Sünden nach deiner großen Barmherzigkeit.
    Wasche mich rein von meiner Missetat,
    und reinige mich von meiner Sünde;
denn ich erkenne meine Missetat,
und meine Sünde ist immer vor mir.
    An dir allein habe ich gesündigt
    und übel vor dir getan,
auf daß du recht behaltest in deinen Worten
und rein dastehst, wenn du richtest.
    Siehe, dir gefällt Wahrheit, die im Verborgenen liegt,
    und im Geheimen tust du mir Weisheit kund.
Laß mich hören Freude und Wonne,
daß die Gebeine fröhlich werden, die du zerschlagen hast.
    Verbirg dein Antlitz vor meinen Sünden,
    und tilge alle meine Missetat.
Schaffe in mir, Gott, ein reines Herz,
und gib mir einen neuen, beständigen Geist.
    Verwirf mich nicht von deinem Angesicht,
    und nimm deinen heiligen Geist nicht von mir.
Erfreue mich wieder mit deiner Hilfe,
und mit einem willigen Geist rüste mich aus.
(Ps 51, 3–6. 8. 10–14)

PSALM 57

Sei mir gnädig, Gott, sei mir gnädig!
Denn auf dich traut meine Seele,
> und unter dem Schatten deiner Flügel habe ich Zuflucht,
> bis das Unglück vorübergehe.

Ich rufe zu Gott, dem Allerhöchsten,
zu Gott, der meine Sache zum guten Ende führt.
> Er sende vom Himmel und helfe mir,
> Gott sende seine Güte und Treue.

Verzehrende Flammen sind die Menschen
und ihre Zungen scharfe Schwerter.
> Erhebe dich, Gott, über den Himmel
> und deine Herrlichkeit über alle Welt!

Sie haben meinen Schritten ein Netz gestellt
und meine Seele gebeugt;
> sie haben vor mir eine Grube gegraben –
> und fallen doch selbst hinein.

Mein Herz ist bereit, Gott,
mein Herz ist bereit, daß ich singe und lobe.
> Wach auf, meine Seele, wach auf, Psalter und Harfe,
> ich will das Morgenrot wecken!

Herr, ich will dir danken unter den Völkern,
ich will dir lobsingen unter den Leuten.
> Denn deine Güte reicht, so weit der Himmel ist,
> und deine Wahrheit, so weit die Wolken gehen.

Erhebe dich, Gott, über den Himmel
und deine Herrlichkeit über alle Welt!

(Ps 57, 2–4a.c.5b.d.6–12)

PSALMEN UND LOBGESÄNGE

729 PSALM 63

Gott, du bist mein Gott, den ich suche.
Es dürstet meine Seele nach dir,
   mein ganzer Mensch verlangt nach dir
   aus trockenem, dürrem Land, wo kein Wasser ist.
So schaue ich aus nach dir in deinem Heiligtum,
wollte gerne sehen deine Macht und Herrlichkeit.
   Denn deine Güte ist besser als Leben;
   meine Lippen preisen dich.
So will ich dich loben mein Leben lang
und meine Hände in deinem Namen aufheben.
   Das ist meines Herzens Freude und Wonne,
   wenn ich dich mit fröhlichem Munde loben kann;
wenn ich mich zu Bette lege, so denke ich an dich,
wenn ich wach liege, sinne ich über dich nach.
   Denn du bist mein Helfer,
   und unter dem Schatten deiner Flügel frohlocke ich.
Meine Seele hängt an dir;
deine rechte Hand hält mich.

(Ps 63, 2–9)

730 PSALM 66

Jauchzet Gott, alle Lande!
Lobsinget zur Ehre seines Namens;
rühmet ihn herrlich!
   Sprecht zu Gott: Wie wunderbar sind deine Werke!
   Deine Feinde müssen sich beugen vor deiner großen Macht.
Alles Land bete dich an und lobsinge dir,
lobsinge deinem Namen.
   Kommt her und sehet an die Werke Gottes,
   der so wunderbar ist in seinem Tun an den Menschenkindern.

Er verwandelte das Meer in trockenes Land,
sie konnten zu Fuß durch den Strom gehen.
Darum freuen wir uns seiner.
    Er herrscht mit seiner Gewalt ewiglich,
    seine Augen schauen auf die Völker.
    Die Abtrünnigen können sich nicht erheben.
Lobet, ihr Völker, unsern Gott,
laßt seinen Ruhm weit erschallen,
    der unsre Seelen am Leben erhält
    und läßt unsere Füße nicht gleiten.
(Ps 66, 1–9)

PSALM 67

Gott sei uns gnädig und segne uns,
er lasse uns sein Antlitz leuchten,
    daß man auf Erden erkenne seinen Weg,
    unter allen Heiden sein Heil.
Es danken dir, Gott, die Völker,
es danken dir alle Völker.
    Die Völker freuen sich und jauchzen,
    daß du die Menschen recht richtest
    und regierst die Völker auf Erden.
Es danken dir, Gott, die Völker,
es danken dir alle Völker.
    Das Land gibt sein Gewächs;
    es segne uns Gott, unser Gott!
Es segne uns Gott,
und alle Welt fürchte ihn!
(Ps 67, 2–8)

PSALMEN UND LOBGESÄNGE

732.1 PSALM 69

Gott, hilf mir!
Denn das Wasser geht mir bis an die Kehle.
    Ich versinke in tiefem Schlamm, wo kein Grund ist;
    ich bin in tiefe Wasser geraten, und die Flut will
    mich ersäufen.
Ich habe mich müde geschrien,
mein Hals ist heiser.
    Meine Augen sind trübe geworden,
    weil ich so lange harren muß auf meinen Gott.
Ich aber bete zu dir, Herr, zur Zeit der Gnade;
Gott, nach deiner großen Güte erhöre mich mit deiner
treuen Hilfe.
    Errette mich aus dem Schlamm,
    daß ich nicht versinke,
daß ich errettet werde vor denen, die mich hassen,
und aus den tiefen Wassern;
    daß mich die Flut nicht ersäufe und die Tiefe
    nicht verschlinge
    und das Loch des Brunnens sich nicht über mir schließe.
(Ps 69, 2–4.14–16)

732.2

Erhöre mich, Herr, denn deine Güte ist tröstlich;
wende dich zu mir nach deiner großen Barmherzigkeit
    und verbirg dein Angesicht nicht vor deinem Knechte,
    denn mir ist angst; erhöre mich eilends.
Nahe dich zu meiner Seele und erlöse sie,
Gott, deine Hilfe schütze mich!
(Ps 69, 17–19a.30b)

PSALMEN IN AUSWAHL

PSALM 71 — 733

Herr, ich traue auf dich,
laß mich nimmermehr zuschanden werden.
> Errette mich durch deine Gerechtigkeit und hilf mir heraus,
> neige deine Ohren zu mir und hilf mir!

Sei mir ein starker Hort, zu dem ich immer fliehen kann,
der du zugesagt hast, mir zu helfen;
> denn du bist meine Zuversicht, Herr, mein Gott,
> meine Hoffnung von meiner Jugend an.

Verwirf mich nicht in meinem Alter,
verlaß mich nicht, wenn ich schwach werde.
> Du lässest mich erfahren viele und große Angst
> und tröstest mich wieder.

Meine Lippen und meine Seele, die du erlöst hast,
sollen fröhlich sein und dir lobsingen.

(Ps 71, 1–3b. 5. 9. 20a. 21b. 23)

PSALM 73 — 734

Dennoch bleibe ich stets an dir;
denn du hältst mich bei meiner rechten Hand,
> du leitest mich nach deinem Rat
> und nimmst mich am Ende mit Ehren an.

Wenn ich nur dich habe,
so frage ich nichts nach Himmel und Erde.
> Wenn mir gleich Leib und Seele verschmachtet,
> so bist du doch, Gott, allezeit meines Herzens
> Trost und mein Teil.

Aber das ist meine Freude, daß ich mich zu Gott halte
und meine Zuversicht setze auf Gott den Herrn,
daß ich verkündige all dein Tun.

(Ps 73, 23–26. 28)

PSALMEN UND LOBGESÄNGE

735.1   PSALM 84

Wie lieb sind mir deine Wohnungen, Herr Zebaoth!
Meine Seele verlangt und sehnt sich nach den Vorhöfen
des Herrn;
    mein Leib und Seele freuen sich
    in dem lebendigen Gott.
Der Vogel hat ein Haus gefunden
und die Schwalbe ein Nest für ihre Jungen –
    deine Altäre, Herr Zebaoth,
    mein König und mein Gott.
Wohl denen, die in deinem Hause wohnen;
die loben dich immerdar.
(Ps 84, 2–5)

735.2

Wohl den Menschen, die dich für ihre Stärke halten
und von Herzen dir nachwandeln!
    Wenn sie durchs dürre Tal ziehen, wird es ihnen zum
    Quellgrund,
    und Frühregen hüllt es in Segen.
Sie gehen von einer Kraft zur andern
und schauen den wahren Gott in Zion.
    Herr, Gott Zebaoth, höre mein Gebet;
    vernimm es, Gott Jakobs!
Gott, unser Schild, schaue doch;
sieh doch an das Antlitz deines Gesalbten!
    Denn ein Tag in deinen Vorhöfen
    ist besser als sonst tausend.
Ich will lieber die Tür hüten in meines Gottes Hause
als wohnen in der Gottlosen Hütten.
    Denn Gott der Herr ist Sonne und Schild; der Herr gibt
    Gnade und Ehre.
    Er wird kein Gutes mangeln lassen den Frommen.

Herr Zebaoth, wohl dem Menschen,
der sich auf dich verläßt!
(Ps 84, 6–13)

PSALM 85   736.1

Herr, der du bist vormals gnädig gewesen deinem Lande
und hast erlöst die Gefangenen Jakobs;
> der du die Missetat vormals vergeben hast deinem Volk
> und all seine Sünde bedeckt hast;

der du vormals hast all deinen Zorn fahren lassen
und dich abgewandt von der Glut deines Zorns:
> hilf uns, Gott, unser Heiland,
> und laß ab von deiner Ungnade über uns!

Willst du denn ewiglich über uns zürnen
und deinen Zorn walten lassen für und für?
> Willst du uns denn nicht wieder erquicken,
> daß dein Volk sich über dich freuen kann?

Herr, erweise uns deine Gnade
und gib uns dein Heil!
(Ps 85, 2–8)

736.2

Könnte ich doch hören,
was Gott der Herr redet,
> daß er Frieden zusagte seinem Volk und seinen Heiligen,
> damit sie nicht in Torheit geraten.

Doch ist ja seine Hilfe nahe denen, die ihn fürchten,
daß in unserem Lande Ehre wohne;
> daß Güte und Treue einander begegnen,
> Gerechtigkeit und Friede sich küssen;

daß Treue auf der Erde wachse
und Gerechtigkeit vom Himmel schaue;

PSALMEN UND LOBGESÄNGE

   daß uns auch der Herr Gutes tue,
   und unser Land seine Frucht gebe;
daß Gerechtigkeit vor ihm her gehe
und seinen Schritten folge.
   (Ps 85, 9–14)

737 PSALM 86

Herr, neige deine Ohren und erhöre mich;
denn ich bin elend und arm.
   Bewahre meine Seele, denn ich bin dein.
   Hilf du, mein Gott, deinem Knechte,
   der sich verläßt auf dich.
Herr, sei mir gnädig;
denn ich rufe täglich zu dir.
   Erfreue die Seele deines Knechts;
   denn nach dir, Herr, verlangt mich.
Denn du, Herr, bist gut und gnädig,
von großer Güte allen, die dich anrufen.
   Vernimm, Herr, mein Gebet
   und merke auf die Stimme meines Flehens!
In der Not rufe ich dich an;
du wollest mich erhören!
   Weise mir, Herr, deinen Weg,
   daß ich wandle in deiner Wahrheit;
erhalte mein Herz bei dem einen,
daß ich deinen Namen fürchte.
   (Ps 86, 1–7.11)

PSALMEN IN AUSWAHL
PSALM 90 — 738.1

Herr, du bist unsre Zuflucht für und für.
Ehe denn die Berge wurden und die Erde und die Welt
geschaffen wurden,
bist du, Gott, von Ewigkeit zu Ewigkeit.
> Der du die Menschen lässest sterben
> und sprichst: Kommt wieder, Menschenkinder!
Denn tausend Jahre sind vor dir wie der Tag,
der gestern vergangen ist,
und wie eine Nachtwache.
> Du lässest sie dahinfahren wie einen Strom,
> sie sind wie ein Schlaf,
> wie ein Gras, das am Morgen noch sproßt und des
> Abends welkt und verdorrt.
Das macht dein Zorn, daß wir so vergehen,
und dein Grimm, daß wir so plötzlich dahin müssen.
> Denn unsre Missetaten stellst du vor dich,
> unsre unerkannte Sünde ins Licht vor deinem Angesicht.
Darum fahren alle unsre Tage dahin durch deinen Zorn,
wir bringen unsre Jahre zu wie ein Geschwätz.
> Unser Leben währet siebzig Jahre,
> und wenn's hoch kommt, so sind's achtzig Jahre,
und was daran köstlich scheint, ist doch nur vergebliche Mühe;
denn es fähret schnell dahin, als flögen wir davon.
> Wer glaubt's aber, daß du so sehr zürnest,
> und wer fürchtet sich vor dir in deinem Grimm?
Lehre uns bedenken, daß wir sterben müssen,
auf daß wir klug werden.

(Ps 90, 1–5. 6b–12)

PSALMEN UND LOBGESÄNGE

738.2

Herr, kehre dich doch endlich wieder zu uns
und sei deinen Knechten gnädig!
  Fülle uns frühe mit deiner Gnade,
  so wollen wir rühmen und fröhlich sein unser Leben lang.
Erfreue uns nun wieder, nachdem du uns so lange plagest,
nachdem wir so lange Unglück leiden.
  Zeige deinen Knechten deine Werke
  und deine Herrlichkeit ihren Kindern.
Und der Herr, unser Gott, sei uns freundlich
und fördere das Werk unsrer Hände bei uns.
Ja, das Werk unsrer Hände wollest du fördern!
  (Ps 90, 13–17)

739   PSALM 91

Wer unter dem Schirm des Höchsten sitzt
und unter dem Schatten des Allmächtigen bleibt,
  der spricht zu dem Herrn: Meine Zuversicht und meine Burg,
  mein Gott, auf den ich hoffe.
Denn er errettet dich vom Strick des Jägers
und von der verderblichen Pest.
  Er wird dich mit seinen Fittichen decken,
  und Zuflucht wirst du haben unter seinen Flügeln.
Seine Wahrheit ist Schirm und Schild,
daß du nicht erschrecken mußt vor dem Grauen der Nacht,
  vor den Pfeilen, die des Tages fliegen,
  vor der Pest, die im Finstern schleicht,
  vor der Seuche, die am Mittag Verderben bringt.
Denn der Herr ist deine Zuversicht,
der Höchste ist deine Zuflucht.
  Es wird dir kein Übel begegnen,
  und keine Plage wird sich deinem Hause nahen.

Denn er hat seinen Engeln befohlen,
daß sie dich behüten auf allen deinen Wegen,
   daß sie dich auf den Händen tragen
   und du deinen Fuß nicht an einen Stein stoßest.
Über Löwen und Ottern wirst du gehen
und junge Löwen und Drachen niedertreten.
   »Er liebt mich, darum will ich ihn erretten;
   er kennt meinen Namen, darum will ich ihn schützen.
Er ruft mich an, darum will ich ihn erhören; ich bin bei
ihm in der Not,
ich will ihn herausreißen und zu Ehren bringen.
   Ich will ihn sättigen mit langem Leben
   und will ihm zeigen mein Heil.«
(Ps 91,1–6.9–16)

PSALM 92   740

Das ist ein köstlich Ding, dem Herrn danken
und lobsingen deinem Namen, du Höchster,
   des Morgens deine Gnade
   und des Nachts deine Wahrheit verkündigen.
Denn, Herr, du lässest mich fröhlich singen von deinen Werken,
und ich rühme die Taten deiner Hände.
   Herr, wie sind deine Werke so groß!
   Deine Gedanken sind sehr tief.
Ein Törichter glaubt das nicht,
und ein Narr begreift es nicht.
   Die Gottlosen grünen wie das Gras,
   und die Übeltäter blühen alle –
   nur um vertilgt zu werden für immer!
Aber du, Herr, bist der Höchste
und bleibest ewiglich.
   Der Gerechte wird grünen wie ein Palmbaum,
   er wird wachsen wie eine Zeder auf dem Libanon.

PSALMEN UND LOBGESÄNGE

Die gepflanzt sind im Hause des Herrn,
werden in den Vorhöfen unsres Gottes grünen.
    Und wenn sie auch alt werden,
    werden sie dennoch blühen, fruchtbar und frisch sein,
daß sie verkündigen, wie der Herr es recht macht;
er ist mein Fels, und kein Unrecht ist an ihm.
(Ps 92, 2.3.5–9.13–16)

741   PSALM 96

Singet dem Herrn ein neues Lied;
singet dem Herrn, alle Welt!
    Singet dem Herrn und lobet seinen Namen,
    verkündet von Tag zu Tag sein Heil!
Erzählet unter den Heiden von seiner Herrlichkeit,
unter allen Völkern von seinen Wundern!
    Betet an den Herrn in heiligem Schmuck;
    es fürchte ihn alle Welt!
Sagt unter den Heiden: Der Herr ist König.
Er hat den Erdkreis gegründet, daß er nicht wankt.
Er richtet die Völker recht.
    Der Himmel freue sich, und die Erde sei fröhlich,
    das Meer brause und was darinnen ist;
das Feld sei fröhlich und alles, was darauf ist;
es sollen jauchzen alle Bäume im Walde
vor dem Herrn; denn er kommt,
    denn er kommt, zu richten das Erdreich.
Er wird den Erdkreis richten mit Gerechtigkeit
und die Völker mit seiner Wahrheit.
(Ps 96, 1–3.9–13)

PSALMEN IN AUSWAHL

PSALM 98 — 742

Singet dem Herrn ein neues Lied,
denn er tut Wunder.
> Er schafft Heil mit seiner Rechten
> und mit seinem heiligen Arm.

Der Herr läßt sein Heil kundwerden;
vor den Völkern macht er seine Gerechtigkeit offenbar.
> Er gedenkt an seine Gnade und Treue für das Haus Israel,
> aller Welt Enden sehen das Heil unsres Gottes.

Jauchzet dem Herrn, alle Welt,
singet, rühmet und lobet!
> Lobet den Herrn mit Harfen,
> mit Harfen und mit Saitenspiel!

Mit Trompeten und Posaunen
jauchzet vor dem Herrn, dem König!
> Das Meer brause und was darinnen ist,
> der Erdkreis und die darauf wohnen.

Die Ströme sollen frohlocken,
und alle Berge seien fröhlich vor dem Herrn;
denn er kommt, das Erdreich zu richten.
> Er wird den Erdkreis richten mit Gerechtigkeit
> und die Völker, wie es recht ist.

(Ps 98, 1–9)

PSALM 100 — 743

Jauchzet dem Herrn, alle Welt!
Dienet dem Herrn mit Freuden,
> kommt vor sein Angesicht mit Frohlocken!
> Erkennt, daß der Herr Gott ist!

Er hat uns gemacht und nicht wir selbst
zu seinem Volk und zu Schafen seiner Weide.

PSALMEN UND LOBGESÄNGE

Gehet zu seinen Toren ein mit Danken,
zu seinen Vorhöfen mit Loben;
danket ihm, lobet seinen Namen!
Denn der Herr ist freundlich, und seine Gnade währet ewig
und seine Wahrheit für und für.
(Ps 100, 1b–5)

744.1   PSALM 102

Herr, höre mein Gebet
und laß mein Schreien zu dir kommen!
   Verbirg dein Antlitz nicht vor mir in der Not,
   neige deine Ohren zu mir;
   wenn ich dich anrufe, so erhöre mich bald!
Denn meine Tage sind vergangen wie ein Rauch,
und meine Gebeine sind verbrannt wie von Feuer.
   Ich bin wie die Eule in der Einöde,
   wie das Käuzchen in den Trümmern.
Ich wache und klage
wie ein einsamer Vogel auf dem Dache.
   Meine Tage sind dahin wie ein Schatten,
   und ich verdorre wie Gras.
Du aber, Herr, bleibst ewiglich
und dein Name für und für.
(Ps 102, 2–4.7–8.12.13)

744.2

Du wollest dich aufmachen und über Zion erbarmen;
denn es ist Zeit, daß du ihm gnädig seist,
und die Stunde ist gekommen.
   Denn er schaut von seiner heiligen Höhe,
   der Herr sieht vom Himmel auf die Erde,
daß er das Seufzen der Gefangenen höre
und losmache die Kinder des Todes,

daß sie in Zion verkünden den Namen des Herrn
und sein Lob in Jerusalem,
wenn die Völker zusammenkommen
und die Königreiche, dem Herrn zu dienen.
(Ps 102, 14.20–23)

PSALM 103 — 745.1

Lobe den Herrn, meine Seele,
und was in mir ist, seinen heiligen Namen!
    Lobe den Herrn, meine Seele,
    und vergiß nicht, was er dir Gutes getan hat:
der dir alle deine Sünde vergibt
und heilet alle deine Gebrechen,
    der dein Leben vom Verderben erlöst,
    der dich krönet mit Gnade und Barmherzigkeit,
der deinen Mund fröhlich macht,
und du wieder jung wirst wie ein Adler.
    Der Herr schafft Gerechtigkeit und Recht
    allen, die Unrecht leiden.
Er hat seine Wege Mose wissen lassen,
die Kinder Israel sein Tun.
(Ps 103, 1–7)

745.2

Barmherzig und gnädig ist der Herr,
geduldig und von großer Güte.
    Er wird nicht für immer hadern
    noch ewig zornig bleiben.
Er handelt nicht mit uns nach unsern Sünden
und vergilt uns nicht nach unsrer Missetat.
    Denn so hoch der Himmel über der Erde ist,
    läßt er seine Gnade walten über denen, die ihn fürchten.

So fern der Morgen ist vom Abend,
läßt er unsre Übertretungen von uns sein.
(Ps 103, 8–12)

745.3

Wie sich ein Vater über Kinder erbarmt,
so erbarmt sich der Herr über die, die ihn fürchten.
    Denn er weiß, was für ein Gebilde wir sind;
    er gedenkt daran, daß wir Staub sind.
Ein Mensch ist in seinem Leben wie Gras,
er blüht wie eine Blume auf dem Felde;
    wenn der Wind darüber geht, so ist sie nimmer da,
    und ihre Stätte kennet sie nicht mehr.
Die Gnade aber des Herrn währt von Ewigkeit zu Ewigkeit
über denen, die ihn fürchten,
    und seine Gerechtigkeit auf Kindeskind
    bei denen, die seinen Bund halten
    und gedenken an seine Gebote, daß sie danach tun.
(Ps 103, 13–18)

745.4

Der Herr hat seinen Thron im Himmel errichtet,
und sein Reich herrscht über alles.
    Lobet den Herrn, ihr seine Engel,
    ihr starken Helden, die ihr seinen Befehl ausrichtet,
    daß man höre auf die Stimme seines Wortes!
Lobet den Herrn, alle seine Heerscharen,
seine Diener, die ihr seinen Willen tut!
    Lobet den Herrn, alle seine Werke,
    an allen Orten seiner Herrschaft!
    Lobe den Herrn, meine Seele!
(Ps 103, 19–22)

PSALMEN IN AUSWAHL

PSALM 104 — 746.1

Lobe den Herrn, meine Seele!
Herr, mein Gott, du bist sehr herrlich;
   du bist schön und prächtig geschmückt.
   Licht ist dein Kleid, das du anhast.
Du breitest den Himmel aus wie einen Teppich;
der du das Erdreich gegründet hast auf festen Boden,
daß es bleibt immer und ewiglich.
   Du feuchtest die Berge von oben her,
   du machst das Land voll Früchte, die du schaffest.
Du lässest Gras wachsen für das Vieh
und Saat zu Nutz den Menschen,
daß du Brot aus der Erde hervorbringst,
   daß der Wein erfreue des Menschen Herz
   und sein Antlitz schön werde vom Öl
   und das Brot des Menschen Herz stärke.
(Ps 104, 1. 2. 5. 13–15)

746.2

Herr, wie sind deine Werke so groß und viel!
Du hast sie alle weise geordnet,
und die Erde ist voll deiner Güter.
   Es warten alle auf dich,
   daß du ihnen Speise gebest zur rechten Zeit.
Wenn du ihnen gibst, so sammeln sie;
wenn du deine Hand auftust, so werden sie mit Gutem gesättigt.
   Verbirgst du dein Angesicht, so erschrecken sie;
   nimmst du weg ihren Odem, so vergehen sie
   und werden wieder Staub.
Du sendest aus deinen Odem, so werden sie geschaffen,
und du machst neu die Gestalt der Erde.

PSALMEN UND LOBGESÄNGE

Die Herrlichkeit des Herrn bleibe ewiglich,
der Herr freue sich seiner Werke!
Lobe den Herrn, meine Seele! Halleluja!
(Ps 104, 24.27–31.35c)

747.1 PSALM 107

Danket dem Herrn; denn er ist freundlich,
und seine Güte währet ewiglich.
   So sollen sagen, die erlöst sind durch den Herrn,
   die er aus der Not erlöst hat,
die er aus den Ländern zusammengebracht hat
von Osten und Westen, von Norden und Süden.
(Ps 107, 1–3)

747.2

Die irregingen in der Wüste, auf ungebahntem Wege,
und fanden keine Stadt, in der sie wohnen konnten,
   die hungrig und durstig waren
   und deren Seele verschmachtete,
und dann zum Herrn riefen in ihrer Not,
und er errettete sie aus ihren Ängsten
   und führte sie den richtigen Weg,
   daß sie kamen zur Stadt,
   in der sie wohnen konnten:
die sollen dem Herrn danken für seine Güte
und für seine Wunder, die er an den Menschenkindern tut,
   daß er sättigt die durstige Seele
   und die Hungrigen füllt mit Gutem.
(Ps 107, 4–9)

PSALMEN IN AUSWAHL

747.3

Die mit Schiffen auf dem Meer fuhren
und trieben ihren Handel auf großen Wassern,
> die des Herrn Werke erfahren haben
> und seine Wunder auf dem Meer,
wenn er sprach und einen Sturmwind erregte,
der die Wellen erhob,
> und sie gen Himmel fuhren und in den Abgrund sanken,
> daß ihre Seele vor Angst verzagte,
daß sie taumelten und wankten wie ein Trunkener
und wußten keinen Rat mehr,
> die dann zum Herrn schrien in ihrer Not,
> und er führte sie aus ihren Ängsten
und stillte das Ungewitter,
daß die Wellen sich legten
> und sie froh wurden, daß es still geworden war
> und er sie zum erwünschten Lande brachte:
die sollen dem Herrn danken für seine Güte
und für seine Wunder, die er an den Menschenkindern tut,
> und ihn in der Gemeinde preisen
> und bei den Alten rühmen.

(Ps 107, 23–32)

PSALM 111   748

Halleluja! Ich danke dem Herrn von ganzem Herzen
im Rate der Frommen und in der Gemeinde.
> Groß sind die Werke des Herrn;
> wer sie erforscht, der hat Freude daran.
Was er tut, das ist herrlich und prächtig,
und seine Gerechtigkeit bleibt ewiglich.
> Er hat ein Gedächtnis gestiftet seiner Wunder,
> der gnädige und barmherzige Herr.

Er gibt Speise denen, die ihn fürchten;
er gedenkt ewig an seinen Bund.
> Er läßt verkünden seine gewaltigen Taten seinem Volk,
> daß er ihnen gebe das Erbe der Heiden.

Die Werke seiner Hände sind Wahrheit und Recht;
alle seine Ordnungen sind beständig.
> Sie stehen fest für immer und ewig;
> sie sind recht und verläßlich.

Er sendet eine Erlösung seinem Volk;
er verheißt, daß sein Bund ewig bleiben soll.
Heilig und hehr ist sein Name.
> Die Furcht des Herrn ist der Weisheit Anfang.
> Klug sind alle, die danach tun.
> Sein Lob bleibet ewiglich.

(Ps 111)

749.1 PSALM 113

Halleluja! Lobet, ihr Knechte des Herrn,
lobet den Namen des Herrn!
> Gelobt sei der Name des Herrn
> von nun an bis in Ewigkeit!

Vom Aufgang der Sonne bis zu ihrem Niedergang
sei gelobet der Name des Herrn!
> Der Herr ist hoch über alle Völker;
> seine Herrlichkeit reicht, so weit der Himmel ist.

(Ps 113, 1–4)

749.2

Wer ist wie der Herr, unser Gott,
im Himmel und auf Erden?
> Der oben thront in der Höhe,
> der hernniederschaut in die Tiefe,

der den Geringen aufrichtet aus dem Staube
und erhöht den Armen aus dem Schmutz,
    daß er ihn setze neben die Fürsten,
    neben die Fürsten seines Volkes;
der die Unfruchtbare im Hause zu Ehren bringt,
daß sie eine fröhliche Kindermutter wird. Halleluja!
(Ps 113, 5–9)

PSALM 116   750.1

Sei nun wieder zufrieden, meine Seele;
denn der Herr tut dir Gutes.
    Denn du hast meine Seele vom Tode errettet,
    mein Auge von den Tränen, meinen Fuß vom Gleiten.
Ich werde wandeln vor dem Herrn
im Lande der Lebendigen.
    Wie soll ich dem Herrn vergelten
    all seine Wohltat, die er an mir tut?
Ich will den Kelch des Heils nehmen
und des Herrn Namen anrufen.
(Ps 116, 7–9.12–13)

750.2

Dir will ich Dank opfern
und des Herrn Namen anrufen.
    Ich will meine Gelübde dem Herrn erfüllen
    vor all seinem Volk
in den Vorhöfen am Hause des Herrn,
in dir, Jerusalem. Halleluja!
(Ps 116, 17–19)

PSALMEN UND LOBGESÄNGE

751.1 PSALM 118

Danket dem Herrn; denn er ist freundlich,
und seine Güte währet ewiglich.
> Der Herr ist meine Macht und mein Psalm
> und ist mein Heil.

Man singt mit Freuden vom Sieg in den Hütten der Gerechten:
Die Rechte des Herrn behält den Sieg!
> Die Rechte des Herrn ist erhöht;
> die Rechte des Herrn behält den Sieg!

Ich werde nicht sterben, sondern leben
und des Herrn Werke verkündigen.
> Der Herr züchtigt mich schwer;
> aber er gibt mich dem Tode nicht preis.

Tut mir auf die Tore der Gerechtigkeit,
daß ich durch sie einziehe und dem Herrn danke.
> Das ist das Tor des Herrn;
> die Gerechten werden dort einziehen.

Ich danke dir, daß du mich erhört hast
und hast mir geholfen.
> Der Stein, den die Bauleute verworfen haben,
> ist zum Eckstein geworden.

Das ist vom Herrn geschehen
und ist ein Wunder vor unsern Augen.
> Dies ist der Tag, den der Herr macht;
> laßt uns freuen und fröhlich an ihm sein.

(Ps 118, 1.14–24)

751.2

O Herr, hilf!
O Herr, laß wohlgelingen!
> Gelobt sei, der da kommt im Namen des Herrn!
> Wir segnen euch, die ihr vom Hause des Herrn seid.

Der Herr ist Gott, der uns erleuchtet.
Schmückt das Fest mit Maien bis an die Hörner des Altars!
    Du bist mein Gott, und ich danke dir;
    mein Gott, ich will dich preisen.
Danket dem Herrn; denn er ist freundlich,
und seine Güte währet ewiglich.
(Ps 118, 25–29)

PSALM 119   752.1

Wohl denen, die ohne Tadel leben,
die im Gesetz des Herrn wandeln!
    Wohl denen, die sich an seine Mahnungen halten,
    die ihn von ganzem Herzen suchen,
die auf seinen Wegen wandeln und kein Unrecht tun.
Wenn ich schaue allein auf deine Gebote,
so werde ich nicht zuschanden.
    Ich danke dir mit aufrichtigem Herzen,
    daß du mich lehrst die Ordnungen deiner Gerechtigkeit.
Deine Gebote will ich halten;
verlaß mich nimmermehr!
(Ps 119, 1–3.6–8)

752.2

Öffne mir die Augen,
daß ich sehe die Wunder an deinem Gesetz.
    Zeige mir, Herr, den Weg deiner Gebote,
    daß ich sie bewahre bis ans Ende.
Meine Seele verlangt nach deinem Heil;
ich hoffe auf dein Wort.
    Meine Augen sehnen sich nach deinem Wort
    und sagen: Wann tröstest du mich?

PSALMEN UND LOBGESÄNGE

Wenn dein Gesetz nicht mein Trost gewesen wäre,
so wäre ich vergangen in meinem Elend.
(Ps 119, 18.33.81–82.92)

752.3

Dein Wort ist meines Fußes Leuchte
und ein Licht auf meinem Wege.
    Erhalte mich durch dein Wort, daß ich lebe,
        und laß mich nicht zuschanden werden in meiner Hoffnung.
Stärke mich, daß ich gerettet werde,
so will ich stets Freude haben an deinen Geboten.
(Ps 119, 105. 116–117)

753   PSALM 121

Ich hebe meine Augen auf zu den Bergen.
Woher kommt mir Hilfe?
    Meine Hilfe kommt vom Herrn,
        der Himmel und Erde gemacht hat.
Er wird deinen Fuß nicht gleiten lassen,
und der dich behütet, schläft nicht.
Siehe, der Hüter Israels schläft und schlummert nicht.
    Der Herr behütet dich;
        der Herr ist dein Schatten über deiner rechten Hand,
daß dich des Tages die Sonne nicht steche
noch der Mond des Nachts.
    Der Herr behüte dich vor allem Übel,
        er behüte deine Seele.
Der Herr behüte deinen Ausgang und Eingang
von nun an bis in Ewigkeit!
(Ps 121)

PSALM 126 — 754

Wenn der Herr die Gefangenen Zions erlösen wird,
so werden wir sein wie die Träumenden.
    Dann wird unser Mund voll Lachens
    und unsre Zunge voll Rühmens sein.
Dann wird man sagen unter den Heiden:
Der Herr hat Großes an ihnen getan!
    Der Herr hat Großes an uns getan;
    des sind wir fröhlich.
Herr, bringe zurück unsre Gefangenen,
wie du die Bäche wiederbringst im Südland.
    Die mit Tränen säen,
    werden mit Freuden ernten.
Sie gehen hin und weinen
und streuen ihren Samen
    und kommen mit Freuden
    und bringen ihre Garben.
(Ps 126)

PSALM 130 — 755

Aus der Tiefe rufe ich, Herr, zu dir. Herr, höre
meine Stimme!
Laß deine Ohren merken auf die Stimme meines Flehens!
    Wenn du, Herr, Sünden anrechnen willst –
    Herr, wer wird bestehen?
Denn bei dir ist die Vergebung,
daß man dich fürchte.
    Ich harre des Herrn, meine Seele harret;
    und ich hoffe auf sein Wort.
Meine Seele wartet auf den Herrn mehr als die Wächter
auf den Morgen;
mehr als die Wächter auf den Morgen hoffe Israel auf den Herrn!

PSALMEN UND LOBGESÄNGE

Denn bei dem Herrn ist die Gnade und viel Erlösung bei ihm.
Und er wird Israel erlösen aus allen seinen Sünden.
(Ps 130)

756 PSALM 134

Wohlan, lobet den Herrn, alle Knechte des Herrn,
die ihr steht des Nachts im Hause des Herrn!
    Hebet eure Hände auf im Heiligtum
    und lobet den Herrn!
Der Herr segne dich aus Zion,
der Himmel und Erde gemacht hat!
(Ps 134)

757 PSALM 136

Danket dem Herrn; denn er ist freundlich,
denn seine Güte währet ewiglich.
    Danket dem Gott aller Götter,
    denn seine Güte währet ewiglich.
Danket dem Herrn aller Herren,
denn seine Güte währet ewiglich.
    Der allein große Wunder tut,
    denn seine Güte währet ewiglich.
Der die Himmel mit Weisheit gemacht hat,
denn seine Güte währet ewiglich.
    Der die Erde über den Wassern ausgebreitet hat,
    denn seine Güte währet ewiglich.
Der große Lichter gemacht hat,
denn seine Güte währet ewiglich:
    die Sonne, den Tag zu regieren,
    denn seine Güte währet ewiglich;
den Mond und die Sterne, die Nacht zu regieren,
denn seine Güte währet ewiglich.

Der die Erstgeborenen schlug in Ägypten,
denn seine Güte währet ewiglich;
und führte Israel von dort heraus,
denn seine Güte währet ewiglich;
mit starker Hand und ausgerecktem Arm,
denn seine Güte währet ewiglich.
Der das Schilfmeer teilte in zwei Teile,
denn seine Güte währet ewiglich;
und ließ Israel mitten hindurchgehen,
denn seine Güte währet ewiglich;
der den Pharao und sein Heer ins Schilfmeer stieß,
denn seine Güte währet ewiglich.
Der sein Volk führte durch die Wüste,
denn seine Güte währet ewiglich.
Der große Könige schlug,
denn seine Güte währet ewiglich;
und gab ihr Land zum Erbe,
denn seine Güte währet ewiglich;
zum Erbe seinem Knecht Israel,
denn seine Güte währet ewiglich.
Der an uns dachte, als wir unterdrückt waren,
denn seine Güte währet ewiglich;
und uns erlöste von unsern Feinden,
denn seine Güte währet ewiglich.
Der Speise gibt allem Fleisch,
denn seine Güte währet ewiglich.
Danket dem Gott des Himmels,
denn seine Güte währet ewiglich.

(Ps 136, 1–17. 21–26)

PSALMEN UND LOBGESÄNGE

758 PSALM 138

Ich danke dir von ganzem Herzen,
vor den Göttern will ich dir lobsingen.
 Ich will anbeten vor deinem heiligen Tempel
 und deinen Namen preisen für deine Güte und Treue,
denn du hast deinen Namen und dein Wort
herrlich gemacht über alles.
 Wenn ich dich anrufe, so erhörst du mich
 und gibst meiner Seele große Kraft.
Es danken dir, Herr, alle Könige auf Erden,
daß sie hören das Wort deines Mundes;
 sie singen von den Wegen des Herrn,
 daß die Herrlichkeit des Herrn so groß ist.
Denn der Herr ist hoch und sieht auf den Niedrigen
und kennt den Stolzen von ferne.
 Wenn ich mitten in der Angst wandle,
 so erquickst du mich
und reckst deine Hand gegen den Zorn meiner Feinde
und hilfst mir mit deiner Rechten.
 Der Herr wird meine Sache hinausführen.
 Herr, deine Güte ist ewig.
 Das Werk deiner Hände wollest du nicht lassen.
(Ps 138, 1–8)

759.1 PSALM 139

Herr, du erforschest mich
und kennest mich.
 Ich sitze oder stehe auf, so weißt du es;
 du verstehst meine Gedanken von ferne.
Ich gehe oder liege, so bist du um mich
und siehst alle meine Wege.
 Denn siehe, es ist kein Wort auf meiner Zunge,
 das du, Herr, nicht schon wüßtest.

Von allen Seiten umgibst du mich
und hältst deine Hand über mir.
> Diese Erkenntnis ist mir zu wunderbar und zu hoch,
> ich kann sie nicht begreifen.

Wohin soll ich gehen vor deinem Geist,
und wohin soll ich fliehen vor deinem Angesicht?
> Führe ich gen Himmel, so bist du da;
> bettete ich mich bei den Toten, siehe, so bist du auch da.

Nähme ich Flügel der Morgenröte
und bliebe am äußersten Meer,
> so würde auch dort deine Hand mich führen
> und deine Rechte mich halten.

Spräche ich: Finsternis möge mich decken
und Nacht statt Licht um mich sein –,
> so wäre auch Finsternis nicht finster bei dir,
> und die Nacht leuchtete wie der Tag.
> Finsternis ist wie das Licht.

(Ps 139, 1–12)

759.2

Denn du hast meine Nieren bereitet
und hast mich gebildet im Mutterleibe.
> Ich danke dir dafür, daß ich wunderbar gemacht bin;
> wunderbar sind deine Werke; das erkennt meine Seele.

Es war dir mein Gebein nicht verborgen,
als ich im Verborgenen gemacht wurde,
als ich gebildet wurde unten in der Erde.
> Deine Augen sahen mich,
> als ich noch nicht bereitet war,

und alle Tage waren in dein Buch geschrieben,
die noch werden sollten und von denen keiner da war.
> Aber wie schwer sind für mich, Gott, deine Gedanken!
> Wie ist ihre Summe so groß!

PSALMEN UND LOBGESÄNGE

Wollte ich sie zählen, so wären sie mehr als der Sand:
Am Ende bin ich noch immer bei dir.
    Erforsche mich, Gott, und erkenne mein Herz;
    prüfe mich und erkenne, wie ich's meine.
Und sieh, ob ich auf bösem Wege bin,
und leite mich auf ewigem Wege.
(Ps 139, 13–18. 23. 24)

760.1   PSALM 143

Herr, erhöre mein Gebet,
vernimm mein Flehen um deiner Treue willen,
erhöre mich um deiner Gerechtigkeit willen;
    und geh nicht ins Gericht mit deinem Knecht;
    denn vor dir ist kein Lebendiger gerecht.
Denn der Feind verfolgt meine Seele
und schlägt mein Leben zu Boden,
    er legt mich ins Finstere
    wie die, die lange schon tot sind.
Und mein Geist ist in Ängsten,
mein Herz ist erstarrt in meinem Leibe.
    Ich denke an die früheren Zeiten;
    ich sinne nach über all deine Taten
    und spreche von den Werken deiner Hände.
Ich breite meine Hände aus zu dir,
meine Seele dürstet nach dir wie ein dürres Land.
    Herr, erhöre mich bald, mein Geist vergeht;
    verbirg dein Antlitz nicht vor mir,
    daß ich nicht gleich werde denen, die in die Grube fahren.
(Ps 143, 1–7)

PSALMEN IN AUSWAHL

760.2

Laß mich am Morgen hören deine Gnade;
denn ich hoffe auf dich.
    Tu mir kund den Weg, den ich gehen soll;
    denn mich verlangt nach dir.
Errette mich, mein Gott, von meinen Feinden;
zu dir nehme ich meine Zuflucht.
    Lehre mich tun nach deinem Wohlgefallen,
    denn du bist mein Gott;
    dein guter Geist führe mich auf ebner Bahn.
(Ps 143, 8–10)

PSALM 145   761.1

Ich will dich erheben, mein Gott, du König,
und deinen Namen loben immer und ewiglich.
    Der Herr ist groß und sehr zu loben,
    und seine Größe ist unausforschlich.
Kindeskinder werden deine Werke preisen
und deine gewaltigen Taten verkündigen.
    Gnädig und barmherzig ist der Herr,
    geduldig und von großer Güte.
Dein Reich ist ein ewiges Reich,
und deine Herrschaft währet für und für.
(Ps 145, 1.3.4.13a)

761.2

Der Herr ist getreu in all seinen Worten
und gnädig in allen seinen Werken.
    Der Herr hält alle, die da fallen,
    und richtet alle auf, die niedergeschlagen sind.
Aller Augen warten auf dich,
und du gibst ihnen ihre Speise zur rechten Zeit.

PSALMEN UND LOBGESÄNGE

Du tust deine Hand auf
und sättigst alles, was lebt, nach deinem Wohlgefallen.
Der Herr ist nahe allen, die ihn anrufen,
allen, die ihn ernstlich anrufen.
Er tut, was die Gottesfürchtigen begehren,
und hört ihr Schreien und hilft ihnen.
(Ps 145, 13b – 16. 18 – 19)

762 PSALM 146

Halleluja! Lobe den Herrn, meine Seele!
Ich will den Herrn loben, solange ich lebe,
und meinem Gott lobsingen, solange ich bin.
Verlasset euch nicht auf Fürsten;
sie sind Menschen, die können ja nicht helfen.
Denn des Menschen Geist muß davon,
und er muß wieder zu Erde werden;
dann sind verloren alle seine Pläne.
Wohl dem, dessen Hilfe der Gott Jakobs ist,
der seine Hoffnung setzt auf den Herrn, seinen Gott,
der Himmel und Erde gemacht hat,
das Meer und alles, was darinnen ist;
der Treue hält ewiglich,
der Recht schafft denen, die Gewalt leiden,
der die Hungrigen speiset.
Der Herr macht die Gefangenen frei.
Der Herr macht die Blinden sehend.
Der Herr richtet auf, die niedergeschlagen sind.
Der Herr liebt die Gerechten.
Der Herr behütet die Fremdlinge
und erhält Waisen und Witwen;
aber die Gottlosen führt er in die Irre.
Der Herr ist König ewiglich,
dein Gott, Zion, für und für. Halleluja!
(Ps 146)

JONA 2

766

Ich rief zum Herrn in meiner Angst,
und er antwortete mir.
    Ich schrie aus dem Rachen des Todes,
    und du hörtest meine Stimme.
Du warfst mich in die Tiefe, mitten ins Meer,
und die Fluten mich umgaben.
    Alle deine Wogen und Wellen
    gingen über mich,
Daß ich dachte, ich wäre von deinen Augen verstoßen,
ich würde deinen heiligen Tempel nicht mehr sehen.
    Wasser umgaben mich und gingen mir ans Leben,
    die Tiefe umringte mich, Schilf bedeckte mein Haupt.
Ich sank hinunter zu der Berge Gründen,
der Erde Riegel schlossen sich hinter mir ewiglich.
    Aber du hast mein Leben aus dem Verderben geführt,
    Herr, mein Gott!
Als meine Seele in mir verzagte,
gedachte ich an den Herrn,
    und mein Gebet kam zu dir
    in deinen heiligen Tempel.
Die sich halten an das Nichtige,
verlassen ihre Gnade.
    Ich aber will mit Dank
    dir Opfer bringen.
Meine Gelübde will ich erfüllen
dem Herrn, der mir geholfen hat.

(Jona 2, 3–10)

PSALMEN UND LOBGESÄNGE

767 DIE SELIGPREISUNGEN

Selig sind, die da geistlich arm sind;
denn ihrer ist das Himmelreich.
    Selig sind, die da Leid tragen;
    denn sie sollen getröstet werden.
Selig sind die Sanftmütigen;
denn sie werden das Erdreich besitzen.
    Selig sind, die da hungert und dürstet nach der Gerechtigkeit;
    denn sie sollen satt werden.
Selig sind die Barmherzigen;
denn sie werden Barmherzigkeit erlangen.
    Selig sind, die reinen Herzens sind;
    denn sie werden Gott schauen.
Selig sind die Friedfertigen;
denn sie werden Gottes Kinder heißen.
    Selig sind, die um der Gerechtigkeit willen verfolgt werden;
    denn ihrer ist das Himmelreich.
(Mt 5, 3–10)

768 DER LOBGESANG DES ZACHARIAS (BENEDICTUS)

Gelobt sei der Herr, der Gott Israels!
Denn er hat besucht und erlöst sein Volk
    und hat uns aufgerichtet eine Macht des Heils
    im Hause seines Dieners David
– wie er vorzeiten geredet hat
durch den Mund seiner heiligen Propheten –,
    daß er uns errettete von unsern Feinden
    und aus der Hand aller, die uns hassen,
und Barmherzigkeit erzeigte unsern Vätern
und gedächte an seinen heiligen Bund
und an den Eid,
den er geschworen hat unserm Vater Abraham,

uns zu geben,
daß wir, erlöst aus der Hand unsrer Feinde,
ihm dienten ohne Furcht unser Leben lang in Heiligkeit
und Gerechtigkeit vor seinen Augen.
Und du, Kindlein,
wirst ein Prophet des Höchsten heißen.
Denn du wirst dem Herrn vorangehn,
daß du seinen Weg bereitest,
    und Erkenntnis des Heils gebest seinem Volk
    in der Vergebung ihrer Sünden,
durch die herzliche Barmherzigkeit unseres Gottes,
durch die uns besuchen wird
das aufgehende Licht aus der Höhe,
    damit es erscheine
    denen, die sitzen in Finsternis
    und Schatten des Todes,
    und richte unsere Füße
    auf den Weg des Friedens.
(Lk 1, 68–79)

DER LOBGESANG DER MARIA   769
(MAGNIFICAT)

Meine Seele erhebt den Herrn,
und mein Geist freut sich Gottes, meines Heilandes;
    denn er hat die Niedrigkeit
    seiner Magd angesehn.
    Siehe, von nun an
    werden mich selig preisen alle Kindeskinder.
Denn er hat große Dinge an mir getan,
der da mächtig ist
und dessen Name heilig ist.
    Und seine Barmherzigkeit
    währt von Geschlecht zu Geschlecht
    bei denen, die ihn fürchten.

PSALMEN UND LOBGESÄNGE

Er übt Gewalt mit seinem Arm
und zerstreut, die hoffärtig sind
in ihres Herzens Sinn.
> Er stößt die Gewaltigen vom Thron
> und erhebt die Niedrigen.

Die Hungrigen füllt er mit Gütern
und läßt die Reichen leer ausgehen.
> Er gedenkt der Barmherzigkeit
> und hilft seinem Diener Israel auf,

wie er geredet hat zu unsern Vätern,
Abraham und seinen Kindern in Ewigkeit.

(Lk 1, 46–55)

770   DER LOBGESANG DES SIMEON (NUNC DIMITTIS)

Herr, nun läßt du deinen Diener in Frieden fahren,
wie du gesagt hast;
> denn meine Augen haben deinen Heiland gesehen,
> den du bereitet hast vor allen Völkern,

ein Licht, zu erleuchten die Heiden
und zum Preis deines Volkes Israel.

(Lk 2, 29–32)

771   RÖMER 8

Ist Gott für uns, wer kann wider uns sein?
Der auch seinen eigenen Sohn nicht verschont hat,
sondern hat ihn für uns alle dahingegeben –
wie sollte er uns mit ihm nicht alles schenken?
> Wer will die Auserwählten Gottes beschuldigen?
> Gott ist hier, der gerecht macht.
> Wer will verdammen?

Christus ist hier, der gestorben ist,
ja vielmehr, der auch auferweckt ist,
der zur Rechten Gottes ist und uns vertritt.
> Wer will uns scheiden von der Liebe Christi?
> Trübsal oder Angst oder Verfolgung oder Hunger
> oder Blöße oder Gefahr oder Schwert?

In dem allen überwinden wir weit durch den,
der uns geliebt hat.
> Denn ich bin gewiß, daß weder Tod noch Leben,
> weder Engel noch Mächte noch Gewalten,
> weder Gegenwärtiges noch Zukünftiges,

weder Hohes noch Tiefes noch eine andere Kreatur
uns scheiden kann von der Liebe Gottes,
die in Christus Jesus ist, unserm Herrn.

(Röm 8, 31–39)

1. KORINTHER 13 — 772.1

Wenn ich mit Menschen- und mit Engelszungen redete
und hätte die Liebe nicht,
so wäre ich ein tönendes Erz
oder eine klingende Schelle.
> Und wenn ich prophetisch reden könnte
> und wüßte alle Geheimnisse und alle Erkenntnis
> und hätte allen Glauben, so daß ich Berge versetzen könnte,
> und hätte die Liebe nicht,
> so wäre ich nichts.

Und wenn ich alle meine Habe den Armen gäbe
und ließe meinen Leib verbrennen
und hätte die Liebe nicht,
so wäre mir's nichts nütze.

PSALMEN UND LOBGESÄNGE

    Die Liebe ist langmütig und freundlich,
    die Liebe eifert nicht,
    die Liebe treibt nicht Mutwillen,
    sie bläht sich nicht auf,
sie verhält sich nicht ungehörig,
sie sucht nicht das Ihre,
sie läßt sich nicht erbittern,
sie rechnet das Böse nicht zu,
    sie freut sich nicht über die Ungerechtigkeit,
    sie freut sich aber an der Wahrheit;
    sie erträgt alles, sie glaubt alles,
    sie hofft alles, sie duldet alles.
    (1. Kor 13, 1–7)

772.2

Die Liebe hört niemals auf,
wo doch das prophetische Reden aufhören wird
und das Zungenreden aufhören wird
und die Erkenntnis aufhören wird.
    Denn unser Wissen ist Stückwerk,
    und unser prophetisches Reden ist Stückwerk.
Wenn aber kommen wird das Vollkommene,
so wird das Stückwerk aufhören.
    Als ich ein Kind war, da redete ich wie ein Kind
    und dachte wie ein Kind und war klug wie ein Kind;
    als ich aber ein Mann wurde, tat ich ab, was kindlich war.
Wir sehen jetzt durch einen Spiegel ein dunkles Bild;
dann aber von Angesicht zu Angesicht.
Jetzt erkenne ich stückweise;
dann aber werde ich erkennen,
wie ich erkannt bin.
    Nun aber bleiben Glaube, Hoffnung, Liebe, diese drei;
    aber die Liebe ist die größte unter ihnen.
    (1. Kor 13, 8–13)

DER CHRISTUSHYMNUS 773

Seid so unter euch gesinnt,
wie es auch der Gemeinschaft in Christus Jesus entspricht:
    Er, der in göttlicher Gestalt war,
    hielt es nicht für einen Raub, Gott gleich zu sein,
sondern entäußerte sich selbst
und nahm Knechtsgestalt an,
    ward den Menschen gleich
    und der Erscheinung nach als Mensch erkannt.
Er erniedrigte sich selbst
und ward gehorsam bis zum Tode, ja zum Tode am Kreuz.
    Darum hat ihn auch Gott erhöht
    und hat ihm den Namen gegeben, der über alle Namen ist,
daß in dem Namen Jesu sich beugen sollen aller derer Knie,
die im Himmel und auf Erden und unter der Erde sind,
    und alle Zungen bekennen sollen,
    daß Jesus Christus der Herr ist, zur Ehre Gottes, des Vaters.
(Phil 2, 5–11)

KOLOSSER 1 774

Christus Jesus ist das Ebenbild des unsichtbaren Gottes,
der Erstgeborene vor aller Schöpfung.
    Denn in ihm ist alles geschaffen,
    was im Himmel und auf Erden ist,
    das Sichtbare und das Unsichtbare,
es seien Throne oder Herrschaften
oder Mächte oder Gewalten;
es ist alles durch ihn und zu ihm geschaffen.
    Und er ist vor allem,
    und es besteht alles in ihm.
Und er ist das Haupt des Leibes,
nämlich der Gemeinde.

PSALMEN UND LOBGESÄNGE

    Er ist der Anfang,
    der Erstgeborene von den Toten,
    damit er in allem der Erste sei.
Denn es hat Gott wohlgefallen,
daß in ihm alle Fülle wohnen sollte
    und er durch ihn alles mit sich versöhnte,
    es sei auf Erden oder im Himmel,
    indem er Frieden machte durch sein Blut am Kreuz.
    (Kol 1, 15–20)

Psalmübertragungen

NACH PSALM 11   775

Gott ist der Gedanke,
der mir eine neue Hoffnung gibt.
    Gott ist der Ort,
    wo ich meiner Angst geborgen bin.
Gott ist die Kraft,
die mich in meiner Furcht nicht fallen läßt.
    Gott ist der Allmächtige,
    mit einem Blick durchschaut er uns Menschen.
Gott ist der Gerechte,
mit einem Fingerzeig trennt er die Guten von den Bösen.
    Gott ist der Herr,
    seine Gerechtigkeit breitet sich aus über die ganze Erde.

NACH PSALM 24   776

Das ganze Weltall gehört dem Herrn,
vom kleinsten Atom bis zum entferntesten Sonnensystem.
    Sein Wohngebiet ist die ganze Erde,
    er ist Vater und Mutter, Bruder und Schwester aller
    Menschen.
Wer darf an seine Haustür klopfen,
und wer darf seine Nähe erfahren?
    Nur, wer den Nächsten nicht niederschlägt mit harter Faust,
    nur der, der seinem Bruder ohne Vorurteil begegnet.

PSALMEN UND LOBGESÄNGE

Denn wer auf Lüge und Betrug verzichtet
und für den Frieden eintritt,
zu dem bekennt sich Gott,
der geht den Weg, den Gott verlangt.
> Nun öffnet die Tore weit und vergrößert die Türen,
> damit der große König einziehen kann!

Wer ist denn dieser große König?
Wer ist stark und mächtig?
> Er ist der Herr, der Starke, der Mächtige,
> mächtig im Kampf gegen Hunger und Unterdrückung.

Nun öffnet die Tore weit und vergrößert die Türen,
damit der große König einziehen kann!
Wer ist denn dieser große König?
> Es ist der Vater alles Lebendigen.
> Er ist dieser große König.

777 ZU PSALM 25

Auf dich, Gott, richte ich mein Herz und meinen Sinn.
> Dir, Gott, vertraue ich, enttäusche mich nicht!

Erspare mir die Schadenfreude der anderen.
> Wer auf dich hofft, wird nicht enttäuscht,
> aber wer dich treulos verläßt, wird zuschanden.

Gott, zeige mir den Weg, den ich gehen soll.
Laß mich erkennen, was du von mir verlangst.
> Lehre mich, deine Treue zu sehen
> und in Treue zu dir mein Leben zu führen.

Denn du bist Gott, bei dir finde ich Hilfe.
Auf dich hoffe ich zu jeder Zeit.
> Erinnere dich, Gott,
> daß du schon immer voll Güte und Erbarmen warst.

Gott, denke nicht mehr an die Fehler meiner Jugend,
auch nicht mehr an die späteren Vergehen;
aber denke an mich in deiner Liebe.
> Auf deine Güte verlasse ich mich.

PSALMÜBERTRAGUNGEN

ZU PSALM 27 — 778

Gott ist uns Licht und Heil,
vor wem sollten wir uns fürchten?
    Gott gibt uns Kraft und Mut,
    wovor sollten wir Angst haben?
Wenn etwas auf uns zukommt,
drohend und gefährlich,
dann verlieren wir nicht den Mut.
    Wenn wir meinen, wir schaffen es nicht,
    dann denken wir daran,
    daß Gott uns hilft.
Gott, sei du immer bei uns,
dann sind wir nicht allein.
    Laß uns den Weg deiner Güte gehen,
    denn wo Güte ist, da verschwindet die Angst,
    und das Leben kehrt wieder, das wir suchen.

ZU PSALM 62 — 779

Ich stehe unter Gottes Schutz,
er läßt mich nicht in die Leere laufen
und macht aus mir keinen Kriegsknecht.
    Ich suche den Frieden und will mich ausruhen,
    ihn mit allen zu finden, die noch unter Waffen stehen.
Ich stehe unter Gottes Schutz,
ich bin sein Fleisch und Blut,
und meine Tage sind von ihm gezählt.
    ER lehrt mich, den zu umarmen,
    dessen Tage ebenfalls gezählt sind,
    und alle in die Arme zu nehmen,
    weil wir die Trauer und die Freude teilen wollen.

PSALMEN UND LOBGESÄNGE

Ich stehe unter Gottes Schutz,
ich weiß das seit geraumer Zeit.
ER nahm den Gram und das Bittere aus meinem Wesen
und machte mich fröhlich.
    Und ich will hingehen,
    alle anzustecken mit Freude und Freundlichkeit,
    auf daß die Erde Heimat wird
    für alle Welt:
Durch SEINEN Frieden
und unseren Glauben.
Shalom in Dorf und Stadt.

780 ZU PSALM 118

Gott ist die Macht in meiner Verzweiflung.
    Gott ist das Lied auf meinen stummen Lippen.
Gott macht meine Seele heil.
    Deshalb werde ich nicht sterben,
    sondern leben
und davon erzählen, was Gott an mir tut.
Lobsingt Gott, erhebt Gottes Namen!

781 ZU PSALM 118

Gott, Heiliger Geist.
Namenlos wird unsere Freude sein
über den Tag, den du machst.
Denn geistverlassen und leer
sind die Tage, die wir mit
nichtigen Plänen füllen.
Namenlos wird unsere Freude sein,
wenn du wie ein Blitz
oder sanft
unsere trüben Tage erleuchtest.

PSALMÜBERTRAGUNGEN

Denn geschäftig und geistlos
ziehn wir vorbei
an den sichtbaren Zeichen der Hoffnung.
Namenlos wird unsere Freude sein.
Wenn du wieder mit deinem Brausen
das alte Haus der Kirche besuchst
und uns mit neuer Sprache begabst
und unsere kalten Herzen entzündest
wie Fackeln am Abend vor der Revolte.
Komm, Heiliger Geist,
unverhoffter Schöpfer.
Beschere uns Phantasie für den Menschen
und die phantastische Gabe,
deine Schöpfung zu schützen
vor dem Terror und Schmutz unserer Habgier.
Kommst du endlich,
wollen wir ein Fest anrichten,
daß selbst aus versteinerten
Metropolen unser Gesang
das Leben schlägt
und wiedergeboren wird
die Freude am Fest erneuerter Liebe.
Der Herr ist Gott, der uns erleuchtet.

782 Psalmen zum Singen

EINFÜHRUNG

Das Singen der Psalmen – einstimmig und unbegleitet – geschieht ganz vom natürlichen Sprachfluß aus; dadurch ergibt sich ein rhythmisch-differenziertes Singen.

Der Psalm wird eingeleitet durch einen Leitvers (Antiphon), der vor und nach dem »Ehre sei dem Vater« wiederholt wird. Die einzelnen Psalmverse werden auf einem Ton rezitiert, jeder Halbvers wird mit einer eigenen Melodieformel (Kadenz) abgeschlossen. Nach dem ersten Halbvers gliedert eine längere Atempause den Text. Die Tonhöhe kann frei gewählt werden.

Die in den Gesängen verwendeten Zeichen haben folgende Bedeutung:

*	Versmitte
ιοι	Rezitationston
_	Beginn der Kadenz: Verlassen des Rezitationstons
ι•ι	Wiederholbare Note
[ ]	Überleitungsnoten: nur beim ersten Psalmvers zu singen
\	Unterteilung eines längeren ersten Halbverses (Flexa)
‿	Zwei Silben auf denselben Ton
+	Wiederholung des Leitverses
⁻	Nachdrückliche Dehnung einer Silbe (Episem)
°	Behutsame Längung einer betonten Silbe
˘	Behutsame Längung einer unbetonten Silbe

Die neutestamentlichen Lobgesänge (Nr. 792–794) werden ebenfalls nach Psalmton-Modellen gesungen.

PSALMEN ZUM SINGEN

Nachtgebet *Komplet*   PSALM 4   **783**

Leitvers

Sei mir gnädig, Herr, und er - hö - re mein Ge- bet.

(Ps 4, 2)

IV. Ton

Erhöre mich, wenn ich rufe, *
Gott meiner Gerechtigkeit,
   der du mich tröstest in Angst; *
   sei mir gnädig und höre auf mein Beten!
Ihr Herren, wie lange soll geschändet werden meine Ehre? *
Wie habt ihr das Eitle so lieb und die Lüge so gerne.
   Erkennt doch, daß der Herr seine Heiligen wunderbar führt; *
   der Herr hört, wenn ich zu ihm rufe.
Wenn ihr zürnt, so sündigt nicht; *
redet in eurem Herzen auf eurem Lager und seid stille.   (+)
   Opfert, was recht ist, *
   und hoffet auf den Herren.
Viele sagen: »Wer läßt uns Gutes sehn?« *
Herr, laß leuchten über uns das Licht deines Angesichts!
   Du erfreuest mein Herz, *
   ob jene auch viel Wein und Korn haben.
Ich liege und schlafe ganz in Frieden; *
denn allein du, Herr, hilfst mir, daß ich sicher wohne.   (+)
   Ehre sei dem Vater und dem Sohn *
   und dem Heiligen Geist,
wie im Anfang, so auch jetzt und alle Zeit *
und in Ewigkeit. Amen.   +

(Ps 4, 2-9)

PSALMEN UND LOBGESÄNGE

784 PSALM 34 Abendgebet *Vesper*

Leitvers

Es sol - len sich freu - en, Herr,

al - le, die auf dich trau - en.

(Ps 5, 12)

I. Ton

Ich will den Herrn loben allezeit; *
sein Lob soll immerdar in meinem Munde sein.
    Meine Seele soll sich rühmen des Herrn,
    daß es die Elenden hören und sich freuen.
Preist mit mir den Herrn, *
und laßt uns miteinander seinen Namen erhöhen!
    Als ich den Herrn suchte, gab er mir Antwort *
    und errettete mich aus aller meiner Furcht.
Die auf ihn sehen, werden strahlen vor Freude, *
und ihr Angesicht soll nicht vor Scham erröten.
    Als einer im Elend rief, hörte der Herr *
    und half ihm aus allen seinen Nöten.
Der Engel des Herrn lagert sich um die her, die ihn fürchten, *
und er wird ihnen helfen.
    Schmeckt und seht, wie freundlich der Herr ist. *
    Wohl dem, der auf ihn trauet! (+)
Fürchtet den Herrn, ihr seine Heiligen! *
Denn die ihn fürchten, haben keinen Mangel.
    Der Herr ist nahe denen, die zerbrochenen Herzens sind, *
    denen, die ein zerschlagenes Gemüt haben, hilft er.

PSALMEN ZUM SINGEN

Der Gerechte muß viel erleiden, *
aber der Herr hilft ihm aus alledem.
>Der Herr erlöst das Leben seiner Knechte, *
>die auf ihn trauen, werden frei von Schuld. (+)

Ehre sei dem Vater und dem Sohn *
und dem Heiligen Geist,
>wie im Anfang, so auch jetzt und alle Zeit *
>und in Ewigkeit. Amen. +

(Ps 34, 2–10.19.20.23)

Mittagsgebet   PSALM 36   **785**

Leitvers

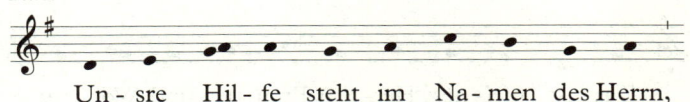

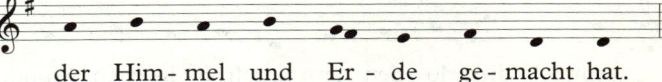

Un - sre Hil - fe steht im Na - men des Herrn,
der Him - mel und Er - de ge - macht hat.

(Ps 124, 8)

VII. Ton

Herr, deine Güte reicht, so weit der Himmel ist, *
und deine Wahrheit, so weit die Wolken gehen.
>Deine Gerechtigkeit steht wie die Berge Gottes \
>und dein Recht wie die große Tiefe. *
>Herr, du hilfst Menschen und Tieren.

Wie köstlich, o Gott, ist deine Güte, *
daß Menschenkinder Zuflucht haben unter dem Schatten
deiner Flügel!
>Sie werden satt von den reichen Gütern deines Hauses, *
>wie mit einem Strom tränkst du sie mit Wonne.

PSALMEN UND LOBGESÄNGE

Denn bei dir ist die Quelle des Lebens, *
und in deinem Lichte sehen wir das Licht.
   Breite deine Güte über die, die dich kennen, *
   und deine Gerechtigkeit über die Frommen. (+)
Ehre sei dem Vater und dem Sohn *
und dem Heiligen Geist,
   wie im Anfang, so auch jetzt und alle Zeit *
   und Ewigkeit. Amen. +
(Ps 36, 6–11)

786   PSALM 63   Morgengebet *Mette*

Leitvers

Das ist mei- nes Her-zens Freu- de und Won- ne
wenn ich dich lo- ben kann mit fröh- li- chem Mund.
(Ps 63, 6)

VI. Ton

Gott, du bist mein Gott, den ich suche, *
nach dir dürstet meine Seele.
   Mein ganzer Mensch verlangt nach dir *
   wie dürres Land, wo es kein Wasser gibt.
So schaue ich aus nach dir in deinem Heiligtum, *
wollte gerne sehen deine Macht und Herrlichkeit.
   Denn deine Güte ist besser als Leben; *
   meine Lippen preisen dich.
So will ich dich loben mein Leben lang *
und meine Hände aufheben in deinem Namen.

PSALMEN ZUM SINGEN

Das ist meines Herzens Freude und Wonne, *
wenn ich mit fröhlichem Mund dich loben kann.
Ich denke an dich auf meinem Lager, *
wenn ich wach liege, sinne ich über dich nach.
    Denn du bist mein Helfer, *
    unter dem Schatten deiner Flügel frohlocke ich.
Meine Seele hängt an dir; *
deine Rechte hält mich. (+)
    Ehre sei dem Vater und dem Sohn *
    und dem Heiligen Geist,
wie im Anfang, so auch jetzt und alle Zeit *
und in Ewigkeit. Amen. +

(Ps 63, 2–9)

Nachtgebet *Komplet*   PSALM 91   **787**

Leitvers

Der Herr ist mei - ne Zu - flucht,
mein Gott, dem ich ver - trau - e.

(Ps 91, 2)

VIII. Ton

Wer unter dem Schirm des Höchsten sitzt *
und unter dem Schatten des Allmächtigen bleibet,
    der spricht zu dem Herrn: \
    Meine Zuversicht und meine Burg, *
    mein Gott, auf den ich hoffe.

PSALMEN UND LOBGESÄNGE

Denn er errettet dich vom Strick des Jägers, *
von der Pest und vom Verderben.
    Er wird dich mit seinen Fittichen decken, \
    und Zuflucht wirst du haben unter seinen Flügeln. *
    Dein Schirm und Schild ist seine Wahrheit,
daß du nicht erschrecken mußt vor dem Grauen der Nacht, *
vor den Pfeilen, die des Tages fliegen,
    vor der Pest, die im Finstern schleicht, *
    vor der Seuche, die am Mittag Verderben bringt.
Denn der Herr ist deine Zuversicht, *
der Höchste ist deine Zuflucht. (+)
    Es wird dir kein Übel begegnen, *
    keine Plage wird sich deinem Hause nahen.
Denn er hat seinen Engeln befohlen, *
daß sie dich behüten auf allen deinen Wegen,
    daß sie dich auf den Händen tragen *
    und du deinen Fuß nicht an einen Stein stößt.
Du wirst gehen über Löwen und Ottern *
und niedertreten junge Löwen und Drachen.
    »Er liebt mich, darum will ich ihn erretten; *
    er kennt meinen Namen, darum will ich ihn schützen.
Er ruft mich an, darum will ich ihn erhören; \
ich bin bei ihm in der Not, *
ich reiße ihn heraus und bringe ihn zu Ehren.
    Ich will ihn sättigen mit langem Leben, *
    mein Heil will ich ihm zeigen.« (+)
Ehre sei dem Vater und dem Sohn *
und dem Heiligen Geist,
    wie im Anfang, so auch jetzt und alle Zeit *
    und in Ewigkeit. Amen. +

(Ps 91, 1–6. 9–16)

PSALMEN ZUM SINGEN

PSALM 111

Leitvers

Preist die Grö-ße un-se-res Got-tes:
sei-ne Wer-ke sind gut und all sei-ne
We-ge ge-recht. Hal-le-lu-ja

(Ps 145, 3.13.17)

VII. Ton

Ich danke dem Herrn von ganzem Herzen *
im Rat der Frommen und in der Gemeinde.
  Groß sind die Werke des Herrn; *
  wer sie erforscht, der hat daran Freude.
Was er tut, das ist herrlich und prächtig, *
und seine Gerechtigkeit bleibt ewig.
  Er hat ein Gedächtnis gestiftet seiner Wunder, *
  der gnädige und barmherzige Herr.
Er gibt Speise denen, die ihn fürchten, *
er gedenkt auf ewig an seinen Bund.
  Er verkündigt seine gewaltigen Taten seinem Volk, *
  daß er ihnen gebe das Erbe der Heiden.
Die Werke seiner Hände sind Wahrheit und Recht; *
alle seine Ordnungen sind beständig.
  Sie stehen fest für immer und ewig; *
  sie sind recht und verläßlich.

PSALMEN UND LOBGESÄNGE

Er sendet eine Erlösung seinem Volk; \
er verheißt, daß sein Bund ewig bleiben soll. *
Heilig und hehr ist sein Name.
> Die Furcht des Herrn ist der Weisheit Anfang, \
> klug sind alle, die danach tun. *
> Sein Lob bleibt ewig. (+)

Ehre sei dem Vater und dem Sohn *
und dem Heiligen Geist,
> wie im Anfang, so auch jetzt und alle Zeit *
> und in Ewigkeit. Amen. +

(Ps 111, 1–10)

789 PSALM 121 Abendgebet *Vesper*

Leitvers

Sei mir ein star-ker Fels und ei - ne Burg, daß du mir hel- fest, um dei - nes Na-mens wil - len wol - lest du mich lei - ten und füh - ren.

(Ps 31, 3.4)

III. Ton

Ich hebe meine Augen auf zu den Bergen. *
Woher kommt mir Hilfe?
> Meine Hilfe kommt vom Herrn, *
> der Himmel und Erde gemacht hat.

1214

Er wird deinen Fuß nicht gleiten lassen, *
und der dich behütet, schläft nicht.
  Siehe, der Hüter Israels, *
  er schläft und schlummert nicht.
Der Herr behütet dich; *
er ist dein Schatten über deiner rechten Hand,
  daß dich des Tages die Sonne nicht steche, *
  auch der Mond des Nachts nicht.
Der Herr behüte dich vor allem Übel, *
er behüte deine Seele.
  Der Herr behüte deinen Ausgang und Eingang *
  von nun an bis in Ewigkeit!   (+)
Ehre sei dem Vater und dem Sohn *
und dem Heiligen Geist,
  wie im Anfang, so auch jetzt und alle Zeit *
  und in Ewigkeit. Amen.   +
  (Ps 121, 1–8)

Nachtgebet *Komplet*   PSALM 134   **790**

Leitvers

Herr, laß leuch - ten ü - ber uns das Licht dei - nes An - ge - sichts.
(Ps 4, 7)

VIII. Ton

Wohlan, lobt den Herrn, alle Knechte des Herrn, *
die ihr steht des Nachts im Hause des Herrn!
  Hebt eure Hände auf im Heiligtum *
  und lobt den Herrn!

PSALMEN UND LOBGESÄNGE

Der Herr segne dich aus Zion, *
der Himmel und Erde gemacht hat! (+)
  Ehre sei dem Vater und dem Sohn *
  und dem Heiligen Geist,
wie im Anfang, so auch jetzt und alle Zeit *
und in Ewigkeit. Amen. +
  (Ps 134, 1–3)

791 PSALM 148

Leitvers Morgengebet *Mette*

Ver - kün - det Got - tes Ruhm

bis ans En - de der Er - de.
(Jesaja 42, 10)

V. Ton

Halleluja! Lobt im Himmel den Herrn, *
lobt ihn in der Höhe!
  Lobt ihn, alle seine Engel, *
  lobt ihn, all sein Heer!
Lobt ihn, Sonne und Mond, *
lobt ihn, alle leuchtenden Sterne!
  Lobt ihn, ihr Himmel aller Himmel, *
  und ihr Wasser über dem Himmel!
Die sollen loben den Namen des Herrn, *
denn er gebot, und sie wurden geschaffen.
  Er läßt sie bestehen für immer und ewig, *
  er gab eine Ordnung, die dürfen sie nicht überschreiten.

PSALMEN ZUM SINGEN

Seine Herrlichkeit reicht, so weit Himmel und Erde ist. *
Er erhöht die Macht seines Volkes.
  Alle seine Heiligen sollen loben, *
  die Kinder Israel, das Volk, das ihm dient. Halleluja. (+)
Ehre sei dem Vater und dem Sohn *
und dem Heiligen Geist,
  wie im Anfang, so auch jetzt und alle Zeit *
  und in Ewigkeit. Amen.   +
  (Ps 148, 1–6. 13. 14)

DER LOBGESANG DES ZACHARIAS 792
(BENEDICTUS)

Leitvers   Morgengebet *Mette*

Mei - ne Stär - ke und mein Lied ist
der Herr, er ist mein Ret - ter.
(2. Mose 15, 2)

VII. Ton

Gelobt sei der Herr, der Gott Israels! *
Denn er hat besucht und erlöst sein Volk
  und hat uns aufgerichtet eine Macht des Heiles *
  in dem Hause seines Dieners David
– wie er vorzeiten geredet hat *
durch den Mund seiner heiligen Propheten –,
  daß er uns errettete von unsern Feinden *
  und aus der Hand aller, die uns hassen,

und Barmherzigkeit erzeigte unsern Vätern \
und gedächte an seinen heiligen Bund *
und an den Eid, den er geschworen hat unserm Vater Abraham,
> uns zu geben, daß wir, erlöst aus der Hand unsrer Feinde, \
> ihm dienten ohne Furcht unser Leben lang *
> in Heiligkeit und Gerechtigkeit, vor seinen Augen.

Und du, Kindlein, wirst ein Prophet des Höchsten heißen. *
Denn du wirst dem Herrn vorangehen, daß du seinen Weg bereitest,
> und Erkenntnis des Heils gebest seinem Volk *
> in der Vergebung ihrer Sünden,

durch die herzliche Barmherzigkeit unseres Gottes, *
durch die uns besuchen wird das aufgehende Licht aus der Höhe,
> damit es erscheine denen, die sitzen in Finsternis und Schatten des Todes, *
> und richte unsere Füße auf den Weg des Friedens.   (+)

Ehre sei dem Vater und dem Sohn *
und dem Heiligen Geist,
> wie im Anfang, so auch jetzt und alle Zeit *
> und in Ewigkeit. Amen.   +

(Lukas 1, 68–79)

DER LOBGESANG DER MARIA (MAGNIFICAT)

Abendgebet *Vesper*

Leitvers

Herr, wenn ich dir sin-ge, so jauchzen mei-ne Lip-pen,

mei-ne See-le ju-belt, denn du hast mich er-löst.

(*Ps 71, 23*)

VII. Ton

Meine Seele erhebt den Herren, *
und mein Geist freut sich Gottes, meines Heilandes;
   denn er hat die Niedrigkeit seiner Magd angesehen. *
   Siehe, von nun an werden mich selig preisen alle
   Kindeskinder.
Denn er hat große Dinge an mir getan, der da mächtig ist *
und des Name heilig ist.
   Und seine Barmherzigkeit währt von Geschlecht zu
   Geschlecht *
   bei denen, die ihn fürchten.
Er übt Gewalt mit seinem Arm *
und zerstreut, die hoffärtig sind in ihres Herzens Sinn.
   Er stößt die Gewaltigen vom Thron *
   und erhebt die Niedrigen.
Die Hungrigen füllt er mit Gütern *
und läßt die Reichen leer ausgehn.
   Er gedenkt der Barmherzigkeit *
   und hilft seinem Diener Israel auf,
wie er geredet hat unsern Vätern, *
Abraham und seinen Kindern in Ewigkeit. (+)

PSALMEN UND LOBGESÄNGE

Ehre sei dem Vater und dem Sohn *
und dem Heiligen Geist,
wie im Anfang, so auch jetzt und alle Zeit *
und in Ewigkeit. Amen.   +
(Lukas 1, 46–55)

794 DER LOBGESANG DES SIMEON (NUNC DIMITTIS) Nachtgebet *Komplet*

Leitvers

Hilf uns, Herr, wenn wir wa - chen und be -
hü- te uns, wenn wir schlafen; auf daß wir wachen
mit Chri-stus und in Frie-den ru - hen.

III. Ton

Herr, nun läßt du deinen Diener in Frieden fahren, *
wie du gesagt hast;
   denn meine Augen haben deinen Heiland gesehen, *
   den du bereitet hast vor allen Völkern,
ein Licht, zu erleuchten die Heiden *
und zum Preis deines Volkes Israel.   (+)
   Ehre sei dem Vater und dem Sohn *
   und dem Heiligen Geist,
wie im Anfang, so auch jetzt und alle Zeit *
und in Ewigkeit. Amen.   +
(Lukas 2, 29–32)

- Einführung: Der Gottesdienst
  - an Sonn- und Festtagen

- Gebete zum Gottesdienst
  - Glaubenszeugnisse für den Gottesdienst

- Andachten

- Passionsandacht

- Gottesdienste zu den Tageszeiten

- Gemeinsames Gebet nach Taizé

- Die Nottaufe

- Die Beichte

- Aussegnung

Der Gottesdienst

801 Der Gottesdienst an Sonn- und Festtagen

> Wo zwei oder drei versammelt sind in meinem Namen, da bin ich mitten unter ihnen.
> *Matthäus 18, 20*

DER WEG DURCH DEN GOTTESDIENST

Begegnung

Wenn wir uns als Gemeinde zum Gottesdienst versammeln, begegnen wir Gott, anderen Menschen und uns selbst.
Den Gottesdienst können wir mit einem Weg vergleichen. Die Stationen dieses Weges entsprechen menschlichen Grunderfahrungen:

Sich versammeln –	Wo komme ich her?
Orientierung finden –	Was gibt meinem Leben Sinn?
Gemeinschaft erfahren –	Wer kommt mir nahe?
Sich senden lassen –	Wozu bin ich ermutigt?

Ökumenische Gemeinschaft

Die in einer langen Geschichte gewachsene *Ordnung des Gottesdienstes* (Liturgie) ist ein Zeichen ökumenischer Gemeinschaft. Der Gottesdienst der meisten christlichen Kirchen gliedert sich in:

DER GOTTESDIENST AN SONN- UND FESTTAGEN

Eröffnung und Anrufung
Verkündigung und Bekenntnis
Abendmahl
Sendung

EIN GOTTESDIENST – ZWEI TRADITIONEN

Im Laufe der Geschichte haben sich zwei unterschiedliche *Grundformen* des Gottesdienstes entwickelt:

Grundform I

Besonderes Merkmal der ersten Grundform sind die wiederkehrenden liturgischen Gesänge, die auch für Vertonungen der Messe maßgebend geworden sind.

Kyrie eleison

»Kyrie eleison« – »Herr, erbarme dich«. Ganz verschieden kann dieser Ruf klingen und entfaltet werden: als verzweifelte Klage über menschliches Leid, als vertrauensvolle Anrufung von Gottes Hilfe oder als Lob seiner Macht, die alle menschliche Macht begrenzt.

Gloria in excelsis

Der Lobgesang, das Gloria, gibt Gott die Ehre. Dankbarkeit drückt sich aus und Freude. So wie die Engel gesungen haben: »Ehre sei Gott in der Höhe und Frieden auf Erden« (Lukas 2,14).

DER GOTTESDIENST

Credo

Das Glaubensbekenntnis drückt die Zustimmung aus zu dem, was Gott für uns ist und getan hat. Es ist unser menschliches Ja zu dem Ja, das Gott zu uns gesagt hat. Damit erinnert es an die Taufe. An entscheidenden Punkten der Geschichte haben Väter und Mütter im Glauben alles ihnen Wesentliche zusammengefaßt. Ihr Bekenntnis enthält mehr, als einzelne im Augenblick nachvollziehen können.

Sanctus

Indem wir Gott anbeten, ihn loben als den Schöpfer, Erlöser und Vollender allen Lebens, stimmen wir ein in den Lobpreis aller Glaubenden und der Engel und singen: »Heilig, heilig, heilig«.

Agnus Dei

»Christe, du Lamm Gottes«: Die Anrufung des Gekreuzigten als Lamm Gottes besingt Jesus Christus als den, der durch seinen Tod den Grund gelegt hat für die Gemeinschaft der im Gottesdienst Versammelten: Er trägt uns, er »trägt die Sünde der Welt«.

Segen

Am Ende des Gottesdienstes steht der Segen. Die Gemeinde läßt sich in den »Gottesdienst im Alltag der Welt« senden. Der Segen ist die Kraft Gottes, die begleitet und trägt. Vielfach wird das Segenswort mit Gesten verbunden: Beim Schlußsegen werden die Hände ausgebreitet. Der Segensakt kann durch das Zeichen des Kreuzes abgeschlossen werden. So wird deutlich: Es ist der Christussegen, der auch im Leiden und angesichts des Todes Bestand hat.

DER GOTTESDIENST AN SONN- UND FESTTAGEN

Grundform II

Die andere Grundform ist durch die Konzentration auf die biblischen Stücke Psalm und Lesung sowie auf Predigt, Lied und Gebet gekennzeichnet. Die Gemeinde ist in besonderer Weise durch Liedgesang und Mitsprechen des Glaubensbekenntnisses und des Vaterunsers beteiligt.

Jeder Gottesdienst hat sein eigenes Gesicht

Lesungen

Die wichtigsten Bibeltexte werden sonntäglich wechselnd und auf das Kirchenjahr bezogen gelesen.

Predigt

»Gott redet mit uns durch sein Wort, und wir antworten ihm durch Gebet und Lobgesang.« Diese Worte Martin Luthers beschreiben das lebendige Wechselspiel des evangelischen Gottesdienstes. Was für unser Leben entscheidend wichtig ist, können wir uns nicht selber sagen. Es wird uns in der Auslegung der frohen Botschaft zugesagt.

Psalmen

Mit den Worten des Volkes Israel bringt die Gemeinde Lob, Klage und Bekenntnis vor Gott.

Lieder

In alten und neuen Liedern stimmt die Gemeinde ein in das Lob Gottes durch die Jahrhunderte und Generationen.

DER GOTTESDIENST

Gebete

Im Sündenbekenntnis gestehen alle Gottesdienst Feiernden ihre Schuld vor Gott und erbitten Vergebung. In anderen Gebeten danken sie Gott für das, was Jesus Christus durch sein Leben, sein Sterben und seine Auferstehung für sie getan hat. In den Fürbitten bringt die Gemeinde Kirche und Welt, ihre Gemeindeglieder und die Nöte einzelner vor Gott zur Sprache und bittet ihn um Frieden, Bewahrung und Hilfe.

Kollekte (Dankopfer)

Als Zeichen des Dankes und der Verantwortung wird eine Kollekte eingesammelt. Die unterschiedliche Verwendung wird in den Abkündigungen bekanntgegeben. Christus selbst begegnet der Gemeinde in den Schwestern und Brüdern, die in Not sind.

ABENDMAHL

Die Bezeichnung Abendmahl erinnert an das letzte Mahl Jesu mit seinen Jüngern vor seinem Tod. Jesus setzte sein Mahl ein, damit sich die Seinen an seinen Tod und seine Auferstehung erinnern: »Das tut zu meinem Gedächtnis« (1. Korinther 11, 24), und dies geschieht im Gebet und in den Einsetzungsworten.
Sie berichten davon, wie Jesus Brot und Wein nahm und sagte: »Das ist Leib, das ist mein Blut – für euch gegeben.« Erinnerung braucht Wiederholung: »Sooft wir von diesem Brot essen und von diesem Kelch trinken, verkünden wir den Tod des Herrn, bis er kommt in Herrlichkeit« (nach 1. Korinther 11, 25).
Doch nicht allein der Erinnerung dient dieses Mahl. Christus selbst lädt heute seine Gemeinde an seinen Tisch. Der auferstandene Jesus Christus schenkt sich in seinem für alle dahingegebenen Leib und Blut durch sein verheißendes Wort mit Brot

DER GOTTESDIENST AN SONN- UND FESTTAGEN

und Wein. Er gewährt uns dadurch Vergebung der Sünden und befreit uns zu einem neuen Leben aus Glauben.
Alle Gebete sprechen aus, was die Feier des heiligen Abendmahls ist: eine große Danksagung (Eucharistie).
Das gemeinsame Mahl ist ein Zeichen des Friedens. Der Friedensgruß des Liturgen/der Liturgin kann durch eine Geste (Handreichung, Umarmung) weitergegeben werden.

Durch die Formen der Austeilung werden verschiedene Aspekte des Abendmahls sichtbar.
Durch den Gang zum Altar (Abendmahlstisch) bekennt sich die Gemeinde öffentlich zu dem im Abendmahl gegenwärtigen Herrn. Die im Abendmahl gestiftete und erlebte Gemeinschaft unter den Abendmahlsgästen wird dadurch betont, daß der Empfang in Gruppen erfolgt, die vor dem Altar einen Halbkreis bilden.
Der Abendmahlsempfang im Knien sowie Gesten der Ehrerbietung beim Empfang von Brot und Wein sind körperlicher Ausdruck der Demut und Ehrfurcht angesichts der Gegenwart Christi.
Der Mahlcharakter kommt beim Tischabendmahl besonders zur Geltung.
Die Erinnerung an die Speisungsgeschichten des Neuen Testaments wird wachgerufen, wenn Brot und Wein vom Altar her durch Helfer und Helferinnen zu der auf den Plätzen verbleibenden Gemeinde gebracht werden.

TAUFE

In alten Kirchen finden sich große Taufsteine. Darin wurden früher die Kinder ganz untergetaucht. Das Bild von dem Menschen, den man ins Wasser taucht und wieder aus dem Wasser heraushebt, sagt: Es gibt eine Vergebung, es gibt einen Neuan-

DER GOTTESDIENST

fang, was immer geschehen mag. Allen Täuflingen ist zugesagt: Gott weiß einen Weg für dich, der ins Leben führt. Noch heute sagen wir, wenn etwas Neues beginnt: Wir haben etwas aus der Taufe gehoben.

In der Bibel finden wir Geschichten von dem uralten Symbol des Wassers, von dessen lebensbedrohender Gewalt (Sintflut) wie von dessen lebensspendender Kraft (Psalm 42).

In der Taufe wird der Weg, den Jesus hier auf der Erde ging, nacherzählt. Jesus selbst ist eingetaucht in Leid und Tod. Aber in der Auferstehung hat er neues Leben von Gott empfangen. In der Taufe bekommen alle Getauften an dieser Lebensbewegung Anteil. Alle Täuflinge gehören zu Christus und zur Gemeinde.

In der Regel finden Taufen im Gemeindegottesdienst statt. Zu Beginn der Taufhandlung können die Kinder, die getauft werden sollen, noch einmal ausführlicher vorgestellt werden. Dann wird das Taufevangelium (Matthäus 28,16–20) gelesen.

Eine kurze Auslegung kann mit Hilfe von Bildern, etwa zu der Kindersegnung (Markus 10,13–16), das Taufgeschehen erklären und so das Evangelium entfalten.

In der Antwort auf die Tauffrage bekunden Eltern und Paten ihren Willen, das Kind taufen zu lassen und es im christlichen Glauben zu erziehen. Bei der Taufe von erwachsenen Menschen bekunden diese selbst ihren Willen, getauft zu werden.

Alle sprechen das Glaubensbekenntnis.

Die Familien kommen zum Taufstein. Kinder, die in der Kirche sind, können hinzukommen. Ein Kind kann das Wasser in den Taufstein gießen.

Wasser wird dem Täufling dreimal über den Kopf gegossen. Der Pfarrer/die Pfarrerin spricht die Taufformel: »Ich taufe dich im Namen des Vaters, des Sohnes und des Heiligen Geistes. Amen.« Der Täufling kann mit dem Zeichen des Kreuzes gesegnet werden: Du gehörst jetzt zu Jesus Christus. Ein Pate/eine Patin oder ein Gemeindeglied kann dem Täufling den Taufspruch

zusprechen – vielleicht zusammen mit einem Wunsch für das Kind.
Der Segen wird (mit Handauflegung) dem Kind und gesondert auch der Familie zugesprochen. In manchen Kirchen wird der alte Brauch, dem Kind eine Kerze mit auf den Weg zu geben, wieder aufgegriffen. Das Licht der Taufkerze verweist auf Jesu Worte: »Ich bin das Licht der Welt. Wer mir nachfolgt, der wird nicht wandeln in der Finsternis, sondern wird das Licht des Lebens haben« (Johannes 8,12). Es folgen ein Schlußgebet für das getaufte Kind/die getauften Kinder und ein Tauflied (Nr. 200–212, 592–596).

WIE WIR FEIERN KÖNNEN

Beteiligung der Gemeinde

Der Gottesdienst ist Sache der ganzen Gemeinde: Er gibt den verschiedenen Gaben der Gemeindeglieder Raum mit vielen Mitwirkungsmöglichkeiten, zum Beispiel: Vorbereitung durch einzelne Gruppen, Lesungen, Fürbittengebete, Chorgesang, Begrüßung und Abkündigungen, Austeilung des Abendmahls, Einsammeln der Kollekte.

Spielräume gewinnen

Die einzelnen Teile des Gottesdienstes können unterschiedlich gestaltet werden. Beispielsweise kann bei der Eröffnung und Anrufung schwerpunktmäßig das Psalmgebet die sonst übliche Abfolge ersetzen; im Abendmahlsteil kann die Vorbereitung (mit Dankopfer/Geldgabensammlung) besonders entfaltet werden. Eine mit ihrem Gottesdienst vertraute Gemeinde kann auch Teile des Gottesdienstes frei und in offener Form feiern, um besondere Situationen zu berücksichtigen oder bisher ungewohnte Formen der Beteiligung möglich zu machen.

DER GOTTESDIENST

Sprache der Musik

Eine besondere Weise des Gotteslobs und der Verkündigung ist die Musik. Mit vielfältigen Formen, mit Chor-, Bläser-, Orgel- und anderer Kirchenmusik spricht sie den ganzen Menschen an.

Sprache des Raumes

Kirchen sprechen durch ihre Bauweise. Romanische Kirchen mit ihren dicken Wänden und gerundeten Fenstern vermitteln Schutz und Geborgenheit wie eine feste Burg. Gotische Pfeiler und Fenster streben zum Himmel. Sie weisen nach oben und lassen Licht und Weite herein. Moderne Kirchen nehmen oft Formen des Alltags auf, um zu zeigen: Gottesdienst, Glaube und Leben gehören zusammen. Manche bilden eine Oase der Stille in einer lauten Umwelt. Gebets- und Meditationsecken und offene Kirchen laden ein zu Besinnung und Meditation. Unsere Gottesdiensträume sind ein Angebot zur Begegnung mit Gott.

Werke der bildenden Kunst, Töne und Klänge, Formen und Farben bis hin zur liturgischen Kleidung wollen auf ihre Weise von der frohen Botschaft Gottes für die Menschen reden und zur Feier des Glaubens einladen.

VIELFÄLTIGES ANGEBOT

Kindergottesdienst

Kinder möchten im Gottesdienst Gott in ihrer Weise begegnen, ganzheitlich, mit Leib und Seele, mit allen Sinnen. Das ist die ihnen angemessene Form der Begegnung. Kinder brauchen alle Sinne, um die Geheimnisse der Welt und ihres Daseins zu

DER GOTTESDIENST AN SONN- UND FESTTAGEN

begreifen. Der Kindergottesdienst braucht eine Liturgie, die unseren Kindern lebendige Begegnung ermöglicht.
Die Grundstruktur des Gottesdienstes läßt sich auch hier wiederfinden:

- I Zusammenkommen und Beten
- II Hören und Antworten
- III Feiern
- IV Bitten und Segnen

Familiengottesdienst

Dazu sind alle eingeladen: Mütter und Väter mit ihren kleineren und größeren Kindern, die Paten und Großeltern, die ganze Gemeinde. Szenische Darstellungen von biblischen Geschichten und Bilder prägen den Ablauf. Es wird viel gesungen: ein Gottesdienst, der die Generationen verbindet.

Jugendgottesdienst

Die Jugendlichen bereiten ihren Gottesdienst vor. Häufig spielt eine Band. Es werden moderne Lieder gesungen und Themen besprochen, die Jugendliche bewegen. Ein Gottesdienst, in dem sich (nicht nur) junge Menschen wohl fühlen.

Meditativer Gottesdienst

Ruhe und Besinnlichkeit bestimmen diesen Gottesdienst. Hier wird die Gemeinde mit Leib und Seele einbezogen: im Einüben in Stille und Besinnung, im Hören auf Musik und Texte, im Betrachten von Bildern, im stillen Gebet: ein Gottesdienst mit Besinnung auf sich selbst und auf Gottes Liebe.

DER GOTTESDIENST

Gesprächsgottesdienst

Eine Gruppe der Gemeinde trägt Texte zu einem wichtigen Thema vor, zum Beispiel zur Bewahrung der Schöpfung, zur Gerechtigkeit oder zum Frieden. Dann wird zur Diskussion oder Aktion eingeladen: ein Gottesdienst, der Mut macht, die Probleme des Alltags anzugehen.

Kantatengottesdienst

Der Chor hat ein größeres Werk der Kirchenmusik erarbeitet, mit dem er – zum Lobe Gottes und zur Freude der übrigen Gemeinde – Form und Inhalt des Gottesdienstes in besonderer Weise prägt.

Beicht- und Bußgottesdienst

In der Beichte wenden sich die Beichtenden mit dem, was sie belastet, an Gott. In unserem Gesangbuch findet sich eine Einführung zur Beichte und eine Ordnung für die Einzelbeichte (Nr. 840–841). Besondere Buß- und Beichtgottesdienste werden am Buß- und Bettag oder in der Passionszeit gefeiert.

Andachten und Tagzeitengebete

In Gruppen, Freizeiten oder zu Hause ist die Andacht der Ort, in dem geistliche Gemeinschaft geübt wird und sichtbar zum Ausdruck kommt. In unserem Gesangbuch finden sich Andachtsformen zu verschiedenen Anlässen unter Nr. 828–833.

DER GOTTESDIENST AN SONN- UND FESTTAGEN
GOTTESDIENSTÜBERSICHT

Die folgende Tabelle ist keine ausgeführte Gottesdienstordnung. Sie dient der Übersicht und dem Verstehen des Gottesdienstes. Jede Gemeinde wird aus den Grundformen ihre sonntägliche Regelform entwickeln und am besten vorne ins Gesangbuch einheften.

DER GOTTESDIENST

Grundform I	Grundform II	Was im Gottesdienst geschieht	Gestaltungsmöglichkeiten
		ERÖFFNUNG UND ANRUFUNG	
		Versammlung	Gemeinsames Frühstück vor dem Gottesdienst
Musik	Musik		Herrichten des Gottesdienstraums
Lied	Lied	*ankommen, sich versammeln,*	Offenes Singen
Eröffnungswort	Eröffnungswort	*sich einstimmen lassen,*	Kerzen anzünden
Gruß [Vorbereitungsgebet Nr. 809–812]	Gruß	*eröffnen, sich Gott zuwenden*	Singen oder Sprechen alter und neuer Psalmen mit Kehrversen und Singsprüchen
Psalm (Nr. 702–794)	Biblisches Votum		Klage und Bitte
Ehr sei dem Vater (Nr. 177,1–3)	Psalm (Nr. 702–794)		Bewegung und Tanz
Herr, erbarme dich (Kyrie Nr. 178,1–14)			
Ehre sei Gott in der Höhe (Gloria Nr. 179; 180,1–4)			
Gebet	Gebet		
Stille	Stille		
		VERKÜNDIGUNG UND BEKENNTNIS	
		Orientierung	Hinführung zu den Lesungen
Schriftlesungen	Schriftlesung		Lesen mit verteilten Rollen
Halleluja (Nr. 181,1–8; 182)		*hören und antworten*	Spiel und szenische Darstellung in Wort und Musik
Glaubensbekenntnis (Credo Nr. 183; 184)	Glaubensbekenntnis	*für andere eintreten*	Glaubenslied
Lied (Kollekte)	Lied (Kollekte)		Gespräch
Predigt	Predigt		Bildbetrachtung
Lied (Glaubensbekenntnis)	Lied (Glaubensbekenntnis)		
Abkündigungen			

DER GOTTESDIENST AN SONN- UND FESTTAGEN

ABENDMAHL

Vorbereitung Gebet Heilig, Heilig, Heilig (Sanctus Nr. 185,1–5) Abendmahlsgebet Einsetzungsworte [Lobruf (Nr. 189)] [Abendmahlsgebet] Vaterunser Nr. (186–188) Friedensgruß Christe, du Lamm Gottes (Agnus Dei Nr. 190,1–2)	Wort zum Abendmahl Einsetzungsworte Abendmahlsgebet Vaterunser/ Unser Vater (Nr. 186–188)	*Gemeinschaft mit Gott und untereinander, sich vorbereiten, Dank sagen, sich erinnern, zu Gast sein, teilhaben am Tisch des Herrn*	Hereinbringen von Brot und Wein Gemeinderuf »Geheimnis des Glaubens« Zeichen des Friedens Tischabendmahl Feierabendmahl
Einladung Austeilung Danksagung	Einladung Austeilung Danksagung		

SENDUNG

[Vaterunser] Gesang Segen Musik Kollekte am Ausgang	Abkündigungen Fürbitte [Vaterunser/ Unser Vater] Segen Musik Kollekte am Ausgang	*Segen empfangen sich verabschieden sich verabreden Sendung in den Gottesdienst des Alltags*	Fürbitten aus der Gemeinde Segenslied Auszug nach dem Gottesdienst: Kirchenkaffee, Nachgespräch, gemeinsames Essen

DER GOTTESDIENST

Gebete zum Gottesdienst

VOR DEM GOTTESDIENST

802 Gott, ich habe lieb die Stätte deines Hauses
und den Ort, da deine Ehre wohnt.
(Ps 26, 8)

803 Gott, ich suche Halt und Hilfe:
Gib mir ein Wort, das mich trifft,
und mach mich offen für dich.

804 Ich suche Geborgenheit und Gemeinschaft:
Laß mich etwas davon erfahren, freundlicher Gott,
wenn ich mit den anderen singe, bete
und auf dein Wort höre.

805 Und wenn es auch bisweilen scheint,
als achtetest du, o Gott, nicht auf mein Rufen,
nicht auf mein Klagen und Seufzen,
nicht auf mein Danken –
so will ich doch weiter zu dir beten,
bis du meinen Dank annimmst,
weil du mich erhört hast.
Søren Kierkegaard (1813–1855)

GEBETE ZUM GOTTESDIENST

806 Ich komme aus der Unruhe des Tages, mit all den
Gedanken, die ich mir mache über mein Leben und
den Zustand der Welt.
Ich komme mit meinen Sorgen und Ängsten,
mit meiner Sehnsucht und Hoffnung.
Hier ist ein Ort der Stille, des Gebets,
der Gemeinschaft. Viele Menschen waren vor mir
hier. Sie sind ermutigt und getröstet worden.
Hier kann auch ich aufatmen, meine Unruhe und
meine Last ablegen und darauf vertrauen, daß du,
Gott, nahe bist, mich ansprichst und aufrichtest.

807 O du ewiger, barmherziger Gott, du bist ein Gott des
Friedens und der Liebe, nicht aber des Zwiespalts:
Wir bitten dich: Du wollest durch den Heiligen Geist
alles Zerstreute zusammenbringen, das Geteilte
vereinen und ganz machen. Gib auch, daß wir zu
deiner Einigkeit umkehren, deine einzige, ewige
Wahrheit suchen und von allem Zwiespalt lassen.
So wollen wir in einem Sinn, Wissen, Gemüt
und Verstand gerichtet sein auf Jesus Christus,
unsern Herrn, und dich, den Vater unsres Herrn
Jesus Christus, mit einem Munde loben und preisen.
Schlesisches Gesangbuch 1531

DER GOTTESDIENST

808 Komm, Herr Jesus, und erfreue uns durch deine göttliche Gegenwart! Wir bedürfen des Rates, der Hilfe und des Schutzes. Komm und heile unsere Blindheit, komm und hilf unserem schwachen Wesen. Komm, du Glanz der göttlichen Herrlichkeit, Gottes Kraft und Gottes Weisheit! Wandle unsere Nacht zum Tag, schütze uns vor Gefahr, erleuchte das Dunkel, stärke den Mut, führe uns treu an deiner Hand, und leite uns nach deinem Willen von dieser vergänglichen Welt in die ewige Stadt, die du selbst gegründet und erbaut hast.
Bernhard von Clairvaux (1090–1153)

Siehe auch
Lieder zum Gottesdienst: Nr. 155, 1; 161, 1; 166, 6; 168, 1–3

VORBEREITUNGSGEBETE UND SÜNDENBEKENNTNISSE

809 Lieber Herr Jesus Christus, du hast uns zusammengeführt, damit wir dein Wort hören und dir antworten mit unseren Gebeten und Liedern. Du hast uns berufen, mit unseren Gaben dir und deiner Gemeinde zu dienen. Erfülle uns mit deiner Vollmacht, und öffne die Ohren und das Herz. Dein Heiliger Geist leite uns.
Siehe auch Nr. 867

GEBETE ZUM GOTTESDIENST

L Wir sind hier versammelt, um Gottes Wort zu **810**
hören (und das Mahl unseres Herrn miteinander
zu feiern).
Gott begegnet uns mit seiner Güte.
vor ihm erkennen wir, was uns von ihm trennt.
Darum laßt uns um sein Erbarmen bitten. *Gebetsstille*

L/G Der allmächtige Gott erbarme sich unser,
er vergebe uns unsere Sünde und führe uns zum
ewigen Leben. Amen.

L Wir sind zusammengekommen, um miteinander **811**
das Wort Gottes zu hören, ihn im Gebet und Lob
anzurufen (und das Mahl des Herrn zu feiern).
Vor Gott erkennen wir, daß wir gesündigt haben
mit dem, was wir gedacht, gesagt und getan haben.
Aus eigener Kraft können wir nicht frei werden.
Darum sehen wir auf Christus und beten:
Gott, sei uns Sündern gnädig.

L/G Der allmächtige Gott erbarme sich unser,
er vergebe uns unsere Sünde und führe uns zum
ewigen Leben. Amen.

L Der barmherzige Gott hat sich unser erbarmt,
Jesus Christus ist für uns gestorben. Durch ihn
vergibt uns Gott und macht uns zu seinen Kindern.
Wer glaubt und getauft wird, der wird selig werden.
Das gebe Gott uns allen.

G Amen.

DER GOTTESDIENST

812 L Ich bekenne Gott, dem Allmächtigen, und euch, Brüder und Schwestern, daß ich gesündigt habe mit Gedanken, Worten und Werken: meine Schuld, meine Schuld, meine große Schuld. Darum bitte ich euch, Brüder und Schwestern, daß ihr für mich betet zu Gott, unserm Herrn.

G Der allmächtige Gott erbarme sich deiner, er vergebe dir deine Sünden und führe dich zum ewigen Leben.

L Amen.

G Wir bekennen Gott, dem Allmächtigen, und dir, Bruder/Schwester, daß wir gesündigt haben mit Gedanken, Worten und Werken: unsre Schuld, unsre Schuld, unsre große Schuld. Darum bitten wir dich, Bruder/Schwester, daß du für uns betest zu Gott, unserm Herrn.

L Der allmächtige Gott erbarme sich eurer, er vergebe euch eure Sünden und führe euch zum ewigen Leben.

G Amen.

L Vergebung unsrer Sünden verleihe uns der allmächtige und barmherzige Gott.

G Amen.

GEBETE ZUM GOTTESDIENST

GLAUBENSZEUGNISSE
FÜR DEN GOTTESDIENST

Als Zeichen der Einheit im Glauben werden im Gottesdienst das Apostolische (Nr. 853) oder das Nizäische (Nr. 854) Glaubensbekenntnis gesprochen.
Das Glaubensbekenntnis kann auch gesungen werden (siehe Nr. 183, 184).
Gelegentlich kann auch ein anderes Zeugnis des Glaubens ausgewählt werden wie Luthers Erklärungen zu den drei Artikeln des Glaubensbekenntnisses im Kleinen Katechismus (Nr. 855.2) oder Frage 1 aus dem Heidelberger Katechismus (Nr. 856) oder ein anderes Glaubenszeugnis, z. B.:

813

Ich glaube,
daß Gott aus allem, auch aus dem Bösesten,
Gutes entstehen lassen kann und will.
Dafür braucht er Menschen,
die sich alle Dinge zum Besten dienen lassen.

Ich glaube,
daß Gott uns in jeder Notlage
soviel Widerstandskraft geben will,
wie wir brauchen.
Aber er gibt sie nicht im voraus,
damit wir uns nicht auf uns selbst,
sondern allein auf ihn verlassen.
In solchem Glauben müßte alle Angst
vor der Zukunft überwunden sein.

Ich glaube,
daß Gott kein zeitloses Fatum ist,
sondern daß er auf aufrichtige Gebete
und verantwortliche Taten wartet und antwortet.
Dietrich Bonhoeffer

DER GOTTESDIENST

814 *Ein Bekenntnis für einen Familiengottesdienst*

Einer/Eine: Ich glaube an Gott, den Vater.

Alle: Er hat Himmel und Erde und uns alle erschaffen.

Einer/Eine: Ich glaube an seinen Sohn Jesus Christus.

Alle: Er ist für mich geboren.
Er ist für mich gestorben.
Er ist für mich von den Toten auferstanden.

Einer/Eine: Ich glaube an den Heiligen Geist.

Alle: Gott läßt uns nicht allein.
Er begleitet uns mit seinem Heiligen Geist.
Durch ihn gehören wir alle zusammen.
Amen.

815

Gott, Ursprung des Lebens,
Grund allen Seins,
unsere Hoffnung.

Dich loben wir.

Jesus Christus, Gottes Sohn,
aus dem Tod Erstandener,
unser Leben.

Dir danken wir.

Geist des Lebens,
heilender Atem Gottes,
unsere Kraft zur Versöhnung.

Dich beten wir an.

Du, Gott, schaffst neu die Erde.
dich, Gott, bekennen wir
vor aller Welt.

GEBETE ZUM GOTTESDIENST

Dir, Gott, vertrauen wir uns an
in Zeit und Ewigkeit.

Wir glauben an Gott,   **816**
den Ursprung von allem,
was geschaffen ist,
die Quelle des Lebens,
aus der alles fließt,
das Ziel der Schöpfung,
die auf Erlösung hofft.

Wir glauben an Jesus Christus,
den Gesandten der Liebe Gottes,
von Maria geboren.
Ein Mensch, der Kinder segnete,
Frauen und Männer bewegte,
Leben heilte und Grenzen überwand.
Er wurde gekreuzigt.
In seinem Tod
hat Gott die Macht des Bösen gebrochen
und uns zur Liebe befreit.
Mitten unter uns ist er gegenwärtig
und ruft uns auf seinen Weg.

Wir glauben an Gottes Geist,
Weisheit von Gott,
die wirkt, wo sie will.
Sie gibt Kraft zur Versöhnung
und schenkt Hoffnung,
die auch der Tod nicht zerstört.
In der Gemeinschaft der Glaubenden
werden wir zu Schwestern und Brüdern,
die nach Gerechtigkeit suchen.
Wir erwarten Gottes Reich.

DER GOTTESDIENST

817   Wir glauben an den einen Gott,
der Himmel und Erde geschaffen hat
und uns Menschen zu seinem Bild.
Er hat Israel erwählt,
ihm die Gebote gegeben
und seinen Bund aufgerichtet
zum Segen für alle Völker.

Wir glauben an Jesus von Nazareth,
den Nachkommen Davids,
den Sohn der Maria,
den Christus Gottes.
Mit ihm kam Gottes Liebe
zu allen Menschen,
heilsam, tröstlich
und herausfordernd.
Er wurde gekreuzigt
unter Pontius Pilatus,
aber Gott hat ihn auferweckt
nach seiner Verheißung,
uns zur Rettung und zum Heil.

Wir glauben an den Heiligen Geist,
der in Worten und Zeichen
an uns wirkt.
Er führt uns zusammen
aus allen Völkern,
befreit von Schuld und Sünde,
berufen zum Leben
in Gerechtigkeit und Frieden.
Mit der ganzen Schöpfung hoffen wir
auf das Kommen des Reiches Gottes.

GEBETE ZUM GOTTESDIENST

Wir glauben an dich, o Gott, ewiger Geist, **818**
Gott unseres Heilandes Jesus Christus und unser Gott,
und wir bezeugen deine Taten.

DU rufst die Welten ins Dasein,
du schaffst Menschen nach deinem eigenen Bild
und legst jedem und jeder einzelnen den Weg
des Lebens und den Weg des Todes vor.

DU suchst in heiliger Liebe von
Ziellosigkeit und Sünde zu retten.

DU richtest Menschen und Nationen
nach deinem gerechten Willen,
verkündet durch Propheten, Prophetinnen und Apostel.

In Jesus Christus, dem Menschen von Nazareth,
unserem gekreuzigten und auferstandenen Retter,
bist DU zu uns gekommen
und nahmst teil an unserem Los,
überwindest Sünde und Tod
und versöhnst die Welt mit dir selbst.

DU verleihst uns deinen heiligen Geist,
schaffst und erneuerst die Kirche Jesu Christi,
schließt glaubende Menschen jeden Alters,
aller Sprachen und aller Rassen
in deinem Bund zusammen.

DU rufst uns in deine Kirche,
damit wir den Preis und die Freude
der Nachfolge annehmen,
damit wir deine Helferinnen und Helfer
sind im Dienst an Menschen,
damit wir das Evangelium aller Welt verkündigen,
damit wir den Mächten des Bösen widerstehen,
damit wir an Christi Taufe teilhaben
und an seinem Tisch essen,

damit wir mit ihm verbunden sind
in seiner Passion und in seinem Sieg.

DU versprichst allen, die dir vertrauen,
Vergebung der Sünden und Gnade in Fülle,
Mut im Kampf für Gerechtigkeit und Frieden,
deine Gegenwart in schweren Zeiten
und in Zeiten der Freude,
und ewiges Leben in deinem Reich, das kein Ende hat.

Dir sei Lob und Ehre, Ruhm und Macht. Amen.

Der hier abgedruckte Text ist eine deutsche Fassung eines Glaubenszeugnisses, das in der United Church of Christ (Vereinigte Kirche Christi) in Gebrauch ist. Die Evangelische Kirche der Union ist dieser Kirche in den USA seit 1980 durch Kirchengemeinschaft verbunden. Für gemeinsame Gottesdienste mit Gästen dieser Partnerkirche folgt der Originaltext:

We believe in you, O God, Eternal Spirit,
God of our Savior Jesus Christ and our God,
and to your deeds we testify:

You call the worlds into being,
   create persons in your own image,
   and set before each one the ways of life and death.

You seek in holy love to save all people from
   aimlessness and sin.

You judge people and nations by your righteous will
   declared through prophets and apostles.

In Jesus Christ, the man of Nazareth, our crucified and risen Saviour,
you have come to us
   and shared our common lot,
   conquering sin and death
   and reconciling the world to yourself.

GEBETE ZUM GOTTESDIENST

You bestow upon us your Holy Spirit,
> creating and renewing the church of Jesus Christ,
> binding in covenant faithful people of all ages,
> tongues, and races.

You call us into your church
> to accept the cost and joy of discipleship,
> to be your servants in the service of others,
> to proclaim the gospel to all the world
> and resist the powers of evil,
> to share in Christ's baptism and eat at his table,
> to join him in his passion and victory.

You promise to all who trust you
> forgiveness of sins and fullness of grace,
> courage in the struggle for justice and peace,
> your presence in trial and rejoicing,
> and eternal life in your realm which has no end.

Blessing and honor, glory and power be unto you.
Amen.

ZUR TAUFE

819

Lieber himmlischer Vater, du hast diese Kinder
und uns in der heiligen Taufe beim Namen gerufen
und als deine Kinder angenommen.
Dafür danken wir dir und bitten dich:
Laß uns immer auf dich vertrauen.
Sei mit den Täuflingen und führe sie zu einem
Leben in der Nachfolge deines Sohnes Jesus Christus.

DER GOTTESDIENST

ZUM ABENDMAHL

820 Herr, ich bin nicht wert,
daß du unter mein Dach gehst,
aber sprich nur ein Wort,
so wird meine Seele gesund.
Lateinische Liturgie 10. Jh., nach Mt 8, 8

821 Ich will das Himmelsbrot nehmen und den Namen des Herrn anrufen.
Wie soll ich dem Herrn vergelten alle seine Wohltat, die er an mir tut?
Ich will den Kelch des Heils nehmen und den Namen des Herrn anrufen.
Lateinische Liturgie, nach Psalm 116, 12 und 13

822 Schöpfer des Lebens, wir loben dich.
Du schenkst uns das Brot, die Frucht der Erde und der menschlichen Arbeit. Laß dieses Brot für uns zum Brot des Lebens werden. Schöpfer des Lebens, wir loben dich. Du schenkst uns die Frucht des Weinstocks, das Zeichen des Festes. Laß diesen Kelch für uns zum Kelch des Heils werden. Wie aus den Körnern das Brot, aus den Trauben der Wein geworden ist, so mache aus uns eine Gemeinde, ein Zeichen des Friedens für diese Welt.
Jüdische Mahlgebete und Didache (Syrien) um 150

823 Öffne uns die Augen für das Wunder des Brotes, für das Wunder der Erde, die voll ist von deiner Güte, Gott. Öffne uns die Augen, damit wir den Hunger derer sehen, die sich selbst nicht helfen können, das Leiden derer, die einsam sind, die Verzweiflung derer, die sich in Haß verzehren, den Durst nach

GEBETE ZUM GOTTESDIENST

Verständnis bei denen, die sich verschließen.
Herr Jesus, du gibst dich in Brot und Wein.
Du gibst uns deine Liebe. Hilf uns weiterzugeben,
was wir empfangen.

NACH DEM ABENDMAHL

Zu deinem Mahl sind wir gekommen, Herr Jesus, **824**
weil wir mit den Augen des Herzens unseren Heiland
sehen wollten. So sind wir dir begegnet und haben
einander die Hand gereicht an deinem Tisch.
Das soll nun unser Dank sein, daß wir mit neuen
Augen auf die Menschen blicken – unsere Brüder
und Schwestern –, mit deinen Augen, der du lebst
von Ewigkeit zu Ewigkeit.

Herr Jesus Christus, ich habe einen so großen Schatz **825**
empfangen, der bleibt da bei mir liegen und ruhen,
das klage ich dir. Hast du mir den Schatz gegeben
und geschenkt, so gib auch, daß er Frucht in mir
bringe, mein Wesen ändere und sich auswirke
gegenüber meinen Nächsten.
Martin Luther 1524

NACH DEM GOTTESDIENST

Lieber Gott, ich danke dir: **826**
Das Hören und Singen und Beten hat mich erfreut.
Gib mir Mut und Hoffnung für die kommenden Tage.

DER GOTTESDIENST

827 Verleihe uns, o Herr,
daß die Ohren, die deinen Lobpreis gehört haben,
verschlossen seien für die Stimme des Streites und des Unfriedens;
daß die Augen, die deine große Liebe gesehen haben,
auch deine selige Hoffnung schauen;
daß die Zungen, die dein Lob gesungen haben,
hinfort die Wahrheit bezeugen;
daß die Füße, die in deinen Vorhöfen gestanden haben,
hinfort gehen auf den Wegen des Lichtes;
und daß die Leiber, die an deinem lebendigen Leibe
Anteil gehabt haben, in einem neuen Leben wandeln.
Dir sei Dank für deine unaussprechliche Gabe.
Malabar-Liturgie (Indien) 5. Jh.

Siehe auch: Nr. 995–1001

Lieder zum Gottesdienst Nr. 155–176; 573–591

Grundform einer Andacht   828

Es ist gut, sich jeden Tag Zeit zur Besinnung und zum Gebet zu nehmen. In der Unruhe des Alltags brauchen wir die Sammlung und die Stille, um zur Ruhe zu kommen, neue Kräfte zu sammeln und uns auf das Wesentliche zu konzentrieren. Dafür bietet sich die Form der Andacht an.

Für die gemeinsame Andacht hat sich eine Ordnung bewährt, die je nach Anlaß unterschiedlich gestaltet werden kann. Hinweise zur Gestaltung nach dem Kirchenjahr finden sich im Liturgischen Kalender Nr. 1005.

ERÖFFNUNG UND ANRUFUNG

EINGANGSWORT Im Namen des Vaters und des Sohnes und des Heiligen Geistes.
Alle: Amen.

LIED

PSALM *Der Psalm wird vorgelesen, gemeinsam oder im Wechsel gesprochen oder gesungen (Siehe Nr. 702–794)*

VERKÜNDIGUNG

LESUNG *Eine biblische Lesung wird vorgetragen oder reihum Vers für Vers gelesen. Lesungstexte für alle Tage des Jahres stehen in kirchlichen Kalendern, im*

DER GOTTESDIENST

Losungsbüchlein der Herrnhuter Brüdergemeine oder in Andachtsbüchern. Statt einer biblischen Lesung kann auch ein anderer geistlicher Text gelesen werden oder ein Bild bzw. ein Symbol betrachtet werden.

AUSLEGUNG   *In einer kurzen Ansprache wird der Lesungstext (Bild, Symbol) ausgelegt. An die Stelle einer Ansprache können auch gedruckte Betrachtungen (Kalender, Andachtsbücher) treten, oder es wird eine Zeit der stillen Besinnung gehalten.*

LIED

GEBET UND SEGEN

GEBET   *Vorformuliertes oder freies Gebet, Gebetsstille (siehe Gebete zu den Wochentagen Nr. 915–939)*

VATERUNSER

SEGEN   Es segne und behüte euch der allmächtige und barmherzige Gott, Vater, Sohn und Heiliger Geist. Alle: Amen.

Morgenandacht 829

ERÖFFNUNG UND ANRUFUNG

MUSIK / STILLE

EINGANG
Im Namen des Vaters und des Sohnes und des Heiligen Geistes. Amen.
Herr, tue meine Lippen auf,
daß mein Mund deinen Ruhm verkündige.
Gott, gedenke mein nach deiner Gnade.
Herr, erhöre mich mit deiner treuen Hilfe.

oder

Die Nacht ist vergangen, ein neuer Tag hat begonnen. Laßt uns wachen und nüchtern sein und abtun, was uns träge macht, daß wir ihn preisen, unseren Gott, mit unserem Leben vom ersten Morgenlied an bis zur Ruhe der Nacht.

oder

Luthers Morgensegen Nr. 863

MORGENLIED
Nr. 437–456; 681–683

PSALM
z. B. Psalm 113 (Nr. 749) in Verbindung mit dem Kanon Nr. 456 oder ein anderer Psalm (Nr. 702–794)

DER GOTTESDIENST

VERKÜNDIGUNG

LESUNG

AUSLEGUNG

LIED

GEBET UND SEGEN

GEBET   Nr. 866 oder ein anderes Gebet

VATERUNSER   Nr. 861 oder ein Vaterunser-Lied
                  Nr. 186–188

SEGEN   z. B. Nr. 992

Friedensgebet 830
auch als Mittagsgebet

ERÖFFNUNG UND ANRUFUNG

MUSIK / STILLE

VORSPRUCH: Der Friede des Herrn sei mit euch allen. Wir verbinden uns mit allen, die um den Frieden in der Welt beten.

LIED Verleih' uns Frieden gnädiglich, Herr Gott, zu unsern Zeiten, es ist doch ja kein andrer nicht, der für uns könnte streiten, denn du, unser Gott, alleine.

Nr. 421 oder ein anderes Lied, z. B. 669–680

PSALM z. B. 85, 122, 126

VERKÜNDIGUNG

INFORMATION Das Thema benennen und vor Gott bringen

KYRIE Nr. 178, 1–14

LESUNG Christus ist unser Friede. Er ist gekommen und hat im Evangelium Frieden verkündigt euch, die ihr fern ward, und Frieden denen, die nahe waren. Denn durch ihn haben wir

DER GOTTESDIENST

alle beide in einem Geist den Zugang zum Vater. *Epheser 2, 14, 17 und 18*

oder die Seligpreisungen
Matthäus 5, 3–10 (Nr. 767)

oder eine andere biblische Lesung

Auslegung / Zuspruch / Symbole der Hoffnung / Gespräch

GEBET UND SEGEN

FRIEDENSGEBET O Herr, mach mich zu einem Werkzeug deines Friedens,
daß ich Liebe übe, wo man sich haßt,
daß ich verzeihe, wo man sich beleidigt,
daß ich verbinde da, wo Streit ist,
daß ich die Wahrheit sage, wo der Irrtum herrscht,
daß ich den Glauben bringe, wo der Zweifel drückt,
daß ich Hoffnung wecke, wo Verzweiflung quält,
daß ich ein Licht anzünde, wo die Finsternis regiert,
daß ich Freude mache, wo der Kummer wohnt.

Ach Herr, laß du mich trachten:
nicht, daß ich getröstet werde, sondern daß ich tröste;
nicht daß ich verstanden werde, sondern daß ich verstehe;
nicht daß ich geliebt werde, sondern daß ich liebe.

FRIEDENSGEBET

Denn wer da hingibt, der empfängt;
wer sich selbst vergißt, der findet;
wer verzeiht, dem wird verziehen;
und wer stirbt, erwacht zum ewigen
Leben. Amen.

*oder ein anderes Gebet, z. B. Nr. 875 –
880*

VATERUNSER

SEGEN

Der Friede Gottes, welcher höher ist
als alle Vernunft, bewahre eure Herzen
und Sinne in Christus Jesus.

LIED

*Herr, gib uns deinen Frieden (Nr. 436)
oder ein anderes Lied*

DER GOTTESDIENST

831 Abendandacht

ERÖFFNUNG UND ANRUFUNG

MUSIK / STILLE

EINGANG   Im Namen des Vaters und des Sohnes und des Heiligen Geistes. Amen. Herr, bleibe bei uns, denn es will Abend werden, und der Tag hat sich geneigt.

oder

Der Tag ist vergangen (und unser Werk ist getan). Es ist Abend geworden. Laßt uns still werden vor Gott, der unser Richter und Retter ist.

oder

Luthers Abendsegen (Nr. 895)

LIED   Abendlieder Nr. 467–493 und 684–688

PSALM   Psalm 63 (Nr. 729) *oder*
Psalm 4 (Nr. 703) in Verbindung mit Lied Nr. 486 *oder*
Psalm 139 (Nr. 759) in Verbindung mit Lied Nr. 653 *oder*
ein anderer Psalm (Nr. 702–794)

ABENDANDACHT

MEDITATION

Diesen Tag haben wir von Gott empfangen. Wir geben ihn Gott zurück mit allem, was heute gewesen ist.
(In der Stille:
Ich gehe in Gedanken den Tag noch einmal entlang: welche Menschen sind mir heute begegnet, und wie bin ich ihnen begegnet?
Was hat mich heute gefreut? Worüber habe ich mich geärgert? Was habe ich versäumt? Was belastet mich noch?)

Gott, du weißt, welche Menschen und Situationen in Gedanken jetzt an mir vorübergezogen sind. Ich bringe sie alle in meinem Dank und in meiner Bitte vor dich.
Und wo ich schuldig geworden bin in Gedanken, Worten und Taten, bitte ich dich: Vergib du mir, Herr. Danke, daß deine Liebe größer ist als meine Schuld. Wandle in Segen, was heute hinter mir liegt. Amen.

VERKÜNDIGUNG

LESUNG

AUSLEGUNG *Es kann eine Zeit der Stille folgen*

LIED

DER GOTTESDIENST

GEBET UND SEGEN

GEBET	Nr. 897 oder ein anderes Gebet
VATERUNSER	Nr. 861
BITTE UM SEGEN	Bewahre uns, o Herr, wenn wir wachen;
	behüte uns, wenn wir schlafen:
	auf daß wir wachen mit Christus
	und ruhn in Frieden.
	Es segne und behüte euch
	der allmächtige und barmherzige Gott,
	der Vater und der Sohn und der Heilige Geist. Amen.

Liedstrophe Nr. 473, 4; Nr. 493 oder ein anderes Lied

Adventsandacht 832

ERÖFFNUNG UND ANRUFUNG

MUSIK / STILLE

EINGANG   Im Namen des Vaters und des Sohnes
und des Heiligen Geistes. Amen.

Mache dich auf, werde Licht; denn
dein Licht kommt, und die Herrlichkeit des Herrn geht auf über dir! Denn
siehe, Finsternis bedeckt das Erdreich
und Dunkel die Völker; aber über dir
geht auf der Herr, und seine Herrlichkeit erscheint über dir. *(Jes 60, 1.2)*

oder

Das Volk, das im Finstern wandelt,
sieht ein großes Licht, und über denen,
die da wohnen im finstern Lande,
scheint es hell. *(Jes 9, 1)*

GEBET   *mit Anzünden der Kerzen*

Vier Kerzen schmücken unseren
Adventskranz. Heute haben wir die
erste Kerze angezündet, an jedem
Sonntag werden wir eine weitere
abbrennen.
Jede Kerze hat ihre besondere
Aussage:

DER GOTTESDIENST

> Das Licht am Kranz kann nicht die Nacht erhellen,
> doch soll es dir und mir ein Zeichen sein!
> Es strahlt uns Gottes Glanz aus Finsternissen
> und bricht in unsre dunklen Herzen ein.
>
> 1 Das erste Licht will uns zur *Freude* rufen,
> so freut euch im Herren allezeit!
> Wie es die Hirten auf dem Felde hörten:
> Gott selber tritt in unsere Dunkelheit.
>
> 2 Das zweite Licht verheißt uns Gottes *Güte*,
> Gott teilt uns reichlich seine Liebe aus.
> So tragt die frohe Botschaft freudig weiter
> und ruft sie in die dunkle Welt hinaus.
>
> 3 Das dritte Licht sagt tröstend:
> Bringt die *Sorgen*
> mit Danken und mit Flehn vor euren Herrn!
> Er wird euch helfen, seht, er ist uns nahe,
> denn auch für uns erschien der Weihnachtsstern!
>
> 4 Das vierte Licht verkündet Gottes *Frieden*,
> er zieht auch diese Weihnacht bei uns ein,
> daß wir in unseren Ängsten ihm vertrauen
> und tröstlich spüren: Wir sind nicht allein.

LIED — *Adventslieder und -kanons*
(Nr. 1–22, 536–538)

PSALM — Machet die Tore weit und die Türen in der Welt hoch, daß der König der Ehre einziehe!
Wer ist der König der Ehre?
Es ist der Herr, stark und mächtig, der Herr, mächtig im Streit.
Machet die Tore weit und die Türen in der Welt hoch, daß der König der Ehre einziehe!

ADVENTSANDACHT

> Wer ist der König der Ehre?
> Es ist der Herr Zebaoth;
> er ist der König der Ehre.
> *(Psalm 24, 7–10)*
>
> *oder die Psalmen 80, 2–7. 15–20;*
> *85, 2–8; 102, 17–23*

VERKÜNDIGUNG

LESUNG   z. B. *Jesaja 11, 1–9; 35, 3–10; 40, 1–11;*
                      42, 1–9; Micha 4, 1–4; 5, 1–4;
                      Lukas 1, 5–25; 1, 26–38; 1, 45–56;
                      1, 67–79

AUSLEGUNG   *Bildbetrachtung, Liedbetrachtung, Ver-*
                      kündigungsspiel, Erzählung, Gespräch;
                      das Gehörte kann nachklingen in einer
                      Zeit der Stille oder bei meditativer Musik.

LIED

GEBET UND SEGEN

GEBET   Herr Jesus, wir danken dir, daß wir
                      deinen Advent feiern dürfen. Dich hat
                      Gott zu uns gesandt, gegen unsern
                      Streit die Versöhnung, gegen unsere
                      Angst das Vertrauen, gegen unsere
                      Sorgen die Zuversicht zu predigen.
                      Wir haben in diesen Wochen viel zu
                      tun, zu richten und zu bedenken.
                      Bewahre du uns davor, über dem
                      äußeren Vorbereiten des Festes das

DER GOTTESDIENST

                    stille Hinhören, das Nachdenken und Freuen über deine frohe Botschaft zurückzustellen. Alle unsere Wünsche an dich, unseren Dank und unsere Fürbitten umschließt das Gebet, das wir in deinem Namen gemeinsam sprechen:

VATERUNSER   *Nr. 861 oder ein »Vaterunser-Lied« (Nr. 186–188)*

SEGEN   Von guten Mächten wunderbar geborgen
erwarten wir getrost, was kommen mag.
Gott ist mit uns, am Abend und am Morgen,
und ganz gewiß an jedem neuen Tag.
   Dietrich Bonhoeffer

EINER / EINE   Es segne und behüte euch der allmächtige und barmherzige Gott, der Vater, der Sohn und der Heilige Geist.

Passionsandacht 833

Die Passionszeit umfaßt nach evangelischem Verständnis die 6½ Wochen zwischen Aschermittwoch und Karsamstag. Die Sonntagsgottesdienste dieser Zeit sind allerdings nicht vom Gedanken an das Leiden und Sterben Jesu Christi geprägt: Als Evangelienlesungen wurden Texte ausgewählt, die zwar in die Vorgeschichte der Passion, nicht aber in die Passionsgeschichte selbst gehören. Erst am Gründonnerstag und Karfreitag werden zwei Abschnitte aus der Passionsgeschichte gelesen (Joh 13,1–15 bzw. Joh 19,16–30).

Um die gesamte Passionsgeschichte – von der Salbung in Bethanien bis zum Tod Jesu – im Gottesdienst zu lesen und auszulegen, ordneten schon reformatorische Kirchenordnungen des 16. Jahrhunderts Passions-Gottesdienste in der Woche an. Diese Tradition haben viele evangelische Gemeinden bis heute weitergeführt: In Wochen-Gottesdiensten lesen und meditieren sie in sieben Abschnitten die gesamte Geschichte vom Leiden und Sterben Jesu. Dabei wird in jedem Jahr der Text eines Evangeliums (Matthäus, Markus, Lukas oder Johannes) zugrunde gelegt, so daß die Gemeinde in einem Turnus von vier Jahren möglichst viele Aspekte der Passionsgeschichte bedenken kann.

Lesung und Predigt eines Evangelienabschnittes werden ergänzt durch einen Psalm aus der Reihe der sieben Bußpsalmen, eine alttestamentliche Lesung, Gebete und Passionslieder.

ERÖFFNUNG UND ANRUFUNG

MUSIK / STILLE

LIED   Jesu, deine Passion (Nr. 88)
            oder ein anderes Lied

DER GOTTESDIENST

ERÖFFNUNG	Die Gnade unseres Herrn Jesus Christus und die Liebe Gottes und die Gemeinschaft des Heiligen Geistes sei mit euch allen.
PSALM	*Der jeweilige Psalm (siehe Texttafel) wird im Wechsel gesprochen.*
LIED	O Lamm Gottes, unschuldig (Nr. 190.1)
GEBET	Heiliger, ewiger Gott. Du läßt uns das Leiden deines lieben Sohnes zu unserem Heil verkündigen. Du hast ihn dahingegeben in die Not der Welt, in unsere Ratlosigkeit, in unsere harten Hände. Gib uns offene Herzen für die Tat seiner Liebe, damit wir uns von ihr tragen lassen und im Leben und Sterben an dir festhalten. Amen. *Oder ein anderes Gebet*

VERKÜNDIGUNG

ALTTESTAMENTLICHE LESUNG	*Lied / Musik (siehe Texttafel)*
ERSTE EVANGELIENLESUNG	*Lied / Musik*
ZWEITE EVANGELIENLESUNG	*Lied / Musik*
AUSLEGUNG	*Lied*

PASSIONSANDACHT

FÜRBITTE UND SENDUNG

GEBET Herr Jesus Christus, du hast um unsertwillen gelitten und für uns Schmach und Kreuz auf dich genommen. Wir danken dir dafür von ganzem Herzen. Laß uns dir nachfolgen und Gehorsam üben, wenn du uns Leiden auferlegst.
Du hast durch dein Sterben dem Tod die Macht genommen und uns befreit. Mach uns dessen gewiß, damit wir ohne Furcht leben in dieser Zeit, den Glauben bewahren und dereinst zum Leben gelangen in der Ewigkeit. Amen. *Oder ein anderes Gebet*

Anstelle des Gebetes kann die Litanei (Nr. 192) gesungen werden.

STILLES GEBET

VATERUNSER

LIED O hilf Christe, Gottes Sohn (Nr. 77, 8)
oder ein anderes Lied

SEGEN

MUSIK

DER GOTTESDIENST

834 Texttafel

	1. Reihe MATTHÄUS	2. Reihe MARKUS	3. Reihe LUKAS	4. Reihe JOHANNES
1. PASSIONSANDACHT				
Woche ab Aschermittwoch				
Psalm	6 in Auswahl (Nr. 704)			
Atl. Lesung	1. Mose 3			
1. Ev.-Lesung	Mt 26, 1–13	Mk 14, 1–9	Lk 22, 1–2	Joh 12, 1–11
2. Ev.-Lesung	Mt 26, 14–16	Mk 14, 10–11	Lk 22, 3–6	Joh 12, 12–19
2. PASSIONSANDACHT				
Woche nach Invokavit				
Psalm	32 in Auswahl (Nr. 716)			
Atl. Lesung	2. Mose 12, 1.3.7–8.12–14.26–27			
1. Ev.-Lesung	Mt 26, 17–25	Mk 14, 12–16	Lk 22, 7–13	Joh 12, 23–33
2. Ev.-Lesung	Mt 26, 26–30	Mk 14, 17–25	Lk 22, 14–23	Joh 13, 1–17
3. PASSIONSANDACHT				
Woche nach Reminiszere				
Psalm	38 in Auswahl (Nr. 720)			
Atl. Lesung	1. Mose 11, 1–9			
1. Ev.-Lesung	Mt 26, 31–35	Mk 14, 26–31	Lk 22, 24–34	Joh 13, 21–30
2. Ev.-Lesung	Mt 26, 36–46	Mk 14, 32–42	Lk 22, 35–38	Joh 18, 1–11
4. PASSIONSANDACHT				
Woche nach Okuli				
Psalm	51 in Auswahl (Nr. 727)			
Atl. Lesung	Jes 42, 1–9			
1. Ev.-Lesung	Mt 26, 47–56	Mk 14, 43–52	Lk 22, 39–46	Joh 18, 12–18
2. Ev.-Lesung	Mt 26, 57–68	Mk 14, 53–65	Lk 22, 47–53	Joh 18, 19–27

PASSIONSANDACHT / TEXTTAFEL

	1. Reihe MATTHÄUS	2. Reihe MARKUS	3. Reihe LUKAS	4. Reihe JOHANNES

5. PASSIONSANDACHT
Woche nach Lätare

Psalm	102 in Auswahl (Nr. 744)			
Atl. Lesung	Jes 49, 3–6			
1. Ev.-Lesung	Mt 26, 69–75	Mk 14, 66–72	Lk 22, 54–62	Joh 18, 28–32
2. Ev.-Lesung	Mt 27, 1–14	Mk 15, 1–5	Lk 22, 63–71	Joh 18, 33–40

6. PASSIONSANDACHT
Woche nach Judika

Psalm	130 (Nr. 755)			
Atl. Lesung	Jes 50, 4–10			
1. Ev.-Lesung	Mt 27, 15–26	Mk 15, 6–15	Lk 23, 1–12	Joh 19, 1–5
2. Ev.-Lesung	Mt 27, 27–30	Mk 15, 16–19	Lk 23, 13–25	Joh 19, 6–16a

7. PASSIONSANDACHT
Karwoche

Psalm	143 in Auswahl (Nr. 760)			
Atl. Lesung	Jer 31, 31–34			
1. Ev.-Lesung	Mt 27, 31–44	Mk 15, 20–32	Lk 23, 26–38	Joh 19, 16b–22
2. Ev.-Lesung	Mt 27, 45–66	Mk 15, 33–47	Lk 23, 39–56	Joh 19, 23–42

Die angegebenen Evangelienlesungen können ggf. in Abschnitte aufgeteilt werden, zwischen denen weitere Liedstrophen gesungen werden. Finden in der Karwoche mehrere Passionsandachten statt, verteilen sich die Lesungen entsprechend.

DER GOTTESDIENST

Gottesdienste
zu den Tageszeiten

835 EINFÜHRUNG

»Das ist ein köstlich Ding, dem Herrn danken und lobsingen deinem Namen, du Höchster, des Morgens deine Gnade und des Nachts deine Wahrheit verkündigen.« *(Ps 92, 2.3)*

Schon in der Frühzeit der Kirche haben sich eigene Gottesdienstformen zu den Tageszeiten entwickelt: z. B. das Morgengebet (Mette), das Abendgebet (Vesper) und das Nachtgebet (Komplet).
In den Tageszeitengottesdiensten werden biblische Psalmen und Lobgesänge gesungen, wird das Wort der Heiligen Schrift gelesen und gebetet. Sie eignen sich für kleine Gruppen im Gemeindealltag, bei Freizeiten oder Tagungen, für das gemeinsame Leben in einer Kommunität.

In den folgenden Ordnungen bedeuten die Abkürzungen:
- L: Liturgin/Liturg (Vorbeterin/Vorbeter)
- K: Kantorin/Kantor (Vorsängerin/Vorsänger)
- Lk: Lektorin/Lektor
- G: Gemeinde

Psalmen und Lobgesänge zum Morgen-, Abend- und Nachtgebet finden sich unter Nr. 783–794, eine Anleitung zum Singen unter Nr. 782.

GOTTESDIENSTE ZU DEN TAGESZEITEN

MORGENGEBET *METTE* /   **836**
ABENDGEBET *VESPER*

EINGANG *Ingressus*

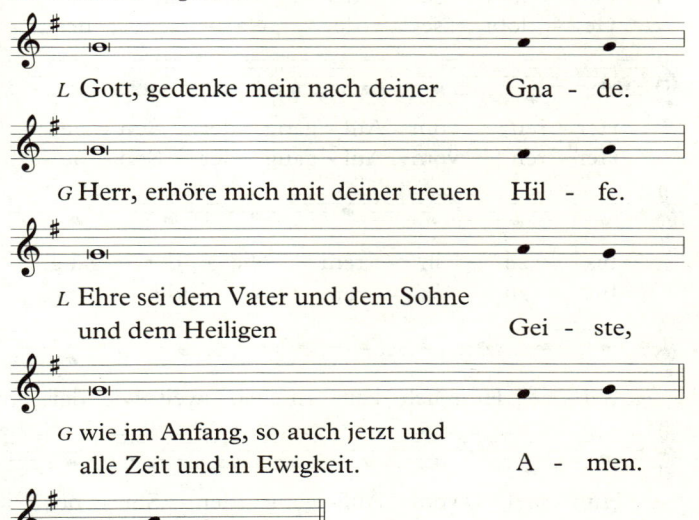

L Gott, gedenke mein nach deiner Gna - de.

G Herr, erhöre mich mit deiner treuen Hil - fe.

L Ehre sei dem Vater und dem Sohne
und dem Heiligen Gei - ste,

G wie im Anfang, so auch jetzt und
alle Zeit und in Ewigkeit. A - men.

[Hal - le - lu - ja.]

Das Halleluja entfällt in der Passionszeit.

PSALM   zum Morgengebet: Psalm 148 (Nr. 763)
                             zum Abendgebet: Psalm 34 (Nr. 717)

                             Es können auch zwei oder drei Psalmen
                             (Nr. 783–794) gesungen werden.

LESUNG

STILLE

DER GOTTESDIENST

ANTWORT *Responsorium*

K Ge - lobt sei der Na - me des
G Ge - lobt sei der Na - me des

Her - ren vom Auf - gang der Son - ne
Her - ren vom Auf - gang der Son - ne

bis zu ih - rem Nie - der - gang.
bis zu ih - rem Nie - der - gang.

K Sei - ne Herr - lich - keit ist so weit wie der

Him - mel G vom Auf - gang der Son - ne

bis zu ih - rem Nie - der - gang. K Eh - re

sei dem Va - ter und dem Soh - ne und dem

Hei - li - gen Gei - ste. G Ge - lobt sei der

GOTTESDIENSTE ZU DEN TAGESZEITEN

Na-me des Her-ren vom Auf-gang der Son-ne bis zu ih-rem Nie-der-gang.

(AUSLEGUNG oder geistlicher Text)

LOBLIED *Hymnus* zum Morgengebet Nr. 453
oder ein anderes Morgenlied (Nr. 437–456; 681–683)
zum Abendgebet Nr. 470
oder ein anderes Abendlied (Nr. 467–493; 684–688)

LOBGESANG *Canticum* zum Morgengebet: Lobgesang des Zacharias *Benedictus* (Nr. 792)
zum Abendgebet: Lobgesang der Maria *Magnificat* (Nr. 793)

STILLE

GEBET

KYRIE

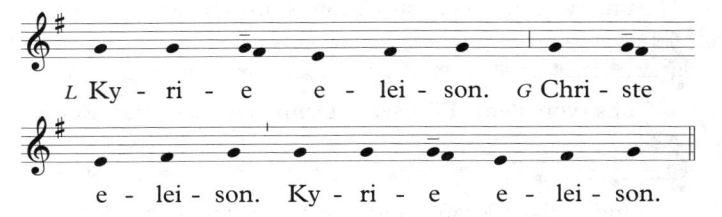

L Ky-ri-e e-lei-son. *G* Chri-ste e-lei-son. Ky-ri-e e-lei-son.

DER GOTTESDIENST

VATERUNSER

Vater unser im Himmel. Geheiligt werde dein Name. Dein Reich komme. Dein Wille geschehe, wie im Himmel, so auf Erden. Unser tägliches Brot gib uns heute. Und vergib uns unsere Schuld, wie auch wir vergeben unsern Schuldigern. Und führe uns nicht in Versuchung, sondern erlöse uns von dem Bösen. Denn dein ist das Reich und die Kraft und die Herrlichkeit in Ewigkeit. Amen.

GOTTESDIENSTE ZU DEN TAGESZEITEN

STILLE

GEBET Morgengebet (Nr. 863–868)
Abendgebet (Nr. 895–902)

LOBPREIS

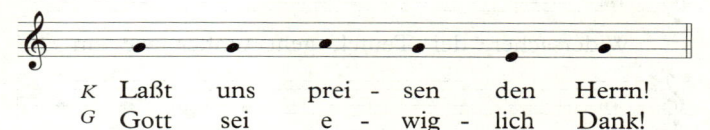

K Laßt uns prei - sen den Herrn!
G Gott sei e - wig - lich Dank!

SEGEN

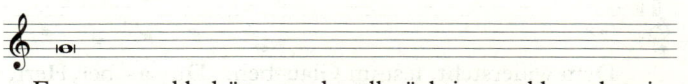

L Es segne und behüte uns der allmächtige und barmherzige

Gott, Vater, Sohn und Heili - ger Geist. G A - men.

NACHTGEBET *KOMPLET* 837

VORBEREITUNG

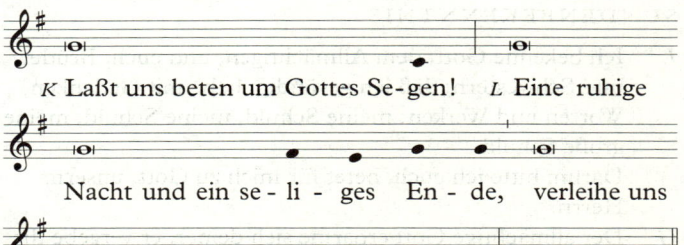

K Laßt uns beten um Gottes Se-gen! L Eine ruhige

Nacht und ein se - li - ges En - de, verleihe uns

der Herr, der Allmäch - ti - ge. G A - men.

DER GOTTESDIENST

Lk Seid nüchtern und wacht, denn euer Widersacher, der Teufel, geht umher wie ein brüllender Löwe und sucht, wen er ver- schlin- ge. Dem widersteht, fest im Glau-ben. Du a- ber, Herr, erbarme dich un - ser. *G* Gott sei e - wig Dank.

L Unsre Hilfe steht im Namen des Herrn,

G der Himmel und Erde gemacht hat.

SÜNDENBEKENNTNIS

L Ich bekenne Gott, dem Allmächtigen, und euch, Brüder und Schwestern, daß ich gesündigt habe mit Gedanken, Worten und Werken: meine Schuld, meine Schuld, meine große Schuld.
Darum bitte ich euch, betet für mich zu Gott, unserm Herrn.
G Der allmächtige Gott erbarme sich deiner, er vergebe dir deine Sünde und führe dich zum ewigen Leben.
L Amen.

GOTTESDIENSTE ZU DEN TAGESZEITEN

G Wir bekennen Gott, dem Allmächtigen, und dir, Bruder/
Schwester, daß wir gesündigt haben mit Gedanken,
Worten und Werken: unsere Schuld, unsere Schuld, unsere
große Schuld.
Darum bitten wir dich, bete für uns zu Gott, unserm
Herrn.
L Der allmächtige Gott erbarme sich euer, er vergebe euch
eure Sünde und führe euch zum ewigen Leben.
G Amen.

L Tröste uns, Gott, un - ser Heiland,
G und laß ab von deiner Un - gna - de über uns.

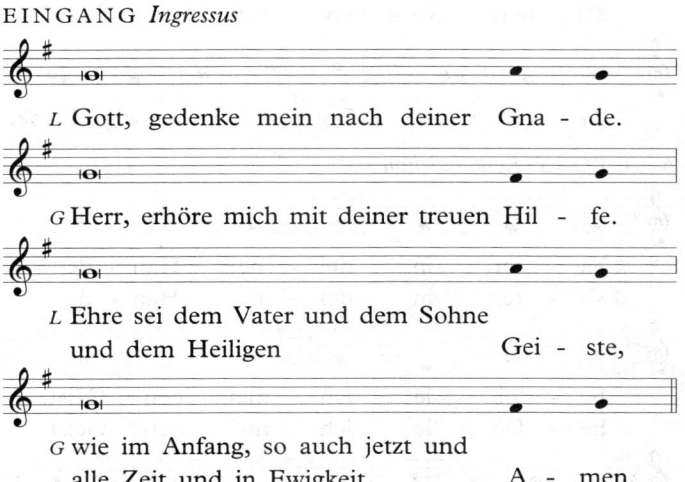

EINGANG *Ingressus*

L Gott, gedenke mein nach deiner Gna - de.

G Herr, erhöre mich mit deiner treuen Hil - fe.

L Ehre sei dem Vater und dem Sohne
und dem Heiligen Gei - ste,

G wie im Anfang, so auch jetzt und
alle Zeit und in Ewigkeit. A - men.

[Hal - le - lu - ja.]

Das Halleluja entfällt in der Passionszeit.

DER GOTTESDIENST

PSALM   Psalm 4 (Nr. 783) *oder*
                 Psalm 91 (Nr. 787) *oder*
                 Psalm 134 (Nr. 790)

Es können auch alle drei oder nur zwei Psalmen gesungen werden.

LOBLIED *Hymnus*   (Nr. 470 oder 686)

LESUNG

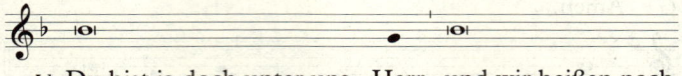

Lk Du bist ja doch unter uns, Herr, und wir heißen nach dei - nem Na - men; verlaß uns nicht, Herr, un - ser Gott! *G* Gott sei e - wig Dank.

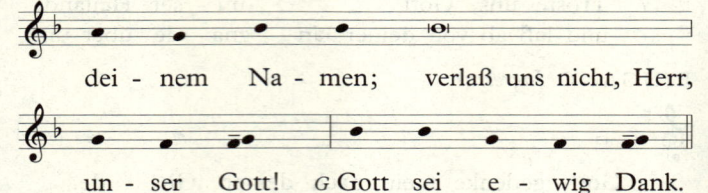

ANTWORT *Responsorium*

K Va - ter, in dei - ne Hän - de
G Va - ter, in dei - ne Hän - de

be - feh - le ich mei - nen Geist.
be - feh - le ich mei - nen Geist.

K Du hast mich er - löst, Herr, du treu - er Gott.

GOTTESDIENSTE ZU DEN TAGESZEITEN

G Dir befehle ich meinen Geist.

K Ehre sei dem Vater und dem Sohne und dem Heiligen Geiste. *G* Vater, in deine Hände befehle ich meinen Geist.

VERSIKEL

K Behüte uns wie einen Augapfel im Auge.
G Beschirme uns unter dem Schatten deiner Flügel.

LOBGESANG
Canticum

Lobgesang des Simeon *Nunc dimittis* (Nr. 794)

GEBET

KYRIE

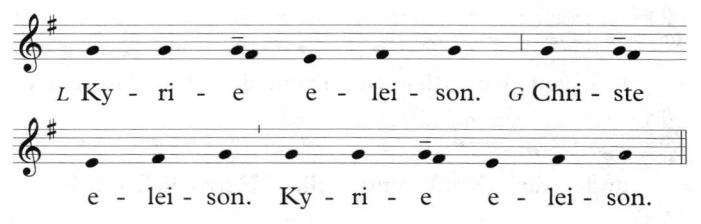

L Kyrie eleison. *G* Christe eleison. Kyrie eleison.

DER GOTTESDIENST

VATERUNSER

Vater unser im Himmel. Geheiligt werde dein Name. Dein Reich komme. Dein Wille geschehe, wie im Himmel, so auf Erden. Unser tägliches Brot gib uns heute. Und vergib uns unsere Schuld, wie auch wir vergeben unsern Schuldigern. Und führe uns nicht in Versuchung, sondern erlöse uns von dem Bösen. Denn dein ist das Reich und die Kraft und die Herrlichkeit in Ewigkeit. Amen.

GOTTESDIENSTE ZU DEN TAGESZEITEN

STILLE

GEBET

LOBPREIS

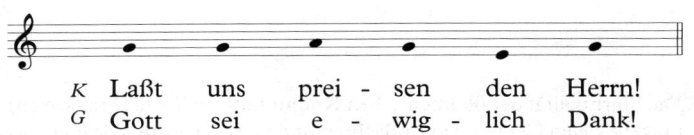

K Laßt uns prei - sen den Herrn!
G Gott sei e - wig - lich Dank!

SEGEN

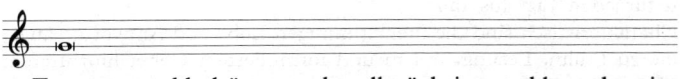

L Es segne und behüte uns der allmächtige und barmherzige 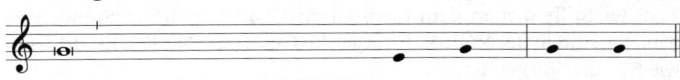 Gott, Vater, Sohn und Heili - ger Geist. *G* A - men.

1283

DER GOTTESDIENST

838   Gemeinsames Gebet nach Taizé

Die Spiritualität der ökumenischen Kommunität in Taizé (Frankreich) prägt in vielen Gemeinden Andachten und Gottesdienste. Die hier vorgeschlagene Andachtsform folgt dem Muster der »Gemeinsamen Gebete für jeden Tag« aus Taizé.
Charakteristisch sind die mehrstimmigen Lob- und Antwortgesänge, die zu Psalm, Lesung, freiem und formuliertem Gebet hinzutreten. Mehrfaches Wiederholen dieser ruhigen Gesänge und eine längere Zeit der Stille dienen dem meditativen Charakter dieses Stundengebets. Sie sind in der Rubrik »Liturgische Gesänge« (Nr. 178.12, 181.6 sowie 579 bis 589) zu finden.

GESANG ZUR ERÖFFNUNG

Laudate omnes gentes (Nr. 181, 6) *oder*
Bleibet hier und wachet mit mir! (Nr. 585)

Der Gesang wird von einzelnen angestimmt und wiederholt, bis alle versammelt und zur Ruhe gekommen sind.

PSALM

V   Kommt herzu, laßt uns dem Herrn frohlocken und jauchzen dem Hort unseres Heils! Laßt uns mit Danken vor sein Angesicht kommen und mit Psalmen ihm jauchzen!

A   Kehrvers

    Freuet euch im Herrn (Nr. 579) *oder* Halleluja (Nr. 581)

V/A oder zwei Gruppen im Wechsel: Psalm

    z. B. Psalm 34 (Nr. 717), 36 (Nr. 718), 146 (Nr. 762)
    Der Kehrvers wird nach jedem Doppelvers wiederholt.

GEMEINSAMES GEBET NACH TAIZÉ

SCHRIFTLESUNG

GESANG NACH DER LESUNG

Oculi nostri ad Dominum Deum (Nr. 582)

STILLE

FÜRBITTENGEBET

Die einzelnen Bitten werden mit dem gemeinsamen Bittruf »Kyrie eleison« (Nr. 178.12) von allen aufgenommen.

Laß deinen Frieden unter uns erstrahlen und befreie uns in deiner Liebe.
Herr, wir bitten dich: *Kyrie eleison.*
Für alle Christen auf der ganzen Erde
bitten wir dich: *Kyrie eleison.*
Für alle, die dir in deiner Kirche dienen,
bitten wir dich: *Kyrie eleison.*
Für alle, die im Exil leben müssen oder auf der Flucht sind,
bitten wir dich: *Kyrie eleison.*
Für alle Gefangenen und alle Opfer der Unterdrückung bitten wir dich: *Kyrie eleison.*
Für alle Leidgeprüften und Bedrückten, für alle, die Hilfe und Barmherzigkeit brauchen, bitten wir dich: *Kyrie eleison.*
Für uns alle, die wir hier versammelt sind, laß uns stets einander beistehen; wir bitten dich: *Kyrie eleison.*
Daß wir, befreit von aller Schuld, Menschen des Vertrauens bis zum Ende seien, bitten wir dich: *Kyrie eleison.*
Daß wir Wege finden, die Güter der Erde besser unter allen Menschen zu teilen, bitten wir dich: *Kyrie eleison.*
Daß wir in der Gemeinschaft mit allen heiligen Zeugen Hoffnung und Mut finden, bitten wir dich: *Kyrie eleison.*

Spontane Fürbitten können sich anschließen.

DER GOTTESDIENST

VATERUNSER

SEGEN

Es segne und behüte uns der allmächtige und barmherzige Gott, der Vater, der Sohn und der Heilige Geist. Amen.

GESANG ZUM ABSCHLUSS

Bleib mit deiner Gnade bei uns (Nr. 586) *oder*
Jubilate Deo (Nr. 584)

Die Nottaufe 839
(Taufe bei Lebensgefahr)

Wenn für einen Menschen, insbesondere für ein neugeborenes Kind, Lebensgefahr besteht und ein Pfarrer oder eine Pfarrerin nicht mehr herbeigerufen werden kann, darf jeder Christ taufen. Voraussetzung ist, daß der Täufling oder die für ihn Verantwortlichen einverstanden sind. Wenn möglich, soll die Taufe in Gegenwart christlicher Zeugen vollzogen werden.

Wenn wenig Zeit zur Verfügung steht:

Wer tauft, spricht (und segnet dabei den Täufling mit dem Zeichen des Kreuzes):

> Herr Jesus Christus, nimm N.N. (dieses Kind) an in deiner Barmherzigkeit.

Der/Die Taufende gießt mit der Hand dreimal Wasser über die Stirn des Täuflings und spricht:

> (N.N.), ich taufe dich im Namen des Vaters und des Sohnes und des Heiligen Geistes. Amen.

> Der Friede des Herrn sei mit dir.

> Vater unser im Himmel.
> Geheiligt werde dein Name.
> Dein Reich komme.
> Dein Wille geschehe, wie im Himmel,
>   so auf Erden.
> Unser tägliches Brot gib uns heute.
> Und vergib uns unsere Schuld, wie auch wir
>   vergeben unsern Schuldigern.

DER GOTTESDIENST

> Und führe uns nicht in Versuchung,
> sondern erlöse uns von dem Bösen.
> Denn dein ist das Reich und die Kraft und die
> Herrlichkeit in Ewigkeit. Amen.

Steht mehr Zeit zur Verfügung:

Zu Beginn kann der Taufbefehl Christi gesprochen werden.

> Christus spricht: Mir ist gegeben alle Gewalt im Himmel und auf Erden. Darum gehet hin und machet zu Jüngern alle Völker: Taufet sie auf den Namen des Vaters und des Sohnes und des Heiligen Geistes und lehret sie halten alles, was ich euch befohlen habe. Und siehe, ich bin bei euch alle Tage bis an der Welt Ende.
> *(Mt 28, 18–20)*

Es kann das Apostolische Glaubensbekenntnis (Nr. 853) folgen.

Wer die Nottaufe empfangen hat, ist gültig getauft. Die Taufe muß alsbald dem zuständigen Pfarramt zur Eintragung in das Taufregister gemeldet werden. Es ist üblich, daß im Gottesdienst eine Bestätigung stattfindet, die öffentlich bekundet, daß die Taufe gültig, d.h. mit Wasser und im Namen des dreieinigen Gottes vollzogen worden ist. Bei einem Kind werden die Eltern und Paten zugleich zur christlichen Erziehung des Kindes verpflichtet.

Ist trotz aller Bemühungen die Taufe rechtzeitig nicht mehr möglich, dürfen wir als Angehörige und Freunde einen ungetauft Verstorbenen in Gottes Liebe geborgen wissen.

In Gemeinden reformierter Tradition ist die Nottaufe nicht üblich.

Die Beichte

EINFÜHRUNG 840

Die christliche Kirche hat von ihrem Herrn den Auftrag, den Menschen, die von der Gewissenslast einer Schuld frei werden wollen, die Vergebung zuzusprechen und ihnen so zu einem neuen Anfang zu helfen. In der Beichte wird erkannte Schuld ausgesprochen und das Verlangen nach Versöhnung mit Gott und den Menschen bekundet.

Die Beichte wird in einem Gottesdienst (gemeinsame Beichte) oder unter vier Augen (Einzelbeichte, s. Nr. 841) vollzogen.

In der *gemeinsamen Beichte*, die oft mit der Feier des heiligen Abendmahls verbunden ist, bekennen die Beichtenden ihre gemeinsame und persönliche Schuld und bitten Gott um Vergebung. Den Beichtenden wird vom Pfarrer oder der Pfarrerin die Vergebung ihrer Sünden zugesprochen.

Zur *Einzelbeichte* wendet man sich an einen Pfarrer oder eine Pfarrerin, die durch ihre Ordination zur Wahrung des Beichtgeheimnisses verpflichtet sind. Das Beichtgeheimnis genießt auch den gesetzlichen Schutz des Staates. Man kann sich zur Beichte auch an andere Christen wenden. Alle Christen sind zur Verschwiegenheit verpflichtet, wenn ihnen gegenüber persönlich Schuld bekannt wird; ein Recht zur Zeugnisverweigerung haben sie nicht.

Zur Beichte sollte man nicht ohne *Vorbereitung* gehen. Um das Gewissen vor Gott zu prüfen, ist es hilfreich, die Zehn Gebote (Nr. 844 und 845), das Doppelgebot der Liebe (Nr. 846), den Psalm 139 (Nr. 759) oder die sieben Bußpsalmen (s. Hinweise bei Nr. 701) zu bedenken. Auch ein Beichtgebet (Nr. 842) kann dazu helfen.

Lieder zur Beichte Nr. 230–237; 600

DER GOTTESDIENST

841 ANLEITUNG ZUR EINZELBEICHTE

Zur Beichte gehören das Eingeständnis der Schuld (Sündenbekenntnis) und die Lossprechung (Absolution). Die Einzelbeichte kann in verschiedener Weise vollzogen werden. Meist schließt sie sich einem vorangegangenen seelsorgerlichen Gespräch an.

SCHULDBEKENNTNIS

Wenn es schwerfällt, für das Eingeständnis der Schuld eigene Worte zu finden, kann eines der folgenden Beichtbekenntnisse (Nr. 847–850) als Ausgangspunkt oder Abschluß des eigenen Bekennens gebraucht werden.

Der Seelsorger/die Seelsorgerin spricht auf das Beichtbekenntnis:

> Wenn deine Beichte damit beendet ist, dann (knie nieder und) bete mit mir:
>
> Gott, sei mir gnädig nach deiner Güte, und tilge meine Sünden nach deiner großen Barmherzigkeit. Schaffe in mir, Gott, ein reines Herz, und gib mir einen neuen, beständigen Geist. Verwirf mich nicht von deinem Angesicht, und nimm deinen heiligen Geist nicht von mir. Amen.

LOSSPRECHUNG (ABSOLUTION)

Der Seelsorger/die Seelsorgerin spricht:

> Gott sei dir gnädig und stärke deinen Glauben!

Du sollst gewiß sein, daß die Vergebung, die ich dir zuspreche, Gottes Vergebung ist.
(Unter Handauflegung:)
In der Vollmacht, die der Herr seiner Kirche gegeben hat, spreche ich dich los: Dir sind deine Sünden vergeben. Im Namen Gottes des Vaters und des Sohnes und des Heiligen Geistes. Amen.

DIE BEICHTE

Hier kann ein Dankgebet folgen (z. B. Ps 103, 1–5; Nr. 745).

Beide beten gemeinsam das Vaterunser (Nr. 861).

Die Beichte schließt mit dem Segen:

> Es segne und behüte dich der allmächtige und barmherzige Gott, Vater, Sohn und Heiliger Geist. Gehe hin in Frieden.

Eine weitere Form der Einzelbeichte findet sich in Luthers Kleinem Katechismus »Vom Amt der Schlüssel« (Nr. 855.6).

ZUR VORBEREITUNG AUF DIE BEICHTE 842

Ich bedenke mein Leben vor Gott:
Vater im Himmel, was kann ich dir sagen, was du nicht schon weißt?
Ich habe anderen das Leben schwergemacht, und es waren doch oft nur Kleinigkeiten, um die es da ging: Ich wollte recht behalten, aber ich vergaß die Liebe, die du geboten hast.
Ich bin unfair gewesen, ich bin böse geworden, wo ich hätte Geduld aufbringen müssen.
Ich war so mit mir selbst beschäftigt, daß ich kein Ohr und kein Herz hatte für die, die Verständnis und Hilfe von mir erwarteten.
Ich habe geschwiegen, wo ich hätte reden sollen, ich habe den Dingen ihren Lauf gelassen, weil meine Angst größer war als mein Vertrauen zu dir.
Deinen Geboten habe ich wenig Gewicht gegeben und deine Güte mißachtet. Ich habe dich vergessen, Gott, bei vielem, was ich tat und dachte.
Ich lasse mich gefangennehmen von meinen Wünschen und Ängsten und sehne mich doch danach, frei und geborgen zu sein bei dir.

DER GOTTESDIENST

Herr, ich bin erschrocken, wie schwierig es ist, im Alltag aus dem
Glauben an dich zu leben. Ich bekenne dir mein Unvermögen
und meine Schuld:
Herr, erbarme dich.

843

Herr, du erforschest mich und kennest mich.
Ich sitze oder stehe auf, so weißt du es;
du verstehst meine Gedanken von ferne.
Ich gehe oder liege, so bist du um mich
und siehst alle meine Wege.
Denn siehe, es ist kein Wort auf meiner Zunge,
das du, Herr, nicht schon wüßtest.

Erforsche mich, Gott, und erkenne mein Herz;
prüfe mich und erkenne, wie ich's meine.
Und sieh, ob ich auf bösem Wege bin,
und leite mich auf ewigem Wege. *(Ps 139, 1–4.23.24)*

DIE BEICHTE

DIE ZEHN GEBOTE 844

In der lutherischen Tradition folgen Wortlaut und Zählung der Zehn Gebote (2. Mose 20, 1–17) der Fassung im Kleinen Katechismus Martin Luthers (Nr. 855.1)

1 Ich bin der Herr, dein Gott.
   Du sollst nicht andere Götter haben neben mir.

2 Du sollst den Namen des Herrn, deines Gottes, nicht unnütz gebrauchen; denn der Herr wird den nicht ungestraft lassen, der seinen Namen mißbraucht.

3 Du sollst den Feiertag heiligen.

4 Du sollst deinen Vater und deine Mutter ehren,
   auf daß dir's wohlgehe und du lange lebest auf Erden.

5 Du sollst nicht töten.

6 Du sollst nicht ehebrechen.

7 Du sollst nicht stehlen.

8 Du sollst nicht falsch Zeugnis reden wider deinen Nächsten.

9 Du sollst nicht begehren deines Nächsten Haus.

10 Du sollst nicht begehren deines Nächsten Weib, Knecht, Magd, Vieh noch alles, was sein ist.

DER GOTTESDIENST

845 DIE ZEHN GEBOTE

In der reformierten Tradition folgen die Zehn Gebote, wie auch im Heidelberger Katechismus (Nr. 856), nach Wortlaut und Zählung unmittelbar dem Text des Alten Testaments (2. Mose 20, 1–17).

1 Ich bin der Herr, dein Gott, der ich dich aus Ägyptenland, aus der Knechtschaft, geführt habe. Du sollst keine anderen Götter haben neben mir.

2 Du sollst dir kein Bildnis noch irgendein Gleichnis machen, weder von dem, das oben im Himmel, noch von dem, was unten auf Erden, noch von dem, was im Wasser unter der Erde ist. Bete sie nicht an und diene ihnen nicht! Denn ich, der Herr, dein Gott, bin ein eifernder Gott, der die Missetat der Väter heimsucht bis ins dritte und vierte Glied an den Kindern derer, die mich hassen, aber Barmherzigkeit erweist an vielen Tausenden, die mich lieben und meine Gebote halten.

3 Du sollst den Namen des Herrn, deines Gottes, nicht mißbrauchen; denn der Herr wird den nicht ungestraft lassen, der seinen Namen mißbraucht.

4 Gedenke des Sabbattages, daß du ihn heiligest. Sechs Tage sollst du arbeiten und alle deine Werke tun. Aber am siebenten Tage ist der Sabbat des Herrn, deines Gottes. Da sollst du keine Arbeit tun, auch nicht dein Sohn, deine Tochter, dein Knecht, deine Magd, dein Vieh, auch nicht der Fremdling, der in deiner Stadt lebt. Denn in sechs Tagen hat der Herr Himmel und Erde gemacht und das Meer und alles, was darinnen ist, und ruhte am siebenten Tage. Darum segnete der Herr den Sabbattag und heiligte ihn.

5 Du sollst deinen Vater und deine Mutter ehren, auf daß du lange lebest im Lande, das dir der Herr, dein Gott, geben wird.

DIE BEICHTE

6 Du sollst nicht töten.

7 Du sollst nicht ehebrechen.

8 Du sollst nicht stehlen.

9 Du sollst nicht falsch Zeugnis reden wider deinen Nächsten.

10 Du sollst nicht begehren deines Nächsten Haus. Du sollst nicht begehren deines Nächsten Weib, Knecht, Magd, Rind, Esel noch alles, was dein Nächster hat.

DAS DOPPELGEBOT DER LIEBE   846

Jesus spricht: Du sollst den Herrn, deinen Gott, lieben von ganzem Herzen, von ganzer Seele und von ganzem Gemüt. Dies ist das höchste und größte Gebot. Das andere aber ist dem gleich: Du sollst deinen Nächsten lieben wie dich selbst. In diesen beiden Geboten hängt das ganze Gesetz und die Propheten.

(Mt 22, 37–40)

BEICHTBEKENNTNISSE   847

Allmächtiger Gott, barmherziger Vater!
Ich armer, elender, sündiger Mensch
bekenne dir alle meine Sünde und Missetat,
die ich begangen mit Gedanken, Worten und Werken,
womit ich dich erzürnt und deine Strafe
zeitlich und ewiglich verdient habe.
Sie sind mir aber alle herzlich leid
und reuen mich sehr,
und ich bitte dich um deiner grundlosen Barmherzigkeit

und um des unschuldigen, bitteren Leidens und Sterbens
deines lieben Sohnes Jesus Christus willen,
du wollest mir armem sündhaftem Menschen
gnädig und barmherzig sein,
mir alle meine Sünden vergeben
und zu meiner Besserung deines Geistes Kraft verleihen.

848

Herr, im Lichte deiner Wahrheit erkenne ich,
daß ich gesündigt habe in Gedanken, Worten und Werken.
Dich soll ich über alles lieben, meinen Gott und Heiland;
aber ich habe mich selber mehr geliebt als dich.
Du hast mich in deinen Dienst gerufen;
aber ich habe die Zeit vertan, die du mir anvertraut hast.
Du hast mir meinen Nächsten gegeben,
ihn zu lieben wie mich selbst;
aber ich erkenne, wie ich versagt habe
in Selbstsucht und Trägheit des Herzens.
Darum komme ich zu dir und bekenne meine Schuld.
Richte mich, mein Gott, aber verwirf mich nicht.
Ich weiß keine andere Zuflucht
als dein unergründliches Erbarmen.

849

Ich bekenne vor dir, mein Gott:
Ich vergesse dich oft.
Oft glaube ich nicht, daß du mich siehst.
Ich höre nicht, wenn du mich rufst.
Vor deinem Urteil kann ich nicht bestehen.
Darum bitte ich dich: Gott, sei mir Sünder gnädig.

DIE BEICHTE

Ich bekenne vor dir, mein Gott:
Ich bin nicht so, wie du mich haben willst.
Ich täusche andere.
Ich denke schlecht von anderen und rede über sie.
Ich übersehe ihre Not und drücke mich, wo ich helfen sollte.
Darum bitte ich dich: Gott, sei mir Sünder gnädig.

Ich bitte dich, mein Gott:
Laß mein Leben nicht verderben, bringe es zurecht.
Richte mich auf, wenn ich den Mut verliere.
Rette mich, wenn ich verzweifle.
Hilf mir, deiner Gnade zu vertrauen.

850

Vater im Himmel,
du weißt, was mein Gewissen belastet
. . . . .
Es tut mir leid.
Verzeih mir und hilf mir,
Schaden nach Kräften wiedergutzumachen
und mich zu bessern.

DER GOTTESDIENST

851 Aussegnung
(Verabschiedungsfeier)

Bei einem Sterbefall können Angehörige, bevor der Leichnam abgeholt wird, eine Andacht nach folgendem Muster halten. Dabei können auf einem Tisch ein Kreuz aufgestellt und Kerzen angezündet werden.

BEGINN

Der Friede des Herrn sei mit euch allen.

BIBLISCHES VOTUM

Leben wir, so leben wir dem Herrn;
sterben wir, so sterben wir dem Herrn.
Darum: wir leben oder sterben,
so sind wir des Herrn.
Denn dazu ist Christus gestorben
und wieder lebendig geworden,
daß er über Tote und Lebende sei.
(Römer 14, 8.9)

GEBET

Unser Gott, dein sind wir im Leben und im Sterben.
Du hast durch Jesus Christus dem Tod die Macht genommen.
Wir bitten dich: Sei in dieser schweren Stunde bei uns
mit deinem Trost und deiner Gnade. Amen.

Oder es kann ein persönliches, frei formuliertes Gebet gesprochen werden.
Weitere Gebete siehe: Psalm 4 (Nr. 703); Psalm 39 (Nr. 721); Psalm 71 (Nr. 733);
Nr. 984 oder Strophen aus 85, 9.10; 361; 405, 6; 406; 522.

AUSSEGNUNG

LESUNG

Ich bin gewiß, daß weder Tod noch Leben,
weder Gegenwärtiges noch Zukünftiges uns scheiden kann
von der Liebe Gottes, die in Christus Jesus ist,
unserem Herrn   *(Römer 8, 38–39).*

oder: zum Beispiel Psalm 22 (Nr. 709); Psalm 23 (Nr. 710); Psalm 39 (Nr. 721);
Psalm 71 (Nr. 733); Psalm 73 (Nr. 734); Psalm 121 (Nr. 753); Psalm 126 (Nr. 754).

Persönliches Wort, Gespräch oder Stille

LIED

Es kann ein Lied gesungen oder gesprochen werden.

Wenn ich einmal soll scheiden,
so scheide nicht von mir.
Wenn ich den Tod soll leiden,
so tritt du dann herfür;
wenn mir am allerbängsten
wird um das Herze sein,
so reiß mich aus den Ängsten,
kraft deiner Angst und Pein.

Erscheine mir zum Schilde,
zum Trost in meinem Tod,
und laß mich seh'n dein Bilde
in deiner Kreuzesnot.
Da will ich nach dir blicken,
da will ich glaubensvoll
dich fest an mein Herz drücken.
Wer so stirbt, der stirbt wohl.   *(Lied-Nr. 85, 9–10)*

Andere Lieder: Nr. 361; Nr. 406; Nr. 516; Nr. 522; Nr. 526

DER GOTTESDIENST

VATERUNSER

Wir befehlen die Verstorbene/den Verstorbenen
der Liebe Gottes an und beten gemeinsam,
wie Jesus uns gelehrt hat:
Vater unser (Unser Vater) im Himmel.
Geheiligt werde dein Name.
Dein Reich komme.
Dein Wille geschehe, wie im Himmel, so auf Erden.
Unser tägliches Brot gib uns heute.
Und vergib uns unsere Schuld,
wie auch wir vergeben unsern Schuldigern.
Und führe uns nicht in Versuchung,
sondern erlöse uns von dem Bösen.
Denn dein ist das Reich und die Kraft
und die Herrlichkeit in Ewigkeit. Amen.

SEGEN

Zur/zum Verstorbenen gewendet, wenn möglich mit Handauflegung:

Der allmächtige Gott erbarme sich deiner.
Er sei dir gnädig im Gericht und nehme dich auf
in sein ewiges Reich. Amen.

oder ein anderes Segenswort;
Beispiele finden sich in Nr. 984–990.

Zu den Anwesenden gewendet:

Es segne euch der allmächtige und barmherzige Gott,
der Vater, der Sohn und der Heilige Geist. Amen.

oder ein anderes Segenswort, siehe Nr. 992–1002.

- Einführung

- Apostolisches Glaubensbekenntnis

- Glaubensbekenntnis
  - von Nizäa-Konstantinopel

- Kleiner Katechismus Dr. Martin Luthers

- Heidelberger Katechismus

- Augsburger Bekenntnis

- Theologische Erklärung
  - der Bekenntnissynode von Barmen

- Leuenberger Konkordie

Bekenntnisse
und Lehrzeugnisse
der Kirche

bl

EINFÜHRUNG 852

»Seid allezeit bereit zur Verantwortung vor jedermann, der von euch Rechenschaft fordert über die Hoffnung, die in euch ist.«
(1. Petr 3, 15)

Zum christlichen Glauben gehört das Bekenntnis. Kirchen und Christen bekennen mit dem, was sie sagen, tun und lassen, ihren Glauben. So wird auch mit Liedern und Gebeten der Glaube bekannt.

Das Bekenntnis hat einen doppelten Ausgangspunkt: Es gründet einerseits in dem Bekenntnis Gottes zum Menschen und antwortet auf das Geschenk seiner Liebe. Es erwächst andererseits aus der jeweiligen geschichtlichen Situation.

Schon Israel hat sich gegenüber den anderen Völkern der Alten Welt zu dem Einen Gott bekannt, der allein Herr ist: »Höre, Israel, der Herr ist unser Gott, der Herr allein. Und du sollst den Herrn, deinen Gott, liebhaben von ganzem Herzen, von ganzer Seele und mit all deiner Kraft!« (5. Mose 6, 4–5)

In der Geschichte der Kirche hat das Bekenntnis im wesentlichen drei Formen gefunden: als Glaubensaussage, als Lebensvollzug und als Urkunde.

Das christliche Bekenntnis ist Aussage des Glaubens. Es sieht im Handeln des dreieinigen Gottes das Heil der Welt begründet und geschieht im Lobpreis Gottes, im Verkündigen der Herrschaft Jesu Christi und im Anrufen des Heiligen Geistes.

Diese Form des Bekenntnisses hat schon in der frühen Christenheit zu einer großen Zahl von mündlichen und schriftlichen Überlieferungen geführt. Eines der bekanntesten Beispiele ist der Christushymnus, den der Apostel Paulus im Philipperbrief überliefert (Nr. 773).

Das christliche Bekenntnis vollzieht sich im Leben als Zustimmung zur Liebe Gottes, als Dienst an seinen Geschöpfen, als Einstimmen in den Glauben anderer Christen, aber auch als »Absage an den Anspruch der vergehenden Welt«. Diese Form begegnet sowohl im Leben einzelner Christen als auch im Leben christlicher Gemeinden und Kirchen in vielfältiger Gestalt.

Das christliche Bekenntnis hat seinen Niederschlag in Urkunden gefunden, die in einer bestimmten geschichtlichen Situation entstanden sind und durch einen kirchlichen Entscheidungsakt oder durch allgemeinen Gebrauch legitimiert wurden. In dieser Form bezeugen die Glaubensbekenntnisse als aktuelle Auslegungen der Heiligen Schrift die Wahrheit des Evangeliums – etwa gegenüber Irrlehren –, besitzen sie wegweisenden Charakter und symbolisieren sie die Einheit des Glaubens für die Gemeinden und Kirchen, in denen sie in Geltung sind.

In allen drei Formen ist das Bekenntnis Ausdruck des Glaubens an den dreieinigen Gott und nicht nur die Zustimmung zu einer bestimmten Lehre.

Während das Bekenntnis in Formen der Glaubensaussage und des Lebensvollzuges sich im Laufe der Geschichte der Kirche immer wieder wandelt und erneuert, drängt das Bekenntnis in Form der Urkunde auf bleibende Geltung und Verbindlichkeit. Es wird zur Bekenntnisschrift, die in einer oder mehreren

EINFÜHRUNG

Kirchen maßgebliche Autorität erlangt. Gleichwohl bleiben auch die urkundlichen Bekenntnisse an ihre besondere geschichtliche Situation gebunden und bedürfen in anderen Situationen der Auslegung und Ergänzung. Die Kirche wird durch sie auch nicht daran gehindert, sondern im Gegenteil dazu herausgefordert, neue verbindliche Bekenntnisse zu formulieren, wenn neue biblische Erkenntnisse oder geschichtliche Situationen dazu nötigen.

Im Evangelischen Gesangbuch werden darum den wichtigsten Bekenntnissen aus der frühen Geschichte der Kirche und aus der Reformationszeit Lehrzeugnisse aus dem 20. Jahrhundert hinzugefügt.

853 Das Apostolische Glaubensbekenntnis

Das Apostolische Glaubensbekenntnis geht auf die Frühzeit der Kirche zurück. Seit Anfang des 5. Jahrhunderts ist es in seiner jetzigen Form schriftlich belegt. Als Taufbekenntnis verbindet es die Kirchen. Die evangelischen Kirchen bekennen es in weltweiter Gemeinschaft mit der römisch-katholischen Kirche, der altkatholischen Kirche, den anglikanischen Kirchen und vielen anderen. Es hat seinen traditionellen Ort in der Feier des Gottesdienstes.

Ich glaube an Gott,
den Vater, den Allmächtigen,
den Schöpfer des Himmels und der Erde.

Und an Jesus Christus,
seinen eingeborenen Sohn, unsern Herrn,
empfangen durch den Heiligen Geist,
geboren von der Jungfrau Maria,
gelitten unter Pontius Pilatus,
gekreuzigt, gestorben und begraben,
hinabgestiegen in das Reich des Todes,
am dritten Tage auferstanden von den Toten,
aufgefahren in den Himmel;
er sitzt zur Rechten Gottes,
des allmächtigen Vaters;
von dort wird er kommen,
zu richten die Lebenden und die Toten.

DAS APOSTOLISCHE GLAUBENSBEKENNTNIS

Ich glaube an den Heiligen Geist,
die heilige christliche* Kirche,
Gemeinschaft der Heiligen,
Vergebung der Sünden,
Auferstehung der Toten
und das ewige Leben.
Amen.

* *oder:* allgemeine christliche

BEKENNTNISSE UND LEHRZEUGNISSE DER KIRCHE

854 Das Glaubensbekenntnis von Nizäa-Konstantinopel

Das Glaubensbekenntnis von Nizäa-Konstantinopel wurde schon im Jahr 381 formuliert. Es ist das im weitesten Sinn ökumenische Glaubensbekenntnis, weil es die gesamte Christenheit verbindet.

Im Abschnitt über den Heiligen Geist gibt es allerdings an einer Stelle unterschiedliche Überlieferungen. In den orthodoxen Kirchen ist die ursprüngliche Fassung in Geltung. Sie lautet »Wir glauben an den Heiligen Geist, ... der aus dem Vater hervorgeht.« Die Ergänzung »und dem Sohn« stammt aus dem Mittelalter. Als Ausdruck des gemeinsamen Glaubens kann in ökumenischen Gottesdiensten, die mit orthodoxen Christen zusammen gefeiert werden, dieser Zusatz wegfallen (siehe *).

Wir glauben an den einen Gott,
den Vater, den Allmächtigen,
der alles geschaffen hat,
Himmel und Erde,
die sichtbare und die unsichtbare Welt.

Und an den einen Herrn Jesus Christus,
Gottes eingeborenen Sohn,
aus dem Vater geboren vor aller Zeit:
Gott von Gott, Licht vom Licht,
wahrer Gott vom wahren Gott,
gezeugt, nicht geschaffen,
eines Wesens mit dem Vater;
durch ihn ist alles geschaffen.
Für uns Menschen und zu unserm Heil
ist er vom Himmel gekommen,

DAS NIZÄNISCHE GLAUBENSBEKENNTNIS

hat Fleisch angenommen
durch den Heiligen Geist
von der Jungfrau Maria
und ist Mensch geworden.
Er wurde für uns gekreuzigt unter Pontius Pilatus,
hat gelitten und ist begraben worden,
ist am dritten Tage auferstanden nach der Schrift
und aufgefahren in den Himmel.
Er sitzt zur Rechten des Vaters
und wird wiederkommen in Herrlichkeit,
zu richten die Lebenden und die Toten;
seiner Herrschaft wird kein Ende sein.

Wir glauben an den Heiligen Geist,
der Herr ist und lebendig macht,
der aus dem Vater und dem Sohn* hervorgeht,
der mit dem Vater und dem Sohn
angebetet und verherrlicht wird,
der gesprochen hat durch die Propheten,
und die eine, heilige, christliche und apostolische Kirche.
Wir bekennen die eine Taufe zur Vergebung der Sünden.
Wir erwarten die Auferstehung der Toten
und das Leben der kommenden Welt.
Amen.

BEKENNTNISSE UND LEHRZEUGNISSE DER KIRCHE

855 Der Kleine Katechismus
Dr. Martin Luthers

Martin Luther verfaßte 1529 den Kleinen Katechismus, um die neuen Erkenntnisse der Reformation bis in die Familien hinein verständlich zu vermitteln. Die Kernstücke des Glaubens – die 10 Gebote, das Glaubensbekenntnis, das Vaterunser, Taufe, Abendmahl und Beichte – werden darin in Frage- und Antwortform ausgelegt. Die rhythmische Sprache dieser Stücke dient der besseren Einprägsamkeit. In den Kirchen, die diese Ausgabe des Gesangbuches gebrauchen, steht, je nach Bekenntnisstand der Gemeinde, der Kleine Katechismus als eine der Bekenntnisschriften der Reformation in Geltung.

855.1 DAS ERSTE HAUPTSTÜCK
DIE ZEHN GEBOTE

Das erste Gebot

Ich bin der Herr, dein Gott.
Du sollst nicht andere Götter haben neben mir.

Was ist das?

Wir sollen Gott über alle Dinge
fürchten, lieben und vertrauen.

Das zweite Gebot

Du sollst den Namen des Herrn, deines Gottes,
nicht unnütz gebrauchen;
denn der Herr wird den nicht ungestraft lassen,
der seinen Namen mißbraucht.

DER KLEINE KATECHISMUS

Was ist das?

Wir sollen Gott fürchten und lieben,
daß wir bei seinem Namen
nicht fluchen, schwören, zaubern, lügen oder trügen,
sondern ihn in allen Nöten anrufen,
beten, loben und danken.

Das dritte Gebot

Du sollst den Feiertag heiligen.

Was ist das?

Wir sollen Gott fürchten und lieben,
daß wir die Predigt und sein Wort nicht verachten,
sondern es heilig halten, gerne hören und lernen.

Das vierte Gebot

Du sollst deinen Vater und deine Mutter ehren,
auf daß dir's wohlgehe
und du lange lebest auf Erden.

Was ist das?

Wir sollen Gott fürchten und lieben,
daß wir unsere Eltern und Herren
nicht verachten noch erzürnen,
sondern sie in Ehren halten, ihnen dienen,
gehorchen, sie lieb und wert haben.

Das fünfte Gebot

Du sollst nicht töten.

Was ist das?

Wir sollen Gott fürchten und lieben,
daß wir unserm Nächsten
an seinem Leibe keinen Schaden noch Leid tun,
sondern ihm helfen und beistehen in allen Nöten.

BEKENNTNISSE UND LEHRZEUGNISSE DER KIRCHE

Das sechste Gebot

Du sollst nicht ehebrechen.

Was ist das?

Wir sollen Gott fürchten und lieben,
daß wir keusch und zuchtvoll leben
in Worten und Werken
und in der Ehe einander lieben und ehren.

Das siebente Gebot

Du sollst nicht stehlen.

Was ist das?

Wir sollen Gott fürchten und lieben,
daß wir unsers Nächsten Geld oder Gut nicht nehmen
noch mit falscher Ware oder Handel an uns bringen,
sondern ihm sein Gut und Nahrung
helfen bessern und behüten.

Das achte Gebot

Du sollst nicht falsch Zeugnis reden
wider deinen Nächsten.

Was ist das?

Wir sollen Gott fürchten und lieben,
daß wir unsern Nächsten nicht belügen,
verraten, verleumden oder seinen Ruf verderben,
sondern sollen ihn entschuldigen,
Gutes von ihm reden
und alles zum Besten kehren.

Das neunte Gebot

Du sollst nicht begehren deines Nächsten Haus.

Was ist das?

Wir sollen Gott fürchten und lieben,
daß wir unserm Nächsten

nicht mit List nach seinem Erbe oder Hause trachten
und mit einem Schein des Rechts an uns bringen,
sondern ihm dasselbe zu behalten
förderlich und dienlich sein.

Das zehnte Gebot

Du sollst nicht begehren deines Nächsten Weib,
Knecht, Magd, Vieh noch alles, was sein ist.

Was ist das?

Wir sollen Gott fürchten und lieben,
daß wir unserm Nächsten
nicht seine Frau, Gehilfen oder Vieh ausspannen,
abwerben oder abspenstig machen,
sondern dieselben anhalten,
daß sie bleiben und tun, was sie schuldig sind.

Was sagt nun Gott zu diesen Geboten allen?

Er sagt so:
Ich, der Herr, dein Gott, bin ein eifernder Gott,
der an denen, die mich hassen,
die Sünde der Väter heimsucht
bis zu den Kindern im dritten und vierten Glied;
aber denen, die mich lieben und meine Gebote halten,
tue ich wohl bis in tausend Glied.

Was ist das?

Gott droht zu strafen alle, die diese Gebote übertreten;
darum sollen wir uns fürchten vor seinem Zorn
und nicht gegen seine Gebote handeln.
Er verheißt aber Gnade und alles Gute
allen, die diese Gebote halten;
darum sollen wir ihn auch lieben und vertrauen
und gerne tun nach seinen Geboten.

855.2 DAS ZWEITE HAUPTSTÜCK
DER GLAUBE

Der erste Artikel. Von der Schöpfung

Ich glaube an Gott, den Vater,
den Allmächtigen,
den Schöpfer des Himmels und der Erde.

Was ist das?

Ich glaube, daß mich Gott geschaffen hat samt allen Kreaturen,
mir Leib und Seele, Augen, Ohren und alle Glieder,
Vernunft und alle Sinne gegeben hat und noch erhält;
dazu Kleider und Schuh, Essen und Trinken,
Haus und Hof, Weib und Kind,
Acker, Vieh und alle Güter;
mit allem, was not tut für Leib und Leben,
mich reichlich und täglich versorgt,
in allen Gefahren beschirmt
und vor allem Übel behütet und bewahrt;
und das alles aus lauter väterlicher, göttlicher Güte und Barmherzigkeit,
ohn all mein Verdienst und Würdigkeit:
für all das ich ihm zu danken und zu loben
und dafür zu dienen und gehorsam zu sein schuldig bin.

Das ist gewißlich wahr.

Der zweite Artikel. Von der Erlösung

Und an Jesus Christus,
seinen eingeborenen Sohn, unsern Herrn,
empfangen durch den Heiligen Geist,
geboren von der Jungfrau Maria,
gelitten unter Pontius Pilatus,
gekreuzigt, gestorben und begraben,
hinabgestiegen in das Reich des Todes,

am dritten Tage auferstanden von den Toten,
aufgefahren in den Himmel;
er sitzt zur Rechten Gottes,
des allmächtigen Vaters;
von dort wird er kommen,
zu richten die Lebenden und die Toten.

Was ist das?

Ich glaube, daß Jesus Christus,
wahrhaftiger Gott, vom Vater in Ewigkeit geboren,
und auch wahrhaftiger Mensch, von der Jungfrau Maria
geboren,
sei mein Herr,
der mich verlornen und verdammten Menschen erlöset hat,
erworben, gewonnen von allen Sünden,
vom Tode und von der Gewalt des Teufels;
nicht mit Gold oder Silber,
sondern mit seinem heiligen, teuren Blut
und mit seinem unschuldigen Leiden und Sterben;
damit ich sein eigen sei
und in seinem Reich unter ihm lebe und ihm diene
in ewiger Gerechtigkeit, Unschuld und Seligkeit,
gleichwie er ist auferstanden vom Tode,
lebet und regieret in Ewigkeit.

Das ist gewißlich wahr.

Der dritte Artikel. Von der Heiligung

Ich glaube an den Heiligen Geist,
die heilige christliche Kirche,
Gemeinschaft der Heiligen,
Vergebung der Sünden,
Auferstehung der Toten
und das ewige Leben.
Amen.

Was ist das?

Ich glaube, daß ich nicht aus eigener Vernunft noch Kraft
an Jesus Christus, meinen Herrn,
glauben oder zu ihm kommen kann;
sondern der Heilige Geist
hat mich durch das Evangelium berufen,
mit seinen Gaben erleuchtet,
im rechten Glauben geheiligt und erhalten;
gleichwie er die ganze Christenheit auf Erden
beruft, sammelt, erleuchtet, heiligt
und bei Jesus Christus erhält im rechten, einigen Glauben;
in welcher Christenheit er mir und allen Gläubigen
täglich alle Sünden reichlich vergibt
und am Jüngsten Tage
mich und alle Toten auferwecken wird
und mir samt allen Gläubigen in Christus
ein ewiges Leben geben wird.

Das ist gewißlich wahr.

855.3 DAS DRITTE HAUPTSTÜCK
DAS VATERUNSER

Die Anrede

Vater unser im Himmel.

Was ist das?

Gott will uns damit locken, daß wir glauben sollen,
er sei unser rechter Vater und wir seine rechten Kinder,
damit wir getrost und mit aller Zuversicht
ihn bitten sollen wie die lieben Kinder ihren lieben Vater.

DER KLEINE KATECHISMUS

Die erste Bitte

Geheiligt werde dein Name.

Was ist das?

Gottes Name ist zwar an sich selbst heilig;
aber wir bitten in diesem Gebet,
daß er auch bei uns heilig werde.

Wie geschieht das?

Wo das Wort Gottes lauter und rein gelehrt wird
und wir auch heilig, als die Kinder Gottes, danach leben.
Dazu hilf uns, lieber Vater im Himmel!
Wer aber anders lehrt und lebt,
als das Wort Gottes lehrt,
der entheiligt unter uns den Namen Gottes.
Davor behüte uns, himmlischer Vater!

Die zweite Bitte

Dein Reich komme.

Was ist das?

Gottes Reich kommt auch ohne unser Gebet von selbst,
aber wir bitten in diesem Gebet,
daß es auch zu uns komme.

Wie geschieht das?

Wenn der himmlische Vater uns seinen Heiligen Geist gibt,
daß wir seinem heiligen Wort durch seine Gnade glauben
und danach leben,
hier zeitlich und dort ewiglich.

Die dritte Bitte

Dein Wille geschehe, wie im Himmel, so auf Erden.

Was ist das?

Gottes guter, gnädiger Wille geschieht
auch ohne unser Gebet;
aber wir bitten in diesem Gebet,
daß er auch bei uns geschehe.

Wie geschieht das?

Wenn Gott allen bösen Rat und Willen bricht und hindert,
die uns den Namen Gottes nicht heiligen
und sein Reich nicht kommen lassen wollen,
wie der Teufel, die Welt und unsres Fleisches Wille;
sondern stärkt und behält uns fest
in seinem Wort und Glauben bis an unser Ende.
Das ist sein gnädiger, guter Wille.

Die vierte Bitte

Unser tägliches Brot gib uns heute.

Was ist das?

Gott gibt das tägliche Brot auch ohne unsere Bitte
allen bösen Menschen;
aber wir bitten in diesem Gebet,
daß er's uns erkennen lasse
und wir mit Danksagung empfangen unser tägliches Brot.

Was heißt denn tägliches Brot?

Alles, was not tut für Leib und Leben,
wie Essen, Trinken, Kleider, Schuh,
Haus, Hof, Acker, Vieh, Geld, Gut,
fromme Eheleute, fromme Kinder, fromme Gehilfen,
fromme und treue Oberherren, gute Regierung,
gut Wetter, Friede, Gesundheit, Zucht, Ehre,
gute Freunde, getreue Nachbarn und desgleichen.

DER KLEINE KATECHISMUS

Die fünfte Bitte

Und vergib uns unsere Schuld,
wie auch wir vergeben unsern Schuldigern.

Was ist das?

Wir bitten in diesem Gebet,
daß der Vater im Himmel nicht ansehen wolle unsere Sünden
und um ihretwillen solche Bitten nicht versagen,
denn wir sind dessen nicht wert, was wir bitten,
haben's auch nicht verdient;
sondern er wolle es uns alles aus Gnaden geben,
obwohl wir täglich viel sündigen und nichts als Strafe
verdienen.
So wollen wir wiederum auch herzlich vergeben
und gerne wohltun denen, die sich an uns versündigen.

Die sechste Bitte

Und führe uns nicht in Versuchung.

Was ist das?

Gott versucht zwar niemand;
aber wir bitten in diesem Gebet,
daß uns Gott behüte und erhalte,
damit uns der Teufel, die Welt und unser Fleisch
nicht betrüge und verführe in Mißglauben, Verzweiflung
und andere große Schande und Laster;
und wenn wir damit angefochten würden,
daß wir doch endlich gewinnen und den Sieg behalten.

Die siebente Bitte

Sondern erlöse uns von dem Bösen.

Was ist das?

Wir bitten in diesem Gebet,
daß uns der Vater im Himmel

vom Bösen und allem Übel
an Leib und Seele, Gut und Ehre erlöse
und zuletzt, wenn unser Stündlein kommt,
ein seliges Ende beschere
und mit Gnaden von diesem Jammertal
zu sich nehme in den Himmel.

Der Beschluß

Denn dein ist das Reich und die Kraft
und die Herrlichkeit in Ewigkeit. Amen.

Was heißt Amen?

Daß ich soll gewiß sein,
solche Bitten sind dem Vater im Himmel angenehm
und werden erhört.
Denn er selbst hat uns geboten, so zu beten,
und verheißen, daß er uns erhören will.
Amen, Amen, das heißt: Ja, ja, so soll es geschehen.

855.4 DAS VIERTE HAUPTSTÜCK
DAS SAKRAMENT
DER HEILIGEN TAUFE

Zum Ersten

Was ist die Taufe?

Die Taufe ist nicht allein schlicht Wasser,
sondern sie ist das Wasser
in Gottes Gebot gefaßt
und mit Gottes Wort verbunden.

Welches ist denn dies Wort Gottes?

Unser Herr Christus spricht
bei Matthäus im letzten Kapitel:

DER KLEINE KATECHISMUS

Gehet hin in alle Welt
und machet zu Jüngern alle Völker:
Taufet sie
auf den Namen des Vaters und des Sohnes und des
Heiligen Geistes.

Zum Zweiten

Was gibt oder nützt die Taufe?

Sie wirkt Vergebung der Sünden,
erlöst vom Tode und Teufel
und gibt die ewige Seligkeit allen, die es glauben,
wie die Worte und Verheißung Gottes lauten.

*Welches sind denn solche Worte
und Verheißung Gottes?*

Unser Herr Christus spricht
bei Markus im letzten Kapitel:

Wer da glaubt und getauft wird,
der wird selig werden;
wer aber nicht glaubt,
der wird verdammt werden.

Zum Dritten

Wie kann Wasser solch große Dinge tun?

Wasser tut's freilich nicht,
sondern das Wort Gottes,
das mit und bei dem Wasser ist,
und der Glaube,
der solchem Worte Gottes im Wasser traut.
Denn ohne Gottes Wort
ist das Wasser schlicht Wasser und keine Taufe;
aber mit dem Worte Gottes ist's eine Taufe,

> das ist ein gnadenreiches Wasser des Lebens
> und ein Bad der neuen Geburt im Heiligen Geist;
> wie Paulus sagt zu Titus im dritten Kapitel:

Gott macht uns selig
durch das Bad der Wiedergeburt und Erneuerung
im Heiligen Geist,
den er über uns reichlich ausgegossen hat
durch Jesus Christus, unsern Heiland,
damit wir, durch dessen Gnade gerecht geworden,
Erben des ewigen Lebens würden
nach unsrer Hoffnung.
Das ist gewißlich wahr.

Zum Vierten

> *Was bedeutet denn solch Wassertaufen?*

> Es bedeutet, daß der alte Adam in uns
> durch tägliche Reue und Buße soll ersäuft werden
> und sterben mit allen Sünden und bösen Lüsten;
> und wiederum täglich herauskommen und auferstehen
> ein neuer Mensch,
> der in Gerechtigkeit und Reinheit vor Gott ewiglich lebe.

> *Wo steht das geschrieben?*

> Der Apostel Paulus spricht zu den Römern
> im sechsten Kapitel:

Wir sind mit Christus begraben durch die Taufe in den Tod,
damit, wie Christus auferweckt ist von den Toten
durch die Herrlichkeit des Vaters,
auch wir in einem neuen Leben wandeln.

DAS FÜNFTE HAUPTSTÜCK 855.5
DAS SAKRAMENT DES ALTARS
ODER DAS HEILIGE ABENDMAHL

Zum Ersten

   Was ist das Sakrament des Altars?

Es ist der wahre Leib und Blut
unsers Herrn Jesus Christus,
unter dem Brot und Wein
uns Christen zu essen und zu trinken
von Christus selbst eingesetzt.

   Wo steht das geschrieben?

So schreiben die heiligen Evangelisten
Matthäus, Markus, Lukas
und der Apostel Paulus:

Unser Herr Jesus Christus,
in der Nacht, da er verraten ward,
nahm er das Brot,
dankte und brach's
und gab's seinen Jüngern und sprach:
Nehmet hin und esset:
Das ist mein Leib,
der für euch gegeben wird;
solches tut zu meinem Gedächtnis.

Desgleichen nahm er auch den Kelch
nach dem Abendmahl,
dankte und gab ihnen den und sprach:
Nehmet hin und trinket alle daraus:
Dieser Kelch ist das neue Testament in meinem Blut,
das für euch vergossen wird
zur Vergebung der Sünden;
solches tut, sooft ihr's trinket,
zu meinem Gedächtnis.

BEKENNTNISSE UND LEHRZEUGNISSE DER KIRCHE

Zum Zweiten

Was nützt denn solch Essen und Trinken?

Das zeigen uns diese Worte:
Für euch gegeben und vergossen
zur Vergebung der Sünden;
nämlich, daß uns im Sakrament
Vergebung der Sünden, Leben und Seligkeit
durch solche Worte gegeben wird;
denn wo Vergebung der Sünden ist,
da ist auch Leben und Seligkeit.

Zum Dritten

*Wie kann leiblich Essen und Trinken
solch große Dinge tun?*

Essen und Trinken tut's freilich nicht,
sondern die Worte, die da stehen:
Für euch gegeben und vergossen
zur Vergebung der Sünden.
Diese Worte sind neben dem leiblichen Essen und Trinken
das Hauptstück im Sakrament.
Und wer diesen Worten glaubt,
der hat, was sie sagen und wie sie lauten,
nämlich: Vergebung der Sünden.

Zum Vierten

Wer empfängt denn dieses Sakrament würdig?

Fasten und leiblich sich bereiten
ist zwar eine feine äußerliche Zucht;
aber der ist recht würdig und wohl geschickt,
wer den Glauben hat an diese Worte:
für euch gegeben und vergossen
zur Vergebung der Sünden.
Wer aber diesen Worten nicht glaubt oder zweifelt,

der ist unwürdig und ungeschickt;
denn das Wort *für euch*
fordert nichts als gläubige Herzen.

VOM AMT DER SCHLÜSSEL UND VON DER BEICHTE*

Was ist das Amt der Schlüssel?

Es ist die besondere Gewalt,
die Christus seiner Kirche auf Erden gegeben hat,
den bußfertigen Sündern die Sünden zu vergeben,
den unbußfertigen aber die Sünden zu behalten,
solange sie nicht Buße tun.

Wo steht das geschrieben?

Unser Herr Jesus Christus spricht
bei Matthäus im sechzehnten Kapitel zu Petrus:

Ich will dir des Himmelreichs Schlüssel geben:
Alles, was du auf Erden binden wirst,
soll auch im Himmel gebunden sein,
und alles, was du auf Erden lösen wirst,
soll auch im Himmel gelöst sein.

Desgleichen spricht er zu seinen Jüngern
bei Johannes im zwanzigsten Kapitel:

Nehmet hin den Heiligen Geist!
Welchen ihr die Sünden erlasset,
denen sind sie erlassen;
und welchen ihr sie behaltet,
denen sind sie behalten.

---

* *Das Stück von Beichte und Vergebung findet sich ursprünglich nicht im Kleinen Katechismus, geht aber zum Teil auf Martin Luther zurück.*

BEKENNTNISSE UND LEHRZEUGNISSE DER KIRCHE

Was ist die Beichte?

Die Beichte begreift zwei Stücke in sich:
eins, daß man die Sünde bekenne,
das andere, daß man die Absolution oder Vergebung
vom Beichtiger* empfange als von Gott selbst
und ja nicht daran zweifle, sondern fest glaube,
die Sünden seien dadurch vergeben vor Gott im Himmel.

Welche Sünden soll man denn beichten?

Vor Gott soll man sich aller Sünden schuldig bekennen,
auch die wir nicht erkennen,
wie wir im Vaterunser tun.
Aber vor dem Beichtiger sollen wir allein die Sünden bekennen,
die wir wissen und fühlen im Herzen.

Welche sind die?

Da siehe deinen Stand an nach den zehn Geboten,
ob du Vater, Mutter, Sohn, Tochter bist,
in welchem Beruf und Dienst du stehst:
ob du ungehorsam, untreu, unfleißig,
zornig, zuchtlos, streitsüchtig gewesen bist,
ob du jemand Leid getan hast mit Worten oder Werken,
ob du gestohlen, etwas versäumt oder Schaden getan hast.

Wie bekennst du deine Sünden vor dem Beichtiger?

So kannst du zum Beichtiger sprechen:

Ich bitte, meine Beichte zu hören
und mir die Vergebung zuzusprechen um Gottes willen.

Hierauf bekenne dich vor Gott aller Sünden schuldig und sprich vor dem Beichtiger aus, was als besondere Sünde und

---

* *Person, die die Beichte hört*

Schuld auf dir liegt. Deine Beichte kannst du mit den Worten schließen:

Das alles ist mir leid.
Ich bitte um Gnade.
Ich will mich bessern.

Wie geschieht die Lossprechung (Absolution)?

Der Beichtiger spricht:

Gott sei dir gnädig und stärke deinen Glauben. Amen.
Glaubst du auch, daß meine Vergebung Gottes Vergebung ist?

Antwort:

Ja, das glaube ich.

Darauf spricht er:

Wie du glaubst, so geschehe dir.
Und ich, auf Befehl unseres Herrn Jesus Christus,
vergebe dir deine Sünden
im Namen des Vaters und des Sohnes und des Heiligen Geistes.
Amen.
Gehe hin in Frieden!

Welche aber im Gewissen sehr beschwert oder betrübt und angefochten sind, die wird ein Beichtvater wohl mit mehr Worten der Heiligen Schrift zu trösten wissen und zum Glauben reizen. Dies soll nur *eine* Weise der Beichte sein.

Weitere Stücke zur Beichte siehe Nr. 840–850

BEKENNTNISSE UND LEHRZEUGNISSE DER KIRCHE

856 Der Heidelberger Katechismus

(Auszug)

Der Heidelberger Katechismus von 1563 erklärt in 129 Fragen und Antworten Grundlagen des christlichen Glaubens aus reformatorischer Sicht. Um die Struktur des Katechismus in drei großen Teilen (Von des Menschen Elend – Von des Menschen Erlösung – Von der Dankbarkeit) sowie seinen systematischen Aufbau, inneren Zusammenhang und biblischen Bezug besser sichtbar zu machen, wäre der Gesamtabdruck nötig gewesen. Aus Platzgründen wird hier nur ein Auszug vorgelegt. Dabei wurden einige der wichtigsten Einzelfragen berücksichtigt und zugunsten von größeren Einheiten (10 Gebote / Unser Vater) auf andere verzichtet.

Der Wortlaut entspricht der in überarbeiteter Form 1994 vom Moderamen des Reformierten Bundes autorisierten Fassung.

Der Heidelberger Katechismus ist Bekenntnisschrift in der Evangelisch-reformierten Kirche (Synode Evangelisch-reformierter Kirchen in Bayern und Nordwestdeutschland), überwiegend in der Lippischen Landeskirche und in den Gemeinden reformierten Bekenntnisstandes in der Evangelischen Kirche im Rheinland und der Evangelischen Kirche von Westfalen sowie in der Evangelisch-altreformierten Kirche in Niedersachsen.

Darüber hinaus ist er weltweit in den reformierten Kirchen und Gemeinden in Geltung.

DER HEIDELBERGER KATECHISMUS

FRAGE 1

*Was ist dein einziger Trost
im Leben und im Sterben?*

Daß ich mit Leib und Seele
im Leben und im Sterben nicht mir,
sondern meinem getreuen Heiland
Jesus Christus gehöre.

Er hat mit seinem teuren Blut
für alle meine Sünden vollkommen bezahlt
und mich aus aller Gewalt des Teufels erlöst;
und er bewahrt mich so,
daß ohne den Willen meines Vaters im Himmel
kein Haar von meinem Haupt kann fallen,
ja, daß mir alles zu meiner Seligkeit dienen muß.

Darum macht er mich auch
durch seinen Heiligen Geist
des ewigen Lebens gewiß
und von Herzen willig und bereit,
ihm forthin zu leben.

Ältere Fassung:

*Was ist dein einiger Trost
im Leben und im Sterben?*

Daß ich mit Leib und Seele,
beides, im Leben und im Sterben,
nicht mein, sondern meines getreuen Heilands
Jesu Christi
eigen bin,

der mit seinem teuren Blut
für alle meine Sünden vollkömmlich bezahlt
und mich aus aller Gewalt des Teufels
erlöst hat
und also bewahrt,

daß ohne den Willen meines Vaters im Himmel
kein Haar von meinem Haupt kann fallen,
ja auch mir alles
zu meiner Seligkeit dienen muß.

Darum er mich auch durch seinen Heiligen Geist
des ewigen Lebens versichert
und ihm forthin zu leben
von Herzen willig und bereit macht.

FRAGE 2

Was mußt du wissen,
damit du in diesem Trost
selig leben und sterben kannst?

Erstens:
Wie groß meine Sünde und Elend ist.

Zweitens:
Wie ich von allen meinen Sünden und Elend
erlöst werde.

Drittens:
Wie ich Gott für solche Erlösung
soll dankbar sein.

DER ERSTE TEIL
VON DES MENSCHEN ELEND

FRAGE 3

Woher erkennst du dein Elend?

Aus dem Gesetz Gottes.

DER HEIDELBERGER KATECHISMUS

FRAGE 4

Was fordert denn Gottes Gesetz von uns?

Dies lehrt uns Christus
mit folgenden Worten:

»Du sollst den Herrn, deinen Gott,
lieben von ganzem Herzen,
von ganzer Seele
und von ganzem Gemüt.

Dies ist das höchste und größte Gebot.

Das andere aber ist dem gleich:
Du sollst deinen Nächsten lieben wie dich selbst.

In diesen beiden Geboten
hängt das ganze Gesetz und die Propheten.« *(Matthäus 22, 37–40)*

FRAGE 5

Kannst du das alles vollkommen halten?

Nein,
denn ich bin von Natur aus geneigt,
Gott und meinen Nächsten zu hassen.

FRAGE 8

Sind wir aber so böse und verkehrt,
daß wir ganz und gar unfähig sind
zu irgendeinem Guten
und geneigt zu allem Bösen?

Ja,
es sei denn,
daß wir durch den Geist Gottes
wiedergeboren werden.

BEKENNTNISSE UND LEHRZEUGNISSE DER KIRCHE

DER ZWEITE TEIL
VON DES MENSCHEN ERLÖSUNG

FRAGE 15

*Was für einen Mittler und Erlöser
müssen wir denn suchen?*

Einen solchen,
der ein wahrer und gerechter Mensch
und doch stärker als alle Geschöpfe,
also auch wahrer Gott ist.

FRAGE 18

*Wer ist denn dieser Mittler,
der zugleich wahrer Gott
und ein wahrer, gerechter Mensch ist?*

Unser Herr Jesus Christus,
der uns
zur vollkommenen Erlösung und Gerechtigkeit
geschenkt ist.

FRAGE 19

Woher weißt du das?

Aus dem heiligen Evangelium.
Gott selbst hat es zuerst im Paradies
offenbart,
dann durch die heiligen Erzväter und Propheten
verkündigen lassen
und durch die Opfer und andere Bräuche des Gesetzes
vorgebildet,
zuletzt aber durch seinen einzig geliebten Sohn
erfüllt.

DER HEIDELBERGER KATECHISMUS

FRAGE 21

Was ist wahrer Glaube?

Wahrer Glaube ist nicht allein
eine zuverlässige Erkenntnis,
durch welche ich alles für wahr halte,
was uns Gott in seinem Wort geoffenbart hat,
sondern auch ein herzliches Vertrauen,
welches der Heilige Geist
durchs Evangelium in mir wirkt,
daß nicht allein anderen,
sondern auch mir
Vergebung der Sünden,
ewige Gerechtigkeit und Seligkeit
von Gott geschenkt ist,
aus lauter Gnade,
allein um des Verdienstes Christi willen.

VON GOTT DEM VATER

FRAGE 26

Was glaubst du, wenn du sprichst:
»Ich glaube an Gott, den Vater, den Allmächtigen,
den Schöpfer Himmels und der Erde«?

Ich glaube,
daß der ewige Vater unsers Herrn Jesus Christus
um seines Sohnes willen
mein Gott und mein Vater ist.
Er hat Himmel und Erde
mit allem, was darin ist,
aus nichts erschaffen
und erhält und regiert sie noch immer
durch seinen ewigen Rat und seine Vorsehung.
Auf ihn vertraue ich und zweifle nicht,

daß er mich mit allem versorgt,
was ich für Leib und Seele nötig habe,
und auch alle Lasten,
die er mir in diesem Leben auferlegt,
mir zum Besten wendet.
Er kann es tun als ein allmächtiger Gott
und will es auch tun als ein getreuer Vater.

FRAGE 28

*Was nützt uns die Erkenntnis
der Schöpfung und Vorsehung Gottes?*

Gott will damit,
daß wir in aller Widerwärtigkeit geduldig,
in Glückseligkeit dankbar
und auf die Zukunft hin voller Vertrauen
zu unserem treuen Gott und Vater sind,
daß uns nichts
von seiner Liebe scheiden wird,
weil alle Geschöpfe so in seiner Hand sind,
daß sie sich ohne seinen Willen
weder regen noch bewegen können.

VON GOTT DEM SOHN

FRAGE 29

*Warum wird der Sohn Gottes Jesus,
das heißt »Heiland«, genannt?*

Weil er uns heilt von unseren Sünden,
und weil bei keinem anderen
ein solches Heil
zu suchen noch zu finden ist.

DER HEIDELBERGER KATECHISMUS

FRAGE 31

*Warum wird er Christus,
das heißt »Gesalbter«, genannt?*

Er ist von Gott dem Vater eingesetzt
und mit dem Heiligen Geist gesalbt
zu unserem obersten Propheten und Lehrer,
der uns Gottes verborgenen Rat und Willen
von unserer Erlösung
vollkommen offenbart;
und zu unserem einzigen Hohenpriester,
der uns mit dem einmaligen Opfer seines Leibes
erlöst hat
und uns allezeit mit seiner Fürbitte
vor dem Vater vertritt;
und zu unserem ewigen König,
der uns mit seinem Wort und Geist regiert
und bei der erworbenen Erlösung
schützt und erhält.

FRAGE 32

Warum wirst aber du ein Christ genannt?

Weil ich durch den Glauben ein Glied Christi bin
und dadurch an seiner Salbung Anteil habe,
damit auch ich seinen Namen bekenne,
mich ihm zu einem lebendigen Dankopfer hingebe
und mit freiem Gewissen
in diesem Leben
gegen die Sünde und den Teufel streite
und hernach in Ewigkeit
mit ihm über alle Geschöpfe herrsche.

BEKENNTNISSE UND LEHRZEUGNISSE DER KIRCHE

FRAGE 37

Was verstehst du unter dem Wort »gelitten«?

Jesus Christus hat an Leib und Seele
die ganze Zeit seines Lebens auf Erden,
besonders aber an dessen Ende,
den Zorn Gottes
über die Sünde des ganzen Menschengeschlechts
getragen.
Mit seinem Leiden
als dem einmaligen Sühnopfer
hat er unseren Leib und unsere Seele
von der ewigen Verdammnis erlöst
und uns
Gottes Gnade, Gerechtigkeit und ewiges Leben
erworben.

FRAGE 45

Was nützt uns die Auferstehung Christi?

Erstens:
Christus hat durch seine Auferstehung
den Tod überwunden,
um uns an der Gerechtigkeit Anteil zu geben,
die er uns durch seinen Tod erworben hat.

Zweitens:
Durch seine Kraft werden auch wir
schon jetzt erweckt zu einem neuen Leben.

Drittens:
Die Auferstehung Christi
ist uns ein verläßliches Pfand
unserer seligen Auferstehung.

DER HEIDELBERGER KATECHISMUS
VON GOTT DEM HEILIGEN GEIST

FRAGE 53

Was glaubst du vom Heiligen Geist?

Erstens:
Der Heilige Geist ist gleich ewiger Gott
mit dem Vater und dem Sohn.

Zweitens:
Er ist auch mir gegeben
und gibt mir durch wahren Glauben
Anteil an Christus und allen seinen Wohltaten.
Er tröstet mich
und wird bei mir bleiben in Ewigkeit.

FRAGE 54

*Was glaubst du
von der »heiligen allgemeinen christlichen Kirche«?*

Ich glaube,
daß der Sohn Gottes
aus dem ganzen Menschengeschlecht
sich eine auserwählte Gemeinde
zum ewigen Leben
durch seinen Geist und Wort
in Einigkeit des wahren Glaubens
von Anbeginn der Welt bis ans Ende
versammelt, schützt und erhält,
und daß auch ich
ein lebendiges Glied dieser Gemeinde bin
und ewig bleiben werde.

BEKENNTNISSE UND LEHRZEUGNISSE DER KIRCHE

FRAGE 55

Was verstehst du unter der
»Gemeinschaft der Heiligen«?

Erstens:
Alle Glaubenden haben als Glieder
Gemeinschaft an dem Herrn Christus
und an allen seinen Schätzen und Gaben.

Zweitens:
Darum soll auch jeder seine Gaben
willig und mit Freuden
zum Wohl und Heil der anderen
gebrauchen.

FRAGE 60

Wie bist du gerecht vor Gott?

Allein durch wahren Glauben
an Jesus Christus.
Zwar klagt mich mein Gewissen an,
daß ich gegen alle Gebote Gottes
schwer gesündigt
und keines je gehalten habe
und noch immer zu allem Bösen geneigt bin.
Gott aber schenkt mir
ganz ohne mein Verdienst
aus lauter Gnade
die vollkommene Genugtuung,
Gerechtigkeit und Heiligkeit Christi.
Er rechnet sie mir an, als hätte ich nie eine Sünde
begangen noch gehabt
und selbst den ganzen Gehorsam vollbracht,
den Christus für mich geleistet hat,
wenn ich allein diese Wohltat
mit gläubigem Herzen annehme.

DER HEIDELBERGER KATECHISMUS

FRAGE 61

Warum sagst du,
daß du allein durch den Glauben gerecht bist?

Ich gefalle Gott nicht deswegen,
weil mein Glaube
ein verdienstvolles Werk wäre.
Allein die Genugtuung,
Gerechtigkeit und Heiligkeit Christi
ist meine Gerechtigkeit vor Gott.
Ich kann sie nicht anders
als durch den Glauben
annehmen und mir zueignen.

FRAGE 62

Warum können denn unsere guten Werke
uns nicht ganz oder teilweise
vor Gott gerecht machen?

Die Gerechtigkeit,
die vor Gottes Gericht bestehen soll,
muß vollkommen sein
und dem göttlichen Gesetz
ganz und gar entsprechen.
Aber auch unsere besten Werke
sind in diesem Leben
alle unvollkommen und mit Sünde befleckt.

VON DEN HEILIGEN SAKRAMENTEN

FRAGE 65

Wenn nun allein der Glaube
uns Anteil an Christus
und allen seinen Wohltaten gibt,
woher kommt solcher Glaube?

BEKENNTNISSE UND LEHRZEUGNISSE DER KIRCHE

Der Heilige Geist wirkt den Glauben
in unseren Herzen
durch die Predigt des heiligen Evangeliums
und bestätigt ihn
durch den Gebrauch der heiligen Sakramente.

FRAGE 66

Was sind Sakramente?

Es sind sichtbare heilige Wahrzeichen und Siegel.
Gott hat sie eingesetzt,
um uns durch ihren Gebrauch
den Zuspruch des Evangeliums
besser verständlich zu machen
und zu versiegeln:
daß er uns auf Grund
des einmaligen Opfers Christi,
am Kreuz vollbracht,
Vergebung der Sünden und ewiges Leben
aus Gnade schenkt.

VON DER HEILIGEN TAUFE

FRAGE 69

Wie wirst du in der heiligen Taufe
erinnert und gewiß gemacht,
daß das einmalige Opfer Christi am Kreuz
dir zugute kommt?

Christus hat dies äußerliche Wasserbad eingesetzt
und dabei verheißen,
daß ich so gewiß mit seinem Blut und Geist
von der Unreinigkeit meiner Seele,
das ist von allen meinen Sünden,
reingewaschen bin,

DER HEIDELBERGER KATECHISMUS

wie ich äußerlich durch das Wasser gereinigt werde,
das die Unsauberkeit des Leibes hinwegnimmt.

FRAGE 74

Soll man auch die kleinen Kinder taufen?

Ja;
denn sie gehören ebenso wie die Erwachsenen
in den Bund Gottes und seine Gemeinde.
Auch ihnen wird,
nicht weniger als den Erwachsenen,
in dem Blut Christi
die Erlösung von den Sünden
und der Heilige Geist,
der den Glauben wirkt,
zugesagt.
Darum sollen auch die Kinder
durch die Taufe, das Zeichen des Bundes,
in die christliche Kirche
als Glieder eingefügt
und von den Kindern der Ungläubigen
unterschieden werden,
wie es im Alten Testament
durch die Beschneidung geschehen ist,
an deren Stelle im Neuen Testament
die Taufe eingesetzt wurde.

VOM HEILIGEN ABENDMAHL JESU CHRISTI

FRAGE 75

*Wie wirst du im heiligen Abendmahl
erinnert und gewiß gemacht,
daß du an dem einzigen Opfer Christi am Kreuz
und allen seinen Gaben
Anteil hast?*

BEKENNTNISSE UND LEHRZEUGNISSE DER KIRCHE

Christus hat mir und allen Gläubigen befohlen,
zu seinem Gedächtnis
von dem gebrochenen Brot zu essen
und von dem Kelch zu trinken.
Dabei hat er verheißen:
Erstens,
daß sein Leib so gewiß
für mich am Kreuz geopfert und gebrochen
und sein Blut für mich vergossen ist,
wie ich mit Augen sehe,
daß das Brot des Herrn mir gebrochen
und der Kelch mir gegeben wird.

Zweitens,
daß er selbst meine Seele
mit seinem gekreuzigten Leib
und vergossenen Blut
so gewiß zum ewigen Leben
speist und tränkt,
wie ich aus der Hand des Dieners empfange
und leiblich genieße
das Brot und den Kelch des Herrn,
welche mir als gewisse Wahrzeichen
des Leibes und Blutes Christi gegeben werden.

FRAGE 78

*Werden denn Brot und Wein
in Leib und Blut Christi verwandelt?*

Nein.
Wie das Wasser bei der Taufe
nicht in das Blut Christi verwandelt wird
oder selbst die Sünden abwäscht,
sondern Gottes Wahrzeichen
und Pfand dafür ist,

so wird auch das Brot im Abendmahl
nicht der Leib Christi,
auch wenn es in den Worten,
die beim Abendmahl gebraucht werden,
als der Leib Christi bezeichnet wird.

FRAGE 81

Welche Menschen sollen zum Tisch des Herrn kommen?

Alle, die sich selbst
um ihrer Sünde willen mißfallen
und doch vertrauen,
daß Gott sie ihnen vergeben hat
und daß auch die bleibende Schwachheit
mit dem Leiden und Sterben Christi zugedeckt ist,
die aber auch begehren,
mehr und mehr ihren Glauben zu stärken
und ihr Leben zu bessern.
Die Unbußfertigen und Heuchler dagegen
essen und trinken sich selbst zum Gericht.

DER DRITTE TEIL
VON DER DANKBARKEIT

FRAGE 86

Da wir nun aus unserm Elend
ganz ohne unser Verdienst
aus Gnade durch Christus erlöst sind,
warum sollen wir gute Werke tun?

Wir sollen gute Werke tun,
weil Christus,
nachdem er uns mit seinem Blut erkauft hat,
uns auch durch seinen Heiligen Geist
erneuert zu seinem Ebenbild,

damit wir mit unserem ganzen Leben
uns dankbar gegen Gott
für seine Wohltat erweisen
und er durch uns gepriesen wird.
Danach auch,
daß wir bei uns selbst unsers Glaubens
aus seinen Früchten gewiß werden
und mit einem Leben, das Gott gefällt,
unsern Nächsten auch für Christus gewinnen.

FRAGE 92

Wie lautet das Gesetz des Herrn?

»Gott redete alle diese Worte:

Ich bin der HERR, dein Gott, *Das 1. Gebot*
der ich dich aus Ägyptenland,
aus der Knechtschaft geführt habe.

Du sollst keine anderen Götter haben neben mir.

Du sollst dir kein Bildnis *Das 2. Gebot*
noch irgendein Gleichnis machen,
weder von dem, was oben im Himmel,
noch von dem, was unten auf Erden,
noch von dem, was im Wasser unter der Erde ist:
Bete sie nicht an und diene ihnen nicht.
Denn ich, der HERR, dein Gott,
bin ein eifernder Gott,
der die Missetat der Väter heimsucht
bis ins dritte und vierte Glied
an den Kindern derer, die mich hassen,
aber Barmherzigkeit erweist an vielen Tausenden,
die mich lieben und meine Gebote halten.

Du sollst den Namen des HERRN, *Das 3. Gebot*
deines Gottes,

nicht mißbrauchen;
denn der HERR wird den nicht ungestraft lassen,
der seinen Namen mißbraucht.

Gedenke des Sabbattages, daß du ihn heiligest. *Das 4. Gebot*
Sechs Tage sollst du arbeiten
und alle deine Werke tun.
Aber am siebenten Tag
ist der Sabbat des HERRN, deines Gottes.
Da sollst du keine Arbeit tun,
auch nicht dein Sohn, deine Tochter,
dein Knecht, deine Magd, dein Vieh,
auch nicht dein Fremdling, der in deiner Stadt lebt.
Denn in sechs Tagen hat der HERR
Himmel und Erde gemacht
und das Meer und alles, was darinnen ist,
und ruhte am siebenten Tage.
Darum segnete der HERR den Sabbattag
und heiligte ihn.

Du sollst deinen Vater und deine Mutter ehren, *Das 5. Gebot*
auf daß du lange lebest in dem Lande,
das dir der HERR, dein Gott, geben wird.

Du sollst nicht töten. *Das 6. Gebot*

Du sollst nicht ehebrechen. *Das 7. Gebot*

Du sollst nicht stehlen. *Das 8. Gebot*

Du sollst nicht falsch Zeugnis reden *Das 9. Gebot*
wider deinen Nächsten.

Du sollst nicht begehren deines Nächsten Haus. *Das 10. Gebot*
Du sollst nicht begehren deines Nächsten Weib,
Knecht, Magd, Rind, Esel
noch alles,
was dein Nächster hat.« *(2. Mose 20, 1–17)*

BEKENNTNISSE UND LEHRZEUGNISSE DER KIRCHE

FRAGE 93

Wie werden diese Gebote eingeteilt?

In zwei Tafeln:
Die erste Tafel lehrt in vier Geboten,
wie wir uns Gott gegenüber verhalten sollen,
die zweite in sechs Geboten,
was wir unserm Nächsten schuldig sind.

FRAGE 94

Was fordert der Herr im ersten Gebot?

Gott will,
daß ich allen Götzendienst,
alle Zauberei und Wahrsagerei, allen Aberglauben,
auch das Anrufen der Heiligen oder anderer Geschöpfe
meide und fliehe,
damit ich meiner Seele Heil und Seligkeit
nicht verliere.
Statt dessen soll ich
den einen wahren Gott recht erkennen,
ihm allein vertrauen
und in aller Demut und Geduld
von ihm allein alles Gute erwarten.
Ihn allein soll ich
von ganzem Herzen lieben, fürchten und ehren,
so daß ich eher alle Geschöpfe preisgebe,
als im Geringsten gegen seinen Willen handle.

FRAGE 95

Was ist Götzendienst?

Anstelle des einen wahren Gottes,
der sich in seinem Wort offenbart hat,
oder neben ihm

irgend etwas anderes ersinnen oder haben,
worauf der Mensch sein Vertrauen setzt.

FRAGE 96

Was will Gott im zweiten Gebot?

Gott will, daß wir ihn in keiner Weise abbilden
noch ihn auf irgendeine andere Art verehren,
als er es in seinem Wort befohlen hat.

FRAGE 97

Darf man denn gar kein Bild machen?

Gott kann und darf in keiner Weise abgebildet werden.
Die Geschöpfe dürfen abgebildet werden,
aber Gott verbietet,
Bilder von ihnen zu machen und zu haben,
um sie zu verehren oder ihm damit zu dienen.

FRAGE 98

*Dürfen denn nicht die Bilder
als »der Laien Bücher«
in den Kirchen geduldet werden?*

Nein;
denn wir sollen uns nicht für weiser halten als Gott,
der seine Christenheit nicht durch stumme Götzen,
sondern durch die lebendige Predigt seines Wortes
unterwiesen haben will.

FRAGE 99

Was will Gott im dritten Gebot?

Gott will,
daß wir weder mit Fluchen

oder mit falschem Eid
noch mit unnötigem Schwören
seinen Namen lästern oder mißbrauchen.
Wir sollen uns auch nicht
durch unser Stillschweigen und Zusehen
an solchen schrecklichen Sünden
mitschuldig machen.
Gottes heiligen Namen sollen wir
nur mit Furcht und Ehrerbietung gebrauchen,
so daß er von uns recht bekannt, angerufen
und in allen unseren Worten und Werken
gepriesen wird.

FRAGE 101

Darf man aber überhaupt
bei dem Namen Gottes einen Eid schwören?

Ja, wenn es die Obrigkeit fordert
oder die Not es gebietet,
auf diese Weise Treue und Wahrheit
zu Gottes Ehre und des Nächsten Wohl
zu erhalten und zu fördern.
Denn solches Schwören ist in Gottes Wort begründet.
Deshalb haben die Menschen
im Alten und Neuen Testament
zu Recht davon Gebrauch gemacht.

FRAGE 102

Darf man auch bei den Heiligen
oder anderen Geschöpfen schwören?

Nein;
denn in einem rechtmäßigen Eid
rufe ich Gott selbst zum Zeugen an,
daß er, der allein die Herzen kennt,

die Wahrheit bestätige
und mich strafe, wenn ich falsch schwöre.
Diese Ehre aber gebührt keinem Geschöpf.

FRAGE 103

Was will Gott im vierten Gebot?

Gott will zum einen,
daß das Predigtamt und die christliche Unterweisung
erhalten bleiben
und daß ich, besonders am Feiertag,
zu der Gemeinde Gottes fleißig komme.
Dort soll ich Gottes Wort lernen,
die heiligen Sakramente gebrauchen,
den Herrn öffentlich anrufen
und in christlicher Nächstenliebe für Bedürftige spenden.

Zum andern soll ich an allen Tagen meines Lebens
von meinen bösen Werken feiern*
und den Herrn durch seinen Geist
in mir wirken lassen.
So fange ich den ewigen Sabbat
schon in diesem Leben an.

FRAGE 104

Was will Gott im fünften Gebot?

Ich soll meinem Vater und meiner Mutter
und allen, die mir vorgesetzt sind,
alle Ehre, Liebe und Treue erweisen
und alle gute Lehre und Strafe
mit gebührendem Gehorsam annehmen,
auch mit ihren Schwächen und Fehlern Geduld haben,
weil Gott uns durch ihre Hand regieren will.

---

* *»feiern«* = *ablassen*

BEKENNTNISSE UND LEHRZEUGNISSE DER KIRCHE

FRAGE 105

Was will Gott im sechsten Gebot?

Ich soll meinen Nächsten
weder mit Gedanken
noch mit Worten oder Gebärden,
erst recht nicht mit der Tat,
auch nicht mit Hilfe anderer,
schmähen, hassen, beleidigen oder töten.
Ich soll vielmehr alle Rachgier ablegen,
mir auch nicht selbst Schaden zufügen
oder mich mutwillig in Gefahr begeben.
Darum hat auch der Staat den Auftrag,
durch seine Rechtsordnung das Töten zu verhindern.

FRAGE 106

Redet denn dieses Gebot nur vom Töten?

Nein.
Gott will uns
durch das Verbot des Tötens lehren,
daß er schon die Wurzel des Tötens,
nämlich Neid, Haß, Zorn und Rachgier
haßt und daß alles für
ihn heimliches
Töten ist.

FRAGE 107

Haben wir das Gebot schon erfüllt,
wenn wir unseren Nächsten nicht töten?

Nein.
Indem Gott Neid, Haß und Zorn verdammt,
will er, daß wir unseren Nächsten lieben wie uns selbst,
ihm Geduld, Frieden, Sanftmut,

Barmherzigkeit und Freundlichkeit erweisen,
Schaden, so viel uns möglich, von ihm abwenden
und auch unseren Feinden Gutes tun.

FRAGE 108

Was will Gott im siebenten Gebot?

Gott verurteilt alle Zügellosigkeit.
Darum sollen wir ihr von Herzen feind sein,
rücksichtsvoll und verantwortungsbewußt leben,
sei es nun in der Ehe oder außerhalb derselben.

FRAGE 109

*Verbietet Gott in diesem Gebot
allein den Ehebruch?*

Nein.
Weil beide, unser Leib und unsere Seele,
Tempel des Heiligen Geistes sind,
darum will Gott, daß wir
beide rein und heilig bewahren.
Er verbietet deshalb
alle zügellosen Taten,
Gebärden, Worte, Gedanken, Begierden
und alles, was den Menschen dazu reizen kann.

FRAGE 110

Was verbietet Gott im achten Gebot?

Gott verbietet nicht nur Diebstahl und Raub,
die nach staatlichem Recht bestraft werden.
Er nennt Diebstahl
auch alle Schliche und betrügerischen Handlungen,
womit wir versuchen,
unseres Nächsten Gut an uns zu bringen,

sei es mit Gewalt oder einem Schein des Rechts:
mit falschem Gewicht und Maß,
mit schlechter Ware, gefälschtem Geld und Wucher,
oder mit irgendeinem Mittel,
das von Gott verboten ist.
Er verbietet auch allen Geiz
und alle Verschwendung seiner Gaben.

FRAGE 111

*Was gebietet dir aber Gott
in diesem Gebot?*

Ich soll das Wohl meines Nächsten
fördern, wo ich nur kann,
und an ihm so handeln,
wie ich möchte, daß man an mir handelt.
Auch soll ich gewissenhaft arbeiten,
damit ich dem Bedürftigen
in seiner Not helfen kann.

FRAGE 112

Was will Gott im neunten Gebot?

Ich soll gegen niemanden falsches Zeugnis geben,
niemandem seine Worte verdrehen,
nicht hinter seinem Rücken reden
und ihn nicht verleumden.
Ich soll niemanden ungehört und leichtfertig
verurteilen helfen
und alles Lügen und Betrügen
als Werke des Teufels
bei Gottes schwerem Zorn vermeiden.
Vor Gericht und in all meinem Tun
soll ich die Wahrheit lieben,
sie aufrichtig sagen und bekennen

und auch meines Nächsten Ehre und guten Ruf
nach Kräften retten und fördern.

FRAGE 113

Was will Gott im zehnten Gebot?

Wir sollen in unserem Herzen
keine Lust und keinen Gedanken
aufkommen lassen,
gegen irgendein Gebot Gottes zu handeln,
sondern wir sollen jederzeit
von ganzem Herzen aller Sünde feind sein
und Lust zu aller Gerechtigkeit haben.

FRAGE 114

*Können aber die zu Gott Bekehrten
diese Gebote vollkommen halten?*

Nein,
sondern es kommen
auch die frömmsten Menschen
in diesem Leben
über einen geringen Anfang
dieses Gehorsams nicht hinaus.
Wohl aber beginnen sie,
mit fester Absicht
nicht nur nach einigen,
sondern nach allen Geboten Gottes
zu leben.

FRAGE 115

*Warum läßt uns Gott denn
die zehn Gebote
so eindringlich predigen,
wenn sie doch in diesem Leben
niemand halten kann?*

BEKENNTNISSE UND LEHRZEUGNISSE DER KIRCHE

Erstens
sollen wir unser ganzes Leben lang
unsere sündige Art
je länger, je mehr erkennen
und um so begieriger
Vergebung der Sünden
und Gerechtigkeit in Christus suchen.

Zweitens
sollen wir unaufhörlich uns bemühen
und Gott um die Gnade des Heiligen Geistes bitten,
daß wir je länger, je mehr
zum Ebenbild Gottes erneuert werden,
bis wir nach diesem Leben
das Ziel der Vollkommenheit erreichen.

VOM GEBET

FRAGE 116

Warum ist den Christen das Gebet nötig?

Weil es die wichtigste Gestalt der Dankbarkeit ist,
die Gott von uns fordert,
und weil Gott seine Gnade und seinen Heiligen Geist
nur denen geben will,
die ihn herzlich und unaufhörlich
darum bitten und ihm dafür danken.

FRAGE 117

Was gehört zu einem Gebet,
damit es Gott gefällt
und von ihm erhört wird?

Erstens,
daß wir allein den wahren Gott,

DER HEIDELBERGER KATECHISMUS

der sich uns in seinem Wort geoffenbart hat,
von Herzen anrufen
um alles, was er uns zu bitten befohlen hat.

Zweitens,
daß wir unsere Not und unser Elend
gründlich erkennen,
um uns vor seinem göttlichen Angesicht
zu demütigen.

Drittens,
daß wir diesen festen Grund haben,
daß er unser Gebet
trotz unserer Unwürdigkeit
um des Herrn Christus willen
gewiß erhören will,
wie er uns in seinem Wort verheißen hat.

FRAGE 118

*Was hat uns Gott befohlen,
von ihm zu erbitten?*

Alles, was wir
für unser geistliches
und leibliches Leben
nötig haben,
wie es der Herr Christus
in dem Gebet zusammengefaßt hat,
das er uns selber lehrt.

FRAGE 119

Wie lautet dieses Gebet?

Unser Vater im Himmel!
Geheiligt werde dein Name.
Dein Reich komme.

BEKENNTNISSE UND LEHRZEUGNISSE DER KIRCHE

Dein Wille geschehe
wie im Himmel, so auf Erden.
Unser tägliches Brot gib uns heute.
Und vergib uns unsere Schuld,
wie auch wir vergeben unsern Schuldigern.
Und führe uns nicht in Versuchung,
sondern erlöse uns von dem Bösen.
Denn dein ist das Reich
und die Kraft
und die Herrlichkeit
in Ewigkeit
Amen.

FRAGE 120

Warum hat uns Christus befohlen,
Gott so anzureden:
»Unser Vater«?

Er will in uns gleich zu Anfang unseres Gebetes
die kindliche Ehrfurcht und Zuversicht
Gott gegenüber wecken,
auf die unser Gebet gegründet sein soll;
daß nämlich Gott
durch Christus unser Vater geworden ist
und uns das, worum wir ihn im Glauben bitten,
noch viel weniger verweigern will,
als unsere Väter uns irdische Dinge abschlagen.

FRAGE 121

Warum wird hinzugefügt:
»Im Himmel«?

Wir sollen von der himmlischen Hoheit Gottes
nichts Irdisches denken
und von seiner Allmacht alles erwarten,
was für Leib und Seele nötig ist.

DER HEIDELBERGER KATECHISMUS

FRAGE 122

Was bedeutet die erste Bitte:
»Geheiligt werde dein Name«?

Damit beten wir:
Gib uns zuerst, daß wir dich recht erkennen
und dich heiligen, rühmen und preisen
in allen deinen Werken,
in denen deine Allmacht, Weisheit, Güte,
Gerechtigkeit, Barmherzigkeit und Wahrheit leuchten.
Gib uns auch, daß wir unser ganzes Leben,
unsere Gedanken, Worte und Werke darauf richten,
daß dein Name unsertwegen nicht gelästert,
sondern geehrt und gepriesen werde.

FRAGE 123

Was bedeutet die zweite Bitte:
»Dein Reich komme«?

Damit beten wir:
Regiere uns durch dein Wort und deinen Geist,
daß wir dir je länger, je mehr gehorchen.
Erhalte und mehre deine Kirche
und zerstöre die Werke des Teufels
und alle Gewalt, die sich gegen dich erhebt,
und alle Machenschaften,
die gegen dein heiliges Wort erdacht werden,
bis die Vollendung deines Reiches kommt,
in dem du alles in allen sein wirst.

FRAGE 124

Was bedeutet die dritte Bitte:
»Dein Wille geschehe
wie im Himmel, so auf Erden«?

BEKENNTNISSE UND LEHRZEUGNISSE DER KIRCHE

Damit beten wir:
Hilf, daß wir und alle Menschen
unserm eigenen Willen absagen
und deinem allein guten Willen
ohne alles Widersprechen gehorchen,
so daß jeder seine irdischen Aufgaben
so willig und treu ausübt wie die Engel im Himmel.

FRAGE 125

Was bedeutet die vierte Bitte:
»Unser tägliches Brot
gib uns heute«?

Damit beten wir:
Versorge uns mit allem,
was für Leib und Leben nötig ist.
Lehre uns dadurch erkennen,
daß du allein der Ursprung alles Guten bist
und daß ohne deinen Segen
unsere Sorgen und unsere Arbeit
wie auch deine Gaben uns nichts nützen.
Laß uns deshalb unser Vertrauen
von allen Geschöpfen abwenden
und es allein auf dich setzen.

FRAGE 126

Was bedeutet die fünfte Bitte:
»Vergib uns unsere Schuld,
wie auch wir vergeben
unsern Schuldigern«?

Damit beten wir:
Rechne uns armen Sündern
alle unsere Missetat
und das Böse,

das uns immer noch anhängt,
um des Blutes Christi willen nicht zu,
wie auch wir es als Zeugnis deiner Gnade in uns finden,
unserem Nächsten von Herzen verzeihen zu wollen.

FRAGE 127

Was bedeutet die sechste Bitte:
»Und führe uns
nicht in Versuchung,
sondern erlöse uns
von dem Bösen«?

Damit beten wir:
Aus uns selbst sind wir so schwach,
daß wir nicht einen Augenblick bestehen können.
Auch hören unsere erklärten Feinde,
der Teufel, die Welt und unser eigenes Wesen,
nicht auf, uns anzufechten.
Darum erhalte und stärke uns
durch die Kraft deines Heiligen Geistes,
daß wir ihnen fest widerstehen
und in diesem geistlichen Streit nicht unterliegen,
bis wir endlich den völligen Sieg davontragen.

FRAGE 128

Wie beschließt du dieses Gebet?
»Dein ist das Reich und die Kraft
und die Herrlichkeit in Ewigkeit.«

Damit beten wir:
Dies alles erbitten wir darum von dir,
weil du als unser König und aller Dinge mächtig
uns alles Gute geben willst und kannst,
und daß dadurch nicht wir,
sondern dein heiliger Name
ewig gepriesen werde.

BEKENNTNISSE UND LEHRZEUGNISSE DER KIRCHE

FRAGE 129

Was bedeutet das Wort: »Amen«?

A m e n heißt:
Das ist wahr und gewiß!
Denn mein Gebet
ist von Gott viel gewisser erhört,
als ich in meinem Herzen fühle,
daß ich dies alles von ihm begehre.

Das Augsburger Bekenntnis 857

(Auszug)

Das Augsburger Bekenntnis (Confessio Augustana) hat Philipp Melanchthon, der Freund und Mitarbeiter Martin Luthers, im Auftrag evangelischer Fürsten und Reichsstädte verfaßt mit dem Ziel, auf dem von Kaiser Karl V. einberufenen Reichstag in Augsburg 1530 die Gemeinsamkeit mit der katholischen Kirche wiederzuerlangen. Diesem Ziel sollten die Entfaltung der christlichen Lehre in seinem ersten Teil und die Ablehnung bestimmter Mißbräuche im kirchlichen Leben in seinem zweiten Teil dienen. Das Augsburger Bekenntnis ist also ursprünglich ein ökumenisches Bekenntnis. Es konnte jedoch entgegen seiner Zielsetzung die Kirchenspaltung nicht verhindern und wurde zur wichtigsten Bekenntnisschrift der lutherischen Kirchen.

Die zeitbedingten Verurteilungen Andersdenkender, die das Augsburger Bekenntnis enthält, sind heute kaum noch nachvollziehbar, weil sie Lehre und Praxis der verschiedenen Kirchen und Glaubensgemeinschaften weithin nicht mehr treffen und weil zwischen diesen immer mehr ein von Toleranz geprägtes Verhältnis entstanden ist.

Das Augsburger Bekenntnis wird hier im Auszug wiedergegeben.

BEKENNTNISSE UND LEHRZEUGNISSE DER KIRCHE

DAS AUGSBURGER BEKENNTNIS
(I. Teil)

ARTIKEL DES GLAUBENS UND DER LEHRE

ARTIKEL 1
VON GOTT

Zuerst wird einträchtig laut Beschluß des Konzils von Nizäa gelehrt und festgehalten, daß ein einziges göttliches Wesen sei, das Gott genannt wird und wahrhaftig Gott ist, und daß doch drei Personen in diesem einen göttlichen Wesen sind, alle drei gleich mächtig, gleich ewig: Gott Vater, Gott Sohn, Gott Heiliger Geist. Alle drei sind *ein* göttliches Wesen, ewig, unteilbar, unendlich, von unermeßlicher Macht, Weisheit und Güte, ein Schöpfer und Erhalter aller sichtbaren und unsichtbaren Dinge. Unter dem Wort »Person« wird nicht ein Teil, nicht eine Eigenschaft an einem anderen Sein verstanden, sondern etwas, was in sich selbst besteht (selbständig ist), so wie die Kirchenväter in dieser Sache dieses Wort gebraucht haben.

Deshalb werden alle Irrlehren verworfen, die diesem Artikel widersprechen.*

ARTIKEL 2
VON DER ERBSÜNDE

Weiter wird bei uns gelehrt, daß nach Adams Fall alle natürlich geborenen Menschen in Sünde empfangen und geboren wer-

---

* *Hier werden wie an entsprechenden Stellen in den Artikeln 2, 5, 8, 9, 12, 16, 17 und 18 Beispiele von Irrlehren aus der Alten Kirche oder der Reformationszeit genannt, auf die sich die Verwerfungen beziehen. Diese Verurteilungen wollen das Evangelium vor Entstellungen bewahren, richten sich aber nicht gegen den persönlichen Glauben bestimmter Menschen.*

den, das heißt, daß sie alle von Mutterleib an voll böser Lust und Neigung sind und von Natur keine wahre Gottesfurcht, keinen wahren Glauben an Gott haben können, ferner daß auch diese angeborene Seuche und Erbsünde wirklich Sünde ist und daher alle die unter den ewigen Gotteszorn verdammt, die nicht durch die Taufe und den Heiligen Geist wieder neu geboren werden.

Damit werden die verworfen, die die Erbsünde nicht für eine Sünde halten, damit sie die Natur fromm machen durch natürliche Kräfte, in Verachtung des Leidens und Verdienstes Christi.

ARTIKEL 3
VOM SOHN GOTTES

Ebenso wird gelehrt, daß Gott, der Sohn, Mensch geworden ist, geboren aus der reinen Jungfrau Maria, und daß die zwei Naturen, die göttliche und die menschliche, also in *einer* Person untrennbar vereinigt, *ein* Christus sind, der wahrer Gott und wahrer Mensch ist, wahrhaftig geboren, gelitten, gekreuzigt, gestorben und begraben, daß er ein Opfer nicht allein für die Erbsünde, sondern auch für alle anderen Sünden war und Gottes Zorn versöhnte, ebenso daß dieser Christus hinabgestiegen ist zur Hölle (Unterwelt), am dritten Tage wahrhaftig auferstanden ist von den Toten und aufgefahren ist in den Himmel; er sitzt zur Rechten Gottes, daß er ewig über alle Geschöpfe herrsche und regiere; daß er alle, die an ihn glauben, durch den Heiligen Geist heilige, reinige, stärke und tröste, ihnen auch Leben und allerlei Gaben und Güter austeile und sie schütze und beschirme gegen den Teufel und die Sünde; daß dieser Herr Christus am Ende öffentlich kommen wird, zu richten die Lebenden und die Toten usw. laut dem Apostolischen Glaubensbekenntnis.

ARTIKEL 4
VON DER RECHTFERTIGUNG

Weiter wird gelehrt, daß wir Vergebung der Sünde und Gerechtigkeit vor Gott nicht durch unser Verdienst, Werk und Genugtuung erlangen können, sondern daß wir Vergebung der Sünde bekommen und vor Gott gerecht werden aus Gnade um Christi willen durch den Glauben, nämlich wenn wir glauben, daß Christus für uns gelitten hat und daß uns um seinetwillen die Sünde vergeben, Gerechtigkeit und ewiges Leben geschenkt wird. Denn diesen Glauben will Gott als Gerechtigkeit, die vor ihm gilt, ansehen und zurechnen, wie der heilige Paulus zu den Römern im 3. und 4. Kapitel sagt.

ARTIKEL 5
VOM PREDIGTAMT

Um diesen Glauben zu erlangen, hat Gott das Predigtamt eingesetzt, das Evangelium und die Sakramente gegeben, durch die er als durch Mittel den Heiligen Geist gibt, der den Glauben, wo und wann er will, in denen, die das Evangelium hören, wirkt, das da lehrt, daß wir durch Christi Verdienst, nicht durch unser Verdienst, einen gnädigen Gott haben, wenn wir das glauben.

Und es werden die verdammt, die lehren, daß wir den Heiligen Geist ohne das leibhafte Wort des Evangeliums durch eigene Vorbereitung, Gedanken und Werke erlangen.

ARTIKEL 6
VOM NEUEN GEHORSAM

Auch wird gelehrt, daß dieser Glaube gute Früchte und gute Werke hervorbringen soll und daß man gute Werke tun muß, und zwar alle, die Gott geboten hat, um Gottes willen. Doch darf man nicht auf solche Werke vertrauen, um dadurch Gnade vor Gott zu verdienen. Denn wir empfangen Vergebung der Sünde und Gerechtigkeit durch den Glauben an Christus – wie

DAS AUGSBURGER BEKENNTNIS

Christus selbst spricht: »Wenn ihr alles getan habt, sollt ihr sprechen: Wir sind untüchtige Knechte.« So lehren auch die Kirchenväter. Denn Ambrosius sagt: »So ist es bei Gott beschlossen, daß, wer an Christus glaubt, selig ist und nicht durch Werke, sondern allein durch den Glauben ohne Verdienst Vergebung der Sünde hat.«

ARTIKEL 7
VON DER KIRCHE

Es wird auch gelehrt, daß allezeit eine heilige, christliche Kirche sein und bleiben muß, die die Versammlung aller Gläubigen ist, bei denen das Evangelium rein gepredigt und die heiligen Sakramente laut dem Evangelium gereicht werden. Denn das genügt zur wahren Einheit der christlichen Kirche, daß das Evangelium einträchtig im reinen Verständnis gepredigt und die Sakramente dem göttlichen Wort gemäß gereicht werden. Und es ist nicht zur wahren Einheit der christlichen Kirche nötig, daß überall die gleichen, von den Menschen eingesetzten Zeremonien eingehalten werden, wie Paulus sagt: »*Ein* Leib und *ein* Geist, wie ihr berufen seid zu *einer* Hoffnung eurer Berufung; *ein* Herr, *ein* Glaube, *eine* Taufe« (Eph 4, 4.5).

ARIKEL 8
WAS DIE KIRCHE SEI?

Ebenso, obwohl die christliche Kirche eigentlich nichts anderes ist als die Versammlung aller Gläubigen und Heiligen, jedoch in diesem Leben unter den Frommen viele falsche Christen und Heuchler, auch öffentliche Sünder bleiben, sind die Sakramente gleichwohl wirksam, auch wenn die Priester, durch die sie gereicht werden, nicht fromm sind; wie denn Christus selbst sagt: »Auf dem Stuhl des Mose sitzen die Pharisäer« usw. (Mt 23, 2).

Deshalb werden alle verdammt, die anders lehren.

ARTIKEL 9
VON DER TAUFE

Von der Taufe wird gelehrt, daß sie heilsnotwendig ist und daß durch sie Gnade angeboten wird; daß man auch die Kinder taufen soll, die durch die Taufe Gott überantwortet und gefällig werden, d. h. in die Gnade Gottes aufgenommen werden.

Deshalb werden die verworfen, die lehren, daß die Kindertaufe nicht richtig sei.

ARTIKEL 10
VOM HEILIGEN ABENDMAHL

Vom Abendmahl des Herrn wird so gelehrt, daß der wahre Leib und das wahre Blut Christi wirklich unter der Gestalt des Brotes und Weines im Abendmahl gegenwärtig ist und dort ausgeteilt und empfangen wird.

Deshalb wird auch die Gegenlehre verworfen.

ARTIKEL 11
VON DER BEICHTE

Von der Beichte wird so gelehrt, daß man in der Kirche die private Absolution oder Lossprechung beibehalten und nicht wegfallen lassen soll, obwohl es in der Beichte nicht nötig ist, alle Missetaten und Sünden aufzuzählen, weil das doch nicht möglich ist: »Wer kennt seine Missetat?« (Ps 19, 13)

ARTIKEL 12
VON DER BUSSE

Von der Buße wird gelehrt, daß diejenigen, die nach der Taufe gesündigt haben, jederzeit, wenn sie Buße tun, Vergebung der Sünden erlangen und ihnen die Absolution von der Kirche nicht verweigert werden soll. Nun ist wahre, rechte Buße eigentlich nichts anderes als Reue und Leid oder das Erschrecken über die Sünde und doch zugleich der Glaube an das Evangelium und

DAS AUGSBURGER BEKENNTNIS

die Absolution, nämlich daß die Sünde vergeben und durch Christus Gnade erworben ist. Dieser Glaube tröstet wiederum das Herz und macht es zufrieden. Danach soll auch die Besserung folgen und daß man von Sünden lasse; denn dies sollen die Früchte der Buße sein – wie Johannes sagt: »Tut rechtschaffene Frucht der Buße« (Mt 3, 8).

Hiermit werden die verworfen, die lehren, daß diejenigen, die einmal fromm geworden (zum Glauben gekommen) sind, nicht wieder in Sünden fallen können. Andererseits werden auch die verworfen, die die Absolution denen verweigerten, die nach der Taufe gesündigt hatten. Auch werden die verworfen, die nicht lehren, daß man durch Glauben Vergebung der Sünde erlangt, sondern durch unsere Genugtuung.

ARTIKEL 13
VOM GEBRAUCH DER SAKRAMENTE

Vom Gebrauch der Sakramente wird gelehrt, daß die Sakramente nicht nur als Zeichen eingesetzt sind, an denen man die Christen äußerlich erkennen kann, sondern daß sie Zeichen und Zeugnis sind des göttlichen Willens gegen uns, um dadurch unseren Glauben zu erwecken und zu stärken. Darum fordern sie auch Glauben und werden dann richtig gebraucht, wenn man sie im Glauben empfängt und den Glauben durch sie stärkt.

ARTIKEL 14
VOM KIRCHENREGIMENT

Vom Kirchenregiment (kirchlichen Amt) wird gelehrt, daß niemand in der Kirche öffentlich lehren oder predigen oder die Sakramente reichen soll ohne ordnungsgemäße Berufung.

ARTIKEL 15
VON KIRCHENORDNUNGEN

Von Kirchenordnungen, die von Menschen gemacht sind, lehrt man bei uns, diejenigen einzuhalten, die ohne Sünde eingehalten werden können und die dem Frieden und der guten Ordnung in der Kirche dienen, wie bestimmte Feiertage, Feste und dergleichen. Doch werden dabei die Menschen unterrichtet, daß man die Gewissen nicht damit beschweren soll, als seien solche Dinge notwendig zur Seligkeit. Darüber hinaus wird gelehrt, daß alle Satzungen und Traditionen, die von Menschen zu dem Zweck gemacht worden sind, daß man dadurch Gott versöhne und Gnade verdiene, dem Evangelium und der Lehre vom Glauben an Christus widersprechen. Deshalb sind Klostergelübde und andere Traditionen über Fastenspeisen, Fasttage usw., durch die man Gnade zu verdienen und für die Sünde Genugtuung zu leisten meint, nutzlos und gegen das Evangelium.

ARTIKEL 16
VON DER POLIZEI (STAATSORDNUNG) UND DEM WELTLICHEN REGIMENT

Von der Polizei (Staatsordnung) und dem weltlichen Regiment wird gelehrt, daß alle Obrigkeit in der Welt und geordnetes Regiment und Gesetze gute Ordnung sind, die von Gott geschaffen und eingesetzt sind, und daß Christen ohne Sünde in Obrigkeit, Fürsten- und Richteramt tätig sein können, nach kaiserlichen und anderen geltenden Rechten Urteile und Recht sprechen, Übeltäter mit dem Schwert bestrafen, rechtmäßig Kriege führen, in ihnen mitstreiten, kaufen und verkaufen, auferlegte Eide leisten, Eigentum haben, eine Ehe eingehen können usw.

Hiermit werden die verdammt, die lehren, daß das oben Angezeigte unchristlich sei.

DAS AUGSBURGER BEKENNTNIS

Auch werden diejenigen verdammt, die lehren, daß es christliche Vollkommenheit sei, Haus und Hof, Weib und Kind leiblich zu verlassen und dies alles aufzugeben, wo doch allein das die rechte Vollkommenheit ist: rechte Furcht Gottes und rechter Glaube an Gott. Denn das Evangelium lehrt nicht ein äußerliches, zeitliches, sondern ein innerliches, ewiges Wesen und die Gerechtigkeit des Herzens; und es stößt nicht das weltliche Regiment, die Polizei (Staatsordnung) und den Ehestand um, sondern will, daß man dies alles als wahrhaftige Gottesordnung erhalte und in diesen Ständen christliche Liebe und rechte, gute Werke, jeder in seinem Beruf, erweise. Deshalb sind es die Christen schuldig, der Obrigkeit untertan und ihren Geboten und Gesetzen gehorsam zu sein in allem, was ohne Sünde geschehen kann. Wenn aber der Obrigkeit Gebot ohne Sünde nicht befolgt werden kann, soll man Gott mehr gehorchen als den Menschen.

ARTIKEL 17
VON DER WIEDERKUNFT CHRISTI
ZUM GERICHT

Auch wird gelehrt, daß unser Herr Jesus Christus am Jüngsten Tag kommen wird, um zu richten und alle Toten aufzuwecken, den Gläubigen und Auserwählten ewiges Leben und ewige Freude zu geben, die gottlosen Menschen aber und die Teufel in die Hölle und zur ewigen Strafe verdammen wird.

Deshalb werden die verworfen, die lehren, daß die Teufel und die verdammten Menschen nicht ewige Pein und Qual haben werden.

Ebenso werden hier Lehren verworfen, die sich auch gegenwärtig ausbreiten, nach denen vor der Auferstehung der Toten eitel (reine) Heilige, Fromme ein weltliches Reich aufrichten und alle Gottlosen vertilgen werden.

ARTIKEL 18
VOM FREIEN WILLEN

Vom freien Willen wird so gelehrt, daß der Mensch in gewissem Maße einen freien Willen hat, äußerlich ehrbar zu leben und zu wählen unter den Dingen, die die Vernunft begreift. Aber ohne Gnade, Hilfe und Wirkung des Heiligen Geistes kann der Mensch Gott nicht gefallen, Gott nicht von Herzen fürchten oder an ihn glauben oder nicht die angeborenen, bösen Lüste aus dem Herzen werfen, sondern dies geschieht durch den Heiligen Geist, der durch Gottes Wort gegeben wird. Denn so spricht Paulus: »Der natürliche Mensch vernimmt nichts vom Geist Gottes« (1. Kor 2, 14).*

ARTIKEL 19
ÜBER DIE URSACHE DER SÜNDE

Von der Ursache der Sünde wird bei uns gelehrt: wiewohl Gott der Allmächtige die ganze Natur geschaffen hat und erhält, so bewirkt doch der verkehrte Wille in allen Bösen und Verächtern Gottes die Sünde, wie es denn der Wille des Teufels und aller Gottlosen ist, der sich, sobald Gott seine Hand abzog, von Gott weg dem Argen zugewandt hat, wie Christus sagt: »Der Teufel redet Lügen aus seinem Eigenen« (Joh 8, 44).

ARTIKEL 20
VOM GLAUBEN UND GUTEN WERKEN

Den Unseren wird in unwahrer Weise nachgesagt, daß sie gute Werke verbieten. Denn ihre Schriften über die Zehn Gebote und andere beweisen, daß sie von rechten christlichen Ständen und Werken einen guten nützlichen Bericht und eine Ermahnung hinterlassen haben, worüber man früher wenig gelehrt hat; sondern man hat in allen Predigten vor allem zu kindischen, unnötigen Werken, wie Rosenkränze, Heiligenverehrung, Mönchwerden, Wallfahrten, Fastenordnungen, Feier-

---

* *Hier ist der Text gekürzt.*

tage, Bruderschaften usw. angetrieben. Diese unnötigen Werke rühmen auch unsere Gegner jetzt nicht mehr so sehr wie früher. Außerdem haben sie auch gelernt, nun vom Glauben zu reden, über den sie doch früher gar nicht gepredigt haben. Sie lehren jetzt, daß wir vor Gott nicht allein aus Werken gerecht werden, sondern fügen den Glauben an Christus hinzu und sagen, daß Glaube *und* Werke uns vor Gott gerecht machen, welche Lehre etwas mehr Trost bringen mag, als wenn man allein lehrt, auf Werke zu vertrauen.

Weil nun die Lehre vom Glauben, die das Hauptstück im christlichen Wesen ist, lange Zeit – wie man bekennen muß – nicht betrieben worden ist, sondern überall allein die Lehre von den Werken gepredigt wurde, ist von den Unseren folgende Unterrichtung gegeben worden:

Erstlich, daß unsere Werke uns nicht mit Gott versöhnen und uns nicht Gnade erwerben können, sondern das geschieht allein durch den Glauben – wenn man nämlich glaubt, daß uns um Christi willen die Sünden vergeben werden, der allein der Mittler ist, um den Vater zu versöhnen. Wer nun meint, das durch Werke zu erreichen und dadurch Gnade zu verdienen, der verachtet Christus und sucht einen eigenen Weg zu Gott gegen das Evangelium.

Diese Lehre vom Glauben wird deutlich und klar bei Paulus vielerorts vertreten, besonders hier: »Aus Gnade seid ihr selig geworden durch den Glauben, und das nicht aus euch, sondern Gottes Gabe ist es, nicht aus Werken, damit sich niemand rühme« (Eph 2, 8) usw.

Daß hierdurch von uns kein neues Verständnis des Glaubens eingeführt worden ist, kann man aus Augustinus beweisen, der diese Sache ausführlich behandelt und ebenfalls lehrt, daß wir durch den Glauben an Christus Gnade erlangen und vor Gott gerecht werden und nicht durch Werke, wie sein ganzes Buch »Über den Geist und den Buchstaben« beweist.

Obwohl nun diese Lehre von nicht sachkundigen Leuten sehr verachtet wird, so zeigt sich doch, daß sie für schwache und erschrockene Gewissen sehr tröstlich und heilsam ist. Denn das Gewissen kann nicht durch Werke zu Ruhe und Frieden kommen, sondern allein durch den Glauben, wenn es bei sich mit Gewißheit schließt, daß es um Christi willen einen gnädigen Gott hat – wie auch Paulus sagt: »Weil wir durch den Glauben gerecht geworden sind, haben wir Ruhe und Frieden vor Gott« (Röm 5, 1).*

Ferner wird gelehrt, daß gute Werke geschehen sollen und müssen, aber nicht, daß man darauf vertraut, durch sie Gnade zu verdienen, sondern um Gottes willen und zu Gottes Lob. Der Glaube ergreift immer nur die Gnade und die Vergebung der Sünde; und weil durch den Glauben der Heilige Geist gegeben wird, darum wird auch das Herz befähigt, gute Werke zu tun. Denn zuvor, weil es ohne den Heiligen Geist ist, ist es zu schwach; dazu befindet es sich in der Gewalt des Teufels, der die arme menschliche Natur zu vielen Sünden antreibt, wie wir's an den Philosophen sehen, die versucht haben, ehrlich und unsträflich zu leben, sie haben es aber dennoch nicht erreicht, sondern sind in viele große, offenkundige Sünden gefallen. So geht es mit dem Menschen, der ohne den rechten Glauben und ohne den Heiligen Geist lebt und sich allein aus eigener menschlicher Kraft regiert.

Deshalb ist diese Lehre vom Glauben nicht zu schelten, daß sie gute Werke verbiete, sondern vielmehr dafür zu rühmen, daß sie lehrt, gute Werke zu tun, und Hilfe anbietet, wie man zu guten Werken kommen kann. Denn außer dem Glauben und außerhalb von Christus ist menschliche Natur und Vermögen viel zu schwach, gute Werke zu tun, Gott anzurufen, im Leiden Geduld zu haben, den Nächsten zu lieben, befohlene Ämter fleißig auszurichten, gehorsam zu sein, böse Lust zu meiden usw. Solche hohen und rechten Werke können ohne die Hilfe Christi

---

* *Hier ist der Text gekürzt.*

ARTIKEL 21
VOM DIENST DER HEILIGEN

Vom Heiligendienst wird von den Unseren so gelehrt, daß man der Heiligen gedenken soll, damit wir unseren Glauben stärken, wenn wir sehen, wie ihnen Gnade widerfahren und auch wie ihnen durch den Glauben geholfen worden ist; außerdem soll man sich an ihren guten Werken ein Beispiel nehmen, ein jeder in seinem Beruf, gleichwie Kaiserliche Majestät seliglich und göttlich dem Beispiel Davids folgen soll, wenn er Krieg gegen die Türken führt; denn beide sind sie im königlichen Amt, das von ihnen Schutz und Schirm für ihre Untertanen fordert. Aus der Heiligen Schrift kann man aber nicht beweisen, daß man die Heiligen anrufen oder Hilfe bei ihnen suchen soll. »Denn es ist nur ein einziger Versöhner und Mittler gesetzt zwischen Gott und den Menschen, Jesus Christus« (1. Tim 2, 5). Er ist der einzige Heiland, der einzige Hohepriester, Gnadenstuhl und Fürsprecher vor Gott (Röm 8, 34). Und er allein hat zugesagt, daß er unser Gebet erhören will. Nach der Heiligen Schrift ist das auch der höchste Gottesdienst, daß man diesen Jesus Christus in allen Nöten und Anliegen von Herzen sucht und anruft: »Wenn jemand sündigt, haben wir einen Fürsprecher bei Gott, der gerecht ist, Jesus« (1. Joh 2, 1) usw.

ABSCHLUSS DES ERSTEN TEILS

Dies ist beinahe die Zusammenfassung der Lehre, die in unseren Kirchen zum rechten christlichen Unterricht und zum Trost der Gewissen sowie zur Besserung der Gläubigen gepredigt und gelehrt wird. Wie wir ja auch unsere eigene Seele und Gewissen nicht gern vor Gott durch Mißbrauch des göttlichen Namens oder Wortes der höchsten Gefahr aussetzen oder unseren Kindern und Nachkommen eine andere Lehre hinterlassen oder vererben als eine solche, die dem reinen göttlichen Wort und der christlichen Wahrheit gemäß ist. Weil denn diese Lehre in der Heiligen Schrift klar begründet ist und außerdem der allgemeinen christlichen, ja auch der römischen Kirche, soweit das aus den Schriften der Kirchenväter festzustellen ist, nicht zuwider noch entgegen ist, meinen wir auch, daß unsere Gegner in den oben aufgeführten Artikeln mit uns nicht uneinig sind. Deshalb handeln diejenigen ganz unfreundlich, vorschnell und gegen alle christliche Einigkeit und Liebe, die die Unseren als Ketzer abzusondern, zu verwerfen und zu meiden suchen, ohne daß die dafür einen triftigen Grund in einem göttlichen Gebot oder in der Schrift haben. Denn die Uneinigkeit und den Zank gibt es vor allem wegen einiger Traditionen und Mißbräuche. Wenn denn nun an den Hauptartikeln kein vorfindlicher falscher Grund oder Mangel festzustellen ist und dies unser Bekenntnis göttlich und christlich ist, sollten sich die Bischöfe billigerweise, selbst wenn bei uns wegen der Tradition ein Mangel wäre, wohlwollender erweisen; obwohl wir hoffen, stichhaltige Gründe und Ursachen anführen zu können, warum bei uns einige Traditionen und Mißbräuche abgeändert worden sind.

Der zweite Teil des Augsburger Bekenntnisses behandelt Regelungen in der Kirche, die die Reformation als Mißbräuche erkannt und dem Evangelium gemäß neu geordnet hat. Die Artikel sind überschrieben:

ARTIKEL 22: Von den beiden Gestalten des Sakraments

ARTIKEL 23: Vom Ehestand der Priester

ARTIKEL 24: Von der Messe

ARTIKEL 25: Von der Beichte

ARTIKEL 26: Von der Unterscheidung der Speisen

ARTIKEL 27: Von Klostergelübden

ARTIKEL 28: Von der Gewalt (Vollmacht) der Bischöfe

Die Theologische Erklärung 858 der Bekenntnissynode von Barmen

vom 29. bis 31. Mai 1934

Die Theologische Erklärung der Bekenntnissynode von Barmen ist ein bedeutendes Lehrzeugnis des 20. Jahrhunderts. Entstanden in der Zeit der nationalsozialistischen Diktatur, stellt sie den Versuch dar, angesichts staatlicher und kirchlicher Bedrohung verbindliche Aussagen über Wesen und Auftrag der Kirche festzuschreiben. Die Herrschaft des Staates über die Kirche und ihre ideologische Unterwanderung werden entschieden zurückgewiesen. Damit ist die Barmer Theologische Erklärung eines der wenigen Zeugnisse kirchlichen Widerstandes in jener Zeit. Sie gilt bis heute als schriftgemäße, für den Dienst der Kirche verbindliche Bezeugung des Evangeliums. In der Evangelisch-reformierten Kirche hat sie den Rang einer Bekenntnisschrift.

Wir bekennen uns angesichts der die Kirche verwüstenden und damit auch die Einheit der Deutschen Evangelischen Kirche sprengenden Irrtümer der Deutschen Christen und der gegenwärtigen Reichskirchenregierung zu folgenden evangelischen Wahrheiten:

THESEN

1. Jesus Christus spricht: Ich bin der Weg und die Wahrheit und das Leben; niemand kommt zum Vater denn durch mich. *(Joh 14, 6)*

   Wahrlich, wahrlich, ich sage euch: Wer nicht zur Tür hineingeht in den Schafstall, sondern steigt anderswo hinein, der ist ein Dieb und Räuber. Ich bin die Tür; wenn jemand durch mich hineingeht, wird er selig werden. *(Joh 10, 1.9)*

BEKENNTNISSE UND LEHRZEUGNISSE DER KIRCHE

Jesus Christus, wie er uns in der Heiligen Schrift bezeugt wird, ist das eine Wort Gottes, das wir zu hören, dem wir im Leben und im Sterben zu vertrauen und zu gehorchen haben.

Wir verwerfen die falsche Lehre, als könne und müsse die Kirche als Quelle ihrer Verkündigung außer und neben diesem einen Worte Gottes auch noch andere Ereignisse und Mächte, Gestalten und Wahrheiten als Gottes Offenbarung anerkennen.

2. Durch Gott seid ihr in Christus Jesus, der uns von Gott gemacht ist zur Weisheit und zur Gerechtigkeit und zur Heiligung und zur Erlösung. *(1. Kor 1, 30)*

Wie Jesus Christus Gottes Zuspruch der Vergebung aller unserer Sünden ist, so und mit gleichem Ernst ist er auch Gottes kräftiger Anspruch auf unser ganzes Leben; durch ihn widerfährt uns frohe Befreiung aus den gottlosen Bindungen dieser Welt zu freiem, dankbarem Dienst an seinen Geschöpfen.

Wir verwerfen die falsche Lehre, als gebe es Bereiche unseres Lebens, in denen wir nicht Jesus Christus, sondern anderen Herren zu eigen wären, Bereiche, in denen wir nicht der Rechtfertigung und Heiligung durch ihn bedürften.

3. Laßt uns aber wahrhaftig sein in der Liebe und wachsen in allen Stücken zu dem hin, der das Haupt ist, Christus, von dem aus der ganze Leib zusammengefügt ist. *(Eph 4, 15.16)*

Die christliche Kirche ist die Gemeinde von Brüdern, in der Jesus Christus in Wort und Sakrament durch den Heiligen Geist als der Herr gegenwärtig handelt. Sie hat mit ihrem Glauben wie mit ihrem Gehorsam, mit ihrer Botschaft wie mit ihrer Ordnung mitten in der Welt der Sünde als die Kirche der begnadigten Sünder zu bezeugen, daß sie allein sein Eigentum ist, allein von seinem Trost und von seiner Weisung in Erwartung seiner Erscheinung lebt und leben möchte.

Wir verwerfen die falsche Lehre, als dürfe die Kirche die Gestalt ihrer Botschaft und ihrer Ordnung ihrem Belieben oder dem Wechsel der jeweils herrschenden weltanschaulichen und politischen Überzeugungen überlassen.

4. Jesus Christus spricht: Ihr wißt, daß die Herrscher ihre Völker niederhalten und die Mächtigen ihnen Gewalt antun. So soll es nicht sein unter euch; sondern wer unter euch groß sein will, der sei euer Diener. *(Mt 20, 25.26)*

Die verschiedenen Ämter in der Kirche begründen keine Herrschaft der einen über die anderen, sondern die Ausübung des der ganzen Gemeinde anvertrauten und befohlenen Dienstes.

Wir verwerfen die falsche Lehre, als könne und dürfe sich die Kirche abseits von diesem Dienst besondere, mit Herrschaftsbefugnissen ausgestattete Führer geben und geben lassen.

5. Fürchtet Gott, ehrt den König. *(1. Petr 2, 17)*

Die Schrift sagt uns, daß der Staat nach göttlicher Anordnung die Aufgabe hat, in der noch nicht erlösten Welt, in der auch die Kirche steht, nach dem Maß menschlicher Einsicht und menschlichen Vermögens unter Androhung und Ausübung von Gewalt für Recht und Frieden zu sorgen. Die Kirche erkennt in Dank und Ehrfurcht gegen Gott die Wohltat dieser seiner Anordnung an. Sie erinnert an Gottes Reich, an Gottes Gebot und Gerechtigkeit und damit an die Verantwortung der Regierenden und Regierten. Sie vertraut und gehorcht der Kraft des Wortes, durch das Gott alle Dinge trägt.

Wir verwerfen die falsche Lehre, als solle und könne der Staat über seinen besonderen Auftrag hinaus die einzige und totale Ordnung menschlichen Lebens werden und also auch die Bestimmung der Kirche erfüllen.

BEKENNTNISSE UND LEHRZEUGNISSE DER KIRCHE

Wir verwerfen die falsche Lehre, als solle und könne sich die Kirche über ihren besonderen Auftrag hinaus staatliche Art, staatliche Aufgaben und staatliche Würde aneignen und damit selbst zu einem Organ des Staates werden.

6. Jesus Christus spricht: Siehe, ich bin bei euch alle Tage bis an der Welt Ende. *(Mt 28, 20)*

Gottes Wort ist nicht gebunden. *(2. Tim 2, 9)*

Der Auftrag der Kirche, in welchem ihre Freiheit gründet, besteht darin, an Christi Statt und also im Dienst seines eigenen Wortes und Werkes durch Predigt und Sakrament die Botschaft von der freien Gnade Gottes auszurichten an alles Volk.

Wir verwerfen die falsche Lehre, als könne die Kirche in menschlicher Selbstherrlichkeit das Wort und Werk des Herrn in den Dienst irgendwelcher eigenmächtig gewählter Wünsche, Zwecke und Pläne stellen.

Die Bekenntnissynode der Deutschen Evangelischen Kirche erklärt, daß sie in der Anerkennung dieser Wahrheiten und in der Verwerfung dieser Irrtümer die unumgängliche theologische Grundlage der Deutschen Evangelischen Kirche als eines Bundes der Bekenntniskirchen sieht. Sie fordert alle, die sich ihrer Erklärung anschließen können, auf, bei ihren kirchenpolitischen Entscheidungen dieser theologischen Erkenntnisse eingedenk zu sein. Sie bittet alle, die es angeht, in die Einheit des Glaubens, der Liebe und der Hoffnung zurückzukehren.
Verbum Dei manet in aeternum.

Konkordie reformatorischer Kirchen in Europa (Leuenberger Konkordie)

(Auszug)

Als Ergebnis intensiver Lehrgespräche zwischen lutherischen, reformierten und unierten Kirchen in Europa wurde 1973 auf dem Leuenberg bei Basel eine Konkordie unterzeichnet. Aufgrund der in den Lehrgesprächen erkannten Gemeinsamkeiten im Verständnis des Evangeliums wird darin über alle geschichtlich gewachsenen Kirchentrennungen hinweg Kirchengemeinschaft erklärt. Die beteiligten Kirchen gewähren einander Kanzel- und Abendmahlsgemeinschaft und erkennen gegenseitig die Ordination an. Über noch strittige Fragen der Tradition und über Gemeinsamkeiten angesichts der Herausforderungen der Gegenwart sind sie weiter im Gespräch.

Über 80 Kirchen in Europa – darunter alle west- und ostdeutschen Landeskirchen – haben die Leuenberger Konkordie bisher angenommen. Sie wird hier im Auszug wiedergegeben.

1 Die dieser Konkordie zustimmenden lutherischen, reformierten und aus ihnen hervorgegangenen unierten Kirchen sowie die ihnen verwandten vorreformatorischen Kirchen der Waldenser und der Böhmischen Brüder stellen aufgrund ihrer Lehrgespräche unter sich das gemeinsame Verständnis des Evangeliums fest, wie es nachstehend ausgeführt wird. Dieses ermöglicht ihnen, Kirchengemeinschaft zu erklären und zu verwirklichen. Dankbar dafür, daß sie näher zueinander geführt worden sind, bekennen sie zugleich, daß das Ringen um Wahrheit und Einheit in der Kirche auch mit Schuld und Leid verbunden war und ist.

BEKENNTNISSE UND LEHRZEUGNISSE DER KIRCHE

2   Die Kirche ist allein auf Jesus Christus gegründet, der sie durch die Zuwendung seines Heils in der Verkündigung und in den Sakramenten sammelt und sendet. Nach reformatorischer Einsicht ist darum zur wahren Einheit der Kirche die Übereinstimmung in der rechten Lehre des Evangeliums und in der rechten Verwaltung der Sakramente notwendig und ausreichend. Von diesen reformatorischen Kriterien leiten die beteiligten Kirchen ihr Verständnis von Kirchengemeinschaft her, das im folgenden dargelegt wird.

DAS GEMEINSAME VERSTÄNDNIS DES EVANGELIUMS

6   Im folgenden beschreiben die beteiligten Kirchen ihr gemeinsames Verständnis des Evangeliums, soweit es für die Begründung ihrer Kirchengemeinschaft erforderlich ist.

1. DIE RECHTFERTIGUNGSBOTSCHAFT ALS DIE BOTSCHAFT VON DER FREIEN GNADE GOTTES

7   Das Evangelium ist die Botschaft von Jesus Christus, dem Heil der Welt, in Erfüllung der an das Volk des Alten Bundes ergangenen Verheißung.

8   Sein rechtes Verständnis haben die reformatorischen Väter in der Lehre von der Rechtfertigung zum Ausdruck gebracht.

9   In dieser Botschaft wird Jesus Christus bezeugt
als der Menschgewordene, in dem Gott sich mit den Menschen verbunden hat;
als der Gekreuzigte und Auferstandene, der das Gericht Gottes auf sich genommen und darin die Liebe Gottes zum Sünder erwiesen hat, und
als der Kommende, der als Richter und Retter die Welt zur Vollendung führt.

10 Gott ruft durch sein Wort im Heiligen Geist alle Menschen zu Umkehr und Glauben und spricht dem Sünder, der glaubt, seine Gerechtigkeit in Jesus Christus zu. Wer dem Evangelium vertraut, ist um Christi willen gerechtfertigt vor Gott und von der Anklage des Gesetzes befreit. Er lebt in täglicher Umkehr und Erneuerung zusammen mit der Gemeinde im Lobpreis Gottes und im Dienst am anderen, in der Gewißheit, daß Gott seine Herrschaft vollenden wird. So schafft Gott neues Leben und setzt inmitten der Welt den Anfang einer neuen Menschheit.

11 Diese Botschaft macht die Christen frei zu verantwortlichem Dienst in der Welt und bereit, in diesem Dienst auch zu leiden. Sie erkennen, daß Gottes fordernder und gebender Wille die ganze Welt umfaßt. Sie treten ein für irdische Gerechtigkeit und Frieden zwischen den einzelnen Menschen und unter den Völkern. Dies macht es notwendig, daß sie mit anderen Menschen nach vernünftigen, sachgemäßen Kriterien suchen und sich an ihrer Anwendung beteiligen. Sie tun dies im Vertrauen darauf, daß Gott die Welt erhält, und in Verantwortung vor seinem Gericht.

12 Mit diesem Verständnis des Evangeliums stellen wir uns auf den Boden der altkirchlichen Symbole und nehmen die gemeinsame Überzeugung der reformatorischen Bekenntnisse auf, daß die ausschließliche Heilsmittlerschaft Jesu Christi die Mitte der Schrift und die Rechtfertigungsbotschaft als die Botschaft von der freien Gnade Gottes Maßstab aller Verkündigung der Kirche ist.

2. VERKÜNDIGUNG, TAUFE UND ABENDMAHL

13 Das Evangelium wird uns grundlegend bezeugt durch das Wort der Apostel und Propheten in der Heiligen Schrift Alten und Neuen Testaments. Die Kirche hat die Aufgabe, dieses

Evangelium weiterzugeben durch das mündliche Wort der Predigt, durch den Zuspruch an den einzelnen und durch Taufe und Abendmahl. In Verkündigung, Taufe und Abendmahl ist Jesus Christus durch den Heiligen Geist gegenwärtig. So wird den Menschen die Rechtfertigung in Christus zuteil, und so sammelt der Herr seine Gemeinde. Er wirkt dabei in vielfältigen Ämtern und Diensten und im Zeugnis aller Glieder seiner Gemeinde.

14 TAUFE

Die Taufe wird im Namen des Vaters, des Sohnes und des Heiligen Geistes mit Wassser vollzogen. In ihr nimmt Jesus Christus den der Sünde und dem Sterben verfallenen Menschen unwiderruflich in seine Heilsgemeinschaft auf, damit er eine neue Kreatur sei. Er beruft ihn in der Kraft des Heiligen Geistes in seine Gemeinde und zu einem Leben aus Glauben, zur täglichen Umkehr und Nachfolge.

15 ABENDMAHL

Im Abendmahl schenkt sich der auferstandene Jesus Christus in seinem für alle dahingegebenen Leib und Blut durch sein verheißendes Wort mit Brot und Wein. Er gewährt uns dadurch Vergebung der Sünden und befreit uns zu einem neuen Leben aus Glauben. Er läßt uns neu erfahren, daß wir Glieder an seinem Leibe sind. Er stärkt uns zum Dienst an den Menschen.

16 Wenn wir das Abendmahl feiern, verkündigen wir den Tod Christi, durch den Gott die Welt mit sich selbst versöhnt hat. Wir bekennen die Gegenwart des auferstandenen Herrn unter uns. In der Freude darüber, daß der Herr zu uns gekommen ist, warten wir auf seine Zukunft in Herrlichkeit.

LEUENBERGER KONKORDIE
DIE ÜBEREINSTIMMUNG ANGESICHTS DER LEHRVERURTEILUNGEN DER REFORMATIONSZEIT

17 Die Gegensätze, die von der Reformationszeit an eine Kirchengemeinschaft zwischen den lutherischen und reformierten Kirchen unmöglich gemacht und zu gegenseitigen Verwerfungsurteilen geführt haben, betrafen die Abendmahlslehre, die Christologie und die Lehre von der Prädestination. Wir nehmen die Entscheidungen der Väter ernst, können aber heute folgendes gemeinsam dazu sagen:

18 1. ABENDMAHL
Im Abendmahl schenkt sich der auferstandene Jesus Christus in seinem für alle dahingegebenen Leib und Blut durch sein verheißendes Wort mit Brot und Wein. So gibt er sich selbst vorbehaltlos allen, die Brot und Wein empfangen; der Glaube empfängt das Mahl zum Heil, der Unglaube zum Gericht.

19 Die Gemeinschaft mit Jesus Christus in seinem Leib und Blut können wir nicht vom Akt des Essens und Trinkens trennen. Ein Interesse an der Art der Gegenwart Christi im Abendmahl, das von dieser Handlung absieht, läuft Gefahr, den Sinn des Abendmahls zu verdunkeln.

20 Wo solche Übereinstimmung zwischen Kirchen besteht, betreffen die Verwerfungen der reformatorischen Bekenntnisse nicht den Stand der Lehre dieser Kirchen.

21 2. CHRISTOLOGIE
In dem wahren Menschen Jesus Christus hat sich der ewige Sohn und damit Gott selbst zum Heil in die verlorene Menschheit hineingegeben. Im Verheißungswort und Sakrament macht der Heilige Geist und damit Gott selbst uns Jesus als Gekreuzigten und Auferstandenen gegenwärtig.

22 Im Glauben an diese Selbsthingabe Gottes in seinem Sohn sehen wir uns angesichts der geschichtlichen Bedingtheit überkommener Denkformen vor die Aufgabe gestellt, neu zur Geltung zu bringen, was die reformierte Tradition in ihrem besonderen Interesse an der Unversehrtheit von Gottheit und Menschheit Jesu und was die lutherische Tradition in ihrem besonderen Interesse an seiner völligen Personeinheit geleitet hat.

23 Angesichts dieser Sachlage können wir heute die früheren Verwerfungen nicht nachvollziehen.

24 3. PRÄDESTINATION

Im Evangelium wird die bedingungslose Annahme des sündigen Menschen durch Gott verheißen. Wer darauf vertraut, darf des Heils gewiß sein und Gottes Erwählung preisen. Über die Erwählung kann deshalb nur im Blick auf die Berufung zum Heil in Christus gesprochen werden.

25 Der Glaube macht zwar die Erfahrung, daß die Heilsbotschaft nicht von allen angenommen wird, er achtet jedoch das Geheimnis von Gottes Wirken. Er bezeugt zugleich den Ernst menschlicher Entscheidung wie die Realität des universalen Heilswillens Gottes. Das Christuszeugnis der Schrift verwehrt uns, einen ewigen Ratschluß Gottes zur definitiven Verwerfung gewisser Personen oder eines Volkes anzunehmen.

26 Wo solche Übereinstimmung zwischen Kirchen besteht, betreffen die Verwerfungen der reformatorischen Bekenntnisse nicht den Stand der Lehre dieser Kirchen.

27 4. FOLGERUNGEN

Wo diese Feststellungen anerkannt werden, betreffen die Verwerfungen der reformatorischen Bekenntnisse zum Abendmahl, zur Christologie und zur Prädestination den Stand der Lehre nicht. Damit werden die von den Vätern vollzogenen Verwerfungen nicht als unsachgemäß bezeichnet, sie sind jedoch kein Hindernis mehr für die Kirchengemeinschaft.

28 Zwischen unseren Kirchen bestehen beträchtliche Unterschiede in der Gestaltung des Gottesdienstes, in den Ausprägungen der Frömmigkeit und in den kirchlichen Ordnungen. Diese Unterschiede werden in den Gemeinden oft stärker empfunden als die überkommenen Lehrgegensätze. Dennoch vermögen wir nach dem Neuen Testament und den reformatorischen Kriterien der Kirchengemeinschaft in diesen Unterschieden keine kirchentrennenden Faktoren zu erblicken.

ERKLÄRUNG UND VERWIRKLICHUNG DER KIRCHENGEMEINSCHAFT

29 Kirchengemeinschaft im Sinne dieser Konkordie bedeutet, daß Kirchen verschiedenen Bekenntnisstandes aufgrund der gewonnenen Übereinstimmung im Verständnis des Evangeliums einander Gemeinschaft an Wort und Sakrament gewähren und eine möglichst große Gemeinsamkeit in Zeugnis und Dienst an der Welt erstreben.

35 Die Kirchengemeinschaft verwirklicht sich im Leben der Kirchen und Gemeinden. Im Glauben an die einigende Kraft des Heiligen Geistes richten sie ihr Zeugnis und ihren Dienst gemeinsam aus und bemühen sich um die Stärkung und Vertiefung der gewonnenen Gemeinschaft.

- Einführung: Vom Beten
- Gebetsrufe und Trostworte der Bibel
- Am Morgen
- Am Mittag
  - Um Frieden, Gerechtigkeit und Bewahrung der Schöpfung
- Bei Tisch
- Am Abend
- Mit Kindern beten
- Zu den Wochentagen
- Zum Lebenskreis
- In Zweifel und Angst
- In Not und Krankheit
- Im Alter und beim Sterben
  - (Sterbende begleiten)
- Um den Segen Gottes bitten

Gebete

860 VOM BETEN

Reden mit Gott

Ein Mensch öffnet sich dem anderen Menschen, wenn er mit ihm redet. Ein Mensch öffnet sich Gott, wenn er betet. Das Gebet ist ein Reden des Herzens mit Gott. Darum darf auch das Persönlichste gesagt werden. Wer betet, ehrt Gott, denn Gott will, daß wir zu ihm reden. Außerdem können Schweigen und Nachdenken vor Gott Weisen des Betens sein und zu ihm führen.

Beispiel Vaterunser

Was können wir Gott sagen? Vor allem unseren Dank, unser Lob und unsere Freude, die darin ihren Grund haben, daß er da ist, für uns und alle Welt. Das Vaterunser ist ein Beispiel für unser Beten: Wir dürfen Gott unseren Vater nennen, das Kommen seines Reiches mit Freude erwarten und uns seinem Willen anvertrauen.

Aber wir dürfen Gott auch bitten: um das tägliche Brot, um Bewahrung und Hilfe, um Vergebung für uns und für andere Menschen. Wir dürfen ihm unser Leid klagen und alles vor ihm aussprechen, was uns bewegt.

VOM BETEN

Das Leben vor Gott bringen

Indem wir im Gebet unser Leben vor Gott bringen, erfahren wir, daß der Druck des Alltags und die Last der Sorge von uns abfallen. Unsere Seele schöpft Atem. Viele Menschen erfahren es als großes Geschenk, daß sie beten können. Andern fällt es schwer zu beten, weil sie vom Gebet wenig erwarten. Ein Gebet braucht Anleitung und Übung.

Auf Jesus berufen

Im Gebet dürfen wir uns auf Jesus berufen und uns an ihn wenden. Er war dessen gewiß, daß Gott ihn hört. Wenn wir beten, nehmen wir teil am Gottvertrauen Jesu. Mag unser eigener Glaube auch schwach und unser Gebet verkümmert sein, Gott hört uns dennoch um Christi willen. »Gott erfüllt nicht alle unsere Wünsche, aber alle seine Verheißungen.« *(Dietrich Bonhoeffer)*

Feste Zeiten

Feste Zeiten im Tagesablauf ermöglichen es, zur Ruhe zu kommen und mit dem Beten vertrauter zu werden. Dafür bieten sich Morgen und Abend, aber auch die Mahlzeiten an. Zeiten der Stille, verbunden mit Lesen der Bibel und dem Gebet, helfen zur Ordnung, die unser Leben prägt und trägt.

Gemeinsam beten

Unser Beten wird reicher, wenn wir auf das gelesene oder gehörte Gotteswort antworten oder unser Leben unter einem Bibelwort neu überdenken. Wenn dies zusammen mit anderen geschieht, kann eine solche Gebetsgemeinschaft ermutigen und unser Beten vertiefen. Die größte Gebetsgemeinschaft sind die Gottesdienste der weltweiten Kirche. Das Gebet des einzelnen wird umschlossen vom Gebet der ganzen Kirche, das, getragen

GEBETE

vom Geist Gottes, durch alle Zeiten und rund um den Erdball geht. Es ist Gottes Geist, der alle Beter verbindet und auch eintritt für die, die nicht beten können.

Hilfen zum Gebet

Wir dürfen mit eigenen Worten beten. Wenn uns aber die Worte fehlen, so kommen uns Gebete zu Hilfe, die schon andere gesprochen haben. Dazu gehören Psalmen, die auch Jesus gebetet hat, und viele Gesangbuchlieder.

Gesten und Haltungen

Eine Hilfe beim Beten ist es, die Hände zu falten, in manchen Fällen auch zu knien. Sich bei den Worten: Im Namen des Vaters und des Sohnes und des Heiligen Geistes mit dem Kreuz zu bezeichnen, ist ein Brauch, den auch evangelische Christen nicht scheuen müssen. Ein stiller Raum, in dem man ungestört ist, hilft zur inneren Sammlung.

Amen

Die Gebete im Gottesdienst werden von der Gemeinde mit einem Amen beschlossen. Dieses aus dem Hebräischen stammende Wort bedeutet: »so sei es«. Diese Bekräftigung am Ende eines Gebetes drückt den Wunsch aus, daß Gott seinerseits ein Amen zu dem Gebet sprechen möge.

DAS VATERUNSER

Das Grundgebet der Christenheit ist das Vaterunser.
Jesus selbst hat es seine Jünger gelehrt.

Vater unser (Unser Vater) im Himmel. 861
Geheiligt werde dein Name.
Dein Reich komme.
Dein Wille geschehe, wie im Himmel, so auf Erden.
Unser tägliches Brot gib uns heute.
Und vergib uns unsere Schuld,
wie auch wir vergeben unsern Schuldigern.
Und führe uns nicht in Versuchung,
sondern erlöse uns von dem Bösen.
Denn dein ist das Reich und die Kraft
und die Herrlichkeit in Ewigkeit. Amen.

862 GEBETSRUFE UND TROSTWORTE DER BIBEL

1. Mein Gott, mein Gott,
   warum hast du mich verlassen?
   Ich schreie, aber meine Hilfe ist ferne. *(Psalm 22, 2)*

2. Ich bin der Herr, dein Gott,
   der deine rechte Hand faßt
   und zu dir spricht: Fürchte dich nicht, ich helfe dir!
   (Jesaja 41, 13)

3. So spricht der Herr, der dich geschaffen hat:
   Fürchte dich nicht, denn ich habe dich erlöst;
   ich habe dich bei deinem Namen gerufen;
   du bist mein! *(Jesaja 43, 1)*

4. Christus spricht:
   Kommt her zu mir, alle,
   die ihr mühselig und beladen seid;
   ich will euch erquicken. *(Matthäus 11, 28)*

5. Christus spricht:
   Ich bin bei euch alle Tage bis an der Welt Ende.
   (Matthäus 28, 20b)

6. Herr, ich glaube; hilf meinem Unglauben.
   (Markus 9, 24)

7. Gott, sei mir Sünder gnädig! *(Lukas 18, 13b)*

8. Bleibe bei uns, Herr, denn es will Abend werden,
   und der Tag hat sich geneigt. *(Lukas 24, 29)*

9. Ich bin gewiß, daß weder Tod noch Leben,
   weder Gegenwärtiges noch Zukünftiges
   uns scheiden kann von der Liebe Gottes,
   die in Christus Jesus ist, unserm Herrn.
   (Römer 8, 38.39)

AM MITTAG, UM FRIEDEN, GERECHTIGKEIT

Stille
Verleih uns Frieden gnädiglich,
Herr Gott, zu unseren Zeiten.
Es ist ja doch kein andrer nicht,
der für uns könnte streiten,
denn du, unser Gott, alleine.

Wir danken dir, Gott, 878
daß du in Jesus Christus
mit uns Frieden geschlossen hast.
Wir bitten dich um deinen Geist,
daß wir untereinander Frieden halten
und in unserer Welt der Versöhnung dienen,
damit alle Menschen deine Liebe erfahren.
Wir bitten dich durch Jesus Christus, unsern Herrn.

Versöhnungslitanei aus Coventry 879

In der Nacht vom 14./15. November 1940 zerstörte ein deutscher Bombenangriff die englische Stadt Coventry, die damit zum Zeichen eines sinnlosen und mörderischen Vernichtungswillens wurde. Nach dem Krieg wurde sie Ausgangspunkt einer weltweiten Versöhnungsbewegung mit dem Symbol des aus drei Nägeln der zerstörten Kathedrale gebildeten »Nagelkreuzes«. Die Ruine der Kathedrale wurde zum Begegnungszentrum. Hier wird jeden Freitagmittag die 1959 formulierte Versöhnungslitanei gebetet:

»Sie sind allesamt Sünder und ermangeln des Ruhmes,
  den sie bei Gott haben sollten.« *(Röm 3, 23)*

Wir alle haben gesündigt und mangeln des Ruhmes,
den wir bei Gott haben sollten. Darum laßt uns beten:
  Vater, vergib!
Den Haß, der Rasse von Rasse trennt, Volk von Volk,
Klasse von Klasse:
  Vater, vergib!

GEBETE

Das habsüchtige Streben der Menschen und Völker,
zu besitzen, was nicht ihr eigen ist:
    Vater, vergib!
Die Besitzgier, die die Arbeit der Menschen ausnutzt
und die Erde verwüstet:
    Vater, vergib!
Unseren Neid auf das Wohlergehen und Glück der
anderen:
    Vater, vergib!
Unsere mangelnde Teilnahme an der Not der
Heimatlosen und Flüchtlinge:
    Vater, vergib!
Den Rausch, der Leib und Leben zugrunde richtet:
    Vater, vergib!
Den Hochmut, der uns verleitet, auf uns selbst zu
vertrauen und nicht auf dich:
    Vater, vergib!
Lehre uns, o Herr, zu vergeben und uns vergeben zu
lassen, daß wir miteinander und mit dir in Frieden leben.
    Darum bitten wir um Christi willen.

»Seid untereinander freundlich und herzlich und
vergebt einer dem andern, wie auch Gott euch vergeben
hat in Christus.« *(Eph 4, 32)*

880 Herr Jesus Christus!
Du hast uns gelehrt, unsere Feinde zu lieben
und für unsere Verfolger zu beten.
In dieser Welt aber will die Sprache des Hasses
und der Drohung nicht verstummen.
Hilf uns, wirksam für den Frieden
und für Gerechtigkeit unter den Völkern einzutreten.
Bewahre alle, die Waffen tragen,
und alle, die über Waffen befehlen,
vor den Versuchungen der Macht.

AM MITTAG, UM FRIEDEN, GERECHTIGKEIT

Gib, daß sie Frieden halten und dem Frieden dienen.
Laß das Zeugnis derer Gehör finden,
die sich aus Gründen des Gewissens weigern,
eine Waffe zu tragen:
Gib, daß durch ihr Beispiel
der Wille zur friedlichen Verständigung
in der ganzen Welt wächst.
Lenke unsere Herzen und Sinne,
daß wir uns auch in Streitfragen
als deine Schwestern und Brüder erkennen.

Die Schöpfung bewahren 881

Vater, wir preisen dich für die ganze Schöpfung,
das Werk deiner Hände,
die Wärme der Sonne,
die Lebenskraft des Wassers,
die Fruchtbarkeit der Erde,
die Schätze der Tiefe,
das Glück der Menschen,
daß sie durch die Generationen vor dir leben dürfen.

Wir preisen dich, weil es bei dir keine Armut,
keinen Mangel und keinen Geiz gibt.
Deine Hand gibt reichlich für alles,
was vor uns lebte und was heute lebt.

Vater, wo du reich bist an Erbarmen,
da sind wir arm an Liebe und Gerechtigkeit.
Unzählige deiner Kinder hungern,
weil wenige zusammenraffen und verschwenden.
Der Geist der Feindschaft in unseren Herzen
bedroht alles Leben, das du geschaffen hast,
tagtäglich wird deine Schöpfung ärmer
an Pflanzen und Tieren,
vernichtet durch unsere Überheblichkeit.

GEBETE

> Vater, gib uns ein neues Herz,
> fähig zur Liebe und zum Respekt gegenüber allem,
> was mit uns aus deiner Schöpferhand gewachsen ist.
> Gib uns den Geist deines Sohnes,
> der uns in den Lilien auf dem Felde
> und den Vögeln unter dem Himmel
> deinen Willen offenbarte.

Bei Tisch

*Wenigstens einmal am Tag
geben uns die Mahlzeiten Gelegenheit,
Gott für seine Fürsorge zu danken.*

882 *Biblische Sprüche*

1. Schmecket und sehet, wie freundlich der Herr ist.
   Wohl dem, der auf ihn trauet!   *(Psalm 34, 9)*

2. Herr, deine Güte reicht, so weit der Himmel ist,
   und deine Wahrheit, so weit die Wolken gehen.
   (Psalm 36, 6)

3. Lobe den Herrn, meine Seele,
   und was in mir ist, seinen heiligen Namen!
   Lobe den Herrn, meine Seele, und vergiß nicht,
   was er dir Gutes getan hat.   *(Psalm 103, 1–2)*

4. Nun danket alle Gott,
   der große Dinge tut an allen Enden.
   Der uns von Mutterleib an lebendig erhält
   und uns alles Gute tut.
   Er gebe uns ein fröhliches Herz
   und verleihe immerdar Frieden.   *(Sirach 50, 24–25)*

BEI TISCH

5. Aller Augen warten auf dich, Herr,
   und du gibst ihnen ihre Speise zur rechten Zeit,
   du tust deine Hand auf
   und sättigst alles, was lebt,
   nach deinem Wohlgefallen. *(Psalm 145, 15–16)*

6. Danket dem Herrn, denn er ist freundlich,
   und seine Güte währet ewiglich. *(Psalm 107, 1)*

Tischgebete

(Jedes Tischgebet kann in das Vaterunser einmünden.)

Komm, Herr Jesus, sei unser Gast,   883
und segne, was du uns bescheret hast.
   Nikolaus Ludwig Graf von Zinzendorf 1753

Zwei Dinge, Herr, sind not,   884
die gib nach deiner Huld:
Gib uns das täglich Brot,
vergib uns unsre Schuld.

Vater, segne diese Speise,   885
uns zur Kraft und dir zum Preise.

Von deiner Gnade leben wir,   886
und was wir haben, kommt von dir.
Drum sagen wir dir Dank und Preis,
tritt segnend ein in unsern Kreis.

Vater, wir leben von deinen Gaben.   887
Segne das Haus, segne das Brot.
Gib uns die Kraft, von dem, was wir haben,
denen zu geben in Hunger und Not.

GEBETE

888 Gelobt seist du, Ewiger, unser Gott,
König der Welt,
der du die ganze Welt in deiner Güte speisest
mit Gunst, Gnade und Barmherzigkeit,
du gibst Brot allem Fleisch,
denn ewig währet deine Gnade.
Nach dem jüdischen Tischgebet

889 Wir danken dir, Herr Gott Vater,
durch Jesus Christus, unsern Herrn,
für alle deine Wohltat,
der du lebst und regierst in Ewigkeit.
Martin Luther 1529

890 Gott, dein Name sei geehret,
daß du uns das Brot bescheret,
daß dem Leib du wohlgetan.
Nimm dich unsrer Seele an.
Zeitlich Brot hast du gegeben:
Gib uns auch das ew'ge Leben.

891 Dir sei, o Gott, für Speis und Trank,
für alles Gute Lob und Dank.
Du gabst, du willst auch künftig geben.
Dich preise unser ganzes Leben.

BEI TISCH

892

Gott,
wir danken dir
   für das Zusammensein
   für die Zeit, die wir füreinander haben
   für die Worte und Gefühle, die uns verbinden

Wir danken dir
   für Speise und Trank
   für alles, was uns am Leben erhält
   für die Lust, mit der wir essen und trinken

Wir danken dir
   für dieses Mahl
   für den Bund, den du mit uns geschlossen hast
   für die Ahnung, daß du mit uns am Tisch sitzt

893

Wir danken dir, Herr Jesus Christ,
daß du unser Gast gewesen bist.
Bleib du bei uns, so hat's nicht Not,
du bist das wahre Lebensbrot. *(Nr. 462)*

Lieder zum Mittag: Nr. 457–466
Lieder zur Erhaltung der Schöpfung,
zu Frieden und Gerechtigkeit: Nr. 421–436, 669–680

GEBETE

Am Abend

*Den vergangenen Tag vor Gott
zu bedenken tut wohl,
schenkt Gelassenheit
und läßt Ruhe finden.*

894 *Luthers Abendsegen*

Des Abends, wenn du zu Bett gehst, kannst du dich segnen mit dem Zeichen des heiligen Kreuzes und sagen:

Das walte Gott Vater, Sohn und Heiliger Geist! Amen.

*Darauf kniend oder stehend das Glaubensbekenntnis und das Vaterunser.
Willst du, so kannst du dies Gebet dazu sprechen:*

Ich danke dir, mein himmlischer Vater,
durch Jesus Christus, deinen lieben Sohn,
daß du mich diesen Tag gnädiglich behütet hast,
und bitte dich,
du wollest mir vergeben alle meine Sünde,
wo ich Unrecht getan habe,
und mich diese Nacht auch gnädiglich behüten.
Denn ich befehle mich, meinen Leib und Seele
und alles in deine Hände.
Dein heiliger Engel sei mit mir,
daß der böse Feind keine Macht an mir finde.

Alsdann flugs und fröhlich geschlafen.
  Martin Luther 1529

895

Unser Abendgebet steige auf zu dir, Herr,
und es senke sich auf uns herab dein Erbarmen.
Dein ist der Tag, und dein ist die Nacht.

AM ABEND

Laß, wenn des Tages Schein vergeht,
das Licht deiner Wahrheit uns leuchten.
Geleite uns zur Ruhe der Nacht
und vollende dein Werk an uns in Ewigkeit.

Bleibe bei uns, Herr, **896**
denn es will Abend werden,
und der Tag hat sich geneigt.
Bleibe bei uns und bei deiner ganzen Kirche.
Bleibe bei uns am Abend des Tages,
am Abend des Lebens, am Abend der Welt.
Bleibe bei uns mit deiner Gnade und Güte,
mit deinem heiligen Wort und Sakrament,
mit deinem Trost und Segen.
Bleibe bei uns,
wenn über uns kommt
die Nacht der Trübsal und Angst,
die Nacht des Zweifels und der Anfechtung,
die Nacht des bitteren Todes.
Bleibe bei uns und allen deinen Gläubigen
in Zeit und Ewigkeit.
Georg Christian Dieffenbach 1853

Herr, mein Gott, **897**
ich danke dir,
daß du diesen Tag zu Ende gebracht hast.

Ich danke dir,
daß du Leib und Seele zur Ruhe kommen läßt.
Deine Hand war über mir
und hat mich behütet und bewahrt.
Vergib allen Kleinglauben
und alles Unrecht dieses Tages
und hilf, daß ich denen vergebe,
die mir Unrecht getan haben.

GEBETE

Laß mich in Frieden unter deinem Schutze schlafen
und bewahre mich vor den Anfechtungen der Finsternis.
Ich befehle dir die Meinen,
ich befehle dir dieses Haus,
ich befehle dir meinen Leib und meine Seele.
Gott, dein heiliger Name sei gelobt.

Dietrich Bonhoeffer 1943

898 Der Tag geht zu Ende,
und ich kann zur Ruhe kommen.
Vieles, was war, geht mir nach,
verfolgt mich bis in die Nacht.
Dir, mein Gott, vertraue ich alles an:
die unerledigten Dinge,
die Menschen, die mir heute begegnet sind,
die Sorgen, die nicht verschwinden wollen.
Bei dir ist alles gut aufgehoben.
Bei dir bin ich geborgen.
Dir befehle ich mich an mit allem, was ich bin.
Geleite mich in deinem Schutz durch die Nacht.

899 Ewiger Gott, komm und decke uns zu mit der Nacht,
breite deine Gnade über uns, wie du verheißen hast.
Deine Verheißungen sind mehr als alle Sterne am
Himmel,
deine Gnade ist tiefer als die Nacht.
Die Nacht dieser Erde kommt,
die Nacht kommt und ein Ende kommt.
Aber Jesus, dein Sohn, kommt auch,
auf ihn warten wir durch Tag und Nacht.

900 Gott,
du allein weißt, was dieser Tag wert war.
Ich habe vieles getan und vieles versäumt.

AM ABEND

Ich habe vieles versucht und vieles nicht vollendet.
Ich habe aus Unglauben gehandelt und entschieden
und bin den Menschen viel Liebe schuldig geblieben.
Ich möchte allen vergeben, die mir Unrecht getan haben.
Ich möchte von allem Haß, allem Neid
und aller Verachtung frei sein.
Vergib du auch mir alle meine Schuld.
Ob dieser Tag Frucht gebracht hat, weiß ich nicht.
Du allein siehst es.
Du allein kannst meine Mühe segnen.

Gott, ich kann dir nichts geben
zum Dank für diesen Tag,
als daß ich den kommenden aus deiner Hand nehme.
Gib mir einen neuen Tag und verlaß mich nicht.

Gott, ich danke dir in dieser Abendstunde,
daß du mich heute behütet hast.
Behüte alle, denen ich heute begegnet bin,
gib das Licht deiner Liebe allen, die ich liebhabe,
und allen, deren Last ich tragen soll.
Dein bin ich im Licht des Tages
und im Dunkel der Nacht,
bis du mich heimrufst in deinen Frieden.

Aus dem Nachtgebet der Kirche **901**

Eine ruhige Nacht und ein seliges Ende
verleihe uns der Herr, der Allmächtige. Amen.
In deine Hände befehle ich meinen Geist.
Du hast mich erlöst, Herr, du treuer Gott.

Liedstrophe: z.B. Ein Tag, der sagt dem andern, Nr. 481,5

Bewahre uns, o Herr, wenn wir wachen,
behüte uns, wenn wir schlafen:
auf daß wir wachen mit Christus

und ruhen in Frieden.
Es segne und behüte uns
der allmächtige und barmherzige Gott,
Vater, Sohn und Heiliger Geist.

Abendgebete für Kinder: Nr. 857–860
Abendlieder: Nr. 467–493, 684–688

Psalmen: 4 (Nr. 703), 42 (Nr. 722), 63 (Nr. 729), 121 (Nr. 753), 134 (Nr. 756)

Gottesdienste zu den Tageszeiten: Nr. 835–837

902 Mit Kindern beten

Eltern beten

Das Gebet ist ein Reden des Herzens mit Gott.
Wer mit Kindern beten will, muß zunächst einmal selbst zur Ruhe kommen. Erstes Beten erlebt das kleine Kind, indem es einfach dabei ist, wenn die Eltern beten. Bald wird das Kind dabei mittun. So finden Kinder eine erste Heimat im Glauben. Darum ist es wichtig, daß der unsichtbare Gott, zu dem die Erwachsenen mit dem Kind sprechen, der Grund unserer Geborgenheit ist.

Erste Schritte

Mit dem Zweijährigen können wir beten:

> Großer Gott, du hast (Bastian, Anneke) lieb.

Der Satz kann erweitert werden:

> Guter Gott, du hast Papa und Mama, das Schwesterchen (die Kinder im Sandkasten, den kranken Jungen von nebenan) sehr lieb.

Damit findet sich das Kind nicht allein vor Gott; sein Blick wird über die Nahestehenden auf alle Menschen gelenkt.

Die erste Vorstellung von Gott sollte sein: Gott ist groß und gut. Er ist uns nah und hat uns lieb. Darum können wir ihm all unsere Erlebnisse erzählen:

> Dank für den lustigen Tag, den schönen Ausflug;
> Kummer über die Wunde am Knie,
> das verdorbene Spiel;
> Bitte für das Mädchen, das vom Auto angefahren wurde.

Auch das Kind braucht eine Einstimmung, um sich vor Gott zu sammeln:

> Wir wollen ganz still werden – unsere Füße und unsere Hände, unser Kopf; auch in unserem Herzen soll es so sein.
> Gott ist bei uns – er sieht uns an – er kennt uns – er hat uns lieb. Was wollen wir ihm sagen?

Mit allen Sinnen

Das Kind soll in Freude vor Gott sein können. Darum darf es in seiner Art mit ihm sprechen. Es kann mit Singen, Klatschen und Lachen Gott loben, wie es seiner augenblicklichen Situation entspricht. Kindgemäß ist es auch, mit Bewegungen zu beten. Durch Gesten kann es den Inhalt eines Wortes leichter verstehen:

> Großer Gott, wir verneigen uns vor dir.
> (Dabei neigen wir tief unsern Kopf.)
>
> Zu dir erhebe ich mein Herz.
> (Wir öffnen unsere Hände wie eine Schale und heben sie empor.)
>
> Du, unser Vater, bist bei uns.
> (Wir beten mit ausgebreiteten Armen.)

Auch das selbständiger werdende Kind und das Schulkind brauchen Anregung, ihr persönliches Leben ins Beten einzubeziehen.

GEBETE

Abendgebet: Nachdenken vor Gott

Am Abend z.B. wird die Grenze zwischen Gespräch und Gebet fließend sein, wenn der Tag vor Gott bedacht wird:

> Was war heute schön, was ist mir geglückt,
> worüber habe ich mich gefreut.
> Was macht mich traurig, was verstehe ich nicht,
> was macht mir angst ...

Das Kind macht dabei die Erfahrung, daß nichts, was es beschäftigt oder bedrückt, zu gering ist für das Gebet. Zu den persönlichen Anliegen kommt das Aufmerksamwerden auf seine Umwelt, das es betend Gott mitteilt:

Verständnis für die anderen in der Familie; Einvernehmen unter den Hausbewohnern; Frieden zwischen den Völkern; Hilfe für Arme, Ausgestoßene und Kranke. Solche »Fürbitte« zeigt unseren Kindern, daß die Welt uns etwas angeht, daß wir mit anderen verbunden sind.

Beten: Zeichen für den nahen Gott

Was ausführlich über das Abendgebet dargelegt wurde, läßt sich sinngemäß übertragen auf ein Morgenlob, auf das Bitten und Danken beim Essen, auch auf eine spontane Hinwendung zu Gott in Augenblicken großer Freude oder tiefen Kummers. Beten wird zu einer Glaubens- und Lebenshilfe für unsere Kinder, wenn sie spüren: Beten ist kein Sonderbereich unseres Lebens, sondern ein ausdrückliches Zeichen dafür, daß wir jeden Augenblick mit Gott, vor Gott leben. Auch feste Gebetsformen und Reimgebete können eine Hilfe sein, wenn sie nicht gedankenlos heruntergesagt werden.

Religiöse Erziehung

Schon durch das Kirchenjahr, durch Ostern und Weihnachten und durch unser Erzählen wird das Kind mit dem Leben Jesu vertraut. Gute Kinderbibeln helfen uns, dem Kind nahezubringen, was es vom Leben Jesu, seinem Sterben und Auferstehen fassen kann. So wird auch unser Beten Jesus einbeziehen:

MIT KINDERN

Jesus Christus,
du hast uns gezeigt, wie lieb Gott uns hat ...
Du bist als Freund zu den Menschen gegangen,
die ganz verlassen und verachtet waren ...
Du hast Menschen ihre Bosheit verziehen,
so daß sie wieder aufatmen konnten ...

Ein Gebet mit Kindern kann nur solche Aussagen enthalten,
die auch für den Erwachsenen wahr sind und mit denen Kinder erwachsen werden können.

Am Morgen

Großer Gott, ich danke dir für diese Nacht. 903
Wir haben ohne Sorgen geschlafen
und sind fröhlich miteinander aufgewacht.
Behüte uns an diesem Tag.
Bleibe bei uns.

Wie fröhlich bin ich aufgewacht, 904
wie hab ich geschlafen so sanft die Nacht!
Hab Dank, du Vater im Himmel mein,
daß du hast wollen bei mir sein.
Behüte mich auch diesen Tag,
daß mir kein Leid geschehen mag.

(siehe auch Lied Nr. 445,5)

Am Abend

Großer guter Gott. Vielen Dank für diesen Tag. 905
Wir haben gespielt, wir haben gelacht.
Wir haben geweint, wir haben gezankt,
wir haben uns lieb gehabt.
Segne uns alle und gib uns eine gute Nacht.

GEBETE

906 Die Nacht bricht an über Stadt und Feld.
Gott, segne die Erde, behüte die Welt.

907 Lieber Gott, ich schlaf nun ein.
Schicke mir ein Engelein,
daß es treulich bei mir wacht
in der langen, dunklen Nacht.

Schütze alle, die ich lieb!
Alles Böse mir vergib!
Kommt der helle Morgenschein,
laß mich wieder fröhlich sein.

908 Gott ist mein Licht, wenn es finster ist.
Er ist mein Schutz, wenn ich Angst habe.
Vor wem sollte ich mich fürchten?
Vor den Menschen? Gott ist stärker.
Vor dem Alleinsein? Gott ist bei mir.
Verlaß mich nicht, zeige mir meinen Weg, begleite mich.
Wenn du bei mir bist, habe ich Mut.
Wenn du mir hilfst, bin ich stark.
Du, Gott, bist mein Licht, wenn es finster ist,
und mein Schutz in der Nacht.

Als Abendgebet für Kinder eignet sich auch das Lied
»Müde bin ich, geh zur Ruh« (Nr. 484).

Kummergebete

909 Vater im Himmel, ich bin krank.
Mein Kopf tut so weh.
Ich habe Fieber und Durst.
Bitte, laß mich heute nacht gut schlafen,
damit es morgen besser wird.

MIT KINDERN

910 Lieber Gott, heute hatten wir Streit.
Das Schimpfen und Zanken tut uns allen weh.
Trotzdem fangen wir immer wieder damit an.
Du, Gott, bist gut zu uns,
laß auch uns wieder gut zueinander sein.

911 Gott im Himmel, ich habe ein Bild gesehen
mit einem Kind, das immer Hunger hat.
Es hatte ganz dünne Beine.
Ich und meine Eltern, wir wollen helfen.
Hilf du uns,
daß wir etwas von dem hergeben können,
was uns gehört.

Ein Schulkind betet

912 Lieber Gott,
manchmal gehe ich gerne zur Schule.
Dann freue ich mich auf die anderen Kinder.
Dann macht Lernen Spaß.
An anderen Tagen fällt es mir schwer.
Vieles verstehe ich nicht.
Dann habe ich einfach keine Lust.
Bitte, lieber Gott,
bleibe bei mir, wenn ich fröhlich bin
und wenn ich traurig bin.

913 Lieber Gott,
es ist schön, daß ich eine Freundin habe.
Sie spielt mit mir. Wir erzählen uns unsere Geheimnisse,
und sie sagt sie nicht weiter.
Dafür danke ich dir.
Andere Kinder aus meiner Klasse mag ich nicht,
und sie mögen mich auch nicht.

Sie ärgern mich, und manchmal ärgere ich sie auch.
Darüber bin ich traurig.
Lieber Gott, hilf mir,
daß ich fair zu den anderen Kindern bin,
daß ich mir Mühe gebe,
mit ihnen zurecht zu kommen.

914 Lieber Gott,
weil du uns liebst, darum leben wir.
Jeden von uns hast du gern, auch mich.
Du hast uns viele Fähigkeiten gegeben.
Der eine kann dies und die andere das.
Die eine rechnet schnell, der andere zeichnet schön.
Ein anderer kann gut schreiben,
die nächste erzählt spannend,
und wieder ein anderer ist ein prima Freund.
Niemand von uns kann alles gleich gut,
auch die großen Leute nicht.
Wir wollen uns deswegen
gegenseitig helfen und unterstützen.
Mach uns Mut dazu!

tausendfältige Stimmen auf uns einreden
und hörten am liebsten
unseren eigenen Wörtern zu.
Jetzt aber wollen wir schweigen,
jetzt wollen wir allein
auf dich hören,
der unsere Gedanken ordnet
und der mit Jesus Christus
und dem Heiligen Geist
im Gespräch ist
und uns zuhört.

Zum Lebenskreis

*In allen frohen und traurigen Erfahrungen
unseres Lebens können wir Gott
unsere Freude und Trauer hinbreiten,
Lachen und Weinen in seine gütigen Hände legen.*

In Erwartung eines Kindes 940

Gott, du Ursprung allen Lebens,
wir erwarten unser Kind.
Neben aller Freude gibt es auch Augenblicke,
in denen wir unsicher sind:
Wie wird es sein, wenn wir Tag für Tag
für unser Kind verantwortlich sind?
Manchmal ist es, als ob du uns mehr zutraust
als wir uns selbst.
Wir möchten so gern, daß es ein gesundes und
fröhliches Kind wird. Aber wir wollen es annehmen,
wie du es uns gibst.
Nun bitten wir dich: Schenke ihm deine Liebe.

GEBETE

Wir wollen es schützen, so gut wir können,
schon jetzt, da wir es erwarten.
Hilf ihm und uns in der Stunde der Geburt.
Wir wollen unser Kind aufnehmen in deinem Namen
und ihm den Weg zeigen, auf dem es dich finden kann.
Schenke ihm ein erfülltes und glückliches Leben.
Laß es zum Segen werden für alle, die ihm begegnen.
Nimm es allzeit in deinen Schutz.

941 *Nach der Geburt eines Kindes*

Lieber himmlischer Vater, du Schöpfer des Lebens!
Wir danken dir, daß du uns dieses Kind geschenkt hast.
Die Stunden der Angst und der Schmerzen sind vorbei.
Du hast uns mit Freude und Glück erfüllt.
Wir legen unser Kind in deine Hände;
laß es aufwachsen unter deinem Schutz und Segen.

942 *Bei einem behinderten Kind*

Gott, Quelle des Lebens und unserer Kraft.
Du hast die Sehnsucht nach Leben in uns angelegt,
und nun ist daraus ein neuer Mensch geworden.
Endlich können wir unser Kind in den Armen halten.
Doch unsere Freude und Dankbarkeit ist vermischt
mit Angst, Sorge und Schmerz.
Unser(e) ... ist anders,
als wir es erwartet und erhofft hatten.
Hilf uns zu erkennen,
worin unser Kind einmalig und unvergleichlich ist.
Laß nicht zu, daß wir es mit anderen Kindern
vergleichen und ihm damit seine eigene Würde nehmen.
Laß unsere Tränen unseren Blick
so klar und hell machen,
daß unser(e) ... erkennt, wie lieb wir sie/ihn haben.

Und wenn wir darin versagen, du Gott allen Lebens,
dann laß es unserem Kind nie an Menschen fehlen,
die fähig sind, es mit deinen Augen zu sehen und zu
nehmen, wie du uns annimmst.

Zur Taufe / Zur Tauferinnerung

Lieber Gott! 943
Du hast unser Kind durch die Taufe gesegnet.
Jeden Tag geht dein Segen mit ihm,
in Freude und Glück, in Enttäuschung und Kummer.
Uns hast du dieses Kind anvertraut.
Dafür danken wir dir.
So gib uns den Mut, deine Zeugen zu sein,
gerade in den Stunden des Alltags,
mitten in Arbeit und Eile,
in Müdigkeit und Mißverständnissen.
Dein guter Geist leitet uns.
Er schenkt uns Geduld.
Wir können verzeihen und Frieden schließen
und wieder lachen. Darauf warten wir.
Wenn unser Kind uns fragt nach dem Sinn des Lebens,
dann laß uns nicht ausweichen;
laß uns erzählen von Jesus Christus,
von deiner Nähe und von deiner Liebe,
die uns allen gilt.
Laß uns im Glauben eins werden mit unserem Kind.
Denn du hast uns alle gesegnet.

Ich bin getauft 944
eingetaucht
in neue Lebenszusammenhänge

Ich gehöre zu Gott
Gott gehört zu mir

GEBETE

Unverlierbar
umgibt mich seine Treue

Ich gehöre zur weltweiten
Familie der Glaubenden

Verbunden mit Gott und den Menschen
erfahre ich Geborgenheit

Eine Quelle der Liebe
strömt für mich

Eröffnet mir Leben –
auch noch im Tod

Ich freue mich
denn –

Ich bin getauft

945 *Gebet für ein Patenkind*

Treuer Gott, gütiger Vater,
ich bitte dich: Bewahre mein Patenkind
in seinem Wachsen und Reifen.
Behüte es in den Gefahren dieser Welt.

Ich möchte es begleiten
und hinführen zu dir:
Gib mir die Liebe, die Weisheit,
die rechten Worte, ihm nahe zu sein.

Laß es wachsen zu dir hin.
Laß es geborgen sein in dir.

ZUM LEBENSKREIS

Für das Schulkind 946

Gott, du Schutz allen Lebens,
unser Kind ist fröhlich aus dem Haus gegangen.
Behüte es auf dem verkehrsreichen Schulweg.
Schütze es vor Gefahren an Leib und Seele,
an die wir kaum zu denken wagen.
Du weißt, daß wir unserem Kind helfen möchten,
in der Schule erfolgreich zu sein.
Hilf uns,
die Kräfte und Gaben unseres Kindes
richtig zu beurteilen.
Gib uns die Kraft,
ihm Sicherheit zu geben,
ihm immer wieder Mut zu machen.
Segne seine Lehrerinnen und Lehrer,
und schenke ihnen Einsicht und Geduld,
Weisheit, Gerechtigkeit und Güte.
Laß unser Kind gesund und zuversichtlich
nach Hause kommen.
Laß unser Zuhause seine Zuversicht sein.

Beim Heranwachsen der Kinder 947

Mein Kind beginnt sich von mir zu lösen.
Ich bitte dich, Vater:
Gib mir Mut und Geduld, es loszulassen.
Zeige mir, wann ich reden soll
und wann ich schweigen muß.
Begleite du mein Kind,
laß es den Weg zu dir finden.
Gib ihm eine Aufgabe, die seinen Gaben entspricht,
und die Erfahrung aufrichtiger Freundschaft.
Laß es Menschen finden,
mit denen es durchs Leben gehen kann.
Hilf, daß wir einander verstehen und annehmen.

GEBETE

948 *Gebete junger Menschen*

> Ich habe so viel auf dem Herzen.
> Ich kann es mit niemandem besprechen.
> Aber du, Gott, kennst mich.
> Du kennst meine Fragen und Nöte,
> meine Wünsche und Pläne,
> meine großen und kleinen Träume.
> Du bist bei mir, auch wenn ich Angst habe,
> dir kann ich sagen,
> was ich niemandem anvertrauen kann.
> Darum rede ich mit dir.
> Gib mir Mut dazu,
> auch wenn ich manchmal meine, du hörst mich nicht.
> Laß mich spüren, daß ich bei dir geborgen bin.

949

> Herr, ich möchte glauben können,
> daß du mich hinter all meinen Gesichtern
> kennt und liebst.
>
> Ich möchte glauben können, daß du mich verstehst:
>> die Rollen, die ich spiele
>> die Gedanken, die ich verstecke
>> der Krampf, unter dem ich selbst leide
>> und nur zu oft meine Mitmenschen auch
>
> Ich möchte glauben können, daß du das alles verstehst:
>> als wäre es ein unausgesprochenes Gebet
>> ein Hilferuf nach Leben
>
> Ich möchte glauben können, daß du da bist:
>> auch für mich da bist
>> wo auch immer ich bin
>> daß ich für dich nie verloren bin
>
> Ließe ich mich ins Weltall schießen:
>> daß du da bist

Flüchtete ich in den Tod:
> daß du da bist

Flöge ich zu den fernsten Meeresstränden:
> daß du da bist

Ach Herr, das möchte ich glauben können.
Dann würde sich mein Lärm und meine Hektik
in große Ruhe verwandeln.
Mein Verstummen wäre zu Ende,
und ich würde Worte finden.
Aus der Flucht in den Schlaf würde der Mut für den Tag.
Meine Dunkelheiten würden zu einem neuen Morgen.

Ich möchte es glauben und sagen können:
> daß ich dein Wunder bin
> das ich annehme und entdecken will.

Am Geburtstag — 950

Treuer Gott!
Du hast mir das Leben geschenkt,
du schenkst mir auch diesen Tag.
Ich danke dir für das vergangene Lebensjahr.
Du hast mich reicher gemacht
durch Begegnungen und Erfahrungen.
In Zeiten der Angst und Sorgen
hast du mir beigestanden.
Begleite mich mit deiner Freundlichkeit.

In Ehe und Partnerschaft — 951

Gott, du ewige Liebe, wir danken dir für alles,
was du uns Gutes getan hast.
Du hast uns miteinander verbunden
und zusammengehalten.

GEBETE

In den gemeinsamen Jahren hast du uns
deine Freundlichkeit spüren lassen.
In guten und schweren Tagen
bist du uns treu geblieben,
auch wenn wir schuldig geworden sind
vor dir und aneinander.
Wir bitten dich:
Bleibe du bei uns an jedem neuen Tag.
Erhalte uns unsere Liebe,
und gib uns Geduld füreinander.
Segne uns und alle, die zu uns gehören.
Und wenn du einen von uns abrufst aus diesem Leben,
dann laß uns darauf vertrauen,
daß wir beide in deiner Liebe geborgen sind.

952 Herr, ich habe keine Worte, ich bin leer.
Ich verstehe meinen Partner nicht mehr,
und er versteht mich nicht mehr.
Eine Eiseskälte geht von ihm aus.
Ich bin vollkommen isoliert.
Es ist kein Gespräch mehr da,
keine Liebe mehr, kein Vertrauen.
Wir gehen getrennte Wege.
Ich bin verzweifelt.
Überwinde meine Abneigung und meinen Zorn,
heile ihn und mich.
Zeige uns Wege in die Zukunft.
Hilf uns, einander zu vergeben.
Sei du zwischen uns.

953 *Chancen des Alleinseins*

Mein Herr und Gott, ich lebe allein.
Manchmal freue ich mich über meine Freiheit;
manchmal bedrückt mich mein Alleinsein.

ZUM LEBENSKREIS

Ich frage mich, was mein Leben soll.
Zeige mir,
daß mein Alleinsein nicht Einsamkeit sein muß.
Weil ich frei bin, kann ich vieles tun.
Weil ich allein bin, kann ich vielen etwas bedeuten.
Weil meine Liebe nicht gebunden ist,
kann sie sich vielen zuwenden.
So kann auch mein Leben erfüllt sein. Dazu hilf mir.

In Einsamkeit 954

Gott, ich habe keinen Menschen,
dem ich mich anvertrauen kann.
Es sind so viele um mich herum,
und doch bin ich allein.
Befreie mich aus meiner Einsamkeit
und gib mir einen Menschen, mit dem ich reden kann.
Laß mich nicht an Menschen vorbeigehen,
die auf mich warten und mich brauchen.

Miteinander im Beruf 955

Treuer Gott, lieber Vater im Himmel,
bei unserer Arbeit ist einer
auf den anderen angewiesen.
Gib uns Verständnis für die Aufgaben,
die jeder von uns hat.
Hilf uns, daß wir unsere Begabungen entdecken
und uns gegenseitig fördern.
Bewahre uns vor Neid und Mißgunst,
daß wir aufeinander achten, wie Menschen,
die zusammengehören.
Gib uns das feine Gespür dafür,
was den Kollegen oder die Kollegin bedrängt,
was verborgen bleibt an Sorgen und Angst.

GEBETE

> Laß nicht zu,
> daß Streß und Konkurrenzdruck
> uns abstumpfen und verbittern.
> Gib uns Geduld und Fröhlichkeit,
> Freundlichkeit und Humor,
> daß wir in unserer alltäglichen Arbeitswelt
> Zeugen deiner Menschenfreundlichkeit
> werden und bleiben.

956 *Vor Prüfungen und Herausforderungen*

> Gott, ich stehe vor einer großen Aufgabe.
> Ich brauche deinen Beistand.
> Ich bitte dich um innere Ruhe.
> Laß mich einen klaren Kopf behalten.
> Gib, daß ich richtige Entscheidungen treffe.

957 *Reisesegen*

> Den Weg des Friedens
> führe uns der allmächtige und barmherzige Herr.
> Sein Engel geleite uns auf dem Weg,
> daß wir wohlbehalten heimkehren
> in Frieden und Freude.
> *Lateinisches Brevier*

958 Der Herr sei vor dir,
um dir den rechten Weg zu zeigen.
Der Herr sei neben dir,
um dich in die Arme zu schließen
und dich zu schützen.
Der Herr sei hinter dir,
um dich zu bewahren
vor der Heimtücke böser Menschen.
Der Herr sei unter dir,

um dich aufzufangen, wenn du fällst,
und dich aus der Schlinge zu ziehen.
Der Herr sei in dir,
um dich zu trösten,
wenn du traurig bist.
Der Herr sei um dich herum,
um dich zu verteidigen,
wenn andere über dich herfallen.
Der Herr sei über dir,
um dich zu segnen.
So segne dich der gütige Gott.
Altirisches Schutzgebet 7. Jh.

Zu Beginn einer Fahrt   959

Am Beginn meiner Fahrt bitte ich dich, Gott:
Sei mir nahe und umgib mich mit deinem Schutz.
Bewahre mich davor, daß ich andere
oder mich selbst in Gefahr bringe.
Schenke mir Umsicht und Geistesgegenwart.
Führe mich sicher ans Ziel.

Im Urlaub   960

Wir danken dir, du freundlicher Gott,
daß wir ausspannen dürfen
und Zeit füreinander haben.
Laß uns Abstand von der Arbeit gewinnen
und neue Kraft schöpfen.
Du zeigst uns die Wunder der Natur
und die Schönheiten der Kunst.
Du läßt uns andere Menschen kennenlernen
und machst unser Leben reicher.
Laß uns gestärkt an Leib und Seele
nach Hause zurückkehren.

GEBETE

In Zweifel und Angst

*Gerade in Krisensituationen hilft es,
das Gespräch mit Gott zu suchen,
Klagen und Zweifel hinauszuschreien.*

961 Ich habe lange nicht gebetet.
Ich hielt alles für Aberglauben oder Kinderkram.
Ich weiß auch nicht, ob es überhaupt richtig ist,
daß ich bete und wie ich bete.
Ich habe so viel auf dem Herzen
und kann es keinem sagen außer dir, Gott.
Du kennst mich besser, als ich mich kenne.
Manchmal denke ich, daß mich keiner richtig versteht.
Ich bin mir oft selbst ein Rätsel.
Du kannst mir einen Weg zeigen, Gott,
und ich bitte dich, daß du es tust.

962 Warum glaube ich eigentlich?
Vielleicht aus alter Gewohnheit –
oder weil ich mich vor dem Tode fürchte –
oder nur so für alle Fälle?
Oder glaube ich, weil meine Eltern mich zwingen –
oder weil Predigten mir Angst einjagen?
Oder glaube ich, um meine Seele zu retten –
oder weil ich besser sein will als die anderen?
Herr, laß es geschehen, daß ich glaube,
weil es dich gibt.

963 Mein Gott, im Augenblick weiß ich allein nicht weiter.
Es ist,
als ob ich den Boden unter meinen Füßen verliere,
als ob mir der Blick nach vorn verschlossen ist.
Ich bin unsicher und habe Angst.

IN ZWEIFEL UND ANGST

Welche Schritte kann und muß ich tun?
Gewohntes ist auf einmal fraglich,
bislang Bewährtes trägt nicht mehr.

Du, Gott, kennst meine Sorgen, meine Zweifel,
meine Fragen. Ich bitte dich
– um Geduld mit mir und anderen bei der Suche
  nach dem Weg, den ich gehen kann
– um die Kraft, die Unsicherheit im Augenblick
  auszuhalten, und um die Zuversicht, daß du
  mich und die Menschen, die mir wichtig sind,
  nicht fallen läßt.

Laß mich darauf vertrauen, daß du mir die Zeit
schenkst, die ich brauche.

964

Herr, ich habe Angst vor dem Tod.
Ich will nicht sterben.
Täglich sehe ich Bilder von toten Menschen.
Täglich höre ich von Frauen, Männern und Kindern,
die bei Katastrophen ums Leben gekommen sind,
die an Aids oder Krebs sterben.
Viele sind schon gestorben, die ich gekannt habe,
von denen ich wußte: Menschen aus meiner Straße,
aus der Familie, von meinem Arbeitsplatz.
Irgendwann werde auch ich tot sein.
Aber es fällt mir schwer, daran zu denken,
diesen Gedanken auszuhalten.
Barmherziger Gott,
du hast dem Tode die Macht genommen,
und du kannst mir die Todesangst nehmen,
daß ich lerne, an den Tod zu denken, an das Vergehen,
an mein Ende.

Nur du kannst mich lehren,
darauf zu hoffen, daß am Ende nicht der Tod steht,
sondern deine Liebe, die niemanden verloren gibt.
Nur du kannst mir die Todesangst nehmen.
Bitte, nimm mir meine Angst.

965 *Aus dem Konzentrationslager Buchenwald*

Ja, wärst du nicht mein Gott, wie könnt die Qualen
der armen Schöpfung ich dir je verzeihen!
Ja, wärst du nicht mein Gott, ich wollte speien
und Not mit Haß und Schmerz mit Bosheit zahlen.

Da wir uns deinem Schutze anbefahlen,
gabst du uns preis, und da wir aufwärts schreien,
bleibst du uns taub, und da wir uns kasteien,
verbirgst du dich in ungewissen Strahlen.

Ja, wärst du nicht mein Gott, wärst Herr von Knechten,
wärst Kirchenbild und Spielzeug für die Dummen,
ich wäre mir zu gut, nur dein zu denken.

Du bist mein Gott! Und darum muß ich rechten
und darum zweifeln, spotten und dich kränken –
und darum an dich glauben und verstummen.

In Not und Krankheit

Wenn uns all unsere Kräfte verlassen haben,
kann und will Gottes Kraft in uns
Schwachen mächtig werden.
Darauf dürfen wir vertrauen.

Gott, 966
am liebsten wäre uns,
das Leben könnte
ein Fest sein,
eine Freude,
ein Tanz,
ein Glück,
möglichst ohne Ende.
Aber
je mehr
Tage und Jahre,
Ereignisse und Menschen
unser Leben
zu einer Lebensgeschichte
werden lassen,
um so deutlicher wird uns:
Jede Lebensgeschichte
ist auch ein Stück
Leidensgeschichte.
Herr,
wenn die toten Punkte
kommen,
dann laß uns
mit dir reden,
von dir hören,
aus dir leben:
damit wir standhalten,

durchkommen,
weiterleben,
überleben –
damit unser Leben
über die Hürden hinweg
gelingt.

967 Vater im Himmel,
Lob und Dank sei dir für die Ruhe der Nacht,
Lob und Dank sei dir für den neuen Tag,
Lob und Dank sei dir für alle deine Güte und Treue in meinem vergangenen Leben.
Du hast mir viel Gutes erwiesen,
laß mich nun auch das Schwere
aus deiner Hand hinnehmen.
Du wirst mir nicht mehr auferlegen, als ich tragen kann.
Du läßt deinen Kindern alle Dinge zum besten dienen.

Herr Jesus Christus,
du warst arm und elend, gefangen und verlassen wie ich.
Du kennst alle Not der Menschen,
du bleibst bei mir, wenn kein Mensch mir beisteht,
du vergißt mich nicht und suchst mich,
du willst, daß ich dich erkenne und mich zu dir kehre.
Herr, ich höre deinen Ruf und folge. Hilf mir!

Heiliger Geist,
gib mir den Glauben, der mich vor Verzweiflung und Laster rettet.
Gib mir die Liebe zu Gott und den Menschen,
die Haß und Bitterkeit vertilgt,
gib mir die Hoffnung, die mich befreit
von Furcht und Verzagtheit.
    Dietrich Bonhoeffer 1943

IN NOT UND KRANKHEIT

Vater, es fällt mir schwer zu sagen: **968**
»Dein Wille geschehe.«
Ich bin niedergeschlagen und habe keinen Mut mehr.
Die Schmerzen sind unerträglich.
Alles, was mein Leben ausgemacht hat,
scheint mir weit weg:
die Menschen, die zu mir gehören,
meine Arbeit, meine Freuden,
mein ganz alltägliches Tun.

Auch wenn ich mutlos bin, Herr, ich will versuchen,
ja zu sagen zu dem, was ist:
zu meinen Schmerzen, zu meiner Schwäche,
zu meiner Hilflosigkeit.
Ich will alles ertragen, so gut es geht.

Segne mich, Vater.
Segne die Menschen, die mir Gutes tun und mir helfen.
Segne alle, die wie ich leiden müssen.
Und wenn du willst,
laß mich und die anderen gesund werden.

Hilf mir, mein Gott, **969**
daß ich auch jetzt
in meinen engen Grenzen tue,
soviel ich irgend kann,
und mich nicht damit abfinde,
nur zu leiden.

Hilf mir,
daß ich mir Mühe gebe,
die kleinen Aufgaben zu erfüllen,
die mir auch bleiben
in meiner Schwachheit,
daß ich spüre:
mein Dasein ist nicht vergeblich.

GEBETE

970 Vater im Himmel,
ich bitte weder um Gesundheit noch um Krankheit,
weder um Leben noch um Tod,
sondern darum,
daß du über meine Gesundheit und meine Krankheit,
über mein Leben und meinen Tod verfügst
zu deiner Ehre und zu meinem Heil.
Du allein weißt, was mir dienlich ist.
Du allein bist der Herr, tue, was du willst.
Gib mir, nimm mir,
aber mache meinen Willen dem deinen gleich.
Blaise Pascal 1660

971 *Morgens*

Lieber himmlischer Vater, ein neuer Tag beginnt.
Gib mir neue Kraft und Geduld.
Tröste mich durch dein Wort.
Erquicke mich, wenn ich matt und müde bin.
Sei du bei mir, wenn Schmerzen kommen
und ich mutlos werde.
Laß mich den Tag bestehen und dankbar annehmen,
was Menschen mir Gutes erweisen.
Du bist mein Vater, dir vertraue ich mich an.

972 *Abends*

Lieber Vater im Himmel, du hast mir heute geholfen
zu tragen, was schwer für mich war.
Ich danke dir dafür.
Bleibe auch in der kommenden Nacht bei mir.
Behüte mich vor Angst und Qual,
lindere meine Schmerzen,
schenke mir Schlaf.
Bewahre mich vor schweren Träumen.

IN NOT UND KRANKHEIT

Gib mir gute Gedanken, wenn ich keine Ruhe finde.
Behüte die Meinen, die sich um mich sorgen.
Sei gnädig und gib uns Frieden.

Vor einer Operation 973

Ich habe Angst, o Gott.
So viele Gedanken überfallen mich.
Du weißt, wie ausgeliefert ich mir vorkomme.
Laß mich nicht allein.
Laß mich geborgen sein in dir.
Auf dich hoffe ich;
in deine Hände befehle ich mein Leben.

Hilf, Herr Gott, hilf in dieser Not! 974
An meine Tür klopft an der Tod.
Steh du mir bei zu dieser Frist,
Herr Jesus Christ,
der du des Todes Sieger bist.

Ist es dein Will, zieh aus den Pfeil,
der mich verwundet; hilf und heil.
Rufst du zum frühen Tode mich,
dein Krug bin ich.
Mach ganz ihn oder ihn zerbrich.

Tröst, Herr Gott, tröst! Die Krankheit steigt,
und Seel und Leib dem Schmerz sich beugt.
Nach deiner Gnad steht mein Begehr;
zu mir dich kehr;
denn außer dir ist Hilf nicht mehr.

Hin rinnt mein Leben, es ist um.
Still wird es bald, mein Mund ist stumm,
mag nicht mehr stammeln nur ein Wort;
die Kraft ist fort,
all meine Sinne sind verdorrt.

GEBETE

> Gesund, Herr Gott, ich bin gesund!
> Es preiset dich mein Herz und Mund.
> Ins Leben wiederum ich kehr;
> dein Lob und Lehr
> will ich verkünden immer mehr.
> *Huldrych Zwingli (1484–1531)*

975 *Gebet mit Kindern für ein krankes Kind*

> Lieber Gott, ... ist krank.
> Wir bitten dich: Laß ... wieder gesund werden,
> damit er/sie wieder mit den anderen Kindern spielen
> und mit uns fröhlich sein kann.
> Wenn es noch länger dauert,
> gib uns Geduld, daß wir warten können.
> Schenke uns gute Einfälle,
> wie wir ... eine Freude machen können.
> Hilf uns und allen Kranken.

976 *Bei der Genesung*

> Gütiger Gott, lieber Vater!
> Du schenkst mir mein Leben neu
> und gibst mir die Freude,
> wieder mit den Meinen zusammenzusein.
> Laß mich deine Wohltaten nicht vergessen.
> Gib mir Mut und Kraft, neu zu beginnen
> und dich zu preisen mit Wort und Tat.
> Hilf gnädig allen Kranken.
> Du, Gott, bist die Quelle des Lebens,
> du bist der Ursprung aller Freude,
> du bist der Geber allen Trostes.
> Dir sei Ehre in Ewigkeit.

977 Mein Gott,
dir verdanke ich
nach Krankheit und Sorgen
meine zurückkehrenden Kräfte.
Hilf mir, sie zu gebrauchen
mir zur Freude,
dir zur Ehre.

Im Alter und beim Sterben

Unausweichlich strebt jeder Mensch
auf das Alter, auf den Tod zu.
Aber auch dann sind wir in Gottes Hand,
gehen auf ihn zu,
auf ein Leben ohne Qualen.

978 O Herr, bitter ist das Brot des Alters und hart.
Wie erschien ich mir früher reich –
wie arm bin ich nun, arm und einsam und so hilflos.
Wozu tauge ich noch auf Erden?
Schmerzen plagen mich Tag und Nacht,
träge rinnen die Stunden meiner schlaflosen Nächte
dahin,
ich bin nur noch ein Schatten dessen,
der ich einmal war.
Ich falle den anderen zur Last –
Herr, laß es genug sein.
Wann wird die Nacht enden
und der lichte Tag aufgehen?
Hilf mir, geduldig zu sein.
Zeig mir dein Antlitz,
je mehr mir alles andere entschwindet.

GEBETE

Laß mich den Atem der Ewigkeit verspüren,
nun, da mir aufhört die Zeit.
Auf dich, o Herr, hoffe ich,
laß mich nicht zuschanden werden in Ewigkeit.
Michelangelo Buonarotti (1475–1564)

979 Herr, du weißt, daß ich altere und bald alt sein werde.
Bewahre mich davor, daß ich schwatzhaft werde,
und vor der fatalen Angewohnheit, bei jeder Gelegenheit
und über jedes Thema mitreden zu wollen.
Befreie mich von der Einbildung, ich müsse anderer
Leute Angelegenheiten in Ordnung bringen.

Bei meinem ungeheuren Schatz an Erfahrung und
Weisheit ist es freilich ein Jammer, nicht jedermann
daran teilnehmen zu lassen. Aber du weißt, Herr,
daß ich am Ende ein paar Freunde brauche.

Ich wage nicht, dich um die Fähigkeit zu bitten,
die Klagen meiner Mitmenschen über ihre Leiden mit
nie versagender Teilnahme anzuhören. Hilf mir nur,
sie mit Geduld zu ertragen, und versiegle meinen Mund,
wenn es sich um eigene Kümmernisse und Gebrechen
handelt. Sie nehmen zu mit den Jahren, und meine
Neigung, sie aufzuzählen, wächst mit ihnen.

Ich will dich auch nicht um ein besseres Gedächtnis
bitten, nur um etwas mehr Demut und weniger Selbstsicherheit, wenn meine Erinnerung nicht mit der anderer
übereinstimmt. Schenke mir die wichtige Einsicht,
daß ich mich gelegentlich irren kann. Hilf mir,
einigermaßen milde zu bleiben.

Ich habe nicht den Ehrgeiz, eine Heilige zu werden
(mit manchen von ihnen ist so schwer auszukommen).
Aber ein scharfes altes Weib ist eins der Meisterwerke des
Teufels.

IM ALTER UND BEIM STERBEN

Mache mich teilnehmend, aber nicht sentimental,
hilfsbereit, aber nicht aufdringlich.

Gewähre mir, daß ich Gutes finde bei Leuten,
wo ich es nicht vermutet habe. Und schenke mir, Herr,
die Liebenswürdigkeit, es ihnen auch zu sagen.
Gebet einer Äbtissin

Heute, mein Gott, will ich dir danken, **980**
für die bisherige Lebenszeit
mit allem, was sie mir gebracht hat.
Ich danke dir für die kleinen Freuden des Alltags,
für jeden Baum, für jeden Strauch,
für den Gesang der Vögel in den Zweigen,
für die Menschen, die mir begegnen
und die zu mir gehören.

Es ist noch so viel, was mein Leben reich macht.
Erhalte mir, Herr,
ein waches Bewußtsein für den Reichtum meiner Tage.

Ich will nicht klagen über das, was mich beschwert;
freuen will ich mich,
daß ich deiner Treue gewiß sein darf
und deiner Vergebung.
Hilf mir, Herr, daß ich den Menschen meiner
Umgebung mit offenen Augen begegne.
Ich weiß nicht,
wieviel Zeit du mir noch zumessen wirst.
Darum will ich dir danken, Gott,
für jeden Tag und jede Stunde, die du mich leben läßt.

GEBETE

981 Wir sind nur Gast auf Erden
und wandern ohne Ruh
mit mancherlei Beschwerden
der ewigen Heimat zu.

Die Wege sind verlassen,
und oft sind wir allein.
In diesen grauen Gassen
will niemand bei uns sein.

Nur einer gibt Geleite,
das ist der Herre Christ;
er wandert treu zur Seite,
wenn alles uns vergißt.

Gar manche Wege führen
aus dieser Welt hinaus.
O daß wir nicht verlieren
den Weg ins Vaterhaus!

Und sind wir einmal müde,
dann stell ein Licht uns aus,
o Gott, in deiner Güte,
dann finden wir nach Haus.
Georg Thurmair (1935/1938)

IM ALTER UND BEIM STERBEN

STERBENDE BEGLEITEN — 982

Begleitung in schwerer Zeit

Ein Mensch, dem wir in der Familie oder in der Gemeinde verbunden sind, sollte auch in den schweren Zeiten der Krankheit und des Sterbens von uns begleitet werden.
Dies geht uns sehr nahe und erscheint uns als eine Aufgabe, die über unsere Kräfte geht, bei der wir aber die Kraft Gottes erfahren können.

Zeit für Nähe

Gut ist es, wenn Sterbende – so lange wie möglich – in ihrer vertrauten Umgebung bleiben können. Es hilft ihnen, wenn wir ihre Wünsche erspüren und respektieren. Am wichtigsten ist es, daß wir uns Zeit für sie nehmen und sie unsere Nähe spüren lassen, etwa indem wir ihre Hand halten. Gesten der Zuwendung sind oft hilfreicher als viele Worte. Unwichtiges oder Belastendes sollte von Sterbenden ferngehalten werden.

Sterben: Erkennen und annehmen

Fragen Sterbende nach dem Ernst ihrer Krankheit, dürfen wir darüber behutsam sprechen, ohne zu verharmlosen. Daß es nach menschlichem Ermessen ans Sterben geht, ist nicht eine »Wahrheit«, die man sagt oder verschweigt, sondern ein Weg des Erkennens und Annehmens, auf dem wir ein Stück mitgehen und einander ermutigen können. Auch sei hingewiesen auf die Möglichkeit einer gemeinsamen Abendmahlsfeier.

Trost zusprechen

Auch wenn Sterbende nicht mehr bei Bewußtsein zu sein scheinen, können sie uns vielleicht noch deutlich hören, besonders wenn wir ihnen bekannte Bibelworte oder Liedstrophen zusprechen bzw. singen. Geeignete Texte sind unter Nr. 399, 402, 406, 522 abgedruckt.
Geeignete Segensworte, die unter Handauflegung gesprochen werden können, finden sich unter Nr. 985.

GEBETE

983 Wenn ich einmal soll scheiden,
so scheide nicht von mir,
wenn ich den Tod soll leiden,
so tritt du dann herfür;
wenn mir am allerbängsten
wird um das Herze sein,
so reiß mich aus den Ängsten
kraft deiner Angst und Pein.

Erscheine mir zum Schilde,
zum Trost in meinem Tod,
und laß mich sehn dein Bilde
in deiner Kreuzesnot.
Da will ich nach dir blicken,
da will ich glaubensvoll
dich fest an mein Herz drücken.
Wer so stirbt, der stirbt wohl.

(Lied Nr. 85, 9–10)

984 Herr Jesus, ich rufe zu dir in meiner Anfechtung,
in meiner großen Angst, im Leiden,
das ich allein nicht mehr tragen kann.
Ich lege die Last meiner Schuld in deine Hand
und vertraue auf deine Vergebung.
Bleibe du bei mir, mein Heiland.
Erbarme dich meiner,
sei du mächtig in meiner Schwachheit
und führe mich durchs dunkle Tal in dein himmlisches
Reich.

IM ALTER UND BEIM STERBEN

Sterbenden zuzusprechen   **985**

1. Jesus Christus spricht:
   In der Welt habt ihr Angst;
   aber seid getrost,
   ich habe die Welt überwunden. *(Johannes 16, 33)*

2. Leben wir, so leben wir dem Herrn;
   sterben wir, so sterben wir dem Herrn.
   Darum, wir leben oder sterben,
   so sind wir des Herrn. *(Römer 14, 8)*

3. Also hat Gott die Welt geliebt,
   daß er seinen eingeborenen Sohn gab,
   damit alle, die an ihn glauben,
   nicht verloren werden,
   sondern das ewige Leben haben. *(Johannes 3, 16)*

4. In deine Hände befehle ich meinen Geist.
   Du hast mich erlöst, Herr, du treuer Gott. *(Psalm 31, 6)*

5. Der Herr wird mich erlösen von allem Übel
   und mich retten in sein himmlisches Reich.
   Ihm sei Ehre von Ewigkeit zu Ewigkeit.
   (2. Timotheus 4, 18)

6. So spricht der Herr, der dich geschaffen hat:
   Fürchte dich nicht, denn ich habe dich erlöst;
   ich habe dich bei deinem Namen gerufen;
   du bist mein! *(Jesaja 43, 1)*

7. Wir haben einen Gott, der da hilft,
   und den Herrn, der vom Tod errettet. *(Psalm 68, 21)*

8. Christus spricht: Ich bin die Auferstehung
   und das Leben.
   Wer an mich glaubt, der wird leben,
   auch wenn er stirbt;
   und wer da lebt und glaubt an mich,
   der wird nimmermehr sterben. *(Johannes 11, 25–26)*

GEBETE

9. Dennoch bleibe ich stets an dir;
   denn du hältst mich bei meiner rechten Hand,
   du leitest mich nach deinem Rat
   und nimmst mich am Ende mit Ehren an.

   Wenn ich nur dich habe,
   so frage ich nichts nach Himmel und Erde.
   Wenn mir gleich Leib und Seele verschmachtet,
   so bist du doch, Gott,
   allezeit meines Herzens Trost und mein Teil.
   (Psalm 73, 23–26)

10. Der Herr behüte dich vor allem Übel,
    er behüte deine Seele.
    Der Herr behüte deinen Ausgang und Eingang
    von nun an bis in Ewigkeit. *(Psalm 121, 7–8)*

11. Fürwahr, er trug unsre Krankheit
    und lud auf sich unsre Schmerzen.
    Wir aber hielten ihn für den,
    der geplagt
    und von Gott geschlagen und gemartert wäre.
    Aber er ist um unsrer Missetat willen verwundet
    und um unsrer Sünde willen zerschlagen.
    Die Strafe liegt auf ihm, auf daß wir Frieden hätten,
    und durch seine Wunden sind wir geheilt.
    (Jesaja 53, 4–5)

12. Abba, mein Vater, alles ist dir möglich;
    nimm diesen Kelch von mir;
    doch nicht, was ich will,
    sondern was du willst! *(Markus 14, 36)*

    (siehe auch Nr. 862)

1462

IM ALTER UND BEIM STERBEN

986 Das ist mein einziger Trost im Leben und im Sterben,
daß ich mit Leib und Seele, im Leben und im Sterben,
nicht mir, sondern meinem getreuen Heiland
Jesus Christus gehöre.
Heidelberger Katechismus 1563, Frage 1 (Nr. 856)

Sterbesegen 987

Es segne dich Gott, der Vater,
der dich nach seinem Bild geschaffen hat.
Es segne dich Gott, der Sohn,
der dich durch sein Leiden und Sterben erlöst hat.
Es segne dich Gott, der Heilige Geist,
der dich zum Leben gerufen und geheiligt hat.
Gott der Vater und der Sohn und der Heilige Geist
geleite dich durch das Dunkel des Todes in sein Licht.
Er sei dir gnädig im Gericht
und gebe dir Frieden und ewiges Leben.
Lateinischer Sterbesegen 8. Jh.

988 Ewiger Gott und Vater,
gib unserem/unserer Entschlafenen die ewige Ruhe.
Laß ihm/ihr dein Licht leuchten
und vereine ihn/sie mit denen, die du vollendet hast.
Uns alle laß dereinst dein Angesicht schauen
und deine himmlische Herrlichkeit erlangen.

Vater unser im Himmel.
Geheiligt werde dein Name.
Dein Reich komme.
Dein Wille geschehe, wie im Himmel, so auf Erden.
Unser tägliches Brot gib uns heute.
Und vergib uns unsere Schuld,
wie auch wir vergeben unsern Schuldigern.
Und führe uns nicht in Versuchung,

GEBETE

sondern erlöse uns von dem Bösen.
Denn dein ist das Reich und die Kraft
und die Herrlichkeit in Ewigkeit.

989 *Nach einem Verlust durch Todesfall*

Ewiger, unbegreiflicher Gott,
laß mich jetzt nicht allein!
Schenke mir Menschen,
zu denen ich sprechen kann
von dem/der Verstorbenen –
mit denen ich schweigen kann,
wenn der Schmerz mich sprachlos macht –
die meine Verlassenheit und Trauer
aufbrechen durch ein verstehendes Lächeln –
die mir Hoffnung geben
durch unverbrüchliche Treue –
die mich still begleiten
auf meinem Weg vom Tod zum Leben.

Du liebender Gott,
laß uns alle geborgen sein in deiner Hand,
die uns hält und trägt
im Leben und im Sterben.

990 *Nach dem Sterben eines Kindes*

Unbegreiflicher Gott!
Wir klagen dir unsere Verzweiflung.
Du hast uns unser Kind genommen.
Es wird uns schwer, uns in deinen Willen zu fügen.
Hilf uns, wir sind mit unserer Kraft am Ende.
Stärke uns, daß wir dir vertrauen,
auch wenn wir dich nicht verstehen.
Laß unser Kind jetzt bei dir sein.
Herr, Gott, verlaß uns nicht.

IM ALTER UND BEIM STERBEN

Lieder: Befiehl du deine Wege (Nr. 361)
Gib dich zufrieden und sei stille (Nr. 371)
In allen meinen Taten (Nr. 368)
Ja, ich will euch tragen (Nr. 380)
Ich steh vor dir mit leeren Händen (Nr. 382)
So nimm denn meine Hände (Nr. 376)
Warum sollt ich mich denn grämen (Nr. 370)
Was Gott tut, das ist wohlgetan (Nr. 372)
Wer kann dich, Herr, verstehen (Nr. 649)

Psalmen: 22 (Nr. 709), 23 (Nr. 710), 39 (Nr. 721), 71 (Nr. 733),
73 (Nr. 734), 121 (Nr. 753), 126 (Nr. 754)

Siehe auch: Aussegnung (Verabschiedungsfeier) Nr. 851

BEIM BESUCH EINES GRABES 991

Ewiger Gott, ich trauere um ...
Sie/Er hat mir viel bedeutet.
Ich denke an das,
was uns über lange Zeit verbunden hat.
Die Zeit ist vorbei, der Tod hat uns getrennt.
Sie/Er fehlt mir, das ist mir bitter und schmerzlich.
Ich kann nichts mehr für sie/ihn tun,
aber dir, Barmherziger, überlasse ich sie/ihn.
Du hast sie/ihn noch mehr geliebt,
und deine Liebe hört nicht auf.
Deine Hand kann sie/ihn festhalten.
Laß sie/ihn nicht fallen – um Jesu willen.
Verbinde uns über das Grab hinaus
in der Gemeinschaft deines Reiches.
Und wenn die Menschen hier uns einmal alle vergessen
haben, so rufe du uns bei unserem Namen – zu dir.

GEBETE

Um den Segen Gottes bitten

*Immer wieder erbitten wir
in der Fluchwirklichkeit unserer Welt
den begleitenden, bewahrenden Segen Gottes,
bei jedem Abschied, bei jedem Neuanfang.*

992 Der Herr segne dich und behüte dich,
der Herr lasse sein Angesicht leuchten über dir
und sei dir gnädig,
der Herr erhebe sein Angesicht über dich
und gebe dir Frieden. *(4. Mose 6, 24–26)*

993 Herr, wir leben hier – segne uns.
Du schickst uns in die Welt – behüte uns.
Du gibst uns Aufgaben – laß dein Angesicht über uns leuchten.
Wir versagen oft – sei uns gnädig.
Wir fühlen uns oft allein – erheb dein Angesicht auf uns.
Gib uns und der Welt Frieden.

994 Segne uns mit der Weite des Himmels,
segne uns mit der Wärme der Sonne,
segne uns mit der Frische des Wassers,
himmlischer Vater, segne uns.
Segne, Vater, tausend Sterne,
segne, Vater, unsre Erde,
segne, Vater, Herz und Hand.

UM DEN SEGEN GOTTES

995

Gott, segne mich,
wenn ich trinke.
Auch wenn ich mitschuldig bin,
wenn frisches Wasser rar wird
und grüne Auen verrotten,
so bleibt mir doch dein Wort,
das wie lebenspendendes Wasser
die Seele erquickt.

Gott, segne mich,
wenn ich gehe.
Auch wenn die Straßen meiner Zeit
mich durch finstere Täler führen,
auch wenn meine Wege
nicht meine Wege bleiben und sich
in einer ungewissen Zukunft verlieren,
so ist doch deine Gegenwart
stets meine Zukunft,
die mich in der Angst tröstet.

Gott, segne mich,
wenn ich esse, was der Markt bietet.
Auch wenn ich an bereiteten Tischen sitze
im Angesicht der Hungernden,
auch wenn mir voll eingeschenkt wird
und ich mein Haupt hoch tragen kann,
so brauche ich dennoch
deinen Stecken und Stab,
um nicht übermütig zu werden,

um Gutes zu tun
und barmherzig zu bleiben
unter deinem Segen.

(siehe auch Nr. 140, 2–4, Nr. 958)

GEBETE

996 Möge dein Weg dir freundlich entgegenkommen,
möge der Wind dir den Rücken stärken.
Möge die Sonne dein Gesicht erhellen
und der Regen um dich her die Felder tränken.
Und bis wir beide, du und ich, uns wiedersehen,
möge Gott dich schützend in seiner Hand halten.

997 Den Weg des Friedens führe uns
der allmächtige und barmherzige Herr.
Sein Engel geleite uns auf dem Weg,
daß wir wohlbehalten heimkehren
in Frieden und Freude.

998 Unsern Ausgang segne Gott, unsern Eingang
gleichermaßen;
segne unser täglich Brot, segne unser Tun und Lassen.
Segne uns mit selgem Sterben
und mach uns zu Himmelserben.

999 Es segne und behüte uns
der allmächtige und barmherzige Gott,
der Vater, der Sohn und der Heilige Geist ...

1000 Herr, wir bitten dich:
Segne uns. Halte deine schützenden Hände über uns
und gib uns deinen Frieden.

1001 Und der Friede Gottes,
der höher ist als alle Vernunft,
bewahre eure Herzen und Sinne in Christus Jesus.

⌞Einführung

⌞Liturgischer Kalender

Das Kirchenjahr

1004 EINFÜHRUNG

Zwischen Advent und Ewigkeitssonntag

Das Kirchenjahr beginnt mit dem Advent und endet mit dem Ewigkeitssonntag, dem Ausblick auf die Vollendung der Zeit. Durch die Verheißungen, die Gott seinem Volk Israel gab, hat alle Zeit ihr Ziel bekommen. Mit Christus ist die Zeit des Heils angebrochen. Mit seiner Wiederkunft wird sie sich vollenden.

Feiern im Kirchenjahr

Das Kirchenjahr entfaltet das Christuszeugnis. In seinem Ablauf vergegenwärtigt sich die Gemeinde Leben und Wirken ihres Herrn: Ankündigung und Geburt Christi (Advent und Weihnachten), Erscheinung Gottes in Christus (Epiphaniaszeit), Jesu Leiden und Sterben (Passionszeit), Jesu Auferstehung und Himmelfahrt (Osterzeit) und die Ausgießung des Heiligen Geistes (Pfingsten). Damit beginnt die Zeit der Kirche. Sie bekennt sich zur Dreifaltigkeit Gottes: Vater, Sohn und Heiliger Geist (Trinitatiszeit), und erwartet die Wiederkunft Christi am Jüngsten Tag.

Höhepunkt Osterfest

Das Kirchenjahr hat sich in den ersten Jahrhunderten christlicher Zeitrechnung herausgebildet. Sein Höhepunkt ist das

EINFÜHRUNG

Osterfest: die Auferstehung Christi von den Toten ist der Ursprung christlichen Glaubens. Schon in der Zeit der Apostel wurde deshalb die Auferstehung Jesu am ersten Tag der Woche (Sonntag) mit dem Mahl des Herrn gefeiert. Der römische Kaiser Konstantin hat im Jahr 321 den Sonntag als Tag des Herrn zum gesetzlichen Feiertag erhoben. Ostern fällt – ausgehend von der jüdischen Passatradition – auf den Sonntag nach dem ersten Vollmond nach Frühlingsanfang.

40 Tage Passionszeit

Dem Osterfest geht die vierzigtägige Passionszeit voraus (die Werktage ab Aschermittwoch). Sie ist dem Gedächtnis an das Leiden und Sterben Jesu Christi gewidmet. Die letzte Woche der Passionszeit ist die Karwoche mit dem Gründonnerstag, dem Tag der Einsetzung des Abendmahls, und dem Karfreitag, dem Tag der Kreuzigung und des Todes Jesu.

Himmelfahrt und Pfingsten

Dem Osterfest folgt am 40. Tag das Fest der Himmelfahrt Christi und am 50. Tag das Pfingstfest, der Tag der Ausgießung des Heiligen Geistes.

Weihnachtsfestkreis

Nach dem Osterfestkreis bildete sich seit dem 4. Jahrhundert der Weihnachtsfestkreis heraus. Er beginnt mit den vier Adventssonntagen und hat im Fest der Geburt Jesu am 25. Dezember (Weihnachten, Christtag) seine Mitte. Nach dem 6. Januar, dem Tag der Erscheinung des Herrn (Epiphanias), folgen die Sonntage nach Epiphanias, deren Zahl vom Ostertermin abhängt (mindestens zwei, höchstens sechs).

DAS KIRCHENJAHR

Trinitatiszeit

Die Sonntage nach Pfingsten werden vom Fest der Dreifaltigkeit an (Trinitatis, Sonntag nach Pfingsten) gezählt. Allgemeine Feste dieser Zeit sind: Erntedanktag, Reformationstag (31. 10.), Buß- und Bettag (am Mittwoch vor dem Ewigkeitssonntag) und der Ewigkeitssonntag.

Den Zeiten und Festtagen des Kirchenjahres entsprechen die liturgischen Farben (s. Nr. 1005):

WEISS	als Symbol des Lichtes	Ostern, Weihnachten, übrige Christusfeste
VIOLETT	als Farbe der Buße und der Bereitung vor den hohen Festen	Passionszeit, Advent, Buß- und Bettag
ROT	als Farbe des Pfingstfeuers und der durch das Blut der Märtyrer ausgebreiteten Kirche	Pfingsten, Gedenktage der Kirche
GRÜN	als Farbe der aufgehenden Saat	Epiphanias-, Vorfasten- und Trinitatiszeit
SCHWARZ	als Zeichen der Trauer	Karfreitag

Den Zeiten und Festtagen des Kirchenjahres entsprechend sind in neuerer Zeit jedem Sonntag ein Bibelvers und ein Lied zugeordnet worden (Wochenspruch und Wochenlied).

Liturgischer Kalender

Ordnung der Lesungen

Der folgende liturgische Kalender umfaßt die Ordnung der gottesdienstlichen Lesungen (Reihe I: Evangelium, Reihe II: Epistel) und die weiteren Predigttexte (Reihe III bis VI), in denen auch die für die einzelnen Sonntage angebotenen Lesungen aus dem Alten Testament enthalten sind. Sie sind durch einen Stern gekennzeichnet. Das Evangelium (Reihe I) gibt jedem Sonn- und Festtag sein eigentümliches Gepräge, es hat auch die Auswahl weiterer gottesdienstlicher Texte (Wochenspruch, Wochenlied, Wochenpsalm) bestimmt. Jedes Jahr wird eine Textreihe in der Predigt ausgelegt. So sind die zum Gottesdienst versammelten Gemeinden an allen Orten miteinander verbunden, indem sie auf den gleichen biblischen Text hören. Der Sechs-Jahres-Turnus soll dem Predigthörer den Reichtum der biblischen Botschaft erschließen.

Das folgende Verzeichnis nennt für jeden Sonn- und Feiertag: Wochenspruch, Evangelium, Epistel, die übrigen Predigttexte, Wochenlied, Wochenpsalm, Liturgische Farbe.

Psalmen

Wenn der Psalm eines Sonn- und Feiertags in der Psalmenauswahl (Nr. 702–764, teils in abweichender Versauswahl) nicht enthalten ist, wird zusätzlich auf den Psalm eines vorausgegangenen oder des folgenden Sonntags verwiesen, der dort zu finden ist. Die Wochenpsalmen (nach der Ordnung der Predigt-

DAS KIRCHENJAHR

texte) sind in der Regel zugleich die Psalmen, aus denen die Verse des gottesdienstlichen Eingangspsalms (Introitus) für den entsprechenden Sonntag entnommen sind.

Ostertermin

Liegt der Ostertermin eines Jahres früh, entfallen einer oder mehrere der Sonntage nach Epiphanias, nicht jedoch der erste und der letzte. Liegt der Ostertermin spät, entfallen einer oder mehrere der Sonntage nach Trinitatis, die dem drittletzten Sonntag nach Trinitatis vorausgehen.

LITURGISCHER KALENDER

1. Sonntag im Advent VIOLETT

Siehe, dein König kommt zu dir,
ein Gerechter und ein Helfer. *(Sach 9, 9)*

  I Mt 21, 1–9 (Ev.)   II Röm 13, 8–12.(13–14) (Ep.)
III Jer 23, 5–8*   IV Offb 5, 1–5.(6–14)
  V Lk 1, 67–79   VI Hebr 10, (19–22).23–25

Nun komm, der Heiden Heiland (Nr. 4)
oder Die Nacht ist vorgedrungen (Nr. 16)
Psalm 24

2. Sonntag im Advent VIOLETT

Seht auf und erhebt eure Häupter,
weil sich eure Erlösung naht. *(Lk 21, 28)*

  I Lk 21, 25–33 (Ev.)   II Jak 5, 7–8 (Ep.)
III Mt 24, 1–14   IV Jes 63, 15–16.(17–19a).19b; 64, 1–3*
  V Jes 35, 3–10   VI Offb 3, 7–13

Ihr lieben Christen, freut euch nun (Nr. 6)
Psalm 80, 2–7; 15–20
oder wie 1. Advent

3. Sonntag im Advent VIOLETT

Bereitet dem Herrn den Weg; denn siehe,
der Herr kommt gewaltig. *(Jes 40, 3. 10)*

  I Mt 11, 2–6.(7–10) (Ev.) II 1. Kor 4, 1–5 (Ep.)
III Lk 3, 1–14   IV Röm 15, (4).5–13
  V Jes 40, 1–8.(9–11)*   VI Offb 3, 1–6

Mit Ernst, o Menschenkinder (Nr. 10)
Psalm 85, 2–7.15–20
oder wie 1. Advent

DAS KIRCHENJAHR

4. Sonntag im Advent   VIOLETT

Freuet euch in dem Herrn allewege,
und abermals sage ich:
Freuet euch! Der Herr ist nahe! *(Phil 4, 4–5)*

- I Lk 1, (39–45).46–55(56) (Ev.)
- II Phil 4, 4–7 (Ep.)
- III Lk 1, 26–33.(34–37).38
- IV 2. Kor 1, 18–22
- V Joh 1, 19–23.(24–28)
- VI Jes 52, 7–10*

Nun jauchzet, all ihr Frommen (Nr. 9)
Psalm 102, 17–23

Christvesper   WEISS

Das Wort ward Fleisch und wohnte unter uns,
und wir sahen seine Herrlichkeit. *(Joh 1, 14)*

- I Lk 2, 1–14.(15–20) (Ev.)
- II Tit 2, 11–14 (Ep.)
- III Joh 3, 16–21
- IV Jes 9, 1–6*
- V Joh 7, 28–29
- VI 1. Tim 3, 16

Gelobet seist du, Jesu Christ (Nr. 23)
Psalm 2
oder wie Christfest

Christnacht   WEISS

Das Wort ward Fleisch und wohnte unter uns,
und wir sahen seine Herrlichkeit. *(Joh 1, 14)*

- I Mt 1, (1–17).18–21.(22–25) (Ev.)
- II Röm 1, 1–7 (Ep.)
- III 2. Sam 7, 4–6.12–14a
- IV Jes 7, 10–14*
- V Hes 37, 24–28
- VI Kol 2, 3–10

Lobt Gott, ihr Christen alle gleich (Nr. 27)
Psalm 2
oder wie Christfest

LITURGISCHER KALENDER

Christfest, 1. Feiertag WEISS

Das Wort ward Fleisch und wohnte unter uns,
und wir sahen seine Herrlichkeit. *(Joh 1, 14)*

   I Lk 2, (1–14). 15–20 (Ev.)   II Tit 3, 4–7 (Ep.)
 III Mi 5, 1–4a*   IV 1. Joh 3, 1–6
  V Joh 3, 31–36   VI Gal 4, 4–7

Gelobet seist du, Jesu Christ (Nr. 23)
Psalm 96

Christfest, 2. Feiertag WEISS

Das Wort ward Fleisch und wohnte unter uns,
und wir sahen seine Herrlichkeit. *(Joh 1, 14)*

   I Joh 1, 1–5. (6–8). 9–14 (Ev.)   II Hebr 1, 1–3. (4–6) (Ep.)
 III Joh 8, 12–16   IV Offb 7, 9–12. (13–17)
  V Jes 11, 1–9*   VI 2. Kor 8, 9

Gelobet seist du, Jesu Christ (Nr. 23)
Psalm 96

1. Sonntag nach dem Christfest WEISS

Das Wort ward Fleisch und wohnte unter uns,
und wir sahen seine Herrlichkeit. *(Joh 1, 14)*

   I Lk 2, (22–24). 25–38. (39–40) (Ev.) II 1. Joh 1, 1–4 (Ep.)
 III Mt 2, 13–18. (19–23)   IV 1. Joh 2, 21–25
  V Joh 12, 44–50   VI Jes 49, 13–16*

Vom Himmel kam der Engel Schar (Nr. 25)
oder Freuet euch, ihr Christen alle (Nr. 34)
Psalm 71, 14–18

DAS KIRCHENJAHR

Altjahrsabend WEISS

Barmherzig und gnädig ist der Herr,
geduldig und von großer Güte. *(Ps 103, 8)*

I Lk 12, 35–40 (Ev.)	II Röm 8, 31b–39 (Ep.)
III Jes 30, (8–14).15–17*	IV 2. Mose 13, 20–22
V Joh 8, 31–36	VI Hebr 13, 8–9b

Das alte Jahr vergangen ist (Nr. 59)
oder Der du die Zeit in Händen hast (Nr. 64)
Psalm 121

Neujahrstag WEISS

Alles, was ihr tut mit Worten oder mit Werken,
das tut alles im Namen des Herrn Jesus
und dankt Gott, dem Vater, durch ihn. *(Kol 3, 17)*

I Lk 4, 16–21.(22–30) (Ev.)	II Jak 4, 13–15.(16–17) (Ep.)
III Joh 14, 1–6	IV Jos 1, 1–9*
V Spr 16, 1–9	VI Phil 4, 10–13.(14–20)

Der du die Zeit in Händen hast (Nr. 64)
oder Von guten Mächten treu und still umgeben (Nr. 65)
Psalm 8

2. Sonntag nach dem Christfest WEISS

Wir sahen seine Herrlichkeit,
eine Herrlichkeit als des eingeborenen Sohnes
vom Vater,
voller Gnade und Wahrheit. *(Joh 1, 14)*

I Lk 2, 41–52 (Ev.)	II 1. Joh 5, 11–13 (Ep.)
III Joh 1, 43–51	IV Jes 61, 1–3.(4.9).10–11*
V Joh 7, 14–18	VI Röm 16, 25–27

Also liebt Gott die arge Welt (Nr. 51)
oder O Jesu Christe, wahres Licht (Nr. 72)
Psalm 138, 2–5
oder wie Christfest

LITURGISCHER KALENDER

Epiphanias WEISS

Die Finsternis vergeht,
und das wahre Licht scheint jetzt.   *(1. Joh 2, 8)*

  I Mt 2, 1–12 (Ev.)   II Eph 3, 2–3a.5–6 (Ep.)
III Joh 1, 15–18   IV Kol 1, 24–27
  V Jes 60, 1–6*   VI 2. Kor 4, 3–6

Wie schön leuchtet der Morgenstern (Nr. 70)
oder O König aller Ehren (Nr. 71)
Psalm 72, 1–3.10–13.19
oder Psalm 100

1. Sonntag nach Epiphanias GRÜN

Welche der Geist Gottes treibt,
die sind Gottes Kinder.   *(Röm 8, 14)*

  I Mt 3, 13–17 (Ev.)   II Röm 12, 1–3.(4–8) (Ep.)
III Mt 4, 12–17   IV 1. Kor 1, 26–31
  V Joh 1, 29–34   VI Jes 42, 1–4.(5–9)*

O lieber Herre Jesu Christ (Nr. 68)
oder Du höchstes Licht, du ewger Schein (Nr. 441)
Psalm 89, 2–6.20–23.27–30
oder Psalm 100

2. Sonntag nach Epiphanias GRÜN

Das Gesetz ist durch Mose gegeben;
die Gnade und Wahrheit ist durch
Jesus Christus geworden.   *(Joh 1, 17)*

  I Joh 2, 1–11 (Ev.)   II Röm 12, (4–8).9–16 (Ep.)
III 2. Mose 33, 17b–23*   IV 1. Kor 2, 1–10
  V Mk 2, 18–20.(21–22)   VI Hebr 12, 12–18.(19–21).22–25a

Gottes Sohn ist kommen (Nr. 5)
oder In dir ist Freude (Nr. 398)
Psalm 105, 1–8
oder Psalm 100

DAS KIRCHENJAHR

3. Sonntag nach Epiphanias GRÜN

Es werden kommen von Osten und von Westen,
von Norden und von Süden
die zu Tisch sitzen werden im Reich Gottes. *(Lk 13, 29)*

   I Mt 8, 5–13 (Ev.)   II Röm 1, (14–15).16–17 (Ep.)
 III Joh 4, 46–54   IV 2. Kön 5, (1–8).9–15.(16–18).19a*
  V Joh 4, 5–14   VI Apg 10, 21–35

Lobt Gott den Herrn, ihr Heiden all (Nr. 293)
Psalm 86, 1–11.17
oder Psalm 100

4. Sonntag nach Epiphanias GRÜN

Kommt her und sehet an die Werke Gottes,
der so wunderbar ist in seinem Tun
an den Menschenkindern. *(Ps 66, 5)*

   I Mk 4, 35–41 (Ev.)   II 2. Kor 1, 8–11 (Ep.)
 III Mt 14, 22–33   IV Eph 1, 15–20a
  V Jes 51, 9–16*   VI 1. Mose 8, 1–12

Wach auf, wach auf, 's ist hohe Zeit (Nr. 244)
oder Such, wer da will, ein ander Ziel (Nr. 346)
Psalm 107, 1–2.23–32
oder Psalm 100

5. Sonntag nach Epiphanias GRÜN

Der Herr wird ans Licht bringen,
was im Finstern verborgen ist,
und wird das Trachten der Herzen offenbar
machen. *(1. Kor 4, 5)*

   I Mt 13, 24–30 (Ev.)   II 1. Kor 1, (4–5).6–9 (Ep.)
 III Jes 40, 12–25*

Ach bleib bei uns, Herr Jesu Christ (Nr. 246)
Psalm 37, 1–7a

LITURGISCHER KALENDER

Letzter Sonntag nach Epiphanias WEISS

Über dir geht auf der Herr, und seine Herrlichkeit
erscheint über dir. *(Jes 60, 2)*

I Mt 17, 1–9 (Ev.)	II 2. Kor 4, 6–10 (Ep.)
III 2. Mose 3, 1–10.(11–14)*	IV Offb 1, 9–18
V Joh 12, 34–36.(37–41)	VI 2. Petr 1, 16–19.(20–21)

Herr Christ, der einig Gotts Sohn (Nr. 67)
Psalm 97
oder Psalm 100

3. Sonntag vor der Passionszeit (Septuagesimä) GRÜN

Wir liegen vor dir mit unserm Gebet
und vertrauen nicht auf unsre Gerechtigkeit,
sondern auf deine große Barmherzigkeit. *(Dan 9, 18)*

I Mt 20, 1–16a (Ev.)	II 1. Kor 9, 24–27 (Ep.)
III Lk 17, 7–10	IV Jer 9, 22–23*
V Mt 9, 9–13	VI Röm 9, 14–24

Es ist das Heil uns kommen her (Nr. 342)
oder Gott liebt diese Welt (Nr. 409)
Psalm 31, 20–25

2. Sonntag vor der Passionszeit (Sexagesimä) GRÜN

Heute, wenn ihr seine Stimme hören werdet,
so verstockt eure Herzen nicht. *(Hebr 3, 15)*

I Lk 8, 4–8.(9–15) (Ev.)	II Hebr 4, 12–13 (Ep.)
III Mk 4, 26–29	IV 2. Kor (11, 18.23b–30); 12, 1–10
V Jes 55, (6–9).10–12a*	VI Apg 16, 9–15

Herr, für dein Wort sei hoch gepreist (Nr. 196)
oder Es wolle Gott uns gnädig sein (Nr. 280)
Psalm 119, 89–91.105.116

DAS KIRCHENJAHR

Sonntag vor der Passionszeit (Estomihi) GRÜN

Seht, wir gehen hinauf nach Jerusalem,
und es wird alles vollendet werden,
was geschrieben ist durch die Propheten
von dem Menschensohn. *(Lk 18, 31)*

I Mk 8, 31–38 (Ev.)	II 1. Kor 13 (Ep.)
III Lk 10, 38–42	IV Am 5, 21–24*
V Lk 18, 31–43	VI Jes 58, 1–9a

Ein wahrer Glaube Gotts Zorn stillt (Nr. 413)
oder Lasset uns mit Jesus ziehen (Nr. 384)
Psalm 31, 2–6

1. Sonntag der Passionszeit (Invokavit) VIOLETT

Dazu ist erschienen der Sohn Gottes,
daß er die Werke des Teufels zerstöre. *(1. Joh 3, 8b)*

I Mt 4, 1–11 (Ev.)	II Hebr 4, 14–16 (Ep.)
III 1. Mose 3, 1–19.(20–24)*	IV 2. Kor 6, 1–10
V Lk 22, 31–34	VI Jak 1, 12–18

Ein feste Burg ist unser Gott (Nr. 362)
oder Ach bleib mit deiner Gnade (Nr. 347)
Psalm 91, 1–4.11–12

LITURGISCHER KALENDER

2. Sonntag der Passionszeit (Reminiszere) VIOLETT

Gott erweist seine Liebe zu uns darin,
daß Christus für uns gestorben ist,
als wir noch Sünder waren. *(Röm 5, 8)*

I Mk 12, 1–12 (Ev.)	II Röm 5, 1–5.(6–11) (Ep.)
III Mt 12, 38–42	IV Jes 5, 1–7*
V Joh 8, (21–26a).26b–30	VI Hebr 11, 8–10

Wenn wir in höchsten Nöten sein (Nr. 366)
Psalm 10, 4.11–14.17–18
oder wie 3. Sonntag der Passionszeit

3. Sonntag der Passionszeit (Okuli) VIOLETT

Wer seine Hand an den Pflug legt und sieht zurück,
der ist nicht geschickt für das Reich Gottes. *(Lk 9, 62)*

I Lk 9, 57–62 (Ev.)	II Eph 5, 1–8a (Ep.)
III Mk 12, 41–44	IV 1. Petr 1, (13–17).18–21
V Jer 20, 7–11a.(11b–13)	VI 1. Kön 19, 1–8.(9–13a)*

Wenn meine Sünd' mich kränken (Nr. 82)
oder Du schöner Lebensbaum des Paradieses (Nr. 96)
Psalm 34, 16–23

4. Sonntag der Passionszeit (Lätare) VIOLETT

Wenn das Weizenkorn nicht in die Erde fällt
und erstirbt, bleibt es allein;
wenn es aber erstirbt, bringt es viel Frucht. *(Joh 12, 24)*

I Joh 12, 20–26 (Ev.)	II 2. Kor 1, 3–7 (Ep.)
III Joh 6, 55–65	IV Phil 1, 15–21
V Joh 6, 47–51	VI Jes 54, 7–10*

Korn, das in die Erde (Nr. 98)
oder Jesu, meine Freude (Nr. 396)
Psalm 84, 6–13

DAS KIRCHENJAHR

5. Sonntag der Passionszeit (Judika) VIOLETT

Der Menschensohn ist nicht gekommen,
daß er sich dienen lasse,
sondern daß er diene und gebe sein Leben
zu einer Erlösung für viele. *(Mt 20, 28)*

   I Mk 10, 35–45 (Ev.)   II Hebr 5, 7–9 (Ep.)
 III 1. Mose 22, 1–13*   IV 4. Mose 21, 4–9
  V Joh 11, 47–53   VI Hebr 13, 12–14

O Mensch, bewein dein Sünde groß (Nr. 76)
Psalm 43

6. Sonntag der Passionszeit (Palmsonntag) VIOLETT

Der Menschensohn muß erhöht werden,
damit alle, die an ihn glauben,
das ewige Leben haben. *(Joh 3, 14. 15)*

   I Joh 12, 12–19 (Ev.)   II Phil 2, 5–11 (Ep.)
 III Mk 14, 3–9   IV Jes 50, 4–9*
  V Joh 17, 1.(2–5).6–8   VI Hebr 12, 1–3

Du großer Schmerzensmann (Nr. 87)
Psalm 69, 2–4.8–10.21b–22.30

Gründonnerstag WEISS

Er hat ein Gedächtnis gestiftet seiner Wunder,
der gnädige und barmherzige Herr. *(Ps 111, 4)*

   I Joh 13, 1–15.(34–35) (Ev.) II 1. Kor 11, 23–26 (Ep.)
 III Mk 14, 17–26   IV 1. Kor 10, 16–17
  V 2. Mose 12, 1.3–4.6–7.11–14* VI Hebr 2, 10–18

Das Wort geht von dem Vater aus (Nr. 223)
Psalm 111

LITURGISCHER KALENDER

Karfreitag SCHWARZ

Also hat Gott die Welt geliebt,
daß er seinen eingeborenen Sohn gab,
damit alle, die an ihn glauben,
nicht verloren werden,
sondern das ewige Leben haben. *(Joh 3, 16)*

I Joh 19, 16–30 (Ev.)   II 2. Kor 5, (14b–18).19–21 (Ep.)
III Lk 23, 33–49   IV Hebr 9, 15.26b–28
V Mt 27, 33–50.(51–54)   VI Jes (52, 13–15); 53, 1–12*

Ein Lämmlein geht und trägt die Schuld (Nr. 83)
oder Christe, du Schöpfer aller Welt (Nr. 92)
Psalm 22, 2–6.12.23–28

Karsonnabend SCHWARZ

Also hat Gott die Welt geliebt,
daß er seinen eingeborenen Sohn gab,
damit alle, die an ihn glauben,
nicht verloren werden,
sondern das ewige Leben haben. *(Joh 3, 16)*

I Mt 27, (57–61).62–66 (Ev.)   II 1. Petr 3, 18–22 (Ep.)
III Jona 2   IV Hebr 9, 11–12.24
V Joh 19, (31–37).38–42   VI Hes 37, 1–14*

Wir danken dir, Herr Jesu Christ,
daß du für uns gestorben bist (Nr. 79)
Psalm 88 in Auswahl
oder wie Karfreitag

DAS KIRCHENJAHR

Osternacht WEISS

Christus spricht: Ich war tot, und siehe,
ich bin lebendig von Ewigkeit zu Ewigkeit
und habe die Schlüssel des Todes
und der Hölle. *(Offb 1, 18)*

I Mt 28, 1–10 (Ev.)	II Kol 3, 1–4 (Ep.)
III Jes 26, 13–14.(15–18).19*	IV 1. Thess 4, 13–14
V Joh 5, 19–21	VI 2. Tim 2, 8a.(8b–13)

Christ ist erstanden (Nr. 99)
Psalm 118, 14–24

Ostersonntag WEISS

Christus spricht: Ich war tot, und siehe,
ich bin lebendig von Ewigkeit zu Ewigkeit
und habe die Schlüssel des Todes
und der Hölle. *(Offb 1, 18)*

I Mk 16, 1–8 (Ev.)	II 1. Kor 15, 1–11 (Ep.)
III Mt 28, 1–10	IV 1. Sam 2, 1–2.6–8a*
V Joh 20, 11–18	VI 1. Kor 15, 19–28

Christ lag in Todesbanden (Nr. 101)
oder Erschienen ist der herrlich Tag (Nr. 106)
Psalm 118, 14–24

Ostermontag WEISS

Christus spricht: Ich war tot, und siehe,
ich bin lebendig von Ewigkeit zu Ewigkeit
und habe die Schlüssel des Todes
und der Hölle. *(Offb 1, 18)*

I Lk 24, 13–35 (Ev.)	II 1. Kor 15, 12–20 (Ep.)
III Lk 24, 36–45	IV 1. Kor 15, 50–58
V Jes 25, 8–9*	VI Apg 10, 34a.36–43

Christ lag in Todesbanden (Nr. 101)
oder Erstanden ist der heilig Christ (Nr. 105)
Psalm 118, 14–24

LITURGISCHER KALENDER

1. Sonntag nach Ostern (Quasimodogeniti) WEISS

Gelobt sei Gott, der Vater unseres Herrn
Jesus Christus, der uns nach seiner großen
Barmherzigkeit wiedergeboren hat zu einer
lebendigen Hoffnung durch die Auferstehung
Jesu Christi von den Toten. *(1. Petr 1, 3)*

  I Joh 20, 19–29 (Ev.)   II 1. Petr 1, 3–9 (Ep.)
III Joh 21, 1–14   IV Kol 2, 12–15
 V Mk 16, 9–14.(15–20)   VI Jes 40, 26–31*

Jesus Christus, unser Heiland, der den Tod überwand (Nr. 102)
Psalm 116, 1–9

2. Sonntag nach Ostern (Miserikordias Domini) WEISS

Christus spricht: Ich bin der gute Hirte.
Meine Schafe hören meine Stimme,
und ich kenne sie, und sie folgen mir;
und ich gebe ihnen das ewige Leben. *(Joh 10, 11.27.28)*

  I Joh 10, 11–16.(27–30) (Ev.)   II 1. Petr 2, 21b–25 (Ep.)
III Hes 34, 1–2.(3–9).10–16.31*   IV 1. Petr 5, 1–4
 V Joh 21, 15–19   VI Hebr 13, 20–21

Der Herr ist mein getreuer Hirt (Nr. 274)
Psalm 23

DAS KIRCHENJAHR

3. Sonntag nach Ostern (Jubilate) WEISS

Ist jemand in Christus, so ist er eine neue Kreatur;
das Alte ist vergangen, siehe,
Neues ist geworden. *(2. Kor 5, 17)*

    I Joh 15, 1–8 (Ev.)   II 1. Joh 5, 1–4 (Ep.)
  III Joh 16, 16.(17–19).20–23a   IV 2. Kor 4, 16–18
    V 1. Mose 1, 1–4a.26–31; 2, 1–4a* VI Apg 17, 22–28a.(28b–34)

Mit Freuden zart zu dieser Fahrt (Nr. 108)
Psalm 66, 1–9
oder wie Ostern

4. Sonntag nach Ostern (Kantate) WEISS

Singet dem Herrn ein neues Lied,
denn er tut Wunder. *(Ps 98, 1)*

    I Mt 11, 25–30 (Ev.)   II Kol 3, 12–17 (Ep.)
  III Mt 21, 14–17.(18–22)   IV Apg 16, 23–34
    V Jes 12, 1–6*   VI Offb 15, 2–4

Lob Gott getrost mit Singen (Nr. 243)
oder Nun freut euch, lieben Christen g'mein (Nr. 341)
Psalm 98

5. Sonntag nach Ostern (Rogate) WEISS

Gelobt sei Gott, der mein Gebet nicht verwirft
noch seine Güte von mir wendet. *(Ps 66, 20)*

    I Joh 16, 23b–28.(29–32).33 (Ev.)   II 1. Tim 2, 1–6a (Ep.)
  III Lk 11, 5–13   IV Kol 4, 2–4.(5–6)
    V Mt 6, (5–6).7–13.(14–15)   VI 2. Mose 32, 7–14*

Zieh ein zu deinen Toren (Nr. 133)
oder Vater unser im Himmelreich (Nr. 344)
Psalm 95, 1–7b
oder wie Ostern

LITURGISCHER KALENDER

Christi Himmelfahrt   WEISS

Christus spricht: Wenn ich erhöht werde von der Erde,
so will ich alle zu mir ziehen. *(Joh 12, 32)*

   I Lk 24, (44–49).50–53 (Ev.)   II Apg 1, 3–4.(5–7).8–11 (Ep.)
III 1. Kön 8, 22–24.26–28*   IV Offb 1, 4–8
  V Joh 17, 20–26   VI Eph 1, 20b–23

Wir danken dir, Herr Jesu Christ,
daß du gen Himmel g'fahren bist (Nr. 121)
Psalm 47, 2–10

6. Sonntag nach Ostern (Exaudi)   WEISS

Christus spricht: Wenn ich erhöht werde von der Erde,
so will ich alle zu mir ziehen. *(Joh 12, 32)*

   I Joh 15, 26–16, 4 (Ev.)   II Eph 3, 14–21 (Ep.)
III Joh 7, 37–39   IV Jer 31, 31–34*
  V Joh 14, 15–19   VI Röm 8, 26–30

Heilger Geist, du Tröster mein (Nr. 128)
Psalm 27, 1.7–14

Pfingstsonntag   ROT

Es soll nicht durch Heer oder Kraft,
sondern durch meinen Geist geschehen,
spricht der Herr Zebaoth. *(Sach 4, 6)*

   I Joh 14, 23–27 (Ev.)   II Apg 2, 1–18 (Ep.)
III Joh 16, 5–15   IV 1. Kor 2, 12–16
  V 4. Mose 11, 11–12.14–17.24–25*   VI Röm 8, 1–2.(3–9).10–11

Komm, Heiliger Geist, Herre Gott (Nr. 125)
Psalm 118, 24–29

DAS KIRCHENJAHR

Pfingstmontag ROT

Es soll nicht durch Heer oder Kraft,
sondern durch meinen Geist geschehen,
spricht der Herr Zebaoth. *(Sach 4, 6)*

   I   Mt 16, 13–19 (Ev.)   II   1. Kor 12, 4–11 (Ep.)
III   1. Mose 11, 1–9*   IV   Eph 4, 11–15.(16)
  V   Joh 4, 19–26   VI   Apg 2, 22–23.32–33.36–39

Komm, Heiliger Geist, Herre Gott (Nr. 125)
oder Freut euch, ihr Christen alle (Nr. 129)
Psalm 100

Tag der Heiligen Dreifaltigkeit (Trinitatis) WEISS

Heilig, heilig, heilig ist der Herr Zebaoth;
alle Lande sind seiner Ehre voll. *(Jes 6, 3)*

   I   Joh 3, 1–8.(9–15) (Ev.)   II   Röm 11, (32).33–36 (Ep.)
III   Jes 6, 1–13*   IV   Eph 1, 3–14
  V   4. Mose 6, 22–27   VI   2. Kor 13, 11.(12).13

Komm, Gott Schöpfer, Heiliger Geist (Nr. 126)
oder Gelobet sei der Herr (Nr. 139)
Psalm 145 in Auswahl

1. Sonntag nach Trinitatis GRÜN

Christus spricht zu seinen Jüngern:
Wer euch hört, der hört mich;
und wer euch verachtet, der verachtet mich. *(Lk 10, 16)*

   I   Lk 16, 19–31 (Ev.)   II   1. Joh 4, 16b–21 (Ep.)
III   Joh 5, 39–47   IV   Jer 23, 16–29
  V   Mt 9, 35–38; 10, 1.(2–4).5–7   VI   5. Mose 6, 4–9*

Nun bitten wir den Heiligen Geist (Nr. 124)
Psalm 34, 2–11

LITURGISCHER KALENDER

2. Sonntag nach Trinitatis GRÜN

Christus spricht: Kommt her zu mir,
alle, die ihr mühselig und beladen seid;
ich will euch erquicken. *(Mt 11, 28)*

   I Lk 14, (15). 16–24 (Ev.)   II Eph 2, 17–22 (Ep.)
III Mt 22, 1–14   IV 1. Kor 14, 1–3.20–25
  V Jes 55, 1–3b.(3c–5)*   VI 1. Kor 9, 16–23

Ich lobe dich von ganzer Seelen (Nr. 250)
oder Kommt her zu mir, spricht Gottes Sohn (Nr. 363)
Psalm 36, 6–11

3. Sonntag nach Trinitatis GRÜN

Der Menschensohn ist gekommen, zu suchen
und selig zu machen, was verloren ist. *(Lk 19, 10)*

   I Lk 15, 1–7.(8–10) (Ev.)   II 1. Tim 1, 12–17 (Ep.)
III Lk 15, (1–3).11b–32   IV 1. Joh 1, 5–2, 6
  V Lk 19, 1–10   VI Hes 18, 1–4.21–24.30–32*

Allein zu dir, Herr Jesu Christ (Nr. 232)
oder Jesus nimmt die Sünder an (Nr. 353)
Psalm 103, 1–5.8–13

4. Sonntag nach Trinitatis GRÜN

Einer trage des andern Last, so werdet ihr
das Gesetz Christi erfüllen. *(Gal 6, 2)*

   I Lk 6, 36–42 (Ev.)   II Röm 14, 10–13 (Ep.)
III 1. Mose 50, 15–21*   IV 1. Petr 3, 8–15a.(15b–17)
  V Joh 8, 3–11   VI Röm 12, 17–21

Komm in unsre stolze Welt (Nr. 428)
oder O Gott, du frommer Gott (Nr. 495)
Psalm 42, 2–12

DAS KIRCHENJAHR

5. Sonntag nach Trinitatis GRÜN

Aus Gnade seid ihr selig geworden durch Glauben;
und das nicht aus euch: Gottes Gabe ist es. *(Eph 2, 8)*

I Lk 5, 1–11 (Ev.)	II 1. Kor 1, 18–25 (Ep.)
III Joh 1, 35–42	IV 1. Mose 12, 1–4*
V Lk 14, 25–33	VI 2. Thess 3, 1–5

Preis, Lob und Dank sei Gott dem Herren (Nr. 245)
oder Wach auf, du Geist der ersten Zeugen (Nr. 241)
Psalm 73, 14.23–26.28

6. Sonntag nach Trinitatis GRÜN

So spricht der Herr, der dich geschaffen hat:
Fürchte dich nicht, denn ich habe dich erlöst;
ich habe dich bei deinem Namen gerufen;
du bist mein! *(Jes 43, 1)*

I Mt 28, 16–20 (Ev.)	II Röm 6, 3–8.(9–11) (Ep.)
III 5. Mose 7, 6–12	IV Apg 8, 26–39
V Jes 43, 1–7*	VI 1. Petr 2, 1–10

Ich bin getauft auf deinen Namen (Nr. 200)
Psalm 139, 1–16.23–24

7. Sonntag nach Trinitatis GRÜN

So seid ihr nun nicht mehr Gäste und Fremdlinge,
sondern Mitbürger der Heiligen und Gottes
Hausgenossen. *(Eph 2, 19)*

I Joh 6, 1–15 (Ev.)	II Apg 2, 41a.42–47 (Ep.)
III Joh 6, 30–35	IV Phil 2, 1–4
V Lk 9, 10–17	VI 2. Mose 16, 2–3.11–18*

Das sollt ihr, Jesu Jünger, nie vergessen (Nr. 221)
oder Sei Lob und Ehr dem höchsten Gut (Nr. 326)
Psalm 107, 1–9
oder wie 6. Sonntag nach Trinitatis

LITURGISCHER KALENDER

8. Sonntag nach Trinitatis   GRÜN

Lebt als Kinder des Lichts;
die Frucht des Lichts ist lauter Güte
und Gerechtigkeit und Wahrheit. *(Eph 5, 8.9)*

   I   Mt 5, 13–16 (Ev.)   II Eph 5, 8b–14 (Ep.)
 III   Jes 2, 1–5*   IV 1. Kor 6, 9–14.(18–20)
   V   Joh 9, 1–7   VI Röm 6, 19–23

O gläubig Herz, gebenedei (Nr. 318)
Psalm 48, 2–3a.9–11
oder wie 6. Sonntag nach Trinitatis

9. Sonntag nach Trinitatis   GRÜN

Wem viel gegeben ist, bei dem wird man viel suchen;
und wem viel anvertraut ist,
von dem wird man um so mehr fordern. *(Lk 12, 48)*

   I   Mt 25, 14–30 (Ev.)   II Phil 3, 7–11.(12–14) (Ep.)
 III   Mt 7, 24–27   IV Jer 1, 4–10*
   V   Mt 13, 44–46   VI 1. Petr 4, 7–11

Ich weiß, mein Gott, daß all mein Tun (Nr. 497)
Psalm 40, 9–12
oder wie 6. Sonntag nach Trinitatis

10. Sonntag nach Trinitatis   GRÜN

Wohl dem Volk, dessen Gott der Herr ist,
dem Volk, das er zum Erbe erwählt hat. *(Ps 33, 12)*

   I   Lk 19, 41–48 (Ev.)   II Röm 11, 25–32 (Ep.)
 III   Joh 2, 13–22   IV Röm 9, 1–5.31–10, 1–4
   V   Jer 7, 1–11.(12–15)   VI 2. Kön 25, 8–12*

Gott der Vater steh uns bei (Nr. 138)
oder Nun danket Gott, erhebt und preiset (Nr. 290)
Psalm 74, 1–3.8–11.20–21
oder wie 6. Sonntag nach Trinitatis

DAS KIRCHENJAHR

11. Sonntag nach Trinitatis GRÜN

Gott widersteht den Hochmütigen,
aber den Demütigen gibt er Gnade. *(1. Petr 5, 5)*

I Lk 18, 9–14 (Ev.)	II Eph 2, 4–10 (Ep.)
III Mt 21, 28–32	IV Gal 2, 16–21
V Lk 7, 36–50	VI 2. Sam 12, 1–10.13–15a*

Aus tiefer Not schrei ich zu dir (Nr. 299)
Psalm 113, 1–8

12. Sonntag nach Trinitatis GRÜN

Das geknickte Rohr wird er nicht zerbrechen,
und den glimmenden Docht wird er nicht
auslöschen. *(Jes 42, 3)*

I Mk 7, 31–37 (Ev.)	II Apg 9, 1–9.(10–20) (Ep.)
III Jes 29, 17–24*	IV Apg 3, 1–10.(11–12)
V Mk 8, 22–26	VI 1. Kor 3, 9–15

Nun lob, mein Seel, den Herren (Nr. 289)
Psalm 147, 3–6.11–14a
oder wie 11. Sonntag nach Trinitatis

13. Sonntag nach Trinitatis GRÜN

Christus spricht: Was ihr getan habt
einem von diesen meinen geringsten Brüdern,
das habt ihr mir getan. *(Mt 25, 40)*

I Lk 10, 25–37 (Ev.)	II 1. Joh 4, 7–12 (Ep.)
III Mk 3, 31–35	IV 1. Mose 4, 1–16a*
V Mt 6, 1–4	VI Apg 6, 1–7

Ich ruf zu dir, Herr Jesu Christ (Nr. 343)
Psalm 112, 5–9
oder wie 11. Sonntag nach Trinitatis

LITURGISCHER KALENDER

14. Sonntag nach Trinitatis   GRÜN

Lobe den Herrn, meine Seele, und vergiß nicht,
was er dir Gutes getan hat.   *(Ps 103, 2)*

I   Lk 17, 11–19 (Ev.)   II Röm 8, (12–13).14–17 (Ep.)
III Mk 1, 40–45   IV 1. Thess 1, 2–10
V   1. Mose 28, 10–19a*   VI 1. Thess 5, 14–24

Von Gott will ich nicht lassen (Nr. 365)
Psalm 146

15. Sonntag nach Trinitatis   GRÜN

Alle eure Sorge werft auf ihn; denn er sorgt
für euch.   *(1. Petr 5, 7)*

I   Mt 6, 25–34 (Ev.)   II 1. Petr 5, 5c–11 (Ep.)
III Lk 18, 28–30   IV Gal 5, 25–26;6, 1–3.7–10
V   Lk 17, 5–6   VI 1. Mose 2, 4b–9.(10–14).15*

Auf meinen lieben Gott (Nr. 345)
oder Wer nur den lieben Gott läßt walten (Nr. 369)
Psalm 127, 1–2
oder wie 14. Sonntag nach Trinitatis

16. Sonntag nach Trinitatis   GRÜN

Christus Jesus hat dem Tode die Macht genommen
und das Leben und ein unvergängliches Wesen
ans Licht gebracht durch das Evangelium.   *(2. Tim 1, 10)*

I   Joh 11, 1.(2).3.17–27.41–45 (Ev.)   II 2. Tim 1, 7–10 (Ep.)
III Klgl 3, 22–26.31–32*   IV Apg 12, 1–11
V   Lk 7, 11–16   VI Hebr 10, 35–36.(37–38).39

O Tod, wo ist dein Stachel nun (Nr. 113)
oder Was mein Gott will, gescheh allzeit (Nr. 364)
Psalm 68, 4–7a.20–21
oder wie 14. Sonntag nach Trinitatis

DAS KIRCHENJAHR

17. Sonntag nach Trinitatis   GRÜN

Unser Glaube ist der Sieg, der die Welt
überwunden hat.   *(1. Joh 5, 4)*

I Mt 15, 21–28 (Ev.)	II Röm 10, 9–17.(18) (Ep.)
III Mk 9, 17–27	IV Jes 49, 1–6*
V Joh 9, 35–41	VI Eph 4, 1–6

Such, wer da will, ein ander Ziel (Nr. 346)
Psalm 25, 8–15

18. Sonntag nach Trinitatis   GRÜN

Dies Gebot haben wir von ihm, daß, wer Gott liebt,
daß der auch seinen Bruder liebe.   *(1. Joh 4, 21)*

I Mk 12, 28–34 (Ev.)	II Röm 14, 17–19 (Ep.)
III Mk 10, 17–27	IV Jak 2, 1–13
V 2. Mose 20, 1–17*	VI Eph 5, 15–21

Herzlich lieb hab ich dich, o Herr (Nr. 397)
oder In Gottes Namen fang ich an (Nr. 494)
Psalm 1

Erntedankfest   GRÜN

Aller Augen warten auf dich, Herr, und du gibst ihnen
ihre Speise zur rechten Zeit.   *(Ps 145, 15)*

I Lk 12, (13–14).15–21 (Ev.)	II 2. Kor 9, 6–15 (Ep.)
III Jes 58, 7–12*	IV 1. Tim 4, 4–5
V Mt 6, 19–23	VI Hebr 13, 15–16

Ich singe dir mit Herz und Mund (Nr. 324)
oder Nun preiset alle Gottes Barmherzigkeit (Nr. 502)
Psalm 104, 10–15.27–30

LITURGISCHER KALENDER

19. Sonntag nach Trinitatis   GRÜN

Heile du mich, Herr, so werde ich heil;
hilf du mir, so ist mir geholfen. *(Jer 17, 14)*

   I Mk 2, 1–12 (Ev.)   II Eph 4, 22–32 (Ep.)
 III Mk 1, 32–39   IV Jak 5, 13–16
  V Joh 5, 1–16   VI 2. Mose 34, 4–10*

Nun laßt uns Gott dem Herren Dank sagen und ihn ehren (Nr. 320)
Psalm 32, 1–5. 10–11

20. Sonntag nach Trinitatis   GRÜN

Es ist dir gesagt, Mensch, was gut ist und
was der Herr von dir fordert,
nämlich Gottes Wort halten und Liebe üben
und demütig sein vor deinem Gott. *(Mi 6, 8)*

   I Mk 10, 2–9.(10–16) (Ev.)   II 1. Thess 4, 1–8 (Ep.)
 III 1. Mose 8, 18–22*   IV 1. Kor 7, 29–31
  V Mk 2, 23–28   VI 2. Kor 3, 2–9

Wohl denen, die da wandeln (Nr. 295)
Psalm 119, 101–108

21. Sonntag nach Trinitatis   GRÜN

Laß dich nicht vom Bösen überwinden,
sondern überwinde das Böse mit Gutem. *(Röm 12, 21)*

   I Mt 5, 38–48 (Ev.)   II Eph 6, 10–17 (Ep.)
 III Mt 10, 34–39   IV Jer 29, 1.4–7.10–14*
  V Joh 15, 9–12.(13–17)   VI 1. Kor 12, 12–14.26–27

Ach Gott, vom Himmel sieh darein (Nr. 273)
oder Zieh an die Macht, du Arm des Herrn (Nr. 377)
Psalm 19, 10–15

DAS KIRCHENJAHR

22. Sonntag nach Trinitatis   GRÜN

Bei dir ist die Vergebung, daß man dich fürchte.   *(Ps 130, 4)*

   I Mt 18, 21–35 (Ev.)
III Mt 18, 15–20
  V Mi 6, 6–8*
  II Phil 1, 3–11 (Ep.)
IV Röm 7, 14–25a
VI 1. Joh 2, (7–11).12–17

Herr Jesu, Gnadensonne (Nr. 404)
Psalm 143, 1–10

23. Sonntag nach Trinitatis   GRÜN

Dem König aller Könige und Herrn aller Herren,
der allein Unsterblichkeit hat,
dem sei Ehre und ewige Macht.   *(1. Tim 6, 15.16)*

   I Mt 22, 15–22 (Ev.)
III Joh 15, 18–21
  V Mt 5, 33–37
  II Phil 3, 17.(18–19).20–21 (Ep.)
IV Röm 13, 1–7
VI 1. Mose 18, 20–21.22b–33*

In dich hab ich gehoffet, Herr (Nr. 275)
Psalm 33, 13–22
oder wie 21. Sonntag nach Trinitatis

Reformationsfest   ROT

Einen andern Grund kann niemand legen als den,
der gelegt ist, welcher ist Jesus Christus.   *(1. Kor 3, 11)*

   I Mt 5, 2–10 (Ev.)
III Mt 10, 26b–33
  V Jes 62, 6–7.10–12*
  II Röm 3, 21–28.(29–31) (Ep.)
IV Gal 5, 1–6
VI Phil 2, 12–13

Nun freut euch, lieben Christen g'mein (Nr. 341)
oder Ist Gott für mich, so trete gleich alles wider mich (Nr. 351)
Psalm 46, 2–8

LITURGISCHER KALENDER

24. Sonntag nach Trinitatis GRÜN

Mit Freuden sagt Dank dem Vater, der euch tüchtig
gemacht hat zu dem Erbteil der Heiligen im Licht. *(Kol 1, 12)*

   I Mt 9, 18–26 (Ev.)   II Kol 1, (9–12).13–20 (Ep.)
 III Pred 3, 1–14*

Mitten wir im Leben sind (Nr. 518)
Psalm 39, 5–8

Drittletzter Sonntag des Kirchenjahres GRÜN

Siehe, jetzt ist die Zeit der Gnade,
siehe, jetzt ist der Tag des Heils. *(2. Kor 6, 2)*

  I Lk 17, 20–24.(25–30) (Ev.)   II Röm 14, 7–9 (Ep.)
 III Lk 11, 14–23   IV Hiob 14, 1–6*
  V Lk 18, 1–8   VI 1. Thess 5, 1–6.(7–11)

Wir warten dein, o Gottes Sohn (Nr. 152)
oder Mitten wir im Leben sind (Nr. 518)
Psalm 90, 1–14.(15–17)

Vorletzter Sonntag des Kirchenjahres GRÜN

Wir müssen alle offenbar werden
vor dem Richterstuhl Christi. *(2. Kor 5, 10)*

  I Mt 25, 31–46 (Ev.)   II Röm 8, 18–23.(24–25) (Ep.)
 III Lk 16, 1–8.(9)   IV Offb 2, 8–11
  V Jer 8, 4–7*   VI 2. Kor 5, 1–10

Es ist gewißlich an der Zeit (Nr. 149)
Psalm 50, 1.4–6.14–15.23
oder wie Letzter Sonntag des Kirchenjahres

DAS KIRCHENJAHR

Buß- und Bettag   VIOLETT

Gerechtigkeit erhöht ein Volk; aber die Sünde
ist der Leute Verderben. *(Spr 14, 34)*

I Lk 13, (1–5).6–9 (Ev.)	II Röm 2, 1–11 (Ep.)
III Mt 12, 33–35.(36–37)	IV Offb 3, 14–22
V Lk 13, 22–27.(28–30)	VI Jes 1, 10–17*

Aus tiefer Not laßt uns zu Gott (Nr. 144)
oder Nimm von uns, Herr, du treuer Gott (Nr. 146)
Psalm 51, 3–14

Letzter Sonntag des Kirchenjahres (Ewigkeitssonntag)   GRÜN

Laßt eure Lenden umgürtet sein und eure Lichter
brennen. *(Lk 12, 35)*

I Mt 25, 1–13 (Ev.)	II Offb 21, 1–7 (Ep.)
III Lk 12, 42–48	IV Jes 65, 17–19.(20–22).23–25*
V Mk 13, 31–37	VI 2. Petr 3, (3–7).8–13

Wachet auf, ruft uns die Stimme (Nr. 147)
Psalm 126

Gedenktag der Entschlafenen   GRÜN ODER WEISS
(Totensonntag)

Herr, lehre uns bedenken, daß wir sterben müssen,
auf daß wir klug werden. *(Ps 90, 12)*

I Joh 5, 24–29 (Ev.)	II 1. Kor 15, 35–38.42–44a (Ep.)
III Dan 12, 1b–3*	IV Phil 1, 21–26
V Mt 22, 23–33	VI Hebr 4, 9–11

Warum sollt ich mich denn grämen (Nr. 370)
Psalm 102 in Auswahl

LITURGISCHER KALENDER

ALLGEMEIN BEGANGENE TAGE

Konfirmation ROT

I Mt 7, 13–16a (Ev.)
III Joh 6, 66–69
V 5. Mose 30, 11–20a

II 1. Tim 6, 12–16 (Ep.)
IV 1. Kor 3, 21b–23
VI Spr 3, 1–8*

Du hast mich, Herr, zu dir gerufen (Nr. 210)
oder Herr Christ, dein bin ich eigen (Nr. 204)
Psalm 67, 2–8

Kirchweihe ROT

I Lk 19, 1–10 (Ev.)
III Mk 4, 30–32
V Jes 66, 1–2*

II Offb 21, 1–5a (Ep.)
IV Jos 24, 14–16
VI Hebr 8, 1–6

Ich lobe dich von ganzer Seelen (Nr. 250)
oder Die Kirche steht gegründet (Nr. 264)
Psalm 84, 2–13

Bittgottesdienst um die Einheit der Kirche ROT

I Joh 17, 1a.11b–23
oder
Mt 13, 31.33.(34–35)

II Eph 4, 2b–7.11–16
oder
1. Kor 1, 10–18

Komm, Heiliger Geist, Herre Gott (Nr. 125)
oder Sonne der Gerechtigkeit (Nr. 262)

DAS KIRCHENJAHR

Bittgottesdienst um die Ausbreitung des Evangeliums ROT

I	Mt 9, 35–38	II	Jes 42, 1–8
	oder		*oder*
	Joh 4, 32–42		Jes 49, 8–13
	Mt 5, 13–16		Röm 11, 25–32
	Mt 11, 25–30		Eph 4, 15–16
			1. Joh 4, 7–12

Wach auf, du Geist der ersten Zeugen (Nr. 241)

Bittgottesdienst um Frieden ROT

I	Mt 5, 2–10.(11–12)	II	1. Tim 2, 1–4
	oder		*oder*
	Mt 16, 1–4		Mi 4, 1–4
	Joh 14, 27–31a		Phil 4, 6–9

Es wird sein in den letzten Tagen (Nr. 426)
oder Komm in unsre stolze Welt (Nr. 428)
oder Gib Frieden, Herr, gib Frieden (Nr. 430)

ANDERE GEDENKTAGE

26. Dezember, Tag des Erzmärtyrers Stephanus ROT

I Mt 10, 16–22 (Ev.)   II Apg (6, 8–15).7, 55–60 (Ep.)

Vom Himmel kam der Engel Schar (Nr. 25)
Psalm 119, 81–82.84–86

28. Dezember, Tag der Unschuldigen Kinder WEISS

I Mt 2, 13–18 (Ev.)   II Offb 12, 1–6.(13–17) (Ep.)

Vom Himmel kam der Engel Schar (Nr. 25)

1. Januar, *Tag der Beschneidung und Namensgebung Jesu*   WEISS

I Lk 2, 21 (Ev.)   II Gal 3, 26–29 (Ep.)

Freut euch, ihr lieben Christen all (Nr. 60)
Psalm 8

2. Februar, *Tag der Darstellung des Herrn (Lichtmeß)*   WEISS

I Lk 2, 22–24.(25–35) (Ev.)   II Hebr 2, 14–18 (Ep.)

Im Frieden dein, o Herre mein (Nr. 222)
oder Mit Fried und Freud ich fahr dahin (Nr. 519)
Psalm 48, 2–3a.9–11
oder Psalm 8

25. März, *Tag der Ankündigung der Geburt des Herrn*   WEISS

I Lk 1, 26–38 (Ev.)   II Gal 4, 4–7 (Ep.)

O lieber Herre Jesu Christ (Nr. 68)
Psalm 45, 2a–3.(5.7).8.18
oder Psalm 98

24. Juni, *Tag der Geburt Johannes des Täufers*   WEISS

I Lk 1, 57–67.(68–75).76–80 (Ev.)   II Apg 19, 1–7 (Ep.)

Wir wollen singn ein' Lobgesang (Nr. 141)
Psalm 92, 2–11

DAS KIRCHENJAHR

29. Juni, Tag der Apostel Petrus und Paulus ROT

I Mt 16, 13–19 (Ev.) II Eph 2, 19–22 (Ep.)

Herr, mach uns stark im Mut, der dich bekennt (Nr. 154)
oder Ich lobe dich von ganzer Seelen (Nr. 250)
Psalm 89, 2.6–8.(16–17)
oder Psalm 22 II

2. Juli, Tag der Heimsuchung Mariä WEISS

I Lk 1, 39–47.(48–55).56 (Ev.) II 1. Tim 3, 16 (Ep.)

Mein Seel, o Herr, muß loben dich (Nr. 308)
oder Hoch hebt den Herrn mein Herz (Nr. 309)
Psalm 45, 2a.3.(5.7).8.18
oder Psalm 98

29. September, Tag des Erzengels Michael und aller Engel WEISS

I Lk 10, 17–20 (Ev.) II Offb 12, 7–12a.(12b) (Ep.)

Heut singt die liebe Christenheit (Nr. 143)
Psalm 103, 19–22
oder Psalm 148

1. November, Gedenktag der Heiligen ROT

I Mt 5, 2–10.(11–12) (Ev.) II Offb 7, 9–12.(13–17) (Ep.)

Ist Gott für mich, so trete gleich alles wider mich (Nr. 351)
Psalm 89, 2.6–8.(16–17)
oder Psalm 22 II

Einführung

Liedgeschichte im Überblick

Dichterinnen und Dichter
Komponistinnen und Komponisten

Verzeichnisse

Beigaben
zur Liederkunde

b

1006 EINFÜHRUNG

Angaben zu Text und Melodie

Am Schluß jedes Liedes werden in diesem Gesangbuch die Verfasser von Text und Melodie, gegebenenfalls auch von Satz und Kanon genannt. Beigefügt ist die Jahreszahl der ältesten bekannten Quelle, für das Mittelalter auf Handschriften, in späterer Zeit auf Drucke bezogen. Ist der Zeitpunkt der Entstehung eines Liedes bekannt und liegt er mehr als ein Jahr vor der ersten Veröffentlichung, wird er in Klammern vorangesetzt. Etliche Melodien sind aus dem weltlichen Musizieren übernommen; das Stichwort »geistlich« markiert dann den Übergang in den Kirchengesang. Wird ein Lied auf eine Melodie gesungen, die von einem anderen Lied entlehnt ist, wird auf den Haupttext dieser Melodie verwiesen. Manchmal ist über den Noten des Liedes eine mögliche Ausweichmelodie angegeben. Eine Reihe von Liedern stammt von mehreren Autoren und Autorinnen oder aus verschiedenen Zeiten und Orten; die Aufzählung der Daten spiegelt den Weg der Überlieferung, den ein Lied durchlaufen hat, bis es zur heutigen Gestalt fand. Diese muß manchmal noch vereinheitlicht werden: so sind jetzt in einigen Fällen Leittöne an den Zeilenschlüssen anders gesetzt, als sie bisher regional gebräuchlich waren.

EINFÜHRUNG

Liedgeschichte im Überblick

Die »Liedgeschichte im Überblick« (Nr. 1007) ist zum einen zeitlich gegliedert nach Jahrhunderten mit theologiegeschichtlichen Unterteilungen; mit fließenden Übergängen in Vor- und Nachgeschichte ist zu rechnen. Zum anderen ist sie räumlich gegliedert; die Bezeichnungen sind als geprägte Landschaften und Sprachgebiete zu verstehen, nicht als staatlich-politische Territorien. Die Autoren, die mehreren Gruppierungen angehören könnten, sind nach Ort und Zeit ihres Liedbeitrags aufgenommen. Für das Mittelalter bietet sich eine eher gattungsmäßige Gliederung an. In der kurzen Charakteristik jeder Epoche werden die wesentlichen Merkmale aus Zeit- und Theologiegeschichte, aus Literatur und Musik umschrieben.

Dichterinnen und Dichter, Komponistinnen und Komponisten

Im Verzeichnis der Dichter und Dichterinnen, Komponisten und Komponistinnen (Nr. 1008) ist hinter dem Namen des jeweiligen Verfassers in Klammern die Ziffer angegeben, unter der er in der »Liedgeschichte im Überblick« eingeordnet ist. Am Ende jedes Lebenslaufs ist der spezielle Beitrag des Verfassers bzw. der Verfasserin im Evangelischen Gesangbuch mit Liednummer notiert. Zusätzlich sind in dieses Verzeichnis wichtige Gesangbücher unter dem Stichwort des Ortes ihrer Veröffentlichung sowie einige überblickartige Sammelartikel aufgenommen worden.

BEIGABEN ZUR LIEDERKUNDE

Abkürzungen

T	Text
M	Melodie
S	Satz
K	Kanon
(T) und (M)	Vorlage für eine spätere Bearbeitung
T* und M*	Bearbeitung einer älteren oder fremdsprachigen Vorlage
?	Verfasserschaft ist fraglich
→	Hinweis auf ein Stichwort im Verzeichnis der Dichter und Dichterinnen und Komponisten und Komponistinnen, bei dem Näheres zu ersehen ist.
Jh.	Jahrhundert
Str.	Strophe

Liedgeschichte im Überblick 1007

I.
1. BIS 15. JAHRHUNDERT

(1) Spätantike

Die christliche Kirche war von Anfang an eine singende Kirche. Psalmen und andere poetische Texte des Alten Testaments dienten als Gesänge und Gebete in Gottesdienst und häuslicher Andacht. Im Neuen Testament sind Lobgesänge (Cantica) und Christuslieder überliefert (Kol 3, 16). Diese griechische Dichtung setzte sich fort in der Kunstprosa der Kirchenväter und in den Liturgien der orthodoxen Kirchen des Orients.

CANTICA:
Lobgesang der Maria (Magnificat) Lk 1, 46–55;
Lobgesang des Zacharias (Benedictus) Lk 1, 68–79;
Lobgesang des Simeon (Nunc dimittis) Lk 2, 29–32
CHRISTUSLIEDER:
Phil 2, 6–11; Kol 1, 15–20; 1. Tim 3, 16; Offb 5, 12 u. a.

Auf Bischof → Ambrosius geht der abendländische lateinische Hymnus zurück: in der Form ein vierzeiliges Strophenlied, im Inhalt ein lobpreisendes Bekenntnis zu dem Dreieinigen Gott in den Festzeiten des Kirchenjahrs und in den Gebetszeiten des Tageslaufs. Die Liturgiereform unter Papst → Gregor I. förderte vielgestaltige, oft recht kunstvolle einstimmige Gesänge (»Gregorianischer Choral«): Vertonungen der regelmäßig gebrauchten Gottesdiensttexte (Ordinarium), biblische oder freie Leitverse zu den Psalmen (Antiphonen). Priester, Solisten und eine Chorgruppe (Schola) führten nun den Gesang aus, nicht mehr die versammelte Gemeinde.

BEIGABEN ZUR LIEDERKUNDE

HYMNEN: Ambrosius, Sedulius, Gregor I., Prudentius Clemens; 469

ORDINARIUM: Kyrie 178 – Gloria 179, 180 – Sanctus 185 – Agnus Dei 190 (435);

ferner Gloria Patri 177, Vaterunser 186, 187 und das im Rang eines Glaubensbekenntnisses stehende Tedeum 191 (331); Halleluja 181, Responsorium 201

(2) Mittelalter

Vor der Jahrtausendwende traten neue lateinische Singmodelle auf, u. a. wurden vorgegebene Melodiebögen mit Texten unterlegt, so beim Kyrie (Tropen) und bei der letzten Silbe des Halleluja (Sequenzen). Die Sequenz entwickelte sich zu einer dreizeiligen Strophenform; der Endreim wurde nun als prägendes Stilmittel auf alle poetischen Gattungen übertragen. Den althochdeutschen Evangelienerzählungen und ersten Hymnenübersetzungen folgten die deutschen Einzelstrophen der Leisen (nach dem abschließenden Kyrieleis benannt), die bei Pilgerreisen und Prozessionen, bei Predigtgottesdiensten und geistlichen Oster- und Weihnachtsspielen vom Volk angestimmt wurden. Die Mehrstimmigkeit entfaltet sich.

HYMNEN: Hrabanus Maurus; 3 (→ Kempten um 1000), 92, 453, 470
ANTIPHONEN: 19, 125, 156, 421, 518
TROPIERTES KYRIE: 178.4
SEQUENZEN: Wipo von Burgund, Langton; 149
LEISEN: 22, 23, 75, 99, 124, 214, 498

Im hohen und späten Mittelalter entstanden gefühlsbewegte Hymnen der Passions- und Abendmahlsfrömmigkeit, Zeugnisse aus geistlicher Minne und Mystik, Übersetzungen aus der lateinischen Liturgie und Übernahmen aus dem weltlichen Musizieren (Kontrafakturen), Lieder aus Volkstum und Brauchtum (Cantiones). Nonnenklöster (→ Medingen) und Bruderschaften (→ Hohenfurt) vermitteln in ihren Handschriften einen Eindruck von Umfang und Vielfalt des geistlichen Singens.

HYMNEN: Arnulf von Löwen, Hus, Johann von Jenstein, Thomas von Aquin. LATEINISCHE LIEDER: 29, 75, 77, 100, 105, 119, 183, 192. LATEINISCH-DEUTSCH: 35.

LIEDGESCHICHTE IM ÜBERBLICK

DEUTSCHE LIEDER: von Laufenberg, Mönch von Salzburg; 69, 100, 105, 120, 125, 138, 183, 518. KONTRAFAKTUREN: z.B. 158, 243, 289, 521. BÖHMEN: 78. ITALIEN: Franz von Assisi. FRANKREICH: M 19, M 98

II.
16. JAHRHUNDERT

(1) Reformation

Die Glaubensbewegung der Reformation löste eine impulsive Singbewegung aus. »Singen und Sagen« wurden in Dienst genommen, um das neuentdeckte Evangelium von Gottes Gnade in Jesus Christus für den verlorenen Menschen zu verkündigen; auch im Lied sollte das biblische Wort unter dem Volk lebendig sein. Durch den konsequent genutzten Buchdruck bekam das Liedgut rasch eine Breitenwirkung: Flugblätter, kleine Sammlungen (Achtliederbuch → Nürnberg 1523/24; Enchiridien = Handbüchlein → Erfurt 1524), mehrstimmiges Chorbuch (→ Wittenberg 1524), einstimmige Gemeindegesangbücher (wichtig → Wittenberg 1529 und → Leipzig 1545). Neben Wittenberg bildeten sich Liedzentren in Nürnberg und Augsburg, Straßburg und Konstanz. Starke Beachtung fanden die Gesangbücher der → Böhmischen Brüder und der → Genfer Psalter.

Die Dichter und Sänger der Reformation, besonders intensiv → Luther, knüpften in Übersetzung, Umformung und Erweiterung an das Liedgut der alten und mittelalterlichen Kirche an. Von Geist und Gestalt des Volkslieds ausgehend, schufen sie ein Kirchenlied, das alle Themen und Typen umfaßt: aktuelle Zeit- und Bekenntnislieder, exemplarische Psalm- und Bibellieder, christozentrische Festlieder, katechetische Lehrlieder und ausgesprochene Gottesdienstlieder. Der Gemeindegesang trat liturgisch vollberechtigt neben Predigt und Gebet; bis heute ist das geistliche Singen ein unverzichtbares Element des evangelischen Gottesdienstes.

Die Gemeinde sang einstimmig ohne Begleitung (dies meint das Wort »Choral«). Vor allem in den Städten gab es Kantoreien aus Schülern und Bürgern; in den mehrstimmigen Liedsätzen war die Melodie

BEIGABEN ZUR LIEDERKUNDE

meist als Tenorstimme verarbeitet (z. B. 140). Das Kirchenlied erlangte schließlich einen angesehenen Rang in der Haus-, Schul- und Kunstmusik.

> SACHSEN / THÜRINGEN: Agricola, Camerarius, Cruciger, Eber, Jonas, Luther, Melanchthon, Müntzer, Speratus, J. Walter; lateinisch 146, deutsch 149. HESSEN: Alber.
> NIEDERDEUTSCHLAND: Bonnus, Decius, Freder, Lossius, Slüter. PREUSSEN: Albrecht von Preußen, Gramann, Kugelmann. LAUSITZ / SCHLESIEN / BÖHMEN: Herman, Leisentrit, Triller. BÖHMISCHE BRÜDER: Herbert, Vetter, Weiße. UNGARN: Sztárai. ÖSTERREICH / ITALIEN / BAYERN: Grünwald, Heyden, Hofhaimer, Isaac, Reißner, Senfl; 274, 521. OBERDEUTSCHLAND / SCHWEIZ: A. Blarer, Th. Blarer, Zwick, Zwingli. ELSASS / STRASSBURG: Dachstein, Englisch, Greiter, Hubert; M 159. FRANKREICH / GENF: Bourgeois, Davantès, Franc, Goudimel, de Sermisy.

(2) Spät-Reformation und Früh-Orthodoxie

In den konfessionellen Kämpfen um die reine Lehre, besonders in der Abwehr der Gegenreformation, trat nun im Lied die Bitte um Erhaltung der Kirche in den Vordergrund. Beharrlich wurde das lutherische Liedgut in einer Reihe von verbindlichen, den jeweiligen Sonntagen zugeordneten, auswendig gesungenen Kernliedern gepflegt. Daneben fand der → Genfer Psalter weite Verbreitung (→ Lobwasser) oder rief neue Psalmbereimungen (→ Becker) hervor.

Krieg, Pest und Hunger ließen die Kreuz- und Trostlieder entstehen, in die die Sehnsucht nach einem seligen Sterben und dem lieben Jüngsten Tag einfloß. Als Gegenbewegung zu einer äußerlichen Rechtgläubigkeit blühte mancherorts eine innerliche, emotionsbetonte Gläubigkeit auf, beeinflußt von der mittelalterlichen Jesusmystik und der Bildersprache des Hohenlieds, vermittelt durch die Andachtsbücher von → Moller und Johann Arnd.

In der Praxis der Kirchenmusik gewann die homophone Liedbearbeitung mit der Melodie im Sopran an Bedeutung (Kantionalsatz; z. B. 30 u. a.). Immer häufiger veröffentlichten namentlich genannte und bekannte Komponisten ihre Liedsammlungen.

LIEDGESCHICHTE IM ÜBERBLICK

SACHSEN: Becker, Calvisius, Faber, Hartmann, Mühlmann, Selnecker; 158, 304. THÜRINGEN: Bienemann, Helmbold, Keuchenthal, Rutilius, Schneegaß, Schröter, C. Spangenberg, Steurlein, Vulpius. NORD-/WESTDEUTSCHLAND: Chr. Fischer, Ludecus, Nicolai, Niege, Praetorius, Rumpius, Stolzhagen; 345, 472. PREUSSEN: Eccard, Lobwasser; 473. LAUSITZ/SCHLESIEN: Behm, Ebert, Gesius, Herberger, Moller, Ringwaldt, Sartorius, Teschner; 60. ITALIEN/SÜDDEUTSCHLAND/ELSASS: Gastoldi, Haßler, Magdeburg, Regnart, Schalling, Serranus; 30. NIEDERLANDE: M 22. ENGLAND: M 55.

III.
17. JAHRHUNDERT

(1) Konfessionalismus und Barock-Kultur

Das Lebensgefühl dieser Zeit war geprägt von den Schrecken des Dreißigjährigen Krieges, der als Glaubenskampf begann und sich zu einem Machtkampf der europäischen Staaten ausweitete. Ganz Deutschland lag verwüstet, zwei Drittel der Bevölkerung waren ausgelöscht. In Dichtung, Musik und bildender Kunst drückte sich eine spannungsvolle Polarität aus: Vergänglichkeit, Todesnähe, Weltflucht einerseits, Sinnenfreude, Lebensgenuß, Weltsucht andererseits.

Die persönlichen Anliegen des einzelnen wurden nun verstärkt in das Liedgut einbezogen: Tageszeitenlieder und darin auch ein neues Verhältnis zur Natur, Klage- und Vertrauenslieder und darin trotz schwerem Leid doch Lob und Dank, Festlieder mit dem Blick auf die Passion und mit dem Ausblick auf die himmlische Welt. Die herausragenden Gedichte → Gerhardts im Klanggewand von → Crüger und → Ebeling spiegeln das Ich im Wir der Gemeinde, die eigene Glaubenserfahrung im Horizont der Heilstat Gottes; eine seelsorgerlich tröstende und ermutigende Ausrichtung ist zu spüren. Andere Dichter sind stärker von mystischer Gottesschau oder allegorischer Liebeslyrik geprägt. Erst allmählich fanden diese Lieder der Privatandacht den Weg in die kirchlichen Gesangbücher.

Im gelehrten Kunsthandwerk standen weltliche wie geistliche Autoren auf der Höhe der Zeit. Als stilbildend erwiesen sich die Regeln von →

BEIGABEN ZUR LIEDERKUNDE

Opitz: natürliche Wortbetonung im Vers und reiner Endreim. In diesem Sinne bearbeitete man auch Lieder der Tradition (→ Hannover 1646). Typisch für Barocklieder sind kunstvolle Vers- und Strophenformen (Alexandriner z. B. 321, 495; sapphische Strophe z. B. 81, 447), blumige Titel und wortgewaltiger Überschwang zu allen Gelegenheiten des Lebens. Dichterbünde und Sprachgesellschaften veredelten die deutsche Sprache und schufen so die Grundlagen für eine Blütezeit des Kirchenlieds.

Die Melodiegestaltung geriet unter den Einfluß der aus Italien übernommenen Oper. Eine Melodie empfand man mehr oder weniger als solistische Oberstimme (Monodie) über einem harmonisch-akkordlichen Gefüge (Generalbaß). Für den Kirchengesang wurde die Orgel das bevorzugte Begleitinstrument. Das Tonartensystem stützte sich nun auf Dur und Moll, nicht mehr auf die alten Kirchentonarten. In rhetorisch-sprechenden und malerisch-abbildenden Motivformeln suchte man eine engere Wort-Ton-Beziehung zu erreichen.

SACHSEN: Anton, Demantius, Fleming, Krieger, Liscow, Olearius, Rinckart, Schein, H. Schütz, Wilhelm II. von Sachsen-Weimar; 350. THÜRINGEN / HESSEN: J. R. Ahle, Bornschürer, Melchior Franck, Michael Franck, Helder, Homburg, Meyfart, Neumark, Niedling, Winer. NIEDERDEUTSCHLAND: Denicke, Gesenius, Rist, Rosenmüller, Schop, Selle, Sonnemann, Spee, Stegmann, Weßnitzer, von Zesen; 113. BRANDENBURG / besonders BERLIN: Crüger, Ebeling, Gerhardt, Schirmer, von Schwerin. PREUSSEN / besonders KÖNIGSBERG: Albert, Fabricius, Held, Stobäus, Thilo, Weissel, G. Werner. LAUSITZ / SCHLESIEN: Apelles von Löwenstern, Cunrad, J. Franck, Gryphius, Hammerschmidt, Heermann, Jan, Keimann, Opitz, Peter, Scheffler, Scheidt, Thebesius. ÖSTERREICH / BAYERN: von Birken, Clausnitzer, Corner, Österreicher, Wegelin. UNGARN: Pécseli Király, Szenczi Molnár. SCHWEIZ: Mareschal. ELSASS: Sudermann. NIEDERLANDE: Camphuysen, Oudaen. ENGLAND: Milton.

LIEDGESCHICHTE IM ÜBERBLICK

(2) Reform-Orthodoxie und Früh-Pietismus

Im allmählichen Wiederaufbau nach dem Dreißigjährigen Krieg machte sich eine neue Frömmigkeit bemerkbar: Geistliche Erfahrung und gelebter Glaube wurden bedeutsamer als dogmatische Korrektheit der Lehre. Immer entschiedener klang der Ruf zu Buße und Bekehrung, Heiligung und persönlicher Heilsgewißheit. Die Erweckten sammelten sich sowohl bei den Reformierten (Theodor Undereyk) wie bei den Lutheranern (Philipp Jakob Spener) zu Hausbibelkreisen und Erbauungsstunden (Collegia pietatis). Vielfach distanzierten sie sich vom gottesdienstlichen Leben der Volkskirche; die Schranken der Konfessionen wurden zunehmend durchlässiger.

Das geistliche Singen, enthusiastisch und impulsiv gepflegt, konzentrierte sich auf individuelle Seelenlieder und erweckliche Gruppenlieder. Die Sprache klingt innerlich-erbaulich, bisweilen missionarisch-kämpferisch, der Inhalt ist Ausdruck einer unmittelbaren Jesus-Beziehung. Die Melodien schlossen sich der Art der Solo-Aria an; insbesondere im Dreierrhythmus der »hüpfenden Weisen« (Daktylus) zeigt sich eine geistliche Aufbruchstimmung.

SACHSEN / THÜRINGEN / ANHALT: J. G. Ahle, Arnold, Crasselius, Drese, Freystein, Gastorius, Gotter, Günther, Herzog, Müller, Nachtenhöfer, Rodigast, Schenck, J. H. Schröder, Schwarzburg-Rudolstadt, Ulich. NORD- / WESTDEUTSCHLAND: Lorenzen, Neander, Scriver; 89, 403. BERLIN / PREUSSEN: Hintze, Rostock, Sohren. SCHLESIEN: Knorr von Rosenroth. SÜDDEUTSCHLAND: Briegel, Löhner, Ruopp, J. J. Schütz, Strattner; 352. ENGLAND: Reading.

IV.
18. JAHRHUNDERT

(1) Pietismus und Orthodoxie

Der Geist einer pietistischen Glaubenshaltung und Lebensführung, bisher auf die Erwecktenkreise konzentriert, breitete sich nun auf Fürstenhöfe, Universitäten und Landeskirchen aus, und in verschiedenen Wellen von Erweckungs- und Gemeinschaftsbewegungen lebt der Pietismus bis heute weltweit fort. In gottesdienstlichen Festliedern und all-

BEIGABEN ZUR LIEDERKUNDE

gemeinen Trostliedern wurde das Erbe der Väter weiterhin geachtet und benutzt; doch trat es in den Hintergrund gegenüber den bibeldurchtränkten Gebets- und Betrachtungsliedern, den Jesus- und Jüngerliedern einer entschiedenen Nachfolge. Durch seine Ausdrucksfähigkeit der Seelenregungen bereitete der Pietismus eine neue Epoche der deutschen Lyrik vor.

Es bildeten sich verschiedene Zentren mit starker Ausstrahlungskraft: Halle mit einer pädagogisch-karitativen Wirkung; das entsprechende Liedgut ist umfassend bei → Freylinghausen (→ Halle 1704) gesammelt. Herrnhut mit einem gemeinschaftsbildenden und universalökumenischen Akzent; dem geistlichen Lied wuchsen durch die Singstunde, die Liedliturgien und die Bildung von Posaunenchören neue Wirkungsmöglichkeiten zu. In Württemberg wurde ein nüchterner Biblizismus, in der Erweckungsbewegung am Niederrhein eine verinnerlichte Gottesanbetung gepflegt. Etliche Dichter und Musiker stimmten in Methode und Ziel mit dem Pietismus nicht überein; gleichwohl sind ihre Werke von dessen Gestalt und Gehalt durchdrungen.

Die Melodien paßten sich im ausgeglichenen Rhythmus (Isometrik) zunehmend dem schlichten Duktus des weltlichen Volkslieds an. In → Bachs Orgelwerken, Kantaten und Passionen und → Händels Oratorien erreichte die Kirchenmusik einen glanzvollen Höhepunkt.

SACHSEN/THÜRINGEN/ANHALT/besonders HALLE: Allendorf, Arends, Bach, von Bogatzky, Freylinghausen, Herrnschmidt, Löscher, Nehring, H. G. Neuß, Rambach, Witt; 219. NORDDEUTSCHLAND: Meyer, Neumeister, Telemann. LAUSITZ/SCHLESIEN/besonders HERRNHUT: David, J. F. Franke, Mentzer, Reimann, Rothe, Schmolck, Tollmann, N. L. von Zinzendorf; 465. SÜDDEUTSCHLAND/besonders WÜRTTEMBERG: Dretzel, F. K. Hiller, Ph. F. Hiller, J. B. König, Stötzel. SCHWEIZ: Bachofen. NIEDERRHEIN: Tersteegen. ENGLAND: Händel, Ch. Wesley (465).

(2) *Aufklärung und Bibelfrömmigkeit*

Die Wurzeln eines aufgeklärten Denkens reichen weit in das westeuropäische Geistesleben zurück. Neue naturwissenschaftliche Entdeckungen, naturrechtliche Erkenntnisse in bezug auf Obrigkeit und Volk, die

LIEDGESCHICHTE IM ÜBERBLICK

kritische Vernunft als oberstes Prinzip und der Fortschritt als leuchtende Hoffnung ließen die biblische Offenbarungsreligion als überholt erscheinen. Die Ideen von Toleranz, Gewissensfreiheit, Weltbürgertum und Lebensglück durch Tugend und Pflicht bestimmten nun den Zeitgeist.

Das Kirchenlied wurde als geeignetes Mittel angesehen, Religion und Humanität zu fördern; in belehrender Sprache diente es als Einstimmung und Echo auf eine moralisierende Predigt. Nur wenige Beispiele haben die Zeiten überdauert: die Reflexionen über Gott den Schöpfer und die ethischen Appelle zur Nächstenliebe (→ Gellert). Andere Dichter kleideten ihre Gedanken in ein hymnisches Pathos (→ Klopstock) oder drückten ihre Kritik am herrschenden Rationalismus in einem schlichten Bibelglauben aus (→ M. Claudius).

Die Aufklärung empfand das alte Liedgut in Form und Inhalt als höchst unzeitgemäß. Es wurde entweder dem herrschenden Geschmack angepaßt und bis zur Unkenntlichkeit umgedichtet oder aber ausgeschieden und durch flache, symbolarme Neudichtungen ersetzt. Der dem Pietismus nahestehende Rheinländer → M. Jorissen schuf für die Melodien des → Genfer Psalters eine neue, sprachlich modernere Psalmenbereimung unter Beachtung sorgfältiger Übertragung des biblischen Textes, die von den reformierten Gemeinden anstelle des bisher gebräuchlichen → Lobwasserpsalters angenommen wurde.

Während die weltliche Musik die Blüte der Klassik erlebte, sank die Kirchenmusik auf ihren Tiefstand. Beim Singen kam man mit wenigen Lehnmelodien aus; neu entstandene Melodien gaben sich nüchtern oder gefühlig ohne rhythmische Vielfalt und ohne melodischen Schwung. Das Tempo des Singens verlangsamte sich immer mehr; es sollte Würde und Feierlichkeit darstellen. Nach jeder Liedzeile fügte der Organist improvisierend Zwischenspiele ein.

SACHSEN/THÜRINGEN: Gellert, Herder, J. A. Hiller, Zollikofer; 336, 507. NORDDEUTSCHLAND/DÄNEMARK: M. Claudius, Cramer, Klopstock, J. A. P. Schulz; 356. BERLIN: Bürde. LAUSITZ/SCHLESIEN: Franz, Garve, Chr. Gregor. SÜDDEUTSCHLAND: Buttstedt, J. M. Hahn, Chr. von Schmid. SCHWEIZ: Geßner, Stapfer. NIEDERRHEIN: Bäßler, Jorissen. FRANKREICH: Borderies; 54. ENGLAND: Hatton, Wade, Watts.

BEIGABEN ZUR LIEDERKUNDE

V.
19. JAHRHUNDERT

Die deutsche Klassik in ihren bedeutenden Dichtungen und die Romantik in ihrer Hinwendung zum Volkstümlichen, zum christlich-verklärten Mittelalter und zum religiös-künstlerischen Lebensentwurf bereiteten den Boden für eine neue Wertschätzung des Kirchenlieds. Die nationalen Motive der Freiheitskriege gegen Napoleon und die geistlichen Impulse der Erweckungsbewegungen gaben ihm das prägende Profil. In gefühlvollen Fest- und Glaubensliedern suchten die Dichter das kirchliche Bekenntnis aktuell auszusprechen. Ihr eigenständigster Beitrag ist das Missionslied, das am Pietismus anknüpfte und den Blick für die weltweite Verbreitung des Evangeliums öffnete; Missionsgesellschaften hatten tatkräftig vorgearbeitet. Meist abseits von gottesdienstlichen Gelegenheiten entstand das geistliche Volkslied in seiner speziellen Stilisierung von Text und Melodie. Der angelsächsische Bereich wird erstmals in diesem Gesangbuch berücksichtigt.

Aus einem neuen Geschichtsbewußtsein von Volkstum und Kirchlichkeit wurde das wertvolle Liedgut früherer Epochen wiederentdeckt (→ Arndt), umfassend gesammelt (→ Knapp, → Layriz; Texte bei Philipp Wackernagel, Albert Fischer/Wilhelm Tümpel, Melodien bei → Zahn) und von der jungen Wissenschaft der Germanistik systematisch nach Herkunft und Verbreitung erforscht. Die landeskirchlichen Gesangbücher übernahmen zunehmend das verschüttete Erbe in ursprünglicher oder maßvoll überarbeiteter Fassung. Erste Schritte zur Vereinheitlichung des geistlichen Singens wurden kirchenamtlich eingeleitet (Eisenacher Entwurf 1854 mit 150 Kernliedern).

SACHSEN/THÜRINGEN/ANHALT: Falk, Gebhardi, Harder, Hey, Holzschuher, Krummacher, Riedel, E. R. Stier, von Weling. NORDDEUTSCHLAND: Franke, Hensel, Kliefoth, Rische, Ph. Spitta, von Strauß und Torney. BERLIN: Bortnjansky, Goßner, Herrosee, Knak, Quandt, von Redern. OSTPREUSSEN/BALTIKUM: Gortzitza, Hausmann. LAUSITZ/SCHLESIEN: Fickert, Hoffmann von Fallersleben, von Reuß, K. F. Schulz. SIEBENBÜRGEN: 531. HESSEN: Bone. BAYERN: Layriz, Puchta, Ranke, Rückert, Zahn. WÜRTTEMBERG: Chr. G. Barth, Blumhardt, Knapp, Silcher.

RHEINLAND: Arndt, Brentano, M. Koch, Schmachtenberg;
207. WESTFALEN: Kuhlo, Schmalenbach. POLEN: 53.
BÖHMEN: 47, 48. ÖSTERREICH: F. X. Gruber, Mohr; 49.
SCHWEIZ: Nägeli, Oser, Riggenbach. ELSASS: F. Spitta; 207.
ENGLAND / NORDAMERIKA: Brooks, Dykes, Ellerton,
Helmore, How, Lyte, Monk, Neale, Scholefield, Stone,
S. S. Wesley.

VI.
20. JAHRHUNDERT

(1) Singbewegung und Kirchenkampf

Nach dem Ersten Weltkrieg mit seinen Umbrüchen in Staat, Kirche und Gesellschaft bereiteten Luther-Renaissance und Liturgiebelebung den Boden für einen neuen Zugang zu Gottesdienst und Kirchenjahr. Aus der kritischen Auseinandersetzung mit Neuromantik und Kulturprotestantismus erwuchsen die Jugend-, Sing- und Orgelbewegung, die ihren Niederschlag in zahlreichen Liederbüchern und Chorsammlungen fanden (→ Jöde, Richard Gölz, Gottfried Grote, → Riethmüller und → Stier).

Ein wichtiges Anliegen der Singbewegung war die Vergegenwärtigung der Reformationszeit. Durch romantische Verklärung ritterlicher Ideale und bündischer Lebensformen ergaben sich auch Berührungsflächen mit der nationalsozialistischen Bewegung; Anpassung an den Zeitgeist und geistige Mittäterschaft blieben in der Kirche nicht aus. Selbst im geistlichen Singen war die kirchliche Haltung gespalten: Die regimekonformen »Deutschen Christen« gaben einige von allen alttestamentlichen Spuren gereinigte Gesangbücher heraus. Die »Bekennende Kirche« hielt in Wort und Geist am reformatorischen Liedgut fest und nahm Lieder aus den Erfahrungen des Kirchenkampfs auf; als gesungene Gemeindelieder wurden sie weithin erst nach Kriegsende bekannt. Die Melodien orientierten sich bewußt an den Modellen der Tradition.

Das Streben nach Vereinheitlichung im Kirchengesang führte zu zwei wichtigen Ergebnissen: »Deutsches Evangelisches Gesangbuch« (DEG 1915) als Angebot eines überregionalen Liedbestandes und »Evangelisches Kirchengesangbuch« (EKG 1950) als Ergebnis der theologischen Bekenntnis- und kirchenmusikalischen Singbewegung; nach und nach wurde es von allen deutschen Landeskirchen und der evangelischen Kirche in Österreich als Stammteil eingeführt, ergänzt durch landeskirchliche Regionalteile. Dieses Gesangbuch erwies sich in der Zeit der organisatorischen Trennung der Kirchen in Deutschland-Ost und Deutschland-West als einigendes Band der Gemeinschaft im geistlichen Singen.

SACHSEN / THÜRINGEN: Fritzsche, Geilsdorf, Kurth, Mauersberger (J. Petzold), Stier, Veigel. NIEDERSACHSEN / SCHLESWIG-HOLSTEIN / HAMBURG: H. Claudius, Hallensleben, Jacobsen, Mahrenholz, Micheelsen, Müller-Zitzke, Pötzsch, Rode. BRANDENBURG / besonders BERLIN: Bonhoeffer, Jöde, Kaestner, Klepper, Levy-Tanai, Lütge, Riethmüller, S. Rothenberg, G. Schwarz, Vogel, F. Werner. OST- und WESTPREUSSEN: Abramowski, Hesekiel. BAYERN / WÜRTTEMBERG / BADEN / HESSEN: Budde, Fronmüller, Hindenlang, Lahusen, Marx, Müller-Osten, Pezold, Reger, Rein, R. A. Schröder, Zöbeley. RHEINLAND / WESTFALEN: von Bodelschwingh, Lörcher, H. Neuss, E. Stein, Thate, Woike. SCHWEIZ: Enderlin, Vischer. ENGLAND / NORDAMERIKA: Bell, Coffin, Crum, Draper, Farjeon, Lafferty, Vaughan Williams, Woodward. FRANKREICH: Carbon-Ferrière.

(2) Neues Lied und Ökumene

Nach der Notsituation des Zweiten Weltkriegs und der Nachkriegszeit ereignete sich nach 1960 der Aufbruch eines vielfältigen neuen Singens. Anregungen kamen durch Gottesdienste mit Jazz-Elementen, Spirituals (225, 499) und biblische Chansons, Antriebe durch Preisausschreiben und Werkstattgespräche, Anforderungen durch Jugendveranstaltungen, »Gottesdienste in anderer Gestalt« und Kirchentage, Angebote durch Liedermacher, Arbeitsgemeinschaften, kirchenmusikalische Verbände von Kirchen und Freikirchen (Christlicher Sängerbund). Feiern und Feste lebendiger Liturgie spiegelten das Bemühen um eine zeitgemäße Auslegung biblischer Texte und christlicher Themen mit dem Ziel, die weltweiten Probleme der Gegenwart aufzunehmen. Arrangements und Stilmittel aus Protestsong und Popularmusik

LIEDGESCHICHTE IM ÜBERBLICK

wurden aufgegriffen. Durch Schallplatten, Einzelblätter, Sammlungen und schließlich durch landeskirchliche Beihefte fand das neue Liedgut Eingang in die Kirchengemeinden.

Zugleich wuchs ein stärkeres Bewußtsein von weltweiter und konfessioneller Ökumene. Geistliche Lieder aus anderen Ländern und Kulturen, aus Kirchen und Kommunitäten (→ Taizé), aus Liederbüchern wie »Schalom« 1971 und »Cantate Domino« 1974 fanden in Übertragungen und Bearbeitungen weite Verbreitung. Die »Arbeitsgemeinschaft für ökumenisches Liedgut« (AÖL, seit 1969; Veröffentlichungen u. a. »Gemeinsame Kirchenlieder« 1973 und das Kinderliederbuch »Leuchte, bunter Regenbogen« 1983) stellte gemeinsam verantwortete Gesänge bereit, die in Auswahl in das katholische Einheitsgesangbuch »Gotteslob« 1975, in das Gesangbuch der Alt-Katholiken »Lobt Gott, ihr Christen« 1986 und in das vorliegende Gesangbuch übernommen wurden.

Das »Evangelische Gesangbuch« bietet die Vielfalt der traditionellen und zeitgenössischen Lieder, die Weite der Ökumene und die Breite der Zielgruppen in einer Fülle von anregenden alten und neuen Singformen (Liedsatz, Kanon, Singspruch, liturgischer Gesang, Refrain- und Erzähllied).

SACHSEN/THÜRINGEN/ANHALT: Grahl, Häußler, Heinold, Hertzsch, Jentzsch, Kroedel, März, J. Petzold, L. Petzold. MECKLENBURG/BRANDENBURG/BERLIN (OST): Abel, Bietz, W. Fischer, Henkys, Lazay, Ochs, Th. Rothenberg, Rutenborn, Schlenker, W. Schulz, Th. Werner. NIEDERSACHSEN/SCHLESWIG-HOLSTEIN/BERLIN (WEST): Arfken, Baltruweit, Barbe, Berg, Block, Brodde, Geerken, Gwinner, Hansen, Heinecke, Ihlenfeld, Juhre, H. König, Kornemann, Kröning, Longardt, Lotz, J. Schwarz, P. Spangenberg, Wiese, Wiesenthal, Wolters. NORDRHEIN-WESTFALEN: Bittger, Blarr, Bücken, Denkhaus, Edelkötter, F. Gottschick, Grünke, Hechtenberg, Heuser, Höpker, L. Hoffmann, Janssens, Jöcker, U. Kaiser, Kraft, Lehmann, von Lehndorff, Lohmann, Mausberg, Mertens, Metternich, Nagel, Netz, Norres, Reda, Rieß, Ruppel, Schuhen, Seidel, Strauch, Valentin, Vesper, Weber, Willms, Zils. HESSEN/RHEINLAND-PFALZ/SAARLAND: F. K. Barth, Beuerle, Eckert, Fietz, Fries, A. M. Gottschick,

BEIGABEN ZUR LIEDERKUNDE

Großmann, Heurich, Horst, Jesusbruderschaft Gnadenthal, Joppich, Jourdan, Klein, Krenzer, Leonhardt, Neubert, Pröger, Puls, Rohr, Schaller, O. Schulz, Seuffert, Stoodt, Tangermann, Trautwein, Chr. Weiß, Zenetti. BADEN: Boßler, Erb, E. Gruber, Hopfer, Michel, Schneider, Schweizer, Siebald, Siemoneit, P. Stein, P. G. Walter, Zipp. WÜRTTEMBERG: Bertram, Bornefeld, F. Hoffmann, E. Hofmann, Lüders, Rößler, Rommel, Stern, Vitzthum, Zoller. BAYERN: Dörr, Hampe, Höppl, K. Hoffmann, F. Hofmann, Hummel, Köbler, G. Thurmair, M. L. Thurmair, Walz, E. Weiss. POLEN: Konaszkiewicz, Kucz. MÄHREN: 18. UNGARN: Gyöngyösi. ÖSTERREICH: Ferschl, Mitscha-Eibl. SCHWEIZ: Bernoulli, Jenny, Marti, Nievergelt, Th. Schmid, Tobler, Wieruszowsky. FRANKREICH: Akepsimas, Berthier, Chapal, Deiss, Fraysse, Scouarnec, Trunk. NIEDERLANDE / BELGIEN: Barnard, den Besten, ter Burg, Geraedts, Huijbers, Kremer, Lam, de Marez Oyens, Mehrtens, Mul, Nooter, Oosterhuis, van der Plas, Schulte Nordholt, de Sutter, Wit. ENGLAND / NORDAMERIKA: Anders, Cartford, Green, Kaan, K. Kaiser, Leupold, Utech. SKANDINAVIEN: Ellingsen, Frostenson, Göransson, Hovland, Kverno, Lundberg, Ongman, Ruuth, Widestrand, Wikfeldt. ISRAEL: Ben-Chorin; 433, 434, 489. SPANIEN: Figuera, Halffter. AFRIKA: Kyamanywa, Maraire. LATEIN- / SÜDAMERIKA: Potter; M 171, M 188.

Dichterinnen und Dichter, Komponistinnen und Komponisten 1008

ABEL, Otto (VI,2), geb. 1905 in Berlin, 1930 Kantor und Organist in Berlin, zeitweilig Landeskirchenmusikdirektor von Berlin-Brandenburg und Verlagslektor; gest. 1977 in Tettnang (Württemberg). – T* 54, MS 65

ABRAMOWSKI, Richard (VI,1), geb. 1862 in Groß-Plowenz (Westpreußen), Prediger in verschiedenen Gemeinden, 1894 Stadtmissionsinspektor in Berlin, 1904 Pfarrer in Milken bei Lötzen (Ostpreußen); gest. 1932 in Elbing (Westpreußen). – T* 513

AGRICOLA (Schnitter), Johann (II,1), geb. 1492 oder 1494 in Eisleben, Schüler und Freund → Luthers, 1525 Rektor in Eisleben, 1536 Dozent der Theologie in Wittenberg; 1540 Hofprediger in Berlin; dort gest. 1566. – T 343 (?)

AHLE, Johann Georg (III,2), geb. 1651 in Mühlhausen (Thüringen), Nachfolger seines Vaters Johann Rudolf → Ahle als Organist in Mühlhausen; dort gest. 1706. – M 444

AHLE, Johann Rudolf (III,1), geb. 1625 in Mühlhausen (Thüringen), Theologiestudent und Kantor in Erfurt, seit 1649 Organist und später Bürgermeister in seiner Geburtsstadt; gest. 1673 in Mühlhausen. – (M) 161, M 375, (M) 450

AKEPSIMAS, Jo (VI,2), geb. 1940 in Athen, seit 1958 in Frankreich, Student der klassischen Philologie und Philosophie, Sänger und Komponist in Paris. – M 648

ALBER, Erasmus (II,1), geb. um 1500 in Bruchenbrücken bei Friedberg (Hessen), Schüler → Luthers, Reformator und Pfarrer in Hessen und Brandenburg, 1552 Superintendent in Neubrandenburg (Mecklenburg); dort gest. 1553. – T 6, 308, 442, 458, T* 469

ALBERT (Alberti), Heinrich (III,1), geb. 1604 in Lobenstein (Vogtland), Schüler seines Vetters Heinrich → Schütz in Dresden, 1630 Domorganist in Königsberg (Ostpreußen), Meister des deutschen Sololiedes und Mitglied des Dichterbundes um Simon Dach; gest. 1651 in Königsberg. – TM 445

BEIGABEN ZUR LIEDERKUNDE

ALBRECHT von Preußen, Markgraf von Brandenburg-Ansbach, Herzog von Preußen (II,1), geb. 1490 in Ansbach (Franken), 1511 letzter Hochmeister des Deutschen Ordens; wandelte 1525 das preußische Ordensland in ein weltliches Herzogtum um, führte mit → Speratus und → Gramann die Reformation ein; gest. 1568 in Tapiau (Ostpreußen). – T 364 (Str. 1–3)

ALLENDORF, Johann Ludwig Konrad (IV,1), geb. 1693 in Josbach (Oberhessen), Student bei August Hermann Francke in Halle, Erzieher in Sorau (Niederlausitz), 1724 lutherischer Hofprediger in Köthen, wo er 1736 die »Cöthnischen Lieder« herausgab; seit 1755 Pfarrer in Wernigerode und Halle; dort gest. 1773. – T 66

AMBROSIUS, Aurelius (I,1), geb. wohl 339 in Trier, erzogen in Rom, Statthalter von Oberitalien, seit seiner Taufe 374 Bischof von Mailand; führte nach ostkirchlichem Vorbild den wechselchörigen Psalmengesang im Westen ein und verfaßte Hymnen in lateinischer Sprache, die stilbildend für die Entwicklung des Kirchenlieds wurden; gest. 397 in Mailand. – (T) 4, 485, 683

ANDERS, Charles Richard (VI,2), geb. 1929 in Frederick (Maryland/ USA), Pfarrer der Lutherischen Kirche, zuletzt in Tamarac (Florida) und Minneapolis (Minnesota), Komponist und Mitarbeiter am »Lutheran Book of Worship« 1978. – M 269

ANGELUS SILESIUS → Scheffler

ANTON, Christoph (III,1), geb. 1610 in Freiberg (Sachsen), Organist und 1639 Nachfolger von Andreas → Hammerschmidt in Freiberg; dort gest. 1658. – (M) 694

APELLES VON LÖWENSTERN (Apelt), Matthäus (III,1), geb. 1594 in Neustadt (Oberschlesien), Lehrer und Kantor, Hofkapellmeister und herzoglicher Kammerdirektor in Oels-Bernstadt (Schlesien), 1639 geadelt und Kaiserlicher Rat in Breslau; dort gest. 1648. – M 247, TM 502

ARBEITSGEMEINSCHAFT FÜR ÖKUMENISCHES LIEDGUT im deutschen Sprachgebiet (AÖL) (VI,2), 1969 gegründet unter Beteiligung der evangelischen (Vorsitz Christhard → Mahrenholz) und katholischen Kirchen (Vorsitz Weihbischof Paul Nordhues) und der Freikirchen mit dem Ziel, für künftige Gesangbücher wichtige Kirchenlieder in behutsam modernisierten und gemeinsam akzeptierten Fassungen bereitzustellen. Veröffentlichungen: »Gemeinsame Kirchenlieder« 1973, »Gesänge zur Bestattung«

DICHTER UND KOMPONISTEN

1978 und das Kinderliederbuch »Leuchte, bunter Regenbogen« 1983. – M* 186, 190.1, 201, T* 262, 301, 316, M* 421, T* 520

ARENDS, Wilhelm Erasmus (IV,1), geb. 1677 in Langenstein (Harz), Student bei August Hermann Francke in Halle, Pfarrer in Krottorf und Halberstadt; dort gest. 1721. – T 164

ARFKEN, Ernst (VI,2), geb. 1925 in Rotenburg (Wümme), Kirchenmusiker und Theologe, 1965 Pfarrer und Lehrbeauftragter in Göttingen. – T* 188

ARNDT, Ernst Moritz (V), geb. 1769 in Groß Schoritz auf Rügen, Professor der Geschichte in Greifswald, während der Freiheitskriege patriotischer Schriftsteller, 1818 Professor in Bonn, durch seine Schrift »Von dem Wort und dem Kirchenliede« 1819 Anreger der Gesangbuchreform nach der Aufklärung; 1820 wegen seiner demokratischen Gesinnung amtsenthoben, 1840 wieder eingesetzt, 1848 Abgeordneter der Nationalversammlung in Frankfurt; gest. 1860 in Bonn. – T 213, 357

ARNOLD, Gottfried (III,2), geb. 1666 in Annaberg (Erzgebirge), radikaler, an der Urgemeinde orientierter Pietist, zeitweilig im Gegensatz zur Kirche; 1697 Professor der Geschichte in Gießen, verteidigte in seiner »Unparteiischen Kirchen- und Ketzer-Historie« 1699 die von der Kirche Verfolgten; seit 1701 Pfarrer an verschiedenen Orten; 1707 Superintendent in Perleberg (Brandenburg); dort gest. 1714. – T 388

ARNULF VON LÖWEN (I,2), geb. um 1200 in Löwen (Belgien), Zisterzienser in Villers (Brabant), seit 1240 Abt, Verfasser eines Zyklus lateinischer Passionsgedichte; gest. 1250 in Villers. – (T) 85

AUGSBURG 1669 (III,2) – Die Gesangbücher »Harfen Davids mit deutschen Saiten bespannt« Augsburg 1669 und »Bamberger Gesangbuch« Bamberg 1691 enthalten M 636

BACH, Johann Sebastian (IV,1), geb. 1685 in Eisenach, 1703 Organist in Arnstadt, 1707 in Mühlhausen, 1708 in Weimar, dort 1714 Konzertmeister, 1717 Hofkapellmeister in Köthen, seit 1723 Thomaskantor und Universitätsmusikdirektor in Leipzig; schrieb »zu Gottes Ehre und Recreation des Gemüts« freie wie choralgebundene Orgelwerke, Kantaten, Messen, Oratorien und Passionen, die den Höhepunkt evangelischer Kirchenmusik darstellen; gest. 1750 in Leipzig. – M 37, S 70, 535, (S) 561

BEIGABEN ZUR LIEDERKUNDE

BACHOFEN, Johann Caspar (IV,1), geb. 1695 in Zürich, 1742 Kantor am Großmünster und Leiter des Musikkollegiums, Komponist und Herausgeber der Liedersammlung »Musikalisches Halleluja« 1727; gest. 1755 in Zürich. – M 536 (II)

BÄSSLER, Johann Georg (IV,2), geb. 1753 in Junkersdorf bei Schweinfurt, Organist in Elberfeld, Verfasser zahlreicher Melodien zur 2. Auflage des Psalters von → Jorissen; gest. 1807 in Elberfeld. – M 635 (II)

BALTRUWEIT, Fritz (VI,2), geb. 1955 in Gifhorn (Niedersachsen), Pfarrer und Liedermacher in Garbsen bei Hannover, 1992 Studienleiter am Predigerseminar in Loccum. – M 432, S 589, M 651, TMS 656

BARBE, Helmut (VI,2), geb. 1927 in Halle, 1952 Kantor an St. Nikolai und Lehrer an der Kirchenmusikschule in Berlin-Spandau, 1972 Landeskirchenmusikdirektor in Berlin, 1975 Professor an der Hochschule der Künste in Berlin, vielseitiger Komponist. – T* 55

BARNARD, Willem (Guillaume van der Graft) (VI,2), geb. 1920 in Rotterdam, Pfarrer in Nijmegen, Amsterdam und bei Rozendaal, Dozent in Brüssel, Mitarbeiter am »Liedboek voor de Kerken« 1973. – (T) 97

BARTH, Christian Gottlob (V), geb. 1799 in Stuttgart, 1824 Pfarrer in Möttlingen (Württemberg), Förderer der Mission, seit 1838 freier Jugend- und Volksschriftsteller, 1836 Gründer des Calwer Verlags; gest. 1862 in Calw. – T 257, 262/263 (Str. 2.4.5)

BARTH, Friedrich Karl (VI,2), geb. 1938 in Kassel, Pfarrer in Bad Hersfeld, seit 1971 in der Beratungsstelle für die Gestaltung von Gottesdiensten in Frankfurt/Main, 1990 Pfarrer in Bad Wildungen. – T 420, 596, 608, 664, 666

BECKER, Cornelius (II,2), geb. 1561 in Leipzig, Pfarrer in Rochlitz (Sachsen), 1592 in Leipzig, später dort auch Professor der Theologie; verfaßte 1602 als lutherisches Gegenstück zum reformierten Liedpsalter von → Lobwasser den »Psalter Davids gesangweis«, den u. a. Heinrich → Schütz 1628/1661 mit Melodien und Liedsätzen versehen hat; gest. 1604 in Leipzig. – T 276 (Str. 1–4), (T) 288 (Str. 1–6), T 295, 296, 474 (Str. 1), 612

DICHTER UND KOMPONISTEN

BEHM, Martin (II,2), geb. 1557 in Lauban (Oberlausitz), zunächst Hauslehrer in Wien und Straßburg, dann Lehrer und 1586 Pfarrer in seiner Geburtsstadt, Erbauungsschriftsteller; gest. 1622 in Lauban. – T 71, 500, 501

BELL, George Kennedy Allen (VI,1), geb. 1883 auf Hayling Island (England), Hilfsgeistlicher in Leeds, Dozent in Oxford, Dekan in Canterbury, seit 1929 anglikanischer Bischof in Chichester; unterstützte die Widerstandsbewegung gegen den Nationalsozialismus in Deutschland und prägte die ökumenische Bewegung nach dem 2. Weltkrieg; gest. 1958 in Canterbury. – (T) 269

BEN-CHORIN, Schalom (ursprünglich Fritz Rosenthal) (VI,2), geb. 1913 in München, 1935 ausgewandert nach Israel, Schriftsteller und Publizist in Jerusalem, durch Vorträge und Mitarbeit beim Deutschen Evangelischen Kirchentag um christlich-jüdische Zusammenarbeit bemüht. – T 237, 651

BERG, Klaus (VI,2), geb. 1912 in Bremen, 1950 Pfarrer in Bremen-Hastedt, 1970–1981 Krankenhausseelsorger in Bremen. – T 547, 558

BERNOULLI, Hans (VI,2), geb. 1918 in Riehen bei Basel, Pfarrer in den Kantonen Aargau, Glarus und Basel-Stadt, zuletzt Krankenhausseelsorger in Basel, bis 1988 Mitglied des Kirchenmusikrates der evangelisch-reformierten Kirchen der deutschsprachigen Schweiz, Verfasser und Bearbeiter von Psalmenbereimungen. – T 614, 624

BERTHIER, Jacques (VI,2), geb. 1923 in Auxerre (Burgund), Organist in Paris; der 1940 gegründeten ökumenischen »Communauté de Taizé« verbunden, für die er die liturgischen Gesänge komponierte und arrangierte; gest. 1994 in Paris. – MS 178.12, 181.6, 579, K 580, MS 581, 582, K 583, 584, MS 585, 586, 587, K 588

BERTRAM, Hans Georg (VI,2), geb. 1936 in Gießen, dort Kantor und Organist, 1978 Professor an der Hochschule für Kirchenmusik in Esslingen/Neckar. – M 533

BESTEN, Adriaan Cornelis (Ad) den (VI,2), geb. 1923 in Utrecht, Lyriker und Essayist, 1967 Dozent an der Universität Amsterdam; wie → Barnard dichterisch für ein zeitgemäßes Psalmlied tätig. – (T) 313

BEUERLE, Herbert (VI,2), geb. 1911 in Düsseldorf, Kantor in Berlin, 1949 Organist in Dassel (Niedersachsen) und Singwart des

BEIGABEN ZUR LIEDERKUNDE

Christlichen Sängerbundes, 1952–1976 Kantor im Burckhardthaus in Gelnhausen, Verfasser praxisorientierter Liedsätze; gest. 1994 in Gelnhausen. – K 178.14, K* 180.4, M 277, K 448, M 598, K* 643, M 682

BÈZE (Beza), Théodore de (II,1), geb. 1519 in Vézelay (Burgund), Jurist, Poet, floh 1548 nach Genf, Griechisch-Lehrer in Lausanne, Übersetzung der Psalmen (→ Genfer Psalmen), später auch des Neuen Testaments, 1559 Rektor der Akademie in Genf, nach dem Tod Calvins 1564 dessen Nachfolger, gest. 1605 in Genf. – (T) 279

BIENEMANN (Melissander), Kaspar (II,2), geb. 1540 in Nürnberg, als streng lutherischer Pfarrer in die theologischen Positionskämpfe der Zeit verwickelt, Generalsuperintendent von Pfalz-Neuburg, Prinzenerzieher in Weimar, 1578 Generalsuperintendent in Altenburg (Thüringen); dort gest. 1591. – T 367

BIETZ, Hartmut (VI,2), geb. 1942 in Cottbus, Kantor und Organist in Berlin-Treptow, seit 1980 Verlagslektor in Berlin. – M 306

BIRKEN (Betulius), Sigmund von (III,1), geb. 1626 in Wildstein bei Eger (Böhmen), 1629 mit seinen Eltern des evangelischen Glaubens wegen vertrieben, Hofmeister und Prinzenerzieher an verschiedenen europäischen Höfen; Barockdichter, gehörte zum Nürnberger Dichterkreis des »Löblichen Hirten- und Blumenordens an der Pegnitz«; gest. 1681 in Nürnberg. – T 88, 384

BITTGER, Hans-Hermann (VI,2), geb. 1933, 1958 Priester, 1963 Domvikar in Essen, 1972 Pfarrer und seit 1983 Leiter des Katholischen Bibelwerks, Mitglied der Kommission für das Liederbuch »Halleluja« 1972 ff. – T 591

BLARER, Ambrosius (II,1), geb. 1492 in Konstanz, Benediktiner und Prior im Kloster Alpirsbach (Schwarzwald), das er 1522 seiner evangelischen Gesinnung wegen verließ; mit seinem Bruder Thomas → Blarer und seinem Vetter → Zwick reformierte er seine Vaterstadt, in gleicher Tätigkeit war er in den oberschwäbischen Reichsstädten, im Herzogtum Württemberg und in Augsburg unterwegs; 1548 mußte er wegen der Rekatholisierung von Konstanz fliehen und versah Pfarrdienste in mehreren Gemeinden der Schweiz; gest. 1564 in Winterthur. – T 127, 244

BLARER, Thomas (II,1), geb. 1499 in Konstanz, Bruder von Ambrosius → Blarer, Jurist, Schüler → Luthers und dessen Begleiter zum Reichstag nach Worms, Mitreformator seiner Geburtsstadt; 1536

DICHTER UND KOMPONISTEN

Bürgermeister, mußte 1548 wie sein Bruder die Stadt verlassen; gest. 1567 in Neugiersberg (Thurgau). – T 216

BLARR, Oskar Gottlieb (VI,2), geb. 1934 in Sandlack bei Bartenstein (Ostpreußen), seit 1961 Kirchenmusiker an der Neanderkirche in Düsseldorf, 1990 Professor an der Robert-Schumann-Hochschule in Düsseldorf; Komponist neuer geistlicher Lieder, Instrumentalkonzerte, Sinfonien und Oratorien (»Jesus-Passion«, »Jesus-Geburt«, Osteroratorium). – M 547, 548, 558, 592, 655

BLOCK, Detlev (VI,2), geb. 1934 in Hannover, Pfarrer in St. Andreasberg (Oberharz) und Hameln, seit 1967 in Bad Pyrmont, Schriftsteller und Lyriker. – T*143, T 211, T*229, 554, 593, T 601

BLUMHARDT (der Ältere), Johann Christoph (V), geb. 1805 in Stuttgart, 1830 theologischer Lehrer am Missionshaus in Basel, 1838 Pfarrer in Möttlingen (Württemberg); seit 1852 Seelsorger und Erweckungsprediger in Bad Boll; dort gest. 1880. – T 375

BODELSCHWINGH, Friedrich von (VI,1), geb. 1877 in Bethel bei Bielefeld, Sohn und seit 1910 Nachfolger von »Vater« Bodelschwingh als Leiter der Betheler Anstalten, wurde 1933 zum Reichsbischof gewählt und nach drei Wochen vom Staat zum Rücktritt gezwungen, wehrte sich erfolgreich gegen die staatliche Aktion der Tötung lebensunwerten Lebens (Euthanasie); gest. 1946 in Bethel. – T 93

BÖHMISCHE BRÜDER (II,1) – eine auf → Hus zurückgehende christliche Gemeinschaft des 15. Jahrhunderts in Böhmen und Mähren, 1467 als »Brüder-Unität« freikirchlich organisiert; Lukas von Prag (um 1460–1529) gab als Bischof eine Kirchenordnung, eine Agende und 1501 ein tschechisches Gesangbuch mit 88 Liedern heraus, das erste volkssprachige Gesangbuch überhaupt. Durch den Zuzug von Waldensern aus der Mark Brandenburg bildete sich ein kleiner deutscher Zweig der Böhmischen Brüder, der auch Verbindung zur Reformation → Luthers suchte. 1531 ließ → Weiße das erste deutschsprachige Brüdergesangbuch drucken; es enthält teils Übertragungen aus dem Tschechischen und Lateinischen, teils originale Dichtungen Weißes und den mittelalterlichen Melodienreichtum in Hymnen, Wechselgesängen und geistlichen Volksliedern. 1544 erschien in Nürnberg unter Jan Roh (Johann Horn) als Herausgeber eine Neuausgabe und 1566 in Eibenschitz (Mähren) die umfangreichste Ausgabe mit 343 Liedern durch Michael Tham und seine Mitarbeiter → Herbert und → Vetter. Die Nachkommen der Böhmi-

BEIGABEN ZUR LIEDERKUNDE

schen Brüder gingen in Herrnhut in der »Erneuerten Brüderunität« (Nikolaus Ludwig → Zinzendorf) auf. – 1501/1531: M* 5, 68, 77, 78, 105 – 1531: (M) 344, M* 439 – 1544: T 5, (M) 38, 100, 104, T* 105, T(M) 243, (M) 319, M* 441 – 1566: M* 108, 262/263, 471 – 1661: M* 475

BOGATZKY, Karl Heinrich von (IV,1), geb. 1690 in Jantkawe (Jankowe/Jankowa) bei Militsch (Niederschlesien), Schüler August Hermann Franckes, lebte als geistlicher Berater adliger Kreise und Erbauungsschriftsteller zunächst in Schlesien, 1740 in Saalfeld, seit 1746 im Waisenhaus in Halle; weit verbreitet war das »Güldene Schatzkästlein der Kinder Gottes« 1718, ein Erbauungsbuch mit Bibelwort, Kurzauslegung und Lied oder Gebet; gest. 1774 in Halle. – T 241

BONE, Heinrich (V), geb. 1813 in Drolshagen (Westfalen), 1856 Gymnasialdirektor in Recklinghausen, dann in Mainz, Herausgeber des katholischen Gesangbuchs »Cantate« 1847; gest. 1893 in Hattenheim bei Erbach. – T 550 (Str. 1–2)

BONHOEFFER, Dietrich (VI,1), geb. 1906 in Breslau, 1928 Vikar in Barcelona, 1931 Privatdozent für Systematische Theologie in New York, Studentenpfarrer in Berlin, 1933 Auslandspfarrer in London und theologischer Berater des Ökumenischen Rates der Kirchen, 1935 Leiter des illegalen Predigerseminars der Bekennenden Kirche in Finkenwalde, 1943 aufgrund seines Widerstandes gegen das nationalsozialistische Regime verhaftet; 1945 im Konzentrationslager Flossenbürg hingerichtet. – T 65/652

BONNUS (van Bunnen), Hermann (II,1), geb. 1504 in Quakenbrück bei Osnabrück, Schüler → Luthers und → Melanchthons, Lehrer in Greifswald und am dänischen Hof in Schleswig, 1531 erster evangelischer Superintendent in Lübeck, 1543 Reformator von Stadt und Stift Osnabrück, dann wieder in Lübeck; schrieb seine Lieder in niederdeutscher Sprache; gest. 1548 in Lübeck. – T 75 (Str. 2–3)

BORDERIES, Jean François (IV,2), geb. 1764, katholischer Priester, ging während der Französischen Revolution nach London ins Exil, Seelsorger der dorthin geflohenen königstreuen Franzosen, 1827 Bischof von Versailles; dort gest. 1832. – (T) 45

DICHTER UND KOMPONISTEN

BORNEFELD, Helmut (VI,2), geb. 1906 in Stuttgart-Untertürkheim, 1937–1971 Kantor und Organist in Heidenheim (Württemberg); schuf ein umfangreiches »Choralwerk«; gest. 1990 in Heidenheim. – K 173

BORNSCHÜRER, Johann (III,1), geb. 1625 in Schmalkalden, seit 1650 Pfarrer in verschiedenen Gemeinden des Thüringer Waldes, 1670 Dekan in Tann (Rhön); dort gest. 1677. – T 205

BORTNJANSKY, Dimitri Stepanowitsch (V), geb. 1751 in Goluchoff (Ukraine), nach seinen Opernerfolgen in Italien 1796 Leiter der Hofsängerkapelle in St. Petersburg; steuerte liturgische Liedsätze zur Altpreußischen Agende von 1829 bei, vertonte das Lied »Ich bete an die Macht der Liebe« von → Tersteegen; gest. 1825 in St. Petersburg. – M 661

BOSSLER, Kurt (VI,2), geb. 1911 in Ruhrort (Duisburg), Organist und Musiklehrer in seiner Geburtsstadt, 1943 Dozent für Komposition in Freiburg/Breisgau, 1963 Dozent am Evangelischen Kirchenmusikalischen Institut in Heidelberg; dort gest. 1976. – M 237

BOURGEOIS, Loys (II,1), geb. um 1510 in Paris, 1545 Nachfolger von → Franc als Kantor an St. Pierre in Genf, schuf als Mitarbeiter Calvins die Melodien zu den 1551 neu erschienenen → Genfer Psalmen, seit 1552 in Lyon; gest. nach 1561 in Paris. – M* 271, 294, M 300, 524, M* 613, M 614, 615, 616, 618, 619, 621, 627, 628, 631 (I), 634, 695

BRENTANO, Clemens (V), geb. 1778 in Ehrenbreitstein bei Koblenz, Studium in Halle, Jena, Göttingen und Marburg, gab mit Achim von Arnim 1805–1808 in Heidelberg die Volksliedsammlung »Des Knaben Wunderhorn« heraus, konvertierte 1817 unter dem Einfluß von Luise → Hensel in Berlin zur katholischen Kirche, 1819–1824 in Dülmen (Westfalen), dann in Koblenz und München, schöpferischer Lyriker; gest. 1842 in Aschaffenburg. – T 509

BRIEGEL, Wolfgang Carl (III,2), geb. 1626 in Königsberg (Unterfranken), 1645 Organist in Schweinfurt, Hofkapellmeister in Gotha, 1671 Organisator der Hofkapelle in Darmstadt, Bearbeiter des »Großen Cantionals« 1687; gest. 1712 in Darmstadt. – M* 33, 59, 161, 694

BRODDE, Otto (VI,2), geb. 1910 in Gilgenburg bei Osterode (Ostpreußen), 1941 Kirchenmusiker in Hamburg, Professor an den Musikhochschulen in Hamburg und Lübeck; maßgeblich beteiligt an der Entstehung des Evangelischen Kirchengesangbuchs 1950; gest. 1982 in Hamburg. – T 356 (Str. 2)

BROOKS, Phillips (V), geb. 1835 in Boston (USA), 1891 Bischof von Massachusetts; gest. 1893 in Boston. – (T) 55

BRÜDERGEMEINE → Böhmische Brüder; Nikolaus Ludwig → Zinzendorf

BUDDE, Karl (VI,1), geb. 1850 in Bensberg bei Köln, Professor für Altes Testament in Bonn, Straßburg und seit 1900 in Marburg; dort gest. 1935. – T* 514

BÜCKEN, Eckart (VI,2), geb. 1943 in Berlin, Jugendreferent der Evangelischen Kirche im Rheinland in Düsseldorf, seit 1984 auch Vorsitzender der Arbeitsgemeinschaft Musik in der evangelischen Jugend. – T 228, 432, 665

BÜRDE, Samuel Gottlieb (IV,2), geb. 1753 in Breslau, Jurist, Hofrat und 1800 Kanzleidirektor in Berlin, literarisch hervorgetreten mit Dramen, Übersetzungen und Gedichten; gest. 1831 in Berlin. – T 298

BURG, Willem (Wim) ter (VI,2), geb. 1914 in Utrecht, Kirchenmusiker, Chordirigent und Musikpädagoge, zuletzt in Amsterdam und Nijmegen. – M 311, 606

BUTTSTEDT, Franz Vollrath (IV,2), geb. 1738 in Erfurt, Organist in Weikersheim, 1772 Musikdirektor in Rothenburg/Tauber; dort gest. 1814. – (M) 530

CALVISIUS (Kallwitz), Seth (II,2), geb. 1556 in Gorsleben bei Heldrungen/Unstrut (Thüringen), 1582 Kantor an der evangelischen Fürstenschule zu Pforta, seit 1594 Thomaskantor in Leipzig; Sprachwissenschaftler, Musiktheoretiker und Komponist; gest. 1615 in Leipzig. – M* 469, 473

CAMERARIUS (Kammermeister), Joachim (II,1), geb. 1500 in Bamberg, 1526 Rektor in Nürnberg, 1535 Professor für alte Sprachen in Tübingen, 1541 in Leipzig, Freund und Biograph → Melanchthons, evangelischer Humanist und Pädagoge; gest. 1574 in Leipzig. – (T) 366

CAMPHUYSEN, Dirk Raphaëlszoon (III,1), geb. 1586 in Gorinchem (Niederlande), Sprachlehrer in Utrecht, 1617 Prediger in Vleuten, Buchhändler und Gesangbuchherausgeber, Dichter geistlicher Lieder und Psalmen; gest. 1627 in Dokkum. – M 117, (T)M 632

DICHTER UND KOMPONISTEN

CARBON-FERRIÈRE, Jean-Maximilien (V), geb. 1778 in Milhau (Aveyron); gest. 1858. – (T) 609

CARTFORD, Gerhard M. (VI,2), geb. 1923 in Fort Dauphin (Madagaskar), Kirchenmusiker in USA, seit 1977 Beauftragter für liturgische Erneuerung und Kirchenmusik in Lateinamerika und Mitarbeiter am »Lutheran Book of Worship« 1978. – M 431

CHAPAL, Roger (VI,2), geb. 1912 in den Cevennen, Pfarrer in Montpellier; Gedichte, katechetische und liturgische Werke, Neubearbeitung des Genfer Psalters, dessen Texte zum großen Teil im Gesangbuch »Nos Coeurs te Chantent« erschienen sind. – T* 279, 634

CLAUDIUS, Hermann (VI,1), geb. 1878 in Langenfelde (Holstein), Urenkel von Matthias → Claudius; zunächst Lehrer, dann freier Schriftsteller in Grönwohld bei Hamburg; dort gest. 1980. – T 52

CLAUDIUS, Matthias (IV,2), geb. 1740 in Reinfeld bei Lübeck, Studium der Theologie, Rechts- und Staatswissenschaft, Sekretär in Kopenhagen, Redakteur in Hamburg, seit 1771 Herausgeber des »Wandsbecker Boten«, mit → Klopstock und → Herder befreundet, Dichter inniger Herzensfrömmigkeit; gest. 1815 in Hamburg. – T 482, 508

CLAUSNITZER, Tobias (III,1), geb. 1618 in Thum bei Annaberg (Erzgebirge), 1644 Feldprediger in schwedischen Diensten, nach 1649 Pfarrer und Kirchenrat in Weiden (Oberpfalz), Verfasser zahlreicher Erbauungsschriften; gest. 1684 in Weiden. – (T) 89, T 161

COFFIN, Henry Sloane (VI,1), geb. 1877 in New York, Pfarrer der Presbyterianischen Kirche, 1904 Professor und 1926 Präsident des Union Theological Seminary in New York; gest. 1954 in Lakeville (Connecticut). – (T) 19 (Str. 3)

CONRART, Valentin (III,2), geb. um 1600 in Paris, reformiert, seit 1634 Sekretär der Académie française, verbesserte die Psalmenübersetzung → Marots; gest. 1675. – (T) 279, 634

CORNER, David Gregor (III,1), geb. 1585 in Hirschberg (Schlesien), katholischer Pfarrer in Retz und Mautern bei Krems (Niederösterreich), 1625 Benediktiner und später Abt im Stift Göttweig, 1638 Rektor der Universität Wien, Herausgeber der Sammlung »Groß Catholisch Gesangbuch« ab 1625; gest. 1648 in Wien. – T 7 (Str. 7)

CRAMER, Johann Andreas (IV,2), geb. 1723 in Jöhstadt bei Annaberg (Erzgebirge), Freund und Biograph → Gellerts, 1750 Konsistorialrat in Quedlinburg, 1754 Hofprediger in Kopenhagen, 1774 Professor

BEIGABEN ZUR LIEDERKUNDE

der Theologie in Kiel; sein Gesangbuch für Schleswig-Holstein 1780 enthält Umarbeitungen älterer Lieder; gest. 1788 in Kiel. – T 221

CRASSELIUS (Krasselt), Bartholomäus (III,2), geb. 1667 in Wernsdorf (Sachsen), Student bei August Hermann Francke, 1701 Pfarrer in Nidda (Hessen), 1708 lutherischer Pfarrer in Düsseldorf, als Pietist angefeindet; dort gest. 1724. – T 328

CRUCIGER (Kreuziger), Elisabeth geb. von Meseritz (II,1), geb. nach 1500 auf dem Adelssitz Meseritz (Hinterpommern), Nonne in Treptow/Rega, durch Johannes Bugenhagen mit der Reformation bekanntgemacht, die erste evangelische Liederdichterin; 1524 Ehefrau des späteren Professors Caspar Cruciger in Wittenberg; gest. 1535 in Wittenberg. – T 67

CRÜGER, Johann (III,1), geb. 1598 in Groß-Breesen bei Guben (Niederlausitz), Theologiestudent in Wittenberg, seit 1622 Kantor an St. Nikolai und Lehrer am Grauen Kloster in Berlin, befreundet mit → Gerhardt, der seit 1657 an derselben Kirche Pfarrer war; sein Hauptwerk »Praxis pietatis melica« (seit 1640) wurde mit 44 Auflagen das führende Gesangbuch des 17. Jahrhunderts; gest. 1662 in Berlin. – M 9, 11, 36, M* 81, M 112, 133, 218, S 320, M* 321, 322, S 324, M* 326, M 396, 415, MS 447, M 459, 460, M* 528, (M) 643

CRUM, John Macleod Campbell (VI,1), geb. 1872 in Mere Old Hall (England), anglikanischer Pfarrer, 1928 Domherr von Canterbury; gest. 1958 in Farnham (Surrey/England). – (T) 98

CUNRAD, Christiana geb. Tilesius (III,1), geb. 1591 in Brieg (Schlesien), verheiratet mit dem Arzt und Poeten Caspar Cunrad; gest. 1625 in Breslau. – T 204

DACHSTEIN, Wolfgang (II,1), geb. um 1487 in Offenburg (Baden), 1503 Student in Erfurt gleichzeitig mit → Luther, Dominikaner, 1520 Organist am Münster in Straßburg, 1524 an der Thomaskirche, Mitverfasser der Straßburger Gottesdienstordnung von 1524; gest. 1553 in Straßburg. – M 83, 222, (M) 299 (II)

DAVANTÈS (Antesignanus), Pierre (II,1), geb. um 1525 in Rabastens bei Tarbes, seit 1559 in Genf, Erfinder einer Buchstaben-Notenschrift für den → Genfer Psalter und wahrscheinlich der Verfasser der in der Gesamtausgabe von 1562 neu erschienenen Melodien; gest. 1561 in Genf. – M 282, 290, 301, (M) 322, M 622, 625, 629, 635 (I)

DICHTER UND KOMPONISTEN

DAVID, Christian (IV,1), geb. 1691 in Senftleben (Mähren), Zimmermann, seit 1717 Erweckungsprediger in seiner Heimat, 1722 brachte er die ersten Exulanten der Böhmisch-Mährischen Brüder nach Sachsen, Mitbegründer der Siedlung Herrnhut (Nikolaus Ludwig → Zinzendorf), später Missionar der Brüdergemeine in Livland, Schweiz, Holland, Grönland und Nordamerika; gest. 1751 in Herrnhut. – T 262/263 (Str. 1.6)

DECIUS (Deeg oder Tech), Nikolaus (II,1), geb. um 1485 in Hof (Oberfranken), Hinwendung zur Reformation, 1522 Lehrer in Braunschweig, schrieb dort älteste Gemeindegesänge in niederdeutscher Sprache; 1524 Mitreformator von Stettin, seit 1530 Pfarrer und Kantor in ost- und westpreußischen Gemeinden, 1540 Hofprediger und als Nachfolger von → Kugelmann Leiter der Hofkantorei in Königsberg, dann Pfarrer in Mühlhausen bei Elbing (Westpreußen); dort gest. nach 1546. – T*M* 179 (Str. 1–3), T*(M) 190.1

DEISS, Lucien (VI,2), geb. 1921 in Elsaß-Lothringen, katholischer Theologe und Bibelwissenschaftler, Liturgieberater beim 2. Vatikanischen Konzil. – M 429

DEMANTIUS, Christoph (III,1), geb. 1567 in Reichenberg (Böhmen), Kantor in Zittau und seit 1604 in Freiberg (Sachsen), Vokalkomponist; gest. 1643 in Freiberg. – T 524

DENICKE, David (III,1), geb. 1603 in Zittau (Oberlausitz), Privatdozent der Rechtswissenschaften in Jena und Königsberg, 1629 Hofmeister bei Herzog Georg von Braunschweig-Lüneburg, 1642 Konsistorialrat in Hannover, Titularabt von Bursfelde; gab 1646 zusammen mit → Gesenius in Hannover das »Neu ordentlich Gesang-Buch« heraus; gest. 1680 in Hannover. – T 160, 196, T* 288 (Str. 1–6)

DENKHAUS, Lotte geb. Treichel (VI,2), geb. 1905 in Orsoy (Niederrhein), 1927 verheiratet mit Pfarrer Friedrich Denkhaus, Pfarrfrau in Velbert, 1932 in Bremen, 1953 in Bonn, Schriftstellerin; dort gest. 1986. – T 315

DIETRICH, Sixt(us) (II,1), geb. 1492/94 in Augsburg, Chorknabe am Konstanzer Münster, Studium in Freiburg und Straßburg, 1517 Chormeister am Münster in Konstanz; nahm offen für die Reformation Partei, seit 1540 persönliche Beziehungen zum Wittenberger Lutherkreis, 1548 aus Konstanz vertrieben; gest. 1548 in St. Gallen. – M 565 (?)

BEIGABEN ZUR LIEDERKUNDE

DÖRR, Friedrich (VI,2), geb. 1908 in Wolframs-Eschenbach (Mittelfranken), 1933 Priesterweihe, 1945–1976 Professor für Systematische Theologie in Eichstätt; Mitarbeiter am »Gotteslob« 1975 und Übersetzer von Hymnen für das »Stundenbuch«; gest. 1993 in Eichstätt. – T* 686

DRAPER, William Henry (VI,1), geb. 1855 in Kenilworth (England), Student in Oxford, Pfarrer in Shrewsbury, Yorkshire und Axbridge, Verfasser und Herausgeber von Hymnenübersetzungen; gest. 1933 in Clifton bei Bristol. – (T) 514

DRESE, Adam (III,2), geb. 1620 in Weimar, Hofkapellmeister in Weimar, Jena und Arnstadt, Komponist und von Philipp Jakob Spener beeinflußter Erbauungsschriftsteller, befreundet mit Heinrich → Schütz und der Familie → Bach; gest. 1701 in Arnstadt. – M 391

DRETZEL, Cornelius Heinrich (IV,1), geb. 1698 in Nürnberg, dort seit 1712 Organist, Herausgeber eines Choralbuchs; gest. 1775 in Nürnberg. – M* 230

DYKES, John Bacchus (V), geb. 1823 in Kingston-upon-Hull (England), Pfarrer der Church of England in Durham, Komponist zahlreicher Hymnen in Liedsätzen; gest. 1876 in Ticehurst (Sussex). – M 650

EBELING, Johann Georg (III,1), geb. 1637 in Lüneburg, Theologe und Musiker, 1662 Kantor an St. Nikolai in Berlin als Nachfolger von → Crüger; gab 1666/67 120 Lieder von → Gerhardt in neuen Vertonungen heraus, 1668 Gymnasiallehrer und Kantor in Stettin; dort gest. 1676. – M 302, 370, 449

EBER, Paul (II,1), geb. 1511 in Kitzingen (Unterfranken), Schüler und Anhänger → Melanchthons in Wittenberg, dort Professor für alte Sprachen, dann für Naturwissenschaften, zuletzt Stadtpfarrer und Generalsuperintendent; dort gest. 1569. – T* 366, T 549

EBERT, Jakob (II,2), geb. 1549 in Sprottau (Schlesien), Rektor in Soldin, Schwiebus und Grünberg, seit 1594 Professor der Theologie in Frankfurt/Oder; dort gest. 1614. – T 422

ECCARD, Johannes (II,2), geb. 1553 in Mühlhausen (Thüringen), Schüler bei → Helmbold und Joachim a Burck, Sänger in München unter Orlando di Lasso, 1578 Organist in Augsburg, dann Kapellmeister in Königsberg und Berlin; gest. 1611 in Berlin. – (M) 203, T 473

DICHTER UND KOMPONISTEN

ECKERT, Eugen (VI,2), geb. 1954 in Frankfurt/Main, Sozialarbeiter, seit 1976 Texter und Instrumentalist in einer Musikgruppe, 1990 Pfarrer in Offenbach, 1995 Studentenpfarrer in Frankfurt. – T 171, 600

EDELKÖTTER, Ludger (VI,2), geb. 1940 in Bockum-Hövel, bis 1976 Musikpädagoge, dann Gründung eines Buch- und Musikverlages, freischaffender Komponist, Kinderliedermacher und Verleger in Drensteinfurt (Münsterland). – K 436

ELLERTON, John F. (V), geb. 1826 in London, Pfarrer in Mittelengland und bei London, Herausgeber englischer Reformgesangbücher; gest. 1893 in Torquay (Südwest-England). – (T) 266, 490

ELLINGSEN, Svein (VI,2), geb. 1929 in Kongsberg (Norwegen), Dichter und Maler in Saltrød (Norwegen). – (T) 212, 383

ENDERLIN, Fritz (VI,1), geb. 1883 in Arbon (Thurgau), Germanist und Schriftsteller, Deutschlehrer in Bellinzona und Zürich, Mitarbeiter am »Gesangbuch der evangelisch-reformierten Kirchen der deutschsprachigen Schweiz« 1952; gest. 1971 in Zürich. – T 294 (Str. 2.3), 309, T* 683

ENGLISCH (Endlich), Johann (II,1), geb. 1502 in Buchsweiler (Elsaß), dort als gräflicher Schreiber wegen seiner evangelischen Überzeugung entlassen, 1527 Lehrer in Straßburg, später Vikar am Münster; Anhänger Martin Bucers, seit 1562 freier Prediger; gest. 1577 in Straßburg. – (T) 222

ERB, Jörg (VI,2), geb. 1899 in Kürzell (Baden), Lehrer und erzählender Schriftsteller in Hinterzarten (Schwarzwald); Herausgeber von »Dichter und Sänger des Kirchenliedes« 1970–1978 (4 Bände) und Verfasser von »Die Wolke der Zeugen« 1951–1963; gest. 1975. – T 688 (Str. 2.3)

ERFURT 1524 (II,1): »Ein Enchiridion oder Handbüchlein« mit 25 Liedern und 15 Melodien; nach dem Achtliederbuch → Nürnberg 1523/1524 das älteste evangelische Gesangbuch. – M* 67, 125, (M) 126, M* 215, 498, (M) 539

FABER, Zachäus (II,2), geb. 1554 in Beucha bei Grimma, Rektor in Torgau, 1584 Pfarrer in Ploßig (Sachsen), 1593 in Röcknitz, 1609 in Hohenleina bei Eilenburg; dort gest. 1628. – T 159

FABRICIUS (Schmied), Jakob (III,1), geb. 1593 in Köslin (Pommern), zuerst Lehrer, dann Pfarrer in seiner Geburtsstadt, 1631

BEIGABEN ZUR LIEDERKUNDE

Hof- und Feldprediger im Heer Gustav Adolfs von Schweden, 1634 Generalsuperintendent von Hinterpommern, seit 1642 Pfarrer und Professor in Stettin; dort gest. 1654. – T 249

FALK, Johannes Daniel (V), geb. 1768 in Danzig, Theologiestudent in Halle, dann freier Schriftsteller in Weimar, mit Goethe, → Herder und Wieland befreundet; 1798 Legationsrat in Weimar, gründete zur Zeit der Napoleonischen Kriege 1813 die »Gesellschaft der Freunde in der Not« und baute den »Lutherhof« zum ersten großen Rettungshaus für verwahrloste Kinder aus; gest. 1826 in Weimar. – T 44 (Str. 1)

FARJEON, Eleanor (VI,1), geb. 1881 in London, Schriftstellerin und Kinderbuchautorin; gest. 1965 in Hampstead (London). – (T) 455

FERSCHL, Maria (VI,2), geb. 1895 in Melk/Donau, Lehrerin in Wien und Schriftstellerin; gest. 1982 in Saulgau (Württemberg). – T 17

FICKERT, Georg Friedrich (V), geb. 1758 in Barzdorf (Schlesien), Hauslehrer, dann Pfarrer in Reichau und Groß-Wilkau, veröffentlichte ein »Christliches Wochenblatt« 1806–1813 mit seinen Liedern zum Zweck der Erweckung; gest. 1815 in Groß-Wilkau. – T 255

FIETZ, Siegfried (VI,2), geb. 1946 in Aue-Wingeshausen, Kirchenmusiker, Sänger und Komponist von Singspielen u. a. im Sacro-Pop-Stil, seit 1974 mit seiner Frau Leiter des Abakus-Verlags in Ulmtal bei Wetzlar. – M 652

FIGUERA LÓPEZ, Maria Pilar (VI,2), geb. 1939 in Cadiz (Spanien), Theologin und Psychologin in Madrid. – (T) 675

FISCHER, Christoph (II,2), geb. 1518 in Joachimsthal (Böhmen), Schüler von → Herman, 1544 Pfarrer in Jüterbog, 1552 Reformator der Grafschaft Henneberg in Schmalkalden, 1571 in Meiningen, 1577 in Halberstadt, 1583 Hofprediger und Generalsuperintendent in Celle; dort gest. 1597. – (T) 79

FISCHER, Wolfgang (VI,2), geb. 1932 in Dresden, Domkantor in Brandenburg/Havel, Landeskirchenmusikdirektor, 1974 Referent der Evangelischen Kirche der Union für Kirchenmusik in Berlin. – K 419

FLEMING, Paul (III,1), geb. 1609 in Hartenstein (Erzgebirge), Schüler bei → Schein in Leipzig, Arzt, Barocklyriker; zu Beginn einer Gesandtschaftsreise nach Rußland und Persien 1633–1639 dichtete er sein Lied; gest. 1640 in Hamburg. – T 368

DICHTER UND KOMPONISTEN

FRANC, Guillaume (II,1), geb. um 1515 in Rouen/Seine, zuerst Musiker in Paris, seit 1541 Musiklehrer und reformierter Kantor an St. Pierre in Genf; auf Veranlassung Calvins der musikalische Bearbeiter der beiden ersten Ausgaben des → Genfer Psalters 1542 und 1543, seit 1545 Kantor in Lausanne; dort gest. 1570. – (M) 81, 108, M 255, (M) 271, 294, M* 379, (M) 613

FRANCK, Johann (III,1), geb. 1618 in Guben (Niederlausitz), Rechtsanwalt, später Ratsherr und Bürgermeister in seiner Geburtsstadt, bekannt mit Simon Dach; seine geistlichen Gedichte wurden von → Crüger vertont; gest. 1677 in Guben. – T 218, 396

FRANCK, Melchior (III,1), geb. 1580 in Zittau (Oberlausitz), Schüler von → Haßler, Musiker in Augsburg und Nürnberg, 1603 Hofkapellmeister in Coburg, Komponist des Frühbarock; dort gest. 1639. – M 119, (M) 150

FRANCK, Michael (III,1), geb. 1609 in Schleusingen (Thüringen), Bäcker in seiner Geburtsstadt, nach der Flucht in den Kriegswirren 1640 Lehrer an der Stadtschule in Coburg, Dichter und Musiker; dort gest. 1667. – T(M) 528

FRANKE, August Hermann (V), geb. 1853 in Sundern bei Gütersloh, Professor der Theologie in Halle und Kiel; gest. 1891 in Montreux. – T 394

FRANKE, Johann Friedrich (IV,1), geb. 1717 in Krautheim bei Weimar, Theologiestudium, 1739 im Dienst der Herrnhuter Brüdergemeine, 1746 Schreiber bei Nikolaus Ludwig → Zinzendorf, 1766 Leiter der Mädchenanstalt in Montmirail bei Neuchâtel, 1775 Leiter der Brüdersozietät in Basel; dort gest. 1780. – M 575

FRANZ, Ignaz (IV,2), geb. 1719 in Protzan (Schlesien), katholischer Priester in Glogau und Schlawa, 1766 Rektor des Priesterseminars in Breslau; gab Katechismen und Gesangbücher im Geist der Aufklärung heraus; gest. 1790 in Breslau. – T* 331

FRANZ (Franziskus) von Assisi (Giovanni Bernardone) (I,2), geb. 1182 in Assisi, Sohn eines reichen Tuchhändlers, lebte seit 1208 nach dem urchristlichen Armutsideal mit strenger Askese, Krankenhilfe und Wanderpredigt, führte 1219 im Kreuzfahrerlager in Damiette Gespräche mit dem ägyptischen Sultan, gründete den 1223 bestätigten Franziskanerorden; gest. 1226 als Einsiedler bei Assisi. – (T) 514, 515; früher wurde ihm das Friedensgebet (T) 416 zugeschrieben.

BEIGABEN ZUR LIEDERKUNDE

FRAYSSE, Claude (VI,2), geb. 1941, Musiklehrer und Posaunist in Romans (Frankreich), Sänger bei Jugendveranstaltungen und Evangelisationen. – M 272

FREDER, Johannes (II,1), geb. 1510 in Köslin (Pommern), 1524 → Luthers Hausgenosse in Wittenberg, Lehrer und Pfarrer in Hamburg, 1547 Superintendent in Stralsund, dann Professor in Greifswald und Superintendent auf Rügen, 1556 in Wismar (Mecklenburg), dichtete in niederdeutscher Sprache; gest. 1562 in Wismar. – T 203

FREYLINGHAUSEN, Johann Anastasius (IV,1), geb. 1670 in Gandersheim (Harz), Mitarbeiter und Schwiegersohn August Hermann Franckes und dessen Nachfolger in der Leitung des Waisenhauses in Halle; Herausgeber der pietistischen Liedersammlung »Geistreiches Gesang-Buch« → Halle ab 1704; gest. 1739 in Halle. – T 356 (Str. 1)

FREYSTEIN, Johann Burchard (III,2), geb. 1671 in Weißenfels, Rechtsanwalt, seit 1709 Hofrat in Dresden, dem Pietismus nahestehend; gest. 1718 in Dresden. – T 387

FRIES, Margareta, geb. Pabst (VI,2), geb. 1906 in Halle, Designerin, Pfarrfrau in Treptow/Rega (Pommern) und Frankfurt/Main; dort gest. 1983. – T 424, 691

FRITZSCHE, Gerhard (VI,1), geb. 1911 in Dittmannsdorf (Sachsen), 1936 Jugendwart im Kirchenkreis Kamenz; 1944 in Südrußland oder auf dem Balkan vermißt. – T 647, 681

FRONMÜLLER, Frieda (VI,1), geb. 1901 in Lindau/Bodensee, 1923–1964 Organistin und Kantorin in Fürth; gest. 1992 in Nürnberg. – M 510

FROSTENSON, Anders (VI,2), geb. 1906 Südschweden, Journalist, dann Pfarrer in Lovö bei Stockholm, Schloßprediger in Drottningholm, Dichter und Übersetzer zahlreicher Lieder für das schwedische Gesangbuch 1986. – (T) 268, 568, 663

GARVE, Karl Bernhard (IV,2), geb. 1763 in Jeinsen bei Hannover, 1789 Lehrer am Theologischen Seminar der Brüdergemeine in Niesky, seit 1799 deren Prediger in Amsterdam, Ebersdorf, Norden, Berlin und Neusalz/Oder, Verfasser von »Christliche Gesänge« 1825 und »Brüdergesänge« 1827; gest. 1841 in Herrnhut. – T 415, 602

DICHTER UND KOMPONISTEN

GASTOLDI, Giovanni Giacomo (II,2), geb. um 1556 in Caravaggio (Lombardei), seit 1581 Sänger und Kapellmeister in Mantua, dann am Dom in Mailand; gest. 1622 in Mailand. – (M)S 398

GASTORIUS (Bauchspieß), Severus (III,2), geb. 1646 in Öttern bei Weimar, um 1675 Kantor in Jena, mit → Rodigast befreundet; gest. 1682 in Jena. – M 372

GEBHARDI, Ernst Ludwig (V), geb. 1787 in Nottleben bei Erfurt, Organist, Musiklehrer und Komponist in Erfurt; dort gest. 1862. – K 26

GEERKEN, Gerd (VI,2), geb. 1935 in Wildeshausen bei Bremen, 1964 freiberuflicher Musiker in Münster, seit 1971 Mitarbeit in Peter → Janssens Musikensemble, ab 1974 auch Musiklehrer in Münster. – M 665

GEILSDORF, Paul (VI,1), geb. 1890 in Plauen (Vogtland), Kantor und Organist in Chemnitz; dort gest. 1976. – M 378

GELLERT, Christian Fürchtegott (IV,2), geb. 1715 in Hainichen bei Freiberg (Erzgebirge), Theologe, Professor für Dichtkunst, Beredsamkeit und Moral in Leipzig; Dichter von Fabeln, bürgerlichen Lustspielen und der »Geistlichen Oden und Lieder« 1757, verband aufgeklärte Vernunft mit Herzensbildung und biblischem Christentum; gest. 1769 in Leipzig. – T 42, 91, 115, 412, 451, 506, 662

GENFER PSALTER (II,1) (auch französischer Reim- oder Hugenotten-Psalter) – die Gesangbuchfamilie der in Strophenform nachgedichteten biblischen Psalmen. Der Reformator Johannes Calvin lernte die Gattung des Psalmlieds in Straßburg kennen und gab dort 1539 eine kleine Sammlung französischer Psalmlieder von Clément → Marot und aus eigener Produktion heraus (zu M 76 dichtete er seinen Psalm 36). In Genf nahm Calvin weitere Psalmlieder Marots in liturgischen Gebrauch, der Genfer Kantor Guillaume → Franc übernahm die musikalische Gestaltung der Ausgaben 1542 und 1543 mit 50 Psalmen. Seit 1548 arbeitete Théodore de → Bèze (Beza) an der Vervollständigung des Reimpsalters, → Bourgeois betreute musikalisch die Ausgabe 1551 mit 83 Psalmen. Die vollständige und endgültige Sammlung aller Reimpsalmen erschien 1562, der musikalische Bearbeiter war wohl → Davantès. Der Genfer Psalter wurde von → Goudimel vertont. In den deutschsprachigen reformierten Kirchen setzte sich die Übersetzung von → Lobwasser 1573 durch, die später durch die von → Jorissen 1798 ersetzt wurde.

BEIGABEN ZUR LIEDERKUNDE

GERAEDTS, Jacobus Franciscus Maria (Jaap) (VI,2), geb. 1924 in 's Gravenhage, Komponist und Musikjournalist, Mitarbeiter am niederländischen »Liedboek voor de Kerken« 1973. − M 312

GERHARDT, Paul (III,1), geb. 1607 in Gräfenhainichen (Sachsen), nach dem Studium der Theologie in Wittenberg Hauslehrer in Berlin, 1651 Propst in Mittenwalde (Mark Brandenburg), 1657 Pfarrer an St. Nikolai in Berlin; 1667 seines Amtes enthoben, weil er das Toleranzedikt des reformierten Großen Kurfürsten ablehnte, 1669 Archidiakonus in Lübben (Spreewald). Gerhardts rund 130 von → Crüger und → Ebeling vertonte Lieder spiegeln auf dem Hintergrund des Dreißigjährigen Krieges persönliches Gottvertrauen und christliche Heilserfahrung und wirkten in ihrer sprachlichen Meisterschaft beispielhaft; gest. 1676 in Lübben. − T 11, 36, 37, 39, 58, 83, 84, T* 85, T 112, 133, 283, 302, 322, 324, 325, 351, 361, 370, 371, 446, 447, 449, 477, 497, 503, 529, 542, 643

GESENIUS, Justus (III,1), geb. 1601 in Esbeck bei Elze (Hannover), 1629 Pfarrer in Braunschweig, 1636 Schloßprediger in Hildesheim, 1642 Oberhofprediger und Generalsuperintendent des Fürstentums Calenberg-Göttingen in Hannover; gab mit seinem Freund → Denicke 1646 das »Neu ordentlich Gesang-Buch« heraus; gest. 1673 in Hannover. − T 82

GESIUS (Göß), Bartholomäus (II,2), geb. um 1560 in Müncheberg bei Frankfurt/Oder, Student der Theologie, dann Musiker im Dienst des Freiherrn Hans Georg Schönaich bei Glogau (Schlesien), 1593 Kantor an St. Marien und Lehrer an der Ratsschule in Frankfurt/Oder, Verfasser eines Kantionals mit mehrstimmigen Sätzen; gest. 1613 in Frankfurt/Oder. − M 60, 109, T* 119, M* 141, 158, (M) 308, 361, M 422, S 477, (M) 525

GESSNER, Georg (IV,2), geb. 1765 in Dübendorf bei Zürich, Pfarrer am Waisenhaus, später am Großmünster in Zürich, zugleich Professor der Theologie; gest. 1843 in Zürich. − T 332

GÖRANSSON, Harald (VI,2), geb. 1917 in Norrköping (Schweden), Professor an der Königlichen Musikhochschule in Stockholm, Mitglied des schwedischen Gesangbuchkomitees. − M 180.3

GORTZITZA, Wilhelm (V), geb. 1811 in Neidenburg (Ostpreußen), seit 1837 Lehrer am Gymnasium in Lyck, an dem auch → Rostock unterrichtet hatte; gest. 1889 in Lyck. − (T) 513

DICHTER UND KOMPONISTEN

GOSSNER, Johannes Evangelista (V), geb. 1773 in Hausen bei Günzburg/Donau, katholischer Priester, Religionslehrer in Düsseldorf, nach einem Ruf des Zaren Alexander I. 1820 Geistlicher in St. Petersburg, 1826 Übertritt zur evangelischen Kirche, 1829 Pfarrer in Berlin, engagiert in der Inneren und Äußeren Mission (Goßner-Mission) und Verfasser von Erbauungsschriften; gest. 1858 in Berlin. – T 575

GOTTER, Ludwig Andreas (III,2), geb. 1661 in Gotha, 1719 Geheimer Sekretär, später Hofrat in seiner Heimatstadt; in seinen Liedern durch den Halleschen Pietismus beeinflußt; gest. 1735 in Gotha. – T 404

GOTTSCHICK, Anna Martina (VI,2), geb. 1914 in Dresden, 1934 Zeitungsredakteurin in Aue (Erzgebirge), 1947–1976 Verlagsmitarbeiterin in Kassel; dort gest. 1995. – T 154 (Str. 1–5)

GOTTSCHICK, Friedemann (VI,2), geb. 1928 in Breslau, 1953 Kantor in Düsseldorf, Dozent und 1967 Leiter der Kirchenmusikschule der Evangelischen Kirche im Rheinland in Düsseldorf, dort 1975 Professor am Robert-Schumann-Institut der Musikhochschule Rheinland, 1976–1991 Kantor in Bethel. – MK 176, TM 381

GOUDIMEL, Claude (II,1), geb. um 1514 in Besançon (Frankreich), um 1550 Notendrucker, zeitweilig in Metz; seit 1551 gab er Liedbearbeitungen in Motettenform und seit 1562 die vierstimmigen Liedsätze zum → Genfer Psalter heraus; gest. 1572 bei der Hugenottenverfolgung in Lyon. – S 140

GRAHL, Kurt (VI,2), geb. 1947 in Markneukirchen (Vogtland), seit 1969 Organist und Chorleiter in Leipzig. – M 667

GRAMANN (Poliander), Johann (II,1), geb. 1487 in Neustadt/Aisch (Unterfranken), Rektor der Thomasschule in Leipzig, 1519 Ecks Schreiber bei der Disputation mit → Luther, dann Anhänger Luthers, 1525 Pfarrer in Königsberg; mit → Speratus Reformator des Ordenslandes Preußen; gest. 1541 in Königsberg. – T 289 (Str. 1–4)

GREEN, Frederick Pratt (VI,2), geb. 1903 in Liverpool, seit 1924 Pfarrer in methodistischen Gemeinden in Yorkshire und London, zeitweilig methodistischer Bischof von York und Hull, Lyriker und Förderer des neuen englischen Kirchenlieds. – (T) 410

GREGOR I., der Große (I,1), geb. um 540 in Rom, Benediktiner, seit 590 Papst, Liturgiereformer und Förderer des römischen Kirchengesangs (sog. Gregorianischer Choral); gest. 604 in Rom. − (T) 470 (?)

GREGOR, Christian (IV,2), geb. 1723 in Bad Dirsdorf (Schlesien), 1742 Eintritt in die Brüdergemeine, 1743 Organist, auch Rechnungsführer, 1764 Mitglied der Direktion und 1787 Bischof der Herrnhuter Brüdergemeine; gab 1778 das Gesangbuch und 1784 das dazugehörige Choralbuch der Brüdergemeine heraus und überarbeitete die Lieder Nikolaus Ludwig → Zinzendorfs für den Gemeindegebrauch; gest. 1801 in Berthelsdorf. − T* 198 (Str. 2), (T) 251, T* 350, 391, 573, MS 576

GREITER, Matthäus (II,1), geb. um 1490 in Aichach bei Augsburg, Dominikaner und Kantor am Münster in Straßburg, verließ 1524 unter dem Einfluß der Reformation mit seinem Freund → Dachstein das Kloster, seit 1528 evangelischer Hilfsprediger an St. Stephan und St. Martin; musikalischer Mitarbeiter der Straßburger Reformatoren und Musiklehrer am Gymnasium; gest. 1550 an der Pest in Straßburg. − M 76, M* 280 (?)

GROSSMANN, Siegfried (VI,2), geb. 1938 in Landeshut (Schlesien), Pastor und Bildungsreferent im Bund Evangelisch-Freikirchlicher Gemeinden. − T 692

GRUBER, Erich (VI,2), geb. 1910 in Sulzbach, Chemiker, Musiklehrer in Danzig, 1946 Landesjugend- und Posaunenwart in Baden, seit 1956 Sing- und Posaunenwart des CVJM in Kassel; gest. 1971. − M*S 167

GRUBER, Franz Xaver (V), geb. 1787 in Hochburg/Inn (Oberösterreich), um 1818 Lehrer und Organist in Arnsdorf bei Salzburg, seit 1835 Chorleiter in Hallein; dort gest. 1863. − M 46

GRÜNKE, Friedrich (VI,2), geb. 1930 in Gelsenkirchen, 1949 Kantor und Kirchenmusikdirektor in seiner Geburtsstadt. − K 679

GRÜNWALD, Georg (II,1), geb. um 1490 in Kitzbühel (Tirol), Schuhmacher, 1526 Vorsteher der Täufergemeinde; 1530 in Kufstein als Wiedertäufer verbrannt. − T 363

GRYPHIUS (von Greif), Andreas (III,1), geb. 1616 in Glogau (Schlesien), während des Dreißigjährigen Krieges Studien in Danzig und Leiden (Niederlande), 1650 Syndikus der Landstände des Fürstentums Glogau, Dramatiker und Lyriker; gest. 1664 in Glogau. − T 527

DICHTER UND KOMPONISTEN

GÜNTHER, Cyriakus (III,2), geb. 1650 in Goldbach bei Gotha, Lehrer in Eisfeld (Thüringen), später Gymnasiallehrer in Gotha; dort gest. 1704. – T 405, 560

GWINNER, Volker (VI,2), geb. 1912 in Bremen, Kantor und Organist in Dresden und Bremen, 1957–1977 Kirchenmusiker in Lüneburg, 1968–1980 Professor an der Hochschule für Musik in Hannover. – M 50

GYÖNGYÖSI, Vilmos (Wilhelm Güttler) (VI,2), geb. 1915 in Miskolc (Ungarn), 1945 Pfarrer der deutschen evangelischen Gemeinde in Budapest, 1948 in Oroshaza, 1952 in Budapest, 1958–1978 in Frankfurt/Main; gest. 1995 in Rüsselsheim. – T* 96

HÄNDEL, Georg Friedrich (IV,1), geb. 1685 in Halle, Student der Rechtswissenschaft und Organist am reformierten Dom in Halle, Studien in Hamburg und Italien, seit 1711 Kapellmeister und Komponist in London; Schöpfer von Opern und Instrumentalwerken; seine Anthems (eine Kantatenform) nehmen einen wichtigen Platz in der anglikanischen Liturgie ein (Evensongs), seine bedeutenden Oratorien verarbeiten stofflich meist Gestalten und Geschichten aus dem Alten Testament; gest. 1759 in London. – MS 13

HÄUSSLER, Gerhard (VI,2), geb. 1920 in Görmin bei Greifswald, 1947 Klavierdozent in Erfurt, seit 1950 dort Kantor. – M 418

HAHN, Johann Michael (IV,2), geb. 1758 in Altdorf bei Böblingen, Bauer in Sindlingen bei Herrenberg; von der Theosophie Jakob Böhmes beeinflußt, Gründer der nach ihm genannten Gemeinschaft; gest. 1819 in Sindlingen. – (T) 574

HALFFTER JIMÉNEZ, Cristóbal (VI,2), geb. 1930 in Madrid, 1962 Lehrer für Komposition an der dortigen Musikhochschule, die er bis 1966 leitete, seitdem in Villafranca (Nordspanien); als Dirigent in Europa und Übersee tätig, schrieb 1970 im Auftrag der Vereinten Nationen die sog. Menschenrechtskantate »Yes, speak out, yes«. – M 675

HALLE 1704 ff. (IV,1): »Geistreiches Gesang-Buch«, die einflußreichste Liedersammlung des deutschen Pietismus, herausgegeben von → Freylinghausen. – Halle 1704: M 1, (M) 12, M* 328, 329, 386, M 388, (M) 479, M 561, 602, 662 – Halle 1708: M* 450 – Halle 1714: M* 303

BEIGABEN ZUR LIEDERKUNDE

HALLENSLEBEN, Rolf (VI,1), geb. 1915, 1944 Kantor und Organist in Tetschen (Sudetenland), 1945–1947 in Feuchtwangen, 1948 in Emden, 1948–1982 Landeskirchenmusikwart der Evangelisch-reformierten Kirche in Nordwestdeutschland; gest. 1984 in Emden. – M 551, 590

HAMMERSCHMIDT, Andreas (III,1), geb. 1612 in Brüx (Böhmen), Organist in Wesenstein und Freiberg (Sachsen), seit 1639 Kantor an der Johanniskirche in Zittau (Oberlausitz); dort gest. 1675. – M 34

HAMPE, Johann Christoph (VI,2), geb. 1913 in Breslau, Pfarrer, theologischer Publizist und freier Schriftsteller; gest. 1991 in Hohenschäftlarn bei München. – T* 454 (Str. 1.2.6), 609, 610

HANNOVER 1646 ff. (III,1): »Neu ordentlich Gesang-Buch«, herausgegeben von → Gesenius und → Denicke. – Hannover 1646: T* 35, M* 288 – Auflage Lüneburg 1652: T 288 (Str. 7) – Auflage Lüneburg 1657: T 10 (Str. 4), T* 113

HANSEN, Ernst (VI,2), geb. 1923 in Itzehoe, 1954 Dozent an der Landvolk-Hochschule auf dem Koppelsberg bei Plön, 1971–1985 Studienleiter für Volksmission im Gemeindedienst der Nordelbischen Kirche in Hamburg; gest. 1993. – T* 663

HARDER, August (V), geb. 1775 in Schönerstedt bei Leisnig (Sachsen), Student der Theologie, dann Sänger, Pianist, Gitarrist, Komponist und Schriftsteller in Leipzig; dort gest. 1813. – M 503

HARTMANN, Thomas (II,2), geb. 1548 in Lützen bei Merseburg, Lehrer in Königsberg und Liebemühl (Ostpreußen), 1580 dort Pfarrer, später in Wismar und Eisleben; dort gest. 1609. – T 107 (Str. 2)

HASSLER, Hans Leo (II,2), geb. 1564 in Nürnberg, Musikstudent in Venedig bei Andrea Gabrieli, Organist der Fugger in Augsburg, dann in Prag, Nürnberg, Ulm und seit 1608 in Dresden; gest. 1612 in Frankfurt/Main. – (M) 85

HATTON, John (IV,2), geb. in Warrington (England), lebte in St. Helens (Lancashire); dort gest. 1793. – M 610

HAUSMANN, Julie (V), geb. 1826 in Riga, Erzieherin an verschiedenen Orten im Baltikum, seit 1870 Musiklehrerin in St. Petersburg; gest. 1901 in Wösso (Estland). – T 376

HECHTENBERG, Dieter (VI,2), geb. 1936 in Neufechingen (Saar), 1960 Kantor und Katechet in Düsseldorf, 1969 Kantor und Musiklehrer in Oppenheim, seit 1981 in Bremen. – TM 305, T 306

DICHTER UND KOMPONISTEN

HEERMANN, Johann (III,1), geb. 1585 in Raudten (Schlesien), als Schüler Hausgenosse → Herbergers in Fraustadt, 1611 bis etwa 1637 Pfarrer in Köben/Oder; von Schrecken des Krieges, Bedrängnissen der Gegenreformation und persönlichem Leid gezeichnet, ist er mit seinen Liedersammlungen »Haus- und Herzmusik« 1630 und »Sonn- und Festtagsevangelia« 1636 der bedeutendste Liederdichter zwischen → Luther und → Gerhardt; gest. 1647 in Lissa (Polen). − T 72, 81, 111, 217, 234, 247, 248, 495, 496

HEINECKE, Walter (VI,2), geb. 1909 in Seyda bei Wittenberg, als Mitglied der Bekennenden Kirche zeitweise inhaftiert, Pfarrer in Tornow bei Landsberg/Warthe, in Bierbergen bei Hameln und zuletzt in Hannover; gest. 1992 in Hildesheim. − T 240

HEINOLD, Wolfgang Ehrhardt (VI,2), geb. 1930 in Neuhausen/Erzgebirge, Buchhandelslehre in Dresden, seit 1968 in Hardebeck (Holstein) Unternehmensberater für Verlage. − T 682

HELD, Heinrich (III,1), geb. 1620 in Guhrau (Schlesien), Rechtsanwalt in Fraustadt, später Kämmerer und Ratsherr in Altdamm bei Stettin, Poet der schlesischen Dichterschule; gest. 1659 in Stettin. − T 12, 134

HELDER, Bartholomäus (III,1), geb. 1585 in Gotha, 1607 Lehrer in Friemar bei Gotha, dann Pfarrer in Remstädt bei Gotha; dort gest. 1635. − TM 349

HELMBOLD, Ludwig (II,2), geb. 1532 in Mühlhausen (Thüringen), 1554 Konrektor und Professor der Philosophie in Erfurt, 1570 zur Abdankung gezwungen, 1571 Pfarrer, später Superintendent in Mühlhausen; → Eccard und Joachim a Burck u. a. vertonten viele seiner Gedichte; gest. 1598 in Mühlhausen. − T 320, (T) 365

HELMORE, Thomas (V), geb. 1811 in Kidderminster (England), Chormeister der königlichen Kapelle in London; dort gest. 1890. − M* 19

HENKYS, Jürgen (VI,2), geb. 1929 in Heiligenkreutz (Ostpreußen), 1956 Pfarrer in Brandenburg und Dozent am Predigerseminar, 1965 Dozent am Sprachenkonvikt in Berlin (Ost), 1991−1995 Professor für Praktische Theologie an der Humboldt-Universität in Berlin. − T* 20, 97, 98, 117, 154 (Str. 6), 212, 312, 313, 383, 430, 431, 455, 613, 632

BEIGABEN ZUR LIEDERKUNDE

HENSEL, Luise (V), geb. 1798 in Linum bei Fehrbellin (Mark Brandenburg), Erzieherin, 1818 zur katholischen Kirche übergetreten, befreundet mit → Brentano; gest. 1876 in Paderborn. – T 484

HERBERGER, Valerius (II,2), geb. 1562 in Fraustadt (Schlesien, damals zu Polen gehörig), Student bei → Selnecker in Leipzig, 1584 Lehrer, dann 1590 Pfarrer in Fraustadt; als er 1604 das Kirchengebäude an die katholische Kirche abgeben mußte, baute er die Notkirche »Kripplein Christi«; sein Lied entstand 1613 während einer Pestepidemie; gest. 1627 in Fraustadt. – T 523

HERBERT, Petrus (II,1), geb. um 1530 in Fulnek (Mähren), Student der Theologie in Königsberg und Wittenberg, Gesandter der → Böhmischen Brüder in Genf und Württemberg, 1562 Pfarrer in Fulnek; Dichter und Übersetzer aus dem Tschechischen, Mitherausgeber des Brüdergesangbuchs von 1566; gest. 1571 in Eibenschitz bei Brünn (Mähren). – T* 78, T 245, 471

HERDER, Johann Gottfried (IV,2), geb. 1744 in Mohrungen (Ostpreußen), Lehrer und Prediger in Riga, 1771 Oberpfarrer in Bückeburg, 1776 durch Vermittlung Goethes Generalsuperintendent und Konsistorialrat in Weimar; Literatur- und Sprachforscher, Sammler von Volksliedern und Kirchengesängen; gest. 1803 in Weimar. – M* 44, (T) 74

HERMAN, Nikolaus (II,1), geb. 1500 in Altdorf bei Nürnberg, seit 1518 Lehrer und Kantor in Joachimsthal (Böhmen); Dichter und Melodienschöpfer von Kinder- und Erzählliedern, gab »Die Sonntagsevangelia über das Jahr in Gesänge verfasset für die Kinder und christlichen Hausväter« 1560 heraus; gest. 1561 in Joachimsthal. – TM 27, T* 29 (Teil 2), M 79, TM 106, T 107 (Str. 1), T* 141, (T) 143, 234 (Str. 1), T 413, 437, M* 442, T 467, T* 498, T 522 (Str. 1–4)

HERRNSCHMIDT, Johann Daniel (IV,1), geb. 1675 in Bopfingen (Württemberg), Schüler August Hermann Franckes, Hofprediger und Superintendent in Idstein (Nassau), 1715 Professor der Theologie und Mitdirektor der Franckeschen Stiftungen in Halle; dort gest. 1723. – T 303

HERROSEE, Karl Friedrich Wilhelm (V), geb. 1754 in Berlin, 1788 Hofprediger am reformierten Dom in Berlin, später Superintendent in Züllichau/Oder; dort gest. 1821. – T 333

DICHTER UND KOMPONISTEN

HERTZSCH, Klaus Peter (VI,2), geb. 1930 in Eisenach, 1957 Studentenpfarrer in Jena, dort 1969 Dozent, dann Professor für Praktische Theologie. – T 395

HERZOG, Johann Friedrich (III,2), geb. 1647 in Dresden, Rechtsanwalt; gest. 1699 in Leipzig. – T 478 (Str. 2–7.9)

HESEKIEL, Martin (VI,1), geb. 1912 in Posen, 1938 ordiniert, Pfarrer in Neuenburg und Danzig, 1946–1978 in Lübeck. – TK 492

HEURICH, Winfried (VI,2), geb. 1940 in Neuhof bei Fulda, 1962 Kirchenmusiker in Frankfurt/Main, seit 1986 Dozent an der dortigen Musikhochschule. – M 153, 600

HEUSER, Christine geb. Staats (VI,2), geb. 1930 in Braunschweig, 1952 Pfarrfrau in Witten-Annen/Ruhr und 1958 in Düsseldorf, 1977 Pastorin, 1978–1981 Leiterin der Gottesdienst-Werkstatt in Wuppertal. – T 489 (Str. 2)

HEY, Wilhelm (V), geb. 1789 in Leina bei Gotha, Hauslehrer in den Niederlanden, Lehrer in Gotha, 1818 Pfarrer in Töttelstedt, 1827 Hofprediger in Gotha, 1832 Superintendent in Ichtershausen bei Arnstadt, Fabel- und Kinderliederdichter; gest. 1854 in Gotha. – T 511

HEYDEN, Sebald (II,1), geb. 1499 in Bruck bei Erlangen, 1519 Kantor und später Rektor der Spitalschule in Nürnberg, 1525 erster lutherischer Rektor der Sebaldusschule, Lehrer → Selneckers, befreundet mit Albrecht Dürer und Hans Sachs; gest. 1561 in Nürnberg. – T 76

HILLER, Friedrich Konrad (IV,1), geb. 1651 in Unteröwisheim bei Bruchsal, seit 1695 Kanzleiadvokat und Regierungsrat in Stuttgart, Onkel von Philipp Friedrich → Hiller; gest. 1726 in Stuttgart. – T 250

HILLER, Johann Adam (IV,2), geb. 1728 in Wendisch-Ossig bei Görlitz, im Kreuzchor in Dresden, Initiator und erster Dirigent der Gewandhauskonzerte in Leipzig, seit 1789 Thomaskantor; gest. 1804 in Leipzig. – M* 352

HILLER, Philipp Friedrich (IV,1), geb. 1699 in Mühlhausen bei Vaihingen (Württemberg), Schüler von Johann Albrecht Bengel in Denkendorf, Pfarrer in württembergischen Gemeinden, zuletzt seit 1748 in Steinheim bei Heidenheim/Brenz; nach dem Verlust seiner Stimme verstärkt literarisch tätig, mit seinen Bibelauslegungen und den beiden »Geistlichen Liederkästlein« 1762 und 1767 der bedeutendste Dichter des schwäbischen Pietismus; gest. 1769 in Steinheim. – T 123, 152, 253, 355

HINDENLANG, Friedrich (VI,1), geb. 1867 in Hornberg (Schwarzwald), 1896 Pfarrer in Sexau (Baden), 1906 in Karlsruhe; Volksschriftsteller, 1920–1932 Geschäftsführer des Evangelischen Presseverbandes in Karlsruhe, 1928 Kirchenrat; gest. 1937 in Karlsruhe. – T 684 (Str. 3–5)

HINTZE, Jakob (III,2), geb. 1622 in Bernau bei Berlin, Stadtmusiker in Stettin, seit 1659 in Berlin, nach → Crügers Tod Herausgeber des Gesangbuchs »Praxis pietatis melica«; gest. 1702 in Berlin. – M 371

HÖPKER, Karl Ludwig (VI,2), geb. 1931 in Herford, 1963 Pfarrer in Wulfen-Dorsten, seit 1973 in Lippstadt, Band- und Chorleiter. – T* 606

HÖPPL, Karl Albrecht (VI,2), geb. 1908 in Augsburg, 1934 ordiniert, 1937–1947 Pfarrer in Oppertshofen-Brachstadt; gest. 1988 in Neusäß bei Augsburg. – T* 490

HOFFMANN, Friedrich (VI,2), geb. 1914 in Skarsine (Sauerbrunn, Schlesien), Germanist und Gymnasiallehrer in Halle/Saale, Heimsheim und Korntal (Württemberg), dort gest. 1974. – T 563

HOFFMANN, Kurt (VI,2), geb. 1929 in Coburg, 1958 Pfarrer in Wunsiedel (Oberfranken), 1962 in Nürnberg, 1973–1991 in München. – T 670

HOFFMANN, Lutz (VI,2), geb. 1935, 1960 Kaplan in Oberhausen-Sterkrade, 1963–1968 in Duisburg-Wanheimerort. – T 570

HOFFMANN VON FALLERSLEBEN, Heinrich August (V), geb. 1798 in Fallersleben (Niedersachsen), Bibliothekar, Dichter und Sprachforscher, 1830 Professor in Breslau; mit seiner »Geschichte des deutschen Kirchenliedes bis auf Luthers Zeit« Wegbereiter einer evangelischen Hymnologie; wegen seiner demokratisch-politischen Gesinnung 1842 amtsenthoben, schließlich Bibliothekar in Corvey bei Höxter (Westfalen); dort gest. 1874. – T 403 (Str. 2)

HOFHAIMER, Paul (II,1), geb. 1459 in Radstadt (Tauern), Organist in Graz und Innsbruck, München und Passau, 1507 in Augsburg und 1519 in Salzburg; berühmter Orgelspieler und -lehrer seiner Zeit; gest. 1537 in Salzburg. – (M) 232

DICHTER UND KOMPONISTEN

HOFMANN, Ernst (VI,2), geb. 1904 in Ulm/Donau, seit seiner Priesterweihe 1928–1970 Gemeindepfarrer, zuletzt in Stuttgart; Mitarbeiter am »Gotteslob« 1975. – T 142

HOFMANN, Friedrich (VI,2), geb. 1910 in Sondheim (Franken), 1938 Pfarrer in Zeilitzheim und Kirchenrat, 1960–(1970)1973 Dekan in Neumarkt (Oberpfalz), seit 1953 Beauftragter der Bayerischen Landeskirche für kirchliches Singen. – M 239

HOHENFURT 1410/1450 (I,2): Handschriften aus der Zisterzienser-Abtei Hohenfurt (Böhmen). – (M) 5, 29, 100, 105, 215

HOLZSCHUHER, Heinrich (V), geb. 1798 in Wunsiedel (Bayern), Gehilfe bei → Falk in Weimar, Fürsorger in Gefängnissen und Erziehungsanstalten, Erzieher im Kinderrettungswerk in Erfurt, zuletzt Patrimonialrichter auf Schloß Burg bei Hof (Franken); dort gest. 1847. – T 44 (Str. 2–3)

HOMBURG, Ernst Christoph (III,1), geb. 1605 in Mihla bei Eisenach, Rechtsanwalt in Naumburg/Saale, durch schwere Krankheit zur geistlichen Dichtung geführt; gest. 1681 in Naumburg. – T 86, 561

HOPFER, Gerhard (VI,2), geb. 1926 in Burg bei Magdeburg, nach einer Kriegsverwundung Studium der Theologie, seit 1962 Pfarrer in Freiburg. – T 182 (Str. 7–9)

HORST, Peter (VI,2), geb. 1927 in Groß-Leistenau/Lisnowo (Westpreußen/Polen), 1955 Pfarrer in Kassel, 1969 in Baunatal, 1976–1992 Studienleiter für Konfirmandenunterricht am Pädagogisch-Theologischen Institut in Kassel; mit Friedrich Karl → Barth und Gerhard Grenz Verfasser von »Gottesdienst menschlich« 1973/1980. – T 596, 666

HOVLAND, Egil (VI,2), geb. 1924 in Mysen (Norwegen), 1949 Organist, Chorleiter und Komponist in Fredrikstad, seit 1975 Mitglied der norwegischen Liturgie-Kommission. – M 212

HOW, William Walsham (V), geb. 1823 in Shrewsbury (England), Geistlicher, Rektor und Dekan in der Grafschaft Shropshire, 1865 Pfarrer der Englischen Kirche in Rom, 1879 Bischof in East London und später in Wakefield; gest. 1897 in Leenane (Irland). – (T) 154 (Str. 6)

HRABANUS MAURUS (I,2), geb. um 780 in Mainz, Benediktiner, Lehrer an der Klosterschule und 822 Abt in Fulda, 847 Erzbischof

BEIGABEN ZUR LIEDERKUNDE

von Mainz; einflußreicher Theologe, »Lehrer Deutschlands« genannt; gest. 856 in Winkel bei Rüdesheim. – (T) 126

HUBERT, Konrad (II,1), geb. 1507 in Bergzabern (Pfalz), 1545 Pfarrer an St. Thomas in Straßburg, Mitarbeiter Martin Bucers, Herausgeber der Straßburger Gesangbücher von 1560 und 1572; gest. 1577 in Straßburg. – T 194, 232 (Str. 1–3)

HUIJBERS, Bernard Maria (VI,2), geb. 1922 in Rotterdam, Jesuit, Komponist und Dirigent, Dozent für Liturgik am Konservatorium in Amsterdam und an der katholischen Kirchenmusikschule in Utrecht. – M 382

HUMMEL, Bertold (Pseudonym: Nico Martin) (VI,2), geb. 1925 in Hüfingen (Baden), 1956 Kantor in Freiburg (Breisgau), 1963 Kompositionslehrer, 1974 Professor, 1979–1987 Präsident der Hochschule für Musik in Würzburg. – M 557

HUS, Jan (I,2), geb. um 1369 in Husinek (Böhmen), Priester und Prediger, Professor und Rektor der Universität in Prag, unter John Wiclifs Einfluß Wegbereiter reformatorischer Strömungen in Böhmen; 1410 mit dem Kirchenbann belegt, 1415 beim Konstanzer Konzil verurteilt und verbrannt. – (T) 68

IHLENFELD, Kurt (VI,2), geb. 1901 in Colmar (Elsaß), bis 1933 Pfarrer in Schlesien und Sachsen, dann Leiter des Eckart-Verlags, bis 1949 Pfarrer, zuletzt in Dresden, seit 1950 Kritiker und Verlagsdirektor in Berlin, freier Schriftsteller; gest. 1972 in Berlin. – T 94

ISAAC, Heinrich (II,1), geb. um 1450 in Flandern, 1480 Domorganist in Florenz, kaiserlicher Hofkapellmeister in Innsbruck, 1494 Hofkomponist in Augsburg und Torgau, zuletzt wieder in Florenz; dort gest. 1517. – (M) 521

JACOBSEN, Joseph (VI,1), geb. 1897 in Hamburg, Lehrer für Englisch, Französisch und Musik an der »Talmud Torah Grund- und Realschule« der orthodoxen jüdischen Gemeinde in Hamburg; lehrte nach der Emigration 1939 in London und Shefford; dort gest. 1943. – M 591

JAN (Jähne), Martin (III,1), geb. um 1620 in Merseburg, 1644 Musiker und Student der Theologie in Königsberg (Ostpreußen), um 1650 Kantor in Sorau (Niederlausitz), 1653 Rektor der evangelischen Schule in Sagan, um 1662 Pfarrer in Eckersdorf, durch die Gegenre-

DICHTER UND KOMPONISTEN

formation vertrieben, schließlich Kantor in Ohlau; dort gest. um 1682. – M 87

JANSSENS, Peter (Piet) (VI,2), geb. 1934 in Telgte bei Münster, dort seit 1968 freiberuflich tätig als Musiker, Komponist und Verleger, Mitarbeit bei den Kirchentagen seit 1973, 1975 Gründung des »Gesangsorchesters Peter Janssens«, Komponist geistlicher Lieder und Chansons, Theatermusiken, Vertonung lateinamerikanischer Dichter, Musikdramen »Franz von Assisi«, »Elisabeth von Thüringen«, »Passion der Eingeborenen«. – M 178.11, 420, 571, 608, K 611, M 664, 666

JENNY, Markus (VI,2), geb. 1924 in Stein bei St. Gallen, Theologe und Hymnologe, Pfarrer in Saas (Graubünden), Weinfelden und Zürich, seit 1973 in Ligerz (Bern), Professor an der Universität in Zürich, hymnologischer Fachberater und Herausgeber ökumenischer Liederbücher. – T* 199, T 419 (Str. 3), T* 568

JENTZSCH, Martin (VI,2), geb. 1879 in Seyda bei Wittenberg, 1905 Pfarrer in Delitzsch, 1909 Leiter der Flußschiffermission in Berlin, 1919 Pfarrer und später Kirchenrat in Erfurt; dort gest. 1967. – T 418

JESUSBRUDERSCHAFT (Kommunität) Gnadenthal (VI,2), entstand 1961 und lebt seit 1969 in Gnadenthal, Gemeinde Hünfelden bei Limburg, wo sie ein Zisterzienserinnenkloster mit Landwirtschaftsbetrieben, Gästehäusern und Verlag ausbaute. Ihre Lieder erscheinen in der Reihe »Mosaik« (I–V), ihre liturgischen Gesänge in der Reihe »Cantus« (I–IV). – K 537, 578

JÖCKER, Detlev (VI,2), geb. 1951 in Münster, nach dem Musikstudium Mitglied im Peter → Janssens Gesangsorchester, Autor neuer religiöser Lieder und von Hörspielen für den Rundfunk, Komponist und seit 1986 Verleger in Münster. – M 676

JÖDE, Fritz (VI,1), geb. 1887 in Hamburg, Musikpädagoge, 1923 Professor für Chorleitung in Berlin und Leiter des Seminars für Volks- und Jugendmusik, 1939 am Mozarteum in Salzburg, 1947 an der Musikhochschule in Hamburg, 1952 Leiter des Institus für Jugend- und Volksmusik in Trossingen, prägend in der Singbewegung; gest. 1970 in Hamburg. – T* 31

JOHANN VON JENSTEIN (I,2), geb. 1350 auf Burg Jenstein (Böhmen), Bischof von Meißen, 1379 Erzbischof von Prag und Kanzler in Böhmen; gest. 1400 in Rom. – (T) 215

BEIGABEN ZUR LIEDERKUNDE

JONAS, Justus (Jobst Koch) (II,1), geb. 1493 in Nordhausen (Harz), Priester und Lehrer des Kirchenrechts in Erfurt, dann Propst und Professor in Wittenberg, wo er sich der Reformation zuwandte; Visitator, Kirchenorganisator und 1542 Reformator der Stadt Halle, sprachkundiger Mitarbeiter bei der Bibelübersetzung → Luthers, durch den Schmalkaldischen Krieg vertrieben, zuletzt Superintendent in Eisfeld (Thüringen); dort gest. 1555. − T 297 (Str. 1.2.5.6)

JOPPICH, Godehard (VI,2), geb. 1932 in Breslau, Studium in Rom, Theologe und Kirchenmusiker, 1952–1990 Angehöriger der Benediktinerabtei Münsterschwarzach, dort 1970–1988 erster Kantor, seit 1974 auch Dozent und Professor für Gregorianik an der Musikhochschule in München und 1980–1993 an der Folkwanghochschule in Essen. Zusammen mit Rhabanus Erbacher Erarbeitung des Deutschen Antiphonale Münsterschwarzach und des Antiphonale zum Stundengebet; lebt in Rodenbach. − Neufassung der »Gebete zu den Tageszeiten« TM 836–837 und der »Psalmen zum Singen« TM 783–794

JORISSEN, Matthias (IV,2), geb. 1739 in Wesel, mit → Tersteegen verwandt, seit 1769 reformierter Pfarrer in niederländischen Gemeinden, 1782–1819 Prediger der deutschen Gemeinde in Den Haag; seine »Neue Bereimung der Psalmen«, um 1793 entstanden und 1798 erschienen, verdrängte die Psalmlieder von → Lobwasser im Kirchengesang der reformierten Gemeinden; gest. 1823 in Den Haag. − T 279, 281, 282, 286, 290 (Str. 2.5.7), 300, 615, 616, 617, 620, 621, 622 (Str. 1–3), 623, 625, 627 (Str. 1), 628, 629, 630, 631, 635

JOURDAN, Johannes (VI,2), geb. 1923 in Kassel, 1952–1986 Pfarrer in Darmstadt-Arheiligen, Schriftsteller, Verfasser von Lyrik, Kindergeschichten, biblischen Oratorien und der Rock-Oper »Stern von Bethlehem« 1992; Zusammenarbeit mit Siegfried → Fietz, Klaus und Hella Heizmann. − T 687

JUHRE, Arnim (VI,2), geb. 1925 in Berlin, Schriftsteller, 1962 Redakteur beim Evangelischen Rundfunkdienst in Berlin, 1969 Verlagslektor in Wuppertal, 1977–1981 in Hamburg, 1982–1990 Literatur-Redakteur beim Deutschen Allgemeinen Sonntagsblatt, 1990–1992 Kultur-Korrespondent. − T 569

KAAN, Frederik Hermann (Fred) (VI,2), geb. 1929 in Haarlem (Niederlande), seit 1955 Pfarrer in verschiedenen reformierten Gemein-

DICHTER UND KOMPONISTEN

den in England, Mitarbeiter u. a. am ökumenischen Gesangbuch »Cantate Domino« 1974. – (T) 229

KAESTNER, Paul (VI,1), geb. 1876 in Altona, 1904–1931 Jurist und Ministerialdirektor für Volksbildung im Preußischen Kultusministerium in Berlin; gest. 1936 in Höchenschwand (Schwarzwald). – T 417 (Str. 1)

KAISER, Kurt Frederic (VI,2), geb. 1934 in Chicago, Musikdirektor und christlicher Liedermacher in Woodland Hills (USA). – M 659

KAISER, Ulrich (VI,2), geb. 1943 in Velbert, seit 1974 Pfarrer in Langenberg (Rheinland), 1976 Synodalbeauftragter für Kindergottesdienst. – T 668

KEIMANN, Christian (III,1), geb. 1607 in Deutsch-Pankraz bei Pilsen (Böhmen), Student in Wittenberg, 1634 Konrektor und 1639 Rektor des Gymnasiums in Zittau (Oberlausitz); dort gest. 1662. – T 34, 402

KEMPTEN um 1000 (I,2): das älteste lateinische Hymnenbuch im deutschen Sprachraum, in dem Melodien aufgezeichnet sind; aus dem Benediktinerkloster Kempten, jetzt in Zürich. – M 3, (M) 126, M 686

KEUCHENTHAL, Johannes (II,2), geb. um 1522 in Ellrich (Harz), seit 1552 Pfarrer in St. Andreasberg; seine Sammlung »Kirchen Gesänge Lateinisch und Deutsch« Wittenberg 1573 spiegelt das gemeindliche Singen in nachreformatorischer Zeit; gest. 1583 in St. Andreasberg. – T* 29 (Teil 3)

KLEIN, Richard Rudolf (VI,2), geb. 1921 in Nußdorf (Pfalz), Komponist, Dozent an der Musikhochschule in Stuttgart, dann in Detmold und seit 1960 in Frankfurt/Main. – M 509, 626, 654, 692

KLEPPER, Jochen (VI,1), geb. 1903 in Beuthen/Oder (Schlesien), nach dem Theologiestudium in Breslau Mitarbeiter bei Presse und Rundfunk, seit 1931 Schriftsteller in Berlin (Roman »Der Vater«); seine geistlichen Lieder in der Sammlung »Kyrie« 1938 wurden als richtungweisende Glaubenszeugnisse anerkannt und bald vertont; vom nationalsozialistischen Regime wegen seiner jüdischen Frau verfolgt, wählte er 1942 mit seiner Familie den Tod. – T 16, 50, 64, 208, 239, 379, 380, 452, T* 453, T 457, 486, 532

KLIEFOTH, Theodor (V), geb. 1810 in Körchow bei Wittenburg, führender Vertreter des mecklenburgischen Neuluthertums, Prinzenerzieher und Pfarrer in Ludwigslust, 1844 Superintendent und

1849 Oberkirchenrat in Schwerin, Liturgiker; gest. 1895 in Schwerin. – T* 92

KLOPSTOCK, Friedrich Gottlieb (IV,2), geb. 1724 in Quedlinburg, studierte Theologie in Jena und Leipzig; 1751 ermöglichte ihm der dänische König die Existenz eines freien Schriftstellers, 1770 Legationsrat in Hamburg; er wurde bekannt durch sein Epos »Der Messias« 1748, durch seine Oden und Elegien und die »Geistlichen Lieder« 1758; gest. 1803 in Hamburg. – (T) 220

KNAK, Gustav (V), geb. 1806 in Berlin, Lehrer in Königs Wusterhausen, dann Pfarrer in Wusterwitz (Pommern), seit 1850 an der Bethlehemskirche in Berlin; Erweckungsprediger, Seelsorger und Förderer der Volks- und Chinamission; gest. 1878 in Dünnow (Hinterpommern). – T 258

KNAPP, Albert (V), geb. 1798 in Tübingen, Pfarrer in Sulz/Neckar, Kirchheim/Teck und seit 1836 in Stuttgart; Hymnologe, Verfasser der »Christlichen Gedichte« 1829 und Herausgeber des »Evangelischen Liederschatzes« 1837; seine Textänderungen haben die Gesangbücher des 19. Jahrhunderts stark beeinflußt; gest. 1864 in Stuttgart. – T* 220, 241 (Str. 8), 251, T 256, 462, (T) 554, (T) 574

KNORR VON ROSENROTH, Christian (III,2), geb. 1636 in Alt-Raudten (Schlesien), Hofrat des Pfalzgrafen Christian August zu Sulzbach (Oberpfalz), vom Kaiser geadelt, Alchimist, Dichter und Tonsetzer; machte mit der Herausgabe der »Kabbala denudata« 1677/1684 erstmals die mittelalterliche jüdische Mystik bekannt; gest. 1689 in Großalbershof (Oberpfalz). – T* 450

KOCH, Minna (Wilhelmine Amalie) geb. Schapper (V), geb. 1845 in Waldböckelheim/Nahe, 1865 verheiratet mit Superintendent Carl August Edmund Koch in Elberfeld, schrieb volkstümliche Melodien; gest. 1924 in Stolp. – M 407

KÖBLER, Hanns (VI,2), geb. 1930 in Hof, Vikar in Augsburg, seit 1960 Religionslehrer und Kantor in Freising bei München; Autor von Texten und Musik für Gottesdienste in neuer Gestalt; gest. 1987 in Freising. – TM 209

KÖLN 1623/1625 (III,1) – Die Gesangbücher »Außerlesene, Catholische, Geistliche Kirchengesäng…« Köln 1623 und »Catholische Kirchen Gesäng auff die Fürnembste Fest des gantzen Jahrs« Köln 1625 enthalten M 110, (M) 131, M 514, M* 541, M 559

DICHTER UND KOMPONISTEN

KÖNIG, Helmut (VI,2), geb. 1930 in Bremen, Lektor an der Universität in Kalkutta, Gymnasiallehrer, seit 1990 Verlagsleiter, Herausgeber von Liedersammlungen. – T* 489 (Str. 1)

KÖNIG, Johann Balthasar (IV,1), geb. 1691 in Waltershausen (Thüringen), Mitglied der Stadtkapelle in Frankfurt/Main unter → Telemann, später dort Musikdirektor und Kapellmeister; sein »Harmonischer Liederschatz« 1738 gilt als reichhaltiges Choralbuch des 18. Jahrhunderts; gest. 1758 in Frankfurt/Main. – M 330, 400

KONASZKIEWICZ, Zofia (VI,2), geb. 1949 in Warschau, Dozentin an der Musikhochschule und Professorin für Psychologie an der Universität in Warschau; verfaßte religiöse Dichtungen. – (T)(M) 671

KORNEMANN, Helmut (VI,2), geb. 1935 in Lippstadt, Pfarrer in Höxter, Dozent für Liturgik und Hymnologie an der Kirchenmusikschule Herford, 1975 Pfarrer in Berlin, 1986 Leiter der Gemeinsamen Arbeitsstelle für gottesdienstliche Fragen der Evangelischen Kirche in Deutschland in Hannover, 1991 Pfarrer in Berlin. – T 454 (Str. 3–5)

KRAFT, Sigisbert (VI,2), geb. 1927 in Bingen, 1985–1995 Bischof des katholischen Bistums der Altkatholiken in Bonn; Mitbegründer der Arbeitsgemeinschaft für Ökumenisches Liedgut und Mitarbeiter am »Gotteslob« 1975. – T 567

KREMER, Gerhardus Marinus (Gerard) (VI,2), geb. 1919 in Amsterdam, Kantor, Organist, Dozent und Komponist in Amsterdam, dann in Bloemendaal und Aerdenhout; dort gest. 1970. – M 199

KRENZER, Rolf (VI,2), geb. 1936 in Dillenburg, dort seit 1959 Sonderschulrektor, Autor von Kinder- und Jugendbüchern, Lied- und Bühnenspieltexten, Werkbüchern zum Religionsunterricht und zum Gottesdienst. – T 676

KRIEGER, Adam (III,1), geb. 1634 in Driesen (Neumark), ausgebildet bei → Scheidt in Halle, beeinflußt von Heinrich → Schütz; 1655 Organist an St. Nikolai in Leipzig, später Hoforganist in Dresden; gest. 1666 in Dresden. – (M) 386, T 478 (Str. 1), M 478

KROEDEL, Rolf (VI,2), geb. 1934 in Eisenach, 1956 Musiklehrer in Lobenstein (Thüringen), seit 1968 Landessingwart der Evangelisch-Lutherischen Kirche in Thüringen, 1976 Lehrer und Chorleiter in Hilchenbach (Westfalen). – M 534

BEIGABEN ZUR LIEDERKUNDE

KRÖNING, Christian (VI,2), geb. 1933 in Leipzig, 1963 ordiniert, Pfarrer in Esenham (Oldenburg) und Bern-Bümplitz; gest. 1986. – M 589

KRUMMACHER, Cornelius Friedrich Adolf (V), geb. 1824 in Ruhrort (Duisburg), Sohn des Erweckungspredigers Friedrich Wilhelm Krummacher, 1853 Domprediger in Halberstadt, 1872 Oberpfarrer in Barby/Elbe; gest. 1884 in Wernigerode. – T 407

KUCZ, Gustav (VI,2). – T* 53 (Str. 1–2)

KUGELMANN, Hans (II,1), geb. um 1495 in Augsburg, 1519 kaiserlicher Hoftrompeter in Innsbruck, danach im Dienst der Fugger in Augsburg, seit 1524 am Hofe → Albrechts von Preußen in Königsberg, Komponist, Hofkapellmeister; dort gest. 1542. – M* 289

KUHLO, Karl (V), geb. 1818 in Gütersloh, 1851 Pfarrer in Valdorf bei Vlotho/Weser, 1868–1892 am Elisabeth-Krankenhaus in Berlin; gest. 1909 in Bethel bei Bielefeld. – MS 572

KURTH, Reinhold (VI,1), geb. 1871 in Berlin, dort Kantor und Organist, staatlicher Musikdirektor und Orgelsachverständiger; dort gest. 1958. – K 639

KVERNO, Trond (VI,2), geb. 1945, Organist und Musikpädagoge in Oslo; Mitarbeiter am norwegischen Gesangbuch 1985. – M 383

KYAMANYWA, Bernard (VI,2), geb. 1938 in Tansania, Lehrer, seit 1968 Pfarrer der Evangelisch-Lutherischen Kirche in Tansania. – (T) 116

LAFFERTY, Karen (VI,2), geb. 1948 in Alamogordo (New Mexico/USA), Bachelor of Arts in Music Education, Sängerin in New Orleans, Mitglied von »Maranatha! Music Family«. – (T)MS 182

LAHUSEN, Christian (VI,1), geb. 1886 in Buenos Aires, Kapellmeister in München, Berlin, Hamburg und Frankfurt/Main, seit 1931 Musiklehrer und Chorleiter in Überlingen/Bodensee, Vertreter der Singbewegung; gest. 1975 in Überlingen. – M 52, 184, 359, 408, K 493

LAM, Hanna (VI,2), geb. 1928 in Utrecht; veröffentlichte mit ter → Burg als Komponist »Bibellieder für die Jugend«, aber auch biblische Frauenlieder; gest. 1988 in Bunnik (Niederlande). – (T) 311, 606

LANGTON, Stephan (I,2), geb. um 1150 in Nordengland, Professor der Theologie in Paris, seit 1207 Erzbischof von Canterbury; von ihm stammt die Einteilung der lateinischen Bibel in Kapitel; gest. 1228 in Slindon (England). – (T) 128

LAUFENBERG, Heinrich von (I,2), geb. um 1390 in Groß-Laufenburg (Schweiz), Priester in Zofingen (Aargau), Domdechant in Freiburg, zog sich 1445 in das Johanniterhaus in Straßburg zurück; Nachdichtungen lateinischer Hymnen, Umdichtungen weltlicher Volkslieder und eigene geistliche Dichtungen; gest. 1460 in Straßburg. – T 468, 517

LAURENTIUS → Lorenzen

LAYRIZ, Fridrich (V), geb. 1808 in Nemmersdorf (Oberfranken), Pfarrer in Merkendorf, Bayreuth und 1846 in Unterschwaningen; setzte sich mit seinem Freund → Zahn für die Wiederbelebung älteren reformatorischen Liedguts ein; gest. 1859 in Schwandorf. – T 30 (Str. 3–4)

LAZAY, Ursula geb. Schlenker (VI,2), geb. 1930 in Berlin, Schwester von Manfred → Schlenker, 1956 Katechetin und Kantorin in Domersleben (Börde), 1966–1989 Kantorin und Dozentin für die Diakonenausbildung in Stendal. – T 562

LEHMANN, Christoph (VI,2), geb. 1947 in Peking, Kirchenmusiker und Cembalist, 1972 Kantor in Düsseldorf, seit 1985 freischaffend tätig. – M 673, T* 675

LEHNDORFF, Hans Graf von (VI,2), geb. 1910 in Graditz bei Torgau, Arzt in Berlin und Insterburg, nach Krieg und Gefangenschaft wieder Arzt in Ostpreußen, Göttingen, Bonn und Bad Godesberg, 1972 Krankenhausseelsorger in Bonn; dort gest. 1987. – T 428

LEIPZIG 1545 (II,1): »Geistliche Lieder«, das sog. Babstsche Gesangbuch (Valentin Babst) mit der 3. Vorrede → Luthers (siehe nach Nr. 288), gedruckt von Valentin Babst. – (T) 35 (Str. 3), M 82, M* 102, 120, 232

LEISENTRIT, Johann (II,1), geb. 1527 in Olmütz (Mähren), katholischer Priester, 1559 Dekan und dann Generalvikar in Bautzen, Herausgeber des katholischen Gesangbuchs »Geistliche Lieder und Psalmen« 1567; gest. 1586 in Bautzen. – (T) 3

LEONHARDT, Sabine (VI,2), geb. 1919 in Magdeburg, Dolmetscherin in Frankfurt/Main. – T* 410

LEUPOLD, Ulrich S. (VI,2), geb. 1909 in Berlin, 1938 nach Ohio emigriert, Pfarrer, seit 1945 Professor für Neues Testament und Kirchenmusik und Direktor am lutherischen Seminar in Waterloo (USA); dort gest. 1970. − T* 116

LEVY-TANAI, Sarah (VI,1). − M 577

LISCOW, Salomo (III,1), geb. 1640 in Niemitzsch (Niederlausitz), 1664 Pfarrer in Otterwisch bei Grimma, später in Wurzen (Sachsen); Erbauungsschriftsteller; gest. 1689 in Wurzen. − T 494

LOBWASSER, Ambrosius (II,2), geb. 1515 in Schneeberg (Sachsen), Professor der Rechte in Königsberg; gab 1573 als Lutheraner die erste vollständige deutsche Übersetzung des französischen → Genfer Psalters heraus, die über 200 Jahre (→ Jorissen) das maßgebende Gesangbuch der deutschsprachigen reformierten Gemeinden blieb; gest. 1585 in Königsberg. − T 294 (Str. 1.4), 459, (T) 617 (Str. 1), (T) 622, 657

LÖHNER, Johann (III,2), geb. 1645 in Nürnberg, 1670 Sänger in Bayreuth, Stadtmusikus und seit 1682 Organist in Nürnberg; dort gest. 1705. − (M) 352

LÖRCHER, Richard (VI,1), geb. 1907 in Cleebronn (Württemberg), Bläserausbildung bei Johannes Kuhlo, 1932 Diakon in Steinhagen (Westfalen), 1946 Posaunenwart im CVJM-Westbund; gest. 1970 in Spangenberg (Hessen). − M 93

LÖSCHER, Valentin Ernst (IV,1), geb. 1673 in Sondershausen, Superintendent in Jüterbog und Delitzsch, Professor in Wittenberg, seit 1709 Oberkonsistorialrat und Superintendent in Dresden; dort gest. 1749. − T 90

LOHMANN, Gustav (VI,2), geb. 1876 in Witten/Ruhr, 1910 Pfarrer in Remscheid-Lüttringhausen, 1919−1946 in Stolberg bei Aachen; dort gest. 1967. − T 419 (Str. 1.2.4.5)

LONGARDT, Wolfgang (VI,2), geb. 1930 in Landsberg/Warthe, Gymnasiallehrer, 1965 Dozent für Katechetik und Musikerziehung am Breklumer Seminar, 1967 Fortbildungsreferent für »Gemeindearbeit mit Kindern und ihren Eltern« in Hamburg-Rissen. − TM 538

LORENZEN, Lorenz (Laurentius Laurenti) (III,2), geb. 1660 in Husum, seit 1684 Musikdirektor am Dom in Bremen; seine Sammlung »Evangelia melodica« 1700 ist eine Bereimung der sonntäglichen Predigttexte; gest. 1722 in Bremen. − T 114, 151

LOSSIUS, Lucas (II,1), geb. 1508 in Vaake (Hessen), mit Urbanus Rhegius Reformator in Lüneburg, Konrektor am dortigen Gymnasium Johanneum; gab für seine Schule seit 1553 die »Psalmodia« her-

DICHTER UND KOMPONISTEN

aus, eine Sammlung mit meist einstimmigen lateinisch-liturgischen Gesängen; gest. 1582 in Lüneburg. – M* 75, 470

LOTZ, Hans-Georg (VI,2), geb. 1934 in Gießen, seit 1974 Dozent, dann Professor an der Hochschule für Musik in Hamburg. – TM 235

LUDECUS (Lüdecke), Matthäus (II,2), geb. um 1540 in Wilsnack (Mark Brandenburg), Domdekan in Havelberg, Sammler von Gesängen der mittelalterlichen Liturgie zur Förderung des evangelischen Gottesdienstes; gest. 1606 in Havelberg. – T* 29 (Teil 1)

LÜDERS, Rüdeger (VI,2), geb. 1936 in Stuttgart, Ingenieur, Liedermacher. – T 425 (Str. 1), M 425

LÜNEBURG 1652/1657 → Hannover

LÜTGE, Karl (VI,1), geb. 1875 in Ahstedt bei Hildesheim, Lehrer in Bremervörde, 1908–1945 Organist der Zwölfapostelkirche in Berlin; gest. 1967 in Korbach. – M* 319

LUNDBERG, Lars Åke (VI,2), geb. 1935 in Vänersborg (Schweden), Pfarrer, Stiftsadjunkt, Komponist und Redakteur in Stockholm. – M 663

LUTHER, Martin (II,1), geb. 1483 in Eisleben, Augustinereremit und Priester in Erfurt, 1517 Professor für Bibelauslegung in Wittenberg, 1517 Thesenanschlag, seit 1521 in Kirchenbann und Reichsacht, Übersetzung des Neuen Testaments auf der Wartburg, 1525 Heirat mit Katharina von Bora, der Kleine Katechismus 1529 (siehe Nr. 855), vollständige Bibelübersetzung 1534; gest. 1546 in Eisleben. – 1523 Lied auf die beiden evangelischen Märtyrer in Brüssel und Ballade vom Ratschluß Gottes TM 341; danach Psalmlieder TM 273 (Str. 1–5), T 280, 297 (Str. 3.4), TM 299 (I), Übersetzung lateinischer Hymnen T*M* 4, 126, T* 539, Erweiterung mittelalterlicher deutscher Leisen und Antiphon-Strophen T 23 (Str. 2–7), 124 (Str. 2–4), 125 (Str. 2–3), 214 (Str. 2.3), 518 (Str. 2.3) und Fest- und Katechismuslieder T*M* 101, T(M) 102, T* 138, 183, 215, T 231, TM 519, liturgische Gesänge M 149, 178.3, 190.2, T*M* 191, 192, TM 362, T*M* 421; weitere Lieder TM 24, T 25, TM 193, 202, T 319, TM* 344, T* 470, (T) 520 (Str. 7). Wichtige reformatorische Gesangbücher: → Nürnberg 1523/1524, → Erfurt 1524, → Wittenberg 1524/1529, → Leipzig 1545.

BEIGABEN ZUR LIEDERKUNDE

LYTE, Henry Francis (V), geb. 1793 in Ednam (Schottland), Pfarrer in Irland, Schottland und 1823 in Lower Brixham (Devonshire); gest. 1847 in Nizza (Frankreich). – (T) 488

MÄRZ, Claus-Peter (VI,2), geb. 1947 in Leipzig, 1981 Dozent, 1989 Professor für Neues Testament in Erfurt. – T 667

MAGDEBURG, Joachim (II,2), geb. 1525 in Gardelegen (Altmark), Rektor in Schöningen (Braunschweig), seit 1547 lutherischer Pfarrer in Dannenberg, Salzwedel, Hamburg und Oßmannstedt, Feldprediger und Pfarrer in Grafenwörth und Feldsberg (Österreich), durch die Gegenreformation vertrieben, seit 1584 Pfarrer in Essen, Iserlohn und Köln; gest. nach 1587. – T 660

MAHRENHOLZ, Christhard (VI,1), geb. 1900 in Adelebsen bei Göttingen, Musikwissenschaftler, Pfarrer in Göttingen und Großlengden, seit 1930 im Landeskirchenamt Hannover; einer der Anreger der liturgischen Erneuerung und der Orgelbewegung, maßgeblich beteiligt an der Entstehung des Evangelischen Kirchengesangbuchs 1950; gest. 1980 in Hannover. – T 276 (Str. 5)

MARAIRE, Abraham D. (VI,2), geb. 1939, aus der Methodistischen Kirche in Zimbabwe, Musiker und Lehrbeauftragter für afrikanische Musik in Seattle (Washington). – MS 181.5

MARESCHAL, Samuel (III,1), geb. 1554 in Tournai (Hennegau), 1577 Münsterorganist und Musikprofessor an der Universität Basel, veröffentlichte Lehrbücher für den Musikunterricht, den vollständigen → Genfer Psalter in vierstimmigen Sätzen, deutsche »Psalmen Davids, Kirchengesänge und geistliche Lieder« 1606 sowie Orgeltabulaturen zum Psalter; gest. 1640. – S 695

MAREZ OYENS, Tera de (VI,2), geb. 1932 in Velsen (Niederlande), Chor- und Orchesterdirigentin in Hilversum, bis 1988 Dozentin für Komposition und moderne Musik am Konservatorium in Zwolle. – M 427

MAROT, Clément (II,1), geb. 1496 in Cahors (Lothringen), französischer Dichter am Hof der Königin Marguerite von Navarra, wegen reformatorischer Anschauungen im Exil, 1534–1536 in Ferrara, 1543 in Genf, Übersetzer der Psalmen (→ Genfer Psalter); seine »Cinquante Pseaumes« erschienen 1543 in Paris; gest. 1544 in Turin. – (T) 634

DICHTER UND KOMPONISTEN

MARTI, Kurt (VI,2), geb. 1921 in Bern, Pfarrer in Leimiswil, Niederlenz (Aargau) und 1961 in Bern, seit 1983 freier Schriftsteller. – T 153

MARX, Karl (VI,1), geb. 1897 in München, Komponist und Professor für Komposition in München, Graz und ab 1946 in Stuttgart; dort gest. 1985. – K 118

MAUERSBERGER, Rudolf (VI,1), geb. 1889 in Mauersberg (Erzgebirge), Organist in Lyck und Aachen, 1925 Kantor in Eisenach und Landeskirchenmusikwart in Thüringen, 1930 Kreuzkantor in Dresden; dort gest. 1971. – M 41

MAUSBERG, Franz (VI,2), Grundschullehrer in Duisburg-Hochheim, dort gest. 1966. – T 570

MEDINGEN um 1320/1350/1380/1460 (I,2): Handschriftliche liturgische Stundenbücher mit einzelnen deutschen geistlichen Liedern aus dem Zisterzienserinnenkloster Medingen bei Lüneburg. – T 23 (Str. 1), (M) 23, T 100 (Str. 1), 214 (Str. 1)

MEHRTENS, Frederik August (Frits) (VI,2), geb. 1922 in Hoorn, 1956 Organist in Amsterdam, Dozent für Kirchenmusik in Driebergen, Mitarbeiter am »Liedboek voor de Kerken« 1973; gest. 1975 in Amsterdam. – M 20, 313

MELANCHTHON (Schwarzerdt), Philipp (II,1), geb. 1497 in Bretten (Baden), seit 1518 Professor für Griechisch in Wittenberg, Pädagoge und Universitätsreformer, Mitarbeiter → Luthers, Verfasser der Augsburgischen Konfession 1530 (siehe Nr. 857); dichtete in humanistischer Tradition lateinische Lieder; gest. 1560 in Wittenberg. – (T) 141, 143, 246 (Str. 1)

MENTZER, Johann (IV,1), geb. 1658 in Jahmen (Oberlausitz), Pfarrer in Merzdorf, Hauswalde und 1696 in Kemnitz bei Herrnhut, dem Dichterkreis um Nikolaus Ludwig → Zinzendorf nahestehend; gest. 1734 in Kemnitz. – T 330

MERTENS, Karl-Heinz (VI,2), geb. 1930 in Gymnich (Erftstadt), 1953 Kirchenmusiker in Brüggen (Erft), 1954 Kantor in Wuppertal-Langerfeld, 1962 Kantor, 1970–1995 Kirchenmusikdirektor in Oberhausen. – M 687

METTERNICH, Josef (VI,2), geb. 1930 in Köln, Pfarrer in Köln-Mülheim. – T 571 (Str. 1)

BEIGABEN ZUR LIEDERKUNDE

MEYER, Franz Heinrich Christoph (IV,1), geb. 1705 in Hannover, dort Organist an der Schloßkirche, Schöpfer zahlreicher Melodien zum Hannoverschen Gesangbuch 1740; dort gest. 1767. – M* 593

MEYFART, Johann Matthäus (III,1), geb. 1590 in Jena, Lehrer, dann Rektor des Gymnasiums in Coburg, 1634 Professor der Theologie und später auch Pfarrer in Erfurt; kämpfte gegen Hexenverfolgung; gest. 1642 in Erfurt. – T 150

MICHEELSEN, Hans Friedrich (VI,1), geb. 1902 in Hennstedt (Dithmarschen), Kirchenmusiker in Berlin, seit 1938 Leiter der Kirchenmusikschule, ab 1954 Professor an der Musikhochschule in Hamburg; gest. 1973 in Hennstedt. – M 15

MICHEL, Josef (VI,2), geb. 1928 in Hamburg, 1946 Kirchenmusiker in Heidelberg und Schwetzingen, seit 1951 in Gaggenau, 1972–1991 Kantor und Musiklehrer an der Evangelischen Internatsschule Gaienhofen/Bodensee. – M 563

MILTON, John (III,1), geb. 1608 in London, 1649 Sekretär in Cromwells Staatsrat, 1651 erblindet; Dichter und Autor der bedeutenden biblischen Epen »Das verlorene Paradies« 1667 und »Das wiedergewonnene Paradies« 1671; gest. 1674 in London. – (T) 454 (Str.1.2.6)

MITSCHA-EIBL, Claudia (VI,2), geb. 1958 in Mistelbach (Österreich), katholische Theologin und Liedermacherin in Korneuburg (Österreich). – TM 680

MÖNCH VON SALZBURG (I,2): ein Dichter- und Sängerkreis am Hofe Pilgrims II. von Salzburg, Erzbischof von 1365–1396. – (M) 344

MOHR, Joseph (V), geb. 1792 in Salzburg, katholischer Priester in Ramsau, 1817 in Oberndorf bei Salzburg, später in Hintersee und Wagrain; dort gest. 1848. – T 46

MOLLER, Martin (II,2), geb. 1547 in Kropstädt bei Wittenberg, Kantor, dann Pfarrer in Löwenberg (Niederschlesien) und 1575 in Sprottau, 1600 Oberpfarrer in Görlitz; Verfasser von Andachtsbüchern wie »Meditationes Sacrorum Patrum« 1584 und »Praxis Evangeliorum« 1601; gest. 1606 in Görlitz. – T* 128, 146

MONK, William Henry (V), geb. 1823 in Brompton bei London, Organist, 1847 Chormeister und später Professor am King's College in London, Herausgeber der »Hymns Ancient and Modern« 1861; gest. 1889 in Stoke Newington bei London. – M 488

DICHTER UND KOMPONISTEN

MÜHLMANN, Johann (II,2), geb. 1573 in Wiederau bei Pegau (Sachsen), Pfarrer in Naumburg und Laucha, 1605 Hauptpfarrer an St. Nikolai in Leipzig, später auch Professor der Theologie; dort gest. 1613. – T 399

MÜLLER, Michael (III,2), geb. 1673 in Blankenburg (Harz), Student bei August Hermann Francke in Halle, Hauslehrer in Schloß Schaubeck bei Ludwigsburg (Württemberg); dort gest. 1704. – T 73

MÜLLER-OSTEN, Kurt (VI,1), geb. 1905 in Breslau, seit 1933 Pfarrer in kurhessischen Gemeinden, Mitglied der Bekennenden Kirche, 1948 Prälat der Evangelischen Landeskirche von Kurhessen-Waldeck in Kassel, 1952 Propst in Bad Hersfeld, seit 1962 in Marburg/Lahn; dort gest. 1980. – T 51, 359

MÜLLER-ZITZKE, Martha (VI,1), geb. 1899 in Bodenfelde/Weser, Mitglied der Evangelisch-Freikirchlichen Gemeinde, Autorin christlicher Lyrik und Psalmnachdichtungen, Gedichtsammlung »Ein neuer Tag« 1947; gest. 1972 in Bodenfelde. – T 690

MÜNTZER, Thomas (II,1), geb. um 1490 in Stolberg (Harz), 1520 auf Empfehlung → Luthers Prediger in Zwickau, 1523 Pfarrer in Allstedt (Thüringen). Noch vor Luther führte er mit seiner »Deutschen evangelischen Messe« und seinem »Deutschen Kirchenamt« reformatorische Gottesdienstformen ein; schloß sich dem thüringischen Bauernheer an und wurde 1525 vor Mühlhausen hingerichtet. – T* 3, M* 104

MUL, Jan (VI,2), geb. 1911, 1945 Musikrezensent, 1959 Dozent für Kompositionskunde am Konservatorium in Maastricht und an der Kirchenmusikschule in Utrecht, Organist und Komponist. – M 599

NACHTENHÖFER, Kaspar Friedrich (III,2), geb. 1624 in Halle, Pfarrer in Meeder bei Coburg, dann in Coburg; dort gest. 1685. – T 40

NÄGELI, Hans Georg (V), geb. 1773 in Wetzikon bei Zürich, Musikpädagoge, Komponist und Verleger, förderte den Schul- und Kirchengesang in der Schweiz; gest. 1836 in Zürich. – M 332

NAGEL, Matthias (VI,2), geb. 1958 in Löhne (Westfalen), 1984 Kirchenmusiker in Düsseldorf-Garath, 1985 auch Dozent für Orgelimprovisation an der Folkwanghochschule in Essen, 1993 auch Dozent für Orgel an der Robert-Schumann-Hochschule in Düsseldorf, Komponist neuer geistlicher Lieder. – M 677

BEIGABEN ZUR LIEDERKUNDE

NEALE, John Mason (V), geb. 1818 in London, Pfarrer der anglikanischen Kirche, seit 1846 Vorsteher eines College in East Grinstead; Übersetzer von griechischen und lateinischen Hymnen ins Englische; gest. 1866 in Grinstead (England). – (T) 19 (Str. 1–2)

NEANDER (Neumann), Joachim (III,2), geb. 1650 in Bremen, durch Theodor Undereyk erweckt, in Frankfurt/Main mit Johann Jakob → Schütz und Philipp Jakob Spener bekannt, 1674 Rektor an der Lateinschule der reformierten Gemeinde in Düsseldorf, in dem nach ihm benannten Tal sind viele Lieder entstanden und gesungen worden, er selbst wurde wegen seiner pietistischen Versammlungen vom Presbyterium verwarnt, 1679 Frühprediger in Bremen; seine »Bundes-Lieder und Dank-Psalmen« 1680 repräsentieren den Neuansatz des pietistischen Liedes; gest. 1680 in Bremen. – (M) 166, (T) 198 (Str. 2), T 316/317, TM 327, (M) 386, T 504, (T) 689

NEHRING, Johann Christian (IV,1), geb. 1671 in Goldbach bei Gotha, Rektor in Essen, Inspektor am Waisenhaus in Halle, 1706 Pfarrer in Nauendorf und seit 1716 in Morl bei Halle; befreundet mit August Hermann Francke und → Freylinghausen; gest. 1736 in Morl. – (T) 262/263 (Str. 3.7)

NETZ, Hans-Jürgen (VI,2), geb. 1954 in Bredstedt (Nordfriesland), seit 1973 Mitarbeit bei den Kirchentagen, 1984 Geschäftsführer beim Evangelischen Jugendferienwerk Rheinland-Westfalen in Wuppertal. – T 673

NEUBERT, Gottfried (VI,2), geb. 1926 in Zwönitz bei Aue (Erzgebirge), 1952 Organist und später auch Kantor in Frankfurt/Main; dort gest. 1983. – TM 314

NEUMARK, Georg (III,1), geb. 1621 in Langensalza (Thüringen), als Student der Rechtswissenschaften in Königsberg (Ostpreußen) im Künstlerkreis um Simon Dach, 1652 Bibliothekar und Hofdichter in Weimar (→ Wilhelm II.); dort gest. 1681. – TM 369

NEUMEISTER, Erdmann (IV,1), geb. 1671 in Uichteritz bei Weißenfels, Pfarrer in Eckartsberga, Hofprediger in Weißenfels, Superintendent in Sorau (Niederlausitz), seit 1715 Hauptpastor an St. Jakobi in Hamburg; Literaturkritiker, seine Lieddichtungen wurden von → Bach und → Telemann vertont; gest. 1756 in Hamburg. – T 353

NEUSS, Heinrich (VI,1), geb. 1901 in Düsseldorf, 1935 Organist in Neuss und 1938 in Düsseldorf, 1947–1967 Dozent für Kirchenmu-

DICHTER UND KOMPONISTEN

sik am Robert-Schumann-Konservatorium in Düsseldorf; dort gest. 1974. – M 555

NEUSS, Heinrich Georg (IV,1), geb. 1654 in Elbingerode (Harz), Rektor in Blankenburg, Pfarrer in Wolfenbüttel, aufgrund des Pietistenediktes von 1692 entlassen, seit 1696 Superintendent und Konsistorialrat der Grafschaft Stolberg-Wernigerode; gest. 1716 in Wernigerode. – T 389

NICOLAI, Philipp (II,2), geb. 1556 in Mengeringhausen (Waldeck), Schüler bei → Helmbold in Mühlhausen, Pfarrer in Herdecke/Ruhr, von spanischen Söldnern vertrieben, Prediger der lutherischen Untergrundgemeinde in Köln, 1588 Hofprediger in Wildungen und Erzieher des Grafen Wilhelm Ernst von Waldeck, 1596 Pfarrer in Unna, 1601 Hauptpastor an St. Katharinen in Hamburg; schrieb nach der Pest in Unna den »Freudenspiegel des ewigen Lebens« 1599, Verteidiger des Luthertums und Vermittler einer innerlichen, mystischen Frömmigkeit; gest. 1608 in Hamburg. – TM 70, 147/535

NIEDLING, Johannes (III,1), geb. 1602 in Sangerhausen, seit 1626 Lehrer am Gymnasium in Altenburg, Erbauungsschriftsteller; dort gest. 1678. – T 131 (?)

NIEGE, Georg (II,2), geb. 1525 in Allendorf/Werra, 1546 als Landsknecht im Schmalkaldischen Krieg, in Schottland und den Niederlanden, der »fromme Hauptmann« genannt, dann in Verwaltungsämtern in Buxtehude, Stade, Minden, Lage und Herford; gest. 1588 in Rinteln/Weser. – T 443

NIEVERGELT, Edwin (VI,2), geb. 1917 in Winterthur, Organist und Kantor, 1957 Dozent für Kirchenmusik an der Universität Zürich, 1962 Leiter des Instituts für Kirchenmusik der evangelisch-reformierten Kirche im Kanton Zürich. – T 464

NOOTER, Jan (VI,2), geb. 1922 in Amsterdam, mennonitischer Pfarrer in Akkrum, 's Gravenhage und Utrecht; lebt in Aalsmeer. – (T) 430

NORRES, Karl (VI,2), geb. 1930, 1962–1967 Kaplan in Duisburg-Meiderich, dann in Essen. – T 570

NÜRNBERG 1523/1524 (II,1): »Etlich christlich Lieder, Lobgesang und Psalm«, das sog. »Achtliederbuch«, die erste Sammlung einzelner Liedblätter, gedruckt bei Jobst Gutknecht. – M* 342

NÜRNBERG 1544/1555 (II,1): »Ein Gesangbuch der Brüder inn Behemen und Merhern«. Das von Johann Horn (ca. 1490–1547) neu herausgegebene Gesangbuch der → Böhmischen Brüder war ein Bekenntnis der Brüder zur lutherischen Reformation und wurde in Nürnberg mehrfach nachgedruckt. – M* 143

OCHS, Volker (VI,2), geb. 1929 in Düsseldorf, 1951–1956 Dozent für Kirchenmusik in Dahme (Mark Brandenburg), 1956–1994 Landessingwart der Evangelischen Kirche in Berlin-Brandenburg, seit 1964 Obmann des Evangelischen Kirchenchorwerkes in Brandenburg. – M 21, 28, 278, 348, 417

ÖSTERREICHER, Georg (III,1), geb. 1563 in Wiebelsheim bei Windsheim (Mittelfranken), Lehrer und 1608 Kantor in Windsheim; dort gest. 1621. – (M) 530

OLEARIUS, Johann (III,1), geb. 1611 in Halle, Dozent in Wittenberg, Superintendent in Querfurt, 1643 Hofprediger und später Generalsuperintendent in Halle, dann in Weißenfels; dort gest. 1684. – T 38, 139, 162, 197 (Str. 1–2)

ONGMAN, Paul John (VI,2), geb. 1885 in St. Paul (Minnesota/USA), Lehrer an den Missionsschulen in Örebro (Schweden) bis 1922 und in Stockholm bis 1945, Reiseprediger und Missionssekretär der Pfingstgemeinden in Norwegen, Verfasser und Übersetzer geistlicher Lieder; gest. 1957 in Stockholm. – M 644

OOSTERHUIS, Hubertus Gerardus Josephus Henricus (Huub) (VI,2), geb. 1933 in Amsterdam, Jesuit, Studentenpfarrer in Amsterdam; Beiträge zur Erneuerung von Liturgie und Gemeindegesang. – (T) 312, 382, 427

OPITZ, Martin (von Boberfeld) (III,1), geb. 1597 in Bunzlau (Schlesien), Gymnasiallehrer in Weißenburg (Siebenbürgen), 1626 geadelt, Sekretär in Breslau und Brieg, forderte in seinem »Buch von der deutschen Poeterei« 1624 natürliche Wortbetonung, reinen Endreim und kunstvolle barocke Strophenformen; gest. 1639 in Danzig an der Pest. – (T) 450

OSER, Friedrich (V), geb. 1820 in Basel, Pfarrer in Waldenburg (Baselland), Strafanstaltsprediger in Basel, zuletzt Pfarrer in Benken bei Basel; volksnahe »Kreuz- und Trostlieder« 1856/1865; gest. 1891 in Benken. – T 377

OUDAEN, Joachim Frants (III,1), geb. 1628 in Rijnsburg, Ziegelbrenner und Liederdichter in Rotterdam, Mennonit; dort gest. 1692. – (T) 117

DICHTER UND KOMPONISTEN

PÉCSELI KIRÁLY, Imre (Emerich) (III,1), geb. um 1585 in Pécsely (Ungarn), Literat und Pfarrer in Komárom, seit 1622 in Ersekujvár; gest. um 1641. – (T) 96

PETER, Christoph (III,1), geb. 1626 in Weida (Sachsen), Lehrer und Kantor in Großenhain, dann in Guben (Niederlausitz), Herausgeber der »Andachts-Zymbeln« 1655; gest. 1669 in Guben. – M* 233

PETZOLD, Johannes (VI,1 und 2), geb. 1912 in Plauen (Vogtland), Lehrer, Kirchenmusiker in Bad Berka bei Weimar, 1961 Dozent an der Kirchenmusikschule in Eisenach; dort gest. 1985. – M 16, 208, 236, TM 270, M 292, K 340, 411, TM 633, MS 681

PETZOLD, Lothar (VI,2), geb. 1938 in Leipzig, Handelskaufmann, Pfarrer in Torgau, 1976 in Berlin und in der Diakonenausbildung, 1988 in Zeuthen bei Berlin, Redakteur in Dresden. – T 534

PEZOLD, Gustav (VI,1), geb. 1850 in Stetten/Heuchelberg (Württemberg), Pfarrer in Niedernhall und Friedrichshafen, seit 1894 Dekan in Brackenheim und Kirchheim/Teck; dort gest. 1931. – M 254 (II)

PLAS, Michel van der (Bernardus Gerardus Franciscus Brinkel) (VI,2), geb. 1927 in Den Haag, Dichter, Schriftsteller, Journalist, Berichterstatter des 2. Vatikanischen Konzils. – (T) 599

PÖTZSCH, Arno (VI,1), geb. 1900 in Leipzig, Erzieher und Fürsorger in den Brüdergemeinen Kleinwelka und Herrnhut, 1935 Pfarrer in Wiederau bei Rochlitz (Sachsen), 1938 Marinepfarrer, 1948 Pfarrer in Cuxhaven; dort gest. 1956. – T 224, 408, 533, 551, 556, 590

POTTER, Doreen (VI,2), geb. 1925 in Jamaica, Liedkomponistin und Mitarbeiterin am ökumenischen Gesangbuch »Cantate Domino« 1974; gest. 1980 in Genf. – M* 229

PRAETORIUS, Michael (II,2), geb. 1571 in Creuzburg/Werra, Theologiestudent und Organist in Frankfurt/Oder, 1592 Organist und später Hofkapellmeister in Wolfenbüttel, seit 1613 in Dresden, Musikgelehrter; 1244 Liedbearbeitungen in seinem Sammelwerk »Musae Sioniae«, herausgegeben seit 1605; gest. 1621 in Wolfenbüttel. – S 29, 30, 69, T 121, K 181.7, M* 308, M 318, M* 451

PRÖGER, Johannes (VI,2), geb. 1917 in Gotha, Pfarrer in Gauersheim, 1952 Studienrat und Religionslehrer in Kirchheimbolanden (Pfalz), zugleich Organist, 1965–1976 Oberstudienrat, Neuausgabe der Orgelwerke Mozarts; gest. 1992 in Konz bei Trier. – T 47 (Str.3–4)

BEIGABEN ZUR LIEDERKUNDE

PRUDENTIUS CLEMENS, Aurelius (I,1), geb. 348 in Spanien, Rechtsgelehrter und Statthalter, zuletzt in Rom; mit seinen beiden Hymnensammlungen zum Stundengebet und zum Märtyrergedenken neben → Ambrosius sprachmächtiger altchristlicher Liederdichter; gest. nach 405. – (T) 499 (Str. 1.2)

PUCHTA, Heinrich (V), geb. 1808 in Cadolzburg (Mittelfranken), als Student in Erlangen durch → Rückert zum Dichten angeregt, Lehrer in Speyer, dann Pfarrer in Eyb bei Ansbach und in Augsburg; dort gest. 1858. – T 512

PULS, Hans (VI,2), geb. 1914 in Straßburg, Dozent am Lehrerseminar in Ottweiler, kam dort durch Jugendgottesdienste zum Kirchenlied, dann Dozent in Saarbrücken; gest. 1992 in Neunkirchen (Saar). – M 419

QUANDT, Emil (V), geb. 1835 in Cammin (Pommern), 1867 Pfarrer der deutschen Gemeinde in Den Haag, 1874 in Berlin, 1888 Superintendent und Direktor des Predigerseminars in Wittenberg, der Erweckungsbewegung verbundener Dichter; gest. 1911 in Berlin-Lichterfelde. – T 544

RAMBACH, Johann Jakob (IV,1), geb. 1693 in Halle, Schüler und Nachfolger August Hermann Franckes als Professor der Theologie in Halle, 1731 Professor und Superintendent in Gießen; Erbauungsschriftsteller, Herausgeber des »Geistreichen Haus-Gesangbuchs« 1735; gest. 1735 in Gießen. – T 200, (T) 593

RANKE, Friedrich Heinrich (V), geb. 1798 in Wiehe (Thüringen), Bruder des Historikers Leopold von Ranke, Pfarrer in Rückersdorf bei Nürnberg, Dekan in Thurnau, seit 1840 Professor in Erlangen, Konsistorialrat in Bayreuth und Ansbach, Oberkonsistorialrat in München; dort gest. 1876. – T 13, T* 45

READING, John (der Ältere) (III,2), ab 1667 Chormeister an der Kathedrale in Lincoln, 1675 Organist an der Kathedrale und 1681 am College in Winchester; dort gest. 1692. – M 45 (?)

REDA, Siegfried (VI,2), geb. 1916 in Bochum, Organist in Bochum, Berlin und Mülheim/Ruhr, 1946 Professor und Leiter der Kirchenmusikabteilung der Folkwangschule Essen, Komponist von Chor- und Orgelwerken; gest. 1968 in Mülheim/Ruhr. – M 64

DICHTER UND KOMPONISTEN

REDERN, Hedwig von (V), geb. 1866 in Berlin, Mitbegründerin des Deutschen Frauenmissionsgebetsbundes, christliche Erzählerin, ihr Lied stärkte die verfolgten Baltendeutschen 1919; gest. 1935 in Berlin. – T 650

REGER, Max (VI,1), geb. 1873 in Brand (Fichtelgebirge), seit 1901 in München, 1907 Universitätsmusikdirektor in Leipzig, 1911 Hofkapellmeister in Meiningen, zuletzt in Jena, katholischer spätromantischer Komponist, wichtig für die musikalische Auslegung des evangelischen Kirchenlieds; gest. 1916 in Leipzig. – S 482

REGNART, Jakob (II,2), geb. um 1540 vermutlich in Douai (Flandern), Chorknabe der Hofkapelle in Prag, 1582 Vizekapellmeister in Innsbruck und später wieder in Prag; gest. 1599 in Prag. – (M) 345

REIMANN, Johann Balthasar (IV,1), geb. 1702 in Breslau, 1726 Organist in seiner Geburtsstadt, 1729 in Hirschberg (Schlesien); dort gest. 1749. – M* 40

REIN, Walter (VI,1), geb. 1893 in Stotternheim (Thüringen), seit 1930 Musikdozent an der Pädagogischen Hochschule in Kassel, Frankfurt/Main und Weilburg/Lahn, 1935 Professor an der Hochschule für Musikerziehung in Berlin, der Jugend- und Singbewegung verbunden; gest. 1955 in Berlin. – K* 22

REISSNER (Reusner), Adam (II,1), geb. um 1496 in Mindelheim bei Augsburg, 1518 Schüler Reuchlins in Ingolstadt, 1523 in Wittenberg, seit 1531 Anhänger Kaspar von Schwenckfelds, Geschichtsschreiber und Dichter geistlicher Lieder; gest. 1582 (?) in Mindelheim. – T 275

REUSS, Eleonore Fürstin geb. Gräfin zu Stolberg-Wernigerode (V), geb. 1835 in Gedern (Hessen), seit ihrer Heirat 1855 meist in Jänkendorf (Oberlausitz), später auf Schloß Ilsenburg (Harz); dort gest. 1903. – T 63

RIEDEL, Karl (V), geb. 1827 in Cronenberg bei Elberfeld, Kapellmeister in Leipzig, Gründer und Leiter des Riedelvereins zur Pflege alter und neuer Kirchenmusik; gest. 1888 in Leipzig. – T* 48

RIESS, Jochen (VI,2), geb. 1931 in Essen, Industrie- und Gemeindepfarrer in Dortmund, in Altenbauna bei Kassel und Cappel bei Marburg, 1968 Entwicklungshelfer in Kenia und Südafrika, lebte in einer Kommunität in England, in Holland und seit 1992 in Mexiko. – T 677

BEIGABEN ZUR LIEDERKUNDE

RIETHMÜLLER, Otto (VI,1), geb. 1889 in Stuttgart-Bad Cannstatt, 1919 Pfarrer in Esslingen/Neckar, seit 1928 Leiter des evangelischen Reichsverbandes weiblicher Jugend im Burckhardthaus in Berlin-Dahlem, Vorsitzender der Jugendkammer der Bekennenden Kirche; Übersetzer lateinischer Hymnen und Bearbeiter der Lieder der → Böhmischen Brüder, Herausgeber der Jugendgesangbücher »Ein neues Lied« und »Der helle Ton« seit 1932; gest. 1938 in Berlin. – T⁺ 69, 104, 223, M⁺ 243, T⁺ 262/263 (Str. 3.7), T⁺M 485

RIGGENBACH, Christoph Johannes (V), geb. 1818 in Basel, 1842 Pfarrer in Bennwil (Baselland), 1851 Professor der Theologie, 1878 Präsident des Baseler Missions-Kommitees; gest. 1890 in Basel. – (T) 301, T 618

RINCKART, Martin (III,1), geb. 1586 in Eilenburg bei Leipzig, Schüler des Thomaskantors → Calvisius in Leipzig, 1610 Kantor in Eisleben, 1613 Pfarrer in Erdeborn bei Eisleben, 1617 Archidiakonus in Eilenburg; dort gest. 1649. – T 321 ist 1630 als Tischlied entstanden, bevor es nach 1648 zum großen Dank-Choral für den Friedensschluß wurde.

RINGWALDT, Bartholomäus (II,2), geb. 1530 in Frankfurt/Oder, Lehrer und Prediger, seit 1566 Pfarrer in Langenfeld (Neumark), Verfasser von Lehrgedichten und geistlichen Schauspielen; gest. 1599 in Langenfeld. – T⁺ 149, T 460

RISCHE, August Diedrich (V), geb. 1819 in Minden, Hauslehrer in Jöllenbeck bei Bielefeld, Pfarrer in Lippspringe, 1851 in Schwinkendorf (Mecklenburg), 1900 Kirchenrat in Ludwigslust; dort gest. 1906. – M 544

RIST, Johann von (III,1), geb. 1607 in Ottensen bei Hamburg, Schüler → Stegmanns in Rinteln, Hauslehrer in Heide (Dithmarschen), 1635 Pfarrer in Wedel bei Hamburg, geadelt, Gründer des Dichterbundes »Elbschwanorden«, stand in Verbindung mit → Schop, → Selle und Heinrich → Schütz; gest. 1667 in Wedel. – T 33, 61, 80 (Str. 2–5), 323, 475, 536

RODE, Waldemar (VI,1), geb. 1903 in Hamburg, seit 1929 Pfarrer in Hamburg-Uhlenhorst; dort gest. 1960. – T 15

RODIGAST, Samuel (III,2), geb. 1649 in Gröben bei Jena, Magister an der Universität Jena, 1680 Konrektor, später Rektor des Gymnasiums zum Grauen Kloster in Berlin; dort gest. 1708. – T 372

DICHTER UND KOMPONISTEN

RÖSSLER, Martin (VI,2), geb. 1934 in Pforzheim, Organist und Musikdirektor am Evangelischen Stift in Tübingen, Pfarrer in Tübingen-Hagelloch und Reutlingen-Bronnweiler; 1990 Professor für Liturgik und Hymnologie an der Universität Tübingen. – M 562 (Ostinato)

ROHR, Heinrich (VI,2), geb. 1902 in Abtsteinach (Odenwald), Lehrer in Mainz, seit 1947 Diözesan-Kirchenmusikdirektor in Mainz und Leiter des Bischöflichen Instituts für katholische Kirchenmusik. – M 17, M* 178.5, M 553

ROMMEL, Kurt (VI,2), geb. 1926 in Kirchheim/Teck, 1955 Pfarrer in Friedrichshafen (Bodensee), 1960 Jugendpfarrer in Stuttgart-Bad Cannstatt, 1966 Pfarrer in Schwenningen, 1974–1992 Redakteur in Stuttgart. – TM 57, 168, T 425 (Str. 2.3), T 491, TM 595, T 597, 598, TM 605, 658, T 669

ROSE, Kurt (VI,2), geb. 1908 in Bernburg/Saale, 1931–1935 Lehrer in der Türkei, dann in Spanien und Finnland, 1948–1973 Realschullehrer in Bordesholm, Wedel, Iserlohn, Euskirchen, 1970 Predigthelfer in Bad Münstereifel, Schriftsteller, seit 1986 in Celle. – T 571 (Str. 2)

ROSENMÜLLER, Johann (III,1), geb. um 1619 in Ölsnitz bei Zwickau, 1651 stellvertretender Thomaskantor in Leipzig, seit 1658 in Venedig, 1682 Hofkapellmeister in Wolfenbüttel; dort gest. 1684. – T 694

ROSTOCK (Rostkowski), Bernhard (III,2), geb. 1690 in Dreimühlen (Masuren), Lehrer in Lyck, Pfarrer in Dreimühlen; Übersetzer deutscher Kirchenlieder ins Masurische; gest. 1759 in Dreimühlen. – (T) 513

ROTHE, Johann Andreas (IV,1), geb. 1688 in Lissa bei Görlitz, Hauslehrer, 1722 durch Nikolaus Ludwig → Zinzendorf als Pfarrer nach Berthelsdorf berufen, 1737 Pfarrer in Hermsdorf bei Görlitz, 1742 in Thommendorf bei Bunzlau; dort gest. 1758 – T 354

ROTHENBERG, Samuel (VI,1), geb. 1910 in Solingen-Gräfrath, 1939 Singepfarrer der Bekennenden Kirche in Brandenburg, 1946 Verlagsleiter im Evangelischen Jungmännerwerk, 1951–1968 Pfarrer in Korbach/Waldeck; Herausgeber des Liederbuchs »Das junge Lied« 1949. – MS 380, 487

ROTHENBERG, Theophil (VI,2), geb. 1912 in Solingen-Gräfrath, 1936 Kantor in Berlin, 1951 Dozent an der Predigerschule Paulinum, 1953–1966 Landessingwart in Berlin, 1950–1989 Mitarbeit

BEIGABEN ZUR LIEDERKUNDE

im Lektorat der Evangelischen Verlagsanstalt. – S 54, K 647, T*MK 693

RÜCKERT, Friedrich (V), geb. 1788 in Schweinfurt, 1811 Privatdozent in Jena, 1826 Professor für orientalische Sprachen in Erlangen, 1841–1848 in Berlin; gest. 1866 in Neuseß bei Coburg. – T 14

RUMPIUS, Daniel (II,2), geb. 1549, 1570 Pfarrer in Kreien (Mecklenburg), später in Marienfließ bei Pritzwalk; gest. um 1600. – (T) 69 (Str. 2–4), M* 69

RUOPP, Johann Friedrich (III,2), geb. 1672 in Straßburg, Pfarrer in elsässischen Gemeinden, gab heimlich ein Gesangbuch »Jesuslieder« heraus, wegen seiner pietistischen Haltung 1705 ausgewiesen, dann Inspektor am Waisenhaus und Adjunkt an der theologischen Fakultät in Halle; dort gest. 1708. – T 390

RUPPEL, Paul Ernst (VI,2), geb. 1913 in Esslingen/Neckar, 1936–1977 Singwart, Schriftleiter, Lektor und Komponist des Christlichen Sängerbundes, seit 1970 auch Kantor der Evangelischen Kirchengemeinde Vluyn. – K 2, MK 132, T 236, M 260, 291, K 310, 338, 339, 456, MS 463, K 466, T* 499 (Str. 1.2), M* 499, S 559, K* 638, S 639

RUTENBORN, Günter (VI,2), geb. 1912 in Dortmund, 1941 Pfarrer in Senzke (Westhavelland), dann in Potsdam und am Französischen Dom in Berlin; dort gest. 1976. – T* 284

RUTILIUS (Rüdel), Martin (II,2), geb. 1551 in Bad Salzelmen, heute Ortsteil von Schönebeck bei Magdeburg, Pfarrer in Teutleben, seit 1586 in Weimar; dort gest. 1618. – T 233

RUUTH, Anders (VI,2), geb. 1926 in Stockholm, Pfarrer in Argentinien, 1966 Professor für Praktische Theologie an der lutherischen Fakultät Isedet bei Buenos Aires, 1970 Propst in Schweden, dann zweiter Direktor der schwedischen Lutherhilfe. – M 171

SARTORIUS (Schneider), Joachim (II,2), geb. 1548 in Reibnitz bei Hirschberg (Schlesien), 1572 Kantor und Lehrer in Schweidnitz (Schlesien), Verfasser eines deutschen Reimpsalters auf gebräuchliche Kirchenmelodien; gest. um 1600 in Schweidnitz. – T 293

SCHALLER, Emil (VI,2), geb. 1909 in Bremerhaven, Methodist, Pfarrer in Pirmasens, 1937 in Frankfurt, 1939 in Mandel bei Bad Kreuznach, 1946 in Köln, 1949 in Karlsruhe, 1954 in Pirmasens,

DICHTER UND KOMPONISTEN

1961 in Friedrichsdorf, 1967–1973 Superintendent des Distrikts Frankfurt; gest. 1989 in Pirmasens. – T* 564

SCHALLING, Martin (II,2), geb. 1532 in Straßburg, Schüler → Melanchthons, 1553 von → Jonas ordiniert, Pfarrer in Regensburg, Bamberg und Vilseck, 1576 Hofprediger in Amberg und Generalsuperintendent der lutherischen Oberpfalz, 1585 Pfarrer in Nürnberg; dort gest. 1608. – T 397

SCHEFFLER, Johann (gen. Angelus Silesius) (III,1), geb. 1624 in Breslau, Leibarzt des Herzogs von Oels (Schlesien), trat 1653 zur katholischen Kirche über, einer der Führer der Gegenreformation in Schlesien; durch seine Lyrik (»Heilige Seelen-Lust oder Geistliche Hirten-Lieder«) und Spruchdichtung (»Cherubinischer Wandersmann«) Vertreter christlicher Mystik im 17. Jahrhundert; gest. 1677 in Breslau. – T 385 (Str. 1.2.4–6), 400, 401 (Str. 1–3.5–7), 411

SCHEIDT, Samuel (III,1), geb. 1587 in Halle, Hoforganist in seiner Geburtsstadt; mit Heinrich → Schütz und → Schein einer der großen Kirchenmusiker des 17. Jahrhunderts, stilbildend durch die »Tabulatura nova« ab 1624 mit Orgelvariationen zu Chorälen und das »Görlitzer Tabulaturbuch« 1650, das erste Orgelbegleitbuch zum Gemeindegesang; gest. 1654 in Halle. – M* 131

SCHEIN, Johann Hermann (III,1), geb. 1586 in Grünhain bei Aue (Erzgebirge), nach dem Studium der Rechtswissenschaften Hauslehrer in Weißenfels, Hofkapellmeister in Weimar, 1616 Thomaskantor in Leipzig, Lehrer von → Albert, → Fleming und → Schirmer; sein »Cantional« 1627 wurde Vorbild für viele lutherische Gesangbücher; gest. 1630 in Leipzig. – M* 92, 345, TM* 525

SCHENCK, Hartmann (III,2), geb. 1634 in Ruhla bei Eisenach, 1662 Pfarrer in Bibra bei Meiningen, später in Ostheim vor der Rhön; dort gest. 1681. – T 163

SCHIRMER, Michael (III,1), geb. 1606 in Leipzig, nach kurzer Tätigkeit als Pfarrer in Striegnitz 1636 Subrektor und 1651 Konrektor des Gymnasiums zum Grauen Kloster in Berlin, Freund → Gerhardts, legte 1668 sein Amt wegen schwerer Krankheit nieder; gest. 1673 in Berlin. – T 9, 130

SCHLENKER, Manfred (VI,2), geb. 1926 in Berlin, Kantor der Studentengemeinde in Halle, 1956 Domkantor in Stendal, 1975–1988 Landeskirchenmusikdirektor und Leiter der Kirchenmusikschule in Greifswald. – M 94, 254 (I), 360 (I), 426, 428

BEIGABEN ZUR LIEDERKUNDE

SCHMACHTENBERG, Johann Peter (V), geb. 1799 in Haan bei Solingen, Lehrer in Elberfeld, Mitarbeiter am reformierten Gesangbuch für Elberfeld 1853; dort gest. 1869. – M 631 (II)

SCHMALENBACH, Marie, geb. Huhold (V), geb. 1835 in Holtrup bei Minden, 1857 verheiratet mit dem Erweckungsprediger und späteren Superintendenten Theodor Schmalenbach in Mennighüffen bei Herford; ihr Lied erschien 1882 in dem Gedichtband »Tropfen aus dem Wüstenquell«; gest. 1924 in Löhne (Westfalen). – T 572

SCHMID, Christoph von (IV,2), geb. 1768 in Dinkelsbühl, katholischer Priester, Schulinspektor in Tannhausen, Pfarrer in Oberstadion bei Ulm, 1827 Domkapitular in Augsburg, religiöser Jugendschriftsteller; gest. 1854 in Augsburg. – T 43

SCHMID, Theo (VI,2), geb. 1892 in Hallau (Schweiz), Lehrer in Beringen bei Schaffhausen, dann in Zürich; Jugendsekretär des Blauen Kreuzes, 1943 Gemeindehelfer und Katechet in Zürich-Wiedikon, Mitherausgeber von Kinder- und Jugendliederbüchern; gest. 1978 in Zürich. – T(*) 167

SCHMOLCK, Benjamin (IV,1), geb. 1672 in Brauchitschdorf (Schlesien), seit 1702 Pfarrer an der Friedenskirche in Schweidnitz; die Auseinandersetzung mit der Gegenreformation spiegelt sich in seinen Liedern; später gelähmt und erblindet, Erbauungsschriftsteller und Kirchenlieddichter, zweibändige Gesamtausgabe »Sämtliche trost- und geistreiche Schriften« 1740/44; gest. 1737 in Schweidnitz. – T 62, 135, 166, 206, 423, 646

SCHNEEGASS, Cyriakus (II,2), geb. 1546 in Bufleben bei Gotha, Student in Jena bei → Selnecker, 1573 Pfarrer in Tambach und Friedrichroda (Thüringen), Komponist und Verfasser musikwissenschaftlicher Schriften; gest. 1597 in Friedrichroda. – T 398

SCHNEIDER, Martin Gotthard (VI,2), geb. 1930 in Konstanz/Bodensee, Theologe und Kirchenmusiker, 1960 Religionslehrer und Bezirkskantor in Freiburg, seit 1975 Landeskantor für Südbaden, Chorleiter und Dozent an der Musikhochschule in Freiburg. – TM 169, 334, 604

SCHOLEFIELD, Clement Cotterill (V), geb. 1839 in Edgbaston bei Birmingham (England), Pfarrer in South Kensington, Seelsorger am Eton College, zuletzt in Knightsbridge; gest. 1904 in Godalming. – MS 266

DICHTER UND KOMPONISTEN

SCHOP, Johann (III,1), geb. um 1590, Mitglied der Hofkapelle in Kopenhagen, 1621 Leiter der Ratsmusik in Hamburg, Geigenvirtuose und Komponist, befreundet mit Heinrich → Schütz, → Selle und → Rist; gest. 1667 in Hamburg. – (M) 33, M 61, 325, (M) 475

SCHRÖDER, Johann Heinrich (III,2), geb. 1666 in Springe/Deister bei Hannover, Schüler August Hermann Franckes, Prediger und Dichter des frühen Halleschen Pietismus, 1696 Pfarrer in Meseberg bei Magdeburg; dort gest. 1699. – T 373, 386

SCHRÖDER, Rudolf Alexander (VI,1), geb. 1878 in Bremen, Innenarchitekt und Maler, Lyriker und Übersetzer; Sammlung geistlicher Gedichte »Mitte des Lebens« 1930 und »Die Kirche und ihr Lied« 1937, gehörte zum Eckart-Kreis (→ Ihlenfeld), Mitglied der Bekennenden Kirche; gest. 1962 in Bad Wiessee. – T 184, 378, 487

SCHRÖTER, Leonhart (II,2), geb. um 1532 in Torgau (Sachsen), 1561 Stadtkantor in Saalfeld, 1576 in Magdeburg, Komponist von Motetten und Liedsätzen; gest. um 1601 in Magdeburg. – M 540

SCHÜTZ (Sagittarius), Heinrich (III,1), geb. 1585 in Köstritz bei Gera, Ausbildung bei Giovanni Gabrieli in Venedig, 1613 Hoforganist in Kassel, seit 1617 Hofkapellmeister in Dresden, Komponist von teils doppelchörigen Psalmen, Motetten, geistlichen Konzerten, Historien und Passionen; für das Gesangbuch wichtig durch die Vertonung des Liedpsalters → Beckers; gest. 1672 in Dresden. – M 259, MS 276, 295, M 356, 357, MS 461, 624, M 678

SCHÜTZ, Johann Jakob (III,2), geb. 1640 in Frankfurt/Main, Rechtsanwalt und Reichsrat, richtete 1670 mit Philipp Jacob Spener die Collegia pietatis (Erbauungsstunden) ein, trennte sich von ihm und unterstützte später William Penn und sein Siedlungswerk in Nordamerika; gest. 1690 in Frankfurt/Main. – T 326

SCHUHEN, Leo (VI,2), geb. 1927 in Weißenthurm bei Koblenz, 1950–1992 Kantor in Duisburg-Hüttenheim, in der Erwachsenenbildungsarbeit des Bistums Essen tätig. – T 570

SCHULTE NORDHOLT, Jan Willem (VI,2), geb. 1920 in Zwolle, 1963 Lektor, 1966 Professor für amerikanische Geschichte und Kultur an der Universität Leiden, Lyriker und Essayist, Übersetzer altkirchlicher und mittelalterlicher Hymnen, Vertreter des niederländischen neuen Bibelliedes; gest. 1995 in Wassenaar. – (T) 20

SCHULZ, Johann Abraham Peter (IV,2), geb. 1747 in Lüneburg, 1773 Musiklehrer in Berlin, 1780 Kapellmeister in Rheinsberg und 1787 in

Kopenhagen; »Lieder im Volkston« seit 1785; gest. 1800 in Schwedt/ Oder. – (M) 43, M 482

SCHULZ, Karl Friedrich (V), geb. 1784 in Wittmannsdorf (Niederlausitz), Musiklehrer in Züllichau/Oder, dann Konrektor in Fürstenwalde; dort gest. 1850. – MS 333

SCHULZ, Otmar (VI,2), geb. 1938 in Brandenburg, Pfarrer, 1965 Theologischer Referent der Ökumenischen Centrale, 1970 Studienleiter an der Evangelischen Akademie Arnoldshain, 1979 Direktor des Evangelischen Informationszentrums Kurhessen-Waldeck in Kassel, 1995 Beauftragter für publizistische Aus- und Fortbildung der Evangelisch-lutherischen Landeskirche Hannovers. – T* 19, TM 210, 267, T* 410

SCHULZ, Walter (VI,2), geb. 1925 in Burg Stargard (Mecklenburg), 1956 Landesjugendpastor für Mecklenburg in Schwerin, 1965 Pastor in Rerik, 1970 Rektor des Kirchlichen Oberseminars in Potsdam-Hermannswerder, 1975 Oberkirchenrat in Schwerin. – T* 269, TM 409, T 426, T* 431

SCHWARZ, Gerhard (VI,1), geb. 1902 in Reußendorf (Schlesien), 1930 Leiter der Kirchenmusikschule in Berlin-Spandau, 1945 Organist in Waldenburg, 1947 Lehrer an der Musikhochschule in Berlin und Leipzig, 1949 Organist an der Johanneskirche und Leiter der neugegründeten Landeskirchenmusikschule in Düsseldorf, 1961 Professor an der Musikhochschule in Köln; gest. 1994 in Imshausen bei Bebra. – M 51

SCHWARZ, Joachim (VI,2), geb. 1930 in Stolp (Pommern), Diakon und Kirchenmusiker, 1961 Landesjugendkantor in Schleswig-Holstein, 1973 Dozent an der Fachschule Brüderhaus Rickling, 1978 – 1993 bei der Arbeitsstelle für Gottesdienst und Kirchenmusik der Evangelisch-lutherischen Landeskirche Hannovers. – TK 175, M 228

SCHWARZBURG-RUDOLSTADT, Ämilie Juliane Gräfin zu, geb. Gräfin zu Barby und Mühlingen (III,2), geb. 1637 auf der Heidecksburg bei Rudolstadt, Mitglied der von Ahasver Fritsch gegründeten »Fruchtbringenden Jesusgesellschaft«; Liedersammlung »Der Freundin des Lammes täglicher Umgang mit Gott« 1714; gest. 1706 in Rudolstadt. – T 329, 530

SCHWEIZER, Rolf (VI,2), geb. 1936 in Emmendingen (Baden), Kantor in Mannheim, 1966 Bezirkskantor in Pforzheim und seit

1975 Landeskantor für den Bezirk Mittelbaden. – K 190.4, M 226, 285, 287, 416, 491, TM 674, M 688, 689

SCHWERIN, Otto von (III,1), geb. 1616 in Wietstock bei Ueckermünde, Hofmeister der Kurfürstin Louise-Henriette von Brandenburg und Prinzenerzieher, 1637 nach Übertritt zur reformierten Kirche Berater des Kurfürsten Friedrich Wilhelm in Berlin; gest. 1679 in Berlin. – T 476 (?), 526

SCOUARNEC, Michel (VI,2), geb. 1934 in Finisterre (Bretagne), katholischer Priester, Dozent für Pastoralliturgik, dann Direktor des Bistumsrundfunks der Diözese Quimper, Verfasser liturgischer Texte. – (T) 648

SCRIVER, Christian (III,2), geb. 1629 in Rendsburg, Hauslehrer, Pfarrer in Stendal und Magdeburg, 1690 Oberhofprediger in Quedlinburg, Erbauungsschriftsteller; gest. 1693 in Quedlinburg. – T 479

SEDULIUS, Caelius (I,1), altchristlicher lateinischer Dichter des 5. Jahrhunderts; Hauptwerk: »Paschale Carmen«, eine Darstellung der Evangelien in Hexametern; überliefert sind zwei Christus-Hymnen; gest. nach 450. – (T) 539

SEIDEL, Uwe (VI,2), geb. 1937 in Soest (Westfalen), 1963 im Volksmissionarischen Amt der Evangelischen Kirche im Rheinland für Gottesdienste in neuer Gestalt, 1974 Pfarrer an der Thomaskirche in Düsseldorf, 1985 Pfarrer in Köln-Klettenberg, seit 1965 Mitarbeit beim Deutschen Evangelischen Kirchentag. – T 655

SELLE, Thomas (III,1), geb. 1599 in Zörbig bei Bitterfeld, 1634 Kantor in Itzehoe, 1641 am Johanneum und Musikdirektor der fünf Hauptkirchen in Hamburg, vertonte die Dichtungen → Rists als Sololieder mit Generalbaß; gest. 1663 in Hamburg. – M 536 (I)

SELNECKER, Nikolaus (II,2), geb. 1530 in Hersbruck bei Nürnberg, als Schüler Organist in Nürnberg, Student in Wittenberg bei → Melanchthon, 1557 Hofprediger in Dresden, wiederholt aus dem Amt gedrängt, Professor in Jena und Leipzig, Generalsuperintendent von Braunschweig in Wolfenbüttel, Superintendent in Leipzig und Hildesheim, Mitverfasser der Konkordienformel und Förderer des geistlichen Singens; gest. 1592 in Leipzig. – T 157, (T) 246 (Str. 2–7), M 320

SENFL, Ludwig (II,1), geb. vor 1490 in Zürich, Schüler von → Isaac, Sänger und später Kammerorganist der kaiserlichen Hofkapelle in Augsburg, seit 1523 Leiter der Hofkantorei in München; korrespon-

BEIGABEN ZUR LIEDERKUNDE

dierte mit → Albrecht von Preußen und → Luther; kunstvolle Kirchen- und Schulmusik; gest. 1543 in München. – (M) 280

SERMISY, Claudin de (II,1), geb. um 1495 in Frankreich, Sängerknabe an der Sainte Chapelle in Paris, die er später als Geistlicher und Kapellmeister leitete, Komponist; gest. 1562 in Paris. – (M) 364

SERRANUS (Seeger), Johann Baptista (II,2), geb. 1540 in Lehrberg bei Ansbach, Student bei → Eber in Wittenberg, Kantor in Ansbach, später Pfarrer in Vincenzenbronn bei Fürth; dort gest. 1600. – M* 366

SEUFFERT, Josef (VI,2), geb. 1926 in Steinheim/Main, katholischer Theologe, 1967 Sekretär der Kommission für das »Gotteslob« 1975, dann Leiter des Seelsorgeamtes der Diözese Mainz, seit 1981 Domkapitular. – MS 178.10

SIEBALD, Manfred (VI,2), geb. 1948 in Baumbach bei Rotenburg/Fulda, seit 1983 Dozent für Amerikanistik in Mainz, Autor neuer geistlicher Lieder. – T* 659

SIEMONEIT, Hans Rudolf (VI,2), geb. 1927 in Wesel, 1951 Kantor in Langenfeld, 1956 Landesjugendmusikwart der Evangelischen Landeskirche in Baden, 1963 Schriftleiter in Gelnhausen und Dozent, 1969 Kantor in Bünde und Landessingwart in Westfalen; pflegt improvisatorische, rhythmische Formen des Singens. – M 360 (II), K 641

SILCHER, Friedrich (V), geb. 1789 in Schnait/Remstal, Musiklehrer in Ludwigsburg, seit 1817 Universitätsmusikdirektor in Tübingen; Musikerzieher der Theologiestudenten, Leiter von Oratorienchor und Liedertafel, Volksliedsammler und -komponist; gest. 1860 in Tübingen. – M 376

SLÜTER, Joachim (II,1), geb. um 1490 in Dömitz (Mecklenburg), Reformator von Rostock; Herausgeber des ersten niederdeutschen Gesangbuchs 1525; gest. 1532 in Rostock. – T 179 (Str. 4)

SOHREN, Peter (III,2), geb. um 1630 in Elbing (Westpreußen), dort Kantor und später Lehrer, dann in Dirschau (Westpreußen) und wieder in Elbing; Herausgeber von Gesangbüchern, u. a. von → Crügers »Praxis pietatis melica« 1668; gest. um 1692 in Elbing. – (M) 329

SONNEMANN, Ernst (III,1), geb. 1630 in Ahlden bei Lüneburg, Konrektor in Celle und Bearbeiter des Lüneburger Gesangbuchs von 1661, im gleichen Jahr Pfarrer in Einbeck; dort gest. 1670. – T* 122

SPANGENBERG, Cyriakus (II,2), geb. 1528 in Nordhausen (Harz), Pfarrer in Eisleben, 1559 Generaldekan der Grafschaft Mansfeld, 1575 als radikaler Lutheraner vertrieben, zeitweilig Pfarrer in Schlitz (Oberhessen) und Vacha/Werra; Verfasser von »Christlichs Gesangbüchlein« 1568 und Liedpredigten »Cythara Lutheri« 1569/1570; gest. 1604 in Straßburg. – T* 100 (Str. 2–5), (M) 469

SPANGENBERG, Peter (VI,2), geb. 1934 in Unseburg bei Magdeburg, 1962 Schulpfarrer in Espelkamp, 1966 Pfarrer an St. Nicolai in Bielefeld, seit 1979 in Leck (Nordfriesland), Dozent an der Pädagogischen Hochschule Flensburg. – T 678

SPEE, Friedrich (von Langenfeld) (III,1), geb. 1591 in Kaiserswerth bei Düsseldorf, Jesuit, Seelsorger und Prediger, seit 1623 Professor für katholische Moraltheologie in Paderborn, Köln und Trier; bekämpfte die Hexenprozesse in der Schrift »Cautio criminalis« 1631; seine geistlichen Lieder beeinflußten nachhaltig die Barockliteratur; gest. 1635 in Trier. – T 7 (Str. 1–6), 32, 80 (Str. 1), 110, 541, 559 (Str. 1)

SPERATUS, Paul (II,1), geb. 1484 in Rötlen bei Ellwangen, Priester in Dinkelsbühl und Würzburg, als Anhänger → Luthers Prediger in Österreich und Ungarn, 1522 Pfarrer in Iglau (Mähren), in Olmütz als Ketzer zum Feuertod verurteilt, aber begnadigt; auf Luthers Bitte im ersten reformatorischen Gesangbuch 1523 vertreten, 1524 als Reformator und Hofprediger → Albrechts von Preußen nach Königsberg berufen, 1530 erster lutherischer Bischof von Pomesanien in Marienwerder (Westpreußen); dort gest. 1551. – T 342

SPITTA, Friedrich (Adolf Wilhelm) (V), geb. 1852 in Wittingen (Niedersachsen), Sohn von Philipp → Spitta, Konviktsinspektor in Halle, 1881 Pfarrer in Oberkassel und Privatdozent in Bonn, 1887 Professor der Theologie in Straßburg und 1919 in Göttingen; Liturgiker und Hymnologe, Bearbeiter des elsässischen Gesangbuchs von 1899; gest. 1924 in Göttingen. – T* 222, 242, T 259, T* 565

SPITTA, (Karl Johann) Philipp (V), geb. 1801 in Hannover, aus einer Hugenottenfamilie stammend, zunächst Uhrmacher, dann Theologe, Hauslehrer in Lüne bei Lüneburg, Pfarrer in niedersächsischen Gemeinden, dann Superintendent in Wittingen bei Uelzen, in Peine und zuletzt in Burgdorf; seine doppelte Liedersammlung

BEIGABEN ZUR LIEDERKUNDE

»Psalter und Harfe« 1833/1843 ist der lutherischen Erweckungsbewegung verpflichtet; gest. 1859 in Burgdorf. – T 136, 137, 358, 374, 406, 510

STAPFER, Johannes (IV,2), geb. 1719 in Münsingen (Berner Land), Pfarrer in Aarburg, seit 1756 Professor in Bern, Textbearbeiter des Berner Psalmliederbuchs von 1775; gest. 1801 in Bern. – T 290 (Str. 1.3.4.6), 622 (Str. 4–7)

STEGMANN, Josua (III,1), geb. 1588 in Sülzfeld bei Meiningen, Superintendent der Grafschaft Schaumburg und Lehrer am Gymnasium in Stadthagen, 1621 Professor der Theologie in Rinteln/Weser; dort gest. 1632. – T 347

STEIN, Edith (VI,1), geb. 1891 in Breslau, konvertierte 1922 vom Judentum zum Katholizismus, Dozentin für Pädagogik in Münster, 1933 Karmeliterin, 1942 im Konzentrationslager Auschwitz ermordet. – T 619

STEIN, Paulus (VI,2), geb. 1931 in Dresden, 1960 Jugendpfarrer in Mannheim, 1979 Schuldekan, 1987 Dekan in Karlsruhe und Durlach; gest. 1993 in Karlsruhe. – T 287 (Str. 2–4), 499 (Str. 3)

STERN, Hermann (VI,2), geb. 1912 in Abetifi (Ghana), Lehrer, Kirchenmusiker in Ebingen (Württemberg), 1939 Landesjugendsingwart, dann Obmann des Verbandes evangelischer Kirchenchöre in Württemberg; Herausgeber praxisorientierter Bläser-, Chor- und Singbücher; gest. 1978 in Hohengehren bei Esslingen/Neckar. – K 174, 642

STEURLEIN, Johann (II,2), geb. 1546 in Schmalkalden, Stadtschreiber in Wasungen/Werra, später Kanzleisekretär und schließlich Bürgermeister in Meiningen, Dichter, Komponist und Organist; gest. 1613 in Meiningen. – T 59 (Str. 3–6), (M) 59 (1. Teil), 501, MS 690

STIER, Alfred (VI,1), geb. 1880 in Greiz (Thüringen), 1904 Kantor in Limbach (Sachsen) und 1911 in Dresden, 1933 Landeskirchenmusikdirektor von Sachsen, 1947 Landessingwart von Sachsen-Anhalt in Ilsenburg (Harz), Erneuerer der Kirchenmusik durch Singwochenarbeit; gest. 1967 in Ilsenburg. – K 261, 562

STIER, Ewald Rudolf (V), geb. 1800 in Fraustadt (Schlesien), 1824 theologischer Lehrer am Missionshaus in Basel, 1829 Pfarrer in Frankleben bei Merseburg und 1838 in Barmen-Wichlinghausen,

1850 Superintendent in Schkeuditz bei Leipzig, 1859 in Eisleben; dort gest. 1862. – T 552

STOBÄUS, Johann (III,1), geb. 1580 in Graudenz (Westpreußen), Schüler von → Eccard, Sänger, 1603 Domkantor und 1626 Hofkapellmeister in Königsberg; dort gest. 1646. – M 346

STÖTZEL, Johann Georg (IV,1), geb. 1711 in Mihla bei Eisenach, 1736 Lehrer und später Hofkantor in Stuttgart, gab 1744 eine Neuauflage des Choralbuchs von Johann Georg Christian Störl heraus; gest. 1793 in Stuttgart. – M* 12

STOLZHAGEN, Kaspar (II,2), geb. 1550 in Bernau bei Berlin, 1574 Rektor am Gymnasium in Stendal, dann dort Pfarrer, 1587 Superintendent der deutschen Gemeinde in Iglau (Mähren), Gründer einer Druckerei zur Verbreitung evangelischen Schrifttums; gest. 1594 in Iglau. – T 109

STONE, Samuel John (V), geb. 1839 in Whitmore (England), anglikanischer Theologe, Hilfsgeistlicher in Windsor, 1874 Pfarrer in Haggerston, 1890 Rektor in London; Liederzyklus über das Apostolische Glaubensbekenntnis; gest. 1900 in London. – (T) 264

STOODT, Marianne (VI,2), geb. 1927 in Darmstadt, dort Lehrerin. – T 637

STRATTNER, Georg Christoph (III,2), geb. um 1645 in Gols am Neusiedler See, Kapellmeister in Durlach (Baden), 1682 zur Zeit Philipp Jakob Speners Kirchenmusiker in Frankfurt/Main, 1694 Sänger und Vizekapellmeister in Weimar, Neuvertonung der Lieder → Neanders; gest. 1704 in Weimar. – M 504

STRAUCH, Peter (VI,2), geb. 1943 in Wetter/Ruhr, 1966 Pastor in Hamburg-Sasel, 1973 Leiter der Jugendarbeit des Bundes Freier evangelischer Gemeinden in Deutschland, 1983 Bundessekretär in Witten, 1991 Präses. – TMS 607

STRAUSS UND TORNEY, Viktor Friedrich von (V), geb. 1809 in Bückeburg, Jurist und Schriftsteller, 1848 Abgeordneter der Nationalversammlung in Frankfurt, 1872 Religionswissenschaftler und Sprachforscher in Dresden; dort gest. 1899. – T 238

SUDERMANN, Daniel (III,1), geb. 1550 in Lüttich, Hofmeister in verschiedenen Adelshäusern, seit 1585 Erzieher der im »Brüderhof« zu Straßburg wohnenden Studenten, Anhänger Kaspar von Schwenckfelds; gest. nach 1631 in Straßburg. – T* 8

BEIGABEN ZUR LIEDERKUNDE

SUTTER, Ignace (August Hendrik) de (VI,2), geb. 1911 in Gent (Flandern), katholischer Priester, seit 1969 Dozent an der Kirchenmusikschule in Löwen, Förderer des Kirchenlieds im flämischen Gottesdienst; gest. 1988 in Belsele (Flandern). – M 97

SZENCZI MOLNÁR, Albert (III,1), geb. 1574, reformierter Theologe und Wandergelehrter in Ungarn, übersetzte die Bibel, Calvins Werke und den Genfer Psalter »Psalterium Ungaricum« 1607 ins Ungarische; gest. 1634 in Kolozsvárra. – T* 622

SZTÁRAI, Mihály (II,1), Franziskaner aus Ungarn, Student in Padua; für die Reformation gewonnen, gründete er evangelische Gemeinden im südlichen Ungarn, verfaßte Liedtexte und wahrscheinlich auch die Melodien dazu; gest. um 1575. – (T) 284

TAIZÉ → Berthier

TANGERMANN, Heino (VI,2), geb. 1910 in Belsdorf bei Haldensleben (Sachsen-Anhalt), zunächst Landwirt, 1935 Theologiestudium, 1947 Pfarrer in Tettnang, 1965–1975 in Deggingen; gest. 1988 in Wilhelmsdorf. – T 644

TELEMANN, Georg Philipp (IV,1), geb. 1681 in Magdeburg, 1702 Organist in Leipzig, 1704 Kapellmeister in Sorau und 1708 in Eisenach, 1712 Kirchkapellmeister und städtischer Musikdirektor in Frankfurt/Main, 1721 Musikdirektor an den fünf Hauptkirchen Hamburgs; Komponist des galanten Stils; gest. 1767 in Hamburg. – K 335, M* 361, 479

TERSTEEGEN, Gerhard (IV,1), geb. 1697 in Moers, Kaufmannslehre in Mülheim/Ruhr, dann Bandwirker; seit 1727 Erweckungsversammlungen und häusliche Erbauungsstunden, Seelsorger in Gesprächen, Briefen und Schriften, Mystiker des reformierten Pietismus; seine Lieder in »Geistliches Blumengärtlein inniger Seelen« ab 1729 üben in die Pilgerschaft, die Anbetung und die Gegenwart Gottes ein; gest. 1769 in Mülheim/Ruhr. – T 41, 140, 165, 252, 392, 393, T(M) 480, T 481, 661

TESCHNER, Melchior (II,2), geb. 1584 in Fraustadt (Schlesien), Schüler von → Gesius in Frankfurt/Oder, 1609 Kantor in Fraustadt zur Zeit → Herbergers, seit 1614 Pfarrer im benachbarten Oberpritschen; dort gest. 1635. – M 523

THATE, Albert (VI,1), geb. 1903 in Düren, 1932 Kirchenmusiker in Düsseldorf und seit 1949 Dozent an der Kirchenmusikschule der

DICHTER UND KOMPONISTEN

Evangelischen Kirche im Rheinland in Düsseldorf; dort gest. 1982. – K 483

THEBESIUS, Adam (III,1), geb. 1596 in Seifersdorf bei Liegnitz, Pfarrer in den schlesischen Gemeinden Mondschütz, Wohlau und seit 1639 in Liegnitz; dort gest. 1652. – T 87

THILO (Thiel), Valentin (III,1), geb. 1607 in Königsberg, dort seit 1634 Professor der Beredsamkeit und Mitglied des Dichterkreises um Simon Dach; gest. 1662 in Königsberg. – T 10 (Str. 1–3)

THOMAS von Aquin (I,2), geb. um 1225 in Roccasecca bei Aquino, im Benediktinerkloster Monte Cassino erzogen, 1244 Dominikaner, Philosoph und Theologe in Paris, Köln, Rom und Neapel; verfaßte die poetischen Teile zur Liturgie des 1264 eingeführten Fronleichnamsfestes; gest. 1274 in Fossanuova auf dem Weg zum Konzil von Lyon. – (T) 223

THURMAIR, Georg (VI,2), geb. 1909 in München, Redakteur katholischer Zeitungen und Schriftsteller, Mitherausgeber geistlicher Liederbücher; gest. 1984 in München. – T 265, 555, 695

THURMAIR (-Mumelter), Maria Luise (VI,2), geb. 1912 in Bozen, verheiratet mit Georg → Thurmair in München; Verfasserin von Erzählungen und Laienspielen, mit vielen Kirchenliedern im »Gotteslob« 1975 vertreten. – T 178.6–8, 227, 553, 557, 566, 636 (Str. 2–5)

TOBLER, Eva Maria, verh. Zeltner-Tobler (VI,2), geb. 1931 in Zürich, Sonderschulpädagogin und Psychologin in Knonau (Schweiz). – T 654 (Str. 2)

TOLLMANN, Gottfried (IV,1), geb. 1680 in Lauban (Schlesien), seit 1711 Pfarrer in Leuba bei Görlitz, ersetzte 1720 das Görlitzer durch sein »bequemes« Gesangbuch; gest. 1766 in Leuba. – T 505

TRAUTWEIN, Dieter (VI,2), geb. 1928 in Holzhausen (Hessen), Pfarrer in hessischen Gemeinden, 1963 Stadtjugendpfarrer, 1970–1988 Propst in Frankfurt/Main; förderte den ökumenischen Austausch von Liedern und Gottesdienstformen. – TM 56, T* 96, TM 170, T* 268, T 278, M 315, T 417 (Str. 2), T* 427, T 592, M 637

TRILLER, Valentin (II,1), geb. um 1493 in Guhrau (Schlesien), Pfarrer in Oberpantenau bei Nimptsch; Herausgeber des »Schlesisch Singebüchlein« Breslau 1555, in das er neben eigenen Texten auch mittelalterliches Liedgut aufnahm; gest. 1573 in Nimptsch. – M* 29, T 167 (Str. 1), (M) 167

BEIGABEN ZUR LIEDERKUNDE

TRUNK, Roger Ernest (VI,2), geb. 1930 in Fortschwihr bei Colmar, Pastor in Strasbourg-Cronenbourg, seit 1984 Sekretär der »Europäischen Konferenz für Evangelische Kirchenmusik«. – T 642

ULICH, Johann (III,2), geb. 1634 in Leipzig, Thomasschüler, Organist in Torgau, seit 1660 Kantor der Stadtkirche in Wittenberg; dort gest. 1712. – M 402

UTECH, George (VI,2), geb. 1931 in Le Mars (USA), 1961 Pfarrer am Texas Lutheran College, dann in Pittsford (USA), Mitarbeiter am »Lutheran Book of Worship« 1978. – (T) 431

VALENTIN, Gerhard (VI,2), geb. 1919 in Berlin, Lehrer und Schauspieler in Berlin, 1967 Referent im Landesjugendpfarramt in Düsseldorf; gest. 1975 in Hemer. – T* 266, T 277 (Str. 2–5), 548

VAUGHAN WILLIAMS, Ralph (VI,1), geb. 1872 in Down Ampney (England), Musikstudium in London und Cambridge, Organist in London, 1919 Kompositionslehrer am Royal College of Music in London, seit 1928 freischaffender Komponist, Sammler englischer Volks- und Kirchenlieder, z. B. »The English Hymnal« 1906; gest. 1958 in London. – M* 55, M 154

VEIGEL, Gotthold (VI,1), geb. 1913 in Heilbronn/Neckar, 1939 Pfarrer in Halle, 1947 in Floh bei Schmalkalden und 1955 in Speele bei Hannoversch Münden. – M 224

VESPER, Stefan (VI,2), geb. 1956 in Düsseldorf, 1987 pädagogischer Mitarbeiter am Katholisch-sozialen Institut in Bad Honnef. – K 672

VETTER, Georg (II,1), geb. 1536 in Hohenstadt (Mähren), Schulleiter und Prediger in Jungbunzlau, später in Mährisch Weißkirchen; für die reformierten Gemeinden übersetzte er den → Genfer Psalter ins Tschechische; 1591 Konsenior der Böhmisch-Mährischen Brüder-Unität in Selowitz; dort gest. 1599. – T 108

VISCHER, Wilhelm (VI,1), geb. 1895 in Basel, reformierter Pfarrer in Tenniken (Baselland), Dozent an der Kirchlichen Hochschule in Bethel, Pfarrer in Lugano, Privatdozent in Basel, zuletzt Professor für Altes Testament in Montpellier; dort gest. 1988. – T 271

VITZTHUM, Elisabeth Gräfin (VI,2), geb. 1901 in Dresden, konvertierte zur katholischen Kirche, Lektorin in verschiedenen Verlagen, Referentin beim Rundfunk in Stuttgart, später Professorin für Sozialwissenschaften in San Antonio, Chicago, New York; gest. 1989. – T 626

VOGEL, Heinrich (VI,1), geb. 1902 in Pröttlin bei Wittenberge, Pfarrer, 1935 Dozent an der Hochschule der Bekennenden Kirche in Berlin, im Kirchenkampf mehrfach in Haft, 1946 Professor für Systematische Theologie in Berlin; Verfasser von Kirchenliedern; gest. 1989 in Berlin. – T 292, 603

VULPIUS (Fuchs), Melchior (II,2), geb. um 1570 in Wasungen (Thüringen), Lehrer und Kantor in Schleusingen, 1596 Stadtkantor in Weimar; Vertonung der sonntäglichen Evangeliensprüche, Melodien und Chorsätze in »Kirchen-Gesäng und geistliche Lieder« 1604/1609; gest. 1615 in Weimar. – K 31, (M) 59 (2. Teil), M 88, MS 103, M 293, MS 437, M 438, MS 467, TM 516

WADE, John Francis (IV,2), geb. 1711, Lateinlehrer am englischen katholischen College in Douai (Frankreich); gest. 1786 in Lancashire (England). – (T) 45

WALTER, Johann (II,1), geb. 1496 in Großpürschütz bei Kahla (Thüringen), Sänger und dann Leiter der kursächsischen Hofkapelle, 1526 Stadtkantor in Torgau, 1548 Hofkapellmeister in Dresden, dann wieder in Torgau; erstes evangelisches Chorgesangbuch »Geistliches Gesang-Buchlein« 1524, seit 1525 Berater → Luthers bei der »Deutschen Messe«, Organisator lutherischer Kantoreien; gest. 1570 in Torgau. – TM 145, T 148 (Str. 1–8), 195, M 196, 274, 440, M* 518

WALTER, Paul Gerhard (VI,2), geb. 1947 in Heidelberg, 1978 Kantor und Musiklehrer in Mannheim, seit 1987 Komponist, Arrangeur und Produzent für Kinder- und Filmmusik in Schriesheim bei Heidelberg, Verlagsleiter. – M 669

WALZ, Friedrich (VI,2), geb. 1932 in Schillingsfürst (Mittelfranken), 1963 Pfarrer und Mitarbeiter des Jugendgottesdienst-Teams in Nürnberg, 1973 Studentenpfarrer in Erlangen, zuletzt kirchlicher Beauftragter für Hörfunk und Fernsehen in München; gest. 1984 in Schillingsfürst. – T*M* 18, T 95, 225, 670

WATTS, Isaac (IV,2), geb. 1674 in Southampton, 1698 dort Pfarrer, mußte sein Amt wegen Krankheit aufgeben; Dichter der Sammlung »Psalms and Hymns« u. a.; gest. 1748 in Stoke Newington. – (T) 610

BEIGABEN ZUR LIEDERKUNDE

WEBER, Horst (VI,2), geb. 1926 in Wuppertal, Schulrat, Leiter des Instituts für Musikerziehung, Kantor und Musikpädagoge in Duisburg; dort gest. 1990. – M 556, 597, TM 653, TK 685

WEGELIN, Josua (III,1), geb. 1604 in Augsburg, Pfarrer in Budweiler und 1627 in Augsburg; durch Krieg und Gegenreformation mehrmals vertrieben, 1635 Pfarrer und Schulinspektor in Preßburg; dort gest. 1640. – (T) 122

WEISS, Christa, verh. Werner (VI,2), geb. 1925 in Essen-Werden, 1949–1953 Lehrerin, 1954 Verlagsmitarbeiterin im Burckhardthaus-Verlag Gelnhausen, 1962 im Jugenddienst-Verlag Wuppertal, 1964–1970 Dozentin an der Evangelischen Landjugendakademie in Altenkirchen, 1969–1982 freie Mitarbeiterin beim Deutschen Verband Evangelischer Büchereien. – T 360, 491

WEISS, Ewald (VI,2), geb. 1906 in Wladyslawowca/Wolhynien (Ukraine), 1948 Dozent an der Evangelischen Kirchenmusikschule Erlangen/Bayreuth, seit 1972 in Nürnberg. – M 178.13, 190.3

WEISSE, Michael (II,1), geb. um 1488 in Neisse (Schlesien), Franziskaner in Breslau, schloß sich 1518 den → Böhmischen Brüdern an, 1522 Vorsteher der Brüdergemeine in Landskron (Böhmen) und Fulnek (Mähren), 1531 dort Pfarrer der deutschen Brüdergemeine; Herausgeber des ersten deutschen Gesangbuchs der Böhmischen Brüder »Ein New Geseng buchlen« 1531; gest. 1534 in Landskron. – T* 68, 77, T 103, (T) 104, T 144, 318, 438, 439, (T) 520 (Str. 1–6)

WEISSEL, Georg (III,1), geb. 1590 in Domnau (Ostpreußen), Rektor in Friedland (Ostpreußen), seit 1623 Pfarrer in Königsberg und Mitglied des Dichterkreises um Simon Dach; dort gest. 1635. – T 1, (T) 113, T 346

WELING, Anna Thekla von (V), geb. 1837 in Neuwied, seit 1886 in Blankenburg (Thüringen) evangelistisch tätig, dort Gründerin und Leiterin des Evangelischen Allianzhauses; dort gest. 1900. – T* 264

WERNER, Fritz (VI,1), geb. 1898 in Berlin, 1924 Kirchenmusiker in Babelsberg und Potsdam, 1946 Chorleiter und 1954 Professor in Heilbronn/Neckar; dort gest. 1977. – M 457, 486

WERNER, Georg (III,1), geb. 1589 in Preußisch-Holland (Ostpreußen), Lehrer, dann Rektor, seit 1621 Pfarrer in Königsberg und dem Dichterkreis um Simon Dach verbunden; gest. 1643 in Königsberg. – T 129

DICHTER UND KOMPONISTEN

WERNER, Theodor (VI,2), geb. 1892 in Homberg bei Kassel, Pfarrer in Hermannsburg und Schwerin, 1946 Landessuperintendent in Schwerin, 1953 Pfarrer in Moringen (Niedersachsen), Mitarbeiter am Evangelischen Kirchengesangbuch 1950; gest. 1973 in Celle. – T* 488

WESLEY, Charles (IV,1), geb. 1707 in Epworth (England), Evangelist und Wanderprediger, wohnhaft in Bristol, Bath und 1772 in London; 6500 Gesänge, neben seinem Bruder John Mitbegründer des Methodismus; gest. 1788 in London. – (T)M* 564

WESLEY, Samuel Sebastian (V), geb. 1810 in London, Enkel des Liederdichters Charles → Wesley, Chorknabe der Chapel Royal, ab 1826 Organist an verschiedenen Kirchen, zuletzt 1865 in Gloucester; dort gest. 1876. – M 264

WESSNITZER, Wolfgang (III,1), geb. 1629, Organist in Hamburg und seit 1658 in Celle, musikalischer Bearbeiter der Celle-Lüneburgischen Gesangbücher zwischen 1661 und 1696; gest. 1697 in Celle. – M 86

WIDESTRAND, Olle (VI,2), geb. 1932, Kirchenmusiker, Pädagoge und Tonsetzer in Jönköping (Schweden). – M 268

WIERUSZOWSKI, Lilli (VI,2), geb. 1899 in Köln, Kirchenmusikerin, flüchtete 1933 nach Basel, dort Organistin an der Ökolampadkirche, dann in Arlesheim (Baselland), bearbeitete den → Genfer Psalter nach Text und Melodie; gest. 1971. – T 627 (Str. 2–6)

WIESE, Götz (VI,2), geb. 1928 in Celle (Niedersachsen), Kantor in Hermannsburg und Loccum, 1959 Kantor in Northeim und Landeskirchenmusikwart in Hannover, 1969–1991 Landeskirchenmusikdirektor. – M 95 (Teil 1), 177.3

WIESENTHAL, Karl-Wolfgang (VI,2), geb. 1935 in Moosburg (Landshut), Musiker und Studioleiter in Berlin. – M 569

WIKFELDT, Erhard (VI,2), geb. 1912 in Karsta/Uppland (Schweden), Pädagoge und Kirchenmusiker am Uppsala Stift in Gimo. – M 568

WILHELM II., Herzog von Sachsen-Weimar (III,1), geb. 1598 in Altenburg, im Dreißigjährigen Krieg schwedischer Statthalter in Thüringen und seit 1625 Regent in Weimar; 1651 Haupt des Dichterbundes »Fruchtbringende Gesellschaft«; gest. 1662 in Weimar. – T 155 (?) (Str. 1–3)

BEIGABEN ZUR LIEDERKUNDE

WILLMS, Wilhelm (VI,2), geb. 1930 in Rurdorf bei Linnich, 1957 Pfarrer in Viersen, 1961 in Aachen-Burtscheid, 1966 in Krefeld, 1973 in Heinsberg, Propst, theologischer Schriftsteller. – T 611

WINER, Johann Georg (III,1), geb. 1583 in Walldorf bei Meiningen, seit 1607 Pfarrer in Gemeinden Thüringens, 1639 in Heinrichs bei Suhl; dort gest. 1651. – (M) 230

WIPO (Wigbert) von Burgund (I,2), geb. um 995 wahrscheinlich in Solothurn, Hofkaplan der Kaiser Konrad II. und Heinrich III., Einsiedler im Böhmerwald, Geschichtsschreiber und Dichter; gest. nach 1048. – (T) 101

WIT, Jan (VI,2), geb. 1914 in Nijmegen, dort 1948 Pfarrer, 1971 Dozent für Hymnologie an der Universität Groningen, Mitarbeiter am »Liedboek voor de Kerken« 1973; gest. 1980 in Groningen. – (T) 199

WITT, Christian Friedrich (IV,1), geb. 1660 in Altenburg, um 1685 Organist und zuletzt Hofkapellmeister in Gotha; dort gest. 1716. – M 135

WITTENBERG 1524 (II,1): Das »Geistliche Gesang Buchlein« von → Walter, ein in Stimmbüchern gedrucktes Chorgesangbuch mit → Luthers erster Vorrede, der früheste Wittenberger Lieddruck und für einige Melodien in dieser Form die älteste Quelle. – M* 23, 124, 138, 183, 214

WITTENBERG 1529 (II,1): »Geistliche Lieder aufs neu gebessert zu Wittenberg«, das grundlegende erste Gemeindegesangbuch → Luthers mit seiner zweiten Vorrede, gedruckt bei Joseph Klug. – M* 35, 99, M 297, M* 343

WOIKE, Fritz (VI,1), geb. 1890 in Breslau, christlicher Lyriker, Eisenbahnbetriebswart in Oplanden; dort gest. 1965. – T 594

WOLTERS, Maria (VI,2), geb. 1910 in Emmerich, Mitarbeiterin ihres Mannes, des Chorleiters und Herausgebers Gottfried Wolters. – T 545 (Str. 2–9)

WOODWARD, George Ratcliffe (VI,1), geb. 1848 in Birkenhead (England), anglikanischer Geistlicher in Pimlico, Lower Walsingham und London; Übersetzer und Herausgeber von Liedsammlungen; gest. 1934 in Highgate. – (T) 117

ZAHN, Johannes (V), geb. 1817 in Eschenbach/Pegnitz bei Nürnberg, seit 1847 Rektor des Lehrerseminars in Altdorf; setzte sich für die

DICHTER UND KOMPONISTEN

Wiedergewinnung der reformatorischen Melodien ein und gab das Sammelwerk »Melodien der deutschen evangelischen Kirchenlieder« seit 1889 heraus; gest. 1895 in Neuendettelsau. − M 14

ZENETTI, Lothar (VI,2), geb. 1926 in Frankfurt/Main, 1952 Kaplan, 1962 Stadtjugendpfarrer in Frankfurt, dann Gemeindepfarrer und Dekan, seit 1982 katholischer Beauftragter für den Hörfunk beim Hessischen Rundfunk. − T 226, T* 382

ZESEN, Philipp von (III,1), geb. 1619 in Priorau bei Dessau, seit 1641 Schriftsteller meist in den Niederlanden und in Hamburg, gründete 1643 die Sprachgesellschaft »Deutschgesinnte Genossenschaft«, 1653 geadelt; gest. 1689 in Hamburg. − T 444

ZILS, Diethard (VI,2), geb. 1935 in Bottrop, 1955 Dominikaner, 1962 Priesterweihe, seit 1965 Referent für Liturgie und Jugendseelsorge in Düsseldorf, Redakteur und Herausgeber von Werkbüchern. − T* 311, T 429, 577, T* 599, 648, 671, 675

ZINZENDORF, Christian Renatus Graf von (IV,1), geb. 1727 in Herrnhut, Sohn von Nikolaus Ludwig Graf von → Zinzendorf, Mitarbeiter seines Vaters, 1747 Ältester der ledigen Brüder; gest. 1752 in London. − (T) 573

ZINZENDORF, Nikolaus Ludwig Graf von (IV,1), geb. 1700 in Dresden, Schüler des Franckeschen Pädagogiums in Halle, 1721 Hof- und Justizrat in Dresden; nahm die um ihres Glaubens willen vertriebenen Mährischen Brüder 1722 auf seinem Gut Berthelsdorf auf, die sich nach einer Erweckung 1727 zur Herrnhuter Brüdergemeine zusammenschlossen; er trat in den geistlichen Stand, 1736 aus Sachsen ausgewiesen, verlegte er seine Gemeindearbeit in die Wetterau mit der Ronneburg, Schloß Marienborn und Herrnhaag, 1751−1755 lebte er in London; 1725 gab er zunächst das Berthelsdorfer Gesangbuch, 1735 »Das Gesang-Buch der Gemeine in Herrn-Huth« mit Liedern von ihm und seinen Mitarbeitern heraus, 1752 das sog. Londoner Gesangbuch, eine Liedersammlung von den Anfängen des christlichen Glaubens an; durch die liturgischen Versammlungen und »Singstunden« (reine Singegottesdienste) am Abend wuchs die Gemeinde zu einer Bruder- und Schwesternschaft zusammen; Christian → Gregor bearbeitete seine Lieder zum Gebrauch im Gottesdienst; gest. 1760 in Herrnhut. − T 198 (Str. 1), (T) 251, T 254, (T) 350 (Str. 2−5), 391

BEIGABEN ZUR LIEDERKUNDE

ZIPP, Friedrich (VI,2), geb. 1914 in Frankfurt/Main, dort 1939 Kirchenmusiker, 1947 Dozent und 1962 Professor an der dortigen Musikhochschule, seit 1977 in Freiburg, Komponist und Musikschriftsteller. – M 424, 691

ZÖBELEY, Rudolf (VI,1), geb. 1901 in Mannheim-Rheinau, 1934 Pfarrer in Baiertal bei Heidelberg, dann in Eppingen (Baden), 1958 Religionslehrer in Mannheim; gest. 1991 in München. – M 452

ZOLLER, Alfred Hans (VI,2), geb. 1928 in Neu-Ulm, im Zeitungswesen tätig, seit 1956 nebenberuflich Organist, seit 1960 Kantor in Neu-Ulm-Reutti; Chorsätze und Psalmkantaten. – TM 546

ZOLLIKOFER, Georg Joachim (IV,2), geb. 1730 in St. Gallen, Pfarrer in Murten (Kanton Fribourg) und seit 1758 in der reformierten Gemeinde in Leipzig; gab 1766 sein rationalistisch geprägtes Gesangbuch heraus; gest. 1788 in Leipzig. – T 414

ZWICK, Johannes (II,1), geb. um 1496 in Konstanz, Rechtsgelehrter in Basel, 1522 Pfarrer in Riedlingen/Donau, wegen seiner evangelischen Gesinnung vertrieben; 1525 Pfarrer in Konstanz, führte dort mit den Brüdern → Blarer die Reformation ein; 1533/34 gab er das »Neu Gsangbüchle«, 3. Auflage Zürich 1540, mit seiner Vorrede und eigenen Liedern heraus und wurde der Bahnbrecher des Kirchengesangs im oberdeutsch-schweizerischen Raum; gest. 1542 in Bischofszell (Thurgau) an der Pest. – T 440, 441, (T) 565

ZWINGLI, Huldrych (Ulrich) (II,1), geb. 1484 in Wildhaus (Kanton St. Gallen), 1506 Pfarrer in Glarus und Feldprediger der Eidgenossen in Italien, 1516 Leutpriester in Einsiedeln, seit 1519 am Großmünster in Zürich, wo er die Reformation durchführte; hinterließ geistliche Dichtungen und Kompositionen; gefallen 1531 in der Schlacht bei Kappel. – (T)M 242

Ökumenische Lieder

Dies Verzeichnis enthält alle Lieder und Gesänge dieses Gesangbuchs, die von der Arbeitsgemeinschaft für Ökumenisches Liedgut (AÖL) bearbeitet worden sind (sog. ö-Lieder).

Die in der Liste mit ö gekennzeichneten Lieder stimmen in Text- und Melodiegestalt mit der von der AÖL erarbeiteten Fassung völlig überein.

Ein eingeklammertes ö weist darauf hin, daß (meist geringfügige) Abweichungen von dieser Fassung bestehen, z.B. in der Auswahl der Strophen.

Wenn in einem Lied nur einzelne ö-Strophen enthalten sind, werden diese in Spalte 1 genannt, außerdem wird darauf hingewiesen, ob die Melodie abweicht.

Ist bei einem Lied eine GL-Nummer vermerkt (Spalte 2), so findet sich dieses Lied auch im katholischen Gebet- und Gesangbuch »Gotteslob« (GL).

Betrifft dies nur einzelne Strophen, so werden diese in Spalte 3 genannt. Auf abweichende Strophenzählung wird hingewiesen (EG = GL).

EG		1	2 GL	3
ö 311	Abraham, Abraham, verlaß dein Land			
(ö) 347	Ach bleib mit deiner Gnade	1–4, 6		
ö 528	Ach wie flüchtig, ach wie nichtig		657	
ö 440	All Morgen ist ganz frisch und neu		666	
(ö) 179	Allein Gott in der Höh sei Ehr	1–3	457	1–3
ö 647	Alles ist eitel, du aber bleibst			
ö 693	Alles, was Odem hat (Kanon)			
ö 567	Am Pfingsttag unter Sturmgebraus			
(ö) 345	Auf meinen lieben Gott	1		
ö 443	Aus meines Herzens Grunde		669	1, 2, 6=3
(ö) 299	Aus tiefer Not schrei ich zu dir	2, 5		
ö 175	Ausgang und Eingang (Kanon)			

BEIGABEN ZUR LIEDERKUNDE

			1	2	3
ö	361	Befiehl du deine Wege			
	491	Bevor die Sonne sinkt	and. M.	702	
	686	Bevor des Tages Licht vergeht		696	
ö	329	Bis hierher hat mich Gott gebracht			
ö	418	Brich dem Hungrigen dein Brot		618	
ö	140	Brunn alles Heils			
(ö)	120	Christ fuhr gen Himmel	2	228	2
(ö)	99	Christ ist erstanden	1	213	1
(ö)	190.2	Christe, du Lamm Gottes	M. Abw.	482	
ö	516	Christus, der ist mein Leben		662	
	77	Christus, der uns selig macht	8, M. Abw.	181	
ö	559	Christus ist auferstanden			
ö	227	Dank sei dir, Vater, für das ewge Leben		634	
ö	336	Danket, danket dem Herrn (Kanon)		283	
ö	301	Danket Gott, denn er ist gut		227	
(ö)	285	Das ist ein köstlich Ding	1–2	271	1–2
	94	Das Kreuz ist aufgerichtet	and. M.		
ö	178.7	Der am Kreuze starb			
ö	64	Der du die Zeit in Händen hast		157	
	566	Der Geist des Herrn erfüllt das All		249	
ö	49	Der Heiland ist geboren			
ö	482	Der Mond ist aufgegangen			
ö	457	Der Tag ist seiner Höhe nah			
ö	266	Der Tag, mein Gott, ist nun vergangen			
ö	110	Die ganze Welt, Herr Jesu Christ		219	
ö	444	Die güldene Sonne bringt Leben und Wonne			
ö	449	Die güldne Sonne voll Freud und Wonne			
(ö)	437	Die helle Sonn leucht' jetzt herfür	3		
ö	16	Die Nacht ist vorgedrungen		111	
ö	553	Die Weisen aus dem Morgenland			

ÖKUMENISCHE LIEDER

			1	2	3
ö	435	Dona nobis pacem (Kanon)			
ö	168	Du hast uns, Herr, gerufen		505, 514	
ö	441	Du höchstes Licht, du ewger Schein		557	1–3, 7–8=4–5
	50	Du Kind, zu dieser heilgen Zeit	and. M.		
(ö)	302	Du meine Seele, singe	1, 2, 4, 8		
	75	Ehre sei dir, Christe	M. Abw.		
ö	26	Ehre sei Gott in der Höhe (Kanon)			
(ö)	595	Ein Kind ist angekommen			
ö	2	Er ist die rechte Freudensonn (Kanon)			
ö	636	Erfreue dich, Himmel		259	
(ö)	452	Er weckt mich alle Morgen	1–3, 5		
(ö)	499	Erd und Himmel sollen singen	1–2		
(ö)	281	Erhebet er sich, unser Gott	3		
ö	106	Erschienen ist der herrlich Tag		225	
ö	105	Erstanden ist der heilig Christ			
(ö)	30	Es ist ein Ros entsprungen	1, 3	132	1, 3
(ö)	545	Es ist für uns eine Zeit angekommen	1, 3–10		
ö	8	Es kommt ein Schiff, geladen		114	1–6
(ö)	47	Freu dich, Erd und Sternenzelt	1		
ö	510	Freuet euch der schönen Erde			
ö	239	Freuet euch im Herren allewege			
(ö)	36	Fröhlich soll mein Herze springen	1–12		
(ö)	503	Geh aus, mein Herz, und suche Freud	1–5, 7–10, 13–15		
ö	489	Gehe ein in deinen Frieden			
ö	189	Geheimnis des Glaubens: Deinen Tod, o Herr, verkünden wir		360, 5	
ö	201	Gehet hin in alle Welt			
ö	23	Gelobet seist du, Jesu Christ		130	
ö	103	Gelobt sei Gott im höchsten Thron		218	
ö	119	Gen Himmel aufgefahren ist		230	

1601

BEIGABEN ZUR LIEDERKUNDE

		1	2	3
ö 425	Gib uns Frieden jeden Tag			
ö 260	Gleichwie mich mein Vater gesandt hat		641	
(ö) 142	Gott, aller Schöpfung heilger Herr		605	1–5, 7
(ö) 445	Gott des Himmels und der Erden	1, 2, 5–7		
ö 199	Gott hat das erste Wort			
ö 3	Gott, heilger Schöpfer aller Stern		116	1, 3–6
ö 180.2	Gott in der Höh sei Preis und Ehr		464	
ö 165	Gott ist gegenwärtig			
ö 409	Gott liebt diese Welt		297	
ö 381	Gott, mein Gott, warum hast du mich verlassen?		308	
(ö) 214	Gott sei gelobet und gebenedeiet	1	494	1
ö 411	Gott, weil er groß ist (Kanon)			
ö 379	Gott wohnt in einem Lichte		290	
ö 331	Großer Gott, wir loben dich		257	
ö 181.2	Halleluja (8. Psalmton)		531,5	
ö 181.3	Halleluja (9. Psalmton)		531,6	
ö 181.8	Halleluja, Amen (Kanon)			
ö 483	Herr, bleibe bei uns (Kanon)		18,8	
ö 277	Herr, deine Güte reicht, so weit der Himmel ist		301	
ö 178.5	Herr, erbarme dich		463	
ö 178.10	Herr, erbarme dich		358,3	
(ö) 605	Herr, gib uns Mut zum Hören			
ö 155	Herr Jesu Christ, dich zu uns wend		516	1–2, 4=3
(ö) 238	Herr, vor dein Antlitz treten zwei	1–2		
ö 397	Herzlich lieb hab ich dich, o Herr			
(ö) 81	Herzliebster Jesu, was hast du verbrochen	1–4	180	1–4
ö 419	Hilf, Herr meines Lebens		622	
(ö) 504	Himmel, Erde, Luft und Meer	2, 3, 5		

ÖKUMENISCHE LIEDER

			1	2	3
ö	507	Himmels Au, licht und blau			
ö	467	Hinunter ist der Sonne Schein		705	
ö	54	Hört, der Engel helle Lieder			
ö	97	Holz auf Jesu Schulter			
(ö)	529	Ich bin ein Gast auf Erden	1, 7, 8		
ö	486	Ich liege, Herr, in deiner Hut			
(ö)	324	Ich singe dir mit Herz und Mund	1–8, 12–13, 17–18		
(ö)	37	Ich steh an deiner Krippen hier	1–4	141	1–4
ö	382	Ich steh vor dir mit leeren Händen, Herr		621	
ö	400	Ich will dich lieben, meine Stärke		558	
ö	291	Ich will dir danken, Herr		278	
(ö)	517	Ich wollt, daß ich daheime wär	1–9, 12		
(ö)	43	Ihr Kinderlein, kommet	1–6		
ö	132	Ihr werdet die Kraft des Heiligen Geistes empfangen			
ö	222	Im Frieden dein, o Herre mein		473	
ö	398	In dir ist Freude			
(ö)	41	Jauchzet, ihr Himmel	1–4	144	1–4
(ö)	150	Jerusalem, du hochgebaute Stadt	1, 4–7		
ö	391	Jesu, geh voran			
ö	396	Jesu, meine Freude			
(ö)	115	Jesus lebt, mit ihm auch ich	1, 2, 5, 6		
(ö)	526	Jesus, meine Zuversicht	1, 2, 6, 7		
ö	314	Jesus zieht in Jerusalem ein			
ö	181.7	Jubilate Deo (Kanon)			
ö	509	Kein Tierlein ist auf Erden			
(ö)	125	Komm, Heiliger Geist, Herre Gott	1	247	1
ö	428	Komm in unsre stolze Welt			
(ö)	225	Komm, sag es allen weiter	1–3		
ö	48	Kommet, ihr Hirten			
ö	98	Korn, das in die Erde			
ö	606	Laßt die Kinder zu mir kommen			
ö	181.6	Laudate omnes gentes			

BEIGABEN ZUR LIEDERKUNDE

		1	2	3
ö 161	Liebster Jesu, wir sind hier, dich und dein Wort		520	
243	Lob Gott getrost mit Singen	T. Abw.		
ö 316	Lobe den Herren, den mächtigen König der Ehren		258	1–3, 5=4
(ö) 555	Loben wollen wir und ehren			
(ö) 447	Lobet den Herren alle, die ihn ehren	1–3, 6–10	671	1–3, 6–8=4–6, 10=7
ö 460	Lobet den Herrn und dankt ihm seine Gaben			
ö 337	Lobet und preiset, ihr Völker, den Herrn (Kanon)		282	
ö 550	Lobpreiset all zu dieser Zeit		158	
ö 332	Lobt froh den Herrn, ihr jugendlichen Chöre			
ö 27	Lobt Gott, ihr Christen alle gleich		134	1–3, 6=4
500	Lobt Gott in allen Landen	and. M.		
(ö) 429	Lobt und preist die herrlichen Taten des Herrn	Kehrvers		
ö 1	Macht hoch die Tür		107	
ö 634	Mein ganzes Herz erhebet dich		264	
ö 473	Mein schönste Zier		559	
ö 408	Meinem Gott gehört die Welt			
(ö) 385	Mir nach, spricht Christus, unser Held	1, 2, 4–6	616	1–2, 4–6=3–5
(ö) 10	Mit Ernst, o Menschenkinder	1, 3, 4	113	1, 4=3
ö 474	Mit meinem Gott geh ich zur Ruh			
(ö) 518	Mitten wir im Leben sind	1	654	1
ö 450	Morgenglanz der Ewigkeit		668	1
484	Müde bin ich, geh zur Ruh	and. M.		
124	Nun bitten wir den Heiligen Geist	M. Abw.	248	1
ö 322	Nun danket all und bringet Ehr		267	1–2, 5–6=3–4, 8–9=5–6
ö 321	Nun danket alle Gott		266	

1604

ÖKUMENISCHE LIEDER

		1	2	3
ö 290	Nun danket Gott, erhebt und preiset			
(ö) 288	Nun jauchzt dem Herren, alle Welt	1, 2, 5, 6	474	1, 2, 5, 6
ö 695	Nun lässest du, o Herr		660	
ö 520	Nun legen wir den Leib ins Grab			
(ö) 289	Nun lob, mein Seel, den Herren	2–5		
ö 477	Nun ruhen alle Wälder			
ö 294	Nun saget Dank und lobt den Herren		269	
ö 207	Nun schreib ins Buch des Lebens			
ö 22	Nun sei uns willkommen (Kanon)			
ö 532	Nun sich das Herz von allem löste			
(ö) 481	Nun sich der Tag geendet, mein Herz	1, 3–5		
ö 265	Nun singe Lob, du Christenheit		638	1, 2, 4, 5
(ö) 35	Nun singet und seid froh	1–3		
ö 563	Nun werden die Engel im Himmel	1, 3		
(ö) 684	Nun wollen wir singen das Abendlied	1–4		
ö 44	O du fröhliche			
(ö) 85	O Haupt voll Blut und Wunden	6, 8, 9, 10	179	8–10=5–7
(ö) 7	O Heiland, reiß die Himmel auf	1–6	105	1–6
(ö) 130	O Heilger Geist, kehr bei uns ein	1–3		
ö 235	O Herr, nimm unsre Schuld		168	
(ö) 72	O Jesu Christe, wahres Licht	1	643	
(ö) 136	O komm, du Geist der Wahrheit	1–4, 6–7		
(ö) 190.1	O Lamm Gottes, unschuldig	1, 3	470	1, 3=2
76	O Mensch, bewein dein Sünde groß	T. Abw.	166	
ö 521	O Welt, ich muß dich lassen		659	
(ö) 84	O Welt, sieh hier dein Leben	1–6, 8, 10		
ö 236	Ohren gabst du mir			
ö 492	Ruhet von des Tages Müh (Kanon)			
(ö) 403	Schönster Herr Jesu	1, 3, 4	551	1, 3, 4

BEIGABEN ZUR LIEDERKUNDE

			1	2	3
ö	466	Segne, Herr, was deine Hand (Kanon)			
(ö)	326	Sei Lob und Ehr dem höchsten Gut	1–8		
ö	178.8	Send uns deinen Geist			
ö	172	Sende dein Licht und deine Wahrheit (Kanon)			
ö	190.4	Siehe, das ist Gottes Lamm (Kanon)			
(ö)	597	Singet, danket unserm Gott	1–3	277	
ö	287	Singet dem Herrn ein neues Lied		273	
ö	305	Singt das Lied der Freude über Gott		272	
ö	306	Singt das Lied der Freude, der Freude			
ö	376	So nimm denn meine Hände			
ö	427	Solang es Menschen gibt auf Erden		300	
ö	692	Sonne der Gerechtigkeit		644	
ö	686	Sonne scheint ins Land hinein			
ö	442	Steht auf, ihr lieben Kinderlein			
ö	46	Stille Nacht, heilige Nacht		145	T. Abw.
ö	178.6	Tau aus Himmelshöhn			
ö	57	Uns wird erzählt von Jesus Christ			
ö	163	Unsern Ausgang segne Gott			
ö	186	Vater unser im Himmel (mittelalterlich)		362	
ö	421	Verleih uns Frieden gnädiglich		310	
ö	456	Vom Aufgang der Sonne (Kanon)			
(ö)	24	Vom Himmel hoch, da komm ich her	1–6, 15	138	1–6=2–7, 15=8
ö	541	Vom Himmel hoch, o Engel, kommt			
(ö)	365	Von Gott will ich nicht lassen	1, 3, 5–7		
ö	244	Wach auf, wach auf, 's ist hohe Zeit			
ö	147	Wachet auf, ruft uns die Stimme		110	

ÖKUMENISCHE LIEDER

		1	2	3
(ö) 372	Was Gott tut, das ist wohlgetan	1–2, 4, 6	294	1–2, 4=3, 6=4
ö 511	Weißt du, wieviel Sternlein stehen			
(ö) 522	Wenn mein Stündlein vorhanden ist	1, 3, 4	658	1, 3=2, 4=3
ö 366	Wenn wir in höchsten Nöten sein			
ö 369	Wer nur den lieben Gott läßt walten	1, 2, 7	296	1, 2, 7=3
(ö) 530	Wer weiß, wie nahe mir mein Ende	1, 2		
617	Wie der Hirsch nach frischer Quelle			
ö 271	Wie herrlich gibst du, Herr, dich zu erkennen			
(ö) 282	Wie lieblich schön, Herr Zebaoth	1, 3, 4, 6		
(ö) 70	Wie schön leuchtet der Morgenstern	4	554	4
ö 11	Wie soll ich dich empfangen			
ö 568	Wind kannst du nicht sehen			
(ö) 79	Wir danken dir Herr Jesu Christ, daß du für uns gestorben bist	1, 3, 4	178	1, 3, 4
462	Wir danken dir, Herr Jesu Christ, daß du unser Gast gewesen bist	and. M.		
(ö) 458	Wir danken Gott für seine Gaben			
ö 184	Wir glauben Gott im höchsten Thron		276	
ö 17	Wir sagen euch an den lieben Advent		115	
ö 100	Wir wollen alle fröhlich sein		223	
(ö) 167	Wir wollen fröhlich singen	1–4		
(ö) 654	Wo ich gehe, wo ich stehe			
(ö) 295	Wohl denen, die da wandeln	3, 4	614	4=3
ö 38	Wunderbarer Gnadenthron			
(ö) 377	Zieh an die Macht, du Arm des Herrn	1, 2	304	
(ö) 32	Zu Bethlehem geboren	1–4	140	1–4

BEIGABEN ZUR LIEDERKUNDE

1010 Lieder aus anderen Ländern und Sprachen

Die Christenheit ist eine weltweite Gemeinschaft. Das wird auch an den Liedern deutlich, die sie über Länder- und Sprachgrenzen hinweg miteinander teilt.

In den folgenden Aufstellungen werden Gesänge, die in den alten Sprachen (Hebräisch, Griechisch, Lateinisch) wurzeln und die ein gemeinsames Erbe bilden, nicht aufgeführt. Für Lieder, die auf dem Weg durch verschiedene Sprachräume zu uns gekommen sind, wird die für das Lied typische Herkunft genannt. Nicht wenige Melodien, die vor langer Zeit übernommen wurden, haben sich so eingebürgert, daß sie hier ebenfalls nicht aufgeführt werden.

Aus Großbritannien

19	O komm, o komm, du Morgenstern
45	Herbei, o ihr Gläub'gen
55	O Bethlehem, du kleine Stadt
98	Korn, das in die Erde (Text)
154	Herr, mach uns stark (Text Str. 6, Melodie)
229	Kommt mit Gaben und Lobgesang (Text)
264	Die Kirche steht gegründet
266	Der Tag, mein Gott, ist nun vergangen
269	Christus ist König, jubelt laut
410	Christus, das Licht der Welt (Text)
454	Auf und macht die Herzen weit (Text)
455	Morgenlicht leuchtet
488	Bleib bei mir, Herr
490	Der Tag ist um, die Nacht kehrt wieder
514	Gottes Geschöpfe, kommt zuhauf
564	Christ, der Herr, ist heut erstanden
610	Jesus hat seine Herrschaft bestellt
659	Ins Wasser fällt ein Stein (Text)

Aus den Niederlanden

20	Das Volk, das noch im Finstern wandelt
97	Holz auf Jesu Schulter (Text)

LIEDER AUS ANDEREN LÄNDERN UND SPRACHEN

117	Der schöne Ostertag
199	Gott hat das erste Wort
311	Abraham, Abraham, verlaß dein Land
312	Kam einst zum Ufer
313	Jesus, der zu den Fischern lief
382	Ich steh vor dir mit leeren Händen, Herr
427	Solang es Menschen gibt auf Erden
430	Gib Frieden, Herr, gib Frieden
599	Singet dem Herrn ein neues Lied
606	Laßt die Kinder zu mir kommen
632	Glückliche Stunde

Aus Frankreich

54	Hört, der Engel helle Lieder
98	Korn, das in die Erde (Melodie)
178.12	Kyrie (Taizé)
181.6	Laudate omnes gentes / Lobsingt, ihr Völker alle (Taizé)
272	Ich lobe meinen Gott
410	Christus, das Licht der Welt (Melodie)
416	O Herr, mach mich zu einem Werkzeug deines Friedens (Text)
429	Lobt und preist die herrlichen Taten des Herrn (Melodie)
609	Du hast vereint in allen Zonen (Text)
648	Wir haben Gottes Spuren festgestellt
	Die Lieder des Genfer Psalters (vgl. Nr. 957)
	Die Taizé-Gesänge (Nr. 579 bis Nr. 588)

Aus der Schweiz

153	Der Himmel, der ist (Text)
242	Herr, nun selbst den Wagen halt
271	Wie herrlich gibst du, Herr, dich zu erkennen
301	Danket Gott, denn er ist gut (Text)
309	Hoch hebt den Herrn mein Herz
332	Lobt froh den Herrn
464	Herr, gib uns unser täglich Brot
545	Es ist für uns eine Zeit angekommen (Melodie und Satz; Text Str. 1 und 10)
614	Dem Herrn gehört unsre Erde (Text)
624	Singet dem Herrn ein neues Lied (Text)
627	Dankt, dankt dem Herrn und ehret (Text Str. 2 bis 6)
695	Nun lässest du, o Herr (Satz)

BEIGABEN ZUR LIEDERKUNDE

Aus den USA

182	Halleluja. Suchet zuerst Gottes Reich (Melodie)
225	Komm, sag es allen weiter (Melodie)
431	Gott, unser Ursprung
499	Erd und Himmel sollen singen (Melodie)
570	Du, Herr, gabst uns dein festes Wort (Melodie)
663	Gehet hin an alle Enden (Melodie)
670	Hört, wen Jesus glücklich preist (Melodie)

Aus Schweden

180.3	Ehre sei Gott in der Höhe
268	Strahlen brechen viele aus einem Licht
568	Wind kannst du nicht sehen
638	Erd und Himmel klinge
663	Herr, deine Liebe ist wie Gras und Ufer

Aus Israel

433	Wir wünschen Frieden euch allen (Hevenu schalom alejchem)
434	Der Friede des Herrn (Kanon) (Schalom chaverim)
489	Gehe ein in deinen Frieden
577	Kommt herbei, singt dem Herrn (Melodie)

Aus Österreich

17	Wir sagen euch an den lieben Advent (Text)
46	Stille Nacht
50	Der Heiland ist geboren
680	Im Lande der Knechtschaft

Aus Tschechien

18	Seht, die gute Zeit ist nah
47	Freu dich, Erd und Sternenzelt
48	Kommet, ihr Hirten
	Die Lieder der Böhmischen Brüder (vgl. Nr. 957)

Aus Lateinamerika

171	Bewahre uns, Gott
188	Vater unser, Vater im Himmel (Melodie)
229	Kommt mit Gaben und Lobgesang (Melodie)

1610

LIEDER AUS ANDEREN LÄNDERN UND SPRACHEN

Aus Norwegen

212	Voller Freude über dieses Wunder
383	Herr, du hast mich angerührt
644	Vergiß nicht zu danken dem ewigen Herrn (Melodie)

Aus Rußland, aus der Ukraine

178.9	Kyrie eleison (orthodoxe Liturgie)
181.4	Halleluja (orthodoxe Liturgie aus Kiew)
307	Gedenk an uns, o Herr / Selig sind, die da geistlich arm sind (Melodie)

Aus Ungarn, aus Siebenbürgen

96	Du schöner Lebensbaum des Paradieses
284	Das ist köstlich
531	Noch kann ich es nicht fassen

Aus Italien

44	O du fröhliche (Melodie)
515	Laudato si

Aus Polen

53	Als die Welt verloren
671	Unfriede herrscht auf der Erde

Aus Belgien

97	Holz auf Jesu Schulter (Melodie)

Aus China

454	Auf und macht die Herzen weit (Melodie)

Aus Griechenland

185.4	Heiliger Herre Gott (Agios o Theos)

Aus Spanien

675	Laß uns den Weg der Gerechtigkeit gehn

Aus Tansania

116	Er ist erstanden, Halleluja

Aus Zimbabwe

181.5	Halleluja

BEIGABEN ZUR LIEDERKUNDE

Fremdsprachige Lieder

45	Herbei, o ihr Gläub'gen	*Englisch Str. 1*
53	Als die Welt verloren	*Polnisch Str. 1–2*
96	Du schöner Lebensbaum	*Ungarisch Str. 1–4*
116	Er ist erstanden, Halleluja	*Kisuaheli Str. 1 mit Kehrvers*
185.4	Heiliger Herre Gott / Agios o Theos	*Neugriechisch*
199	Gott hat das erste Wort	*Niederländisch Str. 1–4*
229	Kommt mit Gaben und Lobgesang	*Englisch Str. 1–3*
264	Die Kirche steht gegründet	*Englisch Str. 1–3*
266	Der Tag, mein Gott, ist nun vergangen	*Englisch Str. 1–5*
268	Strahlen brechen viele aus einem Licht	*Schwedisch Str. 1–5*
272	Ich lobe meinen Gott	*Französisch*
279	Jauchzt, alle Lande, Gott zu Ehren *Französisch Str. 1–4:* Roger Chapal 1970 nach Théodore de Bèze 1562 und Valentin Conrart 1679	
316	Lobe den Herren, den mächtigen König der Ehren *Englisch:* Catherine Winkworth 1858 *Französisch:* Ch. Pfender 1908, Rév. 1977 *Polnisch:* aus Spiewnik 1976 *Schwedisch:* Z. Topelius 1869 *Tschechisch:* Vsetin 1909/1915/1970 *je Str. 1*	
321	Nun danket alle Gott *Englisch:* Catherine Winkworth 1858 *Französisch:* Cantique spirituel 1758, Rév. 1977 *je Str. 1–3*	
336	Danket, danket dem Herrn	*Französisch*
433	Wir wünschen Frieden euch allen / Hevenu schalom alejchem	*Neuhebräisch*
434	Der Friede des Herrn geleite euch / Schalom chaverim	*Neuhebräisch*
456	Vom Aufgang der Sonne	*Französisch*
515	Laudato si	*Italienisch-deutsch*

1612

FREMDSPRACHIGE LIEDER

564	Christ, der Herr ist heut erstanden *Englisch Str. 1*
568	Wind kannst du nicht sehen *Schwedisch Str. 1–5*
609	Du hast vereint in allen Zonen *Französisch Str. 1–3; Englisch Str. 1–3*
610	Jesus hat seine Herrschaft bestellt *Englisch Str. 1–4; Französisch Str. 1–4*
622	Ich sing in Ewigkeit *Ungarisch Str. 1–2*
630	Dankt, dankt dem Herrn *Niederländisch Str. 1*
632	Glückliche Stunde *Niederländisch Str. 1–5*
634	Mein ganzes Herz erhebet dich *Französisch Str. 1–3*
642	Singet und spielet dem Herrn in euren Herzen *Französisch*
648	Wir haben Gottes Spuren festgestellt *Französisch Str. 1*
671	Unfriede herrscht auf der Erde *Polnisch Str. 1–3*
675	Laß uns den Weg der Gerechtigkeit gehn *Spanisch Str. 1–4*

Alphabetisches Verzeichnis der Lieder und Gesänge

Bei Liedern, deren Melodie auch für andere Lieder verwendet wird, ist mit M und Liednummer(n) auf diese Lieder hingewiesen. Bei Liedern, die ihre Melodie von einem anderen Lied entlehnt haben, wird dieses mit kursiver *Liednummer* angegeben. In *Kursivschrift* sind solche Lieder aufgeführt, von denen sich im Gesangbuch nur die Melodie, nicht jedoch der Text vorfindet. Die mit * versehenen Lieder eignen sich für das Singen mit Kindern.

487	Abend ward, bald kommt die Nacht *(mehrstg.)*	
311	Abraham, Abraham, verlaß dein Land*	
246	Ach bleib bei uns, Herr Jesu Christ	M *193*
347	Ach bleib mit deiner Gnade	M *516*
233	Ach Gott und Herr, wie groß und schwer	
273	Ach Gott, vom Himmel sieh darein	
203	Ach lieber Herre Jesu Christ, der du ein Kindlein worden bist	M *462*
468	Ach lieber Herre Jesu Christ, weil du ein Kind gewesen bist	
528	Ach wie flüchtig, ach wie nichtig	
185.4	Agios o Theos (Heiliger Herre Gott) *(mehrstg.)*	
440	All Morgen ist ganz frisch und neu	
463	Alle guten Gaben *(mehrstg.)*	
694	Alle Menschen müssen sterben	M 583
195	Allein auf Gottes Wort will ich	
179	Allein Gott in der Höh sei Ehr	
180.4	Allein Gott in der Höh sei Ehr *(Kanon)*	
232	Allein zu dir, Herr Jesu Christ	
461	Aller Augen warten auf dich, Herre *(mehrstg.)*	
352	Alles ist an Gottes Segen	M 123, 252
647	Alles ist eitel *(Kanon)*	
641	Alles, was Odem hat *(Kanon)*	

ALPHABETISCHES VERZEICHNIS

693	Alles, was Odem hat*	
53	Als die Welt verloren (Gdy się Chrystus rodzi)	
28	Also hat Gott die Welt geliebt	
51	Also liebt Gott die arge Welt	
338	Alte mit den Jungen sollen loben *(Kanon)*	
567	Am Pfingsttag unter Sturmgebraus	M 106
675	Anunciaremos tu reino, Señor (Laß uns den Weg der Gerechtigkeit gehn)	
	An Wasserflüssen Babylon	83
	Attende Domine	596
536	Auf, auf, ihr Christen alle	
112	Auf, auf, mein Herz, mit Freuden	
122	Auf Christi Himmelfahrt allein	M 149
565	Auf diesen Tag bedenken wir	
345	Auf meinen lieben Gott	
73	Auf, Seele, auf und säume nicht	M 27
690	Auf, Seele, Gott zu loben *(mehrstg.)*	
454	Auf und macht die Herzen weit	
655	Aus der Tiefe rufe ich zu dir	
443	Aus meines Herzens Grunde	M 505
	Aus meines Jammers Tiefe	379
144	Aus tiefer Not laßt uns zu Gott	M II 299
299	Aus tiefer Not schrei ich zu dir	M II 144, 283, 367
175	Ausgang und Eingang *(Kanon)**	
622	Az Úrnak irgal mát (Ich sing in Ewigkeit)	
361	Befiehl du deine Wege	M 63, 430, 649
406	Bei dir, Jesu, will ich bleiben	M 251
321	Béni soit le Seigneur (Nun danket alle Gott)	M 139
686	Bevor des Tages Licht vergeht	
491	Bevor die Sonne sinkt	
171	Bewahre uns, Gott	
329	Bis hierher hat mich Gott gebracht	M 253, 506
488	Bleib bei mir, Herr! Der Abend bricht herein	
585	Bleibet hier und wachet mit mir *(Taizé) (mehrstg.)*	
586	Bleib mit deiner Gnade *(Taizé) (mehrstg.)*	
33	Brich an, du schönes Morgenlicht	
418	Brich dem Hungrigen dein Brot	

ALPHABETISCHES VERZEICHNIS

572	Brich herein, süßer Schein *(mehrstg.)*	
420	Brich mit den Hungrigen dein Brot	
140	Brunn alles Heils, dich ehren wir *(mehrstg.)*	M 300
316	Célébrons le Seigneur, notre Dieu et notre Père	M 317
	(Lobe den Herren, den mächtigen König der Ehren)	
642	Chantez et bénissez le Seigneur de notre vie *(Kanon)*	
	(Singet und spielet dem Herrn in euren Herzen)	
564	Christ, der Herr, ist heut erstanden	
	(Christ, the Lord, is ris'n today)	
120	Christ fuhr gen Himmel	M 99
99	Christ ist erstanden	M 120
101	Christ lag in Todesbanden	
564	Christ, the Lord, is ris'n today	
	(Christ, der Herr, ist heut erstanden)	
539	Christum wir sollen loben schon	
202	Christ, unser Herr, zum Jordan kam	
	Christe, du Beistand deiner Kreuzgemeine	247
469	Christe, du bist der helle Tag	
190.2	Christe, du Lamm Gottes	
92	Christe, du Schöpfer aller Welt	
350	Christi Blut und Gerechtigkeit	M 79
410	Christus, das Licht der Welt	
516	Christus, der ist mein Leben	M 207, 347
77	Christus, der uns selig macht	
559	Christus ist auferstanden	
269	Christus ist König, jubelt laut	
316	Chvaliž Hospodina, slávy vždy Kréle mocného	M 317
	(Lobe den Herren, den mächtigen König der Ehren)	
671	Ciagly niepokój na świecie	
	(Unfriede herrscht auf der Erde)	
	Da Christus geboren war	38
674	Damit aus Fremden Freunde werden	
227	Dank sei dir, Vater, für das ewge Leben	M 460
334	Danke für diesen guten Morgen*	
687	Danke, Herr, ich will dir danken	
336	Danket, danket dem Herrn *(Kanon)*	
	(Rendons grâce au Seigneur)	

ALPHABETISCHES VERZEICHNIS

333	Danket dem Herrn! Wir danken dem Herrn *(mehrstg.)*	
301	Danket Gott, denn er ist gut	
557	Dank sei dir, Herr, durch alle Zeiten	
630	Dankt, dankt dem Herrn, jauchzt volle Chöre (Laat ieder s'Heren goedheid prijzen)	M 294
627	Dankt, dankt dem Herrn und ehret	
59	Das alte Jahr vergangen ist	
513	Das Feld ist weiß	
285	Das ist ein köstlich Ding	
284	Das ist köstlich	
292	Das ist mir lieb, daß du mich hörst	
551	Das Jahr geht hin, nun segne du	
63	Das Jahr geht still zu Ende	M 361
94	Das Kreuz ist aufgerichtet	
221	Das sollt ihr, Jesu Jünger, nie vergessen	M 460
20	Das Volk, das noch im Finstern wandelt	
223	Das Wort geht von dem Vater aus	M 79
375	Daß Jesus siegt, bleibt ewig ausgemacht	
14	Dein König kommt in niedern Hüllen	
424	Deine Hände, großer Gott*	
189	Deinen Tod, o Herr, verkünden wir	
614	Dem Herrn gehört unsre Erde	M 626
29	Den die Hirten lobeten sehre *(mehrstg.)**	M 39
178.7	Der am Kreuze starb *(Oster-Kyrie)*	M 178.5
470	Der du bist drei in Einigkeit	
64	Der du die Zeit in Händen hast	
257	Der du in Todesnächten	M 523
434	Der Friede des Herrn geleite euch *(Kanon)* (Schalom chaverim)	
566	Der Geist des Herrn erfüllt	M 293
169	Der Gottesdienst soll fröhlich sein*	
49	Der Heiland ist geboren	
173	Der Herr behüte deinen Ausgang *(Kanon)*	
118	Der Herr ist auferstanden *(Kanon)*	
623	Der Herr ist König, hoch erhöht	
612	Der Herr ist mein getreuer Hirt, dem ich mich	
274	Der Herr ist mein getreuer Hirt	
613	Der Herr mein Hirt! So will ich Gott besingen	
153	Der Himmel, der ist, ist nicht der Himmel, der kommt	

ALPHABETISCHES VERZEICHNIS

611	Der Himmel geht über allen auf *(Kanon)**	
479	Der lieben Sonne Licht und Pracht	
482	Der Mond ist aufgegangen *(mehrstg.)*	
69	Der Morgenstern ist aufgedrungen *(mehrstg.)*	
117	Der schöne Ostertag	
438	Der Tag bricht an und zeiget sich	M 244
472	Der Tag hat sich geneiget	M 349
457	Der Tag ist seiner Höhe nah	
490	Der Tag ist um, die Nacht kehrt wieder	M 255
266	Der Tag, mein Gott, ist nun vergangen (The day thou gavest, Lord, is ended) *(mehrstg.)*	
319	Die beste Zeit im Jahr ist mein	
677	Die Erde ist des Herrn	
505	Die Ernt ist nun zu Ende	M 443
360	Die ganze Welt hast du uns überlassen	
110	Die ganze Welt, Herr Jesu Christ	
576	Die Gnade unsers Herrn Jesu Christi *(mehrstg.)*	
444	Die güldene Sonne bringt Leben und Wonne	
449	Die güldne Sonne voll Freud und Wonne	
437	Die helle Sonn leucht' jetzt herfür *(mehrstg.)*	
527	Die Herrlichkeit der Erden	M 521
640	Die Herrlichkeit des Herrn *(Kanon)*	
264	Die Kirche steht gegründet (The Church's one foundation)	
471	Die Nacht ist kommen	
16	Die Nacht ist vorgedrungen	
476	Die Sonn hat sich mit ihrem Glanz gewendet	M 271
459	Die Sonn hoch an dem Himmel steht	
553	Die Weisen aus dem Morgenland*	
548	Die Weisen sind gegangen	
42	Dies ist der Tag, den Gott gemacht	M 24
40	Dies ist die Nacht, da mir erschienen	
231	Dies sind die heilgen zehn Gebot	M 498
573	Die wir uns allhier beisammen finden	
328	Dir, dir, o Höchster, will ich singen	M 241, 414
435	Dona nobis pacem *(Kanon)*	
422	Du Friedefürst, Herr Jesu Christ	
683	Du Glanz aus Gottes Herrlichkeiten	M 255
87	Du großer Schmerzensmann	

ALPHABETISCHES VERZEICHNIS

210	Du hast mich, Herr, zu dir gerufen	
676	Du hast uns deine Welt geschenkt*	
168	Du hast uns, Herr, gerufen*	
240	Du hast uns, Herr, in dir verbunden	M *330*
216	Du hast uns Leib und Seel gespeist	M *364*
609	Du hast vereint in allen Zonen (Sur ton Eglise universelle)	M *660*
224	Du hast zu deinem Abendmahl	
570	Du, Herr, gabst uns dein festes Wort	
441	Du höchstes Licht, du ewger Schein	
533	Du kannst nicht tiefer fallen	
50	Du Kind, zu dieser heilgen Zeit	
	Du Lebensbrot, Herr Jesu Christ	*329*
302	Du meine Seele, singe	
74	Du Morgenstern, du Licht vom Licht	M *442*
96	Du schöner Lebensbaum des Paradieses (Paradicsomnak te szép élő fája)	
485	Du Schöpfer aller Wesen	
177.1	Ehr sei dem Vater und dem Sohn *(1532)*	
177.2	Ehr sei dem Vater und dem Sohn *(1532/1856)*	
177.3	Ehre sei dem Vater und dem Sohn *(1987)*	
75	Ehre sei dir, Christe	
180.1	Ehre sei Gott in der Höhe *(1524)*	
180.3	Ehre sei Gott in der Höhe *(1986)*	
26	Ehre sei Gott in der Höhe *(Kanon)*	
554	Eines wünsch ich mir vor allem andern	
362	Ein feste Burg ist unser Gott	
595	Ein Kind ist angekommen	
83	Ein Lämmlein geht und trägt die Schuld	
389	Ein reines Herz, Herr, schaff in mir	M *72*
413	Ein wahrer Glaube Gotts Zorn stillt	M *300*
493	Eine ruhige Nacht *(Kanon)*	
256	Einer ist's, an dem wir hangen	M *147*
604	Ein Schiff, das sich Gemeinde nennt	
386	Eins ist not! Ach Herr, dies Eine	
228	Er ist das Brot, er ist der Wein	
2	Er ist die rechte Freudensonn *(Kanon)**	
116	Er ist erstanden, Halleluja (Mfurahini, Haleluya)*	

1619

ALPHABETISCHES VERZEICHNIS

452	Er weckt mich alle Morgen	
638	Erd und Himmel klinge *(Kanon)*	
499	Erd und Himmel sollen singen	
636	Erfreue dich, Himmel	
193	Erhalt uns, Herr, bei deinem Wort	M 246
657	Erheb dein Herz, tu auf dein' Ohren	M 255
281	Erhebet er sich, unser Gott	M 76
619	Erhör, o Gott, mein Flehen	
608	Erleuchte und bewege uns*	
151	Ermuntert euch, ihr Frommen	M 148
	Ermuntre dich, mein schwacher Geist	*33*
390	Erneure mich, o ewigs Licht	M 72
106	Erschienen ist der herrlich Tag	M 107, 111, 162, 580
105	Erstanden ist der heilig Christ	
439	Es geht daher des Tages Schein	
342	Es ist das Heil uns kommen her	M 113
30	Es ist ein Ros entsprungen *(mehrstg.)*	
31	Es ist ein Ros entsprungen *(Kanon)*	
590	Es ist ein Wort ergangen	
545	Es ist für uns eine Zeit angekommen *(mehrstg.)**	
	Es ist genug	*375*
149	Es ist gewißlich an der Zeit	M 122, 563
356	Es ist in keinem andern Heil	
358	Es kennt der Herr die Seinen	M 357
8	Es kommt ein Schiff, geladen	
378	Es mag sein, daß alles fällt	
174	Es segne und behüte uns *(Kanon)*	
	Es sind doch selig alle, die	*76*
	Es spricht der Unweisen Mund wohl	*196*
426	Es wird sein in den letzten Tagen	
280	Es wolle Gott uns gnädig sein	
47	Freu dich, Erd und Sternenzelt*	
524	Freu dich sehr, o meine Seele	M 298, 592, 613
510	Freuet euch der schönen Erde	
34	Freuet euch, ihr Christen alle, freue sich, wer immer kann	
579	Freuet euch im Herrn *(Taizé)* *(mehrstg.)*	
239	Freuet euch im Herren allewege	
651	Freunde, daß der Mandelzweig	

1620

ALPHABETISCHES VERZEICHNIS

129	Freut euch, ihr Christen alle,	
	Gott schenkt uns seinen Sohn	M *133*
60	Freut euch, ihr lieben Christen all	
540	Freut euch, ihr lieben Christen, freut euch	
36	Fröhlich soll mein Herze springen	
159	Fröhlich wir nun all fangen an	
111	Frühmorgens, da die Sonn aufgeht	M *106*
656	Fürchte dich nicht *(mehrstg.)*	
661	Für dich sei ganz mein Herz und Leben	
53	Gdy się Chrystus rodzi (Als die Welt verloren)	
307	Gedenk an uns, o Herr *(mehrstg.)*	
503	Geh aus, mein Herz, und suche Freud	
489	Gehe ein in deinen Frieden	
189	Geheimnis des Glaubens:	
	Deinen Tod, o Herr, verkünden wir	
668	Gehet hin an alle Enden	
201	Gehet hin in alle Welt	
688	Geht der Tag ganz leis zu Ende	
137	Geist des Glaubens, Geist der Stärke	M *388*
139	Gelobet sei der Herr	M *321*
23	Gelobet seist du, Jesu Christ	
681	Gelobt sei deine Treu *(mehrstg.)*	
103	Gelobt sei Gott im höchsten Thron *(mehrstg.)*	
119	Gen Himmel aufgefahren ist	
371	Gib dich zufrieden und sei stille	
430	Gib Frieden, Herr, gib Frieden	M *361*
425	Gib uns Frieden jeden Tag*	
260	Gleichwie mich mein Vater gesandt hat	
535	Gloria sei dir gesungen *(auch 147,3) (mehrstg.)*	M *147*
632	Glückliche Stunde (Zalige ure)	
199	God heeft het eerste woord (Gott hat das erste Wort)	
142	Gott, aller Schöpfung heilger Herr	M *300*
211	Gott, der du alles Leben schufst	M *72*
625	Gott der Herr regiert	
138	Gott der Vater steh uns bei	
445	Gott des Himmels und der Erden	M *565, 598*
432	Gott gab uns Atem, damit wir leben*	
629	Gott hab ich lieb, er hörte mein Gebet	

ALPHABETISCHES VERZEICHNIS

199	Gott hat das erste Wort *(God heeft het eerste woord)*	
3	Gott, heilger Schöpfer aller Stern	
180.2	Gott in der Höh sei Preis und Ehr	
165	Gott ist gegenwärtig	M 327
409	Gott liebt diese Welt*	
162	Gott Lob, der Sonntag kommt herbei	M 106
381	Gott, mein Gott, warum hast du mich verlassen	
392	Gott rufet noch. Sollt ich nicht endlich hören	M 271
12	Gott sei Dank durch alle Welt	
214	Gott sei gelobet und gebenedeiet	M 217
431	Gott, unser Ursprung, Herr des Raums	
160	Gott Vater, dir sei Dank gesagt	M 271
208	Gott Vater, du hast deinen Namen	
205	Gott Vater, höre unsre Bitt	M 275
348	Gott verspricht: Ich will dich segnen	
411	Gott, weil er groß ist *(Kanon)*	
601	Gott, wir preisen deine Wunder	M 445
379	Gott wohnt in einem Lichte	M 633
514	Gottes Geschöpfe, kommt zuhauf	
5	Gottes Sohn ist kommen	
562	Gottes Stimme laßt uns sein *(Kanon)*	
591	Gottes Wort ist wie Licht *(Kanon)*	
331	Großer Gott, wir loben dich	
181.4	Halleluja *(orthodox) (mehrstg.)*	
181.1	Halleluja *(5. Psalmton)*	
181.2	Halleluja *(8. Psalmton)*	
181.3	Halleluja *(9. Psalmton)*	
181.5	Halleluja *(1965) (mehrstg.)*	
581	Halleluja *(Taizé) (mehrstg.)*	
181.8	Halleluja, Amen *(Kanon)**	
635	Halleluja, Gott zu loben	
182	Halleluja. Suchet zuerst Gottes Reich in dieser Welt *(mehrstg.)**	
405	Halt im Gedächtnis Jesus Christ	M 196
128	Heilger Geist, du Tröster mein	
185.1	Heilig *(1564)*	
185.2	Heilig *(gregorianisch)*	
185.3	Heilig *(1726)*	

ALPHABETISCHES VERZEICHNIS

185.4	Heiliger Herre Gott (Agios o Theos)	
549	Helft mir Gotts Güte preisen	M 365
45	Herbei, o ihr Gläub'gen (O come, all ye faithful)	
483	Herr, bleibe bei uns *(Kanon)**	
204	Herr Christ, dein bin ich eigen	
67	Herr Christ, der einig Gotts Sohn	M 404
198	Herr, dein Wort, die edle Gabe	M 388
277	Herr, deine Güte reicht, so weit der Himmel ist	
663	Herr, deine Liebe ist wie Gras und Ufer	
283	Herr, der du vormals hast dein Land	M II 299
512	Herr, die Erde ist gesegnet	M 388
267	Herr, du hast darum gebetet	
383	Herr, du hast mich angerührt	
220	Herr, du wollest uns bereiten	M 147
178.5	Herr, erbarme dich *(1952)*	
178.10	Herr, erbarme dich *(1964) (mehrstg.)*	
178.11	Herr, erbarme dich *(1973)**	
196	Herr, für dein Wort sei hoch gepreist	M 405
682	Herr, gib, daß ich auch diesen Tag	
669	Herr, gib mir Mut zum Brückenbauen*	
436	Herr, gib uns deinen Frieden *(Kanon)**	
605	Herr, gib uns Mut zum Hören*	
464	Herr, gib uns unser täglich Brot	M 300
	Herr Gott, dich loben alle wir	*300*
191	Herr Gott, dich loben wir	
423	Herr, höre, Herr, erhöre	M 521
155	Herr Jesu Christ, dich zu uns wend *(mehrstg.)*	M 194, 197, 589
219	Herr Jesu Christ, du höchstes Gut	M 89
217	Herr Jesu Christe, mein getreuer Hirte	M 214
89	Herr Jesu, deine Angst und Pein	M 219
404	Herr Jesu, Gnadensonne	M 67
685	Herr, laß auf Erden *(Kanon)*	
534	Herr, lehre uns, daß wir sterben müssen	
154	Herr, mach uns stark im Mut, der dich bekennt	
242	Herr, nun selbst den Wagen halt	
197	Herr, öffne mir die Herzenstür*	M 155
91	Herr, stärke mich, dein Leiden zu bedenken	M 81
620	Herr, unser Gott, auf den wir trauen	M 611
247	Herr, unser Gott, laß nicht zuschanden werden	

ALPHABETISCHES VERZEICHNIS

270	Herr, unser Herrscher, wie herrlich bist du	
238	Herr, vor dein Antlitz treten zwei	M 322
367	Herr, wie du willst, so schick's mit mir	M II 299
607	Herr, wir bitten, komm und segne uns *(mehrstg.)**	
261	Herr, wohin sollen wir gehen *(Kanon)*	
316	Herren, vår Gud, är en konung i makt och i ära	M 317
	(Lobe den Herren, den mächtigen König der Ehren)	
251	Herz und Herz vereint zusammen	M 406
397	Herzlich lieb hab ich dich, o Herr	
148	Herzlich tut mich erfreuen	M 151, 500
	Herzlich tut mich verlangen	85
81	Herzliebster Jesu, was hast du verbrochen	M 91
143	Heut singt die liebe Christenheit	
109	Heut triumphieret Gottes Sohn	M 121
433	Hevenu schalom alejchem*	
	(Wir wünschen Frieden euch allen)	
61	Hilf, Herr Jesu, laß gelingen	
419	Hilf, Herr meines Lebens*	
504	Himmel, Erde, Luft und Meer	M 600
507	Himmels Au, licht und blau	
467	Hinunter ist der Sonne Schein *(mehrstg.)*	
309	Hoch hebt den Herrn mein Herz	M 271
97	Holz auf Jesu Schulter	
54	Hört, der Engel helle Lieder *(mehrstg.)*	
670	Hört, wen Jesus glücklich preist*	
661,2	Ich bete an die Macht der Liebe	
529	Ich bin ein Gast auf Erden	M I 85
200	Ich bin getauft auf deinen Namen	M 330
	Ich dank dir schon durch deinen Sohn	451
349	Ich freu mich in dem Herren	M 71, 472
253	Ich glaube, daß die Heiligen	M 329
90	Ich grüße dich am Kreuzesstamm	M 76
354	Ich habe nun den Grund gefunden	M 330
296	Ich heb mein Augen sehnlich auf	M 366
486	Ich liege, Herr, in deiner Hut	
250	Ich lobe dich von ganzer Seelen	M 294
673	Ich lobe meinen Gott, der aus der Tiefe mich holt	
272	Ich lobe meinen Gott von ganzem Herzen	

ALPHABETISCHES VERZEICHNIS

	(Je louerai l'Eternel de tout mon cœur)	
209	Ich möcht', daß einer mit mir geht	
343	Ich ruf zu dir, Herr Jesu Christ	
631	Ich schau nach jenen Bergen gern	
619	Ich sing in Ewigkeit (Az Úrnak irgal mát)	
324	Ich singe dir mit Herz und Mund *(mehrstg.)*	M 322
643	Ich singe dir mit Herz und Mund *(Kanon/Ostinato)*	
556	Ich steh an deinem Kreuz	
37	Ich steh an deiner Krippen hier	
374	Ich steh in meines Herren Hand	M 297
382	Ich steh vor dir mit leeren Händen	
497	Ich weiß, mein Gott, daß all mein Tun	
357	Ich weiß, woran ich glaube	M 358
340	Ich will dem Herrn singen mein Leben lang *(Kanon)*	
335	Ich will den Herrn loben allezeit *(Kanon)*	
400	Ich will dich lieben, meine Stärke	
291	Ich will dir danken, Herr	
276	Ich will, solang ich lebe *(mehrstg.)*	M 393
315	Ich will zu meinem Vater gehn	
517	Ich wollt, daß ich daheime wär	
43	Ihr Kinderlein, kommet*	
6	Ihr lieben Christen, freut euch nun	M 442
132	Ihr werdet die Kraft des Heiligen Geistes empfangen *(Kanon)**	
222	Im Frieden dein, o Herre mein	
680	Im Lande der Knechtschaft	
368	In allen meinen Taten	M 521
359	In dem Herren freuet euch	
275	In dich hab ich gehoffet, Herr	M 205
398	In dir ist Freude *(mehrstg.)*	
547	In einer Höhle zu Bethlehem	
498	In Gottes Namen fahren wir	M 231
494	In Gottes Namen fang ich an	M 326
659	Ins Wasser fällt ein Stein	
351	Ist Gott für mich, so trete	
380	Ja, ich will euch tragen *(mehrstg.)*	
639	Ja, ich will singen *(Kanon) (mehrstg.)*	
127	Jauchz, Erd, und Himmel, juble hell	M 76

ALPHABETISCHES VERZEICHNIS

41	Jauchzet, ihr Himmel	
616	Jauchzt alle, Gott sei hoch erhoben	M 617
279	Jauchzt, alle Lande, Gott zu Ehren (Vous, tous les peuples de la terre)	M 294
628	Jauchzt Halleluja, lobt den Herrn	
672	Jeder Teil dieser Erde *(Kanon)*	
272	Je louerai l'Eternel de tout mon cœur (Ich lobe meinen Gott von ganzem Herzen)	
150	Jerusalem, du hochgebaute Stadt	
88	Jesu, deine Passion	
252	Jesu, der du bist alleine	M 352
391	Jesu, geh voran	
373	Jesu, hilf siegen, du Fürste des Lebens	M 66
78	Jesu Kreuz, Leiden und Pein	
396	Jesu, meine Freude	
86	Jesu, meines Lebens Leben	
164	Jesu, stärke deine Kinder	M 147
123	Jesus Christus herrscht als König	M 352
102	Jesus Christus, unser Heiland, der den Tod überwand	
215	Jesus Christus, unser Heiland, der von uns den Gotteszorn wandt	
313	Jesus, der zu den Fischern lief*	
610	Jesus hat seine Herrschaft bestellt (Jesus shall reign)	
574	Jesus, Haupt und Herr der Deinen	M 688
66	Jesus ist kommen, Grund ewiger Freude	M 373
115	Jesus lebt, mit ihm auch ich	M 526
526	Jesus, meine Zuversicht	M 115
353	Jesus nimmt die Sünder an	M 402
610	Jesus shall reign (Jesus hat seine Herrschaft bestellt)	
62	Jesus soll die Losung sein	M 402
561	Jesus, unser Trost und Leben *(mehrstg.)*	
314	Jesus zieht in Jerusalem ein*	
181.7	Jubilate Deo *(Kanon)*	
584	Jubilate Deo *(Taizé) (Kanon)*	
312	Kam einst zum Ufer*	
589	Kehret um, kehret um *(mehrstg.)*	
509	Kein Tierlein ist auf Erden*	

ALPHABETISCHES VERZEICHNIS

596	Kind, du bist uns anvertraut	M 161
126	Komm, Gott Schöpfer, Heiliger Geist	
156	Komm, Heiliger Geist, erfüll die Herzen deiner Gläubigen	
125	Komm, Heiliger Geist, Herre Gott	
465	Komm, Herr Jesu, sei du unser Gast *(Kanon)**	
170	Komm, Herr, segne uns*	
428	Komm in unsre stolze Welt	
134	Komm, o komm, du Geist des Lebens	M 401
225	Komm, sag es allen weiter*	
48	Kommet, ihr Hirten*	
577	Kommt herbei, singt dem Herrn	
259	Kommt her, des Königs Aufgebot	
213	Kommt her, ihr seid geladen	M 133
363	Kommt her zu mir, spricht Gottes Sohn	M 249
393	Kommt, Kinder, laßt uns gehen	M 276
229	Kommt mit Gaben und Lobgesang (Let us talents and tongues employ)	
39	Kommt und laßt uns Christus ehren	M 29
98	Korn, das in die Erde	
178.1	Kyrie eleison *(gregorianisch)*	
178.2	Kyrie eleison *(1524)*	
178.3	Kyrie eleison *(Luther)*	
178.4	Kyrie, Gott Vater in Ewigkeit	
178.9	Kyrie eleison *(orthodox) (mehrstg.)*	
178.12	Kyrie eleison *(Taizé) (mehrstg.)*	
178.13	Kyrie eleison *(1983)*	
178.14	Kyrie eleison *(Kanon)*	
192	Kyrie eleison *(Litanei)*	
630	Laat ieder s' Heren goedheid prijzen (Dankt, dankt dem Herrn, jauchzt volle Chöre)	M 294
268	Lågorna är många, ljuset är ett (Strahlen brechen viele aus einem Licht)	
190.3	Lamm Gottes, du nimmst hinweg	
384	Lasset uns mit Jesus ziehen	M 325
496	Laß dich, Herr Jesu Christ	M II 495
417	Laß die Wurzel unsers Handelns Liebe sein	
157	Laß mich dein sein und bleiben	M 523
414	Laß mich, o Herr, in allen Dingen	M 328

ALPHABETISCHES VERZEICHNIS

675	Laß uns den Weg der Gerechtigkeit gehn (Anunciaremos tu reino, Señor)	
658	Laß uns in deinem Namen, Herr	
606	Laßt die Kinder zu mir kommen*	
645	Laßt uns miteinander *(Kanon)**	
181.6	Laudate omnes gentes (Lobsingt, ihr Völker alle) *(mehrstg.)*	
515	Laudato si	
229	Let us talents and tongues employ (Kommt mit Gaben und Lobgesang)	
552	Licht, das in die Welt gekommen	M *445*
401	Liebe, die du mich zum Bilde	M *134*
415	Liebe, du ans Kreuz für uns erhöhte	
665	Liebe ist nicht nur ein Wort	
206	Liebster Jesu, wir sind hier, deinem Worte nachzuleben	M *161*
161	Liebster Jesu, wir sind hier, dich und dein Wort anzuhören	M *163*, 206, 591
243	Lob Gott getrost mit Singen	M *136*, 395
691	Lob, meine Seele, lobe den Herrn*	
316	Lobe den Herren, den mächtigen König der Ehren *(ö-Fassung)* (Englisch, Französisch, Polnisch, Schwedisch, Tschechisch)	M 317
317	Lobe den Herren, den mächtigen König der Ehren	M *316*
303	Lobe den Herren, o meine Seele	
555	Loben wollen wir und ehren	
447	Lobet den Herren alle, die ihn ehren *(mehrstg.)*	M 304
448	Lobet den Herren alle, die ihn ehren *(Kanon)*	
304	Lobet den Herren, denn er ist sehr freundlich	M *447*
460	Lobet den Herrn und dankt ihm seine Gaben	M 221, 227
337	Lobet und preiset, ihr Völker, den Herrn *(Kanon)**	
550	Lobpreiset all zu dieser Zeit	M 149
181.6	Lobsingt, ihr Völker alle (Laudate omnes gentes) *(mehrstg.)*	
332	Lobt froh den Herrn, ihr jugendlichen Chöre	
300	Lobt Gott, den Herrn der Herrlichkeit	M 140, 142, 413, 464
293	Lobt Gott den Herrn, ihr Heiden all	M 377, 579
27	Lobt Gott, ihr Christen alle gleich	M 73
500	Lobt Gott in allen Landen	M *148*
429	Lobt und preist die herrlichen Taten des Herrn	

ALPHABETISCHES VERZEICHNIS

537	Mache dich auf und werde licht *(Kanon)*	
387	Mache dich, mein Geist, bereit	
525	Mach's mit mir, Gott, nach deiner Güt	M 385, 412
1	Macht hoch die Tür	
588	Magnificat *(Taizé) (Kanon)*	
323	Man lobt dich in der Stille	M 289
451	Mein erst Gefühl sei Preis und Dank	
634	Mein ganzes Herz erhebet dich (Que tout mon cœur soit dans mon chant)	
339	Mein Herz ist bereit *(Kanon)*	
473	Mein schönste Zier und Kleinod bist	M 474
593	Mein Schöpfer, steh mir bei	
308	Mein Seel, o Herr, muß loben dich	
600	Meine engen Grenzen	
310	Meine Seele erhebt den Herren *(Kanon)*	
615	Meine Seele steigt auf Erden	
408	Meinem Gott gehört die Welt*	
402	Meinen Jesus laß ich nicht	M 62, 353
116	Mfurahini, Haleluya (Er ist erstanden, Halleluja)	
355	Mir ist Erbarmung widerfahren	M 369
385	Mir nach, spricht Christus, unser Held	M 525
5447	Mit den Hirten will ich gehen	
10	Mit Ernst, o Menschenkinder	M 365
108	Mit Freuden zart zu dieser Fahrt	
519	Mit Fried und Freud ich fahr dahin	
474	Mit meinem Gott geh ich zur Ruh	M 473
518	Mitten wir im Leben sind	
450	Morgenglanz der Ewigkeit	
455	Morgenlicht leuchtet	
484	Müde bin ich, geh zur Ruh*	
621	Neig zu mir, Herr, deine Ohren	
146	Nimm von uns, Herr, du treuer Gott	M 344
531	Noch kann ich es nicht fassen	M I 85
648	Nous avons vu les pas de notre Dieu (Wir haben Gottes Spuren festgestellt)	
321	Now thank we all our God (Nun danket alle Gott)	M 139
394	Nun aufwärts froh den Blick gewandt	M 322
124	Nun bitten wir den Heiligen Geist	

ALPHABETISCHES VERZEICHNIS

322	Nun danket all und bringet Ehr	M 238, 265, 324, 394
321	Nun danket alle Gott (Englisch, Französisch)	M 139
290	Nun danket Gott, erhebt und preiset	M 458
341	Nun freut euch, lieben Christen g'mein	
93	Nun gehören unsre Herzen	
9	Nun jauchzet, all ihr Frommen	
288	Nun jauchzt dem Herren, alle Welt	
4	Nun komm, der Heiden Heiland	
695	Nun lässest du, o Herr *(mehrstg.)*	
	Nun laßt uns den Leib begraben	*520*
58	Nun laßt uns gehn und treten	M *320*
320	Nun laßt uns Gott dem Herren *(mehrstg.)*	M 58, 446
520	Nun legen wir den Leib ins Grab	
289	Nun lob, mein Seel, den Herren	M *323*
502	Nun preiset alle Gottes Barmherzigkeit	
477	Nun ruhen alle Wälder *(mehrstg.)*	M *521*
294	Nun saget Dank und lobt den Herren	M 245, 250, 279, 286, 629
480	Nun schläfet man	
207	Nun schreib ins Buch des Lebens	M *516*
22	Nun sei uns willkommen *(Kanon)*	
532	Nun sich das Herz von allem löste	M *255*
478	Nun sich der Tag geendet hat	M *602*
481	Nun sich der Tag geendet, mein Herz zu dir sich wendet	M *521*
265	Nun singe Lob, du Christenheit	M *322*
35	Nun singet und seid froh	
575	Nun werden die Engel im Himmel singen	
603	Nun werde still, du kleine Schar	M *478*
684	Nun wollen wir singen das Abendlied*	
558	Nun ziehen wir die Straße	
55	O Bethlehem, du kleine Stadt	
158	O Christe, Morgensterne	
45	O come, all ye faithful (Herbei, o ihr Gläub'gen)	
582	Oculi nostri *(Taizé) (mehrstg.)*	
255	O daß doch bald dein Feuer brennte	M *490, 532, 674*
330	O daß ich tausend Zungen hätte	M *200, 240, 354*
44	O du fröhliche	

ALPHABETISCHES VERZEICHNIS

388	O Durchbrecher aller Bande	M 137, 198, 512
543	O freudenreicher Tag	
318	O gläubig Herz, gebenedei	
495	O Gott, du frommer Gott	M 496
194	O Gott, du höchster Gnadenhort	M 155
85	O Haupt voll Blut und Wunden	M 529, 531
7	O Heiland, reiß die Himmel auf	
130	O Heilger Geist, kehr bei uns ein	M 70
131	O Heiliger Geist, o heiliger Gott	M 572
416	O Herr, mach mich zu einem Werkzeug deines Friedens	
626	O Herr, mein Gott, wie bist du groß	
235	O Herr, nimm unsre Schuld	
	O Herre Gott, dein göttlich Wort	*195*
560	O herrlicher Tag, o fröhliche Zeit	M *131*
	O Jesu Christ, meins Lebens Licht	*203*
72	O Jesu Christe, wahres Licht	M 211, 389, 390
71	O König aller Ehren	M *349*
136	O komm, du Geist der Wahrheit	M *243*
19	O komm, o komm, du Morgenstern	
190.1	O Lamm Gottes, unschuldig	
399	O Lebensbrünnlein tief und groß	
68	O lieber Herre Jesu Christ	
76	O Mensch, bewein dein Sünde groß	M 90, 127, 281
113	O Tod, wo ist dein Stachel nun	M *342*
80	O Traurigkeit, o Herzeleid	
521	O Welt, ich muß dich lassen	M 84, 368, 423, 477, 481, 527
84	O Welt, sieh hier dein Leben	M *521*
	O wie selig seid ihr doch, ihr Frommen	*415*
	O wir armen Sünder	*75*
176	Öffne meine Augen *(Kanon)*	
236	Ohren gabst du mir	
96	Paradicsomnak te szép élő fája	
	(Du schöner Lebensbaum des Paradieses)	
316	Pochwal, mój duchu	M 317
	(Lobe den Herren, den mächtigen König der Ehren)	
316	Praise to the Lord, the Almighty, the King of creation	M 317
	(Lobe den Herren, den mächtigen König der Ehren)	
245	Preis, Lob und Dank sei Gott dem Herren	M *294*

ALPHABETISCHES VERZEICHNIS

456	Quand naît la lumière *(Kanon)*
	(Vom Aufgang der Sonne)
634	Que tout mon cœur soit dans mon chant
	(Mein ganzes Herz erhebet dich)
602	Reich des Herrn
336	Rendons grâce au Seigneur *(Kanon)*
	(Danket, danket dem Herrn)
492	Ruhet von des Tages Müh *(Kanon)*
185.5	Sanctus *(Kanon)*
583	Sanctus *(Taizé) (Kanon)*
230	Schaffe in mir, Gott, ein reines Herze
434	Schalom chaverim *(Kanon)*
	(Der Friede des Herrn geleite euch)
218	Schmücke dich, o liebe Seele
135	Schmückt das Fest mit Maien
403	Schönster Herr Jesu
453	Schon bricht des Tages Glanz hervor
466	Segne, Herr, was deine Hand *(Kanon)*
575	Segne und behüte
21	Seht auf und erhebt eure Häupter
226	Seht, das Brot, das wir hier teilen
689	Seht das große Sonnenlicht
18	Seht, die gute Zeit ist nah*
95	Seht hin, er ist allein im Garten
326	Sei Lob und Ehr dem höchsten Gut M 114, 494
666	Selig seid ihr *(mehrstg.)*
307	Selig sind, die da geistlich arm sind
178.8	Send uns deinen Geist *(Pfingst-Kyrie)* M *178.6*
172	Sende dein Licht und deine Wahrheit *(Kanon)*
190.4	Siehe, das ist Gottes Lamm *(Kanon)*
104	Singen wir heut mit einem Mund
593	Singet, danket unserm Gott
624	Singet dem Herrn ein neues Lied,
	die ganze Welt sing fröhlich mit *(mehrstg.)*
287	Singet dem Herrn ein neues Lied, denn er tut Wunder
599	Singet dem Herrn ein neues Lied. Er ist in allem,
	was geschieht

1632

ALPHABETISCHES VERZEICHNIS

642	Singet und spielet dem Herrn in euren Herzen *(Kanon)*	
	(Chantez et bénissez le Seigneur de notre vie)	
306	Singt das Lied der Freude, der Freude	
305	Singt das Lied der Freude über Gott	
618	Singt mit froher Stimm	
286	Singt, singt dem Herren neue Lieder	M *294*
412	So jemand spricht: Ich liebe Gott	M *525*
376	So nimm denn meine Hände	
234	So wahr ich lebe, spricht dein Gott	M *344*
427	Solang es Menschen gibt auf Erden	
325	Sollt ich meinem Gott nicht singen	M *384*
262	Sonne der Gerechtigkeit *(ö-Fassung)*	M *263*
263	Sonne der Gerechtigkeit	M *262*
692	Sonne scheint ins Land hinein*	
442	Steht auf, ihr lieben Kinderlein	M *6, 74*
407	Stern, auf den ich schaue	
559	Stern über Bethlehem*	
46	Stille Nacht	
	Straf mich nicht in deinem Zorn	*387*
268	Strahlen brechen viele aus einem Licht	
	(Lågorna är många, ljuset är ett)	
346	Such, wer da will, ein ander Ziel	
182	Suchet zuerst Gottes Reich in dieser Welt	
609	Sur ton Eglise universelle	M *660*
	(Du hast vereint in allen Zonen)	
178.6	Tau aus Himmelshöhn *(Advents-Kyrie)*	M *178.5*
264	The Church's one foundation	
	(Die Kirche steht gegründet)	
266	The day thou gavest, Lord, is ended	
	(Der Tag, mein Gott, ist nun vergangen)	
13	Tochter Zion, freue dich *(mehrstg.)*	
538	Tragt in die Welt nun ein Licht*	
248	Treuer Wächter Israel'	M *38*
15	Tröstet, tröstet, spricht der Herr	
166	Tut mir auf die schöne Pforte	M *645*
587	Ubi caritas *(Taizé) (mehrstg.)*	
679	Und richte unsere Füße *(Kanon)*	

ALPHABETISCHES VERZEICHNIS

237	Und suchst du meine Sünde	
671	Unfriede herrscht auf der Erde	
	(Ciagly niepokój na świecie)	
57	Uns wird erzählt von Jesus Christ*	
571	Unser Leben sei ein Fest	
163	Unsern Ausgang segne Gott	M 161
523	Valet will ich dir geben	M 157, 257
186	Vater unser im Himmel (gregorianisch)	
344	Vater unser im Himmelreich	M 146, 234
187	Vater unser in dem Himmel	
188	Vater unser, Vater im Himmel*	
644	Vergiß nicht zu danken dem ewigen Herrn	
421	Verleih uns Frieden gnädiglich	
395	Vertraut den neuen Wegen	M 243
249	Verzage nicht, du Häuflein klein	
568	Vinden ser vi inte (Wind kannst du nicht sehen)	
212	Voller Freude über dieses Wunder	
456	Vom Aufgang der Sonne (Kanon)*	
	(Quand naît la lumière)	
24	Vom Himmel hoch, da komm ich her	M 42, 555
541	Vom Himmel hoch, o Engel, kommt	
25	Vom Himmel kam der Engel Schar	
653	Von allen Seiten umgibst du mich	
365	Von Gott will ich nicht lassen	M 10, 562
65	Von guten Mächten treu und still umgeben	
	(mehrstg., Mel. Abel)	
652	Von guten Mächten treu und still umgeben (Mel. Fietz)	
279	Vous, tous les peuples de la terre	M 294
	(Jauchzt, alle Lande, Gott zu Ehren)	
241	Wach auf, du Geist der ersten Zeugen	M 328
114	Wach auf, mein Herz, die Nacht ist hin	M 326
446	Wach auf, mein Herz, und singe	M 320
145	Wach auf, wach auf, du deutsches Land	
244	Wach auf, wach auf, 's ist hohe Zeit	M 438
147	Wachet auf, ruft uns die Stimme	M 164, 220, 256, 258, 535
	Walts Gott, mein Werk ich lasse	671
370	Warum sollt ich mich denn grämen	

ALPHABETISCHES VERZEICHNIS

372	Was Gott tut, das ist wohlgetan	M 152
364	Was mein Gott will, gescheh allzeit	M 216, 658
646	Weicht, ihr Berge	M 166
56	Weil Gott in tiefster Nacht erschienen	
650	Weiß ich den Weg auch nicht	
511	Weißt du, wieviel Sternlein stehen*	
667	Wenn das Brot, das wir teilen	
298	Wenn der Herr einst die Gefangnen	M 524
506	Wenn ich, o Schöpfer, deine Macht	M 329
522	Wenn mein Stündlein vorhanden ist	
82	Wenn meine Sünd' mich kränken	
366	Wenn wir in höchsten Nöten sein	M 296
168.4	Wenn wir jetzt weitergehen	
660	Wer Gott vertraut, hat wohl gebaut	M *364*
649	Wer kann dich, Herr, verstehen	M *361*
369	Wer nur den lieben Gott läßt walten	M 355
530	Wer weiß, wie nahe mir mein Ende	
475	Werde munter, mein Gemüte	
278	Wie der Hirsch lechzt nach frischem Wasser	
617	Wie der Hirsch nach frischer Quelle	M *524*
633	Wie die Träumenden werden wir sein	
662	Wie groß ist des Allmächtgen Güte	M 605
271	Wie herrlich gibst du, Herr, dich zu erkennen	M 160, 309, 392, 476
501	Wie lieblich ist der Maien	
282	Wie lieblich schön, Herr Zebaoth	M 689
	Wie nach einer Wasserquelle	*524*
70	Wie schön leuchtet der Morgenstern	M 130
11	Wie soll ich dich empfangen	
568	Wind kannst du nicht sehen (Vinden ser vi inte)	
678	Wir beten für den Frieden	
594	Wir bringen, Herr, dies Kind zu dir	M *155*
79	Wir danken dir, Herr Jesu Christ, daß du für uns gestorben bist	M 223, 350
121	Wir danken dir, Herr Jesu Christ, daß du gen Himmel g'fahren bist	M *109*
462	Wir danken dir, Herr Jesu Christ, daß du unser Gast gewesen bist	M *203*

1635

ALPHABETISCHES VERZEICHNIS

107	Wir danken dir, Herr Jesu Christ,	
	daß du vom Tod erstanden bist	M 106
458	Wir danken Gott für seine Gaben	M 290
183	Wir glauben all an einen Gott	
184	Wir glauben Gott im höchsten Thron	
648	Wir haben Gottes Spuren festgestellt*	
	(Nous avons vu les pas de notre Dieu)	
508	Wir pflügen, und wir streuen*	
17	Wir sagen euch an den lieben Advent*	
598	Wir sind zum Mahl geladen	
542	Wir singen dir, Immanuel	M 24
664	Wir strecken uns nach dir	
152	Wir warten dein, o Gottes Sohn	M 372
100	Wir wollen alle fröhlich sein	
167	Wir wollen fröhlich singen *(mehrstg.)**	
141	Wir wollen singn ein' Lobgesang	
254	Wir wolln uns gerne wagen	
433	Wir wünschen Frieden euch allen	
	(Hevenu schalom alejchem)	
52	Wißt ihr noch, wie es geschehen*	
297	Wo Gott der Herr nicht bei uns hält	M 374
654	Wo ich gehe*	
295	Wohl denen, die da wandeln *(mehrstg.)*	
578	Wo zwei oder drei *(Kanon)*	
592	Wort, das lebt und spricht	
38	Wunderbarer Gnadenthron	M 248
327	Wunderbarer König	M 165
637	Zachäus, böser, reicher Mann*	
632	Zalige ure (Glückliche Stunde)	
377	Zieh an die Macht, du Arm des Herrn	M 293
133	Zieh ein zu deinen Toren	M 129, 213
258	Zieht in Frieden eure Pfade	M 147
32	Zu Bethlehem geboren	
569	Zu Ostern in Jerusalem*	
70	Zwingt die Saiten in Cythara *(mehrstg.)*	

Verzeichnis der urheberrechtlich geschützten Stücke

Wir danken den Autorinnen, Autoren und Verlagen für die freundlich erteilte Abdruckerlaubnis. Nicht alle Quellen, Rechteinhaber und Adressen von Autorinnen und Autoren konnten ausfindig gemacht werden. Die Verlagsgemeinschaft ist für entsprechende Hinweise dankbar. Sie werden in den nächsten Auflagen berücksichtigt. Rechtsansprüche bleiben auf jeden Fall gewahrt. Die Nummern in Klammern beziehen sich auf das Verzeichnis der Rechteinhaber (Seite 1640 ff).

1. LIEDER UND GESÄNGE

2 K (130); **15** (6); **16** (6); **17** (14); **18** T (124); **19** T (130); **20** T (108); **20** M (44); **21** M (108); **22** K (6); **28** M (108); **31** T (75); **41** M (71); **47** T,3-4 (71); **50** T (71); **50** M (36); **51** (6); **52** (6); **53** T,1-2 (71); **54** T (71); **54** S (6); **55** T (71); **56** (108); **57** (15); **64** T (71); **64** M (6); **65** T (13); **65** M S (71); **69** T,2-4 (108); **93** T (76); **93** M (71); **94** T (71); **94** M (18); **95** (108); **96** T (6); **97** T (108); **97** M (3); **98** T (108); **104** T,1 (108); **104** T,2-3 (12); **116** T (60); **117** T (108); **118** K (6); **132** M (130); **142** T (41); **143** T (89); **153** T (64); **153** M (108); **154** T (12); **154** M (81); **167** (108); **168** T,1-3 M (15); **168** T,4-6 (108); **169** (15); **170** (108); **171** T (108); **171** M (95); **173** K (6); **174** K (107); **175** K (68); **176** M (31); **177.3** M (137); **178.5** M (14); **178.6** (14); **178.7** (14); **178.8** (14); **178.10** M S (127); **178.11** M (82); **178.12** M S (56); **178.13** M (12); **178.14** K (27); **180.2** T (120); **180.3** M (30); **180.4** K (108); **181.5** S (119); **181.6** M S (56); **182** M (63) **182** T,7-9 (76); **184** M (6); **184** T (111); **188** T (108); **190.3** M (12); **190.4** K (126); **199** (44); **201** M (6); **208** (71); **209** (33); **210** (130); **211** T (131); **212** T (108); **212** M (78); **223** T (108); **224** (6); **225** T (33); **226** T (108); **226** M (100); **227** T (14); **228** T (108); **228** M (68); **229** T (108); **229** M (106); **235** (130); **236** T (108); **236** M (130); **237** T (36); **237** M (9) **239** T (71); **239** M (12); **240** T (37); **254** M,1 (108); **260** M

VERZEICHNIS DER RECHTEINHABER

(12); **261** K (71); **262** T (108); **265** T (14); **266** T (108); **267** (108); **268** T (108); **268** M (136); **269** T (6); **269** M (4); **270** (108); **271** T (133); **272** M (36); **276** T,5 (62); **277** (108); **278** T (108); **278** M (6); **284** T (94); **285** M (12); **287** M (12); **287** T,2-4 (12); **291** M (130); **292** T (71); **292** M (130); **294** T,2-3 (122); **301** T (120); **305** (15); **306** M (14); **309** T (122); **310** K (75); **311** T (33); **311** M (117); **312** T (108); **312** M (44); **313** T (108); **313** M (44); **314** (15); **315** (108); **319** M (59); **334** (33); **338** K (75); **339** T (75); **340** K (108); **348** M (108); **356** T,2 (6); **359** T (76); **359** M (6); **360** T (33); **360** M,1 (18); **360** M,2 (102); **378** T (111); **378** M (108); **379** T (71); **380** (6); **381** (33); **382** (14); **383** T (108); **383** M (78); **395** T (40); **408** (6); **409** (108); **410** T (6); **411** K (84); **416** M (12); **417** T,1 (51); **417** T,2 M (108); **418** (71); **419** T M (33); **419** K (28); **420** (82); **424** (27); **425** (33); **426** T (108); **426** M (18); **427** T (108); **427** M (44); **428** T (6); **428** M (18); **429** T (108); **430** T (108); **431** T (108); **431** M (11); **432** T (108); **432** M (116); **436** K (43); **448** K (108); **452** T (71); **452** M (76); **453** T (71); **454** T,1-2+6 (33); **454** T,3-5 (36); **455** T (108); **456** K (75); **457** (71); **463** M (75); **464** T (114); **466** K (75); **483** K (6); **485** (108); **486** (71); **487** M (6); **487** T (111); **488** T (60); **489** T (134); **490** T (108); **491** (33); **492** K (71); **493** K (6); **499** (130); **509** M (27); **510** M (130); **532** T (71); **533** T (86); **533** M (108); **534** (108)

537 M (87); **538** (126); **539** M (2); **545** T,2-9 (75); **546** (33); **547** (108); **548** T M S (108); **550** T,3 (120); **551** T (128); **551** M (76); **553** (14); **554** T (108); **555** (14); **556** T (128); **556** M (76); **557** (14); **558** (116); **559** T (6); **559** S (130); **562** (71); **563** (15); **564** dt. T (98); **566** T (14); **567** T (54); **568** dt. T (14); **568** schwed. T (121); **568** M (135); **569** T (50); **569** M (138); **570** T S (20); **571** (82); **577** T (33); **577** M (57); **578** M (87); **579** M S (56); **580** M (56); **581** M S (56); **582** M S (56); **583** M (56); **584** M (56); **585** M S (56); **586** M S (56); **587** M S (56); **588** M (56); **589** M (12); **589** S (116); **590** T (36); **590** M (76); **591** T (7); **591** M (46); **592** (108); **593** T (108); **594** T (76); **595** (15); **596** T (83); **597** (108); **598** (108); **599** T (33); **600** (109); **601** T (131); **603** T (71); **604** (33); **605** (108); **606** T (42); **606** M (117); **607** T M S (36); **608** (82); **609** T (35); **610** dt. T (35); **610** franz. T (139); **611** T S (82); **613** T (108); **614** T (101); **619** T (14); **624** T (122); **626** (27); **630** niederl. T,1 (44); **632** T (108); **633** T (108); **634** dt. T (120); **636** T (14); **637** (14); **638** T (130); **639** M S (130); **640** K (79); **641** K (108); **642** franz. T (115); **642** K (71); **643** K (108); **644** T (76); **644** M (80); **647** T K

(75); **648** dt. T (116); **648** franz. T,1 M (110); **651** T (36); **651** M (116); **652** T (13); **652** M (1); **653** M (27); **654** T,2 (114); **654** M (129); **655** (116); **656** T M S (116); **658** (108); **659** (93); **663** (108); **664** (82); **665** T (108); **665** M (33); **666** T M S (82); **667** T (66); **667** M (32); **668** T (75); **669** (33); **670** T (33); **671** (53); **672** K (116); **673** (116); **674** (6); **675** dt. T M (116); **676** (70); **677** T (91); **677** M (108); **678** T (104); **679** K (108); **680** (73); **681** T (92); **681** M (71); **682** (108); **683** T (21); **685** T K (27); **686** T (10); **687** T (65); **687** M (72); **688** T,2-3 (105); **688** M (6); **689** M (6); **690** T (130); **691** (27); **692** T (130); **692** M (129); **693** M (6); **695** T (14); **783** M (72); **784** M (61); **785** M (132); **786** M (61); **787** M (47); **788** M (132); **789** M (141); **790** M (47); **791** M (132); **792** M (132); **793** M (61); **794** M (47); **836** Antwort M (2/47); **836** Vater unser M (120); **837** Vater unser M (120)

2. TEXTE

nach **89** (13); nach **196** (114); nach **217** (34); nach **235** (114); nach **244** (13); nach **263** (8); nach **283** (13); nach **372** (105); nach **383** (116); nach **422** (105); nach **512** (13); nach **525** (13); nach **533** (111); nach **537** (96); nach **543** (8); nach **547** (90); nach **555** (96); nach **563** (90); nach **564** (13); nach **587** (8); nach **591** (96); nach **607** (45); nach **608** (126); nach **609** (131); nach **613** (140); nach **619** (118); nach **624** (16); nach **630** (140); nach **636** (145); nach **666** (146); nach **667** (85); nach **668** (8); nach **672** (96); nach **675** (96); nach **679** (55); nach **680** (144) **701** Einführung (29); **775** (116); **776** (116); **777** (55); **778** (55); **779** (116); **780** (55); **781** (147); **782** Einführung (29); **801** Einführung und Übersicht (29); **806** (22); **810** (22); **811** (22); **812** (24); **813** (13); **814** (23); **815** (23); **816** (23); **817** (23); **818** engl. T (112); **818** dt. T (25); **819** (22); **823** (131); **828** Fassung (29); **829** Fassung (29); **830** Fassung (29); **831** Fassung (29); **831** Meditation (22); **832** Fassung (29); **832** Gebet mit Anzünden der Kerzen (17); **832** Gebet: Herr Jesus, wir danken dir (5); **832** Segen (13); **833** Fassung (29); **833** Gebet: Heiliger, ewiger Gott (26); **835** Einführung (29); **836** Fassung (29); **837** Fassung (29); **838** Fassung (29); **840** Einführung (29); **851** (29); **852** (29); **853** Einführung (29); **854** Einführung (29); **855** Einführung (29); **855** T (123); **856** Einführung (29); **856** T (74); **857** Einführung (29); **857** T (34); **858** Einführung (29); **858** T (25); **859** Einführung (29); **860** (29); **866** (13); **867** (29); **869** (120); **870** (24); **871** (29); **876** (88); **877**

VERZEICHNIS DER RECHTEINHABER

(29); **881** (52); **887** (120); **892** (38); **897** (13); **898** (29); **900** (55); **902** (58); **903** (38); **905** (38); **908** (55); **909** (58); **910** (58); **911** (150); **912** (29); **913** (29); **914** (29); **916** (29); **917** (61); **918** (67); **920** (29); **921** (113); **923** (29); **924** (61); **925** (48); **926** (61); **927** (29); **928** (116); **931** (67); **932** (29); **933** (77); **934** (34); **936** (24); **937** (99); **938** (24); **939** (77); **940** (149); **942** (29); **943** (97); **944** (126); **945** (29); **946** (148); **949** (69); **952** (67); **953** (149); **955** (29); **962** (103); **963** (29); **964** (29); **966** (90); **967** (13); **968** (151); **969** (142); **977** (29); **979** (67); **981** (14); **982** (29); **989** (29); **991** (29); **993** (143); **994** (82); **995** (77); **996** (22); **997** (120); **1002** (22)

3. RECHTEINHABER

(1) Abakus Schallplatten und Ulmtal Musikverlag, Greifenstein
(2) Abtei Münsterschwarzach
(3) Apostolaat voor Kerkelijke Leven, Westerlo (B)
(4) Augsburg Publishing House, Minneapolis (USA)
(5) Aussaat Verlag / Sonnenweg Verlag, Neukirchen-Vluyn
(6) Bärenreiter Verlag, Kassel
(7) Bittger, Hans-Hermann, – Rechtsnachfolge: Bistum Essen, Bischöfliches Generalvikariat
(8) Bodelschwingh, Friedrich von, – Rechtsnachfolge
(9) Boßler, Kurt, – Rechtsnachfolge
(10) Caritasverband für die Diözese Eichstätt
(11) Cartford, Gerhard, St. Paul MN
(12) Carus Verlag, Stuttgart
(13) Chr. Kaiser / Gütersloher Verlagshaus, Gütersloh
(14) Christophorus Verlag, Freiburg
(15) Christophorus Verlag, Freiburg, und Verlag Ernst Kaufmann, Lahr
(16) Christusbruderschaft Selbitz, Buch- und Kunstverlag, Selbitz
(17) Cratzius, Barbara, Heikendorf, – Rechtsnachfolge: Verlag Butzon und Bercker, Kevelaer
(18) Deutscher Verlag für Musik / Breitkopf und Härtel, Wiesbaden
(19) Dörr, Friedrich, – Rechtsnachfolge
(20) Edition Werry, Mülheim/R.
(21) Enderlin, Fritz, – Rechtsnachfolge
(22) Evangelisch-Lutherische Kirche in Bayern, München

RECHTEINHABER

(23) Evangelische Kirche von Kurhessen-Waldeck, Kassel
(24) Evangelische Kirche im Rheinland, Düsseldorf, Evangelische Kirche von Westfalen, Bielefeld, Lippische Landeskirche, Detmold, Evangelisch-reformierte Kirche, Leer
(25) Evangelische Kirche im Rheinland, Düsseldorf
(26) Evangelischer Arbeitskreis Kirche und Israel in Hessen und Nassau, Heppenheim
(27) Fidula Verlag, Boppard
(28) Fischer, Wolfgang, Berlin
(29) Gemeinsamer Gesangbuchausschuß. Rechte bei der Evangelischen Kirche im Rheinland, Düsseldorf, der Evangelischen Kirche von Westfalen, Bielefeld, der Lippischen Landeskirche, Detmold, und der Evangelisch-reformierten Kirche, Leer
(30) Göransson, Harald, Lidingö (S)
(31) Gottschick, Friedemann, Lüneburg
(32) Grahl, Kurt, Leipzig
(33) Gustav Bosse Verlag, Kassel
(34) Gütersloher Verlagshaus, Gütersloh
(35) Hampe, Johann Christoph, – Rechtsnachfolge
(36) Hänssler Verlag, Neuhausen
(37) Heinecke, Walter, – Rechtsnachfolge
(38) Herder Verlag, Freiburg
(39) Hermann Luchterhand Verlag, Neuwied
(40) Hertzsch, Klaus Peter, Jena
(41) Hofmann, Ernst, Stuttgart
(42) Höpker, Karl-Ludwig, Lippstadt
(43) Impulse-Musikverlag, Drensteinfurt
(44) Interkerkelijke Stichting voor het Kerklied, Pijnacker (NL)
(45) J. Pfeiffer Verlag, München
(46) Jacobsen, Joseph, – Rechtsnachfolge
(47) Joppich, Godehard, Rodenbach
(48) Jourdan, Johannes, Darmstadt
(49) Jugenddienst Verlag / Peter Hammer Verlag, Wuppertal
(50) Juhre, Arnim, Hamburg
(51) Kaestner, Paul, – Rechtsnachfolge
(52) Kirchenkreis Herne, Informationszentrum Dritte Welt
(53) Konaszkiewicz, Zofia, Warszawa (PL)

VERZEICHNIS DER RECHTEINHABER

- (54) Kraft, Sigisbert, Waghäusel
- (55) Kreuz Verlag, Stuttgart
- (56) © Les Presses de Taizé / dt. Rechte: Christophorus Verlag, Freiburg
- (57) Levy-Tanai, Sarah
- (58) Lissner, Anneliese, Monheim-Baumberg
- (59) Lütge, Karl, – Rechtsnachfolge
- (60) Lutherischer Weltbund, Genf (CH)
- (61) Lutherisches Verlagshaus, Edition Stauda, Hannover
- (62) Mahrenholz, Christhard, – Rechtsnachfolge
- (63) Maranatha! Music, Copy Care, Neuhausen
- (64) Marti, Kurt, Bern (CH)
- (65) Martinus Verlag, Darmstadt
- (66) März, Claus-Peter, Erfurt
- (67) MBK-Verlag, Bad Salzuflen, – Rechtsnachfolge: Aussaat Verlag, Neukirchen-Vluyn
- (68) Mechthild Schwarz Verlag, Fassberg
- (69) Meier, Jörg Martin
- (70) Menschenkinder Verlag, Münster
- (71) Merseburger Verlag, Kassel
- (72) Mertens, Karl Heinz, Oberhausen
- (73) Mitscha-Eibl, Claudia, Korneuburg (A)
- (74) Moderamen des Reformierten Bundes, Wuppertal
- (75) Möseler Verlag, Wolfenbüttel
- (76) Mundorgel-Verlag, Köln
- (77) Neukirchener Verlag, Neukirchen-Vluyn
- (78) Norsk Musikforlag, Oslo (N)
- (79) One Way Verlag, Wuppertal
- (80) Ongman, Paul, – Rechtsnachfolge (N)
- (81) Oxford University Press, Oxford (GB)
- (82) Peter Janssens Musikverlag, Telgte
- (83) Peter Hammer Verlag, Wuppertal
- (84) Petzold, Johannes, – Rechtsnachfolge
- (85) Piper Verlag, München
- (86) Pötzsch, Arno, – Rechtsnachfolge
- (87) Präsenz-Verlag, Gnadenthal
- (88) Prein, Christel, Witten
- (89) Quell Verlag, Stuttgart

RECHTEINHABER

- (90) Radius Verlag, Stuttgart
- (91) Rieß, Jochen, Tepoztlan/Morelos (Mexico)
- (92) Rothenberg, Samuel, Korbach
- (93) Rudolf Slezak Musikverlag, Hamburg
- (94) Rutenborn, Günter, – Rechtsnachfolge
- (95) Ruuth, Anders, Uppsala (S)
- (96) S. Fischer Verlag, Frankfurt/M.
- (97) Schäfer, Hans-Jürgen, Oldenburg
- (98) Schaller, Emil, – Rechtsnachfolge
- (99) Schmeer, Gerda, Langenfeld
- (100) Schweizer, Rolf, Pforzheim
- (101) Schweizerischer Kirchengesangsbund, Zürich (CH)
- (102) Siemoneit, Hans Rudolf, Bünde
- (103) Sinjawski, Andreij
- (104) Spangenberg, Peter, Leck
- (105) St.-Johannis-Druckerei / Verlag Johannis, Lahr
- (106) Stainer & Bell, London (GB)
- (107) Stern, Hermann, – Rechtsnachfolge
- (108) Strube Verlag, München
- (109) Studio Union im Lahn Verlag, Limburg
- (110) Studio SM – Editions Musicales, Paris (F)
- (111) Suhrkamp Verlag, Frankfurt/M.
- (112) The Pilgrim Press, Cleveland/Ohio (USA)
- (113) Theisen, Wilhelm, – Rechtsnachfolge
- (114) Theologischer Verlag Zürich, Zürich (CH)
- (115) Trunk, Roger, Strasbourg (F)
- (116) tvd-Verlag, Düsseldorf
- (117) Uitg. G.F. Callenbach, Baarn (NL)
- (118) Union Verlag, Berlin, – Rechtsnachfolge: Verlagsgruppe Klinkhardt und Biermann, München
- (119) United Methodist Church, Cashel (Zimbabwe)
- (120) Verband der Diözesen Deutschlands, Bonn
- (121) Verbum AB, Stockholm (S)
- (122) Verein zur Herausgabe des Gesangbuchs der evangelisch-reformierten Kirchen der deutschsprachigen Schweiz, Zürich (CH)
- (123) Vereinigte Evangelisch-Lutherische Kirche Deutschlands, Hannover, gemeinsam mit Evangelische Kirche der Union, Berlin

VERZEICHNIS DER RECHTEINHABER

- (124) Verlag der Evangelisch-Lutherischen Mission, Erlangen
- (125) Verlag der Leobuchhandlung / Quellenverlag, St. Gallen (CH)
- (126) Verlag Ernst Kaufmann, Lahr
- (127) Verlag Haus Altenberg, Düsseldorf
- (128) Verlag Junge Gemeinde, Leinfelden-Echterdingen
- (129) Verlag Moritz Diesterweg, Frankfurt/M.
- (130) Verlag Singende Gemeinde, Wuppertal
- (131) Verlag Vandenhoeck und Ruprecht, Göttingen
- (132) Vier Türme Verlag, Münsterschwarzach
- (133) Vischer, Wilhelm, – Rechtsnachfolge
- (134) Voggenreiter-Verlag, Bonn-Bad Godesberg
- (135) Wikfeldt, Erhard, Gimo (S)
- (136) Widestrand, Olle, Jönköping (S)
- (137) Wiese, Götz, Celle
- (138) Wiesenthal, Karl-Wolfgang, Berlin

Nachtrag

- (139) Centre National de Pastorale Liturgique, Paris
- (140) Claassen Verlag, Hildesheim
- (141) Godehard Joppich / Lutherische Liturgische Konferenz Deutschlands, Hannover
- (142) Reinhard Kawohl Verlag, Wesel
- (143) Rommel, Kurt, Weil der Stadt
- (144) Verlag Kiepenheuer und Witsch, Köln
- (145) Verlag R. Brockhaus, Haan
- (146) Weizsäcker, Richard von, Berlin
- (147) Beier, Peter, Meerbusch-Lank
- (148) Verlag Butzon und Bercker, Kevelaer
- (149) Bischöfliches Ordinariat, Bamberg
- (150) Seuffert, Josef, Mainz
- (151) Bernward Verlag, Hildesheim

VATER UNSER im Himmel.
Geheiligt werde dein Name.
Dein Reich komme.
Dein Wille geschehe, wie im Himmel, so auf Erden.
Unser tägliches Brot gib uns heute.
Und vergib uns unsere Schuld,
wie auch wir vergeben unsern Schuldigern.
Und führe uns nicht in Versuchung,
sondern erlöse uns von dem Bösen.
Denn dein ist das Reich und die Kraft
und die Herrlichkeit in Ewigkeit.
Amen.

© 1996
Verlagsgemeinschaft:
Gütersloher Verlagshaus, Gütersloh
Luther-Verlag GmbH, Bielefeld
Neukirchener Verlag des Erziehungsvereins GmbH,
Neukirchen-Vluyn

Grafische Konzeption und Gestaltung: Klaus Detjen, Holm
Notensatz: Herbert Stumpf, Mannheim
Satz: Mitterweger Satz GmbH, Plankstadt bei Heidelberg
Schrift: Monotype Plantin
Papier: 40 g Dünndruck Lacopaque, chlorfrei sauerstoffgebleicht
von Bolloré Technologies, F-Thonon-Les-Bains
Druck und Bindung: Clausen & Bosse GmbH, Leck
Buchbinderische Verarbeitung der Lederausgabe:
J. Schäffer GmbH & Co KG, Grünstadt

Alle Kunststoffeinbände lösungsmittel- und chlorfrei.
Die Auswahl aller verwendeten Materialien
wurde unter ökologischen Gesichtspunkten getroffen.

Printed in Germany · 96/1

Normalausgaben:

04	Kirchenausgabe (nicht im Handel erhältlich)
11	Kunstleder blau
12	Echt-Leder schwarz

	Gütersloher Verlagshaus	Luther-Verlag	Neukirchener Verlag
04	3-579-00004-7	3-7858-1004-0	3-7887-1004-7
11	3-579-00011-X	3-7858-1011-3	3-7887-1011-X
12	3-579-00012-8	3-7858-1012-1	3-7887-1012-8